WEBSTER'S
NEW WORLD™

English-Spanish
Spanish-English
Business
Dictionary

WEBSTER'S
NEW WORLD™

English-Spanish
Spanish-English
Business
Dictionary

Steven M. Kaplan

WILEY

Wiley Publishing, Inc.

Published by Wiley Publishing, Inc., Indianapolis, Indiana
Published simultaneously in Canada

For general information on our other products and services please contact our Customer Care Department within the U.S. at 800-762-2974, outside the U.S. at 317-572-3993 or fax 317-572-4002.

Wiley also publishes its books in a variety of electronic formats. Some content that appears in print may not be available in electronic books.

Library of Congress Cataloging-in-Publication Data:

Kaplan, Steven, date.
    Webster's new world English-Spanish/Spanish-English business dictionary / Steven Kaplan.
        p. cm.
    ISBN-13: 978-0-471-71994-6 (pbk.)
    ISBN-10: 0-471-71994-3 (pbk.)
    1. Business—Dictionaries.   2. Business—Dictionaries—Spanish.   3. English language—
Business English—Dictionaries—Spanish.   4. Spanish language—Business Spanish—
Dictionaries—English.   5. Business—Dictionaries—Spanish.   I. Title.
    HF1002.K375 2006
    650'.03—dc22
                                                                                                2005018270

Manufactured in the United States of America

10   9   8   7   6   5   4   3   2   1

Contents / Índice

Preface and Notes on the Use of This Dictionary

This dictionary has over 80,000 entries and in excess of 100,000 translations, each occupying a place in one or more of the many areas of expertise encompassed by the English and Spanish business worlds. Articles, reports, statements, filings, textbooks, treatises, theses, Usenet postings, and blogs, among other sources, were thoroughly researched in order to establish which terms are currently utilized in each language and for the determination of their proper equivalents.

The Internet was used extensively throughout this project, and if one or more persons or entities used a given technical term in the areas covered by this dictionary, there is a chance it was taken into consideration. Words or phrases that were used frequently by multiple people, in varied settings, and when referring to serious endeavors, will in all likelihood be found in this dictionary. Even so, new terms that continue to appear may not be found here. If a user feels that a given word or phrase not present in this dictionary should be added to a future edition, or wishes to otherwise comment on this book, an email may be sent to the author at: **diccionarios@gmail.com.**

There are no special rules for the use of this dictionary. The user simply looks up the desired term in one language to find its equivalent in the other.

Abbreviations utilized:

adj	adjective	*adv*	adverb
f	feminine noun	*m*	masculine noun
m/f	masculine and feminine noun	*n*	noun
prep	preposition	*v*	verb

Prólogo y notas sobre el uso de este diccionario

Este diccionario tiene más de 80.000 entradas y en exceso de 100.000 traducciones, cada una ocupando un lugar en una o más de las tantas áreas de pericia reunidas por los mundos de los negocios del inglés y español. Artículos, informes, estados, registros, tratados, tesis, entradas en Usenet, y entradas en blogs, entre otras fuentes, fueron investigados a fondo con el fin de establecer cuales términos se usan corrientemente en cada idioma y para la determinación de los equivalentes apropiados.

A través de este proyecto la Internet se usó extensivamente, y si una o más personas o entidades usaron algún término técnico en las áreas abarcadas por este diccionario, hay una posibilidad de que se haya tomado en consideración. Palabras o frases usadas frecuentemente por múltiples personas, en marcos variados, y para referirse a asuntos serios, se podrán encontrar en este diccionario con toda probabilidad. Aun así, puede que términos nuevos que sigan surgiendo no aparezcan aquí. Si un usuario siente que alguna palabra o frase específica no presente en este diccionario debería ser añadida a una edición futura, o desea de otro modo comentar sobre este libro, se le puede mandar un email al autor a: **diccionarios@gmail.com**.

No hay reglas especiales para el uso de este diccionario. El usuario sencillamente busca el término deseado en un idioma para encontrar su equivalente en el otro.

Abreviaciones utilizadas:

adj	adjetivo	*adv*	adverbio
f	sustantivo femenino	*m*	sustantivo masculino
m/f	sustantivo masculino y femenino	*n*	sustantivo
prep	preposición	*v*	verbo

Acknowledgments

This book has been published thanks to Eric Nelson, Senior Editor at John Wiley & Sons, who provided extremely valuable support and guidance before and during the project, and has my full appreciation.

Also at Wiley I would like to thank Editorial Assistant Connie Santisteban and Associate Publisher George J. Telecki.

This dictionary has been prepared within the exquisite nature settings of Upper Austria, and I would like to thank the following very nice people who have in one way or another helped to make Austria my new home:

From the municipality: Wolfgang Gießer, and Angela Stoffner.

From the bank: Elisabeth Schachinger, Georg Brünner, Helmut Moosbrugger, and Manfred Rosner.

From the house: Rosina Lohberger, Regina Uray, and Reinhard Uray.

And finally, I would like to thank the following friends: Renate Mattes, Thomas Pachler, Erika Kobencic, Ingeborg and Julius Schernhammer, Monika Wilhelm, Ángel Oquendo, Yamil Kourí, and of course Gloria Berman.

Reconocimientos

Este libro ha sido publicado gracias a Eric Nelson, Editor Senior en John Wiley & Sons, quien proveyó apoyo y orientación extremadamente valiosa antes y durante el proyecto, y tiene mi completo agradecimiento.

También en Wiley quisiera darle las gracias a Connie Santisteban, Asistente de Editor, y a George J. Telecki, Publicador Asociado.

Este diccionario se ha preparado dentro del exquisito marco natural de Alta Austria, y me gustaría darle las gracias a las siguientes personas muy amables quienes han ayudado de una forma u otra a hacer de Austria mi nuevo hogar:

De la municipalidad: Wolfgang Gießer, y Angela Stoffner.

Del banco: Elisabeth Schachinger, Georg Brünner, Helmut Moosbrugger, y Manfred Rosner.

De la casa: Rosina Lohberger, Regina Uray, y Reinhard Uray.

Y finalmente, quisiera darle las gracias a las siguientes amistades: Renate Mattes, Thomas Pachler, Erika Kobencic, Ingeborg y Julius Schernhammer, Monika Wilhelm, Angel Oquendo, Yamil Kourí, y por supuesto Gloria Berman.

English to Spanish

Inglés a Español

A

A bond rating calificación de bono A, clasificación de bono A.
a/c (account) cuenta.
a.k.a (also known as) también conocido como.
A rating calificación A, clasificación A.
a.s.a.p (as soon as possible) tan pronto como sea posible.
AA bond rating calificación de bono AA, clasificación de bono AA.
AA rating calificación AA, clasificación AA.
AAA bond rating calificación de bono AAA, clasificación de bono AAA.
AAA rating calificación AAA, clasificación AAA.
AAA tenant arrendatario de primera categoría.
abandon *v* abandonar, renunciar, evacuar.
abandon a claim abandonar una reclamación.
abandon goods abandonar géneros.
abandon land abandonar tierra.
abandon property abandonar propiedad.
abandon to the insurer abandonar al asegurador.
abandoned *adj* abandonado, evacuado.
abandoned assets activo abandonado.
abandoned cargo carga abandonada.
abandoned contract contrato abandonado.
abandoned freight flete abandonado.
abandoned goods bienes abandonados.
abandoned land tierra abandonada.
abandoned patent patente abandonada.
abandoned property propiedad abandonada.
abandoned rights derechos abandonados.
abandonee *n* beneficiario del abandono.
abandoning *n* abandono, renuncia.
abandonment *n* abandono, desistimiento.
abandonment clause cláusula de abandono.
abandonment loss pérdida por abandono.
abandonment of assets abandono de activo.
abandonment of cargo abandono de carga, abandono de cargamento.
abandonment of claim abandono de una reclamación.
abandonment of contract abandono de contrato.
abandonment of copyright abandono de derechos de autor.
abandonment of freight abandono de flete, abandono de carga.
abandonment of goods abandono de bienes, abandono de mercancías.
abandonment of insured property abandono de propiedad asegurada.
abandonment of land abandono de tierra.
abandonment of patent abandono de patente.
abandonment of property abandono de propiedad.
abandonment of rights abandono de derechos.
abandonment of ship abandono de buque, abandono de nave.
abandonment option opción de abandono.
abandonment stage etapa de abandono.
abandonment value valor de abandono.
abate *v* abatir, disminuir, anular, reducir, rebajar, cancelar.
abate a debt cancelar una deuda.
abate a tax rebajar un impuesto.
abatement *n* abatimiento, disminución, anulación, reducción, rebaja, cancelación.
abatement costs costos de recortes o eliminaciones, costes de recortes o eliminaciones.

abatement of debts rebaja de deudas.
abatement of taxes rebaja de impuestos.
ABB (activity-based budgeting) presupuestación basada en la actividad.
ABC (activity-based costing) costeo basado en la actividad.
abeyance *n* suspensión, espera.
abeyance, in en suspenso, en espera, pendiente.
abeyant *adj* en suspenso, en espera, pendiente.
abide *v* aceptar, atenerse, cumplir.
abide by respetar, cumplir con, atenerse a.
Abilene Paradox Paradoja de Abilene.
ability *n* habilidad, capacidad.
ability to compete capacidad de competir.
ability to contract capacidad de contratar.
ability to earn capacidad para devengar ingresos.
ability to mortgage capacidad para hipotecar.
ability to pay capacidad de pago, capacidad para pagar.
ability to pay debts capacidad para pagar deudas.
ability-to-pay principle principio de la capacidad para pagar impuestos.
ability to pay taxes capacidad para pagar impuestos.
ability to work capacidad para trabajar.
abject poverty pobreza absoluta.
abjure *v* abjurar, renunciar.
abjurer *n* quien abjura, quien renuncia.
able *adj* hábil, capaz.
able to contract capaz de contratar.
able to earn capaz de devengar ingresos.
able to pay capaz de pagar.
able to pay debts capaz de pagar deudas.
able to pay taxes capaz de pagar impuestos.
able to purchase capaz de comprar.
able to work capaz de trabajar.
ABM (activity-based management) administración basada en la actividad, gestión basada en la actividad.
abnormal *adj* anormal, anómalo, irregular.
abnormal deterioration deterioro anormal.
abnormal profit beneficio extraordinario, ganancia extraordinaria.
abnormal return rendimiento anormal.
abnormal risk riesgo anormal, riesgo irregular.
abnormal spoilage deterioro anormal.
abnormal use uso anormal.
aboard *adj* a bordo.
abolish *v* abolir, suprimir.
abort *v* abortar, suspender, abandonar.
above all sobre todo.
above-market interest rate tasa de interés por encima del mercado.
above-market price precio por encima del mercado.
above-market rate tasa por encima del mercado.
above-normal loss pérdida sobre lo normal.
above par sobre la par, sobre el valor nominal.
above par value sobre la par, sobre el valor nominal.
above quota sobre la cuota.
above the line sobre la línea.
above the market por encima del mercado.
above-the-market interest rate tasa de interés por encima del mercado.
above-the-market price precio por encima del mercado.
above-the-market rate tasa por encima del mercado.
abridge *v* abreviar, reducir.

abridged *adj* abreviado, reducido.
abroad *adj* en el extranjero.
abrogate *v* abrogar, anular.
abrogated *adj* abrogado, anulado.
abrogation *n* abrogación, anulación.
abrogation of agreement abrogación de contrato.
absence *n* ausencia, falta.
absence of competition ausencia de competencia.
absence of consideration ausencia de contraprestación.
absence of credibility ausencia de credibilidad.
absence of demand ausencia de demanda.
absence of funds ausencia de fondos.
absence of growth ausencia de crecimiento, falta de crecimiento.
absence of supply ausencia de oferta.
absence rate tasa de ausencias.
absent *adj* ausente.
absent creditor acreedor ausente.
absent debtor deudor ausente.
absentee *n* ausente, quien se ausenta.
absentee bid oferta de alguien que no asiste a la subasta.
absentee landlord propietario ausente, arrendador ausente.
absentee lessor arrendador ausente.
absentee owner dueño ausente.
absenteeism *n* absentismo, ausentismo.
absenteeism rate tasa de absentismo, tasa de ausentismo, índice de absentismo, índice de ausentismo.
absolute *adj* absoluto, incondicional, definitivo, pleno.
absolute acceptance aceptación absoluta, aceptación incondicional.
absolute advantage ventaja absoluta.
absolute assignment cesión absoluta, traspaso absoluto, asignación absoluta, cesión incondicional, traspaso incondicional, asignación incondicional.
absolute auction subasta absoluta.
absolute beneficiary beneficiario absoluto.
absolute conveyance traspaso incondicional, traspaso absoluto.
absolute cost barriers barreras de costo absolutas, barreras de coste absolutas.
absolute covenant estipulación incondicional.
absolute deed título absoluto, título incondicional.
absolute delivery entrega incondicional.
absolute endorsement endoso absoluto.
absolute estate propiedad absoluta.
absolute exemption exención absoluta, exención incondicional.
absolute fee simple título incondicional, título absoluto.
absolute gift donación irrevocable.
absolute guarantee garantía absoluta, garantía incondicional.
absolute guaranty garantía absoluta, garantía incondicional.
absolute indorsement endoso absoluto.
absolute interest interés absoluto.
absolute liability responsabilidad absoluta.
absolute monopoly monopolio absoluto.
absolute nullity nulidad absoluta.
absolute obligation obligación absoluta, obligación incondicional.
absolute owner dueño absoluto.
absolute ownership propiedad absoluta.
absolute poverty pobreza absoluta.

absolute priority prioridad absoluta.
absolute priority rule regla de prioridad absoluta.
absolute property propiedad absoluta.
absolute purchase compra absoluta.
absolute sale venta absoluta.
absolute surplus value plusvalía absoluta.
absolute terms términos absolutos.
absolute title título absoluto.
absolute total loss pérdida total absoluta.
absolute warranty garantía absoluta, garantía incondicional.
absolutely *adv* absolutamente, completamente, incondicionalmente.
absolutely and unconditionally absoluta e incondicionalmente.
absolutely void totalmente nulo.
absorb *v* absorber.
absorb costs absorber costos, absorber costes.
absorb the loss absorber la pérdida.
absorbed *adj* absorbido.
absorbed account cuenta absorbida.
absorbed cost costo absorbido, coste absorbido.
absorption *n* absorción.
absorption costing costeo por absorción.
absorption merger fusión por absorción.
absorption of costs absorción de costos, absorción de costes.
absorption of liquidity absorción de liquidez.
absorption point punto de absorción.
absorption rate tasa de absorción, índice de absorción.
absorptive capacity capacidad de absorción.
abstain *v* abstenerse.
abstention *n* abstención.
abstract *n* resumen, extracto.
abstract company compañía que prepara resúmenes de título.
abstract of accounts extracto de cuentas, resumen de cuentas.
abstract of title resumen de título.
abstract update actualización de resumen de título.
abundance *n* abundancia.
abundant *adj* abundante.
abuse *n* abuso.
abuse *v* abusar.
abusive *adj* abusivo.
abusive tax shelter abrigo contributivo abusivo.
abut *v* lindar.
abutment *n* linde, lindero.
abuttals *n* colindancias, lindes, linderos.
abutter *n* colindante, dueño de propiedad colindante.
abutting *adj* colindante, limítrofe.
abutting property propiedad colindante.
ACB (adjusted cost basis, adjusted cost base) base de costo ajustada, base de coste ajustada.
acceding country país en proceso de adhesión.
acceding government gobierno en proceso de adhesión.
accelerate *v* acelerar, adelantar, anticipar.
accelerated *adj* acelerado, adelantado, anticipado.
accelerated amortisation amortización acelerada.
accelerated amortization amortización acelerada.
accelerated cost recovery system sistema acelerado de recuperación de costos, sistema acelerado de recuperación de costes.
accelerated death benefits beneficios por muerte acelerados, indemnización por muerte acelerada.
accelerated depreciation depreciación acelerada.
accelerated depreciation allowance deducción

por depreciación acelerada.
accelerated depreciation deduction deducción por depreciación acelerada.
accelerated maturity vencimiento acelerado, vencimiento anticipado.
accelerated payment pago acelerado.
accelerated purchase compra acelerada.
accelerated tariff elimination eliminación de aranceles acelerada.
acceleration *n* aceleración, adelantamiento, anticipación.
acceleration clause cláusula de aceleración.
acceleration life seguro de vida con aceleración.
acceleration life insurance seguro de vida con aceleración.
acceleration note nota con opción de aceleración.
acceleration of maturity anticipación del vencimiento, aceleración del vencimiento.
acceleration premium prima por aceleración.
acceleration principle principio de aceleración.
accelerator *n* acelerador.
accelerator principle principio del acelerador.
accept *v* aceptar, recibir.
accept a bill aceptar una letra.
accept an offer aceptar una oferta.
accept cash aceptar efectivo.
accept conditionally aceptar condicionalmente, aceptar con reserva.
accept delivery aceptar entrega.
accept deposits aceptar depósitos.
accept for the account of recibir por la cuenta de.
accept goods aceptar mercancías.
accept liability aceptar responsabilidad.
acceptable *adj* aceptable.
acceptable bid oferta aceptable, puja aceptable.
acceptable conditions condiciones aceptables.
acceptable price precio aceptable.
acceptable quality calidad aceptable.
acceptable quality level nivel de calidad aceptable.
Acceptable Use Policy política de uso aceptable.
acceptance *n* aceptación, aprobación.
acceptance account cuenta de aceptación.
acceptance bonus bono de aceptación.
acceptance certificate certificado de aceptación.
acceptance conditions condiciones de aceptación.
acceptance credit crédito de aceptación.
acceptance date fecha de aceptación.
acceptance dealer corredor de aceptaciones.
acceptance house casa de aceptaciones.
acceptance inspection inspección de aceptación.
acceptance liability responsabilidad de aceptación.
acceptance limit límite de aceptación.
acceptance line línea de aceptación.
acceptance market mercado de aceptaciones.
acceptance of a bill of exchange aceptación de una letra de cambio.
acceptance of bids aceptación de ofertas, aceptación de propuestas.
acceptance of delivery aceptación de entrega.
acceptance of deposits aceptación de depósitos.
acceptance of goods aceptación de bienes.
acceptance of job aceptación de trabajo, aceptación de empleo.
acceptance of membership aceptación como miembro.
acceptance of offer aceptación de oferta.
acceptance of order aceptación de pedido.
acceptance of proposal aceptación de propuesta.
acceptance of risk aceptación del riesgo.

acceptance price precio de aceptación.
acceptance procedure procedimiento de aceptación.
acceptance register registro de aceptaciones.
acceptance sampling muestreo de aceptación.
acceptance standards normas de aceptación.
acceptance supra protest aceptación bajo protesta.
accepted *adj* aceptado, aprobado.
accepted amount cantidad aceptada.
accepted benefits beneficios aceptados.
accepted bid oferta aceptada, propuesta aceptada.
accepted bill efecto aceptado, letra aceptada.
accepted bill of exchange letra de cambio aceptada.
accepted budget presupuesto aceptado.
accepted charge cargo aceptado.
accepted claim reclamación aceptada.
accepted commission comisión aceptada.
accepted conditions condiciones aceptadas.
accepted cost costo aceptado, coste aceptado.
accepted credit card tarjeta de crédito aceptada.
accepted debit card tarjeta de débito aceptada.
accepted delivery entrega aceptada.
accepted deposit depósito aceptado.
accepted draft giro aceptado, letra aceptada.
accepted goods bienes aceptados.
accepted job empleo aceptado.
accepted liability responsabilidad aceptada.
accepted limit límite aceptado.
accepted obligation obligación aceptada.
accepted offer oferta aceptada.
accepted pay paga aceptada.
accepted payment pago aceptado.
accepted period período aceptado.
accepted price precio aceptado.
accepted proposal propuesta aceptada.
accepted remuneration remuneración aceptada.
accepted risk riesgo aceptado.
accepted salary salario aceptado.
accepted selling price precio de venta aceptado.
accepted standards normas aceptadas.
accepted terms términos aceptados.
accepted valuation valuación aceptada.
accepted value valor aceptado.
accepter *n* aceptante, aceptador.
accepter of a bill aceptante de un efecto.
accepting *adj* aceptante.
accepting bank banco aceptante.
accepting house casa de aceptaciones.
acceptor *n* aceptante, aceptador.
acceptor of a bill aceptante de un efecto.
access *n* acceso, entrada, paso.
access code código de acceso.
access control control de acceso.
access device dispositivo de acceso.
access limit límite de acceso.
access right derecho de acceso.
access to a market acceso a un mercado.
accessibility *n* accesibilidad.
accessible *adj* accesible.
accession *n* accesión, adhesión, incremento, aumento.
accession rate razón de aumento de empleados en nómina.
accessory *adj* accesorio, secundario.
accessory *n* accesorio.
accessory apartment apartamento accesorio.
accessory building edificación auxiliar, edificio auxiliar.

accessory charge cargo accesorio.
accessory contract contrato accesorio.
accessory equipment equipo accesorio.
accessory expenditures gastos accesorios.
accessory expenses gastos accesorios.
accessory fee cargo accesorio.
accessory obligation obligación accesoria.
accident *n* accidente.
accident analysis análisis del accidente.
accident and health benefit beneficios por accidentes y enfermedades.
accident and health insurance seguro contra accidentes y enfermedades.
accident and sickness insurance seguro contra accidentes y enfermedades.
accident benefits beneficios por accidente.
accident frequency frecuencia de accidentes.
accident insurance seguro de accidentes, seguro contra accidentes.
accident policy póliza contra accidentes.
accident prevention prevención de accidentes.
accident rate tasa de accidentes, frecuencia de accidentes.
accident risk riesgo de accidentes
accident-year statistics estadísticas de año de accidentes.
accidental *adj* accidental.
accidental cause causa accidental.
accidental damage daño accidental.
accidental death muerte accidental.
accidental death benefit beneficio por muerte accidental.
accidental death clause cláusula de muerte accidental.
accidental death insurance seguro de muerte accidental.
accidental loss pérdida accidental.
accidentally *adv* accidentalmente.
accommodate *v* acomodar, proveer, facilitar.
accommodated party beneficiario de una firma de favor, beneficiario de una firma por acomodación, parte acomodada, parte beneficiada.
accommodating *adj* servicial, flexible.
accommodation *n* favor, acomodamiento, garantía, alojamiento, acuerdo, crédito.
accommodation acceptance aceptación de favor.
accommodation bill documento de favor, letra de favor.
accommodation draft giro de favor, letra de favor.
accommodation endorsement endoso de favor.
accommodation endorser endosante de favor.
accommodation indorsement endoso de favor.
accommodation indorser endosante de favor.
accommodation lands tierras compradas para edificar y arrendar.
accommodation letter letra de acomodación, carta de acomodación.
accommodation line pólizas de seguros aceptadas con deferencia al agente.
accommodation maker quien firma de favor.
accommodation note pagaré de favor.
accommodation paper documento de favor, documento para facilitar.
accommodation party parte por acomodación, quien firma de favor.
accommodative monetary policy política monetaria de aumentar el crédito disponible.
accord *n* convenio, acuerdo.
accord *v* convenir, acordar.
accord and satisfaction arreglo de una disputa,

aceptación como finiquito.
accordance *n* acuerdo, conformidad.
accordant *adj* en conformidad, de conformidad.
according to conforme a, según.
according to our records según nuestros registros, de acuerdo a nuestros registros.
according to schedule conforme al programa, según el programa.
accordingly *adv* en conformidad.
account *n* cuenta, informe, factura.
account activity actividad de cuenta.
account adjustment ajuste de cuenta.
account aggregation agregación de cuentas.
account analysis análisis de cuenta.
account balance saldo de cuenta.
account book libro de cuentas, libro de contabilidad, libro de asiento, libro de cuenta y razón.
account card tarjeta de cuenta.
account certification certificación de cuenta.
account classification clasificación de cuenta.
account closed cuenta cerrada.
account closing cierre de cuenta.
account current cuenta corriente.
account day día de liquidación.
account debtor deudor en la cuenta.
account director director de cuenta.
account dividend dividendo a cuenta.
account due cuenta vencida, cuenta en mora.
account enquiry petición para información de cuenta.
account entry anotación en cuenta.
account executive ejecutivo de cuentas.
account for dar razón de, responder por.
account form formulario de cuenta.
account group grupo de cuentas.
account history historial de cuenta.
account hold retención en cuenta.
account holder tenedor de cuenta, titular de cuenta, cuentahabiente, cuentacorrentista.
account in trust cuenta en fideicomiso.
account inquiry petición para información de cuenta.
account list lista de cuentas.
account maintenance mantenimiento de cuenta.
account management administración de cuenta, gestión de cuenta.
account manager administrador de cuenta.
account movement movimiento de cuenta.
account name nombre de cuenta.
account number número de cuenta.
account, on a cuenta, pago a cuenta.
account open cuenta abierta.
account opening apertura de cuenta.
account overdraft sobregiro de cuenta.
account overdrawn cuenta sobregirada.
account overdue cuenta vencida, cuenta en mora.
account past due cuenta vencida, cuenta en mora.
account payee beneficiario de cuenta.
account period período de cuenta.
account planning planificación de cuenta.
account reconcilement reconciliación de cuenta.
account reconciliation reconciliación de cuenta.
account rendered cuenta presentada al deudor.
account report informe de cuenta, reporte de cuenta.
account settled cuenta saldada.
account stated acuerdo de balance para cancelación, cuenta convenida.
account statement estado de cuenta, extracto de

cuenta.
account status estado de cuenta.
account summary resumen de cuenta.
account terms términos de cuenta.
account title título de cuenta.
account transaction transacción de cuenta.
account turnover giro de cuenta.
accountability *n* responsabilidad.
accountable *adj* responsable.
accountable official oficial responsable.
accountable person persona responsable.
accountable receipt recibo de dinero o propiedad acompañado de una obligación.
accountancy *n* contabilidad.
accountancy adjustment ajuste contable.
accountancy analysis análisis contable.
accountancy books libros de contabilidad, libros contables.
accountancy change cambio contable, cambio de contabilidad.
accountancy chief jefe contable, jefe de contabilidad.
accountancy clerk oficinista de contabilidad.
accountancy concept concepto de contabilidad, concepto contable.
accountancy control control contable, control de contabilidad.
accountancy conventions prácticas contables, prácticas de contabilidad.
accountancy costs costos contables, costos de contabilidad, costes contables, costes de contabilidad.
accountancy cycle ciclo contable, ciclo de contabilidad.
accountancy data datos contables, datos de contabilidad.
accountancy department departamento de contabilidad, departamento contable.
accountancy director director de contabilidad, director contable.
accountancy division división de contabilidad, sección de contabilidad, división contable, sección contable.
accountancy documents documentos contables, documentos de contabilidad.
accountancy entity entidad de contabilidad, entidad contable.
accountancy entry asiento contable, anotación contable, apunte contable.
accountancy equation ecuación de contabilidad, ecuación contable.
accountancy error error contable, error de contabilidad, yerro de cuenta.
accountancy event evento contable, evento de contabilidad.
accountancy evidence prueba contable, prueba de contabilidad.
accountancy firm firma de contadores, firma de contabilidad.
accountancy income ingreso contable.
accountancy manager gerente de contabilidad, gerente contable.
accountancy method método contable, método de contabilidad.
accountancy model modelo contable, modelo de contabilidad.
accountancy office contaduría, oficina de contabilidad, oficina contable.
accountancy officer oficial de contabilidad, oficial contable, funcionario de contabilidad, funcionario

contable.
accountancy period período contable, período de contabilidad.
accountancy plan plan contable, plan de contabilidad.
accountancy policies normas de contabilidad, normas contables.
accountancy practices prácticas contables, prácticas de contabilidad.
accountancy price precio contable.
accountancy principles principios de contabilidad, principios contables.
accountancy procedures procedimientos contables, procedimientos de contabilidad.
accountancy process proceso contable, proceso de contabilidad.
accountancy profession profesión contable.
accountancy profit beneficio contable, ganancia contable.
accountancy program programa de contabilidad, programa contable.
accountancy programme programa de contabilidad, programa contable.
accountancy purposes fines contables, fines de contabilidad, propósitos contables, propósitos de contabilidad.
accountancy rate tasa contable, tipo contable.
accountancy rate of return tasa de rendimiento contable.
accountancy records registros contables, registros de contabilidad.
accountancy records and books libros y registros contables, libros y registros de contabilidad.
accountancy report informe contable, informe de contabilidad, reporte contable, reporte de contabilidad.
accountancy rules reglas contables, reglas de contabilidad.
accountancy sector sector contable, sector de contabilidad.
accountancy services servicios contables, servicios de contabilidad.
accountancy software software de contabilidad, software contable, programas de contabilidad, programas contables.
accountancy standardisation normalización contable.
accountancy standardization normalización contable.
accountancy standards normas contables, normas de contabilidad.
accountancy statements estados contables, estados de contabilidad.
accountancy system sistema contable, sistema de contabilidad.
accountancy treatment tratamiento contable.
accountancy valuation valuación contable.
accountancy value valor contable.
accountancy year año contable.
accountant *n* contador, contable.
accountant general jefe de contabilidad.
accountant in charge contador responsable, contable responsable.
accountant's certificate certificado del contador, certificado del contable.
accountant's liability responsabilidad del contador, responsabilidad del contable.
accountant's opinion opinión del contador, opinión del contable.
accountant's report informe del contador, informe

del contable, reporte del contador, reporte del contable.

accountant's responsibility responsabilidad del contador, responsabilidad del contable.

accountholder *n* tenedor de cuenta, titular de cuenta, cuentahabiente, cuentacorrentista.

accounting *n* contabilidad.

accounting adjustment ajuste contable.

accounting analysis análisis contable.

accounting books libros de contabilidad, libros contables.

accounting books and records libros y registros de contabilidad.

accounting change cambio contable, cambio de contabilidad.

accounting chief jefe contable, jefe de contabilidad.

accounting clerk oficinista de contabilidad.

accounting concept concepto de contabilidad, concepto contable.

accounting control control contable, control de contabilidad.

accounting conventions prácticas contables, prácticas de contabilidad.

accounting costs costos contables, costos de contabilidad, costes contables, costes de contabilidad.

accounting cycle ciclo contable, ciclo de contabilidad.

accounting data datos contables, datos de contabilidad.

accounting department departamento de contabilidad, departamento contable.

accounting director director de contabilidad, director contable.

accounting division división de contabilidad, sección de contabilidad, división contable, sección contable.

accounting documents documentos contables, documentos de contabilidad.

accounting earnings ingresos contables.

accounting entity entidad de contabilidad, entidad contable.

accounting entry asiento contable, anotación contable, apunte contable.

accounting equation ecuación contable, ecuación de contabilidad.

accounting error error contable, error de contabilidad, yerro de cuenta.

accounting event evento contable, evento de contabilidad.

accounting evidence prueba contable, prueba de contabilidad.

accounting exchange rate tipo de cambio contable, tasa de cambio contable.

accounting exposure exposición contable.

accounting file archivo contable, archivo de contabilidad, fichero contable, fichero de contabilidad.

accounting firm firma de contadores, firma de contabilidad.

accounting harmonisation armonización contable.

accounting harmonization armonización contable.

accounting identity identidad contable.

accounting income ingreso contable.

accounting liquidity liquidez contable.

accounting manager gerente de contabilidad, gerente contable.

accounting manual manual de contabilidad.

accounting method método contable, método de contabilidad.

accounting model modelo contable, modelo de contabilidad.

accounting office contaduría, oficina de contabilidad, oficina contable.

accounting officer oficial de contabilidad, oficial contable, funcionario de contabilidad, funcionario contable.

accounting period período contable, período de contabilidad.

accounting plan plan contable, plan de contabilidad.

accounting policies normas de contabilidad, normas contables.

accounting postulate postulado de contabilidad.

accounting practices prácticas contables, prácticas de contabilidad.

accounting price precio contable.

accounting principles principios de contabilidad, principios contables.

accounting procedures procedimientos contables, procedimientos de contabilidad.

accounting process proceso contable, proceso de contabilidad.

accounting profession profesión contable.

accounting profit beneficio contable, ganancia contable.

accounting program programa de contabilidad, programa contable.

accounting programme programa de contabilidad, programa contable.

accounting proof prueba contable, prueba de contabilidad.

accounting purposes fines contables, fines de contabilidad, propósitos contables, propósitos de contabilidad.

accounting rate tasa contable, tipo contable.

accounting rate of return tasa de rendimiento contable.

accounting records registros contables, registros de contabilidad.

accounting records and books libros y registros de contabilidad.

accounting report informe contable, informe de contabilidad, reporte contable, reporte de contabilidad.

accounting return rendimiento contable.

accounting rules reglas contables, reglas de contabilidad.

accounting sector sector contable, sector de contabilidad.

accounting services servicios contables, servicios de contabilidad.

accounting software software de contabilidad, software contable, programas de contabilidad, programas contables.

accounting standardisation normalización contable.

accounting standardization normalización contable.

accounting standards normas contables, normas de contabilidad.

accounting statements estados contables, estados de contabilidad.

accounting system sistema contable, sistema de contabilidad.

accounting treatment tratamiento contable.

accounting unit unidad contable.

accounting valuation valuación contable.

accounting value valor contable.
accounting year año contable.
accounts in arrears cuentas atrasadas, cuentas en mora.
accounts payable cuentas por pagar, cuentas a pagar.
accounts payable cycle ciclo de cuentas por pagar.
accounts payable ledger libro mayor de cuentas por pagar.
accounts receivable cuentas por cobrar, cuentas a cobrar.
accounts receivable cycle ciclo de cuentas por cobrar.
accounts receivable financing financiamiento basado en cuentas por cobrar.
accounts receivable insurance seguro de cuentas por cobrar.
accounts receivable ledger libro mayor de cuentas por cobrar.
accounts receivable turnover razón de ventas a crédito al promedio de cuentas por cobrar.
accounts uncollectible cuentas incobrables.
accredit *v* acreditar.
accreditation *n* acreditación.
accreditation and approval acreditación y aprobación.
accredited *adj* acreditado.
accredited investor inversionista acreditado.
accrete *v* aumentar.
accretion *n* acreción, acrecentamiento, acrecencia, aumento.
accretive *adj* acrecentador.
accrual *n* acrecimiento, acumulación, devengo.
accrual accounting contabilidad acumulativa, contabilidad de acumulación.
accrual basis base de acumulación.
accrual basis accounting contabilidad de base de acumulación.
accrual bond bono de acumulación.
accrual concept concepto de acumulación.
accrual date fecha de acumulación.
accrual method método de acumulación.
accrual of discount acumulación de descuento.
accrual principle principio de acumulación.
accrual system sistema de acumulación.
accruals and prepayments ajuste por periodificación.
accrue *v* acumular, devengar.
accrued *adj* acumulado, devengado.
accrued assets activo acumulado.
accrued charges cargos acumulados.
accrued compensation compensación acumulada.
accrued cost costo acumulado, coste acumulado.
accrued depreciation depreciación acumulada.
accrued discount descuento acumulado.
accrued dividend dividendo acumulado.
accrued expenditures gastos acumulados.
accrued expenses gastos acumulados.
accrued income ingreso acumulado.
accrued interest interés acumulado.
accrued liability pasivo acumulado.
accrued market discount descuento de mercado acumulado.
accrued payroll nómina acumulada.
accrued profit beneficio acumulado, ganancia acumulada.
accrued revenue ingresos acumulados.
accrued salary salario acumulado.
accrued taxes contribuciones acumuladas, impuestos acumulados.
accrued wages salarios acumulados.
accruer *n* acreción, acrecentamiento, acrecencia, aumento.
accumulate *v* acumular.
accumulate reserves acumular reservas.
accumulated *adj* acumulado.
accumulated amount cantidad acumulada, monto acumulado.
accumulated annuity anualidad acumulada.
accumulated benefit obligation obligación acumulada de beneficios.
accumulated depletion agotamiento acumulado.
accumulated depreciation depreciación acumulada.
accumulated dividend dividendo acumulado.
accumulated earnings ingresos acumulados.
accumulated earnings tax impuesto sobre ingresos acumulados.
accumulated expenditures gastos acumulados.
accumulated expenses gastos acumulados.
accumulated fund fondo acumulado.
accumulated income ingresos acumulados.
accumulated interest intereses acumulados.
accumulated profits beneficios acumulados, ganancias acumuladas.
accumulated profits tax impuesto sobre beneficios acumulados, impuesto sobre ganancias acumuladas.
accumulated remuneration remuneración acumulada.
accumulated reserves reservas acumuladas.
accumulated surplus superávit acumulado.
accumulated taxable income ingreso imponible acumulado.
accumulating *adj* acumulativo.
accumulation *n* acumulación.
accumulation area área de acumulación.
accumulation benefits beneficios de acumulación.
accumulation factor factor de acumulación.
accumulation period período de acumulación.
accumulation plan plan de acumulación.
accumulation trust fideicomiso de acumulación.
accumulation unit unidad de acumulación.
accumulative *adj* acumulativo, acumulable.
accumulative dividend dividendo acumulativo.
accumulator *n* acumulador.
accuracy *n* precisión, exactitud.
accurate *adj* preciso, exacto.
accurately *adv* con precisión, con exactitud.
accustomed *adj* acostumbrado.
ACH (automated clearing house) casa de liquidación automatizada.
achievement *n* logro, realización.
acid ratio razón de activo disponible y pasivo corriente.
acid test prueba de fuego, prueba ácida, prueba decisiva.
acid-test ratio razón de activo disponible y pasivo corriente.
acknowledge *v* reconocer, certificar, acusar recibo, confirmar.
acknowledge an order reconocer una orden.
acknowledge receipt acusar recibo.
acknowledge receipt of a copy acusar recibo de una copia.
acknowledge receipt of a payment acusar recibo de un pago.
acknowledge receipt of an order acusar recibo de un pedido.

acknowledged *adj* reconocido.
acknowledgement *n* reconocimiento, certificación, acuse de recibo, confirmación.
acknowledgement certificate certificado de reconocimiento.
acknowledgement certification certificación de reconocimiento.
acknowledgement of debt reconocimiento de deuda.
acknowledgement of order reconocimiento de orden.
acknowledgement of payment acuse de recibo de pago, reconocimiento de pago, reconocimiento de abono.
acknowledgement of receipt acuse de recibo.
acquest *n* propiedad adquirida.
acquiesce *v* consentir, consentir sin palabras, consentir tácitamente.
acquiescence *n* aquiescencia, consentimiento sin palabras.
acquiescent *adj* aquiescente, consentidor.
acquirable *adj* adquirible.
acquire *v* adquirir.
acquire an interest adquirir una participación.
acquire shares adquirir acciones.
acquire stock adquirir acciones.
acquired *adj* adquirido.
acquired by adquirido por.
acquired immunodeficiency syndrome síndrome de inmunodeficiencia adquirida, SIDA.
acquired surplus superávit adquirido.
acquiree *n* ente adquirido.
acquirement *n* adquisición.
acquirer *n* adquiridor.
acquisition *n* adquisición, compra.
acquisition accounting contabilidad de adquisiciones.
acquisition agent agente de adquisiciones.
acquisition agreement acuerdo de adquisición.
acquisition authentication certificación de adquisición.
acquisition capital capital de adquisiciones.
acquisition certificate certificado de adquisición.
acquisition certification certificación de adquisición.
acquisition commitment compromiso de adquisición.
acquisition conditions condiciones de adquisición.
acquisition cost costo de adquisición, coste de adquisición.
acquisition date fecha de adquisición.
acquisition decision decisión de adquisición.
acquisition discount descuento de adquisición.
acquisition evidence prueba de adquisición.
acquisition fee cargo de adquisición.
acquisition financing financiación de adquisición, financiamiento de adquisición.
acquisition fund fondo de adquisiciones.
acquisition group grupo de adquisición.
acquisition intention intención de adquisición.
acquisition invoice factura de adquisición.
acquisition loan préstamo para adquisición.
acquisition method método de adquisición.
acquisition money pago anticipado, precio de adquisición.
acquisition of assets adquisición de activos.
acquisition of stock adquisición de acciones, adquisición de inventario.
acquisition premium prima de adquisición.

acquisition price precio de adquisición.
acquisition proof prueba de adquisición.
acquisition value valor de adquisición.
acquisitive *adj* adquisitivo.
acquitment *n* pago, recibo, descargo.
acquittance *n* recibo, carta de pago, quitanza.
acre *n* acre.
acreage *n* área en acres.
acronym *n* acrónimo, sigla.
across the board incluyendo todo, incluyendo a todos.
across-the-board increase aumento incluyendo todo, aumento incluyendo a todos.
across-the-board reduction reducción incluyendo todo, reducción incluyendo a todos.
ACRS (accelerated cost recovery system) sistema acelerado de recuperación de costos, sistema acelerado de recuperación de costes.
ACSS (Automated Clearing Settlement System) sistema de liquidación automatizada.
act *n* acto, acción, ley.
act illegally actuar ilegalmente.
act improperly actuar impropiamente.
act of bankruptcy acto de quiebra.
act of embezzlement acto de desfalco.
act of God fuerza mayor.
act of incorporation acta constitutiva, escritura de constitución, carta constitucional, instrumento constitutivo.
act of insolvency acto de insolvencia.
act of nature acto de la naturaleza.
act of sale escritura de compraventa.
act of state acto de estado, acto de gobierno.
acting *adj* interino, en funciones.
acting chair presidente interino.
acting chairman presidente interino.
acting chairperson presidente interino.
acting chairwoman presidenta interina.
acting director director interino.
acting officer funcionario interino.
acting president presidente interino.
acting representative representante interino.
acting trustee fiduciario interino.
action *n* acción, acto, efecto.
action committee comité de acción.
action of assumpsit acción por incumplimiento de contrato.
action of contract acción contractual.
action of covenant acción por incumplimiento de contrato.
action of debt acción por cobro de deuda, acción de apremio.
action of ejectment acción de desahucio.
action on contract acción contractual.
action to quiet title acción para resolver reclamaciones opuestas en propiedad inmueble, acción para eliminar defectos en un título de propiedad.
actionable *adj* accionable.
actionable fraud fraude procesable.
actionable misrepresentation declaración falsa enjuiciable.
actionable negligence negligencia procesable.
activate *v* activar.
active *adj* activo, en funciones.
active account cuenta activa.
active administration administración activa.
active administrator administrador activo.
active bond bono activo, bono con gran volumen de transacciones.

active box ubicación física de los valores de clientes que una casa de corretaje guarda.
active business negocio activo.
active buying compras activas, demanda activa.
active capital capital activo.
active client cliente activo.
active corporation corporación activa.
active debt deuda activa.
active demand demanda activa.
active employee empleado activo.
active file archivo activo, fichero activo.
active fund management administración activa de fondos, gestión activa de fondos.
active income ingreso activo.
active investment inversión activa.
active investor inversionista activo.
active job empleo activo.
active management administración activa, gestión activa.
active manager administrador activo, gerente activo.
active market mercado activo.
active member miembro activo.
active money dinero activo.
active participation participación activa.
active partner socio activo.
active population población activa.
active portfolio cartera activa.
active portfolio management administración activa de cartera, gestión activa de cartera.
active portfolio strategy estrategia de cartera activa.
active return rendimiento activo.
active securities valores activos.
active stocks acciones con gran cantidad de transacciones.
active trader comerciante activo, inversionista activo.
active trading gran cantidad de transacciones.
active trust fideicomiso activo.
activist *n* activista.
activist policy política activista.
activity *n* actividad.
activity account cuenta de actividad.
activity accounting contabilidad por actividades.
activity analysis análisis de actividad.
activity-based budgeting presupuestación basada en la actividad.
activity-based costing costeo basado en la actividad.
activity-based management administración basada en la actividad, gestión basada en la actividad.
activity bonus bonificación por actividad, bono por actividad.
activity charge cargo por actividad.
activity costing costeo por actividades.
activity factor factor de actividad.
activity fee cargo por actividad.
activity indicator indicador de actividad.
activity rate tasa de actividad.
activity ratio ratio de actividad, razón de actividad, coeficiente de actividad.
activity report informe sobre actividad, reporte sobre actividad.
activity status estado de actividad.
actual *adj* actual, real, efectivo, corriente.
actual account cuenta actual.
actual age edad real.
actual agency agencia real, mandato de hecho.

actual amount cantidad real, monto real.
actual assets activo corriente, activo líquido, activo realizable.
actual authorisation autorización real, autorización efectiva.
actual authority autoridad real, autoridad efectiva.
actual authorization autorización real, autorización efectiva.
actual bailment depósito efectivo.
actual balance of payments balanza de pagos corriente.
actual budget presupuesto corriente, presupuesto real.
actual budgeting presupuestación corriente.
actual business year ejercicio anual corriente, año comercial corriente.
actual capital capital corriente, capital circulante, capital real.
actual cash value valor realizable en efectivo, precio justo de venta, precio real de venta.
actual change of possession cambio de posesión efectivo, traspaso verdadero.
actual cost costo real, coste real, costo de adquisición, coste de adquisición, costo corriente, coste corriente.
actual damages daños efectivos, daños reales.
actual debt deuda corriente, deuda real.
actual delivery entrega efectiva, entrega real, entrega material.
actual demand demanda corriente, demanda real.
actual depreciation depreciación real, depreciación efectiva.
actual disbursement desembolso corriente, desembolso real.
actual dollars dólares corrientes.
actual earnings ingresos corrientes, ingresos reales.
actual eviction evicción efectiva, desahucio efectivo, desalojo físico.
actual exchange rate tipo de cambio corriente, tasa de cambio corriente.
actual expenditures gastos corrientes, gastos reales.
actual expenses gastos corrientes, gastos reales.
actual exports exportaciones reales, exportaciones corrientes.
actual fiscal year año fiscal en curso.
actual fraud fraude efectivo.
actual holdings cartera de inversiones actual, propiedades actuales, posesiones actuales.
actual imports importaciones reales, importaciones corrientes.
actual income ingreso actual, ingreso real.
actual indicator indicador coincidente.
actual insurance seguro corriente, seguro vigente.
actual interest interés corriente.
actual interest rate tasa de interés corriente.
actual investments inversiones corrientes, inversiones reales.
actual liabilities pasivo corriente, pasivo líquido.
actual licence licencia corriente.
actual license licencia corriente.
actual liquidity liquidez corriente, liquidez real.
actual loss pérdida real, pérdida efectiva.
actual market mercado actual, mercado real.
actual market price precio corriente de mercado, precio en el mercado actual.
actual market value valor corriente de mercado, valor en el mercado actual.
actual markup margen real de ganancia.
actual maturity vencimiento corriente.

actual member miembro vigente.
actual membership membresía vigente.
actual occupancy ocupación efectiva.
actual offer oferta corriente, oferta real.
actual operations operaciones en curso.
actual overdraft sobregiro real.
actual owner dueño corriente, dueño real.
actual payments pagos corrientes, pagos reales.
actual policy póliza corriente, política corriente, póliza real.
actual portfolio cartera de valores corriente.
actual possession posesión actual, posesión efectiva, posesión real.
actual price precio corriente, precio real.
actual production producción corriente.
actual production rate tasa de producción corriente.
actual profits beneficios corrientes, ganancias corrientes.
actual quote cotización actual.
actual rate tasa real, tasa corriente.
actual rate of return tasa de rendimiento real, tasa de rendimiento corriente.
actual ratio ratio corriente, ratio de liquidez, razón corriente, razón de liquidez.
actual return rendimiento corriente, rendimiento real.
actual revenues ingresos corrientes, ingresos reales.
actual salary salario real, salario efectivo, sueldo real, sueldo efectivo, salario del presente período, salario actual.
actual state estado corriente.
actual status estado corriente.
actual stock existencias reales.
actual terms términos corrientes, términos reales.
actual total loss pérdida total efectiva.
actual turnover giro real, rotación real.
actual user usuario real, usuario actual.
actual value valor corriente, valor real.
actual volume volumen actual, volumen real.
actual wages salario real, salario efectivo, sueldo real, sueldo efectivo, salario del presente período, salario actual.
actual weight peso real.
actual year año en curso.
actual yield rendimiento corriente, rendimiento real.
actuals *n* mercancías a entregar físicamente, existencias.
actuarial *adj* actuarial.
actuarial adjustment ajuste actuarial.
actuarial assumptions suposiciones actuariales.
actuarial basis base actuarial.
actuarial equivalent equivalente actuarial.
actuarial evaluation evaluación actuarial.
actuarial expectation expectativa actuarial.
actuarial gains ganancias actuariales.
actuarial liability responsabilidad actuarial.
actuarial life expectancy expectativa de vida actuarial.
actuarial losses pérdidas actuariales.
actuarial rate tasa actuarial.
actuarial report informe actuarial, reporte actuarial.
actuarial reserve reserva actuarial.
actuarial science ciencia actuarial.
actuarial statistics estadística actuarial.
actuarial table tabla actuarial.
actuarial valuation valuación actuarial, valoración actuarial.

actuary *n* actuario.
ACV (actual cash value) valor realizable en efectivo.
ad (advertisement) anuncio.
ad (advertising) publicidad.
ad agency agencia de publicidad, agencia publicitaria.
ad agent agente de publicidad, agente publicitario.
AD-AS (aggregate demand-aggregate supply) demanda agregada-oferta agregada.
ad banner banner publicitario.
ad budget presupuesto de publicidad, presupuesto publicitario.
ad budgeting presupuestación publicitaria.
ad campaign campaña de publicidad, campaña publicitaria.
ad click rate tasa de clics de anuncio.
ad consultant consultor de publicidad, consultor publicitario.
ad cost costo de publicidad, costo publicitario, coste de publicidad, coste publicitario.
ad coverage cobertura de publicidad, cobertura publicitaria.
ad department departamento de publicidad, departamento publicitario.
ad director director de publicidad, director publicitario.
ad division división de publicidad.
ad executive ejecutivo de publicidad, ejecutivo publicitario.
ad expenditures gastos de publicidad, gastos publicitarios.
ad expenses gastos de publicidad, gastos publicitarios.
ad gimmick truco publicitario, truco de publicidad.
ad hoc ad hoc, tratándose de esto, a esto.
ad hoc working group grupo de trabajo ad hoc.
ad jingle jingle publicitario.
ad literature literatura publicitaria.
ad manager gerente de publicidad, administrador de publicidad.
ad materials materiales publicitarios, materiales de publicidad.
ad media medios publicitarios, medios de publicidad.
ad office oficina de publicidad.
ad plan plan publicitario, plan de publicidad.
ad ploy estratagema publicitaria.
ad policy política de publicidad, política publicitaria.
ad reach alcance de la publicidad, alcance publicitario.
ad slogan slogan publicitario, eslogan publicitario, lema publicitario.
ad standards normas de publicidad, normas publicitarias.
ad strategy estrategia publicitaria, estrategia de publicidad.
ad trick truco publicitario, truco de publicidad.
ad valorem según el valor, ad valorem.
ad valorem customs duties derechos aduaneros según el valor, derechos aduaneros ad valorem.
ad valorem duties derechos ad valorem, derechos al valor, derechos según el valor.
ad valorem equivalent equivalente ad valorem, equivalente según el valor.
ad valorem rate tasa según el valor, tasa ad valorem.
ad valorem tariff tarifa según el valor, tarifa ad valorem.

ad valorem tax impuesto según el valor, impuesto ad valorem.

ad vehicle vehículo publicitario, vehículo de publicidad, medio publicitario, medio de publicidad.

adapt *v* adaptar.

adaptive *adj* adaptivo.

adaptive administration administración adaptiva.

adaptive administrator administrador adaptivo.

adaptive management administración adaptiva, gestión adaptiva.

adaptive manager administrador adaptivo.

add-on *adj* adicional, añadido, aditivo.

add-on interest intereses basados en la suma de los intereses por pagar y el principal.

add-on minimum tax impuesto mínimo adicional.

added *adj* adicional.

added appropriation apropiación adicional, asignación adicional.

added collateral colateral adicional.

added contribution contribución adicional.

added cost costo adicional, coste adicional.

added coverage cobertura adicional.

added deposit depósito adicional.

added duty impuesto adicional, tarifa adicional, derechos de aduana adicionales.

added expenditures gastos adicionales.

added expenses gastos adicionales.

added freight flete adicional.

added insured asegurado adicional.

added payment pago adicional, abono adicional.

added security seguridad adicional, garantía adicional.

added tariff tarifa adicional.

added tax impuesto adicional, contribución adicional.

added value valor agregado, plusvalía.

added-value tax impuesto al valor agregado, impuesto de plusvalía.

addendum *n* suplemento, artículo adicional.

adding machine máquina de sumar.

addition *n* adición.

additional *adj* adicional.

additional appropriation apropiación adicional, asignación adicional.

additional bonds test prueba de bonos adicionales.

additional collateral colateral adicional.

additional contribution contribución adicional.

additional cost costo adicional, coste adicional.

additional coverage cobertura adicional.

additional credit crédito adicional.

additional damages daños adicionales.

additional death benefit beneficio adicional por muerte.

additional deposit depósito adicional.

additional deposit privilege privilegio de hacer depósitos adicionales.

additional duty impuesto adicional, tarifa adicional, derechos de aduana adicionales.

additional expenditure gasto adicional.

additional expenses gastos adicionales.

additional extended coverage cobertura extendida adicional.

additional first-year depreciation depreciación del primer año adicional.

additional freight flete adicional.

additional hedge cobertura adicional.

additional insured asegurado adicional.

additional markon importe adicional añadida a la cantidad que se le suma al costo para llegar al precio de lista.

additional payment pago adicional, abono adicional.

additional security seguridad adicional, garantía adicional.

additional tariff tarifa adicional.

additional tax impuesto adicional, contribución adicional.

additional voluntary contributions contribuciones voluntarias adicionales.

additionally *adv* adicionalmente.

address *n* dirección, discurso.

address book libreta de direcciones, libro de direcciones.

address label etiqueta de dirección.

address verification verificación de dirección.

addressee *n* destinatario.

addresser *n* remitente.

adequacy *n* suficiencia.

adequacy of coverage suficiencia de cobertura.

adequacy of financing suficiencia de financiación, suficiencia de financiamiento.

adequacy of insurance suficiencia de cobertura.

adequacy of reserves suficiencia de reservas.

adequate *adj* adecuado.

adequate compensation compensación adecuada.

adequate consideration contraprestación adecuada, contraprestación razonable, causa adecuada, prestación adecuada.

adequate coverage cobertura adecuada.

adequate disclosure divulgación adecuada.

adequate income ingresos adecuados.

adequate notice notificación adecuada.

adequate pay paga adecuada.

adequate quality calidad adecuada.

adequate remuneration remuneración adecuada.

adequate salary salario adecuado.

adequately *adv* adecuadamente.

ADG (assistant director general) director general adjunto.

adherence *n* adherencia.

adherent *adj* adherente.

adhesion *n* adhesión.

adhesion contract contrato de adhesión, contrato por adhesión.

adhesion insurance contract contrato de seguros de adhesión.

adjacent *adj* adyacente.

adjacent property propiedad adyacente.

adjoining *adj* adyacente, colindante.

adjoining landowners dueños de propiedades colindantes.

adjoining properties propiedades colindantes.

adjourn *v* suspender, aplazar, clausurar.

adjourned *adj* suspendido, aplazado.

adjournment *n* suspensión, aplazamiento, clausura.

adjudicate *v* adjudicar.

adjudication *n* adjudicación.

adjudication of bankruptcy adjudicación de quiebra.

adjunct *adj* adjunto, auxiliar.

adjunct account cuenta adjunta.

adjust *v* ajustar.

adjust prices ajustar precios.

adjustable *adj* ajustable.

adjustable amount cantidad ajustable.

adjustable base base ajustable.

adjustable benefits beneficios ajustables.

adjustable bond bono ajustable.

adjustable budget presupuesto ajustable.

adjustable budgeting presupuestación ajustable.
adjustable capital capital ajustable.
adjustable cost costo ajustable, coste ajustable.
adjustable currency moneda ajustable.
adjustable debt deuda ajustable.
adjustable depreciation depreciación ajustable, amortización ajustable.
adjustable exchange rate tipo de cambio ajustable.
adjustable income ingreso ajustable.
adjustable insurance seguro ajustable.
adjustable interest interés ajustable.
adjustable interest rate tasa de interés ajustable.
adjustable life seguro de vida ajustable.
adjustable life insurance seguro de vida ajustable.
adjustable limit límite ajustable.
adjustable loan préstamo ajustable.
adjustable mortgage hipoteca ajustable.
adjustable mortgage loan préstamo hipotecario ajustable.
adjustable mortgage rate tasa hipotecaria ajustable.
adjustable overhead gastos generales ajustables.
adjustable payments pagos ajustables.
adjustable peg tasa de cambio fijada a otra tasa.
adjustable premium prima ajustable.
adjustable price precio ajustable.
adjustable rate tasa ajustable, tipo ajustable.
adjustable-rate account cuenta de tasa ajustable.
adjustable-rate certificate certificado de depósito de tasa ajustable.
adjustable-rate certificate of deposit certificado de depósito de tasa ajustable.
adjustable-rate financing financiamiento de tasa ajustable.
adjustable-rate loan préstamo de tasa ajustable.
adjustable-rate mortgage hipoteca con tasa de interés ajustable.
adjustable-rate preferred shares acciones preferidas de tasa ajustable.
adjustable-rate preferred stock acciones preferidas de tasa ajustable.
adjusted *adj* ajustado.
adjusted balance method método de saldos ajustados.
adjusted basis base ajustada.
adjusted book value valor contable ajustado, valor en libros ajustado.
adjusted capital capital ajustado.
adjusted cost base base de costo ajustada, base de coste ajustada.
adjusted cost basis base de costo ajustada, base de coste ajustada.
adjusted debit balance saldo deudor ajustado.
adjusted downward ajustado hacia abajo, ajustado a la baja.
adjusted exercise price precio de ejercicio ajustado.
adjusted gross income ingreso bruto ajustado, renta bruta ajustada.
adjusted income ingreso ajustado, renta ajustada.
adjusted net income ingreso neto ajustado, renta neta ajustada.
adjusted present value valor actual ajustado.
adjusted rate tasa ajustada.
adjusted sales price precio de venta ajustado.
adjusted share price precio de acción ajustado.
adjusted stock price precio de acción ajustado.
adjusted tax basis base impositiva ajustada.
adjusted upward ajustado hacia arriba, ajustado al

alza.
adjusted value valor ajustado.
adjuster *n* ajustador, liquidador, arreglador.
adjusting entry asiento de ajuste.
adjusting journal entry asiento de ajuste del diario.
adjustment *n* ajuste, liquidación.
adjustment account cuenta de ajuste.
adjustment bond bono de reorganización.
adjustment credit crédito de ajuste.
adjustment entry asiento de ajuste.
adjustment equation ecuación de ajuste.
adjustment factor factor de ajuste.
adjustment for inflation ajuste para inflación.
adjustment income ingreso de ajuste.
adjustment mortgage hipoteca de ajuste.
adjustment of a claim liquidación de una reclamación.
adjustment of accounts ajuste de cuentas, liquidación de cuentas.
adjustment preferred shares acciones preferidas de ajuste.
adjustment preferred stock acciones preferidas de ajuste.
adjustment process proceso de ajuste.
administer *v* administrar.
administer commerce administrar el comercio.
administer costs administrar los costos, administrar los costes.
administer demand administrar la demanda.
administer exchange rates administrar los tipos de cambio.
administer expenditures administrar los gastos.
administer expenses administrar los gastos.
administer funds administrar los fondos.
administer growth administrar el crecimiento.
administer inflation administrar la inflación.
administer prices administrar los precios.
administer rates administrar las tasas.
administer salaries administrar los salarios.
administer shares administrar las acciones.
administer stock administrar las acciones.
administer the economy administrar la economía.
administer trade administrar el comercio.
administer wages administrar los salarios.
administered *adj* administrado.
administered account cuenta administrada.
administered commodities mercancías administradas, productos administrados.
administered company compañía administrada.
administered corporation corporación administrada.
administered costs costos administrados, costes administrados.
administered currency moneda administrada, moneda controlada.
administered demand demanda administrada.
administered disbursement desembolso administrado.
administered economy economía planificada, economía dirigida, economía administrada.
administered exchange rate tipo de cambio administrado, tasa de cambio administrada.
administered expenditures gastos administrados.
administered expenses gastos administrados.
administered foreign corporation corporación extranjera administrada.
administered funds fondos administrados.
administered group grupo administrado.
administered growth crecimiento administrado.
administered inflation inflación administrada.

administered liabilities pasivo administrado.
administered market mercado administrado.
administered money moneda administrada, fondos administrados.
administered prices precios administrados.
administered rates tasas administradas, tipos administrados.
administered salaries salarios administrados.
administered shares acciones administradas.
administered stock acciones administradas.
administered trade comercio administrado, comercio controlado.
administered wages salarios administrados.
administering *adj* administrante, administrador.
administering authority autoridad administradora.
administrate *v* administrar, dirigir.
administrate commerce administrar el comercio.
administrate costs administrar los costos, administrar los costes.
administrate demand administrar la demanda.
administrate exchange rates administrar los tipos de cambio.
administrate expenditures administrar los gastos.
administrate expenses administrar los gastos.
administrate funds administrar los fondos.
administrate growth administrar el crecimiento.
administrate inflation administrar la inflación.
administrate prices administrar los precios.
administrate rates administrar las tasas.
administrate salaries administrar los salarios.
administrate the economy administrar la economía.
administrate trade administrar el comercio.
administrate wages administrar los salarios.
administrated *adj* administrado.
administrated account cuenta administrada.
administrated commodities mercancías administradas, productos administrados.
administrated company compañía administrada.
administrated corporation corporación administrada.
administrated costs costos administrados, costes administrados.
administrated currency moneda administrada, moneda controlada.
administrated demand demanda administrada.
administrated economy economía planificada, economía dirigida, economía administrada.
administrated exchange rate tipo de cambio administrado, tasa de cambio administrada.
administrated expenditures gastos administrados.
administrated expenses gastos administrados.
administrated funds fondos administrados.
administrated group grupo administrado.
administrated growth crecimiento administrado.
administrated inflation inflación administrada.
administrated market mercado administrado.
administrated money moneda administrada, fondos administrados.
administrated prices precios administrados.
administrated rates tasas administradas, tipos administrados.
administrated salaries salarios administrados.
administrated shares acciones administradas.
administrated stock acciones administradas.
administrated trade comercio administrado, comercio controlado.
administrated wages salarios administrados.
administration *n* administración, dirección.
administration agency agencia administrativa,

agencia de administración.
administration audit auditoría administrativa, auditoría de administración.
administration board junta administrativa, junta de administración.
administration by crisis administración por crisis, administración de crisis en crisis.
administration by exception administración por excepciones.
administration by objectives administración por objetivos.
administration company compañía administrativa, compañía de administración.
administration consultant consultor administrativo, consultor de administración.
administration costs costos administrativos, costes administrativos, costos de administración, costes de administración.
administration deviation irregularidad administrativa.
administration director director administrativo, director de administración.
administration employee empleado administrativo, empleado de administración.
administration expenditures gastos de administración.
administration expenses gastos de administración.
administration fee cargo administrativo, cargo de administración.
administration irregularity irregularidad administrativa, irregularidad de administración.
administration job empleo administrativo, empleo de administración.
administration manager gerente administrativo, gerente de administración.
administration office oficina administrativa, oficina de administración.
administration officer oficial administrativo, funcionario administrativo, oficial de administración, funcionario de administración.
administration personnel personal administrativo, personal de administración.
administration planning planificación administrativa, planificación de administración.
administration practices prácticas administrativas, prácticas de administración.
administration procedures procedimientos administrativos, procedimientos de administración.
administration services servicios administrativos, servicios de administración.
administration skills destrezas administrativas, destrezas de administración.
administration staff personal administrativo, personal de administración.
administration system sistema administrativo, sistema de administración.
administration work trabajo administrativo, trabajo de administración.
administrative *adj* administrativo.
administrative accountancy contabilidad administrativa.
administrative accountant contable administrativo, contador administrativo.
administrative accounting contabilidad administrativa.
administrative accounts cuentas administrativas.
administrative action acción administrativa, acto administrativo.
administrative agency agencia administrativa,

agencia administradora.
administrative agreement acuerdo administrativo.
administrative assistant asistente administrativo.
administrative audit auditoría administrativa.
administrative board junta administrativa, junta administradora, junta directiva.
administrative budget presupuesto administrativo.
administrative budgeting presupuestación administrativa.
administrative charge cargo administrativo, cargo administrador.
administrative commission comisión administrativa, comisión administradora.
administrative committee comité administrativo, comité administrador.
administrative company compañía administrativa, compañía administradora.
administrative consultant consultor administrativo, consultor administrador.
administrative consulting services servicios de consultores en administración.
administrative contract contrato administrativo.
administrative control control administrativo.
administrative control system sistema de control administrativo.
administrative costs costos administrativos, costes administrativos.
administrative council consejo administrativo, consejo administrador.
administrative cycle ciclo administrativo.
administrative development desarrollo administrativo.
administrative deviation irregularidad administrativa.
administrative effectiveness efectividad administrativa.
administrative efficiency eficiencia administrativa.
administrative employee empleado administrativo.
administrative engineering ingeniería administrativa.
administrative expenditures gastos administrativos.
administrative expenses gastos administrativos.
administrative fee cargo administrativo.
administrative game juego administrativo.
Administrative Information Systems Sistemas de Información Gerencial.
administrative irregularity irregularidad administrativa.
administrative job empleo administrativo.
administrative law derecho administrativo.
administrative methods métodos administrativos.
administrative office oficina administrativa, oficina de administración.
administrative officer oficial administrativo, funcionario administrativo.
administrative personnel personal administrativo.
administrative planning planificación administrativa.
administrative position puesto administrativo.
administrative practices prácticas administrativas.
administrative prerogatives prerrogativas administrativas.
administrative prices precios administrativos.
administrative procedures procedimientos administrativos.
administrative reorganisation reorganización administrativa.

administrative reorganization reorganización administrativa.
administrative report informe administrativo, reporte administrativo.
administrative revenues ingresos administrativos.
administrative review revisión administrativa.
administrative rights derechos administrativos.
administrative services servicios administrativos.
administrative skills destrezas administrativas.
administrative staff personal administrativo.
administrative structure estructura administrativa.
administrative style estilo administrativo.
administrative system sistema administrativo.
administrative theory teoría administrativa.
administrative training entrenamiento administrativo.
administrative work trabajo administrativo.
administrator n administrador.
admissible adj admisible.
admissible assets activo admisible.
admission n admisión, reconocimiento, entrada, ingreso.
admission of liability reconocimiento de responsabilidad.
admissions tax impuesto sobre entradas, contribución sobre entradas.
admit v admitir, reconocer.
admit a claim admitir una reclamación.
admit a debt admitir una deuda.
admitted adj admitido.
admitted assets activo admitido, activo computable.
admitted claim reclamación admitida.
admitted company compañía autorizada.
adopt v adoptar.
adopt a measure adoptar una medida.
adopt a resolution adoptar una resolución, adoptar un acuerdo.
adoption n adopción.
adoption by reference incorporación por referencia.
adoption curve curva de adopción.
ADP (automated data processing) procesamiento automático de datos.
ADR (American Depositary Receipt) recibo de depósito estadounidense, American Depositary Receipt.
ADS (American Depositary Shares) American Depositary Shares.
adulteration n adulteración, falsificación.
advance adj anticipado.
advance n adelanto, anticipo, préstamo.
advance v adelantar, anticipar, ascender.
advance account cuenta de anticipos.
advance bill factura anticipada.
advance billing facturación anticipada.
advance cash pago anticipado.
advance commitment compromiso anticipado.
advance copy copia anticipada.
advance deposit depósito anticipado.
advance deposit requirement requisito de depósito anticipado.
advance fee cargo anticipado.
advance freight flete anticipado.
advance, in por adelantado.
advance letter of credit carta de crédito anticipada.
advance money adelantar dinero, anticipar dinero.
advance notice aviso anticipado, preaviso.
advance of money anticipo de dinero, adelanto.

advance of salary anticipo de salario.

advance on policy anticipo sobre póliza.

advance option opción de anticipo.

advance payment pago anticipado, abono anticipado, anticipo.

advance premium prima anticipada.

advance publicity propaganda anticipada, publicidad anticipada.

advance redemption reembolso anticipado, rescate anticipado, redención anticipada.

advance refunding refinanciación anticipada.

advance rent renta anticipada.

advance repayment reembolso anticipado.

advance repo recompra anticipada.

advance repurchase recompra anticipada.

advance reservation reserva anticipada, reservación anticipada.

advance tax impuesto anticipado, contribución adelantada, contribución anticipada, impuesto adelantado.

advance tax payment pago anticipado de impuestos.

advanced *adj* avanzado, adelantado.

advanced economy economía avanzada.

advancement *n* anticipo, adelanto, ascenso.

advancers *n* acciones que suben un día dado.

advances to employees anticipos al personal.

advancing shares acciones que suben un día dado.

advantage *n* ventaja.

advantageous *adj* ventajoso.

adventure *n* empresa conjunta, empresa, especulación, riesgo.

adverse *adj* adverso.

adverse balance saldo negativo, balance con déficit.

adverse conditions condiciones adversas.

adverse opinion opinión adversa.

adverse possession posesión adversa.

adverse selection selección adversa.

adverse title título adquirido mediante prescripción adquisitiva.

adverse trade balance balanza comercial con déficit.

advert *n* anuncio.

advert *v* referirse a, prestar atención a.

advertise *v* anunciar.

advertised *adj* anunciado.

advertisement *n* anuncio.

advertiser *n* anunciante.

advertising *n* publicidad.

advertising administration administración de publicidad, administración publicitaria.

advertising administrator administrador de publicidad, administrador publicitario.

advertising agency agencia de publicidad, agencia publicitaria.

advertising agent agente de publicidad, agente publicitario.

advertising agreement acuerdo de publicidad, acuerdo publicitario.

advertising and promotion publicidad y promoción.

advertising budget presupuesto de publicidad, presupuesto publicitario.

advertising budgeting presupuestación publicitaria.

advertising campaign campaña de publicidad, campaña publicitaria.

advertising channels canales de publicidad, canales publicitarios.

advertising concept concepto de publicidad, concepto publicitario.

advertising consultant consultor de publicidad, consultor publicitario.

advertising cost costo de publicidad, costo publicitario, coste de publicidad, coste publicitario.

advertising cost analysis análisis de costos de publicidad, análisis de costes de publicidad.

advertising coverage cobertura de publicidad, cobertura publicitaria.

advertising department departamento de publicidad, departamento publicitario.

advertising director director de publicidad, director publicitario.

advertising division división de publicidad, división publicitaria.

advertising executive ejecutivo de publicidad, ejecutivo publicitario.

advertising expenditures gastos de publicidad, gastos publicitarios.

advertising expenses gastos de publicidad, gastos publicitarios.

advertising gimmick truco de publicidad, truco publicitario.

advertising intermediaries intermediarios de publicidad, intermediarios publicitarios.

advertising jingle jingle de publicidad, jingle publicitario.

advertising literature literatura de publicidad, literatura publicitaria.

advertising management administración de publicidad, administración publicitaria, gestión de publicidad, gestión publicitaria.

advertising manager gerente de publicidad, administrador de publicidad.

advertising materials materiales de publicidad, materiales publicitarios.

advertising media medios de publicidad, medios publicitarios.

advertising mix mezcla de publicidad, mezcla publicitaria.

advertising model modelo de publicidad, modelo publicitario.

advertising office oficina de publicidad, oficina publicitaria.

advertising plan plan de publicidad, plan publicitario.

advertising ploy estratagema de publicidad, estratagema publicitaria.

advertising policy política de publicidad, política publicitaria.

advertising reach alcance de publicidad, alcance publicitario.

advertising research investigación de publicidad, investigación publicitaria.

advertising slogan slogan de publicidad, slogan publicitario, eslogan de publicidad, eslogan publicitario, lema de publicidad, lema publicitario.

advertising space espacio de publicidad, espacio publicitario.

advertising standards normas de publicidad, normas publicitarias.

advertising strategy estrategia de publicidad, estrategia publicitaria.

advertising team equipo de publicidad, equipo publicitario.

advertising trick truco de publicidad, truco publicitario.

advertising vehicle vehículo de publicidad, vehículo publicitario, medio de publicidad, medio publicitario.

advertorial *n* publireportaje, anuncio presentado de modo que de la impresión que es un reportaje o editorial.

advice *n* consejos, asesoramiento, aviso.

advice book libro de envíos.

advice note aviso de envío.

advice of delivery aviso de entrega.

advice of despatch aviso de envío.

advice of dispatch aviso de envío.

advisable *adj* aconsejable.

advise *v* aconsejar, asesorar, avisar.

adviser *n* asesor, consejero.

advising bank banco notificador, banco ordenante, banco girador.

advisor *n* asesor, consejero.

advisory bank banco asesor.

advisory board junta asesora.

advisory committee comité asesor.

advisory council consejo asesor.

advisory group grupo asesor.

advisory opinion opinión consultiva, opinión asesora.

advisory report informe de asesoría, reporte de asesoría.

advocacy advertising publicidad apoyando una causa.

affairs *n* negocios, trámites.

affect *v* afectar.

affected member miembro afectado.

affecting commerce concerniente a los negocios.

affection *n* hipotecar para asegurar el pago de dinero o la prestación de servicios, pignorar para asegurar el pago de dinero o la prestación de servicios.

affiant *n* quien ha hecho una declaración jurada.

affidavit *n* affidávit, declaración jurada.

affidavit of loss affidávit de pérdidas, declaración jurada de pérdidas.

affiliate *n* afiliado, filial, sociedad vinculada.

affiliate *v* afiliarse.

affiliated *adj* afiliado.

affiliated bank banco afiliado.

affiliated chain cadena afiliada.

affiliated company compañía afiliada, sociedad afiliada.

affiliated corporation corporación afiliada.

affiliated enterprise empresa afiliada.

affiliated entity entidad afiliada.

affiliated group grupo afiliado.

affiliated person persona afiliada.

affiliated retailer detallista afiliado.

affiliated union sindicato afiliado, unión afiliada, gremio afiliado.

affiliated wholesaler mayorista afiliado.

affiliation *n* afiliación.

affiliation fee cargo por afiliación.

affiliation requirements requisitos para afiliación.

affinity card tarjeta de compras la cual al usarse hace un pequeño donativo a una organización dada, tarjeta patrocinada por una organización dada y que ofrece descuentos al hacer compras.

affirm *v* afirmar.

affirmative *adj* afirmativo.

affirmative action programs programas diseñados para remediar prácticas discriminatorias.

affirmative easement servidumbre positiva, servidumbre afirmativa.

affix *v* adherir, poner, fijar.

affixed document documento adjunto, documento anexo.

affixed to the freehold fijado al terreno.

affluence *n* afluencia.

affordability *n* calidad de asequible.

affordability index índice que refleja cuan asequible es comprar una vivienda.

affordable *adj* asequible, razonable.

affordable cost costo razonable, costo asequible, coste razonable, coste asequible.

affordable interest rate tasa de interés razonable, tasa de interés asequible.

affordable payment pago razonable, pago asequible.

affordable premium prima razonable, prima asequible.

affordable price precio razonable, precio asequible.

affordable rate tasa razonable, tasa asequible.

affreightment *n* fletamento.

afloat *adj* a flote.

aforedescribed *adj* anteriormente descrito, antedicho, susodicho.

aforementioned *adj* anteriormente mencionado, antedicho, susodicho.

aforenamed *adj* anteriormente nombrado, antedicho, susodicho.

aforestated *adj* anteriormente mencionado, antedicho, susodicho.

AFT (automatic funds transfer) transferencia automática de fondos.

after-acquired *adj* adquirido luego de.

after-acquired clause cláusula de propiedad adquirida luego de la transacción.

after-acquired property propiedad adquirida luego de la transacción, propiedad adquirida luego de la declaración de quiebra.

after-acquired property clause cláusula de propiedad adquirida luego de la transacción.

after-cost *n* costo adicional, coste adicional.

after-effects *n* repercusiones, consecuencias, efectos posteriores.

after-hours *adj* fuera de horas, después de horas hábiles.

after-hours dealing transacciones bursátiles después de las horas usuales.

after-hours trading transacciones bursátiles después de las horas usuales.

after-market *n* mercado secundario.

after-market dealing transacciones bursátiles después de las horas usuales.

after-market trading transacciones bursátiles después de las horas usuales.

after-profits *adj* tras beneficios, tras ganancias.

after-sales *adj* posventa, tras ventas.

after-sales service servicio posventa, servicio después de la venta.

after-tax *adj* después de impuestos, después de contribuciones, tras impuestos.

after-tax basis base después de impuestos.

after-tax cash flow flujo de fondos después de impuestos.

after-tax equity yield rendimiento de inversión neta en bienes raíces después de impuestos.

after-tax income ingresos después de impuestos.

after-tax rate of return tasa de rendimiento después de impuestos.

after-tax real rate of return tasa de rendimiento efectiva después de impuestos.

after the bell tras el cierre.

after the close tras el cierre.

aftercost *n* costo adicional, coste adicional.

aftereffects *n* repercusiones, consecuencias, efectos posteriores.
aftermarket *n* mercado secundario.
against all risks contra todos los riesgos.
against documents contra documentos, contra entrega de documentos.
against fair trade contra la competencia justa y razonable.
against free trade contra el libre comercio.
against payment contra pago.
against the box venta al descubierto de valores en cartera.
against the law contra la ley.
age admitted aceptación de la edad declarada por un asegurado.
age benefits beneficios por edad.
age change cambio de edad.
age discrimination discriminación por edad.
age-earnings profile relación entre la edad y los ingresos.
age exemption exención por edad.
age group grupo de edades.
age limit límite de edad.
age of majority mayoría de edad, edad en la que se puede contratar.
age reduction reducción por edad.
aged account cuenta vencida.
ageism *n* discriminación por edad.
agency *n* agencia, mandato, representación, dependencia, filial.
agency account cuenta de agencia.
agency agreement convenio de agencia.
agency bank banco agente.
agency broker corredor de agencia.
agency by necessity agencia establecida por circunstancias de necesidad, mandato establecido por circunstancias de necesidad.
agency charge cargo por agencia.
agency contract contrato de agencia.
agency costs costos de agencia, costes de agencia.
agency fee honorario de agencia.
agency fund fondo de agencia.
agency problem problema de agencia.
agency relationship relación de agencia, relación de mandato.
agency securities valores de agencia.
agency shop organización donde los no agremiados pagan cuotas sindicales.
agency theory teoría de la agencia.
agency to sell autorización para vender, mandato para vender.
agency transaction transacción de agencia.
agenda *n* agenda, programa.
agent *n* agente, representante.
agent bank banco agente.
agent licence licencia de agente.
agent license licencia de agente.
agent's actual authority autoridad para la cual se encargó al agente, facultades del agente.
agent's fee honorario del agente.
agent's implied authority facultades implícitas del agente.
agent's lien gravamen del agente.
agglomeration *n* aglomeración.
aggregate *adj* total, global.
aggregate *v* agregar, reunir.
aggregate account cuenta global.
aggregate amount monto total.
aggregate annual deductible deducible anual total.

aggregate assets activos totales.
aggregate balance saldo total.
aggregate benefits beneficios totales.
aggregate capital capital total.
aggregate capitalisation capitalización total.
aggregate capitalization capitalización total.
aggregate concentration concentración total.
aggregate cost costo total, coste total.
aggregate debt deuda total.
aggregate demand demanda agregada, demanda total.
aggregate demand-aggregate supply demanda agregada-oferta agregada.
aggregate disbursement desembolso total.
aggregate discount descuento total.
aggregate exercise price precio total de ejercicio.
aggregate expenditures gastos totales.
aggregate expenses gastos totales.
aggregate exports exportaciones totales.
aggregate imports importaciones totales.
aggregate income ingresos totales.
aggregate indemnity beneficio máximo de una póliza.
aggregate insurance seguro total.
aggregate insurance limit límite de seguros total.
aggregate investment inversión total.
aggregate liability responsabilidad total.
aggregate limit límite total.
aggregate limit of liability límite de responsabilidad total.
aggregate loss pérdida total.
aggregate output salida total.
aggregate payment pago total.
aggregate receipts entradas totales.
aggregate reserves reservas totales.
aggregate return rendimiento total.
aggregate revenue ingresos totales.
aggregate risk riesgo total.
aggregate sales ventas totales.
aggregate spending gastos totales.
aggregate supply oferta agregada, oferta total.
aggregate value valor total.
aggregate yield rendimiento total.
aggregated *adj* agregado.
aggregated demand demanda agregada.
aggregation *n* agregación.
aggregation bias sesgo de agregación.
aggregation problem problema de agregación.
aggregative *adj* agregativo.
aggressive accounting contabilidad agresiva.
aggressive growth crecimiento agresivo.
aggressive-growth fund fondo de crecimiento agresivo.
aggressive-growth mutual fund fondo mutuo de crecimiento agresivo.
aggressive investment inversión agresiva.
aggressive investment strategy estrategia de inversión agresiva.
aggressive portfolio cartera de valores agresiva.
aggressive strategy estrategia agresiva.
agile manufacturing manufactura ágil.
aging of accounts clasificación por antigüedad.
aging schedule clasificación por antigüedad.
agio *n* agio.
agiotage *n* agiotaje.
AGM (annual general meeting) asamblea general anual.
agrarian *adj* agrario, agrícola.
agrarian activity actividad agrícola.
agrarian business negocio agrícola, empresa

agrícola.
agrarian cooperative cooperativa agrícola.
agrarian credit crédito agrícola.
agrarian development desarrollo agrícola.
agrarian enterprise empresa agrícola.
agrarian income ingresos agrícolas.
agrarian labor trabajo agrícola.
agrarian labour trabajo agrícola.
agrarian laws leyes agrícolas.
agrarian policy política agrícola.
agrarian products productos agrícolas.
agrarian reform reforma agrícola.
agrarian sector sector agrícola.
agrarian subsidy subsidio agrícola, subvención
agrícola.
agrarian technology tecnología agrícola.
agrarian transformation transformación agrícola.
agrarian worker trabajador agrícola.
agree *v* acordar, concertar, convenir, pactar,
contratar.
agreed *adj* acordado, concertado, convenido,
pactado, contratado.
agreed amount cantidad pactada, cantidad
convenida, cantidad acordada.
agreed amount clause cláusula de cantidad
convenida.
agreed benefits beneficios pactados, beneficios
convenidos.
agreed budget presupuesto pactado, presupuesto
convenido.
agreed capital capital pactado, capital convenido.
agreed charge cargo pactado, cargo convenido.
agreed commission comisión pactada, comisión
convenida.
agreed conditions condiciones pactadas,
condiciones convenidas.
agreed cost costo pactado, costo convenido, coste
pactado, coste convenido.
agreed credit line línea de crédito pactada, línea de
crédito convenida.
agreed deposit depósito pactado, depósito
convenido.
agreed exclusion exclusión acordada.
agreed expenditures gastos pactados, gastos
convenidos.
agreed expenses gastos pactados, gastos
convenidos.
agreed fee cargo pactado, cargo convenido.
agreed higher limit límite superior convenido.
agreed interest rate tasa de interés pactada, tasa de
interés convenida.
agreed liability responsabilidad pactada,
responsabilidad convenida.
agreed limit límite convenido.
agreed obligation obligación pactada, obligación
convenida.
agreed pay paga pactada, paga convenida.
agreed payment pago pactado, pago convenido.
agreed period período pactado, período convenido.
agreed premium prima pactada, prima convenida.
agreed price precio pactado, precio convenido.
agreed rate tasa pactada, tasa convenida.
agreed remuneration remuneración pactada,
remuneración convenida.
agreed rent renta pactada, renta convenida.
agreed return rendimiento pactado, rendimiento
convenido.
agreed salary salario pactado, salario convenido.
agreed selling price precio de venta pactado,
precio de venta convenido.

agreed terms términos pactados, términos
convenidos.
agreed to pactado, convenido, acordado.
agreed-upon *adj* convenido, acordado, pactado.
agreed-upon amount cantidad convenida.
agreed-upon benefits beneficios pactados,
beneficios convenidos.
agreed-upon budget presupuesto pactado,
presupuesto convenido.
agreed-upon capital capital pactado, capital
convenido.
agreed-upon charge cargo pactado, cargo
convenido.
agreed-upon commission comisión pactada,
comisión convenida.
agreed-upon conditions condiciones pactadas,
condiciones convenidas.
agreed-upon cost costo pactado, costo convenido,
coste pactado, coste convenido.
agreed-upon credit line línea de crédito pactada,
línea de crédito convenida.
agreed-upon deposit depósito pactado, depósito
convenido.
agreed-upon expenditures gastos pactados, gastos
convenidos.
agreed-upon expenses gastos pactados, gastos
convenidos.
agreed-upon fee cargo pactado, cargo convenido.
agreed-upon interest rate tasa de interés pactada,
tasa de interés convenida.
agreed-upon liability responsabilidad pactada,
responsabilidad convenida.
agreed-upon obligation obligación pactada,
obligación convenida.
agreed-upon pay paga pactada, paga convenida.
agreed-upon payment pago pactado, pago
convenido.
agreed-upon period período pactado, período
convenido.
agreed-upon premium prima pactada, prima
convenida.
agreed-upon price precio pactado, precio
convenido.
agreed-upon rate tasa pactada, tasa convenida.
agreed-upon remuneration remuneración pactada,
remuneración convenida.
agreed-upon rent renta pactada, renta convenida.
agreed-upon return rendimiento pactado,
rendimiento convenido.
agreed-upon salary salario pactado, salario
convenido.
agreed-upon selling price precio de venta
pactado, precio de venta convenido.
agreed-upon terms términos pactados, términos
convenidos.
agreed-upon wages salarios pactados, salarios
convenidos.
agreed valuation valuación convenida.
agreed value valor convenido.
agreed-value insurance seguro por valor
convenido.
agreed wages salarios pactados, salarios
convenidos.
agreed weight peso convenido.
agreement *n* convenio, acuerdo, contrato, pacto,
avenencia, concierto, tratado, trato, avenimiento,
capitulación, compostura.
agreement among underwriters contrato entre
colocadores de emisión.
agreement, as per de acuerdo a lo convenido.

agreement for insurance convenio para cobertura antes de la entrega de la póliza.
agreement in writing acuerdo por escrito.
agreement of sale contrato de compraventa.
agreement to fix prices acuerdo para fijar precios.
agreement to sell contrato de compraventa.
agri-business *n* agroindustria.
agri-food *adj* agroalimentario.
agribusiness *n* agroindustria.
agricultural *adj* agrícola.
agricultural activity actividad agrícola.
agricultural agreement convenio agrícola.
agricultural bank banco agrícola.
agricultural census censo agrícola.
agricultural co-operative cooperativa agrícola.
agricultural commerce comercio agrícola.
agricultural commodities productos agrícolas.
agricultural commodities market mercado de productos agrícolas.
agricultural cooperative cooperativa agrícola.
agricultural credit crédito agrícola.
agricultural economics economía agrícola.
agricultural economy economía agrícola.
agricultural engineering ingeniería agrícola.
agricultural equipment equipo agrícola.
agricultural exports exportaciones agrícolas.
agricultural extension extensión agrícola.
agricultural imports importaciones agrícolas.
agricultural income ingresos agrícolas.
agricultural labor trabajo agrícola.
agricultural labour trabajo agrícola.
agricultural laws leyes agrícolas.
agricultural loan préstamo agrícola.
agricultural market mercado agrícola.
agricultural policy política agrícola.
agricultural production producción agrícola.
agricultural products productos agrícolas.
agricultural project proyecto agrícola.
agricultural resources recursos agrícolas.
agricultural sector sector agrícola.
agricultural show exposición agrícola.
agricultural subsidy subsidio agrícola, subvención agrícola.
agricultural tariff arancel agrícola.
agricultural trade comercio agrícola.
agricultural workers trabajadores agrícolas, obreros agrícolas.
agriculture *n* agricultura.
agrifood *adj* agroalimentario.
agro-business *n* agroindustria.
agro-chemical *adj* agroquímico.
agro-chemicals *n* agroquímicos.
agro-economic *adj* agroeconómico.
agro-forest *adj* agroforestal.
agro-industry *n* agroindustria.
agro-tourism *n* agroturismo.
agrobusiness *n* agroindustria.
agrochemical *adj* agroquímico.
agrochemicals *n* agroquímicos.
agroeconomic *adj* agroeconómico.
agroforest *adj* agroforestal.
agroindustry *n* agroindustria.
agronomy *n* agronomía.
agrotourism *n* agroturismo.
AI (artificial intelligence) inteligencia artificial.
aid *n* asistencia, ayuda, apoyo.
aid *v* asistir, ayudar, apoyar.
aid flow flujo de ayuda, flujo de asistencia, flujo de apoyo.
aid program programa de ayuda, programa de

asistencia, programa de apoyo.
aid programme programa de ayuda, programa de asistencia, programa de apoyo.
AIDA (Attention, Interest, Desire, Action) obtención de atención seguida de generación de interés seguida del deseo de algo seguido por la acción deseada.
aide *n* ayudante, asistente.
AIDS (acquired immunodeficiency syndrome) SIDA.
ailing *adj* en apuros, en mal estado.
AIM (Alternative Investment Market) Mercado Alternativo de Inversiones.
air bill of lading conocimiento de embarque aéreo.
air cargo flete aéreo, carga aérea.
air carrier transportador aéreo.
air consignment consignación aérea.
air contamination contaminación del aire.
air express expreso aéreo.
air fare tarifa aérea.
air freight flete aéreo.
air industry industria aérea.
air insurance seguro aéreo.
air mail correo aéreo.
air pollution contaminación del aire.
air rate tarifa aérea.
air rights derechos aéreos, derechos de vuelo.
air tariff tarifa aérea.
air time tiempo en el aire, tiempo en antena, tiempo de emisión, tiempo de uso de un servicio de comunicación inalámbrica.
air traffic tráfico aéreo, transito aéreo.
air transit transito aéreo.
air transport transporte aéreo.
air travel viaje aéreo, transporte aéreo.
air way vía aérea.
air waybill carta de porte aéreo, guía aérea, guía de carga aérea.
airbill *n* carta de porte aéreo, guía aérea, guía de carga aérea.
aircraft insurance seguro de aeronave.
aircraft operator operador aéreo, operador de aeronave.
airmail *n* correo aéreo.
airport of delivery aeropuerto de entrega.
airport taxes impuestos de aeropuerto.
airtime *n* tiempo en el aire, tiempo en antena, tiempo de emisión, tiempo de uso de un servicio de comunicación inalámbrica.
airway *n* vía aérea.
airworthiness *adj* aeronavegabilidad.
AIS (Administrative Information Systems) Sistemas de Información Administrativa.
aka (also known as) también conocido como.
aleatory contract contrato aleatorio.
aleatory transaction transacción aleatoria.
alert *n* alerta, aviso.
algorithm *n* algoritmo.
alias *n* alias.
alien *adj* extranjero.
alien company compañía extranjera.
alien corporation corporación extranjera, sociedad extranjera.
alien insurer asegurador extranjero.
alienable *adj* alienable, transferible, enajenable.
alienate *v* alienar, enajenar, transferir título de propiedad.
alienation *n* alienación, enajenación, transferencia de título y posesión de propiedad.
alienation clause cláusula concerniente a la

transferencia de propiedad.
alienee *n* beneficiario de la transferencia de
propiedad.
alienor *n* quien cede, enajenante, enajenador.
alimony *n* pensión alimenticia, pensión alimentaria,
pensión tras divorcio.
alimony income ingresos por pensión alimenticia,
ingresos por pensión alimentaria.
all expenses paid todos los gastos pagados.
all fours situaciones similares en todos los aspectos
relevantes.
all-in cost costo con todo incluido, coste con todo
incluido.
all-in price precio con todo incluido.
all-inclusive *adj* con todo incluido.
all-inclusive insurance seguro con todo incluido.
all-inclusive price precio con todo incluido.
all loss toda pérdida.
all-loss insurance seguro contra toda pérdida.
all or any part todo o parte.
all or none todo o nada.
all-or-none order orden de todo o nada.
all or nothing todo o nada.
all-or-nothing order orden de todo o nada.
all-out strike huelga con todos los empleados y/o
miembros de la unión.
all-purpose bank banco múltiple, banco de
servicios múltiples.
all rights reserved todos los derechos reservados,
reservados todos los derechos.
all-risk insurance seguro contra todo riesgo,
seguro contra todos los riesgos.
all risks todo riesgo.
all-time high máximo histórico.
all-time low mínimo histórico.
alleged breach supuesto incumplimiento.
alleged default supuesto incumplimiento.
alleged dumping supuesto dumping.
alleged non-compliance supuesto
incumplimiento.
alleged noncompliance supuesto incumplimiento.
alleged subsidy supuesto subsidio.
alleviate the burden aliviar la carga.
alliance *n* alianza.
allied *adj* aliado, relacionado.
allied bank banco aliado.
allied chain cadena aliada.
allied company compañía aliada, sociedad aliada.
allied corporation corporación aliada.
allied enterprise empresa aliada.
allied group grupo aliado.
allied industries industrias aliadas.
allied member miembro aliado.
allied products productos aliados.
allied union sindicato aliado, unión aliada, gremio
aliado.
alligator spread combinación de opciones de
compra y venta creada con el propósito único de
generar comisiones.
allocable *adj* asignable.
allocate *v* asignar, destinar.
allocate benefits asignar beneficios.
allocate contracts asignar contratos.
allocate costs asignar costos, asignar costes.
allocate funds asignar fondos.
allocate income asignar ingresos.
allocate losses asignar pérdidas.
allocate money asignar dinero.
allocate profits asignar beneficios, asignar
ganancias.

allocate quotas asignar cuotas.
allocate reserves asignar reservas.
allocate resources asignar recursos.
allocate shares asignar acciones.
allocate stock asignar acciones.
allocated *adj* asignado, destinado.
allocated benefits beneficios asignados.
allocated contracts contratos asignados.
allocated costs costos asignados, costes
asignados.
allocated funds fondos asignados.
allocated income ingresos asignados.
allocated losses pérdidas asignadas.
allocated money dinero asignado.
allocated profits beneficios asignados, ganancias
asignadas.
allocated quotas cuotas asignadas.
allocated reserves reservas asignadas.
allocated resources recursos asignados.
allocated shares acciones asignadas.
allocated stock acciones asignadas.
allocation *n* asignación, cuota, distribución.
allocation and distribution asignación y
distribución.
allocation cartel cartel de asignación.
allocation models modelos de asignación.
allocation of accounts asignación de cuentas.
allocation of assets asignación de activos.
allocation of benefits asignación de beneficios.
allocation of contracts asignación de contratos.
allocation of costs asignación de costos,
asignación de costes.
allocation of earnings asignación de ingresos.
allocation of expenses asignación de gastos.
allocation of funds asignación de fondos.
allocation of income asignación de ingresos.
allocation of liabilities asignación de
responsabilidades.
allocation of losses asignación de pérdidas.
allocation of money asignación de dinero.
allocation of profits asignación de beneficios,
asignación de ganancias.
allocation of quotas asignación de cuotas.
allocation of reserves asignación de reservas.
allocation of resources asignación de recursos.
allocation of shares asignación de acciones.
allocation of stock asignación de acciones.
allodial *adj* alodial.
allodium *n* alodio.
allonge *n* anexo para endosos.
allot *v* distribuir, asignar, destinar.
allotment *n* cuota, distribución, asignación.
allotment letter carta de asignación.
allotted *adj* asignado, destinado.
allotted benefits beneficios asignados.
allotted contracts contratos asignados.
allotted costs costos asignados, costes asignados.
allotted funds fondos asignados.
allotted income ingresos asignados.
allotted losses pérdidas asignadas.
allotted money dinero asignado.
allotted profits beneficios asignados, ganancias
asignadas.
allotted quotas cuotas asignadas.
allotted reserves reservas asignadas.
allotted resources recursos asignados.
allotted shares acciones asignadas.
allotted stock acciones asignadas.
allottee *n* beneficiario de una asignación,
beneficiario de una distribución.

allow *v* permitir, dejar.
allow a discount permitir un descuento.
allowable *adj* permisible, admisible.
allowable deduction deducción permisible.
allowable depreciation depreciación permisible.
allowable losses pérdidas permisibles.
allowance *n* descuento, deducción, concesión, reserva, asignación, bonificación, sobresueldo, provisión.
allowance for bad debts reserva para deudas incobrables.
allowance for claims reserva para reclamaciones.
allowance for contingencies reserva para contingencias.
allowance for depreciation deducción por depreciación, reserva para depreciación.
allowance for doubtful accounts reserva para cuentas dudosas.
allowance for expenses reserva para gastos.
allowance for inflation reserva para la inflación.
allowed *adj* permitido.
allowed assets activo permitido.
allowed deduction deducción permitida.
allowed depreciation depreciación permitida.
allowed discount descuento permitido.
allowed time tiempo permitido.
allowed transactions transacciones permitidas.
alluvion *n* aluvión.
ALM (asset-liability management) administración del activo y pasivo, gestión del activo y pasivo.
alpha *n* alfa.
alpha coefficient coeficiente alfa.
alpha risk riesgo alfa.
alpha version versión alfa.
also known as también conocido como.
alter *v* alterar, cambiar, modificar.
alter ego doctrine doctrina del álter ego.
alter the books alterar los libros.
alteration *n* alteración.
alteration of a check alteración de un cheque.
alteration of a cheque alteración de un cheque.
alteration of contract alteración de contrato.
alteration of instrument alteración de instrumento.
alteration of the books alteración de los libros.
alteration of trust alteración de fideicomiso.
alterations and improvements modificaciones y mejoras.
altered *adj* alterado.
altered check cheque alterado.
altered cheque cheque alterado.
alternate *adj* alterno, alternativo, suplente.
alternate *v* alternar.
alternate valuation valuación alterna.
alternate valuation date fecha de valuación alterna.
alternating *adj* alternante, alterno.
alternative *n* alternativa.
alternative contract contrato con alternativas.
alternative cost costo alternativo, coste alternativo.
alternative depreciation system sistema de depreciación alternativo.
alternative drawee librado alternativo.
alternative energy energía alternativa.
Alternative Investment Market Mercado Alternativo de Inversiones.
alternative investments inversiones alternativas.
alternative minimum tax contribución alternativa mínima.
alternative minimum tax credit crédito de contribución alternativa mínima.

alternative minimum taxable income ingreso tributable mínimo alternativo.
alternative mortgage hipoteca alternativa.
alternative mortgage instrument instrumento hipotecario alternativo.
alternative order orden con alternativas.
alternative payee beneficiario alternativo.
alternative rate tasa alternativa.
alternative tariff tarifa alternativa.
amalgamate *v* amalgamar, fusionar.
amalgamation *n* amalgamación, fusión.
amass *v* amasar, acumular.
amber box caja ámbar, compartimiento ámbar.
amber box subsidies subsidios de caja ámbar, subsidios de compartimiento ámbar.
ambient *adj* ambiental.
ambiguity *n* ambigüedad.
ambiguous *adj* ambiguo.
ambiguously *adv* ambiguamente.
ambition *n* ambición.
ambulant *adj* ambulante.
amend *v* enmendar, modificar, rectificar.
amendable *adj* enmendable, modificable, rectificable.
amended *adj* enmendado, modificado, rectificado.
amended return planilla enmendada.
amendment *n* enmienda, modificación, rectificación.
amendment certificate certificado de enmienda.
amenities *n* amenidades.
American Depositary Receipt recibo de depósito estadounidense, American Depositary Receipt.
American Depositary Shares American Depositary Shares.
American option opción americana.
American Plan plan americano.
American Stock Exchange American Stock Exchange, Bolsa Americana de Valores.
American-style option opción americana.
AMEX (American Stock Exchange) American Stock Exchange, Bolsa Americana de Valores.
amnesty *n* amnistía.
amortisable *adj* amortizable.
amortisable assets activo amortizable.
amortisable debt deuda amortizable.
amortisable investment inversión amortizable.
amortisable loan préstamo amortizable, empréstito amortizable.
amortisable obligation obligación amortizable.
amortisation *n* amortización.
amortisation charge cargo por amortización.
amortisation expenditures gastos de amortización, costos de amortización, costes de amortización.
amortisation expenses gastos de amortización, costos de amortización, costes de amortización.
amortisation factor factor de amortización.
amortisation fee cargo por amortización.
amortisation fund fondo de amortización.
amortisation of debt amortización de deuda.
amortisation of discount amortización de descuento.
amortisation of loan amortización de préstamo, amortización de empréstito.
amortisation of obligation amortización de obligación.
amortisation of premium amortización de prima.
amortisation of principal amortización de principal.
amortisation payment pago de amortización.

amortisation reserve reserva para amortización.
amortisation schedule tabla de amortización,
 cuadro de amortización.
amortisation term término de amortización.
amortise *v* amortizar.
amortise a debt amortizar una deuda.
amortise an obligation amortizar una obligación.
amortised *adj* amortizado.
amortised amount cantidad amortizada, monto
 amortizado.
amortised bond bono amortizado.
amortised bond discount descuento amortizado
 de bono.
amortised bond premium prima amortizada de
 bono.
amortised capital capital amortizado.
amortised cost costo amortizado, coste
 amortizado.
amortised loan préstamo amortizado.
amortised mortgage hipoteca amortizada.
amortised mortgage loan préstamo hipotecario
 amortizado.
amortised premium prima amortizada.
amortised value valor amortizado.
amortisement *n* amortización.
amortizable *adj* amortizable.
amortizable assets activo amortizable.
amortizable debt deuda amortizable.
amortizable investment inversión amortizable.
amortizable loan préstamo amortizable, empréstito
 amortizable.
amortizable obligation obligación amortizable.
amortization *n* amortización.
amortization charge cargo por amortización.
amortization expenditures gastos de
 amortización, costos de amortización, costes de
 amortización.
amortization expenses gastos de amortización,
 costos de amortización, costes de amortización.
amortization factor factor de amortización.
amortization fee cargo por amortización.
amortization fund fondo de amortización.
amortization of debt amortización de deuda.
amortization of discount amortización de
 descuento.
amortization of loan amortización de préstamo,
 amortización de empréstito.
amortization of obligation amortización de
 obligación.
amortization of premium amortización de prima.
amortization of principal amortización de
 principal.
amortization payment pago de amortización.
amortization reserve reserva para amortización.
amortization schedule tabla de amortización,
 cuadro de amortización.
amortization term término de amortización.
amortize *v* amortizar.
amortize a debt amortizar una deuda.
amortize an obligation amortizar una obligación.
amortized *adj* amortizado.
amortized amount cantidad amortizada, monto
 amortizado.
amortized bond bono amortizado.
amortized bond discount descuento amortizado
 de bono.
amortized bond premium prima amortizada de
 bono.
amortized capital capital amortizado.
amortized cost costo amortizado, coste amortizado.

amortized loan préstamo amortizado.
amortized mortgage hipoteca amortizada.
amortized mortgage loan préstamo hipotecario
 amortizado.
amortized premium prima amortizada.
amortized value valor amortizado.
amortizement *n* amortización.
amount *n* cantidad, monto, suma.
amount at risk cantidad en riesgo, monto en riesgo.
amount carried forward saldo a cuenta nueva,
 suma anterior.
amount charged cantidad cargada, monto cargado.
amount collected cantidad cobrada, monto
 cobrado.
amount contributed cantidad contribuida, monto
 contribuido.
amount covered cantidad asegurada, monto
 asegurado.
amount credited cantidad acreditada, monto
 acreditado.
amount deducted cantidad deducida, monto
 deducido.
amount due cantidad debida, monto debido,
 acreencia.
amount exported cantidad exportada, monto
 exportado.
amount financed cantidad financiada, monto
 financiado.
amount imported cantidad importada, monto
 importado.
amount insured cantidad asegurada, monto
 asegurado.
amount lost cantidad perdida, monto perdido.
amount of credit cantidad de crédito, monto de
 crédito.
amount of damage cantidad del daño, monto del
 daño.
amount of loss cantidad de la pérdida, monto de la
 pérdida.
amount of payment cantidad del pago, monto del
 pago.
amount of subsidy cantidad del subsidio, monto
 del subsidio.
amount on hand cantidad disponible, monto
 disponible.
amount outstanding cantidad pendiente, saldo,
 monto pendiente.
amount overdue cantidad vencida, monto vencido.
amount overpaid cantidad pagada en exceso,
 monto pagado en exceso.
amount paid cantidad pagada, monto pagado.
amount payable cantidad a pagar, monto a pagar.
amount pending cantidad a pagar, monto a pagar.
amount realised cantidad realizada, monto
 realizado.
amount realized cantidad realizada, monto
 realizado.
amount withheld cantidad retenida, monto
 retenido.
AMT (alternative minimum tax) contribución
 alternativa mínima.
analyse *v* analizar.
analyse accounts analizar cuentas.
analyse an account analizar una cuenta.
analysis *n* análisis.
analysis certificate certificado de análisis.
analysis certification certificación de análisis.
analysis evidence prueba de análisis.
analysis of the market análisis del mercado.
analysis of the trend análisis de la tendencia.

analysis of variance análisis de la varianza.
analysis proof prueba de análisis.
analysis verification verificación de análisis.
analyst *n* analista.
analytical accounting contabilidad analítica.
analytical review revisión analítica.
analytical test prueba analítica.
analyze *v* analizar.
analyze accounts analizar cuentas.
analyze an account analizar una cuenta.
anatocism *n* anatocismo, usura, interés compuesto.
ancestral debt deuda ancestral.
ancestral estate bienes inmuebles adquiridos por sucesión.
anchor tenant arrendatario principal.
anchorage *n* tarifa de anclaje.
ancillary *adj* auxiliar, accesorio.
ancillary benefits beneficios auxiliares.
ancillary costs costos auxiliares, costes auxiliares.
ancillary letter of credit carta de crédito auxiliar.
ancillary receiver síndico auxiliar.
and Co. (and company) y compañía.
and company y compañía.
and interest con intereses.
and/or y/o.
angel investor inversionista ángel.
annex *n* anejo, anexo.
annex *v* anexar, anejar.
annexation *n* anexión, incorporación.
annexation by reference incorporación por referencia.
annexe *n* anejo, anexo.
anniversary *n* aniversario.
annotation *n* anotación.
annotation in the account anotación en la cuenta.
announce *v* anunciar, avisar.
announcement *n* anuncio, aviso.
announcement date fecha de anuncio.
announcement effect efecto de anuncio.
annual *adj* anual.
annual accounts cuentas anuales, estados financieros.
annual adjustment ajuste anual.
annual aggregate limit límite total anual.
annual amortisation amortización anual.
annual amortization amortización anual.
annual audit auditoría anual.
annual average earnings promedio de ingresos anuales.
annual basis base anual.
annual bonus bono anual, bonificación anual.
annual budget presupuesto anual.
annual budgeting presupuestación anual.
annual cap límite anual.
annual cash flow flujo de efectivo anual.
annual certificate certificado anual.
annual charge cargo anual.
annual closing cierre anual.
annual cost costo anual, coste anual.
annual debt service servicio anual de la deuda.
annual depreciation depreciación anual, amortización anual.
annual dividend dividendo anual.
annual earnings ingresos anuales.
annual earnings per share ingresos anuales por acción.
annual effective yield rendimiento efectivo anual.
annual exclusion exclusión anual.
annual expenses gastos anuales.
annual fee cargo anual.

annual financial statement estado financiero anual.
annual general meeting asamblea general anual, junta general anual, reunión general anual.
annual growth crecimiento anual.
annual income ingreso anual, renta anual.
annual interest interés anual.
annual limit límite anual.
annual meeting reunión anual, asamblea anual, junta anual, sesión anual.
annual mortgage constant razón de servicio de la deuda anual al principal hipotecario.
annual payment pago anual, abono anual.
annual percentage rate tasa porcentual anual, tasa anual equivalente, tasa de interés efectiva, tipo de interés efectivo.
annual percentage yield rendimiento porcentual anual.
annual policy póliza anual.
annual premium prima anual.
annual production producción anual.
annual rate tasa anual, tipo anual.
annual rate increase incremento de tasa anual.
annual rate of return tasa de rendimiento anual.
annual remuneration remuneración anual.
annual renewable term insurance seguro de término renovable anualmente.
annual rent renta anual.
annual report informe anual, reporte anual, memoria anual.
annual report to shareholders informe anual a los accionistas.
annual report to stockholders informe anual a los accionistas.
annual return rendimiento anual.
annual salary salario anual, sueldo anual.
annual shareholders' meeting asamblea anual de accionistas.
annual statement estado anual, balance anual.
annual stockholders' meeting asamblea anual de accionistas.
annual value valor anual.
annual wage salario anual.
annual yield rendimiento anual.
annualise *v* anualizar.
annualised *adj* anualizado.
annualised gain apreciación anualizada, aumento anualizado.
annualised rate tasa anualizada.
annualised return rendimiento anualizado.
annualize *v* anualizar.
annualized *adj* anualizado.
annualized gain apreciación anualizada, aumento anualizado.
annualized income installment method método de pagos contributivos por ingresos anualizado.
annualized rate tasa anualizada.
annualized return rendimiento anualizado.
annually *adv* anualmente.
annuitant *n* rentista, pensionado.
annuitise *v* comenzar los pagos de una anualidad.
annuitize *v* comenzar los pagos de una anualidad.
annuity *n* anualidad, pensión, pensión vitalicia, renta, renta vitalicia, censo.
annuity accumulation period período de acumulación de anualidad.
annuity accumulation unit unidad de acumulación de anualidad.
annuity accumulation value valor de acumulación de anualidad.

annuity analysis análisis de anualidad.
annuity bond bono perpetuo.
annuity certain anualidad cierta, anualidad incondicional.
annuity commencement date fecha de comienzo de pagos de anualidad.
annuity contract contrato de anualidad.
annuity due anualidad pagada antes del período.
annuity factor factor de anualidad.
annuity fund fondo de anualidad.
annuity in advance anualidad pagada antes del período.
annuity in arrears anualidad pagada después del período.
annuity income ingreso de anualidad.
annuity insurance seguro de anualidad.
annuity method método de anualidad.
annuity payment pago de anualidad, abono de anualidad.
annuity period período de anualidad.
annuity policy póliza de anualidad.
annul v anular, cancelar.
annullability n anulabilidad.
annullable adj anulable.
annulling adj anulador.
annulment n anulación.
anomalous adj anómalo, irregular.
anomalous endorsement endoso irregular.
anomalous indorsement endoso irregular.
anomaly n anomalía.
anonymous trading transacciones anónimas.
answer for responder por, responsabilizarse.
answerable adj responsable.
answering machine contestador, máquina contestadora.
answering service servicio de contestador.
antecedent debt deuda contraída anteriormente.
antedate v antedatar.
antedated adj antedatado.
antedated check cheque antedatado.
antedated cheque cheque antedatado.
antenuptial adj antenupcial, prenupcial.
antenuptial contract pacto antenupcial, capitulaciones matrimoniales, contrato matrimonial.
anti-avoidance legislation legislación antievasión.
anti-competitive adj anticompetitivo.
anti-competitive practices prácticas anticompetitivas.
anti-cyclical adj anticíclico.
anti-dilutive adj antidiluente.
anti-dilutive effect efecto antidiluente.
anti-dumping adj antidumping.
anti-dumping act ley antidumping, ley contra la venta de mercancía importada a precios por debajo de su valor de mercado, acto antidumping.
anti-dumping action acción antidumping, acción contra la venta de mercancía importada a precios por debajo de su valor de mercado.
anti-dumping agreement convenio antidumping, convenio contra la venta de mercancía importada a precios por debajo de su valor de mercado.
anti-dumping code código antidumping, código contra la venta de mercancía importada a precios por debajo de su valor de mercado.
anti-dumping duty tarifa antidumping, impuesto antidumping, tarifa contra la venta de mercancía importada a precios por debajo de su valor de mercado.
anti-dumping law ley antidumping, ley contra la

venta de mercancía importada a precios por debajo de su valor de mercado.
anti-dumping legislation legislación antidumping, legislación contra la venta de mercancía importada a precios por debajo de su valor de mercado.
anti-dumping measure medida antidumping, medida contra la venta de mercancía importada a precios por debajo de su valor de mercado.
anti-dumping practices prácticas antidumping, prácticas contra la venta de mercancía importada a precios por debajo de su valor de mercado.
anti-dumping regulations reglamentos antidumping, reglamentos contra la venta de mercancía importada a precios por debajo de su valor de mercado.
anti-dumping tariff tarifa antidumping, impuesto antidumping, tarifa contra la venta de mercancía importada a precios por debajo de su valor de mercado.
anti-dumping tax impuesto antidumping, impuesto contra la venta de mercancía importada a precios por debajo de su valor de mercado.
anti-inflation adj antiinflacionario.
anti-inflationary adj antiinflacionario.
anti-inflationary measures medidas antiinflacionarias.
anti-monopoly adj antimonopolio.
anti-monopoly laws leyes antimonopolio.
anti-rebate law ley contra reembolso.
anti-recession adj antirecesión.
anti-takeover measures medidas contra tomas de control corporativo.
anti-trust adj antimonopolio, antimonopolista.
anti-trust acts leyes antimonopolio.
anti-trust laws leyes antimonopolio.
anti-trust legislation legislación antimonopolio.
antichresis n anticresis.
anticipate v anticipar, prever, esperar.
anticipated adj anticipado.
anticipated acceptance aceptación anticipada.
anticipated annual capacity capacidad anual anticipada.
anticipated annuity anualidad anticipada.
anticipated balance saldo anticipado.
anticipated benefits beneficios anticipados.
anticipated cost costo anticipado, coste anticipado.
anticipated economic life vida económica anticipada.
anticipated expenditures gastos anticipados.
anticipated expenses gastos anticipados.
anticipated growth crecimiento anticipado.
anticipated growth rate tasa de crecimiento anticipada.
anticipated holding period período de tenencia anticipada.
anticipated interest interés anticipado.
anticipated life vida anticipada.
anticipated loss pérdida anticipada.
anticipated loss ratio ratio de pérdidas anticipadas, razón de pérdidas anticipadas.
anticipated monetary value valor monetario anticipado.
anticipated mortality mortalidad anticipada.
anticipated payments pagos anticipados, abonos anticipados.
anticipated price precio anticipado.
anticipated profit beneficio anticipado, ganancia anticipada.
anticipated return rendimiento anticipado.
anticipated value valor anticipado.

anticipated volume volumen anticipado.
anticipated yield rendimiento anticipado.
anticipation *n* anticipación.
anticipatory *adj* anticipatorio, con anticipación.
anticipatory breach incumplimiento anticipado.
anticipatory breach of contract incumplimiento anticipado de contrato.
anticompetitive *adj* anticompetitivo.
anticompetitive practices prácticas anticompetitivas.
anticyclical *adj* anticíclico.
antidilutive *adj* antidiluente.
antidilutive effect efecto antidiluente.
antidumping *adj* antidumping.
antidumping act ley antidumping, ley contra la venta de mercancía importada a precios por debajo de su valor de mercado, acto antidumping.
antidumping action acción antidumping, acción contra la venta de mercancía importada a precios por debajo de su valor de mercado.
antidumping agreement convenio antidumping, convenio contra la venta de mercancía importada a precios por debajo de su valor de mercado.
antidumping code código antidumping, código contra la venta de mercancía importada a precios por debajo de su valor de mercado.
antidumping duty tarifa antidumping, impuesto antidumping, tarifa contra la venta de mercancía importada a precios por debajo de su valor de mercado.
antidumping law ley antidumping, ley contra la venta de mercancía importada a precios por debajo de su valor de mercado.
antidumping legislation legislación antidumping, legislación contra la venta de mercancía importada a precios por debajo de su valor de mercado.
antidumping measure medida antidumping, medida contra la venta de mercancía importada a precios por debajo de su valor de mercado.
antidumping practices prácticas antidumping, prácticas contra la venta de mercancía importada a precios por debajo de su valor de mercado.
antidumping regulations reglamentos antidumping, reglamentos contra la venta de mercancía importada a precios por debajo de su valor de mercado.
antidumping tariff tarifa antidumping, impuesto antidumping, tarifa contra la venta de mercancía importada a precios por debajo de su valor de mercado.
antidumping tax impuesto antidumping, impuesto contra la venta de mercancía importada a precios por debajo de su valor de mercado.
antiinflationary *adj* antiinflacionario.
antiinflationary measures medidas antiinflacionarias.
antimonopoly *adj* antimonopolio.
antimonopoly laws leyes antimonopolio.
antirecession *adj* antirecesión.
antitakeover measures medidas contra tomas de control corporativo.
antitrust *adj* antimonopolio, antimonopolista.
antitrust acts leyes antimonopolio.
antitrust laws leyes antimonopolio.
antitrust legislation legislación antimonopolio.
any other business ruegos y preguntas.
AON (all or none) todo o nada.
AON order (all-or-none order) orden de todo o nada.
apartment *n* apartamento, departamento, piso.

apartment building edificio de apartamentos, edificio de departamentos, edificio de pisos.
apartment house casa de apartamentos, casa de departamentos, casa de pisos.
apiece *adv* cada uno, por cada uno.
apparent *adj* aparente.
apparent agency agencia aparente, mandato aparente.
apparent agent representante aparente, agente aparente.
apparent authority autoridad aparente, poder aparente, autorización ostensible.
apparent consumption consumo aparente.
apparent damage daño aparente.
apparent danger peligro aparente.
apparent defects defectos aparentes, vicios aparentes.
apparent easement servidumbre aparente.
apparent error error aparente.
apparent possession posesión aparente.
apparent servitude servidumbre aparente.
apparent title título aparente.
apparent value valor aparente.
appeal *n* apelación, recurso.
appeals officer oficial de apelaciones.
appear *v* aparecer, comparecer, parecer.
appellate body órgano de apelación.
appellee *n* apelante, apelado.
append *v* añadir, adjuntar, anexar.
applicable *adj* aplicable.
applicable rate tasa aplicable.
applicant *n* solicitante, postulante.
application *n* aplicación, solicitud, postulación.
application fee cargo por solicitud.
application for a loan solicitud de préstamo.
application for credit solicitud de crédito.
application for membership solicitud de membresía.
application for registration solicitud de registro.
application for subsidy solicitud de subsidio, solicitud de subvención.
application for withdrawal solicitud de retiro.
application form formulario de solicitud.
application of funds uso de fondos.
application of resources aplicación de recursos.
application procedure procedimiento de solicitud
application server servidor de aplicaciones.
applied *adj* aplicado.
applied cost costo aplicado, coste aplicado.
applied economics economía aplicada.
applied research investigación aplicada.
applied tariffs tarifas aplicadas.
apply *v* aplicar, solicitar, postular.
apply for a job solicitar un trabajo, solicitar un empleo.
apply for a loan solicitar un préstamo.
apply for a patent solicitar una patente.
apply within solicite aquí, infórmese aquí.
appoint *v* nombrar.
appoint an agent nombrar un agente.
appointed *adj* nombrado.
appointed director director nombrado.
appointee *n* beneficiario, designado, nombrado.
appointing power poder de nombramiento.
appointment *n* designación, cita.
appointment of trustee designación de fiduciario.
appointor *n* persona quien designa.
apportion *v* prorratear, distribuir, proporcionar, derramar.
apportioned *adj* prorrateado, distribuido.

apportioned costs costos prorrateados, costes prorrateados.
apportioned taxes impuestos prorrateados, contribuciones prorrateadas.
apportionment *n* distribución, prorrateo, rateo.
apportionment clause cláusula de distribución.
appraisable *adj* tasable, evaluable, medible.
appraisal *n* tasación, evaluación, valoración, avalúo, aforo, estimación, justiprecio.
appraisal certificate certificado de avalúo.
appraisal charge cargo de tasación.
appraisal clause cláusula de tasación.
appraisal date fecha de tasación.
appraisal fee cargo de tasación.
appraisal for taxation purposes avalúo fiscal.
appraisal method método de tasación.
appraisal report informe de tasación, reporte de tasación.
appraisal value valor de tasación.
appraise *v* tasar, evaluar, valorar, avaluar, aforar, estimar, justipreciar.
appraised *adj* tasado, evaluado, valorado.
appraised value valor tasado, valoría.
appraisement *n* tasación, evaluación, valoración, avalúo, aforo, estimación, justiprecio.
appraiser *n* tasador, evaluador, avaluador, aforador, justipreciador.
appreciable *adj* apreciable.
appreciate *v* apreciar, avaluar.
appreciated property propiedad apreciada.
appreciation *n* apreciación, avaluación.
appreciation potential potencial de apreciación.
appreciation rate tasa de apreciación.
apprentice *n* aprendiz.
apprenticeship *n* aprendizaje.
approach *n* acercamiento, enfoque.
approbation *n* aprobación.
appropriate *adj* apropiado, adecuado.
appropriate *v* apropiar, asignar, afectar.
appropriated *adj* apropiado, asignado, afectado.
appropriated retained earnings ingresos retenidos apropiados.
appropriation *n* apropiación, asignación, afectación, apoderamiento.
appropriation account cuenta de apropiación.
appropriation of land expropiación.
approval *n* aprobación, visto bueno.
approval conditions condiciones de aprobación.
approval level nivel de aprobación.
approval of credit aprobación de crédito.
approval, on previa aceptación, a prueba.
approval process proceso de aprobación.
approval ratio razón de aprobaciones.
approve *v* aprobar, ratificar.
approve the budget aprobar el presupuesto.
approved *adj* aprobado, ratificado.
approved account cuenta aprobada.
approved amount cantidad aprobada.
approved benefits beneficios aprobados.
approved budget presupuesto aprobado.
approved capital capital aprobado.
approved charge cargo aprobado.
approved conditions condiciones aprobadas.
approved cost costo aprobado, coste aprobado.
approved credit line línea de crédito aprobada.
approved deposit depósito aprobado.
approved expenditures gastos aprobados.
approved expenses gastos aprobados.
approved fee cargo aprobado.
approved individual individuo aprobado.

approved interest rate tasa de interés aprobada.
approved limit límite aprobado.
approved list lista aprobada.
approved obligation obligación aprobada.
approved pay paga aprobada.
approved payment pago aprobado.
approved period período aprobado.
approved premium prima aprobada.
approved price precio aprobado.
approved rate tasa aprobada, tipo convenido.
approved remuneration remuneración aprobada.
approved rent renta aprobada.
approved salary salario aprobado.
approved terms términos aprobados.
approved valuation valuación aprobada.
approved value valor aprobado.
approved wages salarios aprobados.
approx. (approximate) aproximado.
approximate *adj* aproximado.
approximate *v* aproximar.
approximate cost costo aproximado, coste aproximado.
approximate expenditures gastos aproximados.
approximate expenses gastos aproximados.
approximate life vida aproximada.
approximate payment pago aproximado.
approximate premium prima aproximada.
approximate price precio aproximado.
approximate revenue ingresos aproximados.
approximate risk riesgo aproximado.
approximate subsidy subsidio aproximado, subvención aproximada.
approximate tax impuesto aproximado.
approximate value valor aproximado.
approximate weight peso aproximado.
approximation *n* aproximación, estimado.
approximation of costs estimado de costos, estimado de costes.
approximation of expenditures estimado de gastos.
approximation of expenses estimado de gastos.
approximation of interest estimado de intereses.
approximation of payments estimado de pagos.
approximation of premium estimado de prima.
approximation of prices estimado de precios.
approximation of subsidy estimado de subsidio, estimado de subvención.
approximation of taxes estimado de impuestos, estimado de contribuciones.
approximation of value estimado del valor.
appurtenances *n* anexidades, accesorios, conexidades.
appurtenant *adj* anexo, accesorio.
appurtenant easement servidumbre predial, servidumbre real, servidumbre accesoria.
appurtenant structure estructura anexa.
APR (annual percentage rate) tasa porcentual anual.
APT (arbitrage pricing theory) teoría de arbitraje de precios.
APV (adjusted present value) valor actual ajustado.
APY (annual percentage yield) rendimiento porcentual anual.
AQL (acceptable quality level) nivel de calidad aceptable.
aquaculture *n* acuicultura.
arable land tierra cultivable, tierra arable.
arbiter *n* árbitro, arbitrador.
arbitrable *adj* arbitrable.

arbitrage *n* arbitraje.
arbitrage bond bono de arbitraje.
arbitrage house casa de arbitraje.
arbitrage pricing theory teoría de arbitraje de precios.
arbitrager *n* arbitrajista.
arbitrageur *n* arbitrajista.
arbitral *adj* arbitral.
arbitral agreement acuerdo arbitral.
arbitrary *adj* arbitrario.
arbitrary taxation imposición arbitraria.
arbitrate *v* arbitrar.
arbitration *n* arbitraje, arbitración, compromiso, tercería.
arbitration agreement contrato de compromiso.
arbitration award laudo arbitral.
arbitration board junta arbitral.
arbitration body cuerpo arbitral, órgano arbitral.
arbitration clause cláusula arbitral, cláusula de arbitraje.
arbitration court tribunal arbitral.
arbitration decision laudo arbitral.
arbitration proceedings procedimiento arbitral, juicio de árbitros.
arbitration tribunal tribunal arbitral.
arbitrative *adj* arbitrativo.
arbitrator *n* árbitro, arbitrador, tercero.
archive *n* archivo.
archive *v* archivar.
archivist *n* archivista.
area *n* área, zona.
area code código de área.
area department departamento regional.
area director director regional.
area manager gerente regional, administrador regional.
area of expertise área de pericia.
area office oficina regional.
area representative representante regional.
arithmetic mean media aritmética.
ARM (adjustable-rate mortgage) hipoteca de tasa ajustable.
arm's length asuntos tratados en buena fe entre partes independientes actuando con intereses propios.
arm's length bargaining negociaciones en buena fe entre partes independientes con intereses propios.
arm's length negotiations negociaciones en buena fe entre partes independientes con intereses propios.
arm's length price precio al cual se llega en buena fe entre partes independientes con intereses propios.
arm's length transactions transacciones en buena fe entre partes independientes con intereses propios.
arrange *v* arreglar, ordenar, fijar, organizar.
arrangement *n* arreglo, concordato.
arrangement with creditors concordato, convenio con acreedores, quita y espera.
arrearage *n* atraso, demora.
arrears *n* atrasos.
arrears, in en mora, vencido.
arrival *n* llegada.
arrival of merchandise llegada de mercancía.
arson *n* incendio intencional, incendio provocado.
arson clause cláusula de incendio intencional.
articles *n* artículos, cláusulas.
articles of agreement cláusulas de un contrato.
articles of amendment modificaciones a la acta

constitutiva, modificaciones a los estatutos sociales.
articles of association acta de fundación, artículos de asociación, escritura de constitución.
articles of dissolution acta de disolución.
articles of incorporation acta constitutiva, acta de constitución, artículos de incorporación, documento de incorporación, escritura de constitución, instrumento constitutivo, bases constitutivas.
articles of partnership contrato para formar una sociedad.
artificial *adj* artificial.
artificial barrier barrera artificial
artificial currency moneda artificial.
artificial intelligence inteligencia artificial.
artificial person persona jurídica.
artwork *n* material gráfico.
as is en la condición que está.
as is, where is en la condición que está y en el lugar que esté.
as per agreement de acuerdo a lo convenido.
as per contract de acuerdo al contrato.
as soon as possible tan pronto como sea posible.
as soon as practicable tan pronto como sea razonablemente posible.
ASAP (as soon as possible) tan pronto como sea posible.
ascending price precio ascendente.
ascending tops topes ascendentes.
ascertain *v* verificar, comprobar, determinar.
ASE (American Stock Exchange) American Stock Exchange, Bolsa Americana de Valores.
Asian option opción asiática.
Asian-style option opción asiática.
ask price precio de oferta de venta.
asked price precio mínimo, precio inicial.
asking price precio inicial, precio de venta.
assay *n* ensayo.
assecuration *n* seguro marítimo.
assecurator *n* asegurador marítimo.
assemblage *n* combinación, asamblea.
assembly *n* montaje, reunión, asamblea.
assembly line línea de montaje, cadena de montaje.
assembly-line factory fábrica con línea de montaje.
assembly-line product producto fabricado en línea de montaje.
assembly-line worker trabajador en línea de montaje.
assembly plant planta de montaje.
assent *n* asentimiento, consentimiento.
assent *v* asentir, consentir.
assess *v* valorar, evaluar, tasar, amillarar.
assess a tax amillarar.
assess performance evaluar rendimiento.
assessable *adj* imponible, gravable.
assessable capital shares acciones de capital gravables.
assessable capital stock acciones de capital gravables.
assessable income ingreso imponible.
assessable insurance seguro con primas adicionales posibles.
assessable policy póliza con primas adicionales posibles.
assessable shares acciones gravables.
assessable stock acciones gravables.
assessed *adj* valorado, tasado, amillarado.
assessed price precio de avalúo.

assessed valuation valor catastral, valuación fiscal.
assessed value valor catastral, valuación fiscal.
assessment *n* contribución, imposición, impuesto, amillaramiento, tasación, avalúo, evaluación, tasa.
assessment base valor de la propiedad en un distrito fiscal.
assessment basis base imponible.
assessment bond bono a pagarse mediante contribuciones.
assessment district distrito fiscal.
assessment insurance seguro de cuota-parte.
assessment list lista de contribuyentes.
assessment notice aviso de imposición.
assessment of deficiency determinación de deficiencia.
assessment of risk evaluación del riesgo.
assessment of taxes imposición de impuestos.
assessment plan contrato de seguro en el cual los pagos dependen de las contribuciones de otros con contratos similares.
assessment ratio ratio de valuación, razón de valuación.
assessment roll registro de contribuyentes.
assessor *n* asesor, tasador.
asset *n* activo, elemento del activo, valor activo, valores, ventaja, atractivo.
asset accounts cuentas de activos.
asset administration administración de activos.
asset administrator administrador de activos.
asset allocation asignación de activos, asignación de inversiones.
asset-allocation decision decisión sobre asignación de activos, decisión sobre asignación de inversiones.
asset-allocation fund fondo mutuo que invierte en acciones y en otros valores en proporciones dadas.
asset and liability sheet balance.
asset and liability statement balance.
asset-backed *adj* respaldado por activos.
asset-backed securities valores respaldados por activos.
asset-based *adj* respaldado por activos, basado en activos.
asset-based financing financiamiento respaldado por activos.
asset-based lending préstamos respaldados por activos.
asset classes clases de activos.
asset conversion conversión de activos.
asset coverage cobertura de activos.
asset-covered *adj* respaldado por activos.
asset deflation deflación de activos.
asset depreciation range intervalo de depreciación de bienes.
asset depreciation range system sistema de intervalos de depreciación de bienes.
asset diversification diversificación de activos.
asset financing financiamiento respaldado por activos.
asset freeze congelación de activos.
asset freezing congelación de activos.
asset inflation inflación de activos.
asset insufficiency insuficiencia de activos.
asset-liability administration administración del activo y pasivo.
asset-liability management administración del activo y pasivo, gestión del activo y pasivo.
asset liquidation liquidación de activos.
asset management administración de activos, gestión de activos.
asset management account cuenta de administración de activos, cuenta de gestión de activos.
asset manager administrador de activos.
asset mix diversificación de activos, mezcla de activos.
asset portfolio cartera de activos, portafolio de activos.
asset price bubble burbuja de precios de activos.
Asset Pricing Model Modelo de Valoración de Activos.
asset quality calidad de activos.
asset restructuring reestructuración de activos.
asset sales ventas de activos.
asset stripping adquisición de una entidad con la intención de liquidar sus activos, liquidación de activos.
asset substitution sustitución de activos.
asset sufficiency suficiencia de activos.
asset swap intercambio de activos.
asset turnover movimiento de activos.
asset value valor de activos.
asset yield rendimiento de activos.
assets *n* bienes, activo, haberes.
assets and liabilities activo y pasivo.
assets of a company acervo social.
assets of an estate acervo hereditario.
assets per descent bienes hereditarios.
assets under management activos administrados, activos gestionados.
assign *v* asignar, transferir, ceder, delegar.
assign a salary salariar.
assign benefits asignar beneficios.
assign contracts asignar contratos.
assign costs asignar costos, asignar costes.
assign funds asignar fondos.
assign income asignar ingresos.
assign losses asignar pérdidas.
assign money asignar dinero.
assign profits asignar beneficios, asignar ganancias.
assign quotas asignar cuotas.
assign reserves asignar reservas.
assign resources asignar recursos.
assign shares asignar acciones.
assign stock asignar acciones.
assignability *n* transferibilidad, cesibilidad.
assignable *adj* asignable, transferible, cedible.
assignable lease arrendamiento transferible.
assignation *n* asignación, transferencia.
assigned *adj* asignado, transferido, cedido, delegado.
assigned account cuenta asignada, cuenta cedida.
assigned benefits beneficios asignados.
assigned contracts contratos asignados.
assigned costs costos asignados, costes asignados.
assigned funds fondos asignados.
assigned income ingresos asignados.
assigned losses pérdidas asignadas.
assigned money dinero asignado.
assigned profits beneficios asignados, ganancias asignadas.
assigned quotas cuotas asignadas.
assigned reserves reservas asignadas.
assigned resources recursos asignados.
assigned risk riesgo asignado.
assigned shares acciones asignadas.
assigned stock acciones asignadas.

assignee *n* beneficiario, cesionario, causahabiente, delegado.
assigner *n* cedente, transferidor, causante, cesionista, delegante.
assignment *n* asignación, transferencia, cesión, traspaso, destinación.
assignment for benefit of creditors cesión de bienes para el beneficio de acreedores.
assignment notice aviso de asignación, aviso de transferencia, aviso de traspaso.
assignment of account transferencia de cuenta, traspaso de cuenta, cesión de cuenta.
assignment of accounts receivable transferencia de cuentas por cobrar, cesión de cuentas por cobrar.
assignment of claim transferencia de créditos, cesión de créditos.
assignment of contract transferencia de contrato, traspaso de contrato, cesión de contrato.
assignment of debts transferencia de deudas, traspaso de deudas, cesión de deudas.
assignment of funds transferencia de fondos, asignación de fondos, cesión de fondos.
assignment of income transferencia de ingresos, asignación de ingresos, cesión de ingresos.
assignment of lease transferencia de arrendamiento, cesión de arrendamiento, traspaso de arrendamiento.
assignment of mortgage transferencia de hipoteca, cesión de hipoteca.
assignment of proceeds transferencia de ingresos, cesión de ingresos.
assignment of rents transferencia de rentas, cesión de rentas.
assignment of rights transferencia de derechos, cesión de derechos.
assignment of risk transferencia de riesgo, cesión de riesgo.
assignment of salary transferencia de salario, cesión de salario, asignación de salario.
assignment of wages transferencia de salario, cesión de salario, asignación de salario.
assignment with preferences transferencia preferencial, cesión preferencial.
assignor *n* cedente, transferidor, causante, cesionista, delegante.
assigns *n* cesionarios, sucesores.
assimilation *n* asimilación.
assistance *n* asistencia.
assistant *n* asistente, ayudante.
assistant administrator subadministrador.
assistant cashier cajero asistente.
assistant commissioner subcomisionado.
assistant controller subcontralor.
assistant director subdirector.
assistant director general director general adjunto.
assistant executive ejecutivo asistente.
assistant manager subgerente.
assistant official oficial asistente.
assistant supervisor supervisor asistente.
assistant to the director asistente del director.
assistant treasurer subtesorero.
associate *adj* asociado, afiliado.
associate *n* asociado, socio, miembro.
associate administrator administrador asociado.
associate bank banco asociado.
associate broker corredor asociado.
associate business negocio asociado.
associate company compañía asociada, sociedad asociada.

associate corporation corporación asociada.
associate director director asociado.
associate enterprise empresa asociada.
associate entity entidad asociada.
associate manager gerente asociado.
associate member miembro asociado.
associated *adj* asociado.
associated bank banco asociado.
associated broker corredor asociado.
associated business negocio asociado, negocios asociados.
associated company compañía asociada, sociedad asociada.
associated corporation corporación asociada.
associated enterprise empresa asociada.
associated entity entidad asociada.
associated member miembro asociado.
associated person persona asociada.
association *n* asociación.
association account cuenta de la asociación.
association accountability responsabilidad de la asociación.
association accountant contable de la asociación, contador de la asociación.
association accounting contabilidad de la asociación.
association acquisition adquisición de la asociación.
association activity actividad de la asociación.
association address domicilio de la asociación.
association administration administración de la asociación.
association administrator administrador de la asociación.
association advertising publicidad de la asociación.
association adviser asesor de la asociación.
association advisor asesor de la asociación.
association affairs asuntos de la asociación.
association affiliate afiliado de la asociación.
association agency agencia de la asociación.
association agent agente de la asociación.
association agreement convenio de asociación.
association and methods asociación y métodos.
association assets activo de la asociación.
association backer patrocinador de la asociación.
association backing patrocinio de la asociación.
association banking banca de la asociación.
association bankruptcy quiebra de la asociación.
association benefits beneficios de la asociación.
association bookkeeping contabilidad de la asociación.
association books libros de la asociación.
association brand marca de la asociación.
association campaign campaña de la asociación.
association capital capital de la asociación.
association card tarjeta de la asociación.
association conference conferencia de la asociación.
association consultant consultor de la asociación.
association correspondence correspondencia de la asociación.
association credit crédito de la asociación.
association credit card tarjeta de crédito de la asociación.
association culture cultura de la asociación.
association data datos de la asociación.
association database base de datos de la asociación.
association debt deuda de la asociación.

association decision decisión de la asociación.
association department departamento de la asociación.
association deposit depósito de la asociación.
association development desarrollo de la asociación.
association director director de la asociación.
association discount descuento de la asociación.
association document documento de la asociación.
association earnings ingresos de la asociación.
association email email de la asociación, correo electrónico de la asociación.
association ethics ética de la asociación.
association executive ejecutivo de la asociación.
association finance finanzas de la asociación.
association financing financiación de la asociación.
association forecast pronóstico de la asociación.
association goal meta de la asociación.
association group grupo de asociación.
association health insurance seguro de salud de la asociación.
association identity identidad de la asociación.
association image imagen de la asociación.
association income ingresos de la asociación, rentas de la asociación.
association insurance seguro de la asociación.
association interest interés de la asociación.
association investment inversión de la asociación.
association lending préstamos de la asociación.
association liability responsabilidad de la asociación
association liability insurance seguro de responsabilidad de la asociación.
association licence licencia de la asociación
association license licencia de la asociación
association literature literatura de la asociación
association loan préstamo de la asociación.
association logo logotipo de la asociación, logo de la asociación.
association losses pérdidas de la asociación.
association magazine revista de la asociación, boletín de la asociación.
association mail correo de la asociación, email de la asociación, correo electrónico de la asociación.
association management administración de la asociación, gestión de la asociación, gerencia de la asociación.
association manager gerente de la asociación, administrador de la asociación.
association member miembro de la asociación.
association name nombre de la asociación.
association objective objetivo de la asociación.
association officers funcionarios de la asociación.
association philosophy filosofía de la asociación.
association plan plan de la asociación.
association planning planificación de la asociación.
association policy política de la asociación, póliza de la asociación.
association portal portal de la asociación.
association portfolio portafolio de la asociación.
association powers poderes de la asociación.
association practices prácticas de la asociación, costumbres de la asociación.
association presentation presentación de la asociación.
association priorities prioridades de la asociación.
association profits beneficios de la asociación, ganancias de la asociación.

association property propiedad de la asociación.
association purchase compra de la asociación.
association purpose propósito de la asociación.
association records registros de la asociación.
association regulations reglamentos de la asociación, normas de la asociación.
association relations relaciones de la asociación.
association report informe de la asociación, reporte de la asociación.
association reserves reservas de la asociación.
association resolution resolución de la asociación.
association rules reglas de la asociación.
association seal sello de la asociación.
association services servicios de la asociación.
association spending gastos de la asociación.
association sponsor patrocinador de la asociación.
association sponsorship patrocinio de la asociación.
association store tienda de la asociación.
association strategic planning planificación estratégica de la asociación.
association strategy estrategia de la asociación.
association structure estructura de la asociación.
association support services servicios de apoyo de la asociación.
association treasurer tesorero de la asociación.
association union unión de la asociación.
assortment *n* surtido, colección, muestrario.
assumable *adj* asumible.
assumable loan préstamo asumible.
assumable mortgage hipoteca asumible.
assume *v* asumir, adoptar, suponer.
assume a debt asumir una deuda.
assume a loan asumir un préstamo.
assume a mortgage asumir una hipoteca.
assume a risk asumir un riesgo.
assume an obligation asumir una obligación.
assume control asumir control.
assumed *adj* asumido, adoptado.
assumed bond bono asumido.
assumed interest rate tasa de interés asumida.
assumed liability responsabilidad asumida.
assumed name alias.
assumed risk riesgo asumido.
assumpsit *n* promesa de pago a otro, acción por incumplimiento de contrato.
assumption *n* asunción, suposición.
assumption charge cargo de asunción.
assumption clause cláusula de asunción.
assumption fee cargo de asunción.
assumption of a loan asunción de préstamo.
assumption of debt asunción de deuda.
assumption of indebtedness asunción de deuda.
assumption of mortgage asunción de hipoteca.
assumption of obligation asunción de obligación.
assumption of risk asunción de riesgo.
assurable *adj* asegurable.
assurance *n* promesa, garantía, certidumbre, seguro, seguro de vida.
assurance of conformity garantía de conformidad.
assurance policy póliza de seguro, póliza de seguro de vida.
assurance premium prima de seguro, prima de seguro de vida.
assure *v* asegurar, garantizar, prometer.
assured *adj* asegurado, garantizado, prometido.
assurer *n* asegurador.
asymmetric information información asimétrica.

asymmetric taxation imposición asimétrica.
asymmetric volatility volatilidad asimétrica.
at (@) arroba, @.
at a discount a descuento.
at a premium con prima.
at arm's length asuntos tratados en buena fe entre partes independientes actuando con intereses propios.
at call money dinero a la vista.
at cost al costo, al coste.
at market al precio del mercado.
at par a la par.
at random al azar.
at risk a riesgo.
at-risk rules leyes que limitan las deducciones contributivas a la cantidad en riesgo.
at sight a la vista.
at stake en juego.
at the bell a la apertura, al cierre.
at the close al cierre.
at the close of the market al cierre del mercado.
at-the-close order orden al cierre.
at the market al precio del mercado.
at the money al mismo precio equivalente, al precio de ejecución.
at the opening a la apertura.
at the opening of the market a la apertura del mercado.
at-the-opening order orden a la apertura.
ATM (automatic teller machine, automated teller machine) cajero automático.
atomistic competition competencia atomística.
ATS (automatic transfer service) servicio de transferencia automática, servicio de traspaso automático.
attach v anexar, adjuntar, anejar, embargar.
attachable adj embargable, que se puede anexar.
attaché agregado, maletín.
attaché case maletín.
attached adj anexo, anejo, adjunto, embargado.
attached account cuenta embargada.
attached copy copia adjunta.
attached document documento adjunto.
attached file archivo adjunto, fichero adjunto.
attached property bienes embargados.
attaching creditor acreedor embargante.
attachment n embargo, fijación, anejo, secuestro, incautación, archivo adjunto, fichero adjunto.
attachment bond fianza de embargo.
attachment of assets embargo de bienes.
attachment of earnings embargo de ingresos.
attachment of goods embargo de bienes, embargo de mercancías.
attachment of property embargo de propiedad.
attachment of risk transferencia de riesgo.
attachment proceedings diligencia de embargo, juicio de embargo.
attained age edad alcanzada.
attempt to monopolise intento de monopolizar.
attempt to monopolize intento de monopolizar.
attempt to take over intento de apoderarse.
attend v asistir, atender.
attendance n asistencia.
attendance list lista de asistencia.
attendant n dependiente, asistente.
attention n atención.
Attention, Interest, Desire, Action obtención de atención seguida de generación de interés seguida del deseo de algo seguido por la acción deseada.
attest v atestiguar, certificar, autenticar.

attest to dar fe de, atestiguar.
attestation n atestiguación, certificación.
attested adj atestiguado, certificado.
attested copy copia certificada.
attested signature firma certificada.
attesting notary notario autorizante.
attesting witness testigo certificador.
attestor n quien certifica, quien atestigua.
attitude survey encuesta de actitudes.
attorn v transferir, ceder, reconocer un nuevo dueño.
attorney n abogado, apoderado, agente legal.
attorney-in-fact apoderado.
attornment n reconocimiento de un nuevo dueño por el arrendatario.
attract business atraer clientela.
attract buyers atraer compradores.
attract clientele atraer clientela.
attract consumers atraer consumidores.
attract customers atraer clientes.
attract users atraer usuarios.
attractive conditions condiciones atractivas, términos atractivos.
attractive nuisance estorbo atractivo.
attractive offer oferta atractiva.
attractive terms condiciones atractivas, términos atractivos.
attribute n atributo.
attribute sampling muestreo por atributos.
attribution n atribución.
attrition n agotamiento, desgaste.
attrition rate tasa de agotamiento, tasa de desgaste.
auction n subasta, remate, venta en remate, subastación, encante.
auction v subastar, martillar, licitar, rematar, vender en remate, almonedar.
auction house casa de subastas, martillo.
auction market mercado de subasta.
auction off subastar, martillar, licitar, rematar, vender en remate, almonedar.
auctioneer n subastador, martillero, rematador.
audience n audiencia.
audience flow flujo de la audiencia.
audience study estudio de la audiencia.
audio conference audioconferencia.
audio-visual conference conferencia audiovisual.
audioconference n audioconferencia.
audiovisual conference conferencia audiovisual.
audit n auditoría, intervención, revisión contable, compulsa, arqueo.
audit v auditar, examinar cuentas, intervenir, comprobar, revisar.
audit accounts auditar las cuentas, revisar las cuentas.
audit activity actividad de auditoría.
audit adjustment ajuste de auditoría.
audit an account auditar una cuenta.
audit certificate certificado de auditoría.
audit comment comentario de auditoría.
audit committee comité de auditoría.
audit cycle ciclo de auditoría.
audit department departamento de auditoría.
audit director director de auditoría.
audit division división de auditoría.
audit examination examinación de auditoría.
audit failure fracaso de auditoría.
audit file archivo de auditoría, fichero de auditoría.
audit function función de auditoría.
audit group grupo de auditoría.
audit manager gerente de auditoría, administrador

de auditoría.
audit of accounts auditoría de cuentas, reconocimiento de cuentas.
audit office oficina de auditoría.
audit officer oficial de auditoría
audit opinion informe del contador público autorizado, opinión relativa a una auditoría.
audit period período de auditoría.
audit procedures procedimientos de auditoría.
audit program programa de auditoría.
audit programme programa de auditoría.
audit report informe de auditoría, reporte de auditoría.
audit risk riesgo de auditoría.
audit scope alcance de auditoría.
audit services servicios de auditoría.
audit software software de auditoría, programas de auditoría.
audit standards normas de auditoría.
audit team equipo de auditoría.
audit techniques técnicas de auditoría.
audit trail rastro de auditoría.
auditability *n* auditabilidad.
auditable *adj* auditable.
audited *adj* auditado.
audited account cuenta auditada.
audited statement estado auditado.
auditee *n* quien es auditado.
auditing *n* auditoría, intervención, revisión.
auditing activity actividad de auditoría.
auditing committee comité de auditoría.
auditing department departamento de auditoría.
auditing division división de auditoría.
auditing evidence evidencia de auditoría.
auditing function función de auditoría.
auditing group grupo de auditoría.
auditing manager gerente de auditoría, administrador de auditoría.
auditing of accounts auditoría de cuentas.
auditing office oficina de auditoría.
auditing officer oficial de auditoría
auditing procedures procedimientos de auditoría.
auditing process proceso de auditoría.
auditing program programa de auditoría.
auditing programme programa de auditoría.
auditing report informe de auditoría, reporte de auditoría.
auditing risk riesgo de auditoría.
auditing scope alcance de auditoría.
auditing services servicios de auditoría.
auditing software software de auditoría, programas de auditoría.
auditing standards normas de auditoría.
auditing system sistema de auditoría.
auditing team equipo de auditoría.
auditing techniques técnicas de auditoría.
auditing verification verificación de auditoría.
auditing year año de auditoría.
auditor *n* auditor, contralor, intervenidor, fiscal de cuentas, revisor.
auditor's certificate dictamen del auditor, dictamen de auditoría.
auditor's office oficina del auditor, revisoría.
auditor's opinion opinión del auditor.
auditor's report informe del auditor, reporte del auditor.
augment *v* aumentar, acrecentar.
augmentation *n* aumento, acrecentamiento.
AUP (Acceptable Use Policy) política de uso aceptable.

austerity *n* austeridad.
autarchic *adj* autártico.
autarchical *adj* autártico.
autarchy *n* autarquía.
authenticate *v* autenticar, autentificar.
authenticated *adj* autenticado.
authenticated signature firma autenticada.
authentication *n* autenticación, certificación.
authentication of identity autenticación de identidad.
authentication of origin autenticación de origen.
authentication of signature autenticación de firma.
authentication procedure procedimiento de autenticación.
authentification *n* autenticación.
authorisation *n* autorización, concesión, habilitación, otorgamiento, delegación.
authorisation centre centro de autorizaciones.
authorisation code código de autorización.
authorisation department departamento de autorizaciones.
authorisation division división de autorizaciones.
authorisation number número de autorización.
authorisation office oficina de autorizaciones.
authorisation request petición de autorización.
authorise *v* autorizar.
authorised *adj* autorizado, apoderado.
authorised account cuenta autorizada.
authorised agent agente autorizado.
authorised amount cantidad autorizada.
authorised auditor auditor autorizado.
authorised bank banco autorizado.
authorised benefits beneficios autorizados.
authorised budget presupuesto autorizado.
authorised capital capital autorizado.
authorised capital shares acciones de capital autorizadas, emisión autorizada.
authorised capital stock acciones de capital autorizadas, emisión autorizada.
authorised charge cargo autorizado.
authorised company compañía autorizada.
authorised conditions condiciones autorizadas.
authorised cost costo autorizado, coste autorizado.
authorised credit line línea de crédito autorizada.
authorised dealer comerciante autorizado, intermediario autorizado.
authorised deposit depósito autorizado.
authorised expenditures gastos autorizados.
authorised expenses gastos autorizados.
authorised fee cargo autorizado.
authorised individual individuo autorizado.
authorised insurer asegurador autorizado.
authorised investment inversión autorizada.
authorised issue emisión autorizada.
authorised leave of absence licencia autorizada.
authorised limit límite autorizado.
authorised list lista autorizada.
authorised obligation obligación autorizada.
authorised payment pago autorizado.
authorised period período autorizado.
authorised premium prima autorizada.
authorised price precio autorizado.
authorised rate tasa autorizada.
authorised remuneration remuneración autorizada.
authorised rent renta autorizada.
authorised representative representante autorizado.
authorised salary salario autorizado.

authorised shares acciones autorizadas, emisión autorizada.
authorised signatory firmante autorizado, apoderado autorizado.
authorised signature firma autorizada.
authorised stock acciones autorizadas, emisión autorizada.
authorised terms términos autorizados.
authorised transfer transferencia autorizada, traspaso autorizado.
authorised use uso autorizado.
authorised valuation valuación autorizada.
authorised value valor autorizado.
authorised wages salarios autorizados.
authoritative *adj* autoritativo.
authority *n* autoridad.
authority authentication certificación de autoridad.
authority bond bono para financiar un proyecto público que genera ingresos.
authority certificate certificado de autoridad.
authority certification certificación de autoridad.
authority evidence prueba de autoridad.
authority proof prueba de autoridad.
authority to contract autoridad para contratar.
authority to negotiate autoridad para negociar.
authority to operate autoridad para operar.
authority to pay autoridad para pagar.
authority to purchase autoridad de compra.
authority verification verificación de autoridad.
authorization *n* autorización, concesión, habilitación, otorgamiento, delegación.
authorization center centro de autorizaciones.
authorization code código de autorización.
authorization department departamento de autorizaciones.
authorization division división de autorizaciones.
authorization number número de autorización.
authorization office oficina de autorizaciones.
authorization request petición de autorización.
authorize *v* autorizar.
authorized *adj* autorizado, apoderado.
authorized account cuenta autorizada.
authorized agent agente autorizado.
authorized amount cantidad autorizada.
authorized auditor auditor autorizado.
authorized bank banco autorizado.
authorized benefits beneficios autorizados.
authorized budget presupuesto autorizado.
authorized capital capital autorizado.
authorized capital shares acciones de capital autorizadas, emisión autorizada.
authorized capital stock acciones de capital autorizadas, emisión autorizada.
authorized charge cargo autorizado.
authorized company compañía autorizada.
authorized conditions condiciones autorizadas.
authorized cost costo autorizado, coste autorizado.
authorized credit line línea de crédito autorizada.
authorized dealer comerciante autorizado, intermediario autorizado.
authorized deposit depósito autorizado.
authorized expenditures gastos autorizados.
authorized expenses gastos autorizados.
authorized fee cargo autorizado.
authorized individual individuo autorizado.
authorized insurer asegurador autorizado.
authorized investment inversión autorizada.
authorized issue emisión autorizada.
authorized leave of absence licencia autorizada.

authorized limit límite autorizado.
authorized list lista autorizada.
authorized obligation obligación autorizada.
authorized payment pago autorizado.
authorized period período autorizado.
authorized premium prima autorizada.
authorized price precio autorizado.
authorized rate tasa autorizada.
authorized remuneration remuneración autorizada.
authorized rent renta autorizada.
authorized representative representante autorizado.
authorized salary salario autorizado.
authorized shares acciones autorizadas, emisión autorizada.
authorized signatory firmante autorizado, apoderado autorizado.
authorized signature firma autorizada.
authorized stock acciones autorizadas, emisión autorizada.
authorized terms términos autorizados.
authorized transfer transferencia autorizada, traspaso autorizado.
authorized use uso autorizado.
authorized valuation valuación autorizada.
authorized value valor autorizado.
authorized wages salarios autorizados.
auto allowance asignación para gastos de automóvil, deducción por gastos de automóvil.
auto assigned risk insurance seguro de riesgo asignado de automóvil.
auto car insurance seguro de automóvil.
auto-expense allowance asignación para gastos de automóvil, deducción por gastos de automóvil.
auto-financed *adj* autofinanciado.
auto-financing *n* autofinanciamiento, autofinanciación.
auto insurance seguro de automóvil.
auto liability insurance seguro de responsabilidad pública de automóvil.
auto loan préstamo de automóvil.
auto registration matrícula de automóviles.
auto tax impuesto sobre automóvil, impuesto de circulación de automóvil.
autocorrelation *n* autocorrelación.
autofinancing *n* autofinanciamiento, autofinanciación.
automate *v* automatizar.
automated *adj* automatizado.
automated clearing house casa de liquidación automatizada.
Automated Clearing Settlement System sistema de liquidación automatizada.
automated clearinghouse casa de liquidación automatizada.
automated data processing procesamiento automático de datos, tratamiento automático de datos.
Automated Export System sistema automatizado de exportación.
Automated Order System sistema automatizado de órdenes.
automated teller cajero automático.
automated teller machine cajero automático.
automatic *adj* automático.
automatic adjustment ajuste automático.
automatic bill payment pago automático de facturas.
automatic coverage cobertura automática.

automatic data processing procesamiento automático de datos, tratamiento automático de datos.
automatic deposit depósito automático.
automatic deposit plan plan de depósitos automáticos.
automatic dividend reinvestment reinversión automática de dividendos.
automatic exercising ejecución automática.
automatic extension extensión automática.
automatic funds transfer transferencia automática de fondos.
automatic guarantee garantía automática.
automatic guaranty garantía automática.
automatic licensing licenciamiento automático.
automatic merchandising ventas a través de máquinas expendedoras.
automatic payment pago automático.
automatic progression progresión automática.
automatic proportional reinsurance reaseguro proporcional automático.
automatic reinstatement reinstalación automática.
automatic reinstatement clause cláusula de reinstalación automática.
automatic reinsurance reaseguro automático.
automatic reinvestment reinversión automática.
automatic renewal renovación automática.
automatic stabiliser estabilizador automático.
automatic stabilizer estabilizador automático.
automatic stay aplazamiento automático.
automatic teller machine cajero automático.
automatic transfer transferencia automática, traspaso automático.
automatic transfer of funds transferencia automática de fondos, traspaso automático de fondos.
automatic transfer service servicio de transferencia automática, servicio de traspaso automático.
automatic updating actualización automática.
automatic vending machine máquina expendedora.
automatic warranty garantía automática.
automatic withdrawal retiro automático.
automation *n* automatización.
automobile allowance asignación para gastos de automóvil, deducción por gastos de automóvil.
automobile assigned risk insurance seguro de riesgo asignado de automóvil.
automobile car insurance seguro de automóvil.
automobile-expense allowance asignación para gastos de automóvil, deducción por gastos de automóvil.
automobile insurance seguro de automóvil.
automobile liability insurance seguro de responsabilidad pública de automóvil.
automobile loan préstamo de automóvil.
automobile registration matrícula de automóviles.
automobile tax impuesto sobre automóvil, impuesto de circulación de automóvil.
automotive industry industria automotriz.
autonomous *adj* autónomo.
autonomous division división autónoma.
autonomous group grupo autónomo.
autonomous investment inversión autónoma.
autonomous tariff tarifa autónoma.
autonomous transaction transacción autónoma.
autonomy *n* autonomía.
auxiliary *adj* auxiliar.
auxiliary clause cláusula auxiliar.

auxiliary covenant cláusula auxiliar.
auxiliary financial services servicios financieros auxiliares.
auxiliary services servicios auxiliares.
AV conference (audiovisual conference) conferencia audiovisual.
availability *n* disponibilidad.
availability clause cláusula de disponibilidad.
availability date fecha de disponibilidad.
availability schedule horario de disponibilidad, programa de disponibilidad, tabla de disponibilidad.
available *adj* disponible, accesible, válido, utilizable.
available assets activo disponible.
available balance saldo disponible.
available capital capital disponible.
available cash efectivo disponible.
available credit crédito disponible.
available for work disponible para trabajo.
available funds fondos disponibles.
available reserve reserva disponible.
available resources recursos disponibles.
available surplus superávit disponible, excedente disponible, sobrante disponible.
aval *n* aval.
AVC (additional voluntary contributions) contribuciones voluntarias adicionales.
Ave. (avenue) avenida.
average *n* promedio, media, avería.
average accounting return rendimiento contable promedio.
average adjuster liquidador de averías, ajustador de averías.
average age of inventory edad promedio de inventario.
average annual yield rendimiento promedio anual.
average balance saldo promedio.
average benefit test prueba de beneficio promedio.
average collection period período promedio de cobro.
average collection time período promedio de cobro.
average cost costo promedio, coste promedio.
average daily balance saldo promedio diario.
average daily volume volumen promedio diario.
average discount rate tasa de descuento promedio.
average down promediar a la baja, compra de acciones adicionales de una compañía para reducir el precio promedio en cartera.
average due date fecha de vencimiento promedio.
average equity equidad promedio.
average fixed costs costos fijos promedio, costes fijos promedio.
average gross sales ventas brutas promedio.
average income ingreso promedio, renta promedio.
average inventory inventario promedio.
average life vida media.
average life span promedio de vida.
average maturity vencimiento promedio.
average net cost costo neto promedio, coste neto promedio.
average price precio promedio.
average production producción promedio.
average productivity productividad promedio.
average quality calidad promedio.
average rate tasa promedio.

average rate of return tasa promedio de rendimiento.
average remuneration remuneración promedio.
average return rendimiento promedio.
average revenue ingresos promedio.
average salary salario promedio.
average surveyor comisario de averías.
average tariff tarifa promedio.
average tariff level nivel promedio de tarifas.
average tariff rate tasa promedio de tarifas, tipo promedio de tarifas.
average tax impuesto promedio, contribución promedio.
average tax rate tasa impositiva promedio.
average unit cost costo unitario promedio, coste unitario promedio.
average up promediar al alza, compras sucesivas de acciones de una compañía que sube de precio.
average variable cost costo variable promedio, coste variable promedio.
average wage salario promedio, sueldo promedio.
average weekly wage salario semanal promedio.
average work week semana laboral promedio, semana de trabajo promedio.
average workweek semana laboral promedio, semana de trabajo promedio.
average yield rendimiento promedio.
aviation insurance seguro de aviación.
avoid *v* evitar, evadir.
avoidable *adj* evitable.
avoidable charges cargos evitables.
avoidable cost costo evitable, coste evitable.
avoidable delay demora evitable.
avoidable expenditures gastos evitables.
avoidable expenses gastos evitables.
avoidable fees cargos evitables.
avoidance *n* evitación, elusión, anulación.
avoidance of claims evitación de reclamaciones.
avoidance of contract evitación de contrato.
avoidance of taxes evitación de impuestos.
avulsion *n* avulsión.
award *n* adjudicación, otorgamiento, premio.
award *v* adjudicar, otorgar, premiar.
award a contract adjudicar un contrato, otorgar un contrato.
award of contract adjudicación de contrato, otorgamiento de contrato.
award to the best bidder adjudicar al mejor postor.
award wages salario mínimo otorgado.
away-from-home expenses gastos de viaje.
away from the market orden de compra por debajo del precio corriente de mercado, orden de venta por encima del precio corriente de mercado.
away-going crop cosecha del arrendatario, cultivo que antecede la expiración de un arrendamiento.

B

B bond rating calificación de bono B, clasificación de bono B.
B/E (bill of entry) conocimiento de entrada.
B/E (bill of exchange) letra de cambio.
B/L (bill of lading) conocimiento de embarque.
B rating calificación B, clasificación B.

B/S (bill of sale) factura de venta.
B-School (business school) colegio de negocios, universidad de negocios.
B2B (business-to-business) empresa a empresa, negocio a negocio.
B2B services (business-to-business services) servicios de empresa a empresa, servicios de negocio a negocio.
B2B transactions (business-to-business transactions) transacciones de empresa a empresa, transacciones de negocio a negocio.
B2C (business-to-consumer) empresa a consumidor, negocio a consumidor.
B2C services (business-to-consumer services) servicios de empresa a consumidor, servicios de negocio a consumidor.
B2C transactions (business-to-consumer transactions) transacciones de empresa a consumidor, transacciones de negocio a consumidor.
B2E (business-to-employee) empresa a empleado, negocio a empleado.
B2G (business-to-government) empresa a gobierno, negocio a gobierno.
Ba bond rating calificación de bono Ba, clasificación de bono Ba.
Ba rating calificación Ba, clasificación Ba.
Baa bond rating calificación de bono Baa, clasificación de bono Baa.
Baa rating calificación Baa, clasificación Baa.
baby bond bono de valor nominal de menos de mil dólares.
Bachelor of Business Administration Licenciado en Administración de Empresas, Bachillerato en Administración de Empresas, Licenciado en Gestión de Empresas, Bachillerato en Gestión de Empresas.
Bachelor of Business Management Licenciado en Administración de Empresas, Bachillerato en Administración de Empresas, Licenciado en Gestión de Empresas, Bachillerato en Gestión de Empresas.
Bachelor of Commerce Licenciado en Comercio, Bachillerato en Comercio.
Bachelor of Economics Licenciado en Economía, Bachillerato en Economía.
Bachelor of Science in Business Administration Licenciado en Administración de Empresas, Bachillerato en Administración de Empresas.
Bachelor of Science in Economics Licenciado en Ciencias Económicas, Bachillerato en Ciencias Económicas.
back *v* respaldar, financiar, endosar.
back away echarse atrás.
back channel canal clandestino y/o extraoficial de comunicaciones.
back charges cargos atrasados.
back contracts contratos de futuros con expiraciones lejanas.
back date antedatar.
back down echarse atrás.
back-end load fondo mutuo que cobra comisión al vender acciones.
back-end load fund fondo mutuo que cobra comisión al vender acciones.
back-end load mutual fund fondo mutuo que cobra comisión al vender acciones.
back-loading *adj* con mayor peso al final.
back months meses lejanos de expiraciones de

opciones.
back off echarse atrás.
back office oficina de servicios de apoyo, back office, trastienda.
back order orden a cumplirse cuando haya inventario.
back out echarse atrás.
back pay sueldos atrasados, sueldos devengados.
back rent rentas atrasadas.
back spread diferencia de precios más allá de lo usual para el mismo artículo en dos mercados.
back taxes impuestos atrasados, contribuciones atrasadas.
back testing efectuar pruebas usando datos históricos para formular técnicas nuevas.
back-to-back loans prestamos recíprocos y simultáneos entre dos entidades o gobiernos de dos países diferentes, préstamos cruzados en divisas.
back-to-office report informe tras volver de una investigación.
back-up contract contrato de reserva.
back-up copy copia de seguridad.
back-up credit line línea de crédito de apoyo.
back-up file archivo de seguridad, fichero de seguridad.
back-up line línea de crédito de apoyo.
back-up line of credit línea de crédito de apoyo.
back-up system sistema de respaldo.
back-up withholding retención de reserva.
backdate v antedatar.
backdated adj antedatado.
backdoor adj con alevosía, utilizando trampas, clandestino.
backed bill letra respaldada.
backed loan préstamo respaldado.
backer n financiador, garante, patrocinador, avalista.
background n trasfondo, fondo, antecedentes.
background check comprobación de trasfondo.
background document documento de antecedentes.
background investigation investigación de trasfondo.
background note nota de antecedentes.
background paper documento de antecedentes.
background processing procesamiento de trasfondo.
backing n respaldo, garantía.
backing of currency respaldo de la moneda.
backlog n acumulación.
backlog of orders acumulación de pedidos.
backorder n orden a cumplirse cuando haya inventario.
backtesting n efectuar pruebas usando datos históricos para formular técnicas nuevas.
backup n respaldo, apoyo, copia de seguridad, acumulación de asuntos pendientes.
backup contract contrato de reserva.
backup copy copia de seguridad.
backup credit line línea de crédito de apoyo.
backup line línea de crédito de apoyo.
backup line of credit línea de crédito de apoyo.
backup system sistema de respaldo.
backup withholding retención de reserva.
backward integration integración vertical hacia atrás.
backward vertical integration integración vertical hacia atrás.
backwardation n descuento por aplazamiento.
bad account cuenta incobrable.

bad bargain mal negocio.
bad character mal carácter.
bad check cheque sin fondos, cheque devuelto.
bad cheque cheque sin fondos, cheque devuelto.
bad credit crédito incobrable, mal crédito.
bad deal mal negocio.
bad debt deuda incobrable.
bad debt collection cobro de deuda incobrable.
bad debt expenditures gastos por deudas incobrables.
bad debt expenses gastos por deudas incobrables.
bad debt losses pérdidas por deudas incobrables.
bad debt provision provisión para cuentas incobrables, provisión para cuentas dudosas.
bad debt recovery cobro de parte de deuda anteriormente incobrable, cobro de deuda anteriormente incobrable.
bad debt reserve reserva para deudas incobrables, reserva para cuentas dudosas.
bad debt write-off cancelación de deuda incobrable.
bad debtor deudor moroso, persona que no acostumbra pagar sus deudas.
bad delivery entrega sin todo en orden.
bad faith mala fe.
bad loan préstamo incobrable.
bad reputation mala reputación.
bad repute mala reputación.
bad risk mal riesgo.
bad title título imperfecto.
bad will mala voluntad.
badges of fraud señales de fraude.
badly off en apuros económicos, pobre.
baggage insurance seguro de equipaje.
bail n fianza, caución.
bail out sacar de apuros económicos, sacar de apuros, vender valores que están perdiendo dinero, pagar una fianza.
bailee n depositario.
bailer n depositante, fiador.
bailment n depósito, entrega, arraigo, depósito mercantil, depósito comercial.
bailment contract contrato de depósito, contrato de custodia, contrato de préstamo de uso.
bailment for hire depósito a título oneroso.
bailment lease arrendamiento con opción de compra.
bailor n depositante, fiador.
bailout n rescate.
bailout provision cláusula de retiro de fondos.
bait and switch atraer clientela con una mercancía y ofrecer otra.
bait and switch advertising publicidad para atraer clientela con una mercancía y ofrecer otra.
baker's dozen trece.
balance n balance, balanza, saldo, equilibrio.
balance v balancear, saldar, equilibrar.
balance a budget equilibrar un presupuesto.
balance an account saldar una cuenta.
balance book libro de balances.
balance brought down saldo a cuenta nueva.
balance brought forward saldo a cuenta nueva.
balance carried down saldo a cuenta nueva.
balance carried forward saldo a cuenta nueva.
balance certificate certificado de saldo, certificado de balance.
balance certification certificación de saldo, certificación de balance.
balance due saldo deudor, balance adeudado, saldo pendiente.

balance forward saldo a cuenta nueva.
balance of account balance de cuenta, saldo de cuenta.
balance of benefits balance de beneficios.
balance of foreign exchange balanza de divisas.
balance of goods balanza de bienes.
balance of indebtedness balanza de endeudamiento.
balance of international payments balanza de pagos internacionales.
balance of payments balanza de pagos, balanza cambista.
balance of payments assistance apoyo de la balanza de pagos.
balance of payments deficit déficit de la balanza de pagos.
balance of payments equilibrium equilibrio de la balanza de pagos.
balance of payments situation situación de la balanza de pagos.
balance of payments support apoyo de la balanza de pagos.
balance of payments surplus superávit de la balanza de pagos.
balance of retained earnings equilibrio de ingresos retenidos.
balance of trade balanza comercial.
balance on current account balanza en cuenta corriente.
balance on hand saldo disponible.
balance outstanding saldo pendiente.
balance sheet balance, hoja de balance, estado de situación, estado de contabilidad, balance de contabilidad.
balance sheet account cuenta del balance.
balance sheet audit auditoría del balance.
balance sheet equation ecuación del balance.
balance sheet for tax purposes balance fiscal.
balance sheet item partida del balance.
balance sheet ratios ratios del balance, razones del balance.
balance sheet report informe del balance, reporte del balance.
balance sheet reserves reservas del balance.
balance the budget equilibrar el presupuesto.
balanced *adj* balanceado, equilibrado.
balanced budget presupuesto equilibrado.
balanced economic growth crecimiento económico equilibrado.
balanced economy economía equilibrada.
balanced fund fondo equilibrado.
balanced group grupo equilibrado.
balanced growth crecimiento equilibrado.
balanced investment strategy estrategia de inversión equilibrada.
balanced mutual fund fondo mutuo equilibrado.
balanced positions posiciones equilibradas.
balanced strategy estrategia equilibrada.
balancing entry contrapartida.
balancing item contrapartida.
bale out sacar de apuros económicos, sacar de apuros, vender valores que están perdiendo dinero, pagar una fianza.
balloon *n* pago final mayor, abono final mayor.
balloon loan préstamo con pago final mayor.
balloon maturity préstamo con pago final mayor.
balloon mortgage hipoteca con pago final mayor.
balloon note préstamo con pago final mayor, pagaré con pago final mayor.
balloon payment pago final mayor, abono final

mayor.
ballot *n* papeleta, votación.
ballot paper papeleta.
ballpark estimate cifra aproximada.
ballpark figure cifra aproximada.
ban *n* prohibición.
ban *v* prohibir.
BAN (bond anticipation note) nota en anticipación a una emisión de bonos.
bancassurance *n* la combinación de actividades bancarias y aseguradoras por la misma entidad.
band width ancho de banda.
bandwagon behavior comportamiento gregario, comportamiento de rebaño.
bandwagon behaviour comportamiento gregario, comportamiento de rebaño.
bandwagon effect comportamiento gregario, comportamiento de rebaño.
bandwidth *n* ancho de banda.
bank *n* banco, entidad bancaria, casa bancaria.
bank acceptance aceptación bancaria.
bank account cuenta bancaria.
bank accounting contabilidad bancaria.
bank activity actividad bancaria.
bank administration administración bancaria.
bank advance adelanto bancario.
bank assessment evaluación bancaria.
bank auditor auditor de banco.
bank authorities autoridades bancarias.
bank balance balance bancario, estado de cuenta bancaria.
bank bill billete de banco, nota bancaria, efecto bancario.
bank board junta del banco.
bank bond bono bancario.
bank book libreta de banco, libreta de ahorros.
bank bookkeeping contabilidad bancaria.
bank borrowing préstamos bancarios.
bank branch sucursal de banco.
bank by mail banca por correo.
bank by phone banca por teléfono.
bank call inspección gubernamental bancaria.
bank card tarjeta bancaria.
bank cash ratio razón de encaje, coeficiente de encaje.
bank cashier cajero de banco.
bank certificate certificado bancario.
bank certificate of deposit certificado de depósito bancario.
bank charge cargo bancario.
bank charter autorización para operar un banco.
bank check cheque, cheque de caja.
bank cheque cheque, cheque de caja.
bank clearing compensación bancaria.
bank clerk empleado de banco.
bank code código de banco.
bank commission comisión bancaria.
bank commissioner comisionado de la banca.
bank community comunidad bancaria.
bank confirmation confirmación bancaria.
bank connection conexión bancaria.
bank credit crédito bancario.
bank credit card tarjeta de crédito bancaria.
bank credit line línea de crédito bancaria.
bank currency billete de banco.
bank debit débito bancario.
bank debit card tarjeta de débito bancaria.
bank debt deuda bancaria.
bank deposit depósito bancario.
bank deregulation desreglamentación bancaria.

bank director director de banco, miembro de la junta directiva de un banco.
bank discount descuento bancario.
bank discount rate tasa de descuento bancaria.
bank draft giro bancario, letra bancaria.
bank employee empleado de banco.
bank employment empleo de banco.
bank endorsement endoso de banco.
bank examination examinación de banco.
bank examiner examinador de bancos.
bank expenditures gastos bancarios.
bank expenses gastos bancarios.
bank failure quiebra bancaria.
bank fee cargo bancario.
Bank for International Settlements Banco de Pagos Internacionales.
bank giro giro bancario.
bank group grupo bancario.
bank guarantee garantía bancaria.
bank-guarantee fund fondo garantizado por banco.
bank-guaranteed *adj* garantizado por banco.
bank-guaranteed fund fondo garantizado por banco.
bank guaranty garantía bancaria.
bank holding company compañía tenedora de bancos.
bank holiday día festivo bancario.
bank house casa de banca.
bank identification identificación bancaria.
bank identification number número de identificación bancaria.
bank income ingresos bancarios.
bank indorsement endoso bancario.
bank industry industria bancaria.
bank insolvency insolvencia bancaria.
bank interest intereses bancarios, interés bancario.
bank investment contract contrato bancario de inversión.
bank job trabajo bancario.
bank ledger libro mayor bancario.
bank lending préstamos bancarios.
bank lien gravamen bancario.
bank line línea de crédito bancaria.
bank line of credit línea de crédito bancaria.
bank liquidity liquidez bancaria.
bank liquidity ratio razón de liquidez bancaria.
bank loan préstamo bancario, préstamo de banco.
bank loan rate tasa de préstamo bancario, tipo de préstamo bancario.
bank machine cajero automático.
bank management administración bancaria, gestión bancaria.
bank manager gerente de banco.
bank merger fusión bancaria.
bank money depósitos bancarios, dinero bancario.
bank money order giro bancario.
bank note billete de banco, nota bancaria.
bank note issue emisión de billetes de banco.
bank of circulation banco de emisión.
bank of deposit banco de ahorro.
bank of first deposit banco de depósito inicial.
bank of issue banco emisor, banco de emisión.
bank officer oficial de banco.
bank official oficial de banco.
bank operation operación bancaria.
bank order orden bancaria.
bank overdraft sobregiro bancario.
bank paper papel bancario.
bank passbook libreta de banco, libreta de ahorros.
bank quality calidad de banco.

bank rate tasa bancaria.
bank rate cut reducción de la tasa bancaria.
bank rate increase aumento de la tasa bancaria.
bank rate reduction reducción de la tasa bancaria.
bank reconciliation reconciliación de estado bancario.
bank reference referencia bancaria.
bank regulation reglamentación bancaria.
bank remittance remesa bancaria.
bank report informe bancario, reporte bancario.
bank reserves reservas bancarias, encaje bancario.
bank run corrida bancaria, retiro masivo y general de fondos de un banco.
bank secrecy secreto bancario.
bank securities valores bancarios.
bank service charge cargo por servicios bancarios.
bank service fee cargo por servicios bancarios.
bank services servicios bancarios.
bank shares acciones bancarias, acciones de banco.
bank soundness solidez bancaria.
bank stamp sello bancario.
bank statement estado bancario, estado de cuenta, extracto de cuenta bancaria.
bank stock acciones bancarias, acciones de banco.
bank subsidiary subsidiaria de banco, subsidiaria bancaria.
bank supervision supervisión bancaria.
bank supervisor supervisor bancario.
bank syndicate sindicato bancario.
bank transaction transacción bancaria.
bank transfer transferencia bancaria.
bank trust department departamento fiduciario de banco.
bank trust division división fiduciaria de banco.
bank trust office oficina fiduciaria de banco.
bank work trabajo de banco.
bankable *adj* negociable, comerciable conforme a la práctica bancaria, bancable.
bankbook *n* libreta de banco, libreta de ahorros.
banker *n* banquero.
banker's acceptance aceptación bancaria.
banker's bank banco de bancos.
banker's bill billete de banco, nota bancaria, efecto bancario.
banker's check cheque de caja.
banker's cheque cheque de caja.
banker's draft giro bancario, letra bancaria.
banker's lien gravamen bancario.
banker's note nota bancaria.
banker's order orden bancaria a repetirse hasta nuevo aviso.
banker's payment pago de banquero.
banker's reference referencia bancaria.
banker's shares acciones de banquero.
banker's stock acciones de banquero.
banking *n* banca.
banking account cuenta bancaria.
banking activity actividad bancaria.
banking administration administración bancaria.
banking assessment evaluación bancaria.
banking authorities autoridades bancarias.
banking board junta de banca.
banking book libreta de banco, libreta de ahorros.
banking bookkeeping contabilidad bancaria.
banking branch sucursal de banco.
banking business negocio bancario.
banking by mail banca por correo.
banking by phone banca por teléfono.
banking card tarjeta bancaria.

banking center centro bancario.
banking centre centro bancario.
banking certificate certificado bancario.
banking chain cadena bancaria.
banking charges cargos bancarios.
banking charter autorización para operar un banco.
banking clerk empleado de banco.
banking code código de banco.
banking commission comisión bancaria.
banking commissioner comisionado de la banca.
banking community comunidad bancaria.
banking company compañía bancaria.
banking confirmation confirmación bancaria.
banking connection conexión bancaria.
banking corporation corporación bancaria.
banking credit crédito bancario.
banking credit card tarjeta de crédito bancaria.
banking debit card tarjeta de débito bancaria.
banking debt deuda bancaria.
banking delay demora bancaria.
banking department departamento bancario.
banking deposit depósito bancario.
banking deregulation desreglamentación bancaria.
banking discount descuento bancario.
banking discount rate tasa de descuento bancaria.
banking draft giro bancario, letra bancaria.
banking employee empleado de banco.
banking employment empleo de banco.
banking entity entidad bancaria.
banking examination examinación de banco.
banking examiner examinador de bancos.
banking expenditures gastos bancarios.
banking expenses gastos bancarios.
banking fee cargo bancario.
banking giro giro bancario.
banking group grupo bancario.
banking guarantee garantía bancaria.
banking guaranty garantía bancaria.
banking holding company compañía tenedora de banco.
banking holiday día festivo bancario.
banking hours horas bancarias.
banking house casa bancaria.
banking industry industria bancaria.
banking institution institución bancaria.
banking job trabajo bancario.
banking laws leyes bancarias.
banking loan préstamo bancario, préstamo de banco.
banking loan rate tasa de préstamo bancario, tipo de préstamo bancario.
banking management administración bancaria, gestión bancaria.
banking manager gerente de banco.
banking merger fusión bancaria.
banking money order giro bancario.
banking network red bancaria.
banking office oficina bancaria.
banking officer oficial de banco.
banking official oficial de banco.
banking operations operaciones bancarias.
banking passbook libreta de banco, libreta de ahorros.
banking power poder bancario.
banking rate tasa bancaria.
banking reference referencia bancaria.
banking regulation reglamentación bancaria.
banking report informe bancario, reporte bancario.
banking secrecy secreto bancario.
banking sector sector bancario.

banking service charge cargo por servicios bancarios.
banking service fee cargo por servicios bancarios.
banking services servicios bancarios.
banking shares acciones bancarias, acciones de banco.
banking statement estado bancario, estado de cuenta, extracto de cuenta bancaria.
banking stock acciones bancarias, acciones de banco.
banking subsidiary subsidiaria de banco, subsidiaria bancaria.
banking supervision supervisión bancaria.
banking syndicate sindicato bancario.
banking system sistema bancario.
banking transaction transacción bancaria.
banking transfer transferencia bancaria, traspaso bancario.
banking trust department departamento fiduciario de banco.
banking trust division división fiduciaria de banco.
banking work trabajo de banco.
banknote *n* billete de banco, nota bancaria.
bankroll *n* fondo, caudal.
bankroll *v* financiar.
bankrupt *adj* quebrado, en quiebra, en bancarrota, insolvente, concursado, fallido.
bankrupt *n* quebrado, fallido.
bankrupt *v* quebrar, llevar a la quiebra, llevar a la bancarrota.
bankrupt company compañía quebrada.
bankrupt corporation corporación quebrada, sociedad quebrada.
bankrupt entity entidad quebrada.
bankrupt firm empresa quebrada.
bankrupt, go ir a la quiebra, ir a la bancarrota.
bankrupt partner socio quebrado.
bankrupt person quebrado, fallido.
bankrupt's assets activo de la quiebra.
bankrupt's estate masa de la quiebra.
bankrupt's property bienes del quebrado.
bankruptcy *n* quiebra, insolvencia, bancarrota, falencia.
bankruptcy code leyes de quiebra, código de las quiebras.
bankruptcy costs costos de quiebra, costes de quiebra.
bankruptcy court tribunal de quiebras.
bankruptcy creditor acreedor de quiebra.
bankruptcy discharge rehabilitación del quebrado.
bankruptcy distribution distribución de bienes del quebrado a los acreedores.
bankruptcy laws leyes de quiebra, código de las quiebras.
bankruptcy notice aviso de quiebra.
bankruptcy order orden de quiebra.
bankruptcy petition petición de quiebra.
bankruptcy prediction predicción de quiebra.
bankruptcy proceedings juicio de quiebra, acto concursal, concurso civil, juicio de concurso, concurso, ejecución concursal, causa de insolvencia.
bankruptcy protection protección bajo ley de quiebras.
bankruptcy risk riesgo de quiebra.
bankruptcy trustee fideicomisario de la quiebra, síndico de la quiebra.
banner *n* banner.
banner ad banner publicitario.

banner advertisement banner publicitario.
bar chart histograma, gráfico de barras.
bar code código de barras.
bar-code reader lector de código de barras.
bar-code scanner lector de código de barras.
bar graph histograma, gráfico de barras.
bare-bones *adj* con solo lo esencial, con solo lo mínimo.
bare owner nudo propietario.
bare patent licence permiso para vender un producto patentado sin derecho de exclusividad.
bare patent license permiso para vender un producto patentado sin derecho de exclusividad.
bare trustee fiduciario de un fideicomiso pasivo.
bareboat charter contrato donde quien arrienda una nave es dueño para todos efectos durante el período de arrendamiento.
bargain *n* negocio, convenio, ganga.
bargain *v* negociar, convenir, regatear.
bargain and sale compraventa, contrato de compraventa.
bargain and sale contract contrato de compraventa.
bargain and sale deed escritura de compraventa.
bargain-basement price precio especialmente bajo.
bargain collectively negociar colectivamente.
bargain hunter comprador de valores que busca el mejor precio, quien busca gangas.
bargain money caparra, depósito, anticipo.
bargain price precio de ganga.
bargainee *n* comprador.
bargainer *n* negociador, vendedor.
bargaining *n* negociación, regateo.
bargaining agent agente de negociaciones.
bargaining clout poder de negociación.
bargaining control control de negociación.
bargaining fee cargo por negociación.
bargaining group grupo de negociación.
bargaining period período de negociación.
bargaining position posición de negociación.
bargaining power poder de negociación.
bargaining rights derechos a negociaciones.
bargaining strength fuerza de negociación.
bargaining table mesa de negociaciones.
bargaining unit unidad de negociaciones.
bargainor *n* negociador, vendedor.
barometer *n* barómetro.
barometer securities valores barométricos.
barometer stocks acciones barométricas.
baron *n* barón.
barrel *n* barril.
barrel of oil barril de petróleo.
barren money deuda que no devenga intereses.
barrier *n* barrera.
barrier option opción de barrera.
barriers to entry barreras a la entrada.
barriers to trade barreras al comercio.
barrister *n* abogado.
barter *n* permuta, cambio, canje, trueque.
barter *v* permutar, cambiar, canjear, trocar.
barter agreement contrato de permuta, tratado de permuta, contrato de trueque.
barter economy economía de trueque, economía de permutas.
barter taxation imposición de permuta.
barter trade comercio de trueque, comercio de permuta.
barter transaction transacción de permuta.
barterer *n* cambiador.

bartering *n* trueque, cambalache, cambio, permutación.
base *n* base.
base agreement convenio base
base amount cantidad base.
base capital capital base.
base cost costo base, coste base.
base currency moneda base.
base date fecha base.
base freight flete base.
base index índice base.
base interest rate tasa de interés base.
base inventory level nivel de inventario base.
base level nivel base.
base market value valor de mercado base.
base money dinero base, dinero primario.
base pay sueldo base, paga base.
base pay rate tasa de sueldo base.
base period período base.
base premium prima base.
base price precio base.
base rate tasa base, tipo base.
base rate of pay tasa base de sueldo.
base remuneration remuneración base.
base rent alquiler base.
base salary salario base, sueldo base.
base stock existencias base.
base tax impuesto base, contribución base.
base tax rate tasa de impuesto base, tasa de contribución base.
base time tiempo base.
base value valor base.
base wage salario base, sueldo base.
base year año base.
base-year analysis análisis de año base.
based on valuable consideration a título oneroso.
baseline *n* línea base.
basic *adj* básico, base, fundamental.
basic account cuenta básica.
basic accounting equation ecuación de contabilidad básica, ecuación contable básica.
basic agreement convenio básico.
basic balance balanza básica.
basic business strategy estrategia básica empresarial, estrategia básica comercial, estrategia básica de negocios.
basic commodities productos básicos, productos de primera necesidad.
basic cost costo básico, coste básico.
basic expenditures gastos básicos, desembolsos básicos.
basic expenses gastos básicos, desembolsos básicos.
basic industry industria básica.
basic insurance premium prima de seguro básica.
basic level nivel básico.
basic limit límite básico.
basic limit of liability límite básico de responsabilidad.
basic patent patente básica, patente original.
basic pay sueldo básico, paga básica.
basic pay rate tasa de sueldo básico.
basic premium prima básica.
basic price precio básico.
basic products productos básicos, productos de primera necesidad.
basic rate tasa básica.
basic rating clasificación básica.
basic remuneration remuneración básica
basic salary salario básico, sueldo básico.

basic services servicios básicos.
basic tax impuesto básico, contribución básica.
basic tax rate tasa de impuesto básico, tasa de contribución básica.
basic value valor básico.
basic wage salario básico, sueldo básico.
basic yield rendimiento básico.
basis *n* base.
basis of accounting base de contabilidad.
basis of assessment base de imposición.
basis point una centésima de un por ciento.
basis price precio cotizado a base de la tasa porcentual anual, precio base.
basket of currencies canasta de monedas, cesta de monedas.
basket of mutual funds cesta de fondos.
basket option opción consistente en una canasta de monedas o valores.
basket peg tasa de cambio fijada a una cesta de tasas.
batch cost costo por lote, coste por lote.
batch costing costeo por lote.
batch system sistema de paquetes.
battle of the forms las distintas formas para aceptar y confirmar los términos de contratos.
Bayesian probability probabilidad bayesiana.
Bayesian statistics estadística bayesiana.
bazaar *n* bazar.
BB bond rating calificación de bono BB, clasificación de bono BB.
BB rating calificación BB, clasificación BB.
BBA (Bachelor of Business Administration) Licenciado en Administración de Empresas, Bachillerato en Administración de Empresas.
BBB bond rating calificación de bono BBB, clasificación de bono BBB.
BBB rating calificación BBB, clasificación BBB.
BBM (Bachelor of Business Management) Licenciado en Administración de Empresas, Bachillerato en Administración de Empresas, Licenciado en Gestión de Empresas, Bachillerato en Gerencia de Empresas.
Bcc (blind carbon copy) copia ciega, copia oculta.
Bcom (Bachelor of Commerce) Licenciado en Comercio, Bachillerato en Comercio.
bean counter contable obsesionado con los números, persona obsesionada con los números.
bear *adj* bajista, a la baja.
bear *n* bajista.
bear *v* devengar, dar, pagar, aguantar.
bear hug abrazo del oso, oferta con términos muy favorables para una adquisición corporativa.
bear interest devengar intereses.
bear market mercado bajista.
bear position posición bajista.
bear raid intento de bajar el precio de una acción combinando ventas masivas al descubierto y la diseminación de rumores adversos sobre la compañía objeto.
bear run intervalo bajista.
bear spread combinación bajista de opciones de compra y venta.
bear squeeze situación el la cual vendedores al descubierto están obligados a cubrir sus posiciones.
bearer *n* portador, tenedor.
bearer bill efecto al portador.
bearer bill of exchange letra de cambio al portador.
bearer bond bono al portador, título al portador.
bearer certificate certificado al portador.

bearer check cheque al portador.
bearer cheque cheque al portador.
bearer coupon cupón al portador
bearer debenture obligación al portador.
bearer depository receipt recibo de depósito al portador.
bearer endorsement endoso al portador.
bearer form valor al portador sin registro.
bearer instrument instrumento al portador, título al portador.
bearer note pagaré al portador.
bearer paper obligación al portador, documento al portador, efectos al portador.
bearer policy póliza al portador.
bearer proxy poder al portador.
bearer scrip vale al portador.
bearer securities valores al portador.
bearer shares acciones al portador.
bearer stock acciones al portador.
bearer warrant derecho de compra al portador.
bearish *adj* bajista, a la baja.
bearish market mercado bajista, mercado a la baja.
Bec (Bachelor of Economics) Licenciado en Economía, Bachillerato en Economía.
become obsolete quedar obsoleto.
before-and-after rule regla de antes y después.
before-and-after test prueba de antes y después.
before closing antes del cierre.
before hours antes de horas hábiles.
before-hours trading transacciones antes de horas hábiles, transacciones antes de la hora de apertura usual.
before opening antes de la apertura.
before-tax *adj* preimpuestos, antes de impuestos.
before-tax cash flow flujo de fondos antes de impuestos.
before-tax earnings ingresos antes de impuestos.
before-tax income ingresos antes de impuestos.
before-tax profits beneficios antes de impuestos, ganancias antes de impuestos.
before-tax rate of return tasa de rendimiento antes de impuestos.
before-tax return rendimiento antes de impuestos.
before-tax yield rendimiento antes de impuestos.
before taxes antes de impuestos, antes de contribuciones.
before the bell antes de la apertura.
beforehand *adv* de antemano, con antelación.
beggar-my-neighbor policy política de empobrecer al vecino.
beggar-thy-neighbor policy política de empobrecer al vecino.
begin work empezar trabajo.
beginning balance balance inicial.
beginning interest rate tasa de interés inicial.
beginning inventory inventario inicial.
beginning of the month comienzo del mes.
beginning of the period comienzo del período.
beginning of the year comienzo del año.
beginning pay paga inicial.
beginning price precio inicial.
beginning rate tasa inicial.
beginning salary salario inicial.
beginning wage salario inicial.
behalf of, on de parte de, a favor de.
behavioral economics economía conductista.
behavioral finance finanzas conductistas.
behavioural economics economía conductista.
behavioural finance finanzas conductistas.
belated claim reclamación tardía.

belated interest intereses atrasados.
bell *n* campana, señal que anuncia la hora de apertura o cierre de una bolsa, hora de apertura o cierre de una bolsa.
bell curve curva en forma de campana.
bell-shaped curve curva en forma de campana.
bellwether *n* indicador de tendencias.
bellwether securities valores indicativos de tendencias.
bellwether stocks acciones indicativas de tendencias.
belongings *n* pertenencias, bienes.
below average por debajo del promedio, bajo promedio.
below cost por debajo del costo, bajo costo, por debajo del coste, bajo coste.
below-cost price precio por debajo del costo, precio bajo costo, precio por debajo del coste, precio bajo coste.
below investment-grade bonos no aptos para inversiones prudentes, valores no aptos para inversiones prudentes.
below-market interest rate tasa de interés por debajo del mercado.
below-market price precio por debajo del mercado.
below-market rate tasa por debajo del mercado.
below par bajo la par.
below-the-line *adj* bajo la línea.
below-the-line deduction deducción bajo la línea.
below-the-line item partida extraordinaria.
below-the-market *adj* por debajo del mercado.
below-the-market interest rate tasa de interés por debajo del mercado.
below-the-market price precio por debajo del mercado.
below-the-market rate tasa por debajo del mercado.
benchmark *n* punto de referencia, cota de referencia, parámetro de referencia.
benchmark currency moneda de referencia.
benchmark index índice de referencia.
benchmark interest rate tasa de interés de referencia.
benchmark level nivel de referencia.
benchmark price precio de referencia.
benchmark rate tasa de referencia.
benchmark test prueba de referencia.
benefactor *n* benefactor.
beneficial *adj* beneficioso, provechoso, útil.
beneficial association sociedad de beneficencia.
beneficial enjoyment disfrute de un derecho para beneficio propio.
beneficial estate derecho real de propiedad para beneficio propio.
beneficial interest derecho de usufructo, interés beneficioso.
beneficial owner usufructuario, propietario beneficioso.
beneficial ownership propiedad en usufructo.
beneficial power poder beneficioso.
beneficial use uso provechoso.
beneficiary *n* beneficiario, beneficiado, legatario, asignatario.
beneficiary clause cláusula de beneficiario.
beneficiary identifier identificador de beneficiario.
beneficiary of a policy beneficiario de una póliza.
beneficiary of an insurance policy beneficiario de una póliza de seguros.
beneficiary of trust beneficiario del fideicomiso, fideicomisario.

beneficiary's bank banco del beneficiario.
beneficiary's bank identifier identificador del banco del beneficiario.
benefit *n* beneficio, ganancia, disfrute, provecho.
benefit-based pension plan plan de pensiones basado en beneficios.
benefit-cost analysis análisis beneficio-costo, análisis beneficio-coste.
benefit-cost ratio ratio beneficio-costo, ratio beneficio-coste, razón beneficio-costo, razón beneficio-coste.
benefit formula fórmula de beneficios.
benefit package paquete de beneficios.
benefit period período de beneficios.
benefit principle principio de beneficios.
benefit society sociedad de beneficencia.
benefit tax theory teoría contributiva de beneficios.
benefit theory teoría de beneficios.
benefit year año de beneficios.
benefits in kind beneficios adicionales no monetarios, complementos salariales no monetarios.
BENELUX (Belgium, Netherlands, Luxembourg) BENELUX.
benevolent association sociedad de beneficencia, asociación de beneficencia.
benevolent company compañía de beneficencia, sociedad de beneficencia, compañía sin fines de lucro.
benevolent contributions contribuciones a entidades de beneficencia.
benevolent contributions deduction deducción por contribuciones a entidades de beneficencia.
benevolent corporation corporación de beneficencia, sociedad de beneficencia, corporación sin fines de lucro.
benevolent deduction deducción por contribuciones a entidades de beneficencia.
benevolent entity entidad de beneficencia.
benevolent foundation fundación de beneficencia.
benevolent gift donación de beneficencia, donación a entidades de beneficencia.
benevolent institution institución de beneficencia.
benevolent organisation organización de beneficencia, sociedad de beneficencia.
benevolent organization organización de beneficencia, sociedad de beneficencia.
benevolent purpose fines de beneficencia, propósitos de beneficencia.
benevolent trust fideicomiso de beneficencia.
benign neglect desatención benévola.
bequeath *v* legar.
bequeathment *n* legado.
bequest *n* legado.
best ask mejor precio de oferta de venta.
best-before date fecha límite de consumo óptimo.
best bid mejor oferta.
best-case scenario escenario más favorable.
best effort mejor esfuerzo.
best-efforts offering ofrecimiento a base del mejor esfuerzo.
best-efforts sale ofrecimiento a base del mejor esfuerzo.
best estimate mejor estimado.
best information available mejor información disponible.
best of the best lo mejor de lo mejor.
best offer mejor oferta.
best price mejor precio.
best use uso óptimo, mejor uso.

bestow v conferir, donar a.
bestowal n donación, otorgamiento.
beta n beta.
beta coefficient coeficiente beta.
beta risk riesgo beta.
beta version versión beta.
betterment n mejora, mejoramiento.
betterment tax impuesto para mejoras.
beyond control más allá del control.
beyond seas ultramar.
bi-annual adj semestral, semianual.
bi-annual adjustment ajuste semestral.
bi-annual audit auditoría semestral.
bi-annual basis base semestral.
bi-annual bonus bono semestral, bonificación semestral.
bi-annual budget presupuesto semestral.
bi-annual charge cargo semestral.
bi-annual earnings ingresos semestrales.
bi-annual income ingreso semestral.
bi-annual interest intereses semestrales.
bi-annual premium prima semestral.
bi-annual production producción semestral.
bi-annual rate tasa semestral.
bi-annual return rendimiento semestral.
bi-annual yield rendimiento semestral.
bi-annually adv semestralmente.
bi-level adj de dos niveles.
bi-weekly adj bisemanal, quincenal.
bi-weekly loan préstamo bisemanal.
bi-weekly mortgage hipoteca bisemanal.
bi-weekly mortgage rate tasa de hipoteca bisemanal.
bi-weekly payment pago bisemanal, abono bisemanal.
bi-weekly rate tasa bisemanal.
biannual adj semestral, semianual.
biannual adjustment ajuste semestral.
biannual audit auditoría semestral.
biannual basis base semestral.
biannual bonus bono semestral, bonificación semestral.
biannual budget presupuesto semestral.
biannual charge cargo semestral.
biannual earnings ingresos semestrales.
biannual income ingreso semestral.
biannual interest intereses semestrales.
biannual premium prima semestral.
biannual production producción semestral.
biannual rate tasa semestral.
biannual return rendimiento semestral.
biannual yield rendimiento semestral.
biannually adv semestralmente.
bias n sesgo, parcialidad, prejuicio, predisposición.
biased adj sesgado, parcial, prejuiciado, predispuesto.
BIC (bank investment contract) contrato bancario de inversión.
bid n oferta, puja, licitación, propuesta, postura, oferta pública de adquisición, oferta de toma del control.
bid v ofrecer, pujar, licitar, proponer.
bid and asked precio máximo de compra y precio mínimo de venta de un valor en un momento dado.
bid-asked spread intervalo entre el precio máximo de compra y precio mínimo de venta de un valor en un momento dado.
bid bond fianza de oferta.
bid closing cierre de licitación.
bid costs costos de oferta pública de adquisición,

costos de oferta de toma del control.
bid form pliego de licitación.
bid-offer spread intervalo entre el precio máximo de compra y precio mínimo de venta de un valor en un momento dado.
bid price precio de oferta de compra.
bid specifications pliego de condiciones.
bid up aumentar el precio, aumentar la oferta, aumentar la cotización.
bid wanted se solicitan ofertas.
bidder n postor, licitador, pujador, concursante.
bidding n licitación, remate, concurso.
bidding conditions condiciones de licitación.
bidding requirements requisitos de licitación.
bidding up aumento del precio, aumento de la oferta, aumento de la cotización.
biennial adj bienal.
Big Board Bolsa de Nueva York.
big business las grandes empresas, empresa grande.
big producer quien vende mucho, que se vende mucho, quien produce mucho, que produce mucho.
bilateral adj bilateral.
bilateral agreement convenio bilateral, tratado bilateral.
bilateral aid ayuda bilateral.
bilateral arrangement arreglo bilateral.
bilateral assistance asistencia bilateral.
bilateral clearing compensación bilateral.
bilateral commerce comercio bilateral.
bilateral contract contrato bilateral.
bilateral credit limit límite de crédito bilateral.
bilateral creditor acreedor bilateral.
bilateral exchange intercambio bilateral.
bilateral flow flujo bilateral.
bilateral loan préstamo bilateral
bilateral mistake equivocación bilateral.
bilateral monopoly monopolio bilateral.
bilateral obligation obligación bilateral.
bilateral partners socios bilaterales.
bilateral payments agreement tratado de pagos bilateral.
bilateral payments arrangement arreglo de pagos bilateral.
bilateral purchases compras bilaterales.
bilateral risk riesgo bilateral.
bilateral tax treaty tratado contributivo bilateral.
bilateral trade comercio bilateral.
bilateral trade agreement acuerdo comercial bilateral.
bilateral transaction transacción bilateral.
bilateralism n bilateralismo.
bilaterally adv bilateralmente.
bill n factura, efecto, letra, conocimiento, cuenta, documento, billete, billete de banco, valor, proyecto de ley, proposición de ley.
bill v facturar.
bill book libro de letras, libro de facturas.
bill broker corredor de letras.
bill diary libro de letras.
bill for collection letra al cobro.
bill holder tenedor de letra.
bill obligatory pagaré sellado.
bill of adventure documento de aventura.
bill of credit carta de crédito.
bill of debt pagaré, cambial.
bill of entry conocimiento de entrada, pliego de aduana.
bill of exceptions nota de excepciones.
bill of exchange letra de cambio, cédula de cambio,

documento cambiario, efecto cambiario.
bill of freight carta de porte.
bill of gross adventure contrato a la gruesa.
bill of health certificado de sanidad, patente de sanidad.
bill of lading conocimiento de embarque, conocimiento, carta de porte, documento de tránsito, guía de embarque, carta de embarque.
bill of lading clause cláusula del conocimiento de embarque.
bill of materials lista de materiales.
bill of parcels factura.
bill of sale factura de venta, contrato de venta, carta de venta, comprobante de venta, documento de venta, título de adquisición, escritura de compraventa, boleto de compraventa.
bill of sight declaración provisional, declaración aproximada de importador.
bill of trading conocimiento de embarque.
bill payable cuenta a pagar, letra a pagar.
bill payment pago de facturas.
bill receivable cuenta a cobrar, letra a cobrar.
bill register registro de letras.
bill single pagaré.
billboard n cartelera, valla publicitaria.
billed adj facturado.
billed principal principal facturado.
biller n facturador.
billing n facturación.
billing amount monto de facturación.
billing cycle ciclo de facturación.
billing date fecha de facturación.
billing department departamento de facturación.
billing division división de facturación.
billing error error de facturación.
billing office oficina de facturación.
billing period período de facturación.
billing system sistema de facturación.
billion n billón, millardo.
bimester n bimestre.
bimestrial adj bimestral.
bimetallism n bimetalismo.
bimonthly adj bimestral.
bind v comprometer, obligar.
binder n documento provisional de seguro, resguardo provisional, recibo obligatorio, garantía provisional.
binding adj obligatorio, obligante, valedero.
binding agreement convenio obligatorio.
binding arbitration arbitración obligante.
binding receipt recibo obligante.
binding signature firma obligante.
biodiversity n biodiversidad.
bioeconomics n bioeconomía.
biomass n biomasa.
biometrics n biométrica.
biotechnology n biotecnología.
biotope n biotopo.
birth certificate certificado de nacimiento, partida de nacimiento.
birth rate tasa de natalidad.
BIS (Bank for International Settlements) Banco de Pagos Internacionales.
bissextile n bisiesto.
biweekly adj bisemanal, quincenal.
biweekly loan préstamo bisemanal.
biweekly mortgage hipoteca bisemanal.
biweekly mortgage rate tasa de hipoteca bisemanal.
biweekly payment pago bisemanal, abono bisemanal.
biweekly rate tasa bisemanal.
biyearly adj semestral.
biz (business) negocios.
black economy economía sumergida, economía negra.
black, in the en números negros.
black knight caballero negro.
black list lista negra.
black market mercado negro, estraperlo.
black market price precio en el mercado negro.
Black-Scholes formula fórmula de Black-Scholes.
Black-Scholes model modelo de Black-Scholes.
blacklist v poner en una lista negra.
blacklisting n discriminación contra miembros de una lista negra.
blackmail n chantaje, extorsión.
blackmail v chantajear, extorsionar.
blackout period período durante el cual ciertas actividades están restringidas o prohibidas.
blank adj en blanco.
blank acceptance aceptación en blanco.
blank bill letra en blanco, letra al portador.
blank check cheque en blanco.
blank cheque cheque en blanco.
blank endorsement endoso en blanco, endoso al portador.
blank form formulario en blanco, modelo.
blank indorsement endoso en blanco, endoso al portador.
blanket adj global, general, colectivo, múltiple.
blanket agreement convenio global.
blanket bond caución de fidelidad colectiva.
blanket contract contrato de seguro múltiple, contrato global.
blanket coverage cobertura múltiple.
blanket fidelity bond caución de fidelidad colectiva.
blanket insurance seguro múltiple, seguro global.
blanket insurance contract contrato de seguro múltiple.
blanket insurance coverage cobertura de seguro múltiple.
blanket insurance policy póliza de seguro múltiple.
blanket limit límite de cobertura total por área.
blanket loan préstamo colectivo.
blanket mortgage hipoteca colectiva.
blanket order orden por adelantado para suplir la demanda anticipada.
blanket policy póliza de cobertura múltiple.
blanket provisions disposiciones generales.
blanket rate prima de cobertura múltiple.
blanket recommendation recomendación colectiva.
blanket waybill carta de porte múltiple.
bleed dry chupar la sangre, tomarle todo el dinero a una persona o empresa, explotar despiadadamente.
bleed white chupar la sangre, tomarle todo el dinero a una persona o empresa, explotar despiadadamente.
blend fund fondo mutuo mixto.
blended credit crédito combinado.
blended rate tasa promedio.
blended value valor promedio.
blighted area área intencionalmente deteriorada.
blind carbon copy copia ciega, copia oculta, copia carbón ciega, copia carbón oculta.
blind entry asiento ciego.
blind pool fondo común ciego.

blind trust fideicomiso ciego.
bloc *n* bloque.
block *n* bloque, lote, cuadra, manzana.
block *v* bloquear, obstruir, congelar.
block assets congelar activos.
block automation system sistema de automatización de bloques.
block funding financiamiento en bloque.
block funds bloquear fondos, congelar fondos.
block of shares bloque de acciones.
block of stock bloque de acciones.
block positioner colocador de bloques.
block purchase compra en bloque.
block sale venta de bloque.
block trade transacción de bloque.
block trader quien efectúa transacciones de bloque.
block transaction transacción de bloque.
blockade *n* bloqueo, obstrucción.
blockade *v* bloquear, obstruir.
blockading *n* bloqueador, obstructor.
blockbuster *n* exitazo, película altamente taquillera.
blockbusting *n* inducir a vender propiedad usando como la razón la presencia de grupo étnico, inducir a vender propiedad usando el miedo a la llegada de un grupo étnico.
blocked *adj* bloqueado, congelado.
blocked account cuenta congelada, cuenta bloqueada.
blocked balances saldos bloqueados.
blocked currency moneda bloqueada.
blocked deposits depósitos bloqueados, depósitos congelados.
blocked funds fondos bloqueados, fondos congelados.
blue box caja azul, compartimiento azul.
blue box subsidies subsidios de caja azul, subsidios de compartimiento azul.
blue-chip securities valores de primera calidad.
blue-chip shares acciones de primera calidad.
blue-chip stocks acciones de primera calidad.
blue-chips *n* acciones de primera calidad, valores de primera calidad.
blue-collar work trabajo manual.
blue-collar worker trabajador manual.
blue laws leyes de cierre los domingos.
blue-sky laws leyes estatales reguladoras del comercio bursátil.
blueprint *n* anteproyecto, cianotipo.
Bluetooth *n* Bluetooth.
Blvd. (boulevard) bulevar.
board *n* junta, directiva, consejo, pensión.
board assembly sesión de la junta, sesión de la directiva.
board broker especialista en el mercado de mercancías.
board conference conferencia de la directiva.
board control control del consejo, control de la junta.
board meeting sesión de la directiva.
board of administration junta de administración.
board of arbitration junta de arbitraje.
board of audit junta de auditoría.
board of directors junta directiva, junta de directores, directiva, consejo de dirección, consejo administrativo.
board of equalization junta de uniformidad de impuestos sobre la propiedad.
board of governors junta de gobernadores, junta de dirección.

board of management junta de administración, junta de gestión.
board of review junta de revisión.
board of tax appeals junta de apelación de impuestos.
board of trade junta de comercio.
board of trustees junta de fiduciarios, comité de fiduciarios, junta de síndicos.
board of underwriters junta de aseguradores.
board representation representación en la junta, representación en la directiva.
boardroom *n* sala de juntas, sala de sesiones.
bodily injury lesión corporal.
body corporate corporación, persona jurídica.
body of an instrument lo clave de un documento.
body of regulations conjunto de reglamentos.
body of rules conjunto de reglas.
body politic cuerpo político, entidad política.
bogus *adj* falso, falsificado, fraudulento.
bogus check cheque falso.
bogus cheque cheque falso.
bogus company compañía fantasma, compañía inexistente, compañía fraudulenta.
bogus corporation corporación fantasma, corporación inexistente, corporación fraudulenta.
bogus entity entidad fantasma, entidad inexistente, entidad fraudulenta.
boiler room lugar de donde llaman quienes intentan vender inversiones dudosas con presión excesiva, entidad que intenta vender inversiones dudosas con presión excesiva.
boiler shop lugar de donde llaman quienes intentan vender inversiones dudosas con presión excesiva, entidad que intenta vender inversiones dudosas con presión excesiva.
boilerplate *n* lenguaje estandarizado en documentos legales.
bona fide de buena fe, bona fide.
bona fide error error en buena fe.
bona fide holder for value tenedor de buena fe.
bona fide operation negocio legítimo.
bona fide purchaser comprador de buena fe.
bona fide sale venta de buena fe.
bonanza *n* bonanza.
bond *n* bono, caución, fianza, afianzamiento, garantía, vínculo, título, obligación, satisdación, recaudo.
bond *v* caucionar, afianzar, vincular.
bond amortisation amortización de bono.
bond amortization amortización de bono.
bond anticipation note nota en anticipación a una emisión de bonos.
bond average promedio de bonos.
bond broker corredor de bonos.
bond buy-back recompra de bonos.
bond call rescate de bonos, redención de bonos.
bond certificate certificado de bono.
bond circular circular de bono.
bond conversion conversión de bono.
bond coupon cupón de bono.
bond creditor acreedor con caución.
bond dealer corredor de bonos.
bond discount descuento de bono.
bond equivalent yield rendimiento equivalente de bono.
bond financing financiación mediante bonos, financiamiento mediante bonos.
bond fund fondo de bonos.
bond holder tenedor de bonos, bonista, rentista, obligacionista.

bond income ingresos de bono.
bond indenture escritura de emisión de bonos.
bond interest interés de bono.
bond interest coverage cobertura de intereses de bonos.
bond interest rate tasa de interés de bono, tipo de interés de bono.
bond investment inversión en bonos.
bond issuance emisión de bonos.
bond issue emisión de bonos.
bond issue cost costo de emisión de bonos, coste de emisión de bonos.
bond ladder estrategia en que se invierte la misma cantidad de dinero en bonos con diferentes vencimientos.
bond market mercado de bonos.
bond mutual fund fondo de inversión de bonos, fondo mutuo de bonos.
bond offering ofrecimiento de bonos.
bond option opción de bonos.
bond placement colocación de bonos.
bond point el un por ciento del valor de un bono.
bond portfolio cartera de bonos.
bond premium prima de bono.
bond price precio de bono.
bond quotation cotización de bono.
bond quote cotización de bono.
bond rate tasa de interés de bono, tipo de interés de bono.
bond rating clasificación de bono.
bond ratio ratio de bonos, razón de bonos.
bond register registro de bonos.
bond retirement retiro de bonos.
bond sale venta de bonos.
bond sinking fund fondo de amortización de bonos.
bond swap intercambio de bonos.
bond table tabla de bono.
bond trader comerciante de bonos.
bond trustee fiduciario de emisión de bonos.
bond underwriting colocación de bonos, suscripción de bonos.
bond value valor del bono.
bond warrant certificado para comprar bonos.
bond yield rendimiento de bono.
bond yield to maturity rendimiento al vencimiento de bono.
bonded *adj* afianzado.
bonded debt deuda garantizada por bonos.
bonded factory fábrica afianzada, factoría afianzada.
bonded goods mercancías puestas en almacén afianzado.
bonded warehouse almacén afianzado, depósito afianzado.
bondholder *n* tenedor de bonos, bonista, rentista, obligacionista.
bonding *n* afianzamiento.
bonding company institución de fianzas.
bonding requirement requisito de afianzar.
bonds issued bonos emitidos.
bonus *n* bonificación, prima.
bonus dividend dividendo adicional.
bonus incentives incentivos por bonificaciones.
bonus issue dividendo en acciones.
bonus method método de bonificación.
bonus payment pago de bonificación
bonus plan plan de bonificaciones.
bonus shares acciones adicionales de bonificación.
bonus stock acciones adicionales de bonificación.

bonus system sistema de bonificaciones.
book *n* libro, registro, tomo.
book *v* reservar, efectuar una entrada.
book account estado detallado de cuenta, registro contable.
book audit auditoría de los libros.
book debt deuda en libros.
book depreciation depreciación en libros.
book entry asiento contable, anotaciones en libros de contabilidad, registro de inversiones en computadora.
book-entry securities valores sin certificados.
book inventory inventario en libros.
book-keeper *n* contable, tenedor de libros.
book-keeping *n* contabilidad, teneduría de libros.
book-keeping cycle ciclo de contabilidad.
book-keeping department departamento de contabilidad.
book-keeping method método de contabilidad.
book loss pérdida en libros.
book of accounts libro de cuentas, libro de contabilidad.
book of original entries registro de transacciones.
book profit beneficios en libros, beneficio contable, ganancias en libros, ganancia contable.
book-to-bill ratio ratio de pedidos pendientes a pedidos entregados.
book-to-market ratio ratio del valor contable al valor en el mercado.
book value valor contable, valor en libros, valor según libros.
book value per common share valor contable por acción común.
book value per share valor contable por acción.
booking *n* reserva, contabilización.
bookkeeper *n* contable, tenedor de libros.
bookkeeping *n* contabilidad, teneduría de libros.
bookkeeping cycle ciclo de contabilidad.
bookkeeping department departamento de contabilidad.
bookkeeping method método de contabilidad.
bookmaker *n* corredor de apuestas.
boom *n* boom, auge repentino.
boom and bust caracterizado por ciclos rápidos entre gran auge y fracasos.
boomlet *n* pequeño boom.
boost interest rates aumentar tasas de interés.
bootleg *adj* pirata, ilegal.
bootlegger *n* quien vende artículos pirateados.
BOP (balance of payments) balanza de pagos, balanza cambista.
border control control fronterizo, control de fronteras.
border measures medidas en las fronteras.
border price precio en la frontera.
border protection protección en frontera, protección de la frontera.
border tax impuesto en la frontera.
border tax adjustment ajuste de impuesto en la frontera.
border trade comercio fronterizo.
border worker trabajador fronterizo.
borderline risk riesgo cuestionable.
borrow *v* pedir prestado, tomar prestado.
borrow capital tomar capital prestado.
borrow funds tomar fondos prestados.
borrow money tomar dinero prestado.
borrow on margin tomar prestado usando acciones como colateral.
borrow shares tomar acciones prestadas.

borrow stock tomar acciones prestadas.
borrowed *adj* prestado.
borrowed capital capital prestado.
borrowed funds fondos prestados.
borrowed money dinero prestado.
borrowed reserve reserva prestada.
borrowed resources recursos prestados.
borrowed shares acciones prestadas.
borrowed stock acciones prestadas.
borrower *n* prestatario, mutuario, mutuatario, tomador de crédito.
borrower bank banco prestatario, banco mutuario.
borrower company compañía prestataria, compañía mutuaria.
borrower corporation corporación prestataria, corporación mutuaria.
borrower country país prestatario, país mutuario.
borrower entity entidad prestataria, entidad mutuaria.
borrowing agreement convenio de tomar prestado.
borrowing bank banco prestatario, banco mutuario.
borrowing capacity capacidad de tomar prestado.
borrowing company compañía prestataria, compañía mutuaria.
borrowing corporation corporación prestataria, corporación mutuaria.
borrowing cost costo de tomar prestado, coste de tomar prestado.
borrowing country país prestatario, país mutuario.
borrowing entity entidad prestataria, entidad mutuaria.
borrowing interest rate tasa de interés de préstamo, tipo de interés de préstamo.
borrowing limit límite de endeudamiento.
borrowing of capital el tomar capital prestado.
borrowing of funds el tomar fondos prestados.
borrowing of money el tomar dinero prestado.
borrowing of shares el tomar acciones prestadas.
borrowing of stock el tomar acciones prestadas.
borrowing on margin el tomar prestado usando acciones como colateral.
borrowing power poder de tomar prestado.
borrowing power of securities poder de tomar prestado de valores.
borrowing power of shares poder de tomar prestado de acciones.
borrowing power of stocks poder de tomar prestado de acciones.
borrowing rate tasa de interés de préstamo, tipo de interés de préstamo.
borrowing ratio índice de endeudamiento, razón de endeudamiento, ratio de endeudamiento.
borrowing requirements requisitos para tomar prestado.
borrowings *n* préstamos recibidos.
BOT (balance of trade) balanza comercial.
BOT (bought) comprado.
bottleneck *n* cuello de botella, embotellamiento, atolladero, obstáculo.
bottleneck facilities instalaciones esenciales.
bottom *n* mínimo, precio de soporte, precio mínimo.
bottom fisher inversionista que compra acciones cuyos precios han bajado dramáticamente.
bottom line ingreso neto, pérdida neta, lo esencial, consecuencia final.
bottom out estar aproximando lo que se percibe como un mínimo en precio.
bottom price precio mínimo.
bottom-up analysis análisis bottom-up.

bottomry *n* préstamo a la gruesa, contrato a la gruesa, préstamo a riesgo marítimo.
bottomry bond contrato a la gruesa.
bought *adj* comprado.
bounce *v* rechazar un cheque, girar un cheque sin fondos, rebotar.
bounce a check rechazar un cheque, girar un cheque sin fondos.
bounce a cheque rechazar un cheque, girar un cheque sin fondos.
bounced check cheque rechazado.
bounced cheque cheque rechazado.
boundary *n* linde, lindero, confín, término, línea.
bounds *n* límites, confines.
bourse *n* bolsa.
BOVESPA *n* BOVESPA.
boycott *n* boicot.
boycott *v* boicotear.
BPO (Business Process Outsourcing) outsourcing de procesos de negocios, externalización de procesos de negocios.
BPR (Business Process Reengineering) Reingeniería de Procesos de Negocios.
bracket *n* clasificación contributiva, categoría.
bracket creep entrada en clasificación contributiva más alta por la inflación.
bracket system sistema de clasificación contributiva.
brainstorm *n* tormenta de ideas.
branch *n* rama, sucursal, departamento, dependencia.
branch accounting contabilidad por ramas.
branch administrator administrador de sucursal.
branch bank sucursal bancaria.
branch banking banca de sucursales.
branch chief jefe de sucursal.
branch director director de sucursal.
branch head jefe de sucursal.
branch management gerencia de sucursal.
branch manager gerente de sucursal.
branch net loss pérdida neta de sucursal.
branch office sucursal.
branch office administrator administrador de sucursal.
branch office manager gerente de sucursal.
brand *n* marca, marca de fábrica.
brand acceptance aceptación de marca.
brand ad anuncio de marca.
brand administration administración de marca.
brand administrator administrador de marca.
brand advertisement anuncio de marca.
brand advertising publicidad de marca.
brand association asociación de marca.
brand awareness conciencia de marca.
brand building creación de conciencia de marca.
brand development desarrollo de marca.
brand development process proceso de desarrollo de marca.
brand differentiation diferenciación de marca.
brand division división de marca.
brand extension extensión de marca.
brand group grupo de marcas.
brand holder titular de marca.
brand image imagen de marca.
brand leader marca líder.
brand line línea de marcas.
brand loyalty lealtad de marca.
brand management administración de marca, gestión de marca.
brand manager gerente de marca.

brand market mercado de marca.
brand marketing marketing de marca, mercadeo de marca.
brand mix surtido de marcas.
brand name marca de fábrica, nombre de marca, marca.
brand name acceptance aceptación de marca
brand name ad anuncio de marca.
brand name advertisement anuncio de marca.
brand name advertising publicidad de marca.
brand name association asociación de marca.
brand name awareness conciencia de marca.
brand name building creación de conciencia de marca
brand name development desarrollo de marca.
brand name differentiation diferenciación de marca.
brand name image imagen de marca.
brand name leader marca líder.
brand name line línea de marcas.
brand name loyalty lealtad de marca.
brand name market mercadeo de marca.
brand name marketing marketing de marca, mercadeo de marca.
brand name planning planificación de marca.
brand name positioning posicionamiento de marca.
brand name potential potencial de marca.
brand name promotion promoción de marca.
brand name recognition reconocimiento de marca.
brand name strategy estrategia de marca.
brand new flamante, completamente nuevo, nuevo.
brand planning planificación de marca.
brand portfolio portafolio de marcas.
brand positioning posicionamiento de marca.
brand potential potencial de marca.
brand promotion promoción de marca.
brand recognition reconocimiento de marca.
brand research and development investigación y desarrollo de marcas.
brand share porcentaje del mercado de una marca.
brand strategy estrategia de marca.
brand switching cambio de marca.
brand variability variabilidad de marca.
branded product producto de marca.
brass n alta gerencia, alta dirección.
BRC (business reply card) tarjeta de respuesta comercial.
BRE (business reply envelope) sobre de respuesta comercial.
breach n incumplimiento, violación, quebrantamiento, falta.
breach v incumplir, violar, quebrantar, faltar.
breach of agreement incumplimiento de acuerdo, incumplimiento de convenio, incumplimiento de contrato.
breach of condition incumplimiento de condición.
breach of confidence violación de confianza.
breach of contract incumplimiento de contrato, violación de contrato.
breach of covenant incumplimiento de cláusula contractual.
breach of duty incumplimiento de deberes, violación de deberes, prevaricación.
breach of promise incumplimiento de promesa, violación de promesa.
breach of representation incumplimiento de representación.
breach of security violación de seguridad.
breach of trust abuso de confianza, prevaricación.

breach of warranty incumplimiento de garantía, violación de garantía.
bread-and-butter adj lo más que se vende, lo más esencial.
breadline, on the apenas ganando lo suficiente para subsistir, en la miseria.
breadth of market anchura del mercado.
breadwinner n sostén económico familiar.
break n descanso, receso, pausa, interrupción, rotura, oportunidad, pausa publicitaria.
break v romper, violar, incumplir, dividir, quebrar.
break a contract romper un contrato.
break a strike romper una huelga.
break down desglosar, fracasar, averiarse.
break-even analysis análisis del punto crítico, análisis de rentabilidad.
break-even equation ecuación del punto crítico.
break-even point punto crítico, punto de equilibrio, umbral de rentabilidad.
break-even sales ventas al punto crítico.
break-even yield rendimiento al punto crítico.
break in service interrupción en servicio.
break room sala de descanso.
break the law violar la ley, infringir la ley.
break-up n disolución, rotura.
break-up value valor de disolución.
breakage n garantía del manufacturero al comprador de mercancía en transporte, indemnización por cosas quebradas en el transporte, rotura.
breakdown n avería, malogro, desglose.
breakdown of charges desglose de cargos.
breakdown of costs desglose de costos, desglose de costes.
breakdown of expenditures desglose de gastos
breakdown of expenses desglose de gastos.
breakdown of fees desglose de honorarios, desglose de cargos.
breakeven analysis análisis del punto crítico.
breakeven equation ecuación del punto crítico.
breakeven point punto crítico, punto de equilibrio, umbral de rentabilidad.
breakeven sales ventas al punto crítico.
breakeven yield rendimiento al punto crítico.
breaking bulk división de cargamento grande por intermediario, hurto de bienes por depositario.
breaking the syndicate terminación del sindicato.
breakout n superación de un nivel de resistencia.
breakpoint n punto de cambio de tasa.
breakpoint sale venta al punto de cambio de tasa.
breakup n disolución, rotura.
breakup value valor de disolución.
bribe n soborno, cohecho.
bribe v sobornar, cohechar.
briber n sobornador, cohechador.
bribery n soborno, cohecho.
bricks and clicks empresa que permite que sus clientes compren en locales físicos y/o la Web.
bricks and mortar company compañía con local físico donde clientes pueden ir para comprar.
bridge bank banco puente.
bridge bond bono puente.
bridge credit crédito puente, préstamo puente.
bridge financing financiamiento puente, financiación puente.
bridge insurance seguro puente.
bridge loan préstamo puente.
bridge loan rate tasa de préstamo puente.
bridge rate tasa puente, tipo puente.
bridging credit crédito puente, préstamo puente.

bridging loan préstamo puente.
brief *adj* breve.
brief *n* informe, resumen, escrito, breve.
brief *v* informar, resumir, instruir.
brief of title resumen de título.
briefcase *n* maletín.
briefing *n* sesión informativa, sesión de información, informe.
briefing meeting reunión informativa, reunión de información.
briefing session sesión informativa, sesión de información.
bring about causar, ocasionar.
bring up to date actualizar.
brisk commerce comercio activo.
brisk demand demanda activa.
brisk market mercado activo.
brisk trade comercio activo, operaciones bursátiles activas.
BRM (business reply mail) correo de respuesta comercial, respuesta comercial.
broad-band *adj* de banda ancha.
broad-based *adj* de base amplia.
broad-based decline bajada de base amplia, descenso de base amplia.
broad-based index índice de base amplia.
broad-based rally avance de base amplia, recuperación de base amplia.
broad-based tax impuesto de base amplia.
broad market mercado amplio.
broad money dinero en sentido amplio, masa monetaria en sentido amplio.
broadband *adj* de banda ancha.
broadbased *adj* de base amplia.
broadbased decline bajada de base amplia, descenso de base amplia.
broadbased index índice de base amplia.
broadbased rally avance de base amplia, recuperación de base amplia.
broadbased tax impuesto de base amplia.
broadcast *n* transmisión, emisión.
broadcast *v* transmitir, emitir.
broadening the tax base ampliación de la base impositiva, ampliación de la base imponible.
brochure *n* folleto informativo, folleto publicitario, folleto.
broke *adj* sin dinero.
broken contract contrato roto.
broken lot lote incompleto.
broker *n* corredor, agente, agente comercial.
broker account cuenta de corredor.
broker-agent *n* licenciado como corredor y agente.
broker business negocio de corredor.
broker charge cargo de corretaje.
broker commission comisión de corredor.
broker contract contrato de corredor.
broker-dealer *n* corredor que además mantiene cuenta propia.
broker fee cargo de corretaje.
broker loan préstamo de corredor.
broker loan rate tasa de interés ofrecida a casas de corretaje.
brokerage *n* corretaje, correduría.
brokerage account cuenta de corretaje.
brokerage business negocio de corretaje.
brokerage charge cargo de corretaje.
brokerage commission comisión de corretaje.
brokerage contract contrato de corretaje.
brokerage department departamento de corretaje.
brokerage division división de corretaje.

brokerage fee cargo de corretaje.
brokerage firm firma de corretaje, casa de corretaje.
brokerage house casa de corretaje.
brokerage services servicios de corretaje.
brokers' market mercado de corredores.
broking services servicios de corredores.
Bros. (brothers) hermanos.
brother-sister corporations corporaciones con los mismos dueños.
brought forward llevado a cuenta nueva, trasladado de cuenta anterior.
brown goods electrodomésticos.
browser *n* navegador de Internet, navegador de Web, navegador, browser.
BS (balance sheet) balance, hoja de balance, estado de situación.
BSBA (Bachelor of Science in Business Administration) Licenciado en Administración de Empresas, Bachillerato en Administración de Empresas.
BTO (build-to-order) hacer a la medida para un cliente específico.
BTO (built-to-order) hecho a la medida para un cliente específico.
BTS (build-to-stock) hacer para la venta en general.
BTS (build-to-suit) hacer a la medida para un cliente específico.
BTS (built-to-stock) disponible para la venta en general.
BTS (built-to-suit) hecho a la medida para un cliente específico.
bubble theory teoría que expone que en ocasiones los precios de valores suben desenfrenadamente hasta que se pincha el globo.
bucket shop lugar para compraventas ficticias de valores, lugar para compraventas de valores cuestionables, agencia de viajes ofreciendo precios reducidos.
bucketing *n* recibo de órdenes de corretaje sin intención de realizar dichas transacciones.
budget *adj* barato, asequible, presupuestario.
budget *n* presupuesto.
budget *v* presupuestar, presuponer.
budget account cuenta presupuestaria.
budget accounting contabilidad presupuestaria.
budget administration administración presupuestaria.
budget agency agencia presupuestaria.
budget allocation asignación presupuestaria.
budget allotment asignación presupuestaria.
budget allowance asignación presupuestaria.
budget analysis análisis presupuestario.
budget appropriation apropiación presupuestaria, asignación presupuestaria.
budget assignment asignación presupuestaria.
budget authorisation autorización presupuestaria.
budget authorization autorización presupuestaria.
budget balance equilibrio presupuestario.
budget bill proyecto de ley presupuestario.
budget ceiling techo presupuestario, tope presupuestario.
budget consolidation consolidación presupuestaria.
budget constraint limitación presupuestaria.
budget control control presupuestario.
budget cut recorte presupuestario.
budget cycle ciclo presupuestario.
budget deficit déficit presupuestario.

budget distribution distribución presupuestaria.
budget equilibrium equilibrio presupuestario.
budget estimate estimación presupuestaria.
budget expenditures gastos presupuestarios, desembolsos presupuestarios.
budget expenses gastos presupuestarios, desembolsos presupuestarios.
budget for tener en cuenta para un presupuesto.
budget gap déficit presupuestario.
budget item ítem presupuestario.
budget law ley presupuestaria.
budget limit límite presupuestario.
budget line línea presupuestaria.
budget management administración presupuestaria, gestión presupuestaria.
budget manager administrador presupuestario.
budget maximum máximo presupuestario.
budget mortgage pago hipotecario incluyendo seguro e impuestos.
budget outlay desembolso presupuestario.
budget performance resultados presupuestarios.
budget period período presupuestario.
budget policy política presupuestaria.
budget proposal propuesta presupuestaria.
budget provision asignación presupuestaria.
budget results resultados presupuestarios.
budget savings ahorros presupuestarios.
budget share proporción presupuestaria.
budget surplus superávit presupuestario.
budget year año presupuestario.
budgetary *adj* presupuestario.
budgetary account cuenta presupuestaria.
budgetary accounting contabilidad presupuestaria.
budgetary administration administración presupuestaria.
budgetary agency agencia presupuestaria.
budgetary allocation asignación presupuestaria.
budgetary allotment asignación presupuestaria.
budgetary allowance asignación presupuestaria.
budgetary analysis análisis presupuestario.
budgetary appropriation apropiación presupuestaria, asignación presupuestaria.
budgetary assignment asignación presupuestaria.
budgetary authorisation autorización presupuestaria.
budgetary authorization autorización presupuestaria.
budgetary balance equilibrio presupuestario.
budgetary ceiling techo presupuestario, tope presupuestario.
budgetary consolidation consolidación presupuestaria.
budgetary constraint limitación presupuestaria.
budgetary control control presupuestario.
budgetary cut recorte presupuestario.
budgetary cycle ciclo presupuestario.
budgetary deficit déficit presupuestario.
budgetary distribution distribución presupuestaria.
budgetary equilibrium equilibrio presupuestario.
budgetary estimate estimado presupuestario.
budgetary expenditures gastos presupuestarios, desembolsos presupuestarios.
budgetary expenses gastos presupuestarios, desembolsos presupuestarios.
budgetary gap déficit presupuestario.
budgetary item ítem presupuestario.
budgetary law ley presupuestaria.
budgetary limit límite presupuestario.

budgetary line línea presupuestaria.
budgetary management administración presupuestaria, gestión presupuestaria.
budgetary maximum máximo presupuestario.
budgetary outlay desembolso presupuestario.
budgetary performance resultados presupuestarios.
budgetary period período presupuestario.
budgetary policy política presupuestaria.
budgetary proposal propuesta presupuestaria.
budgetary provision asignación presupuestaria.
budgetary results resultados presupuestarios.
budgetary savings ahorros presupuestarios.
budgetary share proporción presupuestaria.
budgetary surplus superávit presupuestario.
budgetary year año presupuestario.
budgeted *adj* presupuestado.
budgeted expenditures gastos presupuestados, desembolsos presupuestados.
budgeted expenses gastos presupuestados, desembolsos presupuestados.
budgeted funds fondos presupuestados.
budgeting *n* presupuestación.
budgeting administration administración presupuestaria.
budgeting authorisation autorización presupuestaria.
budgeting authorization autorización presupuestaria.
budgeting constraint limitación presupuestaria.
budgeting control control presupuestario.
budgeting cut recorte presupuestario.
budgeting management administración presupuestaria, gestión presupuestaria.
budgeting manager administrador presupuestario, gerente presupuestario.
budgeting period período presupuestario.
budgeting policy política presupuestaria.
buffer inventory inventario de seguridad.
buffer zone área separando dos tipos de zonificación.
build *v* construir, edificar, levantar.
build-to-order *v* hacer a la medida para un cliente específico.
build-to-stock *v* hacer para la venta en general.
build-to-suit *v* hacer a la medida para un cliente específico.
builder *n* constructor.
builder's risk insurance seguro de riesgos de constructor.
builder's warranty garantía del constructor.
building *n* edificio, construcción.
building activity actividad de construcción.
building and construction edificación y construcción.
building and loan association sociedad de ahorro y préstamo para la construcción.
building business negocio de construcción.
building code código de edificación, reglamento de edificación, ley de edificación, ordenanzas de construcción.
building contract contrato de construcción.
building contractor contratista de construcción.
building costs costos de construcción, costes de construcción.
building firm empresa de construcción.
building funds fondos de construcción.
building industry industria de construcción.
building is covered el edificio tiene cubierta de seguro.

building lease arrendamiento para edificación.
building line línea de edificación.
building loan préstamo para edificación.
building loan agreement convenio de préstamo para edificación.
building lot solar.
building materials materiales de construcción.
building permit permiso de construcción, licencia de construcción.
building project proyecto de construcción.
building regulations reglamentos de edificación.
building restrictions restricciones de edificación.
building society sociedad de ahorro y préstamo para la vivienda.
built-in *adj* incorporado a, empotrado.
built-in agenda agenda incorporada.
built-in obsolescence obsolescencia planificada.
built-in stabiliser estabilizador incorporado.
built-in stabilizer estabilizador incorporado.
built-to-order *adj* hecho a la medida para un cliente específico.
built-to-stock *adj* hecho para la venta en general.
built-to-suit *adj* hecho a la medida para un cliente específico.
bulk *n* agregado, bulto, cargamento.
bulk buying compras a granel.
bulk commodity mercancía a granel, productos de gran consumo.
bulk discount descuento por compras a granel.
bulk email email enviado a una cantidad enorme de destinatarios, correo electrónico enviado a una cantidad enorme de destinatarios.
bulk goods mercancía a granel.
bulk, in a granel.
bulk mail correo regular enviado a una gran cantidad de destinatarios, correo electrónico enviado a una cantidad enorme de destinatarios.
bulk mortgage hipoteca de propiedades agregadas.
bulk order orden a granel, pedido a granel.
bulk price precio por venta a granel.
bulk purchase compra a granel.
bulk sale venta a granel, venta en bloque.
bulk sales laws leyes de ventas a granel.
bulk shipment cargamento a granel.
bulk transfer transferencia a granel.
bull *adj* alcista.
bull *n* alcista.
bull market mercado alcista.
bull position posición alcista.
bull run intervalo alcista.
bull spread combinación alcista de opciones de compra y venta.
bullet loan préstamo con pago único al final.
bullet mortgage hipoteca con pago único al final.
bulletin board tablón de anuncios, tablón de anuncios electrónico.
bullion *n* metal precioso en lingotes, oro en lingotes, plata en lingotes.
bullion reserve reserva metálica.
bullish *adj* alcista.
bumper *adj* extraordinario, abundante, extraordinariamente abundante.
bumping *n* antigüedad, desplazamiento de un empleado por otro con más tiempo en el trabajo.
bunching *n* agrupamiento.
Bundesbank *n* Bundesbank.
bundle *v* empaquetar, agrupar.
bundled *adj* empaquetado, agrupado.
bundling *n* empaquetamiento, agrupamiento.
buoyant market mercado en el cual los precios

tienden a subir.
burden *n* carga, obligación.
burden of proof carga de la prueba.
burden of taxation carga impositiva.
burden of taxes carga impositiva.
burden sharing repartimiento de la carga.
burden with taxes gravar con impuestos.
bureau *n* negociado, agencia, departamento.
bureau of customs negociado de aduanas.
bureaucracy *n* burocracia.
bureaucrat *n* burócrata.
bureaucratic *adj* burocrático.
bureaucratisation *n* burocratización.
bureaucratization *n* burocratización.
burglary insurance seguro contra robos.
burial expenditures gastos funerarios.
burial expenses gastos funerarios.
burn-out *n* agotamiento, agotamiento por trabajo excesivo, agotamiento y desmotivación por trabajo excesivo.
burn rate ritmo de agotamiento de capital antes de generarse un flujo de fondos positivo.
burnout *n* agotamiento, agotamiento por trabajo excesivo, agotamiento y desmotivación por trabajo excesivo.
bursar *n* tesorero.
bursary *n* tesorería.
business *n* negocio, comercio, mercadeo, ocupación, asunto.
business academy academia comercial, academia de negocios.
business account cuenta comercial, cuenta de negocios.
business accounting contabilidad de negocios, contabilidad de empresas.
business activity actividad comercial, actividad empresarial, actividad de negocios.
business activity center centro de actividad de negocios.
business activity centre centro de actividad de negocios.
business activity code código de actividad de negocio.
business acumen perspicacia comercial.
business address domicilio comercial, dirección del negocio.
business administration administración de empresas, gestión de empresas, administración empresarial, administración comercial.
business administrator administrador de empresa, administrador de negocio.
business adviser asesor de negocios, asesor empresarial.
business advisor asesor de negocios, asesor empresarial.
business agency agencia de negocios, agencia empresarial.
business agent agente comercial, agente de negocios.
business agreement convenio comercial, convenio empresarial, convenio de negocios.
business angel ángel comercial.
business assembly asamblea de negocios, asamblea comercial, asamblea empresarial.
business assets activo comercial, activo de negocio.
business association asociación mercantil, compañía comercial, sociedad comercial, sociedad mercantil.
business automobile policy póliza de automóvil

comercial.

business bad debts deudas incobrables de negocio.

business banking banca de empresas, banca de negocios.

business bankruptcy quiebra de negocio, quiebra empresarial, quiebra comercial.

business broker corredor de empresas, corredor de negocios.

business call llamada de negocios, llamada comercial, visita de negocios, visita comercial.

business card tarjeta de negocios, tarjeta comercial, tarjeta profesional, tarjeta de visita.

business center centro de negocios, centro de empresas.

business centre centro de negocios, centro de empresas.

business chain cadena de negocios, cadena empresarial.

business circles círculos empresariales, círculos comerciales, círculos de negocios, medios empresariales, medios de negocios.

business class clase business, clase de negocios.

business closure cierre de negocio.

business college escuela de empresariales, escuela empresarial, colegio de negocios, universidad de negocios, academia comercial, academia de negocios.

business combination combinación de negocios.

business community comunidad empresarial, comunidad de negocios.

business company sociedad de negocios, compañía de negocios.

business computing computación de negocios, computación empresarial.

business concern empresa comercial, entidad comercial, empresa de negocios, entidad de negocios.

business conditions condiciones comerciales, condiciones empresariales, condiciones de negocios.

business conference conferencia de negocios, conferencia comercial, conferencia empresarial.

business considerations consideraciones de negocios, consideraciones empresariales.

business consultant consultor empresarial, consultor de negocios.

business continuity services servicios de continuidad de negocio.

business contract contrato de negocios, contrato empresarial, contrato mercantil.

business convention convención de negocios, convención comercial, convención empresarial.

business corporation corporación de negocios, corporación mercantil.

business correspondence correspondencia comercial, correspondencia empresarial, correspondencia de negocios.

business counsellor consejero de negocios, consejero empresarial.

business counselor consejero de negocios, consejero empresarial.

business credit crédito empresarial, crédito de negocios, crédito comercial.

business creditor acreedor de negocios, acreedor empresarial.

business crime insurance seguro contra crímenes comercial.

business cycle ciclo económico, ciclo comercial, ciclo de negocios.

business day día laborable, día hábil, día de negocios.

business deal transacción de negocios, transacción empresarial, transacción comercial.

business debt deuda de negocios, deuda empresarial.

business decision decisión empresarial, decisión comercial, decisión de negocios.

business department departamento de negocios, departamento empresarial.

business deposit depósito comercial.

business development desarrollo de negocios, desarrollo empresarial, desarrollo comercial.

business development center centro de desarrollo de negocios.

business development centre centro de desarrollo de negocios.

business development director director de desarrollo de negocios.

business director director de negocios, director empresarial.

business discussion discusión de negocios, discusión comercial, discusión empresarial.

business district distrito comercial, distrito de negocios.

business document documento empresarial, documento comercial, documento de negocios.

business done in state negocio comenzado y completado en el mismo estado.

business earnings ingresos empresariales, ingresos comerciales, ingresos de negocios.

business economics economía empresarial, economía comercial, economía de negocios.

business email email comercial, email de negocios, email empresarial, correo electrónico comercial, correo electrónico de negocios, correo electrónico empresarial.

business empire imperio de negocios, imperio comercial.

business ends fines empresariales, fines comerciales, fines de negocios.

business enterprise empresa de negocios, empresa comercial.

business entity entidad comercial, entidad de negocios.

business environment ambiente de negocios, ambiente empresarial, ambiente comercial.

business equipment equipo de negocios.

business establishment negocio, comercio, lugar de negocios.

business ethics ética en los negocios, ética comercial, ética empresarial.

business etiquette etiqueta en los negocios.

business exhibit exhibición de negocios, exhibición empresarial.

business expenditures gastos de negocios, gastos empresariales.

business expense deductions deducciones por gastos de negocios.

business expenses gastos de negocios, gastos empresariales.

business experience experiencia empresarial, experiencia comercial, experiencia en negocios.

business failure quiebra de negocio, quiebra empresarial, quiebra comercial.

business finance finanzas empresariales, finanzas comerciales, finanzas de negocios.

business financing financiación empresarial, financiación comercial, financiación de negocios.

business firm empresa de negocios, empresa

comercial, firma de negocios, firma comercial.
business forecast pronóstico empresarial,
pronóstico comercial, pronóstico de negocios.
business forecasting previsión empresarial,
previsión comercial, previsión de negocios.
business fraud fraude empresarial, fraude
comercial, fraude en los negocios.
business gains ganancias comerciales, ganancias
empresariales, ganancias de negocios.
business games juegos comerciales, juegos
empresariales, juegos de negocios.
business gifts regalos empresariales, regalos
comerciales, regalos de negocios.
business goal meta empresarial, meta comercial,
meta de negocios.
business health insurance seguro de salud
comercial.
business hours horas de oficina, horas de trabajo,
horas de comercio.
business income ingresos empresariales, rentas
empresariales, ingresos comerciales, ingresos de
negocios.
business indicators indicadores empresariales,
indicadores comerciales, indicadores de negocios.
business insurance seguro comercial, seguro
empresarial, seguro de negocios, seguro de vida
para empleados claves para la protección de una
empresa.
business insurance policy póliza de seguro
comercial, póliza de seguro empresarial.
business intelligence inteligencia empresarial,
inteligencia comercial.
business interest interés comercial, interés
empresarial.
business interruption interrupción de negocios,
interrupción empresarial, interrupción comercial.
business interruption insurance seguro contra
pérdidas por interrupción de negocios.
business interruption insurance policy póliza de
seguro contra pérdidas por interrupción de
negocios.
business interruption policy póliza de seguro
contra pérdidas por interrupción de negocios.
business investment inversión empresarial,
inversión comercial, inversión en negocios.
business journal revista de negocios, revista
empresarial, boletín de negocios, boletín
empresarial.
business law derecho mercantil, derecho
comercial, derecho empresarial.
business league asociación de negocios,
asociación de empresas.
business lease arrendamiento comercial,
arrendamiento empresarial, arrendamiento de
negocio.
business lender prestador de negocios, prestador
empresarial.
business lending préstamos de negocios,
préstamos empresariales.
business letter carta comercial, carta de negocios,
carta empresarial.
business liability responsabilidad comercial,
responsabilidad empresarial.
business liability insurance seguro de
responsabilidad comercial.
business licence licencia comercial, licencia de
negocios, licencia empresarial.
business license licencia comercial, licencia de
negocios, licencia empresarial.
business life insurance seguro de vida

empresarial, seguro de vida comercial.
business literature literatura de negocios,
literatura empresarial.
business loans préstamos de empresas, préstamos
de negocios, préstamos comerciales.
business locale local empresarial, local comercial,
local de negocios.
business losses pérdidas de negocios, pérdidas
empresariales, pérdidas comerciales.
business magazine revista de negocios, revista
empresarial, boletín de negocios, boletín
empresarial.
business mail correo comercial, correo de
negocios, correo empresarial, email comercial,
email de negocios, email empresarial, correo
electrónico comercial, correo electrónico de
negocios, correo electrónico empresarial.
business man hombre de negocios, comerciante,
empresario.
business management administración de
empresas, administración empresarial,
administración comercial, gestión de empresas,
gestión empresarial, gestión comercial.
business manager gerente comercial, gerente de
empresa.
business meeting reunión de negocios, reunión
comercial, reunión empresarial.
business mix mezcla de negocios, mezcla
comercial, mezcla empresarial.
business model modelo de negocios, modelo
comercial, modelo empresarial.
business month mes de 30 días.
business name nombre de la empresa, nombre
comercial, razón social.
business objective objetivo empresarial, objetivo
comercial, objetivo de negocios.
business of banking negocio bancario.
business of insurance negocio de seguros.
business office oficina de negocios, oficina
empresarial, oficina comercial.
business operation operación empresarial,
operación comercial, operación de negocios.
business opportunity oportunidad de negocio,
oportunidad comercial, oportunidad empresarial.
business or commercial corporation corporación
de negocios.
business or occupation negocio u ocupación.
business organisation organización comercial,
organización del negocio.
business organization organización comercial,
organización del negocio.
business-oriented *adj* orientado hacia los
negocios, orientado hacia las empresas.
business owner dueño de negocio, propietario de
negocio.
business owner's policy póliza de dueño de
negocio.
business paper papel comercial.
business papers documentos comerciales,
documentos empresariales, documentos de
negocios.
business park parque empresarial, parque
comercial, parque de negocios.
business person persona de negocios,
comerciante, empresario.
business plan plan de negocios, plan empresarial,
plan comercial.
business planning planificación empresarial,
planificación comercial, planificación de negocios.
business policy póliza comercial, política

comercial, póliza empresarial, política empresarial, póliza de negocios, política de negocios.

business portal portal empresarial, portal comercial, portal de negocios.

business portfolio portafolio de negocios, portafolio empresarial, portafolio comercial.

business practices prácticas comerciales, prácticas mercantiles, costumbres comerciales, costumbres mercantiles.

business premises local empresarial, local comercial, local de negocios.

business presentation presentación de negocios, presentación empresarial.

Business Process Outsourcing outsourcing de procesos de negocios, externalización de procesos de negocios.

Business Process Reengineering Reingeniería de Procesos de Negocios.

business profit margin margen de beneficio de negocio, margen de ganancia de negocio.

business profits beneficios de empresas, beneficios comerciales, beneficios de negocios, ganancias de empresas, ganancias comerciales, ganancias de negocios.

business property propiedad de negocio, propiedad comercial, propiedad empresarial.

business proposition propuesta de negocio, propuesta empresarial, propuesta comercial.

business purpose propósito comercial, propósito empresarial.

business radio radio de negocios, radio empresarial.

business recession recesión empresarial, recesión comercial, recesión de los negocios.

business records expedientes del negocio, expedientes empresariales, registros del negocio, registros empresariales.

business recovery recuperación empresarial, recuperación comercial, recuperación de negocios.

business regulations reglamentos empresariales, reglamentos comerciales, reglamentos de negocios, normas empresariales.

business relations relaciones comerciales, relaciones empresariales, relaciones de negocios.

business rental arrendamiento de negocios, arrendamiento empresarial, arrendamiento comercial.

business reply respuesta comercial, respuesta empresarial.

business reply card tarjeta de respuesta comercial.

business reply envelope sobre de respuesta comercial.

business reply mail correo de respuesta comercial, respuesta comercial.

business reply postcard tarjeta postal de respuesta comercial.

business reply service servicio de respuesta comercial.

business report informe comercial, reporte comercial, informe empresarial, reporte empresarial, informe de negocios, reporte de negocios.

business risk riesgo comercial, riesgo empresarial, riesgo de negocio.

business rules reglas empresariales, reglas comerciales, reglas de negocios.

business sale venta de negocios, venta empresarial.

business scam estafa comercial, timo comercial, estafa empresarial, timo empresarial.

business school colegio de negocios, universidad de negocios, escuela de empresariales.

business sector sector empresarial, sector comercial, sector de negocios.

business services servicios empresariales, servicios comerciales, servicios de negocios.

business situations situaciones empresariales, situaciones comerciales, situaciones de negocios.

business standards normas empresariales, normas comerciales, normas de negocios.

business start-up empresa puesta en marcha, negocio puesto en marcha.

business startup empresa puesta en marcha, negocio puesto en marcha.

business strategy estrategia empresarial, estrategia comercial, estrategia de negocios.

business studies estudios empresariales, estudios comerciales, estudios de negocios.

business summit cumbre empresarial, cumbre de negocios, cumbre comercial.

business support services servicios de apoyo a las empresas, servicios de apoyo comercial.

business swindle estafa comercial, timo comercial, estafa empresarial, timo empresarial.

business taxation imposición comercial, imposición empresarial.

business taxes impuestos comerciales, contribuciones comerciales, impuestos empresariales, contribuciones empresariales.

business television televisión de negocios, televisión empresarial.

business-to-business adj empresa a empresa, negocio a negocio.

business-to-business services servicios de empresa a empresa, servicios de negocio a negocio.

business-to-business transaction transacción de empresa a empresa, transacción de negocio a negocio.

business-to-consumer adj empresa a consumidor, negocio a consumidor.

business-to-consumer services servicios de empresa a consumidor, servicios de negocio a consumidor.

business-to-consumer transactions transacciones de empresa a consumidor, transacciones de negocio a consumidor.

business-to-employee adj empresa a empleado, negocio a empleado

business-to-government adj empresa a gobierno, negocio a gobierno.

business transaction transacción comercial, transacción empresarial, transacción de negocios.

business travel viaje de negocios.

business traveler viajante de negocios.

business traveller viajante de negocios.

business treaty tratado de negocios, tratado empresarial.

business trends tendencias empresariales, tendencias comerciales, tendencias de negocios.

business trip viaje de negocios.

business trust fideicomiso comercial.

business usage uso comercial, uso empresarial.

business vehicle vehículo de negocios, vehículo empresarial.

business venture empresa comercial, empresa de negocios.

business visit visita de negocios, visita comercial.

business woman mujer de negocios, comerciante, empresaria.

business world mundo de los negocios, mundo

empresarial, mundo comercial.
business year ejercicio anual, año comercial, año empresarial, año de negocios.
businessman *n* hombre de negocios, persona de negocios, comerciante, empresario.
businessowner's policy póliza de dueño de negocio.
businessperson *n* persona de negocios, comerciante, empresario.
businesswoman *n* mujer de negocios, comerciante, empresaria.
bust-up takeover compra apalancada en la cual la empresa adquiriente vende parte de la compañía adquirida para financiar la toma de control.
busy schedule agenda apretada, programa apretado, calendario apretado.
butterfly spread estrategia reuniendo combinaciones alcistas y bajistas de opciones.
button-down *adj* conservador, convencional, poco imaginativo.
buy *v* comprar.
buy-and-hold strategy estrategia de comprar y retener.
buy-back *n* recompra.
buy-back agreement convenio de recompra.
buy-back option opción de recompra.
buy down tasa de interés reducida mediante el pago de puntos de descuento adicionales.
buy for resale comprar para revender.
buy-in *n* compra de acciones por la compañía misma.
buy limit order orden de compra con precio límite, orden de compra a un precio específico o uno más favorable.
buy on credit comprar a crédito.
buy on margin comprar valores usando crédito en una firma bursátil.
buy one get one free compre uno y obtenga un segundo gratis.
buy order orden de compra.
buy out comprar todas las acciones, comprar las acciones restantes, comprar lo restante.
buy outright comprar enteramente, comprar al contado.
buy rating recomendación de compra.
buy recommendation recomendación de compra.
buy retail comprar al por menor.
buy-side analyst asesor de compras bursátiles para cuentas propias.
buy transaction transacción de compra.
buy wholesale comprar al por mayor.
buyback *n* recompra.
buyback agreement convenio de recompra.
buyback arrangement arreglo de recompra.
buyback option opción de recompra.
buydown *n* tasa de interés reducida mediante el pago de puntos de descuento adicionales.
buyer *n* comprador, agente comprador.
buyer acceptance aceptación por el comprador.
buyer account cuenta del comprador.
buyer ads anuncios dirigidos al comprador.
buyer advertisements anuncios dirigidos al comprador.
buyer advertising publicidad dirigida al comprador.
buyer agreement convenio del comprador.
buyer analysis análisis del comprador.
buyer awareness conciencia del comprador.
buyer base base de compradores.
buyer behavior conducta del comprador.

buyer behaviour conducta del comprador.
buyer benefits beneficios para el comprador.
buyer billing facturación del comprador.
buyer boycott boicot del comprador.
buyer broker corredor del comprador.
buyer card tarjeta del comprador.
buyer care cuido del comprador.
buyer choice elección del comprador.
buyer confidence confianza del comprador.
buyer credit crédito del comprador.
buyer debt deuda del comprador.
buyer demand demanda del comprador.
buyer dissatisfaction insatisfacción del comprador.
buyer education educación del comprador.
buyer expectations expectativas del comprador.
buyer expenditures gastos del comprador.
buyer expenses gastos del comprador.
buyer frustration frustración del comprador.
buyer group grupo de compradores.
buyer habits hábitos del comprador.
buyer ignorance ignorancia del comprador.
buyer in bad faith comprador de mala fe.
buyer in good faith comprador de buena fe.
buyer information información para el comprador, información sobre los compradores.
buyer interests intereses del comprador.
buyer loan préstamo al comprador.
buyer loyalty lealtad del comprador.
buyer magazine revista del comprador, boletín del comprador.
buyer marketing marketing dirigido al comprador, mercadeo dirigido al comprador.
buyer monopoly monopolio del comprador.
buyer needs necesidades del comprador.
buyer option opción del comprador.
buyer-oriented *adj* orientado al comprador.
buyer power poder del comprador.
buyer preferences preferencias del comprador.
buyer pressure presión al comprador, presión del comprador.
buyer price precio al comprador.
buyer profile perfil del comprador.
buyer protection protección del comprador.
buyer research investigación sobre compradores, investigación del comprador.
buyer resistance resistencia del comprador.
buyer response respuesta del comprador.
buyer retention retención de compradores.
buyer rights derechos del comprador.
buyer risk riesgo del comprador.
buyer satisfaction satisfacción del comprador.
buyer service servicio al comprador.
buyer spending gastos del comprador.
buyer study estudio sobre compradores, estudio del comprador.
buyer survey encuesta del comprador.
buyer tastes gustos del comprador.
buyer test prueba del comprador.
buyer training entrenamiento de compradores.
buyer trends tendencias de compradores.
buyers' association asociación de compradores.
buyers' cooperative cooperativa de compradores.
buyers' market mercado de compradores.
buyers' organisation organización de compradores.
buyers' organization organización de compradores.
buyers' records registros de compradores.
buyers' relations relaciones con compradores.

buyers' representative representante de compradores.
buyers' strike huelga de compradores.
buying agency agencia de compras
buying agent agente de compras
buying agreement convenio de compras.
buying binge frenesí de compras
buying climax clímax de compras.
buying co-operative cooperativa de compras.
buying commission comisión de compras.
buying committee comité de compras.
buying compulsion compulsión de comprar.
buying contract contrato de compras.
buying cooperative cooperativa de compras.
buying department departamento de compras.
buying director director de compras.
buying frenzy frenesí de compras.
buying group grupo de compras.
buying habits hábitos de compras.
buying in compra en subasta por el mismo dueño, compra en subasta por parte interesada.
buying manager gerente de compras.
buying needs necesidades de compras.
buying office oficina de compras.
buying on margin compra de valores usando crédito en una firma bursátil.
buying order orden de compra.
buying pattern hábitos de compras, costumbres de compras.
buying policy política de compras.
buying power poder adquisitivo, poder de comprar.
buyout *n* adquisición de un porcentaje de acciones que permita controlar una corporación.
buzzword *n* palabra o frase trillada de popularidad efímera.
by-bidder *n* postor contratado por el dueño, postor contratado por el agente del dueño.
by-bidding *n* ofertas hechas por un postor contratado por el dueño, ofertas hechas por un postor contratado por el agente del dueño.
by contract por contrato.
by courtesy of por cortesía de, de regalo.
by-laws *n* reglamentos internos, reglamentos interiores, estatutos, estatutos de sociedades.
by mutual consent por consentimiento mutuo.
by order of por orden de.
by-product *n* subproducto, producto secundario.
by proxy por poder.
by return mail a vuelta de correo.
by return post a vuelta de correo.
by the book por el libro.
by trade de oficio.
bypass trust fideicomiso para evitación de impuestos sucesorios.

C

C bond rating calificación de bono C, clasificación de bono C.
c-commerce (collaborative commerce) comercio colaborativo.
C&F (cost and freight) costo y flete, coste y flete.
c/o (care of) para entregar a.
C rating calificación C, clasificación C.
C2B (consumer-to-business) consumidor a empresa, consumidor a negocio.
C2C (consumer-to-consumer) consumidor a consumidor.
CA (Certified Accountant) contador autorizado, contable autorizado.
Ca bond rating calificación de bono Ca, clasificación de bono Ca.
Ca rating calificación Ca, clasificación Ca.
Caa bond rating calificación de bono Caa, clasificación de bono Caa.
Caa rating calificación Caa, clasificación Caa.
cabinet *n* gabinete, ministerio.
cabinet securities valores cotizados con bajo volumen de transacciones, bonos cotizados con bajo volumen de transacciones.
cable television televisión por cable.
cable transfer transferencia cablegráfica.
cable TV TV por cable.
cabotage *n* cabotaje.
cabotage transport transporte de cabotaje.
CAC 40 CAC 40.
CAC 40 Index Índice CAC 40.
cache *n* reserva secreta.
cachet *n* sello distintivo, prestigio.
CAD (cash against documents) pago contra documentos.
CAD (computer-aided design) diseño asistido por computadora, diseño asistido por ordenador.
CAD/CAM (computer-aided design/computer-aided manufacturing) diseño asistido por computadora/manufactura asistida por computadora.
cadastral *adj* catastral.
cadastral survey inspección catastral.
cadastral value valor catastral.
cadastre *n* catastro.
caducity *n* caducidad.
caducous *adj* caduco.
CAE (computer-aided education) educación asistida por computadora, educación asistida por ordenador.
cafeteria benefit plan plan de beneficios estilo cafetería.
cafeteria benefit program programa de beneficios estilo cafetería.
cafeteria plan plan de beneficios estilo cafetería.
CAI (computer-aided instruction) instrucción asistida por computadora, instrucción asistida por ordenador.
cajole *v* engatusar, persuadir.
cajolery *n* engatusamiento.
CAL (computer-aided learning) aprendizaje asistido por computadora, aprendizaje asistido por ordenador.
calculable *adj* calculable.
calculate *v* calcular.
calculated *adj* calculado.
calculated balance sheet balance calculado.
calculated cost costo calculado, coste calculado.
calculated expenditures gastos calculados.
calculated expenses gastos calculados.
calculated interest rate tasa de interés calculada, tipo de interés calculado.
calculated payment pago calculado.
calculated premium prima calculada.
calculated price precio calculado.
calculated rate tasa calculada, tipo calculado.
calculated risk riesgo calculado.
calculated subsidy subsidio calculado, subvención calculada.

calculated taxes impuestos calculados, contribuciones calculadas.
calculated value valor calculado.
calculation *n* cálculo.
calculation of costs cálculo de costos, cálculo de costes.
calculation of expenditures cálculo de gastos.
calculation of expenses cálculo de gastos.
calculation of interest cálculo de intereses.
calculation of payments cálculo de pagos.
calculation of premium cálculo de prima.
calculation of prices cálculo de precios.
calculation of subsidy cálculo de subsidio, cálculo de subvención.
calculation of taxes cálculo de impuestos, cálculo de contribuciones.
calculation of value cálculo del valor.
calendar bear spread combinación bajista de opciones con vencimientos diferentes.
calendar bull spread combinación alcista de opciones con vencimientos diferentes.
calendar day día calendario, día natural.
calendar month mes calendario.
calendar spread combinación de opciones con vencimientos diferentes.
calendar week semana calendario.
calendar year año calendario, año natural, año continuo.
calendar-year experience experiencia del año calendario.
calendar-year statistics estadísticas del año calendario.
call *n* opción de compra, demanda de pago, redención, citación, llamada, convocatoria, visita.
call *v* redimir, citar, llamar, convocar, visitar.
call a bond redimir un bono.
call a loan demandar el pago de un préstamo.
call a meeting convocar una reunión.
call a meeting of shareholders convocar una reunión de accionistas.
call a meeting of stockholders convocar una reunión de accionistas.
call a strike declarar una huelga.
call back redimir, hacer volver, devolver la llamada.
call center centro de llamadas.
call center agent agente de centro de llamadas.
call center operation operación de centro de llamadas.
call center service servicio de centro de llamadas.
call center software programas para centros de llamadas.
call centre centro de llamadas.
call centre agent agente de centro de llamadas.
call centre operation operación de centro de llamadas.
call centre service servicio de centro de llamadas.
call centre software programas para centros de llamadas.
call compensation compensación por comparecencia.
call date fecha de redención.
call feature estipulación de redención.
call for bids llamada a licitación, convocar a licitación, convocatoria para propuestas, petición de propuestas, llamada a propuestas.
call for tenders llamada a licitación, convocar a licitación, convocatoria para propuestas, petición de propuestas, llamada a propuestas.
call in retirar, hacer devolver, llamar a, hacer entrar.
call loan préstamo pagadero a la demanda,

préstamo a la vista.
call loan rate tasa de préstamo pagadero a la demanda.
call money dinero a la vista, dinero exigible.
call money rate tasa de préstamo de dinero a la vista.
call notice aviso de redención, aviso de demanda de pago, aviso de opción de compra.
call off cancelar, suspender, terminar.
call, on a la vista, a petición.
call on exigir pago, pedir que se haga algo, pedir ayuda, exigir que se haga algo, exigir ayuda, visitar.
call option opción de compra, opción de redención.
call pay pago por comparecencia.
call premium prima por redención, prima de opción de compra.
call price precio de redención, precio al cual el emisor puede redimir un bono.
call protection protección contra redención.
call provision estipulación de redención.
call spread combinación de opciones de compra.
call to order llamar a la orden.
call writer quien vende una opción de compra.
callable *adj* pagadero a la demanda, retirable, redimible, rescatable.
callable bond bono retirable, bono redimible.
callable capital capital redimible, capital a la vista.
callable loan préstamo pagadero a la demanda.
callable preferred shares acciones preferidas redimibles.
callable preferred stock acciones preferidas redimibles.
callable securities valores redimibles.
callable shares acciones redimibles.
callable stock acciones redimibles.
called *adj* redimido, rescatado, retirado, demandado, llamado.
called bond bono retirado, bono redimido.
called meeting reunión extraordinaria, reunión convocada.
called preferred shares acciones preferidas redimidas.
called preferred stock acciones preferidas redimidas.
called shares acciones redimidas.
called stock acciones redimidas.
called upon to pay obligado a pagar.
calling card tarjeta de visita.
calls and puts opciones de compra y venta.
CAM (computer-aided manufacturing) manufactura asistida por computadora, manufactura asistida por ordenador.
cambist *n* cambista.
cameralistics *n* la ciencia de las finanzas.
camerarius *n* tesorero.
cancel *v* cancelar, anular.
cancel a bill cancelar una factura.
cancel a check cancelar un cheque.
cancel a cheque cancelar un cheque.
cancel a credit cancelar un crédito.
cancel an order cancelar una orden, cancelar un pedido.
cancel out anular mutuamente, cancelar mutuamente, cancelar, contrapesar.
cancelable *adj* cancelable.
cancelation *n* cancelación, anulación.
cancelation charge cargo por cancelación.
cancelation clause cláusula de cancelación, cláusula resolutiva.

cancelation evidence evidencia de cancelación.
cancelation fee cargo por cancelación.
cancelation notice aviso de cancelación.
cancelation of agreement cancelación de convenio.
cancelation of contract cancelación de contrato.
cancelation of debt cancelación de deuda.
cancelation of insurance policy cancelación de póliza de seguro.
cancelation of loan cancelación de préstamo.
cancelation of mortgage cancelación de hipoteca.
cancelation of order cancelación de orden.
cancelation of policy cancelación de póliza.
cancelation verification verificación de cancelación.
canceled *adj* cancelado.
canceled account cuenta cancelada.
canceled check cheque cancelado.
canceled cheque cheque cancelado.
canceled debt deuda cancelada.
canceler *n* quien anula, quien cancela.
canceling *adj* anulador.
canceling entry apunte de cancelación.
canceling machine máquina de cancelación.
cancellable *adj* cancelable.
cancellation *n* cancelación, anulación.
cancellation charge cargo por cancelación.
cancellation clause cláusula de cancelación, cláusula resolutiva.
cancellation evidence evidencia de cancelación.
cancellation fee cargo por cancelación.
cancellation notice aviso de cancelación.
cancellation of agreement cancelación de convenio.
cancellation of contract cancelación de contrato.
cancellation of debt cancelación de deuda.
cancellation of insurance policy cancelación de póliza de seguro.
cancellation of loan cancelación de préstamo.
cancellation of mortgage cancelación de hipoteca.
cancellation of order cancelación de orden.
cancellation of policy cancelación de póliza.
cancellation verification verificación de cancelación.
cancelled *adj* cancelado.
cancelled account cuenta cancelada.
cancelled check cheque cancelado.
cancelled cheque cheque cancelado.
cancelled debt deuda cancelada.
canceller *n* quien anula, quien cancela.
cancelling *adj* anulador.
cancelling entry apunte de cancelación.
cancelling machine máquina de cancelación.
canned music hilo musical, música ambiental.
cannibalisation *n* canibalización.
cannibalise *v* canibalizar.
cannibalization *n* canibalización.
cannibalize *v* canibalizar.
canons of professional responsibility normas de ética profesional, cánones de ética profesional.
canons of taxation normas para establecer contribuciones.
canvass *v* buscar clientes en perspectiva, visitar gente para tratar de convencerles de pensar y/o hacer algo, sondear.
cap *n* límite, tope.
cap *v* limitar, establecer un tope.
CAP (Common Agricultural Policy) Política Agrícola Común.
cap. (capitalization, capitalisation) capitalización.
capability *n* capacidad.
capability to compete capacidad de competir.
capability to contract capacidad para contratar.
capability to earn capacidad para devengar ingresos.
capability to mortgage capacidad para hipotecar.
capability to pay capacidad de pago, capacidad para pagar.
capability to pay debts capacidad para pagar deudas.
capability to pay taxes capacidad para pagar impuestos.
capability to work capacidad para trabajar.
capable *adj* capaz.
capacitate *v* capacitar.
capacity *n* capacidad, aptitud legal.
capacity available capacidad disponible.
capacity building fomentación de capacidad.
capacity costs costos de capacidad, costes de capacidad.
capacity factor factor de capacidad.
capacity of parties capacidad de las partes.
capacity planning planificación de la capacidad.
capacity to compete capacidad de competir.
capacity to contract capacidad para contratar.
capacity to earn capacidad para devengar ingresos.
capacity to mortgage capacidad para hipotecar.
capacity to pay capacidad de pago, capacidad para pagar.
capacity to pay debts capacidad para pagar deudas.
capacity to pay taxes capacidad para pagar impuestos.
capacity to work capacidad para trabajar.
capacity utilisation utilización de la capacidad.
capacity utilization utilización de la capacidad.
CAPEX (capital expenditure) gasto de capital.
capital *n* capital, caudal.
capital account cuenta de capital.
capital accumulation acumulación de capital.
capital addition adición de capital.
capital adequacy suficiencia de capital.
capital adequacy ratio ratio de suficiencia de capital, razón de suficiencia de capital.
capital adequacy rules reglas de suficiencia de capital.
capital aid ayuda de capital.
capital allowance deducción por bienes de capital.
capital and interest capital e intereses.
capital and reserves capital y reservas.
capital appreciation apreciación de capital.
capital asset pricing model modelo que describe la relación entre el riesgo anticipado y el rendimiento anticipado.
capital/asset ratio ratio capital/activo, razón capital/activo, relación capital/activo.
capital assets activo de capital, bienes de capital.
capital authorised capital autorizado.
capital authorized capital autorizado.
capital base base de capital.
capital bonus bonificación de capital, bono de capital.
capital budget presupuesto de capital.
capital budgeting presupuestación de capital.
capital charges cargos de capital.
capital circulating capital circulante.
capital coefficient coeficiente de capital.
capital construction formación de capital físico.
capital consumption consumo de capital.

capital consumption allowance descuento de consumo de capital.
capital contribution contribución de capital.
capital control control de capital.
capital cost costo de capital, coste de capital.
capital/debt ratio ratio capital/deuda, razón capital/deuda, relación capital/deuda.
capital deepening aumento de capital.
capital deficiency deficiencia de capital.
capital depreciation depreciación del capital, amortización de capital.
capital dilution dilución de capital.
capital distribution distribución de capital.
capital dividend dividendo de capital.
capital efficiency eficiencia de capital.
capital employed capital utilizado.
capital equipment equipo de capital.
capital-expenditure budget presupuesto de gastos de capital.
capital-expenditure budgeting presupuestación de gastos de capital.
capital expenditures gastos de capital.
capital-expense budget presupuesto de gastos de capital.
capital-expense budgeting presupuestación de gastos de capital.
capital expenses gastos de capital.
capital exports exportaciones de capital.
capital financing financiación de capital, financiamiento de capital.
capital flight fuga de capitales, huida de capitales.
capital flow flujo de capital.
capital formation formación de capital.
capital fund fondo de capital.
capital funding financiación de capital, financiamiento de capital.
capital gains ganancias de capital, plusvalías, utilidades de capital.
capital gains distribution distribución de ganancias de capital.
capital gains dividend dividendo de ganancias de capital.
capital gains tax impuesto sobre ganancias de capital, contribución sobre ganancias de capital, impuesto de plusvalía, contribución sobre plusvalía.
capital gearing ratio de endeudamiento, razón de endeudamiento.
capital goods bienes de capital.
capital goods industry industria de bienes de capital.
capital grant otorgamiento de capital, donación de capital.
capital growth crecimiento de capital.
capital imports importaciones de capital.
capital improvement mejora de capital.
capital improvement program programa de mejoras de capital.
capital income ingresos de capital.
capital increase aumento de capital.
capital inflow entrada de capital.
capital infusion infusión de capital.
capital injection inyección de capital.
capital intensity intensidad de capital.
capital-intensive *adj* intensivo en capital.
capital-intensive industry industria intensiva en capital.
capital investment inversión de capital.
capital/labor ratio ratio capital/trabajo, razón capital/trabajo, relación capital/trabajo.

capital/labour ratio ratio capital/trabajo, razón capital/trabajo, relación capital/trabajo.
capital laundering blanqueo de capital.
capital lease arrendamiento de capital.
capital levy impuesto sobre capital.
capital liability pasivo fijo.
capital loss pérdida de capital.
capital market mercado de capitales.
capital movement movimiento de capitales.
capital net worth capital neto.
capital note nota de capital.
capital outflow salida de capital.
capital outlay desembolso de capital.
capital/output ratio ratio capital/producto, razón capital/producto, relación capital/producto.
capital partner socio capitalista.
capital productivity productividad de capital.
capital project proyecto de inversión, proyecto de capital.
capital ratio ratio de capital, razón de capital, coeficiente de capital, proporción de capital.
capital rationing racionamiento de capital.
capital readjustment reajuste de capital.
capital receipts entradas de capital.
capital redemption redención de capital.
capital replacement reemplazo del capital, renovación del capital.
capital requirements requisitos de capital.
capital reserves reservas de capital.
capital resources recursos de capital.
capital revenues ingresos de capital, rentas de capital.
capital risk riesgo de capital.
capital shares acciones de capital.
capital spending gastos de capital.
capital stock capital social, acciones de capital, fondo social.
capital strategy estrategia de capital.
capital structure estructura de capital.
capital subsidy subsidio de capital, subvención de capital.
capital sum suma de capital.
capital surplus superávit de capital, excedente de capital, sobrante de capital.
capital tax impuesto sobre el capital, contribución sobre el capital, tributación al capital, impuesto de patrimonio, contribución sobre el patrimonio.
capital taxation imposición sobre el capital.
capital transaction transacción de capital.
capital transactions tax impuesto sobre transacciones de capital, contribución sobre transacciones de capital.
capital transfer transferencia de capital, traspaso de capital.
capital turnover giro de capital.
capital value valor del capital.
capital yield rendimiento del capital.
capitalisation *n* capitalización.
capitalisation of earnings capitalización de ingresos.
capitalisation of income capitalización de ingresos.
capitalisation of interest capitalización de intereses.
capitalisation of profits capitalización de beneficios, capitalización de ganancias.
capitalisation of taxes capitalización de impuestos, capitalización de contribuciones.
capitalisation rate tasa de capitalización.
capitalisation ratio ratio de capitalización,

coeficiente de capitalización, razón de capitalización, proporción de capitalización.
capitalisation rules reglas de capitalización.
capitalise *v* capitalizar.
capitalised *adj* capitalizado.
capitalised cost costo capitalizado, coste capitalizado.
capitalised expenditure gasto capitalizado, desembolso capitalizado.
capitalised expenses gastos capitalizados, desembolsos capitalizados.
capitalised surplus superávit capitalizado, excedente capitalizado.
capitalised value valor capitalizado.
capitalism *n* capitalismo.
capitalist *adj* capitalista.
capitalist *n* capitalista.
capitalist economy economía capitalista.
capitalistic *adj* capitalista.
capitalization *n* capitalización.
capitalization of earnings capitalización de ingresos.
capitalization of income capitalización de ingresos.
capitalization of interest capitalización de intereses.
capitalization of profits capitalización de beneficios, capitalización de ganancias.
capitalization of taxes capitalización de impuestos, capitalización de contribuciones.
capitalization rate tasa de capitalización.
capitalization ratio ratio de capitalización, coeficiente de capitalización, razón de capitalización, proporción de capitalización.
capitalization rules reglas de capitalización.
capitalize *v* capitalizar.
capitalized *adj* capitalizado.
capitalized cost costo capitalizado, coste capitalizado.
capitalized expenditure gasto capitalizado, desembolso capitalizado.
capitalized expenses gastos capitalizados, desembolsos capitalizados.
capitalized surplus superávit capitalizado, excedente capitalizado.
capitalized value valor capitalizado.
capitation *n* capitación.
capitation tax impuesto de capitación, contribución de capitación.
capitulation *n* capitulación.
CAPM (capital asset pricing model) modelo que describe la relación entre el riesgo anticipado y el rendimiento anticipado.
capped interest rate tasa de interés que puede fluctuar pero no exceder cierto límite.
capped loan préstamo con una tasa de interés que puede fluctuar pero no exceder cierto límite.
capped mortgage hipoteca con una tasa de interés que puede fluctuar pero no exceder cierto límite.
capped rate tasa que puede fluctuar pero no exceder cierto límite.
captains of industry magnates de la industria.
captive agent agente cautivo.
captive audience público cautivo, audiencia cautiva, personas que presencian algo en contra de su voluntad.
captive finance company compañía de finanzas cautiva.
captive insurance company compañía de seguros cautiva.

captive market mercado cautivo.
car allowance asignación para gastos de automóvil, deducción por gastos de automóvil.
car expense allowance asignación para gastos de automóvil, deducción por gastos de automóvil.
car insurance seguro de automóvil.
car liability insurance seguro de responsabilidad pública de automóvil.
car loan préstamo de automóvil.
car registration matrícula de automóviles.
car tax impuesto sobre automóvil, contribución sobre automóvil.
carat *n* quilate.
carbon copy copia carbón.
card *n* tarjeta.
card base base de tarjetas.
card holder titular de tarjeta, poseedor de tarjeta, tenedor de tarjeta, usuario de tarjeta.
card holder account cuenta de titular de tarjeta.
card holder accounting contabilidad de titulares de tarjeta.
card holder agreement convenio de titulares de tarjeta.
card holder bank banco de titular de tarjeta.
card holder base base de titulares de tarjeta.
card holder charge cargo a titular de tarjeta.
card holder fee cargo a titular de tarjeta.
card holder history historial de titular de tarjeta.
card holder master file archivo maestro de titulares de tarjeta.
card holder profile perfil de titulares de tarjeta.
card holder statement estado de titulares de tarjeta.
card issue emisión de tarjeta.
card issuer emisor de tarjetas.
card member titular de tarjeta, poseedor de tarjeta, tenedor de tarjeta, usuario de tarjeta.
card member account cuenta de titular de tarjeta.
card member accounting contabilidad de titulares de tarjeta.
card member agreement convenio de titulares de tarjeta.
card member bank banco de titular de tarjeta.
card member base base de titulares de tarjeta.
card member charge cargo a titular de tarjeta.
card member fee cargo a titular de tarjeta.
card member history historial de titular de tarjeta.
card member master file archivo maestro de titulares de tarjeta.
card member profile perfil de titulares de tarjeta.
card member statement estado de titulares de tarjeta.
card network red de tarjetas.
card reader lector de tarjetas.
card reissue reemisión de tarjeta.
card security seguridad de tarjeta.
card security number número de seguridad de tarjeta.
card swipe lector de tarjetas.
card swipe reader lector de tarjetas.
cardholder *n* titular de tarjeta, poseedor de tarjeta, tenedor de tarjeta, usuario de tarjeta.
cardholder account cuenta de titular de tarjeta.
cardholder accounting contabilidad de titulares de tarjeta.
cardholder agreement convenio de titulares de tarjeta.
cardholder bank banco de titular de tarjeta.
cardholder base base de titulares de tarjeta.
cardholder charge cargo a titular de tarjeta.

cardholder fee cargo a titular de tarjeta.
cardholder history historial de titular de tarjeta.
cardholder master file archivo maestro de titulares de tarjeta.
cardholder profile perfil de titulares de tarjeta.
cardholder statement estado de titulares de tarjeta.
cardmember *n* titular de tarjeta, poseedor de tarjeta, tenedor de tarjeta, usuario de tarjeta.
cardmember account cuenta de titular de tarjeta.
cardmember accounting contabilidad de titulares de tarjeta.
cardmember agreement convenio de titulares de tarjeta.
cardmember bank banco de titular de tarjeta.
cardmember base base de titulares de tarjeta.
cardmember charge cargo a titular de tarjeta.
cardmember fee cargo a titular de tarjeta.
cardmember history historial de titular de tarjeta.
cardmember master file archivo maestro de titulares de tarjeta.
cardmember profile perfil de titulares de tarjeta.
cardmember statement estado de titulares de tarjeta.
care and maintenance cuidado y mantenimiento.
care of para entregar a, al cuidado de, cuidado de.
career *n* carrera.
career advancement progreso en la carrera.
career adviser asesor de carreras.
career advisor asesor de carreras.
career break interrupción de la carrera.
career change cambio de carrera.
career choice selección de la carrera.
career counsellor consejero de carrera.
career counselor consejero de carrera.
career decision decisión de carrera.
career development desarrollo de la carrera.
career expectations expectativas de carrera.
career ladder escalera profesional.
career management administración de la carrera, gestión de la carrera.
career motivation motivación de carrera.
career objective objetivo de la carrera.
career-oriented *adj* orientado hacia la carrera.
career path ruta de la carrera.
career pattern patrón de la carrera
career planning planificación de la carrera.
career preferences preferencias de carrera.
career selection selección de la carrera.
career stage etapa de la carrera.
cargo *n* carga, cargamento.
cargo capacity capacidad de carga.
cargo delivery entrega de carga.
cargo handling manejo de carga.
cargo insurance seguro de carga.
cargo shipping transporte de carga, envío de carga.
carnet *n* documento que permite que mercancías o vehículos puedan atravesar fronteras sin pagar impuestos.
carpool *n* uso compartido de automóviles con fines tales como economizar o reducir la contaminación ambiental.
carriage *n* transporte, flete, porte.
carriage and insurance paid transporte y seguro pagado, flete y seguro pagado, porte y seguro pagado.
carriage charges cargos de transporte, cargos de flete, cargas de porte.
carriage paid transporte pagado, porte pagado, flete pagado.
carriage paid to transporte pagado hasta, porte pagado hasta, flete pagado hasta.

carrier *n* transportista, portador, cargador, aseguradora.
carrier's liability responsabilidad del transportista.
carrier's lien gravamen del transportista.
carry *v* cargar, llevar, trasportar, portar, acarrear.
carry-back *v* traspasar pérdidas a un año anterior, traspasar una cantidad a un año anterior, traspasar a una cuenta o periodo anterior.
carry-forward *v* traspasar pérdidas a un año subsiguiente, traspasar una cantidad a un año futuro, traspasar a una cuenta o periodo posterior.
carry insurance estar asegurado, poseer seguro.
carry on a business mantener un negocio.
carry on a trade or business mantener un negocio.
carry out llevar a cabo, cumplir, efectuar, practicar, realizar.
carry-over *n* saldo anterior, pérdidas que se pueden incluir en las planillas de contribuciones de años subsiguientes.
carry-over basis base de pérdidas que se pueden incluir en las planillas de contribuciones de años subsiguientes.
carryback *n* pérdidas que se incluyen al volver a computar los impuestos de años anteriores, pérdidas traspasadas a un año anterior.
carryforward *n* pérdidas que se pueden incluir en las planillas de contribuciones de años subsiguientes, cantidad traspasada a un año futuro.
carrying charge cargo por ventas a plazo en adición a intereses, gastos de posesión, gastos de transporte, recargo.
carrying cost costo de posesión, coste de posesión.
carrying value valor de posesión.
carryover *n* saldo anterior, pérdidas que se pueden incluir en las planillas tributarias de años subsiguientes.
carryover basis base de pérdidas que se pueden incluir en las planillas tributarias de años subsiguientes.
cartage *n* transporte, costo del transporte, coste del transporte.
carte blanche carta blanca.
cartel *n* cartel.
cartel agreement convenio de cartel.
cartel for price fixing cartel de precios.
cartelisation *n* cartelización.
cartelization *n* cartelización.
carve-out *n* escisión parcial.
case *n* caso.
case study estudio de caso.
cash *adj* al contado.
cash *n* efectivo, dinero, dinero en efectivo, metálico, caja.
cash *v* cambiar, cobrar, convertir en efectivo, hacer efectivo, efectivar.
cash a check cobrar un cheque.
cash a cheque cobrar un cheque.
cash account cuenta de caja, cuenta en efectivo.
cash accounting contabilidad de caja.
cash acknowledgement reconocimiento de pago en efectivo.
cash administration administración de efectivo, administración de fondos.
cash administrator administrador de fondos.
cash advance adelanto de efectivo.
cash advance balance saldo de adelanto de efectivo.
cash advance charge cargo por adelanto de

efectivo.
cash advance fee cargo por adelanto de efectivo.
cash advance interest rate tasa de interés de adelanto de efectivo.
cash advance rate tasa de interés de adelanto de efectivo.
cash against documents pago contra documentos.
cash and carry autoservicio mayorista.
cash assets activo disponible, activo a mano, activo efectivo.
cash audit auditoría de caja.
cash balance saldo en efectivo, saldo de caja.
cash basis base de efectivo.
cash-basis accounting contabilidad de caja.
cash before delivery pago antes de entrega.
cash benefit beneficio en efectivo, beneficio líquido.
cash bid oferta en efectivo.
cash bonus bono en efectivo, bonificación en efectivo.
cash book libro de caja.
cash box caja.
cash budget presupuesto de caja.
cash buyer comprador al contado, comprador en efectivo.
cash buying compras al contado, compras en efectivo.
cash card tarjeta de efectivo.
cash collateral colateral en efectivo.
cash commodity mercancía al contado.
cash control control del efectivo, control de caja.
cash conversion cycle ciclo de conversión de efectivo.
cash cow negocio que genera buenos ingresos continuamente.
cash credit crédito en efectivo.
cash crop cultivo comercial.
cash deal negocio pagado en efectivo, negocio en efectivo.
cash deficit déficit de caja.
cash desk caja.
cash disbursed efectivo desembolsado.
cash disbursement desembolso de efectivo.
cash disbursement journal libro de desembolsos de efectivo.
cash discount descuento por pago en efectivo, descuento por pago al contado.
cash dispenser cajero automático, dispensador de efectivo.
cash dispensing machine cajero automático, dispensador de efectivo.
cash dividend dividendo en efectivo.
cash drain agotamiento de efectivo.
cash earnings ingresos en efectivo, rentas en efectivo.
cash economy economía monetaria.
cash entry asiento de caja.
cash equivalence equivalencia en efectivo.
cash equivalent equivalente en efectivo.
cash equivalent value valor de equivalente en efectivo.
cash flow flujo de efectivo, flujo de fondos, flujo de caja.
cash flow accounting contabilidad de flujo de efectivo.
cash flow loan préstamo basado en flujo de efectivo.
cash flow plan plan basado en flujo de fondos.
cash flow problems problemas de liquidez.
cash flow statement estado de flujos de caja.

cash flow yield rendimiento basado en flujo de fondos.
cash generation generación de efectivo.
cash guarantee garantía en efectivo.
cash guaranty garantía en efectivo.
cash holdings efectivo en caja, disponibilidades en efectivo.
cash, in en efectivo.
cash in cobrar, convertir en efectivo, realizar ganancias, explotar.
cash in advance pago por adelantado.
cash in hand efectivo disponible, efectivo en mano.
cash in transit efectivo en tránsito.
cash-in value valor de rescate.
cash in vault efectivo en la bóveda.
cash income ingresos en efectivo.
cash inflow entrada en efectivo.
cash items efectos de caja, artículos de efectivo.
cash journal libro de caja.
cash letter carta de tránsito.
cash limit límite de efectivo.
cash loan préstamo en efectivo.
cash machine cajero automático, dispensador de efectivo.
cash management administración de efectivo, administración de fondos, gestión de efectivo, gestión de fondos.
Cash Management Account cuenta de administración de fondos, cuenta de gestión de fondos.
cash manager administrador de fondos.
cash margin margen de caja.
cash market mercado al contado.
cash market value valor en el mercado, valor en el mercado al contado.
cash method método de efectivo, método de caja.
cash offer oferta en efectivo.
cash office oficina de caja.
cash on delivery pago contra entrega.
cash on hand efectivo en caja, existencia en caja.
cash operation operación al contado.
cash order orden al contado, pedido al contado.
cash outflow salida en efectivo.
cash outlay desembolso de efectivo.
cash overage sobrante de efectivo.
cash payment pago en efectivo, pago al contado, abono en efectivo, abono al contado.
cash payment journal libro de pagos al contado.
cash-poor *adj* de escasos fondos, de fondos insuficientes.
cash position posición de liquidez.
cash price precio al contado, precio líquido.
cash purchase compra al contado, compra en efectivo, compraventa al contado.
cash ratio ratio de efectivo, razón de efectivo, coeficiente de efectivo, proporción de efectivo.
cash receipts entradas en caja, entrada.
cash receipts journal libro de entradas en caja.
cash refund reembolso en efectivo, reintegro en efectivo.
cash refund annuity anualidad de reembolso en efectivo.
cash register caja registradora.
cash report informe de caja, reporte de caja.
cash requirement requerimiento de efectivo.
cash reserve reserva de efectivo, encaje.
cash resources recursos en efectivo.
cash-rich *adj* con fondos suficientes, con fondos en exceso.
cash sale venta al contado.

cash settlement liquidación en efectivo, entrega inmediata.
cash shares acciones al contado.
cash shortage faltante de efectivo.
cash statement estado de caja.
cash stock acciones al contado.
cash-strapped *adj* escaso de fondos.
cash surplus sobrante de efectivo.
cash surrender value valor de rescate en efectivo.
cash trade transacción en efectivo, transacción con entrega inmediata.
cash transaction transacción en efectivo.
cash transfer transferencia de efectivo.
cash value valor en efectivo.
cash-value insurance seguro de vida con valor en efectivo.
cash-value life seguro de vida con valor en efectivo.
cash-value life insurance seguro de vida con valor en efectivo.
cash voucher comprobante de caja.
cash with order pago con la orden.
cash withdrawal retiro de efectivo.
cashable *adj* convertible en efectivo.
cashback *n* reembolso en efectivo, retiro de efectivo al efectuarse una compra.
cashbook *n* libro de caja.
cashed check cheque cobrado.
cashed cheque cheque cobrado.
cashflow *n* flujo de efectivo, flujo de fondos, flujo de caja.
cashflow accounting contabilidad de flujo de efectivo.
cashflow loan préstamo basado en flujo de efectivo.
cashflow plan plan basado en flujo de fondos.
cashflow problems problemas de liquidez.
cashflow statement estado de flujos de caja.
cashflow yield rendimiento basado en flujo de fondos.
cashier *n* cajero.
cashier *v* despedir.
cashier's account cuenta de cheques de caja.
cashier's book libro del cajero.
cashier's check cheque de caja, cheque de cajero, cheque de gerencia, cheque circular.
cashier's cheque cheque de caja, cheque de cajero, cheque de gerencia, cheque circular.
cashless *adj* sin utilizar efectivo, sin utilizar dinero.
cashless exercise ejercicio sin desembolso de efectivo.
cashless society sociedad sin dinero, sociedad sin efectivo.
cashpoint *n* cajero automático.
casting vote voto decisivo.
casual condition condición aleatoria.
casual deficit déficit casual.
casual employee empleado temporero.
casual employment empleo temporero.
casual job trabajo temporal.
casual labor trabajo temporal.
casual labour trabajo temporal.
casual sale venta ocasional.
casualty *n* accidente, contingencia.
casualty insurance seguro de accidentes, seguro contra accidentes, seguro de responsabilidad pública, seguro de contingencia, seguro de responsabilidad por accidentes.
casualty loss pérdida por accidente.

catalog *n* catálogo.
catalog price precio de catálogo.
catalogue *n* catálogo.
catalogue price precio de catálogo.
catastrophe *n* catástrofe.
catastrophe hazard peligro de catástrofe.
catastrophe insurance seguro contra catástrofes.
catastrophe loss pérdida por catástrofe.
catastrophe plan plan para catástrofes.
catastrophe reinsurance reaseguro de catástrofe.
catastrophe reserve reserva para catástrofes.
catastrophe risk riesgo de catástrofe.
catastrophic *adj* catastrófico.
catastrophic hazard peligro catastrófico.
catastrophic insurance seguro catastrófico.
catastrophic risk riesgo catastrófico.
catch-all account cuenta en la cual se coloca lo que esta inadecuadamente dirigido.
catching bargain contrato leonino.
categorisation *n* categorización, clasificación.
categorisation method método de categorización.
categorisation of accounts categorización de cuentas.
categorisation of assets categorización de activos.
categorisation of costs categorización de costos, categorización de costes.
categorisation of expenditures categorización de gastos.
categorisation of expenses categorización de gastos.
categorisation of liabilities categorización del pasivo.
categorisation system sistema de categorización.
categorise *v* categorizar, clasificar.
categorised *adj* categorizado, clasificado.
categorization *n* categorización, clasificación.
categorization method método de categorización.
categorization of accounts categorización de cuentas.
categorization of assets categorización de activos.
categorization of costs categorización de costos, categorización de costes.
categorization of expenditures categorización de gastos.
categorization of expenses categorización de gastos.
categorization of liabilities categorización del pasivo.
categorization system sistema de categorización.
categorize *v* categorizar, clasificar.
categorized *adj* categorizado, clasificado.
category *n* categoría.
category killer cadena de tiendas grandes que usa su poder para quebrar a sus competidores, cadena de tiendas que se especializa en una gama limitada de productos para intentar vencer a sus competidores.
category management administración de categoría, gestión de categoría.
CATS (Certificate of Accrual on Treasury Securities) certificado de acumulación en valores del tesoro.
cats and dogs acciones especulativas, valores especulativos.
cattle farm hacienda de ganado, finca de ganado.
CATV (Community Antenna Television) televisión de antena comunitaria.
cause-related marketing marketing ligado a una

causa, mercadeo ligado a una causa.
caution money fianza.
caveat *n* aviso formal indicando precaución, advertencia, caveat.
caveat emptor a riesgo del comprador, que tenga cuidado el comprador, caveat emptor.
caveat venditor a riesgo del vendedor, que tenga cuidado el vendedor, caveat venditor.
caveator *n* quien advierte.
CBD (cash before delivery) pago antes de entrega.
CBD (central business district) distrito comercial central.
CBE (computer-based education) educación asistida por computadora, educación asistida por ordenador.
CBI (computer-based instruction) instrucción asistida por computadora, instrucción asistida por ordenador.
CBL (computer-based learning) aprendizaje asistido por computadora, aprendizaje asistido por ordenador.
CBM (computer-based manufacturing) manufactura asistida por computadora, manufactura asistida por ordenador.
CBT (computer-based teaching) enseñanza asistida por computadora, enseñanza asistida por ordenador.
CBT (computer-based training) entrenamiento asistido por computadora, entrenamiento asistido por ordenador.
cc (carbon copy) copia carbón.
CC bond rating calificación de bono CC, clasificación de bono CC.
CC rating calificación CC, clasificación CC.
CCC bond rating calificación de bono CCC, clasificación de bono CCC.
CCC rating calificación CCC, clasificación CCC.
CCCN (Customs Cooperation Council Nomenclature) Nomenclatura del Consejo de Cooperación Aduanera.
CCI (consumer confidence index) índice de confianza de los consumidores.
CCT (Common Customs Tariff) Arancel de Aduanas Común.
CCTV (Closed-Circuit Television) televisión de circuito cerrado.
CD (certificate of deposit) certificado de depósito.
CD (compact disc) disco compacto, CD.
CD (cum dividend) con dividendo.
CD-ROM *n* CD-ROM.
CE (Council of Europe) Consejo de Europa.
cease and desist order orden para cesar alguna actividad.
cease to be valid dejar de ser válido.
cease to have effect dejar de tener vigencia, dejar de tener efecto.
cease work dejar de trabajar.
CEC (Commission of the European Communities) Comisión de las Comunidades Europeas.
cedant *n* cedente, transferidor.
cede *v* ceder, transferir.
cedent *n* cedente, transferidor.
ceding company compañía transferidora.
ceiling *n* tope, techo.
ceiling interest rate tasa de interés tope.
ceiling price precio tope.
ceiling rate tasa tope.
cell phone teléfono móvil, teléfono celular.
cellphone *n* teléfono móvil, teléfono celular.

cellular phone teléfono móvil, teléfono celular.
censure *n* censura.
censure *v* censurar.
census *n* censo.
census data datos del censo.
census of business censo de negocios.
cent *n* centavo, céntimo.
central *adj* central, principal, fundamental.
central bank banco central, banco de bancos.
central bank intervention intervención del banco central.
central bank money dinero del banco central.
central banking banca central.
central beta risk riesgo beta central.
central business district distrito comercial central.
central buying compras centrales.
central commission comisión central.
central fund fondo central.
central information file archivo central de información.
central liability responsabilidad central.
central limit theorem teorema del límite central.
central loss fund fondo de pérdidas central.
central market mercado central.
central monetary institution institución monetaria central.
central office oficina central.
central planning planificación central.
central rate tasa central, tipo central.
central reserve reserva central.
centralisation *n* centralización.
centralisation of control centralización del control.
centralise *v* centralizar.
centralised *adj* centralizado.
centralised administration administración centralizada.
centralised control control centralizado.
centralised economic planning planificación económica centralizada.
centralised management administración centralizada, gestión centralizada.
centralised planning planificación centralizada.
centralised purchasing compras centralizadas.
centralization *n* centralización.
centralization of control centralización del control.
centralize *v* centralizar.
centralized *adj* centralizado.
centralized administration administración centralizada.
centralized control control centralizado.
centralized economic planning planificación económica centralizada.
centralized management administración centralizada, gestión centralizada.
centralized planning planificación centralizada.
centralized purchasing compras centralizadas.
centrally planned economy economía centralmente planificada, economía de planificación centralizada, economía planificada.
CEO (chief executive officer) jefe ejecutivo, funcionario ejecutivo principal.
CER (coupon equivalent rate) tasa equivalente de bono.
certain annuity anualidad cierta.
certain contract contrato cierto.
certainty equivalent equivalente de certidumbre.
certificate *n* certificado, testimonio, boleta, cédula,

título, partida.
certificate account cuenta de certificado.
certificate of a notary public notariato.
Certificate of Accrual on Treasury Securities
certificado de acumulación en valores del tesoro.
certificate of acknowledgement certificado de
reconocimiento.
certificate of amendment certificado de enmienda.
certificate of analysis certificado de análisis.
certificate of authority certificado de autoridad.
certificate of balance certificado de saldo.
certificate of claim certificado de reclamación.
certificate of damage certificado de daños.
certificate of deposit certificado de depósito,
boleta bancaria, resguardo de depósito, warrant.
certificate of deposit rollover transferencia de
certificado de depósito.
certificate of eligibility certificado de elegibilidad.
certificate of employment certificado de empleo.
certificate of eviction certificado de desahucio.
certificate of existence certificado de existencia.
certificate of health certificado de salud.
certificate of identity certificado de identidad.
certificate of incorporation certificado de
incorporación, acta constitutiva.
certificate of indebtedness certificado de deuda,
certificado de adeudo.
certificate of insurance certificado de seguro.
certificate of manufacture certificado de
manufactura.
certificate of manufacturer certificado de
manufacturero.
certificate of marriage certificado de matrimonio.
certificate of occupancy documento certificando
que un local cumple con las leyes de edificación.
certificate of origin certificado de origen.
certificate of ownership certificado de propiedad.
certificate of participation certificado de
participación.
certificate of product origin certificado de origen
de producto.
certificate of protest certificado de protesto.
certificate of purchase certificado de compra.
certificate of quality certificado de calidad.
certificate of reasonable value certificado de
valor razonable.
certificate of registry certificado de registro,
boleta de registro.
certificate of sale certificado de venta.
certificate of title certificado de título, título.
certificate of use certificado de uso.
certificate of value certificado de valor.
certificate of weight certificado de peso.
certificateless *adj* sin certificado.
certificateless bonds bonos sin certificado.
certificateless investments inversiones sin
certificado.
certificateless municipal bonds bonos
municipales sin certificado.
certificateless municipals bonos municipales sin
certificado.
certificateless securities valores sin certificado.
certificateless transactions transacciones sin
certificados.
certification *n* certificación, auténtica.
certification department departamento de
certificación.
certification division división de certificación.
certification mark marca de certificación.
certification of acknowledgement certificación

de reconocimiento.
certification of analysis certificación de análisis.
certification of authority certificación de
autoridad.
certification of balance certificación de saldo.
certification of check certificación de cheque.
certification of cheque certificación de cheque.
certification of claim certificación de reclamación.
certification of damage certificación de daños.
certification of eligibility certificación de
elegibilidad.
certification of employment certificación de
empleo.
certification of health certificación de salud.
certification of identity certificación de identidad.
certification of incorporation certificación de
incorporación, acta constitutiva.
certification of insurance certificación de seguro.
certification of manufacturer certificación de
manufacturero.
certification of occupancy documento
certificando que un local cumple con las leyes de
edificación.
certification of origin certificación de origen.
certification of ownership certificación de
propiedad.
certification of participation certificación de
participación.
certification of purchase certificación de compra.
certification of quality certificación de calidad.
certification of sale certificación de venta.
certification of title certificación de título, título.
certification of use certificación de uso.
certification of value certificación de valor.
certification of weight certificación de peso.
certification office oficina de certificación.
certification procedure procedimiento de
certificación.
certification stamp sello de certificación.
certification teller cajero de certificación.
certified *adj* certificado, auténtico.
Certified Accountant contador autorizado,
contable autorizado.
certified appraisal tasación certificada, avalúo
certificado.
certified appraiser tasador certificado.
certified balance sheet balance certificado.
certified bill of lading conocimiento de embarque
certificado.
certified check cheque certificado, cheque visado.
certified cheque cheque certificado, cheque
visado.
certified copy copia certificada.
certified document documento certificado.
certified financial statement estado financiero
certificado.
certified letter carta certificada.
certified mail correo certificado, correspondencia
certificada.
Certified Public Accountant contador público
autorizado, contador autorizado, contable público
autorizado, contable autorizado.
certified signature firma certificada.
certified statement estado certificado.
certified true copy copia auténtica certificada.
certifier *n* certificador.
certify *v* certificar.
certify a signature certificar una firma.
certifying *adj* certificatorio.
certifying accountant contador certificante,

contable certificante.
cessation *n* cesación.
cession *n* cesión.
cession number número de cesión.
cession of goods cesión de bienes.
cessionary *n* cesionario.
cessionary bankrupt insolvente que cede sus bienes a sus acreedores.
cessment *n* contribución, impuesto.
CEY (coupon equivalent yield) rendimiento equivalente de bono.
CF (cost and freight) costo y flete, coste y flete.
CFO (chief financial officer) director financiero, director de finanzas, funcionario financiero principal.
CFR (cost and freight) costo y flete, coste y flete.
CGT (capital gains tax) impuesto sobre ganancias de capital, contribución sobre ganancias de capital.
chain *n* cadena, cadena de establecimientos que ofrecen los mismos productos y/o servicios, cadena de tiendas.
chain of banks cadena de bancos.
chain of command cadena de mando.
chain of distribution cadena de distribución.
chain of possession cadena de posesión.
chain of stores cadena de tiendas.
chain of title cadena de título.
chain store tienda de una cadena.
chair *n* presidente.
chair *v* presidir.
chair of the board presidente de la junta directiva.
chairman *n* presidente.
chairman and chief executive presidente y director ejecutivo.
chairman and chief executive officer presidente y director ejecutivo.
chairman and managing director presidente y director ejecutivo.
chairman of the board presidente de la junta directiva.
chairman of the board of directors presidente de la junta directiva.
chairman of the executive board presidente de la junta directiva.
chairman of the executive committee presidente de la junta directiva.
chairman of the management board presidente de la junta directiva.
chairmanship *n* presidencia.
chairperson *n* presidente.
chairperson and chief executive presidente y director ejecutivo, presidenta y directora ejecutiva.
chairperson and chief executive officer presidente y director ejecutivo, presidenta y directora ejecutiva.
chairperson and managing director presidente y director ejecutivo, presidenta y directora ejecutiva.
chairperson of the board presidente de la junta directiva, presidenta de la junta directiva.
chairperson of the board of directors presidente de la junta directiva, presidenta de la junta directiva.
chairperson of the executive board presidente de la junta directiva, presidenta de la junta directiva.
chairperson of the executive committee presidente de la junta directiva, presidenta de la junta directiva.
chairperson of the management board presidente de la junta directiva, presidenta de la junta directiva.

chairwoman *n* presidenta.
chairwoman and chief executive presidenta y directora ejecutiva.
chairwoman and chief executive officer presidenta y directora ejecutiva.
chairwoman and managing director presidenta y directora ejecutiva.
chairwoman of the board presidenta de la junta directiva.
chairwoman of the board of directors presidenta de la junta directiva.
chairwoman of the executive board presidenta de la junta directiva.
chairwoman of the executive committee presidenta de la junta directiva.
chairwoman of the management board presidenta de la junta directiva.
chalk up apuntarse, acreditarse.
challenge *v* recusar, objetar, retar.
chamber of commerce cámara de comercio.
chamber of commerce and industry cámara de comercio y de industria.
chamber of industry cámara de la industria.
chance bargain contrato a riesgo propio.
chance of loss posibilidad de pérdida.
chance variances variaciones aleatorias.
Chancellor of the Exchequer Ministro de Hacienda, Ministro de Economía y Hacienda, Ministro de Economía.
change *n* cambio, alteración, trocamiento, vuelta, calderilla.
change *v* cambiar, alterar, trocar.
change agent agente que asiste en cambios, cambiar de agente.
change hands cambiar de manos, cambiar de dueño.
change in accounting estimate cambio en un estimado de contabilidad, cambio en un estimado contable.
change in accounting method cambio en un método de contabilidad, cambio en un método contable.
change in accounting principle cambio en un principio de contabilidad, cambio en un principio contable.
change in conditions cambio en condiciones.
change in demand cambio en demanda.
change in holdings cambio en inversiones poseídas.
change in par value cambio en el valor nominal.
change in supply cambio en oferta.
change in tariff classification cambio en la clasificación arancelaria.
change in tendency cambio en la tendencia.
change in the risk cambio en el riesgo.
change of address cambio de dirección.
change of base cambio de base.
change of beneficiary cambio de beneficiario.
change of beneficiary provision cláusula de cambio de beneficiario.
change of circumstances cambio de circunstancias.
change of domicile cambio de domicilio.
change of heart cambio de parecer.
change of interest rate cambio de tasa de interés.
change of ownership cambio de propiedad.
change of rate cambio de tasa.
change order orden de cambio, pedido de cambio.
change owner cambiar de dueño, cambiar de manos.

change process proceso de cambio.
changes in consumer preferences cambios en las preferencias de los consumidores.
channel n canal.
channel v canalizar.
channel stuffing distribución de bienes en exceso de la demanda para aparentar mayores ventas.
channels of commerce canales de comercio.
channels of communication canales de comunicación.
channels of distribution canales de distribución.
channels of marketing canales de marketing, canales de mercadeo.
channels of sales canales de ventas.
channels of trade canales de comercio.
chapter n capítulo.
chapter 7 bankruptcy bancarrota directa, quiebra.
chapter 11 bankruptcy reorganización de un negocio bajo la ley de quiebras.
chapter 12 bankruptcy convenio especial para el pago de deudas del granjero familiar bajo la ley de quiebras.
chapter 13 bankruptcy convenio para el pago de deudas por un deudor asalariado bajo la ley de quiebras.
character n carácter.
character loan préstamo en el cual se le da gran peso al carácter del prestatario.
charge n carga, cargo, comisión.
charge v imponer una carga, cobrar, cargar, pagar con tarjeta de crédito.
charge account cuenta a crédito.
charge account banking banca de cuentas a crédito.
charge buyer comprador a crédito.
charge card tarjeta de crédito.
charge customer cliente de crédito.
charge-off n cancelación.
charge sales ventas a crédito.
chargeable adj imponible, sujeto a cobro, imputable, que permite pago con tarjeta de crédito.
chargeback n transacción devuelta.
chargeback rules reglas sobre transacciones devueltas.
charges for services cargos por servicios.
charges forward pago tras recibo.
charges prepaid cargos prepagados.
charges receivable cargos por recibir.
charitable association asociación caritativa.
charitable company compañía caritativa.
charitable contributions contribuciones caritativas.
charitable contributions deduction deducción por contribuciones caritativas.
charitable corporation corporación caritativa, sociedad caritativa.
charitable deduction deducción por contribuciones caritativas.
charitable entity entidad caritativa.
charitable foundation fundación caritativa.
charitable gift donación caritativa.
charitable institution institución caritativa.
charitable organisation organización caritativa, sociedad caritativa.
charitable organization organización caritativa, sociedad caritativa.
charitable purposes fines caritativos, propósitos caritativos.
charitable trust fideicomiso caritativo, fideicomiso de beneficencia.

chart n gráfico, tabla, diagrama.
chart of accounts lista de cuentas.
charter n carta, carta constitucional, escritura de constitución, autorización para operar un banco, contrato de fletamento.
charter v fletar, fletear, alquilar.
charter agent agente de fletamento.
charter agreement contrato de fletamento.
charter broker corredor de fletamento.
charter flight vuelo chárter.
charter member miembro fundador.
charter of affreightment fletamento.
charter party contrato de fletamento, fletamento, póliza de fletamento.
chartered accountant contador público autorizado, contador público titulado.
chartered bank banco autorizado.
Chartered Financial Consultant asesor financiero autorizado.
Chartered Life Underwriter suscriptor de seguros de vida autorizado.
chartered ship embarcación fletada.
chartered vessel embarcación fletada.
charterer n fletador, fletante.
chartering n fletamento, fletamiento.
charting n estudio de diagramas.
chartist n quien estudia diagramas.
chattel interest interés parcial en un bien mueble.
chattel lien gravamen en bien mueble.
chattel mortgage hipoteca sobre bienes muebles, hipoteca mobiliaria, crédito mobiliario, prenda.
chattels n bienes muebles, mobiliario, efectos, enseres.
cheap money dinero barato.
cheap money policy política de dinero barato.
cheapen v abaratar.
cheapest to deliver el más barato que se pueda entregar.
cheat n tramposo, trampa, engaño.
cheat v engañar, hacer trampa.
check n cheque, talón, revisión, control, comprobación.
check v chequear, revisar, controlar, comprobar.
check authorisation autorización de cheque.
check authorization autorización de cheque.
check book libreta de cheques.
check card tarjeta de cheque.
check certification certificación de cheque.
check clearing compensación de cheques.
check collection cobro de cheques.
check credit crédito de cheques, revisar el crédito.
check credit plan plan de crédito de cheques.
check desk departamento de comprobación.
check digit dígito de comprobación.
check files archivos de cheques, revisar archivos.
check forgery falsificación de cheques.
check guarantee garantía de cheque.
check guaranty garantía de cheque.
check hold retención de cheque.
check in registrarse, matricularse, darse de alta.
check in the amount of cheque por la cantidad de.
check kiting girar un cheque sin fondos en anticipación de depósitos futuros.
check kiting scheme treta para girar cheques sin fondos en anticipación de depósitos futuros.
check list lista de cotejo.
check number número de cheque.
check out pagar e irse, verificar, darse de baja.
check payable to cheque a favor de, cheque pagadero a.

check point punto de inspección.
check processing procesamiento de cheques, proceso de cheques.
check processing center centro de procesamiento de cheques.
check processing centre centro de procesamiento de cheques.
check protector protector de cheques.
check register registro de cheques.
check representment presentación para cobro de cheque rebotado hasta que aparezcan fondos suficientes.
check retention retención de cheque.
check routing symbol símbolo de encaminamiento de cheques.
check serial number número de serie de cheque.
check signer firmante de cheques.
check stub talón de cheque.
check to bearer cheque al portador.
check verification verificación de cheque.
check verification guarantee garantía de verificación de cheque.
checkbook *n* libreta de cheques.
checking account cuenta de cheques, cuenta corriente.
checking the market revisión del mercado.
checkless *adj* sin cheques.
checkless banking banca sin cheques.
checkless society sociedad sin cheques.
checklist *n* lista de cotejo.
checkout *n* caja, punto de pago.
checkpoint *n* punto de control, punto de inspección.
cheque authorisation autorización de cheque.
cheque authorization autorización de cheque.
cheque book libreta de cheques.
cheque card tarjeta de cheque.
cheque certification certificación de cheque.
cheque clearing compensación de cheques.
cheque files archivos de cheques.
cheque forgery falsificación de cheques.
cheque guarantee garantía de cheque.
cheque hold retención de cheque.
cheque in the amount of cheque por la cantidad de.
cheque kiting girar un cheque sin fondos en anticipación de depósitos futuros.
cheque kiting scheme treta para girar cheques sin fondos en anticipación de depósitos futuros.
cheque number número de cheque.
cheque payable to cheque a favor de, cheque pagadero a.
cheque processing procesamiento de cheques, proceso de cheques.
cheque processing centre centro de procesamiento de cheques.
cheque protector protector de cheques.
cheque register registro de cheques.
cheque retention retención de cheque.
cheque serial number número de serie de cheque.
cheque signer firmante de cheques.
cheque stub talón de cheque.
cheque to bearer cheque al portador.
cheque verification verificación de cheque.
cheque verification guarantee garantía de verificación de cheque.
chequebook *n* libreta de cheques.
chequeless *adj* sin cheques.
chequeless society sociedad sin cheques.
cherry-pick *v* seleccionar solo lo que se percibe

como lo mejor o más ventajoso.
cherry-picking *n* selección de solo lo que se percibe como lo mejor o más ventajoso.
ChFC (Chartered Financial Consultant) asesor financiero autorizado.
chief *adj* principal.
chief *n* jefe, líder.
chief accountant jefe de contabilidad, contable jefe, contador jefe.
chief accounting officer director de contabilidad.
chief buyer jefe de compras.
chief executive director ejecutivo, jefe ejecutivo, ejecutivo en jefe.
chief executive officer jefe ejecutivo, funcionario ejecutivo principal.
chief financial officer director financiero, director de finanzas, funcionario financiero principal.
chief information officer jefe de información, director de información.
chief of section jefe de sección.
chief operating officer director general, jefe de operaciones, funcionario de operaciones principal.
chief operations officer director de operaciones, jefe de operaciones.
chief technical officer director técnico, jefe del departamento técnico.
child care center centro de cuido de niños.
child care centre centro de cuido de niños.
child labor empleo de menores.
child labor laws leyes para proteger a menores en el empleo.
child labour empleo de menores.
child labour laws leyes para proteger a menores en el empleo.
child tax credit crédito impositivo por niños.
childcare center centro de cuido de niños.
childcare centre centro de cuido de niños.
chilling a sale conspiración para obtener bienes bajo el valor justo de mercado.
chilling bids actos o palabras para impedir la libre competencia entre postores en subastas.
chip card tarjeta con chip, tarjeta inteligente.
choke price precio sobre el cual la demanda se reduce a cero.
Christmas bonus bono de navidad, aguinaldo de navidad, paga extraordinaria de navidad.
Christmas club club navideño.
Christmas club account cuenta de club navideño.
chronic unemployment desempleo crónico.
chronological stabilization plan plan de estabilización cronológica.
churning *n* transacciones excesivas de parte de un corredor de valores para generar comisiones.
CI (cost and insurance) costo y seguro, coste y seguro.
CIF (cost, insurance, and freight) costo, seguro y flete; coste, seguro y flete.
CIO (chief information officer) jefe de información, director de información.
CIP (carriage and insurance paid) transporte y seguro pagado, flete y seguro pagado, porte y seguro pagado.
Cir. (Circle) círculo.
circuit breaker medida que se emplea para evitar ventas por pánico en una bolsa de valores.
circular letter of credit carta de crédito circular.
circulate *v* circular.
circulated *adj* circulado.
circulating capital capital circulante.
circulating currency dinero en circulación.

circulation *n* circulación.
circulation of goods circulación de bienes.
circulation of money circulación de dinero.
city council concejo municipal, consejo municipal, consejo de la ciudad.
civil commotion conmoción civil.
civil liability responsabilidad civil.
civil liability insurance seguro de responsabilidad civil.
civil rights derechos civiles.
civil year año civil.
claim *n* reclamo, reclamación, demanda, petición, pedimento, afirmación, título.
claim *v* reclamar, demandar, peticionar, afirmar, pedir.
claim amount monto de la reclamación, cantidad de la reclamación.
claim authentication certificación de reclamación.
claim certificate certificado de reclamación.
claim certification certificación de reclamación.
claim documentation documentación de reclamación.
claim evidence prueba de reclamación.
claim paid reclamación pagada.
claim payment pago de la reclamación.
claim proof prueba de reclamación.
claim provision cláusula de reclamaciones.
claim report informe de reclamación, reporte de reclamación.
claim settlement liquidación de reclamación, liquidación de siniestro.
claim settlement services servicios de liquidación de reclamaciones, servicios de liquidación de siniestros.
claim verification verificación de reclamación.
claimable *adj* reclamable.
claimant *n* reclamante, reclamador.
claimer *n* reclamante, reclamador.
claims adjuster ajustador de reclamaciones, liquidador de averías.
claims agent agente de reclamaciones.
claims avoidance evitación de reclamaciones.
claims department departamento de reclamaciones.
claims division división de reclamaciones.
claims made reclamaciones sometidas.
claims manager gerente de reclamaciones, administrador de reclamaciones.
claims office oficina de reclamaciones.
claims representative ajustador de reclamaciones.
claims reserve reserva para reclamaciones.
clandestine *adj* clandestino.
clandestinely *adv* clandestinamente.
clarification of conditions clarificación de condiciones.
clarification of terms clarificación de términos.
class *n* clase.
class A shares acciones de clase A.
class A stock acciones de clase A.
class action demanda colectiva, acción de clase.
class B shares acciones de clase B.
class B stock acciones de clase B.
class interest interés de clase.
class of insurance clase de seguro.
class of options clase de opciones.
class of shares clase de acciones.
class of stock clase de acciones.
class premium rate tasa de prima de clase.
class price precio de clase.
class rate tasa de clase.

class struggle lucha de clases, guerra de clases.
class suit acción de clase.
class war lucha de clases, guerra de clases.
classical economics economía clásica.
classical management administración clásica, gestión clásica.
classical model modelo clásico.
classical monetary policy política monetaria clásica.
classical probability probabilidad clásica.
classification *n* clasificación, gradación, graduación.
classification method método de clasificación.
classification of accounts clasificación de cuentas.
classification of assets clasificación de activos.
classification of costs clasificación de costos, clasificación de costes.
classification of expenditures clasificación de gastos.
classification of expenses clasificación de gastos.
classification of liabilities clasificación del pasivo.
classification system sistema de clasificación.
classified *adj* clasificado.
classified ad anuncio clasificado.
classified advertisement anuncio clasificado.
classified balance sheet balance clasificado.
classified bond bono clasificado.
classified credit crédito clasificado.
classified insurance seguro clasificado.
classified loan préstamo clasificado.
classified property tax impuesto sobre la propiedad clasificado.
classified risk riesgo clasificado.
classified shares acciones clasificadas.
classified stock acciones clasificadas.
classified taxation imposición clasificada.
classify *v* clasificar.
clause *n* cláusula, artículo, estipulación.
clawback *n* utilización de imposición u otros medios por parte de un gobierno que desea recuperar gastos desembolsados, dinero que de algún modo se busca recuperar tras haberlo dado.
clean *adj* limpio, libre.
clean acceptance aceptación general, aceptación libre, aceptación incondicional, aceptación absoluta.
clean bill letra limpia, letra de cambio libre de otros documentos.
clean bill of exchange letra limpia, letra de cambio libre de otros documentos.
clean bill of lading conocimiento de embarque limpio, conocimiento de embarque sin restricciones.
clean float flotación limpia.
clean floating flotación limpia.
clean opinion opinión sin reserva.
clean-up fund fondo de gastos finales adicionales.
clear *adj* claro, libre, líquido.
clear *v* librar, compensar, liquidar, pasar debidamente por aduana.
clear annuity anualidad exenta.
clear customs pasar debidamente por aduanas, pasar aduanas.
clear instructions instrucciones claras.
clear market price valor evidente en el mercado, valor justo en el mercado.
clear out acatarse a las normas de aduana para exportar, despejar, dejar sin dinero.

clear profit beneficio neto, ganancia neta.
clear title título limpio.
clear value valor neto.
clearance n autorización, franquicia, despacho, liquidación.
clearance card carta describiendo el trabajo de una persona al finalizar su servicio.
clearance certificate certificado de cumplimiento de los requisitos de aduana.
clearance papers certificación de cumplimiento de los requisitos de aduana.
clearance sale venta de liquidación, liquidación.
cleared check cheque compensado.
cleared cheque cheque compensado.
clearing n aclaración, compensación, partida de una travesía tras cumplir los requisitos establecidos.
clearing account cuenta de compensación.
clearing agency agencia de compensación.
clearing agent agente de compensación.
clearing agreement convenio de compensación.
clearing arrangement convenio de compensación.
clearing association asociación de compensación.
clearing bank banco de compensación.
clearing center centro de compensación.
clearing centre centro de compensación.
clearing checks compensación de cheques.
clearing cheques compensación de cheques.
clearing day día de compensación.
clearing house casa de liquidación, cámara de compensación.
clearing house agent agente de casa de liquidación, agente de cámara de compensación.
clearing house funds fondos de casa de liquidación, fondos de cámara de compensación.
clearing house member miembro de casa de liquidación, miembro de cámara de compensación.
clearing house statement estado de casa de liquidación, estado de cámara de compensación.
clearing of checks canje, compensación de cheques.
clearing of cheques canje, compensación de cheques.
clearing price precio de compensación.
clearing system sistema de compensación.
clearing title saneamiento de título, limpieza de título.
clearinghouse n casa de liquidación, cámara de compensación.
clearinghouse agent agente de casa de liquidación, agente de cámara de compensación.
clearinghouse funds fondos de casa de liquidación, fondos de cámara de compensación.
clearinghouse member miembro de casa de liquidación, miembro de cámara de compensación.
clearinghouse statement estado de casa de liquidación, estado de cámara de compensación.
clearly adv evidentemente.
clerical adj clerical.
clerical error error de pluma, error de copia.
clerical work trabajo de oficina.
clerk n oficinista, empleado, dependiente.
click payment sistema de pago en el cual el comprador hace sus compras haciendo clic con el ratón.
click rate tasa de clics.
clicks and bricks empresa que permite que sus clientes compren en locales físicos y/o la Web.
clicks and mortar empresa que permite que sus clientes compren en locales físicos y/o la Web.

client n cliente.
client acceptance aceptación por el cliente.
client account cuenta del cliente.
client-activated terminal terminal activado por cliente.
client ads anuncios dirigidos al cliente.
client advertisements anuncios dirigidos al cliente.
client advertising publicidad dirigida al cliente.
client analysis análisis del cliente.
client association asociación de clientes.
client awareness conciencia del cliente.
client base base de clientes.
client behavior conducta del cliente.
client behaviour conducta del cliente.
client benefits beneficios para el cliente.
client billing facturación de clientes.
client card tarjeta del cliente.
client care cuido del cliente.
client choice elección del cliente.
client confidence confianza del cliente.
client credit crédito del cliente.
client debt deuda del cliente.
client demand demanda del cliente.
client dissatisfaction insatisfacción del cliente.
client education educación del cliente.
client expectations expectativas del cliente.
client expenditures gastos del cliente.
client expenses gastos del cliente.
client frustration frustración del cliente.
client group grupo de clientes.
client habits hábitos del cliente.
client ignorance ignorancia del cliente.
client information información para el cliente, información sobre los clientes.
client-information file archivo de información del cliente.
client interest intereses del cliente.
client is always right, the el cliente siempre tiene la razón.
client liaison enlace con el cliente.
client loan préstamo al cliente.
client loyalty lealtad del cliente.
client magazine revista del cliente, boletín del cliente.
client market mercado del cliente.
client marketing marketing dirigido al cliente, mercadeo dirigido al cliente.
client needs necesidades del cliente.
client organisation organización del cliente.
client organization organización del cliente.
client-oriented adj orientado al cliente.
client preferences preferencias del cliente.
client pressure presión al cliente, presión del cliente.
client price precio al cliente.
client profile perfil del cliente.
client protection protección del cliente.
client records registros de clientes.
client relations relaciones con clientes.
client relations manager gerente de relaciones con clientes.
client relationship management administración de relaciones con clientes, gestión de relaciones con clientes.
client representative representante de clientes.
client research investigación sobre clientes, investigación del cliente.
client resistance resistencia del cliente.
client response respuesta del cliente.

client retention retención de clientes.
client rights derechos del cliente.
client risk riesgo del cliente.
client satisfaction satisfacción del cliente.
client service servicio al cliente.
client service manager gerente de servicio al cliente.
client service representative representante de servicio al cliente.
client spending gastos del cliente.
client study estudio sobre clientes, estudio del cliente.
client survey encuesta del cliente.
client tastes gustos del cliente.
client test prueba del cliente.
client training entrenamiento de clientes.
client trends tendencias de clientes.
client's agreement convenio del cliente.
client's cooperative cooperativa de clientes.
clientele *n* clientela.
clientele effect efecto de la clientela.
cliff vesting adquisición de todos los derechos de pensión a partir de cierto momento en vez de gradualmente.
CLO (collateralized loan obligation, collateralised loan obligation) obligación de préstamo colateralizado.
clock in registrar la hora de entrada.
clock off registrar la hora de salida.
clock on registrar la hora de entrada.
clock out registrar la hora de salida.
clone *n* clon.
close *v* cerrar.
close a position cerrar una posición.
close an account cerrar una cuenta.
close company compañía cerrada.
close corporation corporación cerrada.
close corporation plan plan de corporación cerrada.
close down cerrar, cerrar en definitiva.
close of books cierre de los libros.
close of business al finalizar las horas acostumbradas de trabajo, al cierre de un negocio.
close of the market al cierre del mercado.
close out liquidar, cerrar en definitiva.
close out sales ventas de liquidación.
close the books, to cerrar los libros.
closed *adj* cerrado.
closed account cuenta cerrada.
closed bid oferta cerrada.
Closed-Circuit Television televisión de circuito cerrado.
Closed-Circuit TV televisión de circuito cerrado.
closed company compañía cerrada.
closed contract contrato cerrado.
closed corporation corporación cerrada.
closed economy economía cerrada.
closed-end credit crédito con términos fijos.
closed-end fund fondo mutuo de acciones limitadas.
closed-end investment company compañía de inversiones de acciones limitadas.
closed-end lease arrendamiento cerrado.
closed-end management company compañía administradora de fondo mutuo de acciones limitadas.
closed-end mortgage hipoteca cerrada.
closed-end mutual fund fondo mutuo de acciones limitadas.
closed market mercado cerrado.

closed mortgage hipoteca cerrada.
closed period período dentro del cual no se permite redimir bonos.
closed position posición cerrada.
closed session sesión a puerta cerrada.
closed shop taller cerrado, empresa en que todo solicitante tiene que ser miembro de un gremio.
closed stock mercancías vendidas en conjunto indivisible.
closed structure estructura cerrada.
closed trade transacción cerrada.
closed transaction transacción cerrada.
closed union unión cerrada.
closely held company compañía cerrada.
closely held corporation corporación cerrada.
closing *n* cierre.
closing a contract finalización de la negociación de un contrato.
closing a loan cierre de un préstamo.
closing a mortgage loan cierre de un préstamo hipotecario.
closing account cuenta del cierre.
closing agreement convenio final.
closing assets activo de cierre.
closing balance balance de cierre, saldo de cierre.
closing bell campana que anuncia la hora de cierre de una bolsa, hora de cierre de una bolsa.
closing bid oferta al cierre, oferta final, oferta ganadora.
closing charges gastos de cierre.
closing costs gastos de cierre.
closing daily price precio diario de cierre.
closing date fecha de cierre.
closing down sale venta de liquidación.
closing entry asiento de cierre.
closing hours horas de cierre.
closing inventory inventario de cierre, existencias finales.
closing liabilities pasivos de cierre.
closing of the books cierre de los libros.
closing price precio de cierre.
closing purchase compra al cierre.
closing quotation cotización al cierre.
closing quote cotización al cierre.
closing range margen de cierre.
closing sale venta al cierre, venta de cierre.
closing statement declaración del cierre, estado del cierre.
closing stock existencias al cierre.
closing time hora de cierre.
closing title transferencia de título.
closing trade transacción al cierre, transacción de cierre.
closure *n* clausura, cierre.
cloud on title nube sobre título.
cloudily *adv* obscuramente, nebulosamente.
CLU (Chartered Life Underwriter) suscriptor de seguros de vida autorizado.
club account cuenta de club.
cluster housing vivienda en grupos de estructuras.
cluster sampling muestreo por grupos.
CMA (Cash Management Account) cuenta de administración de fondos, cuenta de gestión de fondos.
CMBS (commercial mortgage backed securities) valores respaldados por hipotecas comerciales.
CMO (collateralized mortgage obligation, collateralised mortgage obligation) obligación hipotecaria colateralizada.

Co. (company) compañía.
co-administrate v coadministrar.
co-administrator n coadministrador.
co-adventurer n coempresario.
co-agent n coagente.
co-applicant n cosolicitante.
co-assignee n cocesionario.
co-creditor n coacreedor.
co-debtor n codeudor.
co-direct v codirigir.
co-director n codirector.
co-executor n coalbacea.
co-finance v cofinanciar.
co-financing n cofinanciamiento.
co-heir n coheredero.
co-insurance n coaseguro.
co-insurance agreement convenio de coaseguro.
co-insurance business negocio de coaseguro.
co-insurance carrier compañía de coaseguro.
co-insurance clause cláusula de coaseguro.
co-insurance company compañía de coaseguro.
co-insurance contract contrato de coaseguro.
co-insurance coverage cobertura de coaseguro.
co-insurance form formulario de coaseguro.
co-insurance formula fórmula de coaseguro.
co-insurance limit límite de coaseguro.
co-insurance penalty penalidad de coaseguro.
co-insurance percentage porcentaje de coaseguro.
co-insurance policy póliza de coaseguro.
co-insurance premium prima de coaseguro.
co-insurance proof prueba de seguro.
co-insurance provision cláusula de coaseguro.
co-insurance rate tasa de coaseguro.
co-insurance requirement requisito de coaseguro.
co-insurance risk riesgo de coaseguro.
co-insurance services servicios de coaseguro.
co-insured adj coasegurado.
co-insurer n coasegurador.
co-lead manager entidad que junto a otra coordina una emisión de valores.
co-lessee n coarrendatario.
co-lessor n coarrendador.
co-maker n codeudor, cosuscriptor.
co-manager n coadministrador.
co-mortgagor n codeudor hipotecario, cohipotecante.
co-obligor n codeudor.
co-op n cooperativa.
co-operate v cooperar.
co-operating adj cooperador.
co-operating broker corredor cooperador.
co-operation n cooperación.
co-operation agreement pacto de cooperación, convenio de cooperación, acuerdo de cooperación.
co-operation contract contrato de cooperación.
co-operative adj cooperativo.
co-operative n cooperativa.
co-operative advertising publicidad cooperativa.
co-operative apartment apartamento cooperativo.
co-operative arrangement arreglo cooperativo.
co-operative association asociación cooperativa.
co-operative attitude actitud cooperativa.
co-operative bank banco cooperativo.
co-operative banking banca cooperativa.
co-operative building edificio cooperativo.
co-operative equilibrium equilibrio cooperativo.
co-operative exporters exportadores cooperativos.
co-operative importers importadores cooperativos.
co-operative insurance seguro cooperativo.

co-operative insurer asegurador cooperativo.
co-operative marketing marketing cooperativo, mercadeo cooperativo.
co-opetition n cooperación entre competidores.
co-ordinate v coordinar.
co-ordinate efforts coordinar esfuerzos.
co-ordination n coordinación.
co-ordination of benefits coordinación de beneficios.
co-ordination officer oficial de coordinación.
co-ordinator n coordinador.
co-owner n copropietario.
co-ownership n copropiedad.
co-partner n consocio.
co-partnership n sociedad.
co-payment n pago conjunto.
co-sign v cofirmar.
co-signatory n cosignatario, cofirmante, codeudor.
co-signature n firma conjunta.
co-signer n cosignatario, cofirmante, codeudor.
co-surety n cofiador.
co-tenancy n tenencia conjunta.
co-tenant n copropietario, coposesor, coarrendatario, coinquilino.
co-worker n colega de trabajo.
coaction n coacción.
coactive adj coactivo.
coadministrate v coadministrar.
coadministrator n coadministrador.
coadventurer n coempresario.
coagent n coagente.
coalition n coalición.
coapplicant n cosolicitante.
Coase theorem teorema de Coase.
coassignee n cocesionario.
coast n costa, litoral.
coastal adj costero.
coastal shipping cabotaje.
coastal trade cabotaje.
coastal trading cabotaje.
coaster n embarcación de cabotaje.
coasting ship embarcación de cabotaje.
coasting trade cabotaje.
coattail investor inversionista que imita a otros.
coax v persuadir, engatusar.
coaxing n persuasión, engatusamiento.
cocreditor n coacreedor.
COD (cash on delivery) pago contra entrega.
code n código, compilación de leyes.
code v codificar.
code of arbitration código de arbitración.
code of commerce código de comercio.
code of conduct código de conducta.
code of ethics código de ética.
code of good conduct código de buena conducta.
code of procedure código de procedimientos.
code of professional ethics código de ética profesional.
codebtor n codeudor.
codetermination n codeterminación.
codification n codificación.
codify v codificar.
coding method método de codificación.
coding of accounts codificación de cuentas.
coding of assets codificación de activos.
coding of costs codificación de costos, codificación de costes.
coding of expenditures codificación de gastos.
coding of expenses codificación de gastos.
coding of liabilities codificación del pasivo.

coding system sistema de codificación.
codirect *v* codirigir.
codirector *n* codirector.
CoE (Council of Europe) Consejo de Europa.
coefficient *n* coeficiente.
coefficient of determination coeficiente de determinación.
coefficient of variation coeficiente de variación.
coemption *n* acaparamiento de mercancía, acaparamiento de toda la oferta.
coerce *v* coercer.
coercible *adj* coercible.
coercion *n* coerción.
coexecutor *n* coalbacea.
coffee break descanso breve durante el trabajo.
coffers *n* fondos, tesoro.
cofinance *v* cofinanciar.
cofinancing *n* cofinanciamiento.
coheir *n* coheredero.
Cohesion Fund Fondo de Cohesión.
coin *n* moneda, dinero.
coinage *n* acuñación, moneda metálica, sistema monetario.
coinage system sistema monetario.
coincident economic indicator indicador económico coincidente.
coincident indicator indicador coincidente.
coinstantaneous *adj* simultáneo.
coinsurance *n* coaseguro.
coinsurance agreement convenio de coaseguro.
coinsurance business negocio de coaseguro.
coinsurance carrier compañía de coaseguro.
coinsurance clause cláusula de coaseguro.
coinsurance company compañía de coaseguro.
coinsurance contract contrato de coaseguro.
coinsurance coverage cobertura de coaseguro.
coinsurance form formulario de coaseguro.
coinsurance formula fórmula de coaseguro.
coinsurance limit límite de coaseguro.
coinsurance penalty penalidad de coaseguro.
coinsurance percentage porcentaje de coaseguro.
coinsurance policy póliza de coaseguro.
coinsurance premium prima de coaseguro.
coinsurance proof prueba de coaseguro.
coinsurance provision cláusula de coaseguro.
coinsurance rate tasa de coaseguro.
coinsurance requirement requisito de coaseguro.
coinsurance risk riesgo de coaseguro.
coinsurance services servicios de coaseguro.
coinsured *adj* coasegurado.
coinsurer *n* coasegurador.
COLA (cost of living adjustment) ajuste por costo de vida, ajuste por coste de vida.
cold call llamada de ventas sin previo aviso a alguien desconocido, visita de ventas sin previo aviso a alguien desconocido.
cold canvass ir de puerta en puerta buscando clientes.
colessee *n* coarrendatario.
colessor *n* coarrendador.
collaborative *adj* colaborativo.
collaborative approach acercamiento colaborativo.
collaborative commerce comercio colaborativo.
collaborative effort esfuerzo colaborativo.
collaborative work trabajo colaborativo.
collapse *n* colapso.
collar *n* medida que se emplea para evitar ventas por pánico en una bolsa de valores.
collate *v* cotejar.

collateral *n* colateral, garantía.
collateral acceptance aceptación de colateral.
collateral assignment asignación de colateral.
collateral assurance garantía adicional.
collateral bond bono con garantía prendaria.
collateral borrower prestatario contra colateral.
collateral contract contrato colateral.
collateral covenant cláusula colateral.
collateral loan préstamo con garantía prendaria, préstamo con garantía, pignoración.
collateral note pagaré con garantía prendaria, pagaré con garantía.
collateral promise promesa colateral.
collateral security garantía prendaria.
collateral trust certificate certificado con garantía prendaria.
collateral value valor del colateral.
collateral-value insurance seguro sobre el valor del colateral.
collateral warranty garantía colateral.
collateralise *v* colateralizar, garantizar.
collateralised *adj* colateralizado, garantizado.
collateralised bond bono colateralizado.
collateralised bond obligation obligación de bonos colateralizados.
collateralised debt deuda colateralizada.
collateralised debt obligation obligación de deudas colateralizadas.
collateralised loan préstamo colateralizado.
collateralised loan obligation obligación de préstamo colateralizado.
collateralised mortgage obligation obligación hipotecaria colateralizada.
collateralised obligation obligación colateralizada.
collateralize *v* colateralizar, garantizar.
collateralized *adj* colateralizado, garantizado.
collateralized bond bono colateralizado.
collateralized bond obligation obligación de bonos colateralizados.
collateralized debt deuda colateralizada.
collateralized debt obligation obligación de deudas colateralizadas.
collateralized loan préstamo colateralizado.
collateralized loan obligation obligación de préstamo colateralizado.
collateralized mortgage obligation obligación hipotecaria colateralizada.
collateralized obligation obligación colateralizada.
collaterally *adv* colateralmante.
collect *v* cobrar.
collect a bill cobrar una factura.
collect a check cobrar un cheque.
collect a cheque cobrar un cheque.
collect a debt cobrar una deuda.
collect a dividend cobrar un dividendo.
collect a payment cobrar un pago.
collect a premium cobrar una prima.
collect call llamada por cobrar, llamada a cobro revertido.
collect fees cobrar cargos.
collect interest cobrar intereses.
collect on delivery cobrar al entregar.
collect taxes cobrar impuestos.
collectable *adj* cobrable, coleccionable.
collected *adj* cobrado, tomado de varias fuentes, mesurado.
collected and delivered cobrado y entregado, recogido y entregado.
collected balance balance cobrado.
collected checks cheques cobrados.

collected cheques cheques cobrados.
collected debts deudas cobradas.
collected fees cargos cobrados.
collected funds fondos cobrados.
collected interest intereses cobrados.
collected premiums primas cobradas.
collected taxes impuestos cobrados, contribuciones cobradas.
collectible *adj* cobrable, coleccionable.
collectibles *n* artículos coleccionables.
collecting agency agencia de cobros.
collecting bank banco de cobro.
collecting company compañía de cobro.
collection *n* cobro, colección.
collection activity actividad de cobros.
collection administrator administrador de cobros.
collection agency agencia de cobros.
collection agent agente de cobros.
collection agreement convenio de cobros.
collection analysis análisis de cobros.
collection analyst analista de cobros.
collection and delivery recogida y entrega.
collection book libro de cobros.
collection charge cargo por cobros.
collection commission comisión por cobros.
collection cost costo de cobros, coste de cobros.
collection cycle ciclo de cobros.
collection department departamento de cobros.
collection division división de cobros.
collection documents documentos de cobros.
collection expenditures gastos de cobros.
collection expense insurance seguro de gastos de cobros.
collection expenses gastos de cobros.
collection fee cargo por cobros.
collection items artículos de cobro.
collection letter carta de cobro.
collection manager administrador de cobros.
collection of checks cobro de cheques.
collection of cheques cobro de cheques.
collection of customs duties cobro de derechos aduaneros.
collection of data recopilación de datos.
collection of debts cobro de deudas.
collection of duties cobro de derechos, cobro de impuestos.
collection of interest cobro de intereses.
collection of premiums cobro de primas.
collection of rent cobro de alquiler.
collection of taxes recaudación de impuestos, cobro de impuestos.
collection office oficina de cobros.
collection on delivery cobro al entregar.
collection papers papeles de cobros.
collection percentage porcentaje de cobros.
collection period período de cobro.
collection rate tasa de cobros.
collection ratio ratio de cobros, razón de cobros.
collection service servicio de cobros.
collection teller cajero de cobros.
collective *adj* colectivo.
collective account cuenta colectiva.
collective agreement convenio colectivo.
collective amount monto colectivo.
collective assets activos colectivos.
collective balance saldo colectivo.
collective bargaining negociación colectiva.
collective bargaining agreement convenio de negociación colectiva.
collective benefits beneficios colectivos.

collective capital capital colectivo.
collective contract contrato colectivo.
collective cost costo colectivo, coste colectivo.
collective debt deuda colectiva.
collective deductible deducible colectivo.
collective deficit déficit colectivo.
collective demand demanda colectiva.
collective discount descuento colectivo.
collective dividend dividendo colectivo.
collective economy economía colectiva.
collective effect efecto colectivo.
collective expenditures gastos colectivos.
collective expenses gastos colectivos.
collective exports exportaciones colectivas.
collective fund fondo colectivo.
collective imports importaciones colectivas.
collective income ingreso colectivo.
collective insurance seguro colectivo.
collective insurance policy póliza colectiva de seguro.
collective investment inversión colectiva.
collective investment fund fondo de inversiones colectivo.
collective labor agreement convenio colectivo de trabajo.
collective labour agreement convenio colectivo de trabajo.
collective liability responsabilidad colectiva.
collective limit límite colectivo.
collective loss pérdida colectiva.
collective negotiation negociación colectiva.
collective output salida colectiva, producción colectiva.
collective ownership propiedad colectiva.
collective payment pago colectivo.
collective policy póliza colectiva.
collective production producción colectiva.
collective rate tasa colectiva.
collective receipts entradas colectivas.
collective reserves reservas colectivas.
collective revenue ingresos colectivos.
collective risk riesgo colectivo.
collective sales ventas colectivas.
collective shares acciones colectivas.
collective spending gastos colectivos.
collective statement estado colectivo.
collective stock acciones colectivas.
collective supply oferta colectiva.
collective taxes impuestos colectivos, contribuciones colectivas.
collective value valor colectivo.
collectivism *n* colectivismo.
collectivist *adj* colectivista.
collectivist *n* colectivista.
collector *n* cobrador, recaudador, coleccionista.
collector of debts cobrador de deudas.
collector of internal revenue recaudador de rentas internas.
collector of taxes recaudador de impuestos.
collector of the customs recaudador de derechos aduaneros, administrador de aduanas.
collectorate *n* colecturía.
collision *n* colisión, choque.
collision coverage cobertura de colisión.
collision damage waiver renuncia a la recuperación de daños por accidente automovilístico.
collision insurance seguro de colisión.
collocation *n* ordenamiento de acreedores, colocación.

collude *v* coludir.
collusion *n* colusión.
collusive *adj* colusorio.
collusive bidding licitación colusoria.
collusive practices prácticas colusorias.
colonialism *n* colonialismo.
colonialist *adj* colonialista.
colonialist *n* colonialista.
color of title apariencia de título, título aparente.
.com punto com.
comaker *n* codeudor, cosuscriptor.
comanager *n* coadministrador.
combination *n* combinación.
combination agent agente de combinaciones.
combination bond bono con combinación.
combination order orden con combinaciones.
combination policy póliza con combinación.
combination rate tasa de combinación.
combine *n* asociación, consorcio, cartel.
combine *v* combinar.
combined *adj* combinado.
combined account cuenta combinada.
combined amount monto combinado.
combined annual deductible deducible anual combinado.
combined assets activos combinados.
combined balance saldo combinado.
combined balance sheet balance combinado.
combined benefits beneficios combinados.
combined capital capital combinado.
combined capitalisation capitalización combinada.
combined capitalization capitalización combinada.
combined cost costo combinado, coste combinado.
combined debt deuda combinada.
combined demand demanda combinada.
combined depreciation depreciación combinada.
combined disbursement desembolso combinado.
combined discount descuento combinado.
combined expenditures gastos combinados.
combined expenses gastos combinados.
combined exports exportaciones combinadas.
combined financial statement estado financiero combinado.
combined imports importaciones combinadas.
combined income ingresos combinados.
combined indemnity beneficio máximo de una póliza.
combined insurance seguro combinado.
combined insurance limit límite de seguros combinado.
combined investment inversión combinada.
combined liability responsabilidad combinada.
combined limit límite combinado.
combined limit of liability límite de responsabilidad combinado.
combined loss pérdida combinada.
combined output salida combinada, producción combinada.
combined payment pago combinado.
combined production producción combinada.
combined rate tasa combinada.
combined receipts entradas combinadas.
combined reserves reservas combinadas.
combined return rendimiento combinado.
combined revenue ingresos combinados.
combined risk riesgo combinado.
combined sales ventas combinadas.
combined spending gastos combinados.

combined statement estado combinado.
combined supply oferta combinada.
combined taxes impuestos combinados, contribuciones combinadas.
combined value valor combinado.
combined yield rendimiento combinado.
comfort letter carta de recomendación financiera, carta de un contador público autorizado confirmando ciertos datos.
command economy economía dirigida.
commanditaires *n* socios comanditarios.
commandite *n* sociedad en comandita.
commencement *n* comienzo.
commencement of coverage comienzo de la cobertura.
commencement of insurance comienzo del seguro.
commencement of insurance coverage comienzo de la cobertura del seguro.
commensurate *adj* en proporción a, apropiado para.
commerce *n* comercio, tráfico.
commerce academy academia de comercio.
commerce account cuenta de comercio.
commerce accounting contabilidad de comercio.
commerce activity actividad de comercio.
commerce activity center centro de actividad de comercio.
commerce activity centre centro de actividad de comercio.
commerce address domicilio de comercio.
commerce administration administración de comercio.
commerce administrator administrador de comercio.
commerce adviser asesor de comercio.
commerce advisor asesor de comercio.
commerce agency agencia de comercio.
commerce agent agente de comercio.
commerce agreement convenio de comercio.
commerce arbitration arbitraje de comercio.
commerce area área de comercio.
commerce association asociación de comercio.
commerce bank banco de comercio.
commerce banker banquero de comercio.
commerce banking banca de comercio.
commerce broker corredor de comercio.
commerce call llamada de comercio, visita de comercio.
commerce center centro de comercio.
commerce centre centro de comercio.
commerce chain cadena de comercio.
commerce channels canales de comercio.
commerce circles círculos de comercio.
commerce closure cierre de comercio.
commerce code código de comercio.
commerce community comunidad de comercio.
commerce company sociedad de comercio, compañía de comercio.
commerce computing computación de comercio.
commerce concern empresa de comercio.
commerce conditions condiciones de comercio.
commerce conference conferencia de comercio.
commerce considerations consideraciones de comercio.
commerce consultant consultor de comercio.
commerce contract contrato de comercio.
commerce convention convención de comercio.
commerce corporation corporación de comercio.
commerce correspondence correspondencia de

comercio.
commerce credit crédito de comercio.
commerce cycle ciclo de comercio.
commerce deal transacción de comercio.
commerce debt deuda de comercio.
commerce decision decisión de comercio.
commerce department departamento de comercio.
commerce development desarrollo de comercio.
commerce director director de comercio.
commerce discount descuento de comercio.
commerce discussion discusión de comercio.
commerce district distrito de comercio.
commerce document documento de comercio.
commerce earnings ingresos de comercio.
commerce economics economía comercial.
commerce enterprise empresa de comercio.
commerce entity entidad de comercio.
commerce environment ambiente de comercio.
commerce equipment equipo de comercio.
commerce establishment establecimiento de
 comercio, comercio, negocio.
commerce ethics ética comercial.
commerce exhibit exhibición de comercio.
commerce expenditures gastos de comercio.
commerce expenses gastos de comercio.
commerce experience experiencia de comercio.
commerce firm firma de comercio.
commerce forecast pronóstico de comercio.
commerce forecasting previsión de comercio.
commerce fraud fraude de comercio.
commerce gains ganancias de comercio.
commerce goal meta de comercio.
commerce income ingresos de comercio.
commerce indicators indicadores de comercio.
commerce insurance seguro de comercio.
commerce intelligence inteligencia de comercio.
commerce journal revista de comercio, boletín de
 comercio.
commerce league asociación de comercio.
commerce lender prestador de comercio.
commerce lending préstamos de comercio.
commerce letter carta de comercio.
commerce licence licencia para comercio.
commerce license licencia para comercio.
commerce literature literatura de comercio.
commerce loans préstamos de comercio.
commerce losses pérdidas de comercio.
commerce magazine revista de comercio, boletín
 de comercio.
commerce mail correo de comercio.
commerce management administración de
 comercio, gestión de comercio.
commerce manager gerente de comercio.
commerce meeting reunión de comercio.
commerce model modelo de comercio.
commerce name nombre de comercio.
commerce objective objetivo de comercio.
commerce office oficina de comercio.
commerce operation operación de comercio.
commerce opportunity oportunidad de comercio.
commerce organisation organización de
 comercio.
commerce organization organización de
 comercio.
commerce-oriented *adj* orientado hacia el
 comercio.
commerce park parque de comercio.
commerce plan plan de comercio.
commerce planning planificación de comercio.
commerce policy póliza de comercio, política de

comercio.
commerce portal portal de comercio.
commerce practices prácticas de comercio,
 costumbres de comercio.
commerce presentation presentación de
 comercio.
commerce profits beneficios de comercio,
 ganancias de comercio.
commerce property propiedad de comercio.
commerce proposition propuesta de comercio.
commerce purpose propósito de comercio.
commerce records registros de comercio,
 expedientes de comercio.
commerce recovery recuperación de comercio.
commerce regulations reglamentos de comercio,
 normas de comercio.
commerce relations relaciones de comercio.
commerce report informe de comercio, reporte de
 comercio.
commerce risk riesgo de comercio.
commerce rules reglas de comercio.
commerce scam estafa de comercio, timo de
 comercio.
commerce sector sector de comercio.
commerce services servicios de comercio.
commerce standards normas de comercio.
commerce strategy estrategia de comercio.
commerce terms términos de comercio.
commerce transaction transacción de comercio.
commerce travel viaje de comercio.
commerce treaty tratado de comercio.
commerce trends tendencias de comercio.
commerce trip viaje de comercio.
commerce vehicle vehículo de comercio.
commerce venture empresa de comercio.
commerce year año de comercio.
commercial *adj* comercial, mercantil.
commercial *n* anuncio.
commercial account cuenta comercial, cuenta
 mercantil.
commercial accounting contabilidad comercial,
 contabilidad mercantil.
commercial activity actividad comercial, actividad
 mercantil.
commercial address domicilio comercial,
 dirección comercial.
commercial administration administración
 comercial, administración mercantil.
commercial administrator administrador
 comercial, administrador mercantil.
commercial adviser asesor comercial, asesor
 mercantil.
commercial advisor asesor comercial, asesor
 mercantil.
commercial agency agencia comercial, agencia
 mercantil.
commercial agent agente comercial, agente
 mercantil, corredor.
commercial agreement convenio comercial,
 convenio mercantil.
commercial arbitration arbitraje comercial,
 arbitraje mercantil.
commercial area área comercial, área mercantil.
commercial art arte comercial, arte publicitario.
commercial assembly asamblea comercial,
 asamblea mercantil.
commercial assets activo comercial, activo
 mercantil.
commercial association asociación comercial,
 asociación mercantil.

commercial automobile policy póliza de
automóvil comercial.
commercial bank banco comercial, banco
mercantil.
commercial banker banquero comercial, banquero
mercantil.
commercial banking banca comercial, banca
mercantil.
commercial bankruptcy quiebra comercial,
quiebra mercantil.
commercial bill letra comercial, letra mercantil,
efecto comercial.
commercial bookkeeping contabilidad comercial,
contabilidad mercantil.
commercial break pausa publicitaria.
commercial broker corredor comercial, corredor
mercantil, corredor.
commercial business negocio comercial, firma
comercial, negocio.
commercial call llamada comercial, visita
comercial.
commercial card tarjeta comercial, tarjeta
mercantil.
commercial center centro comercial, centro
mercantil.
commercial centre centro comercial, centro
mercantil.
commercial chain cadena comercial, cadena
mercantil.
commercial circles círculos comerciales, círculos
mercantiles, medios comerciales, medios
mercantiles.
commercial closure cierre comercial, cierre
mercantil.
commercial code código comercial, código
mercantil.
commercial community comunidad comercial,
comunidad mercantil.
commercial company sociedad comercial,
compañía comercial, sociedad mercantil, compañía
mercantil.
commercial computing computación comercial,
computación mercantil.
commercial concern empresa comercial, entidad
comercial, empresa mercantil, entidad mercantil.
commercial conditions condiciones comerciales,
condiciones mercantiles.
commercial conference conferencia comercial,
conferencia mercantil.
commercial considerations consideraciones
comerciales, consideraciones mercantiles.
commercial consultant consultor comercial,
consultor mercantil.
commercial contract contrato comercial, contrato
mercantil.
commercial convention convención comercial,
convención mercantil.
commercial corporation corporación comercial,
corporación mercantil.
commercial correspondence correspondencia
comercial, correspondencia mercantil.
commercial counsellor consejero comercial,
consejero mercantil.
commercial counselor consejero comercial,
consejero mercantil.
commercial counterfeiting falsificación
comercial.
commercial court tribunal comercial, tribunal
mercantil.
commercial credit crédito comercial, crédito

mercantil.
commercial credit company compañía de crédito
comercial.
commercial credit insurance seguro de crédito
comercial.
commercial creditor acreedor comercial, acreedor
mercantil.
commercial crop cultivo comercial.
commercial cycle ciclo comercial, ciclo mercantil.
commercial day día comercial.
commercial deal transacción comercial,
transacción mercantil.
commercial debt deuda comercial, deuda
mercantil.
commercial decision decisión comercial, decisión
mercantil.
commercial department departamento comercial,
departamento mercantil.
commercial deposit depósito comercial, depósito
mercantil.
commercial development desarrollo comercial,
desarrollo mercantil.
commercial director director comercial, director
mercantil.
commercial discount descuento comercial,
descuento mercantil.
commercial discussion discusión comercial,
discusión mercantil.
commercial district distrito comercial, distrito
mercantil.
commercial document documento comercial,
documento mercantil.
commercial domicile domicilio comercial,
domicilio mercantil.
commercial earnings ingresos comerciales,
ingresos mercantiles.
commercial economics economía comercial,
economía mercantil.
commercial email email comercial, correo
electrónico comercial.
commercial ends fines comerciales, fines
mercantiles.
commercial enterprise empresa comercial,
empresa mercantil.
commercial entity entidad comercial, entidad
mercantil.
commercial environment ambiente comercial,
ambiente mercantil
commercial equipment equipo comercial, equipo
mercantil.
commercial establishment negocio, comercio,
establecimiento comercial, establecimiento
mercantil.
commercial ethics ética comercial, ética mercantil.
commercial etiquette etiqueta en los negocios.
commercial exhibit exhibición comercial,
exhibición mercantil.
commercial expenditures gastos comerciales,
gastos mercantiles.
commercial expenses gastos comerciales, gastos
mercantiles.
commercial experience experiencia comercial,
experiencia mercantil.
commercial failure quiebra comercial, quiebra
mercantil.
commercial finance finanzas comerciales, finanzas
mercantiles.
commercial financing financiación comercial,
financiación mercantil.
commercial firm empresa comercial, empresa

mercantil, firma comercial, firma mercantil.
commercial forecast pronóstico comercial, pronóstico mercantil.
commercial forecasting previsión comercial, previsión mercantil.
commercial forms formularios comerciales, formularios mercantiles.
commercial fraud fraude comercial, fraude mercantil.
commercial gains ganancias comerciales, ganancias mercantiles.
commercial gifts regalos comerciales.
commercial goal meta comercial, meta mercantil.
commercial health insurance seguro de salud comercial.
commercial hours horas de oficina, horas de trabajo, horas comerciales.
commercial house firma comercial.
commercial income ingresos comerciales, rentas comerciales, ingresos mercantiles, rentas mercantiles.
commercial indicators indicadores comerciales, indicadores mercantiles.
commercial insolvency insolvencia comercial.
commercial insurance seguro comercial, seguro mercantil.
commercial insurance policy póliza de seguro comercial, póliza de seguro mercantil.
commercial interest interés comercial, interés mercantil.
commercial investment inversión comercial, inversión mercantil.
commercial invoice factura comercial.
commercial journal revista comercial, revista mercantil, boletín comercial, boletín mercantil.
commercial law derecho comercial, derecho mercantil.
commercial league asociación comercial, asociación mercantil.
commercial lease arrendamiento comercial, arrendamiento mercantil.
commercial lender prestador comercial, prestador mercantil.
commercial lending préstamos comerciales, préstamos mercantiles.
commercial letter carta comercial, carta mercantil.
commercial letter of credit carta de crédito comercial.
commercial letting alquiler comercial.
commercial liability responsabilidad comercial, responsabilidad mercantil.
commercial liability insurance seguro de responsabilidad comercial.
commercial licence licencia comercial, licencia mercantil.
commercial license licencia comercial, licencia mercantil.
commercial life insurance seguro de vida comercial.
commercial lines líneas comerciales.
commercial literature literatura comercial, literatura mercantil.
commercial loan préstamo comercial, préstamo mercantil.
commercial locale local comercial, local mercantil.
commercial losses pérdidas comerciales, pérdidas mercantiles.
commercial magazine revista comercial, revista mercantil, boletín comercial, boletín mercantil.
commercial mail correo comercial, correo

mercantil, email comercial, email mercantil, correo electrónico comercial, correo electrónico mercantil.
commercial management administración comercial, administración mercantil, gestión comercial, gestión mercantil.
commercial manager gerente comercial, gerente mercantil.
commercial meeting reunión comercial, reunión mercantil.
commercial monopoly monopolio comercial.
commercial mortgage hipoteca comercial, hipoteca mercantil.
commercial mortgage backed securities valores respaldados por hipotecas comerciales.
commercial name nombre comercial.
commercial objective objetivo comercial, objetivo mercantil.
commercial office oficina comercial, oficina mercantil.
commercial operation operación comercial, operación mercantil.
commercial opportunity oportunidad comercial, oportunidad mercantil.
commercial organisation organización comercial, organización mercantil.
commercial organization organización comercial, organización mercantil.
commercial-oriented *adj* orientado hacia lo comercial.
commercial overhead gastos generales comerciales.
commercial paper instrumentos negociables, papel comercial.
commercial park parque comercial, parque mercantil.
commercial plan plan comercial, plan mercantil.
commercial planning planificación comercial, planificación mercantil.
commercial policy póliza comercial, política comercial, póliza mercantil, política mercantil.
commercial portal portal comercial, portal mercantil.
commercial portfolio portafolio comercial, portafolio mercantil.
commercial practices prácticas comerciales, prácticas mercantiles, costumbres comerciales, costumbres mercantiles.
commercial premises local comercial, local mercantil.
commercial presence presencia comercial, presencia mercantil.
commercial presentation presentación comercial, presentación mercantil.
commercial product producto comercial, producto mercantil.
commercial profits beneficios comerciales, beneficios mercantiles, ganancias comerciales, ganancias mercantiles.
commercial property propiedad comercial, propiedad mercantil.
commercial property policy póliza de propiedad comercial.
commercial proposition propuesta comercial, propuesta mercantil.
commercial purpose propósito comercial, propósito mercantil.
commercial radio radio comercial.
commercial rate tasa comercial.
commercial real estate bienes inmuebles comerciales, bienes raíces comerciales, propiedad

inmueble comercial.

commercial recession recesión comercial, recesión mercantil.

commercial records registros comerciales, registros mercantiles, expedientes comerciales, expedientes mercantiles.

commercial recovery recuperación comercial, recuperación mercantil.

commercial regulations reglamentos comerciales, reglamentos mercantiles, normas comerciales, normas mercantiles.

commercial relations relaciones comerciales, relaciones mercantiles.

commercial rent alquiler comercial, renta comercial.

commercial rental arrendamiento comercial.

commercial reply respuesta comercial.

commercial report informe comercial, reporte comercial, informe mercantil, reporte mercantil.

commercial risk riesgo comercial, riesgo mercantil.

commercial rules reglas comerciales, reglas mercantiles.

commercial sale venta comercial, venta mercantil.

commercial sample muestra comercial.

commercial scam estafa comercial, timo comercial.

commercial sector sector comercial.

commercial services servicios comerciales, servicios mercantiles.

commercial standards normas comerciales, normas mercantiles.

commercial strategy estrategia comercial, estrategia mercantil.

commercial swindle estafa comercial, timo comercial.

commercial taxation imposición comercial, imposición mercantil.

commercial taxes impuestos comerciales, contribuciones comerciales, impuestos mercantiles, contribuciones mercantiles.

commercial television televisión comercial.

commercial teller cajero comercial.

commercial terms términos comerciales, términos mercantiles.

commercial trade comercio comercial, comercio mercantil.

commercial transaction transacción comercial, transacción mercantil.

commercial travel viaje comercial, viaje mercantil.

commercial traveler viajante comercial, viajante mercantil.

commercial traveller viajante comercial, viajante mercantil.

commercial treaty tratado comercial, tratado mercantil.

commercial trends tendencias comerciales, tendencias mercantiles.

commercial trip viaje comercial, viaje mercantil.

commercial trust fideicomiso comercial.

commercial usage uso comercial, uso mercantil.

commercial value valor comercial.

commercial vehicle vehículo comercial, vehículo mercantil.

commercial venture empresa comercial, empresa mercantil.

commercial visit visita comercial.

commercial world mundo comercial, mundo mercantil.

commercial year año comercial.

commercialisation *n* comercialización.

commercialise *v* comercializar.

commercialised *adj* comercializado.

commercialism *n* comercialismo.

commercialization *n* comercialización.

commercialize *v* comercializar.

commercialized *adj* comercializado.

commercially *adv* comercialmente.

commercially available disponible comercialmente.

commercially manufactured manufacturado comercialmente

commercially produced producido comercialmente

commercially viable viable comercialmente.

commingle *v* mezclar.

commingled *adj* mezclado.

commingled accounts cuentas mezcladas.

commingled funds fondos mezclados.

commingled investment fund fondo de inversión mezclado.

commingled trust fund fondos en fideicomiso mezclados.

commingling *n* mezcla.

commingling of funds mezcla de fondos.

commissaire *n* quien recibe una autoridad especial de los accionistas.

commissary *n* delegado, comisionista.

commission *n* comisión, encargo.

commission *v* encargar, capacitar.

commission account cuenta a comisión.

commission agent comisionista, agente a comisión.

commission basis a comisión.

commission broker corredor de bolsa.

commission house corredor de bolsa sin cuenta propia.

Commission of the European Communities Comisión de las Comunidades Europeas.

commission rate tasa de comisión.

commission seller vendedor a comisión.

commission split división de comisión.

commission system sistema de comisiones.

commission work trabajo a comisión.

commissioner *n* comisionado, comisario.

commissioner of banking comisionado de banca.

commissioner of insurance comisionado de seguros.

commissive waste desperdicio activo.

commit *v* comprometer, obligar.

commit funds comprometer fondos.

commitment *n* compromiso, obligación.

commitment basis, on a en base a compromisos.

commitment charge cargo de compromiso.

commitment cost costo de compromiso, coste de compromiso.

commitment fee cargo por compromiso.

commitment letter carta de compromiso.

commitment of funds compromiso de fondos.

commitment of resources compromiso de recursos.

commitment period período de compromiso.

committed *adj* comprometido, obligado.

committed costs costos comprometidos, costes comprometidos.

committed fixed costs costos fijos comprometidos, costes fijos comprometidos.

committed funds fondos comprometidos.

committed principal principal comprometido.

committed resources recursos comprometidos.

committee *n* comité.

committee assembly reunión de un comité.
committee conference conferencia de un comité.
committee meeting reunión de un comité.
Committee on Agriculture Comité de Agricultura.
Committee on Uniform Securities Identification Procedures CUSIP.
Committee on Uniform Securities Identification Procedures number número CUSIP.
commixtion *n* mezcla, confusión.
commodities *n* productos, mercancías, productos básicos, mercaderías.
commodities account cuenta de productos, cuenta de mercancías.
commodities agreement acuerdo sobre productos, acuerdo sobre mercancías.
commodities bond bono cuyo precio esta vinculado al de un producto, bono cuyo precio esta vinculado al de una mercancía.
commodities broker corredor de productos, corredor de mercancías.
commodities cartel cartel de productos, cartel de mercancías.
commodities contract contrato de productos, contrato de mercancías.
commodities currency dinero mercancía.
commodities exchange mercado de productos, mercado de mercancías, lonja de productos, lonja de mercancías, bolsa de comercio, bolsa de contratación, intercambio de productos, intercambio de mercancías.
commodities fund fondo mutuo que invierte en productos, fondo mutuo que invierte en mercancías.
commodities futures futuros de productos, futuros de mercancías, contrato de futuros, contrato para productos a término, contrato para mercancías a término.
commodities futures contract contrato de futuros, contrato para productos a término, contrato para mercancías a término.
commodities futures market mercado de contratos para productos a término, mercado de contratos para mercancías a término, mercado de contratos de futuros.
commodities index índice de precios de productos, índice de precios de mercancías.
commodities loan préstamo garantizado con productos, préstamo garantizado con mercancías.
commodities management administración de productos, administración de mercancías, gestión de productos, gestión de mercancías.
commodities manager gerente de productos, gerente de mercancías.
commodities market mercado de productos, mercado de mercancías, lonja de productos, lonja de mercancías, bolsa de comercio, bolsa de contratación.
commodities mutual fund fondo mutuo que invierte en productos, fondo mutuo que invierte en mercancías.
commodities price index índice de precios de productos, índice de precios de mercancías.
commodities price stabilisation estabilización de precios de productos, estabilización de precios de mercancías.
commodities price stabilization estabilización de precios de productos, estabilización de precios de mercancías.
commodities prices precios de productos, precios de mercancías.

commodities pricing fijación de precios de productos, fijación de precios de mercancías.
commodities rate tasa especial para un tipo de producto, tasa especial para un tipo de mercancía.
commodities tax impuesto sobre productos, impuesto sobre mercancías.
commodities trading transacciones de productos, comercio de productos, transacciones de mercancías, comercio de mercancías.
commodities transactions transacciones de productos, transacciones de mercancías.
commoditisation *n* medidas empleadas para aumentar la comercialidad o liquidez de algo, conversión en un producto, conversión en una mercancía.
commoditization *n* medidas empleadas para aumentar la comercialidad o liquidez de algo, conversión en un producto, conversión en una mercancía.
commodity *n* producto, mercancía, producto básico, mercadería.
commodity account cuenta de productos, cuenta de mercancías.
commodity agreement acuerdo sobre productos, acuerdo sobre mercancías.
commodity bond bono cuyo precio esta vinculado al de un producto, bono cuyo precio esta vinculado al de una mercancía.
commodity broker corredor de productos, corredor de mercancías.
commodity cartel cartel de productos, cartel de mercancías.
commodity contract contrato de productos, contrato de mercancías.
commodity currency dinero mercancía.
commodity exchange mercado de productos, mercado de mercancías, lonja de productos, lonja de mercancías, bolsa de comercio, bolsa de contratación, intercambio de productos, intercambio de mercancías.
commodity fund fondo mutuo que invierte en productos, fondo mutuo que invierte en mercancías.
commodity futures futuros de productos, futuros de mercancías, contrato de futuros, contrato para productos a término, contrato para mercancías a término.
commodity futures contract contrato de futuros, contrato para productos a término, contrato para mercancías a término.
commodity futures market mercado de contratos para productos a término, mercado de contratos para mercancías a término, mercado de contratos de futuros.
commodity index índice de precios de productos, índice de precios de mercancías.
commodity loan préstamo garantizado con productos, préstamo garantizado con mercancías.
commodity management administración de productos, administración de mercancías, gestión de productos, gestión de mercancías.
commodity manager gerente de productos, gerente de mercancías.
commodity market mercado de productos, mercado de mercancías, lonja de productos, lonja de mercancías, bolsa de comercio, bolsa de contratación.
commodity mutual fund fondo mutuo que invierte en productos, fondo mutuo que invierte en mercancías.

commodity pool fondo mutuo que invierte en productos, fondo mutuo que invierte en mercancías.

commodity price index índice de precios de productos, índice de precios de mercancías.

commodity price stabilisation estabilización de precios de productos, estabilización de precios de mercancías.

commodity price stabilization estabilización de precios de productos, estabilización de precios de mercancías.

commodity prices precios de productos, precios de mercancías.

commodity pricing fijación de precios de productos, fijación de precios de mercancías.

commodity rate tasa especial para un tipo de producto, tasa especial para un tipo de mercancía.

commodity tax impuesto sobre productos, impuesto sobre mercancías.

commodity trading transacciones de productos, comercio de productos, transacciones de mercancías, comercio de mercancías.

commodity transactions transacciones de productos, transacciones de mercancías.

common *adj* común.

common account cuenta común.

common agency agencia común.

Common Agricultural Policy Política Agrícola Común.

common annuity anualidad común.

common area área común.

common asset activo común.

common average avería simple.

common budget presupuesto común.

common budgeting presupuestación común.

common business expenses gastos de negocios comunes.

common business practices prácticas de negocios comunes.

common carrier transportador público, portador público, empresa pública de comunicaciones.

common charges cargos comunes.

common cost costo común, coste común.

common course of business curso común de los negocios.

common creditor acreedor común.

common currency moneda común.

common currency area área de moneda común, área monetaria.

common currency zone zona de moneda común, zona monetaria.

Common Customs Tariff Arancel de Aduanas Común.

common depreciation depreciación común.

common disaster clause cláusula de desastre común.

common discount descuento común.

common dividend dividendo común.

common elements elementos comunes.

common enterprise empresa colectiva.

common expenditures gastos comunes.

common expenses gastos comunes.

common fees cargos comunes.

common gain ganancia común.

common income ingreso común.

common insurance seguro común.

common interest intereses comunes.

common inventory inventario común.

common life seguro de vida común, vida común.

common life insurance seguro de vida común.

common loss pérdida común.

common market mercado común.

common partnership sociedad común.

common payment pago común, abono común.

common payroll nómina común.

common peril peligro común.

common point punto común.

common practice práctica habitual.

common price precio común.

common pricing fijación común de precios.

common production producción común.

common productivity productividad común.

common property propiedad comunal.

common quality calidad común.

common rate tasa común.

common rate of return tasa común de rendimiento.

common remuneration remuneración común.

common rent renta común.

common resources recursos comunes.

common return rendimiento común.

common revenue ingresos comunes.

common risks riesgos comunes.

common salary salario común.

common seal sello corporativo.

common seller vendedor habitual.

common services servicios comunes.

common shareholder accionista ordinario, accionista común.

common shares acciones ordinarias, acciones comunes.

common shares certificate certificado de acciones comunes.

common shares dividend dividendo de acciones comunes.

common shares equivalent equivalente de acciones comunes.

common shares fund fondo de acciones comunes.

common shares index índice de acciones comunes.

common shares mutual fund fondo mutuo de acciones comunes.

common shares ratio ratio de acciones comunes, razón de acciones comunes.

common stock acciones ordinarias, acciones comunes.

common stock certificate certificado de acciones comunes.

common stock dividend dividendo de acciones comunes.

common stock equivalent equivalente de acciones comunes.

common stock fund fondo de acciones comunes.

common stock index índice de acciones comunes.

common stock mutual fund fondo mutuo de acciones comunes.

common stock ratio ratio de acciones comunes, razón de acciones comunes.

common stockholder accionista ordinario, accionista común.

common tariff tarifa común.

common tenancy tenencia sin derecho de supervivencia.

common trust fund fondos en fideicomiso comunes.

common voting votación común.

common year año común.

commonwealth *n* nación autónoma, comunidad de naciones autónomas.

communal *adj* comunal.

communications *n* comunicaciones.
communications agency agencia de comunicación.
communications channels canales de comunicación.
communications department departamento de comunicaciones.
communications management administración de comunicaciones, gestión de comunicaciones, gerencia de comunicaciones.
communications manager gerente de comunicaciones, administrador de comunicaciones.
communications media medios de comunicación.
communications network red de comunicaciones.
communications system sistema de comunicaciones.
communiqué *n* comunicado.
communism *n* comunismo.
communist *adj* comunista.
communist *n* comunista.
community *n* comunidad.
community action acción comunitaria.
Community Antenna Television televisión de antena comunitaria.
Community Antenna TV televisión de antena comunitaria.
community association asociación comunitaria.
community bank banco comunitario.
community budget presupuesto comunitario.
community budgeting presupuestación comunitaria.
community charge cargo comunitario.
community debt deuda conjunta, deuda comunitaria.
community expenditure gasto comunitario.
community expense gasto comunitario.
community fee cargo comunitario.
community income ingresos comunitarios.
community investment inversión comunitaria.
community of interest interés común, interés comunitario.
community of profits comunidad de beneficios, comunidad de ganancias.
community property bienes gananciales, bienes comunales, propiedad ganancial.
community reinvestment reinversión comunitaria.
community rules reglas comunitarias.
community tax impuesto comunitario.
commutation *n* conmutación, sustitución.
commutation of taxes conmutación impositiva.
commutation right derecho de seleccionar pago único.
commute *v* hacer viajes entre el hogar y el lugar de trabajo regularmente, intercambiar, conmutar.
commuter *n* quien hace viajes entre el hogar y el lugar de trabajo regularmente.
commuter tax impuesto sobre viajes entre el hogar y el lugar de trabajo.
commuting *n* el hacer viajes entre el hogar y el lugar de trabajo regularmente.
comortgagor *n* codeudor hipotecario, cohipotecante.
compact *n* convenio, contrato.
compact disc disco compacto.
company *n* compañía, sociedad, empresa.
company account cuenta de la compañía.
company accountability responsabilidad de la compañía.
company accounting contabilidad de la compañía.
company acquisition adquisición de la compañía.

company activity actividad de la compañía.
company address domicilio de la compañía.
company administration administración de la compañía.
company administrator administrador de la compañía.
company advertising publicidad de la compañía.
company adviser asesor de la compañía.
company advisor asesor de la compañía.
company affairs asuntos de la compañía.
company affiliate afiliado de la compañía.
company agency agencia de la compañía.
company agent agente de la compañía.
company assets activo de la compañía.
company association asociación de la compañía.
company backer patrocinador de la compañía.
company backing patrocinio de la compañía.
company bankruptcy quiebra de la compañía.
company benefits beneficios de la compañía.
company bonds bonos de la compañía.
company bookkeeping contabilidad de compañía.
company books libros de la compañía.
company brand marca de la compañía.
company campaign campaña de la compañía.
company capital capital de la compañía.
company car carro de la compañía.
company card tarjeta de la compañía.
company chain cadena de compañías.
company check cheque de la compañía.
company cheque cheque de la compañía.
company client cliente de la compañía.
company conditions condiciones de la compañía.
company conference conferencia de la compañía.
company consultant consultor de la compañía.
company contract contrato de la compañía.
company correspondence correspondencia de la compañía.
company credit crédito de la compañía.
company credit card tarjeta de crédito de la compañía.
company culture cultura de la compañía.
company data datos de la compañía.
company database base de datos de la compañía.
company debt deuda de la compañía.
company decision decisión de la compañía.
company department departamento de la compañía.
company deposit depósito de la compañía.
company director director de la compañía.
company discount descuento de la compañía.
company document documento de la compañía.
company domicile domicilio de la compañía.
company earnings ingresos de la compañía.
company email email de la compañía, correo electrónico de la compañía.
company enterprise empresa de la compañía.
company entity entidad de la compañía.
company environment ambiente de la compañía.
company equipment equipo de la compañía.
company establishment establecimiento de la compañía.
company ethics ética de la compañía.
company etiquette etiqueta de la compañía.
company executive ejecutivo de la compañía.
company exhibit exhibición de la compañía.
company expenditures gastos de la compañía.
company expenses gastos de la compañía.
company finance finanzas de la compañía.
company financing financiación de la compañía.
company forecast pronóstico de la compañía.

company fraud fraude de la compañía.
company gains ganancias de la compañía.
company gifts regalos de la compañía.
company goal meta de la compañía.
company group grupo de compañías.
company health insurance seguro de salud de la compañía.
company identity identidad de la compañía.
company image imagen de la compañía.
company income ingresos de la compañía, rentas de la compañía.
company income tax impuestos sobre ingresos de la compañía.
company insider persona informada de la compañía.
company insurance seguro de la compañía.
company interest interés de la compañía.
company investment inversión de la compañía.
company lease arrendamiento de la compañía.
company lending préstamos de la compañía.
company liability responsabilidad de la compañía.
company liability insurance seguro de responsabilidad de la compañía.
company licence licencia de la compañía.
company license licencia de la compañía.
company limited by guarantee compañía en la cual los accionistas se responsabilizan por deudas hasta una cantidad máxima en caso de bancarrota.
company limited by shares compañía en la cual los accionistas se responsabilizan por deudas hasta el valor de sus acciones no pagadas en caso de bancarrota.
company literature literatura de la compañía.
company logo logotipo de la compañía, logo de la compañía.
company losses pérdidas de la compañía.
company magazine revista de la compañía, boletín de la compañía.
company mail correo de la compañía, email de la compañía, correo electrónico de la compañía.
company management administración de la compañía, gestión de la compañía, gerencia de la compañía.
company manager gerente de la compañía, administrador de la compañía.
company meeting reunión de la compañía.
company member miembro de la compañía.
company merger fusión de la compañía.
company model modelo de la compañía.
company name nombre de la compañía.
company objective objetivo de la compañía.
company officers funcionarios de la compañía.
company organisation organización de la compañía.
company organization organización de la compañía.
company owner dueño de la compañía, propietario de la compañía.
company perks beneficios adicionales de la compañía.
company philosophy filosofía de la compañía.
company planning planificación de la compañía.
company policy política de la compañía, póliza de la compañía.
company portal portal de la compañía.
company portfolio portafolio de la compañía.
company powers capacidades de la compañía.
company practices prácticas de la compañía, costumbres de la compañía.
company premises local de la compañía.

company presentation presentación de la compañía.
company priorities prioridades de la compañía.
company profits beneficios de la compañía, ganancias de la compañía.
company property propiedad de la compañía.
company purchase compra de la compañía.
company purpose propósito de la compañía.
company records registros de la compañía, expedientes de la compañía.
company regulations reglamentos de la compañía, normas de la compañía.
company relations relaciones de la compañía.
company reorganisation reorganización de la compañía.
company reorganization reorganización de la compañía.
company report informe de la compañía, reporte de la compañía.
company reserves reservas de la compañía.
company rules reglas de la compañía.
company sale venta de la compañía.
company scam estafa de la compañía, timo de la compañía.
company seal sello de la compañía.
company services servicios de la compañía.
company shares acciones de la compañía.
company spending gastos de la compañía.
company sponsor patrocinador de la compañía.
company sponsorship patrocinio de la compañía.
company stock acciones de la compañía.
company stock purchase plan plan de compra de acciones de la compañía.
company store tienda de la compañía.
company strategic planning planificación estratégica de la compañía.
company strategy estrategia de la compañía.
company structure estructura de la compañía.
company support services servicios de apoyo de la compañía.
company swindle estafa de la compañía, timo de la compañía.
company takeover toma del control de la compañía.
company taxation imposición de la compañía.
company taxes impuestos de la compañía, contribuciones de la compañía.
company town comunidad establecida por una compañía.
company union unión que favorece a la compañía, unión de la compañía.
company usage uso de la compañía.
company vehicle vehículo de la compañía.
comparable *adj* comparable.
comparable offer oferta comparable.
comparable price precio comparable.
comparable properties propiedades comparables.
comparable sales ventas comparables.
comparable worth valor comparable.
comparables *n* propiedades comparables.
comparably *adv* comparablemente.
comparative *adj* comparativo.
comparative advantage ventaja comparativa.
comparative advertising anuncios comparativos.
comparative balance sheet balance comparativo.
comparative cost costo comparativo, coste comparativo.
comparative financial statement estado financiero comparativo.
comparative negligence negligencia comparativa.

comparative reports informes comparativos, reportes comparativos.
comparative sales ventas comparativas.
comparative sales approach acercamiento de ventas comparativas.
comparative sales method método de ventas comparativas.
comparative statement estado comparativo.
comparative statement approach acercamiento de estado comparativo.
comparative unit method método de unidades comparativas.
comparative value valor comparativo.
comparatively adv comparativamente.
comparatively cheap comparativamente barato.
comparatively expensive comparativamente caro.
compare v comparar.
comparison n comparación.
comparison approach acercamiento de comparación.
comparison method método de comparación.
comparison shopping compras comparativas, compras comparadas.
compatibility n compatibilidad.
compatible adj compatible.
compensable adj compensable.
compensate v compensar.
compensated adj compensado.
compensated absence ausencia compensada.
compensating adj compensatorio.
compensating balance balance compensatorio.
compensating depreciation depreciación compensatoria.
compensating error error compensatorio.
compensating expenditures gastos compensatorios.
compensating expenses gastos compensatorios.
compensating payment pago compensatorio.
compensating product producto compensatorio.
compensating tariff arancel compensatorio.
compensation n compensación.
compensation agreement acuerdo de compensación.
compensation and benefits compensación y beneficios.
compensation fund fondo de compensación.
compensation package paquete de compensación.
compensation period período de compensación.
compensation system sistema de compensación.
compensation tax impuesto de compensación, contribución de compensación.
compensative adj compensativo.
compensatory adj compensatorio.
compensatory adjustment ajuste compensatorio.
compensatory balance balance compensatorio.
compensatory damages indemnización compensatoria.
compensatory financing financiamiento compensatorio.
compensatory measure medida compensatoria.
compensatory stock option opción de compra de acciones compensatorias.
compensatory suspension suspensión compensatoria.
compensatory tariff tarifa compensatoria.
compensatory tax impuesto compensatorio.
compensatory time tiempo compensatorio.
compensatory trade transacción compensatoria.
compensatory transaction transacción compensatoria.

compensatory withdrawal retiro compensatorio.
compete v competir.
competence n competencia.
competency n competencia.
competent adj competente.
competent parties partes competentes.
competing offer oferta de un competidor.
competition n competencia.
competitive adj competitivo, competido.
competitive ability habilidad competitiva.
competitive advantage ventaja competitiva.
competitive alliance alianza competitiva.
competitive analysis análisis competitivo.
competitive balance equilibrio competitivo.
competitive bid oferta competitiva.
competitive bidding licitación pública, condiciones justas para ofertas.
competitive capacity capacidad competitiva.
competitive devaluation devaluación competitiva.
competitive disadvantage desventaja competitiva.
competitive economy economía competitiva.
competitive market mercado competitivo.
competitive pay paga competitiva.
competitive position posición competitiva.
competitive pressure presión competitiva.
competitive price precio competitivo.
competitive pricing precios competitivos.
competitive rate tasa competitiva.
competitive remuneration remuneración competitiva.
competitive salary salario competitivo.
competitive strategy estrategia competitiva.
competitive tender oferta competitiva.
competitive wage salario competitivo.
competitiveness n competitividad.
competitivity n competitividad.
competitor n competidor.
competitor company compañía competidora.
competitor price precio de un competidor.
competitor product producto de un competidor.
compilation n compilación, recopilación.
compilation of data compilación de datos, recopilación de datos.
complain v quejarse.
complain about poor service quejarse del pobre servicio.
complain about service quejarse del servicio.
complaint n queja, reclamación.
complaint handling manejo de quejas.
complaint handling procedure procedimiento para el manejo de quejas.
complaint handling process proceso para el manejo de quejas.
complaint procedure procedimiento para quejas.
complementary adj complementario.
complementary demand demanda complementaria.
complementary goods mercancías complementarias.
complementary products productos complementarios.
complementary supply oferta complementaria.
complementary tax impuesto complementario.
complementing entry asiento complementario.
complete adj completo, terminado, total.
complete v completar, terminar, llevar a cabo.
complete a transaction completar una transacción, llevar a cabo una transacción.
complete acceptance aceptación completa.
complete agreement acuerdo completo, convenio

completo.
complete amount cantidad completa, monto total.
complete audit auditoría completa.
complete authority autoridad plena, autoridad completa.
complete commitment compromiso completo.
complete contract contrato completo.
complete conveyance traspaso completo.
complete cost costo total, coste total.
complete coverage cobertura total.
complete delivery entrega completa.
complete disclosure divulgación completa.
complete endorsement endoso completo.
complete exemption exención total.
complete guarantee garantía completa.
complete guaranty garantía completa.
complete indorsement endoso completo.
complete insurance seguro completo.
complete liquidation liquidación completa.
complete liquidity liquidez completa.
complete monopoly monopolio completo.
complete name nombre completo.
complete obligation obligación completa.
complete offer oferta completa.
complete order orden completa.
complete ownership propiedad completa.
complete payment pago completo, pago final.
complete price precio completo, precio total.
complete receipt recibo completo.
complete refund reembolso completo.
complete report informe completo, reporte completo.
complete sale venta completa.
complete special audit auditoría especial completa.
complete transfer transferencia completa.
completed *adj* completo, terminado, llevado a cabo.
completed-contract method método de contrato completo.
completed-operations insurance seguro de terminación de operaciones.
completed product producto terminado.
completed transaction transacción completada.
completely *adv* completamente.
completeness *n* entereza, totalidad.
completion *n* terminación, cumplimiento.
completion bond caución de terminación.
complex capital structure estructura de capital compleja.
complex trust fideicomiso complejo.
compliance *n* cumplimiento, acatamiento, conformidad.
compliance audit auditoría de cumplimiento.
compliance certificate certificado de cumplimiento.
compliance committee comité de cumplimiento.
compliance department departamento de cumplimiento.
compliance director director del departamento de cumplimiento.
compliance division división de cumplimiento.
compliance examination examinación de cumplimiento.
compliance inspection inspección de cumplimiento.
compliance inspection report informe de inspección de cumplimiento.
compliance manager gerente del departamento de cumplimiento.

compliance office oficina de cumplimiento.
compliance officer funcionario de cumplimiento.
compliance report informe de cumplimiento, reporte de cumplimiento.
compliance test prueba de cumplimiento.
compliance unit unidad de cumplimiento.
compliance with, in conforme a.
complimentary *adj* gratuito, de cortesía, elogioso.
complimentary close despedida cortés en una carta.
compliments, with como obsequio.
comply *v* cumplir.
comply fully cumplir completamente.
comply with cumplir con.
component *n* componente.
component depreciation depreciación de componentes.
component of cost componente de costo, componente de coste.
component of index componente de índice.
composite *adj* combinado, compuesto.
composite break-even point punto crítico combinado.
composite demand demanda combinada.
composite depreciation depreciación combinada.
composite index índice combinado.
composite inventory inventario combinado.
composite rate tasa combinada.
composite supply oferta combinada.
composite tax rate tasa contributiva combinada.
composition *n* arreglo, concordato, composición.
composition deed convenio entre deudor y acreedores.
composition of creditors concordato, convenio con acreedores.
composition with creditors concordato, convenio con acreedores.
compound *adj* compuesto.
compound *v* componer, capitalizar, aumentar.
compound account cuenta compuesta.
compound amount cantidad compuesta.
compound annual rate tasa anual compuesta.
compound arbitrage arbitraje compuesto.
compound discount descuento compuesto.
compound duty tarifa compuesta, impuesto compuesto.
compound entry asiento compuesto.
compound growth crecimiento compuesto.
compound growth rate tasa de crecimiento compuesto.
compound interest interés compuesto.
compound interest period período de interés compuesto.
compound interest rate tasa de interés compuesto.
compound journal entry asiento del diario compuesto.
compound option opción compuesta.
compound rate tasa de interés compuesto, tasa compuesta.
compound return rendimiento compuesto.
compound tariff arancel compuesto.
compound yield rendimiento compuesto.
compounded *adj* compuesto, capitalizado.
compounded annual rate tasa anual compuesta.
compounded growth crecimiento compuesto.
compounded growth rate tasa de crecimiento compuesto.
compounded interest interés compuesto.
compounded interest rate tasa de interés compuesto.

compounded rate tasa de interés compuesto, tasa compuesta.
compounded return rendimiento compuesto.
compounded yield rendimiento compuesto.
compounding period período de cómputo de interés compuesto.
comprehensibility n comprensibilidad.
comprehensible adj comprensible.
comprehension n comprensión.
comprehensive adj comprensivo, completo, global.
comprehensive agreement acuerdo global.
comprehensive annual financial report informe financiero anual global.
comprehensive automobile liability insurance seguro de responsabilidad pública de automóvil a todo riesgo.
comprehensive budget presupuesto global.
comprehensive budgeting presupuestación global.
comprehensive coverage cobertura global.
comprehensive crime endorsement endoso de crimen global.
comprehensive general liability insurance seguro de responsabilidad general a todo riesgo.
comprehensive health insurance seguro de salud global.
comprehensive income ingreso global.
comprehensive insurance seguro a todo riesgo, seguro global.
comprehensive insurance coverage cobertura de seguro a todo riesgo.
comprehensive liability insurance seguro de responsabilidad a todo riesgo.
comprehensive major medical insurance seguro para gastos médicos mayores global.
comprehensive personal liability insurance seguro de responsabilidad personal a todo riesgo.
comprehensive planning planificación global.
comprehensive policy póliza a todo riesgo, póliza global.
comprehensive report informe exhaustivo, reporte exhaustivo.
comprehensively adv comprensivamente.
comprehensiveness n comprensión.
compressed work week semana de trabajo comprimido.
comprise v componer, constituir, abarcar.
compromise n concesión, arreglo.
compromise v conceder, arreglar.
comptroller n contralor, contador principal.
comptrollership n contraloría.
compulsive buying compras compulsivas.
compulsive shopping compras compulsivas.
compulsive spending gasto de dinero compulsivo.
compulsory adj compulsorio, obligatorio.
compulsory acquisition adquisición compulsoria.
compulsory agreement convenio compulsorio.
compulsory arbitration arbitraje compulsorio.
compulsory automobile liability insurance seguro compulsorio de responsabilidad pública de automóvil.
compulsory coverage cobertura compulsoria.
compulsory deposit depósito obligatorio.
compulsory disclosure divulgación compulsoria.
compulsory expenditures gastos compulsorios, desembolsos compulsorios.
compulsory expenses gastos compulsorios, desembolsos compulsorios.
compulsory insurance seguro compulsorio.

compulsory licence licencia obligatoria.
compulsory license licencia obligatoria.
compulsory liquidation liquidación obligatoria.
compulsory loan préstamo compulsorio.
compulsory pay paga compulsoria.
compulsory payment pago compulsorio.
compulsory purchase compra compulsoria.
compulsory remuneration remuneración compulsoria.
compulsory reserve reserva compulsoria.
compulsory retirement retiro forzado.
compulsory retirement age edad de retiro forzado.
compulsory sale venta compulsoria.
compulsory savings ahorros compulsorios.
compulsory tax impuesto compulsorio, contribución compulsoria.
compulsory winding-up liquidación obligatoria.
computation n cómputo, cálculo.
computation of costs cómputo de costos, cómputo de costes.
computation of expenditures cómputo de gastos.
computation of expenses cómputo de gastos.
computation of interest cómputo de intereses.
computation of payments cómputo de pagos.
computation of premium cómputo de prima.
computation of prices cómputo de precios.
computation of subsidy cómputo de subsidio, cómputo de subvención.
computation of taxes cómputo de impuestos, cómputo de contribuciones.
computation of value cómputo del valor.
computed adj computado, calculado.
computed cost costo calculado, coste calculado.
computed expenditures gastos calculados.
computed expenses gastos calculados.
computed interest rate tasa de interés calculada, tipo de interés calculado.
computed payment pago calculado.
computed premium prima calculada.
computed price precio calculado.
computed rate tasa calculada, tipo calculado.
computed risk riesgo calculado.
computed subsidy subsidio calculado, subvención calculada.
computed taxes impuestos calculados, contribuciones calculadas.
computed value valor calculado.
computer accounting contabilidad informatizada, contabilidad computarizada.
computer-aided adj asistido por computadora, asistido por ordenador.
computer-aided design diseño asistido por computadora, diseño asistido por ordenador.
computer-aided design/computer-aided manufacturing diseño asistido por computadora/manufactura asistida por computadora, diseño asistido por ordenador/manufactura asistida por ordenador.
computer-aided education educación asistida por computadora, educación asistida por ordenador.
computer-aided instruction instrucción asistida por computadora, instrucción asistida por ordenador.
computer-aided learning aprendizaje asistido por computadora, aprendizaje asistido por ordenador.
computer-aided manufacturing manufactura asistida por computadora, manufactura asistida por ordenador.
computer-aided teaching enseñanza asistida por

computadora, enseñanza asistida por ordenador.

computer-aided training entrenamiento asistido por computadora, entrenamiento asistido por ordenador.

computer-assisted *adj* asistido por computadora, asistido por ordenador.

computer-assisted design diseño asistido por computadora, diseño asistido por ordenador.

computer-assisted design/computer-aided manufacturing diseño asistido por computadora/manufactura asistida por computadora, diseño asistido por ordenador/manufactura asistida por ordenador.

computer-assisted education educación asistida por computadora, educación asistida por ordenador.

computer-assisted instruction instrucción asistida por computadora, instrucción asistida por ordenador.

computer-assisted learning aprendizaje asistido por computadora, aprendizaje asistido por ordenador.

computer-assisted manufacturing manufactura asistida por computadora, manufactura asistida por ordenador.

computer-assisted teaching enseñanza asistida por computadora, enseñanza asistida por ordenador.

computer-assisted training entrenamiento asistido por computadora, entrenamiento asistido por ordenador.

computer-based *adj* basado en computadoras, basado cn ordenadores, asistido por computadora, asistido por ordenador, informatizado, computarizado.

computer-based design diseño asistido por computadora, diseño asistido por ordenador.

computer-based education educación asistida por computadora, educación asistida por ordenador.

computer-based instruction instrucción asistida por computadora, instrucción asistida por ordenador.

computer-based learning aprendizaje asistido por computadora, aprendizaje asistido por ordenador.

computer-based manufacturing manufactura asistida por computadora, manufactura asistida por ordenador.

computer-based teaching enseñanza asistida por computadora, enseñanza asistida por ordenador.

computer-based training entrenamiento asistido por computadora, entrenamiento asistido por ordenador.

computer communications teleinformática.

computer conference conferencia por computadora, conferencia por ordenador.

computer conferencing conferencia por computadora, conferencia por ordenador.

computer-controlled *adj* controlado por computadora, controlado por ordenador.

computer-controlled manufacturing manufactura controlada por computadora, manufactura controlada por ordenador.

computer equipment equipo de computadora, equipo de ordenador.

computer file archivo de computadora, archivo de ordenador, fichero de ordenador.

computer fraud fraude informático.

computer hardware equipo de computadora, equipo de ordenador.

computer-integrated manufacturing manufactura integrada por computadora, manufactura integrada por ordenador.

computer network red de computadoras, red de ordenadores.

computer-operated *adj* operado por computadora, operado por ordenador.

computer presentation presentación por computadora, presentación por ordenador.

computer security seguridad de computadoras, seguridad de ordenadores.

computer services servicios de informática.

computer simulation simulación por computadora, simulación por ordenador.

computer software programas de computadora, programas de ordenador, programas, software.

computer telecommunications teleinformática.

computer terminal terminal de computadora, terminal de ordenador.

computerisation *n* informatización, computerización.

computerise *v* informatizar, computarizar.

computerised *adj* informatizado, computarizado.

computerised accounting contabilidad informatizada, contabilidad computarizada.

computerization *n* informatización, computerización.

computerize *v* informatizar, computarizar.

computerized *adj* informatizado, computarizado.

computerized accounting contabilidad informatizada, contabilidad computarizada.

computerized loan origination originación de préstamos computerizada.

computing *n* informática, computación.

computing center centro de cómputos, centro de cálculo.

computing centre centro de cómputos, centro de cálculo.

con artist estafador, timador, embaucador.

concatenation *n* concatenación.

concavity *n* concavidad.

conceal *v* ocultar, esconder.

concealed *adj* oculto, escondido.

concealed assets activo oculto.

concealed damage daño oculto.

concealed defects defectos ocultos.

concealed discount descuento oculto.

concealed facts hechos ocultos.

concealed inflation inflación oculta.

concealed subsidy subsidio oculto, subvención oculta.

concealment *n* ocultación, escondimiento.

concentrate *v* concentrar.

concentrated marketing marketing concentrado, mercadeo concentrado.

concentration *n* concentración.

concentration account cuenta de concentración.

concentration bank banco de concentración.

concentration banking banca de concentración.

concentration of capital concentración de capitales.

concentration of industry concentración de industrias.

concentration point punto de concentración.

concentration ratio ratio de concentración, razón de concentración.

concentric diversification diversificación concéntrica.

concept *n* concepto.

conceptual *adj* conceptual.

concern *n* asunto, negocio, interés, preocupación.

concern *v* concernir, importar, preocupar.
concerned *adj* interesado, preocupado.
concerning *prep* con respecto a, concerniente a.
concert *v* concertar.
concerted *adj* concertado.
concession *n* concesión.
concession agreement convenio de concesión.
concession rate tasa de concesión.
concessionaire *n* concesionario.
concessional *adj* concesionario.
concessional loan préstamo concesionario.
concessional terms términos concesionarios.
concessionary *adj* por concesión, del concesionario.
concessionary *n* concesionario.
concessionary loan préstamo concesionario.
concessionary terms términos concesionarios.
conciliate *v* conciliar.
conciliation *n* conciliación.
conciliation board junta de conciliación.
conciliation efforts esfuerzos de conciliación.
conciliation officer oficial de conciliación.
conciliation procedure procedimiento de conciliación.
conciliation process proceso de conciliación.
conciliator *n* conciliador.
conclusion *n* conclusión, término.
concord *n* concordia, arreglo.
concordat *n* concordato.
concur *v* estar de acuerdo, concurrir.
concurrence *n* concurrencia.
concurrency *n* concurrencia.
concurrent *adj* concurrente.
concurrent consideration contraprestación concurrente.
concurrent covenant convenio recíproco, garantías concurrentes.
concurrent estates condominio.
concurrent insurance cobertura concurrente, seguro conjunto.
concurrent interests intereses concurrentes.
concurrent lease arrendamiento, arrendamiento que comienza antes de terminar un arrendamiento previo.
concurrent liens gravámenes concurrentes.
concurrent obligation obligación concurrente.
concurrently *adv* concurrentemente.
condemn *v* condenar, declarar en ruina.
condemnation *n* condenación, expropiación.
condensed *adj* condensado.
condensed balance sheet balance condensado.
condensed financial statement estado financiero condensado.
condensed statement estado condensado.
condition *n* condición.
condition concurrent condición concurrente.
condition precedent condición previa.
condition subsequent condición subsiguiente.
conditional *adj* condicional.
conditional acceptance aceptación condicional.
conditional agreement convenio condicional.
conditional annuity anualidad condicional.
conditional binding receipt recibo obligante condicional.
conditional commitment compromiso condicional.
conditional contract contrato condicional.
conditional conveyance traspaso condicional.
conditional creditor acreedor condicional.
conditional delivery entrega condicional.
conditional endorsement endoso condicional.

conditional guarantee garantía condicional.
conditional guaranty garantía condicional.
conditional health insurance seguro de salud condicional.
conditional indorsement endoso condicional.
conditional insurance seguro condicional.
conditional obligation obligación condicional.
conditional offer oferta condicional.
conditional offer to purchase oferta de compra condicional.
conditional order orden condicional.
conditional payment pago condicional.
conditional permit permiso condicional.
conditional promise promesa condicional.
conditional purchase compra condicional.
conditional receipt recibo condicional.
conditional sale venta condicional.
conditional sales contract contrato de venta condicional.
conditional transfer transferencia condicional.
conditional-use permit permiso de uso condicional.
conditional value valor condicional.
conditionality *n* limitación.
conditionally *adv* condicionalmente.
conditioned *adj* condicionado.
conditions and qualifications condiciones y salvedades, condiciones y calificaciones.
conditions and terms of acceptance condiciones y términos de aceptación.
conditions and terms of delivery condiciones y términos de entrega.
conditions and terms of payment condiciones y términos de pago.
conditions and terms of purchase condiciones y términos de compra.
conditions and terms of sale condiciones y términos de venta.
conditions and terms of trade condiciones y términos de comercio.
conditions and terms of use condiciones y términos de uso.
conditions concurrent condiciones simultáneas.
conditions of acceptance condiciones de aceptación.
conditions of approval condiciones de aprobación.
conditions of delivery condiciones de entrega.
conditions of employment condiciones de empleo.
conditions of payment condiciones de pago.
conditions of purchase condiciones de compra.
conditions of sale condiciones de venta, normas para subastas.
conditions of trade condiciones de comercio.
conditions of use condiciones de uso.
condo *n* condominio.
condominium *n* condominio.
condominium association asociación de condominio.
condominium conversion conversión de condominio.
condominium declaration declaración de condominio.
condominium insurance seguro de condominio.
condominium owners' association asociación de dueños de condominio.
condone *v* perdonar, tolerar, consentir.
conduct *v* conducir, llevar.
conduct business llevar a cabo negocios.
conductor *n* conductor, arrendador.

conduit *n* conducto.
conduit financing financiación en la cual un gobierno o una agencia gubernamental le presta su nombre a una emisión de bonos.
confederation *n* confederación.
confer *v* conferir.
confer rights conferir derechos.
conferee *n* conferido, quien participa en una conferencia.
conference *n* conferencia.
conference board consejo de conferencias.
conference call llamada en conferencia.
conference center centro de conferencias.
conference centre centro de conferencias.
conference delegate delegado de la conferencia.
conference member miembro de la conferencia.
conference proceedings procedimientos de la conferencia.
conference program programa de la conferencia.
conference programme programa de la conferencia.
conference report informe de la conferencia, reporte de la conferencia.
conference table mesa de conferencias.
conference venue lugar de la conferencia.
confidence *n* confianza.
confidence artist estafador, timador, embaucador.
confidence game estafa, timo, embaucamiento.
confidence interval intervalo de confianza.
confidence level nivel de confianza.
confidence limits límites de confianza.
confidence man estafador, timador, embaucador.
confidence trick estafa, timo, embaucamiento.
confidence trickster estafador, timador, embaucador.
confidence woman estafadora, timadora, embaucadora.
confidential *adj* confidencial.
confidential file archivo confidencial.
confidential information información confidencial.
confidential relation relación de confianza, relación fiduciaria.
confidential statement declaración confidencial.
confidentiality *n* confidencialidad.
confidentiality agreement acuerdo de confidencialidad, convenio de confidencialidad.
confidentiality clause cláusula de confidencialidad.
confidentiality obligation obligación de confidencialidad.
confidentiality requirement requisito de confidencialidad.
confidentially *adv* confidencialmente.
confining condition condición confinante.
confining medical condition condición médica confinante.
confirm *v* confirmar.
confirm a reservation confirmar una reservación.
confirm an order confirmar una orden.
confirmation *n* confirmación.
confirmation letter carta de confirmación.
confirmation notice aviso de confirmación.
confirmation of analysis confirmación de análisis.
confirmation of authority confirmación de autoridad.
confirmation of balance confirmación de saldo, confirmación de balance.
confirmation of claim confirmación de reclamación.

confirmation of damage confirmación de daños.
confirmation of eligibility confirmación de elegibilidad.
confirmation of employment confirmación de empleo.
confirmation of health confirmación de salud.
confirmation of identity confirmación de identidad.
confirmation of incorporation confirmación de incorporación, acta constitutiva.
confirmation of insurance confirmación de seguro.
confirmation of manufacturer confirmación de manufacturero.
confirmation of order confirmación de orden.
confirmation of origin confirmación de origen.
confirmation of ownership confirmación de propiedad.
confirmation of participation confirmación de participación.
confirmation of purchase confirmación de compra.
confirmation of quality confirmación de calidad.
confirmation of sale confirmación de venta.
confirmation of signature confirmación de firma.
confirmation of title confirmación de título, título.
confirmation of use confirmación de uso.
confirmation of value confirmación de valor.
confirmation office oficina de confirmación.
confirmation request solicitud de confirmación.
confirmation slip hoja de confirmación.
confirmation stamp sello de confirmación.
confirmative *adj* confirmativo.
confirmatively *adv* confirmativamente.
confirmatory *adj* confirmatorio.
confirmed *adj* confirmado.
confirmed credit crédito confirmado.
confirmed letter of credit carta de crédito confirmada.
confirmee *n* beneficiario de una confirmación.
confirming *adj* confirmante.
confirming bank banco confirmante.
confirmor *n* quien confirma.
confiscable *adj* confiscable.
confiscate *v* confiscar.
confiscated *adj* confiscado.
confiscation *n* confiscación.
confiscator *n* confiscador.
confiscatory *adj* confiscatorio.
conflict *n* conflicto.
conflict of interest conflicto de intereses.
conflict of laws conflicto de leyes.
conflicting *adj* conflictivo, contradictorio.
conflicting interests intereses conflictivos.
conform *v* someterse, conformarse.
conformance *n* conformidad.
conformed *adj* conformado.
conformed copy copia conformada.
conforming loan préstamo conforme.
conforming mortgage hipoteca conforme.
conforming mortgage loan préstamo hipotecario conforme.
conformity *n* conformidad.
conformity assessment evaluación de la conformidad.
conformity assessment procedure procedimiento de evaluación de la conformidad.
conformity certificate certificado de conformidad.
conformity principle principio de la conformidad.
conformity with, in en conformidad con.

confrère *n* colega.
confusion *n* confusión.
confusion of boundaries confusión de lindes.
confusion of debts confusión de deudas.
confusion of goods confusión de bienes.
confusion of rights confusión de derechos, unión de las capacidades de acreedor y deudor.
confusion of titles confusión de títulos.
congestion *n* congestión.
congestion charge cargo por la utilización de vehículos privados en vías congestionadas de tránsito.
conglomerate *n* conglomerado.
conglomerate financial statement estado financiero de conglomerado.
conglomerate merger fusión de conglomerados, consolidación de empresas operando en mercados distintos.
conglomeration *n* conglomeración.
congress *n* congreso.
congruence *n* congruencia.
conjoint *adj* conjunto.
conjointly *adv* conjuntamente.
conjunctive obligation obligación conjunta.
connect *v* conectar, comunicar, vincular.
connected *adj* conectado, comunicado, vinculado.
connected lending préstamos vinculados.
connected loan préstamo vinculado.
connection *n* conexión.
connection time tiempo de conexión.
connectivity *n* conectividad.
connotation *n* connotación.
conscious parallel action acción paralela consciente.
consecutive payments pagos consecutivos, abonos consecutivos.
consensual *adj* consensual.
consensual contract contrato consensual.
consensus *n* consenso.
consent *n* consentimiento.
consent solicitation solicitud de consentimiento.
consequential damages daños consecuentes.
consequential loss pérdida consecuente.
consequently *adv* por consiguiente.
conservation *n* conservación.
conservation of energy conservación de la energía.
conservation of natural resources conservación de los recursos naturales.
conservation of resources conservación de los recursos.
conservation program programa de conservación.
conservation programme programa de conservación.
conservationist *n* conservacionista.
conservatism *n* conservadurismo, conservatismo.
conservative *adj* conservador, cauteloso.
conservative estimate estimado conservador.
conservative portfolio cartera de valores conservadora.
conserve *v* conservar.
conserve energy conservar energía.
conserve natural resources conservar recursos naturales.
conserve resources conservar recursos.
consideration *n* consideración, contraprestación, causa.
consideration in money contraprestación pecuniaria, contraprestación monetaria.
consign *v* consignar.

consignatary *n* consignatario, depositario.
consignation *n* consignación.
consigned *adj* consignado.
consignee *n* consignatario, destinatario.
consigner *n* consignador, remitente.
consignment *n* consignación.
consignment account cuenta de consignación.
consignment contract contrato de consignación.
consignment insurance seguro para artículos en consignación.
consignment invoice factura de consignación.
consignment note hoja de embarque, carta de porte.
consignment, on en consignación.
consignment sale venta en consignación.
consignment terms términos de consignación.
consignor *n* consignador, remitente.
consistency *n* consistencia.
consistency concept concepto de la consistencia.
consistent *adj* consistente.
consistently *adv* consistentemente, consecuentemente, sistemáticamente.
consolidate *v* consolidar.
consolidated *adj* consolidado.
consolidated accounts cuentas consolidadas.
consolidated balance sheet balance consolidado.
consolidated bonds bonos consolidados.
consolidated cash flow statement estado de flujos de caja consolidado.
consolidated debt deuda consolidada.
consolidated financial statement estado financiero consolidado.
consolidated fund fondo consolidado.
consolidated items artículos consolidados.
consolidated loans préstamos consolidados.
consolidated mortgage bond bono de hipotecas consolidadas.
consolidated mortgages hipotecas consolidadas.
consolidated net profit beneficio neto consolidado, ganancia neta consolidada.
consolidated profit beneficio consolidado, ganancia consolidada.
consolidated report informe consolidado, reporte consolidado.
consolidated statement estado consolidado.
consolidated stock bonos gubernamentales sin fecha de redención.
consolidated tape cinta consolidada, servicio de cotización de valores consolidado.
consolidated tax return planilla consolidada.
consolidated taxable items artículos imponibles consolidados.
consolidation *n* consolidación.
consolidation loan préstamo de consolidación.
consolidation of balances consolidación de balances.
consolidation of companies consolidación de compañías.
consolidation of corporations consolidación de corporaciones.
consolidation of debts consolidación de deudas.
consolidation period período de consolidación.
consolidation process proceso de consolidación.
consolidator *n* consolidador.
consols (consolidated stock) bonos gubernamentales sin fecha de redención.
consortium *n* consorcio.
conspicuous *adj* conspicuo.
conspicuous clause cláusula conspicua.
conspicuous consumption consumo conspicuo,

consumo ostentoso.
conspiracy *n* conspiración.
constant *adj* constante.
constant amortisation amortización constante.
constant amortization amortización constante.
constant amount cantidad constante.
constant annual interest interés anual constante.
constant annual interest rate tasa de interés anual constante.
constant annual percentage porcentaje anual constante.
constant annual percentage rate tasa de porcentaje anual constante.
constant annual rate tasa anual constante.
constant capital capital constante.
constant charge cargo constante.
constant-cost industry industria de costos constantes, industria de costes constantes.
constant costs costos constantes, costes constantes.
constant currencies divisas constantes.
constant depreciation amortización constante, depreciación constante.
constant-dollar plan plan de dólares constantes.
constant dollars dólares constantes.
constant exchange rate tipo de cambio constante.
constant expenditures gastos constantes.
constant expenses gastos constantes.
constant fee cargo constante
constant income ingreso constante.
constant interest interés constante.
constant interest rate tasa de interés constante.
constant maturity vencimiento constante.
constant money dinero constante.
constant payment pago constante.
constant-payment loan préstamo de pagos constantes.
constant-payment mortgage hipoteca de pagos constantes.
constant premium prima constante.
constant price precio constante.
constant production producción constante.
constant rate tasa constante.
constant-rate loan préstamo de tasa constante.
constant-rate mortgage hipoteca de tasa constante.
constant-ratio plan plan de ratio constante, plan de razón constante.
constant return rendimiento constante.
constant revenue ingresos constantes.
constant yield rendimiento constante.
constituent company compañía componente.
constitution *n* constitución.
constrain *v* constreñir, limitar, restringir.
constrained *adj* constreñido, limitado, restringido.
constraining factor factor limitante.
constraint *n* constreñimiento, limitación, restricción.
construct *v* construir, edificar.
constructed price precio construido.
constructed value valor construido, valor reconstruido.
construction *n* construcción, edificación.
construction activity actividad de construcción.
construction bond caución de construcción.
construction business negocio de construcción.
construction code código de construcción, código de edificación, reglamento de construcción, reglamento de edificación, ordenanzas de construcción, ley de edificación.

construction contract contrato de construcción.
construction contractor contratista de construcción.
construction costs costos de construcción, costes de construcción.
construction firm empresa de construcción.
construction funds fondos de construcción.
construction industry industria de la construcción.
construction insurance seguro de construcción.
construction lease arrendamiento para construcción.
construction line línea de edificación.
construction loan préstamo de construcción.
construction loan agreement convenio de préstamo para construcción.
construction lot solar.
construction materials materiales de construcción.
construction mortgage hipoteca de construcción.
construction permit permiso de construcción, licencia de construcción.
construction project proyecto de construcción.
construction restrictions restricciones de construcción.
construction work trabajo de construcción.
constructive *adj* constructivo, implícito.
constructive breach of contract incumplimiento implícito de contrato.
constructive contract contrato implícito.
constructive delivery entrega simbólica.
constructive dismissal despido constructivo.
constructive dividend dividendo implícito.
constructive eviction desalojo implícito, desahucio implícito.
constructive fraud fraude implícito.
constructive loss pérdida implícita.
constructive notice notificación implícita.
constructive possession posesión implícita.
constructive receipt percepción implícita de ingresos, percepción de ingresos para efectos contributivos.
constructive receipt of income percepción implícita de ingresos, percepción de ingresos para efectos contributivos.
constructive receipt rule regla sobre la percepción de ingresos para efectos contributivos.
constructive total loss pérdida total implícita.
constructive trust fideicomiso implícito.
constructive trustee fideicomisario constructivo.
consular charges cargos consulares.
consular fees tasas consulares, honorarios consulares.
consular invoice factura consular.
consulate *n* consulado.
consult *v* consultar.
consultancy *n* consultaría.
consultant *n* consultor.
consultation *n* consultación, consulta.
consultation agreement convenio para consultas.
consultative *adj* consultivo, consultativo, consultor.
consultative board junta consultiva.
consultative body cuerpo consultivo.
consultative business negocio consultivo.
consultative capacity capacidad consultiva.
consultative committee comité consultivo.
consultative company compañía consultiva.
consultative corporation corporación consultiva.
consultative firm firma consultiva.
consulting *adj* consultivo, consultor.
consulting board junta consultora.

consulting body cuerpo consultor.
consulting business negocio consultor.
consulting capacity capacidad consultiva.
consulting committee comité consultivo.
consulting company compañía consultora.
consulting corporation corporación consultora.
consulting firm firma consultora.
consumable *adj* consumible.
consumable goods bienes consumibles.
consume *v* consumir.
consumer *n* consumidor.
consumer acceptance aceptación por el consumidor.
consumer ads anuncios dirigidos a consumidores.
consumer advertisements anuncios dirigidos a consumidores.
consumer advertising publicidad dirigida a consumidores.
consumer analysis análisis de los consumidores.
consumer association asociación de consumidores.
consumer awareness conciencia del consumidor.
consumer banking banca para el consumidor.
consumer base base de consumidores.
consumer behavior conducta del consumidor.
consumer behavior research investigación sobre la conducta del consumidor.
consumer behaviour conducta del consumidor.
consumer behaviour research investigación sobre la conducta del consumidor.
consumer benefits beneficios para el consumidor.
consumer borrowing préstamos de consumidores.
consumer brand marca de consumo.
consumer buying power poder adquisitivo del consumidor.
consumer choice elección del consumidor.
consumer confidence index índice de confianza de los consumidores.
consumer credit crédito al consumo, crédito del consumidor.
consumer credit code código para proteger el crédito del consumidor.
consumer credit protection protección del crédito del consumidor.
consumer credit protection laws leyes sobre la protección del crédito del consumidor.
consumer debt deuda del consumidor.
consumer demand demanda de los consumidores.
consumer dissatisfaction insatisfacción del consumidor.
consumer durable goods bienes de consumo duraderos.
consumer durables bienes de consumo duraderos.
consumer economics economía del consumo.
consumer education educación del consumidor.
consumer electronics electrónica de consumo.
consumer expectations expectativas del consumidor.
consumer expenditure gastos de consumo, gastos del consumidor.
consumer finance financiamiento del consumo, financiación del consumo.
consumer finance company compañía financiera para los consumidores.
consumer frustration frustración del consumidor.
consumer goods bienes de consumo.
consumer group grupo de consumidores.
consumer habits hábitos de consumo, hábitos del consumidor.
consumer ignorance ignorancia del consumidor.

consumer information información para los consumidores, información sobre el consumidor.
consumer interest intereses de consumidores, intereses del consumo.
consumer lease arrendamiento de consumo.
consumer lending crédito al consumo, préstamos al consumo.
consumer loan préstamo de consumo, préstamo al consumidor.
consumer loyalty lealtad del consumidor.
consumer magazine revista del consumidor, boletín del consumidor.
consumer market mercado de los consumidores.
consumer marketing marketing dirigido a consumidores, mercadeo dirigido a consumidores.
consumer needs necesidades de consumidores, necesidades del consumidor.
consumer non-durable goods bienes de consumo no duraderos.
consumer non-durables bienes de consumo no duraderos.
consumer organisation organización de consumidores.
consumer organization organización de consumidores.
consumer-oriented *adj* orientado al consumidor.
consumer package envase del consumidor.
consumer panel panel de consumidores.
consumer preference preferencia del consumidor.
consumer pressure presión al consumidor, presión del consumidor.
consumer price precio al consumidor.
consumer price index índice de precios al consumidor, índice de precios al consumo.
consumer price inflation inflación de precios al consumidor.
consumer product producto de consumo.
consumer profile perfil del consumidor.
consumer protection protección del consumidor.
consumer protection laws leyes para la protección del consumidor.
consumer research investigación del consumidor.
consumer resistance resistencia del consumidor.
consumer response respuesta del consumidor.
consumer rights derechos del consumidor.
consumer risk riesgo del consumidor.
consumer satisfaction satisfacción del consumidor.
consumer saving ahorro del consumidor.
consumer services servicios al consumidor.
consumer society sociedad de consumo.
consumer sovereignty soberanía del consumidor.
consumer spending gastos de consumo, gastos del consumidor.
consumer staples productos de consumo de primera necesidad, productos esenciales de consumo.
consumer study estudio de consumidores, estudio del consumidor.
consumer surplus excedente del consumidor, superávit del consumidor.
consumer survey encuesta de consumidores, encuesta del consumidor.
consumer tastes gustos del consumidor.
consumer test prueba para consumidores, prueba de consumidores, prueba del consumidor.
consumer-to-business *adj* consumidor a empresa, consumidor a negocio.
consumer-to-consumer *adj* consumidor a consumidor.

consumer trends tendencias de consumo.
consumer's cooperative cooperativa de consumidores.
consumerism *n* consumismo.
consumerist *adj* consumista.
consumerist *n* consumista.
consumeristic *adj* consumista.
consummate *adj* consumado, completo.
consummation *n* consumación.
consumption *n* consumo.
consumption account cuenta de consumo.
consumption control control del consumo.
consumption economy economía de consumo.
consumption expenditures gastos de consumo.
consumption expenses gastos de consumo.
consumption flow flujo de consumo.
consumption function función del consumo.
consumption goods bienes de consumo.
consumption loan préstamo de consumo.
consumption pattern patrón de consumo.
consumption product producto de consumo.
consumption tax impuesto al consumo.
contact *n* contacto.
contact center centro de contacto.
contact centre centro de contacto.
contact point punto de contacto.
contact report informe sobre una interacción dada.
contain *v* contener, incluir.
containerisation *n* contenedorización.
containerise *v* contenedorizar.
containerization *n* contenedorización.
containerize *v* contenedorizar.
containment *n* contención.
contaminant *n* contaminante.
contaminate *v* contaminar.
contaminated *adj* contaminado.
contaminating *adj* contaminante.
contamination *n* contaminación.
contamination control control de la contaminación.
contamination damage daños por contaminación.
contamination effects efectos de la contaminación.
contamination monitoring monitoreo de la contaminación.
contamination of air contaminación del aire.
contamination of water contaminación del agua.
contamination reduction reducción de la contaminación.
contango *n* contango, prima por aplazamiento.
contemplation *n* contemplación.
contemplation of bankruptcy contemplación de quiebra.
contemplation of insolvency contemplación de insolvencia.
contemporaneous reserves reservas contemporáneas.
contemporaneous reserves accounting contabilidad de reservas contemporáneas.
content provider proveedor de contenido.
contents *n* contenido, capacidad.
contents unknown contenido desconocido.
contest *n* concurso.
contest *v* impugnar, disputar.
contestable clause cláusula disputable.
contestable market mercado competitivo sin restricciones de entrada o salida.
context *n* contexto.
contiguity *n* contigüidad.
contiguous *adj* contiguo.

contiguousness *n* contigüidad.
contingency *n* contingencia.
contingency account cuenta de contingencia.
contingency clause cláusula de contingencias.
contingency fees honorarios contingentes.
contingency financing financiamiento de contingencia, financiación de contingencia.
contingency fund fondo de contingencia.
contingency insurance seguro de contingencias.
contingency management manejo de contingencias.
contingency plan plan para contingencias.
contingency planning planificación para contingencias.
contingency reserve reserva de contingencia.
contingency surplus superávit de contingencia.
contingent *adj* contingente.
contingent annuitant rentista contingente, pensionado contingente.
contingent annuity anualidad contingente.
contingent assets activo contingente.
contingent beneficiary beneficiario contingente.
contingent business interruption interrupción de negocios contingente.
contingent business interruption insurance seguro contra interrupción de negocios contingente.
contingent claim reclamación contingente.
contingent commitment compromiso contingente.
contingent credit line línea de crédito contingente.
contingent debt deuda contingente.
contingent expenditures gastos contingentes.
contingent expenses gastos contingentes.
contingent fees honorarios contingentes.
contingent fund fondo de contingencia.
contingent interest interés contingente.
contingent liability pasivo contingente, responsabilidad contingente.
contingent liability insurance seguro de responsabilidad contingente.
contingent limitation limitación contingente.
contingent obligation obligación contingente.
contingent offer oferta contingente.
contingent order orden contingente.
contingent rental alquiler contingente.
contingent reserve reserva contingente.
contingent trust fideicomiso condicional.
contingent trustee fiduciario condicional.
continuance *n* aplazamiento, continuación.
continuation *n* continuación.
continuation clause cláusula de continuación.
continuation of benefits continuación de beneficios.
continuation statement estado de continuación.
continue *v* continuar.
continuing *adj* continuo.
continuing account cuenta continua.
continuing assessment evaluación continua.
continuing breach of contract incumplimiento reiterado de contrato.
continuing consideration contraprestación continua.
continuing cost costo continuo, coste continuo.
continuing covenant contrato continuo.
continuing education educación continua.
continuing guarantee garantía continua.
continuing guaranty garantía continua.
continuing investment inversión continua.
continuing professional education educación profesional continua.
continuing warranty garantía continua.

continuity *n* continuidad.
continuity in advertising continuidad en la publicidad.
continuity of life continuidad de la existencia corporativa.
continuous *adj* continuo.
continuous assessment evaluación continua.
continuous audit auditoría continua.
continuous budget presupuesto continuo.
continuous budgeting presupuestación continua.
continuous compounding interés compuesto que se calcula de forma continua.
continuous easement servidumbre continua.
continuous employment empleo continuo.
continuous improvement mejoramiento continuo, mejora continua.
continuous inflation inflación continua.
continuous inventory inventario continuo.
continuous market mercado continuo.
continuous policy póliza continua.
continuous process proceso continuo.
continuous production producción continua.
continuous shift turno continuo, jornada continua.
continuous trading transacciones continuas.
continuous work shift turno continuo, jornada continua.
contra account cuenta que contrapesa otra, contrapartida.
contra broker corredor de la otra parte.
contra entry partida que contrapesa otra, contrapartida, asiento que contrapesa otro.
contraband *n* contrabando.
contract *n* contrato, convenio, contrata.
contract *v* contratar, convenir, contraer.
contract a debt contraer una deuda.
contract a loan contraer un préstamo.
contract account cuenta por contrato.
contract agreement acuerdo por contrato, acuerdo del contrato.
contract, as per de acuerdo al contrato.
contract authorisation autorización de contrato.
contract authorization autorización de contrato.
contract award otorgamiento de contrato.
contract awarding otorgamiento de contrato.
contract bargaining negociación del contrato.
contract bond garantía para el cumplimiento de contrato, fianza de contratista.
contract broker agente de contratación.
contract by mutual agreement contrato por acuerdo mutuo.
contract carrier portador por contrato.
contract expiration expiración de contrato.
contract expiration date fecha de expiración de contrato.
contract for sale contrato de venta.
contract for sale of goods contrato para la venta de mercancías.
contract for sale of land contrato para la compraventa de tierras.
contract for services contrato de servicios.
contract hire contrato de arrendamiento de vehículo en que se otorga pertenencia tras el último pago.
contract holder tenedor de contrato, portador de contrato.
contract interest rate tasa de interés de contrato.
contract labor mano de obra contratada, trabajo contratado.
contract labour mano de obra contratada, trabajo contratado.

contract manager gerente de contratos, administrador de contratos.
contract market mercado de futuros, mercado de contratos.
contract month mes del contrato.
contract negotiation negociación del contrato.
contract note informe escrito de transacción de valores, evidencia de transacción de valores, nota de contrato.
contract of adhesion contrato de adhesión.
contract of affreightment contrato de fletamento, póliza de fletamento.
contract of carriage contrato de transporte.
contract of employment contrato de empleo, contrato de trabajo.
contract of guarantee contrato de garantía.
contract of guaranty contrato de garantía.
contract of hire contrato de trabajo, contrato de locación.
contract of indemnity contrato de indemnidad.
contract of insurance contrato de seguro.
contract of record contrato de registro público.
contract of sale contrato de venta.
contract officer funcionario de contratos
contract out subcontratar, contratar.
contract payment pago por contrato, pago de contrato, pago contractual.
contract price precio de contrato, precio contractual.
contract purchasing compras por contrato.
contract rate tasa de contrato.
contract rent renta de contrato.
contract rights derechos de contrato.
contract size tamaño de contrato.
contract to buy contrato para comprar, contrato de compra.
contract to sell contrato para vender, contrato de venta.
contract under seal contrato sellado.
contract unit unidad de contrato.
contract value valor del contrato.
contract work trabajo contratado.
contracted *adj* contratado.
contracted agreement acuerdo contratado.
contracted benefits beneficios contratados.
contracted budget presupuesto contratado.
contracted capital capital contratado.
contracted charge cargo contratado.
contracted commission comisión contratada.
contracted conditions condiciones contratadas.
contracted cost costo contratado, coste contratado.
contracted expenditures gastos contratados.
contracted expenses gastos contratados.
contracted fee cargo contratado.
contracted interest rate tasa de interés contratada.
contracted liability responsabilidad contratada.
contracted obligation obligación contratada.
contracted pay paga contratada.
contracted payment pago contratado.
contracted period período contratado.
contracted premium prima contratada.
contracted price precio contratado.
contracted rate tasa contratada.
contracted remuneration remuneración contratada.
contracted rent renta contratada.
contracted return rendimiento contratado.
contracted salary salario contratado.
contracted selling price precio de venta contratado.

contracted terms términos contratados.
contracted wage salario contratado.
contracting *adj* contratante.
contracting out subcontratación.
contracting party parte contratante.
contracting process proceso de contratación.
contraction *n* contracción.
contractionary policy política de contracción, política contraccionista.
contractor *n* contratista.
contractor services servicios de contratista.
contractor's liability insurance seguro de responsabilidad del contratista.
contractual *adj* contractual.
contractual agreement acuerdo contractual.
contractual benefits beneficios contractuales.
contractual charge cargo contractual.
contractual clauses cláusulas contractuales.
contractual conditions condiciones contractuales.
contractual costs costos contractuales, costes contractuales.
contractual expenditures gastos contractuales.
contractual expenses gastos contractuales.
contractual fee cargo contractual.
contractual liability responsabilidad contractual.
contractual maturity vencimiento contractual.
contractual obligation obligación contractual.
contractual pay paga contractual.
contractual payment pago contractual.
contractual period período contractual.
contractual plan plan contractual.
contractual price precio contractual.
contractual provision provisión contractual.
contractual remuneration remuneración contractual.
contractual salary salario contractual.
contractual term plazo contractual.
contractual wage salario contractual.
contrarian *adj* en contra de la corriente.
contrarian *n* quien invierte en contra de la corriente.
contrarian investing inversión en contra de la corriente.
contrary to the provisions contrario a las provisiones.
contribute *v* contribuir.
contributed *adj* contribuido.
contributed capital capital contribuido.
contributed surplus superávit contribuido.
contribution *n* contribución.
contribution clause cláusula de contribución.
contribution for improvements contribución para mejoras.
contribution holiday intervalo durante el cual un patrono no aporta al fondo de pensiones de empleados, intervalo durante el cual un empleado no aporta al fondo de pensiones.
contribution margin margen de contribución.
contribution margin method método de margen de contribución.
contribution margin ratio ratio de margen de contribución, razón de margen de contribución.
contribution of capital contribución de capital.
contribution plan plan de contribuciones.
contribution to capital contribución al capital.
contributions due contribuciones vencidas, contribuciones en mora.
contributions receivable contribuciones por recibir.
contributive pension pensión contributiva.

contributor *n* contribuyente.
contributory *adj* contribuyente.
contributory infringement invasión a patente por actos contribuyentes.
contributory negligence negligencia contribuyente.
contributory pension plan plan de pensión contribuyente.
contributory pension scheme plan de pensión contribuyente.
contributory retirement system sistema de retiro contribuyente.
contributory value valor contribuyente.
control *n* control.
control *v* controlar.
control account cuenta de control.
control card tarjeta de control.
control code código de control.
control commerce controlar el comercio.
control costs controlar costos, controlar costes.
control demand controlar la demanda.
control exchange rates controlar los tipos de cambio.
control expenditures controlar los gastos.
control expenses controlar los gastos.
control funds controlar los fondos.
control group grupo de control.
control growth controlar el crecimiento.
control inflation controlar la inflación.
control inventory controlar el inventario.
control limits límites de control.
control period período de control.
control person persona de control.
control prices controlar los precios.
control rates controlar las tasas.
control salaries controlar los salarios.
control shares acciones de control, controlar acciones.
control stock acciones de control, controlar acciones.
control the economy controlar la economía.
control trade controlar el comercio.
control wages controlar los salarios.
controllable *adj* controlable.
controllable costs costos controlables, costes controlables.
controllable expenditures gastos controlables.
controllable expenses gastos controlables.
controlled *adj* controlado, dominado.
controlled account cuenta controlada.
controlled commodities mercancías controladas, productos controlados.
controlled company compañía controlada.
controlled corporation corporación controlada.
controlled costs costos controlados, costes controlados.
controlled demand demanda controlada.
controlled disbursement desembolso controlado.
controlled economy economía controlada.
controlled exchange rates tipos de cambio controlados.
controlled expenditures gastos controlados.
controlled expenses gastos controlados.
controlled foreign corporation corporación extranjera controlada.
controlled funds fondos controlados.
controlled group grupo controlado.
controlled growth crecimiento controlado.
controlled inflation inflación controlada.
controlled limits límites controlados.

controlled market mercado controlado.
controlled prices precios controlados.
controlled rates tasas controladas.
controlled salaries salarios controlados.
controlled shares acciones controladas.
controlled stock acciones controladas.
controlled trade comercio controlado.
controlled wages salarios controlados.
controller *n* contralor, contador principal, director financiero, interventor.
controllership *n* contraloría.
controlling *adj* gobernante, que controla.
controlling account cuenta que controla.
controlling company compañía que controla.
controlling interest interés mayoritario.
controlling shareholder accionista mayoritario.
controlling stockholder accionista mayoritario.
convene *v* convocar.
convener *n* convocador, convocante, presidente, representante sindical.
convenience *n* conveniencia.
convenience fee cargo por la conveniencia de pagar algo o retirar efectivo por medios electrónicos, cargo por conveniencia.
convenience food comida preparada.
convenience goods artículos de conveniencia.
convenience store tienda de conveniencia.
convenience yield rendimiento de conveniencia.
convenor *n* convocador, convocante, presidente, representante sindical.
convention *n* convención.
convention expenses gastos incurridos por asistir a una convención.
conventional *adj* convencional, contractual, de poca imaginación.
conventional duty tarifa convencional.
conventional energy energía convencional.
conventional fixed-rate mortgage hipoteca de tasa fija convencional.
conventional interest interés convencional.
conventional lien gravamen convencional.
conventional loan préstamo convencional.
conventional market mercado convencional.
conventional mortgage hipoteca convencional.
conventional option opción convencional.
conventional rates tasas convencionales.
conventional tariff tarifa convencional.
conventional terms términos convencionales.
converge *v* converger, convergir.
convergence *n* convergencia.
convergence criteria criterios de convergencia.
convergent marketing marketing convergente, mercadeo convergente.
conversation *n* conversación, plática.
conversion *n* conversión, apropiación ilícita.
conversion at par conversión a la par.
conversion charge cargo de conversión.
conversion cost costo de conversión, coste de conversión.
conversion date fecha de conversión.
conversion factor factor de conversión.
conversion fee cargo de conversión.
conversion loan préstamo de conversión.
conversion of policy conversión de póliza.
conversion option opción de conversión.
conversion parity paridad de conversión.
conversion point punto de conversión.
conversion premium prima de conversión.
conversion price precio de conversión.
conversion privilege privilegio de conversión.

conversion rate tasa de conversión.
conversion ratio ratio de conversión, razón de conversión.
conversion value valor de conversión.
convert *v* convertir.
convertibility *n* convertibilidad.
convertible *adj* convertible.
convertible adjustable-rate mortgage hipoteca de tasa ajustable convertible.
convertible arbitrage arbitraje de valores convertibles.
convertible assets activo convertible.
convertible bond bono convertible.
convertible currency moneda convertible.
convertible debenture obligación convertible.
convertible debt deuda convertible.
convertible insurance seguro convertible.
convertible life seguro de vida convertible.
convertible life insurance seguro de vida convertible.
convertible loan préstamo convertible.
convertible mortgage hipoteca convertible.
convertible note nota convertible.
convertible preferred shares acciones preferidas convertibles.
convertible preferred stock acciones preferidas convertibles.
convertible securities valores convertibles.
convertible shares acciones convertibles.
convertible stock acciones convertibles.
convertible term insurance seguro de término convertible.
convertible term life seguro de término convertible.
convertible term life insurance seguro de término convertible.
convertibles *n* valores convertibles.
convexity *n* convexidad.
convey *v* traspasar, transferir, ceder, transportar.
convey ownership traspasar propiedad.
convey property traspasar propiedad.
conveyable *adj* traspasable, transferible, cedible.
conveyance *n* traspaso, cesión, escritura de traspaso, transporte.
conveyance of ownership traspaso de propiedad.
conveyance of title traspaso de título.
conveyancing *n* hacer las varias funciones de traspasar propiedad, traspaso de propiedad.
conviction *n* convicción, condena.
COO (chief operating officer) director general, jefe de operaciones, funcionario de operaciones principal.
COO (chief operations officer) director de operaciones, jefe de operaciones.
coobligor *n* codeudor.
cook the books falsificar registros financieros, falsificar declaraciones financieras.
cooling-off period intervalo entre registrar el folleto informativo de una emisión de acciones y el ofrecer dichas acciones al público, período de enfriamiento.
cooperate *v* cooperar.
cooperating *adj* cooperador, cooperativo.
cooperating broker corredor cooperador.
cooperation *n* cooperación.
cooperation agreement pacto de cooperación, convenio de cooperación, acuerdo de cooperación.
cooperation contract contrato de cooperación.
cooperative *adj* cooperativo, cooperador.
cooperative *n* cooperativa.

cooperative advertising publicidad cooperativa.
cooperative apartment apartamento cooperativo.
cooperative arrangement arreglo cooperativo.
cooperative association asociación cooperativa.
cooperative attitude actitud cooperativa.
cooperative bank banco cooperativo.
cooperative banking banca cooperativa.
cooperative building edificio cooperativo.
cooperative equilibrium equilibrio cooperativo.
cooperative exporters exportadores cooperativos.
cooperative importers importadores cooperativos.
cooperative insurance seguro cooperativo.
cooperative insurer asegurador cooperativo.
cooperative marketing marketing cooperativo, mercadeo cooperativo.
coopetition n cooperación entre competidores.
coordinate v coordinar.
coordinate efforts coordinar esfuerzos.
coordination n coordinación.
coordination of benefits coordinación de beneficios.
coordination officer oficial de coordinación.
coordinator n coordinador.
coowner n copropietario.
coownership n copropiedad.
copartner n consocio.
copartnership n sociedad.
copayment n pago conjunto.
copper-bottomed adj completamente seguro.
copy n copia, ejemplar.
copyright n derecho de autor, propiedad literaria.
copyright and related rights derechos de autor y derechos conexos.
copyright notice aviso de derechos de autor.
copyright piracy piratería lesiva del derecho de autor.
copyright protection protección de los derechos de autor.
copyright reserved todos los derechos reservados.
core n núcleo, alma.
core administration administración nuclear.
core audience audiencia principal.
core business negocio principal.
core capital capital principal.
core deposits depósitos nucleares.
core earnings ingresos provenientes del negocio principal de una entidad.
core financing financiación básica, financiamiento básico.
core funding financiación básica, financiamiento básico.
core holdings valores que permanecen en la cartera a largo plazo.
core inflation inflación básica.
core inflation rate tasa de inflación básica.
core labor standards normas fundamentales del trabajo.
core labour standards normas fundamentales del trabajo.
core management administración nuclear, gestión nuclear.
core product producto principal.
core workers trabajadores indispensables.
corner v acaparar.
corner the market acaparar el mercado.
cornered market mercado acaparado.
cornering n acaparamiento.
corp. (corporation) corporación, persona jurídica, sociedad anónima.
corporate adj corporativo, social.

corporate account cuenta corporativa.
corporate accountability responsabilidad corporativa.
corporate accountant contable corporativo, contador corporativo.
corporate accounting contabilidad corporativa.
corporate acquisition adquisición corporativa.
corporate action acción corporativa.
corporate activity actividad corporativa.
corporate address domicilio corporativo.
corporate administration administración corporativa.
corporate administrator administrador corporativo.
corporate advertising publicidad corporativa.
corporate adviser asesor corporativo.
corporate advisor asesor corporativo.
corporate affairs asuntos corporativos.
corporate affiliate afiliado corporativo.
corporate agency agencia corporativa.
corporate agent agente corporativo.
corporate alternative minimum tax contribución alternativa mínima corporativa.
corporate assets activo corporativo.
corporate association asociación corporativa.
corporate backer patrocinador corporativo.
corporate backing patrocinio corporativo.
corporate banking banca corporativa.
corporate bankruptcy quiebra corporativa.
corporate benefits beneficios corporativos.
corporate body ente corporativo, persona jurídica, corporación.
corporate bond bono corporativo.
corporate bond equivalent yield rendimiento equivalente de bono corporativo.
corporate bond interest intereses de bono corporativo.
corporate bond interest rate tasa de interés de bono corporativo.
corporate bond rate tasa de bono corporativo.
corporate bond yield rendimiento de bono corporativo.
corporate bookkeeping contabilidad corporativa.
corporate books libros corporativos.
corporate borrowing préstamos corporativos.
corporate brand marca corporativa.
corporate campaign campaña corporativa.
corporate capital capital corporativo.
corporate car carro corporativo.
corporate card tarjeta corporativa.
corporate chain cadena corporativa.
corporate characteristics características corporativas.
corporate charter carta constitutiva.
corporate check cheque corporativo.
corporate cheque cheque corporativo.
corporate citizenship ciudadanía corporativa.
corporate client cliente corporativo.
corporate conditions condiciones corporativas.
corporate conference conferencia corporativa.
corporate consultant consultor corporativo.
corporate consumer consumidor corporativo.
corporate contract contrato corporativo.
corporate correspondence correspondencia corporativa.
corporate credit crédito corporativo.
corporate credit card tarjeta de crédito corporativa.
corporate crime crimen corporativo.
corporate culture cultura corporativa.

corporate customer cliente corporativo.
corporate data datos corporativos.
corporate database base de datos corporativa.
corporate debit card tarjeta de débito corporativa.
corporate debt deuda corporativa.
corporate decision decisión corporativa.
corporate department departamento corporativo.
corporate deposit depósito corporativo.
corporate director director corporativo.
corporate discount descuento corporativo.
corporate document documento corporativo.
corporate domicile domicilio corporativo.
corporate earnings ingresos corporativos.
corporate email email corporativo, correo electrónico corporativo.
corporate enterprise empresa corporativa.
corporate entity entidad corporativa.
corporate environment ambiente corporativo.
corporate equipment equipo corporativo.
corporate equivalent yield rendimiento equivalente de bono corporativo.
corporate establishment establecimiento corporativo, negocio.
corporate ethics ética corporativa.
corporate etiquette etiqueta corporativa.
corporate executive ejecutivo corporativo.
corporate expenditures gastos corporativos.
corporate expenses gastos corporativos.
corporate finance finanzas corporativas.
corporate financing financiación corporativa.
corporate forecast pronóstico corporativo.
corporate franchise carta orgánica.
corporate fraud fraude corporativo.
corporate gifts regalos corporativos.
corporate goal meta corporativa.
corporate governance gestiones de la junta directiva, responsabilidades de la junta directiva en relación a sus accionistas.
corporate group grupo corporativo.
corporate health insurance seguro de salud corporativo.
corporate identity identidad corporativa.
corporate image imagen corporativa.
corporate income ingresos corporativos, rentas corporativas.
corporate income fund fondo de ingresos corporativos.
corporate income tax impuestos sobre ingresos corporativos.
corporate insider persona informada corporativa.
corporate insurance seguro corporativo.
corporate interest interés corporativo.
corporate inversion inversión corporativa.
corporate investment inversión corporativa.
corporate investor inversionista corporativo.
corporate issue emisión corporativa, asunto corporativo.
corporate joint venture empresa conjunta corporativa.
corporate law derecho corporativo.
corporate lease arrendamiento corporativo.
corporate lending préstamos corporativos.
corporate liability responsabilidad corporativa
corporate liability insurance seguro de responsabilidad corporativo.
corporate licence licencia corporativa
corporate license licencia corporativa
corporate literature literatura corporativa
corporate loan préstamo corporativo.
corporate logo logotipo corporativo, logo corporativo.
corporate losses pérdidas corporativas.
corporate magazine revista corporativa, boletín corporativo.
corporate mail correo corporativo, email corporativo, correo electrónico corporativo.
corporate management administración corporativa, gestión corporativa, gerencia corporativa.
corporate manager gerente corporativo, administrador corporativo.
corporate marketing marketing corporativo, mercadeo corporativo.
corporate meeting reunión corporativa.
corporate member miembro corporativo.
corporate merger fusión corporativa.
corporate model modelo corporativo.
corporate name nombre corporativo.
corporate objective objetivo corporativo.
corporate officers funcionarios corporativos.
corporate opportunity oportunidad corporativa.
corporate organisation organización corporativa.
corporate organization organización corporativa.
corporate owner dueño corporativo.
corporate park parque corporativo.
corporate perks beneficios adicionales corporativos.
corporate philosophy filosofía corporativa.
corporate plan plan corporativo.
corporate planning planificación corporativa.
corporate planning model modelo de planificación corporativa.
corporate policy política corporativa, póliza corporativa.
corporate portal portal corporativo.
corporate portfolio portafolio corporativo.
corporate powers capacidades corporativas.
corporate practices prácticas corporativas, costumbres corporativas.
corporate premises local corporativo.
corporate presentation presentación corporativa.
corporate priorities prioridades corporativas.
corporate profits beneficios corporativos, ganancias corporativas.
corporate property propiedad corporativa.
corporate purchase compra corporativa.
corporate purpose propósito corporativo.
corporate raider tiburón, persona o persona jurídica que intenta tomar control de una corporación mediante la adquisición de una mayoría sus acciones.
corporate reacquisition readquisición corporativa.
corporate records registros corporativos, expedientes corporativos.
corporate recovery recuperación corporativa.
corporate regulations reglamentos corporativos, normas corporativas.
corporate relations relaciones corporativas.
corporate reorganisation reorganización corporativa.
corporate reorganization reorganización corporativa.
corporate report informe corporativo, reporte corporativo.
corporate reserves reservas corporativas.
corporate resolution resolución corporativa.
corporate risk riesgo corporativo.
corporate rules reglas corporativas.
corporate sale venta corporativa.
corporate scam estafa corporativa, timo

corporativo.
corporate seal sello corporativo.
corporate sector sector corporativo.
corporate services servicios corporativos.
corporate shares acciones corporativas.
corporate spending gastos corporativos.
corporate sponsor patrocinador corporativo.
corporate sponsorship patrocinio corporativo.
corporate state estado corporativo.
corporate stock acciones corporativas.
corporate stock purchase plan plan de compra de acciones corporativas.
corporate store tienda corporativa.
corporate strategic planning planificación estratégica corporativa.
corporate strategy estrategia corporativa.
corporate structure estructura corporativa.
corporate support services servicios de apoyo corporativos.
corporate surplus superávit corporativo.
corporate swindle estafa corporativa, timo corporativo.
corporate takeover toma del control corporativo, absorción de empresa.
corporate taxation imposición corporativa.
corporate taxes impuestos corporativos, contribuciones corporativas.
corporate television televisión corporativa.
corporate transaction transacción corporativa.
corporate travel viaje corporativo.
corporate treasurer tesorero corporativo.
corporate trends tendencias corporativas.
corporate trust fideicomiso corporativo, confianza en una corporación.
corporate trustee fiduciario corporativo.
corporate TV TV corporativa.
corporate union unión corporativa, unión que favorece la compañía.
corporate usage uso corporativo.
corporate vehicle vehículo corporativo.
corporate veil velo corporativo.
corporate venture capital capital arriesgado en una corporación.
corporate year ejercicio social, año corporativo.
corporation *n* corporación, persona jurídica, sociedad anónima.
corporation account cuenta de la corporación.
corporation accountability responsabilidad de la corporación.
corporation accounting contabilidad de la corporación.
corporation acquisition adquisición de la corporación.
corporation activity actividad de la corporación.
corporation address domicilio de la corporación.
corporation administration administración de la corporación.
corporation administrator administrador de la corporación.
corporation advertising publicidad de la corporación.
corporation adviser asesor de la corporación.
corporation advisor asesor de la corporación.
corporation affairs asuntos de la corporación.
corporation affiliate afiliado de la corporación.
corporation agency agencia de la corporación.
corporation agent agente de la corporación.
corporation assets activo de la corporación.
corporation bankruptcy quiebra de la corporación.
corporation benefits beneficios de la corporación.

corporation bonds bonos de la corporación.
corporation bookkeeping contabilidad de corporación.
corporation books libros de la corporación.
corporation brand marca de la corporación.
corporation campaign campaña de la corporación.
corporation capital capital de la corporación.
corporation car carro de la corporación.
corporation card tarjeta de la corporación.
corporation chain cadena de corporaciones.
corporation charter autorización de la corporación.
corporation client cliente de la corporación.
corporation conference conferencia de la corporación.
corporation consultant consultor de la corporación.
corporation contract contrato de la corporación.
corporation correspondence correspondencia de la corporación.
corporation credit crédito de la corporación.
corporation culture cultura de la corporación.
corporation data datos de la corporación.
corporation database base de datos de la corporación.
corporation de facto corporación de hecho, corporación de facto.
corporation de jure corporación autorizada, corporación de jure.
corporation debt deuda de la corporación.
corporation decision decisión de la corporación.
corporation department departamento de la corporación.
corporation deposit depósito de la corporación.
corporation director director de la corporación.
corporation discount descuento de la corporación.
corporation document documento de la corporación.
corporation domicile domicilio de la corporación.
corporation earnings ingresos de la corporación.
corporation email email de la corporación, correo electrónico de la corporación.
corporation enterprise empresa de la corporación.
corporation environment ambiente de la corporación.
corporation equipment equipo de la corporación.
corporation establishment establecimiento de la corporación.
corporation ethics ética de la corporación.
corporation executive ejecutivo de la corporación.
corporation exhibit exhibición de la corporación.
corporation expenditures gastos de la corporación.
corporation expenses gastos de la corporación.
corporation finance finanzas de la corporación.
corporation financing financiación de la corporación, financiamiento de la corporación.
corporation forecast pronóstico de la corporación.
corporation fraud fraude de la corporación.
corporation gifts regalos de la corporación.
corporation goal meta de la corporación.
corporation group grupo de corporaciones.
corporation health insurance seguro de salud de la corporación.
corporation identity identidad de la corporación.
corporation image imagen de la corporación.
corporation income ingresos de la corporación, rentas de la corporación.
corporation income tax impuestos sobre ingresos de la corporación.

corporation insider persona informada de la corporación.
corporation insurance seguro de la corporación.
corporation interest interés de la corporación.
corporation investment inversión de la corporación.
corporation lease arrendamiento de la corporación.
corporation lending préstamos de la corporación.
corporation liability responsabilidad de la corporación.
corporation liability insurance seguro de responsabilidad de la corporación.
corporation licence licencia de la corporación.
corporation license licencia de la corporación.
corporation limited by guarantee corporación en la cual los accionistas se responsabilizan por deudas hasta una cantidad máxima en caso de bancarrota.
corporation limited by shares corporación en la cual los accionistas se responsabilizan por deudas hasta el valor de sus acciones no pagadas en caso de bancarrota.
corporation literature literatura de la corporación.
corporation logo logotipo de la corporación, logo de la corporación.
corporation losses pérdidas de la corporación.
corporation magazine revista de la corporación, boletín de la corporación.
corporation mail correo de la corporación, email de la corporación, correo electrónico de la corporación.
corporation management administración de la corporación, gestión de la corporación, gerencia de la corporación.
corporation manager gerente de la corporación, administrador de la corporación.
corporation meeting reunión de la corporación.
corporation merger fusión de la corporación.
corporation model modelo de la corporación.
corporation name nombre de la corporación.
corporation objective objetivo de la corporación.
corporation officers funcionarios de la corporación.
corporation organisation organización de la corporación.
corporation organization organización de la corporación.
corporation owner dueño de la corporación, propietario de la corporación.
corporation perks beneficios adicionales de la corporación.
corporation philosophy filosofía de la corporación.
corporation planning planificación de la corporación.
corporation policy política de la corporación, póliza de la corporación.
corporation portal portal de la corporación.
corporation portfolio portafolio de la corporación.
corporation powers capacidades de la corporación.
corporation practices prácticas de la corporación, costumbres de la corporación.
corporation premises local de la corporación.
corporation presentation presentación de la corporación.
corporation priorities prioridades de la corporación.
corporation profits beneficios de la corporación,

ganancias de la corporación.
corporation property propiedad de la corporación.
corporation purchase compra de la corporación.
corporation purpose propósito de la corporación.
corporation records registros de la corporación, expedientes de la corporación.
corporation regulations reglamentos de la corporación, normas de la corporación.
corporation relations relaciones de la corporación.
corporation reorganisation reorganización de la corporación.
corporation reorganization reorganización de la corporación.
corporation report informe de la corporación, reporte de la corporación.
corporation reserves reservas de la corporación.
corporation rules reglas de la corporación.
corporation sale venta de la corporación.
corporation seal sello de la corporación.
corporation services servicios de la corporación.
corporation shares acciones de la corporación.
corporation sole corporación constituida por una sola persona, persona jurídica constituida por una sola persona.
corporation spending gastos de la corporación.
corporation stock acciones de la corporación.
corporation stock purchase plan plan de compra de acciones de la corporación.
corporation store tienda de la corporación.
corporation strategic planning planificación estratégica de la corporación.
corporation strategy estrategia de la corporación.
corporation structure estructura de la corporación.
corporation support services servicios de apoyo de la corporación.
corporation takeover toma del control de la corporación.
corporation taxation imposición de la corporación.
corporation taxes impuestos de la corporación, contribuciones de la corporación, impuestos sobre beneficios de la corporación, impuestos sobre ganancias de la corporación.
corporation union unión que favorece a la corporación, unión de la corporación.
corporation vehicle vehículo de la corporación.
corporatise *v* convertir en corporación, convertir un ente gubernamental en corporación.
corporatism *n* corporativismo.
corporative *adj* corporativo.
corporativism *n* corporativismo.
corporatize *v* convertir en corporación, convertir un ente gubernamental en corporación.
corporator *n* miembro de una corporación.
corporeal *adj* corpóreo.
corporeal property propiedad material.
corrected *adj* corregido.
corrected earnings ingresos corregidos.
corrected invoice factura corregida.
corrected policy póliza de seguros que corrige una anterior con errores.
correcting entry contrasiento.
correction *n* corrección.
correction entry asiento de corrección.
corrective *adj* correctivo.
corrective actions medidas correctivas.
corrective maintenance mantenimiento correctivo.
corrective measures medidas correctivas.
corrective policies políticas correctivas.
correlation *n* correlación.

correlation analysis análisis de correlación.
correlation coefficient coeficiente de correlación.
correlation factor factor de correlación.
correlation ratio ratio de correlación, razón de correlación.
correspond with corresponder con.
correspondence *n* correspondencia.
correspondence audit auditoría por correspondencia.
correspondence course curso por correspondencia.
correspondent *n* corresponsal.
correspondent bank banco corresponsal.
correspondent firm firma corresponsal.
corresponding *adj* correspondiente.
corridor deductible deducible entre beneficios.
corrupt *adj* corrupto.
corruption *n* corrupción.
cosign *v* cofirmar.
cosignatory *n* cosignatario, cofirmante, codeudor.
cosignature *n* firma conjunta.
cosigner *n* cosignatario, cofirmante, codeudor.
cost *n* costo, coste, costa, precio.
cost absorption absorción de costos, absorción de costes.
cost accountant contador de costos, contador de costes.
cost accounting contabilidad de costos, contabilidad de costes.
cost accumulation acumulación de costos, acumulación de costes.
cost allocation asignación de costos, asignación de costes.
cost analysis análisis de costos, análisis de costes.
cost analyst analista de costos, analista de costes.
cost and freight costo y flete, coste y flete.
cost and insurance costo y seguro, coste y seguro.
cost application aplicación de costos, aplicación de costes.
cost apportionment distribución de costos, distribución de costes.
cost approach acercamiento de costos, acercamiento de costes.
cost assignment asignación de costos, asignación de costes.
cost, at al costo, al coste.
cost base base de costo, base de coste.
cost basis base de costo, base de coste.
cost behavior conducta de costo, conducta de coste.
cost-behavior analysis análisis de conducta de costo, análisis de conducta de coste.
cost-behavior pattern patrón de conducta de costo, patrón de conducta de coste.
cost behaviour conducta de costo, conducta de coste.
cost-behaviour analysis análisis de conducta de costo, análisis de conducta de coste.
cost-behaviour pattern patrón de conducta de costo, patrón de conducta de coste.
cost-benefit *n* costo-beneficio, coste-beneficio.
cost-benefit analysis análisis costo-beneficio, análisis coste-beneficio.
cost-benefit ratio ratio costo-beneficio, ratio coste-beneficio, razón costo-beneficio, razón coste-beneficio.
cost calculation cómputo de costos, cómputo de costes.
cost center centro de costos, centro de costes.
cost centre centro de costos, centro de costes.

cost containment control de costos, control de costes.
cost-containment provision estipulación de control de costos, estipulación de control de costes.
cost contract contrato a costo, contrato a coste.
cost control control de costos, control de costes.
cost curve curva de costos, curva de costes.
cost depletion agotamiento de costos, agotamiento de costes.
cost distribution distribución de costos, distribución de costes.
cost-effective *adj* eficaz en relación con el costo, eficaz en relación con el coste.
cost-effectiveness *n* eficacia de costos, eficacia de costes.
cost-efficiency *n* eficacia de costos, eficacia de costes.
cost-efficient *adj* costo eficiente, eficiente en costos, coste eficiente, eficiente en costes.
cost estimate estimado de costo, estimado de coste.
cost estimating estimado de costos, estimado de costes.
cost estimation estimado de costos, estimado de costes.
cost evaluation evaluación de costos, evaluación de costes.
cost factors factores de costos, factores de costes.
cost flow flujo de costos, flujo de costes.
cost forecast pronóstico de costos, pronóstico de costes.
cost forecasting previsión de costos, previsión de costes.
cost-free *adj* sin costo, sin coste.
cost function función de costos, función de costes.
cost inflation inflación de costos, inflación de costes.
cost, insurance, and freight costo, seguro y flete; coste, seguro y flete.
cost leader líder de costos, líder de costes.
cost level nivel de costos, nivel de costes.
cost method método de costos, método de costes.
cost minimisation minimización de costos, minimización de costes.
cost minimization minimización de costos, minimización de costes.
cost objective objetivo de costo, objetivo de coste.
cost of borrowing costo de tomar prestado, coste de tomar prestado.
cost of capital costo de capital, coste de capital.
cost of carry costo de posesión, coste de posesión.
cost of collection gastos de cobranza.
cost of delivery costo de entrega, coste de entrega.
cost of distribution costo de distribución, coste de distribución.
cost of equity costo del capital propio, coste del capital propio.
cost of funds costo de fondos, coste de fondos.
cost-of-funds index índice de costo de fondos, índice de coste de fondos.
cost of goods costo de bienes, coste de bienes, costo de mercancías, coste de mercancías.
cost of goods manufactured costo de bienes manufacturados, coste de bienes manufacturados, costo de mercancías manufacturadas, coste de mercancías manufacturadas.
cost of goods sold costo de bienes vendidos, coste de bienes vendidos, costo de mercancías vendidas, coste de mercancías vendidas.
cost of insurance costo del seguro, coste del seguro.

cost of labor costo de la mano de obra, coste de la mano de obra.

cost of labour costo de la mano de obra, coste de la mano de obra.

cost of living costo de vida, coste de vida.

cost of living adjustment ajuste por costo de vida, ajuste por coste de vida.

cost of living allowance asignación por costo de vida, asignación por coste de vida.

cost of living clause cláusula para ajuste por costo de vida, cláusula para ajuste por coste de vida.

cost of living index índice del costo de vida, índice del coste de vida.

cost of living plan plan con ajuste por costo de vida, plan con ajuste por coste de vida.

cost of loss costo de la pérdida, coste de la pérdida.

cost of merchandise costo de mercancía, coste de mercancía.

cost of merchandise sold costo de mercancía vendida, coste de mercancía vendida.

cost of money costo del dinero, coste del dinero.

cost of occupancy costo de ocupación, coste de ocupación.

cost of ownership costo de propiedad, coste de propiedad.

cost of possession costo de posesión, coste de posesión.

cost of production costo de producción, coste de producción.

cost of replacement costo de reemplazo, coste de reemplazo.

cost of reproduction costo de reproducción, coste de reproducción.

cost of risk costo del riesgo, coste del riesgo.

cost of sales costo de ventas, coste de ventas.

cost of tender costo de oferta, coste de oferta.

cost overrun sobrecosto, sobrecoste.

cost-per-click *n* costo por clic, coste por clic.

cost per employee costo por empleado, coste por empleado.

cost per kilometer costo por kilómetro, coste por kilómetro.

cost per mile costo por milla, coste por milla.

cost per piece costo por pieza, coste por pieza.

cost per thousand costo por cada mil, coste por cada mil.

cost-plus contract contrato a costo más ganancias, contrato a coste más ganancias.

cost-plus pricing establecimiento de precios de costo más ganancia, establecimiento de precios de coste más ganancia.

cost pool agrupamiento de costos, agrupamiento de costes.

cost prediction predicción de costos, predicción de costes.

cost price precio de costo, precio de coste.

cost pricing fijación del precio de costo, fijación del precio de coste.

cost-push inflation inflación impulsada por costos, inflación impulsada por costes.

cost records registros de costos, registros de costes, expedientes de costos, expedientes de costes.

cost recovery recuperación de costos, recuperación de costes.

cost-recovery method método de recuperación de costos, método de recuperación de costes.

cost reduction reducción de costos, reducción de costes.

cost-reduction measures medidas de reducción de costos, medidas de reducción de costes.

cost-reduction program programa de reducción de costos, programa de reducción de costes.

cost-reduction programme programa de reducción de costos, programa de reducción de costes.

cost reference referencia de costo, referencia de coste.

cost savings ahorros de costos, ahorros de costes.

cost-sensitive *adj* sensible al costo, sensible al coste.

cost sheet hoja de costos, hoja de costes.

cost structure estructura de costos, estructura de costes.

cost variance variación de costos, variación de costes.

cost variation variación de costos, variación de costes.

cost-volume formula fórmula de costo-volumen, fórmula de coste-volumen.

costing *n* costeo.

costly *adj* caro, costoso.

costs and charges costos y gastos, costes y gastos.

cosurety *n* cofiador.

cotenancy *n* tenencia conjunta.

cotenant *n* copropietario, coposesor, coarrendatario, coinquilino.

coterminous *adj* colindante.

cottage industry industria familiar, industria casera.

council *n* consejo.

Council of Europe Consejo de Europa.

Council of Ministers Consejo de Ministros.

counsel *n* abogado, consejero, consultor, asesoramiento.

counseling *n* asesoramiento.

counselling *n* asesoramiento.

counsellor *n* abogado, consejero, consultor.

counselor *n* abogado, consejero, consultor.

count *n* conteo, recuento, escrutinio.

countable *adj* contable.

counter *n* mostrador, ventanilla, contador.

counter *v* oponerse a, contestar a.

counter-bid *n* contraoferta.

counter check cheque de ventanilla.

counter cheque cheque de ventanilla.

counter clerk empleado de mostrador.

counter-complaint *n* contrarreclamación.

counter-cyclical *adj* anticíclico, contracíclico.

counter deposit depósito de ventanilla.

counter employee empleado de mostrador.

counter-inflationary *adj* contra la inflación.

counter-measure *n* contramedida.

counter-offer *n* contraoferta.

counter-trade *n* comercio de trueque entre países.

counter-value *n* contravalor.

counteract *v* contrarrestar.

counterbid *n* contraoferta.

countercomplaint *n* contrarreclamación.

countercyclical *adj* anticíclico, contracíclico.

counterfeit *adj* falsificado.

counterfeit *n* falsificación.

counterfeit *v* falsificar.

counterfeit card tarjeta falsificada, tarjeta alterada.

counterfeit goods bienes falsificados, mercancías falsificadas.

counterfeit money dinero falsificado.

counterfeiter *n* falsificador.

counterfoil *n* talón de cheque.

counterinflationary *adj* contra la inflación.

countermand n contraorden.
countermand v revocar.
countermeasure n contramedida.
counteroffer n contraoferta.
counterpart n contraparte, contrapartida.
counterpart fund fondo de contrapartida.
counterparty n contraparte.
counterparty risk riesgo de la contraparte.
countersign v refrendar.
countersignature n refrendación.
countersignature law ley de refrendación.
countertrade n comercio de trueque entre países.
countervailable subsidy subsidio de compensación, subvención de compensación.
countervailing adj compensatorio.
countervailing duty tarifa compensatoria, derecho compensatorio.
countervailing duty order orden de tarifa compensatoria, orden de derecho compensatorio.
country-club billing facturación acompañada de copias de recibos.
country code código de país.
country coverage cobertura de país.
country limit límite del país.
country of consignment país de consignación.
country of destination país de destino.
country of manufacture país de manufactura.
country of origin país de origen.
country of registration país de registro.
country of residence país de residencia.
country quota cuota del país.
country risk riesgo del país.
country risk assessment evaluación del riesgo del país.
coupon n cupón.
coupon bond bono con cupones.
coupon book libro de cupones.
coupon collection colección de cupones.
coupon collection teller cajero de colección de cupones.
coupon equivalent rate tasa equivalente de bono.
coupon equivalent yield rendimiento equivalente de bono.
coupon policy póliza con cupones.
coupon rate tasa del cupón, tasa de interés.
coupon sheet hoja de cupones.
coupon stripping separación de cupones.
coupon swap intercambio de tasas de interés.
coupon teller cajero de cupones.
coupon yield rendimiento del cupón.
courier n mensajero.
courier service servicio de mensajería.
course n curso.
course, in due a su debido tiempo, en el momento apropiado.
course of action curso de acción.
course of business curso de los negocios.
course of employment curso del empleo.
course of the voyage ruta acostumbrada.
course of trade curso de los negocios, curso del comercio.
court n corte, tribunal, juzgado.
court of arbitration tribunal arbitral.
court of bankruptcy tribunal de quiebras.
court order orden judicial, apremio.
court procedure procedimiento judicial.
courtesy of, by por cortesía de, de regalo.
covariance n covarianza.
covenant n contrato, convenio, estipulación.
covenant against incumbrances garantía de que un inmueble está libre de gravámenes.
covenant for further assurance cláusula por la cual el que vende un inmueble se compromete a hacer lo necesario para perfeccionar el título.
covenant for quiet enjoyment garantía contra desahucio, garantía de posesión sin trastornos legales.
covenant in gross obligación no relacionada con el inmueble.
covenant not to compete acuerdo de no competir.
covenant of warranty cláusula de garantía.
covenant to renew acuerdo de renovar.
covenantee n garantizado, contratante.
covenantor n garantizador, obligado.
covenants for title el conjunto de garantías que da el vendedor de un inmueble.
cover n cobertura.
cover v cubrir, asegurar, recomprar.
cover letter carta de remisión, carta acompañante, carta de transmisión, carta de cobertura.
cover note declaración escrita de cobertura de parte del agente de seguros.
cover-up n encubrimiento.
coverage n cobertura.
coverage initiated cobertura iniciada.
coverage level nivel de cobertura.
coverage map mapa de cobertura.
coverage of hazard cobertura del riesgo.
coverage of risk cobertura del riesgo.
coverage part parte de las coberturas.
coverage ratio ratio de cobertura, razón de cobertura.
covered adj cubierto.
covered agreement pacto cubierto, convenio cubierto.
covered arbitrage arbitraje cubierto.
covered by insurance cubierto por seguro.
covered call venta de opción de compra cubierta.
covered call writer vendedor de opción de compra cubierta.
covered expenses gastos cubiertos.
covered investment inversión cubierta.
covered location lugar cubierto, ubicación cubierta.
covered losses pérdidas cubiertas.
covered margin margen cubierto.
covered option opción cubierta.
covered option writer vendedor de opción cubierta.
covered option writing venta de opción cubierta.
covered person persona cubierta.
covered property propiedad cubierta.
covered put venta de opción de venta cubierta.
covered put writer vendedor de opción de venta cubierta.
covered risk riesgo cubierto.
covered writer vendedor de opción cubierta.
covered writing venta de opción cubierta.
covering letter carta de remisión, carta acompañante, carta de transmisión, carta de cobertura.
covering note declaración escrita de cobertura de parte del agente de seguros.
covert adj secreto.
covertly adv secretamente.
cowboy n chapucero, grosero, quien hace las cosas sin darle importancia a la honestidad o a los daños que pueda ocasionar.
coworker n colega de trabajo.
CPA (Certified Public Accountant) contador

público autorizado, contador autorizado, contable público autorizado, contable autorizado.

CPC (cost-per-click) costo por clic, coste por clic.

CPI (consumer price index) índice de precios al consumidor, índice de precios al consumo.

CPM (cost per thousand) costo por cada mil, coste por cada mil.

CPT (carriage paid to) transporte pagado hasta.

craft union sindicato de trabajadores del mismo oficio.

cram down ratificación por un tribunal de quiebras de una reorganización corporativa.

cramdown *n* ratificación por un tribunal de quiebras de una reorganización corporativa.

crash *n* colapso de precios de acciones, colapso de mercado de valores.

crash course curso intensivo.

crash program programa intensivo, programa de choque.

crash programme programa intensivo, programa de choque.

crawling peg tasa de cambio fijada a otra tasa de modo que las variaciones entre si sean graduales.

cream of the crop lo mejor de lo mejor.

create a market crear un mercado.

create demand crear demanda.

creative accounting contabilidad creativa.

creative destruction destrucción creativa.

creative financing financiamiento creativo, financiación creativa.

credentials *n* credenciales, referencias.

credibility *n* credibilidad.

credibility gap brecha de credibilidad.

credibility problem problema de credibilidad.

credible *adj* creíble.

credit *n* crédito, reconocimiento.

credit *v* acreditar, abonar.

credit acceptance aceptación de crédito.

credit account cuenta de crédito.

credit adjustment ajuste de crédito.

credit administration administración de crédito.

credit administrator administrador de crédito.

credit advice asesoramiento de crédito.

credit adviser asesor de crédito.

credit advisor asesor de crédito.

credit against tax crédito contra impuesto.

credit agency agencia de crédito.

credit agreement convenio de crédito, acuerdo de crédito.

credit an account acreditar a una cuenta, abonar a una cuenta.

credit analysis análisis de crédito.

credit analyst analista de crédito.

credit application solicitud de crédito.

credit approval aprobación de crédito.

credit-approval department departamento de aprobación de crédito.

credit arrangement arreglo de crédito.

credit association asociación de crédito.

credit authorisation autorización de crédito.

credit authorization autorización de crédito.

credit availability disponibilidad de crédito.

credit available crédito disponible.

credit balance saldo acreedor.

credit bank banco de crédito.

credit basis base de crédito.

credit bill letra de crédito.

credit broker intermediario de crédito, corredor de crédito.

credit bureau agencia de crédito, negociado de

crédito, agencia de reporte y clasificación de crédito.

credit capacity capacidad de crédito.

credit card tarjeta de crédito.

credit card center centro de tarjetas de crédito.

credit card centre centro de tarjetas de crédito.

credit card crime crimen cometido con tarjeta de crédito.

credit card insurance seguro de tarjeta de crédito.

credit card interest intereses de tarjeta de crédito.

credit card interest rate tasa de interés de tarjeta de crédito.

credit card issuer emisor de tarjetas de crédito.

credit card loan préstamo de tarjeta de crédito.

credit card payment pago con tarjeta de crédito, pago de tarjeta de crédito.

credit card rate tasa de tarjeta de crédito.

credit card transaction transacción con tarjeta de crédito.

credit card variable rate tasa variable de tarjeta de crédito.

credit ceiling límite de crédito.

credit check verificación de crédito.

credit clearing compensación de crédito.

credit co-operative cooperativa de crédito.

credit column columna del haber.

credit commitment compromiso de crédito.

credit company compañía de crédito.

credit consultant asesor de crédito.

credit contract contrato de crédito.

credit control control de crédito.

credit cooperative cooperativa de crédito.

credit corporation corporación de crédito.

credit counseling asesoramiento de crédito.

credit counselling asesoramiento de crédito.

credit counsellor asesor de crédito.

credit counselor asesor de crédito.

credit creation creación de crédito.

credit criteria criterios de crédito.

credit crunch reducción del crédito disponible, escasez de crédito.

credit decline denegación de crédito.

credit denial denegación de crédito.

credit department departamento de crédito.

credit derivatives inversiones derivadas usadas para reducir riesgos al otorgar crédito.

credit director director de crédito.

credit division división de crédito.

credit enhancement realzado de crédito.

credit entity entidad de crédito.

credit entry asiento de crédito.

credit expansion expansión de crédito.

credit exposure exposición a riesgo de crédito.

credit facilities facilidades de crédito.

credit file archivo de crédito.

credit financing financiamiento del crédito, financiación del crédito.

credit folder archivo de crédito.

credit form formulario de crédito.

credit freeze congelamiento de crédito.

credit guarantee garantía de crédito.

credit health insurance seguro de salud de deudor.

credit history historial de crédito.

credit information información de crédito.

credit inquiry indagación de crédito.

credit institution institución de crédito.

credit instrument instrumento de crédito.

credit insurance seguro de crédito.

credit interchange intercambio de crédito.

credit interest interés del crédito.

credit interest rate tasa de interés del crédito.
credit investigation investigación de crédito.
credit life insurance seguro de vida de deudor.
credit limit límite de crédito.
credit line línea de crédito.
credit losses pérdidas de crédito.
credit management administración de crédito, gestión de crédito.
credit manager administrador de crédito.
credit market mercado de crédito.
credit mechanism mecanismo de crédito.
credit memo memorando de crédito.
credit memorandum memorando de crédito.
credit note nota de crédito.
credit office oficina de crédito.
credit order orden a crédito.
credit outstanding crédito pendiente.
credit party parte del crédito.
credit period período de crédito.
credit policy política de crédito.
credit portfolio cartera de créditos, portafolio de créditos.
credit quality calidad de crédito.
credit rating calificación crediticia.
credit rating agency agencia de calificación crediticia.
credit rating book libro de calificaciones crediticias.
credit rationing racionamiento de crédito.
credit record registro de crédito, expediente de crédito.
credit reference referencia de crédito.
credit repair reparación de crédito.
credit report informe de crédito.
credit reporting agency agencia de informes de crédito.
credit requirements requisitos de crédito.
credit reserves reservas de crédito.
credit restrictions restricciones de crédito.
credit review revisión de crédito.
credit risk riesgo de crédito.
credit risk insurance seguro de riesgo de crédito.
credit sale venta a crédito.
credit sales department departamento de ventas a crédito.
credit sales division división de ventas a crédito.
credit sales office oficina de ventas a crédito.
credit scoring puntuación de crédito.
credit service charge cargo por servicios de crédito.
credit service fee cargo por servicios de crédito.
credit side haber.
credit slip hoja de crédito.
credit society sociedad de crédito.
credit spread combinación de opciones con saldo acreedor.
credit squeeze reducción del crédito disponible, escasez de crédito.
credit standing reputación de crédito.
credit status estatus de crédito.
credit supply oferta de crédito.
credit system sistema de crédito.
credit terms términos de crédito.
credit transaction transacción de crédito.
credit transfer transferencia de crédito.
credit transfer system sistema de transferencias de crédito.
credit union cooperativa de crédito.
credit verification verificación de crédito.
credit voucher comprobante de crédito.

creditor *n* acreedor.
creditor at large acreedor quirografario, acreedor común.
creditor bank banco acreedor.
creditor beneficiary un tercero que se beneficia de un contrato.
creditor country país acreedor.
creditor life insurance seguro de vida de acreedor.
creditor nation nación acreedora.
creditor's claim reclamación del acreedor, derecho del acreedor.
creditors' committee comité de acreedores.
creditors' meeting asamblea de acreedores.
creditworthiness *n* solvencia.
creditworthy *adj* solvente, de crédito aceptable.
creeping *adj* lentamente progresivo, variado de modo que sea más difícil percatarse de los cambios.
creeping inflation inflación lentamente progresiva.
crew *n* tripulación, equipo de trabajo, equipo.
crime insurance seguro contra crímenes.
criminal history antecedentes criminales, historial criminal.
criminal record antecedentes criminales, historial criminal.
crisis *n* crisis.
crisis management administración de crisis, gestión de crisis.
criteria *n* criterios.
criterion *n* criterio.
critical *adj* crítico.
critical circumstances circunstancias críticas.
critical mass masa crítica.
critical path camino crítico, vía crítica.
critical path accounting contabilidad del camino crítico.
critical path analysis análisis del camino crítico.
critical path method método del camino crítico.
critical shortage escasez crítica.
critical size tamaño crítico.
Critical Success Factors factores claves que llevan al éxito.
CRM (customer relationship management) administración de relaciones con clientes, gestión de relaciones con clientes.
crony capitalism capitalismo de camarilla.
cronyism *n* amiguismo.
crooked *adj* deshonesto.
crop *n* cultivo, cosecha.
crop areas áreas de cultivo.
crop forecast pronóstico de cosecha.
crop forecasting previsión de cosecha.
crop insurance seguro de cosecha.
crop rotation rotación de cultivos.
crop year año agrícola, campaña agrícola.
cross a picket line cruzar un piquete.
cross-border *adj* transfronterizo.
cross-border lending préstamos transfronterizos.
cross-border measures medidas transfronterizas.
cross-border merger fusión transfronteriza.
cross-border risk riesgo transfronterizo.
cross-border trade comercio transfronterizo.
cross-border transaction transacción transfronteriza.
cross-border worker trabajador transfronterizo.
cross-check *v* verificar con fuentes múltiples.
cross-collateral *n* colateral cruzado.
cross-currency swap intercambio de monedas.
cross default incumplimiento cruzado.
cross elasticity elasticidad cruzada.
cross-foot *v* sumar horizontalmente.

cross-footing *n* sumas horizontales.
cross hedge cobertura cruzada.
cross hedging cobertura cruzada.
cross-investment *n* inversión cruzada.
cross liability responsabilidad cruzada.
cross-licensing *n* licenciamiento cruzado.
cross-merchandising *n* venta cruzada de mercancías.
cross-ownership *n* propiedad cruzada.
cross-promotion *n* promoción cruzada.
cross-rate *n* tasa cruzada.
cross-sale *n* venta cruzada.
cross-section *n* sección transversal.
cross-selling *n* ventas cruzadas.
cross-subsidy *n* subsidio cruzado, subvención cruzada.
crossed *adj* cruzado.
crossed check cheque cruzado.
crossed cheque cheque cruzado.
crossed sale venta cruzada.
crossed trade transacción cruzada.
crossed transaction transacción cruzada.
crossfoot *v* sumar horizontalmente.
crossfooting *n* sumas horizontales.
crossing *n* transacción cruzada.
crossover fund fondo mutuo que invierte en acciones públicas y privadas.
crowd-out *v* excluir, llenar a capacidad.
crude oil petróleo crudo.
CRV (certificate of reasonable value) certificado de valor razonable.
CSF (Critical Success Factors) factores claves que llevan al éxito.
CTD (cheapest to deliver) el más barato que se pueda entregar.
CTO (chief technical officer) director técnico, jefe del departamento técnico.
Ctr. (center) centro.
cul-de-sac *n* calle sin salida.
cultural differences diferencias culturales.
cultural sensitivity sensibilidad cultural.
cultural services servicios culturales.
culture shock choque cultural.
cum dividend con dividendo.
cum interest con intereses.
cum rights con derechos de suscripción.
cum warrant con certificado de derechos de compra.
cumulative *adj* acumulativo.
cumulative account cuenta acumulativa.
cumulative amount monto acumulativo, cantidad acumulativa.
cumulative assessment evaluación acumulativa.
cumulative assets activos acumulativos.
cumulative balance saldo acumulativo.
cumulative balance sheet balance acumulativo.
cumulative benefits beneficios acumulativos.
cumulative capital capital acumulativo.
cumulative cost costo acumulativo, coste acumulativo.
cumulative debt deuda acumulativa.
cumulative deductible deducible acumulativo.
cumulative deficit déficit acumulativo.
cumulative demand demanda acumulativa.
cumulative depreciation depreciación acumulativa.
cumulative disbursement desembolso acumulativo.
cumulative discount descuento acumulativo.
cumulative dividend dividendo acumulativo.

cumulative effect efecto acumulativo.
cumulative expenditures gastos acumulativos.
cumulative expenses gastos acumulativos.
cumulative exports exportaciones acumulativas.
cumulative financial statement estado financiero acumulativo.
cumulative imports importaciones acumulativas.
cumulative income ingreso acumulativo.
cumulative insurance seguro acumulativo.
cumulative investment inversión acumulativa.
cumulative liability responsabilidad acumulativa.
cumulative limit límite acumulativo.
cumulative loss pérdida acumulativa.
cumulative output salida acumulativa, producción acumulativa.
cumulative payment pago acumulativo.
cumulative preferred acciones preferidas acumulativas.
cumulative preferred shares acciones preferidas acumulativas.
cumulative preferred stock acciones preferidas acumulativas.
cumulative production producción acumulativa.
cumulative rate tasa acumulativa.
cumulative receipts entradas acumulativas.
cumulative reserves reservas acumulativas.
cumulative return rendimiento acumulativo.
cumulative revenue ingresos acumulativos.
cumulative risk riesgo acumulativo.
cumulative sales ventas acumulativas.
cumulative shares acciones acumulativas.
cumulative spending gastos acumulativos.
cumulative statement estado acumulativo.
cumulative stock acciones acumulativas.
cumulative supply oferta acumulativa.
cumulative taxes impuestos acumulativos, contribuciones acumulativas.
cumulative value valor acumulativo.
cumulative yield rendimiento acumulativo.
curb *n* algo que limita, algo que controla.
curb *v* limitar, controlar.
curb market bolsín.
currency *n* moneda, divisa, dinero en circulación.
currency account cuenta en divisas.
currency adjustment ajuste de divisas, ajuste monetario.
currency adjustment factor factor de ajuste de divisas.
currency appreciation apreciación monetaria, apreciación de la moneda.
currency arbitrage arbitraje de divisas.
currency area área monetaria, área de monedas.
currency band intervalo monetario, intervalo de moneda.
currency basket cesta monetaria, cesta de monedas.
currency board junta monetaria.
currency borrowing préstamos en divisas.
currency clause cláusula monetaria, cláusula de monedas.
currency code código monetario, código de moneda.
currency collapse colapso monetario, colapso de moneda.
currency component componente de moneda.
currency composition composición de moneda.
currency conversion conversión monetaria, conversión de moneda.
currency convertibility convertibilidad monetaria, convertibilidad de moneda.

currency debt deuda en moneda extranjera, deuda en divisas.
currency deflation deflación monetaria.
currency deposits depósitos en divisas.
currency depreciation depreciación monetaria, depreciación de la moneda.
currency devaluation devaluación monetaria, devaluación de moneda.
currency draft giro en divisas.
currency exchange mercado de divisas, intercambio de divisas.
currency exchange controls controles de intercambios de divisas.
currency flow flujo de divisas.
currency futures futuros de monedas, futuros de divisas.
currency holdings reserva de divisas.
currency in circulation moneda en circulación.
currency inflation inflación monetaria, inflación de moneda.
currency issue emisión monetaria, emisión de moneda.
currency liabilities pasivo monetario.
currency market mercado de divisas.
currency movements movimientos de divisas.
currency options opciones de divisas, opciones de monedas.
currency peg tasa de cambio fijada a otra tasa.
currency rates tasas de divisas.
currency regulations reglamentos de divisas.
currency reserves reserva de divisas.
currency restrictions restricciones de divisas.
currency revaluation revalorización de divisas.
currency risks riesgos de divisas.
currency stabilisation estabilización monetaria, estabilización de moneda.
currency stabilization estabilización monetaria, estabilización de moneda.
currency standard patrón monetario.
currency substitution sustitución monetaria, sustitución de moneda.
currency swap intercambio monetario, intercambio de monedas, intercambio de divisas.
currency transaction transacción monetaria, transacción de moneda, transacción en divisas.
currency transaction report informe de transacción monetaria, informe de transacción de moneda, informe de transacción en divisas.
currency translation traducción de divisas
currency unit unidad monetaria, unidad de moneda.
currency zone zona monetaria.
current *adj* corriente, al día.
current account cuenta corriente.
current account balance saldo en cuenta corriente.
current assets activo corriente, activo líquido, activo realizable.
current assumption asunción corriente.
current balance of payments balanza de pagos corriente.
current budget presupuesto corriente.
current budgeting presupuestación corriente.
current business year ejercicio anual corriente, año comercial corriente.
current capital capital corriente, capital circulante.
current cost costo corriente, coste corriente.
current cost accounting contabilidad de costo corriente, contabilidad de coste corriente.
current coupon tasa de interés corriente.

current coupon bond bono con tasa de interés corriente.
current debt deuda corriente.
current delivery entrega corriente.
current demand demanda corriente.
current disbursement desembolso corriente.
current dollars dólares corrientes.
current earnings ingresos corrientes.
current expenditures gastos corrientes.
current expenses gastos corrientes.
current fiscal year año fiscal en curso.
current holdings cartera de inversiones actual, propiedades actuales, posesiones actuales.
current indicator indicador corriente.
current insurance seguro corriente, seguro vigente.
current interest interés corriente.
current interest rate tasa de interés corriente.
current international payments pagos internacionales corrientes.
current investments inversiones corrientes.
current liabilities pasivo corriente, pasivo líquido.
current licence licencia corriente.
current license licencia corriente.
current liquidity liquidez corriente.
current market price precio corriente de mercado.
current market value valor corriente de mercado.
current maturity vencimiento corriente.
current member miembro vigente.
current membership membresía vigente.
current money moneda en circulación.
current month mes en curso.
current offer oferta corriente.
current operations operaciones en curso.
current payments pagos corrientes.
current policy póliza corriente, política corriente.
current pool factor ratio de principal corriente a principal inicial, razón de principal corriente a principal inicial.
current pool ratio ratio de principal corriente a principal inicial, razón de principal corriente a principal inicial.
current portfolio cartera de valores corriente.
current price precio corriente.
current production producción corriente.
current production rate tasa de producción corriente.
current profits beneficios corrientes, ganancias corrientes.
current quote cotización actual.
current rate tasa corriente.
current ratio ratio corriente, ratio de liquidez, razón corriente, razón de liquidez.
current return rendimiento corriente.
current revenues ingresos corrientes.
current state estado corriente.
current status estado corriente.
current stock quote cotización corriente de acciones.
current terms términos corrientes.
current value valor corriente.
current value accounting contabilidad de valor corriente.
current wages salarios del presente período, salarios actuales.
current year año en curso.
current yield rendimiento corriente.
currently *adv* corrientemente.
currently covered corrientemente cubierto.
currently insured corrientemente asegurado.
curriculum vitae currículo, currículum vitae.

curtilage *n* terreno que rodea una casa.
curve *n* curva.
cushion *n* reserva, intervalo de protección.
CUSIP (Committee on Uniform Securities Identification Procedures) CUSIP.
CUSIP number (Committee on Uniform Securities Identification Procedures number) número CUSIP.
custodial *adj* custodial.
custodial account cuenta custodial.
custodian *n* custodio.
custodian account cuenta de custodia.
custodian bank banco depositario.
custody *n* custodia.
custody account cuenta de custodia.
custom *n* costumbre.
custom builder constructor a la orden.
custom-made *adj* hecho a la medida.
customary *adj* acostumbrado.
customary agency agencia acostumbrada.
customary and reasonable charge cargo acostumbrado y razonable.
customary and reasonable fee cargo acostumbrado y razonable.
customary asset activo acostumbrado.
customary budget presupuesto acostumbrado.
customary business expenses gastos de negocios acostumbrados.
customary business practices prácticas de negocios acostumbradas.
customary charges cargos acostumbrados.
customary cost costo acostumbrado, coste acostumbrado.
customary course of business curso acostumbrado de los negocios.
customary depreciation depreciación acostumbrada.
customary discount descuento acostumbrado.
customary dividend dividendo acostumbrado.
customary expenditures gastos acostumbrados.
customary expenses gastos acostumbrados.
customary fees cargos acostumbrados.
customary gain ganancia acostumbrada.
customary income ingresos acostumbrados.
customary insurance seguro acostumbrado.
customary interest intereses acostumbrados.
customary inventory inventario acostumbrado.
customary loss pérdida acostumbrada.
customary market mercado acostumbrado.
customary payment pago acostumbrado, abono acostumbrado.
customary payroll nómina acostumbrada.
customary price precio acostumbrado.
customary production producción acostumbrada.
customary productivity productividad acostumbrada.
customary quality calidad acostumbrada.
customary rate tasa acostumbrada.
customary rate of return tasa acostumbrada de rendimiento.
customary remuneration remuneración acostumbrada.
customary rent renta acostumbrada.
customary return rendimiento acostumbrado.
customary revenue ingresos acostumbrados.
customary risks riesgos acostumbrados.
customary salary salario acostumbrado.
customary services servicios acostumbrados.
customer *n* cliente.
customer acceptance aceptación por el cliente.

customer account cuenta del cliente.
customer-activated terminal terminal activado por cliente.
customer ads anuncios dirigidos al cliente.
customer advertisements anuncios dirigidos al cliente.
customer advertising publicidad dirigida al cliente.
customer agreement convenio del cliente.
customer analysis análisis del cliente.
customer association asociación de clientes.
customer awareness conciencia del cliente.
customer base base de clientes.
customer behavior conducta del cliente.
customer behaviour conducta del cliente.
customer benefits beneficios para el cliente.
customer billing facturación de clientes.
customer card tarjeta del cliente.
customer care cuido del cliente.
customer choice elección del cliente.
customer confidence confianza del cliente.
customer cooperative cooperativa de clientes.
customer credit crédito del cliente.
customer debt deuda del cliente.
customer demand demanda del cliente.
customer dissatisfaction insatisfacción del cliente.
customer education educación del cliente.
customer expectations expectativas del cliente.
customer expenditures gastos del cliente.
customer expenses gastos del cliente.
customer frustration frustración del cliente.
customer group grupo de clientes.
customer habits hábitos del cliente.
customer ignorance ignorancia del cliente.
customer information información para el cliente, información sobre los clientes.
customer-information file archivo de información del cliente.
customer interest intereses del cliente.
customer is always right, the el cliente siempre tiene la razón.
customer liaison enlace con el cliente.
customer loan préstamo al cliente, préstamo del cliente.
customer loan consent consentimiento de préstamo de valores del cliente.
customer loyalty lealtad del cliente.
customer magazine revista del cliente, boletín del cliente.
customer market mercado del cliente.
customer marketing marketing dirigido al cliente, mercadeo dirigido al cliente.
customer needs necesidades del cliente.
customer organisation organización del cliente.
customer organization organización del cliente.
customer-oriented *adj* orientado al cliente.
customer preferences preferencias del cliente.
customer pressure presión al cliente, presión del cliente.
customer price precio al cliente.
customer profile perfil del cliente.
customer protection protección del cliente.
customer records registros de clientes, expedientes de clientes.
customer relations relaciones con clientes.
customer relations manager gerente de relaciones con clientes.
customer relationship management administración de relaciones con clientes, gestión

de relaciones con clientes.
customer representative representante de clientes.
customer research investigación sobre clientes, investigación del cliente.
customer resistance resistencia del cliente.
customer response respuesta del cliente.
customer retention retención de clientes.
customer rights derechos del cliente.
customer risk riesgo del cliente.
customer satisfaction satisfacción del cliente.
customer service servicio al cliente.
customer service center centro de servicio al cliente.
customer service centre centro de servicio al cliente.
customer service manager gerente de servicio al cliente.
customer service representative representante de servicio al cliente.
customer spending gastos del cliente.
customer study estudio sobre clientes, estudio del cliente.
customer survey encuesta de clientes.
customer tastes gustos del cliente.
customer test prueba del cliente.
customer training entrenamiento de clientes.
customer trends tendencias de clientes.
customhouse *n* aduana.
customhouse broker corredor de aduanas, agente de aduanas.
customhouse officer inspector de aduanas, oficial de aduanas.
customised *adj* personalizado, a la medida.
customized *adj* personalizado, a la medida.
customs *n* aduana, impuestos aduaneros, costumbres.
customs administration administración aduanera, administración de aduanas.
customs administrator administrador aduanero, administrador de aduanas.
customs agency agencia aduanera, agencia de aduanas.
customs agent agente aduanero, agente de aduanas.
Customs and Excise departamento gubernamental que cobra derechos aduaneros e impuestos indirectos.
Customs and Excise Department departamento gubernamental que cobra derechos aduaneros e impuestos indirectos.
customs and practices costumbres y prácticas.
customs area área aduanera, área de aduanas.
customs authorities autoridades aduaneras, autoridades de aduanas.
customs barriers barreras aduaneras, barreras de aduanas.
customs bond fianza aduanera, fianza de aduanas.
customs broker corredor aduanero, corredor de aduanas, agente aduanero, agente de aduanas.
customs certificate certificado aduanero, certificado de aduanas.
customs charges cargos aduaneros, cargos de aduanas.
customs check revisión aduanera, revisión de aduanas.
customs classification clasificación aduanera, clasificación de aduanas.
customs clearance despacho aduanero, despacho de aduanas.
customs clearance services servicios de

despacho aduanero, servicios de despacho de aduanas.
customs code código aduanero, código de aduanas.
customs collector cobrador aduanero, cobrador de aduanas.
customs control control aduanero, control de aduanas.
customs court tribunal aduanero, tribunal de aduanas.
customs declaration declaración aduanera, declaración de aduanas.
customs documentation documentación aduanera, documentación de aduanas.
customs documents documentos aduaneros, documentos de aduanas.
customs duties derechos aduaneros, impuestos aduaneros, derechos de aduanas, impuestos de aduanas.
customs duties collection cobro de derechos aduaneros, cobro de derechos de aduanas.
customs-exempt *adj* exento de derechos aduaneros, exento de impuestos aduaneros.
customs exemption exención aduanera.
customs fine multa aduanera, multa de aduanas.
customs-free *adj* exento de derechos aduaneros, exento de impuestos aduaneros.
customs-free area zona franca.
customs-house *n* aduana.
customs-house broker corredor de aduanas, agente de aduanas.
customs-house officer inspector de aduanas, oficial de aduanas.
customs inspection inspección aduanera, inspección de aduanas.
customs inspector inspector aduanero, inspector de aduanas, vista de aduana.
customs invoice factura aduanera, factura de aduanas.
customs officer oficial aduanero, oficial de aduanas.
customs procedures procedimientos aduaneros, procedimientos de aduanas.
customs rate tasa aduanera, tasa de aduanas.
customs regulations reglamentos aduaneros, reglamentos de aduanas.
customs rules reglas aduaneras, reglas de aduanas.
customs seal sello aduanero, sello de aduanas.
customs service servicio aduanero, servicio de aduanas.
customs station estación aduanera, estación de aduanas.
customs tariff tarifa aduanera, tarifa de aduanas.
customs union unión aduanera.
customs valuation valuación aduanera, valuación de aduanas.
customs value valor aduanero, valor en aduanas.
customs value, no sin valor aduanero, sin valor en aduanas.
customs warehouse almacén aduanero, almacén de aduanas.
customshouse *n* aduana.
cut back production reducir la producción.
cut costs cortar costos, cortar costes.
cut down expenses reducir gastos.
cut in salary reducción de salario.
cut losses no añadir a las pérdidas.
cut-off date fecha de corte.
cut-off point punto de corte.
cut-off rate tasa de corte.

cut-off time tiempo de corte.
cut-price *adj* a precio reducido, a precio de ganga.
cut prices reducir precios.
cut-rate *adj* a precio reducido, a precio de ganga.
cut rates reducir tasas.
cut service reducir servicio, eliminar servicio.
cut-throat competition competencia feroz.
cut workers despedir empleados.
cutback *n* recorte, despido de empleados para economizar.
cutting-edge marketing lo último en marketing, lo último en mercadeo.
cutting-edge technology lo último en tecnología, tecnología de vanguardia.
cutting-edge training lo último en entrenamiento.
CV (curriculum vitae) currículo, currículum vitae.
cybercafe *n* cibercafé.
cybercrime *n* cibercrimen.
cybermall *n* centro comercial electrónico.
cybermarket *n* cibermercado.
cyberspace *n* ciberespacio.
cycle *n* ciclo.
cycle billing facturación por ciclos.
cycle period período del ciclo.
cyclical *adj* cíclico.
cyclical changes cambios cíclicos.
cyclical demand demanda cíclica.
cyclical factors factores cíclicos.
cyclical fluctuations fluctuaciones cíclicas.
cyclical forecast pronóstico cíclico.
cyclical industry industria cíclica.
cyclical inflation inflación cíclica.
cyclical stocks acciones cíclicas.
cyclical unemployment desempleo cíclico.
cyclical variation variación cíclica.
cyclically *adv* cíclicamente.
cyclically adjusted ajustado cíclicamente.

D

D bond rating calificación de bono D, clasificación de bono D.
D rating calificación D, clasificación D.
DAF (delivered at frontier) entregado en frontera.
daily *adj* diario, diurno.
daily activity actividad diaria.
daily allowance asignación diaria, provisión diaria, deducción diaria.
daily high cotización más alta del día, precio máximo alcanzado un día, venta más alta del día.
daily interest intereses diarios.
daily interest account cuenta de intereses diarios.
daily interest rate tasa de interés diaria.
daily limit límite diario.
daily low cotización más baja del día, precio mínimo alcanzado un día, venta más baja del día.
daily occupation ocupación regular.
daily pay jornal, paga por día, salario diario.
daily rate tasa diaria, jornal, paga por día.
daily rate of pay salario diario, jornal, paga por día.
daily report informe diario.
daily reserve reserva diaria.
daily salary salario diario, jornal, paga por día.
daily settlement liquidación diaria.
daily statement estado diario.

daily trading limit límite de variación diaria.
daily wage salario diario, jornal, paga por día.
dairy farm granja lechera.
daisy chain transacciones que manipulan el mercado de modo que un valor aparente tener mucha actividad.
damage *n* daño.
damage authentication certificación de daños.
damage certificate certificado de daños.
damage certification certificación de daños.
damage claim reclamación de daños.
damage control control de daños.
damage evidence prueba de daños.
damage proof prueba de daños.
damage to property daños a la propiedad.
damage verification verificación de daños.
damaged *adj* dañado.
damages *n* daños y perjuicios, daños.
danger *n* peligro.
danger money plus de peligrosidad.
dangerous *adj* peligroso.
dangerous goods mercancías peligrosas.
dangerous waste desperdicios peligrosos.
dangerous work trabajo peligroso.
dangers of the sea peligros del mar.
DAT (direct access trading) transacciones mediante acceso directo.
data *n* datos.
data acquisition adquisición de datos.
data automation automatización de datos.
data availability disponibilidad de datos.
data bank banco de datos.
data base base de datos.
data capture captura de datos.
data center centro de datos.
data centre centro de datos.
data channel canal de datos.
data collection recopilación de datos.
data communication telemática, comunicación de datos.
data compilation compilación de datos, recopilación de datos.
data control control de datos.
data conversion conversión de datos.
data corruption corrupción de datos.
data distribution distribución de datos.
data encryption codificación de datos.
data entry entrada de datos.
data field campo de datos.
data file archivo de datos, fichero de datos.
data gathering recogida de datos.
data glove guante de datos.
data input entrada de datos.
data integrity integridad de datos.
data management gestión de datos, administración de datos
data management system sistema de gestión de datos, sistema de administración de datos.
data manipulation manipulación de datos.
data medium medio de datos.
data mining minería de datos.
data network red de datos.
data organisation organización de datos.
data organization organización de datos.
data output salida de datos.
data privacy privacidad de datos.
data processing procesamiento de datos, proceso de datos.
data-processing insurance seguro de procesamiento de datos.

data protection protección de datos.
data recovery recuperación de datos.
data-recovery system sistema de recuperación de datos.
data retrieval recuperación de datos.
data security seguridad de datos.
data storage almacenamiento de datos.
data system sistema de datos.
data transfer transferencia de datos.
data transmission transmisión de datos.
data warehouse almacén de datos.
database *n* base de datos.
database management gestión de base de datos, administración de base de datos.
database management system sistema de gestión de base de datos, sistema de administración de base de datos.
database services servicios de bases de datos.
date *n* fecha, compromiso, cita.
date *v* fechar.
date back antedatar.
date certain fecha cierta.
date due fecha de vencimiento.
date of acceptance fecha de aceptación.
date of acquisition fecha de compra.
date of bankruptcy fecha de la declaración de quiebra.
date of delivery fecha de entrega.
date of draft fecha de letra.
date of exercise fecha de ejercicio.
date of filing fecha de radicación.
date of invoice fecha de factura.
date of issue fecha de emisión.
date of maturity fecha de vencimiento.
date of payment fecha de pago, fecha de abono.
date of payment of dividend fecha de pago de dividendo.
date of plan termination fecha de terminación de plan.
date of publication fecha de publicación.
date of purchase fecha de compra.
date of record fecha de registro.
date of registration fecha de registro.
date of termination fecha de terminación.
dated *adj* fechado.
dated date fecha de comienzo de acumulación de intereses.
dated security título a plazo.
datum *n* dato.
dawn raid intento de toma de control de una corporación al comienzo del día bursátil.
DAX *n* DAX.
DAX Index Índice DAX.
day book libro diario, registro diario de entradas y salidas.
day certain día cierto.
day cycle ciclo diurno.
day high cotización más alta del día, precio máximo alcanzado un día, venta más alta del día.
day laborer jornalero.
day labourer jornalero.
day loan préstamo diario.
day low cotización más baja del día, precio mínimo alcanzado un día, venta más baja del día.
day off día libre.
day order orden de un día.
day pay jornal, paga por día, salario diario.
day rate tasa diaria, jornal, paga por día.
day rate of pay salario diario, jornal, paga por día.
day shift turno diurno, jornada diurna.

day-to-day *adj* de día a día.
day-to-day loan préstamo de día a día.
day trade comprar y vender los mismos valores el mismo día buscando aprovechar cualquier variación en precio.
day trader quien compra y venta de los mismos valores el mismo día buscando aprovechar cualquier variación en precio.
day trading compra y venta de los mismos valores el mismo día buscando aprovechar cualquier variación en precio.
day wage salario diario, jornal, paga por día.
day worker trabajador diurno.
day's pay jornal, paga por día, salario diario.
daybook *n* libro diario, registro diario de entradas y salidas.
daylight overdraft sobregiro diurno.
daylight saving time horario de verano.
days of coverage días de cobertura.
days of demurrage demora en la duración de un viaje.
days of grace días de gracia.
days to cover ratio de las posiciones descubiertas de una acción a su volumen promedio diario.
days to sell inventory días para vender inventario.
dayworker *n* trabajador diurno.
DB (database) base de datos.
DBA (doing business as) en negocios bajo el nombre de.
DBMS (database management system) sistema de gestión de base de datos, sistema de administración de base de datos.
DCF (discounted cash flow) flujo de efectivo descontado.
DCF method (discounted cash flow method) método de flujo de efectivo descontado.
DD (demand draft) letra a la vista, giro a la vista.
DDM (dividend discount model) modelo de descuento de dividendos.
DDP (delivered duty paid) entregado derechos pagados.
DDU (delivered duty unpaid) entregado derechos no pagados.
de facto de hecho, de facto.
de facto corporation corporación de hecho, corporación de facto.
de jure de derecho, de jure.
de jure corporation corporación autorizada, corporación de jure.
de-merger *v* separar las partes de una compañía.
de minimis imports importaciones insignificantes, importaciones de minimis.
de-skilling *n* reducción de destrezas de empleados.
dead *adj* inactivo, improductivo, muerto.
dead assets activos improductivos.
dead-cat bounce recuperación breve dentro de un mercado bajista prolongado.
dead-end job trabajo sin oportunidades para mejoramiento.
dead freight pago por flete contratado pero sin utilizar, falso flete.
dead letter carta muerta.
dead loss pérdida total.
dead pledge hipoteca.
dead stock inventario no vendible, capital improductivo.
dead storage almacenamiento de bienes, mercancías inmovilizadas.
dead time tiempo muerto.
deadbeat *n* deudor moroso.

deadline n fecha límite, fecha de vencimiento, plazo, término.

deadlock n estancamiento, punto muerto, atasco.

deadweight loss desperdicio de recursos a consecuencia de una situación en que nadie se beneficia.

deal n negocio, contrato, acuerdo, trato.

deal v negociar, comerciar, repartir, tratar.

dealer n comerciante, intermediario, corredor, corredor de bolsa, dealer.

dealer bank banco que también hace transacciones con valores.

dealer exchange bolsa de corredores con cuenta propia.

dealer's insurance seguro de comerciante.

dealer's talk exageraciones usadas para vender algo.

dealership n concesionario.

dealings n negociaciones, transacciones, comercio.

dear money situación económica en que es difícil obtener crédito.

death benefits beneficios por muerte, indemnización por muerte.

death certificate certificado de defunción, certificado de muerte.

death duty impuestos sucesorios.

death rate tasa de mortalidad.

death spiral espiral de muerte.

death taxes impuestos sucesorios.

debenture n obligación sin hipoteca o prenda, debenture.

debenture bond bono sin hipoteca o prenda, debenture.

debenture certificate certificado de debenture.

debenture debt deuda sin hipoteca o prenda, debenture.

debenture emission emisión de debentures.

debenture loan préstamo sin hipoteca o prenda, debenture.

debit n débito, saldo deudor, cargo.

debit v debitar, cargar.

debit account cuenta deudora, cargar a una cuenta.

debit adjustment ajuste de débito.

debit advice aviso de débito.

debit an account adeudar una cuenta.

debit and credit debe y haber.

debit and credit conventions reglas del debe y haber.

debit balance saldo deudor.

debit card tarjeta de débito.

debit column columna del debe.

debit entry asiento de cargo, asiento de débito.

debit insurance seguro industrial.

debit interest interés deudor.

debit item partida del debe.

debit life insurance seguro de vida industrial.

debit memo memorando de débito.

debit memorandum memorando de débito.

debit note nota de débito.

debit side debe.

debit spread combinación de opciones con saldo deudor.

debit ticket nota de débito.

debit transfer transferencia de débito.

debitor n deudor.

debt n deuda.

debt adjusting atender las deudas de otro por compensación.

debt adjustment convenio para pagar deudas que se disputan.

debt administration administración de la deuda.

debt-asset ratio ratio de endeudamiento, razón de endeudamiento, coeficiente de endeudamiento.

debt assignment transferencia de la deuda, asignación de la deuda.

debt assumption asunción de la deuda.

debt barred by limitation deuda prescrita.

debt burden carga de la deuda.

debt buyback recompra de deuda.

debt cancellation cancelación de deuda.

debt capacity capacidad de contraer deudas.

debt capital capital obtenido a través de préstamos.

debt capital market mercado de capitales obtenidos a través de préstamos.

debt ceiling máximo de deuda.

debt certificate certificado de deuda.

debt charges cargos por deuda.

debt collection cobro de deudas.

debt collection agency agencia de cobro de deudas.

debt collector cobrador de deudas.

debt consolidation consolidación de deudas.

debt conversion conversión de deuda.

debt conversion bond bono de conversión de deuda.

debt counseling asesoramiento sobre deudas.

debt counselling asesoramiento sobre deudas.

debt coverage ratio ratio de cobertura de deudas, razón de cobertura de deudas.

debt deflation theory teoría del endeudamiento y deflación.

debt due deuda exigible.

debt/equity conversion conversión de deuda a capital.

debt/equity ratio ratio de endeudamiento, ratio de deuda a capital, razón de endeudamiento, razón de deuda a capital.

debt/equity swap conversión de deuda a capital.

debt evidence prueba de deuda.

debt factoring venta a descuento de las cuentas por cobrar.

debt financing financiamiento mediante deuda, financiamiento de la deuda.

debt-for-debt swap intercambio de deudas.

debt-for-environment swap intercambio de deudas por mejoras ambientales.

debt-for-nature swap intercambio de deudas por mejoras ambientales.

debt forgiveness condonación de la deuda.

debt funding financiación mediante deuda, consolidación de deudas.

debt holder acreedor, deudor.

debt instrument instrumento de deuda.

debt level nivel de deuda.

debt leverage nivel de endeudamiento relativo al capital.

debt limit límite de deuda.

debt limitations limitaciones de deuda.

debt load carga de la deuda.

debt loading acumulación de deudas en anticipación a declarar quiebra.

debt management administración de la deuda, gestión de la deuda.

debt manager administrador de la deuda.

debt moratorium moratoria de la deuda.

debt obligations obligaciones de deuda.

debt of record deuda declarada en un juicio.

debt overhang deuda que excede la capacidad futura de repagarla, sobreendeudamiento.

debt payment pago de deuda.

debt pooling arreglo mediante el cual un deudor reparte sus activos entre acreedores.
debt proof prueba de deuda.
debt rating clasificación de deuda.
debt ratio ratio de endeudamiento, razón de endeudamiento.
debt receivable deuda exigible.
debt reconstruction reestructuración de deuda.
debt redemption redención de deuda.
debt reduction reducción de deuda.
debt-reduction fund fondo para la reducción de deuda.
debt refinancing refinanciamiento de deuda.
debt relief alivio de la deuda.
debt renegotiation renegociación de la deuda.
debt repayment pago de deuda.
debt repayment schedule tabla de pago de deuda.
debt repudiation cancelación de la deuda.
debt repurchase recompra de la deuda.
debt rescheduling reprogramación de la deuda.
debt restructuring reestructuración de deuda.
debt retirement retiro de deuda.
debt-ridden adj sobreendeudado.
debt security garantía de una deuda, obligación de deuda.
debt service servicio de la deuda, pago de deudas.
debt service fund fondo de servicio de la deuda.
debt service ratio ratio de servicio de la deuda, razón de servicio de la deuda.
debt service requirement requisito de servicio de la deuda.
debt servicing servicio de la deuda, pago de deudas.
debt standstill moratoria de la deuda.
debt sustainability sostenibilidad de la deuda.
debt swap intercambio de deuda.
debt-to-equity conversion conversión de deuda a capital.
debt-to-equity ratio ratio de endeudamiento, ratio de deuda a capital, razón de endeudamiento, razón de deuda a capital.
debt-to-equity swap conversión de deuda a capital.
debt-to-GDP ratio ratio de la deuda al PIB, razón de la deuda al PIB.
debt-to-net worth ratio ratio de pasivo y activo neto, razón de pasivo y activo neto.
debtee n acreedor.
debtor n deudor.
debtor account cuenta deudora.
debtor bank banco deudor.
debtor country país deudor.
debtor in possession negocio que sigue operando durante su reorganización bajo la ley de quiebras.
debtor nation nación deudora.
debut n debut.
decapitalisation n descapitalización.
decapitalization n descapitalización.
decartelisation n descartelización.
decartelization n descartelización.
deceased adj difunto.
deceased n difunto.
deceased account cuenta del difunto.
decedent n difunto.
decedent's account cuenta del difunto.
decedent's estate patrimonio del difunto.
deceit n engaño, dolo.
deceitful adj engañoso, falso.
deceitfully adv engañosamente, fraudulentamente.
deceitfulness n falsedad, engaño.
deceive v engañar.

decentralisation n descentralización.
decentralise v descentralizar.
decentralised adj descentralizado.
decentralised agency agencia descentralizada.
decentralised management administración descentralizada, gestión descentralizada.
decentralization n descentralización.
decentralize v descentralizar.
decentralized adj descentralizado.
decentralized agency agencia descentralizada.
decentralized management administración descentralizada, gestión descentralizada.
deception n engaño, fraude.
deceptive adj engañoso.
deceptive advertising publicidad engañosa.
deceptive packaging empaque engañoso.
deceptive practice práctica engañosa.
deceptive sales practices prácticas comerciales engañosas.
deceptive statement declaración engañosa.
deceptiveness n apariencia engañosa.
decide against decidir en contra.
decide in favor decidir a favor.
decimal currency sistema de moneda decimal.
decipher v descifrar.
decision n decisión.
decision analysis análisis de decisiones.
decision maker quien toma las decisiones.
decision making toma de decisiones.
decision-making power facultad decisoria.
decision-making process proceso de decisión.
decision matrix matriz de decisión.
decision model modelo de decisiones.
decision taking toma de decisiones.
decision theory teoría de decisiones.
decision tree árbol de decisión.
decisive adj decisivo, determinante, decidido.
decisive factor factor determinante, factor decisivo.
declaration n declaración, exposición, declaración aduanera, manifestación.
declaration date fecha de declaración.
declaration of assets declaración de bienes.
declaration of bankruptcy declaración de quiebra.
declaration of dividend declaración de dividendo.
declaration of entry declaración de entrada.
declaration of estimated taxes declaración de contribuciones estimadas.
declaration of intent declaración de intención.
declaration of means declaración de medios financieros.
declaration of need declaración de necesidad.
declaration of origin declaración de origen.
declaration of solvency declaración de solvencia.
declaration of trust declaración de fideicomiso.
declarations section sección de declaraciones.
declare v declarar.
declare a dividend declarar un dividendo.
declare a strike declarar una huelga.
declared adj declarado.
declared capital capital declarado.
declared dividend dividendo declarado.
declared income ingresos declarados.
declared profit beneficio declarado, ganancia declarada.
declared value valor declarado.
declared value, no sin valor declarado.
declination n declive, rechazo.
decline n disminución, bajada, descenso.
decline v declinar, decaer, disminuir, rechazar.

decliners *n* acciones que bajan un día dado.
declining-balance depreciation depreciación de saldos decrecientes.
declining-balance method método de saldos decrecientes.
declining industry industria en decadencia.
declining interest rates tasas de interés decrecientes.
declining market mercado bajista.
declining quality calidad decreciente.
declining rates tasas decrecientes.
declining shares acciones que bajan un día dado.
declining stocks acciones que bajan un día dado.
declining-yield curve curva de rendimientos decrecientes.
decode *v* descodificar, descifrar.
decoder *n* descodificador.
deconglomeration *n* desconglomeración.
deconsolidate *v* desconsolidar.
decontrol *n* descontrol, reducción de controles.
decontrol *v* descontrolar, reducir controles.
decrease *n* disminución, baja.
decrease *v* disminuir, bajar.
decrease tariffs disminuir tarifas.
decreasing *adj* decreciente.
decreasing amortisation amortización decreciente.
decreasing amortization amortización decreciente.
decreasing costs costos decrecientes, costes decrecientes.
decreasing insurance seguro decreciente.
decreasing returns utilidades decrecientes.
decreasing term insurance seguro de término decreciente.
decreasing term life insurance seguro de término decreciente.
decreasing value valor decreciente.
decree of insolvency declaración judicial de que los activos no alcanzan a cubrir las deudas.
decrement *n* decremento.
decruitment *n* despido de empleados.
decrypt *v* descifrar, descodificar.
decryption *n* descifrado, descodificación.
dedicate *v* dedicar, dedicar un inmueble al uso público.
dedicated line línea dedicada.
dedication *n* dedicación, dedicación de un inmueble al uso público.
deduce *v* deducir.
deduct *v* deducir.
deduct from wages deducir del salario.
deduct taxes deducir impuestos.
deductibility *n* deducibilidad.
deductible *adj* deducible.
deductible clause cláusula de franquicia en un contrato de seguro, cláusula de deducible en un contrato de seguro.
deductible expenses gastos deducibles.
deductible insurance seguro con deducibles.
deductible losses pérdidas deducibles.
deduction *n* deducción.
deduction from gross income deducción de ingresos brutos.
deduction from income deducción de ingresos.
deduction from net income deducción de ingresos netos.
deductive *adj* deductivo.
deductive method método deductivo.
deductively *adv* deductivamente.

deed *n* escritura, título, instrumento formal para transferir derechos sobre un inmueble.
deed in fee escritura mediante la cual se transfiere dominio absoluto sobre un inmueble.
deed in lieu of foreclosure entrega de escritura en vez de juicio hipotecario.
deed indenture escritura de traspaso.
deed intended escritura mediante la cual se transfieren los derechos sobre un inmueble.
deed of agency fideicomiso con el propósito de pagar deudas.
deed of assignment escritura de traspaso.
deed of conveyance escritura de traspaso.
deed of covenant escritura de garantía, instrumento accesorio a un contrato de un inmueble.
deed of foundation escritura de fundación.
deed of gift escritura de donación.
deed of incorporation escritura de constitución.
deed of partition escritura de partición.
deed of partnership escritura de sociedad.
deed of release acta de cesión de derechos, escritura de cancelación.
deed of sale escritura de compraventa, escritura de venta.
deed of transfer escritura de transferencia.
deed of trust escritura de fideicomiso.
deed poll escritura unilateral.
deed restriction restricción de escritura.
deem necessary estimar necesario.
deep discount descuento sustancial, bono con descuento sustancial.
deep-discount bond bono con descuento sustancial.
deep in-the-money opción de compra cuyo precio de ejecución esta significativamente por debajo del precio corriente de mercado de las acciones subyacentes, opción de venta cuyo precio de ejecución esta significativamente por encima del precio corriente de mercado de las acciones subyacentes.
defalcate *v* desfalcar, malversar.
defalcation *n* desfalco, malversación.
defamatory advertising publicidad difamatoria.
default *n* incumplimiento, omisión, mora, falta de pago.
default *v* incumplir, no pagar.
default, in en mora, incumplido.
default of obligations incumplimiento de obligaciones.
default of payment incumplimiento de pago.
default, on en caso de incumplimiento.
default penalty penalidad por incumplimiento.
default point punto crítico.
default premium prima para compensar por el riesgo de incumplimiento.
default risk riesgo de incumplimiento.
defaulted bond bono en mora.
defaulted interest intereses en mora.
defaulter *n* incumplidor, moroso, quien no paga.
defeasance *n* contradocumento, anulación, revocación, derecho de redención tras incumplimiento de pago.
defeasance clause cláusula que permite la extinción de una hipoteca.
defeasibility *n* revocabilidad.
defeasible *adj* anulable, condicional.
defeasible fee derecho de dominio revocable.
defeasible title título revocable.
defect *n* defecto, vicio.

defect in title defecto de título.
defective adj defectuoso, viciado.
defective product producto defectuoso.
defective service servicio defectuoso.
defective title título defectuoso.
defensive industry industria relativamente inmune a factores tales como un deterioro en la economía, industria estable.
defensive investment inversión segura, inversión estable.
defensive investment strategy estrategia de invertir en acciones seguras, estrategia de invertir en valores seguros.
defensive portfolio cartera de acciones seguras, cartera estable.
defensive securities valores seguros, valores estables.
defensive stocks acciones seguras, acciones estables.
defer v diferir, aplazar, ceder.
defer a payment aplazar un pago.
deferment n aplazamiento.
deferment charge cargo por aplazamiento.
deferment fee cargo por aplazamiento.
deferment of payment aplazamiento de pago.
deferment of payment of taxes aplazamiento de pago de contribuciones.
deferment period período durante el cual no hay beneficios, período durante el cual no hay pagos.
deferrable adj aplazable.
deferral n aplazamiento.
deferral of payment aplazamiento de pago.
deferral of taxes aplazamiento de impuestos.
deferred adj diferido, aplazado.
deferred account cuenta diferida.
deferred amount cantidad diferida.
deferred annuity anualidad diferida.
deferred annuity contract contrato de anualidad diferida.
deferred asset activo diferido.
deferred availability disponibilidad diferida.
deferred benefits beneficios diferidos.
deferred billing facturación diferida.
deferred bonds bonos diferidos.
deferred charge cargo diferido.
deferred collection cobro diferido.
deferred compensation compensación diferida.
deferred compensation plan plan de compensación diferida.
deferred contribution plan plan de contribuciones diferidas.
deferred cost costo diferido, coste diferido.
deferred credit crédito diferido.
deferred debit débito diferido.
deferred delivery entrega diferida.
deferred dividend dividendo diferido.
deferred expenditures gastos diferidos.
deferred expenses gastos diferidos.
deferred fee cargo diferido.
deferred gain ganancia diferida.
deferred gross profit beneficios brutos diferidos, ganancias brutas diferidas.
deferred group annuity anualidad grupal diferida.
deferred group annuity contract contrato de anualidad grupal diferida.
deferred income ingreso diferido.
deferred income tax contribución sobre ingresos diferida.
deferred interest intereses diferidos.
deferred interest bond bono de intereses diferidos.

deferred liability pasivo diferido, responsabilidad diferida.
deferred maintenance mantenimiento diferido.
deferred months meses lejanos de expiraciones de opciones.
deferred-payment annuity anualidad de pagos diferidos.
deferred-payment option opción de pagos diferidos.
deferred-payment sale venta de pagos diferidos.
deferred payments pagos diferidos.
deferred premium prima diferida.
deferred profit sharing participación diferida en los beneficios, participación diferida en las ganancias.
deferred profits beneficios diferidos ganancias diferidas.
deferred remuneration remuneración diferida.
deferred retirement retiro diferido.
deferred salary increase aumento de salario diferido.
deferred sales charge cargo de venta diferido.
deferred sales fee cargo de venta diferido.
deferred shares acciones diferidas.
deferred stock acciones diferidas.
deferred taxation imposición diferida.
deferred taxes impuestos diferidos.
deferred wage increase aumento de salario diferido.
deficiency n deficiencia.
deficiency assessment la diferencia entre lo que calcula el contribuyente y lo que reclaman las autoridades.
deficiency decree sentencia obligando al deudor en una ejecución de hipoteca a pagar la diferencia entre lo que se debe y lo que se devengó, fallo de deficiencia.
deficiency judgment sentencia obligando al deudor en una ejecución de hipoteca a pagar la diferencia entre lo que se debe y lo que se devengó, fallo de deficiencia.
deficiency letter carta de aviso por parte de las autoridades informando al contribuyente de una deficiencia en la declaración de las contribuciones, carta de deficiencia.
deficiency notice aviso por parte de las autoridades informando al contribuyente de una deficiencia en la declaración de las contribuciones, aviso de deficiencia.
deficiency reserve reserva para deficiencias.
deficiency suit acción para obligar al deudor en una ejecución de hipoteca a pagar la diferencia entre lo que se debe y lo que se devengó.
deficient adj deficiente.
deficit n déficit.
deficit country país deficitario.
deficit financing financiamiento mediante déficit, financiamiento del déficit.
deficit net worth valor neto negativo.
deficit reduction reducción del déficit.
deficit spending gastos deficitarios, gastos en exceso de los ingresos, financiamiento mediante déficit.
defined-benefit pension plan plan de pensión de beneficios definidos.
defined-benefit plan plan de pensión de beneficios definidos.
defined benefits beneficios definidos.
defined-contribution pension plan plan de pensión de contribuciones definidas.

defined-contribution plan plan de contribuciones definidas.
defined contributions contribuciones definidas.
definite loss pérdida definitiva.
definitive *adj* definitivo.
definitive certificate certificado definitivo.
definitive duties derechos definitivos.
deflate *v* deflacionar.
deflation *n* deflación.
deflationary *adj* deflacionario.
deflationary effect efecto deflacionario.
deflationary gap vacío deflacionario.
deflationary pressure presión deflacionaria.
deflator *n* deflacionador, deflactor.
deforestation *n* deforestación.
defraud *v* defraudar.
defraudation *n* defraudación.
defrauder *n* defraudador.
defray *v* costear, pagar.
defunct company compañía difunta.
degradation *n* degradación.
degrade *v* degradar.
degree *n* grado, título, título universitario.
degree of monopoly grado de monopolio.
degree of risk grado de riesgo.
degression *n* degresión.
degressive *adj* degresivo.
degressive tax impuesto degresivo.
degressive taxation imposición degresiva.
deindustrialisation *n* desindustrialización.
deindustrialization *n* desindustrialización.
delay *n* demora, aplazamiento.
delay *v* demorar, aplazar.
delay clause cláusula de demora.
delay in delivery demora en la entrega.
delay in payment demora en el pago, demora en el abono.
delay rent renta pagada para usar un terreno más tiempo.
delayed *adj* demorado, aplazado.
delayed amount cantidad demorada.
delayed annuity anualidad demorada.
delayed availability disponibilidad demorada.
delayed benefits beneficios demorados.
delayed billing facturación demorada.
delayed charge cargo demorado.
delayed collection cobro demorado.
delayed compensation compensación demorada.
delayed contribution contribución demorada.
delayed cost costo demorado, coste demorado.
delayed credit crédito demorado.
delayed debit débito demorado.
delayed delivery entrega demorada.
delayed disbursement desembolso demorado.
delayed dividend dividendo demorado.
delayed expenditures gastos demorados.
delayed expenses gastos demorados.
delayed fee cargo demorado.
delayed gain ganancia demorada.
delayed income ingreso demorado.
delayed interest intereses demorados.
delayed maintenance mantenimiento demorado.
delayed opening apertura demorada.
delayed payment pago demorado, abono demorado.
delayed payment clause cláusula de pago demorado.
delayed premium prima demorada.
delayed price precio demorado.
delayed profits beneficios demorados ganancias demoradas.
delayed quote cotización demorada.
delayed remuneration remuneración demorada.
delayed retirement retiro demorado.
delayed salary increase aumento de salario demorado.
delayed taxation imposición demorada.
delayed taxes impuestos demorados.
delayed wage increase aumento de salario demorado.
delaying tactics tácticas dilatorias.
delegate *n* delegado.
delegate *v* delegar.
delegated *adj* delegado.
delegation *n* delegación.
delegation of authority delegación de autoridad.
delete *v* borrar, suprimir.
deleveraging *n* desapalancamiento.
deliberately *adv* deliberadamente, intencionalmente.
delimit *v* delimitar, demarcar.
delimitate *v* delimitar, demarcar.
delimitation *n* delimitación, demarcación.
delineate *v* delinear.
delinquency *n* delincuencia, morosidad.
delinquency interest interés por mora.
delinquency percentage porcentaje de morosidad.
delinquency rate tasa de morosidad.
delinquency ratio ratio de morosidad, razón de morosidad.
delinquent *adj* delincuente, moroso.
delinquent account cuenta en mora.
delinquent borrower deudor moroso.
delinquent debt deuda en mora.
delinquent debtor deudor moroso.
delinquent list lista de morosos.
delinquent loan préstamo en mora.
delinquent mortgage hipoteca en mora.
delinquent party parte incumplidora.
delinquent return planilla morosa.
delinquent taxes impuestos morosos.
delist *v* remover de cotización en una bolsa de valores.
delisting *n* remoción de cotización en una bolsa de valores.
deliver *v* entregar, remitir, librar, depositar.
deliver goods entregar mercancías.
deliverable *adj* entregable.
delivered *adj* entregado.
delivered at frontier entregado en la frontera.
delivered by hand entregado en mano.
delivered cost costo entregado, coste entregado.
delivered duty paid entregado derechos pagados.
delivered duty unpaid entregado derechos no pagados.
delivered email email entregado, correo electrónico entregado.
delivered ex quay entregado en muelle.
delivered ex ship entregado sobre buque.
delivered letter carta entregada.
delivered mail correo entregado, email entregado, correo electrónico entregado.
delivered price precio entregado.
delivery *n* entrega, remesa, transmisión de posesión.
delivery bond fianza para reintegración de bienes embargados.
delivery charges cargos por entrega.
delivery conditions condiciones de entrega.
delivery confirmation confirmación de entrega.

delivery cost costo de entrega, coste de entrega.
delivery date fecha de entrega.
delivery fee cargo de entrega.
delivery month mes de entrega.
delivery note nota de entrega, albarán.
delivery notice aviso de entrega.
delivery of cargo entrega de cargamento.
delivery of deed entrega de escritura.
delivery of possession transmisión de posesión.
delivery, on a la entrega.
delivery order orden de entrega.
delivery period período de entrega.
delivery price precio de entrega.
delivery receipt recibo de entrega.
delivery risk riesgo de entrega.
delivery service servicio de entrega.
delivery slip albarán.
delivery terms condiciones de entrega.
delivery time tiempo de entrega, hora de entrega.
delivery versus payment entrega contra pago.
Delphi technique técnica Delphi.
delta n delta.
delta hedging cobertura delta.
demand adj a la vista, exigible.
demand n demanda, exigencia, reclamación.
demand v demandar, exigir, reclamar.
demand account cuenta a la vista.
demand and supply demanda y oferta.
demand and supply curves curvas de demanda y oferta.
demand bill letra a la vista.
demand curve curva de demanda.
demand debt deuda a la vista.
demand deposit depósito a la vista.
demand draft letra a la vista, giro a la vista.
demand elasticity elasticidad de demanda.
demand for payment requerimiento de pago.
demand forecast pronóstico de la demanda.
demand forecasting previsión de la demanda.
demand function función de la demanda.
demand growth crecimiento de la demanda.
demand inflation inflación de la demanda.
demand liability obligación a la vista.
demand loan préstamo a la vista.
demand management administración de la demanda, gestión de la demanda.
demand money dinero a la vista.
demand mortgage hipoteca a la vista.
demand note pagaré a la vista.
demand, on a la vista, a solicitud.
demand price precio de demanda.
demand-pull inflation inflación impulsada por demanda.
demand rate tasa de demanda.
demand restraint moderación de la demanda.
demand schedule tabla de demanda.
demand shift desplazamiento de la demanda.
demandable adj demandable, exigible.
demandant n demandador, demandante.
demanded liability obligación a la vista.
demander n demandador, demandante.
demarcation n demarcación.
demarketing n esfuerzos para reducir la demanda.
dematerialisation n el proceso de eliminar certificados en papel como evidencia de posesión de valores.
dematerialization n el proceso de eliminar certificados en papel como evidencia de posesión de valores.
demerger n separación de partes de una compañía.

demise n transferencia de dominio, arrendamiento, cesión.
demise v transferir temporalmente, arrendar.
demise and redemise derechos recíprocos de arrendamiento sobre un inmueble.
demise charter fletamento temporal.
demised premises propiedad arrendada.
demo (demonstration) demostración, demo.
democracy n democracia.
democratic adj democrático.
demographic adj demográfico.
demographic pressure presión demográfica.
demographic profile perfil demográfico.
demographics n demografía.
demography n demografía.
demolition n demolición.
demolition clause cláusula contra demolición.
demolition insurance seguro contra demolición.
demonetisation n desmonetización.
demonetise v desmonetizar.
demonetization n desmonetización.
demonetize v desmonetizar.
demonstrate v demostrar.
demonstration n demostración.
demote v bajar de categoría.
demotion n baja de categoría.
demotivate v desmotivar.
demotivation n desmotivación.
demurrage n sobreestadía.
demurrer n excepción.
demutualisation n desmutualización.
demutualise v desmutualizar.
demutualised adj desmutualizado.
demutualization n desmutualización.
demutualize v desmutualizar.
demutualized adj desmutualizado.
denationalisation n desnacionalización.
denationalise v desnacionalizar.
denationalised adj desnacionalizado.
denationalization n desnacionalización.
denationalize v desnacionalizar.
denationalized adj desnacionalizado.
denial n denegación, negación, rechazo.
denial letter carta de rechazo.
denial of benefits denegación de beneficios.
denomination n denominación.
denomination value valor de denominación.
denounce v denunciar, delatar.
denouncement n denuncia minera, solicitud para la concesión de una explotación minera, denuncia.
denouncer n denunciante.
densely populated densamente poblado.
density n densidad.
density zoning normas para el uso de la tierra en un área a través de la planificación urbana.
dental insurance seguro dental.
denumeration n acto de pago.
deny v denegar, negar, rechazar.
department n departamento, territorio.
department administration administración de departamento.
department administrator administrador de departamento.
department chief jefe de departamento.
department director director de departamento.
department head jefe de departamento.
department management administración de departamento, gestión de departamento.
department manager gerente de departamento.
Department of Agriculture Departamento de

Agricultura, Ministerio de Agricultura.
Department of Commerce Departamento de Comercio, Ministerio de Comercio.
Department of Labor Departamento de Trabajo, Ministerio de Trabajo.
Department of Labour Departamento de Trabajo, Ministerio de Trabajo.
Department of Public Health Departamento de Salud Pública, Ministerio de Salud Pública.
department of revenue departamento fiscal, Hacienda.
department store tienda por departamentos, gran almacén, almacén.
departmental *adj* departamental.
departmental administration administración departamental.
departmental administrator administrador departamental.
departmental agency agencia departamental.
departmental head jefe departamental.
departmental management administración departamental, gestión departamental.
departmental manager gerente departamental.
departmental rate tasa departamental.
departmentalisation *n* departamentalización.
departmentalization *n* departamentalización.
departure *n* salida.
departure customs aduana de salida.
departure permit permiso de salida.
departure tax impuesto de salida.
departure time hora de salida.
dependant *adj* dependiente.
dependant *n* dependiente.
dependency allowance deducción por dependencia.
dependency deduction deducción por dependencia.
dependency exemption exención por dependencia.
dependent *adj* dependiente.
dependent *n* dependiente.
dependent care credit crédito por cuidado de dependiente.
dependent conditions condiciones dependientes.
dependent contract contrato dependiente.
dependent covenant convenio dependiente.
dependent coverage cobertura de dependiente.
dependent deduction deducción por dependiente.
dependent insurance coverage cobertura de seguro de dependiente.
dependent nation nación dependiente.
dependent patent patente dependiente.
dependent promise promesa dependiente.
dependent variable variable dependiente.
depict *v* describir, representar.
depiction *n* descripción, representación.
depletable *adj* agotable.
depletable assets activo agotable.
depletable resources recursos agotables.
deplete *v* agotar.
depleted *adj* agotado.
depletion *n* agotamiento, desvalorización de un bien depreciable.
depletion allowance deducción por agotamiento.
depletion deduction deducción por agotamiento.
depletion of reserves agotamiento de reservas.
depletion reserve reserva por agotamiento, apunte contable que refleja la desvalorización de un bien depreciable.
depopulate *v* despoblar.

depopulated *adj* despoblado.
depopulation *n* despoblación.
deposit *n* depósito, entrada, caución.
deposit *v* depositar, imponer.
deposit account cuenta de depósito.
deposit analysis análisis de depósitos.
deposit bank banco de depósito.
deposit banking banca de depósitos.
deposit bond bono de depósito.
deposit book libreta de depósitos.
deposit box caja de seguridad.
deposit broker corredor de depósitos.
deposit certificate certificado de depósito.
deposit company compañía que alquila cajas de seguridad.
deposit contraction contracción de depósitos.
deposit correction slip hoja de corrección de depósito.
deposit currency moneda de depósito.
deposit date fecha de depósito.
deposit evidence prueba de depósito.
deposit expansion expansión de depósitos.
deposit facility facilidades de depósito.
deposit function función de depósito.
deposit funds fondos de depósitos.
deposit in escrow depositar en cuenta en plica, depositar en manos de un tercero.
deposit in transit depósito en tránsito.
deposit institution institución de depósito.
deposit insurance seguro sobre depósitos bancarios.
deposit interest rate tasa de interés de depósitos.
deposit liability responsabilidad de depósitos.
deposit loan préstamo de depósito.
deposit money dinero en depósitos, depósitos.
deposit note nota respaldada por depósitos.
deposit of title deeds depósito de títulos de propiedad.
deposit premium prima de depósito.
deposit proof prueba de depósito.
deposit rate tasa de depósito.
deposit receipt recibo de depósito, comprobante de depósito.
deposit slip hoja de depósito.
deposit-taking company compañía que acepta depósitos.
depositary *n* depositario, depósito, depositaría, lugar donde se mantienen depósitos.
depositary receipt recibo de depósito.
depositor *n* depositante.
depositors forgery insurance seguro contra falsificaciones de depositantes.
depository *n* depósito, depositaría, depositario, lugar donde se mantienen depósitos.
depot *n* depósito, almacén.
depreciable *adj* depreciable, amortizable.
depreciable assets activo depreciable, activo amortizable.
depreciable basis base depreciable, base amortizable.
depreciable cost costo depreciable, costo amortizable, coste depreciable, coste amortizable.
depreciable life vida depreciable, vida amortizable.
depreciable property propiedad depreciable, propiedad amortizable.
depreciable real estate bienes inmuebles depreciables, bienes inmuebles amortizables.
depreciate *v* depreciar, amortizar.
depreciated *adj* depreciado, amortizado.
depreciated amount cantidad depreciada, monto

depreciado, cantidad amortizada, monto amortizado.

depreciated cost costo depreciado, costo amortizado, coste depreciado, coste amortizado.

depreciated currency moneda depreciada.

depreciated value valor depreciado, valor amortizado.

depreciation *n* depreciación, amortización, desvalorización.

depreciation accounting contabilidad de depreciación, contabilidad de amortización.

depreciation adjustment ajuste de depreciación, ajuste de amortización.

depreciation allowance reserva de depreciación, reserva de amortización.

depreciation base base de depreciación, base de amortización.

depreciation basis base de depreciación, base de amortización.

depreciation charge cargo por depreciación, cargo por amortización.

depreciation cost costo de depreciación, costo de amortización, coste de depreciación, coste de amortización.

depreciation deduction deducción por depreciación, deducción por amortización.

depreciation expense gastos de depreciación, gastos de amortización.

depreciation fund fondo de depreciación, fondo de amortización.

depreciation insurance seguro de depreciación, seguro de amortización.

depreciation method método de depreciación, método de amortización.

depreciation of assets depreciación de activos, amortización de activos.

depreciation of fixed assets depreciación de activos fijos, amortización de activos fijos.

depreciation of money depreciación de moneda.

depreciation period período de depreciación, período de amortización.

depreciation rate tasa de depreciación, tasa de amortización.

depreciation recapture recaptura de depreciación, recaptura de amortización.

depreciation reserve reserva de depreciación, reserva de amortización.

depreciation schedule tabla de depreciación, cuadro de depreciación, tabla de amortización, cuadro de amortización.

depreciation system sistema de depreciación, sistema de amortización.

depressed *adj* deprimido.

depressed area área deprimida.

depressed economy economía deprimida.

depressed market mercado deprimido.

depressed price precio deprimido.

depressed state estado deprimido.

depressed volume volumen deprimido.

depression *n* depresión.

deprival value valor equivalente a lo que costaría reemplazar algo que no se pudiese usar.

dept. (department) departamento.

depth interview entrevista a profundidad.

depth of the market profundidad del mercado.

deputy administrator administrador adjunto.

deputy chair presidente adjunto.

deputy chairman presidente adjunto.

deputy chairperson presidente adjunto.

deputy chairwoman presidenta adjunta.

deputy chief executive director ejecutivo adjunto.

deputy chief executive officer director ejecutivo adjunto.

deputy executive director director ejecutivo adjunto.

deputy manager administrador adjunto, gerente adjunto.

deputy managing director director gerente adjunto.

deputy president presidente adjunto.

DEQ (delivered ex quay) entregado en muelle.

derecognition *n* desreconocimiento.

deregulate *v* desregular.

deregulated *adj* desregulado.

deregulation *n* desregulación.

deregulatory *adj* desregulatorio.

derelict *adj* abandonado.

dereliction of duties abandono de deberes.

derivative *adj* derivado.

derivative *n* derivado.

derivative instrument instrumento derivado.

derivative investment inversión derivada.

derivative products productos derivados.

derivative securities valores derivados de otros, derivados.

derivatives *n* valores derivados de otros, derivados.

derivatives department departamento de derivados.

derivatives market mercado de derivados.

derived *adj* derivado.

derived demand demanda derivada.

derogatory clause cláusula de exclusión.

derogatory information información despectiva.

DES (delivered ex ship) entregado sobre buque.

descending tops topes descendientes.

description *n* descripción.

description of the goods descripción de la mercancía.

description sheet hoja de descripción.

descriptive *adj* descriptivo.

descriptive billing facturación descriptiva.

descriptive characteristics características descriptivas.

descriptive mark marca descriptiva.

descriptive memorandum memorando descriptivo.

descriptive statement estado descriptivo.

descriptive statistics estadística descriptiva.

desertification *n* desertificación.

desertify *v* desertificar.

design *n* diseño, intención.

design *v* diseñar, concebir.

design patent patente de diseño.

designate *v* designar.

designate benefits designar beneficios.

designate contracts designar contratos.

designate costs designar costos, designar costes.

designate funds designar fondos.

designate income designar ingresos.

designate losses designar pérdidas.

designate money designar dinero.

designate profits designar beneficios, designar ganancias.

designate quotas designar cuotas.

designate reserves designar reservas.

designate resources designar recursos.

designate shares designar acciones.

designate stock designar acciones.

designated *adj* designado.

designated beneficiary beneficiario designado.

designated depository depositaría designada.
designated funds fondos designados.
designated income ingresos designados.
designated losses pérdidas designadas.
designated money dinero designado.
designated products productos designados.
designated profits beneficios designados, ganancias designadas.
designated purpose propósito designado.
designated quotas cuotas designadas.
designated reserves reservas designadas.
designated resources recursos designados.
designated shares acciones designadas.
designated stock acciones designadas.
designated use uso designado.
designation n designación.
designation of accounts distribución de cuentas.
designation of assets distribución de activos.
designation of benefits designación de beneficios.
designation of contracts designación de contratos.
designation of costs designación de costos, designación de costes.
designation of funds designación de fondos.
designation of money designación de dinero.
designation of quotas designación de cuotas.
designation of reserves designación de reservas.
designation of resources designación de recursos.
designation of shares designación de acciones.
designation of stock designación de acciones.
desire to buy deseo de comprar.
desire to purchase deseo de comprar.
desire to sell deseo de vender.
desired investment inversión deseada.
desired outcome resultado deseado.
desk n escritorio.
desk job trabajo de oficina, trabajo de escritorio.
desk work trabajo de oficina, trabajo de escritorio.
deskilling n reducción de destrezas de empleados.
desktop computer computadora de escritorio.
despatch v despachar, enviar.
despatch money pago adicional por cargar o descargar más pronto de lo estipulado.
despatch note nota de envío.
despatch notice aviso de envío.
destabilisation n desestabilización.
destabilise v desestabilizar.
destabilised adj desestabilizado.
destabilising adj desestabilizante.
destabilization n desestabilización.
destabilize v desestabilizar.
destabilized adj desestabilizado.
destabilizing adj desestabilizante.
destination n destinación.
destination airport aeropuerto de destino.
destination carrier portador de destino.
destination clause cláusula de destino.
destination country país de destino.
destination customs aduana de destino.
destination port puerto de destino.
destitution n indigencia, miseria.
destock v liquidar existencias, reducir existencias, dejar de mantener en inventario.
destructible trust fideicomiso susceptible a terminación.
destructive competition competencia destructiva.
detachable stock warrant certificado de derechos de compra de acciones desprendible.
detached adj desprendido, independiente.
detached housing viviendas desprendidas.

detail n detalle, pormenor.
detail v detallar, pormenorizar.
detail person quien promueve ventas visitando clientes corrientes.
detailed adj detallado.
detailed audit auditoría detallada.
detailed description descripción detallada.
details of payment detalles de pago.
deteriorate v deteriorarse.
deteriorated adj deteriorado.
deterioration n deterioro.
determinable adj determinable.
determinate adj determinado.
determinate obligation obligación determinada.
determination n determinación, resolución.
determination date fecha de determinación.
determination of boundaries delimitación de confines.
determine v determinar, resolver, decidir, terminar.
determined adj determinado, resuelto, decidido.
determining factor factor determinante.
deterrent adj disuasivo.
deterrent measures medidas disuasivas.
deterring adj disuasivo.
detrimental adj perjudicial.
devaluated adj devaluado.
devaluated currency moneda devaluada.
devaluation n devaluación.
devalue v devaluar.
devalued adj devaluado.
develop v desarrollar.
develop land desarrollar tierras.
developed adj desarrollado.
developed country país desarrollado.
developer n desarrollador.
developing adj en desarrollo.
developing countries países en desarrollo.
development n desarrollo, suceso.
development agency agencia de desarrollo.
development aid ayuda al desarrollo.
development area área de desarrollo.
development assistance ayuda al desarrollo.
development bank banco de desarrollo.
development bond bono de desarrollo, bono de fomento.
development company compañía de desarrollo.
development corporation corporación de desarrollo.
development costs costos del desarrollo, costes del desarrollo.
development department departamento de desarrollo.
development director director de desarrollo.
development enterprise empresa de desarrollo.
development entity entidad de desarrollo.
development expenditures gastos del desarrollo.
development expenses gastos del desarrollo.
development financing financiación del desarrollo, financiamiento del desarrollo.
development fund fondo para el desarrollo.
development grant subvención para desarrollo.
development loan préstamo de desarrollo.
development management administración del desarrollo, gestión del desarrollo.
development manager gerente de desarrollo.
development period período de desarrollo.
development plan plan de desarrollo.
development planning planificación del desarrollo.
development policy política de desarrollo.

development program programa de desarrollo.
development programme programa de desarrollo.
development stage etapa de desarrollo.
development strategy estrategia de desarrollo.
developmental adj en desarrollo.
deviation n desviación.
deviation policy política sobre desviaciones.
devious adj tortuoso, deshonesto, engañoso.
devise n legado.
devise v concebir, idear, legar.
devisee n legatario.
devoid of risk libre de riesgo.
devolution n devolución, traspaso.
devolve v delegar, transferir, recaer.
diagonal communication comunicación diagonal.
diagonal expansion expansión diagonal.
diagonal spread combinación de opciones diagonal.
diagram n diagrama.
dictate v dictar.
dictation n dictado.
difference n diferencia.
different adj diferente.
different price precio diferente.
different terms términos diferentes.
differential n diferencial.
differential advantage ventaja diferencial.
differential analysis análisis diferencial.
differential cost costo diferencial, coste diferencial.
differential duty tarifa diferencial.
differential pay paga diferencial.
differential pricing precios diferenciales.
differential rate tasa diferencial.
differentiate v diferenciar.
differentiated adj diferenciado.
differentiated marketing marketing diferenciado, mercadeo diferenciado.
differentiation n diferenciación.
differentiation strategy estrategia de diferenciación.
digit n dígito.
digital adj digital.
digital audio audio digital, sonido digital.
digital camera cámara digital.
digital cash dinero digital.
digital certificate certificado digital.
digital commerce comercio digital.
digital communications comunicaciones digitales.
digital content contenido digital, información digital.
digital data datos digitales.
digital divide brecha digital.
digital domain dominio digital.
digital economy economía digital.
digital ID (digital identification) identificación digital.
digital identification identificación digital.
digital market mercado digital.
digital money dinero digital.
digital phone teléfono digital.
digital satellite satélite digital.
digital signature firma digital.
digital speech voz digital.
digital telephone teléfono digital.
digital television televisión digital.
digital TV (digital television) televisión digital.
digital video video digital.
digital voice voz digital.
digital wallet cartera digital, billetera digital.
digitise v digitalizar.

digitised adj digitalizado.
digitize v digitalizar.
digitized adj digitalizado.
digits deleted dígitos borrados.
dilapidated adj dilapidado.
diligence n diligencia.
diligent adj diligente.
diligently adv diligentemente.
dilute v diluir.
diluted adj diluido.
diluted earnings per share ingresos diluidos por acción.
diluted EPS (diluted earnings per share) ingresos diluidos por acción.
diluted shares acciones diluidas.
diluted stock acciones diluidas.
dilution n dilución.
dilutive adj diluente.
diminish v disminuir.
diminishing-balance method método de saldos decrecientes.
diminishing productivity productividad decreciente.
diminishing profit beneficio decreciente, ganancia decreciente.
diminishing returns utilidad decreciente.
diminishing utility utilidad decreciente.
diminution n disminución.
diminution in value disminución en el valor.
DIP (debtor in possession) negocio que sigue operando durante su reorganización bajo la ley de quiebras.
dip in price disminución en precio.
dip in sales disminución en ventas.
diploma of business diploma en negocios.
diplomacy n diplomacia.
diplomatic adj diplomático.
diplomatic relations relaciones diplomáticas.
direct adj directo, sincero.
direct v dirigir, administrar, gestionar.
direct access acceso directo.
direct access trading transacciones mediante acceso directo.
direct action acción directa.
direct advertising publicidad directa.
direct allocation asignación directa.
direct allocation method método de asignación directa.
direct appropriation apropiación directa.
direct business cost costo de negocios directo, coste de negocios directo.
direct buy compra directa.
direct call llamada directa.
direct capital investment inversión directa de capital.
direct capitalisation capitalización directa.
direct capitalization capitalización directa.
direct collection recaudación directa, cobro directo.
direct consumption consumo directo.
direct control control directo.
direct correlation correlación directa.
direct cost costo directo, coste directo.
direct costing costeo directo.
direct debit débito directo.
direct debt deuda directa.
direct deposit depósito directo.
direct deposit of payroll depósito directo de nómina.
direct discrimination discriminación directa.

direct expenditures desembolsos directos.
direct expenses gastos directos.
direct exporting exportación directa.
direct financial compensation compensación financiera directa.
direct financing financiamiento directo.
direct financing lease arrendamiento de financiamiento directo.
direct importing importación directa.
direct insurance seguro directo.
direct insurer asegurador directo.
direct investment inversión directa.
direct labor costo de personal directo, coste de personal directo.
direct labor budget presupuesto de costo de personal directo, presupuesto de coste de personal directo.
direct labour costo de personal directo, coste de personal directo.
direct labour budget presupuesto de costo de personal directo, presupuesto de coste de personal directo.
direct liability responsabilidad directa.
direct loan préstamo directo.
direct loss pérdida directa.
direct mail publicidad directa.
direct marketing marketing directo, mercadeo directo.
direct materials materiales directos.
direct materials budget presupuesto de materiales directos.
direct method método directo.
direct obligation obligación directa.
direct overhead gastos generales directos.
direct participation participación directa.
direct participation program programa de participación directa.
direct payment pago directo, abono directo.
direct payroll deposit depósito de nómina directo.
direct placement colocación directa.
direct production producción directa.
direct public offering ofrecimiento público directo.
direct recognition reconocimiento directo.
direct-reduction loan préstamo de reducción directa.
direct-reduction mortgage hipoteca de reducción directa.
direct response respuesta directa.
direct-response advertising publicidad de respuesta directa.
direct-response marketing marketing de respuesta directa, mercadeo de respuesta directa.
direct sales ventas directas.
direct seller vendedor directo.
direct selling ventas directas.
direct selling system sistema de ventas directas.
direct send envío directo.
direct strike huelga directa.
direct subsidy subsidio directo, subvención directa.
direct tax impuesto directo.
direct taxation imposición directa.
direct transfer transferencia directa.
direct trust fideicomiso directo.
direct verification verificación directa.
direct writer vendedor de seguros directo, reasegurador directo.
direct yield rendimiento directo.
directed adj dirigido.
directed credit crédito dirigido.

directed economy economía dirigida.
directed order orden dirigida.
direction n dirección.
direction of trade dirección del comercio.
directional adj direccional.
directional growth crecimiento direccional.
Directional Movement Index índice de movimiento direccional.
directive adj directivo.
directive n directiva, orden.
directly adv directamente.
directly responsible directamente responsable.
director n director, administrador, consejero.
director general director general.
director's liability insurance seguro de responsabilidad de director.
directorate n directiva.
directors and officers liability insurance seguro de responsabilidad de directores y funcionarios.
directors' fees cargos de la directiva.
directors' meeting reunión de la directiva.
directors' report informe de la directiva.
directors' shares acciones de la directiva.
directors' stock acciones de la directiva.
directorship n cargo de director, dirección.
directory n directorio, guía, guía telefónica.
directory trust fideicomiso en que el fideicomisario tiene que cumplir con instrucciones específicas.
dirty bill of lading carta de porte especificando defectos.
dirty float flotación sucia.
dirty floating flotación sucia.
dirty money dinero sucio.
dirty tactics tácticas sucias.
disability n discapacidad, minusvalía.
disability annuity anualidad de discapacidad.
disability benefit beneficio por discapacidad, indemnización por discapacidad.
disability compensation compensación por discapacidad, indemnización por discapacidad.
disability income ingresos tras discapacidad.
disability income insurance seguro de ingresos tras discapacidad.
disability income rider cláusula adicional de seguro de ingresos tras discapacidad.
disability insurance seguro de discapacidad.
disability payment pago por discapacidad.
disability pension pensión por discapacidad.
disability retirement jubilación por discapacidad.
disability work incentive incentivo de trabajar tras discapacidad.
disabled adj discapacitado, minusválido.
disablement n discapacidad, minusvalidez.
disablement benefit beneficios por discapacidad.
disablement insurance seguro por discapacidad.
disadvantage n desventaja.
disadvantaged region región desfavorecida.
disadvantageous adj desventajoso.
disaffirm v negar, revocar.
disaggregated data datos desagregados.
disagio n disagio.
disagree v discrepar.
disagreement n desacuerdo, discrepancia.
disallow v anular, rechazar.
disappearing deductible deducible desvaneciente.
disappointing results resultados decepcionantes.
disaster n desastre.
disaster area área de desastre.
disaster clause cláusula de desastre.
disaster loss pérdida por desastre.

disaster recovery recuperación tras un desastre.
disastrous adj desastroso.
disastrous results resultados desastrosos.
disbursable adj desembolsable, capaz de ser desembolsado.
disburse v desembolsar.
disbursement n desembolso.
disbursement schedule tabla de desembolsos.
disburser n desembolsador, quien desembolsa.
disbursing adj que desembolsa.
disc n disco.
discharge v liberar, cancelar, eximir, despedir, cumplir.
discharge an obligation cumplir una obligación.
discharge by agreement extinción de contrato por acuerdo.
discharge by breach extinción de contrato por incumplimiento.
discharge by performance extinción de contrato al cumplirse con lo acordado.
discharge in bankruptcy liberación del deber de pagar ciertas deudas.
discharge of a bankrupt rehabilitación del quebrado.
discharge of a debt cancelación de una deuda, pago de una deuda.
discharge of an obligation extinción de una obligación, cumplimiento con una obligación.
discharge of bankruptcy terminación de juicio hipotecario.
discharge of contract cancelación de contrato, cumplimiento de contrato.
discharge of employee despido de empleado.
discharge of lien cancelación de gravamen.
discharged bankrupt quebrado rehabilitado.
disciplinary action acción disciplinaria.
disclaim v renunciar, negar, negar una responsabilidad.
disclaimer n renuncia, negación, negación de una responsabilidad.
disclaimer clause cláusula negando responsabilidad.
disclaimer of liability denegación de responsabilidad.
disclose v divulgar.
disclosed adj divulgado.
disclosure n divulgación.
disclosure of information divulgación de información.
disclosure of interest divulgación de interés.
disclosure requirements requisitos de divulgación.
disclosure statement divulgación de datos específicos pertinentes.
discontinuance n descontinuación.
discontinuance of contributions descontinuación de contribuciones.
discontinuance of payments descontinuación de pagos, descontinuación de abonos.
discontinuance of plan descontinuación de plan.
discontinuance of premium payments descontinuación de pagos de primas.
discontinue v descontinuar.
discontinued adj descontinuado.
discontinued availability disponibilidad descontinuada.
discontinued item artículo descontinuado.
discontinued operation operación descontinuada.
discontinued product producto descontinuado.
discontinued service servicio descontinuada.

discontinuous adj discontinuo.
discontinuous market mercado discontinuo.
discontinuously adv interrumpidamente.
discount n descuento, rebaja.
discount v descontar, rebajar, descartar.
discount a bill descontar una letra.
discount, at a a descuento.
discount bond bono descontado.
discount broker corredor de descuento, casa de corretaje de descuento.
discount brokerage corretaje de descuento.
discount brokerage house casa de corretaje de descuento.
discount credit crédito de descuento.
discount department departamento de descuento.
discount factor factor de descuento.
discount house casa de corretaje de descuento, casa de descuento.
discount market mercado de descuento.
discount note pagaré descontado, nota descontada.
discount period período de descuento.
discount points puntos de descuento.
discount policy política de descuentos.
discount price precio con descuento.
discount rate tasa de descuento.
discount shares acciones emitidas bajo la par.
discount store tiendas de descuentos.
discount window ventana de descuento.
discount yield rendimiento de valor vendido a descuento.
discountable adj descontable.
discountable bill letra descontable.
discounted adj descontado.
discounted cash flow flujo de efectivo descontado.
discounted cash flow method método de flujo de efectivo descontado.
discounted cash flow techniques técnicas de flujo de efectivo descontado.
discounted loan préstamo descontado.
discounted present value valor presente descontado.
discounted rate of return tasa de rendimiento descontada.
discounted value valor descontado.
discounter n quien vende a descuento.
discounting n descuento, descuento de facturas.
discounting the news variación del precio de un valor en expectativa de noticias importantes.
discovery sampling muestreo por descubrimiento.
discrepancy n discrepancia.
discretion n discreción.
discretionary adj discrecional.
discretionary account cuenta discrecional.
discretionary authority autoridad discrecional.
discretionary budget presupuesto discrecional.
discretionary buying power poder para compras discrecional.
discretionary cost costo discrecional, coste discrecional.
discretionary expenditures gastos discrecionales.
discretionary expenses gastos discrecionales.
discretionary fund fondo discrecional.
discretionary income ingresos discrecionales.
discretionary order orden discrecional.
discretionary policy política discrecional.
discretionary power poder discrecional.
discretionary spending gastos discrecionales.
discretionary trust fideicomiso discrecional.
discriminate v discriminar, diferenciar.

discriminating *adj* discriminador.
discriminating duty tarifa discriminadora.
discriminating monopoly monopolio discriminador.
discriminating tariff tarifa discriminadora.
discrimination *n* discriminación.
discriminative *adj* discriminador, parcial.
discriminator *n* discriminador.
discriminatory *adj* discriminatorio.
discriminatory measures medidas discriminatorias.
discriminatory prices precios discriminatorios.
discriminatory taxation imposición discriminatoria.
discriminatory taxes impuestos discriminatorios.
discuss *v* discutir, ventilar.
discuss terms negociar términos.
discussion *n* discusión.
diseconomies of scale deseconomías de escala.
diseconomy *n* deseconomía.
disequilibrium *n* desequilibrio.
disfranchise *v* privar de derechos de franquicia.
disfranchisement *n* privación de derechos de franquicia.
disguised inflation inflación disfrazada.
disguised unemployment desempleo disfrazado.
dishoarding *n* desatesoramiento.
dishonest *adj* deshonesto, fraudulento.
dishonestly *adv* deshonestamente, fraudulentamente.
dishonesty *n* deshonestidad.
dishonor *v* deshonrar, rehusar pago.
dishonor a check rehusar pago de un cheque.
dishonored check cheque rehusado.
dishonour *v* deshonrar, rehusar pago.
dishonour a cheque rehusar pago de un cheque.
dishonoured cheque cheque rehusado.
disincentive *n* desincentivo.
disinflation *n* desinflación.
disinflationary *adj* desinflacionario.
disinformation *n* desinformación.
disintermediation *n* desintermediación.
disinvest *v* desinvertir.
disinvested *adj* desinvertido.
disinvestments *n* desinversión.
disjoin *v* separar, desunir.
disjunctive condition condición disyuntiva.
disjunctive covenants estipulaciones en disyuntiva.
disk *n* disco.
dismiss *v* despedir, descartar.
dismissal *n* despido, rechazo.
dismissal compensation compensación por despido.
dismissal pay pago adicional por despido.
dismissal procedure procedimiento de despido.
dismissal process proceso de despido.
dismissed employees empleados despedidos.
dismortgage *v* redimir una hipoteca.
disorderly picketing demostraciones o piquetes que alteran el orden público.
disorganisation *n* desorganización.
disorganised *adj* desorganizado.
disorganization *n* desorganización.
disorganized *adj* desorganizado.
disparagement *n* menosprecio, descrédito.
disparagement of goods menosprecio de mercancías, desacreditar los bienes de un competidor.
disparagement of title intento enjuiciable de crear dudas sobre la validez de un título.
disparaging *adj* despectivo, menospreciativo.
disparaging attitude actitud despectiva.
disparaging comment comentario despectivo.
disparaging remark comentario despectivo.
disparity *n* disparidad.
dispatch *n* prontitud, mensaje, envío.
dispatch *v* despachar, enviar.
dispatch money pago adicional por cargar o descargar más pronto de lo estipulado.
dispatch note nota de envío.
dispatch notice aviso de envío.
dispensation *n* dispensa, exención.
dispense *v* dispensar, eximir.
dispenser *n* dispensador, administrador.
dispersion *n* dispersión.
displace *v* desplazar.
display *n* exhibición, demostración.
display *v* exhibir, revelar.
display advertising anuncios impresos que incorporan gráficos.
display pack caja de exposición.
displayed price precio mostrado.
disposable *adj* disponible, desechable.
disposable income ingresos disponibles, ingresos disponibles para bienes de consumo.
disposable personal income ingresos personales disponibles.
disposable product producto desechable.
disposal *n* eliminación, distribución, transferencia, venta, disposición.
disposal date fecha de eliminación, fecha de venta.
dispose *v* disponer, ordenar, colocar, distribuir, vender.
disposition *n* disposición.
dispossess *v* desposeer, desalojar, desahuciar.
dispossession *n* desahucio, desalojo, usurpación de bienes raíces.
dispossessor *n* desposeedor, desahuciador.
disproportionate *adj* desproporcionado.
disproportionate distribution distribución desproporcionada.
dispute *n* disputa, litigio, controversia.
dispute *v* disputar, litigar, controvertir.
dispute management manejo de disputas.
dispute resolution resolución de disputas.
dispute settlement resolución de disputas.
disrepair, in en mal estado.
disreputable *adj* de mala fama.
disrepute *n* mala fama, desprestigio.
disruption *n* interrupción, alteración.
disruptive competition competencia disruptiva.
disruptive effects efectos disruptivos.
dissaving *n* desahorro.
disseminate *v* diseminar.
dissemination *n* diseminación.
dissolution *n* disolución, liquidación.
dissolution of corporation liquidación de corporación.
dissolution of partnership disolución de sociedad.
dissolve *v* disolver, liquidar, cancelar.
dissolve a company disolver una compañía.
dissolve a partnership disolver una sociedad.
distinction *n* distinción.
distinctive *adj* distintivo.
distinctive name nombre distintivo.
distort *v* distorsionar.
distorted facts hechos distorsionados.
distraint *n* secuestro de bienes.
distress *n* secuestro de bienes de parte del

arrendador para forzar al arrendatario a cumplir con el pago de alquiler.

distress merchandise mercancías a precios de apuro.

distress price precio de apuro, precio de remate.

distress selling ventas en apuro, remate.

distressed property propiedad en peligro de juicio hipotecario, propiedad en juicio hipotecario.

distressed sale venta de liquidación, venta bajo circunstancias desventajosas.

distressed securities valores de entidades en apuros.

distributable *adj* distribuible.

distribute *v* distribuir, clasificar.

distribute benefits distribuir beneficios.

distribute contracts distribuir contratos.

distribute costs distribuir costos, distribuir costes.

distribute funds distribuir fondos.

distribute income distribuir ingresos.

distribute losses distribuir pérdidas.

distribute money distribuir dinero.

distribute profits distribuir beneficios, distribuir ganancias.

distribute quotas distribuir cuotas.

distribute reserves distribuir reservas.

distribute resources distribuir recursos.

distribute shares distribuir acciones.

distribute stock distribuir acciones.

distributed *adj* distribuido.

distributed benefits beneficios distribuidos.

distributed contracts contratos distribuidos.

distributed costs costos distribuidos, costes distribuidos.

distributed database base de datos distribuida.

distributed earnings ingresos distribuidos.

distributed funds fondos distribuidos.

distributed income ingresos distribuidos.

distributed money dinero distribuido.

distributed profits beneficios distribuidos, ganancias distribuidas.

distributed quotas cuotas distribuidas.

distributed resources recursos distribuidos.

distributed shares acciones distribuidas.

distributed stock acciones distribuidas.

distributing *adj* distribuidor.

distributing company compañía distribuidora.

distributing syndicate sindicato de distribución.

distribution *n* distribución.

distribution agent agente de distribución.

distribution allowance descuento de distribución.

distribution area área de distribución.

distribution center centro de distribución.

distribution centre centro de distribución.

distribution chain cadena de distribución.

distribution channels canales de distribución.

distribution clause cláusula de distribución.

distribution cost analysis análisis de costos de distribución, análisis de costes de distribución.

distribution costs costos de distribución, costes de distribución.

distribution date fecha de distribución.

distribution department departamento de distribución.

distribution discount descuento de distribución.

distribution expenditures gastos de distribución.

distribution expenses gastos de distribución.

distribution fees cargos de distribución.

distribution in kind distribución no monetaria.

distribution management gestión de distribución, gerencia de distribución, administración de distribución.

distribution manager gerente de distribución.

distribution network red de distribución.

distribution of accounts distribución de cuentas.

distribution of assets distribución de activos.

distribution of benefits distribución de beneficios.

distribution of contracts distribución de contratos.

distribution of costs distribución de costos, distribución de costes.

distribution of earnings distribución de ingresos.

distribution of expenditures distribución de gastos.

distribution of expenses distribución de gastos.

distribution of funds distribución de fondos.

distribution of income distribución de ingresos.

distribution of liabilities distribución de responsabilidades.

distribution of losses distribución de pérdidas.

distribution of money distribución de dinero.

distribution of profits distribución de beneficios, distribución de ganancias.

distribution of quotas distribución de cuotas.

distribution of reserves distribución de reservas.

distribution of resources distribución de recursos.

distribution of risk distribución del riesgo.

distribution of shares distribución de acciones.

distribution of stock distribución de acciones.

distribution of trade distribución del comercio.

distribution office oficina de distribución.

distribution procedure procedimiento de distribución.

distribution service servicio de distribución.

distribution stock acciones que se distribuyen de un bloque.

distribution to owners distribución a dueños.

distribution warehouse almacén de distribución.

distributive trades sector de la distribución, distribuidores.

distributor *n* distribuidor.

district *n* distrito.

district manager gerente de distrito.

disturbance *n* perturbación.

disutility *n* desutilidad.

div. (dividend) dividendo.

divergent *adj* divergente.

diversifiable *adj* diversificable.

diversifiable risk riesgo diversificable.

diversification *n* diversificación.

diversified *adj* diversificado.

diversified company compañía diversificada.

diversified corporation corporación diversificada.

diversified holding company compañía tenedora diversificada.

diversified investment company compañía de inversiones diversificada.

diversified portfolio cartera diversificada.

diversify *v* diversificar.

diversion *n* desviación, diversión.

divest *v* vender una subsidiaria, desinvertir.

divestiture *n* venta de subsidiaria, escisión, desinversión.

divided *adj* dividido.

divided account cuenta dividida.

dividend *n* dividendo.

dividend accumulation acumulación de dividendos.

dividend addition adición por dividendos.

dividend announcement anuncio de dividendo.

dividend audit auditoría de dividendos.

dividend capture captura de dividendo.

dividend check cheque de dividendo.
dividend cheque cheque de dividendo.
dividend claim reclamación de dividendo.
dividend clawback devolución de dividendos para cubrir algún déficit.
dividend control control de dividendos.
dividend coupon cupón de dividendo.
dividend declaration declaración de dividendo.
dividend discount model modelo de descuento de dividendos.
dividend exclusion exclusión por dividendos.
dividend fund fondo de dividendos.
dividend in arrears dividendo acumulado.
dividend in kind dividendo en especie.
dividend income ingreso por dividendos.
dividend option opción de dividendos.
dividend payable dividendo a pagar.
dividend payer pagador de dividendos.
dividend paying agent agente de pagos de dividendos.
dividend payment pago de dividendo.
dividend payout pago de dividendos, ratio de pagos de dividendos, razón de pagos de dividendos.
dividend payout ratio ratio de pagos de dividendos, razón de pagos de dividendos.
dividend per share dividendo por acción.
dividend policy política de dividendos.
dividend-price ratio ratio dividendo-precio, razón dividendo-precio.
dividend rate tasa de dividendos.
dividend reinvestment reinversión de dividendos.
dividend reinvestment plan plan de reinversión de dividendos.
dividend requirement requisito para dividendos.
dividend shares acciones con dividendos.
dividend stock acciones con dividendos.
dividend tax impuesto sobre dividendos.
dividend yield rendimiento de dividendos.
divisibility *n* divisibilidad.
divisible *adj* divisible.
divisible contract contrato divisible.
divisible credit crédito divisible.
divisible surplus superávit divisible.
division *n* división, sección.
division chief jefe de división, jefe de sección.
division director director de división, director de sección.
division head jefe de división, jefe de sección.
division management gerencia de división, gestión de división, administración de división.
division manager gerente de división.
division of labor división del trabajo.
division of labour división del trabajo.
divisional *adj* divisional.
DJIA (Dow Jones Industrial Average) Índice Dow Jones, Dow Jones.
DJIA Index Índice Dow Jones, Dow Jones.
DMI (Directional Movement Index) índice de movimiento direccional.
DO (delivery order) orden de entrega.
do not increase instrucción de no aumentar.
do not reduce instrucción de no reducir.
dock receipt recibo de muelle.
dockage *n* derechos por atracar.
Doctor of Business Administration Doctor en Administración de Empresas.
Doctor of Economics Doctor en Economía.
doctored data datos adulterados, datos manipulados.

doctrine *n* doctrina.
document *n* documento, instrumento.
document *v* documentar.
document of title instrumento de título, documento de propiedad.
documentary *adj* documental, documentario.
documentary bill letra documentaria.
documentary credit crédito documentario.
documentary debt deuda documentaria.
documentary draft letra de cambio documentaria.
documentary evidence evidencia documentaria.
documentary letter of credit carta de crédito documentaria.
documentary title título documentario.
documentation *n* documentación.
documentation clerk oficinista de documentación.
documented *adj* documentado.
documents against acceptance documentos contra aceptación.
documents against payment documentos contra pago.
dodge taxes evadir impuestos.
doing business en negocios, ejercicio de la actividad comercial.
doing business as en negocios bajo el nombre de.
DOL (Department of Labor) Departamento de Trabajo, Ministerio de Trabajo.
dollar *n* dólar.
dollar bond bono en dólares.
dollar-cost averaging compra de acciones en intervalos fijos y con desembolsos de cantidad constante.
dollar-weighted return rendimiento con dólares ponderados.
dollarisation *n* dolarización.
dollarization *n* dolarización.
domain *n* dominio, propiedad absoluta de un inmueble, propiedad inmueble.
domestic *adj* doméstico, nacional, interno.
domestic account cuenta nacional.
domestic agent agente nacional.
domestic aid ayuda nacional.
domestic assets activo nacional.
domestic assistance asistencia nacional.
domestic bank banco nacional.
domestic banking banca nacional.
domestic bill letra nacional.
domestic bonds bonos nacionales.
domestic borrowing préstamos nacionales.
domestic branch sucursal nacional.
domestic capital capital nacional.
domestic commerce comercio nacional.
domestic commodity producto nacional, producto del país.
domestic company compañía nacional.
domestic competition competencia nacional.
domestic consumption consumo nacional.
domestic content contenido nacional.
domestic corporation corporación nacional.
domestic correspondent corresponsal nacional.
domestic credit crédito nacional.
domestic creditor acreedor nacional.
domestic currency moneda nacional.
domestic currency account cuenta en moneda nacional.
domestic currency debt deuda en moneda nacional.
domestic currency deposit depósito en moneda nacional.
domestic currency draft giro en moneda nacional.

domestic currency loan préstamo en moneda nacional.
domestic currency transaction transacción en moneda nacional.
domestic debt deuda nacional.
domestic demand demanda nacional.
domestic department departamento nacional.
domestic deposit depósito nacional.
domestic division división nacional.
domestic domicile domicilio nacional.
domestic economy economía nacional.
domestic enterprise empresa nacional.
domestic exchange rate tipo de cambio de divisas.
domestic firm empresa nacional.
domestic goods productos nacionales.
domestic income ingresos nacionales.
domestic industry industria nacional.
domestic insurer asegurador nacional.
domestic investment inversión nacional.
domestic investor inversionista nacional.
domestic issue emisión nacional.
domestic liabilities pasivo nacional.
domestic liquidity liquidez nacional.
domestic loan préstamo nacional.
domestic market mercado nacional.
domestic money dinero nacional.
domestic partnership sociedad nacional.
domestic policy política nacional, póliza nacional.
domestic port puerto nacional.
domestic price precio nacional.
domestic product producto nacional, producto del país.
domestic resources recursos nacionales.
domestic sales ventas nacionales.
domestic sector sector nacional.
domestic securities valores nacionales.
domestic shares acciones nacionales.
domestic stock acciones nacionales.
domestic subsidiary subsidiaria nacional.
domestic subsidy subsidio nacional, subvención nacional.
domestic supply oferta nacional.
domestic support ayuda nacional.
domestic tax impuesto nacional.
domestic tax credit crédito impositivo nacional.
domestic tax deduction deducción impositiva nacional.
domestic trade comercio nacional.
domestic trade policy política de comercio nacional.
domestically prohibited goods productos prohibidos en el país de origen.
domicile *n* domicilio.
domiciled *adj* domiciliado.
domiciled bill letra de cambio domiciliada.
domiciled draft letra domiciliada.
domiciliation *n* domiciliación.
dominant *adj* dominante.
dominant estate predio dominante.
dominant firm empresa dominante.
dominant tenement propiedad dominante.
dominate *v* dominar.
dominate a market dominar un mercado.
domination *n* dominación.
donate *v* donar.
donated *adj* donado.
donated shares acciones donadas.
donated stock acciones donadas.
donated surplus superávit donado.

donation *n* donación, donativo.
donator *n* donante.
donee *n* donatario.
donor *n* donador, donante.
donor country país donante.
donors and creditors donantes y acreedores.
donors and lenders donantes y prestamistas.
door-to-door *adj* de puerta a puerta.
door-to-door delivery transporte de puerta a puerta.
door-to-door selling ventas de puerta en puerta.
door-to-door service servicio de puerta a puerta.
dormant *adj* inactivo, en suspenso.
dormant account cuenta inactiva.
dormant corporation corporación inactiva.
dormant partner socio inactivo, socio oculto.
dossier *n* dossier.
dot-com *adj* relacionado a una compañía cuyo funcionamiento está basado en la Internet.
dot-com *n* punto com, compañía cuyo funcionamiento está basado en la Internet.
dotcom *adj* relacionado a una compañía cuyo funcionamiento está basado en la Internet.
dotcom *n* punto com, compañía cuyo funcionamiento está basado en la Internet.
dotted line línea de puntos, línea punteada.
double *adj* doble.
double *adv* el doble.
double *v* doblar.
double-A *adj* doble A, AA.
double-A bond rating calificación de bono AA, clasificación de bono AA.
double-A rating calificación AA, clasificación AA.
double accounting doble contabilización.
double assessment doble imposición.
double auction market mercado de doble subasta.
double auction system sistema de doble subasta.
double-barreled bond bono con doble garantía.
double charge doble cargo.
double-check *v* volver a revisar.
double compensation doble indemnización, doble compensación.
double counting doble contabilidad, doble contabilización, doble conteo.
double creditor acreedor doble, acreedor con garantía sobre dos fondos.
double declining balance doble disminución de saldo.
double declining balance method of depreciation método de depreciación por doble disminución de saldo.
double-digit *adj* de dos dígitos.
double employment doble empleo.
double endorsement doble endoso.
double entry partida doble, doble entrada.
double-entry accounting contabilidad con doble registro, contabilidad por partida doble.
double-entry bookkeeping contabilidad con doble registro, contabilidad por partida doble.
double-entry system sistema de doble registro, sistema de partida doble.
double exemption doble exención.
double financing doble financiamiento.
double income con dos ingresos.
double indemnity doble indemnización.
double indorsement doble endoso.
double insurance doble seguro.
double leverage doble apalancamiento.
double liability doble responsabilidad.
double option doble opción.

double patenting obtención de una segunda patente para la misma invención por el mismo solicitante.

double pay doble paga.

double posting doble asiento.

double pricing precios dobles.

double-protection policy póliza de doble protección.

double recovery doble recuperación.

double taxation doble imposición.

double time tiempo doble.

doubtful *adj* dudoso, ambiguo.

doubtful account cuenta dudosa.

doubtful debt deuda dudosa.

doubtful loan préstamo dudoso.

doubtful title título dudoso.

Dow Jones Dow Jones, Índice Dow Jones.

Dow Jones Industrial Average Índice Dow Jones, Dow Jones.

Dow Theory Teoría de Dow.

down payment pronto pago, pago inicial, entrada, pago de entrada, señal, arras.

down tick venta a precio menor que la anterior.

down time tiempo de inactividad por avería, tiempo de inactividad.

down volume volumen de acciones que han bajado de precio desde el cierre anterior de bolsa.

downgrade *v* bajar de categoría.

download *n* download.

download *v* descargar, hacer un download.

downmarket *adj* dirigido hacia consumidores de bajos ingresos, de baja calidad.

downscale *adj* dirigido hacia consumidores de bajos ingresos, de baja calidad.

downside risk riesgo de disminución de valor.

downside trend tendencia de disminución de valor.

downsizing *n* redimensionamiento, reducción en busca de mayor eficiencia, reducción de personal.

downstream *adj* actividad corporativa de matriz a subsidiaria.

downstream product producto elaborado tras otro.

downswing *n* disminución en actividad económica, disminución en actividad empresarial.

downtick *n* venta a precio menor que la anterior.

downtime *n* tiempo de inactividad por avería, tiempo de inactividad.

downtrend *n* cambio bajista en un ciclo.

downturn *n* cambio bajista en un ciclo.

downward *adj* descendiente, a la baja.

downward adjustment ajuste a la baja.

downward bias sesgo a la baja.

downward correction corrección a la baja.

downward pressure presión a la baja.

downward revision revisión a la baja.

downward trend tendencia a la baja.

downzoning *n* rezonificación para reducir la intensidad de uso.

dowry *n* dote.

DPO (direct public offering) ofrecimiento público directo.

DPP (direct participation program) programa de participación directa.

draft *n* letra de cambio, letra, giro, libranza, libramiento, cheque, borrador.

draft budget proyecto de presupuesto.

draft contract proyecto de contrato.

draft prospectus borrador de prospecto.

draft resolution proyecto de resolución.

drafting committee comité de redacción.

dragnet clause cláusula hipotecaria en la que el

deudor garantiza deudas pasadas y futuras además de las presentes.

dram shop liability insurance seguro de responsabilidad de establecimientos que venden bebidas alcohólicas.

drastic measures medidas drásticas.

draw *v* retirar, devengar, girar, librar.

draw a check girar un cheque.

draw a cheque girar un cheque.

draw up redactar, formular.

drawback *n* desventaja, reembolso de derechos aduaneros.

drawdown *n* agotamiento, retiro gradual de fondos, reducción de valor.

drawee *n* girado, librado.

drawer *n* girador, librador.

drawing account cuenta corriente.

drawn *adj* girado, librado.

dread disease insurance seguro contra enfermedad catastrófica específica.

dress code reglas de vestimenta, vestimenta requerida.

DRIP (dividend reinvestment plan) plan de reinversión de dividendos.

drive-in *n* establecimiento donde se ofrece servicio en el carro.

drive-in banking banca con servicio en el carro.

drive-through *n* establecimiento donde se ofrece servicio en el carro.

drive-through banking banca con servicio en el carro.

driving force fuerza motriz.

drop *n* bajada, caída, reducción.

drop *v* bajar, caer, reducir, abandonar.

drop in demand caída de demanda.

drop in prices caída de precios.

drop in salary caída de salario.

drop in supply caída de oferta.

drop letter carta local.

drop-lock *n* tasa de interés que puede fluctuar pero no bajar de cierto límite.

drop-off *n* disminución.

drop-ship *v* entregar sin pasar por mayorista, enviar directamente a detallista.

drop-shipment delivery entrega sin pasar por mayorista, envió directo a detallista.

drop-shipping *n* entrega sin pasar por mayorista, envió directo a detallista.

DRP (dividend reinvestment plan) plan de reinversión de dividendos.

dry *adj* nominal, infructífero, seco.

dry goods artículos de confección.

dry lease arrendamiento neto, arrendamiento neto de avión.

dry mortgage hipoteca donde el deudor se responsabiliza sólo por el valor del bien hipotecado.

dry trust fideicomiso pasivo.

dual *adj* doble, dual.

dual activity doble actividad.

dual agency doble agencia, mandato solapante.

dual banking banca con dos conjuntos de normas.

dual contract doble contrato.

dual control doble control.

dual-currency bond bono denominado en dos divisas.

dual distribution doble distribución.

dual economy doble economía.

dual exchange rate doble tipo de cambio, doble tasa de cambio.

dual listing cotización de un valor en más de una bolsa.
dual mutual fund fondo mutuo de doble propósito.
dual option doble opción.
dual prices precios duales.
dual purpose fund fondo de doble propósito, fondo mutuo de doble propósito.
dual savings plan plan doble de ahorros.
dual supervision doble supervisión.
dual taxation doble imposición.
dual trading transacciones simultáneas para cuentas ajenas y propias.
dubious *adj* dudoso.
dubiously *adv* dudosamente.
due *adj* debido, pagadero, vencido, esperado, razonable, apropiado.
due and payable vencido y pagadero.
due and unpaid vencido e impago.
due bill reconocimiento de una deuda por escrito, pagaré.
due compensation compensación debida.
due consideration contraprestación debida.
due date fecha de vencimiento.
due date notice aviso de fecha de vencimiento.
due diligence diligencia debida.
due diligence meeting reunión de diligencia debida.
due diligence session sesión de diligencia debida.
due in advance pagadero por adelantado.
due on demand pagadero a la vista.
due-on-sale clause cláusula de préstamo pagadero a la venta.
dues *n* cargos, cuotas, tasas, impuestos.
dull market mercado lento.
duly *adv* debidamente, puntualmente.
duly authorised agent agente debidamente autorizado.
duly authorized agent agente debidamente autorizado.
duly qualified debidamente cualificado.
duly registered debidamente registrado.
dumb-bidding *n* establecimiento del precio mínimo requerido en una subasta.
dummy *adj* ficticio.
dummy *n* prestanombre, persona de paja.
dummy corporation corporación formada para propósitos ilícitos, corporación de paja.
dummy director director sin funciones reales, director ficticio.
dummy employee empleado ficticio.
dummy transaction transacción ficticia.
dump *v* vender mercancía importada bajo costo, vender mercancía importada bajo coste, vender un bloque de acciones sin importar el efecto en el mercado.
dumping *n* dumping, venta de mercancía importada bajo costo, venta de mercancía importada bajo coste, saturación ilegal.
dumping duties derechos antidumping.
dun *n* exigencia de pago, apremio.
dunning letter carta exigiendo pago.
duopoly *n* duopolio.
duopsony *n* duopsonio.
duplex *adj* dúplex.
duplex house casa dúplex.
duplicate *n* duplicado.
duplicate *v* duplicar.
duplicate invoice factura duplicada.
duplication *n* duplicación.
duplication of benefits duplicación de beneficios.

duplicity *n* duplicidad.
durable *adj* duradero.
durable consumer goods bienes de consumo duraderos.
durable goods bienes duraderos.
durable merchandise mercancías duraderas.
durables *n* bienes duraderos, bienes de consumo duraderos.
duration *n* duración, término.
duration of agreement duración del convenio.
duration of benefits duración de los beneficios.
duration of contract duración del contrato.
duration of warranty duración de la garantía.
duress *n* coacción.
Dutch Auction subasta a la baja, subasta en la que se empieza con un precio alto y se va bajando hasta vender el artículo.
dutiable *adj* sujeto al pago de impuestos aduaneros, sujeto al pago de impuestos.
dutiable goods bienes sujetos al pago de impuestos aduaneros.
dutiable value valor sujeto al pago de impuestos aduaneros, valor imponible.
duties *n* derechos de importación, derechos de aduana, derechos aduaneros, derechos arancelarios, deberes, obligaciones.
duties and charges derechos aduaneros y cargos.
duties collection cobro de derechos.
duties on imports derechos sobre importaciones.
duty *n* deber, obligación, cargo, impuesto, tarifa, derechos de aduana, derechos aduaneros, derechos arancelarios.
duty-free *adj* libre de impuestos, exento de derechos, libre de derechos, franco.
duty-free goods productos libres de impuestos.
duty-free quota cuota libre de impuestos.
duty-free sale venta libre de impuestos.
duty-free shop tienda libre de impuestos.
duty-free trade comercio libre de impuestos.
duty-free zone zona libre de impuestos.
duty, off no estando de turno.
duty, on estando de turno, en servicio.
duty paid derechos pagados.
DVD (digital versatile disc) DVD.
DVP (delivery versus payment) entrega contra pago.
dwelling *n* vivienda, residencia.
dwelling coverage cobertura de vivienda.
dwelling insurance seguro de vivienda.
dwelling insurance policy póliza de seguro de vivienda.
dynamic *adj* dinámico.
dynamic economy economía dinámica.
dynamic hedging cobertura dinámica.
dynamic management administración dinámica, gestión dinámica.
dynamic programming programación dinámica.
dynamic risk riesgo dinámico.

E

e-administration *n* administración electrónica.
e-bank *n* banco electrónico.
e-banking *n* banca electrónica.
e-bill *n* factura electrónica.

e-billing *n*   facturación electrónica.
e-biz (e-business) comercio electrónico, negocio electrónico, e-business.
e-book *n*   libro electrónico.
e-book *v*   reservar electrónicamente.
e-booking *n*   reserva electrónica.
e-brochure *n*   folleto electrónico.
e-business *n*   comercio electrónico, negocio electrónico, e-business.
e-business activity actividad de comercio electrónico.
e-business address dirección del comercio electrónico.
e-business administration administración de comercio electrónico.
e-business administrator administrador de comercio electrónico.
e-business adviser asesor de comercio electrónico.
e-business advisor asesor de comercio electrónico.
e-business agency agencia de comercio electrónico.
e-business agent agente de comercio electrónico.
e-business agreement convenio de comercio electrónico.
e-business assets activo de comercio electrónico.
e-business association asociación de comercios electrónicos.
e-business bankruptcy quiebra de comercio electrónico.
e-business broker corredor de comercios electrónicos.
e-business center centro de comercio electrónico.
e-business centre centro de comercio electrónico.
e-business chain cadena de comercio electrónico.
e-business circles círculos de comercio electrónico, medios de comercio electrónico.
e-business closure cierre de comercio electrónico.
e-business community comunidad de comercio electrónico.
e-business company sociedad de comercio electrónico, compañía de comercio electrónico.
e-business computing computación de comercio electrónico.
e-business concern empresa de comercio electrónico, entidad de comercio electrónico.
e-business conditions condiciones de comercio electrónico.
e-business conference conferencia de comercio electrónico.
e-business considerations consideraciones al establecer un comercio electrónico.
e-business consultant consultor de comercio electrónico.
e-business contract contrato de comercio electrónico.
e-business convention convención de comercio electrónico.
e-business correspondence correspondencia de comercio electrónico.
e-business credit crédito de comercio electrónico.
e-business creditor acreedor de comercio electrónico.
e-business cycle ciclo de comercio electrónico.
e-business debt deuda de comercio electrónico.
e-business decision decisión de comercio electrónico.
e-business department departamento de comercio electrónico.
e-business deposit depósito de comercio electrónico.
e-business development desarrollo del comercio electrónico.
e-business development director director de desarrollo de comercio electrónico.
e-business director director de comercio electrónico.
e-business document documento de comercio electrónico.
e-business earnings ingresos de comercio electrónico.
e-business economics economía de comercio electrónico.
e-business email email de comercio electrónico, correo electrónico de comercio electrónico.
e-business empire imperio de comercio electrónico.
e-business enterprise empresa de comercio electrónico.
e-business entity entidad de comercio electrónico.
e-business environment ambiente de comercio electrónico.
e-business establishment establecimiento de comercio electrónico.
e-business ethics ética en el comercio electrónico.
e-business etiquette etiqueta en el comercio electrónico.
e-business exhibit exhibición de comercio electrónico.
e-business expenditures gastos de comercio electrónico.
e-business expenses gastos de comercio electrónico.
e-business experience experiencia de comercio electrónico.
e-business failure quiebra de comercio electrónico.
e-business finance finanzas de comercio electrónico.
e-business financing financiación de comercio electrónico.
e-business firm empresa de comercio electrónico, firma de comercio electrónico.
e-business forecast pronóstico de comercio electrónico.
e-business forecasting previsión de comercio electrónico.
e-business fraud fraude de comercio electrónico.
e-business gains ganancias de comercio electrónico.
e-business goal meta del comercio electrónico.
e-business income ingresos del comercio electrónico.
e-business indicators indicadores del comercio electrónico.
e-business insurance seguro de comercio electrónico.
e-business interest interés de comercio electrónico.
e-business interruption interrupción de comercio electrónico.
e-business investment inversión de comercio electrónico.
e-business journal revista de comercio electrónico, boletín de comercio electrónico.
e-business law derecho de comercio electrónico.
e-business league asociación de comercios electrónicos.
e-business liability responsabilidad de comercio electrónico.

e-business licence licencia de comercio
electrónico.
e-business license licencia de comercio
electrónico.
e-business loan préstamo de comercio electrónico.
e-business losses pérdidas de comercio
electrónico.
e-business magazine revista de comercio
electrónico, boletín de comercio electrónico.
e-business mail email de comercio electrónico,
correo de comercio electrónico.
e-business management administración de
comercio electrónico, gestión de comercio
electrónico.
e-business manager gerente de comercio
electrónico.
e-business meeting reunión de comercio
electrónico.
e-business mix mezcla de comercios electrónicos.
e-business model modelo de comercio electrónico.
e-business name nombre de comercio electrónico.
e-business objective objetivo de comercio
electrónico.
e-business operation operación de comercio
electrónico.
e-business opportunity oportunidad de comercio
electrónico.
e-business organisation organización del negocio
electrónico.
e-business organization organización del negocio
electrónico.
e-business-oriented *adj* orientado hacia el
comercio electrónico.
e-business owner dueño de comercio electrónico,
propietario de comercio electrónico.
e-business plan plan de comercio electrónico.
e-business planning planificación de comercio
electrónico.
e-business policy póliza de comercio electrónico,
política de comercio electrónico.
e-business portal portal de comercio electrónico.
e-business portfolio portafolio de comercios
electrónicos.
e-business practices prácticas del comercio
electrónico, costumbres del comercio electrónico.
e-business presentation presentación de comercio
electrónico.
e-business profits beneficios de comercio
electrónico, ganancias de comercio electrónico.
e-business property propiedad de comercio
electrónico.
e-business purpose propósito del comercio
electrónico.
e-business recession recesión del comercio
electrónico.
e-business records expedientes del comercio
electrónico.
e-business recovery recuperación del comercio
electrónico.
e-business regulations reglamentos del comercio
electrónico, normas del comercio electrónico.
e-business relations relaciones de comercio
electrónico.
e-business report informe de comercio
electrónico, reporte de comercio electrónico.
e-business risk riesgo del comercio electrónico.
e-business rules reglas del comercio electrónico.
e-business sale venta de comercio electrónico.
e-business scam estafa de comercio electrónico,
timo de comercio electrónico.

e-business sector sector del comercio electrónico.
e-business services servicios de comercio
electrónico.
e-business standards normas del comercio
electrónico.
e-business start-up comercio electrónico puesto
en marcha.
e-business startup comercio electrónico puesto en
marcha.
e-business strategy estrategia de comercio
electrónico.
e-business studies estudios de comercio
electrónico.
e-business summit cumbre de comercio
electrónico.
e-business support services servicios de apoyo
al comercio electrónico.
e-business swindle estafa de comercio electrónico,
timo de comercio electrónico.
e-business taxation imposición del comercio
electrónico.
e-business taxes impuestos del comercio
electrónico, contribuciones del comercio
electrónico.
e-business-to-consumer *adj* comercio electrónico
a consumidor.
e-business-to-e-business *adj* comercio
electrónico a comercio electrónico.
e-business transaction transacción de comercio
electrónico.
e-business treaty tratado de comercio electrónico.
e-business trends tendencias del comercio
electrónico.
e-business usage uso dentro del comercio
electrónico.
e-business venture empresa de comercio
electrónico.
e-business world mundo del comercio electrónico.
e-card *n* tarjeta electrónica.
e-cash *n* dinero electrónico.
e-catalog *n* catálogo electrónico.
e-catalogue *n* catálogo electrónico.
e-commerce *n* comercio electrónico, e-commerce.
e-commerce activity actividad de comercio
electrónico.
e-commerce address dirección del comercio
electrónico.
e-commerce administration administración de
comercio electrónico.
e-commerce administrator administrador de
comercio electrónico.
e-commerce adviser asesor de comercio
electrónico.
e-commerce advisor asesor de comercio
electrónico.
e-commerce agency agencia de comercio
electrónico.
e-commerce agent agente de comercio electrónico.
e-commerce agreement convenio de comercio
electrónico.
e-commerce assets activo de comercio
electrónico.
e-commerce association asociación de comercios
electrónicos.
e-commerce bankruptcy quiebra de comercio
electrónico.
e-commerce broker corredor de comercios
electrónicos.
e-commerce center centro de comercio
electrónico.

e-commerce centre centro de comercio electrónico.
e-commerce chain cadena de comercio electrónico.
e-commerce circles círculos de comercio electrónico, medios de comercio electrónico.
e-commerce closure cierre de comercio electrónico.
e-commerce community comunidad de comercio electrónico.
e-commerce company sociedad de comercio electrónico, compañía de comercio electrónico.
e-commerce computing computación de comercio electrónico.
e-commerce concern empresa de comercio electrónico, entidad de comercio electrónico.
e-commerce conditions condiciones de comercio electrónico.
e-commerce conference conferencia de comercio electrónico.
e-commerce considerations consideraciones al establecer un comercio electrónico.
e-commerce consultant consultor de comercio electrónico.
e-commerce contract contrato de comercio electrónico.
e-commerce convention convención de comercio electrónico.
e-commerce correspondence correspondencia de comercio electrónico.
e-commerce credit crédito de comercio electrónico.
e-commerce creditor acreedor de comercio electrónico.
e-commerce cycle ciclo de comercio electrónico.
e-commerce debt deuda de comercio electrónico.
e-commerce decision decisión de comercio electrónico.
e-commerce department departamento de comercio electrónico.
e-commerce deposit depósito de comercio electrónico.
e-commerce development desarrollo del comercio electrónico.
e-commerce development director director de desarrollo de comercio electrónico.
e-commerce director director de comercio electrónico.
e-commerce document documento de comercio electrónico.
e-commerce earnings ingresos de comercio electrónico.
e-commerce economics economía de comercio electrónico.
e-commerce email email de comercio electrónico, correo electrónico de comercio electrónico.
e-commerce empire imperio de comercio electrónico.
e-commerce enterprise empresa de comercio electrónico.
e-commerce entity entidad de comercio electrónico.
e-commerce environment ambiente de comercio electrónico.
e-commerce establishment establecimiento de comercio electrónico.
e-commerce ethics ética en el comercio electrónico.
e-commerce etiquette etiqueta en el comercio electrónico.

e-commerce exhibit exhibición de comercio electrónico.
e-commerce expenditures gastos de comercio electrónico.
e-commerce expenses gastos de comercio electrónico.
e-commerce experience experiencia de comercio electrónico.
e-commerce failure quiebra de comercio electrónico.
e-commerce finance finanzas de comercio electrónico.
e-commerce financing financiación de comercio electrónico.
e-commerce firm empresa de comercio electrónico, firma de comercio electrónico.
e-commerce forecast pronóstico de comercio electrónico.
e-commerce forecasting previsión de comercio electrónico.
e-commerce fraud fraude de comercio electrónico.
e-commerce gains ganancias de comercio electrónico.
e-commerce goal meta del comercio electrónico.
e-commerce income ingresos del comercio electrónico.
e-commerce indicators indicadores del comercio electrónico.
e-commerce insurance seguro de comercio electrónico.
e-commerce interest interés de comercio electrónico.
e-commerce interruption interrupción de comercio electrónico.
e-commerce investment inversión de comercio electrónico.
e-commerce journal revista de comercio electrónico, boletín de comercio electrónico.
e-commerce law derecho de comercio electrónico.
e-commerce league asociación de comercios electrónicos.
e-commerce liability responsabilidad de comercio electrónico.
e-commerce licence licencia de comercio electrónico.
e-commerce license licencia de comercio electrónico.
e-commerce loan préstamo de comercio electrónico.
e-commerce losses pérdidas de comercio electrónico.
e-commerce magazine revista de comercio electrónico, boletín de comercio electrónico.
e-commerce mail email de comercio electrónico, correo de comercio electrónico.
e-commerce management administración de comercio electrónico, gestión de comercio electrónico.
e-commerce manager gerente de comercio electrónico.
e-commerce meeting reunión de comercio electrónico.
e-commerce mix mezcla de comercios electrónicos.
e-commerce model modelo de comercio electrónico.
e-commerce name nombre de comercio electrónico.
e-commerce network red de comercio electrónico.
e-commerce objective objetivo de comercio

electrónico.
e-commerce operation operación de comercio electrónico.
e-commerce opportunity oportunidad de comercio electrónico.
e-commerce organisation organización del negocio electrónico.
e-commerce organization organización del negocio electrónico.
e-commerce-oriented *adj* orientado hacia el comercio electrónico.
e-commerce owner dueño de comercio electrónico, propietario de comercio electrónico.
e-commerce plan plan de comercio electrónico.
e-commerce planning planificación de comercio electrónico.
e-commerce policy póliza de comercio electrónico, política de comercio electrónico.
e-commerce portal portal de comercio electrónico.
e-commerce portfolio portafolio de comercios electrónicos.
e-commerce practices prácticas del comercio electrónico, costumbres del comercio electrónico.
e-commerce presentation presentación de comercio electrónico.
e-commerce profits beneficios de comercio electrónico, ganancias de comercio electrónico.
e-commerce property propiedad de comercio electrónico.
e-commerce purpose propósito del comercio electrónico.
e-commerce recession recesión del comercio electrónico.
e-commerce records expedientes del comercio electrónico.
e-commerce recovery recuperación del comercio electrónico.
e-commerce regulations reglamentos del comercio electrónico, normas del comercio electrónico.
e-commerce relations relaciones de comercio electrónico.
e-commerce report informe de comercio electrónico, reporte de comercio electrónico.
e-commerce risk riesgo del comercio electrónico.
e-commerce rules reglas del comercio electrónico.
e-commerce sale venta de comercio electrónico.
e-commerce scam estafa de comercio electrónico, timo de comercio electrónico.
e-commerce sector sector del comercio electrónico.
e-commerce services servicios de comercio electrónico.
e-commerce standards normas del comercio electrónico.
e-commerce start-up comercio electrónico puesto en marcha.
e-commerce startup comercio electrónico puesto en marcha.
e-commerce strategy estrategia de comercio electrónico.
e-commerce studies estudios de comercio electrónico.
e-commerce summit cumbre de comercio electrónico.
e-commerce support services servicios de apoyo al comercio electrónico.
e-commerce swindle estafa de comercio electrónico, timo de comercio electrónico.
e-commerce taxation imposición del comercio

electrónico.
e-commerce taxes impuestos del comercio electrónico, contribuciones del comercio electrónico.
e-commerce-to-consumer *adj* comercio electrónico a consumidor.
e-commerce-to-e-commerce *adj* comercio electrónico a comercio electrónico.
e-commerce transaction transacción de comercio electrónico.
e-commerce treaty tratado de comercio electrónico.
e-commerce trends tendencias del comercio electrónico.
e-commerce usage uso dentro del comercio electrónico.
e-commerce venture empresa de comercio electrónico.
e-commerce world mundo del comercio electrónico.
e-consumer *n* consumidor electrónico.
e-form *n* formulario electrónico.
e.g. (exempli gratia, for example) por ejemplo.
e-government *n* gobierno electrónico.
e-journal *n* revista electrónica, boletín electrónico.
e-learning *n* aprendizaje electrónico.
e-magazine *n* revista electrónica, boletín electrónico.
e-mail *n* email, correo electrónico.
e-mail address dirección de email, dirección de correo electrónico.
e-mail message mensaje de email, email, mensaje de correo electrónico.
e-marketing *n* marketing electrónico, mercadeo electrónico.
e-marketplace *n* mercado electrónico.
e-money *n* dinero electrónico.
e-procurement *n* adquisición electrónica.
e-retail *n* ventas electrónicas, ventas por Internet, ventas electrónicas minoristas, ventas electrónicas al por menor.
e-retailer *n* quien hace ventas electrónicas, quien vende por la Internet, quien hace ventas electrónicas minoristas, quien hace ventas electrónicas al por menor.
e-retailing *n* ventas electrónicas, ventas por Internet, ventas electrónicas minoristas, ventas electrónicas al por menor.
e-service *n* servicio electrónico, servicio mediante la Internet.
e-sourcing *n* abastecimiento electrónico.
e-tail *n* ventas electrónicas, ventas por Internet, ventas electrónicas minoristas, ventas electrónicas al por menor.
e-tailer *n* quien hace ventas electrónicas, quien vende por la Internet, quien hace ventas electrónicas minoristas, quien hace ventas electrónicas al por menor.
e-tailing *n* ventas electrónicas, ventas por Internet, ventas electrónicas minoristas, ventas electrónicas al por menor.
e-wallet *n* cartera electrónica, billetera electrónica.
e-zine *n* revista electrónica, boletín electrónico.
E. & OE (errors and omissions excepted) salvo error u omisión.
each way en cada dirección de la transacción.
eadministration *n* administración electrónica.
EAP (employee assistance program) programa de asistencia a empleados.
early adopter quien compra lo último en tecnología

antes que otros.
early drawing retiro temprano.
early exercise ejercicio temprano de opción.
early extinguishment of debt extinción temprana de deuda.
early filing radicación temprana.
early redemption redención temprana.
early-redemption fee cargo por redención temprana, comisión de reembolso.
early-redemption penalty penalidad por redención temprana, penalización por redención temprana.
early repurchase recompra temprana.
early retirement prejubilación, retiro temprano.
early-retirement benefits beneficios de retiro temprano.
early-stage capital capital inicial.
Early Warning System Sistema de Alerta Temprana.
early withdrawal retiro temprano.
early-withdrawal penalty penalidad por retiro temprano, penalización por retiro temprano.
earmark n marca, marca distintiva, señal.
earmark v señalar, asignar.
earmark rule regla indicando que al confundir fondos en un banco éstos pierden su identidad.
earmarked adj señalado, asignado.
earmarked account cuenta asignada.
earmarked assets activo asignado.
earmarked beneficiary beneficiario asignado.
earmarked funds fondos asignados.
earmarked income ingresos asignados.
earmarked money dinero asignado.
earmarked products productos asignados.
earmarked profits beneficios asignados, ganancias asignadas.
earmarked purpose propósito asignado.
earmarked reserves reservas asignadas.
earmarked resources recursos asignados.
earmarked use uso asignado.
earn v devengar, ganar, cobrar.
earn a living ganarse la vida.
earn interest devengar intereses.
earned adj ganado, devengado.
earned income ingresos devengados a cambio de trabajo, rentas de trabajo.
earned income credit crédito contributivo sobre ingresos devengados a cambio de trabajo.
earned interest interés devengado.
earned premium prima devengada.
earned profit beneficio percibido, ganancia percibida.
earned surplus superávit acumulado, superávit ganado, beneficios acumulados.
earner n quien devenga ingresos, asalariado.
earnest money arras, señal, caparra, anticipo.
earning assets activo rentable.
earning capacity capacidad para devengar ingresos.
earning power capacidad para devengar ingresos.
earnings n ingresos, réditos, entradas, beneficios, ganancias.
earnings before interest and taxes ingresos antes de intereses e impuestos.
earnings before interest, taxes, depreciation, and amortization ingresos antes de intereses, impuestos, depreciación, y amortización; beneficios antes de intereses, impuestos, depreciación, y amortización.
earnings before taxes ingresos antes de contribuciones, beneficios antes de contribuciones.

earnings estimate estimado de ingresos.
earnings form formulario de ingresos.
earnings momentum tendencia alcista de ingresos.
earnings multiplier multiplicador de ingresos.
earnings per share ingresos por acción.
earnings period período de ingresos.
earnings potential potencial de ingresos.
earnings-price ratio ratio de ingresos a precio, razón de ingresos a precio.
earnings report informe de ingresos.
earnings season época durante la cual hay muchos informes de ingresos corporativos.
earnings statement estado de ingresos.
earnings surprise sorpresa en un informe de ingresos.
earnings warning advertencia de ingresos.
earnings yield rendimiento de ingresos.
earthquake insurance seguro contra terremotos.
ease v relajar, aligerar, facilitar, reducir.
easement n servidumbre.
easement by prescription servidumbre por prescripción.
easement in gross servidumbre personal.
easement of access servidumbre de acceso, servidumbre de paso.
easement of convenience servidumbre de conveniencia.
easement of natural support servidumbre de apoyo lateral de propiedad.
easement of necessity servidumbre por necesidad.
easement right derecho de acceso.
easy money dinero fácil, ambiente económico de intereses decrecientes que promueve préstamos.
easy money policy política de dinero fácil.
easy payments facilidades de pago.
easy terms estipulaciones convenientes, facilidades de pago.
eaves-drip n goteo de canalón, servidumbre del goteo de canalón.
eavesdrop v escuchar furtivamente, escuchar ilegalmente, interceptar una comunicación telefónica.
eavesdropper n quien escucha furtivamente, quien escucha ilegalmente, quien intercepta una comunicación telefónica.
eavesdropping n acción de escuchar furtivamente, acción de escuchar ilegalmente, acción de interceptar una comunicación telefónica.
ebank n banco electrónico.
ebanking n banca electrónica.
ebill n factura electrónica.
ebilling n facturación electrónica.
EBIT (earnings before interest and taxes) ingresos antes de intereses e impuestos.
EBITDA (earnings before interest, taxes, depreciation, and amortization) ingresos antes de intereses, impuestos, depreciación, y amortización.
ebiz (ebusiness) comercio electrónico, negocio electrónico, e-business.
EBO (employee buyout) adquisición de parte de los empleados de un porcentaje de acciones que permita controlar la corporación.
ebook n libro electrónico.
ebook v reservar electrónicamente.
ebooking n reserva electrónica.
EBRD (European Bank for Reconstruction and Development) Banco Europeo para la Reconstrucción y el Desarrollo.
ebrochure n folleto electrónico.

EBT (earnings before taxes) ingresos antes de contribuciones, beneficios antes de contribuciones.
ebusiness *n* comercio electrónico, negocio electrónico, e-business.
ebusiness activity actividad de comercio electrónico.
ebusiness address dirección del comercio electrónico.
ebusiness administration administración de comercio electrónico.
ebusiness administrator administrador de comercio electrónico.
ebusiness adviser asesor de comercio electrónico.
ebusiness advisor asesor de comercio electrónico.
ebusiness agency agencia de comercio electrónico.
ebusiness agent agente de comercio electrónico.
ebusiness agreement convenio de comercio electrónico.
ebusiness assets activo de comercio electrónico.
ebusiness association asociación de comercios electrónicos.
ebusiness bankruptcy quiebra de comercio electrónico.
ebusiness broker corredor de comercios electrónicos.
ebusiness center centro de comercio electrónico.
ebusiness centre centro de comercio electrónico.
ebusiness chain cadena de comercio electrónico.
ebusiness circles círculos de comercio electrónico, medios de comercio electrónico.
ebusiness closure cierre de comercio electrónico.
ebusiness community comunidad de comercio electrónico.
ebusiness company sociedad de comercio electrónico, compañía de comercio electrónico.
ebusiness computing computación de comercio electrónico.
ebusiness concern empresa de comercio electrónico, entidad de comercio electrónico.
ebusiness conditions condiciones de comercio electrónico.
ebusiness conference conferencia de comercio electrónico.
ebusiness considerations consideraciones al establecer un comercio electrónico.
ebusiness consultant consultor de comercio electrónico.
ebusiness contract contrato de comercio electrónico.
ebusiness convention convención de comercio electrónico.
ebusiness correspondence correspondencia de comercio electrónico.
ebusiness credit crédito de comercio electrónico.
ebusiness creditor acreedor de comercio electrónico.
ebusiness cycle ciclo de comercio electrónico.
ebusiness debt deuda de comercio electrónico.
ebusiness decision decisión de comercio electrónico.
ebusiness department departamento de comercio electrónico.
ebusiness deposit depósito de comercio electrónico.
ebusiness development desarrollo del comercio electrónico.
ebusiness development director director de desarrollo de comercio electrónico.
ebusiness director director de comercio

electrónico.
ebusiness document documento de comercio electrónico.
ebusiness earnings ingresos de comercio electrónico.
ebusiness economics economía de comercio electrónico.
ebusiness email email de comercio electrónico, correo electrónico de comercio electrónico.
ebusiness empire imperio de comercio electrónico.
ebusiness enterprise empresa de comercio electrónico.
ebusiness entity entidad de comercio electrónico.
ebusiness environment ambiente de comercio electrónico.
ebusiness establishment establecimiento de comercio electrónico.
ebusiness ethics ética en el comercio electrónico.
ebusiness etiquette etiqueta en el comercio electrónico.
ebusiness exhibit exhibición de comercio electrónico.
ebusiness expenditures gastos de comercio electrónico.
ebusiness expenses gastos de comercio electrónico.
ebusiness experience experiencia de comercio electrónico.
ebusiness failure quiebra de comercio electrónico.
ebusiness finance finanzas de comercio electrónico.
ebusiness financing financiación de comercio electrónico.
ebusiness firm empresa de comercio electrónico, firma de comercio electrónico.
ebusiness forecast pronóstico de comercio electrónico.
ebusiness forecasting previsión de comercio electrónico.
ebusiness fraud fraude de comercio electrónico.
ebusiness gains ganancias de comercio electrónico.
ebusiness goal meta del comercio electrónico.
ebusiness income ingresos del comercio electrónico.
ebusiness indicators indicadores del comercio electrónico.
ebusiness insurance seguro de comercio electrónico.
ebusiness interest interés de comercio electrónico.
ebusiness interruption interrupción de comercio electrónico.
ebusiness investment inversión de comercio electrónico.
ebusiness journal revista de comercio electrónico, boletín de comercio electrónico.
ebusiness law derecho de comercio electrónico.
ebusiness league asociación de comercios electrónicos.
ebusiness liability responsabilidad de comercio electrónico.
ebusiness licence licencia de comercio electrónico.
ebusiness license licencia de comercio electrónico.
ebusiness loan préstamo de comercio electrónico.
ebusiness losses pérdidas de comercio electrónico.
ebusiness magazine revista de comercio

electrónico, boletín de comercio electrónico.
ebusiness mail email de comercio electrónico, correo de comercio electrónico.
ebusiness management administración de comercio electrónico, gestión de comercio electrónico.
ebusiness manager gerente de comercio electrónico.
ebusiness meeting reunión de comercio electrónico.
ebusiness mix mezcla de comercios electrónicos.
ebusiness model modelo de comercio electrónico.
ebusiness name nombre de comercio electrónico.
ebusiness objective objetivo de comercio electrónico.
ebusiness operation operación de comercio electrónico.
ebusiness opportunity oportunidad de comercio electrónico.
ebusiness organisation organización del negocio electrónico.
ebusiness organization organización del negocio electrónico.
ebusiness-oriented *adj* orientado hacia el comercio electrónico.
ebusiness owner dueño de comercio electrónico, propietario de comercio electrónico.
ebusiness plan plan de comercio electrónico.
ebusiness planning planificación de comercio electrónico.
ebusiness policy póliza de comercio electrónico, política de comercio electrónico.
ebusiness portal portal de comercio electrónico.
ebusiness portfolio portafolio de comercios electrónicos.
ebusiness practices prácticas del comercio electrónico, costumbres del comercio electrónico.
ebusiness presentation presentación de comercio electrónico.
ebusiness profits beneficios de comercio electrónico, ganancias de comercio electrónico.
ebusiness property propiedad de comercio electrónico.
ebusiness purpose propósito del comercio electrónico.
ebusiness recession recesión del comercio electrónico.
ebusiness records expedientes del comercio electrónico.
ebusiness recovery recuperación del comercio electrónico.
ebusiness regulations reglamentos del comercio electrónico, normas del comercio electrónico.
ebusiness relations relaciones de comercio electrónico.
ebusiness report informe de comercio electrónico, reporte de comercio electrónico.
ebusiness risk riesgo del comercio electrónico.
ebusiness rules reglas del comercio electrónico.
ebusiness sale venta de comercio electrónico.
ebusiness scam estafa de comercio electrónico, timo de comercio electrónico.
ebusiness sector sector del comercio electrónico.
ebusiness services servicios de comercio electrónico.
ebusiness standards normas del comercio electrónico.
ebusiness start-up comercio electrónico puesto en marcha.
ebusiness startup comercio electrónico puesto en

marcha.
ebusiness strategy estrategia de comercio electrónico.
ebusiness studies estudios de comercio electrónico.
ebusiness summit cumbre de comercio electrónico.
ebusiness support services servicios de apoyo al comercio electrónico.
ebusiness swindle estafa de comercio electrónico, timo de comercio electrónico.
ebusiness taxation imposición del comercio electrónico.
ebusiness taxes impuestos del comercio electrónico, contribuciones del comercio electrónico.
ebusiness-to-consumer *adj* comercio electrónico a consumidor.
ebusiness-to-ebusiness *adj* comercio electrónico a comercio electrónico.
ebusiness transaction transacción de comercio electrónico.
ebusiness treaty tratado de comercio electrónico.
ebusiness trends tendencias del comercio electrónico.
ebusiness usage uso dentro del comercio electrónico.
ebusiness venture empresa de comercio electrónico.
ebusiness world mundo del comercio electrónico.
EC (European Commission) Comisión Europea.
EC (European Community) Comunidad Europea.
ecard *n* tarjeta electrónica.
ecash *n* dinero electrónico.
ecatalog *n* catálogo electrónico.
ecatalogue *n* catálogo electrónico.
ECB (European Central Bank) Banco Central Europeo.
eco-friendly (ecologically-friendly) que no perjudica tanto al ambiente, amistoso con el ambiente.
eco-industry *n* ecoindustria.
eco-labeling *n* ecoetiquetado.
eco-labelling *n* ecoetiquetado.
ecologic *adj* ecológico.
ecological *adj* ecológico.
ecological accounting contabilidad ecológica.
ecological audit auditoría ecológica.
ecological conditions condiciones ecológicas.
ecological consequences consecuencias ecológicas.
ecological considerations consideraciones ecológicas.
ecological contamination contaminación ecológica.
ecological control control ecológico.
ecological damage daño ecológico.
ecological depletion agotamiento ecológico.
ecological disaster desastre ecológico.
ecological factor factor ecológico.
ecological harm daño ecológico.
ecological health salud ecológica.
ecological impact impacto ecológico.
ecological issues cuestiones ecológicas.
ecological management administración ecológica, gestión ecológica.
ecological policy política ecológica.
ecological pollution contaminación ecológica.
ecological program programa ecológico.
ecological programme programa ecológico.

ecological protection protección ecológica.
ecological requirements requisitos ecológicos.
ecological services servicios ecológicos.
ecological tax impuesto ecológico.
ecologically adv ecológicamente.
ecologically-friendly adj que no perjudica tanto al ambiente, amistoso con el ambiente.
ecology n ecología.
ecommerce n comercio electrónico, e-commerce.
ecommerce activity actividad de comercio electrónico.
ecommerce address dirección del comercio electrónico.
ecommerce administration administración de comercio electrónico.
ecommerce administrator administrador de comercio electrónico.
ecommerce adviser asesor de comercio electrónico.
ecommerce advisor asesor de comercio electrónico.
ecommerce agency agencia de comercio electrónico.
ecommerce agent agente de comercio electrónico.
ecommerce agreement convenio de comercio electrónico.
ecommerce assets activo de comercio electrónico.
ecommerce association asociación de comercios electrónicos.
ecommerce bankruptcy quiebra de comercio electrónico.
ecommerce broker corredor de comercios electrónicos.
ecommerce center centro de comercio electrónico.
ecommerce centre centro de comercio electrónico.
ecommerce chain cadena de comercio electrónico.
ecommerce circles círculos de comercio electrónico, medios de comercio electrónico.
ecommerce closure cierre de comercio electrónico.
ecommerce community comunidad de comercio electrónico.
ecommerce company sociedad de comercio electrónico, compañía de comercio electrónico.
ecommerce computing computación de comercio electrónico.
ecommerce concern empresa de comercio electrónico, entidad de comercio electrónico.
ecommerce conditions condiciones de comercio electrónico.
ecommerce conference conferencia de comercio electrónico.
ecommerce considerations consideraciones al establecer un comercio electrónico.
ecommerce consultant consultor de comercio electrónico.
ecommerce contract contrato de comercio electrónico.
ecommerce convention convención de comercio electrónico.
ecommerce correspondence correspondencia de comercio electrónico.
ecommerce credit crédito de comercio electrónico.
ecommerce creditor acreedor de comercio electrónico.
ecommerce cycle ciclo de comercio electrónico.
ecommerce debt deuda de comercio electrónico.
ecommerce decision decisión de comercio electrónico.
ecommerce department departamento de comercio electrónico.
ecommerce deposit depósito de comercio electrónico.
ecommerce development desarrollo del comercio electrónico.
ecommerce development director director de desarrollo de comercio electrónico.
ecommerce director director de comercio electrónico.
ecommerce document documento de comercio electrónico.
ecommerce earnings ingresos de comercio electrónico.
ecommerce economics economía de comercio electrónico.
ecommerce email email de comercio electrónico, correo electrónico de comercio electrónico.
ecommerce empire imperio de comercio electrónico.
ecommerce enterprise empresa de comercio electrónico.
ecommerce entity entidad de comercio electrónico.
ecommerce environment ambiente de comercio electrónico.
ecommerce establishment establecimiento de comercio electrónico.
ecommerce ethics ética en el comercio electrónico.
ecommerce etiquette etiqueta en el comercio electrónico.
ecommerce exhibit exhibición de comercio electrónico.
ecommerce expenditures gastos de comercio electrónico.
ecommerce expenses gastos de comercio electrónico.
ecommerce experience experiencia de comercio electrónico.
ecommerce failure quiebra de comercio electrónico.
ecommerce finance finanzas de comercio electrónico.
ecommerce financing financiación de comercio electrónico.
ecommerce firm empresa de comercio electrónico, firma de comercio electrónico.
ecommerce forecast pronóstico de comercio electrónico.
ecommerce forecasting previsión de comercio electrónico.
ecommerce fraud fraude de comercio electrónico.
ecommerce gains ganancias de comercio electrónico.
ecommerce goal meta del comercio electrónico.
ecommerce income ingresos del comercio electrónico.
ecommerce indicators indicadores del comercio electrónico.
ecommerce insurance seguro de comercio electrónico.
ecommerce interest interés de comercio electrónico.
ecommerce interruption interrupción de comercio electrónico.
ecommerce investment inversión de comercio electrónico.
ecommerce journal revista de comercio electrónico, boletín de comercio electrónico.
ecommerce law derecho de comercio electrónico.
ecommerce league asociación de comercios

electrónicos.

ecommerce liability responsabilidad de comercio electrónico.

ecommerce licence licencia de comercio electrónico.

ecommerce license licencia de comercio electrónico.

ecommerce loan préstamo de comercio electrónico.

ecommerce losses pérdidas de comercio electrónico.

ecommerce magazine revista de comercio electrónico, boletín de comercio electrónico.

ecommerce mail email de comercio electrónico, correo de comercio electrónico.

ecommerce management administración de comercio electrónico, gestión de comercio electrónico.

ecommerce manager gerente de comercio electrónico.

ecommerce meeting reunión de comercio electrónico.

ecommerce mix mezcla de comercios electrónicos.

ecommerce model modelo de comercio electrónico.

ecommerce name nombre de comercio electrónico.

ecommerce network red de comercio electrónico.

ecommerce objective objetivo de comercio electrónico.

ecommerce operation operación de comercio electrónico.

ecommerce opportunity oportunidad de comercio electrónico.

ecommerce organisation organización del negocio electrónico.

ecommerce organization organización del negocio electrónico.

ecommerce-oriented *adj* orientado hacia el comercio electrónico.

ecommerce owner dueño de comercio electrónico, propietario de comercio electrónico.

ecommerce plan plan de comercio electrónico.

ecommerce planning planificación de comercio electrónico.

ecommerce policy póliza de comercio electrónico, política de comercio electrónico.

ecommerce portal portal de comercio electrónico.

ecommerce portfolio portafolio de comercios electrónicos.

ecommerce practices prácticas del comercio electrónico, costumbres del comercio electrónico.

ecommerce presentation presentación de comercio electrónico.

ecommerce profits beneficios de comercio electrónico, ganancias de comercio electrónico.

ecommerce property propiedad de comercio electrónico.

ecommerce purpose propósito del comercio electrónico.

ecommerce recession recesión del comercio electrónico.

ecommerce records expedientes del comercio electrónico.

ecommerce recovery recuperación del comercio electrónico.

ecommerce regulations reglamentos del comercio electrónico, normas del comercio electrónico.

ecommerce relations relaciones de comercio electrónico.

ecommerce report informe de comercio electrónico, reporte de comercio electrónico.

ecommerce risk riesgo del comercio electrónico.

ecommerce rules reglas del comercio electrónico.

ecommerce sale venta de comercio electrónico.

ecommerce scam estafa de comercio electrónico, timo de comercio electrónico.

ecommerce sector sector del comercio electrónico.

ecommerce services servicios de comercio electrónico.

ecommerce standards normas del comercio electrónico.

ecommerce start-up comercio electrónico puesto en marcha.

ecommerce startup comercio electrónico puesto en marcha.

ecommerce strategy estrategia de comercio electrónico.

ecommerce studies estudios de comercio electrónico.

ecommerce summit cumbre de comercio electrónico.

ecommerce support services servicios de apoyo al comercio electrónico.

ecommerce swindle estafa de comercio electrónico, timo de comercio electrónico.

ecommerce taxation imposición del comercio electrónico.

ecommerce taxes impuestos del comercio electrónico, contribuciones del comercio electrónico.

ecommerce-to-consumer *adj* comercio electrónico a consumidor.

ecommerce-to-ecommerce *adj* comercio electrónico a comercio electrónico.

ecommerce transaction transacción de comercio electrónico.

ecommerce treaty tratado de comercio electrónico.

ecommerce trends tendencias del comercio electrónico.

ecommerce usage uso dentro del comercio electrónico.

ecommerce venture empresa de comercio electrónico.

ecommerce world mundo del comercio electrónico.

econometric *adj* econométrico.

econometric model modelo econométrico.

econometrics *n* econometría.

economic *adj* económico.

economic activity actividad económica.

economic advancement progreso económico.

economic adviser asesor económico.

economic advisor asesor económico.

economic affairs asuntos económicos.

economic agent agente económico.

economic agreement acuerdo económico.

economic aid ayuda económica.

economic aid program programa de ayuda económica, programa de asistencia económica, programa de ayuda financiera, programa de asistencia financiera.

economic aid programme programa de ayuda económica, programa de asistencia económica, programa de ayuda financiera, programa de asistencia financiera.

economic analysis análisis económico.

economic analyst analista económico.

Economic and Monetary Union Unión Económica y Monetaria.

economic and social policy política social y económica.
economic approach acercamiento económico.
economic assistance asistencia económica.
economic austerity austeridad económica.
economic balance equilibrio económico.
economic base base económica.
economic benefit beneficio económico.
economic blockade bloqueo económico.
economic boom auge económico.
economic boycott boicot económico.
economic budget presupuesto económico.
economic burden carga económica.
economic capacity capacidad económica.
economic climate clima económico.
economic co-operation cooperación económica.
economic cohesion cohesión económica.
economic commission comisión económica.
economic community comunidad económica.
economic conditions condiciones económicas.
economic convergence convergencia económica.
economic cooperation cooperación económica.
economic cost costo económico, coste económico.
economic crisis crisis económica.
economic cycle ciclo económico.
economic depreciation depreciación económica.
economic development desarrollo económico.
economic discrimination discriminación económica.
economic dynamics dinámica económica.
economic efficiency eficiencia económica.
economic entity entidad económica.
economic environment ambiente económico.
economic equilibrium equilibrio económico.
economic expansion expansión económica.
economic exposure exposición económica.
economic feasibility viabilidad económica.
economic fluctuation fluctuación económica.
economic forecast pronóstico económico.
economic forecasting previsión económica.
economic freedom libertad económica.
economic fundamentals aspectos fundamentales de la economía.
economic geography geografía económica.
economic goods productos económicos.
economic growth crecimiento económico.
economic growth rate tasa de crecimiento económico.
economic history historial económico.
economic indicators indicadores económicos.
economic inefficiency ineficiencia económica.
economic integration integración económica.
economic internationalisation internacionalización económica.
economic internationalization internacionalización económica.
economic intervention intervención económica.
economic journal revista económica, boletín económico.
economic law derecho económico.
economic liberalism liberalismo económico.
economic life vida económica, vida útil.
economic loss pérdida económica.
economic man sujeto económico, homo economicus.
economic management administración económica, gestión económica.
economic migrant emigrante económico.
economic mission misión económica.
economic model modelo económico.

economic nationalism nacionalismo económico.
economic needs necesidades económicas.
economic obsolescence obsolescencia económica.
economic opportunity oportunidad económica.
Economic Order Quantity cantidad de orden económica.
Economic Order Quantity Model modelo de cantidad de orden económica.
economic organisation organización económica.
economic organization organización económica.
economic paradigm paradigma económico.
economic pattern patrón económico.
economic performance rendimiento económico, resultados económicos.
economic plan plan económico.
economic planning planificación económica.
economic planning board junta de planificación económica.
economic policy política económica.
economic power potencia económica.
economic price precio económico.
economic profit beneficio económico, ganancia económica.
economic program programa económico.
economic programme programa económico.
economic progress progreso económico.
economic prospects perspectivas económicas.
economic rate of return tasa de rendimiento económico.
economic recovery recuperación económica.
economic refugee emigrante económico.
economic rent renta económica.
economic reorganisation reorganización económica.
economic reorganization reorganización económica.
economic research investigación económica.
economic resources recursos económicos.
economic sanctions sanciones económicas.
economic security seguridad económica.
economic self-sufficiency autosuficiencia económica.
economic situation situación económica.
economic slowdown ralentización económica.
economic stabilisation estabilización económica.
economic stability estabilidad económica.
economic stabilization estabilización económica.
economic strategy estrategia económica.
economic strike huelga laboral.
economic structure estructura económica.
economic summit cumbre económica.
economic support apoyo económico.
economic system sistema económico.
economic theory teoría económica.
economic trend tendencia económica.
economic union unión económica.
economic unit unidad económica.
economic unity unidad económica.
economic value valor económico.
economic value added valor agregado económico.
economic viability viabilidad económica.
economic war guerra económica.
economic waste explotación excesiva de un recurso natural.
economic welfare bienestar económico.
economic well-being bienestar económico.
economic year año económico, ejercicio económico.
economical *adj* económico.

economically *adv* económicamente.
economics *n* economía.
economies of scale economías de escala.
economies of scope economía de alcance.
economise *v* economizar.
economism *n* economismo.
economist *n* economista.
economize *v* economizar.
economy *n* economía.
economy of scale economía de escala.
economy of scope economía de alcance.
econsumer *n* consumidor electrónico.
ecosystem *n* ecosistema.
ecotax *n* ecotasa.
ecotoxic *adj* ecotóxico.
ecotoxicological *adj* ecotoxicológico.
ED (Eurodollar) eurodólar.
EDGAR (Electronic Data Gathering, Analysis, and Retrieval) EDGAR.
edge *n* ventaja, borde, afueras.
edge down bajar un poquito, disminuir un poquito.
edge up subir un poquito, aumentar un poquito.
EDI (Electronic Data Interchange) Intercambio Electrónico de Datos.
edict *n* edicto.
edification *n* edificación.
edit *v* editar, redactar.
editor *n* editor, redactor.
editorial advertising publicidad redaccional.
EDP (electronic data processing) procesamiento electrónico de datos.
educated *adj* educado.
education *n* educación.
education expense deduction deducción por gastos educativos.
education expenses gastos educativos.
education loan préstamo para gastos educativos.
education savings bond bono de ahorro para gastos educativos.
educational *adj* educativo, educacional.
educational fund fondo educativo.
educational trust fideicomiso para la educación.
edutainment *n* entretenimiento educativo.
EEA (European Economic Area) Espacio Económico Europeo.
EEC (European Economic Community) Comunidad Económica Europea.
effect *n* efecto, vigencia.
effect *v* efectuar.
effect a payment efectuar un pago.
effect, in en efecto, en vigor, en vigencia.
effective *adj* efectivo, real.
effective access acceso efectivo.
effective age edad efectiva.
effective annual interest rate tasa de interés anual efectiva.
effective annual yield rendimiento anual efectivo.
effective authority autoridad efectiva.
effective date fecha de efectividad, fecha de vigencia.
effective debt deuda efectiva.
effective demand demanda efectiva.
effective duration duración efectiva.
effective exchange rate tipo de cambio efectivo.
effective gain ganancia efectiva.
effective gross income ingreso bruto efectivo.
effective income ingresos efectivos.
effective interest rate tasa de interés efectiva.
effective loss pérdida efectiva.
effective management administración efectiva, gestión efectiva.
effective market mercado efectivo.
effective market access acceso efectivo al mercado.
effective net worth valor neto efectivo.
effective possession posesión efectiva.
effective price precio efectivo.
effective rate tasa efectiva.
effective sale venta efectiva.
effective supply oferta efectiva.
effective tariff tarifa vigente.
effective tax rate tasa contributiva efectiva.
effective time fecha de efectividad, fecha de vigencia.
effective yield rendimiento efectivo.
effectively *adv* efectivamente.
effectiveness *n* eficacia, vigencia.
effects *n* bienes personales, bienes, efectos.
effects test prueba de efectos.
effectual *adj* eficaz, obligatorio, válido.
effectuate *v* efectuar.
efficacy *n* eficacia.
efficiency *n* eficiencia, rendimiento.
efficiency audit auditoría de eficiencia.
efficiency bonus bonificación por eficiencia, bono por eficiencia.
efficiency price precio económico.
efficiency ratio ratio de eficiencia, razón de eficiencia.
efficiency variance varianza de eficiencia.
efficient *adj* eficiente.
efficient market mercado eficiente.
efficient market hypothesis hipótesis de mercado eficiente.
efficient operation operación eficiente.
efficient portfolio cartera de valores eficiente.
efficiently *adv* eficientemente.
efflux *n* expiración, vencimiento.
effluxion of time expiración del plazo convenido.
eform *n* formulario electrónico.
EFT (electronic funds transfer) transferencia electrónica de fondos.
EFT system (electronic funds transfer system) sistema electrónico de transferencia de fondos.
EFTPOS (electronic funds transfer at point of sale) transferencia electrónica de fondos en punto de venta.
EFTS (electronic funds transfer system) sistema electrónico de transferencia de fondos.
egalitarianism *n* igualitarismo.
EGM (extraordinary general meeting) asamblea general extraordinaria.
egovernment *n* gobierno electrónico.
egress *n* egreso.
EIB (European Investment Bank) Banco Europeo de Inversiones.
eight hour laws leyes estableciendo un día de trabajo de ocho horas.
EIS (Executive Information Systems) Sistemas de Información Gerencial.
eject *v* expulsar, desalojar.
ejection *n* expulsión, desalojo, desahucio, evicción.
ejectment *n* expulsión, desalojo, desahucio, evicción.
ejournal *n* revista electrónica, boletín electrónico.
elapse *v* transcurrir.
elastic *adj* elástico.
elastic currency moneda elástica.
elastic demand demanda elástica.
elastic money moneda elástica.

elastic supply oferta elástica.
elasticity *n* elasticidad.
elasticity coefficient coeficiente de elasticidad.
elasticity of demand elasticidad de demanda.
elasticity of production elasticidad de producción.
elasticity of substitution elasticidad de sustitución.
elasticity of supply elasticidad de oferta.
elasticity of supply and demand elasticidad de oferta y demanda.
elderly tax credit crédito impositivo por persona de edad avanzada.
elearning *n* aprendizaje electrónico.
elect *v* elegir.
elected *adj* elegido, electo.
elected domicile domicilio para efectos del contrato.
election *n* elección.
elective *adj* electivo, facultativo.
electricity consumption consumo de electricidad.
electronic *adj* electrónico.
electronic accounting contabilidad electrónica.
electronic administration administración electrónica.
electronic bank banco electrónico.
electronic banking banca electrónica.
electronic benefits transfer transferencia electrónica de beneficios.
electronic bill factura electrónica.
electronic bill of lading conocimiento de embarque electrónico.
electronic billing facturación electrónica.
electronic book libro electrónico.
electronic booking reserva electrónica.
electronic bookkeeping contabilidad electrónica.
electronic brochure folleto electrónico.
electronic broker corredor electrónico.
electronic business comercio electrónico, negocio electrónico.
electronic business activity actividad de comercio electrónico.
electronic business address dirección del comercio electrónico.
electronic business administration administración de comercio electrónico, gestión de comercio electrónico.
electronic business administrator administrador de comercio electrónico.
electronic business adviser asesor de comercio electrónico.
electronic business advisor asesor de comercio electrónico.
electronic business agency agencia de comercio electrónico.
electronic business agent agente de comercio electrónico.
electronic business agreement convenio de comercio electrónico.
electronic business assets activo de comercio electrónico.
electronic business association asociación de comercios electrónicos.
electronic business bankruptcy quiebra de comercio electrónico.
electronic business broker corredor de comercios electrónicos.
electronic business center centro de comercio electrónico.
electronic business centre centro de comercio electrónico.

electronic business chain cadena de comercio electrónico.
electronic business circles círculos de comercio electrónico, medios de comercio electrónico.
electronic business closure cierre de comercio electrónico.
electronic business community comunidad de comercio electrónico.
electronic business company sociedad de comercio electrónico, compañía de comercio electrónico.
electronic business computing computación de comercio electrónico.
electronic business concern empresa de comercio electrónico, entidad de comercio electrónico.
electronic business conditions condiciones de comercio electrónico.
electronic business conference conferencia de comercio electrónico.
electronic business considerations consideraciones al establecer un comercio electrónico.
electronic business consultant consultor de comercio electrónico.
electronic business contract contrato de comercio electrónico.
electronic business convention convención de comercio electrónico.
electronic business correspondence correspondencia de comercio electrónico.
electronic business credit crédito de comercio electrónico.
electronic business creditor acreedor de comercio electrónico.
electronic business cycle ciclo de comercio electrónico.
electronic business debt deuda de comercio electrónico.
electronic business decision decisión de comercio electrónico.
electronic business department departamento de comercio electrónico.
electronic business deposit depósito de comercio electrónico.
electronic business development desarrollo del comercio electrónico.
electronic business director director de comercio electrónico.
electronic business document documento de comercio electrónico.
electronic business earnings ingresos de comercio electrónico.
electronic business economics economía de comercio electrónico.
electronic business email email de comercio electrónico, correo electrónico de comercio electrónico.
electronic business empire imperio de comercio electrónico.
electronic business enterprise empresa de comercio electrónico.
electronic business entity entidad de comercio electrónico.
electronic business environment ambiente de comercio electrónico.
electronic business establishment establecimiento de comercio electrónico.
electronic business ethics ética en el comercio electrónico.

electronic business etiquette etiqueta en el comercio electrónico.
electronic business exhibit exhibición de comercio electrónico.
electronic business expenditures gastos de comercio electrónico.
electronic business expenses gastos de comercio electrónico.
electronic business experience experiencia de comercio electrónico.
electronic business failure quiebra de comercio electrónico.
electronic business finance finanzas de comercio electrónico.
electronic business financing financiación de comercio electrónico.
electronic business firm empresa de comercio electrónico, firma de comercio electrónico.
electronic business forecast pronóstico de comercio electrónico.
electronic business forecasting previsión de comercio electrónico.
electronic business fraud fraude de comercio electrónico.
electronic business gains ganancias de comercio electrónico.
electronic business goal meta del comercio electrónico.
electronic business income ingresos del comercio electrónico.
electronic business indicators indicadores del comercio electrónico.
electronic business insurance seguro de comercio electrónico.
electronic business interest interés de comercio electrónico.
electronic business interruption interrupción de comercio electrónico.
electronic business investment inversión de comercio electrónico.
electronic business journal revista de comercio electrónico, boletín de comercio electrónico.
electronic business law derecho de comercio electrónico.
electronic business league asociación de comercios electrónicos.
electronic business liability responsabilidad de comercio electrónico.
electronic business licence licencia de comercio electrónico.
electronic business license licencia de comercio electrónico.
electronic business loan préstamo de comercio electrónico.
electronic business losses pérdidas de comercio electrónico.
electronic business magazine revista de comercio electrónico, boletín de comercio electrónico.
electronic business mail email de comercio electrónico, correo de comercio electrónico.
electronic business management administración de comercio electrónico, gestión de comercio electrónico.
electronic business manager gerente de comercio electrónico.
electronic business meeting reunión de comercio electrónico.
electronic business mix mezcla de comercios electrónicos.

electronic business model modelo de comercio electrónico.
electronic business name nombre de comercio electrónico.
electronic business objective objetivo de comercio electrónico.
electronic business operation operación de comercio electrónico.
electronic business opportunity oportunidad de comercio electrónico.
electronic business organisation organización del negocio electrónico.
electronic business organization organización del negocio electrónico.
electronic business oriented orientado hacia el comercio electrónico.
electronic business owner dueño de comercio electrónico, propietario de comercio electrónico.
electronic business plan plan de comercio electrónico.
electronic business planning planificación de comercio electrónico.
electronic business policy póliza de comercio electrónico, política de comercio electrónico.
electronic business portal portal de comercio electrónico.
electronic business portfolio portafolio de comercios electrónicos.
electronic business practices prácticas del comercio electrónico, costumbres del comercio electrónico.
electronic business presentation presentación de comercio electrónico.
electronic business profits beneficios de comercio electrónico, ganancias de comercio electrónico.
electronic business property propiedad de comercio electrónico.
electronic business purpose propósito del comercio electrónico.
electronic business recession recesión del comercio electrónico.
electronic business records expedientes del comercio electrónico.
electronic business recovery recuperación del comercio electrónico.
electronic business regulations reglamentos del comercio electrónico, normas del comercio electrónico.
electronic business relations relaciones de comercio electrónico.
electronic business report informe de comercio electrónico, reporte de comercio electrónico.
electronic business risk riesgo del comercio electrónico.
electronic business rules reglas del comercio electrónico.
electronic business sale venta de comercio electrónico.
electronic business scam estafa de comercio electrónico, timo de comercio electrónico.
electronic business sector sector del comercio electrónico.
electronic business services servicios de comercio electrónico.
electronic business standards normas del comercio electrónico.
electronic business start-up comercio electrónico puesto en marcha.
electronic business startup comercio electrónico

puesto en marcha.

electronic business strategy estrategia de comercio electrónico.

electronic business studies estudios de comercio electrónico.

electronic business summit cumbre de comercio electrónico.

electronic business support services servicios de apoyo al comercio electrónico.

electronic business swindle estafa de comercio electrónico, timo de comercio electrónico.

electronic business taxation imposición del comercio electrónico.

electronic business taxes impuestos del comercio electrónico, contribuciones del comercio electrónico.

electronic business transaction transacción de comercio electrónico.

electronic business treaty tratado de comercio electrónico.

electronic business trends tendencias del comercio electrónico.

electronic business usage uso dentro del comercio electrónico.

electronic business venture empresa de comercio electrónico.

electronic business world mundo del comercio electrónico.

electronic card tarjeta electrónica.

electronic cash dinero electrónico.

electronic cash register caja registradora electrónica.

electronic catalog catálogo electrónico.

electronic catalogue catálogo electrónico.

electronic certificate certificado electrónico.

electronic commerce comercio electrónico, negocio electrónico.

electronic commerce activity actividad de comercio electrónico.

electronic commerce address dirección del comercio electrónico.

electronic commerce administration administración de comercio electrónico, gestión de comercio electrónico.

electronic commerce administrator administrador de comercio electrónico.

electronic commerce adviser asesor de comercio electrónico.

electronic commerce advisor asesor de comercio electrónico.

electronic commerce agency agencia de comercio electrónico.

electronic commerce agent agente de comercio electrónico.

electronic commerce agreement convenio de comercio electrónico.

electronic commerce assets activo de comercio electrónico.

electronic commerce association asociación de comercios electrónicos.

electronic commerce bankruptcy quiebra de comercio electrónico.

electronic commerce broker corredor de comercios electrónicos.

electronic commerce center centro de comercio electrónico.

electronic commerce centre centro de comercio electrónico.

electronic commerce chain cadena de comercio electrónico.

electronic commerce circles círculos de comercio electrónico, medios de comercio electrónico.

electronic commerce closure cierre de comercio electrónico.

electronic commerce community comunidad de comercio electrónico.

electronic commerce company sociedad de comercio electrónico, compañía de comercio electrónico.

electronic commerce computing computación de comercio electrónico.

electronic commerce concern empresa de comercio electrónico, entidad de comercio electrónico.

electronic commerce conditions condiciones de comercio electrónico.

electronic commerce conference conferencia de comercio electrónico.

electronic commerce considerations consideraciones al establecer un comercio electrónico.

electronic commerce consultant consultor de comercio electrónico.

electronic commerce contract contrato de comercio electrónico.

electronic commerce convention convención de comercio electrónico.

electronic commerce correspondence correspondencia de comercio electrónico.

electronic commerce credit crédito de comercio electrónico.

electronic commerce creditor acreedor de comercio electrónico.

electronic commerce cycle ciclo de comercio electrónico.

electronic commerce debt deuda de comercio electrónico.

electronic commerce decision decisión de comercio electrónico.

electronic commerce department departamento de comercio electrónico.

electronic commerce deposit depósito de comercio electrónico.

electronic commerce development desarrollo del comercio electrónico.

electronic commerce director director de comercio electrónico.

electronic commerce document documento de comercio electrónico.

electronic commerce earnings ingresos de comercio electrónico.

electronic commerce economics economía de comercio electrónico.

electronic commerce email email de comercio electrónico, correo electrónico de comercio electrónico.

electronic commerce empire imperio de comercio electrónico.

electronic commerce enterprise empresa de comercio electrónico.

electronic commerce entity entidad de comercio electrónico.

electronic commerce environment ambiente de comercio electrónico.

electronic commerce establishment establecimiento de comercio electrónico.

electronic commerce ethics ética en el comercio electrónico.

electronic commerce etiquette etiqueta en el comercio electrónico.

electronic commerce exhibit exhibición de comercio electrónico.
electronic commerce expenditures gastos de comercio electrónico.
electronic commerce expenses gastos de comercio electrónico.
electronic commerce experience experiencia de comercio electrónico.
electronic commerce failure quiebra de comercio electrónico.
electronic commerce finance finanzas de comercio electrónico.
electronic commerce financing financiación de comercio electrónico.
electronic commerce firm empresa de comercio electrónico, firma de comercio electrónico.
electronic commerce forecast pronóstico de comercio electrónico.
electronic commerce forecasting previsión de comercio electrónico.
electronic commerce fraud fraude de comercio electrónico.
electronic commerce gains ganancias de comercio electrónico.
electronic commerce goal meta del comercio electrónico.
electronic commerce income ingresos del comercio electrónico.
electronic commerce indicators indicadores del comercio electrónico.
electronic commerce insurance seguro de comercio electrónico.
electronic commerce interest interés de comercio electrónico.
electronic commerce interruption interrupción de comercio electrónico.
electronic commerce investment inversión de comercio electrónico.
electronic commerce journal revista de comercio electrónico, boletín de comercio electrónico.
electronic commerce law derecho de comercio electrónico.
electronic commerce league asociación de comercios electrónicos.
electronic commerce liability responsabilidad de comercio electrónico.
electronic commerce licence licencia de comercio electrónico.
electronic commerce license licencia de comercio electrónico.
electronic commerce loan préstamo de comercio electrónico.
electronic commerce losses pérdidas de comercio electrónico.
electronic commerce magazine revista de comercio electrónico, boletín de comercio electrónico.
electronic commerce mail email de comercio electrónico, correo de comercio electrónico.
electronic commerce management administración de comercio electrónico, gestión de comercio electrónico.
electronic commerce manager gerente de comercio electrónico.
electronic commerce meeting reunión de comercio electrónico.
electronic commerce mix mezcla de comercios electrónicos.
electronic commerce model modelo de comercio electrónico.

electronic commerce name nombre de comercio electrónico.
electronic commerce network red de comercio electrónico.
electronic commerce objective objetivo de comercio electrónico.
electronic commerce operation operación de comercio electrónico.
electronic commerce opportunity oportunidad de comercio electrónico.
electronic commerce organisation organización del negocio electrónico.
electronic commerce organization organización del negocio electrónico.
electronic commerce oriented orientado hacia el comercio electrónico.
electronic commerce owner dueño de comercio electrónico, propietario de comercio electrónico.
electronic commerce plan plan de comercio electrónico.
electronic commerce planning planificación de comercio electrónico.
electronic commerce policy póliza de comercio electrónico, política de comercio electrónico.
electronic commerce portal portal de comercio electrónico.
electronic commerce portfolio portafolio de comercios electrónicos.
electronic commerce practices prácticas del comercio electrónico, costumbres del comercio electrónico.
electronic commerce presentation presentación de comercio electrónico.
electronic commerce profits beneficios de comercio electrónico, ganancias de comercio electrónico.
electronic commerce property propiedad de comercio electrónico.
electronic commerce purpose propósito del comercio electrónico.
electronic commerce recession recesión del comercio electrónico.
electronic commerce records expedientes del comercio electrónico.
electronic commerce recovery recuperación del comercio electrónico.
electronic commerce regulations reglamentos del comercio electrónico, normas del comercio electrónico.
electronic commerce relations relaciones de comercio electrónico.
electronic commerce report informe de comercio electrónico, reporte de comercio electrónico.
electronic commerce risk riesgo del comercio electrónico.
electronic commerce rules reglas del comercio electrónico.
electronic commerce sale venta de comercio electrónico.
electronic commerce scam estafa de comercio electrónico, timo de comercio electrónico.
electronic commerce sector sector del comercio electrónico.
electronic commerce services servicios de comercio electrónico.
electronic commerce standards normas del comercio electrónico.
electronic commerce start-up comercio electrónico puesto en marcha.
electronic commerce startup comercio

electrónico puesto en marcha.
electronic commerce strategy estrategia de comercio electrónico.
electronic commerce studies estudios de comercio electrónico.
electronic commerce summit cumbre de comercio electrónico.
electronic commerce support services servicios de apoyo al comercio electrónico.
electronic commerce swindle estafa de comercio electrónico, timo de comercio electrónico.
electronic commerce taxation imposición del comercio electrónico.
electronic commerce taxes impuestos del comercio electrónico, contribuciones del comercio electrónico.
electronic commerce transaction transacción de comercio electrónico.
electronic commerce treaty tratado de comercio electrónico.
electronic commerce trends tendencias del comercio electrónico.
electronic commerce usage uso dentro del comercio electrónico.
electronic commerce venture empresa de comercio electrónico.
electronic commerce world mundo del comercio electrónico.
electronic consumer consumidor electrónico.
electronic cottage local con equipos electrónicos para teletrabajo.
Electronic Data Gathering, Analysis, and Retrieval EDGAR.
Electronic Data Interchange Intercambio Electrónico de Datos.
electronic data processing procesamiento electrónico de datos.
electronic directory directorio electrónico.
electronic eavesdropping acción de escuchar furtivamente por medios electrónicos, acción de interceptar una comunicación telefónica.
electronic filing radicación electrónica.
electronic form formulario electrónico.
electronic funds transfer transferencia electrónica de fondos.
electronic funds transfer at point of sale transferencia electrónica de fondos en punto de venta.
electronic funds transfer system sistema electrónico de transferencia de fondos.
electronic government gobierno electrónico.
electronic invoice factura electrónica.
electronic journal revista electrónica, boletín electrónico.
electronic learning aprendizaje electrónico.
electronic magazine revista electrónica, boletín electrónico.
electronic mail email, correo electrónico.
electronic mall centro comercial electrónico.
electronic marketing marketing electrónico, mercadeo electrónico.
electronic marketplace mercado electrónico.
electronic media medios electrónicos.
electronic message mensaje electrónico, email.
electronic messaging mensajería electrónica.
electronic money dinero electrónico.
electronic office oficina electrónica.
electronic order orden electrónica.
electronic organiser agenda electrónica, organizador electrónico.

electronic organizer agenda electrónica, organizador electrónico.
electronic payment pago electrónico, abono electrónico.
electronic point of sale punto de venta electrónico.
electronic procurement adquisición electrónica.
electronic purchase compra electrónica.
electronic retail ventas electrónicas, ventas por Internet, ventas electrónicas minoristas, ventas electrónicas al por menor.
electronic retailer quien hace ventas electrónicas, quien vende por la Internet, quien hace ventas electrónicas minoristas, quien hace ventas electrónicas al por menor.
electronic retailing ventas electrónicas, ventas por Internet, ventas electrónicas minoristas, ventas electrónicas al por menor.
electronic shopping compras electrónicas.
electronic shopping center centro comercial electrónico.
electronic shopping centre centro comercial electrónico.
electronic shopping mall centro comercial electrónico.
electronic signature firma electrónica.
electronic sourcing abastecimiento electrónico.
electronic store tienda electrónica.
electronic surveillance vigilancia por medios electrónicos.
electronic transfer transferencia electrónica.
electronic wallet cartera electrónica, billetera electrónica.
electronically *adv* electrónicamente.
electronically transferred transferido electrónicamente.
electronics *n* electrónica.
eleemosynary *adj* caritativo.
element *n* elemento.
element of risk elemento de riesgo.
eligibility *n* elegibilidad.
eligibility authentication certificación de elegibilidad.
eligibility certificate certificado de elegibilidad.
eligibility certification certificación de elegibilidad.
eligibility date fecha de elegibilidad.
eligibility evidence prueba de elegibilidad.
eligibility parameters parámetros de elegibilidad.
eligibility period período de elegibilidad.
eligibility proof prueba de elegibilidad.
eligibility requirements requisitos de elegibilidad.
eligibility rules reglas de elegibilidad.
eligibility test prueba de elegibilidad.
eligibility verification verificación de elegibilidad.
eligible *adj* elegible.
eligible bank banco elegible.
eligible borrower prestatario elegible.
eligible debt deuda elegible.
eligible expenses gastos elegibles.
eligible for aid elegible para asistencia.
eligible for assistance elegible para asistencia.
eligible for relief elegible para alivio.
eligible for subsidy elegible para subsidio, elegible para subvención.
eligible investment inversión elegible.
eligible lender prestador elegible.
eligible paper papel redescontable.
eligible products productos elegibles.
eligible securities valores elegibles.

eligible shares acciones elegibles.
eligible stocks acciones elegibles.
eliminate v eliminar.
eliminate competition eliminar la competencia.
elimination n eliminación.
elimination period período de eliminación.
Elliot Wave Theory teoría de ondas de Elliot.
emagazine revista electrónica, boletín electrónico.
email n email, correo electrónico.
email v enviar email, enviar por email, enviar correo electrónico, enviar por correo electrónico.
email address dirección de email, dirección de correo electrónico.
email message mensaje de email, email, mensaje de correo electrónico.
emancipate v emancipar.
emancipation n emancipación.
emarketing n marketing electrónico, mercadeo electrónico.
emarketplace n mercado electrónico.
embargo n embargo.
embargo v embargar.
embassy n embajada.
embedded option opción inseparable.
embedded value valor incorporado.
embezzle v desfalcar, malversar.
embezzlement n desfalco, malversación.
embezzler n desfalcador, malversador.
emblements n productos anuales de la labor agrícola.
embody v incorporar.
embossed character reader lector de caracteres en relieve.
embrace v abarcar, incluir.
emergency aid ayuda de emergencia, asistencia de emergencia.
emergency assistance asistencia de emergencia, ayuda de emergencia.
emergency fund fondo para emergencias.
emergency notification notificación de emergencia.
emergency service servicio de emergencia.
emergency tax impuesto de emergencia.
emerging industry industria emergente.
emerging market mercado emergente.
EMH (efficient market hypothesis) hipótesis de mercado eficiente.
EMI (European Monetary Institute) Instituto Monetario Europeo.
emigration n emigración.
eminent domain dominio eminente.
emission n emisión.
emitted shares acciones emitidas.
emitted stock acciones emitidas.
emolument n emolumento.
emoney n dinero electrónico.
emotional appeal atractivo emocional.
emphasis n énfasis.
emphasise v enfatizar, hacer hincapié.
emphasize v enfatizar, hacer hincapié.
emphyteusis n enfiteusis.
empire n imperio.
empirical adj empírico.
empirical evidence evidencia empírica.
empirical probability probabilidad empírica.
employ v emplear, usar.
employable adj empleable, utilizable.
employed adj empleado.
employee n empleado.
employee assistance program programa de asistencia a empleados.

employee association asociación de empleados.
employee benefit insurance plan plan de seguro de beneficios de empleados.
employee benefits beneficios de empleados.
employee buyout adquisición de parte de los empleados de un porcentaje de acciones que permita controlar la corporación.
employee compensation compensación de empleados.
employee contributions contribuciones de empleados.
employee death benefits beneficios por muerte de empleados.
employee health benefits beneficios de salud de empleados.
employee involvement participación de empleados.
employee leasing arrendamiento de empleados.
employee ownership situación en la cual los empleados son dueños de parte o toda la compañía donde trabajan.
employee participation participación de los empleados.
employee pension plan plan de pensiones para empleados.
employee profit sharing participación en los beneficios de empleados, participación en las ganancias de empleados.
employee promotion promoción de empleado.
employee rate tasa de empleado.
employee rate of pay tasa de pago de empleado.
employee relations relaciones con los empleados, relaciones con el personal.
employee representation representación de los empleados.
Employee Retirement Income Security Act ERISA, Ley de Seguridad de Ingresos de Retiro de Trabajadores.
employee savings plan plan de ahorros de empleados.
employee shares acciones de los empleados.
employee stock acciones de los empleados.
employee stock option opción de compra de acciones de empleados.
employee stock option plan plan de compra de acciones de empleados.
employee stock ownership plan plan de compra de acciones de empleados.
employees' pension pensiones de empleados.
employer n patrono, empleador.
employer identification number número de identificación patronal.
employer interference interferencia patronal.
employer retirement plan plan de retiro patronal.
employer rights derechos patronales.
employers' association asociación patronal.
employers' contingent liability responsabilidad contingente patronal.
employers' contribution contribución patronal.
employers' insurance seguro patronal.
employers' liability responsabilidad patronal.
employers' liability acts leyes concernientes a las responsabilidades patronales.
employers' liability coverage cobertura de responsabilidad patronal.
employers' liability insurance seguro de responsabilidad patronal.
employers' organisation organización patronal.
employers' organization organización patronal.

employment *n* empleo, ocupación, trabajo, uso.
employment advancement progreso en el empleo.
employment agency agencia de empleos.
employment analysis análisis de empleo.
Employment Appeal Tribunal Tribunal de Apelación de Empleo.
employment at will empleo de plazo indeterminado.
employment authentication certificación de empleo.
employment bureau agencia de empleos.
employment certificate certificado de empleo.
employment certification certificación de empleo.
employment change cambio de empleo.
employment choice selección de empleo.
employment classification clasificación de empleo.
employment conditions condiciones de empleo.
employment contract contrato de empleo.
employment creation creación de empleos.
employment cycle ciclo de empleo.
employment decision decisión de empleo.
employment definition definición de empleo.
employment description descripción de empleo.
employment discrimination discriminación de empleo.
employment enrichment enriquecimiento de empleo.
employment environment ambiente de empleo.
employment evaluation evaluación de empleo.
employment evidence prueba de empleo.
employment exchange bolsa de empleos, agencia de empleos.
employment expectations expectativas de empleo.
employment figures cifras de empleo.
employment history historial de empleo.
employment level nivel de empleo.
employment market mercado de empleos.
employment objective objetivo del empleo.
employment offer oferta de empleo.
employment office oficina de empleos.
employment opportunities oportunidades de empleo.
employment-oriented *adj* orientado al empleo.
employment placement colocación de empleo.
employment planning planificación del empleo.
employment preferences preferencias de empleo.
employment proof prueba de empleo.
employment protection protección de empleo.
Employment Protection Act Ley de Protección del Empleo.
employment rate tasa de empleo.
employment record historial de empleo.
employment-related *adj* relacionado al empleo.
employment-related accident accidente relacionado al empleo.
employment-related death muerte relacionada al empleo.
employment-related injury lesión relacionada al empleo.
employment report informe de empleo.
employment rotation rotación de empleos.
employment satisfaction satisfacción en el empleo.
employment security seguridad de empleo.
employment selection selección de empleo.
employment service servicio de empleos.
employment situation situación de empleo.
employment specification especificación de empleo.
employment stabilisation estabilización de empleo.
employment stabilization estabilización de empleo.
employment statistics estadísticas de empleo.
employment stress estrés en el empleo.
employment tax impuesto sobre empleo.
employment test prueba de empleo.
employment training entrenamiento de empleo.
employment verification verificación de empleo.
emporium *n* emporio, almacén.
empower *v* facultar, autorizar, empoderar.
empty leg tramo sin pasajeros y/o carga, tramo vendido a descuento que de otro modo iría sin pasajeros y/o carga.
empty nesters quienes sus hijos ya se han ido de casa.
EMS (European Monetary System) Sistema Monetario Europeo.
EMU (Economic and Monetary Union) Unión Económica y Monetaria.
EMU (European Monetary Union) Unión Monetaria Europea.
emulative product producto emulador.
enable *v* capacitar, autorizar.
enabling environment ambiente propicio.
enact *v* promulgar.
enactment *n* promulgación.
encash *v* convertir en efectivo.
encashable *adj* convertible en efectivo.
encashment *n* conversión en efectivo.
encl. (enclosed) adjunto, anexado.
encl. (enclosure) anexo.
enclose *v* incluir, anexar, adjuntar, encerrar.
enclosed *adj* adjunto, anexado.
enclosed document documento adjunto.
enclosed file archivo adjunto, fichero adjunto.
enclosure *n* anexo, encerramiento.
encode *v* codificar.
encoded *adj* codificado.
encoder *n* codificador.
encoding *n* codificación.
encompass *v* abarcar, incluir.
encourage *v* animar, fomentar.
encouragement *n* ánimo, fomento.
encroach *v* traspasar los límites, invadir.
encroachment *n* traspaso de límites, invasión.
encrypt *v* codificar.
encrypted *adj* codificado.
encrypter *n* codificador.
encryption *n* codificación.
encumber *v* gravar, recargar.
encumbered *adj* gravado.
encumbrance *n* gravamen, carga, hipoteca.
encumbrancer *n* acreedor hipotecario.
end balance saldo final.
end consumer consumidor final, consumidor.
end inventory inventario final.
end of month fin de mes.
end of period fin de período.
end of quarter fin de trimestre.
end of season fin de temporada.
end of year fin de año.
end product producto final.
end-to-end *adj* de fin de mes a fin de mes, a todo lo largo.
end use uso final.
end user usuario final.
endeavor *n* esfuerzo, actividad.

endeavour *n* esfuerzo, actividad.
ending balance balance final, saldo final, balance de cierre.
ending inventory inventario final, inventario de final de período.
endorsable *adj* endosable.
endorse *v* endosar, avalar, apoyar, promover.
endorsed *adj* endosado, avalado, apoyado, promovido.
endorsed check cheque endosado.
endorsed cheque cheque endosado.
endorsee *n* endosatario, avalado.
endorsement *n* endoso, aval, respaldo, promoción.
endorsement date fecha de endoso.
endorser *n* endosante, avalista.
endorsing *n* endoso.
endow *v* dotar, donar.
endowment *n* dotación, fundación.
endowment assurance seguro mixto.
endowment fund fondo de beneficencia.
endowment insurance seguro dotal.
endowment mortgage hipoteca en que sólo se pagan intereses combinado con seguro de vida.
endowment policy póliza dotal.
energy conservation conservación de la energía.
energy efficiency eficiencia en el uso de la energía.
energy management administración de energía, gestión de energía.
energy reserve reservas energéticas.
energy resources recursos energéticos.
energy-saving technology tecnología que ayuda a conservar energía.
energy supply suministro de energía, abastecimiento de energía.
energy tax impuesto sobre el consumo de energía.
energy waste desperdicio de energía.
enforce *v* hacer cumplir, ejecutar.
enforcement *n* cumplimiento, ejecución.
enforcement of a contract acción de hacer cumplir un contrato.
enforcement order orden de cumplimiento.
enforcement process proceso de hacer cumplir, proceso de cumplimiento.
engage *v* comprometer, emplear, ocupar.
engaged *adj* comprometido, contratado, ocupado.
engaged in business dedicado a los negocios.
engaged in commerce dedicado al comercio.
engaged in employment estar empleado, empleado.
engagement *n* compromiso, obligación.
Engel Curve curva de Engel.
engine of growth motor del crecimiento.
engineering *n* ingeniería.
engross *v* acaparar, absorber.
enhance *v* mejorar, realzar.
enhance capacity mejorar la capacidad.
enhance performance mejorar el rendimiento.
enhance quality mejorar la calidad.
enhance service mejorar el servicio.
enhanced capacity capacidad mejorada.
enhanced performance rendimiento mejorado.
enhanced quality calidad mejorada.
enhanced service servicio mejorado.
enhancement of capacity mejoramiento de la capacidad.
enhancement of performance mejoramiento del rendimiento.
enhancement of quality mejoramiento de la calidad.
enhancement of service mejoramiento del servicio.
enjoin *v* imponer, requerir.
enjoy *v* disfrutar de, gozar de, poseer.
enjoyment *n* disfrute, goce, uso.
enlarge *v* agrandar, ampliar.
enlargement *n* extensión, aumento, ampliación.
enquiry *n* indagación, investigación, encuesta.
enquiry desk mesa de información, información.
enrichment *n* enriquecimiento.
enrolled agent agente matriculado.
ensure *v* asegurar, dar seguridad.
entail *v* suponer, implicar, vincular.
enter *v* entrar, registrar, anotar, asentar, tomar posesión.
enter an agreement llegar a un acuerdo, contratar.
enter goods declarar mercancías.
enter in the books anotar en los libros.
enter into a contract contratar, comprometerse por contrato.
enter into negotiations negociar, iniciar las negociaciones.
enterprise *n* empresa, proyecto, iniciativa.
enterprise account cuenta empresarial.
enterprise accounting contabilidad empresarial.
enterprise activity actividad empresarial.
enterprise address domicilio empresarial.
enterprise administration administración empresarial, gestión empresarial.
enterprise administrator administrador empresarial.
enterprise adviser asesor empresarial.
enterprise advisor asesor empresarial.
enterprise agency agencia empresarial.
enterprise agent agente empresarial.
enterprise agreement convenio empresarial.
enterprise assembly asamblea empresarial.
enterprise assets activo empresarial.
enterprise bankruptcy quiebra empresarial.
enterprise benefits beneficios empresariales.
enterprise broker corredor empresarial.
enterprise capital capital empresarial.
enterprise center centro empresarial.
enterprise centre centro empresarial.
enterprise chain cadena empresarial.
enterprise check cheque empresarial.
enterprise cheque cheque empresarial.
enterprise closure cierre empresarial.
enterprise computing computación empresarial.
enterprise conference conferencia empresarial.
enterprise consultant consultor empresarial.
enterprise contract contrato empresarial.
enterprise convention convención empresarial.
enterprise correspondence correspondencia empresarial.
enterprise credit crédito empresarial.
enterprise credit card tarjeta de crédito empresarial.
enterprise debt deuda empresarial.
enterprise decision decisión empresarial.
enterprise department departamento empresarial.
enterprise development desarrollo empresarial.
enterprise director director empresarial.
enterprise district distrito empresarial.
enterprise document documento empresarial.
enterprise earnings ingresos empresariales.
enterprise economy economía empresarial.
enterprise email email empresarial, correo electrónico empresarial.
enterprise ethics ética empresarial.
enterprise executive ejecutivo empresarial.

enterprise exhibit exhibición empresarial.
enterprise expenditures gastos empresariales.
enterprise expenses gastos empresariales.
enterprise finance finanzas empresariales.
enterprise goal meta empresarial.
enterprise income ingresos empresariales, rentas empresariales.
enterprise insurance seguro empresarial.
enterprise investment inversión empresarial.
enterprise league asociación empresarial.
enterprise liability responsabilidad empresarial.
enterprise licence licencia empresarial.
enterprise license licencia empresarial.
enterprise literature literatura empresarial.
enterprise locale local empresarial.
enterprise logo logotipo empresarial, logo empresarial.
enterprise management administración empresarial, gestión empresarial, gerencia empresarial.
enterprise manager gerente empresarial, administrador empresarial.
enterprise meeting reunión empresarial.
enterprise model modelo empresarial.
enterprise name nombre empresarial.
enterprise objective objetivo empresarial.
enterprise office oficina empresarial.
enterprise organisation organización empresarial.
enterprise organization organización empresarial.
enterprise philosophy filosofía empresarial.
enterprise plan plan empresarial.
enterprise planning planificación empresarial.
enterprise policy política empresarial, póliza empresarial.
enterprise portal portal empresarial.
enterprise profits beneficios empresariales, ganancias empresariales.
enterprise property propiedad empresarial.
enterprise purpose propósito empresarial.
enterprise records expedientes empresariales.
enterprise report informe empresarial, reporte empresarial.
enterprise resource planning planificación de recursos empresariales.
enterprise services servicios empresariales.
enterprise start-up empresa puesta en marcha, negocio puesto en marcha.
enterprise startup empresa puesta en marcha, negocio puesto en marcha.
enterprise strategy estrategia empresarial.
enterprise structure estructura empresarial.
enterprise support services servicios de apoyo a las empresas.
enterprise taxation imposición empresarial.
enterprise taxes impuestos empresariales, contribuciones empresariales.
enterprise-to-consumer *adj* empresa a consumidor.
enterprise-to-enterprise *adj* empresa a empresa.
enterprise transaction transacción empresarial.
enterprise value valor empresarial.
enterprise zone zona empresarial.
enterprising *adj* emprendedor.
entertain *v* entretener.
entertainment *n* entretenimiento.
entertainment account cuenta para gastos de representación, cuenta para gastos de entretenimiento.
entertainment expense deduction deducción por gastos de representación, deducción por gastos de

entretenimiento.
entertainment expenses gastos de representación, gastos de entretenimiento.
entire *adj* entero, íntegro.
entire contract contrato indivisible, contrato total.
entire contract clause cláusula de contrato total.
entire day un día continuo, día entero.
entire tenancy posesión individual.
entirely *adv* enteramente, completamente.
entirely without understanding sin entendimiento.
entireness *n* totalidad.
entirety *n* totalidad.
entirety of contract totalidad del contrato.
entitle *v* dar derecho a, autorizar, titular.
entitled *adj* con derecho a, autorizado, titulado.
entitled to a dividend con derecho a un dividendo.
entitled to possession con derecho a la posesión.
entitlement *n* derecho, el proceso de dar un derecho.
entity *n* entidad, ente.
entity accounting contabilidad de entidad.
entity theory teoría de entidad.
entrance *n* admisión, entrada.
entrance card tarjeta de admisión, tarjeta de entrada.
entrance charge cargo por admisión, costo de entrada, coste de entrada.
entrance exam examen de admisión, examen de ingreso.
entrance fee cargo por admisión, costo de entrada, coste de entrada.
entrant *n* empresa que entra a un mercado nuevo, participante.
entrepôt *n* centro de recibo y distribución, centro de almacenamiento y distribución, punto de importación y exportación sin el pago de derechos, depósito comercial.
entrepreneur *n* empresario, emprendedor.
entrepreneurial *adj* empresarial, emprendedor.
entrepreneurship *n* espíritu empresarial, el emprender un negocio.
entrust *v* encomendar, confiar.
entry *n* entrada, asiento, registro, partida, anotación, apunte, ingreso, presentación.
entry at customhouse declaración aduanera.
entry barrier barrera a la entrada.
entry book libro de registro.
entry cost costo de entrada, coste de entrada.
entry customs aduana de entrada.
entry duties derechos de entrada, derechos de aduana.
entry fee cargo de entrada.
entry-level job trabajo que requiere poca o ninguna experiencia, trabajo de inicio de carrera.
entry permit permiso de entrada.
entry stamp sello de entrada.
entry tax impuesto de entrada, derechos de aduana.
entry visa visado de entrada, visa de entrada.
enumerate *v* enumerar.
enumerated *adj* enumerado.
enumeration *n* enumeración.
environment *n* ambiente, medioambiente.
environmental *adj* ambiental, medioambiental.
environmental accounting contabilidad ambiental.
environmental audit auditoría ambiental.
environmental conditions condiciones ambientales.
environmental consequences consecuencias

ambientales.
environmental considerations consideraciones ambientales.
environmental contamination contaminación ambiental.
environmental control control ambiental.
environmental damage daño ambiental.
environmental depletion agotamiento ambiental.
environmental disaster desastre ambiental.
environmental economics economía ambiental.
environmental factor factor ambiental.
environmental harm daño ambiental.
environmental health salud ambiental.
environmental impact impacto ambiental.
environmental impact statement declaración de impacto ambiental.
environmental impact study estudio de impacto ambiental.
environmental issues cuestiones ambientales.
environmental labeling etiquetado ambiental.
environmental management administración ambiental, gestión ambiental.
environmental policy política ambiental.
environmental pollution contaminación ambiental.
environmental program programa ambiental.
environmental programme programa ambiental.
environmental protection protección ambiental.
Environmental Protection Agency Agencia de Protección Ambiental.
environmental requirements requisitos ambientales.
environmental services servicios ambientales.
environmental tax impuesto ambiental.
environmentalism *n* ecologismo, ambientalismo.
environmentally *adv* ambientalmente.
environmentally friendly ambientalmente amistoso.
environmentally friendly industries industrias ambientalmente amistosas.
environmentally friendly products productos ambientalmente amistosas.
environmentally responsible ambientalmente responsable.
environmentally sound ambientalmente prudente.
envoy *n* enviado.
EOC (Equal Opportunities Commission) Comisión de Igualdad de Oportunidades.
Eonia (Euro Overnight Index Average) Eonia.
EOP (Equal Opportunities Policy) política de igualdad de oportunidades.
EOQ (Economic Order Quantity) cantidad de orden económica.
EOQ Model (Economic Order Quantity Model) modelo de cantidad de orden económica.
EPA (Environmental Protection Agency) Agencia de Protección Ambiental.
EPOS (electronic point of sale) punto de venta electrónico.
eprocurement *n* adquisición electrónica.
EPS (earnings per share) ingresos por acción.
equal *adj* igual.
equal *v* igualar.
equal and uniform taxation uniformidad e igualdad contributiva.
equal benefit beneficio igual.
equal employment opportunity oportunidad de empleo sin discrimen.
equal footing, on en pie de igualdad, bajo las mismas condiciones.
Equal Opportunities Commission Comisión de

Igualdad de Oportunidades.
Equal Opportunities Policy política de igualdad de oportunidades.
equal opportunity igualdad de oportunidades.
equal opportunity employer patrono que no discrimina.
equal pay igualdad de paga.
Equal Pay Act Acta de Igualdad de Paga.
equal pay for equal work igual salario por igual trabajo.
equal rights igualdad de derechos.
equal terms, on de igual a igual.
equalisation *n* igualación, compensación.
equalisation account cuenta de compensación.
equalisation board junta para la igualdad tributaria.
equalisation fund fondo de compensación.
equalisation of taxes igualamiento de los impuestos.
equalisation reserve reserva de compensación.
equalisation tax impuesto de igualación.
equalise *v* igualar, compensar.
equalising dividend dividendo compensador.
equality *n* igualdad.
equalization *n* igualación, compensación.
equalization account cuenta de compensación.
equalization board junta para la igualdad tributaria.
equalization fund fondo de compensación.
equalization of taxes igualamiento de los impuestos.
equalization reserve reserva de compensación.
equalization tax impuesto de igualación.
equalize *v* igualar, compensar.
equalizing dividend dividendo compensador.
equally *adv* igualmente.
equally divided dividido igualmente.
equation *n* ecuación.
equilibrium *n* equilibrio.
equilibrium exchange rate tipo de cambio de equilibrio, tasa de cambio de equilibrio.
equilibrium interest rate tasa de interés de equilibrio, tipo de interés de equilibrio.
equilibrium price precio de equilibrio.
equilibrium quantity cantidad de equilibrio.
equip *v* equipar.
equipment *n* equipo.
equipment leasing arrendamiento de equipo.
equipment leasing partnership sociedad de arrendamiento de equipo.
equipment purchase compra de equipo.
equipment rental alquiler de equipo.
equipment trust certificate certificado de fideicomiso de equipo.
equipped *adj* equipado.
equitable *adj* equitativo.
equitable charge cargo equitativo.
equitable conversion conversión equitativa.
equitable distribution distribución equitativa.
equitable fee cargo equitativo.
equitable lien gravamen equitativo.
equitable title título equitativo.
equitable treatment trato equitativo.
equity *n* equidad, activo neto, capital social, capital propio, valor líquido, patrimonio neto, inversión neta.
equity accounting contabilidad del activo neto.
equity base base de recursos propios.
equity buildup acumulación de amortización hipotecaria.

equity capital capital corporativo, capital propio, capital en acciones, acciones, patrimonio neto.
equity capital stock capital en acciones, acciones.
equity carve-out escisión parcial.
equity financing financiación por la venta de acciones, financiación propia, financiación por venta de participación.
equity funding financiación por la venta de acciones, financiación propia, financiación por venta de participación.
equity funds fondos de inversión en acciones, fondos en títulos.
equity holder accionista, accionista ordinario.
equity holdings cartera de acciones, cartera de valores.
equity income ingreso de acciones, ingreso por dividendos.
equity investment inversión en acciones, inversión en valores.
equity investor inversionista en acciones, inversionista en valores.
equity issue emisión de acciones, emisión de valores.
equity joint venture empresa conjunta con acciones.
equity market mercado de acciones, mercado de valores.
equity market neutral estrategia de inversión que combina posiciones cubiertas y descubiertas dentro de la misma industria o país.
equity of partners derecho de los socios a designar bienes de la sociedad para cubrir las deudas de la sociedad, capital de los socios.
equity of redemption derecho de rescate de una propiedad hipotecada.
equity option opción de compra de acciones, opción de venta de acciones.
equity ownership participación en el capital social.
equity participation participación en las ganancias.
equity portfolio cartera de acciones.
equity rate tasa basada en el capital propio.
equity risk premium prima por el riesgo de mercado.
equity security acciones de una corporación, participación en una sociedad, valores convertibles en acciones de una corporación.
equity shares acciones ordinarias, acciones.
equity stake posesión de acciones de una compañía.
equity stock acciones ordinarias, acciones.
equity transaction transacción que envuelve el valor neto, transacción de capital.
equity value valor del activo neto, valor del capital social, valor del capital propio, valor líquido.
equivalence *n* equivalencia.
equivalent *adj* equivalente.
equivalent access acceso equivalente.
equivalent bond yield rendimiento de bono equivalente.
equivalent cost costo equivalente, coste equivalente.
equivalent market access acceso equivalente al mercado.
equivalent taxable yield rendimiento imponible equivalente.
equivalent units unidades equivalentes.
equivalent yield rendimiento equivalente.
equivocal *adj* equívoco.
erect *v* erigir, construir.
erection *n* erección, construcción.

eretail *n* ventas electrónicas, ventas por Internet, ventas electrónicas minoristas, ventas electrónicas al por menor.
eretailer *n* quien hace ventas electrónicas, quien vende por la Internet, quien hace ventas electrónicas minoristas, quien hace ventas electrónicas al por menor.
eretailing *n* ventas electrónicas, ventas por Internet, ventas electrónicas minoristas, ventas electrónicas al por menor.
ergonomic *adj* ergonómico.
ergonomic design diseño ergonómico.
ergonomical *adj* ergonómico.
ergonomically *adv* ergonómicamente.
ergonomically designed diseñado ergonómicamente.
ergonomics *n* ergonomía.
ERISA (Employee Retirement Income Security Act) ERISA.
ERM (Exchange Rate Mechanism) Mecanismo de Tipo de Cambio.
erosion *n* erosión, merma.
erosion of confidence merma de confianza.
erosion of income merma de ingresos.
erosion of quality merma de calidad.
erosion of rights merma de derechos.
erosion of trust merma de confianza.
ERP (enterprise resource planning) planificación de recursos empresariales.
erroneous *adj* erróneo.
erroneous statement declaración errónea.
error *n* error.
error free libre de errores.
error resolution resolución de error.
errors and omissions error u omisión.
errors and omissions excepted salvo error u omisión.
errors and omissions insurance seguro de responsabilidad por error u omisión.
errors and omissions liability insurance seguro de responsabilidad por error u omisión.
errors excepted salvo error u omisión.
ersatz *n* sustituto inferior, imitación inferior.
ES (expert system) sistema experto.
escalate *v* escalar, aumentar.
escalating *adj* ascendente, creciente.
escalating costs costos crecientes, costes crecientes.
escalating duties derechos crecientes.
escalating prices precios crecientes.
escalation clause cláusula de escalamiento.
escalator clause cláusula de escalamiento.
escapable cost costo evitable, coste evitable.
escape clause cláusula de escape, cláusula liberatoria.
escape period período de baja sindical.
escheat *n* reversión al estado.
escrow *n* plica, depósito que retiene un tercero hasta que se cumplan ciertas condiciones, aquello que retiene un tercero hasta que se cumplan ciertas condiciones.
escrow account cuenta de plica, cuenta de garantía bloqueada.
escrow agent agente de plica.
escrow agreement contrato estipulando las condiciones de una cuenta de plica, acuerdo de plica.
escrow analysis análisis de cuenta de plica.
escrow closing cierre.
escrow contract contrato estipulando las

condiciones de una cuenta de plica, contrato de plica.

escrow deposit depósito en plica.

escrow funds fondos en plica.

escrow officer funcionario de plica.

ESF (European Social Fund) Fondo Social Europeo.

ESOP (employee stock ownership plan, employee stock option plan) plan de compra de acciones de empleados.

esourcing *n* abastecimiento electrónico.

espionage *n* espionaje.

essence of the contract condiciones esenciales de un contrato.

essential *adj* esencial.

essential acquisition adquisición esencial.

essential commodities productos esenciales, productos necesarios.

essential conditions condiciones esenciales.

essential cost costo esencial, coste esencial.

essential coverage cobertura esencial.

essential expenditure gasto esencial, desembolso esencial.

essential expenses gastos esenciales, desembolsos esenciales.

essential goods bienes esenciales, productos esenciales.

essential industry industria esencial.

essential insurance seguro esencial.

essential pay paga esencial.

essential products productos esenciales.

essential remuneration remuneración esencial.

essential repairs reparaciones esenciales.

essential salary salario esencial.

essential services servicios esenciales.

essentially *adv* esencialmente.

est. (established) establecido.

establish *v* establecer, fundar, fijar.

established *adj* establecido, fijo.

established benefits beneficios establecidos.

established brand marca establecida.

established budget presupuesto establecido.

established budgeting presupuestación establecida.

established charges cargos establecidos.

established company compañía establecida.

established cost contract contrato de costo establecido, contrato de coste establecido.

established costs costos establecidos, costes establecidos.

established credit line línea de crédito establecida.

established debt deuda establecida.

established exchange rate tipo de cambio establecido.

established expenditures gastos establecidos.

established expenses gastos establecidos.

established factors factores establecidos.

established fee cargo establecido.

established income ingreso establecido.

established industry industria establecida.

established interest interés establecido.

established interest rate tasa de interés establecida.

established obligation obligación establecida.

established parity paridad establecida.

established payments pagos establecidos, abonos establecidos.

established period período establecido.

established practice práctica establecida.

established premium prima establecida.

established price precio establecido.

established procedure procedimiento establecido.

established rate tasa establecida.

established-rate financing financiamiento a tasa de interés establecida.

established-rate loan préstamo de tasa de interés establecida.

established-rate mortgage hipoteca de tasa de interés establecida.

established rent renta establecida.

established reputation reputación establecida.

established salary salario establecido.

established sampling muestreo establecido.

established selling price precio de venta establecido.

established tax impuesto establecido.

established term plazo establecido.

established trust fideicomiso establecido.

establishment *n* establecimiento, institución grande.

establishment, the quienes tienen el poder y la intención de permanecer así.

estate *n* propiedad, bienes, patrimonio.

estate accounting contabilidad del patrimonio.

estate administrator administrador del patrimonio, administrador de bienes.

estate agency agencia inmobiliaria.

estate agent agente inmobiliario.

estate at sufferance posesión en virtud de la tolerancia del dueño.

estate at will derecho de uso de propiedad que el propietario puede revocar en cualquier momento.

estate by purchase derecho sobre un inmueble obtenido por cualquier medio excepto la sucesión.

estate by the entirety copropiedad de los cónyuges.

estate duty derechos de sucesión.

estate executor albacea.

estate for life derecho sobre un inmueble de por vida.

estate for years derecho de posesión por años determinados.

estate from year to year derecho de posesión que se renueva de año en año.

estate in common copropiedad sobre un inmueble, propiedad mancomunada.

estate in expectancy propiedad en expectativa.

estate in fee simple propiedad sobre un inmueble en pleno dominio.

estate in lands propiedad de inmuebles.

estate in possession propiedad en la que el dueño tiene derecho de posesión.

estate in remainder derechos de propiedad que entran en vigor al terminar derechos de otros.

estate in severalty propiedad de dominio de una sola persona.

estate income ingresos patrimoniales.

estate of freehold propiedad de dominio absoluto.

estate of inheritance patrimonio heredable.

estate planning planificación del patrimonio.

estate tax impuesto sucesorio, contribución de herencia.

estate upon condition propiedad condicional.

estimate *n* estimado, evaluación, valoración, cálculo, tasación.

estimate *v* estimar, evaluar, valorar, calcular, tasar.

estimate of costs estimado de costos, estimado de costes.

estimate of expenditures estimado de gastos.

estimate of expenses estimado de gastos.

estimate of interest estimado de intereses.
estimate of payments estimado de pagos.
estimate of premium estimado de prima.
estimate of prices estimado de precios.
estimate of subsidy estimado de subsidio, estimado de subvención.
estimate of taxes estimado de impuestos, estimado de contribuciones.
estimate of value estimado del valor.
estimated *adj* estimado, evaluado, valorado, calculado, tasado.
estimated balance sheet balance estimado.
estimated cost costo estimado, coste estimado.
estimated efficiency eficiencia estimada.
estimated expenditures gastos estimados.
estimated expenses gastos estimados.
estimated interest rate tasa de interés estimada, tipo de interés estimado.
estimated liability responsabilidad estimada.
estimated life vida estimada.
estimated payment pago estimado.
estimated premium prima estimada.
estimated price precio estimado.
estimated revenue ingresos estimados.
estimated risk riesgo estimado.
estimated subsidy subsidio estimado, subvención estimada.
estimated taxes impuestos estimados, contribuciones estimadas.
estimated useful life vida útil estimada.
estimated value valor estimado.
estimated weight peso estimado.
estimation *n* estimación, evaluación, valoración, cálculo, tasación.
estimation of costs estimación de costos, estimación de costes.
estimation of expenditures estimación de gastos.
estimation of expenses estimación de gastos.
estimation of interest estimación de intereses.
estimation of payments estimación de pagos.
estimation of premium estimación de prima.
estimation of prices estimación de precios.
estimation of subsidy estimación de subsidio, estimación de subvención.
estimation of taxes estimación de impuestos, estimación de contribuciones.
estimation of value estimación del valor.
estimator *n* estimador, evaluador, valuador, tasador.
estoppel *n* impedimento, impedimento por actos propios, preclusión.
estoppel certificate documento declarando el estado de ciertos hechos al momento de firmarse.
estover *n* derecho del arrendatario de cortar árboles para su uso personal.
etail *n* ventas electrónicas, ventas por Internet, ventas electrónicas al por menor.
etailer *n* quien hace ventas electrónicas, quien vende por la Internet, quien hace ventas electrónicas al por menor.
etailing *n* ventas electrónicas, ventas por Internet, ventas electrónicas al por menor.
ETF (Exchange-Traded Fund) fondo mutuo indexado cuyas acciones se cotizan en un bolsa.
Ethernet *n* Ethernet, Eternet.
ethical *adj* ético.
ethical behavior conducta ética.
ethical behaviour conducta ética.
ethical company compañía ética.
ethical investment inversión ética.

ethical practice práctica ética.
ethical statement declaración ética.
ethically *adv* éticamente.
ethics *n* ética.
ethnic *adj* étnico.
etiquette *n* etiqueta, protocolo.
etiquette of the profession ética profesional.
EU (European Union) Unión Europea.
Euclidean Zoning zonificación que limita algunas áreas para usos específicos.
EURATOM (European Atomic Energy Community) EURATOM.
Euribor (Euro Interbank Offered Rate) Euribor.
euro *n* euro.
Euro area área euro.
Euro Interbank Offered Rate Euribor.
Euro Overnight Index Average Eonia.
Euro rates tasas de eurodivisas.
Euro zone zona euro.
Eurobanking *n* eurobanca.
Eurobond *n* eurobono.
Eurocentric *adj* eurocéntrico.
Eurocheck *n* eurocheque.
Eurocheque *n* eurocheque.
Eurocommercial paper instrumentos negociables en eurodivisas.
Eurocredit *n* eurocrédito.
Eurocurrency *n* eurodivisa.
Eurocurrency Market mercado de eurodivisas.
Eurodeposit *n* eurodepósito.
Eurodollar *n* eurodólar.
Eurodollar bond bono en eurodólares.
Eurodollar certificate of deposit certificado de depósito en eurodólares.
Eurodollar deposit depósito en eurodólares.
Eurodollar market mercado de eurodólares.
Eurodollar rate tasa de eurodólares.
Euromarket *n* euromercado.
Euromoney *n* eurodivisa, eurodinero.
Euronotes *n* euronotas.
European Atomic Energy Community EURATOM.
European Bank for Reconstruction and Development Banco Europeo para la Reconstrucción y el Desarrollo.
European Central Bank Banco Central Europeo.
European Commission Comisión Europea.
European Community Comunidad Europea.
European Economic Area Espacio Económico Europeo.
European Economic Community Comunidad Económica Europea.
European Investment Bank Banco Europeo de Inversiones.
European Monetary Institute Instituto Monetario Europeo.
European Monetary System Sistema Monetario Europeo.
European Monetary Union Unión Monetaria Europea.
European option opción europea.
European Single Market Mercado Único Europeo.
European Social Fund Fondo Social Europeo.
European-style option opción europea.
European Union Unión Europea.
Eurostoxx 50 Eurostoxx 50.
EVA (economic value added) valor agregado económico.
evade *v* evadir.
evade taxes evadir impuestos.

evader *n* evasor.
evaluate *v* evaluar, tasar.
evaluation *n* evaluación, tasación.
evaluation of internal control evaluación del control interno.
evaluation of resources evaluación de recursos.
evaluator *n* evaluador, tasador.
evasion *n* evasión.
evasion of liability evasión de responsabilidad.
evasion of taxes evasión de impuestos.
evasive *adj* evasivo.
even out igualar.
even spread combinación de opciones de compra y venta sin prima neta.
even up compensar, compensar con las mismas acciones, compensar con los mismos valores.
event *n* evento.
event of default, in the en caso de incumplimiento.
event risk riesgo de que ocurra un evento.
eventual *adj* eventual.
eventually *adv* eventualmente.
evergreen contract contrato que se sigue renovando.
evergreen credit crédito que se sigue renovando.
evergreen funding financiamiento que se sigue renovando.
everyday activity actividad cotidiana.
everyday charges cargos cotidianos.
everyday cost costo cotidiano, coste cotidiano.
everyday expenditures gastos cotidianos.
everyday expenses gastos cotidianos.
everyday fees cargos cotidianos.
everyday practice práctica cotidiana.
everyday risks riesgos cotidianos.
evict *v* desalojar, desahuciar.
eviction *n* desalojo, desahucio, evicción.
eviction certificate certificado de desahucio.
eviction proceedings juicio de desahucio, proceso de desahucio.
evidence *n* evidencia, prueba.
evidence of accounting prueba de contabilidad.
evidence of analysis prueba de análisis.
evidence of authority prueba de autoridad.
evidence of claim prueba de reclamación.
evidence of damage prueba de daños.
evidence of debt prueba de deuda.
evidence of deposit prueba de depósito.
evidence of eligibility prueba de elegibilidad.
evidence of employment prueba de empleo.
evidence of health prueba de salud.
evidence of identity prueba de identidad.
evidence of incorporation prueba de incorporación.
evidence of indebtedness prueba de deuda.
evidence of insurability prueba de asegurabilidad.
evidence of insurance prueba de seguro.
evidence of loss prueba de pérdida.
evidence of participation prueba de participación.
evidence of purchase prueba de compra.
evidence of quality prueba de calidad.
evidence of sale prueba de venta.
evidence of title prueba de dominio, título de propiedad.
evidence of use prueba de uso.
evidence of value prueba de valor.
evidence of weight prueba de peso.
evident *adj* evidente.
ewallet *n* cartera electrónica, billetera electrónica.
EWS (Early Warning System) Sistema de Alerta Temprana.

ex *prep* ex, sin.
ex coupon sin cupón, ex cupón.
ex div. (ex dividend) sin dividendo, ex dividendo.
ex dividend sin dividendo, ex dividendo.
ex-dividend date fecha a partir del cual no hay dividendo.
ex parte de una parte, ex parte.
ex rights sin derechos de suscripción.
ex warrant sin certificado de derechos de compra.
exact *adj* exacto.
exact interest intereses exactos.
exaction *n* exacción.
exactly *adv* exactamente.
exactor *n* exactor, recaudador de impuestos.
exaggerate *v* exagerar.
exaggerated *adj* exagerado.
exaggerated claim reclamación exagerada.
exaggerated statement declaración exagerada.
exaggeration *n* exageración.
examination *n* examinación, examen, revisión, investigación, inspección.
examination of books revisión de libros.
examination of title revisión de título.
examine *v* examinar, revisar, investigar, inspeccionar.
examiner *n* examinador, revisor, investigador, inspector.
examining board junta examinadora.
exceed *v* exceder.
exceed demand exceder la demanda.
exceed expectations exceder las expectativas.
exceed supply exceder la oferta.
excellence *n* excelencia.
except *v* excluir, exceptuar.
except as otherwise noted salvo disposición contraria.
except as otherwise provided salvo disposición contraria.
except as otherwise specified salvo disposición contraria.
except as otherwise stated salvo disposición contraria.
exception *n* excepción.
exception clause cláusula exonerativa.
exception item artículo de excepción.
exception report informe de excepción.
exceptionable *adj* impugnable, recusable.
exceptionable title título impugnable.
exceptional *adj* excepcional.
exceptional circumstances circunstancias excepcionales.
exceptional costs costos excepcionales, costes excepcionales.
exceptional expenses gastos excepcionales.
exceptional items partidas excepcionales.
exceptional losses pérdidas excepcionales.
excess *n* exceso.
excess accelerated depreciation depreciación acelerada en exceso.
excess amount cantidad en exceso.
excess capacity capacidad en exceso.
excess cash fondos en exceso, efectivo en exceso.
excess cash flow flujo de efectivo en exceso.
excess charge cargo en exceso.
excess contributions contribuciones en exceso.
excess coverage cobertura en exceso.
excess coverage clause cláusula de cobertura en exceso.
excess deductions deducciones en exceso.
excess demand demanda en exceso.

excess employment sobreempleo.
excess freight flete en exceso.
excess funds fondos en exceso.
excess insurance seguro en exceso.
excess interest intereses en exceso.
excess limit límite en exceso.
excess liquidity liquidez en exceso.
excess loans préstamos en exceso.
excess margin margen en exceso.
excess policy póliza que paga beneficios tras agotamiento de otras pólizas aplicables.
excess profits tax impuesto adicional sobre beneficios, impuesto adicional sobre ganancias.
excess reinsurance reaseguro en exceso.
excess rent renta en exceso.
excess reserves reservas en exceso.
excess supply oferta en exceso.
excess valuation sobrevaloración.
excessive *adj* excesivo.
excessive interest usura.
excessive purchases compras excesivas.
excessive tax impuesto excesivo.
excessively *adv* excesivamente.
exchange *n* cambio, intercambio, permuta, canje, mercado de valores, bolsa, central telefónica.
exchange *v* cambiar, intercambiar, permutar, canjear.
exchange adjustment ajuste cambiario.
exchange arbitrage arbitraje de cambio.
exchange broker corredor de cambio.
exchange charge cargo por cambio.
exchange contract contrato de cambio.
exchange control control de cambio.
exchange cost costo de cambio, coste de cambio.
exchange depreciation depreciación de divisa.
exchange difference diferencia de cambio.
exchange discount descuento de cambio.
exchange for, in a cambio de.
exchange fund fondo de cambio.
exchange house casa de cambio.
exchange market mercado de cambios.
exchange of land permuta de inmuebles.
exchange office casa de cambio, oficina de cambio.
exchange parity paridad de cambio.
exchange privilege privilegio de cambio.
exchange process proceso de cambio.
exchange rate tipo de cambio, tasa de cambio.
exchange rate fluctuation fluctuaciones del tipo de cambio.
exchange rate management administración del tipo de cambio, gestión del tipo de cambio.
Exchange Rate Mechanism Mecanismo de Tipo de Cambio.
exchange rate risk riesgo de tipo de cambio.
exchange restrictions restricciones de cambio.
exchange risk riesgo de cambio.
exchange stabilisation estabilización de cambio.
exchange stability estabilidad de cambio.
exchange stabilization estabilización de cambio.
exchange system sistema de cambio.
Exchange-Traded Fund fondo mutuo indexado cuyas acciones se cotizan en un bolsa.
exchange transaction transacción cambiaria.
exchange value valor de cambio.
exchequer *n* fisco.
Exchequer *n* Tesoro Público, Hacienda, Ministerio de Hacienda, Ministerio de Economía y Hacienda, Ministerio de Economía.
excisable *adj* sujeto a impuesto de consumo.

excise duty impuesto sobre ciertos productos tales como el alcohol y el tabaco, accisa, impuesto sobre el consumo, impuesto indirecto.
excise tax impuesto sobre ciertos productos tales como el alcohol y el tabaco, accisa, impuesto sobre el consumo, impuesto indirecto.
exclude *v* excluir.
excluded *adj* excluido.
excluded peril peligro excluido.
excluded period período excluido.
excluded property propiedad excluida.
exclusion *n* exclusión.
exclusion clause cláusula exonerativa, cláusula de exclusión.
exclusion principle principio de exclusión.
exclusions of policy exclusiones de la póliza.
exclusive *adj* exclusivo.
exclusive agency agencia exclusiva.
exclusive agency listing contrato exclusivo para vender un inmueble que permite venta sin comisión por el dueño.
exclusive agent agente exclusivo.
exclusive contract contrato exclusivo, contrato en exclusiva.
exclusive control control exclusivo.
exclusive dealing arrangement acuerdo de comercio en exclusiva.
exclusive dealing contract contrato de comercio en exclusiva.
exclusive distribution distribución exclusiva, distribución en exclusiva.
exclusive distributor distribuidor exclusivo, distribuidor en exclusiva.
exclusive economic zone zona económica exclusiva.
exclusive liability responsabilidad exclusiva.
exclusive licence licencia exclusiva, licencia en exclusiva.
exclusive license licencia exclusiva, licencia en exclusiva.
exclusive licensee licenciatario exclusivo, licenciatario en exclusiva, concesionario exclusivo, concesionario en exclusiva.
exclusive listing contrato exclusivo para vender un inmueble.
exclusive marketing rights derechos exclusivos de marketing, derechos exclusivos de mercadeo.
exclusive of taxes sin incluir impuestos, antes de pagar impuestos.
exclusive ownership propiedad exclusiva.
exclusive possession posesión exclusiva, posesión en exclusiva.
exclusive representative representante exclusivo, representante en exclusiva.
exclusive right derecho exclusivo, derecho de exclusividad.
exclusive right to sell derecho exclusivo para vender, derecho en exclusiva para vender.
exclusive right to sell listing contrato de derecho exclusivo para vender, contrato de derecho en exclusiva para vender.
exclusive sale venta exclusiva, venta en exclusiva.
exclusive sales rights derechos exclusivos de venta.
exclusivity *n* exclusividad.
exec. (executive) ejecutivo.
execute *v* ejecutar, cumplir, completar.
execute an order ejecutar una orden.
executed *adj* ejecutado, cumplido, realizado.
executed agreements acuerdos cumplidos.

executed consideration contraprestación cumplida.

executed contract contrato cumplido, contrato ejecutado.

executed estate propiedad en la cual el dueño tiene derecho de posesión, propiedad y posesión actual.

executed sale venta consumada.

executed trust fideicomiso completamente determinado, fideicomiso formalizado.

execution *n* ejecución, cumplimiento.

execution creditor acreedor ejecutante.

execution of instrument finalización de un documento.

execution sale venta judicial.

execution time tiempo de ejecución.

executive *adj* ejecutivo.

executive *n* ejecutivo.

executive accountancy contabilidad ejecutiva.

executive accountant contable ejecutivo, contador ejecutivo.

executive accounting contabilidad ejecutiva.

executive accounts cuentas ejecutivas.

executive action acción ejecutiva, acto ejecutivo.

executive agency agencia ejecutiva.

executive agent agente ejecutivo.

executive agreement acuerdo ejecutivo.

executive assistant asistente ejecutivo, secretario ejecutivo.

executive audit auditoría ejecutiva.

executive board junta ejecutiva, consejo ejecutivo.

executive body órgano ejecutivo, cuerpo ejecutivo.

executive budget presupuesto ejecutivo.

executive budgeting presupuestación ejecutiva.

executive capacity capacidad ejecutiva.

executive chairman presidente ejecutivo.

executive chairperson presidente ejecutivo.

executive chairwoman presidenta ejecutiva.

executive charge cargo ejecutivo.

executive commission comisión ejecutiva.

executive committee comité ejecutivo.

executive compensation compensación ejecutiva.

executive consultant consultor ejecutivo.

executive consulting services servicios de consultores en administración.

executive contract contrato ejecutivo.

executive control control ejecutivo.

executive control system sistema de control ejecutivo.

executive costs costos ejecutivos, costes ejecutivos.

executive council consejo ejecutivo.

executive development desarrollo ejecutivo.

executive director director ejecutivo.

executive effectiveness efectividad ejecutiva.

executive efficiency eficiencia ejecutiva.

executive employee empleado ejecutivo.

executive engineering ingeniería ejecutiva.

executive expenditures gastos ejecutivos.

executive expenses gastos ejecutivos.

executive fee cargo ejecutivo.

executive game juego ejecutivo.

Executive Information Systems Sistemas de Información Gerencial.

executive irregularity irregularidad ejecutiva.

executive job empleo ejecutivo.

executive manager gerente ejecutivo.

executive methods métodos ejecutivos.

executive office oficina ejecutiva.

executive officer funcionario ejecutivo, oficial ejecutivo.

executive perks beneficios adicionales ejecutivos.

executive perquisites beneficios adicionales ejecutivos.

executive personnel personal ejecutivo.

executive planning planificación ejecutiva.

executive position puesto ejecutivo.

executive practices prácticas ejecutivas.

executive prerogatives prerrogativas ejecutivas.

executive procedures procedimientos ejecutivos.

executive reorganisation reorganización ejecutiva.

executive reorganization reorganización ejecutiva.

executive report informe ejecutivo.

executive review revisión ejecutiva.

executive search búsqueda ejecutiva.

executive secretary secretario ejecutivo, asistente ejecutivo.

executive services servicios ejecutivos.

executive session sesión ejecutiva.

executive skills destrezas ejecutivas.

executive staff personal ejecutivo.

executive structure estructura ejecutiva.

executive style estilo ejecutivo.

executive summary resumen ejecutivo, sumario ejecutivo.

executive system sistema ejecutivo.

executive training entrenamiento ejecutivo.

executive vice president vicepresidente ejecutivo.

executive work trabajo ejecutivo.

executor *n* albacea.

executory *adj* por cumplirse, por efectuarse, incompleto.

executory agreement convenio por cumplirse, acuerdo por cumplirse.

executory consideration contraprestación futura.

executory contract contrato por cumplirse, contrato con cláusulas pendientes de ejecución.

executory estate derecho sobre inmuebles condicional.

executory instrument instrumento por cumplirse.

executory sale venta concertada pero no realizada.

executory trust fideicomiso por formalizar.

exemplary damages daños punitivos.

exempli gratia por ejemplo.

exemplified copy copia autenticada.

exempt *adj* exento, franco, libre, dispensado.

exempt *v* eximir.

exempt commodity mercancía exenta, producto exento.

exempt company compañía exenta.

exempt corporation corporación exenta.

exempt employees empleados exentos.

exempt from tax libre de impuestos, exento de impuestos.

exempt from taxation libre de impuestos, exento de impuestos.

exempt income ingresos exentos.

exempt organisation organización exenta.

exempt organization organización exenta.

exempt securities valores exentos.

exempt status estado exento.

exemption *n* exención.

exemption certificate certificado de exención.

exemption clause cláusula de exención, cláusula exonerativa.

exemption from duties exención de derechos aduaneros, exención de impuestos.

exemption from liability exención de responsabilidad.

exemption phase-out eliminación progresiva de exención.
exercisable *adj* ejecutable, ejercitable.
exercise *n* ejercicio, ejecución.
exercise *v* ejercer, ejercitar, usar.
exercise limit límite de ejercicios de opciones.
exercise notice aviso de ejercicio.
exercise price precio de ejercicio.
exercise ratio ratio de ejercicio, razón de ejercicio.
exert pressure ejercer presión, presionar.
exhaust *v* agotar.
exhaustible *adj* agotable.
exhaustible natural resources recursos naturales agotables.
exhaustible resources recursos agotables.
exhaustive *adj* exhaustivo.
exhaustive analysis análisis exhaustivo.
exhibit *n* exhibición, exposición, prueba.
exhibit *v* exhibir, exponer, mostrar, presentar.
exhibit products mostrar productos.
exhibition *n* exhibición, exposición.
exhibition center centro de exhibiciones.
exhibition centre centro de exhibiciones.
exhibition hall sala de exhibiciones.
exhibitor *n* exhibidor, expositor.
exigible *adj* exigible.
existing *adj* existente.
existing debt deuda existente.
exit charge cargo de salida.
exit fee cargo de salida.
exit interview entrevista de salida.
exit price precio de salida.
exit strategy estrategia de salida.
exit value valor de salida.
exorbitant *adj* exorbitante.
exotic option opción exótica.
expand *v* expandir, ampliar.
expansion *n* expansión, ampliación.
expansion strategy estrategia de expansión.
expansionary *adj* expansionista.
expansionary policy política expansionista.
expansive *adj* expansivo.
expectancy *n* expectativa, contingencia.
expectancy of life expectativa de vida.
expectant *adj* en expectativa, condicional.
expectant estate derecho futuro sobre inmuebles, propiedad en expectativa.
expectation *n* expectativa.
expectation of life expectativa de vida.
expectation of loss expectativa de pérdida.
expectations theory teoría de expectativas.
expected *adj* esperado.
expected acceptance aceptación esperada.
expected amount cantidad esperada.
expected annuity anualidad esperada.
expected asset activo esperado.
expected balance saldo esperado, balance esperado.
expected benefits beneficios esperados.
expected budget presupuesto esperado.
expected business expenses gastos de negocios esperados.
expected business practices prácticas de negocios esperadas.
expected capacity capacidad esperada.
expected capital capital esperado.
expected charges cargos esperados.
expected contract contrato esperado.
expected costs costos esperados, costes esperados.
expected customer service servicio al cliente esperado.
expected deposit depósito esperado.
expected depreciation depreciación esperada.
expected discount descuento esperado.
expected dividend dividendo esperado.
expected economic life vida económica esperada.
expected employment empleo esperado.
expected expenditures gastos esperados.
expected expenses gastos esperados.
expected fees cargos esperados.
expected gain ganancia esperada.
expected growth crecimiento esperado.
expected growth rate tasa de crecimiento esperada.
expected holding period período de tenencia esperado.
expected income ingreso esperado.
expected insurance seguro esperado.
expected interest intereses esperados.
expected interest rate tasa de interés esperada.
expected inventory inventario esperado.
expected job trabajo esperado.
expected life vida esperada.
expected loss pérdida esperada.
expected loss ratio ratio de pérdidas esperadas, razón de pérdidas esperadas.
expected market mercado esperado.
expected monetary value valor monetario esperado.
expected mortality mortalidad esperada.
expected payment pago esperado, abono esperado.
expected payroll nómina esperada.
expected period período esperado.
expected premium prima esperada.
expected price precio esperado.
expected production producción esperada.
expected productivity productividad esperada.
expected profit beneficios esperados, ganancias esperadas.
expected quality calidad esperada.
expected rate tasa esperada.
expected rate of return tasa esperada de rendimiento.
expected remuneration remuneración esperada.
expected rent renta esperada.
expected resources recursos esperados.
expected results resultados esperados.
expected return rendimiento esperado.
expected revenue ingresos esperados.
expected risks riesgos esperados.
expected salary salario esperado.
expected selling price precio de venta esperado.
expected services servicios esperados.
expected tariff tarifa esperada.
expected tax impuesto esperado.
expected value valor esperado.
expected volume volumen esperado.
expected voting votación esperada.
expected work trabajo esperado.
expected yield rendimiento esperado.
expediency *n* conveniencia, utilidad, rapidez.
expedient *adj* conveniente, útil, rápido.
expedite *v* apresurar, despachar, facilitar.
expedition *n* expedición, despacho, prontitud.
expeditious *adj* expeditivo, pronto.
expel *v* expulsar.
expend *v* consumir, gastar.
expendable *adj* prescindible, gastable.
expenditure *n* desembolso, gasto.
expenditure account cuenta para gastos.

expenditure accounting contabilidad de gastos.
expenditure allocation asignación de gastos.
expenditure analysis análisis de gastos.
expenditure approach acercamiento de gastos.
expenditure authorisation autorización de gastos.
expenditure authorization autorización de gastos.
expenditure budget presupuesto para gastos.
expenditure budgeting presupuestación para gastos.
expenditure commitment compromiso de gasto.
expenditure constant constante de gastos.
expenditure containment control de gastos.
expenditure control control de gastos.
expenditure distribution distribución de gastos.
expenditure estimate estimado de gastos.
expenditure forecast pronóstico de gastos.
expenditure forecasting previsión de gastos.
expenditure fund fondo para gastos.
expenditure incurred gasto incurrido.
expenditure item partida de gastos.
expenditure level nivel de gastos.
expenditure limit límite de gastos.
expenditure limitation limitación de gastos.
expenditure minimisation minimización de gastos.
expenditure minimization minimización de gastos.
expenditure on infrastructure gastos de infraestructura.
expenditure pattern patrón de gastos.
expenditure ratio ratio de gastos, razón de gastos.
expenditure records registros de gastos.
expenditure reduction reducción de gastos.
expenditure reimbursement reembolso de gastos.
expenditure report informe de gastos.
expenditure reserve reserva para gastos.
expenditure sheet hoja de gastos.
expenditure tax impuesto sobre gastos.
expenditure verification verificación de gastos.
expenditure voucher comprobante de gastos, recibo de gastos.
expense *n* gasto, desembolso, costo, coste.
expense account cuenta para gastos.
expense accounting contabilidad de gastos.
expense allocation asignación de gastos.
expense allowance asignación para gastos, deducción por gastos.
expense analysis análisis de gastos.
expense approach acercamiento de gastos.
expense authorisation autorización de gastos.
expense authorization autorización de gastos.
expense budget presupuesto para gastos.
expense budgeting presupuestación para gastos.
expense commitment compromiso de gasto.
expense constant constante de gastos.
expense containment control de gastos.
expense control control de gastos.
expense distribution distribución de gastos.
expense estimate estimado de gastos.
expense forecast pronóstico de gastos.
expense forecasting previsión de gastos.
expense fund fondo para gastos.
expense incurred gasto incurrido.
expense item partida de gastos.
expense level nivel de gastos.
expense limitation limitación de gastos.
expense minimisation minimización de gastos.
expense minimization minimización de gastos.
expense on infrastructure gastos de infraestructura.

expense ratio ratio de gastos, razón de gastos.
expense records registros de gastos.
expense reduction reducción de gastos.
expense reimbursement reembolso de gastos.
expense report informe de gastos.
expense reserve reserva para gastos.
expense sheet hoja de gastos.
expense tax impuesto sobre gastos.
expense verification verificación de gastos.
expense voucher comprobante de gastos, recibo de gastos.
expenses of collection gastos de cobranza.
expenses paid, all todos los gastos pagados.
expensive *adj* caro.
experience *n* experiencia.
experience *v* experimentar.
experience curve curva de experiencia.
experience rating determinación de primas de seguro a base de la experiencia previa del asegurado con la compañía aseguradora, nivel de experiencia.
experience refund reembolso por experiencia.
experienced *adj* experimentado.
experienced mortality mortalidad experimentada.
expert *adj* experto.
expert *n* experto.
expert panel panel de expertos.
expert system sistema experto.
expertise *n* pericia, experiencia.
expiration *n* expiración, vencimiento, caducidad.
expiration cycle ciclo de expiraciones.
expiration date fecha de expiración, fecha de vencimiento.
expiration notice aviso de expiración, aviso de vencimiento.
expiration time hora de expiración.
expire *v* expirar, vencer, caducar.
expire worthless expirar sin valor.
expired *adj* expirado, vencido, caducado.
expired account cuenta expirada.
expired card tarjeta expirada.
expired contract contrato expirado.
expired credit card tarjeta de crédito expirada.
expired insurance seguro expirado.
expired insurance policy póliza de seguro expirada.
expired policy póliza expirada.
expiry *n* expiración, vencimiento, caducidad.
explain *v* explicar.
explanation *n* explicación.
explanatory *adj* explicativo.
explicit *adj* explícito.
explicit costs costos explícitos, costes explícitos.
explicit interest interés explícito.
explicit pricing sistema explícito de precios.
explicitly *adv* explícitamente.
exploit *v* explotar.
exploitation *n* explotación.
exploitation of labor explotación de los trabajadores, explotación de la mano de obra.
exploitation of labour explotación de los trabajadores, explotación de la mano de obra.
exploitation of people explotación de la gente.
exploitation of workers explotación de los trabajadores.
explosion insurance seguro contra explosiones.
exponential *adj* exponencial.
export *adj* exportador, de exportación.
export *n* exportación, artículos de exportación.
export *v* exportar.

export account cuenta de exportación.
export activity actividad exportadora, actividad de exportación.
export adviser asesor de exportación.
export advisor asesor de exportación.
export agent agente exportador, agente de exportación.
export agreement convenio de exportación.
export article artículo de exportación.
export ban prohibición de exportación.
export bond fianza de exportación.
export broker corredor exportador, corredor de exportación.
export business negocio exportador, negocio de exportación.
export capacity capacidad exportadora, capacidad de exportación.
export cartel cartel exportador, cartel de exportación.
export center centro exportador, centro de exportación.
export centre centro exportador, centro de exportación.
export certificate certificado de exportación.
export company sociedad exportadora, compañía exportadora, sociedad de exportación, compañía de exportación.
export conditions condiciones de exportación.
export consultant consultor de exportación.
export contract contrato de exportación.
export controls controles de exportación.
export corporation corporación exportadora, corporación de exportación.
export credit crédito de exportación.
export cycle ciclo de exportación.
export declaration declaración de exportación.
export demand demanda de exportación.
export department departamento exportador, departamento de exportación.
export development desarrollo de la exportación.
export director director de exportación.
export division división exportadora, división de exportación.
export documentation documentación de exportación.
export documents documentos de exportación.
export duties derechos de exportación.
export earnings ingresos de exportación, rentas de exportación.
export economics economía exportadora, economía de exportación.
export enterprise empresa exportadora, empresa de exportación.
export environment ambiente de exportación.
export factoring venta a descuento de cuentas a cobrar al exportar.
export figures cifras de exportación.
export finance finanzas de la exportación.
export financing financiación de la exportación.
export firm empresa exportadora, empresa de exportación.
export forecast pronóstico de exportación.
export forecasting previsión de exportación.
export house empresa de exportación.
export-import *n* exportación e importación.
Export-Import Bank Banco de Exportación e Importación.
export incentives incentivos de exportación, incentivos para la exportación.
export income ingresos de exportación, rentas de

exportación.
export insurance seguro de exportación.
export-led growth crecimiento impulsado por la exportación.
export letter of credit carta de crédito de exportación.
export licence licencia de exportación, autorización de exportación.
export license licencia de exportación, autorización de exportación.
export loans préstamos de exportación.
export management administración de exportación, gestión de exportación.
export manager gerente de exportación.
export market mercado exportador, mercado de exportación.
export marketing marketing de exportación, mercadeo de exportación.
export office oficina exportadora, oficina de exportación.
export operation operación exportadora, operación de exportación.
export organisation organización exportadora, organización de exportación.
export organization organización exportadora, organización de exportación.
export-oriented *adj* orientado hacia la exportación.
export permit permiso de exportación.
export planning planificación de exportación.
export policy política exportadora, política de exportación.
export potential potencial de exportación.
export practices prácticas de exportación.
export price precio de exportación.
export proceeds ingresos de exportación.
export profits beneficios de exportación, ganancias de exportación.
export promotion promoción de exportación.
export quotas cuotas de exportación.
export rate tasa de exportación.
export records expedientes de exportación.
export regulations reglamentos de exportación.
export requirements requisitos de exportación.
export restraint restricción de exportación, limitación de exportación.
export restrictions restricciones de exportación.
export risk riesgo de exportación.
export sales ventas de exportación.
export sector sector exportador, sector de exportación.
export services servicios de exportación.
export strategy estrategia exportadora, estrategia de exportación.
export subsidies subsidios de exportación, subvenciones de exportación.
export surplus superávit de exportación, excedente de exportación.
export tariff tarifa de exportación.
export tax impuesto de exportación.
export taxation imposición de exportación.
export trade comercio de exportación, comercio exportador.
export treaty tratado de exportación.
export value valor de exportación.
export volume volumen de exportación.
export waybill guía de exportación.
exportation *n* exportación.
exporter *n* exportador.
exporting *adj* exportador.
exporting country país exportador.

exporting industry industria exportadora.
exporting nation nación exportadora.
expose v exponer.
exposed adj expuesto.
exposition n exposición.
exposure n exposición.
express adj expreso, exacto.
express n transporte rápido, transporte expreso, correo expreso.
express v expresar, enviar por transporte rápido.
express acceptance aceptación expresa.
express agreement convenio expreso, acuerdo expreso.
express authority autorización expresa.
express company compañía que hace entregas rápidas de paquetes y documentos.
express condition condición expresa.
express consent consentimiento expreso.
express consideration contraprestación expresa.
express contract contrato expreso.
express covenant estipulación expresa, convenio expreso.
express delivery entrega rápida, entrega urgente, transporte urgente, transporte rápido.
express guarantee garantía expresa.
express guaranty garantía expresa.
express licence licencia expresa, patente directa.
express license licencia expresa, patente directa.
express mail correo expreso.
express obligation obligación expresa.
express permission permiso expreso.
express terms términos expresos.
express trust fideicomiso expreso.
express waiver renuncia de derecho voluntaria.
express warranty garantía expresa.
expression of interest manifestación de interés.
expropriate v expropiar.
expropriation n expropiación.
expunge v suprimir.
Expy. (expressway) autopista.
extend v extender, ampliar, conceder, aplazar.
extend the agreement extender el convenio.
extend the contract extender el contrato.
extend the deadline extender el plazo, extender la fecha de vencimiento.
extend the risk ampliar el riesgo.
extend the term extender el plazo.
extend the warranty extender la garantía.
extendable bond bono cuyo vencimiento se puede extender por el emisor.
extended adj extendido, prolongado.
extended coverage cobertura extendida.
extended coverage endorsement endoso de cobertura extendida.
extended credit crédito extendido.
extended insurance cobertura de seguro extendida.
extended insurance coverage cobertura de seguro extendida.
extended term insurance seguro de término extendido.
extended terms términos extendidos.
extension n extensión, ampliación, concesión, prórroga.
extension agreement acuerdo de extensión.
extension charge cargo por extensión.
extension clause cláusula de extensión.
extension fee cargo por extensión.
extension of contract extensión de contrato.
extension of coverage ampliación de cobertura.

extension of credit otorgamiento de crédito, prórroga del plazo de pago.
extension of mortgage extensión de hipoteca.
extension of patent prórroga de patente.
extension of the deadline extensión del plazo, extensión de la fecha de vencimiento.
extension of the term ampliación del plazo.
extension of time prórroga.
extensive adj extenso, amplio, considerable.
extensive agriculture agricultura extensiva.
extensive damages daños considerables.
extent n alcance, extensión.
extenuating circumstances circunstancias atenuantes.
external adj externo.
external account cuenta externa.
external assets activo externo.
external audit auditoría externa.
external auditor auditor externo.
external balance saldo externo.
external check comprobación externa.
external commerce comercio externo.
external control control externo.
external costs costos externos, costes externos.
external data datos externos.
external debt deuda externa.
external deficit déficit exterior.
external documents documentos externos.
external economy economía externa.
external funds fondos externos.
external growth crecimiento externo.
external influence influencia externa.
external liability responsabilidad externa.
external loan préstamo externo.
external report informe externo.
external reserves reservas externas.
external sector sector exterior.
external surplus superávit exterior.
external trade comercio exterior.
externalise v externalizar.
externality n externalidad.
externalize v externalizar.
extinguish v extinguir, cancelar.
extinguishment of debts extinción de deudas.
extort v extorsionar.
extortion n extorsión.
extortionate adj de precio excesivo, exorbitante.
extortionate credit usura.
extra adj extra, adicional.
extra appropriation apropiación adicional, asignación adicional.
extra-budgetary adj extrapresupuestario.
extra charges cargos adicionales.
extra collateral colateral adicional.
extra contribution contribución adicional.
extra cost costo adicional, coste adicional.
extra coverage cobertura adicional.
extra deposit depósito adicional.
extra dividend dividendo adicional.
extra duty impuesto adicional, tarifa adicional, derechos de aduana adicionales.
extra expenditures gastos adicionales.
extra expenses gastos adicionales.
extra fees cargos adicionales.
extra freight flete adicional.
extra-hazardous adj bajo condiciones de gran peligro.
extra-official adj extraoficial.
extra payment pago adicional, abono adicional.
extra premium prima adicional.

extra security garantía adicional.
extra tariff tarifa adicional.
extra tax impuesto adicional, contribución adicional.
extra work trabajo adicional.
extrabudgetary adj extrapresupuestario.
extract v extraer.
extractive industry industria extractora.
extranet n extranet.
extraordinary adj extraordinario.
extraordinary amount cantidad extraordinaria.
extraordinary average avería extraordinaria.
extraordinary balance saldo extraordinario, balance extraordinario.
extraordinary benefits beneficios extraordinarios.
extraordinary budget presupuesto extraordinario.
extraordinary budgeting presupuestación extraordinaria.
extraordinary business expenses gastos extraordinarios de negocios.
extraordinary business practices prácticas extraordinarias de negocios.
extraordinary capacity capacidad extraordinaria.
extraordinary capital capital extraordinario.
extraordinary charges cargos extraordinarios.
extraordinary costs costos extraordinarios, costes extraordinarios.
extraordinary customer service servicio al cliente extraordinario.
extraordinary discount descuento extraordinario.
extraordinary dividend dividendo extraordinario.
extraordinary expenditures gastos extraordinarios.
extraordinary expenses gastos extraordinarios.
extraordinary fees cargos extraordinarios.
extraordinary gains ganancias extraordinarias.
extraordinary general meeting asamblea general extraordinaria.
extraordinary growth crecimiento extraordinario.
extraordinary income ingreso extraordinario.
extraordinary item partida extraordinaria.
extraordinary loss pérdida extraordinaria.
extraordinary meeting asamblea extraordinaria, junta extraordinaria, reunión extraordinaria.
extraordinary mortality mortalidad extraordinaria.
extraordinary payment pago extraordinario, abono extraordinario.
extraordinary premium prima extraordinaria.
extraordinary price precio extraordinario.
extraordinary production producción extraordinaria.
extraordinary productivity productividad extraordinaria.
extraordinary profits beneficios extraordinarios, ganancias extraordinarias.
extraordinary quality calidad extraordinaria.
extraordinary rate tasa extraordinaria.
extraordinary redemption redención extraordinaria.
extraordinary rent renta extraordinaria.
extraordinary repairs reparaciones extraordinarias.
extraordinary resources recursos extraordinarios.
extraordinary results resultados extraordinarios.
extraordinary return rendimiento extraordinario.
extraordinary revenue ingresos extraordinarios.
extraordinary risks riesgos extraordinarios.
extraordinary salary salario extraordinario.
extraordinary services servicios extraordinarios.
extraordinary tariff tarifa extraordinaria.
extraordinary tax impuesto extraordinario.

extraordinary value valor extraordinario.
extraordinary volume volumen extraordinario.
extraordinary work trabajo extraordinario.
extraordinary yield rendimiento extraordinario.
extrapolate v extrapolar.
extrapolation n extrapolación.
extreme adj extremo.
extreme measures medidas extremas.
extrinsic adj extrínseco.
extrinsic value valor extrínseco.
EZ (enterprise zone) zona empresarial.
ezine n revista electrónica, boletín electrónico.

F

fabricate v fabricar.
fabricated adj fabricado.
fabrication n fabricación.
face amount valor nominal.
face-amount certificate certificado de valor nominal.
face amount of bond valor nominal de un bono.
face amount of policy valor nominal de una póliza.
face capital capital nominal.
face interest rate tasa de interés nominal.
face of policy texto de una póliza, valor nominal de una póliza.
face rate tasa de interés nominal.
face-to-face meeting reunión cara a cara.
face value valor nominal, lo que aparece ser en vez de lo que realmente es.
facilitate v facilitar.
facilitating agency agencia de facilitación.
facilitation n facilitación.
facilitator n facilitador.
facilities n facilidades, instalaciones, amenidades.
facility of payment clause cláusula permitiendo que el asegurado y beneficiario asignen una persona a quien se harán los pagos.
facsimile n facsímil, telefacsímil.
facsimile signature firma facsimilar, firma enviada por telefacsímil.
facsimile transmission transmisión por telefacsímil.
fact-finding mission misión de investigación.
factor n factor, agente comercial, entidad que compra a descuento cuentas por cobrar.
factor analysis análisis de factores.
factor comparison method método de comparación de factores.
factor cost costo de factores, coste de factores.
factor-cost line línea de costo-factor, línea de coste-factor.
factor of production factor de producción.
factor's lien gravamen del agente comercial.
factorage n comisión, remuneración al agente comercial, labor del agente comercial.
factorial analysis análisis factorial.
factoring n venta a descuento de las cuentas por cobrar, factoraje, factorización, factoring.
factorise v factorizar.
factorize v factorizar.
factory n fábrica, factoría, taller.
factory acts leyes que regulan las condiciones de

trabajo.
factory certificate certificado de fábrica.
factory costs costos de fábrica, costes de fábrica.
factory expenditures gastos de fábrica.
factory expenses gastos de fábrica.
factory farm granja industrial.
factory inspection inspección de fábrica.
factory inspector inspector de fábrica.
factory manager gerente de fábrica.
factory outlet tienda de ventas directas de fábrica.
factory overhead gastos generales de fábrica.
factory overhead budget presupuesto de gastos generales de fábrica.
factory overhead budgeting presupuestación de gastos generales de fábrica.
factory price precio de fábrica.
factory worker obrero de fábrica, trabajador de fábrica.
factual *adj* basado en hechos, cierto.
factual error error de hecho.
facultative *adj* facultativo.
facultative compensation compensación facultativa.
facultative reinsurance reaseguro facultativo.
fad *n* moda pasajera.
fail *v* fallar, quebrar, fracasar.
fail to deliver no entregar.
fail to fulfill no cumplir.
fail to receive no recibir.
failed *adj* quebrado, insolvente, fracasado.
failed bank banco quebrado.
failed institution institución quebrada.
failing circumstances estado de insolvencia.
failure *n* fracaso, quiebra, incumplimiento.
failure of condition incumplimiento de condición.
failure of consideration disminución en el valor de la contraprestación, falta de contraprestación.
failure of title falta de título válido.
failure of trust ineficacia de un fideicomiso.
failure to act omisión de un acto.
failure to bargain collectively negativa a negociar colectivamente.
failure to comply incumplimiento.
failure to deliver falta de entrega.
failure-to-file penalty penalidad por no rendir planilla.
failure to make delivery falta de entrega.
failure to meet obligations incumplimiento de las obligaciones.
failure to pay taxes incumplimiento en el pago de contribuciones.
failure to perform incumplimiento.
fair *adj* justo.
fair *n* feria.
fair and equitable justo y equitativo.
fair and reasonable consideration contraprestación justa y razonable.
fair and reasonable value valor justo y razonable.
fair and valuable consideration contraprestación justa y adecuada.
fair cash value valor justo de mercado.
fair comparison comparación justa.
fair competition competencia leal, competencia justa y equitativa.
fair consideration contraprestación justa.
fair credit acts leyes de crédito justo.
fair dealing negociación justa, trato justo.
fair employment empleo justo.
fair employment and housing empleo y vivienda justa.

fair housing vivienda justa.
Fair Labor Standards Act Ley Federal de Normas Razonables del Trabajo.
fair market price precio justo en el mercado.
fair market rent renta justa en el mercado.
fair market value valor justo en el mercado.
fair offer oferta razonable.
fair pay paga justa.
fair play juego limpio.
fair price precio justo.
fair rate tasa justa.
fair rate of return tasa de rendimiento justa.
fair rent renta razonable.
fair return rendimiento razonable.
fair return on investment rendimiento razonable de una inversión.
fair sale venta judicial justa e imparcial, venta justa e imparcial.
fair sales price precio justo de venta.
fair share parte justa.
fair trade competencia justa y razonable, comercio justo.
fair-trade acts leyes sobre competencia justa y razonable.
fair-trade policy política sobre competencia justa y razonable.
fair value valor justo, valor justo en el mercado.
fair yield rendimiento razonable.
faith *n* fe.
fake *adj* falso, falsificado, fraudulento.
fake *n* imitación, falsificación.
fake *v* falsificar, falsear.
fake money dinero falso.
fall *n* caída, bajada, disminución.
fall *v* caer, bajar, disminuir.
fall apart deshacerse, fracasar.
fall behind retrasarse, rezagarse.
fall due ser pagadero, caducar, vencer.
fall in prices disminución de precios, baja de precios.
fall in value disminución de valor, baja de valor.
fall off disminuir, decaer, empeorar.
fall through fracasar.
fallback *n* reserva, recurso de emergencia.
fallen building clause cláusula de edificio caído.
falling *adj* decreciente.
falling rate tasa decreciente.
fallow *n* barbecho.
false *adj* falso, engañoso.
false accounting contabilidad falsa.
false advertising publicidad engañosa.
false and fraudulent falso y fraudulento.
false check cheque sin fondos, cheque falso.
false cheque cheque sin fondos, cheque falso.
false claim declaración falsa, reclamación falsa.
false declaration declaración falsa.
false document documento falso, documento falsificado.
false economy economía falsa.
false entry asiento falso.
false fact hecho falso.
false instrument instrumento falsificado.
false invoice factura falsa.
false money dinero falso.
false name nombre falso.
false representation representación falsa, declaración falsa.
false return planilla contributiva falsa.
false statement declaración falsa, estado falsificado.

false tax return planilla contributiva falsa.
false token documento falso, indicación de la existencia de algo con motivos fraudulentos.
false weights balanzas erróneas.
falsehood *n* falsedad.
falsely *adv* falsamente.
falsification *n* falsificación, adulteración.
falsification of books falsificación de libros.
falsified *adj* falsificado.
falsified signature firma falsificada.
falsified statement estado falsificado.
falsify *v* falsificar.
family allowance deducción familiar, asignación familiar.
family budget presupuesto familiar.
family budgeting presupuestación familiar.
family business negocio familiar.
family company compañía familiar.
family corporation corporación familiar.
family coverage cobertura familiar.
family enterprise empresa familiar.
family expense insurance seguro de gastos familiares.
family expenses gastos familiares.
family income ingresos familiares.
family income policy póliza de ingresos familiares.
family living expenses gastos de subsistencia familiares.
family of brands familia de marcas.
family of funds familia de fondos mutuos.
family policy póliza familiar.
Fannie Mae (Federal National Mortgage Association) Fannie Mae.
FAO (Food and Agriculture Organization, Food and Agriculture Organisation) Organización para la Agricultura y la Alimentación.
FAQ (frequently asked questions) preguntas más frecuentes.
fare *n* tarifa, pasajero.
farm activity actividad agrícola.
farm business negocio agrícola, empresa agrícola.
farm co-operative cooperativa agrícola.
farm commerce comercio agrícola.
farm commodities productos agrícolas.
farm cooperative cooperativa agrícola.
farm credit crédito agrícola.
farm economics economía agrícola.
farm economy economía agrícola.
farm engineering ingeniería agrícola.
farm enterprise empresa agrícola.
farm equipment equipo agrícola.
farm exports exportaciones agrícolas.
farm extension extensión agrícola.
farm imports importaciones agrícolas.
farm income ingresos agrícolas.
farm labor trabajo agrícola.
farm laborer trabajador agrícola.
farm labour trabajo agrícola.
farm labourer trabajador agrícola.
farm land tierra agrícola.
farm laws leyes agrícolas.
farm loan préstamo agrícola.
farm out dar por contrato, arrendar, subcontratar.
farm policy política agrícola.
farm produce productos agrícolas.
farm production producción agrícola.
farm products productos agrícolas.
farm reform reforma agrícola.
farm sector sector agrícola.
farm subsidy subsidio agrícola, subvención agrícola.

farm technology tecnología agrícola.
farm worker trabajador agrícola.
farmers' association asociación agrícola.
farmers' co-operative cooperativa agrícola.
farmers' cooperative cooperativa agrícola.
farming *adj* agrícola.
farming *n* agricultura, cultivo.
farming activity actividad agrícola.
farming agreement convenio agrícola.
farming bank banco agrícola.
farming business negocio agrícola, empresa agrícola.
farming co-operative cooperativa agrícola.
farming commerce comercio agrícola.
farming commodities productos agrícolas.
farming cooperative cooperativa agrícola.
farming credit crédito agrícola.
farming economics economía agrícola.
farming economy economía agrícola.
farming engineering ingeniería agrícola.
farming enterprise empresa agrícola.
farming equipment equipo agrícola.
farming exports exportaciones agrícolas.
farming extension extensión agrícola.
farming imports importaciones agrícolas.
farming income ingresos agrícolas.
farming labor trabajo agrícola.
farming labour trabajo agrícola.
farming laws leyes agrícolas.
farming loan préstamo agrícola.
farming policy política agrícola.
farming produce productos agrícolas.
farming production producción agrícola.
farming products productos agrícolas.
farming project proyecto agrícola.
farming reform reforma agrícola.
farming resources recursos agrícolas.
farming sector sector agrícola.
farming subsidy subsidio agrícola, subvención agrícola.
farming technology tecnología agrícola.
farming trade comercio agrícola.
farming workers trabajadores agrícolas, obreros agrícolas.
farmland *n* tierra de cultivo, terreno de cultivo.
FAS (free alongside ship) franco al costado de buque, libre al costado.
FASB (Financial Accounting Standards Board) Junta de Normas de Contabilidad Financiera.
fashion goods artículos de moda.
fashionable *adj* de moda.
fast food comida rápida.
fast growth crecimiento rápido.
fast market mercado volátil y con alto volumen, mercado rápido.
fast-moving consumer goods bienes de consumo que se compran a menudo.
fast tracking aceleración de etapas para terminar antes.
fat cat pez gordo, persona adinerada, persona con mucho poder.
fault *n* falta, defecto, culpa.
faultless *adj* intachable.
faulty *adj* defectuoso, incompleto.
favor *n* favor, privilegio.
favor *v* favorecer, apoyar.
favorable *adj* favorable.
favorable balance of payments balanza de pagos favorable.

favorable economic climate clima económico favorable.
favorable economic conditions condiciones económicas favorables.
favorable economic outlook panorama económico favorable.
favorable economic situation situación económica favorable.
favorable price precio favorable.
favorable trade balance balanza comercial favorable.
favorable variance varianza favorable.
favoritism *n* favoritismo.
favour *n* favor, privilegio.
favour *v* favorecer, apoyar.
favourable *adj* favorable.
favourable balance of payments balanza de pagos favorable.
favourable economic climate clima económico favorable.
favourable economic conditions condiciones económicas favorables.
favourable economic outlook panorama económico favorable.
favourable economic situation situación económica favorable.
favourable price precio favorable.
favourable trade balance balanza comercial favorable.
favourable variance varianza favorable.
favouritism *n* favoritismo.
fax *n* fax, envió por fax, facsímil.
fax *v* enviar por fax.
FCA (free carrier) franco transportista.
FDI (foreign direct investment) inversión extranjera directa.
FDIC (Federal Deposit Insurance Corporation) Corporación Federal de Seguros de Depósitos.
feasance *n* cumplimiento.
feasibility *n* viabilidad, factibilidad, posibilidad.
feasibility study estudio de viabilidad, estudio de factibilidad.
feasible *adj* viable, factible, razonable.
feasibleness *n* viabilidad, factibilidad, posibilidad.
featherbedding *n* tácticas laborales para aumentar innecesariamente la cantidad de empleados o el tiempo necesario para hacer un trabajo, exceso de personal.
feature *n* característica, aspecto.
Fed (Federal Reserve System) Sistema de la Reserva Federal, Reserva Federal.
fed. (federal) federal.
federal *adj* federal.
federal account cuenta federal.
federal agency agencia federal.
federal agency securities valores de agencias federales.
federal agent agente federal.
federal aid ayuda federal.
federal assets activo federal.
federal assistance asistencia federal.
federal auditor auditor federal.
federal bank banco federal.
federal bank examination examinación de bancos federales.
federal bank examiner examinador de bancos federales.
federal banking banca federal.
federal bonds bonos federales.
federal borrowing préstamos federales.

federal branch sucursal federal.
federal budget presupuesto federal.
federal budgeting presupuestación federal.
federal capital capital federal.
federal commerce comercio federal.
federal commodity producto federal, mercancía federal.
federal consumption consumo federal.
federal control control federal.
federal correspondent corresponsal federal.
federal credit crédito federal.
federal debt deuda federal.
federal debt limit límite de deuda federal.
federal deficit déficit federal.
federal demand demanda federal.
federal department departamento federal.
Federal Deposit Insurance Corporation Corporación Federal de Seguros de Depósitos.
federal division división federal.
federal economy economía federal.
federal enterprise empresa federal.
federal estimates estimados federales.
federal expenditures gastos federales.
federal expenses gastos federales.
federal funding financiación federal, financiamiento federal.
federal funds fondos federales.
federal funds market mercado de fondos federales.
federal funds rate tasa de fondos federales.
federal goods productos federales.
federal government bonds bonos del gobierno federal.
federal government securities valores del gobierno federal.
federal holiday feriado federal.
Federal Home Loan Mortgage Corporation Freddie Mac.
Federal Housing Administration Administración Federal de Viviendas.
federal income ingresos federales.
federal income taxes impuestos sobre ingresos federales.
federal industry industria federal.
federal inspector inspector federal.
federal insurance seguro federal.
federal insurer asegurador federal.
federal interests intereses federales.
federal intervention intervención federal.
federal investment inversión federal.
federal issue emisión federal, asunto federal.
federal liabilities pasivo federal.
federal liquidity liquidez federal.
federal loan préstamo federal.
federal market mercado federal.
federal minimum wage salario mínimo federal, paga mínima federal.
federal money dinero federal.
Federal National Mortgage Association Fannie Mae, Asociación Hipotecaria Federal Nacional.
Federal Open Market Committee Comité Federal de Mercado Abierto.
federal partnership sociedad federal.
federal pension pensión federal.
federal policy política federal, póliza federal.
federal product producto federal.
federal rate tasa federal.
Federal Reserve Reserva Federal.
Federal Reserve Bank Banco de la Reserva Federal.
Federal Reserve Board Junta de la Reserva

Federal.
Federal Reserve System Sistema de la Reserva Federal, Reserva Federal.
federal resources recursos federales.
federal revenue ingresos federales.
federal sales ventas federales.
federal sales tax impuesto federal sobre ventas.
federal sector sector federal.
federal securities valores federales.
federal standards normas federales.
federal subsidiary subsidiaria federal.
federal subsidy subsidio federal, subvención federal.
federal supply oferta federal.
federal support ayuda federal.
federal taxation imposición federal.
federal taxes impuestos federales.
federal trade comercio federal.
federal union unión federal.
federal wealth riqueza federal.
federalism *n* federalismo.
federally *adv* federalmente.
federally-controlled *adj* controlado federalmente.
federation *n* federación.
fee *n* honorario, compensación, cuota, emolumento, cargo, impuesto, dominio, pleno dominio.
fee absolute dominio absoluto, pleno dominio.
fee-based *adj* a base de pagos.
fee-based service servicio a base de pagos.
fee checking account cuenta de cheques a base de cargos.
fee expectant transmisión de propiedad a un matrimonio y sus descendientes directos, dominio expectante.
fee income ingresos por honorarios.
fee simple dominio simple, pleno dominio.
fee simple absolute dominio absoluto, pleno dominio.
fee simple conditional dominio condicional.
fee simple defeasible dominio sobre un inmueble sujeto a condición resolutoria.
feedback *n* retroalimentación, realimentación.
feeder fund fondo mutuo que invierte exclusivamente en otro fondo mutuo.
feelgood factor factor que toma en cuenta la sensación de bienestar de consumidores.
fellow laborer colaborador.
fellow labourer colaborador.
felonious *adj* criminal, con intención criminal, malicioso.
feloniously *adv* criminalmente, malvadamente.
felony *n* crimen, delito grave.
fence *n* perista, quien recibe objetos robados, traficante de objetos robados, cerca.
fence *v* cercar, traficar objetos robados.
fencing patents patentes para ampliar lo que se protege como parte de la invención.
feneration *n* usura, devengar intereses, intereses devengados.
ferial days días feriados.
ferry *n* transbordador, barco de transporte, barco de pasaje.
ferry *v* barquear, transportar en barco.
ferry franchise concesión otorgada a un servicio de transbordador.
fertilise *v* fertilizar.
fertiliser *n* fertilizante.
fertilize *v* fertilizar.
fertilizer *n* fertilizante.
feudal *adj* feudal.

feudalism *n* feudalismo.
feudalist *adj* feudal.
feudalistic *adj* feudal.
FFO (funds from operations) fondos provenientes de operaciones.
FHA (Federal Housing Administration) Administración Federal de Viviendas.
FHLMC (Federal Home Loan Mortgage Corporation) Freddie Mac.
fiat money dinero fiduciario, moneda de curso legal por decreto gubernamental.
fiber-optic cable cable de fibra óptica.
fibre-optic cable cable de fibra óptica.
FICO score puntuación FICO.
fictitious *adj* ficticio.
fictitious assets activo ficticio.
fictitious bidding ofertas ficticias en una subasta para elevar las demás ofertas.
fictitious credit crédito ficticio.
fictitious debt deuda ficticia.
fictitious group grupo ficticio.
fictitious name nombre ficticio.
fictitious payee beneficiario ficticio.
fictitious payment pago ficticio.
fictitious person persona ficticia.
fictitious precision precisión ficticia.
fictitious promise promesa ficticia.
fictitious receipt recibo ficticio.
fictitious registration registro ficticio.
fidelity *n* fidelidad, exactitud.
fidelity and guaranty insurance seguro de fidelidad, seguro contra ciertas conductas de parte de ciertas personas, seguro contra estafas de empleados.
fidelity bond caución de fidelidad, fianza de fidelidad.
fidelity insurance seguro de fidelidad, seguro contra ciertas conductas de parte de ciertas personas, seguro contra estafas de empleados.
fiducial *adj* fiduciario, de confianza.
fiduciary *adj* fiduciario, de confianza.
fiduciary *n* fiduciario, persona de confianza.
fiduciary accounting contabilidad fiduciaria.
fiduciary capacity capacidad fiduciaria.
fiduciary contract contrato fiduciario.
fiduciary debt deuda fiduciaria.
fiduciary duty deber fiduciario.
fiduciary loan préstamo fiduciario.
fiduciary money dinero fiduciario.
fiduciary obligation obligación fiduciaria.
fiduciary relation relación fiduciaria, relación de confianza.
fiduciary service servicio fiduciario.
field *n* campo.
field agent agente de campo.
field audit auditoría de campo.
field auditor auditor de campo.
field employee empleado de campo.
field manager gerente de campo.
field of operations campo de operaciones.
field representative representante de campo.
field research investigación de campo.
field sales ventas de campo.
field sales manager gerente de ventas de campo.
field services servicios de campo.
field staff personal de campo.
field test prueba de campo.
field trial prueba de campo.
field warehouse receipt recibo de bienes en almacenaje, recibo de bienes en depósito.

field work trabajo de campo.

fierce competition competencia feroz.

FIFO (first-in-first-out) primero en entrar-primero en salir.

fifteen-year mortgage hipoteca de quince años.

fifty-fifty *adj* dividido justamente entre dos partes.

fight back contraatacar.

figure *n* cifra.

filch *v* ratear, robar cantidades pequeñas de dinero.

filcher *n* ratero, quien roba cantidades pequeñas de dinero.

filching *n* ratería, robo de cantidades pequeñas de dinero.

file *n* archivo, fichero, expediente, registro.

file *v* archivar, registrar, radicar.

file a return radicar una planilla, radicar una planilla contributiva.

file a tax return radicar una planilla, radicar una planilla contributiva.

file an application radicar una solicitud.

file clerk archivero, archivista, archivador.

file for bankruptcy radicar una declaración de quiebra.

file format formato de archivo, formato de fichero.

file jointly radicar conjuntamente.

file name nombre de archivo, nombre de fichero.

file, on disponible en los archivos, registrado.

file protection protección de archivos, protección de ficheros.

file security seguridad de archivos, seguridad de ficheros.

file separately radicar separadamente.

file server servidor de archivos, servidor de ficheros.

file system sistema de archivos, sistema de ficheros.

filer *n* quien archiva, quien registra, quien radica.

filing *n* presentación, radicación, registro, clasificación.

filing clerk archivero.

filing of articles of incorporation registro del acta constitutiva de una corporación.

filing status estado civil para efectos contributivos.

fill a vacancy llenar una vacante.

fill in rellenar, sustituir.

fill or kill orden que se cancela si no se ejecuta inmediatamente, orden de efectuar o anular.

filler *n* relleno.

FILO (first-in-last-out) primero en entrar-último en salir.

final *adj* final, decisivo.

final acceptance aceptación final.

final account cuenta final.

final agreement convenio final.

final appraisal tasación final, evaluación final.

final assembly ensamblaje final.

final assessment tasación final, evaluación final.

final assets activo final.

final balance balance final, saldo final.

final bid oferta final, oferta ganadora.

final buyer comprador final.

final charges cargos finales.

final consumer consumidor final.

final consumption consumo final.

final costs costos finales, costes finales.

final date fecha límite, fecha de vencimiento, fecha de cierre.

final distribution distribución final.

final dividend dividendo final.

final entry asiento final.

final evaluation evaluación final.

final expense fund fondo de gastos finales.

final expenses gastos finales.

final goods and services bienes y servicios finales.

final hours horas finales.

final installment pago final.

final inventory inventario final, existencias finales.

final invoice factura final.

final list lista final.

final maturity vencimiento final.

final offer oferta final.

final payment pago final, abono final.

final price precio final.

final product producto final.

final prospectus prospecto final.

final purchase compra final.

final quotation cotización final, cotización al cierre.

final quote cotización final, cotización al cierre.

final reminder recordatorio final.

final report informe final.

final sale venta final.

final settlement liquidación final.

final statement estado final.

final stock existencias finales.

final time hora final.

final trade transacción final.

final transaction transacción final.

final use uso final.

final user usuario final.

final value estimate estimado de valor final.

final warning advertencia final, última advertencia.

finalise *v* finalizar, concretar.

finalise a contract finalizar un contrato.

finalise a loan finalizar un préstamo.

finality of payment finalidad de pago.

finalize *v* finalizar, concretar.

finalize a contract finalizar un contrato.

finalize a loan finalizar un préstamo.

finance *n* finanzas.

finance *v* financiar.

Finance Act Ley de Finanzas.

finance bill proyecto de ley financiero, letra financiera.

finance charge cargo por financiamiento.

finance company compañía financiera, financiera.

finance corporation corporación financiera.

finance cost costo por financiamiento, coste por financiamiento.

finance department departamento financiero.

finance director director financiero.

finance expenditures gastos por financiamiento.

finance expenses gastos por financiamiento.

finance fees cargos por financiamiento.

finance house casa financiera, empresa financiera.

finance lease arrendamiento financiero.

finance manager gerente financiero.

finance market mercado financiero.

finance office oficina financiera.

financed *adj* financiado.

financed premium prima financiada.

financial *adj* financiero.

financial account cuenta financiera.

financial accounting contabilidad financiera.

Financial Accounting Standards Board Junta de Normas de Contabilidad Financiera.

financial adjustment ajuste financiero.

financial administration administración financiera, gestión financiera.

financial administrator administrador financiero.

financial advertising publicidad financiera.
financial adviser asesor financiero.
financial advisor asesor financiero.
financial agent agente financiero.
financial aid ayuda financiera, asistencia financiera, ayuda económica, asistencia económica.
financial aid flow flujo de ayuda financiera, flujo de asistencia financiera, flujo de ayuda económica, flujo de asistencia económica.
financial aid program programa de ayuda financiera, programa de asistencia financiera, programa de ayuda económica, programa de asistencia económica.
financial aid programme programa de ayuda financiera, programa de asistencia financiera, programa de ayuda económica, programa de asistencia económica.
financial analysis análisis financiero.
financial analyst analista financiero.
financial appraisal evaluación financiera.
financial arrangement arreglo financiero.
financial assessment evaluación financiera.
financial assets activo financiero.
financial assistance asistencia financiera.
financial authorities autoridades financieras.
financial backer financiador, patrocinador financiero.
financial backing respaldo financiero.
financial bookkeeping contabilidad financiera.
financial books libros financieros.
financial break-even point punto crítico financiero.
financial budget presupuesto financiero.
financial budgeting presupuestación financiera.
financial burden carga financiera.
financial business negocio financiero.
financial capital capital financiero.
financial center centro financiero.
financial centre centro financiero.
financial channels canales financieros.
financial charge cargo financiero.
financial circles círculos financieros.
financial climate clima financiero.
financial company compañía financiera.
financial compensation compensación financiera.
financial condition condición financiera.
financial conglomerate conglomerado financiero.
financial contingency contingencia financiera.
financial controller contralor financiero.
financial controls controles financieros.
financial corporation compañía financiera.
financial costs costos financieros, costes financieros.
financial counseling asesoramiento financiero.
financial counselling asesoramiento financiero.
financial counsellor asesor financiero.
financial counselor asesor financiero.
financial credit crédito financiero.
financial crisis crisis financiera.
financial data datos financieros.
financial decision decisión financiera.
financial development desarrollo financiero.
financial director director financiero.
financial disclosure divulgación financiera.
financial engineering ingeniería financiera.
financial equilibrium equilibrio financiero.
financial evaluation evaluación financiera.
financial expenses gastos financieros.
financial feasibility viabilidad financiera.

financial firm firma financiera.
financial flow flujo financiero.
financial forecast pronóstico financiero.
financial futures futuros financieros, instrumentos financieros a plazo.
financial futures market mercado de futuros financieros.
financial guarantee garantía financiera.
financial guaranty garantía financiera.
financial history historial financiero.
financial incentive incentivo financiero.
financial income ingreso financiero.
financial indicators indicadores financieros.
financial information información financiera.
financial innovation innovación financiera.
financial institution institución financiera.
financial instrument instrumento financiero.
financial interest interés financiero.
financial intermediary intermediario financiero.
financial intermediation intermediación financiera.
financial investment inversión financiera.
financial lease arrendamiento financiero.
financial leasing leasing financiero, arrendamiento financiero.
financial leverage apalancamiento financiero.
financial liabilities pasivo financiero.
financial liability responsabilidad financiera.
financial loan préstamo financiero.
financial losses pérdidas financieras.
financial management administración financiera, gestión financiera.
financial manager administrador financiero.
financial margin margen financiero.
financial market mercado financiero.
financial marketplace mercado financiero.
financial model modelo financiero.
financial motivation motivación financiera.
financial obligation obligación financiera.
financial officer oficial financiero.
financial operation operación financiera.
financial package paquete financiero.
financial paper papel financiero.
financial participation participación financiera.
financial performance rendimiento financiero, resultados financieros.
financial period período financiero.
financial plan plan financiero.
financial planner planificador financiero.
financial planning planificación financiera.
financial policy política financiera.
financial portal portal financiero.
financial position posición financiera.
financial privacy privacidad financiera.
financial products productos financieros.
financial profit beneficio financiero, ganancia financiera.
financial projection proyección financiera.
financial provisions provisiones financieras.
financial pyramid pirámide financiera.
financial ratio ratio financiero, razón financiera.
financial ratio analysis análisis de ratios financieros, análisis de razones financieras.
financial records registros financieros.
financial rehabilitation rehabilitación financiera.
financial report informe financiero.
financial reporting informes financieros, presentación de informes financieros.
financial repression represión financiera.
financial requirements requisitos financieros.

financial resources recursos financieros.
financial responsibility responsabilidad financiera.
financial responsibility clause cláusula de responsabilidad financiera.
financial results resultados financieros.
financial review análisis financiero.
financial rewards recompensas financieras.
financial risk riesgo financiero.
financial sector sector financiero.
financial security seguridad financiera.
financial services servicios financieros.
financial situation situación financiera.
financial solvency solvencia financiera.
financial stability estabilidad financiera.
financial standards normas financieras.
financial standing situación financiera.
financial statement estado financiero.
financial statement analysis análisis de estados financieros.
financial statement audit auditoría de estados financieros.
financial structure estructura financiera.
financial summary resumen financiero.
financial supermarket supermercado financiero.
financial support apoyo financiero.
financial system sistema financiero.
Financial-Times Stock Exchange Index Índice FTSE, FTSE.
financial uncertainty incertidumbre financiera.
financial year año financiero, ejercicio financiero.
financially able solvente.
financially sound solvente.
financier *n* financiero, financista.
financing *n* financiamiento, financiación.
financing acceptance aceptación de financiamiento.
financing account cuenta de financiamiento.
financing adjustment ajuste de financiamiento.
financing administration administración de financiamiento.
financing administrator administrador de financiamiento.
financing advice asesoramiento de financiamiento.
financing adviser asesor de financiamiento.
financing advisor asesor de financiamiento.
financing agency agencia de financiamiento.
financing agreement convenio de financiamiento, acuerdo de financiamiento.
financing analysis análisis de financiamiento.
financing analyst analista de financiamiento.
financing application solicitud de financiamiento.
financing approval aprobación de financiamiento.
financing arrangement arreglo de financiamiento.
financing assistance asistencia en financiamiento.
financing association asociación de financiamiento.
financing authorisation autorización de financiamiento.
financing authorization autorización de financiamiento.
financing availability disponibilidad de financiamiento.
financing available financiamiento disponible.
financing bank banco de financiamiento.
financing basis base de financiamiento.
financing broker intermediario de financiamiento, corredor de financiamiento.
financing bureau agencia de financiamiento, negociado de financiamiento.
financing business negocio de financiamiento.

financing capacity capacidad de financiamiento.
financing ceiling límite de financiamiento.
financing charges cargos de financiamiento.
financing co-operative cooperativa de financiamiento.
financing commitment compromiso de financiamiento.
financing company compañía de financiamiento.
financing consultant asesor de financiamiento.
financing contract contrato de financiamiento.
financing control control de financiamiento.
financing cooperative cooperativa de financiamiento.
financing corporation corporación de financiamiento.
financing cost costo de financiamiento, coste de financiamiento.
financing counseling asesoramiento de financiamiento.
financing counselling asesoramiento de financiamiento.
financing counsellor asesor de financiamiento.
financing counselor asesor de financiamiento.
financing criteria criterios de financiamiento.
financing crunch reducción del financiamiento disponible, escasez de financiamiento.
financing decline denegación de financiamiento.
financing denial denegación de financiamiento.
financing department departamento de financiamiento.
financing director director de financiamiento.
financing division división de financiamiento.
financing entity entidad de financiamiento.
financing expansion expansión de financiamiento.
financing expenditures gastos de financiamiento.
financing expenses gastos de financiamiento.
financing exposure exposición a riesgo de financiamiento.
financing facilities facilidades de financiamiento.
financing form formulario de financiamiento.
financing freeze congelamiento de financiamiento.
financing gap brecha de financiamiento.
financing guarantee garantía de financiamiento.
financing guaranty garantía de financiamiento.
financing history historial de financiamiento.
financing information información de financiamiento.
financing inquiry indagación de financiamiento.
financing institution institución de financiamiento.
financing instrument instrumento de financiamiento.
financing insurance seguro de financiamiento.
financing interest interés del financiamiento.
financing interest rate tasa de interés del financiamiento.
financing limit límite de financiamiento.
financing losses pérdidas de financiamiento.
financing management administración de financiamiento, gestión de financiamiento.
financing manager administrador de financiamiento.
financing market mercado de financiamiento.
financing mechanism mecanismo de financiamiento.
financing memorandum memorando de financiamiento.
financing method método de financiamiento.
financing office oficina de financiamiento.
financing outstanding financiamiento pendiente.
financing package paquete de financiamiento.

financing party parte del financiamiento.
financing period período de financiamiento.
financing plan plan de financiamiento.
financing policy política de financiamiento.
financing rate tasa de financiamiento.
financing requirements requisitos de financiamiento.
financing reserves reservas de financiamiento.
financing restrictions restricciones de financiamiento.
financing review revisión de financiamiento.
financing risk riesgo de financiamiento.
financing service charge cargo por servicios de financiamiento.
financing services servicios de financiamiento.
financing sources fuentes de financiamiento.
financing squeeze reducción del financiamiento disponible, escasez de financiamiento.
financing statement declaración de colateral para financiamiento.
financing status estatus de financiamiento.
financing supply oferta de financiamiento.
financing system sistema de financiamiento.
financing terms términos de financiamiento.
financing transaction transacción de financiamiento.
financing transfer transferencia de financiamiento.
finder *n* intermediario que pone en contacto a dos partes para una oportunidad comercial, intermediario.
finder's fee comisión por poner en contacto a dos partes, comisión de intermediario.
fine *adj* muy bueno, selecto, fino.
fine *n* multa.
fine *v* multar.
fine print letra pequeña, cláusulas de un contrato escritas con letras pequeñas y ubicadas de modo que no se noten fácilmente.
fine-tune *v* afinar, poner los últimos toques.
finished *adj* terminado, acabado.
finished goods productos terminados.
finished goods inventory inventario productos terminados.
finished product producto terminado.
finished products inventory inventario productos terminados.
fire *v* despedir, incendiar.
fire alarm alarma de incendios.
fire hazard peligro de incendios.
fire insurance seguro contra incendios.
fire insurance policy póliza de seguro contra incendios.
fire loss pérdida por causa de fuego.
fire policy póliza de seguro contra incendios.
fire sale venta de liquidación.
firewall *n* contrafuegos.
firing *n* despido.
firm *adj* firme, en firme, final.
firm *n* empresa, firma.
firm bid oferta firme, oferta en firme.
firm buyer comprador firme, comprador en firme.
firm commitment compromiso firme, ofrecimiento en que los suscriptores compran los valores que se ofrecerán al público.
firm contract contrato firme, contrato en firme.
firm name nombre de empresa.
firm offer oferta firme, oferta en firme.
firm order orden firme, orden en firme.
firm price precio firme, precio en firme.
firm quote cotización firme, cotización en firme.

firm sale venta firme, venta en firme.
firm seller vendedor firme, vendedor en firme.
first call primera fecha de redención.
first call date primera fecha de redención.
first class primera clase.
first class mail correo de primera clase.
first class post correo de primera clase.
first day notice aviso del primer día.
first-dollar coverage cobertura desde el primer dólar.
first-hand *adj* de primera mano, directamente.
first-in-first-out primero en entrar-primero en salir.
first-in-last-out primero en entrar-último en salir.
first lien privilegio de primer grado, gravamen de primer rango, primer gravamen, primera hipoteca.
first mortgage primera hipoteca, hipoteca en primer grado.
first-mover advantage ventaja del primero que entra en un mercado o que crea un mercado nuevo.
first notice day primer día en el cual se puede hacer entrega de un producto o mercancía, día del primer aviso.
first option primera opción, derecho de preferencia.
first order primera orden.
first payment primer pago, pago inicial.
first policy year primer año de vigencia de una póliza.
first premium primera prima.
first price primer precio, precio inicial.
first quarter primer trimestre.
first rate de primera categoría, de primera clase.
first refusal right derecho de tener la primera oportunidad de comprar un inmueble al estar disponible, derecho de prelación.
first-time homebuyer comprador de vivienda por primera vez.
first world primer mundo.
fiscal *adj* fiscal, impositivo.
fiscal activity actividad fiscal.
fiscal adjustment ajuste fiscal.
fiscal administration administración fiscal.
fiscal adviser asesor fiscal.
fiscal advisor asesor fiscal.
fiscal affairs asuntos fiscales.
fiscal agency agencia fiscal.
fiscal agent agente fiscal.
fiscal agreement acuerdo fiscal.
fiscal aid ayuda fiscal.
fiscal analysis análisis fiscal.
fiscal analyst analista fiscal.
fiscal approach acercamiento fiscal.
fiscal assistance asistencia fiscal.
fiscal austerity austeridad fiscal.
fiscal authorities autoridades fiscales.
fiscal balance equilibrio fiscal, balance fiscal.
fiscal base base fiscal.
fiscal benefit beneficio fiscal.
fiscal boom auge fiscal.
fiscal budget presupuesto fiscal.
fiscal burden carga fiscal.
fiscal calendar calendario fiscal.
fiscal capacity capacidad fiscal.
fiscal climate clima fiscal.
fiscal co-operation cooperación fiscal.
fiscal commission comisión fiscal.
fiscal conditions condiciones fiscales.
fiscal cooperation cooperación fiscal.
fiscal cost costo fiscal, coste fiscal.
fiscal crisis crisis fiscal.
fiscal cycle ciclo fiscal.

fiscal deficit déficit fiscal.
fiscal depreciation depreciación fiscal.
fiscal development desarrollo fiscal.
fiscal discrimination discriminación fiscal.
fiscal dividend dividendo fiscal.
fiscal drag lastre fiscal, rémora fiscal, progresividad en frío.
fiscal dynamics dinámica fiscal.
fiscal efficiency eficiencia fiscal.
fiscal entity entidad fiscal.
fiscal environment ambiente fiscal.
fiscal equilibrium equilibrio fiscal, balance fiscal.
fiscal expansion expansión fiscal.
fiscal expenditures gastos fiscales.
fiscal exposure exposición fiscal.
fiscal forecast pronóstico fiscal.
fiscal forecasting previsión fiscal.
fiscal freedom libertad fiscal.
fiscal growth crecimiento fiscal.
fiscal history historial fiscal.
fiscal illusion ilusión fiscal
fiscal incentive incentivo fiscal.
fiscal indicators indicadores fiscales.
fiscal inefficiency ineficiencia fiscal.
fiscal integration integración fiscal.
fiscal intervention intervención fiscal.
fiscal law derecho fiscal.
fiscal loss pérdida fiscal.
fiscal management administración fiscal, gestión fiscal.
fiscal mission misión fiscal.
fiscal model modelo fiscal.
fiscal needs necesidades fiscales.
fiscal opportunity oportunidad fiscal.
fiscal organisation organización fiscal.
fiscal organization organización fiscal.
fiscal pattern patrón fiscal.
fiscal penalties penalidades fiscales, sanciones fiscales.
fiscal performance rendimiento fiscal, resultados fiscales.
fiscal period período fiscal.
fiscal plan plan fiscal.
fiscal planning planificación fiscal.
fiscal policy política fiscal.
fiscal position posición fiscal.
fiscal power potencia fiscal.
fiscal prospects perspectivas fiscales.
fiscal quarter trimestre fiscal.
fiscal recovery recuperación fiscal.
fiscal reorganisation reorganización fiscal.
fiscal reorganization reorganización fiscal.
fiscal research investigación fiscal.
fiscal resources recursos fiscales.
fiscal restraint mesura fiscal.
fiscal revenues ingresos fiscales.
fiscal sanctions sanciones fiscales.
fiscal security seguridad fiscal.
fiscal situation situación fiscal.
fiscal stabilisation estabilización fiscal.
fiscal stability estabilidad fiscal.
fiscal stabilization estabilización fiscal.
fiscal stimulus estímulo fiscal.
fiscal strategy estrategia fiscal.
fiscal structure estructura fiscal.
fiscal support apoyo fiscal.
fiscal system sistema fiscal.
fiscal tax year año contributivo fiscal.
fiscal theory teoría fiscal.
fiscal transparency transparencia fiscal.

fiscal trend tendencia fiscal.
fiscal value valor fiscal.
fiscal welfare bienestar fiscal.
fiscal year año fiscal, ejercicio fiscal.
fiscally *adv* fiscalmente.
Fisher Effect efecto de Fisher.
fishery *n* pesquería.
fishing industry industria pesquera.
fix *v* fijar, determinar, arreglar.
fix a price fijar un precio.
fixation *n* fijación.
fixed *adj* fijo, establecido.
fixed amortisation amortización fija.
fixed amortization amortización fija.
fixed amount cantidad fija.
fixed-amount annuity anualidad de cantidad fija.
fixed annual interest intereses anuales fijos.
fixed annual interest rate tasa de interés anual fija.
fixed annual percentage porcentaje anual fijo.
fixed annual percentage rate tasa de porcentaje anual fijo.
fixed annual rate tasa anual fija.
fixed annuity anualidad fija.
fixed asset turnover ratio de ventas a activo fijo, razón de ventas a activo fijo.
fixed assets activo fijo.
fixed benefits beneficios fijos.
fixed budget presupuesto fijo.
fixed budgeting presupuestación fija.
fixed capital capital fijo.
fixed charge cargo fijo.
fixed-charge coverage cobertura de costos fijos, cobertura de costes fijos.
fixed-charge coverage ratio ratio de cobertura de costos fijos, ratio de cobertura de costes fijos, razón de cobertura de costos fijos, razón de cobertura de costes fijos.
fixed-cost contract contrato de costo fijo, contrato de coste fijo.
fixed costs costos fijos, costes fijos.
fixed credit line línea de crédito fija.
fixed debt deuda fija.
fixed deposit depósito a plazo fijo, depósito fijo.
fixed depreciation depreciación fija.
fixed-dollar annuity anualidad de cantidad fija.
fixed duties derechos fijos, impuestos fijos.
fixed exchange rate tipo de cambio fijo.
fixed expenditures gastos fijos.
fixed expenses gastos fijos.
fixed factors factores fijos.
fixed fee cargo fijo.
fixed income ingreso fijo.
fixed-income investment inversión de ingreso fijo.
fixed-income market mercado de inversiones de ingreso fijo.
fixed-income securities valores de ingreso fijo.
fixed installments pagos fijos, plazos fijos.
fixed interest interés fijo.
fixed interest rate tasa de interés fija.
fixed inventory inventario fijo.
fixed investment inversión fija.
fixed liabilities pasivo fijo.
fixed maturity vencimiento fijo.
fixed obligation obligación fija.
fixed overhead gastos generales fijos.
fixed par value paridad fija.
fixed parity paridad fija.
fixed pay paga fija.
fixed payment pago fijo, abono fijo.

fixed-payment loan préstamo de pagos fijos.
fixed-payment mortgage hipoteca de pagos fijos.
fixed period período fijo.
fixed premium prima fija.
fixed price precio fijo.
fixed-price contract contrato a precio fijo.
fixed production producción fija.
fixed rate tasa fija.
fixed-rate bond bono de tasa fija.
fixed-rate debt deuda de tasa fija.
fixed-rate financing financiamiento a tasa fija.
fixed-rate loan préstamo de tasa fija.
fixed-rate mortgage hipoteca de tasa fija.
fixed remuneration remuneración fija.
fixed rent renta fija.
fixed return rendimiento fijo.
fixed revenue ingresos fijos.
fixed salary salario fijo.
fixed sampling muestreo fijo.
fixed selling price precio de venta fijo.
fixed tax impuesto fijo.
fixed term plazo fijo.
fixed-term contract contrato a plazo fijo.
fixed-term deposit depósito a plazo fijo.
fixed-term loan préstamo a plazo fijo.
fixed trust fideicomiso fijo.
fixed value valor fijo.
fixed wages salarios fijos.
fixed yield rendimiento fijo.
fixing *n* fijación, determinación.
fixture *n* instalación.
fixtures and fittings instalaciones fijas, instalaciones fijas que se incluyen al vender un inmueble, accesorios e instalaciones.
flag of convenience bandera de conveniencia.
flag of registration bandera de registro.
flagship store tienda principal de una cadena, tienda insignia.
flash check cheque conscientemente girado sin fondos, cheque falso.
flash cheque cheque conscientemente girado sin fondos, cheque falso.
flat *adj* fijo, uniforme, sin intereses acumulados, neto.
flat *n* apartamento, departamento, piso.
flat cancellation cancelación de la póliza el día de vigencia.
flat charge cargo fijo.
flat commission comisión fija.
flat deductible deducible fijo.
flat fee cargo fijo.
flat-fee broker corredor de cargo fijo.
flat lease arrendamiento de pagos fijos.
flat market mercado sin tendencia alcista ni bajista.
flat rate tasa fija, tarifa fija.
flat sales ventas escasas.
flat scale escala fija.
flat tax impuesto fijo.
flat yield curve curva plana de rendimientos.
flatly *adv* categóricamente, totalmente.
flaw *n* imperfección, tacha, falta, defecto.
flawless *adj* impecable, intachable.
fleece *v* desplumar.
fleet *n* flota.
fleet of vehicles flota de vehículos.
fleet policy póliza sobre una flota de vehículos.
flexibility *n* flexibilidad.
flexible *adj* flexible.
flexible account cuenta flexible.
flexible benefit plan plan de beneficios flexible.

flexible budget presupuesto flexible.
flexible budget formula fórmula de presupuesto flexible.
flexible budget variance varianza de presupuesto flexible.
flexible budgeting presupuestación flexible.
flexible exchange rate tipo de cambio flexible.
flexible hours horario flexible.
flexible interest rate tasa de interés flexible.
flexible manufacturing manufactura flexible.
flexible mortgage hipoteca flexible.
flexible-payment mortgage hipoteca de pagos flexibles.
flexible premium prima flexible.
flexible-premium annuity anualidad de primas flexibles.
flexible-premium insurance seguro de primas flexibles.
flexible-premium life seguro de vida de primas flexibles.
flexible-premium life insurance seguro de vida de primas flexibles.
flexible prices precios flexibles.
flexible rate tasa flexible.
flexible-rate loan préstamo de tasa flexible.
flexible-rate mortgage hipoteca de tasa flexible.
flexible schedule horario flexible.
flexible spending account cuenta de gastos flexibles.
flexible tariff tarifa flexible.
flexible time horario flexible.
flexible timetable horario flexible.
flexible working hours horario flexible.
flexitime *n* horario flexible.
flextime *n* horario flexible.
flight of capital fuga de capital.
flight of funds fuga de fondos.
flight to quality tendencia hacia la compra de inversiones seguras para contrarrestar factores adversos del mercado, huida hacia la calidad.
flipper *n* quien busca obtener una ganancia rápida al vender acciones de una oferta pública inicial lo más rápido posible.
float *n* flotación, emisión, emisión de valores, acciones, tiempo entre la emisión de un cheque y el registro del débito, tiempo entre la fecha de un pago esperado y el pago efectivo, bienes en el curso de su elaboración.
float *v* flotar, emitir, emitir acciones, emitir valores, poner, negociar.
floatation *n* emisión, emisión de acciones, emisión de bonos.
floatation cost costo de emitir acciones, costo de emitir bonos, coste de emitir acciones, coste de emitir bonos.
floater *n* póliza de artículos sin un lugar fijo, instrumento de deuda de tasa variable.
floater policy póliza de artículos sin un lugar fijo.
floating *adj* flotante, variante, circulante.
floating *n* emisión, emisión de acciones, emisión de bonos.
floating assets activo circulante, activo flotante.
floating capital capital circulante, capital flotante.
floating charge gasto flotante.
floating currency moneda flotante.
floating currency exchange rate tipo de cambio de moneda flotante.
floating debt deuda flotante.
floating exchange cambio flotante.
floating exchange rate tipo de cambio flotante.

floating interest rate tasa de interés flotante.
floating policy póliza flotante.
floating rate tasa flotante.
floating-rate certificate of deposit certificado de depósito de tasa flotante.
floating-rate loan préstamo de tasa flotante.
floating-rate mortgage hipoteca de tasa flotante.
floating-rate note instrumento de deuda de tasa flotante.
floating-rate preferred securities valores preferidos de tasa flotante.
floating-rate preferred shares acciones preferidas de tasa flotante.
floating-rate preferred stock acciones preferidas de tasa flotante.
floating-rate securities valores de tasa flotante.
floating stock emisión de acciones.
floating zone zonificación en la que se asigna cierta proporción del área total a usos determinados pero no lugares específicos para estos usos.
flood *v* inundar, saturar.
flood insurance seguro contra inundaciones.
floor *n* parqué, piso, mínimo, suelo.
floor amount cantidad mínima.
floor broker corredor de piso.
floor loan préstamo mínimo.
floor price precio mínimo.
floor rate tasa mínima.
floor space espacio de piso.
floor trader operador de piso.
floorspace *n* espacio de piso.
flop *n* fracaso.
flotation *n* emisión, emisión de acciones, emisión de bonos.
flotation cost costo de emitir acciones, costo de emitir bonos, coste de emitir acciones, coste de emitir bonos.
flourish *v* medrar.
flow *n* flujo.
flow chart organigrama, flujograma.
flow of costs flujo de costos, flujo de costes.
flow of funds flujo de fondos.
flow-of-funds analysis análisis de flujo de fondos.
flow of goods flujo de productos, flujo de mercancías.
flow of money flujo de dinero.
flow of work flujo del trabajo.
flowchart *n* organigrama, flujograma.
FLSA (Fair Labor Standards Act) Ley Federal de Normas Razonables del Trabajo.
fluctuate *v* fluctuar.
fluctuating *adj* fluctuante.
fluctuating interest rate tasa de interés fluctuante.
fluctuating rate tasa fluctuante.
fluctuating rate loan préstamo de tasa fluctuante.
fluctuating rate mortgage hipoteca de tasa fluctuante.
fluctuating unemployment desempleo fluctuante.
fluctuation *n* fluctuación.
fluctuation interval intervalo de fluctuación.
fluctuation limit límite de fluctuación.
fluctuation range intervalo de fluctuación.
fly-by-night *adj* cuestionable, sospechoso.
flyer *n* octavilla, pasajero aéreo.
FNMA (Federal National Mortgage Association) Fannie Mae.
FOB (free on board) franco a bordo, libre a bordo.
FOB price (free on board price) precio FOB.
focus on centrarse en, enfocar en.
focused fund fondo mutuo poco diversificado.

fold *v* cesar operaciones, cesar operaciones por falta de éxito, plegar.
folder *n* fólder, carpeta.
folio *n* folio, hoja, numeración de hojas, página.
follow advice seguir consejos.
follow-on offering ofrecimiento de acciones adicionales tras una oferta pública inicial.
follow-up *n* seguimiento.
follow-up letter carta de seguimiento.
FOMC (Federal Open Market Committee) Comité Federal de Mercado Abierto.
food aid ayuda alimentaria.
Food and Agriculture Organisation Organización para la Agricultura y la Alimentación.
Food and Agriculture Organization Organización para la Agricultura y la Alimentación.
food crop cultivo alimentario.
food industry industria de alimentos.
food processing procesamiento de alimentos.
food security seguridad alimentaria.
food stamps cupones de alimentos.
footnote disclosure divulgación en nota al pie.
Footsie (Financial-Times Stock Exchange 100 Share Index) Footsie.
for account of para la cuenta de.
for collection al cobro.
for deposit only sólo para depósito.
for hire para alquiler, libre.
for information purposes only a título informativo.
for lease se arrienda.
for life vitalicio.
for purpose of para el propósito de, con la intención de.
for rent se alquila.
for sale se vende.
for show para impresionar.
for value received por contraprestación recibida.
for whom it may concern a quien pueda interesar, a quien pueda corresponder.
for your information para su información.
forbear *v* desistir de, tolerar.
forbearance *n* tolerancia, tolerancia por incumplimiento de pago.
force *n* fuerza.
force *v* forzar, obligar.
force, in en vigor, en vigencia.
force majeure fuerza mayor.
forced *adj* forzoso, forzado.
forced acquisition adquisición forzosa.
forced agreement convenio forzoso.
forced arbitration arbitraje forzoso.
forced bankruptcy quiebra forzosa.
forced conversion conversión forzosa.
forced coverage cobertura forzosa.
forced currency moneda forzosa.
forced expenditures gastos forzosos.
forced expenses gastos forzosos.
forced labor trabajo forzoso, trabajo forzado.
forced labour trabajo forzoso, trabajo forzado.
forced liquidation liquidación forzosa.
forced loan préstamo forzoso.
forced payment pago forzoso.
forced purchase compra forzosa.
forced remuneration remuneración forzosa.
forced retirement retiro forzoso.
forced sale venta forzosa.
forced savings ahorros forzosos.
forces of the market fuerzas del mercado.
forecast *n* pronóstico, previsión.

forecast *v* pronosticar, prever.
forecasting *n* previsión, pronosticación.
foreclose *v* privar del derecho de redención a un deudor hipotecario, ejecutar, ejecutar una hipoteca, impedir, concluir.
foreclosure *n* juicio hipotecario, ejecución hipotecaria, ejecución, extinción del derecho de redimir una hipoteca, ejecución de una hipoteca.
foreclosure decree decreto judicial para la ejecución hipotecaria.
foreclosure of a mortgage ejecución hipotecaria.
foreclosure sale venta de un inmueble hipotecado para pagar la deuda, venta judicial.
foredate *v* antedatar.
foregift *n* pago de prima por encima del alquiler de parte de un arrendatario, prima de arriendo.
foregone earnings ingresos sacrificados.
foregone income ingresos sacrificados.
foregone revenue ingresos sacrificados.
foreign *adj* exterior, extranjero, externo.
foreign account cuenta exterior.
foreign agent agente extranjero.
foreign aid ayuda exterior.
foreign assets activo exterior.
foreign assistance asistencia exterior.
foreign bank banco extranjero.
foreign banking banca extranjera.
foreign bill letra extranjera.
foreign bill of exchange letra de cambio extranjera.
foreign bonds bonos extranjeros.
foreign borrowing préstamos extranjeros, préstamos en divisas.
foreign branch sucursal extranjera.
foreign capital capital externo.
foreign commerce comercio exterior.
foreign company compañía extranjera, compañía establecida en otro estado.
foreign competition competencia extranjera.
foreign content contenido extranjero.
foreign-controlled *adj* controlado desde el exterior.
foreign corporation corporación extranjera, corporación establecida en otro estado.
foreign correspondent corresponsal extranjero.
foreign creditor acreedor extranjero.
foreign currency divisa, moneda extranjera.
foreign currency account cuenta en moneda extranjera, cuenta en divisas.
foreign currency adjustment ajuste de divisas.
foreign currency arbitrage arbitraje de divisas.
foreign currency borrowing préstamos en divisas.
foreign currency debt deuda en moneda extranjera, deuda en divisas.
foreign currency deposits depósitos en divisas.
foreign currency draft giro en divisas.
foreign currency exchange mercado de divisas, intercambio de divisas.
foreign currency exchange controls controles de intercambio de divisas.
foreign currency futures futuros de divisas.
foreign currency holdings reserva de divisas.
foreign currency loan préstamo en moneda extranjera.
foreign currency market mercado de divisas.
foreign currency options opciones de divisas.
foreign currency reserves reserva de divisas.
foreign currency restrictions restricciones de divisas.
foreign currency revaluation revalorización de divisas.

foreign currency swap intercambio de divisas.
foreign currency transaction transacción en divisas.
foreign currency translation traducción de divisas.
foreign debt deuda exterior, deuda externa.
foreign demand demanda extranjera.
foreign department departamento extranjero.
foreign deposit depósito extranjero.
foreign direct investment inversión extranjera directa.
foreign division división extranjera.
foreign document documento extranjero.
foreign domicile domicilio extranjero.
foreign enterprise empresa extranjera.
foreign exchange divisas, intercambio de divisas, moneda extranjera, intercambio de moneda extranjera, cambio.
foreign exchange assets activo en divisas.
foreign exchange broker corredor de divisas.
foreign exchange control control de divisas.
foreign exchange dealer corredor de divisas.
foreign exchange desk mesa de cambios.
foreign exchange futures divisas a término.
foreign exchange market mercado de divisas.
foreign exchange permit permiso de divisas.
foreign exchange policy política de divisas.
foreign exchange rate tipo de cambio de divisas.
foreign exchange reserves reserva de divisas.
foreign exchange restrictions restricciones de divisas.
foreign exchange risk riesgo de divisas.
foreign exchange speculation especulación con divisas.
foreign exchange trader corredor de divisas.
foreign exchange transaction transacción de divisas.
foreign firm empresa extranjera.
foreign goods productos extranjeros.
foreign income ingresos extranjeros.
foreign investment inversión extranjera.
foreign investor inversionista extranjero.
foreign issue emisión extranjera.
foreign liabilities pasivo exterior.
foreign loan préstamo extranjero.
foreign market mercado extranjero.
foreign money dinero extranjero.
foreign-owned *adj* de propiedad extranjera.
foreign policy política extranjera, póliza extranjera.
foreign port puerto extranjero.
foreign sector sector extranjero.
foreign securities valores extranjeros.
foreign shares acciones extranjeras.
foreign-source income ingresos procedentes del extranjero.
foreign stock acciones extranjeras.
foreign tax impuesto extranjero.
foreign tax credit crédito impositivo extranjero.
foreign tax deduction deducción impositiva extranjera.
foreign trade comercio exterior.
foreign trade agency agencia de comercio exterior.
foreign trade balance balanza de comercio exterior.
foreign trade bank banco de comercio exterior.
foreign trade department departamento de comercio exterior.
foreign trade director director de comercio exterior.
foreign trade manager gerente de comercio

exterior.
foreign trade policy política de comercio exterior.
foreign trade zone zona de comercio exterior, zona franca.
foreigner *n* extranjero.
foreman *n* capataz.
forensic accountant contador forense.
foreperson *n* capataz.
foreseeable *adj* previsible.
forestall *v* impedir, acaparar.
forestalling the market acaparamiento del mercado.
forestallment *n* prevención, anticipación.
forestry *n* silvicultura, selvicultura.
forever *adv* eternamente.
forewoman *n* capataz.
forex (foreign exchange) divisas, intercambio de divisas, moneda extranjera, intercambio de moneda extranjera, cambio.
forex assets (foreign exchange assets) activo en divisas.
forex broker (foreign exchange broker) corredor de divisas.
forex control (foreign exchange control) control de divisas.
forex desk (foreign exchange desk) mesa de cambios.
forex futures (foreign exchange futures) divisas a término.
forex market (foreign exchange market) mercado de divisas.
forex permit (foreign exchange permit) permiso de divisas.
forex rate (foreign exchange rate) tipo de cambio de divisas.
forex reserves (foreign exchange reserves) reserva de divisas.
forex restrictions (foreign exchange restrictions) restricciones de divisas.
forex risk (foreign exchange risk) riesgo de divisas.
forex trader (foreign exchange trader) corredor de divisas.
forex transaction (foreign exchange transaction) transacción de divisas.
forfaiting *n* forfaiting.
forfeit *v* perder, confiscar.
forfeitable *adj* sujeto a pérdida, confiscable.
forfeiture *n* pérdida, confiscación.
forge *v* falsificar, fabricar, forjar.
forged *adj* falsificado.
forged check cheque falsificado.
forged cheque cheque falsificado.
forged document documento falsificado.
forged endorsement endoso falsificado.
forged money dinero falsificado.
forged signature firma falsificada.
forger *n* falsificador.
forgery *n* falsificación.
forgery insurance seguro contra falsificación.
forgivable loan préstamo perdonable.
forgive *v* perdonar, eximir.
forgo *v* renunciar a, prescindir de, perder.
forgone earnings ingresos sacrificados.
forgone income ingresos sacrificados.
forgone revenue ingresos sacrificados.
form *n* formulario, forma.
formal *adj* formal, expreso.
formal adherence adherencia formal.
formal agreement pacto formal.

formal communication comunicación formal.
formal contract contrato formal.
formal notice notificación formal.
formal organisation organización formal.
formal organization organización formal.
formalisation *n* formalización.
formalise *v* formalizar, celebrar.
formality *n* formalidad, norma.
formalization *n* formalización.
formalize *v* formalizar, celebrar.
format *n* formato, forma.
formation *n* formación, constitución.
formation of trust formación de fideicomiso.
former *adj* anterior, antiguo.
former buyer comprador anterior.
formula *n* fórmula.
formula investing inversión mediante fórmula.
formulate *v* formular.
fortnight *n* dos semanas.
fortuitous *adj* fortuito.
fortuitous event evento fortuito.
fortuitous loss pérdida fortuita.
fortune *n* fortuna.
forum *n* foro.
forward *adj* a plazo, a término, futuro, adelantado.
forward *v* enviar, reenviar, remitir.
forward buying compras más allá de las corrientemente necesarias.
forward contract contrato a plazo, contrato a término.
forward cover cobertura a plazo, cobertura a término.
forward delivery entrega futura.
forward discount descuento a plazo, descuento a término.
forward earnings pronóstico de ingresos futuros.
forward exchange market mercado de cambios a plazo, mercado de cambios a término.
forward exchange rate tipo de cambio a plazo, tipo de cambio a término.
forward exchange transaction transacción de cambio a plazo, transacción de cambio a término.
forward interest rate tasa de interés a plazo, tasa de interés a término.
forward-looking indicators indicadores anticipados.
forward market mercado a plazo, mercado a término.
forward months meses lejanos de expiraciones de opciones.
forward operation operación a plazo, operación a término.
forward planning planificación futura.
forward premium prima a plazo, prima a término.
forward price precio a plazo, precio a término.
forward purchase compra a plazo, compra a término.
forward rate tasa a plazo, tasa a término.
forward rate agreement acuerdo de tasa de interés a plazo, acuerdo de tasa de interés a término.
forward sale venta a plazo, venta a término.
forward stock inventario en el canal de distribución en anticipación a órdenes, inventario a la mano.
forward transaction transacción a plazo, transacción a término.
forwarder *n* agente expedidor, expedidor, embarcador.
forwarding *n* envío, expedición.
forwarding agency agencia de envío.
forwarding agent agente de envío.

forwarding company compañía de envío.
forwarding instructions instrucciones de envío.
foster *v* fomentar.
foster growth fomentar crecimiento.
foul bill of lading conocimiento de embarque
  señalando faltas, conocimiento tachado.
found *v* fundar.
foundation *n* fundación.
founded *adj* fundado.
founder *n* fundador.
founder *v* irse a pique, fracasar.
founder member miembro fundador.
founders' shares acciones de los fundadores,
  acciones de los promotores.
founding member miembro fundador.
founding shareholder accionista fundador.
founding stockholder accionista fundador.
fourth market cuarto mercado.
fourth world cuarto mundo.
fraction *n* fracción, porción.
fraction of a day porción de un día.
fractional *adj* fraccionario, fraccionado.
fractional currency moneda fraccionada.
fractional ownership propiedad fraccionaria.
fractional reserves reserva fraccionaria.
fractional share acción fraccionada.
fragmentation *n* fragmentación.
fragmented *adj* fragmentado.
fragmented market mercado fragmentado.
frame of reference marco de referencia.
framework *n* armazón, marco, estructura.
framework agreement convenio marco.
framework contract contrato marco.
franc *n* franco.
franchise *n* franquicia, privilegio, concesión,
  sufragio.
franchise agreement convenio de franquicia.
franchise clause cláusula de franquicia.
franchise tax impuesto sobre franquicias, impuesto
  corporativo, derechos de licencia.
franchised dealer concesionario, agente
  autorizado.
franchisee *n* quien recibe una franquicia,
  concesionario.
franchiser *n* quien otorga una franquicia,
  franquisiador.
franchising services servicios de franquicia.
franchisor *n* quien otorga una franquicia,
  franquisiador.
frank *v* franquear.
franking machine máquina franqueadora.
franking privilege franquicia postal.
fraud *n* fraude, dolo, abuso de confianza, engaño.
fraud in the inducement uso de fraude para
  inducir a firmar un documento, dolo principal.
fraudulence *n* fraudulencia.
fraudulent *adj* fraudulento, doloso, engañoso.
fraudulent act acto fraudulento.
fraudulent alienation transferencia fraudulenta.
fraudulent bankruptcy quiebra fraudulenta.
fraudulent claim reclamación fraudulenta.
fraudulent concealment ocultación fraudulenta.
fraudulent conversion apropiación fraudulenta.
fraudulent conveyance transferencia fraudulenta.
fraudulent debt deuda fraudulenta.
fraudulent entry entrada fraudulenta.
fraudulent intent intención fraudulenta.
fraudulent misrepresentation declaración
  fraudulenta.
fraudulent representation declaración

fraudulenta.
fraudulent sale venta fraudulenta.
fraudulent statement declaración fraudulenta.
fraudulently *adv* fraudulentamente,
  engañosamente.
FRB (Federal Reserve Bank) Banco de la Reserva
  Federal.
FRB (Federal Reserve Board) Junta de la Reserva
  Federal.
**Freddie Mac (Federal Home Loan Mortgage
  Corporation)** Freddie Mac.
free *adj* libre, exento, gratis.
free access libre acceso.
free admission entrada libre, admisión libre.
free agent agente libre.
free alongside franco al costado, libre al costado.
free alongside ship franco al costado de buque,
  libre al costado.
free and clear libre de gravámenes.
free and open market mercado libre y abierto.
free area zona franca.
free balance balance mínimo sin cargos por
  servicios.
free banking banca libre.
free carrier franco transportista.
free cash flow flujo de efectivo libre.
free checking account cuenta de cheques sin
  cargos.
free circulation libre circulación.
free circulation of capital libre circulación de
  capitales.
free circulation of goods libre circulación de
  bienes.
free competition libre competencia.
free delivery entrega gratuita, entrega gratis.
free depreciation libre depreciación.
free economy economía libre.
free enterprise libre empresa.
free entry entrada libre.
free exchange cambio libre.
free fall caída en picado.
free market mercado libre.
free-market economy economía de libre mercado.
free-market price precio de libre mercado.
free-market system sistema de libre mercado.
free movement of capital libre circulación de
  capitales.
free movement of goods libre circulación de
  bienes.
free movement of labor libre circulación de
  trabajadores, libre movimiento de trabajadores.
free movement of labour libre circulación de
  trabajadores, libre movimiento de trabajadores.
free of charge gratis.
free of customs libre de impuestos aduaneros.
free of duties libre de derechos.
free of income tax libre de impuestos sobre la
  renta.
free of tax libre de impuestos.
free offer oferta gratuita.
free on board franco a bordo, libre a bordo.
free on truck franco camión.
free period días de gracia.
free port puerto franco.
free rate tasa libre.
free reserves reserva disponible.
free rider quien busca aprovecharse de otros
  pagando y/o haciendo menos de lo que se debe.
free sample muestra gratuita.
free-standing *adj* independiente.

free time tiempo libre.
free trade libre comercio.
Free Trade Agreement Tratado de Libre Comercio.
free trade area zona franca, área de libre comercio.
free trade zone zona franca, zona de libre comercio.
free zone zona franca.
freebee *n* regalo, producto o servicio gratuito.
freebie *n* regalo, producto o servicio gratuito.
freedom *n* libertad.
freedom of action libertad de acción.
freedom of choice libertad de elección.
freedom of contract libertad de contratación.
freedom of establishment libertad de establecimiento.
freedom of movement libertad de movimiento.
freehold *n* derecho de dominio absoluto, propiedad absoluta.
freehold in law derecho de dominio absoluto sin haber tomado posesión.
freehold property propiedad absoluta.
freeholder *n* dueño de propiedad inmueble, propietario, propietario absoluto, titular.
freelance *adj* freelance, por cuenta propia.
freelance worker trabajador freelance, trabajador por cuenta propia.
freelancer *n* trabajador freelance, trabajador por cuenta propia.
freely *adv* libremente.
freely given dado libremente.
freestanding *adj* independiente.
freeze *v* congelar, congelar una cuenta, bloquear.
freeze assets congelar activos.
freeze capital congelar capital.
freeze credit congelar crédito.
freeze funds congelar fondos.
freeze-out el uso del poder corporativo para excluir a los accionistas minoritarios, excluir.
freeze wages congelar salarios.
freezing *n* congelación, bloqueo.
freezing of assets congelación de activos.
freezing of capital congelación de capital.
freezing of credit congelación de crédito.
freezing of funds congelación de fondos.
freezing of wages congelación de salarios.
freight *n* flete, cargamento, carga, gastos de transporte.
freight *v* fletar, cargar, transportar.
freight airplane avión de carga.
freight and insurance paid porte y seguro pagados.
freight booking reserva de cargamento.
freight charges gastos de transporte, cargos por transporte.
freight collect porte debido.
freight expense gastos de transporte.
freight forward porte debido.
freight forwarder despachador de cargas.
freight free porte franco.
freight insurance seguro de cargamento.
freight mile una tonelada de cargamento transportado una milla.
freight owing porte debido.
freight paid porte pagado.
freight plane avión de carga.
freight prepaid porte pagado.
freight rate flete, tarifa de transporte.
freight ship buque de carga.
freight train tren de carga.

freight transport transporte de carga.
freighter *n* fletador, carguero, buque de carga, avión de carga, tren de carga.
frequency *n* frecuencia.
frequency distribution distribución de frecuencias.
frequent *adj* frecuente.
frequently *adv* frecuentemente.
frequently asked questions preguntas más frecuentes.
fresh food comida fresca.
fresh funds fondos frescos.
fresh money dinero fresco.
fresh start nuevo comienzo.
frictional unemployment desempleo friccional.
friendly competition competencia amistosa.
friendly takeover toma de control amistosa.
friendly terms términos amistosos.
fringe benefits beneficios extrasalariales, beneficios marginales.
frivolous tax return planilla frívola.
front-end costs costos de puesta en marcha, costes de puesta en marcha, costos a pagar al obtener una hipoteca, costes a pagar al obtener una hipoteca.
front-end fees cargos iniciales, comisión inicial.
front-end load fondo mutuo que cobra comisión al comprar acciones, comisión al comprar acciones de fondo mutuo.
front-end load mutual fund fondo mutuo que cobra comisión al comprar acciones.
front-loaded *adj* con mayor peso al principio, que cobra comisión al comprar acciones.
front money dinero para empezar un negocio.
front office oficinas de ejecutivos principales.
frontage *n* la parte del frente de una propiedad, fachada.
frontier traffic tráfico fronterizo.
frozen *adj* congelado, bloqueado, fijo.
frozen account cuenta congelada.
frozen assets activo congelado.
frozen capital capital congelado.
frozen credit crédito congelado.
frozen funds fondos congelados.
frozen price precio congelado.
frozen wages salarios congelados.
fruition *n* cumplimiento, realización.
frustration *n* frustración.
frustration of contract frustración de contrato.
FTA (Free Trade Agreement) Tratado de Libre Comercio.
FTA (free trade area) zona franca, área de libre comercio.
FTSE (Financial-Times Stock Exchange Index) Índice FTSE, FTSE.
FTSE 100 FTSE 100.
FTSE Index Índice FTSE, FTSE.
FTZ (free trade zone) zona franca, zona de libre comercio.
fulfil *v* cumplir, satisfacer.
fulfil a contract cumplir un contrato.
fulfil a promise cumplir una promesa.
fulfil a requirement cumplir un requisito.
fulfil an obligation cumplir una obligación.
fulfill *v* cumplir, satisfacer.
fulfill a contract cumplir un contrato.
fulfill a promise cumplir una promesa.
fulfill a requirement cumplir un requisito.
fulfill an obligation cumplir una obligación.
fulfillment *n* cumplimiento, realización.
fulfillment of a claim cumplimiento de una reclamación.

fulfilment *n* cumplimiento, realización.
fulfilment of a claim cumplimiento de una reclamación.
full *adj* lleno, completo, pleno, total.
full actual loss pérdida total real.
full amount cantidad completa, monto total.
full authority autoridad plena.
full board pensión completa.
full budgeting presupuestación completa.
full capacity plena capacidad.
full cash value valor justo en el mercado.
full charge cargo completo.
full commitment compromiso completo.
full convertibility convertibilidad completa.
full cost costo total, coste total.
full cost method método de costo total, método de coste total.
full costing costeo total.
full cover cobertura total.
full-cover insurance seguro de cobertura total.
full coverage cobertura total.
full-coverage insurance seguro de cobertura total.
full disclosure divulgación completa.
full employment pleno empleo.
full employment level nivel de pleno empleo.
full endorsement endoso completo.
full exemption exención total.
full faith and credit respaldo de deuda de entidad gubernamental con todos sus recursos disponibles.
full, in completamente, totalmente.
full indorsement endoso completo.
full liability responsabilidad total.
full loss pérdida total.
full name nombre completo.
full payment pago total.
full price precio completo, precio total.
full quotation cotización completa.
full quote cotización completa.
full rate tasa completa.
full retirement age edad de retiro para recibir todos los beneficios.
full satisfaction pago total de una deuda, entera satisfacción.
full-service *adj* de servicios completos.
full-service agency agencia de servicios completos.
full-service bank banco de servicios completos.
full-service banking banca con servicios completos.
full-service broker casa de corretaje de servicios completos, corredor de servicios completos.
full-service brokering corretaje de servicios completos.
full shares acciones con valor a la par de cien dólares.
full stock acciones con valor a la par de cien dólares.
full-time *adj* a tiempo completo.
full-time employee empleado a tiempo completo.
full-time employment empleo a tiempo completo.
full-time work trabajo a tiempo completo.
full-time worker trabajador a tiempo completo.
full value valor total.
full warranty garantía completa.
fully *adv* completamente, totalmente.
fully amortised completamente amortizado.
fully amortised loan préstamo completamente amortizado.
fully amortized completamente amortizado.
fully amortized loan préstamo completamente amortizado.

fully comprehensive cover cobertura total.
fully comprehensive coverage cobertura total.
fully comprehensive insurance seguro de cobertura total.
fully diluted completamente diluido.
fully distributed completamente distribuido.
fully-owned subsidiary subsidiaria de propiedad total.
fully paid totalmente pagado, totalmente pago, completamente pagado.
fully-paid policy póliza completamente pagada.
fully-paid shares acciones liberadas.
fully registered completamente registrado.
fully subscribed emisión de valores completamente vendida.
fully valued teniendo el valor que los analistas piensan que debe tener.
fully vested con derecho completo de pensión de retiro.
function *n* función.
functional *adj* funcional.
functional accounting contabilidad funcional.
functional administration administración funcional.
functional cost analysis análisis de costos funcional, análisis de costes funcional.
functional discount descuento funcional.
functional distribution distribución funcional.
functional obsolescence obsolescencia por virtud de productos similares más recientes de utilidad superior.
functional organisation organización funcional.
functional organization organización funcional.
functional reporting of expenses informe de gastos funcional.
functional trade agreement acuerdo comercial funcional.
functionality *n* funcionalidad.
functionary *n* funcionario.
fund *n* fondo, fondo de inversión, reserva, capital.
fund *v* financiar, consolidar.
fund flow flujo de fondos.
fund group grupo de fondos.
fund liquidity liquidez del fondo.
fund of funds fondo mutuo que invierte en otros fondos mutuos.
fund raising recaudación de fondos.
fundamental *adj* fundamental.
fundamental analysis análisis de lo fundamental.
fundamental breach of contract incumplimiento esencial de un contrato.
fundamental term of a contract cláusula esencial de un contrato.
funded *adj* financiado, consolidado.
funded debt deuda consolidada.
funded pension plan plan de pensión con fondos asignados.
funded retirement plan plan de retiro con fondos asignados.
funder *n* financista.
fundholder *n* tenedor de fondo.
funding *n* financiamiento, financiación, fondos.
funding acceptance aceptación de financiamiento.
funding account cuenta de financiamiento.
funding adjustment ajuste de financiamiento.
funding administration administración de financiamiento.
funding administrator administrador de financiamiento.

funding advice asesoramiento de financiamiento.
funding adviser asesor de financiamiento.
funding advisor asesor de financiamiento.
funding agency agencia de financiamiento.
funding agreement convenio de financiamiento, acuerdo de financiamiento.
funding analysis análisis de financiamiento.
funding analyst analista de financiamiento.
funding application solicitud de financiamiento.
funding approval aprobación de financiamiento.
funding arrangement arreglo de financiamiento.
funding assistance asistencia en financiamiento.
funding association asociación de financiamiento.
funding authorisation autorización de financiamiento.
funding authorization autorización de financiamiento.
funding availability disponibilidad de financiamiento.
funding available financiamiento disponible.
funding bank banco de financiamiento.
funding basis base de financiamiento.
funding broker intermediario de financiamiento, corredor de financiamiento.
funding business negocio de financiamiento.
funding cancellation cancelación de financiamiento.
funding capacity capacidad de financiamiento.
funding ceiling límite de financiamiento.
funding charges cargos de financiamiento.
funding commitment compromiso de financiamiento.
funding company compañía de financiamiento.
funding consultant asesor de financiamiento.
funding contract contrato de financiamiento.
funding control control de financiamiento.
funding corporation corporación de financiamiento.
funding cost costo de financiamiento, coste de financiamiento.
funding counseling asesoramiento de financiamiento.
funding counselling asesoramiento de financiamiento.
funding criteria criterios de financiamiento.
funding crunch reducción del financiamiento disponible, escasez de financiamiento.
funding denial denegación de financiamiento.
funding department departamento de financiamiento.
funding director director de financiamiento.
funding division división de financiamiento.
funding entity entidad de financiamiento.
funding expansion expansión de financiamiento.
funding expenditures gastos de financiamiento.
funding expenses gastos de financiamiento.
funding facilities facilidades de financiamiento.
funding freeze congelamiento de financiamiento.
funding gap brecha de financiamiento.
funding guarantee garantía de financiamiento.
funding guaranty garantía de financiamiento.
funding history historial de financiamiento.
funding information información de financiamiento.
funding inquiry indagación de financiamiento.
funding institution institución de financiamiento.
funding instrument instrumento de financiamiento.
funding interest interés del financiamiento.
funding interest rate tasa de interés del

financiamiento.
funding limit límite de financiamiento.
funding losses pérdidas de financiamiento.
funding management administración de financiamiento, gestión de financiamiento.
funding manager administrador de financiamiento.
funding market mercado de financiamiento.
funding mechanism mecanismo de financiamiento.
funding method método de financiamiento.
funding office oficina de financiamiento.
funding outstanding financiamiento pendiente.
funding package paquete de financiamiento.
funding period período de financiamiento.
funding plan plan de financiamiento.
funding policy política de financiamiento.
funding rate tasa de financiamiento.
funding requirements requisitos de financiamiento.
funding reserves reservas de financiamiento.
funding restrictions restricciones de financiamiento.
funding review revisión de financiamiento.
funding risk riesgo de financiamiento.
funding services servicios de financiamiento.
funding sources fuentes de financiamiento.
funding squeeze reducción del financiamiento disponible, escasez de financiamiento.
funding status estatus de financiamiento.
funding supply oferta de financiamiento.
funding system sistema de financiamiento.
funding terms términos de financiamiento.
funding transaction transacción de financiamiento.
funding transfer transferencia de financiamiento.
fundraiser *n* recaudador de fondos, evento para la recaudación de fondos.
fundraising *n* recaudación de fondos.
funds administration administración de fondos.
funds administrator administrador de fondos.
funds application aplicación de fondos.
funds availability disponibilidad de fondos.
funds commitment compromiso de fondos.
funds-flow analysis análisis de flujo de fondos.
funds freeze congelación de fondos.
funds from operations fondos provenientes de operaciones.
funds inflow entrada de fondos.
funds infusion infusión de fondos.
funds management administración de fondos, gestión de fondos.
funds manager administrador de fondos, gestor de fondos.
funds transfer transferencia de fondos.
funeral expenses gastos funerarios.
fungibility *n* fungibilidad.
fungible *adj* fungible.
fungible goods bienes fungibles.
fungibles *n* bienes fungibles, valores fungibles.
funnel funds canalizar fondos.
funny money dinero falsificado, dinero cuestionable.
furnish *v* proveer, suministrar.
furniture and fixtures muebles e instalaciones.
furthest month mes más lejano.
fuse *v* fusionar, fundir, juntar.
fusion *n* fusión.
future *adj* futuro.
future-acquired property bienes adquiridos después de un determinado hecho.

future delivery entrega futura.
future depreciation depreciación futura.
future earnings ingresos futuros.
future estate derecho a bienes inmuebles en el futuro.
future expenditures gastos futuros.
future expenses gastos futuros.
future income ingresos futuros.
future income taxes impuestos sobre la renta futuros.
future interest interés futuro.
future monetary value valor monetario futuro.
future price precio futuro.
future profit beneficio futuro, ganancia futura.
future taxes impuestos futuros.
future value valor futuro.
future value of an annuity valor futuro de una anualidad.
future worth valor futuro.
futures *n* futuros, contratos de futuros, contratos para adquirir mercancías en el futuro, contratos para adquirir mercancías a término.
futures contracts contratos de futuros, contratos para adquirir mercancías en el futuro, contratos para adquirir mercancías a término.
futures exchange bolsa de futuros, mercado de mercancías, lonja de mercancías.
futures market mercado de futuros, mercado a término.
futures options opciones sobre contratos de futuros.
futures option contracts opciones sobre contratos de futuros.
futures price precio de futuros.
futures trading transacciones de futuros.
futurology *n* futurología.
fuzzy logic lógica difusa.
FYI (for your information) para su información.

G

G2B (government-to-business) gobierno a empresas.
G2C (government-to-citizen) gobierno a ciudadano.
G2C (government-to-consumer) gobierno a consumidor.
G2G (government-to-government) gobierno a gobierno.
G-5 (group of five) G-5.
G-7 (group of seven) G-7.
G-8 (group of eight) G-8.
G-10 (group of ten) G-10.
GAAP (Generally Accepted Accounting Principles) principios de contabilidad generalmente aceptados, normas de contabilidad generalmente aceptadas.
GAAS (Generally Accepted Auditing Standards) normas de auditoría generalmente aceptadas.
gage *v* calcular, estimar, medir.
gain *n* ganancia, beneficio, utilidad, ingreso, adquisición, ventaja, provecho, aumento, apreciación.
gain *v* ganar, ganarse, adquirir, obtener, beneficiarse, aumentar, apreciar.

gain contingency contingencia de ganancia.
gainers *n* acciones que suben un día dado.
gainful *adj* lucrativo, ventajoso, provechoso.
gainful activity actividad lucrativa.
gainful employment empleo provechoso.
gainful occupation empleo provechoso.
gainfully employed con empleo provechoso.
gainfully occupied con empleo provechoso.
gainless *adj* infructuoso, desventajoso.
gains tax impuesto sobre ganancias de capital, contribución sobre ganancias de capital.
galloping inflation inflación galopante.
gamble *n* riesgo, apuesta.
gamble *v* apostar, jugar.
gambling *n* juego.
gambling house casa de juego.
gambling place lugar de juego.
gambling tax impuesto sobre el juego.
game theory teoría de juegos.
gamma *n* gamma.
gap *n* brecha, diferencia, intervalo.
gap analysis análisis de la brecha entre las expectativas del consumidor y la realidad, análisis de un mercado en busca de productos que aun no existen pero que son prometedores.
gap financing financiamiento del déficit.
gap loan préstamo interino.
garble *v* confundir maliciosamente, distorsionar hechos.
garner *v* recopilar, acumular.
garnish *v* embargar.
garnishee *n* embargado.
garnisher *n* embargante.
garnishment *n* embargo, embargo de bienes en posesión de terceros.
GARP (growth at a reasonable price) estrategia de inversión que busca apreciación a través de compras de acciones que no estén sobrevaloradas.
gas guzzler tax impuesto sobre carros especialmente tragones.
gasoline price precio de la gasolina.
gather in the stops estrategia en la cual se venden cantidades grandes de acciones con la intención de que otras órdenes de ventas se activen y que el precio de dichas acciones siga bajando.
GATS (General Agreement on Trade in Services) Acuerdo General Sobre el Comercio de Servicios.
GATT (General Agreement on Tariffs and Trade) Acuerdo General Sobre Aranceles Aduaneros y Comercio.
gauge *v* calcular, estimar, medir.
gazump *v* echarse atrás de un compromiso de venta de propiedad al tener una oferta más alta que otra previamente aceptada, intentar al último momento de cobrar más por una propiedad que lo previamente aceptado.
gazunder *v* intentar al último momento de pagar menos por una propiedad que lo previamente acordado.
GDP (gross domestic product) producto interior bruto, PIB.
GDP deflator (gross domestic product deflator) deflactor del PIB.
GDP price deflator (gross domestic product price deflator) deflactor del PIB.
GDS (General Depreciation System) sistema de depreciación general.
GE (genetically engineered) transgénico, modificado genéticamente.

GE foods (genetically engineered foods) alimentos transgénicos, alimentos modificados genéticamente.
gearing *n* ratio de endeudamiento, razón de endeudamiento.
gearing ratio ratio de endeudamiento, razón de endeudamiento.
gender awareness conciencia del género.
gender bias prejuicios sexistas.
gender discrimination discriminación sexual.
gender favoritism favoritismo sexual.
gender prejudice prejuicios sexistas.
general acceptance aceptación general.
general account cuenta general.
general accounting executive ejecutivo de contabilidad general.
General Accounting Office Oficina General de Contabilidad.
general accounting system sistema de contabilidad general.
general adjustment ajuste general.
general administration administración general.
general administrative expenses gastos administrativos generales.
general administrator administrador general.
general agency agencia general.
general agency system sistema de agencia general.
general agent agente general.
general agreement acuerdo general.
General Agreement on Tariffs and Trade Acuerdo General Sobre Aranceles Aduaneros y Comercio.
General Agreement on Trade in Services Acuerdo General Sobre el Comercio de Servicios.
general assembly reunión general.
general assignment cesión general.
general audit auditoría general.
general authorisation autorización general.
general authority autorización general.
general authorization autorización general.
general average avería gruesa, promedio general.
general average bond fianza de avería gruesa.
general average contribution contribución de avería gruesa.
general average deposit depósito de avería gruesa.
general balance balance general.
general balance sheet balance general.
general budget presupuesto general.
general cargo carga general.
general characteristics características generales.
general circulation circulación general.
general contingency reserve reserva de contingencia general.
general contractor contratista general.
general controller contralor general.
general cost costo general, coste general.
general covenant acuerdo general.
general credit crédito general.
general creditor acreedor ordinario.
general custom costumbre general.
general debt deuda general.
general decrease disminución general.
general department departamento general.
general deposit depósito general.
general depository depositario general.
General Depreciation System sistema de depreciación general.
general endorsement endoso en blanco.

general equilibrium equilibrio general.
general equilibrium analysis análisis de equilibrio general.
general examination examinación general.
general expenditures gastos generales.
general expenses gastos generales.
general export licence autorización de exportación general.
general export license autorización de exportación general.
general exports exportaciones generales.
general franchise autorización general.
general fund fondo general.
general goods mercancías generales, productos generales.
general government gobierno general.
general guarantee garantía general.
general guaranty garantía general.
general holiday feriado general.
general import licence autorización de importación general.
general import license autorización de importación general.
general imports importaciones generales.
general increase aumento general.
general indorsement endoso en blanco.
general insurance seguro general.
general journal libro general, libro diario.
general ledger libro mayor general.
general liability insurance seguro de responsabilidad general.
general lien gravamen general.
general long-term debt deuda a largo plazo general.
general management administración general, gestión general.
general manager gerente general.
general meeting reunión general, asamblea general.
general meeting of shareholders asamblea general de accionistas.
general mortgage hipoteca general.
general mortgage bond bono de hipoteca general.
general obligation bond bono de obligación general.
general obligations obligaciones generales, responsabilidades generales, bonos de obligación general.
general office oficina general.
general operating expenditures gastos operativos generales.
general operating expenses gastos operativos generales.
general owner dueño.
general partner socio general, quien tiene responsabilidad personal y se encarga del manejo de una sociedad en comandita.
general partnership sociedad colectiva, sociedad regular colectiva.
general power of attorney poder general.
general price index índice de precios general.
general price level nivel de precios general.
general property propiedad, derecho de dominio absoluto, propiedad general.
general property form formulario de propiedad general.
general property tax impuesto sobre la propiedad general.
general provisions estipulaciones generales.
general proxy apoderado general, mandatario

general, poder general.
general public services servicios públicos generales.
general purposes propósitos generales.
general reserves reservas generales.
general resources recursos generales.
general retirement system sistema de retiro general.
general revenue ingresos generales.
general review revisión general.
general sales tax impuesto sobre ventas general.
general services servicios generales.
general shareholders' meeting asamblea general de accionistas.
general statement estado general, declaración general.
general stockholders' meeting asamblea general de accionistas.
general strike huelga general, paro general.
general tariff tarifa general.
general tax impuesto general.
general tax lien gravamen fiscal general.
general tenancy arrendamiento sin duración fija.
general warranty garantía general.
general warranty deed escritura con garantía general.
generally accepted generalmente aceptado.
Generally Accepted Accounting Principles principios contables generalmente aceptados, normas contables generalmente aceptadas.
Generally Accepted Auditing Standards normas de auditoría generalmente aceptadas.
generate v generar.
generate employment generar empleos.
generate income generar ingresos.
generate jobs generar empleos.
generate profits generar beneficios, generar ganancias.
generation of employment generación de empleos.
generation of income generación de ingresos.
generation of jobs generación de empleos.
generation of profits generación de beneficios, generación de ganancias.
generational accounting contabilidad generacional.
generic adj genérico.
generic brand marca genérica.
generic identification identificación genérica.
generic job description descripción genérica de trabajo.
generic market mercado genérico.
generic name nombre genérico.
generic product producto genérico.
generic trademark marca genérica.
genetic modification modificación genética.
genetically engineered transgénico, modificado genéticamente.
genetically engineered foods alimentos transgénicos, alimentos modificados genéticamente.
genetically modified transgénico, modificado genéticamente.
genetically-modified foods alimentos transgénicos, alimentos modificados genéticamente.
genetically-modified organisms organismos transgénicos, organismos modificados genéticamente.
gentleman's agreement pacto entre caballeros,

acuerdo verbal sin valor jurídico cuyo cumplimiento depende de la honestidad de los pactantes.
gentlemen's agreement pacto entre caballeros, acuerdo verbal sin valor jurídico cuyo cumplimiento depende de la honestidad de los pactantes.
gentrification n aburguesamiento.
gentrify v aburguesar.
genuine adj genuino, auténtico, verdadero.
genuine and valid genuino y válido.
genuine article artículo genuino.
geodemographic geodemográfico.
geodemographic marketing marketing geodemográfico, mercadeo geodemográfico.
geopolitical adj geopolítico.
geopolitics n geopolítica.
germane adj pertinente, apropiado.
ghosting n colusión entre creadores de mercado con el fin de manipular precios de acciones.
GIC (guaranteed investment contract) contrato de inversión garantizada.
Giffen good bien Giffen.
gift n donación, regalo.
gift causa mortis donación por causa de muerte.
gift certificate certificado de regalo.
gift deed escritura de regalo.
gift enterprise ardid publicitario en el que se dan participaciones en un sorteo a cambio de la compra de ciertas cosas.
gift in contemplation of death donación en anticipación de muerte.
gift in contemplation of marriage donación en anticipación de matrimonio.
gift inter vivos donación entre vivos.
gift of property donación de propiedad.
gift tax impuesto sobre donaciones.
gift tax exclusion exclusión de impuesto sobre donaciones.
gilt-edge adj de primera clase, de máxima garantía.
gilt-edged adj de primera clase, de máxima garantía.
gilt-edged bonds bonos de primera clase.
gilt-edged securities valores punteros, valores de primera clase.
gilt-edged shares acciones de primera clase.
gilt-edged stock acciones de primera clase.
gilt fund fondo mutuo que invierte en bonos de la tesorería y en bonos corporativos de primera clase.
gilts n bonos de la tesorería, valores punteros.
gimmick n ardid, ardid publicitario, estratagema.
Gini coefficient coeficiente de Gini.
Gini ratio ratio de Gini, coeficiente de Gini, razón de Gini.
giro n giro bancario, giro.
give away regalar.
give notice notificar.
give time extender un plazo.
giveaway n regalo, algo baratísimo, algo delatante.
glass ceiling barrera de la cual no se habla pero que impide ascensos de mujeres y/u otros grupos.
global adj global.
global account cuenta global.
global accountancy contabilidad global.
global accounting contabilidad global.
global accounting standards normas globales de contabilidad.
global accounts cuentas globales.
global advertising publicidad global.
global agency agencia global.

global agent agente global.
global agreement convenio global, pacto global.
global aid ayuda global.
global assets activo global.
global assistance asistencia global.
global association asociación global.
global bank banco global.
global banking banca global.
global body cuerpo global, institución global.
global bonds bonos globales.
global borrowing préstamos globales.
global branch sucursal global.
global brand marca global.
global budget presupuesto global.
global budgeting presupuestación global.
global capital capital global.
global capital market mercado global de capitales.
global cartel cartel global.
global co-operation cooperación global.
global commerce comercio global.
global commodity producto global, mercancía global.
global commons patrimonio universal.
global communications comunicación global.
global company compañía global.
global competition competencia global.
global conference conferencia global.
global consumption consumo global.
global contract contrato global.
global cooperation cooperación global.
global corporation corporación global.
global correspondent corresponsal global.
global coverage cobertura global.
global credit crédito global.
global currency moneda global.
global custom costumbre global.
global debt deuda global.
global demand demanda global.
global deposits depósitos globales.
global division división global.
global economy economía global.
global enterprise empresa global.
global entity entidad global.
global estimates estimados globales.
global expenditures gastos globales.
global expenses gastos globales.
global exports exportaciones globales.
global firm empresa global.
global food aid ayuda alimentaria global.
global fund fondo global.
global goods productos globales.
global harmonisation armonización global.
global harmonization armonización global.
global holiday feriado global.
global imports importaciones globales.
global income ingresos globales.
global industry industria global.
global insurance seguro global.
global insurance contract contrato de seguro global.
global insurance coverage cobertura de seguro global.
global insurance policy póliza de seguro global.
global insurer asegurador global.
global interests intereses globales.
global investment inversión global.
global investor inversionista global.
global issue emisión global.
global law derecho global.
global lending préstamos globales.

global liabilities pasivo global.
global liability responsabilidad global.
global liquidity liquidez global.
global loans préstamos globales.
global market mercado global.
global marketing marketing global, mercadeo global.
global monetary system sistema monetario global.
global organisation organización global.
global organization organización global.
global partnership sociedad global.
global payment pago global.
global policy política global, póliza global.
global price precio global.
global product producto global.
global quota cuota global.
global reserves reservas globales.
global resources recursos globales.
global revenues ingresos globales.
global sales ventas globales.
global securities valores globales.
global shipping transporte global.
global standardisation normalización global.
global standardization normalización global.
global standards normas globales.
global strategy estrategia global.
global subsidiary subsidiaria global.
global subsidy subsidio global, subvención global.
global supply oferta global.
global support ayuda global, apoyo global.
global system sistema global.
global tax impuesto global.
global trade comercio global.
global trade policy política de comercio global.
global transport transporte global.
global union unión global.
global warming calentamiento global.
global waters aguas globales.
global wealth riqueza global.
globalisation *n* globalización.
globalisation of the world economy globalización de la economía mundial.
globalise *v* globalizar.
globalised *adj* globalizado.
globalization *n* globalización.
globalization of the world economy globalización de la economía mundial.
globalize *v* globalizar.
globalized *adj* globalizado.
Globex *n* Globex.
glocalisation *n* glocalización.
glocalization *n* glocalización.
glut *n* superabundancia, plétora, exceso de oferta.
GM (general manager) gerente general.
GM (genetically modified) transgénico, modificado genéticamente.
GM foods (genetically modified foods) alimentos transgénicos, alimentos modificados genéticamente.
GMO (genetically-modified organisms organismos transgénicos, organismos modificados genéticamente.)
GMP (good management practices) buenas prácticas de administración, buenas prácticas de gestión.
GMP (good manufacturing practices) buenas prácticas de manufactura.
GMT (Greenwich Mean Time) hora media de Greenwich.
GNE (gross national expenditure) gasto nacional

bruto.
GNI (gross national income) ingreso nacional
bruto.
GNP (gross national product) producto nacional
bruto.
GNP deflator (gross national product deflator)
deflactor del producto nacional bruto.
go bankrupt ir a la quiebra, ir a la bancarrota.
go-between *n* intermediario.
GO bond (general obligation bond) bono de
obligación general.
go public salir a bolsa, emitir acciones por primera
vez, revelar públicamente.
go-slow *n* huelga de brazos caídos.
goal *n* meta, objetivo.
going concern empresa en marcha.
going-concern value valor de una empresa en
marcha.
going price precio vigente, valor prevaleciente en el
mercado.
going private proceso mediante el que una
compañía se hace privada.
going public salida a bolsa, proceso mediante el
que una compañía emite sus primeras acciones.
going rate tasa corriente, tasa vigente.
gold-backed *adj* respaldado por oro.
gold bullion oro en lingotes.
gold certificate certificado oro.
gold coin moneda de oro.
gold cover reserva de oro.
gold exchange standard patrón de cambio oro.
gold fixing fijación del precio de oro.
gold market mercado del oro.
gold mutual fund fondo mutuo que invierte en
acciones relacionadas al oro.
gold-pegged currency moneda vinculada al oro.
gold production producción de oro.
gold reserves reservas de oro.
gold standard patrón oro.
gold transaction transacción en oro.
golden handcuffs esposas de oro.
golden handshake indemnización lucrativa por
despido.
golden hello bono por firmar otorgado a un nuevo
empleado.
golden parachute convenio que protege a los altos
ejecutivos cuando una corporación cambia de
control, paracaídas dorado.
gondola *n* góndola.
good and clear record title título de propiedad
libre de defectos y gravámenes.
good and valid bueno y válido, adecuado.
good consideration contraprestación suficiente,
contraprestación valiosa.
good credit risk buena paga.
good delivery entrega con todo en orden.
good faith buena fe.
good faith bargaining negociaciones en buena fe.
good faith deposit depósito en buena fe.
good faith money depósito en buena fe.
good faith purchaser comprador de buena fe.
good investment buena inversión.
good management practices buenas prácticas de
administración, buenas prácticas de gestión.
good manufacturing practices buenas prácticas
de manufactura.
good money buen dinero, buenos ingresos.
good name buena reputación.
good pay buena paga.
good quality buena calidad.

good record title título libre de gravámenes.
good repute buena reputación.
good return buen rendimiento.
good-this-month order orden en vigor este mes.
good-this-week order orden en vigor esta semana.
good-till-cancelled order orden en vigor hasta
ejecutarse o cancelarse.
good title título libre de defectos, título válido.
good-until-cancelled order orden en vigor hasta
ejecutarse o cancelarse.
good yield buen rendimiento.
goodness of fit precisión del ajuste.
goods *n* bienes, mercancías, productos, géneros,
mercaderías.
goods and chattels bienes muebles.
goods and services bienes y servicios.
Goods and Services Tax impuesto sobre bienes y
servicios.
goods for export bienes para la exportación.
goods for exportation bienes para la exportación.
goods for import bienes para la importación.
goods for importation bienes para la importación.
goods in transit bienes en tránsito.
goods on approval mercancías a prueba.
goods on consignment mercancías consignadas.
goods sold and delivered bienes vendidos y
entregados.
goodwill *n* buen nombre de una empresa, llave,
valor llave, plusvalía, derecho de clientela, fondo
de comercio, crédito comercial, activo invisible,
regalía.
govern *v* gobernar, dirigir.
governing *adj* gobernante, dirigente.
governing body cuerpo gobernante.
government *n* gobierno, estado.
government accountancy contabilidad
gubernamental, contabilidad del gobierno,
contabilidad del estado.
government accounting contabilidad
gubernamental, contabilidad del gobierno,
contabilidad del estado.
government agency agencia gubernamental,
agencia del gobierno, agencia del estado.
government assistance ayuda gubernamental,
ayuda del gobierno, ayuda del estado.
government-backed *adj* respaldado por el
gobierno, respaldado por el estado.
government backing respaldo del gobierno,
respaldo del estado.
government bank banco del gobierno, banco del
estado.
government bill obligación gubernamental a corto
plazo.
government bond bono del gobierno, bono del
estado.
government borrowing préstamos del gobierno,
préstamos del estado.
government budget presupuesto del gobierno,
presupuesto del estado.
government commitment compromiso del
gobierno, compromiso del estado.
government contract contrato con el gobierno,
contrato con el estado.
government-controlled controlado por el
gobierno, controlado por el estado.
government debt deuda del gobierno, deuda del
estado, deuda pública.
government department departamento
gubernamental, departamento del gobierno,
departamento del estado.

government deposit depósito gubernamental, depósito del gobierno, depósito del estado.

government depository depositaría gubernamental, depositaría del gobierno, depositaría del estado.

government enterprise empresa gubernamental, empresa del gobierno, empresa del estado.

government expenditures gastos gubernamentales, gastos del gobierno, gastos del estado.

government expenses gastos gubernamentales, gastos del gobierno, gastos del estado.

Government Finance Hacienda Pública, finanzas del gobierno, finanzas del estado.

government-financed *adj* financiado por el gobierno, financiado por el estado.

government fund fondo gubernamental, fondo del gobierno, fondo estatal.

government grant concesión gubernamental, otorgamiento gubernamental, concesión del gobierno, otorgamiento del gobierno, concesión del estado, otorgamiento del estado.

government inspector inspector gubernamental, inspector del gobierno, inspector del estado.

government insurance seguro gubernamental, seguro del gobierno, seguro del estado.

government intervention intervención gubernamental, intervención del gobierno, intervención estatal.

government investment inversión gubernamental, inversión del gobierno, inversión estatal.

government lawyer abogado del estado, abogado del gobierno.

government loan préstamo gubernamental, préstamo del gobierno, préstamo del estado.

government market mercado gubernamental, mercado del gobierno, mercado del estado.

government monopoly monopolio gubernamental, monopolio del gobierno, monopolio estatal.

government note obligación del gobierno a mediano plazo, obligación del estado a mediano plazo.

government obligation obligación gubernamental, obligación del gobierno, obligación del estado.

government office oficina gubernamental, oficina del gobierno, oficina del estado.

government-owned *adj* gubernamental, del gobierno, del estado.

government paper papel gubernamental, papel del gobierno, papel del estado.

government procurement compras gubernamentales, compras del gobierno, compras estatales, compras públicas.

government property propiedad gubernamental, propiedad del gobierno, propiedad del estado.

government receipts ingresos gubernamentales, ingresos del gobierno, ingresos estatales.

government-regulated *adj* regulado por el gobierno, regulado por el estado.

government revenues ingresos gubernamentales, ingresos del gobierno, ingresos estatales.

government securities valores garantizados por el gobierno, valores garantizados por del estado.

government securities dealers comerciantes de valores garantizados por el gobierno, comerciantes de valores garantizados por el estado.

government services servicios gubernamentales, servicios del gobierno, servicios estatales.

government spending gastos gubernamentales, gastos del gobierno, gastos del estado.

Government-Sponsored Enterprise empresa con respaldo gubernamental, empresa con respaldo del gobierno, empresa con respaldo del estado.

government subsidy subsidio gubernamental, subsidio del gobierno, subsidio del estado, subvención gubernamental, subvención del gobierno, subvención del estado.

government-supported *adj* apoyado por el gobierno, apoyado por el estado.

government taxes impuestos gubernamentales, impuestos del gobierno, impuestos del estado.

government-to-business gobierno a empresas.

government-to-citizen gobierno a ciudadano.

government-to-consumer gobierno a consumidor.

government-to-government gobierno a gobierno.

governmental *adj* gubernamental, estatal.

governmental account cuenta gubernamental.

governmental agency agencia gubernamental.

governmental agent agente gubernamental.

governmental aid ayuda gubernamental.

governmental assets activo gubernamental.

governmental assistance asistencia gubernamental.

governmental auditor auditor gubernamental.

governmental bank banco gubernamental.

governmental banking banca gubernamental.

governmental bonds bonos gubernamentales.

governmental borrowing préstamos gubernamentales.

governmental branch rama gubernamental.

governmental budget presupuesto gubernamental.

governmental budgeting presupuestación gubernamental.

governmental capital capital gubernamental.

governmental consumption consumo gubernamental.

governmental control control gubernamental.

governmental-controlled *adj* controlado gubernamentalmente.

governmental credit crédito gubernamental.

governmental debt deuda gubernamental.

governmental demand demanda gubernamental.

governmental department departamento gubernamental.

governmental division división gubernamental.

governmental enterprise empresa gubernamental.

governmental estimates estimados gubernamentales.

governmental expenditures gastos gubernamentales.

governmental expenses gastos gubernamentales.

governmental fund fondo gubernamental.

governmental income ingresos gubernamentales.

governmental industry industria gubernamental.

governmental inspector inspector gubernamental.

governmental interests intereses gubernamentales.

governmental intervention intervención gubernamental.

governmental investment inversión gubernamental.

governmental issue emisión gubernamental, asunto gubernamental.

governmental liabilities pasivo gubernamental.

governmental loan préstamo gubernamental.

governmental market mercado gubernamental.

governmental partnership sociedad gubernamental.

governmental pension pensión gubernamental.

governmental policy política gubernamental,

póliza gubernamental.
governmental product producto gubernamental.
governmental rate tasa gubernamental.
governmental resources recursos gubernamentales.
governmental revenue ingreso gubernamental.
governmental sales ventas gubernamentales.
governmental sector sector gubernamental.
governmental securities valores gubernamentales.
governmental standards normas gubernamentales.
governmental subsidiary subsidiaria gubernamental.
governmental subsidy subsidio gubernamental, subvención gubernamental.
governmental support ayuda gubernamental.
governmental tax impuesto gubernamental.
governmental trade comercio gubernamental.
govt. (government) gobierno.
grace days días de gracia.
grace period período de gracia.
grade n grado, categoría, clase, declive.
grade v clasificar, nivelar, mejorar.
graded adj graduado.
graded death benefit beneficio por muerte graduado.
graded policy póliza graduada.
graded premium prima graduada.
graded premium insurance seguro de primas graduadas.
graded premium life seguro de vida de primas graduadas.
graded premium life insurance seguro de vida de primas graduadas.
grading n graduación.
gradual adj gradual.
gradually adv gradualmente.
graduated adj graduado, escalonado, progresivo.
graduated income tax impuesto sobre la renta progresivo.
graduated lease arrendamiento escalonado.
graduated-payment loan hipoteca de pagos progresivos, préstamo de pagos progresivos.
graduated-payment mortgage hipoteca de pagos progresivos.
graduated payments pagos progresivos.
graduated tax impuesto progresivo.
graduated wages salarios escalonados.
graft n abuso de poder o confianza, lo devengado tras el abuso de poder o confianza, pago hecho a quien abusa de su poder o confianza.
grand total total general.
grandfather clause cláusula de ley que excluye a quienes ya participan en una actividad regulada de tener que adoptar ciertas normas nuevas, cláusula de anterioridad.
grandfathered adj eximido por anterioridad.
grant n cesión, transferencia, autorización, subsidio, donación.
grant v otorgar, conceder, transferir, autorizar, donar.
grant a patent conceder una patente.
grant, bargain, and sell transferir y vender.
grant credit otorgar crédito.
grant-in-aid n subsidio gubernamental.
grantee n cesionario, adjudicatario, beneficiario.
granting of capital otorgamiento de capital.
grantor n otorgante, cedente, donante.
grantor trusts fideicomisos en los que el otorgante retiene control sobre los ingresos para efectos

contributivos.
graph n gráfica, gráfico.
graphic adj gráfico.
graphic method método gráfico.
graphical adj gráfico.
graphical method método gráfico.
grassroots adj de la comunidad, común.
gratis adv gratis.
gratuitous adj gratuito.
gratuitous bailee depositario a título gratuito.
gratuitous bailment depósito a título gratuito.
gratuitous consideration contraprestación a título gratuito.
gratuitous contract contrato a título gratuito.
gratuitous deed escritura a título gratuito.
gratuitous deposit depósito a título gratuito.
gratuitous services servicios gratuitos.
gratuity n propina, algo a título gratuito.
graveyard shift turno de media noche.
gray market mercado gris.
gray market goods mercancías del mercado gris, mercancías de origen extranjero que se venden usando una marca existente sin autorización.
greater fool theory teoría que propone que es posible ganar dinero al comprar acciones de calidad cuestionable siempre y cuando haya otro tonto que esté dispuesto a pagar más.
green accounting contabilidad con el ambiente en mente, contabilidad verde, contabilidad ecológica.
green box caja verde, compartimiento verde.
green box subsidies subsidios de caja verde, subsidios de compartimiento verde.
green card tarjeta verde.
green-conscious adj consciente del ambiente.
green energy energía verde, energía ecológica.
green labeling etiquetado verde, etiquetado ecológico.
green labelling etiquetado verde, etiquetado ecológico.
Green Party Partido Verde.
green revolution revolución verde.
green tax impuesto verde, impuesto ambiental.
greenhouse effect efecto de invernadero.
greenmail n pago sobre el valor del mercado que hace una compañía para recuperar acciones en manos de otra compañía e impedir una adquisición hostil.
greenshoe option opción que permite al colocador de una oferta pública inicial de vender más acciones si hay demanda suficiente.
Greenwich Mean Time hora media de Greenwich.
grey market mercado gris.
grey market goods mercancías del mercado gris, mercancías de origen extranjero que se venden usando una marca existente sin autorización.
grievance n agravio, queja, resentimiento por maltrato.
gross adj bruto, flagrante.
gross accumulation acumulación bruta.
gross added value valor agregado bruto.
gross adventure préstamo a la gruesa.
gross amount cantidad bruta.
gross average avería gruesa.
gross basis en cifras brutas, en cifras aproximadas.
gross book value valor contable bruto.
gross capital formation formación bruta de capital.
gross cash flow flujo de fondos bruto.
gross debt deuda bruta.
gross deposits depósitos brutos.

gross dividend dividendo bruto.
gross domestic expenditure gasto interior bruto.
gross domestic income ingreso interior bruto.
gross domestic product producto interior bruto.
gross domestic product deflator deflactor del producto interior bruto.
gross domestic product price deflator deflactor del producto interior bruto.
gross earnings ingresos brutos.
gross earnings form formulario de ingresos brutos.
gross estate patrimonio bruto.
gross federal debt deuda federal bruta.
gross fixed investment inversión fija bruta.
gross income ingreso bruto, renta bruta.
gross income multiplier multiplicador de ingreso bruto.
gross interest interés bruto.
gross investment inversión bruta.
gross lease arrendamiento en que el arrendador paga todos los gastos.
gross line máximo bruto.
gross margin margen bruto, beneficio bruto.
gross margin ratio ratio de margen bruto, ratio de beneficio bruto, razón de margen bruto, razón de beneficio bruto.
gross national debt deuda nacional bruta.
gross national expenditure gasto nacional bruto.
gross national income ingreso nacional bruto.
gross national investment inversión nacional bruta.
gross national product producto nacional bruto.
gross national product deflator deflactor del producto nacional bruto.
gross national savings ahorro nacional bruto.
gross negligence negligencia grave.
gross operating profit beneficios brutos de explotación, ganancias brutas de explotación, beneficios brutos operativos, ganancias brutas operativas.
gross output producción bruta.
gross pay paga bruta, salario bruto, remuneración bruta.
gross premium prima bruta.
gross price precio bruto.
gross price method método de precio bruto.
gross proceeds réditos brutos, productos brutos.
gross profit beneficio bruto, ganancia bruta.
gross profit margin margen de beneficio bruto, margen de ganancia bruta.
gross profit method método de beneficio bruto, método de ganancia bruta.
gross profit on sales beneficio bruto de ventas, ganancia bruta de ventas.
gross profit ratio ratio de beneficio bruto, ratio de ganancia bruta, razón de beneficio bruto, razón de ganancia bruta.
gross profit test prueba de beneficio bruto, prueba de ganancia bruta.
gross rate tasa bruta.
gross receipts ingresos brutos.
gross rent renta bruta.
gross rent multiplier multiplicador de renta bruto.
gross reserves reservas brutas.
gross return rendimiento bruto.
gross revenue ingresos brutos.
gross salary salario bruto.
gross sales ventas brutas.
gross saving ahorro bruto.
gross spread margen bruto.

gross tonnage tonelaje bruto.
gross value valor bruto.
gross volume volumen bruto.
gross wage salario bruto.
gross weight peso bruto.
gross yield rendimiento bruto.
ground lease arrendamiento de terreno vacante.
ground rent renta por el arrendamiento de un terreno vacante.
grounding n entrenamiento fundamental, conocimientos fundamentales.
grounds for dismissal causal de despido, motivo de despido.
groundwork n trabajo preliminar.
group adj grupal.
group n grupo.
group v agrupar.
group account cuenta grupal, cuenta de grupo.
group annuity anualidad grupal, anualidad colectiva.
group banking banca grupal, banca de grupo.
group bonus bono grupal, bono de grupo, bonificación grupal.
group certificate certificado grupal, certificado de grupo.
group contract contrato grupal, contrato de grupo.
group credit insurance seguro de crédito grupal, seguro de crédito de grupo.
group deferred annuity anualidad diferida grupal.
group depreciation depreciación grupal, amortización grupal.
group disability insurance seguro de discapacidad grupal, seguro de discapacidad de grupo.
group discount descuento grupal, descuento de grupo.
group financial statement estado financiero grupal.
group health insurance seguro de salud grupal, seguro de salud de grupo.
group incentive plan plan de incentivos grupal.
group insurance seguro grupal, seguro de grupo, seguro colectivo.
group interview entrevista grupal, entrevista de grupo.
group life insurance seguro de vida grupal, seguro de vida de grupo.
group of 5 grupo de los 5.
group of 7 grupo de los 7.
group of 8 grupo de los 8.
group of 10 grupo de los 10.
group of accounts grupo de cuentas.
group of companies grupo de compañías.
group of eight grupo de los ocho.
group of five grupo de los cinco.
group of seven grupo de los siete.
group of ten grupo de los diez.
group permanent life insurance seguro de vida permanente grupal.
group term life seguro de vida de término grupal.
group term life insurance seguro de vida de término grupal.
group training entrenamiento grupal, entrenamiento de grupo, capacitación grupal.
group work trabajo grupal, trabajo de grupo.
grouping n agrupamiento.
groupware n groupware, programas diseñados para colaboración en grupo.
growing demand demanda creciente.
growing equity mortgage hipoteca con pagos progresivos para amortizar más rápido el principal.

growing market mercado creciente.
growth *n* crecimiento, apreciación.
growth accounting contabilidad del crecimiento.
growth area área de crecimiento.
growth at a reasonable price estrategia de inversión que busca apreciación a través de compras de acciones que no estén sobrevaloradas.
growth curve curva de crecimiento.
growth fund fondo mutuo con metas de apreciación.
growth in demand crecimiento de la demanda.
growth in value crecimiento del valor.
growth industry industria en crecimiento.
growth investing inversión con metas de apreciación.
growth mutual fund fondo mutuo con metas de apreciación.
growth portfolio cartera de valores de apreciación.
growth rate tasa de crecimiento.
growth shares acciones de apreciación.
growth stage etapa de crecimiento.
growth stocks acciones de apreciación.
growth strategy estrategia de crecimiento.
grub stake contrato mediante el cual una parte provee el equipo necesario para minar mientras que la otra parte busca la tierra explotable.
GSE (Government-Sponsored Enterprise) empresa con respaldo gubernamental, empresa con respaldo del gobierno, empresa con respaldo del estado.
GST (Goods and Services Tax) impuesto sobre bienes y servicios.
GTC order (good-till-cancelled order) orden en vigor hasta ejecutarse o cancelarse.
guarantee *n* garantía, beneficiario de una garantía, garante, fianza.
guarantee *v* garantizar, afianzar.
guarantee agreement convenio de garantía.
guarantee bond fianza, fianza de garantía, bono de garantía.
guarantee clause cláusula de garantía.
guarantee deposit depósito de garantía.
guarantee fund fondo de garantía.
guarantee letter carta de garantía.
guarantee of signature garantía de firma.
guarantee period período de garantía.
guarantee reserve reserva de garantía.
guaranteed *adj* garantizado.
guaranteed additional payment pago adicional garantizado.
guaranteed amount cantidad garantizada.
guaranteed annual wage salario anual garantizado.
guaranteed bond bono garantizado.
guaranteed certificate of deposit certificado de depósito garantizado.
guaranteed claim reclamación garantizada.
guaranteed contract contrato garantizado.
guaranteed credit crédito garantizado.
guaranteed debt deuda garantizada.
guaranteed deposit depósito garantizado.
guaranteed income ingreso garantizado.
guaranteed income contract contrato de ingreso garantizado.
guaranteed insurability asegurabilidad garantizada.
guaranteed interest interés garantizado.
guaranteed investment inversión garantizada.
guaranteed investment contract contrato de inversión garantizada.

guaranteed letter of credit carta de crédito garantizado.
guaranteed loan préstamo garantizado.
guaranteed minimum wage salario mínimo garantizado.
guaranteed mortgage hipoteca garantizada.
guaranteed mortgage certificate certificado de hipotecas garantizadas.
guaranteed mortgage loan préstamo hipotecario garantizado.
guaranteed pay paga garantizada, salario garantizado.
guaranteed payments pagos garantizados.
guaranteed price precio garantizado.
guaranteed purchase option opción de compra garantizada.
guaranteed rate tasa garantizada.
guaranteed renewable contract contrato renovable garantizado.
guaranteed renewable health insurance seguro de salud renovable garantizado.
guaranteed renewable insurance seguro renovable garantizado.
guaranteed renewable life insurance seguro de vida renovable garantizado.
guaranteed salary salario garantizado.
guaranteed securities valores garantizados.
guaranteed shares acciones con garantía externa de dividendos.
guaranteed stock acciones con garantía externa de dividendos.
guaranteed wage salario garantizado.
guarantees and commitments garantías y compromisos.
guarantor *n* garante, avalista.
guaranty *n* garantía, fianza.
guaranty bond fianza, fianza de garantía, bono de garantía.
guaranty company compañía que otorga fianzas.
guaranty deposit depósito de garantía.
guaranty fund fondo de garantía.
guaranty letter carta de garantía.
guaranty of signature garantía de firma.
guardian *n* guardián.
guest worker trabajador invitado.
guide price precio indicativo, precio guía.
guidelines *n* pautas, normas.
guild *n* gremio.

H

habendum *n* cláusula de una escritura que define la extensión de los derechos transferidos.
habendum clause cláusula de una escritura que define la extensión de los derechos transferidos.
habitable repair estado de habitabilidad.
habitual *adj* habitual.
habitual residence residencia habitual.
habitually *adv* habitualmente.
haggle *v* regatear.
haggling *n* regateo.
hail insurance seguro contra granizo.
half day medio día, media jornada.
half-life *n* media vida.
half-monthly *adv* quincenalmente.

half section área de tierra conteniendo 320 acres.
half-stock *n* acciones con valor a la par de cincuenta dólares.
half-truth *n* verdad a medias.
half-yearly *adv* semestralmente.
hallmark *n* marca de legitimidad, marca de pureza, distintivo.
halo effect halo positivo laboral.
halt *n* parada, interrupción.
hammer *n* venta forzada, subasta.
hammer out resolver o acordar tras gran esfuerzo.
hammer price puja ganadora.
hand *n* mano, obrero, participación, ayuda.
hand and seal firma y sello.
hand, in en mano, disponible, bajo control.
hand in entregar.
hand-made *adj* hecho a mano.
hand money señal, anticipo, depósito.
hand, on presente, disponible.
hand over entregar, ceder, transferir.
hand-picked *adj* cuidadosamente seleccionado.
handbill *n* octavilla, volante.
handicrafts *n* artesanías.
handle *v* manejar, tratar, dirigir.
handle with care manejar con cuidado.
handling *n* manejo, manipulación.
handling allowance descuento por manejo.
handling charges cargos de tramitación.
handling costs costos de tramitación, costes de tramitación.
handling expenditures gastos de tramitación.
handling expenses gastos de tramitación.
handmade *adj* hecho a mano.
handout *n* octavilla, volante, panfleto, limosna.
handover *n* entrega, transferencia.
hands-on training entrenamiento práctico.
Hang Seng Index Índice Hang Seng.
harass *v* acosar, hostigar.
harassment *n* acosamiento, hostigamiento.
harbor dues derechos de puerto.
harbor fees derechos de puerto.
harbour dues derechos de puerto.
harbour fees derechos de puerto.
hard and fast rules reglas inmutables.
hard cash dinero en efectivo.
hard copy copia impresa.
hard-core cartel cartel especialmente nocivo.
hard costs costos reales, costes reales.
hard currency moneda fuerte, moneda dura, moneda en metálico.
hard discount descuento en efectivo.
hard goods bienes de consumo duraderos.
hard landing aterrizaje duro.
hard loan préstamo a repagarse usando una moneda fuerte.
hard money moneda en metálico, dinero en efectivo.
hard sell técnicas de ventas a base de la insistencia, venta agresiva.
hardening of prices aumento de precios.
hardship *n* dificultad, apuro, penuria.
hardship fund fondo de ayuda.
hardware *n* equipo físico.
hardware security seguridad del equipo físico.
harmful effects efectos dañinos, efectos perjudiciales.
harmonisation *n* armonización.
harmonisation of taxes armonización de impuestos, armonización impositiva.
harmonise *v* armonizar.

harmonised *adj* armonizado.
harmonised standards normas armonizadas.
harmonised system sistema armonizado.
harmonization *n* armonización.
harmonization of taxes armonización de impuestos, armonización impositiva.
harmonize *v* armonizar.
harmonized *adj* armonizado.
Harmonized Index of Consumer Prices Índice de Precios al Consumo Armonizado.
harmonized standards normas armonizadas.
harmonized system sistema armonizado.
harvest *n* cosecha, fruto.
harvest *v* recolectar, cosechar.
hash total total de control.
haste *n* prisa, precipitación.
hasten *v* apresurar, precipitar.
hastily *adv* apresuradamente, precipitadamente.
hastiness *n* prisa, precipitación.
hasty *adj* apresurado, pronto.
haul *v* arrastrar, transportar.
haulage *n* transporte.
hauler *n* transportador.
haulier *n* transportador.
have and hold tener y poseer, tener y retener.
have insurance poseer seguro, estar asegurado.
hawker *n* vendedor ambulante.
hawking *n* venta ambulante.
hazard *n* riesgo, peligro.
hazard bonus bonificación por riesgo, bono por riesgo.
hazard insurance seguro contra riesgos.
hazard pay plus de peligrosidad, remuneración por trabajos peligrosos.
hazardous *adj* peligroso, aventurado.
hazardous chemicals sustancias químicas peligrosas.
hazardous contract contrato aleatorio, contrato contingente.
hazardous employment empleo peligroso, trabajo peligroso.
hazardous goods mercancías peligrosas.
hazardous insurance seguro sobre personas en peligro especial, seguro sobre bienes en peligro especial.
hazardous job trabajo peligroso, empleo peligroso.
hazardous substances sustancias peligrosas.
hazardous waste desperdicios peligrosos.
hazardous work empleo peligroso, trabajo peligroso.
HDI (Human Development Index) Índice del Desarrollo Humano.
head *n* cabeza, jefe, director.
head *v* encabezar, dirigir.
head accountant jefe de contabilidad, contable jefe, contador jefe.
head and shoulders pattern figura de cabeza y hombros.
head buyer jefe de compras.
head count número de personas, recuento de personas.
head lease arrendamiento principal.
head of department jefe de departamento.
head of household cabeza de familia, jefe de familia.
head of personnel jefe de personal.
head of sales jefe de ventas.
head of section jefe de sección.
head office oficina central, oficina matriz, oficina principal.

head tax impuesto de capitación, impuesto per cápita.
head teller cajero principal.
headcount *n* número de personas, recuento de personas.
headhunter *n* cazatalentos.
headline earnings per share entradas por acción incluyendo todo menos ciertas partidas excepcionales.
headline inflation tasa de inflación incluyendo todo.
headquarters *n* sede, sede central, oficina central.
heads of agreement borrador del acuerdo.
health and safety salud y seguridad, seguridad e higiene.
health and safety at work salud y seguridad en el trabajo, seguridad e higiene en el trabajo.
health and social services servicios sociales y de salud.
health authorities autoridades de salud.
health care cuidado de salud.
health certificate certificado de salud.
health certification certificación de salud.
health danger riesgo para la salud.
health department departamento de salud, departamento de sanidad.
health evidence prueba de salud.
health hazard riesgo para la salud.
health inspector inspector de salud, inspector de sanidad.
health insurance seguro médico, seguro de salud.
health insurance contract contrato de seguro médico.
health insurance credit crédito por seguro médico.
health laws leyes de salud pública.
health maintenance organisation organización de mantenimiento de salud.
health maintenance organization organización de mantenimiento de salud.
health plan plan de salud.
health proof prueba de salud.
health regulations reglamentaciones de salud pública, reglamentaciones de sanidad.
health risk riesgo para la salud.
health sector sector de la salud.
health services servicios de salud.
health verification verificación de salud.
health warning advertencia de salud.
healthcare *n* cuidado de salud.
healthy competition competencia sana.
healthy economy economía sana.
heavily indebted altamente endeudado.
heavily indebted poor countries países pobres altamente endeudados.
heavily subsidised con grandes subsidios.
heavily subsidized con grandes subsidios.
heavily traded con muchas transacciones, de gran liquidez.
heavy advertising publicidad masiva.
heavy demand gran demanda.
heavy duties derechos elevados.
heavy-duty *adj* de servicio pesado.
heavy industry industria pesada.
heavy trading gran cantidad de transacciones.
heavy work trabajo pesado.
heavy workload carga de trabajo pesada.
hectare *n* hectárea.
hedge *n* cobertura, protección.
hedge *v* cubrirse, cubrir, protegerse, proteger.
hedge buying compras de cobertura.

hedge fund fondo especulativo.
hedge ratio ratio de cobertura, razón de cobertura.
hedging *n* cobertura, protección.
hedonic pricing valuación hedónica.
hefty price alto precio.
hegemonic *adj* hegemónico.
hegemony *n* hegemonía.
heir *n* heredero.
heirs and assigns herederos y cesionarios.
held in trust tenido en fideicomiso.
held to maturity securities valores tenidos hasta el vencimiento.
help desk servicio de ayuda, servicio de ayuda a usuarios.
help line línea de ayuda.
help wanted se solicita empleado, se solicita ayudante.
help-wanted index índice basado en el volumen de anuncios en que se solicitan empleados.
helpdesk *n* servicio de ayuda, servicio de ayuda a usuarios.
helpline *n* línea de ayuda.
herd instinct instinto de manada.
Herfindahl-Hirschman Index Índice de Herfindahl-Hirschman.
heterogeneous *adj* heterogéneo.
heteroscedasticity *n* heteroscedasticidad.
heuristic *adj* heurístico.
heuristics *n* heurística.
HICP (Harmonized Index of Consumer Prices) Índice de Precios al Consumo Armonizado.
hidden *adj* oculto, clandestino.
hidden agenda agenda oculta.
hidden assets activos ocultos.
hidden crisis crisis oculta.
hidden defect defecto oculto, vicio oculto.
hidden dumping dumping oculto.
hidden inflation inflación oculta.
hidden offer oferta oculta.
hidden reserve reserva oculta.
hidden subsidy subsidio oculto, subvención oculta.
hidden tax impuesto oculto.
hidden unemployment desempleo oculto.
hierarchical *adj* jerárquico.
hierarchy *n* jerarquía.
high cost alto costo, alto coste.
high cost of living alto costo de la vida, alto coste de la vida.
high-end *adj* lo máximo, lo más caro.
high finance altas finanzas.
high flier quien disfruta de mucho éxito, quien posee cualidades que llevan al éxito, acción que ha tenido buena apreciación en la bolsa.
high flyer quien disfruta de mucho éxito, quien posee cualidades que llevan al éxito, acción que ha tenido buena apreciación en la bolsa.
high-grade *adj* de primera calidad.
high-grade bond bono de primera calidad.
high-growth venture empresa de alto crecimiento.
high-income countries países con altos ingresos.
high inflation alta inflación.
high-level *adj* de alto nivel.
high leverage alto apalancamiento.
high-office *adj* alto cargo.
high official alto funcionario.
high-pressure job trabajo altamente estresante.
high-pressure selling técnicas de ventas a base de la insistencia, ventas agresivas.
high-profile *adj* de gran visibilidad.
high-quality *adj* alta calidad.

high-ratio loan préstamo de ratio alto, préstamo de razón alta.

high-return *adj* alto rendimiento.

high-risk *adj* alto riesgo.

high-risk stocks acciones de alto riesgo.

high season temporada alta.

high street calle principal.

high-tech *adj* de alta tecnología.

high-tech industries industrias de alta tecnología.

high-tech stocks acciones de alta tecnología.

high-technology *adj* de alta tecnología.

high-technology industries industrias de alta tecnología.

high-technology stocks acciones de alta tecnología.

high-volume account cuenta de alto volumen.

high-water mark el punto o valor más alto alcanzado.

high-yield *adj* alto rendimiento.

high-yield bond bono de alto rendimiento.

high-yield fund fondo que busca alto rendimiento.

higher education educación superior.

highest and best use uso que produzca el mayor provecho de un inmueble.

highest bidder mejor postor.

highly competitive altamente competitivo.

highly indebted altamente endeudado.

highly indebted poor countries países pobres altamente endeudados.

highly leveraged altamente apalancado.

highly paid altamente remunerado.

highly skilled altamente calificado, altamente cualificado, altamente especializado.

highs and lows cotizaciones más altas y bajas del día, cotizaciones más altas y bajas para un período dado, niveles más altos y bajos del día, niveles más altos y bajos para un período dado.

highway tax impuesto de autopistas.

hike *v* aumentar.

hike prices aumentar precios.

hinder *v* estorbar, impedir.

hindrance *n* estorbo, impedimento.

HIPC (highly indebted poor countries) países pobres altamente endeudados.

hire *n* arrendamiento, alquiler, remuneración.

hire *v* contratar, arrendar, alquilar.

hire and fire contratar y despedir.

hire charge arriendo, alquiler.

hire, for para alquiler, libre.

hire out arrendarse, alquilarse, contratarse.

hire purchase compra a plazos.

hire purchase agreement contrato de compra a plazos.

hire purchase contract contrato de compra a plazos.

hired hand empleado pagado, peón.

hirer *n* arrendador, alquilador, contratante, empleador.

hiring at will locación por un plazo indeterminado.

hiring hall oficina de empleos.

histogram *n* histograma, gráfico de barras.

historical *adj* histórico.

historical cost costo histórico, coste histórico.

historical materialism materialismo histórico.

historical rate tasa histórica.

historical return rendimiento histórico.

historical structure estructura histórica.

historical summary resumen histórico.

historical trend tendencia histórica.

historical yield rendimiento histórico.

hit a new high alcanzar un nuevo valor máximo.

hit a new low alcanzar un nuevo valor mínimo.

hit-and-run accident accidente en el que el conductor se da a la fuga.

HMO (health maintenance organization) organización de mantenimiento de salud.

hoard *v* acaparar.

hoarded *adj* acaparado.

hoarding *n* acaparamiento, atesoramiento, cerca rodeando una construcción, cartelera, valla publicitaria.

hoarding of commodities acaparamiento de mercancías.

hoarding of goods acaparamiento de bienes, acaparamiento de mercancías.

hobby loss pérdida contributiva por pasatiempo.

hold *v* tener, poseer, mantener, sostener, retener, celebrar.

hold a conference celebrar una conferencia.

hold a meeting celebrar una reunión.

hold a post tener un cargo.

hold a referendum celebrar un referendo.

hold an auction celebrar una subasta.

hold bonds tener bonos.

hold down mantener abajo, mantener bajo.

hold funds retener fondos.

hold harmless agreement convenio para eximir de responsabilidad.

hold harmless clause cláusula para eximir de responsabilidad.

hold in check controlar, mantener a raya.

hold liable hacer responsable.

hold out no ceder, persistir, resistir, ofrecer.

hold over aplazar, retener la posesión de un inmueble tras haberse expirado el término acordado.

hold responsible hacer responsable.

hold shares tener acciones.

hold stock tener acciones.

holdback *n* retención de fondos, retención, lo que se retiene.

holdback pay paga retenida condicionalmente.

holder *n* tenedor, portador, titular.

holder for value tenedor por valor.

holder in due course tenedor legítimo, tenedor de buena fe.

holder in good faith tenedor en buena fe.

holder of a trust beneficiario de un fideicomiso.

holder of an account titular de una cuenta.

holder of record tenedor registrado.

holding *n* propiedad, posesión, tenencia.

holding company holding, compañía tenedora, sociedad de cartera, sociedad tenedora, sociedad holding.

holding corporation holding, corporación tenedora.

holding cost costo de posesión, coste de posesión.

holding period período de tenencia.

holdings *n* propiedades, posesiones, valores en cartera, conjunto de inversiones.

holdover tenant arrendatario quien retiene la posesión de un inmueble tras haberse expirado el término acordado.

holiday *n* día festivo.

holiday pay paga por días festivos.

home *n* hogar, casa, residencia.

home banking banca desde el hogar.

home computer computadora doméstica, ordenador doméstico.

home consumption consumo en el hogar, consumo

doméstico, consumo interno, consumo nacional.
home delivery entrega a domicilio.
home demand demanda doméstica, demanda nacional.
home equity inversión neta en el hogar tras restar la hipoteca del valor total.
home equity credit crédito garantizado por la inversión neta en el hogar tras restar la hipoteca del valor total.
home equity loan préstamo garantizado por la inversión neta en el hogar tras restar la hipoteca del valor total.
home improvement loan préstamo para mejoras en la vivienda.
home inspector inspector de hogares.
home insurance seguro de hogar.
home insurance policy póliza de seguro de hogar.
home loan préstamo para la vivienda.
home market mercado doméstico, mercado nacional, mercado de viviendas.
home mortgage hipoteca de hogar.
home mortgage interest intereses hipotecarios de hogar.
home office oficina central, casa matriz, oficina en el hogar.
home office deduction deducción por oficina en el hogar.
home office expenses gastos de oficina en el hogar.
home owner dueño de hogar.
home ownership condición de ser dueño del hogar propio.
home page página Web principal.
home policy póliza de seguro de hogar.
home port puerto de origen, puerto de matrícula.
home production producción en el hogar.
home sale tax deferral aplazamiento del impuesto por venta del hogar.
home shopping compras desde el hogar.
home worker quien trabaja en su casa.
homeowner *n* dueño de hogar.
homeowner insurance seguro sobre riesgos del hogar.
homeowner's association asociación de dueños de hogar.
homeowner's insurance policy póliza de seguro sobre riesgos del hogar.
homeowner's policy póliza de seguro sobre riesgos del hogar.
homeownership *n* condición de ser dueño del hogar propio.
homeownership rate proporción de dueños de hogar propio.
homepage *n* página Web principal.
homestead *n* residencia familiar con su terreno circundante, hogar seguro.
homestead corporation compañía organizada para comprar y subdividir terrenos para residencias de los accionistas.
homestead exemption exención de las residencias familiares de ejecución por deudas no relacionadas al hogar, rebaja de la valuación fiscal de la residencia principal.
homestead exemption laws leyes para excluir las residencias familiares de ejecución por deudas no relacionadas al hogar.
homestead right el derecho al uso pacífico de la residencia familiar sin reclamaciones de los acreedores, derecho de hogar seguro.
homeward bound de regreso a casa.

homeward freight flete de regreso.
homeworker *n* quien trabaja en su casa.
homo economicus sujeto económico, homo economicus.
homogeneous *adj* homogéneo.
homogeneous exposure exposición a riesgo homogénea.
homogeneous oligopoly oligopolio homogéneo.
homoscedasticity *n* homoscedasticidad.
honcho *n* jefe, quien esta encargado.
honest *adj* honrado, legítimo.
honestly *adv* honradamente.
honesty *n* honradez.
honor *n* honor, buen nombre.
honor *v* honrar, aceptar, pagar, cancelar.
honor a check aceptar un cheque, pagar un cheque.
honor a cheque aceptar un cheque, pagar un cheque.
honor a contract cumplir un contrato.
honor a promise cumplir una promesa.
honorarium *n* honorarios.
honour *n* honor, buen nombre.
honour *v* honrar, aceptar, pagar, cancelar.
honour a check aceptar un cheque, pagar un cheque.
honour a cheque aceptar un cheque, pagar un cheque.
honour a contract cumplir un contrato.
honour a promise cumplir una promesa.
hook *n* gancho, gancho comercial.
horizontal *adj* horizontal.
horizontal agreement convenio horizontal.
horizontal analysis análisis horizontal.
horizontal audit auditoría horizontal.
horizontal bear spread combinación horizontal de opciones bajista.
horizontal bull spread combinación horizontal de opciones alcista.
horizontal combination combinación horizontal.
horizontal conflict conflicto horizontal.
horizontal consolidation consolidación horizontal.
horizontal expansion expansión horizontal.
horizontal integration integración horizontal.
horizontal merger fusión horizontal.
horizontal mobility movilidad horizontal.
horizontal portal portal horizontal.
horizontal price movement movimiento de precios horizontal.
horizontal promotion promoción horizontal.
horizontal property propiedad horizontal.
horizontal property laws leyes sobre la propiedad horizontal.
horizontal specialisation especialización horizontal.
horizontal specialization especialización horizontal.
horizontal spread combinación horizontal de opciones.
horizontal union unión horizontal.
horns effect halo negativo laboral.
hospital expense insurance seguro de gastos hospitalarios.
hospital expenses gastos hospitalarios.
hospital liability insurance seguro de responsabilidad de hospital.
hospital medical insurance seguro médico de hospital.
hospitalisation insurance seguro de hospitalización.
hospitalization insurance seguro de

hospitalización.
host country país anfitrión, país sede.
hostile bid oferta pública de adquisición de una corporación que no la quiere, oferta de toma del control de una corporación que no la quiere.
hostile takeover toma hostil del control corporativo.
hostile takeover bid oferta pública de adquisición de una corporación que no la quiere, oferta de toma del control de una corporación que no la quiere.
hostility *n* hostilidad.
hot desking el uso compartido de un número dado de escritorios por un grupo de empleados que los usan por turnos.
hot issue emisión de alta demanda.
hot money dinero caliente.
hotel industry industria hotelera.
hotline *n* línea directa, línea de información, línea para llamadas urgentes.
hourly *adj* cada hora, por hora.
hourly *adv* cada hora, durante cada hora.
hourly pay paga por hora, salario por hora.
hourly rate tarifa por hora, precio por hora.
hourly salary salario por hora, paga por hora.
hourly wage salario por hora, paga por hora.
hours of business horas de oficina, horas de trabajo, horas de comercio.
hours of labor horas de trabajo.
hours of labour horas de trabajo.
house *n* casa, empresa, firma.
house account cuenta de la casa.
house brand marca de la casa, marca blanca.
house building loan préstamo para construcción de vivienda.
house call aviso de la casa de corretaje de que una cuenta está debajo del mínimo de mantenimiento.
house for sale casa en venta, se vende casa.
house label marca de la casa, marca blanca.
house magazine revista interna, boletín interno.
house maintenance call aviso de la casa de corretaje de que una cuenta está debajo del mínimo de mantenimiento.
house maintenance requirements requisitos de mínimos de mantenimiento en cuentas de margen.
house purchase compra de vivienda, compra de casa.
house-to-house sampling muestreo de casa en casa.
house-to-house selling ventas de casa en casa.
houseage *n* cargo por almacenaje.
household *n* familia, familia que vive junta, hogar.
household appliances electrodomésticos.
household budget presupuesto doméstico.
household expenditures gastos domésticos.
household expenses gastos domésticos.
household goods bienes muebles de un hogar.
household insurance seguro de hogar.
household insurance policy póliza de seguro de hogar.
household policy póliza de seguro de hogar.
household production producción doméstica.
household savings ahorros domésticos.
household worker empleado doméstico.
householder *n* dueño de casa, jefe de familia.
housing *n* vivienda, viviendas, alojamiento.
housing allowance asignación para vivienda, subsidio para vivienda.
housing association asociación de viviendas.
housing bonds bonos respaldados por hipotecas sobre viviendas, bonos emitidos para financiar viviendas.
housing code código de edificación, código de la vivienda.
housing cooperative cooperativa de viviendas.
housing development proyecto de viviendas, urbanización.
housing estate proyecto de viviendas, urbanización.
housing loan préstamo para viviendas.
housing market mercado de viviendas.
housing project complejo de viviendas subvencionadas, complejo de viviendas subsidiadas, proyecto de viviendas.
housing scheme complejo de viviendas subvencionadas, complejo de viviendas subsidiadas.
housing shortage escasez de viviendas.
housing starts comienzos de construcción de viviendas.
housing subsidy subsidio para vivienda, subvención para vivienda.
housing unit unidad de vivienda.
HQ (headquarters) sede, sede central, oficina central.
HR (human resources) recursos humanos.
hub *n* eje, centro.
huckster *n* quien vende agresivamente y deshonestamente, mercenario.
huge deficit déficit enorme.
hull insurance seguro de casco.
human capital capital humano.
human decency decencia humana.
Human Development Index Índice del Desarrollo Humano.
human error error humano.
human factors factores humanos.
human relations relaciones humanas.
human resources recursos humanos.
human resources administration administración de recursos humanos.
human resources administrator administrador de recursos humanos.
human resources agency agencia de recursos humanos, agencia de empleos.
human resources audit auditoría de recursos humanos.
human resources costs costos de recursos humanos, costes de recursos humanos.
human resources cuts recortes de recursos humanos.
human resources department departamento de recursos humanos.
human resources development desarrollo de recursos humanos.
human resources director director de recursos humanos.
human resources division división de recursos humanos.
human resources increase aumento de recursos humanos.
human resources management administración de recursos humanos, gestión de recursos humanos.
human resources manager administrador de recursos humanos.
human resources office oficina de recursos humanos.
human resources planning planificación de recursos humanos.
human resources policy política de recursos humanos.

human resources psychology psicología de recursos humanos.
human resources reductions reducciones de recursos humanos.
human resources representative representante de recursos humanos.
human resources selection selección de recursos humanos.
human resources training entrenamiento de recursos humanos.
human rights derechos humanos.
hurdle rate rendimiento al punto crítico, tasa la cual hay que sobrepasar.
hurdle rate of return rendimiento al punto crítico, tasa la cual hay que sobrepasar.
hurricane insurance seguro contra huracanes.
hurried *adj* apresurado.
hurriedly *adv* apresuradamente.
hush money soborno para mantener un secreto.
hustle *v* embaucar, obligar, hacer a la carrera, esforzarse.
Hwy. (highway) carretera.
hybrid *adj* híbrido.
hybrid *n* híbrido.
hybrid accounting method método de contabilidad híbrido.
hybrid annuity anualidad híbrida.
hybrid securities valores híbridos.
hydroelectric power energía hidroeléctrica.
hygiene requirements requisitos de higiene.
hype *v* promocionar exageradamente.
hypercompetition *n* hipercompetencia.
hyperinflation *n* hiperinflación.
hyperlink *n* hiperenlace.
hypermarket *n* hipermercado.
hypothecary action acción hipotecaria.
hypothecary debt deuda hipotecaria.
hypothecate *v* hipotecar, pignorar.
hypothecation *n* hipoteca, pignoración.
hypothesis testing prueba de hipótesis.
hypothetical case caso hipotético.
hypothetical scenario escenario hipotético.
hypothetical situation situación hipotética.

I

i (interest) interés, intereses.
i2i (industry-to-industry) industria a industria.
i.e. (id est, that is) es decir, esto es.
IADB (Inter-American Development Bank) Banco Interamericano de Desarrollo.
IBRD (International Bank for Reconstruction and Development) Banco Internacional de Reconstrucción y Fomento.
ID (identification) identificación.
ID card (identification card) tarjeta de identificación, tarjeta de identidad, cédula de identidad, carné de identidad.
IDA (Individual Development Account) cuenta de desarrollo individual.
IDB (Inter-American Development Bank) Banco Interamericano de Desarrollo.
ideal capacity capacidad ideal.
ideal market mercado ideal.
identical *adj* idéntico.

identical goods productos idénticos, mercancías idénticas, bienes idénticos.
identification *n* identificación.
identification card tarjeta de identificación, tarjeta de identidad, cédula de identidad, carné de identidad.
identification of goods identificación de bienes.
identification system sistema de identificación.
identity authentication autenticación de identidad, certificación de identidad.
identity card tarjeta de identificación, tarjeta de identidad, cédula de identidad, carné de identidad.
identity certificate certificado de identidad.
identity certification certificación de identidad.
identity evidence prueba de identidad.
identity proof prueba de identidad.
identity theft robo de identidad.
identity verification verificación de identidad.
idiosyncratic risk riesgo idiosincrásico.
idle *adj* inactivo, desocupado, improductivo, no utilizado.
idle assets activo improductivo, activo no utilizado.
idle balance saldo inactivo.
idle capacity capacidad no utilizada.
idle capacity variance varianza de capacidad no utilizada.
idle capital capital inactivo.
idle cash efectivo inactivo.
idle funds fondos inactivos, fondos que no devengan provecho, fondos que no devengan intereses.
idle money dinero inactivo, dinero que no devenga provecho, dinero que no devenga intereses.
idle resources recursos no utilizados.
idle time tiempo en que no se puede trabajar aun queriendo, tiempo muerto, tiempo ocioso.
IFC (International Finance Corporation) Corporación Financiera Internacional.
illegal *adj* ilegal, ilícito.
illegal consideration contraprestación ilegal.
illegal contract contrato ilegal.
illegal dividend dividendo ilegal.
illegal exaction exacción ilegal.
illegal income ingreso ilegal.
illegal interest usura, interés ilegal.
illegal strike huelga ilegal.
illegal tax impuesto ilegal.
illegal trade comercio ilegal.
illegal transaction transacción ilegal, negocio ilegal.
illegally *adv* ilegalmente.
illegally obtained obtenido ilegalmente.
illegible *adj* ilegible.
illicit *adj* ilícito, prohibido.
illicit trade comercio ilícito.
illiquid *adj* ilíquido.
illiquid assets activo ilíquido.
illiquid funds fondos ilíquidos.
illiquidity *n* iliquidez.
illiquidity risk riesgo de iliquidez.
illusory contract contrato ficticio.
illusory promise promesa ficticia.
ILO (International Labour Organization, International Labour Organisation, International Labor Organization) Organización Internacional del Trabajo.
image advertising publicidad de imagen.
image marketing marketing de imagen, mercadeo de imagen.

imbalance *n* desequilibrio.
imbalance of orders desequilibrio de ordenes.
IMF (International Monetary Fund) Fondo Monetario Internacional.
immaterial *adj* inmaterial, no esencial, sin importancia.
immaterial goods bienes inmateriales.
immediate *adj* inmediato, urgente.
immediate annuity anualidad inmediata.
immediate beneficiary beneficiario inmediato.
immediate credit crédito inmediato.
immediate delivery entrega inmediata.
immediate effect efecto inmediato.
immediate execution ejecución inmediata.
immediate family familia inmediata.
immediate or cancel order orden de ejecución inmediata o cancelación.
immediate order orden inmediata.
immediate payment pago inmediato, abono inmediato.
immediate payment annuity anualidad de pago inmediato.
immediate possession posesión inmediata.
immediate problem problema urgente.
immediate reply respuesta inmediata.
immediate vesting adquisición inmediata de derechos de pensión.
immemorial *adj* inmemorial.
immemorial custom costumbre inmemorial.
immemorial possession posesión inmemorial.
immemorial usage costumbre inmemorial.
immigrant *adj* inmigrante.
immigrant *n* inmigrante.
immigrant worker trabajador inmigrante.
immigration *n* inmigración.
immigration control control de inmigración.
imminent *adj* inminente.
immiserate *v* hacer miserable, empobrecer.
immoral *adj* inmoral.
immoral consideration contraprestación inmoral.
immoral contract contrato inmoral.
immorality *n* inmoralidad.
immovable property propiedad inmueble.
immovables *n* inmuebles.
immunisation *n* inmunización.
immunity *n* inmunidad, exención.
immunity clause cláusula de inmunidad.
immunity from taxation exención contributiva, inmunidad fiscal.
immunization *n* inmunización.
impact *n* impacto.
impact on the environment impacto sobre el ambiente.
impact statement declaración de impacto.
impact study estudio de impacto.
impacted area área impactada.
impacted industry industria impactada.
impacted market mercado impactado.
impair *v* deteriorar, impedir.
impaired capital capital deteriorado.
impaired credit crédito deteriorado.
impaired risk riesgo deteriorado.
impairing the obligation of contracts que disminuye el valor de los contratos.
impairment *n* deterioro.
impairment of capital deterioro de capital.
impairment of value deterioro del valor.
impasse *n* punto muerto, dificultad insuperable, atascadero, atolladero.
impede *v* impedir, obstaculizar.

impede progress impedir progreso.
imperfect *adj* imperfecto, incompleto.
imperfect competition competencia imperfecta.
imperfect market mercado imperfecto.
imperfect obligation obligación moral, deber moral.
imperfect oligopoly oligopolio imperfecto.
imperfect ownership propiedad imperfecta.
imperfect right derecho imperfecto.
imperfect title título imperfecto.
imperfect trust fideicomiso imperfecto.
imperfect usufruct usufructo imperfecto.
imperfection *n* imperfección.
implement *v* implementar, poner en práctica, cumplir, ejecutar.
implementation *n* implementación, puesta en práctica, cumplimiento, ejecución.
implementation period período de implementación.
implements of trade instrumentos del oficio.
implication *n* implicación.
implicit *adj* implícito.
implicit cost costo implícito, coste implícito.
implicit price precio implícito.
implicit price deflator deflactor de precios implícito.
implicit rent alquiler implícito.
implied *adj* implícito, tácito.
implied abandonment abandono implícito.
implied acceptance aceptación implícita.
implied acknowledgment reconocimiento implícito.
implied agency agencia implícita.
implied agreement convenio implícito, contrato implícito.
implied authority autorización implícita.
implied condition condición implícita.
implied consent consentimiento implícito.
implied consideration contraprestación implícita.
implied contract contrato implícito.
implied cost costo implícito, coste implícito.
implied covenant cláusula implícita.
implied easement servidumbre implícita.
implied guarantee garantía implícita.
implied guaranty garantía implícita.
implied licence autorización implícita.
implied license autorización implícita.
implied obligation obligación implícita.
implied partnership sociedad implícita.
implied promise promesa implícita.
implied trust fideicomiso implícito.
implied volatility volatilidad implícita.
implied warranty garantía implícita.
imply *v* implicar, significar, suponer.
import *n* importación, importancia.
import *v* importar, significar.
import account cuenta de importación.
import activity actividad de importación.
import adviser asesor de importación.
import advisor asesor de importación.
import agent agente de importación.
import agreement convenio de importación.
import article artículo de importación.
import broker corredor de importación.
import business negocio de importación.
import capacity capacidad de importación.
import cartel cartel de importación.
import center centro de importación.
import centre centro de importación.
import certificate certificado de importación.

import company sociedad de importación, compañía de importación.
import conditions condiciones de importación.
import consultant consultor de importación.
import contract contrato de importación.
import controls controles de importación.
import corporation corporación de importación.
import credit crédito de importación.
import cycle ciclo de importación.
import declaration declaración de importación.
import demand demanda de importación.
import department departamento de importación.
import development desarrollo de la importación.
import director director de importación.
import division división de importación.
import documentation documentación de importación.
import documents documentos de importación.
import duties derechos de importación.
import earnings ingresos de importación.
import economics economía de importación.
import enterprise empresa de importación.
import environment ambiente de importación.
import-export n importación y exportación.
import-export company compañía de importación y exportación.
import factoring venta a descuento de cuentas a cobrar al importar.
import finance finanzas de la importación.
import financing financiación de la importación.
import firm empresa de importación.
import forecast pronóstico de importación.
import forecasting previsión de importación.
import incentives incentivos para la importación.
import income ingresos de importación, rentas de importación.
import insurance seguro de importación.
import-intensive adj requiriendo mucha importación.
import letter of credit carta de crédito de importación.
import licence autorización de importación.
import license autorización de importación.
import loans préstamos de importación.
import management administración de la importación, gestión de la importación.
import manager gerente de importación.
import market mercado de importación.
import marketing marketing de importación, mercadeo de importación.
import monopoly monopolio de importación.
import office oficina de importación.
import operation operación de importación
import organisation organización de importación.
import organization organización de importación.
import-oriented adj orientado hacia la importación.
import permit permiso de importación.
import planning planificación de la importación.
import policy política de importación.
import practices prácticas de importación.
import price precio de importación.
import profits beneficios de importación, ganancias de importación.
import quotas cuotas de importación.
import rate tasa de importación.
import records expedientes de importación.
import regulations reglamentos de importación.
import restrictions restricciones a la importación.
import risk riesgo de importación.
import sales ventas de importación.

import sector sector de importación.
import services servicios de importación.
import strategy estrategia de importación.
import subsidies subsidios de importación, subvenciones de importación.
import surcharge recargo de importación.
import surplus superávit de importación.
import tariff tarifa de importación.
import tax impuesto de importación.
import taxation imposición de importación.
import trade comercio de importación.
import treaty tratado de importación.
import value valor de importación.
import volume volumen de importación.
importance n importancia.
important adj importante.
importation n importación.
importation agent agente de importación.
importation article artículo de importación.
importation business negocio de importación, comercio de importación.
importation certificate certificado de importación.
importation controls controles a la importación.
importation credit crédito de importación.
importation duties derechos de importación.
importation-exportation n importación y exportación.
importation goods bienes de importación.
importation letter of credit carta de crédito para la importación.
importation licence licencia de importación.
importation license licencia de importación.
importation permit permiso de importación.
importation price precio de importación.
importation quota cuota de importación.
importation surcharge recargo a la importación.
importation tariffs tarifas de importación.
importation tax impuesto de importación.
importation trade comercio de importación.
imported adj importado.
imported goods mercancías importadas.
imported inflation inflación importada.
imported merchandise mercancías importadas.
imported products productos importados.
imported underemployment subempleo importado.
importer n importador.
importing adj importador.
importing nation país importador.
impose v imponer, gravar.
impose conditions imponer condiciones.
imposition n imposición, impuesto.
impossibility of performance imposibilidad de cumplimiento, imposibilidad de cumplimiento de contrato.
impossible condition condición imposible.
imposts n impuestos.
impound v incautar, confiscar, embargar.
impound account cuenta mantenida por un prestador para encargarse de ciertos pagos del prestatario.
impounded adj incautado, confiscado, embargado.
impounded property propiedad confiscada, propiedad embargada, propiedad incautada.
impounding n incautación, confiscación, embargo.
impoverished adj empobrecido.
impracticability n impracticabilidad.
impracticable adj impracticable.
imprest fund fondo para caja chica.
improper business practices prácticas impropias

de negocios.
improve *v* mejorar.
improved *adj* mejorado.
improved land tierras mejoradas.
improved property propiedad mejorada.
improvement *n* mejora.
improvement aid ayuda para mejoras.
improvement area área de mejoras.
improvement assistance ayuda para mejoras.
improvement bond bono para mejoras.
improvement costs costos de mejoras, costes de mejoras.
improvement department departamento de mejoras.
improvement director director de mejoras.
improvement enterprise empresa de mejoras.
improvement expenditures gastos de mejoras.
improvement expenses gastos de mejoras.
improvement financing financiación de mejoras, financiamiento de mejoras.
improvement fund fondo para mejoras.
improvement grant subvención para mejoras.
improvement loan préstamo de mejoras.
improvement management administración de mejoras, gestión de mejoras.
improvement period período de mejoras.
improvement plan plan de mejoras.
improvement planning planificación de mejoras.
improvement policy política de mejoras.
improvement program programa de mejoras.
improvement programme programa de mejoras.
improvement project proyecto de mejoras.
improvement ratio el valor de una propiedad mejorada dividido por su valor antes de dichas mejoras.
improvement strategy estrategia de mejoras.
improvidence *n* incompetencia al administrar bienes.
improvident *adj* impróvido, desprevenido, descuidado.
improvidently *adv* impróvidamente, desprevenidamente, descuidadamente.
impulse *n* impulso.
impulse buy compra impulsiva.
impulse buying compras impulsivas.
impulse purchase compra impulsiva.
impulse purchases compras impulsivas.
imputation *n* imputación.
imputation of payment imputación de pago.
impute *v* imputar.
imputed *adj* imputado.
imputed cost costo imputado, coste imputado.
imputed income ingreso imputado.
imputed interest interés imputado.
imputed value valor imputado.
in abeyance en suspenso, en espera, pendiente.
in advance por adelantado.
in and out compra y venta del mismo valor dentro de un intervalo corto de tiempo.
in arrears en mora, vencido.
in blank en blanco.
in bulk a granel.
in cahoots confabulado con.
in cash en efectivo.
in-charge accountant contador responsable.
in common en común.
in-company *adj* dentro de la misma compañía, interno.
in-company training capacitación dentro de la misma compañía, capacitación interna.

in compliance with conforme a.
in conformity with en conformidad con.
in consideration of como contraprestación de, en consideración de.
in contemplation of death en contemplación de la muerte.
in currency en efectivo.
in default en mora, incumplido.
in depth a fondo, en profundidad.
in disrepair en mal estado.
in due course a su debido tiempo, en el momento apropiado.
in effect en efecto, en vigor, en vigencia.
in excess en exceso.
in exchange for a cambio de.
in favor of a favor de.
in force en vigor, en vigencia.
in full completamente, totalmente.
in good faith de buena fe.
in gross al por mayor.
in hand en mano, disponible, bajo control.
in-house *adj* dentro de la misma organización, de la misma organización, interno.
in kind en especie.
in-kind distribution distribución en especie.
in lieu of en vez de.
in name only sólo de nombre.
in perpetuity en perpetuidad.
in plain language en lenguaje sencillo.
in possession en posesión.
in safe hands en buenas manos.
in service en servicio.
in-service *adj* durante el empleo, durante el trabajo.
in-state *adj* en el mismo estado.
in stock en inventario.
in the black en números negros.
in the course of employment en el curso del empleo.
in the event of default en caso de incumplimiento.
in-the-money *adj* opción de compra cuyo precio de ejecución esta por debajo del precio corriente de mercado de las acciones subyacentes, opción de venta cuyo precio de ejecución esta por encima del precio corriente de mercado de las acciones subyacentes.
in the ordinary course of business en el curso ordinario de los negocios.
in the pipeline en proceso, venidero, bajo consideración.
in the red en números rojos.
in theory en teoría.
in toto totalmente.
in trade en el comercio.
in transit en tránsito.
in-tray *n* bandeja de entrada.
in trust en fideicomiso.
in vogue en boga, de moda.
in witness whereof en testimonio de lo cual, en fe de lo cual.
in writing por escrito.
inability to pay incapacidad para pagar.
inability to work incapacidad para trabajar.
inaccuracy *n* inexactitud.
inaccurate *adj* inexacto.
inactive *adj* inactivo.
inactive account cuenta inactiva.
inactive asset activo inactivo.
inactive business negocio inactivo.
inactive capital capital inactivo.
inactive corporation corporación inactiva.

inactive employee empleado inactivo.
inactive file archivo inactivo, fichero inactivo.
inactive funds fondos inactivos.
inactive income ingreso inactivo.
inactive job empleo inactivo.
inactive market mercado inactivo.
inactive member miembro inactivo.
inactive money dinero inactivo.
inactive securities valores inactivos.
inactive shares acciones inactivas.
inactive stocks acciones inactivas.
inactivity fee cargo por falta de actividad, cargo por actividad insuficiente.
inadequate adj inadecuado.
inadequate consideration contraprestación inadecuada.
inadequate price precio inadecuado.
inadvertent error error inadvertido.
inalienable adj inalienable.
inalienable interest interés inalienable.
inaugural adj inaugural.
inbound adj de entrada, que llega, por entrar, hacia el interior.
Inc. (incorporated) incorporado.
incalculable adj incalculable.
incapacitated person persona incapacitada.
incapacity n incapacidad.
incapacity benefit beneficio por incapacidad.
incapacity for work incapacidad para trabajar.
incentive n incentivo.
incentive bonus bono de incentivo, bonificación de incentivo.
incentive contract contrato con incentivos.
incentive fee pago de incentivo.
incentive legislation legislación de incentivo.
incentive pay salario adicional que recompensa los incrementos en productividad.
incentive pay plans programas de salario que recompensan los incrementos en productividad con incrementos en paga.
incentive plan plan de incentivos.
incentive stock option opción de compra de acciones de incentivo.
incentive wage plans programas de salario que recompensan los incrementos en productividad con incrementos en paga.
inception n principio.
inception date fecha de efectividad.
inchoate adj incoado, incompleto, imperfecto, incipiente.
inchoate agreement convenio incompleto.
inchoate instrument instrumento incompleto.
inchoate interest interés real revocable.
inchoate lien privilegio revocable, gravamen revocable.
incidence n incidencia.
incidence of taxes incidencia de impuestos.
incident n incidente.
incidental adj incidental, concomitante.
incidental beneficiary beneficiario incidental.
incidental charges cargos incidentales.
incidental costs costos incidentales, costes incidentales.
incidental damages daños incidentales.
incidental expenditures gastos incidentales.
incidental expenses gastos incidentales.
incidentals n gastos incidentales.
incl. (included) incluido, incluso.
incl. (including) incluyendo.
incl. (inclusive) inclusive.

inclosed lands tierras cercadas.
include v incluir, abarcar.
included adj incluido, incluso.
including prep incluyendo.
including postage incluyendo franqueo, franqueo incluido.
including tax impuestos incluidos.
inclusion n inclusión.
inclusive of tax impuestos incluidos.
inclusively adv inclusive.
income n ingreso, renta, rédito.
income account cuenta de ingresos.
income after taxes ingreso después de contribuciones.
income analysis análisis de ingresos.
income and expenditure account cuenta de ingresos y egresos, cuenta de ingresos y gastos.
income approach acercamiento de ingresos.
income assignment transferencia de ingresos, asignación de ingresos, cesión de ingresos.
income available ingreso disponible.
income averaging promediación de ingresos.
income band banda de ingresos.
income basis base de ingresos.
income before taxes ingreso antes de contribuciones.
income beneficiary beneficiario de ingresos.
income bond bono cuyos pagos dependen de ingresos.
income bracket tramo de renta, clasificación contributiva de ingresos.
income continuation continuación de ingresos.
income declaration declaración de ingresos.
income distribution distribución de ingresos.
income earned ingresos percibidos, ingresos devengados.
income-earning adj que devenga ingresos.
income effect efecto de ingreso.
income elasticity elasticidad de ingresos.
income exclusion exclusión de ingresos.
income-expense ratio ratio ingresos-gastos, razón ingresos-gastos.
income foregone ingresos sacrificados.
income from employment ingresos por empleo, ingresos salariales.
income from investments ingresos por inversiones.
income from operations ingresos operativos, ingresos de explotación.
income from sales ingresos por ventas.
income fund fondo de ingresos.
income group grupo de ingresos.
income insurance seguro de ingresos.
income insurance policy póliza de seguro de ingresos.
income limit límite de ingresos.
income limited partnership sociedad en comandita de ingresos.
income multiplier multiplicador de ingresos.
income per head ingresos per cápita.
income policy póliza de ingresos, política de ingresos.
income property propiedad que produce ingresos.
income property mortgage hipoteca de propiedad que produce ingresos.
income range intervalo de ingresos, banda de ingresos.
income redistribution redistribución de ingresos.
income reimbursement reembolso de ingresos.
income reimbursement insurance seguro de

reembolso de ingresos.
income replacement reemplazo de ingresos.
income replacement insurance seguro de reemplazo de ingresos.
income return planilla sobre ingresos.
income share proporción de los ingresos, participación en los ingresos.
income shares acciones de ingresos.
income sharing cartel cartel en el que se comparten las ganancias.
income shifting transferencia de ingresos.
income-shifting strategies estrategias de transferencias de ingresos.
income splitting división de ingresos.
income statement estado de ingresos, resumen de ganancias y pérdidas, estado de ganancias y pérdidas.
income stocks acciones de ingresos.
income stream corriente de ingresos.
income summary resumen de ingresos.
income support suplemento de ingresos, subsidio de ingresos.
income target objetivo de ingresos.
income tax allocation distribución de impuestos sobre la renta.
income tax allowance deducción en la planilla de impuestos sobre la renta.
income tax deduction deducción en la planilla de impuestos sobre la renta.
income tax deficiency deficiencia en el pago de impuestos sobre la renta.
income tax laws leyes relacionadas con impuestos sobre la renta.
income tax preparer preparador de planillas de impuestos sobre la renta.
income tax rate tasa de impuestos sobre la renta.
income tax refund reembolso de impuestos sobre la renta.
income tax reserve reserva de impuestos sobre la renta.
income tax return planilla de impuestos sobre la renta, declaración de impuestos sobre la renta.
income taxes impuestos sobre la renta, impuestos sobre ingresos, contribuciones sobre ingresos.
income value valor de los ingresos.
incompatible *adj* incompatible.
incompetent *adj* incompetente.
incomplete *adj* incompleto.
incomplete possession posesión incompleta.
incomplete transfer transferencia incompleta.
inconsistent *adj* inconsistente.
incontestability *n* incontestabilidad.
incontestability clause cláusula de incontestabilidad.
incontestability provision cláusula de incontestabilidad.
incontestable *adj* incontestable, incuestionable.
incontestable clause cláusula de incontestabilidad.
incontestable policy póliza incontestable.
inconvertible *adj* inconvertible.
inconvertible currency moneda inconvertible.
inconvertible money dinero inconvertible.
incorporate *v* incorporar, constituir una corporación, constituir una sociedad, constituir una persona jurídica.
incorporated *adj* incorporado, constituido, constituido legalmente.
incorporated company sociedad anónima, compañía incorporada.

incorporated corporation corporación constituida legalmente.
incorporating state estado en el que se constituye una corporación.
incorporation *n* incorporación, constitución, constitución de una corporación, constitución de una sociedad, constitución de una persona jurídica, asociación.
incorporation agreement acta de constitución.
incorporation authentication autenticación de incorporación.
incorporation by reference inclusión por referencia, incorporación por referencia.
incorporation certificate certificado de incorporación.
incorporation certification certificación de incorporación.
incorporation evidence prueba de incorporación.
incorporation expenditures gastos de incorporación.
incorporation expenses gastos de incorporación.
incorporation fees cargos de incorporación, cargos por constituir una corporación, cargos por constituir una sociedad, cargos por constituir una persona jurídica.
incorporation papers documentos de incorporación, acto constitutivo, contrato de sociedad, escritura de constitución.
incorporation proof prueba de incorporación.
incorporator *n* quien incorpora, quien constituye una corporación, quien constituye una sociedad, quien constituye una persona jurídica.
incorporeal *adj* incorpóreo.
incorporeal hereditaments bienes incorpóreos hereditables.
incorporeal property propiedad incorpórea.
incorrect statement declaración incorrecta, estado incorrecto.
Incoterms (International Commerce Terms) Incoterms.
increase *n* aumento, extensión.
increase *v* aumentar, extender.
increase demand aumentar la demanda.
increase in costs aumento de los costos, aumento de los costes.
increase in earnings aumento de los ingresos.
increase in pay aumento de la paga.
increase in productivity aumento de la productividad.
increase in quota aumento de la cuota.
increase in salary aumento de salario.
increase in value aumento del valor.
increase in wages aumento de salarios.
increase of capital aumento de capital.
increase of dividend aumento de dividendo.
increase of rate aumento de tasa.
increase of risk aumento del riesgo.
increase output aumentar salida.
increase prices aumentar precios.
increase production aumentar producción.
increase profits aumentar los beneficios, aumentar las ganancias.
increase supply aumentar la oferta.
increase tariffs aumentar tarifas.
increase taxes aumentar impuestos.
increase the interest rate aumentar la tasa de interés.
increase the offer aumentar la oferta.
increase the rate aumentar la tasa.
increase trade aumentar comercio.

increased *adj* aumentado.
increased capital capital aumentado.
increased cost endorsement endoso de costos aumentados, endoso de costes aumentados.
increased costs costos aumentados, costes aumentados.
increased dividend dividendo aumentado.
increased earnings ingresos aumentados.
increased hazard riesgo aumentado.
increased output salida aumentada.
increased pay paga aumentada.
increased prices precios aumentados.
increased production producción aumentada.
increased rate tasa aumentada.
increased returns rendimientos crecientes.
increased risk riesgo aumentado.
increased salary salario aumentado.
increased tariffs tarifas aumentadas.
increased taxes impuestos aumentados.
increased value valor aumentado.
increased wages salarios aumentados.
increasing *adj* creciente.
increasing amortisation amortización creciente.
increasing amortization amortización creciente.
increasing costs costos crecientes, costes crecientes.
increasing costs industry industria de costos crecientes, industria de costes crecientes.
increasing expenditures gastos crecientes.
increasing expenses gastos crecientes.
increasing insurance seguro creciente.
increasing life insurance seguro de vida creciente.
increasing productivity productividad creciente.
increasing returns rendimientos crecientes.
increment *n* incremento, acrecentamiento.
incremental *adj* incremental.
incremental analysis análisis incremental.
incremental approach acercamiento incremental.
incremental cash flow flujo de fondos incremental.
incremental cost costo incremental, costo adicional, coste incremental, coste adicional.
incremental cost of capital costo de capital incremental, coste de capital incremental.
incremental cost of funds costo de fondos incremental, coste de fondos incremental.
incremental rate tasa incremental.
incremental rate of return tasa de rendimiento incremental.
incroachment *n* intrusión, invasión.
incumbered *adj* gravado.
incumbrance *n* gravamen, carga, hipoteca.
incumbrancer *n* acreedor hipotecario.
incur *v* incurrir, contraer.
incur a debt contraer una deuda.
incur a loss incurrir una pérdida.
incurable depreciation depreciación incurable.
incurred *adj* incurrido.
incurred expenditures gastos incurridos.
incurred expenses gastos incurridos.
incurred-loss ratio ratio de pérdidas incurridas, razón de pérdidas incurridas.
incurred losses pérdidas incurridas.
indebted *adj* endeudado, obligado.
indebtedness *n* endeudamiento.
indebtedness certificate certificado de endeudamiento.
indebtedness evidence prueba de endeudamiento.
indefinite *adj* indefinido, impreciso.
indefinite contract contrato por tiempo indefinido.

indefinite reversal inversión indefinida.
indemnification *n* indemnización, compensación, reparación.
indemnify *v* indemnizar, compensar, satisfacer.
indemnitee *n* indemnizado, beneficiario de una indemnización.
indemnitor *n* indemnizador, quien paga una indemnización.
indemnity *n* indemnidad, indemnización, reparación.
indemnity agreement convenio de indemnización.
indemnity benefits beneficios de indemnización.
indemnity bond contrafianza.
indemnity contract contrato de indemnización.
indemnity fund fondo de indemnización.
indemnity insurance seguro de indemnización, seguro contra pérdidas.
indenture *n* instrumento formal, convenio escrito que estipula ciertas condiciones para una emisión de bonos, hipoteca, escritura, contrato.
indenture trustee fideicomisario de un convenio escrito que estipula ciertas condiciones para una emisión de bonos.
independence *n* independencia.
independent *adj* independiente.
independent accountant contable independiente.
independent adjuster ajustador independiente.
independent advice asesoramiento independiente.
independent agency agencia independiente.
independent agency system sistema de agencias independientes.
independent agent agente independiente.
independent appraisal tasación independiente.
independent audit auditoría independiente.
independent auditor auditor independiente.
independent bank banco independiente.
independent broker corredor independiente.
independent condition condición independiente.
independent contractor contratista independiente.
independent contractors insurance seguro de contratistas independientes.
independent contracts contratos independientes.
independent covenant estipulación independiente.
independent director director independiente.
independent entity entidad independiente.
independent events eventos independientes.
independent insurance agent agente de seguros independiente.
independent insurer asegurador independiente.
independent means recursos económicos propios.
independent retailer detallista independiente, minorista independiente.
independent store tienda independiente.
independent union unión independiente.
independent variable variable independiente.
independently *adv* independientemente.
indestructible trust fideicomiso indestructible.
indeterminate *adj* indeterminado.
indeterminate obligation obligación indeterminada.
indeterminate premiums primas indeterminadas.
indeterminate premiums insurance seguro de primas indeterminadas.
index *n* índice.
index *v* indexar, indizar.
index arbitrage arbitraje a base de índice.
index base base del índice.
index basis base del índice.
index fund fondo indexado, fondo mutuo indexado.
index futures futuros sobre índices.

index-linked *adj* vinculado a un índice.
index mutual fund fondo indexado, fondo mutuo a base de índice.
index of coincident indicators índice de indicadores coincidentes.
index of correlation índice de correlación.
index of leading indicators índice de indicadores anticipados.
index of production índice de producción.
index of stocks índice de acciones.
index option opción a base de índice.
index price precio índice.
index-tied *adj* vinculado a un índice.
index-tied interest rate tasa de interés vinculada a un índice.
index-tied loan préstamo vinculado a un índice.
index-tied rate tasa vinculada a un índice.
index-tracking fund fondo indexado, fondo mutuo a base de índice.
indexation *n* indexación, indización.
indexed *adj* indexado, indizado.
indexed bond bono indexado, bono indizado.
indexed investment inversión indexada, inversión indizada.
indexed life insurance seguro de vida indexado, seguro de vida indizado.
indexed loan préstamo indexado, préstamo indizado.
indexed policy póliza indexada, póliza indizada.
indexed rate tasa indexada, tasa indizada.
indexing *n* indexación, indización.
indicated *adj* indicado.
indicated dividend dividendo indicado.
indicated yield rendimiento indicado.
indication *n* indicación, indicio.
indication of interest indicación de interés.
indicative *adj* indicativo.
indicative price precio indicativo.
indicator *n* indicador.
indices *n* índices.
indifference curves curvas de indiferencia.
indigent *adj* indigente.
indigent *n* indigente.
indirect *adj* indirecto.
indirect cost costo indirecto, coste indirecto.
indirect demand demanda indirecta.
indirect discrimination discriminación indirecta.
indirect exchange intercambio indirecto.
indirect expenditures gastos indirectos.
indirect expenses gastos indirectos.
indirect export exportación indirecta.
indirect exportation exportación indirecta.
indirect import importación indirecta.
indirect importation importación indirecta.
indirect labor costs costo de personal indirecto, coste de personal indirecto.
indirect labour costs costo de personal indirecto, coste de personal indirecto.
indirect liability responsabilidad indirecta.
indirect loan préstamo indirecto.
indirect loss pérdida indirecta.
indirect manufacturing expenses gastos de manufactura indirectos.
indirect overhead gastos generales indirectos.
indirect production producción indirecta.
indirect tax impuesto indirecto.
indirect taxation imposición indirecta.
indirectly affected indirectamente afectado.
indispensable *adj* indispensable.
indispensable acquisition adquisición

indispensable.
indispensable commodities productos indispensables, productos de primera necesidad.
indispensable coverage cobertura indispensable.
indispensable expenditures gastos indispensables, desembolsos indispensables.
indispensable expenses gastos indispensables, desembolsos indispensables.
indispensable insurance seguro indispensable.
indispensable level nivel indispensable.
indispensable pay paga indispensable.
indispensable products productos indispensables.
indispensable remuneration remuneración indispensable
indispensable repairs reparaciones indispensables.
indispensable salary salario indispensable.
indispensable services servicios indispensables.
indispensable wages salario indispensable.
individual *adj* individual.
individual *n* individuo.
individual account cuenta individual.
individual assets bienes individuales, activo individual.
individual banking banca individual.
individual bargaining negociación individual.
individual capital capital individual.
individual debts deudas individuales.
Individual Development Account cuenta de desarrollo individual.
individual enterprise empresa individual.
individual income ingreso individual.
individual income tax contribución sobre ingresos individual.
individual income tax return planilla de contribución sobre ingresos individual.
individual insurance seguro individual.
individual investor inversionista individual, inversor individual.
individual life insurance seguro de vida individual.
individual ownership propiedad individual.
individual policy póliza individual.
individual proprietorship negocio propio.
individual retirement account cuenta de retiro individual.
individual retirement account rollover transferencia de cuenta de retiro individual.
individual savings account cuenta de ahorros individual.
individual shareholder accionista individual.
individual stock purchase plan plan de compra de acciones individual.
individual stockholder accionista individual.
individual taxpayer contribuyente individual.
individualisation *n* individualización.
individualise *v* individualizar.
individualism *n* individualismo.
individualist *adj* individualista.
individualist *n* individualista.
individuality *n* individualidad.
individualization *n* individualización.
individualize *v* individualizar.
individually *adv* individualmente.
indivisibility *n* indivisibilidad.
indivisible *adj* indivisible.
indivisible contract contrato indivisible.
indivisible obligation obligación indivisible.
indorsable *adj* endosable.
indorse *v* endosar.

indorsee *n* endosatario.
indorsee for collection endosatario para cobro.
indorsee in due course endosatario de buena fe, endosatario regular.
indorsement *n* endoso.
indorsement for collection endoso para cobro.
indorser *n* endosante.
induce *v* inducir, provocar.
induced *adj* inducido, provocado.
induced variable variable inducida.
inducement *n* motivación, instigación.
inducing breach of contract inducir al incumplimiento de contrato.
induction *n* inducción, iniciación.
industrial *adj* industrial.
industrial accident accidente industrial, accidente de trabajo.
industrial accident insurance seguro contra accidentes de trabajo.
industrial accountancy contabilidad industrial.
industrial accounting contabilidad industrial.
industrial action acción industrial, huelga, huelga de brazos caídos.
industrial activity actividad industrial.
industrial administration administración industrial.
industrial administrator administrador industrial.
industrial advertising publicidad industrial.
industrial adviser asesor industrial.
industrial advisor asesor industrial.
industrial agency agencia industrial.
industrial agent agente industrial.
industrial agreement convenio industrial.
industrial arbitration arbitraje laboral.
industrial area área industrial.
industrial assets activo industrial.
industrial association asociación industrial
industrial bank banco industrial.
industrial bankruptcy quiebra industrial.
industrial base base industrial.
industrial bond bono industrial.
industrial bookkeeping contabilidad industrial.
industrial broker corredor industrial.
industrial center centro industrial.
industrial centre centro industrial.
industrial circles círculos industriales.
industrial classification clasificación industrial.
industrial co-operative cooperativa industrial.
industrial community comunidad industrial.
industrial complex complejo industrial.
industrial computing computación industrial.
industrial concern empresa industrial.
industrial conditions condiciones industriales.
industrial conference conferencia industrial.
industrial conflict conflicto industrial.
industrial conglomerate conglomerado industrial.
industrial consultant consultor industrial.
industrial consumer consumidor industrial.
industrial convention convención industrial.
industrial cooperative cooperativa industrial.
industrial corporation corporación industrial.
industrial country país industrial.
industrial court tribunal industrial.
industrial cycle ciclo industrial.
industrial deal transacción industrial.
industrial debt deuda industrial.
industrial decision decisión industrial.
industrial demand demanda industrial.
industrial department departamento industrial.
industrial design diseño industrial.

industrial development desarrollo industrial.
industrial development bond bono de desarrollo industrial.
industrial director director industrial.
industrial discussion discusión industrial.
industrial disease enfermedad industrial, enfermedad laboral, enfermedad ocupacional.
industrial dispute disputa laboral, disputa industrial.
industrial district distrito industrial.
industrial earnings ingresos industriales.
industrial economics economía industrial.
industrial efficiency eficiencia industrial.
industrial electronics electrónica industrial.
industrial empire imperio industrial.
industrial engineering ingeniería industrial.
industrial enterprise empresa industrial.
industrial entity entidad industrial.
industrial environment ambiente industrial.
industrial equipment equipo industrial.
industrial espionage espionaje industrial.
industrial estate parque industrial, zona industrial.
industrial ethics ética industrial
industrial exhibit exhibición industrial, exposición industrial.
industrial exhibition exhibición industrial, exposición industrial.
industrial expansion expansión industrial.
industrial expenditures gastos industriales.
industrial expenses gastos industriales.
industrial exposition exposición industrial, exhibición industrial.
industrial failure quiebra industrial.
industrial fatigue fatiga laboral.
industrial finance finanzas industriales.
industrial financing financiación industrial.
industrial firm empresa industrial.
industrial forecast pronóstico industrial.
industrial forecasting previsión industrial.
industrial fraud fraude industrial.
industrial gains ganancias industriales.
industrial goal meta industrial.
industrial goods mercancías industriales.
industrial hygiene higiene industrial.
industrial income ingresos industriales.
industrial indicators indicadores industriales.
industrial injury lesión industrial, lesión laboral.
industrial insurance seguro industrial.
industrial intelligence inteligencia industrial.
industrial interests intereses industriales.
industrial investment inversión industrial.
industrial journal revista industrial, boletín industrial.
industrial law derecho industrial, derecho laboral.
industrial league asociación industrial.
industrial lease arrendamiento industrial.
industrial lender prestador industrial.
industrial lending préstamos industriales.
industrial liability responsabilidad industrial.
industrial licence licencia industrial.
industrial license licencia industrial.
industrial life insurance seguro de vida industrial.
industrial loans préstamos industriales.
industrial locale local industrial.
industrial losses pérdidas industriales.
industrial magazine revista industrial, boletín industrial.
industrial management administración industrial, gestión industrial.
industrial manager gerente industrial.

industrial meeting reunión industrial.
industrial mix mezcla industrial.
industrial model modelo industrial.
industrial objective objetivo industrial.
industrial operation operación industrial.
industrial opportunity oportunidad industrial.
industrial organisation organización industrial.
industrial organization organización industrial.
industrial output producción industrial.
industrial owner dueño industrial.
industrial park parque industrial, complejo industrial, zona industrial.
industrial plan plan industrial.
industrial planning planificación industrial.
industrial plant planta industrial.
industrial policy póliza industrial, política industrial.
industrial portal portal industrial.
industrial practices prácticas industriales.
industrial presentation presentación industrial.
industrial product producto industrial.
industrial production producción industrial.
industrial production index índice de producción industrial.
industrial profits beneficios industriales, ganancias industriales.
industrial promotion promoción industrial.
industrial property propiedad industrial.
industrial psychology psicología industrial.
industrial purpose propósito industrial.
industrial recession recesión industrial.
industrial records expedientes industriales.
industrial recovery recuperación industrial.
industrial regulations reglamentos industriales.
industrial relations relaciones industriales, relaciones laborales.
industrial rental arrendamiento industrial.
industrial report informe industrial.
industrial research investigación industrial.
industrial restructuring reconversión industrial, reestructuración industrial.
industrial revenue bond bono de ingresos industriales.
industrial revolution revolución industrial.
industrial risk riesgo industrial.
industrial rules reglas industriales.
industrial safety seguridad industrial.
industrial sale venta industrial.
industrial sector sector industrial.
industrial security seguridad industrial.
industrial services servicios industriales.
industrial standards normas industriales.
industrial start-up industria puesta en marcha.
industrial startup industria puesta en marcha.
industrial strategy estrategia industrial.
industrial summit cumbre industrial.
industrial support services servicios de apoyo a las industrias.
industrial taxation imposición industrial.
industrial taxes impuestos industriales.
industrial treaty tratado industrial.
industrial trends tendencias industriales.
industrial tribunal tribunal industrial.
industrial union unión industrial.
industrial usage uso industrial.
industrial waste residuos industriales.
industrial worker trabajador industrial.
industrial zone zona industrial.
industrialisation *n* industrialización.
industrialise *v* industrializar.

industrialised *adj* industrializado.
industrialism *n* industrialismo.
industrialist *adj* industrialista.
industrialist *n* industrialista.
industrialization *n* industrialización.
industrialize *v* industrializar.
industrialized *adj* industrializado.
industrious *adj* trabajador, aplicado.
industrious concealment ocultación activa de un vicio.
industry *n* industria.
industry accounting contabilidad de industria.
industry activity actividad de industria.
industry administration administración de industria.
industry administrator administrador de industria.
industry adviser asesor de industria.
industry advisor asesor de industria.
industry agency agencia de industria.
industry agent agente de industria.
industry agreement convenio de industria.
industry analysis análisis de industria.
industry analyst analista de industria.
industry assets activo de industria.
industry association asociación de industria
industry bankruptcy quiebra de industria.
industry broker corredor de industria.
industry circles círculos de industria.
industry community comunidad de industria.
industry computing computación de industria.
industry concern empresa de industria.
industry conditions condiciones de industria.
industry conference conferencia de industria.
industry consultant consultor de industria.
industry convention convención de industria.
industry corporation corporación de industria.
industry cycle ciclo de industria.
industry deal transacción de industria.
industry debt deuda de industria.
industry decision decisión de industria.
industry department departamento de industria.
industry development desarrollo de industria.
industry director director de industria.
industry discussion discusión de industria.
industry district distrito de industria.
industry earnings ingresos de industria.
industry economics economía de industria.
industry empire imperio de industria.
industry enterprise empresa de industria.
industry entity entidad de industria.
industry environment ambiente de industria.
industry equipment equipo de industria.
industry ethics ética de industria.
industry exhibit exhibición de industria.
industry expenditures gastos de industria.
industry expenses gastos de industria.
industry failure quiebra de industria.
industry finance finanzas de industria.
industry financing financiación de industria.
industry firm empresa de industria.
industry forecast pronóstico de industria.
industry forecasting previsión de industria.
industry fraud fraude de industria.
industry gains ganancias de industria.
industry goal meta de industria.
industry income ingresos de industria.
industry indicators indicadores de industria.
industry insurance seguro de industria.
industry intelligence inteligencia de industria.
industry interests intereses de industria.

industry investment inversión de industria.
industry journal revista de industria, boletín de industria.
industry leader líder de industria.
industry league asociación de industria.
industry lender prestador de industria.
industry lending préstamos de industria.
industry liability responsabilidad de industria.
industry licence licencia de industria.
industry license licencia de industria.
industry loans préstamos de industria.
industry locale local de industria.
industry losses pérdidas de industria.
industry magazine revista de industria, boletín de industria.
industry management administración de industria, gestión de industria.
industry manager gerente de industria.
industry meeting reunión de industria.
industry mix mezcla de industria.
industry model modelo de industria.
industry objective objetivo de industria.
industry operation operación de industria.
industry opportunity oportunidad de industria.
industry organisation organización de industria.
industry organization organización de industria.
industry-oriented *adj* orientado hacia la industria.
industry owner dueño de industria.
industry park parque industrial.
industry plan plan de industria.
industry planning planificación de industria.
industry policy póliza de industria, política de industria.
industry portal portal de industria.
industry practices prácticas de industria.
industry presentation presentación de industria.
industry profits beneficios de industria, ganancias de industria.
industry property propiedad de industria.
industry purpose propósito de industria.
industry ratios ratios de industria, razones de industria.
industry recession recesión de industria.
industry records expedientes de industria.
industry recovery recuperación de industria.
industry regulations reglamentos de industria.
industry relations relaciones de industria.
industry rental arrendamiento de industria.
industry report informe de industria.
industry risk riesgo de industria.
industry rules reglas de industria.
industry sale venta de industria.
industry sector sector de industria.
industry services servicios de industria.
industry standards normas de industria.
industry start-up industria puesta en marcha.
industry startup industria puesta en marcha.
industry strategy estrategia de industria.
industry summit cumbre de industria.
industry support services servicios de apoyo a las industrias.
industry taxation imposición de industria.
industry taxes impuestos de industria.
industry-to-industry *adj* industria a industria.
industry treaty tratado de industria.
industry trends tendencias de industria.
industry usage uso de industria.
industry-wide *adj* a través de toda la industria.
inefficiencies in the market ineficiencias en el mercado.

inefficiency *n* ineficiencia.
inefficient *adj* ineficiente.
inelastic *adj* inelástico.
inelastic currency moneda inelástica.
inelastic demand demanda inelástica.
inelastic money moneda inelástica.
inelastic supply oferta inelástica.
inelasticity *n* inelasticidad.
inelasticity of demand inelasticidad de demanda.
inelasticity of production inelasticidad de producción.
inelasticity of supply inelasticidad de oferta.
inelasticity of supply and demand inelasticidad de oferta y demanda.
ineligibility *n* inelegibilidad.
ineligible *adj* inelegible.
inequality *n* desigualdad.
inertia *n* inercia.
inertial inflation inflación inercial.
inexpensive *adj* barato.
infant industry industria naciente.
infer *v* inferir.
inference *n* inferencia.
inferential statistics estadística inferencial.
inferior *adj* inferior, subordinado.
inferior goods bienes inferiores.
inferior products productos inferiores.
inferior quality calidad inferior.
inferred authority autoridad inferida.
inflate *v* inflar.
inflate prices inflar precios.
inflated *adj* inflado.
inflation *n* inflación.
inflation accounting contabilidad tomando en cuenta la inflación.
inflation-adjusted *adj* ajustado por la inflación.
inflation-adjusted value valor ajustado por la inflación.
inflation adjustment ajuste por inflación.
inflation differential diferencial inflacionario.
inflation factor factor inflacionario.
inflation gap brecha inflacionaria.
inflation goal meta inflacionaria.
inflation-indexed securities valores que garantizan un rendimiento mayor que la tasa de inflación siempre y cuando se retengan hasta su vencimiento.
inflation objective meta inflacionaria.
inflation premium prima por inflación.
inflation-proof *adj* a prueba de la inflación.
inflation rate tasa inflacionaria.
inflation target meta inflacionaria.
inflation tax impuesto inflacionario.
inflationary *adj* inflacionario.
inflationary boom auge inflacionario.
inflationary environment ambiente inflacionario.
inflationary gap brecha inflacionaria.
inflationary period período inflacionario.
inflationary pressure presión inflacionaria.
inflationary risk riesgo inflacionario.
inflationary spiral espiral inflacionaria.
inflationist *adj* inflacionista.
inflationist *n* inflacionista.
inflow *n* entrada.
inflow of capital entrada de capital.
inflow of funds entrada de fondos.
influence *n* influencia.
influence *v* influenciar, influir.
influence commerce influenciar el comercio, influir sobre el comercio.

influence costs influenciar los costos, influenciar sobre los costes.

influence demand influenciar la demanda, influir sobre la demanda.

influence exchange rates influenciar los tipos de cambio.

influence expenditures influenciar los gastos, influir sobre los gastos.

influence expenses influenciar los gastos, influir sobre los gastos.

influence funds influenciar los fondos, influir sobre los fondos.

influence growth influenciar el crecimiento, influir sobre el crecimiento.

influence inflation influenciar la inflación, influir sobre la inflación.

influence peddling tráfico de influencias.

influence prices influenciar los precios, influir sobre los precios.

influence rates influenciar las tasas, influir sobre las tasas.

influence salaries influenciar los salarios, influir sobre los salarios.

influence shares influenciar las acciones, influir sobre las acciones.

influence stock influenciar las acciones, influir sobre las acciones.

influence the economy influenciar la economía, influir sobre la economía.

influence trade influenciar el comercio, influir sobre el comercio.

influence wages influenciar los salarios, influir sobre los salarios.

influential *adj* influyente.

info. (information) información.

infomercial *n* anuncio de televisión presentado como si fuese un programa informativo, publirreportaje.

inform *v* informar.

informal *adj* informal.

informal contract contrato verbal, contrato informal.

informal financial sector sector financiero informal.

informal meeting reunión informal.

informal sector sector informal.

informatics *n* informática.

information *n* información.

information center centro de información.

information centre centro de información.

information circular circular de información.

information desk mesa de información, información.

information exchange intercambio de información.

information, for your para su información.

information highway vías electrónicas de transferencia de información.

information management administración de la información, gestión de la información.

information network red de información.

information office oficina de información.

information processing procesamiento de información.

information return formulario de información.

information storage almacenamiento de información.

information system sistema de información.

information technology tecnología de información, informática.

informative *adj* informativo.

informative advertising publicidad informativa.

infotainment *n* entretenimiento informativo.

infraction *n* infracción.

infrastructure *n* infraestructura.

infringe *v* infringir.

infringement *n* infracción, violación.

infringement of copyright violación de los derechos de autor.

infringement of patent violación de patente.

infringement of trademark violación de marca comercial, violación de marca de comercio, violación de marca industrial.

infringer *n* infractor, violador.

infusion of capital infusión de capital.

infusion of funds infusión de fondos.

infusion of money infusión de dinero.

ingot *n* lingote.

ingress *n* entrada, acceso.

inherent *adj* inherente.

inherent condition condición inherente.

inherent covenant estipulación inherente.

inherent defect defecto inherente.

inherent risk riesgo inherente.

inherent vice vicio inherente.

inherent vice exclusion exclusión por vicios inherentes.

inherit *v* heredar.

inheritance *n* herencia, sucesión.

inheritance tax impuesto a la herencia.

inherited *adj* heredado.

initial *adj* inicial.

initial *v* poner las iniciales.

initial aid ayuda inicial.

initial capital capital inicial.

initial carrier transportador inicial.

initial claim reclamación inicial.

initial commitment compromiso inicial.

initial contract contrato inicial.

initial cost costo inicial, coste inicial.

initial expenditures gastos iniciales.

initial expenses gastos iniciales.

initial interest rate tasa de interés inicial.

initial investment inversión inicial.

initial margin margen inicial.

initial maturity vencimiento inicial.

initial offer oferta inicial.

initial pay paga inicial.

initial premium prima inicial.

initial public offer oferta pública inicial, salida a bolsa.

initial public offering oferta pública inicial, salida a bolsa.

initial rate tasa inicial.

initial reserve reserva inicial.

initial salary salario inicial.

initial wage salario inicial.

initial yield rendimiento inicial.

initialise *v* inicializar.

initialize *v* inicializar.

initials *n* iniciales.

initiate *v* iniciar.

initiation *n* iniciación, inicio.

initiation fee cuota de ingreso.

initiative *n* iniciativa.

inject capital inyectar capital.

inject funds inyectar fondos.

injunction *n* mandamiento judicial prohibiendo algo, interdicto.

injurious dumping dumping perjudicial.

injury *n* lesión, herida.
injury on the job lesión en el trabajo.
inland *adj* interior, tierra adentro, doméstico.
inland bill of exchange letra de cambio local.
inland marine insurance seguro de transportes.
inland navigation navegación de cabotaje, navegación fluvial.
Inland Revenue Servicio de Rentas Internas, Hacienda.
Inland Revenue Office Oficina de Rentas Internas, Hacienda.
Inland Revenue Service Servicio de Rentas Internas, Hacienda.
inland trade comercio interior.
inland transport transporte interior.
inland waters aguas interiores.
inland waterways vías de navegación fluviales.
inner city parte central de una ciudad grande, casco de la ciudad.
innocent agent agente inocente.
innocent purchaser comprador de buena fe.
innominate contracts contratos innominados.
innovate *v* innovar.
innovation *n* innovación.
innovative *adj* innovador.
inoperative *adj* inoperante, inoperativo.
input *n* entrada, aportación, contribución, insumo.
input-output analysis análisis de insumo-producto.
input-output matrix matriz de insumo-producto.
input-output table tabla de insumo-producto.
inquire *v* indagar, investigar, encuestar.
inquiry *n* indagación, investigación, encuesta.
inquiry desk mesa de información, información.
inscription *n* inscripción.
insert *n* encarte, algo insertado.
insert *v* insertar, introducir.
inside director director que además tiene puesto de administración en la compañía.
inside information información privilegiada, información sobre una corporación que no es de conocimiento público.
inside lot solar con otros a los costados.
inside track posición ventajosa.
insider *n* persona que dispone de información privilegiada, persona clave de una corporación con acceso a información que no es de conocimiento público.
insider dealing transacciones que aprovechan información privilegiada, transacciones con las acciones de una corporación basadas en información que no es de conocimiento público.
insider information información privilegiada, información sobre una corporación que no es de conocimiento público.
insider trading transacciones que aprovechan información privilegiada, transacciones con las acciones de una corporación basadas en información que no es de conocimiento público.
insignia *n* insignia, distintivo.
insolvency *n* insolvencia.
insolvency clause cláusula de insolvencia.
insolvency fund fondo de insolvencia.
insolvency risk riesgo de insolvencia.
insolvent *adj* insolvente.
insolvent company compañía insolvente.
insolvent corporation corporación insolvente.
insolvent debtor deudor insolvente.
insolvent entity entidad insolvente.
insolvent firm firma insolvente.
insourcing *n* contratación interna, pasar algo de contratación externa a contratación interna.
inspect *v* inspeccionar, revisar.
inspection *n* inspección, revisión, reconocimiento.
inspection by customs inspección por aduana.
inspection certificate certificado de inspección.
inspection charges cargos por inspección.
inspection laws leyes de inspección.
inspection receipt recibo de inspección.
inspection report informe de inspección.
inspection stamp sello de inspección.
inspector *n* inspector.
inspector of taxes inspector de impuestos, inspector de Hacienda.
instability *n* inestabilidad.
install *v* instalar.
installation *n* instalación.
installed *adj* instalado.
installed capacity capacidad instalada.
installment *n* plazo, pago parcial, pago periódico, instalación.
installment buying compras a plazos.
installment contract contrato a plazos, contrato de venta a plazos.
installment credit crédito a pagarse a plazos, crédito para compras a plazo.
installment debt deuda a plazos, deuda en cuotas.
installment land contract contrato para la compra de un terreno cuya escritura se entrega tras el último pago.
installment loan préstamo a plazos, préstamo en cuotas.
installment payment pago parcial, abono parcial, pago a plazos.
installment plan compra a plazos, plan de compra a plazos.
installment refund annuity anualidad de reembolso a plazos.
installment sales ventas a plazos, ventas en cuotas.
instalment *n* plazo, pago parcial, pago periódico, instalación.
instalment buying compras a plazos.
instalment contract contrato a plazos, contrato de venta a plazos.
instalment credit crédito a pagarse a plazos, crédito para compras a plazo.
instalment land contract contrato para la compra de un terreno cuya escritura se entrega tras el último pago.
instalment loan préstamo a plazos, préstamo en cuotas.
instalment payment pago parcial, abono parcial, pago a plazos.
instalment plan compra a plazos, plan de compra a plazos.
instalment refund annuity anualidad de reembolso a plazos.
instalment sales ventas a plazos, ventas en cuotas.
instance *n* ejemplo, instancia.
instant credit crédito inmediato, crédito instantáneo.
instant message mensaje instantáneo.
instant messaging mensajería instantánea.
Instinet *n* Instinet.
institute *n* instituto.
institute *v* instituir, implementar, establecer, fundar.
institution *n* institución.
institutional *adj* institucional.
institutional advertising publicidad institucional.
institutional banking banca institucional.

institutional broker corredor institucional.
institutional brokerage corretaje institucional.
institutional brokerage house casa de corretaje institucional.
institutional demand demanda institucional.
institutional economics economía institucional.
institutional framework marco institucional.
institutional fund fondo institucional.
institutional fund management administración de fondo institucional, gestión de fondo institucional.
institutional fund manager administrador de fondo institucional.
institutional investments inversiones institucionales.
institutional investors inversionistas institucionales.
institutional lender institución de crédito.
institutional loan préstamo institucional.
institutional relations relaciones institucionales.
instruction *n* instrucción.
instruction manual manual de instrucciones.
instrument *n* instrumento, documento.
instrument for the payment of money pagaré.
instrument in writing instrumento por escrito.
instrument of acceptance instrumento de aceptación.
instrument under seal instrumento sellado.
insubordination *n* insubordinación.
insufficiency *n* insuficiencia.
insufficient *adj* insuficiente.
insufficient funds fondos insuficientes.
insulate *v* aislar.
insurability *n* asegurabilidad.
insurability evidence prueba de asegurabilidad.
insurability proof prueba de asegurabilidad.
insurable *adj* asegurable.
insurable interest interés asegurable.
insurable risk riesgo asegurable.
insurable title título asegurable.
insurable value valor asegurable.
insurance *n* seguro, garantía.
insurance activity actividad aseguradora.
insurance adjuster ajustador de seguros.
insurance agency agencia de seguros.
insurance agent agente de seguros.
insurance agreement convenio de seguros.
insurance authentication certificación de seguro.
insurance broker corredor de seguros.
insurance brokerage correduría de seguros.
insurance broking correduría de seguros.
insurance business negocio de seguros.
insurance carrier compañía de seguros.
insurance certificate certificado de seguro.
insurance certification certificación de seguro.
insurance claim reclamación de seguros.
insurance commissioner comisionado de seguros.
insurance company compañía de seguros, aseguradora.
insurance consultant consultor de seguros.
insurance contract contrato de seguros.
insurance corporation corporación de seguros, aseguradora.
insurance cover cobertura de seguros.
insurance coverage cobertura de seguros.
insurance department departamento de seguros.
insurance division división de seguros.
insurance evidence prueba de seguro.
insurance examiner examinador de seguros.
insurance firm empresa aseguradora, aseguradora.
insurance form formulario de seguros.

insurance industry industria de seguros.
insurance limit límite de seguros.
insurance of risks seguros contra riesgos.
insurance office oficina de seguros.
insurance plan plan de seguros.
insurance policy póliza de seguros.
insurance policy anniversary aniversario de póliza de seguros.
insurance policy cancellation cancelación de póliza de seguros.
insurance policy clauses cláusulas de póliza de seguros.
insurance policy condition condición de póliza de seguros.
insurance policy date fecha de póliza de seguros.
insurance policy declaration declaración de póliza de seguros.
insurance policy dividend dividendo de póliza de seguros.
insurance policy expiration expiración de póliza de seguros.
insurance policy expiration date fecha de expiración de póliza de seguros.
insurance policy face valor nominal de póliza de seguros.
insurance policy fee cargo por procesar una póliza de seguros, cargo adicional de póliza de seguros.
insurance policy holder tenedor de póliza de seguros, asegurado.
insurance policy limit límite de póliza de seguros.
insurance policy loan préstamo garantizado con una póliza de seguros.
insurance policy number número de póliza de seguros.
insurance policy owner tenedor de póliza de seguros, asegurado.
insurance policy period período de póliza de seguros.
insurance policy processing fee cargo por procesar una póliza de seguros.
insurance policy provisions cláusulas de póliza de seguros.
insurance policy purchase option opción de compra de póliza de seguros.
insurance policy requirement requisito de póliza de seguros.
insurance policy reserve reserva de póliza de seguros.
insurance policy stipulation estipulación de póliza de seguros.
insurance policy term término de póliza de seguros.
insurance policy year período anual de una póliza de seguros, aniversario de la emisión de una póliza de seguros.
insurance premium prima de seguros.
insurance premium adjustment ajuste de prima de seguros.
insurance premium adjustment form formulario de ajuste de prima de seguros.
insurance premium advance adelanto de prima de seguros.
insurance premium base base de prima de seguros.
insurance premium basis base de prima de seguros.
insurance premium computation cómputo de prima de seguros.
insurance premium default incumplimiento de pago de prima de seguros.

insurance premium deposit depósito de prima de seguros.
insurance premium discount descuento de prima de seguros.
insurance premium loan préstamo sobre primas de póliza de seguros.
insurance premium notice aviso de fecha de pago de prima de seguros.
insurance premium rate tasa de prima de seguros.
insurance premium receipt recibo de pago de prima de seguros.
insurance premium refund reembolso de prima de seguros.
insurance premium return devolución de prima de seguros.
insurance premium tax impuesto sobre primas de seguros.
insurance product producto de seguros.
insurance proof prueba de seguro.
insurance rate tasa de seguros.
insurance regulation regulación de la industria de seguros.
insurance risk riesgo de seguros.
insurance services servicios de seguros.
insurance settlement liquidación del seguro.
insurance trust fideicomiso que usa los beneficios de una póliza de seguros.
insurance underwriter asegurador.
insurance verification verificación de seguro.
insure v asegurar, garantizar.
insure against all risks asegurar contra todos los riesgos.
insured adj asegurado.
insured n asegurado.
insured account cuenta asegurada.
insured bank banco asegurado.
insured deposit depósito asegurado.
insured depositor depositante asegurado.
insured financial institution institución financiera asegurada.
insured loan préstamo asegurado.
insured mail correo asegurado.
insured mortgage hipoteca asegurada.
insured mortgage loan préstamo hipotecario asegurado.
insured municipal bond bono municipal asegurado.
insured peril peligro asegurado.
insured person persona asegurada.
insured post correo asegurado.
insured premises propiedad asegurada.
insured property propiedad asegurada.
insured risk riesgo asegurado.
insured title título garantizado, título asegurado.
insuree n asegurado.
insurer n aseguradora, asegurador.
insuring agreement convenio de cobertura de seguros.
insuring clause cláusula de cobertura de seguros.
intangible adj intangible.
intangible assets activo intangible.
intangible cost costo intangible, coste intangible.
intangible fixed assets inmovilizado inmaterial.
intangible personal property propiedad personal intangible.
intangible property propiedad intangible.
intangible value valor intangible.
intangibles n intangibles, activo intangible, bienes intangibles.
integrate v integrar.

integrated adj integrado.
integrated approach acercamiento integrado.
integrated deductible deducible integrado.
Integrated Services Digital Network Red Digital de Servicios Integrados, RDSI.
integration n integración.
integrity n integridad.
intellectual capital capital intelectual.
intellectual property propiedad intelectual.
intended use uso intencionado.
intensive agriculture agricultura intensiva.
intensive training entrenamiento intensivo.
intent n intento, intención.
intent to defraud intención de defraudar.
intention n intención.
intentional adj intencional.
Inter-American Development Bank Banco Interamericano de Desarrollo.
inter-bank adj interbancario.
inter-bank deposit depósito interbancario.
inter-bank market mercado interbancario.
inter-bank offered rate tasa interbancaria ofrecida.
inter-bank rate tasa interbancaria.
inter-bank transaction transacción interbancaria.
inter-company adj interempresarial, entre compañías.
inter-company account cuenta entre compañías.
inter-company arbitration arbitraje entre compañías.
inter-company data datos entre compañías.
inter-company elimination eliminación entre compañías.
inter-company profit beneficio entre compañías, ganancia entre compañías.
inter-company transactions transacciones entre compañías.
inter-continental adj intercontinental.
inter-dealer broker intermediario entre corredores, intermediario entre creadores de mercado.
inter-firm adj entre firmas, entre empresas.
inter-governmental adj intergubernamental.
inter-industry adj entre industrias, interindustrial.
inter-industry analysis análisis entre industrias.
inter-industry competition competencia entre industrias.
inter-market adj intermercados, entre mercados.
inter-period adj interperíodo.
inter-period tax allocation distribución de contribuciones interperíodo.
inter-personal skills habilidades interpersonales.
interactive adj interactivo.
interactive service servicio interactivo.
interactive television televisión interactiva.
interactive TV TV interactiva.
interbank adj interbancario.
interbank deposit depósito interbancario.
interbank market mercado interbancario.
interbank offered rate tasa interbancaria ofrecida.
interbank rate tasa interbancaria.
interbank transaction transacción interbancaria.
interception of communications intercepción de comunicaciones.
interchange n intercambio.
interchange rate tasa de intercambio.
interchangeable adj intercambiable.
interchangeable bond bono intercambiable.
intercompany adj interempresarial, entre compañías.
intercompany account cuenta entre compañías.
intercompany arbitration arbitraje entre

compañías.
intercompany data datos entre compañías.
intercompany elimination eliminación entre
compañías.
intercompany profit beneficio entre compañías,
ganancia entre compañías.
intercompany transactions transacciones entre
compañías.
intercontinental *adj* intercontinental.
interdealer broker intermediario entre corredores,
intermediario entre creadores de mercado.
interdelivery spread margen entre entregas.
interdepartmental *adj* interdepartamental.
interdependence *n* interdependencia.
interest *n* interés, intereses, título, rédito,
participación.
interest accrued intereses acumulados.
interest-adjusted cost costo ajustando por
intereses, coste ajustado por intereses.
interest assumption asunción de interés.
interest-bearing *adj* que devenga intereses.
interest-bearing account cuenta que devenga
intereses.
interest-bearing deposit depósito que devenga
intereses.
interest calculation cálculo de intereses.
interest charges cargos por intereses.
interest costs costos de los intereses, costes de los
intereses.
interest coupon cupón de intereses.
interest coverage cobertura de intereses.
interest coverage ratio ratio de cobertura de
intereses, razón de cobertura de intereses.
interest deduction deducción de intereses.
interest differential diferencial de intereses.
interest due intereses pagaderos, intereses
devengados.
interest earned intereses devengados.
interest expenditure gasto de intereses.
interest expense gasto de intereses.
interest for years derecho sobre un inmueble por
un plazo determinado.
interest-free *adj* sin intereses, libre de intereses.
interest-free loan préstamo sin intereses.
interest group grupo de interés, grupo de presión.
interest income ingresos por intereses.
interest margin margen de intereses.
interest method método de intereses.
interest on arrears interés sobre monto en mora.
interest on interest interés compuesto.
interest on investment intereses de la inversión.
interest-only loan préstamo en que sólo se pagan
intereses.
interest paid intereses pagados.
interest payable intereses a pagar.
interest payment pago de intereses.
interest penalty penalidad sobre intereses a pagar,
penalidad en intereses.
interest policy póliza de seguros en que el
asegurado tiene un interés real y asignable.
interest rate tasa de interés.
interest rate adjustment ajuste de tasa de interés.
interest rate base base tasa de interés.
interest rate basis base tasa de interés.
interest rate cap límite tasa de interés.
interest rate ceiling límite tasa de interés.
interest rate cut recorte de tasa de interés.
interest rate cutting recorte de tasa de interés.
interest rate decrease reducción de tasa de
interés.

interest rate differential diferencial entre tasas de
interés.
interest rate floor tasa mínima de interés.
interest rate futures futuros de tasas de intereses.
interest rate increase aumento de tasa de interés.
interest rate limit límite de tasa de interés.
interest rate lock fijación de tasa de interés.
interest rate options opciones de tasas de
intereses.
interest rate parity paridad entre tasas de interés.
interest rate reduction reducción de tasa de
interés.
interest rate risk riesgo de tasa de interés.
interest rate sensitivity sensibilidad a la tasa de
interés.
interest rate setting fijación de tasa de interés.
interest rate subsidy subsidio de tasas de interés,
subvención de tasas de interés.
interest rate swap intercambio de tasas de interés.
interest receivable intereses por cobrar.
interest received intereses recibidos.
interest reduction reducción de interés.
interest relief deducción de intereses, alivio
contributivo de intereses.
interest-sensitive *adj* sensible a la tasa de interés.
interest-sensitive assets activo sensible a la tasa
de interés.
interest-sensitive liabilities pasivo sensible a la
tasa de interés.
interest-sensitive stocks acciones sensibles a las
tasas de intereses.
interest spread margen de intereses.
interest subsidy subsidio de intereses, subvención
de intereses.
interest upon interest interés compuesto.
interested *adj* interesado.
interested party parte interesada.
interface *n* interfaz.
interfere *v* interferir.
interference *n* interferencia, conflicto de patentes.
interfirm *adj* entre firmas, entre empresas.
intergovernmental *adj* intergubernamental.
intergovernmental transactions transacciones
intergubernamentales.
interim *adj* interino, provisional.
interim account cuenta interina.
interim agreement convenio interina, acuerdo
interino.
interim audit auditoría interina.
interim balance sheet balance interino.
interim budget presupuesto interino.
interim budgeting presupuestación interina.
interim chair presidente interino.
interim chairman presidente interino.
interim chairperson presidente interino.
interim chairwoman presidenta interina.
interim committee comité interino.
interim credit crédito interino.
interim director director interino.
interim dividend dividendo interino.
interim financial statement estado financiero
interino.
interim financing financiamiento provisional,
financiamiento interino.
interim loan préstamo interino.
interim officer funcionario interino.
interim payment pago interino.
interim president presidente interino.
interim receipt recibo provisional.
interim report informe interino.

interim statement estado interino.
interim trustee fiduciario interino.
interindustry *adj* entre industrias, interindustrial.
interindustry analysis análisis entre industrias.
interindustry competition competencia entre industrias.
interlining *n* transferencia de un cargamento a otro transportador para entrega.
interlocking directorate junta directiva vinculada.
interloper *n* comerciante sin licencia, intruso.
intermarket *adj* intermercados, entre mercados.
intermediary *adj* intermediario, mediador, intermedio.
intermediary *n* intermediario, mediador.
intermediary bank banco intermediario.
intermediate *adj* intermedio, medianero.
intermediate *n* intermediario, mediador.
intermediate account rendición de cuentas intermedia.
intermediate audit auditoría intermedia.
intermediate carrier transportador intermedio.
intermediate consumption consumo intermedio.
intermediate goods bienes intermedios.
intermediate technology tecnología intermedia.
intermediate term a plazo intermedio.
intermediation *n* intermediación.
intermittent *adj* intermitente.
intermittent easement servidumbre intermitente.
intermittent production producción intermitente.
intermixture of goods confusión de bienes, mezcla de bienes.
internal *adj* interno, interior, doméstico.
internal account cuenta interna.
internal assets activo interno.
internal audit auditoría interna.
internal auditor auditor interno.
internal balance saldo interno.
internal check comprobación interna.
internal commerce comercio interno.
internal control control interno.
internal costs costos internos, costes internos.
internal data datos internos.
internal debt deuda interna, deuda interior.
internal document documento interno.
internal economy economía interna.
internal expansion expansión interna.
internal financing financiamiento interno, financiación interna.
internal funds fondos internos.
internal growth rate tasa de crecimiento interno.
internal improvements mejoras internas.
internal market mercado interno.
internal rate of return tasa de rendimiento interno.
internal report informe interno.
internal reserves reservas internas.
internal revenue rentas internas, impuestos, ingresos interiores, ingresos gubernamentales por contribuciones.
Internal Revenue Servicio de Rentas Internas, Hacienda.
internal revenue code leyes de rentas internas, leyes de impuestos.
internal revenue laws leyes de rentas internas, leyes de impuestos.
Internal Revenue Service Servicio de Rentas Internas, Hacienda.
internal trade comercio interior.
internally financed utilizando fondos internos.
internally funded utilizando fondos internos.
international *adj* internacional.

international account cuenta internacional.
international accountancy contabilidad internacional.
international accounting contabilidad internacional.
international accounting standards normas internacionales de contabilidad.
international advertising publicidad internacional.
international agency agencia internacional.
international agent agente internacional.
international agreement convenio internacional, pacto internacional.
international aid ayuda internacional.
international assets activo internacional.
international assistance asistencia internacional.
international association asociación internacional.
international bank banco internacional.
International Bank for Reconstruction and Development Banco Internacional de Reconstrucción y Fomento.
international banking banca internacional.
international bill letra internacional.
international body cuerpo internacional, institución internacional.
international bonds bonos internacionales.
international borrowing préstamos internacionales.
international branch sucursal internacional.
international brand marca internacional.
international budget presupuesto internacional.
international budgeting presupuestación internacional.
international capital capital internacional.
international capital market mercado internacional de capitales.
international cartel cartel internacional.
International Chamber of Commerce Cámara de Comercio Internacional.
international co-operation cooperación internacional.
international commerce comercio internacional.
international commodity producto internacional, mercancía internacional.
international company compañía internacional.
international competition competencia internacional.
international conference conferencia internacional.
international consumption consumo internacional.
international content contenido internacional.
international contract contrato internacional.
international cooperation cooperación internacional.
international corporation corporación internacional.
international correspondent corresponsal internacional.
international credit crédito internacional.
international creditor acreedor internacional.
international currency moneda internacional.
international custom costumbre internacional.
international date line línea de cambio de fecha internacional.
international debt deuda internacional.
international demand demanda internacional.
international department departamento internacional.
international deposit depósito internacional.

international division división internacional.
international economy economía internacional.
International Energy Agency Agencia Internacional de Energía.
international enterprise empresa internacional.
international estimates estimados internacionales.
international exchange rate tipo de cambio de divisas.
international expenditures gastos internacionales.
international expenses gastos internacionales.
International Finance Corporation Corporación Financiera Internacional.
international firm empresa internacional.
international food aid ayuda alimentaria internacional.
international fund fondo internacional.
international goods productos internacionales.
international harmonisation armonización internacional.
international harmonization armonización internacional.
international holiday feriado internacional.
international income ingresos internacionales.
international industry industria internacional.
international insurance seguro internacional.
international insurer asegurador internacional.
international interests intereses internacionales.
international investment inversión internacional.
international investor inversionista internacional.
international issue emisión internacional.
International Labor Organization Organización Internacional del Trabajo.
International Labour Organisation Organización Internacional del Trabajo.
International Labour Organization Organización Internacional del Trabajo.
international law derecho internacional.
international lending préstamos internacionales.
international liabilities pasivo internacional.
international liability responsabilidad internacional.
international liquidity liquidez internacional.
international loan préstamo internacional.
international market mercado internacional.
international marketing marketing internacional, mercadeo internacional.
International Monetary Fund Fondo Monetario Internacional.
international monetary system sistema monetario internacional.
international money order giro postal internacional.
international organisation organización internacional.
International Organisation for Standardisation Organización Internacional de Normalización.
international organization organización internacional.
International Organization for Standardization Organización Internacional de Normalización.
international partnership sociedad internacional.
international payment pago internacional.
international policy política internacional, póliza internacional.
international port puerto internacional.
international price precio internacional.
international product producto internacional.
international reply coupon cupón de respuesta internacional.
international reserves reservas internacionales.

international resources recursos internacionales.
international revenues ingresos internacionales.
international sales ventas internacionales.
international sales tax impuesto internacional sobre ventas.
international sector sector internacional.
international securities valores internacionales.
International Securities Identification Number Código ISIN.
international shipping transporte internacional.
international standardisation normalización internacional.
international standardization normalización internacional.
international standards normas internacionales.
International Standards Organisation Organización Internacional de Normalización.
International Standards Organization Organización Internacional de Normalización.
international subsidiary subsidiaria internacional.
international subsidy subsidio internacional, subvención internacional.
international supply oferta internacional.
international support ayuda internacional, apoyo internacional.
international system sistema internacional.
international tax impuesto internacional.
international tax agreement convenio internacional sobre impuestos.
international trade comercio internacional.
international trade policy política de comercio internacional.
international transport transporte internacional.
international union unión internacional.
international waters aguas internacionales.
international wealth riqueza internacional.
internationalisation *n* internacionalización.
internationalism *n* internacionalismo.
internationalization *n* internacionalización.
internationally *adv* internacionalmente.
Internet *n* Internet.
Internet access acceso a Internet.
Internet access provider proveedor de acceso a Internet.
Internet address dirección de Internet, dirección online, dirección en línea, dirección electrónica.
Internet ads anuncios en el Internet, anuncios online, anuncios en línea, anuncios electrónicos.
Internet advertisements anuncios en el Internet, anuncios online, anuncios en línea, anuncios electrónicos.
Internet advertising publicidad en el Internet, publicidad online, publicidad en línea, publicidad electrónica.
Internet bank banco por Internet, banco online, banco en línea, banco electrónico.
Internet banking banca por Internet, banca online, banca en línea, banca electrónica.
Internet billing facturación por Internet, facturación online, facturación en línea, facturación electrónica.
Internet business negocios por Internet, negocios online, negocios en línea, negocios electrónicos.
Internet commerce comercio por Internet, comercio online, comercio en línea, comercio electrónico.
Internet conference conferencia por Internet, conferencia online, conferencia en línea, conferencia electrónica.
Internet-enabled *adj* preparado para Internet.

Internet marketing marketing en el Internet, marketing online, marketing en línea, marketing electrónico, mercadeo en el Internet, mercadeo online, mercadeo en línea, mercadeo electrónico.

Internet phone teléfono Internet.

Internet presence presencia en el Internet, presencia online, presencia en línea, presencia electrónica.

Internet Protocol address dirección IP, dirección de Internet.

Internet-ready *adj* preparado para Internet.

Internet search búsqueda en el Internet, búsqueda online, búsqueda en línea, búsqueda electrónica.

Internet security seguridad en el Internet, seguridad del Internet.

Internet service servicio de Internet.

Internet service provider proveedor de servicios de Internet.

Internet shopping compras en el Internet, compras online, compras en línea, compras electrónicas.

Internet site sitio Internet, sitio Web, sitio online, sitio en línea, sitio electrónico.

Internet telephone teléfono Internet.

Internet transaction transacción en el Internet, transacción online, transacción en línea, transacción electrónica.

Internet Website sitio Web, sitio Internet, sitio online, sitio en línea, sitio electrónico.

interoffice entre oficinas de la misma empresa.

interperiod *adj* interperíodo.

interperiod tax allocation distribución de contribuciones interperíodo.

interpersonal skills habilidades interpersonales.

interplea *n* moción para obligar a reclamantes adversos a litigar entre sí.

interpleader *n* parte que pide al tribunal que obligue a reclamantes adversos a litigar entre sí.

interpolate *v* interpolar.

interpolation *n* interpolación.

interpret *v* interpretar.

interpretation *n* interpretación.

interpreter *n* intérprete.

interruption *n* interrupción.

interruption in service interrupción en el servicio.

intersessional meeting asamblea entre sesiones programadas.

interstate *adj* interestatal.

interstate banking banca interestatal.

interstate commerce comercio interestatal.

interstate trade comercio interestatal.

intertemporal consumption consumo intertemporal.

interval *n* intervalo.

interval ownership propiedad por tiempo compartido.

intervene *v* intervenir.

intervention *n* intervención.

intervention policy política de intervención.

intervention price precio de intervención.

intervention rate tasa de intervención.

interventionism *n* intervencionismo.

interventionist *adj* intervensionista.

interventionist *n* intervensionista.

interview *n* entrevista.

interview *v* entrevistar.

interviewee *n* entrevistado.

interviewer *n* entrevistador.

intestate *adj* intestado.

intimidate *v* intimidar.

intimidation *n* intimidación.

intra-corporate *adj* intraempresarial.

intra-day *adj* dentro del mismo día.

intra-day high cotización más alta del día, venta más alta del día.

intra-day low cotización más baja del día, venta más baja del día.

intra-departmental *adj* intradepartamental.

intra-government *adj* intragubernamental.

intra-group *adj* intragrupal.

intra-period *adj* intraperíodo.

intra-period tax allocation distribución de contribuciones intraperíodo.

intra-state *adj* intraestatal.

intra-state banking banca intraestatal.

intra-state commerce comercio intraestatal.

intra-state trade comercio intraestatal.

intracorporate *adj* intraempresarial.

intraday *adj* dentro del mismo día.

intraday high cotización más alta del día, venta más alta del día.

intraday low cotización más baja del día, venta más baja del día.

intradepartmental *adj* intradepartamental.

intragovernment *adj* intragubernamental.

intragroup *adj* intragrupal.

intranet *n* Intranet.

intransitive covenant obligación intransferible.

intraperiod *adj* intraperíodo.

intraperiod tax allocation distribución de contribuciones intraperíodo.

intrapreneur *n* empresario que busca nuevos proyectos para su entidad.

intrastate *adj* intraestatal.

intrastate banking banca intraestatal.

intrastate commerce comercio intraestatal.

intrastate trade comercio intraestatal.

intrinsic *adj* intrínseco.

intrinsic fraud fraude intrínseco.

intrinsic value valor intrínseco.

introduce *v* introducir.

introduce legislation introducir legislación.

introduction *n* introducción.

introductory *adj* introductorio.

introductory offer oferta introductoria.

introductory price precio introductorio.

introductory rate tasa introductoria.

intrust *v* encomendar, confiar.

inure *v* tomar efecto.

invalid *adj* inválido, nulo.

invalidate *v* invalidar, anular.

invalidated *adj* invalidado, anulado.

invalidation *n* invalidación, anulación.

invalidity *n* invalidez, nulidad.

invaluable *adj* invaluable, inestimable.

invention *n* invención.

inventory *n* inventario, existencias.

inventory *v* inventariar, hacer inventario.

inventory account cuenta de inventario.

inventory accumulation acumulación de inventario.

inventory adjustment ajuste de inventario.

inventory administration administración de inventario.

inventory administrator administrador de inventario.

inventory analysis análisis de inventario.

inventory book libro de inventario.

inventory certificate certificado de inventario.

inventory change cambio de inventario.

inventory control control de inventario.

inventory cost costo de inventario, coste de inventario.
inventory cycle ciclo de inventario.
inventory financing financiamiento basado en inventario.
inventory investment inversión en inventario.
inventory loan préstamo basado en inventario.
inventory management administración de inventario, gestión de inventario.
inventory manager administrador de inventario.
inventory observation observación de inventario.
inventory overhang exceso de inventario.
inventory planning planificación de inventario.
inventory pricing valuación de inventario.
inventory profit beneficio por mantener inventario, ganancia por mantener inventario.
inventory register registro de inventario.
inventory reserve reserva de inventario.
inventory risk riesgo de inventario.
inventory shortage escasez de inventario.
inventory turnover giro de inventario, rotación de inventario.
inventory valuation valuación de inventario.
inverse yield curve curva de rendimiento invertida.
inverted adj invertido.
inverted market mercado invertido.
inverted scale escala invertida.
inverted yield curve curva de rendimiento invertida.
invest v invertir, investir.
invest capital invertir capital.
invest funds invertir fondos.
invest money invertir dinero.
investable funds fondos disponibles para inversión.
invested adj invertido.
invested capital capital invertido.
invested funds fondos invertidos.
investible funds fondos disponibles para inversión.
investigate v investigar.
investigation n investigación, análisis.
investigation of title estudio de título.
investment n inversión.
investment abroad inversión exterior.
investment account cuenta de inversiones.
investment activity actividad de inversiones.
investment adviser asesor de inversiones.
investment advisor asesor de inversiones.
investment agreement acuerdo de inversiones.
investment aid ayuda a la inversión.
investment allowance deducción por inversiones.
investment analysis análisis de inversiones.
investment analyst analista de inversiones.
investment bank banco de inversión.
investment banker banquero de inversión.
investment banking banca de inversión.
investment base base de inversión.
investment basis base de inversión.
investment bill letra de cambio comprada como inversión.
investment broker corredor de inversiones, corredor de bolsa, agente de inversiones.
investment budget presupuesto de inversiones.
investment budgeting presupuestación de inversiones.
investment capital capital de inversión.
investment center centro de inversiones.
investment centre centro de inversiones.
investment climate clima de inversiones.

investment club club de inversiones.
investment company compañía de inversiones.
investment company laws leyes de compañías de inversiones.
investment consultant asesor de inversiones.
investment contract contrato de inversiones.
investment counsellor asesor de inversiones.
investment counselor asesor de inversiones.
investment credit crédito por inversión.
investment earnings ingresos por inversiones.
investment financing financiamiento de inversiones.
investment firm firma de inversiones.
investment fund fondo de inversiones.
investment gains ganancias por inversiones.
investment-grade adj de calidad apropiada para inversiones prudentes.
investment-grade bonds bonos de calidad apropiada para inversiones prudentes.
investment-grade securities valores de calidad apropiada para inversiones prudentes.
investment grant subvención para inversión.
investment guarantee garantía de inversión.
investment guaranty garantía de inversión.
investment history historial de inversiones.
investment incentive incentivo para la inversión.
investment income ingresos por inversiones.
investment interest intereses de inversiones.
investment interest expenditure gasto de intereses de inversiones.
investment interest expense gasto de intereses de inversiones.
investment letter carta de inversión.
investment life cycle ciclo de vida de inversión.
investment losses pérdidas por inversiones.
investment management administración de inversiones, gestión de inversiones.
investment manager administrador de inversiones.
investment mix diversificación de inversiones, mezcla de inversiones.
investment plan plan de inversiones.
investment policy política de inversión.
Investment Policy Statement Declaración de la Política de Inversión.
investment portfolio cartera de valores, cartera de inversión.
investment premium prima de inversión.
investment product producto de inversión.
investment program programa de inversión.
investment programme programa de inversión.
investment property propiedad de inversión.
investment pyramid pirámide de inversión.
investment rate tasa de inversión.
investment research investigación de inversiones.
investment return rendimiento de inversión.
investment revenue ingresos por inversiones.
investment security título de inversión.
investment service servicio de inversiones.
investment software programas de inversiones.
investment strategy estrategia de inversiones.
investment subsidy subsidio para inversiones, subvención para inversiones.
investment tax credit crédito contributivo por inversión.
investment taxes impuestos sobre inversiones.
investment trust compañía de inversiones.
investment turnover giro de inversiones, movimiento de inversiones.
investment value valor de inversión.
investment yield rendimiento de inversión.

investor n inversionista, inversor.
investor group grupo de inversionistas.
investor protection protección de inversionistas.
investor relations relaciones con inversionistas.
investor relations department departamento de relaciones con inversionistas.
invisible adj invisible.
invisible assets activo invisible.
invisible earnings ingresos invisibles.
invisible hand mano invisible.
invisible item ítem invisible, partida invisible.
invisible trade comercio invisible.
invisible transactions transacciones invisibles.
invitation to bid invitación a someter ofertas, anuncio de oferta.
invite v invitar, pedir, solicitar.
invite tenders solicitar ofertas.
invitee n invitado.
invoice n factura.
invoice v facturar.
invoice amount importe de factura.
invoice book libro de facturas.
invoice date fecha de factura.
invoice discounting descuento de facturas.
invoice factoring venta a descuento de las cuentas por cobrar.
invoice number número de factura.
invoice payable factura a pagar.
invoice price precio de factura.
invoice receivable factura a cobrar.
invoice value valor de factura.
invoicing n facturación.
involuntary adj involuntario.
involuntary alienation pérdida de propiedad involuntaria.
involuntary bailment depósito involuntario.
involuntary bankruptcy quiebra involuntaria.
involuntary conversion conversión involuntaria.
involuntary conveyance transferencia involuntaria.
involuntary deposit depósito involuntario.
involuntary exchange intercambio involuntario.
involuntary lien gravamen involuntario.
involuntary liquidation liquidación involuntaria.
involuntary payment pago involuntario.
involuntary trust fideicomiso involuntario.
involuntary unemployment desempleo involuntario.
inward investment inversión en un área con fondos provenientes de otra, inversión extranjera.
IOU n pagaré.
IP address (Internet Protocol address) dirección IP, dirección de Internet.
IPO (initial public offering) oferta pública inicial.
IPS (Investment Policy Statement) Declaración de la Política de Inversión.
IRA (individual retirement account) cuenta de retiro individual.
IRA rollover (individual retirement account rollover) transferencia de cuenta de retiro individual.
iron-safe clause cláusula en algunas pólizas de seguros que requieren que se guarden ciertas cosas en un sitio a prueba de incendios.
IRR (internal rate of return) tasa de rendimiento interno.
irrecoverable adj irrecuperable, incobrable.
irrecoverable debt deuda incobrable.
irrecoverable loan préstamo incobrable.
irredeemable adj irredimible.

irredeemable bond bono irredimible.
irregular adj irregular.
irregular deposit depósito irregular.
irregular endorsement endoso irregular.
irregular endorser endosante irregular.
irregular indorsement endoso irregular.
irregular indorser endosante irregular.
irregularity n irregularidad.
irreparable damage daño irreparable.
irreversible adj irreversible.
irrevocable adj irrevocable, inalterable.
irrevocable beneficiary beneficiario irrevocable.
irrevocable credit crédito irrevocable.
irrevocable letter of credit carta de crédito irrevocable.
irrevocable offer oferta irrevocable.
irrevocable trust fideicomiso irrevocable.
IRS (Internal Revenue Service) Servicio de Rentas Internas, Hacienda.
ISA (individual savings account) cuenta de ahorros individual.
ISDN (Integrated Services Digital Network) RDSI, ISDN, Red Digital de Servicios Integrados.
ISIN (International Securities Identification Number) Código ISIN.
ISIN Code Código ISIN.
ISO (International Organization for Standardization, International Standards Organization, International Standards Organisation) ISO, Organización Internacional de Normalización.
ISO standards normas ISO.
isocost n isocosto, isocoste.
isolated sale venta aislada.
isolationist adj aislacionista.
isolationist n aislacionista.
ISP (Internet service provider) proveedor de servicios de Internet.
issuance n emisión, expedición.
issue n emisión, expedición, cuestión.
issue v emitir, expedir, entregar.
issue a check emitir un cheque.
issue a cheque emitir un cheque.
issue a policy emitir una póliza.
issue cost costo de emisión, coste de emisión, costo de emitir acciones, coste de emitir acciones.
issue date fecha de expedición.
issue price precio de expedición, valor de emisión.
issue shares emitir acciones.
issue stocks emitir acciones.
issued adj emitido, expedido.
issued and outstanding emitido y en circulación.
issued capital capital emitido.
issued shares acciones emitidas.
issued stock acciones emitidas.
issuer n emisor, otorgante.
issues and profits todo tipo de rédito devengado de un inmueble.
issuing adj emisor, expedidor.
issuing bank banco emisor.
IT (information technology) tecnología de información, informática.
it is in the mail ya está enviado por correo, ya está de camino.
it is in the post ya está enviado por correo, ya está de camino.
item n partida, artículo.
itemise v detallar, especificar.
itemised adj detallado.
itemised account cuenta detallada.

itemised billing facturación detallada.
itemised deduction limitation limitación de deducciones detalladas.
itemised deductions deducciones detalladas.
itemised invoice factura detallada.
itemize v detallar, especificar.
itemized adj detallado.
itemized account cuenta detallada.
itemized billing facturación detallada.
itemized deduction limitation limitación de deducciones detalladas.
itemized deductions deducciones detalladas.
itemized invoice factura detallada.
iteration n iteración.
itinerant adj itinerante, ambulante.
itinerant peddling venta ambulante.
itinerant vendor vendedor ambulante.
itinerant worker trabajador itinerante.
itinerary n itinerario.

J

J-curve n curva en J.
jeopardy assessment colección de impuestos de forma inmediata si se sospecha que no será posible cobrarlos después.
jerry adj de calidad inferior.
jerry-build v fabricar mal, fabricar a la carrera.
jerry-built adj mal fabricado.
JIC (just-in-case) sistema en el cual se mantiene un inventario extenso.
jingle n jingle publicitario.
JIT (just-in-time) justo a tiempo.
JIT production (just-in-time production) producción justo a tiempo.
job n trabajo, empleo, ocupación, tarea.
job ad anuncio de trabajo, anuncio de empleo.
job advancement progreso en el trabajo, progreso en el empleo.
job advertisement anuncio de trabajo, anuncio de empleo.
job analysis análisis de trabajo.
job application solicitud de trabajo, solicitud de empleo.
job bank banco de trabajos, banco de empleos.
job center centro de trabajo, centro de empleo.
job centre centro de trabajo, centro de empleo.
job change cambio de trabajo, cambio de empleo.
job choice selección de trabajo, selección de empleo.
job classification clasificación de trabajo, clasificación del empleo.
job cluster grupo de trabajos similares.
job control control del trabajo, control del empleo.
job costing costeo del trabajo.
job creation creación de trabajos, creación de empleos.
job cycle ciclo de trabajo.
job decision decisión de trabajo, decisión de empleo.
job definition definición de trabajo, definición del empleo.
job description descripción de trabajo, descripción del empleo.
job design diseño del trabajo, diseño del empleo.

job enrichment enriquecimiento del trabajo, enriquecimiento del empleo.
job environment ambiente de trabajo, ambiente de empleo.
job evaluation evaluación de trabajo, evaluación de empleo.
job expectations expectativas de trabajo, expectativas del empleo.
job flexibility flexibilidad del trabajo, flexibilidad del empleo.
job hop cambiar de trabajo, cambiar frecuentemente de trabajo, cambiar de empleo, cambiar frecuentemente de empleo.
job hopping cambio de trabajo, cambio frecuente de trabajo, cambio de empleo, cambio frecuente de empleo.
job hunting búsqueda de trabajo, búsqueda de empleo.
job loss pérdida de trabajo, pérdida de empleo.
job market mercado de trabajos, mercado de empleos.
job motivation motivación en el trabajo, motivación en el empleo.
job objective objetivo del trabajo.
job offer oferta de trabajo, oferta de empleo.
job opening trabajo vacante, vacante.
job opportunity oportunidad de trabajo, oportunidad de empleo.
job order orden de trabajo.
job-order costing costeo por orden de trabajo.
job-oriented adj orientado al trabajo, orientado al empleo.
job outlook perspectivas de trabajo, perspectivas de empleo.
job performance ejecución del trabajo.
job placement colocación de trabajo, colocación de empleo.
job planning planificación del trabajo.
job preferences preferencias de trabajo, preferencias de empleo.
job prospects perspectivas de trabajo, perspectivas de empleo.
job protection protección del trabajo, protección del empleo.
job quotas cuotas de trabajo, cuotas de empleo.
job rate tasa por trabajo.
job-related adj relacionado al trabajo, relacionado al empleo.
job-related accident accidente relacionado al trabajo, accidente relacionado al empleo.
job-related death muerte relacionada al trabajo, muerte relacionada al empleo.
job-related injury lesión relacionada al trabajo, lesión relacionada al empleo.
job requirements requisitos del trabajo, requisitos del empleo.
job rotation rotación de trabajo, rotación de empleo.
job safety seguridad de trabajo, seguridad de empleo.
job satisfaction satisfacción en el trabajo, satisfacción en el empleo.
job search búsqueda de trabajo, búsqueda de empleo.
job security seguridad de trabajo, seguridad de empleo.
job seeker quien busca trabajo, quien busca empleo.
job selection selección de trabajo, selección de empleo.

job-sharing *n* repartimiento de trabajo.
job skills destrezas del trabajo.
job specification especificación de trabajo.
job stabilisation estabilización de trabajos.
job stabilization estabilización de trabajos.
job stress estrés de trabajo, estrés de empleo.
job training entrenamiento de trabajo,
  entrenamiento de empleo.
job vacancy trabajo vacante, vacante.
jobber *n* corredor, corredor de bolsa, intermediario.
Jobcentre *n* centro de servicios gubernamentales de
  empleos.
jobholder *n* empleado.
jobless *adj* desempleado, sin empleo.
joblessness *n* desempleo.
join *v* juntar, unir, asociarse a, incorporarse a.
joint *adj* unido, conjunto, en común, mancomunado.
joint account cuenta conjunta, cuenta
  mancomunada.
joint account agreement convenio de cuenta
  conjunta.
joint acquisition coadquisición.
joint action acción conjunta.
joint adventure empresa colectiva, empresa
  conjunta, riesgo conjunto.
joint agreement convenio conjunto.
joint amount monto conjunto, cantidad conjunta.
joint and several solidario.
joint and several contract contrato solidario.
joint and several creditor acreedor solidario.
joint and several debt deuda solidaria.
joint and several debtor deudor solidario.
joint and several guarantee garantía solidaria.
joint and several guaranty garantía solidaria.
joint and several liability responsabilidad
  solidaria.
joint and several note pagaré solidario.
joint and several obligation obligación solidaria.
joint and survivorship annuity anualidad que
  sigue pagando a los beneficiarios tras la muerte del
  rentista original, anualidad mancomunada y de
  supervivencia.
joint annuity anualidad conjunta.
joint applicant solicitante conjunto.
joint assets activos combinados.
joint assignee cocesionario.
joint balance saldo conjunto.
joint bank account cuenta bancaria conjunta.
joint beneficiaries beneficiarios conjuntos.
joint benefits beneficios combinados.
joint borrower prestatario conjunto.
joint capital capital conjunto.
joint capitalisation capitalización conjunta.
joint capitalization capitalización conjunta.
joint contract contrato conjunto.
joint control control conjunto.
joint correlation correlación conjunta.
joint cost costo conjunto, coste conjunto.
joint creditor coacreedor, acreedor mancomunado.
joint debtor codeudor, deudor mancomunado.
joint debts deudas conjuntas, deudas
  mancomunadas.
joint demand demanda conjunta.
joint deposit depósito conjunto, depósito
  mancomunado.
joint director codirector.
joint discount descuento conjunto.
joint effort esfuerzo conjunto.
joint employer compatrono.
joint endorsement endoso conjunto.

joint enterprise empresa conjunta.
joint estate copropiedad.
joint expenditures gastos conjuntos.
joint expenses gastos conjuntos.
joint exports exportaciones conjuntas.
joint fare tarifa conjunta.
joint financial statement estado financiero
  conjunto.
joint financing financiamiento conjunto,
  financiación conjunta.
joint guarantee garantía conjunta.
joint guarantor cogarante.
joint guaranty garantía conjunta.
joint heir coheredero.
joint imports importaciones conjuntas.
joint income ingresos conjuntos.
joint indorsement endoso conjunto.
joint initiative iniciativa conjunta.
joint insurance seguro conjunto.
joint insurance policy póliza de seguros conjunta.
joint interest interés común.
joint intervention intervención conjunta.
joint inventions invenciones conjuntas.
joint investment inversión conjunta.
joint lessee coarrendatario.
joint lessor coarrendador.
joint liability responsabilidad conjunta,
  responsabilidad mancomunada.
joint life insurance seguro de vida en conjunto.
joint limit límite conjunto.
joint loan préstamo conjunto, préstamo
  mancomunado.
joint loss pérdida conjunta.
joint management administración conjunta,
  administración mancomunada, gestión conjunta,
  gestión mancomunada.
joint obligation obligación conjunta.
joint occupancy ocupación conjunta.
joint output salida conjunta, producción conjunta.
joint owners copropietarios, condueños.
joint ownership copropiedad, posesión conjunta.
joint partnership sociedad conjunta.
joint patent patente conjunta.
joint payment pago conjunto.
joint policy póliza conjunta, póliza de seguro
  común.
joint possession coposesión, posesión conjunta.
joint production producción conjunta.
joint profit beneficio conjunto, ganancia conjunta.
joint promissory note pagaré conjunto.
joint proprietor copropietario.
joint rate tasa conjunta.
joint receipts entradas conjuntas.
joint reserves reservas conjuntas.
joint responsibility responsabilidad conjunta.
joint return planilla conjunta, declaración sobre
  impuestos conjunta, declaración conjunta sobre la
  renta.
joint revenue ingresos conjuntos.
joint risk riesgo conjunto.
joint sales ventas conjuntas.
joint signature firma conjunta.
joint spending gastos conjuntos.
joint statement estado conjunto.
joint-stock association empresa sin incorporar
  pero con acciones.
joint-stock bank banco por acciones, sociedad
  bancaria con acciones.
joint-stock company empresa sin incorporar pero
  con acciones.

joint surety cogarante.
joint tax return planilla conjunta, declaración de impuestos conjunta, declaración conjunta sobre la renta.
joint tenancy tenencia conjunta, tenencia mancomunada, posesión conjunta, condominio, copropiedad sobre un inmueble.
joint tenancy with right of survivorship tenencia conjunta con derecho de supervivencia.
joint tenant copropietario, coinquilino, coarrendatario.
joint trustees cofiduciarios.
joint undertaking empresa conjunta.
joint value valor conjunto.
joint venture empresa conjunta, joint venture.
joint venture account cuenta de una empresa conjunta.
jointly *adv* conjuntamente, mancomunadamente.
jointly acquired property propiedad adquirida en común por esposos.
jointly and severally solidariamente.
joker *n* cláusula deliberadamente ambigua, disposición engañosa.
journal *n* diario, libro diario.
journal entry asiento de diario.
journal voucher comprobante de diario.
journalise *v* anotar en el diario, registrar en el diario.
journalize *v* anotar en el diario, registrar en el diario.
journeywork *n* trabajo rutinario.
judgement *n* sentencia, fallo, decisión, juicio, opinión.
judgement creditor acreedor que ha obtenido un fallo contra un deudor.
judgement debt deuda corroborada por fallo.
judgement debtor deudor contra quien un acreedor ha obtenido un fallo.
judgment *n* sentencia, fallo, decisión, juicio, opinión.
judgment creditor acreedor que ha obtenido un fallo contra un deudor.
judgment debt deuda corroborada por fallo.
judgment debtor deudor contra quien un acreedor ha obtenido un fallo.
judicial *adj* judicial.
judicial foreclosure ejecución hipotecaria judicial.
judicial lien gravamen judicial, gravamen por fallo judicial.
judicial order orden judicial.
judicial procedure procedimiento judicial.
judicial sale venta judicial.
judicial trustee fiduciario judicial.
jumbo CD (jumbo certificate of deposit) certificado de depósito enorme.
jumbo certificate of deposit certificado de depósito enorme.
jumbo loan préstamo enorme.
jump *v* saltar, subir precipitadamente.
junior accountant contador auxiliar, contable auxiliar.
junior bond bono subordinado.
junior creditor acreedor subordinado, acreedor secundario.
junior debt deuda subordinada.
junior encumbrance gravamen subordinado, gravamen secundario.
junior lien privilegio subordinado.
junior management subjefes, administradores subordinados.

junior mortgage hipoteca subordinada, hipoteca secundaria, hipoteca posterior.
junior partner socio menor.
junior securities valores subordinados.
junior staff personal subordinado.
junk bond bono de calidad inferior.
junk email correo electrónico de propaganda no solicitado.
junk faxes facsímiles de propaganda no solicitados.
junk mail correo de propaganda no solicitado, correo electrónico de propaganda no solicitado.
junket *n* arreglo mediante el cual un casino paga ciertos gastos de un apostador para que apueste en dicho casino.
just compensation indemnización justa por expropiación, remuneración razonable.
just consideration contraprestación adecuada.
just debts deudas legalmente exigibles.
just-in-case *n* sistema en el cual se mantiene un inventario extenso.
just-in-time *adj* justo a tiempo, just-in-time.
just-in-time production producción justo a tiempo, producción just-in-time.
just title justo título.
just value justo valor, valor justo en el mercado.
justified price precio justificado.

K

Kaizen *n* Kaizen.
Kanban *n* Kanban.
karat *n* quilate.
keelage *n* derecho de quilla.
keep *n* sustento, subsistencia.
keep *v* retener, guardar, conservar, cuidar, reservar, tener.
keep back retener, ocultar, retrasar.
keep down oprimir, reprimir, contener.
keep in repair mantener en buen estado de funcionamiento.
keep in touch mantenerse en contacto.
keep records mantener registros, mantener expedientes.
keep under mantener sometido.
keep under wraps mantener secreto.
keeping books mantener libros contables.
Keiretsu Keiretsu.
Keogh Plan plan de retiro para personas con negocio propio, plan Keogh.
kerb market bolsín.
key *adj* clave.
key account cuenta clave.
key currency moneda clave.
key data datos claves.
key employee empleado clave.
key employee insurance seguro contra muerte o incapacidad de empleado clave.
key indicator indicador clave.
key industry industria clave.
key job trabajo clave.
key money dinero adicional que se paga por adelantado al alquilar una propiedad, dinero adicional que se paga para poder seguir alquilando una propiedad.
key person persona clave, empleado clave.

key person insurance seguro contra muerte o incapacidad de empleado clave.
key rate tasa clave, tarifa clave.
key ratio ratio clave, razón clave.
keyage *n* derecho de muelle.
keyboard *n* teclado.
Keynesian *adj* keynesiano.
Keynesianism *n* keynesianismo.
keynote address conferencia principal.
keynote speaker conferencista principal.
keynote speech conferencia principal.
keyword *n* palabra clave.
kg (kilogram) kilogramo.
kickback *n* comisión ilegal, soborno.
kicker *n* característica adicional que realza la comerciabilidad de valores.
kiddie tax impuesto usando la tasa del padre sobre los ingresos de sus hijos no devengados del trabajo personal.
kilo (kilogram) kilogramo.
kilogram *n* kilogramo.
kilometer *n* kilómetro.
kilometre *n* kilómetro.
kind, in en especie.
king-size *adj* de tamaño extra grande, del tamaño más grande disponible.
kiosk *n* quiosco.
kite *n* cheque sin fondos, letra de favor.
kiting *n* el girar un cheque sin fondos, el girar un cheque sin fondos con la expectativa de que se depositarán los fondos necesarios antes de cobrarse dicho cheque.
kleptocracy *n* cleptocracia.
km (kilometer, kilometre) kilómetro.
knock down asignar al mejor postor mediante un martillazo.
knockdown price precio de ganga, precio mínimo.
knockoff *n* imitación fraudulenta, imitación no autorizada.
know-how *n* pericia, conocimientos especializados.
know-your-customer rules reglas de conocer ciertos datos de clientes.
knowledge economy economía del conocimiento.
knowledge-intensive *adj* requiriendo muchos conocimientos.
knowledge management gestión del conocimiento.
knowledgeable *adj* conocedor, informado, erudito.

L

L/C (letter of credit) carta de crédito.
label *n* etiqueta, rótulo, marca.
label *v* rotular, etiquetar.
labeling *n* etiquetado.
labeling laws leyes de etiquetado.
labelling *n* etiquetado.
labelling laws leyes de etiquetado.
labor *adj* laboral.
labor *n* trabajo, mano de obra.
labor *v* trabajar.
labor action acción laboral.
labor administration administración laboral.
labor agreement acuerdo laboral, convenio colectivo laboral.

labor arbitration arbitraje laboral.
labor clause cláusula laboral.
labor code código laboral.
labor contract contrato colectivo de trabajo.
labor costs costos de personal, costes de personal, costo laboral, coste laboral.
labor demand demanda laboral.
labor discrimination discriminación laboral.
labor dispute conflicto laboral, conflicto colectivo.
labor efficiency eficiencia laboral.
labor efficiency variance varianza de la eficiencia laboral.
labor exchange bolsa de trabajo.
labor federation confederación de sindicatos.
labor force fuerza laboral, mano de obra.
labor income ingresos laborales.
labor-intensive *adj* con mucha mano de obra.
labor-intensive industry industria con mucha mano de obra.
labor law derecho laboral, ley laboral.
labor leader líder obrero, líder gremial.
labor legislation legislación laboral.
labor market mercado laboral.
labor mobility movilidad laboral.
labor monopoly monopolio laboral.
labor movement movimiento laboral.
labor organisation sindicato laboral.
labor organization sindicato laboral.
labor piracy piratería laboral.
labor pool bolsa de trabajo.
labor practices prácticas laborales.
labor productivity productividad laboral.
labor regulations reglamentos laborales.
labor relations relaciones laborales.
labor shortage escasez laboral.
labor standards normas laborales.
labor statistics estadísticas laborales.
labor supply oferta laboral.
labor turnover rotación laboral, giro laboral.
labor union gremio laboral, sindicato obrero.
labor variance varianza laboral.
laborer *n* obrero, persona que labora.
labour *adj* laboral.
labour *n* trabajo, mano de obra.
labour *v* trabajar.
labour action acción laboral.
labour administration administración laboral.
labour agreement acuerdo laboral, convenio colectivo laboral.
labour arbitration arbitraje laboral.
labour clause cláusula laboral.
labour code código laboral.
labour contract contrato colectivo de trabajo.
labour costs costos de personal, costes de personal, costo laboral, coste laboral.
labour demand demanda laboral.
labour discrimination discriminación laboral.
labour dispute conflicto laboral, conflicto colectivo.
labour efficiency eficiencia laboral.
labour efficiency variance varianza de la eficiencia laboral.
labour exchange bolsa de trabajo.
labour federation confederación de sindicatos.
labour force fuerza laboral.
labour income ingresos laborales.
labour-intensive *adj* de mucha mano de obra.
labour-intensive industry industria de mucha mano de obra.
labour law derecho laboral, ley laboral.

labour leader líder obrero, líder gremial.
labour legislation legislación laboral.
labour market mercado laboral.
labour mobility movilidad laboral.
labour monopoly monopolio laboral.
labour movement movimiento laboral.
labour organisation sindicato laboral.
labour organization sindicato laboral.
labour piracy piratería laboral.
labour pool bolsa de trabajo.
labour practices prácticas laborales.
labour productivity productividad laboral.
labour regulations reglamentos laborales.
labour relations relaciones laborales.
labour shortage escasez laboral.
labour standards normas laborales.
labour statistics estadísticas laborales.
labour supply oferta laboral.
labour turnover rotación laboral, giro laboral.
labour union gremio laboral, sindicato obrero.
labour variance varianza laboral.
labourer *n* obrero, persona que labora.
laches *n* inactividad en ejercer ciertos derechos que lleva a la pérdida de dichos derechos.
lack *n* falta, deficiencia.
lack of competition falta de competencia.
lack of consideration falta de contraprestación.
lack of credibility falta de credibilidad.
lack of demand falta de demanda.
lack of funds falta de fondos.
lack of growth falta de crecimiento.
lack of supply falta de oferta.
laddered portfolio cartera de valores escalonada.
lading *n* carga, cargamento.
Laffer Curve curva de Laffer.
lag *n* retraso, duración del retraso.
lagan *n* mercancías arrojadas al mar e identificadas con una boya para ser rescatadas.
lagging indicators indicadores atrasados.
laissez-faire *n* política de interferir al mínimo, laissez faire.
LAN (local-area network) red de área local, red local, LAN.
land *n* terreno, tierra, tierras, país.
land administration administración de tierras.
land administrator administrador de tierras.
land agent administrador de tierras, agente inmobiliario.
land and buildings terrenos y edificios.
land bank banco federal para préstamos agrícolas con términos favorables, banco de préstamos hipotecarios.
land boundaries lindes de un terreno.
land certificate certificado de tierras.
land contract contrato concerniente a un inmueble, contrato de compraventa de un inmueble.
land damages compensación por expropiación.
land description lindes de un terreno.
land development urbanización, edificación de terrenos.
land district distrito federal creado para la administración de tierras.
land economy economía de la tierra, economía agrícola.
land grant concesión de tierras, concesión de tierras públicas.
land holder terrateniente.
land improvement aprovechamiento de tierras.
land in abeyance tierras sin titular.
land lease arrendamiento de terreno, arrendamiento

de terreno vacante.
land management administración de tierras, gestión de tierras.
land manager administrador de tierras.
land measures medidas de terreno.
land owner propietario de terrenos, propietario de tierras, propietario de inmuebles, terrateniente.
land ownership posesión de terrenos, posesión de tierras.
land patent concesión de tierras públicas, documento que certifica una concesión de tierras públicas.
land property propiedad, propiedad rural, predio.
land reclamation reclamación de tierras.
land reform reforma agraria.
land registry registro de la propiedad.
land rent renta de terreno.
land revenues rentas inmobiliarias.
land sale contract contrato de compraventa de tierras.
land survey agrimensura.
land tax impuesto inmobiliario, impuesto territorial.
land tenant dueño de tierras.
land trust fideicomiso de tierras.
land use utilización de tierras.
land-use intensity intensidad de utilización de tierras.
land-use planning normas para planificar la utilización de tierras.
land-use regulations reglamentos sobre la utilización de tierras.
land value valor del terreno, valor de la tierra.
land warrant documento que certifica una concesión de tierras públicas.
landed cost precio incluyendo todos los gastos tales como entrega e impuestos.
landed estate propiedad inmueble.
landed interest interés relativo a un inmueble.
landed price precio incluyendo todos los gastos tales como entrega e impuestos.
landed property propiedad inmueble, bienes raíces.
landfill *n* vertedero.
landless *adj* sin tierras.
landlocked *adj* terreno completamente rodeado de terrenos de otras personas.
landlocked country país sin litoral, país completamente rodeado de terrenos de otros países.
landlord *n* arrendador, locador, terrateniente.
landlord and tenant relationship relación arrendador-arrendatario.
landmark *n* mojón, hito, punto de referencia.
landowner *n* propietario de terrenos, propietario de tierras, propietario de inmuebles, terrateniente.
landownership *n* posesión de terrenos, posesión de tierras.
lands, tenements, and hereditaments bienes inmuebles.
language barrier barrera lingüística.
lapping *n* ocultación de escasez mediante la manipulación de cuentas.
lapsable *adj* caducable, prescriptible.
lapse *n* lapso, equivocación, caducidad, prescripción.
lapse *v* caducar, prescribir.
lapse of offer caducidad de la oferta.
lapse of policy caducidad de la póliza.
lapse of time lapso de tiempo, intervalo de tiempo.
lapse patent nueva concesión de tierras al caducar la anterior.
lapse ratio ratio de caducidad, razón de caducidad.

lapsed *adj* caducado, prescrito, cumplido.
lapsed option opción expirada.
lapsed policy póliza caducada.
larceny *n* latrocinio, hurto.
larceny by bailee hurto de parte del depositario.
large-cap *adj* relacionado con compañías cuya capitalización de mercado es muy alta.
large-capitalisation *adj* relacionado con compañías cuya capitalización de mercado es muy alta.
large-capitalisation company compañía cuya capitalización de mercado es muy alta.
large-capitalization *adj* relacionado con compañías cuya capitalización de mercado es muy alta.
large-capitalization company compañía cuya capitalización de mercado es muy alta.
large loss principle principio de pérdidas grandes.
large-scale *adj* a gran escala.
large-scale cultivation cultivo a gran escala.
large-scale production producción a gran escala.
largely *adv* en gran medida, en gran parte.
Laspeyres index índice de Laspeyres.
last-in-first-out último en entrar-primero en salir.
last known address último domicilio conocido.
last-minute *adj* de última hora, de último momento.
last sale venta más reciente, última venta.
last trading day último día para liquidar.
last twelve months los últimos doce meses.
last will and testament testamento.
late charge cargo adicional por pago atrasado.
late claim reclamación tardía.
late fee cargo adicional por pago atrasado.
late filer quien radica tardíamente.
late filing radicación tardía.
late filing penalty penalidad por radicación tardía.
late payment pago tardío, abono tardío.
late payment penalty penalidad por pago tardío.
latent deed escritura ocultada por más de 20 años.
latent defect defecto oculto, vicio oculto.
latent fault defecto oculto, vicio oculto.
latent reserves reservas ocultas.
lateral communication comunicación lateral.
lateral integration integración lateral.
lateral support apoyo lateral.
latest date fecha límite.
launch *n* lanzamiento.
launch *v* lanzar.
launch a new product lanzar un nuevo producto.
launching *n* lanzamiento.
launder money lavar dinero.
laundered money dinero lavado.
laundering *n* lavado de dinero.
law *n* ley, leyes, derecho.
law of demand ley de la demanda.
law of diminishing returns ley de los rendimientos decrecientes.
law of increasing costs ley de los costos crecientes, ley de los costes crecientes.
law of increasing returns ley de los rendimientos crecientes.
law of large numbers ley de los números grandes.
law of probability ley de la probabilidad.
law of proportionality ley de la proporcionalidad.
law of small numbers ley de los números pequeños.
law of supply ley de oferta.
law of supply and demand ley de oferta y demanda.

lawful *adj* legal, lícito, permitido.
lawful business negocios lícitos.
lawful condition condición lícita.
lawful currency moneda de curso legal, moneda lícita.
lawful discharge liberación de acuerdo al derecho de quiebra.
lawful goods bienes lícitos.
lawful money moneda de curso legal, moneda lícita.
lawful possession posesión legítima.
lawful trade comercio lícito.
lawfully *adv* legalmente, lícitamente.
lawsuit *n* demanda, pleito, acción legal, litigio.
lawyer *n* abogado, licenciado, letrado.
lay off suspender un empleado, despedir un empleado.
lay out desembolsar, presentar.
layaway *v* reservar una compra con un anticipo, reservar una compra con un anticipo y luego recibir la mercancía al pagar totalmente.
layoff *n* suspensión de un empleado, despido.
layoff pay paga por despido.
layout *n* distribución, arreglo, esquema, diseño.
lb. (libra, pound) libra.
LBO (leveraged buyout) compra apalancada, compra de la mayoría de las acciones de una compañía usando principalmente fondos prestados.
LDC (less-developed country) país menos desarrollado, país menos adelantado.
lead bank banco líder.
lead indicators indicadores anticipados.
lead insurer asegurador líder.
lead manager entidad que coordina una emisión de valores.
lead partner socio principal.
lead time tiempo de entrega.
leader *n* líder, jefe.
leader pricing líder en pérdida, artículo vendido bajo costo para atraer clientela en espera que se hagan otras compras lucrativas para el negocio.
leadership *n* liderazgo.
leading-edge technology tecnología de punta, tecnología avanzada, tecnología de vanguardia.
leading indicators indicadores anticipados.
leading price precio líder.
leading sector sector líder.
leading technology tecnología líder.
leaflet *n* volante, folleto.
leak information filtrar información.
leakage *n* filtración, escape, descuento en los derechos aduaneros por la pérdida de líquidos de importadores.
lean *adj* eficiente y utilizando el mínimo de personal, con poco desperdicio, económico, no próspero, difícil.
lean manufacturing manufactura eficiente utilizando el mínimo de personal.
lean production producción eficiente utilizando el mínimo de personal.
learning curve curva de aprendizaje.
leasable *adj* arrendable.
lease *n* arrendamiento, contrato de arrendamiento, locación, alquiler.
lease *v* arrendar, alquilar.
lease agreement contrato de arrendamiento.
lease broker corredor de arrendamientos.
lease commitment compromiso de arrendamiento.
lease company compañía de arrendamiento.
lease contract contrato de arrendamiento.

lease department departamento de arrendamientos.
lease financing financiamiento de arrendamientos.
lease, for se arrienda.
lease for lives arrendamiento de por vida.
lease for years arrendamiento por un número determinado de años.
lease in reversion arrendamiento efectivo al terminarse uno existente.
lease line línea arrendada.
lease option opción de arrendamiento.
lease with option to purchase arrendamiento con opción de compra.
leaseback *n* retroarriendo, venta de una propiedad que entonces se arrienda a quien lo vendió.
leased *adj* arrendado, alquilado.
leased goods bienes arrendados.
leasehold *n* derechos sobre la propiedad que tiene el arrendatario, arrendamiento.
leasehold improvements mejoras hechas por el arrendatario.
leasehold interest interés que tiene el arrendatario en la propiedad.
leasehold mortgage hipoteca garantizada con el interés del arrendatario en la propiedad, hipoteca de inquilinato.
leasehold property propiedad arrendada.
leasehold value valor del interés que tiene el arrendatario en la propiedad.
leaseholder *n* arrendatario, locatario.
leasing *n* arrendamiento, locación, alquiler, leasing.
leasing agreement contrato de arrendamiento.
leasing broker corredor de arrendamientos.
leasing commitment compromiso de arrendamiento.
leasing company compañía de arrendamiento.
leasing contract contrato de arrendamiento.
leasing financing financiamiento de arrendamientos.
leasing option opción de arrendamiento.
leasing term período del arrendamiento.
least-advanced countries países menos adelantados, países menos desarrollados.
least-cost analysis análisis de costo mínimo, análisis de coste mínimo.
least-developed countries países menos desarrollados, países menos adelantados.
least-effort principle principio del esfuerzo mínimo.
least-squares method método de cuadrados mínimos.
leave *n* permiso.
leave of absence permiso para ausentarse.
leave out dejar fuera, omitir.
ledger *n* libro mayor, mayor.
ledger account cuenta del mayor.
ledger balance saldo del mayor.
ledger entry asiento del mayor.
ledger paper papel de cuentas.
left-winger *n* izquierdista.
leftism *n* izquierdismo.
leftist *adj* izquierdista.
leftist *n* izquierdista.
legacy *n* legado.
legacy duty impuesto sucesorio, impuesto sobre herencias.
legacy tax impuesto sucesorio, impuesto sobre herencias.
legal *adj* legal, lícito, legítimo, jurídico.
legal action acción legal.
legal address domicilio legal.

legal advice asesoramiento legal, asesoramiento jurídico.
legal adviser asesor legal, asesor jurídico.
legal advisor asesor legal, asesor jurídico.
legal age mayoría de edad.
legal aid asesoramiento legal, asesoramiento legal gratuito.
legal auction subasta judicial.
legal capacity capacidad legal.
legal capital capital legal.
legal consideration contraprestación legal.
legal consultant consejero legal, consejero jurídico.
legal costs costos legales, costes legales.
legal debts deudas exigibles mediante tribunal.
legal deposit depósito legal.
legal description descripción legal.
legal entity entidad legal, entidad jurídica.
legal expense insurance seguro de gastos legales.
legal expenses gastos legales.
legal fees honorarios legales, costos legales, costes legales.
legal framework marco legal.
legal fraud fraude implícito.
legal holiday día feriado oficial.
legal interest interés legal.
legal investments inversiones permitidas para ciertas instituciones financieras.
legal lending limit límite de préstamos legal.
legal liability responsabilidad legal.
legal limit límite legal.
legal list lista legal, lista de inversiones permitidas para ciertas instituciones financieras.
legal loophole laguna legal.
legal monopoly monopolio legal.
legal mortgage hipoteca legal.
legal name nombre legal.
legal notice notificación legal.
legal obligation obligación legal.
legal opinion opinión legal.
legal owner propietario legal.
legal person persona jurídica.
legal possession posesión legal.
legal possessor poseedor legítimo.
legal purpose propósito legal.
legal rate tasa legal.
legal rate of interest tasa de interés legal.
legal remedy recurso legal.
legal representative representante legal.
legal reserve reserva legal.
legal residence domicilio legal.
legal strike huelga legal.
legal system sistema legal.
legal tariff tarifa legal.
legal tender moneda de curso legal.
legal title título perfecto de propiedad.
legal transfer transferencia legal.
legalese *n* jerga legal, jerga legal utilizada para dificultar la comprensión de lo que se dice o escribe.
legalisation *n* legalización.
legalise *v* legalizar.
legality *n* legalidad.
legalization *n* legalización.
legalize *v* legalizar.
legally *adv* legalmente.
legally binding legalmente vinculante, legalmente obligante.
legatee *n* legatario.
legator *n* testador.

legibility *n* legibilidad.
legible *adj* legible.
legislation *n* legislación.
legitimate *adj* legítimo.
leisure industry industria del ocio.
leisure time tiempo de ocio, tiempo libre.
lend *v* prestar, proveer.
lender *n* prestador, prestamista.
lender liability responsabilidad del prestador.
lender of last resort prestamista de última instancia, prestamista de último recurso.
lender participation participación del prestador.
lending at a premium prestar con prima.
lending bank banco de préstamos.
lending capacity capacidad de otorgar préstamos.
lending ceiling límite de préstamos.
lending institution institución de préstamos.
lending margin margen de préstamos.
lending policy política de préstamos.
lending rate tasa de préstamos.
lending requirements requisitos de préstamos.
lending securities prestar valores.
length *n* largo, duración.
less-developed country país menos desarrollado, país menos adelantado.
less than carload menos de vagón.
lessee *n* arrendatario, locatario.
lessee's interest interés que tiene el arrendatario en la propiedad.
lessen *v* disminuir, decrecer.
lesser *adj* menor, inferior.
lessor *n* arrendador, locador.
lessor's interest el valor presente del contrato de arrendamiento más el valor de la propiedad al expirar dicho contrato.
let *n* arrendamiento, contrato de arrendamiento, alquiler.
let *v* alquilar, arrendar, permitir, adjudicar un contrato a un postor.
let, to se alquila.
letter box buzón.
letter drop buzón.
letter of acceptance carta de aceptación.
letter of advice carta de aviso, carta con instrucciones.
letter of appointment carta de nombramiento.
letter of attorney poder, carta de poder.
letter of authorisation carta de autorización.
letter of authority carta de autorización.
letter of authorization carta de autorización.
letter of comfort carta de recomendación financiera, carta de un contador público autorizado confirmando ciertos datos.
letter of commitment carta de compromiso.
letter of credit carta de crédito.
letter of deposit carta de depósito.
letter of exchange letra de cambio.
letter of guarantee carta de garantía.
letter of guaranty carta de garantía.
letter of indication carta de indicación.
letter of intent carta de intención.
letter of licence carta para extender el plazo de pago de un deudor.
letter of license carta para extender el plazo de pago de un deudor.
letter of recall carta enviada por un fabricante para informar sobre defectos en sus productos y sobre el procedimiento para corregirlos.
letter of recommendation carta de recomendación.
letter of representation carta de representación.

letter of resignation carta de renuncia.
letter of transmission carta de remisión.
letter of transmittal carta de remisión.
letter patent documento mediante el cual un gobierno concede una patente, patente de invención.
letter stock acciones que no se pueden vendar al público.
letterhead *n* membrete.
letting *n* arrendamiento.
letting out arrendamiento, adjudicación de un contrato.
level *adj* nivelado, estable, constante.
level *n* nivel, grado, categoría.
Level 1 Nivel 1.
Level 2 Nivel 2.
Level 3 Nivel 3.
level annuity anualidad de pagos parejos.
level commissions comisiones parejas.
level debt service servicio de deuda parejo.
Level I Nivel I.
Level II Nivel II.
Level III Nivel III.
level of centralisation nivel de centralización.
level of centralization nivel de centralización.
level of employment nivel de empleo.
level-payment amortization amortización de pagos parejos.
level-payment annuity anualidad de pagos parejos.
level-payment loan préstamo de pagos parejos.
level-payment mortgage hipoteca de pagos parejos.
level-payment plan plan de pagos parejos.
level payments pagos parejos.
level playing field situación donde ninguna de las partes tiene desventajas injustas.
level premium insurance seguro con primas parejas.
level premiums primas parejas.
leveling off nivelación, estabilización.
levelling off nivelación, estabilización.
leverage *n* apalancamiento, poder de adquirir algo por un pago inicial pequeño comparado con el valor total, nivel de endeudamiento relativo al capital, peso.
leverage ratio ratio de apalancamiento, razón de apalancamiento.
leveraged buyout compra apalancada, compra de la mayoría de las acciones de una compañía usando principalmente fondos prestados.
leveraged company compañía apalancada.
leveraged investment company compañía de inversiones apalancada.
leveraged lease arrendamiento apalancado.
leveraged takeover toma del control apalancada.
leviable *adj* gravable, imponible, tributable, exigible.
levier *n* imponedor.
levy *n* embargo, impuesto, gravamen, tasación.
levy *v* embargar, imponer, gravar, tasar.
levy taxes imponer impuestos.
liability *n* responsabilidad, obligación, deuda, pasivo.
liability accounts cuentas de pasivo.
liability administration administración del pasivo.
liability bond fianza de responsabilidad civil.
liability in contract responsabilidad contractual.
liability insurance seguro de responsabilidad civil, seguro de responsabilidad.
liability limits límites de cobertura de póliza de

responsabilidad civil.
liability management administración del pasivo, gestión del pasivo.
liability to taxation obligación de pagar impuestos.
liable *adj* responsable, obligado.
liable for tax sujeto a impuestos.
libel *n* libelo, difamación escrita.
liberal *adj* liberal.
liberal *n* liberal.
liberal returns policy política de devoluciones liberal.
liberalisation *n* liberalización.
liberalism *n* liberalismo.
liberalist *adj* liberalista.
liberalist *n* liberalista.
liberalization *n* liberalización.
liberty of contract libertad contractual.
LIBID (London Interbank Bid Rate) tasa Libid.
LIBOR (London Interbank Offered Rate) tasa Libor.
LIBOR Rate tasa Libor.
licence *n* licencia, permiso, concesión, autorización.
licence *v* licenciar, permitir, autorizar.
licence application solicitud de licencia.
licence bond fianza de licencia.
licence contract contrato de licencia.
licence fee impuesto pagadero para una licencia.
licence laws leyes sobre actividades que requieren licencias.
licence plate placa de automóvil, tablilla, permiso de circulación de vehículos.
licence tax impuesto pagadero para una licencia.
licence to operate licencia para operar.
licenced *adj* licenciado, autorizado.
licenced lender prestador autorizado.
licenced premises local autorizado para vender bebidas alcohólicas.
licencee *n* licenciatario, concesionario.
licencer *n* licenciador, licenciante.
licencing *n* otorgamiento de licencias, venta de licencias.
licencing agreement convenio de licencia.
licencing authority autoridad para otorgar licencias.
licencing power autoridad para otorgar licencias.
licencing requirements requisitos para obtener licencias.
license *n* licencia, permiso, concesión, autorización.
license *v* licenciar, permitir, autorizar.
license application solicitud de licencia.
license bond fianza de licencia.
license contract contrato de licencia.
license fee impuesto pagadero para una licencia.
license laws leyes sobre actividades que requieren licencias.
license plate placa de automóvil, tablilla, permiso de circulación de vehículos.
license tax impuesto pagadero para una licencia.
license to operate licencia para operar.
licensed *adj* licenciado, autorizado.
licensed lender prestador autorizado.
licensed premises local autorizado para vender bebidas alcohólicas.
licensee *n* licenciatario, concesionario.
licenser *n* licenciador, licenciante.
licensing *n* otorgamiento de licencias, venta de licencias.
licensing agreement convenio de licencia.

licensing authority autoridad para otorgar licencias.
licensing power autoridad para otorgar licencias.
licensing requirements requisitos para obtener licencias.
licensor *n* licenciador, licenciante.
licitation *n* licitación.
lie to colindar, mentir a.
lien *n* gravamen, carga, derecho de retención.
lien account declaración de los gravámenes con respecto a ciertos bienes.
lien creditor acreedor con derecho de retención.
lienee *n* deudor cuyos bienes están sujetos a un gravamen.
lienholder *n* quien se beneficia de un gravamen.
lienor *n* acreedor con derecho de retención.
lieu of, in en vez de.
lieu tax impuesto sustitutivo.
life *n* vida, vigencia, carrera.
life and health insurance seguro de vida y salud.
life annuitant pensionado vitalicio.
life annuity anualidad vitalicia.
life annuity certain anualidad vitalicia con garantía de número mínimo de pagos.
life assurance seguro de vida.
life assurance benefits beneficios de seguro de vida.
life assurance company compañía de seguros de vida.
life assurance cost costo de seguro de vida, coste de seguro de vida.
life assurance in force seguro de vida en vigor.
life assurance limits límites de seguro de vida.
life assurance policy póliza de seguro de vida.
life assurance proceeds pagos al beneficiario de un seguro de vida.
life assurance provider proveedor de seguro de vida.
life assurance reserves reserva de seguro de vida.
life assurance trust fideicomiso consistente de pólizas de seguros de vida.
life beneficiary beneficiario vitalicio.
life cycle ciclo de vida.
life cycle model modelo de ciclo de vida.
life estate propiedad vitalicia.
life expectancy expectativa de vida.
life-hold *n* arrendamiento vitalicio.
life insurance seguro de vida.
life insurance benefits beneficios de seguro de vida.
life insurance company compañía de seguros de vida.
life insurance cost costo de seguro de vida, coste de seguro de vida.
life insurance in force seguro de vida en vigor.
life insurance limits límites de seguro de vida.
life insurance policy póliza de seguro de vida.
life insurance proceeds pagos al beneficiario de un seguro de vida.
life insurance provider proveedor de seguro de vida.
life insurance reserves reserva de seguro de vida.
life insurance trust fideicomiso consistente de pólizas de seguros de vidas.
life interest usufructo vitalicio.
life-land *n* arrendamiento vitalicio.
life member miembro vitalicio.
life of a patent duración de una patente, vigencia de una patente.
life of a project duración de un proyecto, vida de

un proyecto.
life of loan cap tasa de interés máxima durante la vida de un préstamo.
life pension pensión vitalicia.
life policy póliza de seguro de vida.
life savings ahorros de toda la vida.
life span duración de la vida.
life tenancy posesión vitalicia, arrendamiento vitalicio, usufructo vitalicio.
life tenant usufructuario vitalicio.
lifecycle *n* ciclo de vida.
lifespan *n* duración de la vida.
lifestyle *n* estilo de vida.
lifetime *adj* vitalicio.
lifetime *n* vida, curso de vida.
lifetime employment empleo de por vida.
lifetime gift regalo en vida.
lifetime guarantee garantía de por vida.
lifetime guaranty garantía de por vida.
lifetime income ingresos de por vida.
lifetime security seguridad de por vida.
lifetime warranty garantía de por vida.
LIFFE (London International Financial Futures Exchange) Bolsa de Futuros Financieros Internacional de Londres.
LIFO (last-in-first-out) último en entrar-primero en salir.
lifting of restrictions levantamiento de restricciones.
ligan *n* mercancías arrojadas al mar e identificadas con una boya para ser rescatadas.
light-duty *adj* de servicio liviano.
light industry industria ligera.
light pen *n* lápiz óptico.
light trading pequeña cantidad de transacciones.
light work trabajo liviano.
lighterage *n* transporte por medio de barcazas.
lightning strike huelga relámpago.
lightpen *n* lápiz óptico.
like benefits beneficios similares.
like-kind exchange intercambio de bienes similares.
like-kind property propiedad similar.
limit *n* límite, linde, término, restricción.
limit *v* limitar, deslindar, restringir.
limit control control de límites.
limit down máximo permitido de baja en el precio de un contrato de futuros en un día.
limit of liability límite de responsabilidad.
limit order orden con precio límite, orden para transacción a un precio específico o uno más favorable.
limit price precio límite.
limit up máximo permitido de alza en el precio de un contrato de futuros en un día.
limitable *adj* limitable.
limitation *n* limitación, restricción, prescripción.
limitation of liability limitación de responsabilidad.
limitation over un derecho que será efectivo al expirar otro sobre los mismos bienes, dominio subsiguiente.
limitative *adj* limitativo.
limited *adj* limitado, circunscrito, restringido.
Limited (limited liability company) sociedad de responsabilidad limitada, compañía de responsabilidad limitada.
limited acceptance aceptación limitada.
limited audit auditoría limitada.
limited authority autorización limitada.
limited check cheque limitado.

limited cheque cheque limitado.
limited company sociedad de responsabilidad limitada, compañía de responsabilidad limitada.
limited discretion discreción limitada.
limited distribution distribución limitada.
limited-dividend corporation corporación de dividendos limitados.
limited experience experiencia limitada.
limited fee propiedad de dominio limitado, derecho limitado sobre un inmueble.
limited guarantee garantía limitada.
limited guaranty garantía limitada.
limited insurance seguro limitado.
limited liability responsabilidad limitada.
limited liability company sociedad de responsabilidad limitada, compañía de responsabilidad limitada.
limited life vida limitada.
limited occupancy agreement acuerdo de ocupación limitada.
limited order orden limitada.
limited owner usufructuario.
limited partner socio comanditario.
limited partnership sociedad en comandita.
limited payment life seguro de vida de pagos limitados.
limited payment life insurance seguro de vida de pagos limitados.
limited policy póliza limitada.
limited price order orden de precio limitado.
limited-purpose trust company compañía fiduciaria con propósitos limitados.
limited-reduction plan plan de reducción limitada.
limited responsibility responsabilidad limitada.
limited review revisión limitada.
limited risk riesgo limitado.
limited-service bank banco de servicios limitados.
limited tax bond bono respaldado por poder de imposición limitado.
limited trading authorization autorización para transacciones limitada.
limited trust fideicomiso limitado.
limited warranty garantía limitada.
limiting factor factor limitante.
line *n* línea, cola.
line administration administración de línea.
line administrator administrador de línea.
line authority autoridad de línea.
line extension extensión de línea.
line management administración de línea, gestión de línea.
line manager administrador de línea.
line of business línea de negocios, rama de actividad.
line of command línea jerárquica.
line of credit línea de crédito.
line of discount línea de descuento.
line organisation organización lineal.
line organization organización lineal.
line production producción en serie.
line supervisor supervisor de línea.
linear *adj* lineal.
linear correlation correlación lineal.
linear depreciation depreciación lineal, amortización lineal.
linear increase aumento lineal.
linear programming programación lineal.
linear regression regresión lineal.
linearity *n* linealidad.
lines *n* lindes, límites, líneas.

lines and corners las líneas demarcadoras y los ángulos entre sí de una propiedad.
link *n* enlace, vínculo, hiperenlace.
link *v* enlazar, unir, vincular.
link financing financiamiento vinculado.
linked savings account cuenta de ahorros vinculada.
lion's share parte del león.
liquid *adj* líquido, disponible, corriente.
liquid assets activo líquido, activo corriente.
liquid debt deuda vencida y exigible.
liquid liabilities pasivo líquido, pasivo corriente.
liquid market mercado líquido.
liquid ratio ratio del activo corriente al pasivo corriente.
liquid reserves reservas líquidas.
liquid resources recursos líquidos.
liquid savings ahorros líquidos.
liquid securities valores líquidos.
liquid value valor líquido.
liquidate *v* liquidar.
liquidated *adj* liquidado, cancelado, saldado.
liquidated account cuenta saldada, cuenta liquidada.
liquidated claim reclamación saldada.
liquidated damages daños fijados por contrato.
liquidated debt deuda saldada.
liquidated loan préstamo pagado.
liquidating dividend dividendo de liquidación.
liquidating partner socio liquidador.
liquidating trust fideicomiso de liquidación.
liquidating value valor de liquidación.
liquidation *n* liquidación.
liquidation charge cargo por liquidación.
liquidation dividend dividendo de liquidación.
liquidation fee cargo por liquidación.
liquidation period período de liquidación.
liquidation price precio de liquidación.
liquidation sale venta de liquidación.
liquidation statement estado de liquidación.
liquidation value valor de liquidación, valor de realización.
liquidator *n* liquidador.
liquidity *n* liquidez.
liquidity control control de liquidez.
liquidity crisis crisis de liquidez.
liquidity diversification diversificación de liquidez.
liquidity function función de liquidez.
liquidity index índice de liquidez.
liquidity management administración de liquidez, gestión de liquidez.
liquidity measure medida de liquidez.
liquidity position posición de liquidez.
liquidity preference preferencia de liquidez.
liquidity problems problemas de liquidez.
liquidity ratio ratio de liquidez, razón de liquidez.
liquidity requirement requisito de liquidez.
liquidity risk riesgo de liquidez.
liquidity shortage escasez de liquidez.
liquidity squeeze escasez de liquidez.
liquidity trap trampa de liquidez.
list *n* lista, nómina, registro.
list *v* alistar, inscribir, listar, cotizar.
list of charges lista de cargos.
list of costs lista de costos, lista de costes.
list of creditors lista de acreedores.
list of fees lista de cargos.
list of payments lista de pagos.
list of prices lista de precios.

list of property lista de propiedades, lista de bienes.
list of rates lista de tasas.
list price precio de lista.
listed *adj* cotizado, listado, inscrito.
listed company compañía cotizada.
listed option opción cotizada.
listed securities valores cotizados.
listed shares acciones cotizadas.
listed stock acciones cotizadas.
listing *n* alistamiento, ítem, cotización en una bolsa de valores, contrato para una transacción de un inmueble con un corredor de bienes raíces.
listing agent agente quien obtiene un contrato para una transacción de un inmueble.
listing broker corredor quien obtiene un contrato para una transacción de un inmueble.
listing contract contrato para una transacción de un inmueble con un corredor de bienes raíces.
listing of securities cotización de valores en una bolsa.
listing requirements requisitos para cotización de valores en una bolsa.
literal *adj* literal.
literal contract contrato escrito.
literary property propiedad literaria.
literature *n* literatura, información escrita, folletos informativos.
litigant *n* litigante.
litigate *v* litigar.
litigation *n* litigación, litigio.
litigious *adj* litigioso, contencioso.
live from hand to mouth vivir al día.
live storage estacionamiento, almacenamiento.
live with vivir con, tolerar, aceptar.
livelihood *n* subsistencia, medios de vida, ocupación.
livery *n* entrega, traspaso, alquiler de vehículos.
livery conveyance vehículo para la transportación pública.
livestock economy economía ganadera.
livestock insurance seguro de ganado.
living conditions condiciones de vida.
living cost costo de vida, coste de vida.
living expenses gastos de vida.
living trust fideicomiso durante la vida de quien lo estableció.
living wage salario de subsistencia, salario vital.
Ln. (lane) camino.
load *n* carga, deberes, comisión, peso.
load *v* cargar, adulterar.
load fund fondo mutuo con comisión.
load line línea de carga.
load mutual fund fondo mutuo con comisión.
loading *n* cargamento, prima adicional.
loan *n* préstamo, empréstito.
loan *v* prestar.
loan acceptance aceptación de préstamo.
loan account cuenta de préstamos.
loan adjustment ajuste de préstamo.
loan administration administración de préstamos.
loan administrator administrador de préstamos.
loan advice asesoramiento de préstamos.
loan adviser asesor de préstamo.
loan advisor asesor de préstamo.
loan agency agencia de préstamos.
loan agreement contrato de préstamo, convenio de préstamo, acuerdo de préstamo.
loan analysis análisis de préstamos.
loan analyst analista de préstamos.
loan application solicitud de préstamo.

loan application charge cargo por solicitud de préstamo.
loan application fee cargo por solicitud de préstamo.
loan approval aprobación de préstamo.
loan association asociación de préstamo.
loan authorisation autorización de préstamo.
loan authorization autorización de préstamo.
loan availability disponibilidad de préstamos.
loan balance saldo del préstamo.
loan bank banco de préstamos.
loan broker corredor de préstamos.
loan bureau agencia de préstamos, negociado de préstamos.
loan capacity capacidad de préstamo.
loan capital capital en préstamos.
loan ceiling límite de préstamos.
loan certificate certificado de préstamo.
loan check verificación de préstamo.
loan classification clasificación de préstamo.
loan closing cierre.
loan club club de préstamos.
loan co-operative cooperativa de préstamos.
loan commitment compromiso de préstamo.
loan committee comité de préstamos.
loan company compañía de préstamos.
loan consent agreement convenio de consentimiento de préstamo de valores.
loan consultant asesor de préstamos.
loan contract contrato de préstamo.
loan cooperative cooperativa de préstamos.
loan corporation corporación de préstamos.
loan counseling asesoramiento de préstamos.
loan counsellor asesor de préstamos.
loan counselor asesor de préstamos.
loan coverage ratio ratio de cobertura de préstamos, razón de cobertura de préstamos.
loan criteria criterios de préstamo.
loan crunch reducción de préstamos disponibles, escasez de préstamos disponibles.
loan decline denegación de préstamo.
loan denial denegación de préstamo.
loan department departamento de préstamos.
loan director director de préstamos.
loan division división de préstamos.
loan documentation documentación de préstamo.
loan entity entidad de préstamos.
loan exposure exposición a riesgo de préstamos.
loan facilities facilidades de préstamo.
loan fee cargo por préstamo.
loan file archivo de préstamo.
loan financing financiación mediante préstamos, financiación de préstamos.
loan folder archivo de préstamo.
loan for consumption préstamo para consumo.
loan for exchange préstamo en el que una parte entrega bienes personales y la otra devuelve bienes similares en una fecha futura.
loan for use préstamo de uso.
loan form formulario de préstamo.
loan freeze congelamiento de préstamos.
loan fund fondo para préstamos.
loan guarantee garantía de préstamo.
loan guarantee certificate certificado de garantía de préstamo.
loan guarantee fee cargo por garantía de préstamo.
loan guaranty garantía de préstamo.
loan guaranty certificate certificado de garantía de préstamo.
loan guaranty fee cargo por garantía de préstamo.

loan history historial del préstamo.
loan holder titular del préstamo.
loan information información del préstamo.
loan information sheet hoja de información de préstamos.
loan inquiry indagación de préstamo.
loan institution institución de préstamos.
loan instrument instrumento de préstamo.
loan insurance seguro de préstamo.
loan interest interés del préstamo.
loan interest rate tasa de interés del préstamo.
loan investigation investigación de préstamo.
loan limit límite de préstamos.
loan line línea de préstamo.
loan loss provision reserva para pérdidas de préstamos.
loan loss reserve reserva para pérdidas de préstamos.
loan losses pérdidas de préstamos.
loan management administración de préstamos, gestión de préstamos.
loan manager administrador de préstamos.
loan market mercado de préstamos.
loan maturity vencimiento del préstamo.
loan note nota de préstamo.
loan of money préstamo de dinero.
loan office oficina de préstamos.
loan officer funcionario de préstamos.
loan origination originación de préstamo.
loan origination charge cargo por originación de préstamo.
loan origination fee cargo por originación de préstamo.
loan outstanding préstamo pendiente.
loan participation participación en préstamo.
loan period período del préstamo.
loan policy política de préstamos.
loan portfolio cartera de préstamos, portafolio de préstamos.
loan processing procesamiento de préstamos.
loan production office oficina de producción de préstamos.
loan quality calidad de préstamos.
loan rate tasa del préstamo.
loan rate of interest tasa de interés del préstamo.
loan receipt recibo de préstamo.
loan record registro del préstamo.
loan recovery recuperación de préstamo.
loan reference referencia de préstamo.
loan register registro de préstamos.
loan repayment pago de préstamo, abono de préstamo.
loan report informe del préstamo.
loan reporting agency agencia de informes de préstamos.
loan requirements requisitos de préstamos.
loan reserves reservas para préstamos.
loan restrictions restricciones de préstamos.
loan review revisión de préstamo.
loan risk riesgo de préstamo.
loan sales ventas de préstamos.
loan schedule tabla de pagos de préstamos.
loan service servicio del préstamo.
loan shares prestar valores.
loan shark usurero.
loan sharking usura.
loan society sociedad de préstamos.
loan squeeze reducción de préstamos disponibles, escasez de préstamos disponibles.
loan status estatus del préstamo.

loan stock prestar valores.
loan supply oferta de préstamos.
loan swap intercambio de préstamos.
loan system sistema de préstamos.
loan terms términos del préstamo.
loan-to-value ratio ratio del préstamo al valor total, razón del préstamo al valor total.
loan transaction transacción de préstamo.
loan transfer transferencia de préstamo.
loan value valor del préstamo.
loan verification verificación del préstamo.
loanable *adj* prestable.
loaned capital capital prestado.
loaned employee empleado cuyos servicios se prestan temporalmente a otro patrono.
loaned flat prestado sin intereses.
loaned funds fondos prestados.
loaned money dinero prestado.
loaned resources recursos prestados.
loaned securities valores prestados.
loaned shares acciones prestadas.
loaned stock acciones prestadas.
lobby *n* lobby, grupo de presión, grupo de cabilderos, camarilla.
lobbying *n* cabildeo.
lobbyist *n* cabildero.
local *adj* local.
local account cuenta local.
local agency agencia local.
local agent agente local.
local aid ayuda local.
local-area network red de área local, red local, LAN.
local assessment impuesto local, tasación para mejoras.
local assets activo local.
local assistance asistencia local.
local auditor auditor local.
local authority autoridad local.
local bank banco local.
local banking banca local.
local bonds bonos locales.
local borrowing préstamos locales.
local branch sucursal local.
local brand marca local.
local budget presupuesto local.
local budgeting presupuestación local.
local chattel mueble adherido a un inmueble.
local check cheque local.
local cheque cheque local.
local clearinghouse casa de liquidación local.
local commerce comercio local.
local commodity producto local.
local company compañía local.
local competition competencia local.
local consumption consumo local.
local content contenido local.
local control control local.
local corporation corporación local.
local correspondent corresponsal local.
local credit crédito local.
local currency moneda local.
local debt deuda local.
local demand demanda local.
local department departamento local.
local division división local.
local domicile domicilio local.
local economy economía local.
local enterprise empresa local.
local estimates estimados locales.

local expenditures gastos locales.
local expenses gastos locales.
local firm empresa local.
local fund fondo local.
local goods productos locales.
local government gobierno local.
local holiday feriado local.
local income ingresos locales.
local income tax impuesto local sobre la renta.
local industry industria local.
local inspector inspector local.
local insurance seguro local.
local insurer asegurador local.
local interests intereses locales.
local intervention intervención local.
local investment inversión local.
local investor inversionista local.
local liabilities pasivo local.
local loan préstamo local.
local market mercado local.
local minimum wage salario mínimo local, paga mínima local.
local money dinero local.
local partnership sociedad local.
local policy política local, póliza local.
local product producto local.
local rate tasa local.
local resources recursos locales.
local revenue ingresos locales.
local sales ventas locales.
local sales tax impuesto local sobre ventas.
local sector sector local.
local securities valores locales.
local standards normas locales.
local subsidiary subsidiaria local.
local subsidy subsidio local, subvención local.
local supply oferta local.
local support ayuda local.
local taxes impuestos locales.
local time hora local.
local trade comercio local.
local union unión local.
local wealth riqueza local.
locally-controlled *adj* controlado localmente.
locally-run *adj* operado localmente.
locate *v* localizar, ubicar.
location *n* localización, lugar, ubicación.
lock limit detención de ejecución de transacciones por haberse alcanzado el máximo permitido de alza o baja en el precio de un contrato de futuros en un día.
lock-out *n* huelga patronal.
locked-in interest rate tasa de interés que se compromete a ofrecer un prestador.
locked market mercado en que el precio de oferta de compra es igual al de venta.
lockout *n* huelga patronal.
lodging house casa de huéspedes.
log *n* diario, cuaderno de bitácora, registro.
log *v* registrar, anotar, recorrer.
log in registrar, contabilizar.
logbook *n* diario, cuaderno de bitácora, registro.
logic *n* lógica.
logistics *n* logística.
logo *n* logotipo, logo, marca figurativa.
logotype *n* logotipo, logo, marca figurativa.
Lombard rate tasa Lombard.
London Interbank Bid Rate tasa Libid.
London Interbank Offered Rate tasa Libor.
London International Financial Futures

Exchange Bolsa de Futuros Financieros Internacional de Londres.
London Stock Exchange Bolsa de Londres.
long *adj* largo, poseído, de posición larga.
long bond bono a largo plazo.
long call opción de compra adquirida.
long coupon primer pago de intereses de un bono cuando abarca un período mayor que los demás.
long-dated *adj* a largo plazo.
long-distance *adj* larga distancia.
long hedge cobertura empleando posición larga.
long-lived assets activo a largo plazo.
long market value valor en el mercado de valores poseídos.
long position posición larga, posesión.
long put opción de venta adquirida.
long-range *adj* a largo plazo.
long-range planning planificación a largo plazo.
long-term *adj* a largo plazo.
long-term assets activo a largo plazo.
long-term bond bono a largo plazo.
long-term capital capital a largo plazo.
long-term capital gain ganancia de capital a largo plazo.
long-term capital loss pérdida de capital a largo plazo.
long-term care cuidado a largo plazo.
long-term contract contrato a largo plazo.
long-term corporate bond bono corporativo a largo plazo.
long-term credit crédito a largo plazo.
long-term creditor acreedor a largo plazo.
long-term debt deuda a largo plazo.
long-term deposit depósito a largo plazo.
long-term disability discapacidad a largo plazo.
long-term disability insurance seguro de discapacidad a largo plazo.
long-term draft letra a largo plazo.
long-term employee empleado a largo plazo.
long-term employment empleo a largo plazo.
long-term financing financiamiento a largo plazo, financiación a largo plazo.
long-term forecast pronóstico a largo plazo.
long-term funds fondos a largo plazo.
long-term gain ganancia a largo plazo.
long-term gains tax impuesto sobre ganancias a largo plazo.
long-term interest rate tasa de interés a largo plazo.
long-term investment inversión a largo plazo.
long-term investment fund fondo de inversión a largo plazo.
long-term lease arrendamiento a largo plazo.
long-term liability responsabilidad a largo plazo, obligación a largo plazo.
long-term loan préstamo a largo plazo.
long-term loss pérdida a largo plazo.
long-term mortgage hipoteca a largo plazo.
long-term municipal bond bono municipal a largo plazo.
long-term policy póliza a largo plazo, política a largo plazo.
long-term rate tasa a largo plazo.
long-term securities valores a largo plazo.
long-term security seguridad a largo plazo.
long-term trend tendencia a largo plazo.
long-term unemployment desempleo de larga duración, desempleo a largo plazo.
long-term work trabajo a largo plazo.
long-term worker trabajador a largo plazo.

long ton tonelada larga.
long weekend puente, fin de semana largo.
longevity pay compensación por longevidad.
look into investigar, considerar.
loophole *n* laguna legal.
lorry *n* camión.
lose ground perder terreno.
lose out perderse de, perder.
loss *n* pérdida, daño.
loss adjuster ajustador de pérdidas.
loss adjustment ajuste de pérdidas.
loss adjustment expense gasto de ajuste de pérdidas.
loss assessment evaluación de los daños.
loss avoidance evitación de pérdidas.
loss carry-back pérdidas netas que se incluyen al volver a computar los impuestos de años anteriores.
loss carry-forward pérdidas que se pueden incluir en la planilla tributaria para años subsiguientes.
loss carry-over pérdidas que se pueden incluir en la planilla tributaria para años subsiguientes.
loss carryback pérdidas netas que se incluyen al volver a computar los impuestos de años anteriores.
loss carryforward pérdidas que se pueden incluir en la planilla tributaria para años subsiguientes.
loss carryover pérdidas que se pueden incluir en la planilla tributaria para años subsiguientes.
loss compensation compensación de pérdidas.
loss constant constante de pérdidas.
loss contingency contingencia de pérdida.
loss control control de pérdidas.
loss conversion factor factor de conversión de pérdidas.
loss evidence prueba de pérdida.
loss exposure exposición a pérdida.
loss frequency frecuencia de pérdidas.
loss leader líder en pérdida, artículo vendido bajo costo para atraer clientela en espera que se hagan otras compras lucrativas para el negocio.
loss limitation limitación de pérdidas.
loss-making *adj* que genera pérdidas, que no genera ganancias.
loss of anticipated profits pérdida de beneficios anticipados, pérdida de ganancias anticipadas.
loss of earnings pérdida de ingresos.
loss of income pérdida de ingresos.
loss of income insurance seguro contra pérdida de ingresos.
loss of market share pérdida de porcentaje del mercado.
loss of pay pérdida de paga, pérdida de salario.
loss of use insurance seguro contra pérdida de uso.
loss of utility pérdida de utilidad.
loss prevention prevención de pérdidas.
loss proof prueba de pérdida.
loss provision provisión para pérdidas.
loss rate tasa de pérdidas.
loss ratio ratio de pérdidas, razón de pérdidas.
loss ratio method método de ratio de pérdidas, método de razón de pérdidas.
loss reduction reducción de pérdidas.
loss report informe de pérdidas.
loss reserve reserva para pérdidas, reserva para siniestros.
losses incurred pérdidas incurridas.
losses outstanding pérdidas pendientes de pagar.
losses paid pérdidas pagadas.
lost card tarjeta perdida.
lost days días perdidos.

lost in transit perdido durante el tránsito.
lost or not lost estipulación en una póliza de seguro marítimo que si las partes envueltas no están enteradas de un siniestro existente que dicho siniestro estará cubierto.
lost policy póliza perdida.
lost property propiedad perdida, bienes perdidos.
lot n lote, solar, parcela, grupo.
lottery n lotería.
low adj bajo.
low n mínimo, cotización mínima.
low-budget adj de bajo presupuesto.
low-cost adj de bajo precio.
low-cost housing viviendas de bajo costo, viviendas de bajo coste.
low-end adj de baja calidad, dirigido hacia consumidores de bajos ingresos, lo más barato, referente a lo más barato dentro de una gama dada.
low-grade adj de baja calidad.
low-income adj de ingresos bajos.
low-income country país de ingresos bajos.
low-inflation country país de baja inflación.
low-interest loan préstamo de tasa baja.
low-load fund fondo mutuo con comisión baja.
low-load mutual fund fondo mutuo con comisión baja.
low pay paga baja.
low prices precios bajos.
low productivity productividad baja.
low quality baja calidad.
low-return adj de bajo rendimiento.
low salary salario bajo.
low season temporada baja.
low-tech adj de tecnología sencilla.
low-technology adj de tecnología sencilla.
low wages paga baja.
low-yield adj de bajo rendimiento.
lower v reducir, rebajar, bajar.
lower benefits reducir beneficios.
lower prices reducir precios.
lower taxes reducir impuestos.
lowest bid oferta más baja, puja más baja.
lowest offer oferta más baja, oferta más baja aceptable.
loyalty n lealtad.
loyalty card tarjeta de fidelización.
LP (limited partnership) sociedad en comandita.
LSE (London Stock Exchange) Bolsa de Londres.
Ltd. (limited company, limited liability company) sociedad de responsabilidad limitada, compañía de responsabilidad limitada.
lucrative adj lucrativo.
lucrative activity actividad lucrativa.
lucrative bailment depósito a título oneroso, depósito lucrativo.
lucrative title título gratuito.
Luddite n ludita.
lull n merma, pausa.
lump sum suma global, cantidad global.
lump-sum contract contrato para pago global.
lump-sum distribution distribución global.
lump-sum payment pago global.
lump-sum purchase compra global.
lump-sum settlement indemnización global.
lump-sum tax impuesto global.
luxury adj de lujo.
luxury goods artículos de lujo.
luxury market mercado de lujo.
luxury tax impuesto suntuario, impuesto de lujo.

M

M & A (mergers and acquisitions) fusiones y adquisiciones.
M0 agregado monetario M0.
M1 agregado monetario M1.
M2 agregado monetario M2.
M3 agregado monetario M3.
M4 agregado monetario M4.
m-business (mobile business) comercio móvil, comercio electrónico usando aparatos móviles como teléfonos celulares.
m-commerce (mobile commerce) comercio móvil, comercio electrónico usando aparatos móviles como teléfonos celulares.
machine-made adj hecho a máquina.
machine-readable adj legible por máquina.
machine scanning exploración por máquina.
macroeconomic adj macroeconómico.
macroeconomic equilibrium equilibrio macroeconómico.
macroeconomics n macroeconomía.
macroenvironment n macroambiente.
macromarketing n macromarketing, macromercadeo.
MACRS (modified accelerated cost recovery system) sistema acelerado de recuperación de costos modificado.
made-to-measure adj hecho a la medida.
made-to-order adj hecho a la medida.
magazine n revista, boletín.
magnate n magnate.
magnetic card tarjeta magnética.
magnetic disk disco magnético.
magnetic stripe franja magnética.
magnetic tape cinta magnética.
mail n correo, correspondencia, email, correo electrónico.
mail v enviar por correo, enviar por email.
mail address dirección de correo, dirección de email.
mail advertising publicidad por correo.
mail contract contrato por correo.
mail deposit depósito por correo.
mail fraud fraude cometido usando el servicio postal.
mail, it is in the ya está enviado por correo, ya está de camino.
mail message mensaje de correo, mensaje de email.
mail order giro postal, orden por correo.
mail order business negocio de ventas por correo.
mail order catalog catálogo de ventas por correo.
mail order catalogue catálogo de ventas por correo.
mail order company compañía de ventas por correo.
mail order firm empresa de ventas por correo.
mail order house casa de ventas por correo.
mail order insurance seguros vendidos por correo.
mail order sales ventas por correo.
mail order selling ventas por correo.
mail teller cajero de transacciones solicitadas por correo.
mailbox n buzón.
mailbox rule regla según la cual una aceptación de oferta es efectiva al echarse en el buzón.
mailed adj enviado por correo.

mailing *n* mailing, material comercial enviado por correo, material enviado por correo.
mailing address dirección postal, domicilio postal.
mailing list lista de mailing, lista de direcciones a donde enviar material comercial, lista de direcciones.
mailshot *n* mailing.
main *adj* principal, central.
main account cuenta principal.
main account balance balance de cuenta principal.
main account number número de cuenta principal.
main balance saldo principal, balance principal.
main bank banco principal.
main beneficiary beneficiario principal.
main boycott boicot principal.
main branch sucursal principal.
main budget presupuesto principal.
main business negocio principal, asunto principal.
main business district distrito comercial principal.
main buying compras principales.
main capital capital principal.
main commercial partner socio comercial principal.
main commission comisión principal.
main commodity producto principal, mercancía principal.
main dealer corredor principal.
main demand demanda principal.
main deposits depósitos principales.
main distribution distribución principal.
main earnings ingresos principales.
main exports exportaciones principales.
main fund fondo principal.
main home residencia principal.
main imports importaciones principales.
main industry industria principal.
main insurance seguro principal.
main insurer asegurador principal.
main issue emisión principal, cuestión principal.
main lease arrendamiento principal.
main market mercado principal.
main obligation obligación principal.
main offering ofrecimiento principal.
main office oficina principal, casa matriz.
main organisation organización principal.
main organization organización principal.
main plan plan principal.
main producer productor principal.
main product producto principal.
main rate tasa principal, tipo principal.
main reserves reservas principales.
main residence residencia principal.
main trading partner socio comercial principal.
mainframe *n* servidor grande y poderoso, computadora grande y poderosa, ordenador grande y poderoso, computadora central, ordenador central.
mainstream *adj* conforme a la corriente dominante, conforme al pensamiento convencional, conforme a lo establecido.
maintain *v* mantener, sostener, defender.
maintenance *n* mantenimiento, pensión alimenticia.
maintenance bond caución de mantenimiento.
maintenance call aviso de la casa de corretaje de que una cuenta de margen está debajo del mínimo de mantenimiento.
maintenance charge cargo de mantenimiento.
maintenance cost costo de mantenimiento, coste de mantenimiento.

maintenance department departamento de mantenimiento.
maintenance expenditures gastos de mantenimiento.
maintenance expenses gastos de mantenimiento.
maintenance fee cargo de mantenimiento.
maintenance manager gerente de mantenimiento.
maintenance margin margen de mantenimiento.
maintenance method método de mantenimiento.
maintenance minimum mínimo de mantenimiento.
maintenance of account mantenimiento de cuenta.
maintenance of value mantenimiento del valor.
maintenance payment pago de mantenimiento, pago de pensión alimenticia.
maintenance requirements requisitos de mantenimiento.
maintenance reserve reserva de mantenimiento.
major *adj* mayor, considerable, importante, principal.
major *n* persona mayor de edad.
major account cuenta principal.
major credit card tarjeta de crédito principal.
major currency moneda principal.
major industrial countries países principales industriales.
major medical expense insurance seguro para gastos médicos mayores.
major medical insurance seguro para gastos médicos mayores.
major producer productor principal.
major supplier suplidor principal.
majority *n* mayoría, mayoría de edad, pluralidad.
majority control control mayoritario.
majority decision decisión mayoritaria.
majority holder accionista mayoritario, tenedor mayoritario.
majority interest interés mayoritario.
majority ownership propiedad mayoritaria.
majority shareholder accionista mayoritario.
majority stake interés mayoritario, participación mayoritaria.
majority stockholder accionista mayoritario.
majority vote voto mayoritario.
make *n* marca.
make *v* hacer, fabricar, efectuar, ganar.
make a bid hacer una oferta.
make a contract celebrar un contrato.
make a deal hacer un trato.
make a deposit hacer un depósito.
make a killing tener una gran ganancia rápidamente.
make a market cuando un corredor mantiene cuenta propia para facilitar la liquidez de ciertos valores.
make a transfer hacer una transferencia.
make an entry efectuar un asiento.
make an offer hacer una oferta.
make money ganar dinero.
make-or-buy decision decisión de fabricar o comprar.
make over transferir título o posesión, transferir, renovar.
make up for compensar por.
make up losses compensar pérdidas.
maker *n* fabricante, librador, firmante.
makeshift *adj* apropiado como sustituto provisional, provisional, improvisado.
makeshift *n* sustituto provisional pero inferior,

sustituto provisional.
mala fide de mala fe, mala fide.
mala fide holder tenedor de mala fe.
mala fide purchaser comprador de mala fe.
maladministration *n* mala administración,
administración inepta, administración fraudulenta.
malicious *adj* malicioso, malévolo, doloso.
malinger *v* fingir un impedimento o enfermedad.
malingerer *n* quien finge un impedimento o
enfermedad.
mall *n* centro comercial.
malpractice *n* negligencia profesional.
malpractice insurance seguro contra negligencia
profesional.
malpractice liability insurance seguro contra
negligencia profesional.
man-day *n* el trabajo que hace una persona en un
día.
man-hour *n* el trabajo que hace una persona en una
hora, hora-hombre.
man-made *adj* artificial, sintético.
man-year *n* el trabajo que hace una persona en un
año.
manage *v* manejar, administrar, gestionar, dirigir.
manage commerce manejar el comercio.
manage costs manejar los costos, manejar los
costes.
manage demand manejar la demanda.
manage exchange rates manejar los tipos de
cambio.
manage expenditures manejar los gastos.
manage expenses manejar los gastos.
manage funds manejar los fondos.
manage growth manejar el crecimiento.
manage inflation manejar la inflación.
manage inventory manejar el inventario.
manage prices manejar los precios.
manage rates manejar las tasas.
manage shares manejar las acciones.
manage stock manejar las acciones.
manage the economy manejar la economía.
manage trade manejar el comercio.
manage wages manejar los salarios.
manageable *adj* manejable, razonable.
managed *adj* administrado, dirigido, controlado.
managed account cuenta administrada.
managed commodities mercancías administradas,
productos administrados.
managed company compañía administrada.
managed corporation corporación administrada.
managed costs costos administrados, costes
administrados.
managed currency moneda administrada.
managed demand demanda administrada.
managed disbursement desembolso administrado.
managed economy economía planificada,
economía dirigida, economía administrada.
managed exchange rate tipo de cambio
administrado, tasa de cambio administrada.
managed expenditures gastos administrados.
managed expenses gastos administrados.
managed foreign corporation corporación
extranjera administrada.
managed funds fondos administrados.
managed group grupo administrado.
managed growth crecimiento administrado.
managed inflation inflación administrada.
managed market mercado administrado.
managed money moneda administrada, fondos
administrados.

managed prices precios administrados.
managed rates tasas administradas.
managed shares acciones administradas.
managed stock acciones administradas.
managed trade comercio administrado.
managed wages salarios administrados.
management *adj* administrativo.
management *n* manejo, administración, gestión,
gerencia, dirección, cuerpo directivo.
management accountancy contabilidad
administrativa.
management accountant contable administrativo,
contador administrativo.
management accounting contabilidad
administrativa.
management accounts cuentas administrativas.
management agency agencia administrativa.
management agreement acuerdo administrativo.
management audit auditoría administrativa.
management board junta administrativa, junta
directiva.
management buy-in adquisición por la gerencia de
una compañía de un interés mayoritario en otra.
management buy-out adquisición por la gerencia
de todas las acciones de su propia compañía.
management by consensus gestión participativa,
administración por consenso.
management by crisis administración por crisis,
administración de crisis en crisis.
management by exception administración por
excepciones.
management by objectives administración por
objetivos, gestión por objetivos.
management by results administración por
resultados, gestión por resultados.
management by walking around administración
incorporando contacto directo.
management charge cargo administrativo, cargo
por administración.
management committee comité administrativo.
management company compañía administrativa,
compañía administradora.
management consultant consultor administrativo.
management consulting services servicios de
consultores en administración.
management contract contrato administrativo.
management control control administrativo.
management control system sistema de control
administrativo.
management costs costos administrativos, costes
administrativos.
management cycle ciclo administrativo.
management development desarrollo
administrativo.
management deviation irregularidad
administrativa.
management effectiveness efectividad
administrativa.
management employee empleado administrativo.
management engineering ingeniería
administrativa.
management expenditures gastos de
administración.
management expenses gastos de administración.
management fee cargo administrativo.
management game juego administrativo.
management guide guía administrativa.
Management Information Systems Sistemas de
Información Gerencial.
management irregularity irregularidad

administrativa.
management job empleo administrativo.
management office oficina administrativa, oficina de administración.
management officer oficial administrativo, funcionario administrativo.
management personnel personal administrativo.
management planning planificación administrativa.
management position puesto administrativo.
management practices prácticas administrativas.
management prerogatives prerrogativas administrativas.
management procedures procedimientos administrativos.
management report informe administrativo.
management review revisión administrativa.
management rights derechos administrativos.
management sciences ciencias administrativas.
management services servicios administrativos.
management skills destrezas administrativas.
management staff personal administrativo.
management structure estructura administrativa.
management style estilo administrativo.
management system sistema administrativo.
management theory teoría administrativa.
management training entrenamiento administrativo.
management work trabajo administrativo.
manager *n* administrador, gerente, gestor, director.
manager office oficina del administrador, oficina del gerente.
manager on duty administrador de turno, gerente de turno.
managerial *adj* administrativo, gerencial, ejecutivo, directivo.
managerial accounting contabilidad administrativa, contabilidad ejecutiva.
managerial action acción administrativa, acto administrativo.
managerial agency agencia administrativa.
managerial agreement acuerdo administrativo.
managerial assistant asistente administrativo.
managerial audit auditoría administrativa.
managerial board junta administrativa, junta administradora, junta directiva.
managerial budget presupuesto administrativo.
managerial budgeting presupuestación administrativa.
managerial charge cargo administrativo.
managerial commission comisión administrativa.
managerial committee comité administrativo.
managerial company compañía administrativa, compañía administradora.
managerial consultant consultor administrativo.
managerial contract contrato administrativo.
managerial control control administrativo, control ejecutivo.
managerial costs costos administrativos, costes administrativos.
managerial council consejo administrativo, consejo administrador.
managerial cycle ciclo administrativo.
managerial development desarrollo administrativo.
managerial effectiveness efectividad administrativa.
managerial employee empleado administrativo.
managerial expenditures gastos administrativos.
managerial expenses gastos administrativos.

managerial fee cargo administrativo.
managerial functions funciones administrativas.
managerial guide guía administrativa.
managerial irregularity irregularidad administrativa.
managerial job empleo administrativo.
managerial law derecho administrativo.
managerial methods métodos administrativos.
managerial office oficina administrativa.
managerial officer oficial administrativo, funcionario administrativo.
managerial personnel personal administrativo.
managerial planning planificación administrativa.
managerial position puesto administrativo.
managerial practices prácticas administrativas.
managerial prerogatives prerrogativas administrativas.
managerial procedures procedimientos administrativos.
managerial reorganisation reorganización administrativa.
managerial reorganization reorganización administrativa.
managerial revenues ingresos administrativos.
managerial review revisión administrativa.
managerial rights derechos administrativos.
managerial services servicios administrativos.
managerial skills destrezas administrativas.
managerial staff personal administrativo.
managerial structure estructura administrativa.
managerial system sistema administrativo.
managerial work trabajo administrativo.
managing *adj* administrador, gerencial, directivo.
managing agent gerente.
managing board junta directiva.
managing committee comité directivo.
managing director director gerente.
managing partner socio administrador.
managing shareholder accionista administrador.
managing stockholder accionista administrador.
managing underwriter colocador de emisión administrador.
mandate *n* mandato, orden.
mandatory *adj* obligatorio, imperativo.
mandatory acquisition adquisición obligatoria.
mandatory agreement convenio obligatorio.
mandatory amount cantidad obligatoria.
mandatory arbitration arbitraje obligatorio.
mandatory automobile liability insurance seguro de responsabilidad pública de automóvil obligatorio.
mandatory clause cláusula obligatoria.
mandatory convertibles valores convertibles con una fecha o intervalo de conversión obligatoria.
mandatory cost costo obligatorio, coste obligatorio.
mandatory coverage cobertura obligatoria.
mandatory deposit depósito obligatorio.
mandatory disclosure divulgación obligatoria.
mandatory expenditures gastos obligatorios, desembolsos obligatorios.
mandatory expenses gastos obligatorios, desembolsos obligatorios.
mandatory insurance seguro compulsorio.
mandatory level nivel obligatorio.
mandatory licence licencia obligatoria.
mandatory license licencia obligatoria.
mandatory limit límite obligatorio.
mandatory pay paga obligatoria.
mandatory payment pago obligatorio.

mandatory purchase compra obligatoria.
mandatory remuneration remuneración obligatoria.
mandatory repairs reparaciones obligatorias.
mandatory reserve reserva obligatoria.
mandatory retirement retiro forzoso, retiro obligatorio.
mandatory salary salario obligatorio.
mandatory sharing división obligatoria, obligación de compartir.
mandatory standard norma obligatoria.
mandatory wages salario obligatorio.
manifest *adj* manifiesto, evidente.
manifest *n* manifiesto de carga, lista de pasajeros.
manifest *v* manifestar, registrar en un manifiesto de carga.
manifest of cargo manifiesto de carga.
manifest of passengers lista de pasajeros.
manipulate *v* manipular.
manipulate accounts manipular las cuentas.
manipulate commerce manipular el comercio.
manipulate costs manipular los costos, manipular los costes.
manipulate demand manipular la demanda.
manipulate exchange rates manipular los tipos de cambio.
manipulate expenditures manipular los gastos.
manipulate expenses manipular los gastos.
manipulate funds manipular los fondos.
manipulate growth manipular el crecimiento.
manipulate inflation manipular la inflación.
manipulate markets manipular los mercados.
manipulate prices manipular los precios.
manipulate rates manipular las tasas.
manipulate shares manipular las acciones.
manipulate stock manipular las acciones.
manipulate the economy manipular la economía.
manipulate trade manipular el comercio.
manipulate wages manipular los salarios.
manipulated *adj* manipulado.
manipulated account cuenta manipulada.
manipulated commodities mercancías manipuladas, productos manipulados.
manipulated company compañía manipulada.
manipulated corporation corporación manipulada.
manipulated costs costos manipulados, costes manipulados.
manipulated currency moneda manipulada, moneda controlada.
manipulated demand demanda manipulada.
manipulated economy economía manipulada.
manipulated exchange rates tipos de cambio manipulados.
manipulated expenditures gastos manipulados.
manipulated expenses gastos manipulados.
manipulated funds fondos manipulados.
manipulated group grupo manipulado.
manipulated growth crecimiento manipulado.
manipulated inflation inflación manipulada.
manipulated investment inversión manipulada.
manipulated market mercado manipulado.
manipulated prices precios manipulados.
manipulated rates tasas manipuladas.
manipulated securities valores manipulados.
manipulated shares acciones manipuladas.
manipulated stock acciones manipuladas.
manipulated trade comercio manipulado.
manipulation *n* manipulación.
manipulator *n* manipulador.
manmade *adj* artificial, sintético.

manner *n* manera, modo, costumbre.
manner and form modo y forma.
manpower *n* fuerza de trabajo, mano de obra, personal.
manual *adj* manual.
manual *n* manual.
manual delivery entrega a mano.
manual labor trabajo manual.
manual labour trabajo manual.
manual worker trabajador manual.
manufacture *n* manufactura, elaboración, fabricación, producción.
manufacture *v* manufacturar, elaborar, fabricar, producir.
manufacture certificate certificado de manufactura.
manufactured *adj* manufacturado, elaborado, fabricado, producido.
manufactured article artículo manufacturado.
manufactured goods bienes manufacturados.
manufactured housing vivienda manufacturada.
manufacturer *n* fabricante, manufacturero, industrial.
manufacturer's agent agente del fabricante.
manufacturer's certificate certificado de manufacturero.
manufacturer's certification certificación de manufacturero.
manufacturer's liability doctrine doctrina sobre la responsabilidad del fabricante.
manufacturer's liability insurance seguro de responsabilidad del fabricante.
manufacturer's price precio del fabricante.
manufacturer's recommended price precio recomendado por el fabricante.
manufacturer's representative representante del fabricante.
manufacturer's suggested price precio sugerido por el fabricante.
manufacturer's suggested retail price precio al por menor sugerido por el fabricante, precio sugerido por el fabricante.
manufacturers' association asociación de fabricantes.
manufacturing *n* manufactura, elaboración, fabricación, producción.
manufacturing accounting contabilidad manufacturera.
manufacturing activity actividad manufacturera.
manufacturing administration administración de manufactura.
manufacturing administrator administrador de manufactura.
manufacturing agent agente manufacturero.
manufacturing agreement convenio manufacturero.
manufacturing area área manufacturera.
manufacturing assets activo manufacturero.
manufacturing association asociación manufacturera.
manufacturing base base de manufactura.
manufacturing broker corredor de manufactura.
manufacturing center centro manufacturero.
manufacturing centre centro manufacturero.
manufacturing classification clasificación manufacturera.
manufacturing co-operative cooperativa manufacturera.
manufacturing community comunidad manufacturera.

manufacturing company compañía manufacturera.
manufacturing complex complejo manufacturero.
manufacturing concern empresa manufacturera.
manufacturing conditions condiciones manufactureras.
manufacturing conglomerate conglomerado manufacturero.
manufacturing cooperative cooperativa manufacturera.
manufacturing corporation corporación manufacturera.
manufacturing cost costo de manufactura, coste de manufactura.
manufacturing country país manufacturero.
manufacturing cycle ciclo de manufactura.
manufacturing demand demanda manufacturera.
manufacturing department departamento manufacturero.
manufacturing design diseño manufacturero.
manufacturing development desarrollo manufacturero.
manufacturing director director de manufactura.
manufacturing district distrito manufacturero.
manufacturing earnings ingresos manufactureros.
manufacturing economics economía manufacturera.
manufacturing efficiency eficiencia manufacturera.
manufacturing electronics electrónica manufacturera.
manufacturing empire imperio manufacturero.
manufacturing engineering ingeniería manufacturera.
manufacturing enterprise empresa manufacturera.
manufacturing entity entidad manufacturera.
manufacturing environment ambiente manufacturero.
manufacturing equipment equipo de manufactura.
manufacturing establishment establecimiento manufacturero.
manufacturing ethics ética manufacturera
manufacturing exhibit exhibición manufacturera, exposición manufacturera.
manufacturing exhibition exhibición manufacturera, exposición manufacturera.
manufacturing expansion expansión manufacturera.
manufacturing expenditures gastos de manufactura.
manufacturing expenses gastos de manufactura.
manufacturing exposition exposición manufacturera, exhibición manufacturera.
manufacturing finance finanzas de la manufactura.
manufacturing financing financiación de la manufactura.
manufacturing firm empresa manufacturera.
manufacturing forecast pronóstico manufacturero.
manufacturing forecasting previsión manufacturera.
manufacturing goods mercancías de manufactura.
manufacturing hygiene higiene manufacturera.
manufacturing income ingresos de la manufactura.
manufacturing indicators indicadores manufactureros.
manufacturing industry industria manufacturera.
manufacturing insurance seguro manufacturero.
manufacturing interests intereses manufactureros.

manufacturing inventory inventario manufacturero.
manufacturing investment inversión manufacturera.
manufacturing lender prestador para la manufactura.
manufacturing lending préstamos para la manufactura.
manufacturing liability responsabilidad manufacturera.
manufacturing licence licencia manufacturera.
manufacturing license licencia manufacturera.
manufacturing loans préstamos para la manufactura.
manufacturing locale local de manufactura.
manufacturing losses pérdidas manufactureras.
manufacturing management administración de la manufactura, gestión de la manufactura.
manufacturing manager gerente de manufactura.
manufacturing mix mezcla manufacturera.
manufacturing model modelo manufacturero.
manufacturing objective objetivo manufacturero.
manufacturing operation operación manufacturera.
manufacturing opportunity oportunidad manufacturera.
manufacturing order orden de manufactura.
manufacturing organisation organización manufacturera.
manufacturing organization organización manufacturera.
manufacturing output producción manufacturera.
manufacturing overhead gastos generales de manufactura.
manufacturing park parque manufacturero, complejo manufacturero, zona manufacturera.
manufacturing plan plan manufacturero.
manufacturing planning planificación manufacturera.
manufacturing plant planta manufacturera.
manufacturing policy póliza manufacturera, política manufacturera.
manufacturing portal portal manufacturero.
manufacturing practices prácticas manufactureras.
manufacturing product producto de manufactura.
manufacturing production producción manufacturera.
manufacturing profits beneficios de la manufactura, ganancias de la manufactura.
manufacturing promotion promoción manufacturera.
manufacturing purpose propósito manufacturero.
manufacturing recession recesión manufacturera.
manufacturing records expedientes manufactureros.
manufacturing recovery recuperación manufacturera.
manufacturing regulations reglamentos manufactureros.
manufacturing report informe manufacturero.
manufacturing requirements requisitos de manufactura.
manufacturing research investigación manufacturera.
manufacturing risk riesgo manufacturero.
manufacturing rules reglas de manufactura.
manufacturing safety seguridad manufacturera.
manufacturing sector sector manufacturero.
manufacturing security seguridad manufacturera.

manufacturing services servicios manufactureros.
manufacturing standards normas manufactureras.
manufacturing strategy estrategia manufacturera.
manufacturing tax impuesto de manufactura.
manufacturing treaty tratado manufacturero.
manufacturing trends tendencias manufactureras.
manufacturing union unión manufacturera.
manufacturing waste residuos manufactureros.
manufacturing worker trabajador manufacturero.
manufacturing zone zona manufacturera.
maquila *n* maquila.
maquiladora *n* maquiladora.
margin *n* margen, ganancia, reserva.
margin account cuenta de margen, cuenta con una firma bursátil para la compra de valores a crédito.
margin account agreement convenio de cuenta de margen.
margin agreement convenio de cuenta de margen.
margin buying compra de valores en cuenta de margen.
margin call aviso de la casa de corretaje de que hay que depositar dinero o valores en una cuenta de margen que está debajo del mínimo de mantenimiento.
margin department departamento de cuentas de margen.
margin notice aviso de la casa de corretaje de que hay que depositar dinero o valores en una cuenta de margen que está debajo del mínimo de mantenimiento.
margin of dumping margen de dumping.
margin of error margen de error.
margin of profit margen de beneficio, margen de ganancia.
margin of safety margen de seguridad.
margin, on comprado en cuenta de margen.
margin requirement cantidad mínima a depositar en una cuenta de margen.
margin securities valores elegibles para cuentas de margen.
margin shares acciones elegibles para cuentas de margen.
margin trading transacciones de valores usando una cuenta de margen.
marginable securities valores elegibles para cuentas de margen.
marginable shares acciones elegibles para cuentas de margen.
marginable stocks acciones elegibles para cuentas de margen.
marginal *adj* marginal.
marginal activity actividad marginal.
marginal analysis análisis marginal.
marginal benefit beneficio marginal.
marginal borrower prestatario marginal.
marginal buyer comprador marginal.
marginal cash reserve reserva en efectivo marginal.
marginal cost costo marginal, coste marginal.
marginal cost curve curva de costo marginal, curva de coste marginal.
marginal cost of acquisition costo marginal de adquisición, coste marginal de adquisición.
marginal cost of capital costo marginal de capital, coste marginal de capital.
marginal cost of funds costo marginal de fondos, coste marginal de fondos.
marginal costing costeo marginal.
marginal customer cliente marginal.
marginal difference diferencia marginal.

marginal disutility desutilidad marginal.
marginal efficiency eficiencia marginal.
marginal efficiency of capital eficiencia marginal de capital.
marginal efficiency of investment eficiencia marginal de inversión.
marginal enterprise empresa marginal.
marginal land tierra marginal.
marginal lender prestador marginal.
marginal producer productor marginal.
marginal product producto marginal.
marginal production producción marginal.
marginal productivity productividad marginal.
marginal productivity of capital productividad marginal de capital.
marginal profits beneficios marginales, ganancias marginales.
marginal propensity propensión marginal.
marginal propensity to consume propensión marginal a consumir.
marginal propensity to invest propensión marginal a invertir.
marginal propensity to save propensión marginal a ahorrar.
marginal property propiedad marginal.
marginal rate tasa marginal.
marginal return rendimiento marginal.
marginal revenue ingresos marginales.
marginal risk riesgo marginal.
marginal seller vendedor marginal.
marginal tax bracket clasificación impositiva marginal.
marginal tax rate tasa impositiva marginal.
marginal utility utilidad marginal.
marginal value utilidad marginal, valor marginal.
marginal yield rendimiento marginal.
marginalise *v* marginalizar.
marginalism *n* marginalismo.
marginalist *adj* marginalista.
marginalist *n* marginalista.
marginalize *v* marginalizar.
marine carrier porteador marítimo, transportador marítimo.
marine contamination contaminación marítima.
marine contract contrato marítimo.
marine insurance seguro marítimo.
marine insurance policy póliza de seguro marítimo.
marine insurer asegurador marítimo.
marine pollution contaminación marítima.
marine risk riesgo marítimo.
marine underwriter asegurador marítimo.
marital deduction deducción impositiva matrimonial.
marital property bienes adquiridos por los cónyuges durante el matrimonio.
marital status estado civil.
marital trust fideicomiso matrimonial.
maritime attachment embargo marítimo.
maritime cargo flete marítimo, carga marítima.
maritime contract contrato marítimo.
maritime lien privilegio marítimo, gravamen marítimo, embargo marítimo.
maritime loan préstamo marítimo.
maritime mortgage hipoteca marítima.
maritime perils peligros del mar.
maritime trade comercio marítimo.
maritime waters aguas territoriales.
mark *n* marca, señal, signo, calificación.
mark *v* marcar, señalar, registrar, calificar.

mark-down *n* reducción, descuento, reducción de precio.
mark-down *v* reducir, descontar, reducir de precio.
mark-on *n* cantidad que se le suma al costo para llegar al precio de lista.
mark to market evaluar el valor de valores para asegurarse de que la cuenta cumple con los mínimos de mantenimiento, añadir fondos para que la cuenta cumpla con los mínimos de mantenimiento, ajustar el valor de valores para reflejar el valor corriente de mercado.
mark-up *n* margen de ganancia, margen, alza de un precio.
mark-up *v* asignar el margen de ganancia, asignar el margen, alzar un precio.
markdown *n* reducción, descuento, reducción de precio.
markdown *v* reducir, descontar, reducir de precio.
marked *adj* marcado.
marked decline bajada marcada.
marked-to-market *adj* ajustado al valor del mercado.
market *n* mercado, bolsa, plaza.
market *v* mercadear, comerciar, vender, comercializar.
market acceptance aceptación del mercado.
market access acceso a mercados.
market adjustment ajuste del mercado.
market aggregation agregación de mercado.
market allocation repartición de mercado.
market analysis análisis de mercado.
market area área de mercado.
market assessment evaluación de mercado.
market audit auditoría de mercado.
market awareness conocimiento del mercado.
market base base del mercado.
market-based *adj* basado en el mercado.
market basket cesta representativa del mercado, canasta de mercado.
market behavior comportamiento del mercado.
market behaviour comportamiento del mercado.
market capitalisation capitalización bursátil, capitalización de mercado.
market capitalization capitalización bursátil, capitalización de mercado.
market channel canal de mercado.
market close cierre del mercado.
market collapse colapso de mercado de valores.
market comparison comparación de mercado.
market comparison approach acercamiento de comparación de mercado.
market conditions condiciones del mercado.
market consolidation consolidación del mercado.
market cost costo de mercado, coste de mercado.
market coverage cobertura de mercado.
market crash colapso de precios de acciones, colapso de mercado de valores.
market creation creación de un mercado.
market cycle ciclo de mercado.
market day día de mercado.
market demand demanda de mercado.
market depth profundidad de mercado.
market development desarrollo de mercado.
market development index índice del desarrollo de mercado.
market discipline disciplina de mercado.
market discount descuento de mercado.
market disruption perturbación de mercado.
market downturn baja del mercado.
market-driven *adj* impulsado por el mercado.

market economy economía de mercado.
market efficiency eficiencia del mercado.
market entry entrada al mercado.
market equilibrium equilibrio de mercado.
market expansion expansión del mercado.
market exposure exposición al mercado.
market factors factores de mercado.
market failure falla del mercado.
market financing financiación de mercado.
market fit ajuste al mercado.
market fluctuations fluctuaciones de mercado.
market forces fuerzas de mercado.
market forecast pronóstico del mercado.
market fragmentation fragmentación del mercado.
market freedom libertad de mercado.
market functions funciones de mercado.
market glut saturación del mercado.
market hours horario del mercado.
market if touched order orden al precio de mercado tras alcanzar un precio fijado.
market index índice de mercado.
market index deposit depósito con tasa basada en un índice de mercado.
market index of stock prices índice de mercado de precios de acciones.
market index rate tasa basada en un índice de mercado.
market indicator indicador de mercado.
market interest rate tasa de interés de mercado.
market jitters nerviosismo del mercado.
market leader líder de mercado.
market liquidity liquidez de mercado.
market maker creador de mercado, corredor de bolsa que mantiene cuenta propia para facilitar la liquidez de ciertos valores.
market management administración del mercado, gestión del mercado.
market maven persona bien informada sobre los mercados de valores cuya opinión es altamente cotizada.
market niche nicho de mercado.
market-on-close order orden al precio de mercado a efectuarse lo más cerca posible del cierre.
market opportunity oportunidad de mercado.
market order orden al precio de mercado.
market-oriented *adj* orientado al mercado.
market-out clause cláusula que le permite a los suscriptores cancelar sus compromisos de compra de valores a ofrecerse al público bajo ciertas circunstancias.
market outlook perspectivas del mercado.
market penetration penetración en el mercado.
market position posición en el mercado.
market positioning posicionamiento en el mercado.
market potential potencial del mercado.
market power poder del mercado.
market presence presencia en un mercado.
market price precio de mercado, valor justo en el mercado.
market price equivalent equivalente de precio de mercado.
market pricing fijación del precio de mercado.
market profile perfil de mercado.
market prospects perspectivas del mercado.
market psychology psicología del mercado.
market rally aumento repentino en un mercado de valores.
market rate tasa de mercado.
market ratio ratio de mercado, razón de mercado.

market receptiveness receptividad del mercado.
market recovery recuperación del mercado.
market regulation regulación del mercado.
market rent renta justa de mercado.
market report informe de mercado.
market representative representante de mercado.
market research investigación de mercado.
market resistance resistencia del mercado.
market risk riesgo de mercado.
market saturation saturación del mercado.
market sector sector del mercado.
market segment segmento de mercado.
market segmentation segmentación de mercado.
market segmentation theory teoría de segmentación de mercado.
market-sensitive *adj* sensible al mercado.
market sentiment sentimiento del mercado.
market share porcentaje del mercado.
market size tamaño del mercado.
market slump baja precipitada del mercado.
market stabilisation estabilización de mercado.
market stabilization estabilización de mercado.
market strategy estrategia de mercado.
market structure estructura de mercado.
market study estudio de mercado.
market supply oferta de mercado.
market survey sondeo de mercado, encuesta de mercado, estudio de mercado.
market test prueba de mercado.
market timing la búsqueda de un buen momento para hacer algo en un mercado.
market to book value ratio del valor de mercado al valor contable, razón del valor de mercado al valor contable.
market tone tono de mercado.
market trend tendencia de mercado.
market upturn subida del mercado.
market valuation valoración del mercado.
market value valor de mercado, valor en el mercado, valor justo en el mercado.
market value clause cláusula de valor en el mercado.
market value method método de valor en el mercado.
market yield rendimiento de mercado.
marketability *n* comercialidad.
marketability study estudio de comercialidad.
marketable *adj* vendible, comerciable, negociable, mercadeable.
marketable bond bono comerciable.
marketable goods bienes comerciables, productos comerciables, mercancías comerciables.
marketable products productos comerciables.
marketable securities valores negociables.
marketable shares acciones negociables.
marketable stock acciones negociables, inventario vendible.
marketable title título de propiedad transferible sin gravámenes u otras restricciones.
marketeer *n* quien vende en un mercado, quien vende, quien mercadea.
marketer *n* quien vende en un mercado, quien vende, quien mercadea.
marketing *n* marketing, mercadeo, mercadotecnia.
marketing administration administración de marketing, administración de mercadeo.
marketing administrator administrador de marketing, administrador de mercadeo.
marketing agency agencia de marketing, agencia de mercadeo.

marketing agent agente de marketing, agente de mercadeo.
marketing agreement acuerdo de marketing, acuerdo de mercadeo.
marketing and promotion marketing y promoción, mercadeo y promoción.
marketing budget presupuesto de marketing, presupuesto de mercadeo.
marketing budgeting presupuestación de marketing, presupuestación de mercadeo.
marketing campaign campaña de marketing, campaña de mercadeo.
marketing channels canales de marketing, canales de mercadeo.
marketing co-operative cooperativa de marketing, cooperativa de mercadeo.
marketing concept concepto de marketing, concepto de mercadeo.
marketing consultant consultor de marketing, consultor de mercadeo.
marketing cooperative cooperativa de marketing, cooperativa de mercadeo.
marketing cost analysis análisis de costos de marketing, análisis de costos de mercadeo, análisis de costes de marketing, análisis de costes de mercadeo.
marketing costs costos de marketing, costes de marketing, costos de mercadeo, costes de mercadeo.
marketing coverage cobertura de marketing, cobertura de mercadeo.
marketing department departamento de marketing, departamento de mercadeo.
marketing director director de marketing, director de mercadeo.
marketing division división de marketing, división de mercadeo.
marketing executive ejecutivo de marketing, ejecutivo de mercadeo.
marketing expenditures gastos de marketing, gastos de mercadeo.
marketing expenses gastos de marketing, gastos de mercadeo.
marketing gimmick truco de marketing, truco de mercadeo.
marketing information system sistema de información de marketing, sistema de información de mercadeo.
marketing intermediaries intermediarios de marketing, intermediarios de mercadeo.
marketing jingle jingle de marketing, jingle de mercadeo.
marketing literature literatura de marketing, literatura de mercadeo.
marketing management administración de marketing, administración de mercadeo, gestión de marketing, gestión de mercadeo.
marketing manager gerente de marketing, administrador de marketing, gerente de mercadeo, administrador de mercadeo.
marketing margin margen de comercialización.
marketing materials materiales de marketing, materiales de mercadeo.
marketing media medios de marketing, medios de mercadeo.
marketing mix mezcla de marketing, mezcla de mercadeo.
marketing model modelo de marketing, modelo de mercadeo.
marketing office oficina de marketing, oficina de

mercadeo.

marketing plan plan de marketing, plan de mercadeo.

marketing ploy estratagema de marketing, estratagema de mercadeo.

marketing policy política de marketing, política de mercadeo.

marketing reach alcance del marketing, alcance del mercadeo.

marketing research investigación de marketing, investigación de mercadeo.

marketing slogan slogan de marketing, slogan de mercadeo.

marketing standards normas de marketing, normas de mercadeo.

marketing strategy estrategia de marketing, estrategia de mercadeo.

marketing team equipo de marketing, equipo de mercadeo.

marketing trick truco de marketing, truco de mercadeo.

marketing vehicle vehículo de marketing, medio de marketing, vehículo de mercadeo, medio de mercadeo.

marketmaker *n* creador de mercado, corredor de bolsa que mantiene cuenta propia para facilitar la liquidez de ciertos valores.

marketplace *n* mercado, plaza del mercado.

markon *n* cantidad que se le suma al costo para llegar al precio de lista.

markup *n* margen de ganancia, margen, alza de un precio.

markup *v* asignar el margen de ganancia, asignar el margen, alzar un precio.

marriage allowance deducción por matrimonio.

marriage certificate certificado de matrimonio.

marriage deduction deducción por matrimonio.

marriage penalty penalidad por matrimonio.

married filing jointly casados radicando conjuntamente.

married filing separately casados radicando separadamente.

marshaling assets clasificación de acreedores.

marshaling liens clasificación de gravámenes.

Marxism *n* marxismo.

Marxist *adj* marxista.

Marxist *n* marxista.

mass advertising publicidad en masa.

mass appraising tasación en masa.

mass communication comunicación de masas.

mass email email en masa, correo electrónico en masa.

mass mail correo en masa, email en masa, correo electrónico en masa.

mass market mercado de masas.

mass marketing marketing en masa, mercadeo en masa.

mass media medios de comunicación masiva, medios de comunicación.

mass produce producir en serie, producir en masa.

mass production producción en serie, producción en masa.

mass promotion promoción masiva.

Massachusetts rule regla según la cual todo banco que recibe un cheque para pago sirve como agente del depositante.

Massachusetts trust ente de negocios donde los socios transfieren bienes a un fideicomiso del cual son los beneficiarios.

massage data manipular datos.

massive demonstration demostración masiva.

massive protest protesta masiva.

master *adj* experto, principal, maestro.

master *n* master, maestría, experto, patrono, jefe, maestro, poseedor, original.

master *v* dominar, vencer.

master agreement contrato colectivo de trabajo.

master budget presupuesto maestro.

master contract contrato maestro.

master deed escritura maestra.

master file archivo maestro, fichero maestro.

master lease arrendamiento principal.

master limited partnership inversión en que se combinan sociedades en comandita para formar unidades de mayor liquidez.

master mortgage hipoteca principal.

Master of Accounting Master en Contabilidad, Maestría en Contabilidad.

Master of Business Administration Master en Administración de Empresas, Maestría en Administración de Empresas, Master en Gestión de Empresas, Maestría en Gestión de Empresas.

Master of Business Management Master en Administración de Empresas, Maestría en Administración de Empresas, Master en Gestión de Empresas, Maestría en Gestión de Empresas.

Master of Commerce Master en Comercio, Maestría en Comercio.

Master of Economics Master en Economía, Maestría en Economía.

Master of Science in Business Administration Master en Administración de Empresas, Maestría en Administración de Empresas, Master en Gestión de Empresas, Maestría en Gestión de Empresas.

Master of Science in Economics Master en Ciencias Económicas, Maestría en Ciencias Económicas.

master plan plan maestro, plan principal para el desarrollo urbano de una localidad.

master policy póliza principal.

master trust fideicomiso principal.

mastermind *n* cerebro.

mastermind *v* planificar y dirigir.

matched *adj* apareado.

matched maturities vencimientos apareados.

matched orders ordenes apareadas.

matched purchase compra apareada.

matched sale venta apareada.

matched trade transacción apareada.

matched transaction transacción apareada.

matching *n* apareamiento, armonización.

matching contribution cantidad proporcional que aporta un patrono en adición a la que aporta un empleado a su plan de retiro.

material *adj* material, pertinente, sustancial, esencial.

material alteration alteración sustancial.

material breach incumplimiento sustancial.

material change alteración sustancial.

material interest interés material.

material misrepresentation declaración falsa material.

material mistake error sustancial.

material participation participación material.

material representation declaración material, representación material.

materialism *n* materialismo.

materialist *adj* materialista.

materialist *n* materialista.

materiality *n* materialidad.

materials administration administración de
materiales.
materials administrator administrador de
materiales.
materials control control de materiales.
materials cost costo de materiales, coste de
materiales.
materials handling manejo de materiales.
materials management administración de
materiales, gestión de materiales.
materials manager administrador de materiales.
materials price variance varianza de precios de
materiales.
materials variance varianza de materiales.
maternity benefits beneficios por maternidad.
maternity leave licencia por maternidad.
maternity pay paga por maternidad.
mathematical economics economía matemática.
mathematical model modelo matemático.
matrix n matriz.
matrix analysis análisis matricial.
matrix management administración matricial,
gestión matricial.
matrix organisation organización matricial.
matrix organization organización matricial.
mature adj maduro, vencido, exigible.
mature v madurar, vencer.
mature economy economía madura.
mature industry industria madura.
mature market mercado maduro.
matured adj vencido, exigible.
matured debt deuda vencida, deuda exigible.
maturity n vencimiento, madurez.
maturity date fecha de vencimiento.
maturity period período de maduración.
maturity stage etapa de madurez.
maturity value valor al vencimiento.
maturity yield rendimiento al vencimiento.
max. (maximum) máximo.
maximin n maximin.
maximisation n maximización.
maximise v maximizar.
maximise efficiency maximizar eficiencia.
maximise production maximizar producción.
maximise yield maximizar rendimiento.
maximization n maximización.
maximize v maximizar.
maximize efficiency maximizar eficiencia.
maximize production maximizar producción.
maximize yield maximizar rendimiento.
maximum adj máximo.
maximum n máximo, máximum.
maximum benefit beneficio máximo.
maximum capacity capacidad máxima.
maximum charge cargo máximo.
maximum contribution contribución máxima.
maximum cost costo máximo, coste máximo.
maximum deductible contribution contribución
máxima deducible.
maximum deduction deducción máxima.
maximum family benefit beneficio de familia
máximo.
maximum fee cargo máximo.
maximum foreseeable loss pérdida máxima
previsible.
maximum interest rate tasa de interés máxima.
maximum loan-to-value ratio ratio máximo del
préstamo al valor total, razón máxima del préstamo
al valor total.
maximum loss pérdida máxima.

maximum output producción máxima.
maximum payment pago máximo.
maximum possible loss pérdida máxima posible.
maximum practical capacity capacidad máxima
práctica.
maximum price precio máximo.
maximum probable loss pérdida máxima
probable.
maximum rate tasa máxima.
maximum rate increase aumento de tasa máximo.
maximum return rendimiento máximo.
maximum salary salario máximo.
maximum tax impuesto máximo.
maximum tax rate tasa impositiva máxima.
maximum yield rendimiento máximo.
MBA (Master of Business Administration)
Master en Administración de Empresas, Maestría
en Administración de Empresas.
MBI (management buy-in) adquisición por la
gerencia de una compañía de un interés
mayoritario en otra.
MBO (management buy-out) adquisición por la
gerencia de todas las acciones de su propia
compañía.
MBS (mortgage-backed securities) valores
respaldados por hipotecas.
MBWA (management by walking around)
administración incorporando contacto directo,
gestión incorporando contacto directo.
McJob n trabajo de baja categoría sin
oportunidades para mejoramiento.
MCom (Master of Commerce) Master en
Comercio, Maestría en Comercio.
MEA (multilateral environmental agreement)
acuerdo ambiental multilateral.
meal allowance asignación para gastos de comidas,
deducción por gastos de comidas.
meal expense deduction deducción por gastos de
comidas.
mean n media, medio.
mean deviation desviación media.
mean price precio medio.
mean reserve reserva media.
mean return rendimiento medio.
mean value valor medio.
mean yield rendimiento medio.
means n medios, recursos, modo.
means of advertising medios de publicidad.
means of communication medios de
comunicación.
means of delivery medios de entrega.
means of payment medios de pago.
means of transport medios de transporte.
means test prueba financiera de elegibilidad.
measure n medida, indicador.
measure of value medida del valor, norma de
valor.
measurement n medida.
mechanic's lien gravamen del constructor,
gravamen de aquellos envueltos en la construcción
o reparación de estructuras.
mechanisation n mecanización.
mechanism n mecanismo.
mechanization n mecanización.
media n medios de comunicación, medios
publicitarios.
media adviser asesor de medios de comunicación,
asesor de medios publicitarios.
media advisor asesor de medios de comunicación,
asesor de medios publicitarios.

media buyer comprador de espacios en medios de comunicación, comprador de espacios en medios publicitarios.
media consultant asesor de medios de comunicación, asesor de medios publicitarios.
media plan plan para medios de comunicación, plan para medios publicitarios.
media selection selección de medios de comunicación, selección de medios publicitarios.
median n mediana.
mediate v mediar, reconciliar, arbitrar, comunicar.
mediation n mediación, arbitraje, intervención.
medical benefits beneficios médicos.
medical care cuidado médico.
medical certificate certificado médico.
medical deduction deducción médica.
medical exam examen médico.
medical examination examen médico.
medical expenditures gastos médicos.
medical expense deduction deducción por gastos médicos.
medical expense insurance seguro de gastos médicos.
medical expenses gastos médicos.
medical insurance seguro médico.
medical payments insurance seguro de pagos médicos.
medium n medio.
medium-dated adj a medio plazo.
medium-duty adj de servicio regular a casi pesado.
medium of change medio de intercambio.
medium of exchange medio de intercambio.
medium term a medio plazo.
medium-term bond bono a medio plazo.
medium-term credit crédito a medio plazo.
medium-term deposits depósitos a medio plazo.
medium-term financial strategy estrategia financiera a medio plazo.
medium-term financing financiamiento a medio plazo.
medium-term forecast pronóstico a medio plazo.
medium-term investment inversión a medio plazo.
medium-term loan préstamo a medio plazo.
medium-term municipal bond bono municipal a medio plazo.
medium-term notes notas a medio plazo.
medium-term plan plan a medio plazo.
medium-term securities valores a medio plazo.
medium-term strategy estrategia a medio plazo.
medium-term trend tendencia a medio plazo.
meet v encontrarse con, conocer, cumplir con, cubrir, satisfacer.
meet an obligation atender la obligación, cumplir una obligación.
meet costs cubrir los costos, cubrir los costes.
meet demand cubrir la demanda, satisfacer la demanda.
meet expectations cumplir con las expectativas.
meet expenses cubrir los gastos.
meet goals cumplir con las metas, alcanzar las metas.
meet needs atender las necesidades, cumplir con las necesidades.
meet obligations cumplir con las obligaciones.
meet requirements cumplir con los requisitos.
meet specifications cumplir con las especificaciones.
meet targets cumplir con las metas, alcanzar las metas.
meeting n reunión, conferencia, junta.

meeting of creditors junta de acreedores.
meeting of minds acuerdo de voluntades.
meeting of shareholders reunión de accionistas.
meeting of stockholders reunión de accionistas.
meeting room sala de reuniones, sala de conferencias.
mega-cap adj relacionado con compañías cuya capitalización de mercado es enorme.
mega-capitalisation adj relacionado con compañías cuya capitalización de mercado es enorme.
mega-capitalisation company compañía cuya capitalización de mercado es enorme.
mega-capitalization adj relacionado con compañías cuya capitalización de mercado es enorme.
mega-capitalization company compañía cuya capitalización de mercado es enorme.
megacorporation n megacorporación, megaempresa.
member n miembro, socio, afiliado.
member bank banco miembro.
member bank reserves reservas de banco miembro.
member company compañía miembro.
member corporation corporación miembro.
member country país miembro.
member firm firma miembro, miembro de una bolsa.
member nation nación miembro.
Member of Congress Miembro del Congreso.
Member of Parliament Miembro del Parlamento.
member of the board miembro de la junta directiva.
Member of the European Parliament Miembro del Parlamento Europeo.
member state estado miembro.
member's rate tasa de miembro.
membership n calidad de miembro, calidad de socio, número de miembros, número de socios, pertenencia.
membership card tarjeta de socio, tarjeta de miembro.
memorandum n memorándum, informe.
memorandum check cheque en garantía.
memorandum cheque cheque en garantía.
memorandum clause cláusula que limita la responsabilidad del asegurador sobre ciertas mercancías perecederas.
memorandum of agreement memorando de acuerdo.
memorandum of association escritura de constitución.
memorandum of understanding memorando de entendimiento.
memory chip chip de memoria.
menial adj de baja categoría.
menial job trabajo de baja categoría.
menial task tarea de baja categoría.
menial work trabajo de baja categoría.
mental health insurance seguro de salud mental.
mental impairment deterioro mental, discapacidad mental, minusvalidez mental.
mention v mencionar.
mentor n mentor.
menu n menú.
MEP (Member of the European Parliament) Miembro del Parlamento Europeo.
mercable adj vendible, comerciable, negociable.
mercantile adj mercantil, comercial.

mercantile account cuenta mercantil.
mercantile accounting contabilidad mercantil.
mercantile activity actividad mercantil.
mercantile address domicilio mercantil.
mercantile administration administración mercantil.
mercantile administrator administrador mercantil.
mercantile adviser asesor mercantil.
mercantile advisor asesor mercantil.
mercantile agency agencia mercantil.
mercantile agent agente mercantil.
mercantile agreement convenio mercantil.
mercantile arbitration arbitraje mercantil.
mercantile area área mercantil.
mercantile assembly asamblea mercantil.
mercantile assets activo mercantil.
mercantile association asociación mercantil.
mercantile bank banco mercantil.
mercantile banker banquero mercantil.
mercantile banking banca mercantil.
mercantile bankruptcy quiebra mercantil.
mercantile bill letra de cambio mercantil.
mercantile bookkeeping contabilidad mercantil.
mercantile broker corredor mercantil, corredor.
mercantile business negocio mercantil.
mercantile center centro mercantil.
mercantile centre centro mercantil.
mercantile chain cadena mercantil.
mercantile circles círculos mercantiles.
mercantile code código mercantil.
mercantile community comunidad mercantil.
mercantile company sociedad mercantil, compañía mercantil.
mercantile computing computación mercantil.
mercantile concern empresa mercantil.
mercantile conditions condiciones mercantiles.
mercantile conference conferencia mercantil.
mercantile considerations consideraciones mercantiles.
mercantile consultant consultor mercantil.
mercantile contract contrato mercantil.
mercantile convention convención mercantil.
mercantile corporation corporación mercantil.
mercantile correspondence correspondencia mercantil.
mercantile counsellor consejero mercantil.
mercantile counselor consejero mercantil.
mercantile court tribunal mercantil.
mercantile credit crédito mercantil.
mercantile credit company compañía de crédito mercantil.
mercantile creditor acreedor mercantil.
mercantile cycle ciclo mercantil.
mercantile deal transacción mercantil.
mercantile debt deuda mercantil.
mercantile decision decisión mercantil.
mercantile department departamento mercantil.
mercantile deposit depósito mercantil.
mercantile development desarrollo mercantil.
mercantile director director mercantil.
mercantile discount descuento mercantil.
mercantile discussion discusión mercantil.
mercantile district distrito mercantil.
mercantile documents documentos mercantiles.
mercantile domicile domicilio mercantil.
mercantile earnings ingresos mercantiles.
mercantile economics economía mercantil.
mercantile ends fines mercantiles.
mercantile enterprise empresa mercantil.
mercantile entity entidad mercantil.

mercantile environment ambiente mercantil.
mercantile equipment equipo mercantil.
mercantile establishment establecimiento mercantil, negocio.
mercantile ethics ética mercantil.
mercantile etiquette etiqueta en los negocios.
mercantile exhibit exhibición mercantil.
mercantile expenditures gastos mercantiles.
mercantile expenses gastos mercantiles.
mercantile experience experiencia mercantil.
mercantile failure quiebra mercantil.
mercantile finance finanzas mercantiles.
mercantile financing financiación mercantil.
mercantile firm empresa mercantil.
mercantile forecast pronóstico mercantil.
mercantile forecasting previsión mercantil.
mercantile forms formularios mercantiles.
mercantile fraud fraude mercantil.
mercantile gains ganancias mercantiles.
mercantile goal meta mercantil.
mercantile house firma mercantil.
mercantile income ingresos mercantiles.
mercantile indicators indicadores mercantiles.
mercantile insolvency insolvencia mercantil.
mercantile insurance seguro mercantil.
mercantile interest interés mercantil.
mercantile investment inversión mercantil.
mercantile invoice factura mercantil.
mercantile journal revista mercantil, boletín mercantil.
mercantile law derecho mercantil.
mercantile league asociación mercantil.
mercantile lease arrendamiento mercantil.
mercantile lender prestador mercantil.
mercantile lending préstamos mercantiles.
mercantile licence licencia mercantil.
mercantile license licencia mercantil.
mercantile lines líneas mercantiles.
mercantile literature literatura mercantil.
mercantile loan préstamo mercantil.
mercantile locale local mercantil.
mercantile losses pérdidas mercantiles.
mercantile magazine revista mercantil, boletín mercantil.
mercantile management administración mercantil, gestión mercantil.
mercantile manager gerente mercantil.
mercantile meeting reunión mercantil.
mercantile mortgage hipoteca mercantil.
mercantile name nombre mercantil.
mercantile objective objetivo mercantil.
mercantile office oficina mercantil.
mercantile operation operación mercantil.
mercantile opportunity oportunidad mercantil.
mercantile organisation organización mercantil.
mercantile organization organización mercantil.
mercantile-oriented *adj* orientado hacia lo mercantil.
mercantile paper papel mercantil.
mercantile park parque mercantil.
mercantile plan plan mercantil.
mercantile planning planificación mercantil.
mercantile policy póliza mercantil, política mercantil.
mercantile portal portal mercantil.
mercantile portfolio portafolio mercantil.
mercantile practices prácticas mercantiles.
mercantile premises local mercantil.
mercantile presence presencia mercantil.
mercantile presentation presentación mercantil.

mercantile product producto mercantil.
mercantile profits beneficios mercantiles, ganancias mercantiles.
mercantile property propiedad mercantil.
mercantile proposition propuesta mercantil.
mercantile purpose propósito mercantil.
mercantile rate tasa mercantil.
mercantile recession recesión mercantil.
mercantile records expedientes mercantiles.
mercantile recovery recuperación mercantil.
mercantile regulations reglamentos mercantiles.
mercantile relations relaciones mercantiles.
mercantile rent alquiler mercantil.
mercantile rental arrendamiento mercantil.
mercantile report informe mercantil.
mercantile risk riesgo mercantil.
mercantile rules reglas mercantiles.
mercantile sale venta mercantil.
mercantile scam estafa mercantil.
mercantile sector sector mercantil.
mercantile services servicios mercantiles.
mercantile standards normas mercantiles.
mercantile strategy estrategia mercantil.
mercantile swindle estafa mercantil.
mercantile taxation imposición mercantil.
mercantile taxes impuestos mercantiles.
mercantile terms términos mercantiles.
mercantile trade comercio mercantil.
mercantile transaction transacción mercantil.
mercantile treaty tratado mercantil.
mercantile trends tendencias mercantiles.
mercantile trust fideicomiso mercantil.
mercantile usage uso mercantil.
mercantile value valor mercantil.
mercantile vehicle vehículo mercantil.
mercantile venture empresa mercantil.
mercantile world mundo mercantil.
mercantile year año mercantil.
mercantilism *n* mercantilismo.
mercative *adj* mercantil, comercial.
merchandise *n* mercancía, mercadería.
merchandise *v* comercializar, comerciar, vender.
merchandise administration administración de mercancías.
merchandise administrator administrador de mercancías.
merchandise allowance concesión por mercancías.
merchandise balance balance de mercancías.
merchandise broker corredor de mercancías.
merchandise control control de mercancías.
merchandise inventory inventario de mercancías.
merchandise management administración de mercancías, gestión de mercancías.
merchandise manager administrador de mercancías.
merchandise mix mezcla de mercancías.
merchandise trade comercio de mercancías.
merchandise transfer transferencia de mercancías.
merchandise turnover giro de mercancías, rotación de mercancías.
merchandiser *n* comercializador.
merchandising *n* merchandising, comercialización, técnicas mercantiles.
merchandising and marketing comercialización y marketing, comercialización y mercadeo.
merchandize *v* comercializar, comerciar, vender.
merchant *adj* mercante, mercantil, comercial, de comercio.
merchant *n* mercader, comerciante, comercializador.
merchant agreement acuerdo de comerciante, acuerdo entre el comerciante y el banco que procesa transacciones de tarjeta.
merchant application solicitud de comerciante.
merchant bank banco mercantil.
merchant banker banquero mercantil.
merchant banking banca mercantil.
merchant base base de comerciantes.
merchant discount descuento de comerciante, tasa que le cobra al comerciante el banco que procesa transacciones de tarjeta.
merchant discount rate tasa que le cobra al comerciante el banco que procesa transacciones de tarjeta.
merchant fraud fraude de comerciante.
merchant identification card tarjeta de identificación de comerciante.
merchant number número de comerciante.
merchant shipping navegación comercial.
merchant volume volumen de comerciante.
merchantability *n* comerciabilidad.
merchantable *adj* vendible, comerciable.
merchantable title título de propiedad negociable sin gravámenes u otras restricciones, título negociable, título válido.
merchants' accounts cuentas comerciales.
Mercosur (Mercado Común del Sur) Mercosur.
merge *v* unir, fusionar.
merge companies fusionar compañías.
merged *adj* unido, fusionado.
merged company compañía fusionada.
merger *n* fusión, consolidación, confusión.
merger accounting contabilidad de fusiones.
merger arbitrage arbitraje de fusiones.
merger expenses gastos de fusión.
merger partner socio de fusión.
mergers and acquisitions fusiones y adquisiciones.
merit *n* mérito.
merit bonus bono por mérito.
merit increase aumento salarial por mérito.
merit pay paga por mérito, salario por mérito.
merit raise aumento salarial por mérito.
merit rating calificación por mérito.
meritocracy *n* meritocracia.
meritorious consideration contraprestación basada en una obligación moral, contraprestación valiosa.
message *n* mensaje.
message authentication code código de autenticación de mensaje.
message header encabezamiento de mensaje.
messaging *n* mensajería.
messenger *n* mensajero.
meter *n* medidor, contador, metro.
meter *v* medir, franquear con máquina.
meter rate tasa por unidad de consumo, tasa según contador.
metes and bounds límites de un inmueble, linderos de un inmueble, rumbos y distancias.
method *n* método.
method of assessment método de evaluación.
method of evaluation método de evaluación.
method of pay método de pago.
method of payment método de pago.
method study estudio de métodos.
methodology *n* metodología.
metric ton tonelada métrica.
metropolis *n* metrópolis.

metropolitan *adj* metropolitano.
metropolitan area área metropolitana.
metropolitan statistical area área estadística metropolitana.
mezzanine debt deuda intermedia.
mfd. (manufactured) manufacturado.
MFN (most favored nation) nación más favorecida.
Mgr. (manager) administrador, gerente.
micro-cap *adj* relacionado con compañías cuya capitalización de mercado es muy pequeña.
micro-capitalisation *adj* relacionado con compañías cuya capitalización de mercado es muy pequeña.
micro-capitalisation company compañía cuya capitalización de mercado es muy pequeña.
micro-capitalization *adj* relacionado con compañías cuya capitalización de mercado es muy pequeña.
micro-capitalization company compañía cuya capitalización de mercado es muy pequeña.
microbrowser *n* microexplorador.
microchip *n* microchip.
microcredit *n* microcrédito.
microeconomic *adj* microeconómico.
microeconomics *n* microeconomía.
microfilm *n* micropelícula.
micromarketing *n* micromarketing.
micropayment *n* micropago.
microprocessor *n* microprocesador, chip.
microtransaction *n* microtransacción.
mid-cap *adj* relacionado con compañías cuya capitalización de mercado es mediana.
mid-capitalisation *adj* relacionado con compañías cuya capitalización de mercado es mediana.
mid-capitalisation company compañía cuya capitalización de mercado es mediana.
mid-capitalization *adj* relacionado con compañías cuya capitalización de mercado es mediana.
mid-capitalization company compañía cuya capitalización de mercado es mediana.
mid-priced *adj* ni muy barato ni muy caro.
mid-range *adj* ni en el extremo bajo ni alto para una gama dada.
mid-term estimate estimado a la mitad del período.
mid-term meeting asamblea a la mitad del período.
mid-term review revisión a la mitad del período.
mid-year estimate estimado a la mitad del año.
mid-year meeting asamblea a la mitad del año.
mid-year review revisión a la mitad del año.
middle class clase media.
middle management administración intermedia, gestión intermedia.
middle manager administrador intermedio.
middle rate tasa intermedia.
middleman *n* intermediario.
midnight deadline vencimiento a medianoche.
migrant *adj* migratorio.
migrant *n* emigrante.
migrant labor mano de obra migratoria.
migrant labour mano de obra migratoria.
migrant worker trabajador migratorio.
migrants' remittances remesas de emigrantes.
migrants' transfers transferencias de emigrantes.
migrate *v* migrar.
migration *n* migración.
migratory *adj* migratorio.
migratory labor mano de obra migratoria.
migratory labour mano de obra migratoria.
migratory worker trabajador migratorio.

mil *n* milésima del valor.
mileage allowance asignación para gastos de transporte en vehículo propio, deducción de gastos de transporte en vehículo propio.
milestone *n* hito.
mill *n* milésima del valor.
millage rate tasa impositiva expresada en milésimas.
million *n* millón.
millionaire *n* millonario.
min. (minimum) mínimo.
mine *n* mina.
mineral lands tierras mineras.
mineral lease arrendamiento de minas.
mineral resources recursos minerales, recursos mineros.
mineral rights derechos mineros.
mineral royalty regalía minera.
mineral servitude servidumbre minera.
mini-branch *n* minisucursal.
minimax *n* minimax.
minimisation *n* minimización.
minimisation of costs minimización de costos, minimización de costes.
minimisation of expenses minimización de gastos.
minimise *v* minimizar.
minimise costs minimizar costos, minimizar costes.
minimise expenses minimizar gastos.
minimization *n* minimización.
minimization of costs minimización de costos, minimización de costes.
minimization of expenses minimización de gastos.
minimize *v* minimizar.
minimize costs minimizar costos, minimizar costes.
minimize expenses minimizar gastos.
minimum *adj* mínimo.
minimum *n* mínimo.
minimum acceptable bid oferta mínima aceptable, puja mínima aceptable.
minimum amount cantidad mínima.
minimum amount policy póliza de cantidad mínima.
minimum balance balance mínimo.
minimum benefit beneficio mínimo.
minimum cash balance saldo en efectivo mínimo.
minimum cash ratio ratio de efectivo mínimo, razón de efectivo mínimo.
minimum charge cargo mínimo.
minimum contribution contribución mínima.
minimum cost costo mínimo, coste mínimo.
minimum deposit depósito mínimo.
minimum down payment pronto pago mínimo.
minimum employment age edad mínima de empleo.
minimum fee honorario mínimo, cargo mínimo.
minimum group grupo mínimo.
minimum interest rate tasa de interés mínima.
minimum inventory inventario mínimo.
minimum lease payment pago de arrendamiento mínimo.
minimum lending rate tasa de préstamo mínima.
minimum living wage salario mínimo de subsistencia.
minimum lot area área de solar mínima.
minimum maintenance mantenimiento mínimo.
minimum margin margen mínimo.

minimum payment pago mínimo, abono mínimo.
minimum pension pensión mínima.
minimum pension liability responsabilidad de pensión mínima.
minimum premium prima mínima.
minimum price precio mínimo.
minimum quality calidad mínima.
minimum rate tasa mínima.
minimum rate increase aumento de tasa mínimo.
minimum reserve reserva mínima, encaje mínimo.
minimum reserve ratio ratio mínimo de encaje, razón mínima de encaje.
minimum return rendimiento mínimo.
minimum service charge cargo por servicios mínimo.
minimum service fee cargo por servicios mínimo.
minimum tax impuesto mínimo.
minimum tax rate tasa impositiva mínima.
minimum variation variación mínima.
minimum wage salario mínimo, paga mínima.
minimum yield rendimiento mínimo.
mining *n* minería.
mining claim concesión minera, pertenencia minera.
mining lease arrendamiento de minas.
mining licence licencia minera.
mining license licencia minera.
mining location pertenencia minera.
mining partnership sociedad minera.
mining rent renta por explotar minas.
mining royalty regalía minera.
Minister of Agriculture Ministro de Agricultura.
Minister of Commerce Ministro de Comercio.
Minister of Finance Ministro de Finanzas.
Minister of Industry Ministro de Industria.
Minister of Labor Ministro de Trabajo.
Minister of Labour Ministro de Trabajo.
Minister of the Economy Ministro de Economía.
ministry *n* ministerio.
Ministry of Agriculture Ministerio de Agricultura.
Ministry of Commerce Ministerio de Comercio.
Ministry of Finance Ministerio de Finanzas.
Ministry of Industry Ministerio de Industria.
Ministry of Labor Ministerio de Trabajo.
Ministry of Labour Ministerio de Trabajo.
Ministry of the Economy Ministerio de Economía.
minor *adj* secundario, inferior.
minor *n* menor, menor de edad.
minority *adj* minoritario.
minority *n* minoría, persona de grupo minoritario.
minority holder tenedor minoritario.
minority interest interés minoritario.
minority partner socio minoritario.
minority shareholders accionistas minoritarios.
minority stake interés minoritario, participación minoritaria.
minority stockholders accionistas minoritarios.
mint *n* casa de la moneda, casa de amonedación.
mint *v* acuñar.
mintage *n* acuñación.
minting *n* acuñación.
minus balance saldo negativo, balance negativo.
minus figure cifra negativa.
minus tick venta a precio menor que la anterior.
minute book *n* libro de minutas, minutario.
minutes *n* minutas, actas.
minutia *n* minucia.
minutiae *n* minucias.
MIP (mortgage insurance premium) prima de seguro hipotecario.

MIRR (modified internal rate of return) tasa de rendimiento interno modificada.
MIS (Management Information Systems) Sistemas de Información Gerencial.
misappropriate *v* malversar.
misappropriation *n* malversación.
misbranding *n* rotulación de productos con indicaciones falsas.
misc. (miscellaneous) misceláneo.
miscalculate *v* calcular mal.
miscalculation *n* error de cálculo.
miscellaneous *adj* misceláneo, varios.
miscellaneous charges cargos misceláneos.
miscellaneous costs costos misceláneos, costes misceláneos.
miscellaneous expenditures gastos misceláneos.
miscellaneous expenses gastos misceláneos.
miscellaneous fees cargos misceláneos.
miscellaneous income ingresos misceláneos.
miscellaneous itemized deductions deducciones detalladas misceláneas.
miscellaneous outlays desembolsos misceláneos.
miscellaneous vehicles vehículos misceláneos.
miscount *v* contar mal.
misdate *n* fecha falsa, fecha errónea.
misdate *v* fechar falsamente, fechar erróneamente.
misdeclaration *n* declaración falsa, declaración errónea.
misdelivery *n* entrega errónea.
misdescription *n* descripción errónea.
misemploy *v* emplear mal.
misencode *v* codificar mal.
misencoded *adj* mal codificado.
misencoded card tarjeta mal codificada.
misery index índice de miseria.
misguide *v* aconsejar mal.
mishandle *v* maltratar, manejar mal.
misinform *v* informar mal.
misinformation *n* información errónea.
misinterpret *v* malinterpretar.
misinterpretation *n* mala interpretación.
mislabel *v* rotular productos con indicaciones falsas.
mislabeling *n* rotulación de productos con indicaciones falsas.
mislaid property bienes extraviados, bienes perdidos.
mislead *v* engañar.
misleading *adj* engañoso.
misleading advertising publicidad engañosa.
misleading packaging empaque engañoso.
misleading practices prácticas engañosas.
misleading sales practices prácticas comerciales engañosas.
misleading statement declaración engañosa.
misleadingly *adv* engañosamente.
mismanage *v* administrar mal.
mismanagement *n* mala administración, mala gestión.
misprice *v* fijar un precio erróneo, cotizar un precio erróneo.
misprint *n* errata.
misread *v* malinterpretar, leer mal.
misrecital *n* descripción errónea.
misrepresent *v* declarar falsamente, declarar erróneamente, tergiversar.
misrepresentation *n* declaración falsa, declaración errónea, tergiversación.
miss work faltar al trabajo.
missing payment pago perdido, pago extraviado.

missing ship nave perdida.
missing the market falta de ejecución de una orden por negligencia del corredor.
mission-critical *adj* indispensable para efectuar labores, indispensable.
mission report informe de la misión.
mission statement declaración de la misión.
misstatement *n* declaración falsa, declaración errónea.
mistake *n* equivocación, error.
mistake *v* confundir, malinterpretar, errar.
misunderstand *v* entender mal.
misunderstanding *n* malentendido.
misuse *v* usar mal, malversar, abusar.
mix *n* mezcla.
mix business and pleasure mezclar los negocios con el placer.
mixed *adj* mixto.
mixed account cuenta mixta.
mixed collateral colateral mixto.
mixed contract contrato mixto.
mixed cost costo mixto, coste mixto.
mixed credit crédito mixto.
mixed currency moneda mixta.
mixed duty arancel mixto, derecho mixto.
mixed economic system sistema económico mixto.
mixed economy economía mixta.
mixed enterprise empresa mixta.
mixed farming agricultura mixta.
mixed financing financiamiento mixto.
mixed funds fondos mixtos.
mixed insurance company compañía de seguros mixta.
mixed perils peligros mixtos.
mixed policy póliza mixta, póliza combinada.
mixed property propiedad mixta.
mixed rates tasas mixtas.
mixed tariff arancel mixto.
mixtion *n* confusión de bienes, mezcla de bienes.
MLR (minimum lending rate) tasa de préstamo mínima.
MOA (memorandum of agreement) memorando de acuerdo.
MOA (memorandum of association) escritura de constitución.
mobile business comercio electrónico usando aparatos móviles como teléfonos celulares.
mobile commerce comercio electrónico usando aparatos móviles como teléfonos celulares.
mobile communications comunicaciones móviles.
mobile home caravana.
mobile Internet Internet móvil.
mobile phone teléfono móvil.
mobile telephone teléfono móvil.
mobility *n* movilidad.
mobility of labor movilidad laboral.
mobility of labour movilidad laboral.
mode *n* modo, moda, medio.
mode of delivery medio de entrega, modo de entrega.
mode of payment medio de pago, modo de pago.
mode of transport medio de transporte, modo de transporte.
model *n* modelo.
model apartment apartamento modelo.
model clause cláusula modelo, cláusula tipo.
model house casa modelo.
model law ley modelo, ley tipo.
model unit unidad modelo.

modeling *n* modelado.
modem *n* módem.
moderate *adj* moderado.
moderate deflation deflación moderada.
moderate inflation inflación moderada.
moderate trading cantidad moderada de transacciones.
moderated *adj* moderado.
modern portfolio theory teoría de cartera de valores moderna.
modernisation *n* modernización.
modernise *v* modernizar.
modernization *n* modernización.
modernize *v* modernizar.
modest decrease disminución moderada, reducción moderada.
modest increase aumento moderado.
modification *n* modificación, enmienda.
modification agreement convenio de modificación.
modification of contract modificación de contrato.
modifications and improvements modificaciones y mejoras.
modified *adj* modificado.
modified accelerated cost recovery system sistema acelerado de recuperación de costos modificado.
modified accrual basis base de acumulación modificada.
modified adjusted gross income ingreso bruto ajustado modificado.
modified cash refund annuity anualidad de reembolso en efectivo modificada.
modified insurance seguro modificado.
modified internal rate of return tasa de rendimiento interno modificada.
modified life insurance seguro de vida modificado.
modified reserve reserva modificada.
modify *v* modificar, enmendar.
modular *adj* modular.
modular housing vivienda modular.
module *n* módulo.
mogul *n* magnate.
mom-and-pop shop pequeña tienda generalmente atendida por miembros de familia.
mom-and-pop store pequeña tienda generalmente atendida por miembros de familia.
monetarism *n* monetarismo.
monetarist *adj* monetarista.
monetarist *n* monetarista.
monetary *adj* monetario.
monetary accord acuerdo monetario.
monetary account cuenta monetaria.
monetary activity actividad monetaria.
monetary adjustment ajuste monetario.
monetary administration administración monetaria.
monetary administrator administrador monetario.
monetary aggregate agregado monetario.
monetary agreement acuerdo monetario.
monetary analysis análisis monetario.
monetary appreciation apreciación monetaria.
monetary assessment evaluación monetaria.
monetary assets activo monetario.
monetary authorities autoridades monetarias.
monetary base base monetaria.
monetary board junta monetaria.
monetary center centro monetario.
monetary centre centro monetario.

monetary charges cargos monetarios.
monetary clause cláusula monetaria.
monetary code código monetario.
monetary collapse colapso monetario.
monetary commission comisión monetaria.
monetary community comunidad monetaria.
monetary compensation compensación monetaria.
monetary component componente monetario.
monetary composition composición monetaria.
monetary contraction contracción monetaria.
monetary control control monetario.
monetary conversion conversión monetaria.
monetary cycle ciclo monetario.
monetary debt deuda monetaria.
monetary deflation deflación monetaria.
monetary deposit depósito monetario.
monetary economy economía monetaria.
monetary erosion erosión monetaria.
monetary expansion expansión monetaria.
monetary expenditures gastos monetarios.
monetary expenses gastos monetarios.
monetary fees cargos monetarios.
monetary flow flujo monetario.
monetary gold oro monetario.
monetary growth crecimiento monetario.
monetary guarantee garantía monetaria.
monetary guaranty garantía monetaria.
monetary indemnity indemnización monetaria.
monetary indicator indicador monetario.
monetary inflation inflación monetaria.
monetary institution institución monetaria.
monetary intervention intervención monetaria.
monetary issue emisión monetaria, cuestión monetaria.
monetary liability responsabilidad monetaria.
monetary loan préstamo monetario, préstamo de banco.
monetary management administración monetaria, gestión monetaria.
monetary manager administrador monetario.
monetary multiplier multiplicador monetario.
monetary neutrality neutralidad monetaria.
monetary operations operaciones monetarias.
monetary policy política monetaria.
monetary power poder monetario.
monetary rate tasa monetaria.
monetary reform reforma monetaria.
monetary regulation regulación monetaria.
monetary report informe monetario, reporte monetario.
monetary reserve reserva monetaria.
monetary restraint moderación monetaria.
monetary restriction restricción monetaria.
monetary sector sector monetario.
monetary services servicios monetarios.
monetary sovereignty soberanía monetaria.
monetary squeeze restricción monetaria.
monetary stabilisation estabilización monetaria.
monetary stabilization estabilización monetaria.
monetary standard patrón monetario.
monetary stimulus estímulo monetario.
monetary substitution sustitución monetaria.
monetary supervision supervisión monetaria.
monetary system sistema monetario.
monetary theory teoría monetaria.
monetary tightening restricción monetaria.
monetary transaction transacción monetaria.
monetary transfer transferencia monetaria, traspaso monetario.

monetary union unión monetaria.
monetary unit unidad monetaria.
monetary value valor monetario.
monetary wage paga monetaria.
monetisation n monetización.
monetise v monetizar.
monetised adj monetizado.
monetised economy economía monetizada.
monetization n monetización.
monetize v monetizar.
monetized adj monetizado.
monetized economy economía monetizada.
money n dinero, moneda.
money account cuenta de caja, cuenta en efectivo.
money administration administración monetaria, administración de fondos, administración de efectivo.
money administrator administrador monetario, administrador de fondos.
money advance adelanto de efectivo.
money-back guarantee garantía de devolución del dinero.
money-back guaranty garantía de devolución del dinero.
money-back offer oferta de devolución de dinero.
money-back warranty garantía de devolución del dinero.
money-bill n proyecto de ley fiscal.
money broker corredor financiero, corredor de cambios.
money buyer comprador al contado, comprador en efectivo.
money card tarjeta de efectivo.
money center centro financiero.
money center bank banco de centro financiero.
money centre centro financiero.
money centre bank banco de centro financiero.
money control control monetario, control del efectivo, control de caja.
money creation creación del dinero.
money deficit déficit monetario, déficit de caja.
money demand demanda monetaria.
money deposit depósito de dinero.
money disbursement desembolso de efectivo, desembolso de dinero.
money flow flujo monetario, flujo de efectivo, flujo de fondos, flujo de caja.
money functions funciones del dinero.
money fund fondo de inversión del mercado monetario.
money-grabbing adj avaro, en busca constante del dinero como sea.
money-grubbing adj avaro, en busca constante del dinero como sea.
money holdings efectivo en caja.
money illusion ilusión del dinero.
money in advance pago por adelantado.
money in circulation dinero en circulación.
money income ingreso monetario.
money land dinero en fideicomiso señalado para la compra de inmuebles.
money laundering lavado de dinero, blanqueo de dinero.
money lender prestador.
money lent dinero prestado.
money-maker n algo rentable, quien solo busca ganar dinero, quien devenga ingresos.
money management administración de fondos, administración de efectivo, administración de cartera de valores, gestión de fondos, gestión de

efectivo, gestión de cartera de valores.

money manager administrador de fondos, administrador de cartera de valores.

money market mercado monetario.

money market account cuenta del mercado monetario.

money market certificate certificado del mercado monetario.

money market deposit depósito del mercado monetario.

money market deposit account cuenta de depósito del mercado monetario.

money market fund fondo de inversión del mercado monetario.

money market instrument instrumento del mercado monetario.

money market interest rate tasa de interés del mercado monetario.

money market investment inversión del mercado monetario.

money market mutual fund fondo mutuo del mercado monetario.

money market rate tasa del mercado monetario.

money market securities valores del mercado monetario.

money multiplier multiplicador del dinero.

money on delivery pago contra entrega.

money on hand efectivo en caja, existencia en caja.

money order giro postal, orden de pago, orden al contado, pedido al contado.

money paid dinero pagado.

money rates tasas de préstamos.

money receipts entradas en caja, entradas.

money refund reembolso en efectivo, reintegro en efectivo.

money shortage deficiencia monetaria, faltante de efectivo.

money supply agregado monetario, masa monetaria, oferta monetaria.

money to burn exceso de dinero.

money transaction transacción monetaria, transacción en efectivo.

money transfer transferencia monetaria, transferencia de efectivo.

money trap trampa del dinero.

money value valor del dinero.

money wage salario monetario.

money withdrawal retiro de efectivo.

moneyed *adj* adinerado.

moneyed corporation corporación financiera.

moneylender *n* prestador, prestamista.

moneymaker *n* algo rentable, quien solo busca ganar dinero, quien devenga ingresos.

moneymaking *adj* rentable, lucrativo.

monger *n* vendedor, negociante.

monies received dinero recibido.

monitor *v* monitorear, supervisar, controlar.

monitor progress monitorear progreso, observar progreso, supervisar progreso.

monitoring *n* monitoreo, supervisión, control.

monometallism *n* monometalismo.

monopolisation *n* monopolización.

monopolise *v* monopolizar.

monopolised *adj* monopolizado.

monopolised market mercado monopolizado.

monopoliser *n* monopolizador.

monopolist *n* monopolista.

monopolistic *adj* monopolístico.

monopolistic competition competencia monopolística.

monopolistic control control monopolístico.

monopolization *n* monopolización.

monopolize *v* monopolizar.

monopolized *adj* monopolizado.

monopolized market mercado monopolizado.

monopolizer *n* monopolizador.

monopoly *n* monopolio.

monopoly power poder de monopolio.

monopoly price precio de monopolio.

monopoly rights derechos de monopolio.

monopsony *n* monopsonio.

Monte Carlo method método de Monte Carlo.

Monte Carlo technique técnica de Monte Carlo.

month-to-month lease arrendamiento de mes a mes.

month-to-month rent alquiler de mes a mes.

month-to-month tenancy arrendamiento de mes a mes.

monthly *adj* mensual.

monthly *adv* mensualmente.

monthly charges cargos mensuales.

monthly costs costos mensuales, costes mensuales.

monthly expenditures gastos mensuales.

monthly expenses gastos mensuales.

monthly fee cargo mensual.

monthly installment pago mensual.

monthly interest intereses mensuales.

monthly investment plan plan de inversiones mensual, plan de inversiones con depósitos fijos mensuales.

monthly payment pago mensual, abono mensual.

monthly rent alquiler mensual.

monthly report informe mensual.

monthly salary salario mensual.

monthly sales ventas mensuales.

monthly savings ahorros mensuales.

monthly statement estado mensual.

moonlighter *n* quien tiene otro trabajo en horas que no son las que se dedican al trabajo regular, pluriempleado.

moonlighting *n* desempeño de otro trabajo en horas que no son las que se dedican al trabajo regular, pluriempleo.

moorage *n* amarraje, amarradero.

moral *adj* moral.

moral consideration contraprestación moral.

moral hazard riesgo moral.

moral obligation obligación moral.

moral obligation bond bono de obligación moral respaldado por un estado.

moral risk riesgo moral.

moral suasion persuasión moral.

morale *n* moral.

moratorium *n* moratoria.

morbidity rate tasa de morbilidad.

morbidity table tabla de morbilidad.

more favorable terms términos más favorables.

more or less más o menos, aproximadamente.

mortality *n* mortalidad.

mortality adjustment ajuste por mortalidad.

mortality rate tasa de mortalidad.

mortality ratio ratio de mortalidad, razón de mortalidad.

mortality tables tablas de mortalidad.

mortgage *n* hipoteca.

mortgage *v* hipotecar.

mortgage account cuenta hipotecaria.

mortgage administration administración hipotecaria.

mortgage arrears atrasos en pagos hipotecarios.

mortgage assumption asunción hipotecaria, asunción de hipoteca.
mortgage-backed *adj* respaldado por hipotecas.
mortgage-backed bond bono respaldado por hipotecas.
mortgage-backed certificate certificado respaldado por hipotecas.
mortgage-backed investment inversión respaldada por hipotecas.
mortgage-backed securities valores respaldados por hipotecas.
mortgage bank banco hipotecario.
mortgage banker banquero hipotecario.
mortgage banking banca hipotecaria.
mortgage banking company compañía de banca hipotecaria.
mortgage bond bono hipotecario.
mortgage broker corredor hipotecario.
mortgage certificate certificado hipotecario, cédula hipotecaria.
mortgage clause cláusula hipotecaria.
mortgage commitment compromiso hipotecario, compromiso de otorgar una hipoteca.
mortgage company compañía hipotecaria.
mortgage conduit conducto de hipotecas.
mortgage constant constante hipotecaria.
mortgage corporation corporación hipotecaria.
mortgage credit crédito hipotecario.
mortgage creditor acreedor hipotecario.
mortgage debt deuda hipotecaria.
mortgage debtor deudor hipotecario.
mortgage deed escritura hipotecaria.
mortgage department departamento hipotecario.
mortgage discount descuento hipotecario.
mortgage financing financiamiento hipotecario.
mortgage foreclosure ejecución hipotecaria.
mortgage insurance seguro hipotecario.
mortgage insurance policy póliza de seguro hipotecario.
mortgage insurance premium prima de seguro hipotecario.
mortgage interest intereses hipotecarios.
mortgage interest deduction deducción de intereses hipotecarios.
mortgage interest rate tasa de interés hipotecaria, tipo de interés hipotecario.
mortgage lender prestador hipotecario, prestamista hipotecario.
mortgage lien gravamen hipotecario.
mortgage life insurance seguro de vida hipotecario.
mortgage loan préstamo hipotecario.
mortgage loan commitment compromiso de préstamo hipotecario.
mortgage loan company compañía de préstamos hipotecarios.
mortgage loan interest rate tasa de interés de préstamo hipotecario.
mortgage loan rate tasa de préstamo hipotecario.
mortgage loan rate of interest tasa de interés de préstamo hipotecario.
mortgage loan report informe de préstamos hipotecarios.
mortgage market mercado hipotecario.
mortgage note pagaré hipotecario.
mortgage of goods gravamen contra bienes muebles.
mortgage of ship hipoteca naval.
mortgage origination originación hipotecaria.
mortgage participation participación hipotecaria.

mortgage payment pago hipotecario, abono hipotecario.
mortgage pool agrupación de hipotecas.
mortgage portfolio cartera de hipotecas.
mortgage premium prima hipotecaria.
mortgage protection protección hipotecaria.
mortgage protection insurance seguro de protección hipotecaria.
mortgage rate tasa hipotecaria, tipo hipotecario.
mortgage registry registro de hipotecas.
mortgage repayment pago hipotecario, abono hipotecario.
mortgage revenue bond bono de ingresos de hipotecas.
mortgage risk riesgo hipotecario.
mortgage sale venta hipotecaria.
mortgage securities valores hipotecarios.
mortgage service servicio hipotecario.
mortgage servicing servicio hipotecario.
mortgage statement estado hipotecario.
mortgage swap intercambio hipotecario.
mortgageable *adj* hipotecable.
mortgaged *adj* hipotecado.
mortgagee *n* acreedor hipotecario.
mortgagee clause cláusula del acreedor hipotecario.
mortgagee in possession acreedor hipotecario en posesión del inmueble.
mortgager *n* deudor hipotecario, hipotecante.
mortgagor *n* deudor hipotecario, hipotecante.
mortuary tables tablas de mortalidad.
most-active list lista de acciones más activas.
most-favored nation nación más favorecida.
most-favored nation clause cláusula de nación más favorecida.
most-favored nation rate tasa de nación más favorecida.
most-favored nation treatment trato de nación más favorecida.
most-favoured nation nación más favorecida.
most-favoured nation clause cláusula de nación más favorecida.
most-favoured nation rate tasa de nación más favorecida.
most-favoured nation treatment trato de nación más favorecida.
most recent period período más reciente.
most recent quarter trimestre más reciente.
motion *n* moción.
motion carried moción aprobada.
motion rejected moción rechazada.
motivate *v* motivar.
motivated *adj* motivado.
motivation *n* motivación.
motivational *adj* motivacional.
motivational research investigación motivacional.
motivator *n* motivador.
motor vehicle expenses gastos de vehículos de motor.
motor vehicle fees cargos de vehículos de motor.
motor vehicle insurance seguro de vehículo de motor.
motor vehicle taxes impuestos sobre vehículos de motor.
MOU (memorandum of understanding) memorando de entendimiento.
mounting costs costos crecientes, costes crecientes.
movable assets bienes muebles.
movable estate propiedad mueble, bienes muebles.

movable property bienes muebles.
movables *n* muebles, bienes muebles.
move *n* movimiento, mudanza, transferencia, traslado.
move *v* mover, mudar, proponer, transportar, vender.
move in instalarse, intervenir.
move in tandem moverse al unísono.
move offices trasladarse de oficina.
move out mudarse.
movement *n* movimiento, actividad, circulación.
movement of labor movimiento de mano de obra.
movement of labour movimiento de mano de obra.
movement of personnel movimiento de personal.
mover and shaker quien tiene poder para efectuar cambios.
moving average media móvil, promedio móvil.
moving expense deduction deducción por gastos de mudanza.
MP (Member of Parliament) Miembro del Parlamento.
MPT (modern portfolio theory) teoría de cartera de valores moderna.
Mr. (mister) Sr.
MRQ (most recent quarter) trimestre más reciente.
Mrs. (mistress) Sra.
Ms. Srta., Sra.
MSRP (manufacturer's suggested retail price) precio al por menor sugerido por el fabricante, precio sugerido por el fabricante.
MTFS (medium-term financial strategy) estrategia financiera a medio plazo.
MTM (mark to market) evaluar el valor de valores para asegurarse de que la cuenta cumple con los mínimos de mantenimiento, añadir fondos para que la cuenta cumpla con los mínimos de mantenimiento, ajustar el valor de valores para reflejar el valor corriente de mercado.
MTN (medium-term notes) notas a medio plazo.
multi-annual *adj* multianual.
multi-collinearity *n* multicolinealidad.
multi-currency *adj* multidivisa.
multi-currency loan préstamo multidivisa, préstamo en monedas múltiples
multi-employer bargaining negociaciones de patronos múltiples.
multi-family *adj* multifamiliar.
multi-family housing edificación de viviendas múltiples, vivienda multifamiliar.
multi-lateral *adj* multilateral.
multi-lateral agency agencia multilateral.
multi-lateral agreement convenio multilateral, tratado multilateral.
multi-lateral aid asistencia multilateral.
multi-lateral compensation compensación multilateral.
multi-lateral contract contrato multilateral.
multi-lateral development bank banco del desarrollo multilateral.
multi-lateral environmental agreement acuerdo ambiental multilateral.
multi-lateral trade comercio multilateral.
multi-lateral trade agreement acuerdo comercial multilateral.
multi-level marketing marketing a niveles múltiples, mercadeo a niveles múltiples.
multi-million *adj* multimillonario.
multi-millionaire *n* multimillonario.
multi-national *adj* multinacional.

multi-national *n* multinacional.
multi-national company compañía multinacional.
multi-national corporation corporación multinacional.
multi-national enterprise empresa multinacional.
multi-nationally *adv* multinacionalmente.
multi-sector *adj* multisector.
multi-skilling *n* entrenamiento de los empleados en destrezas múltiples.
multi-user *adj* multiusuario.
multi-year *adj* multianual.
multiannual *adj* multianual.
multicollinearity *n* multicolinealidad.
multicurrency *adj* multidivisa.
multicurrency loan préstamo multidivisa, préstamo en monedas múltiples
multiemployer bargaining negociaciones de patronos múltiples.
multifamily *adj* multifamiliar.
multifamily housing edificación de viviendas múltiples, vivienda multifamiliar.
multilateral *adj* multilateral.
multilateral agency agencia multilateral.
multilateral agreement convenio multilateral, tratado multilateral.
multilateral aid asistencia multilateral.
multilateral compensation compensación multilateral.
multilateral contract contrato multilateral.
multilateral development bank banco del desarrollo multilateral.
multilateral environmental agreement acuerdo ambiental multilateral.
multilateral trade comercio multilateral.
multilateral trade agreement acuerdo comercial multilateral.
multilateralism *n* multilateralismo.
multilevel marketing marketing a niveles múltiples, mercadeo a niveles múltiples.
multimedia *adj* multimedia, multimedios.
multimillion *adj* multimillonario.
multimillionaire *n* multimillonario.
multinational *adj* multinacional.
multinational *n* multinacional.
multinational company compañía multinacional.
multinational corporation corporación multinacional.
multinational enterprise empresa multinacional.
multinationally *adv* multinacionalmente.
multiple *adj* múltiple.
multiple administration administración múltiple.
multiple banking banca múltiple.
multiple budget presupuesto múltiple.
multiple budgeting presupuestación múltiple.
multiple correlation correlación múltiple.
multiple currency practice práctica de tipos de cambio múltiples.
multiple currency system sistema de tipos de cambio múltiples.
multiple exchange rate tipo de cambio múltiple.
multiple indemnity indemnización múltiple.
multiple listing acuerdo entre corredores para compartir información sobre propiedades bajo contrato.
multiple location policy póliza de locales múltiples.
multiple management administración múltiple, gestión múltiple.
multiple peril insurance seguro contra peligros múltiples.

multiple prices precios múltiples.
multiple pricing descuento por compra de más de una unidad.
multiple recording registro múltiple.
multiple recording of transactions registro múltiple de transacciones.
multiple regression regresión múltiple.
multiple regression analysis análisis de regresión múltiple.
multiple retirement ages edades de retiro múltiples.
multiple sales ventas múltiples.
multiple tariff tarifa múltiple.
multiple taxation imposición múltiple.
multiplier *n* multiplicador.
multiplier effect efecto multiplicador.
multisector *adj* multisector.
multiuser *adj* multiusuario.
multiyear *adj* multianual.
municipal *adj* municipal.
municipal bank banco municipal.
municipal bond bono municipal.
municipal bond fund fondo de bonos municipales.
municipal bond insurance seguro garantizando pago de un bono municipal.
municipal corporation corporación municipal.
municipal government gobierno municipal.
municipal insurance seguro municipal.
municipal issuer emisor de valores municipales.
municipal revenue bond bono de ingresos municipal.
municipal securities valores municipales, inversiones emitidas por municipalidades.
municipal tax impuesto municipal.
municipal taxation imposición municipal.
municipals *n* valores municipales, inversiones emitidas por municipalidades.
muniment of title prueba documental de título de propiedad, documento de título, título de propiedad.
muniments *n* prueba documental de título de propiedad, documentos de título.
munis (municipals) valores municipales, inversiones emitidas por municipalidades.
mutilated *adj* mutilado.
mutilated check cheque mutilado.
mutilated cheque cheque mutilado.
mutilated instrument documento mutilado.
mutilated note pagaré mutilado.
mutilated securities valores mutilados.
mutual *adj* mutuo, mutual.
mutual account cuenta mutua, cuenta mancomunada.
mutual acquisition coadquisición.
mutual action acción mutua.
mutual adventure empresa colectiva, empresa mutua, riesgo mutuo.
mutual agreement acuerdo mutuo, convenio mutuo.
mutual aid ayuda mutua.
mutual annuity anualidad mutua.
mutual assets activos mutuos.
mutual assistance asistencia mutua.
mutual association asociación mutua.
mutual balance saldo mutuo.
mutual beneficiaries beneficiarios mutuos.
mutual benefit beneficio mutuo.
mutual capital capital mutuo.
mutual capitalisation capitalización mutua.
mutual capitalization capitalización mutua.

mutual company compañía mutual.
mutual conditions condiciones recíprocas.
mutual consent consentimiento mutuo.
mutual consent, by por consentimiento mutuo.
mutual consideration contraprestación recíproca.
mutual contract contrato recíproco, contrato mutuo.
mutual cost costo mutuo, coste mutuo.
mutual covenants cláusulas recíprocas.
mutual credits créditos recíprocos.
mutual debtor codeudor, deudor mancomunado.
mutual debts deudas mutuas, deudas mancomunadas.
mutual demand demanda mutua.
mutual easements servidumbres recíprocas.
mutual effort esfuerzo mutuo.
mutual endorsement promoción mutua.
mutual enterprise empresa mutua.
mutual expenditures gastos mutuos.
mutual expenses gastos mutuos.
mutual exports exportaciones mutuas.
mutual financing financiamiento mutuo, financiación mutua.
mutual fund fondo mutuo.
mutual fund insurance seguro de fondo mutuo.
mutual guarantee garantía mutua.
mutual guaranty garantía mutua.
mutual imports importaciones mutuas.
mutual income ingresos mutuos.
mutual initiative iniciativa mutua.
mutual insurance seguro mutual, seguro mutuo.
mutual insurance company compañía mutual de seguros.
mutual insurance policy póliza de seguros mutua.
mutual interest interés mutuo.
mutual intervention intervención mutua.
mutual investment inversión mutua.
mutual liability responsabilidad mutua.
mutual limit límite mutuo.
mutual loss pérdida mutua.
mutual obligation obligación recíproca.
mutual patent patente mutua.
mutual payment pago mutuo.
mutual production producción mutua.
mutual promises promesas recíprocas.
mutual rate tasa mutua.
mutual reserves reservas mutuas.
mutual responsibility responsabilidad mutua.
mutual revenue ingresos mutuos.
mutual reward recompensa mutua.
mutual risk riesgo mutuo.
mutual savings bank banco mutual de ahorros.
mutual spending gastos mutuos.
mutual trade comercio recíproco, comercio mutuo.
mutual undertaking empresa mutua.
mutuality *n* mutualidad, reciprocidad.
mutuality doctrine doctrina que indica que las obligaciones contractuales tienen que ser recíprocas para que un contrato sea válido.
mutuality of contract requisito de que las obligaciones contractuales sean recíprocas para que un contrato sea válido.
mutuality of obligation requisito de que las obligaciones contractuales sean recíprocas para que un contrato sea válido.
mutually *adv* mutuamente.
mutually agreed mutuamente acordado.
mutually binding mutuamente obligante.
muzak *n* hilo musical, música ambiental.

N

n/a (no account) sin cuenta.
n/a (not applicable) no aplica, no pertinente.
n/a (not available) no disponible.
NAFTA (North American Free Trade
  Agreement) Tratado de Libre Comercio de
  América del Norte, TLCAN.
naked call opción de compra descubierta.
naked call writer vendedor de opción de compra
  descubierta.
naked call writing venta de opción de compra
  descubierta.
naked contract contrato sin contraprestación,
  contrato sin contraprestación suficiente.
naked deposit depósito gratuito.
naked option opción descubierta.
naked option writer vendedor de opción
  descubierta.
naked option writing venta de opción descubierta.
naked position posición descubierta.
naked possession posesión sin título.
naked promise promesa unilateral.
naked put opción de venta descubierta.
naked put writer vendedor de opción de venta
  descubierta.
naked put writing venta de opción de venta
  descubierta.
naked trust fideicomiso pasivo.
name n nombre, apellido, reputación.
name v nombrar, identificar, fijar.
name brand nombre de marca, marca de fábrica.
name brand acceptance aceptación de marca
name brand ad anuncio de marca.
name brand advertisement anuncio de marca.
name brand advertising publicidad de marca.
name brand association asociación de marca.
name brand awareness conciencia de marca.
name brand building creación de conciencia de
  marca
name brand development desarrollo de marca.
name brand differentiation diferenciación de
  marca.
name brand image imagen de marca.
name brand leader marca líder.
name brand line línea de marcas.
name brand loyalty lealtad de marca.
name brand market mercado de marca.
name brand marketing marketing de marca,
  mercadeo de marca.
name brand planning planificación de marca.
name brand positioning posicionamiento de
  marca.
name brand potential potencial de marca.
name brand promotion promoción de marca.
name brand recognition reconocimiento de marca.
name brand strategy estrategia de marca.
name of corporation nombre de la corporación.
name of partnership nombre de la sociedad.
name only, in sólo de nombre.
named adj nombrado, designado.
named insured la persona asegurada.
named peril policy póliza de peligros enumerados.
nameless adj anónimo, desconocido.
namely adv a saber, específicamente.
nanny state papá estado.
nanotechnology n nanotecnología.
NAO (National Audit Office) Oficina Nacional de
  Auditoría.
narrow-band adj de banda estrecha.
narrow down reducir, limitar.
narrow market mercado angosto, mercado
  restringido.
narrow money dinero en sentido estricto.
narrow sense sentido estricto.
narrow view perspectiva cerrada, perspectiva
  limitada, miras estrechas.
narrowband adj de banda estrecha.
NASD (National Association of Securities
  Dealers) NASD, Asociación Nacional de
  Corredores de Valores.
NASDAQ (National Association of Securities
  Dealers Automated Quotation) NASDAQ,
  Cotización Automática de la Asociación Nacional
  de Corredores de Valores.
NASDAQ Index Índice NASDAQ.
nat. (national) nacional.
national adj nacional.
national account cuenta nacional.
national accountancy contabilidad nacional.
national accounting contabilidad nacional.
national accounts cuentas nacionales.
national advertising publicidad nacional.
national agent agente nacional.
national aid ayuda nacional.
national assets activo nacional.
national assistance asistencia nacional.
national association asociación nacional.
National Association of Securities Dealers
  Asociación Nacional de Corredores de Valores.
National Association of Securities Dealers
  Automated Quotation Cotización Automática de
  la Asociación Nacional de Corredores de Valores.
National Audit Office Oficina Nacional de
  Auditoría.
national bank banco nacional.
national bank examination examinación de
  bancos nacionales.
national bank examiner examinador de bancos
  nacionales.
national banking banca nacional.
national bill letra nacional.
national bonds bonos nacionales.
national borrowing préstamos nacionales.
national branch sucursal nacional.
national brand marca nacional.
national budget presupuesto nacional.
national budgeting presupuestación nacional.
national capital capital nacional.
national commerce comercio nacional.
national commodity producto nacional, producto
  del país.
national company compañía nacional.
national competition competencia nacional.
national consumption consumo nacional.
national content contenido nacional.
national corporation corporación nacional.
national correspondent corresponsal nacional.
national credit crédito nacional.
national creditor acreedor nacional.
national currency moneda nacional.
national debt deuda nacional.
national demand demanda nacional.
national department departamento nacional.
national deposit depósito nacional.
national division división nacional.
national domicile domicilio nacional.
national economic plan plan económico nacional.

national economy economía nacional.
national enterprise empresa nacional.
national estimates estimados nacionales.
national expenditures gastos nacionales.
national expenses gastos nacionales.
national exports exportaciones nacionales.
national firm empresa nacional.
national goods productos nacionales.
national holiday feriado nacional.
national imports importaciones nacionales.
national income ingresos nacionales.
national industry industria nacional.
national insurance seguro nacional, seguro social.
national insurance number número de seguro social.
national insurer asegurador nacional.
national interests intereses nacionales.
national investment inversión nacional.
national investor inversionista nacional.
national issue emisión nacional.
national liabilities pasivo nacional.
national liquidity liquidez nacional.
national loan préstamo nacional.
national market mercado nacional.
National Market System Sistema Nacional de Mercado.
national minimum wage salario mínimo nacional, paga mínima nacional.
national money dinero nacional.
national partnership sociedad nacional.
national policy política nacional, póliza nacional.
national port puerto nacional.
national price precio nacional.
national product producto nacional, producto del país.
national resources recursos nacionales.
national revenue ingreso nacional.
national sales ventas nacionales.
national sales tax impuesto nacional sobre ventas.
national sector sector nacional.
national securities valores nacionales.
national standards normas nacionales.
national subsidiary subsidiaria nacional.
national subsidy subsidio nacional, subvención nacional.
national supply oferta nacional.
national support ayuda nacional.
national tax impuesto nacional.
national trade comercio nacional.
national trade policy política de comercio nacional.
national treasury tesorería nacional.
national union unión nacional.
national wealth riqueza nacional.
nationalisation *n* nacionalización.
nationalise *v* nacionalizar.
nationalised *adj* nacionalizado.
nationalism *n* nacionalismo.
nationalist *adj* nacionalista.
nationalist *n* nacionalista.
nationalistic *adj* nacionalista.
nationalization *n* nacionalización.
nationalize *v* nacionalizar.
nationalized *adj* nacionalizado.
nationally *adv* nacionalmente.
nationally advertised anunciado nacionalmente.
nationally distributed distribuido nacionalmente.
nationwide *adj* por toda la nación, a escala nacional.
natural *adj* natural.

natural business year año comercial natural, año fiscal.
natural day día natural.
natural disaster desastre natural.
natural interest rate tasa de interés natural.
natural losses pérdidas naturales.
natural monopoly monopolio natural.
natural person persona física.
natural possession posesión física.
natural premium prima natural.
natural rate tasa natural.
natural rate of interest tasa de interés natural.
natural resources recursos naturales.
natural resources conservation conservación de recursos naturales.
natural resources management administración de recursos naturales, gestión de recursos naturales.
natural unemployment rate tasa de desempleo natural.
natural vacancy rate tasa de vacantes natural.
natural wastage agotamiento de personal natural.
natural year año natural.
nature conservation conservación de la naturaleza.
NAV (net asset value) valor de activo neto.
NB (nota bene) obsérvese, nota bene.
NCV (no commercial value) sin valor comercial.
NDA (net domestic assets) activos nacionales netos.
NDP (net domestic product) producto nacional neto.
near money activo fácilmente convertible en efectivo, casi dinero.
near-term *adj* a cercano plazo.
nearby month mes más cercano.
nearest month mes más cercano.
necessary *adj* necesario.
necessary acquisition adquisición necesaria.
necessary agreement convenio necesario.
necessary amount cantidad necesaria.
necessary arbitration arbitraje necesario.
necessary balance balance necesario.
necessary commodities productos necesarios, productos de primera necesidad.
necessary cost costo necesario, coste necesario.
necessary coverage cobertura necesaria.
necessary deposit depósito necesario.
necessary diligence diligencia necesaria.
necessary disclosure divulgación necesaria.
necessary easement servidumbre necesaria.
necessary expenditures gastos necesarios, desembolsos necesarios.
necessary expenses gastos necesarios, desembolsos necesarios.
necessary insurance seguro necesario.
necessary labor mano de obra necesaria.
necessary labour mano de obra necesaria.
necessary level nivel necesario.
necessary licence licencia necesaria.
necessary license licencia necesaria.
necessary limit límite necesario.
necessary loan préstamo necesario.
necessary pay paga necesaria.
necessary payment pago necesario.
necessary price precio necesario.
necessary products productos necesarios.
necessary purchase compra necesaria.
necessary rating clasificación necesaria.
necessary remuneration remuneración necesaria
necessary repairs reparaciones necesarias.
necessary reserve reserva necesaria.

necessary salary salario necesario.
necessary sale venta necesaria.
necessary services servicios necesarios.
necessary tax impuesto necesario, contribución necesaria.
necessary value valor necesario.
necessary wages salario necesario.
necessity *n* necesidad.
necessity, out of por necesidad.
needs test prueba de necesidades, comprobación de necesidades.
needy *adj* necesitado.
negate *v* negar, invalidar.
negative amortisation amortización negativa.
negative amortization amortización negativa.
negative authorisation autorización negativa.
negative authorization autorización negativa.
negative balance saldo negativo.
negative bias sesgo negativo.
negative carry rendimiento menor que el costo de posesión.
negative cash flow flujo de fondos negativo.
negative condition condición negativa.
negative confirmation confirmación negativa.
negative correlation correlación negativa.
negative covenant estipulación de no realizar un acto.
negative coverage cobertura negativa.
negative easement servidumbre negativa.
negative elasticity elasticidad negativa.
negative factor factor negativo.
negative file archivo negativo.
negative goodwill plusvalía negativa.
negative income tax impuesto negativo sobre la renta.
negative interest intereses negativos.
negative investment inversión negativa.
negative leverage apalancamiento negativo.
negative net worth valor neto negativo.
negative pledge clause cláusula de pignoración negativa.
negative premium prima negativa.
negative saving ahorro negativo.
negative servitude servidumbre negativa.
negative tax impuesto negativo.
negative value valor negativo.
negative verification verificación negativa.
negative working capital capital circulante negativa.
negative yield curve curva de rendimientos negativa.
neglect *v* descuidar, no ocuparse de, desatender, incumplir.
neglected *adj* descuidado, desatendido, incumplido.
negligence *n* negligencia, descuido.
negligence liability insurance seguro contra responsabilidad por negligencia.
negligent *adj* negligente, descuidado.
negligently *adv* negligentemente, descuidadamente.
negligently done hecho negligentemente.
negotiability *n* negociabilidad.
negotiable *adj* negociable.
negotiable bill letra de cambio negociable.
negotiable bill of exchange letra de cambio negociable.
negotiable bill of lading conocimiento de embarque negociable.
negotiable bond bono negociable.

negotiable certificate of deposit certificado de depósito negociable.
negotiable check cheque negociable.
negotiable cheque cheque negociable.
negotiable contract contrato negociable.
negotiable document documento negociable.
negotiable document of title título negociable.
negotiable instruments instrumentos negociables.
negotiable investments inversiones negociables.
negotiable note pagaré negociable.
negotiable order of withdrawal cuenta de cheques con intereses.
negotiable order of withdrawal account cuenta de cheques con intereses.
negotiable paper títulos negociables.
negotiable securities valores negociables.
negotiable words palabras y frases de negociabilidad.
negotiate *v* negociar, gestionar.
negotiated *adj* negociado, gestionado.
negotiated benefits beneficios pactados, beneficios negociados.
negotiated budget presupuesto pactado, presupuesto negociado.
negotiated capital capital pactado, capital negociado.
negotiated charge cargo pactado, cargo negociado.
negotiated commission comisión pactada, comisión negociada.
negotiated conditions condiciones pactadas, condiciones negociadas.
negotiated contribution plan plan de contribuciones negociado.
negotiated cost costo pactado, costo negociado, coste pactado, coste negociado.
negotiated credit line línea de crédito pactada, línea de crédito negociada.
negotiated deposit depósito pactado, depósito negociado.
negotiated expenditures gastos pactados, gastos negociados.
negotiated expenses gastos pactados, gastos negociados.
negotiated fee cargo pactado, cargo negociado.
negotiated interest rate tasa de interés pactada, tasa de interés negociada.
negotiated liability responsabilidad pactada, responsabilidad negociada.
negotiated market price precio de mercado negociado.
negotiated obligation obligación pactada, obligación negociada.
negotiated pay paga pactada, paga negociada.
negotiated payment pago pactado, pago negociado.
negotiated period período pactado, período negociado.
negotiated premium prima pactada, prima negociada.
negotiated price precio pactado, precio negociado.
negotiated procurement compra negociada.
negotiated purchase compra negociada.
negotiated rate tasa pactada, tasa negociada.
negotiated remuneration remuneración pactada, remuneración negociada.
negotiated rent renta pactada, renta negociada.
negotiated return rendimiento pactado, rendimiento negociado.
negotiated salary salario pactado, salario negociado.

negotiated sale venta negociada.
negotiated selling price precio de venta pactado, precio de venta negociado.
negotiated terms términos pactados, términos negociados.
negotiated underwriting suscripción negociada.
negotiated wages salarios pactados, salarios negociados.
negotiating n negociación.
negotiating agent agente de negociaciones.
negotiating clout poder de negociación.
negotiating control control de negociación.
negotiating fee cargo por negociación.
negotiating group grupo de negociación.
negotiating period período de negociación.
negotiating position posición de negociación.
negotiating power poder de negociación.
negotiating rights derechos de negociación.
negotiating strength fuerza de negociación.
negotiating table mesa de negociaciones.
negotiating unit unidad de negociaciones.
negotiation n negociación.
negotiation agent agente de negociación.
negotiation clout poder de negociación.
negotiation control control de negociación.
negotiation fee cargo por negociación.
negotiation group grupo de negociación.
negotiation period período de negociación.
negotiation position posición de negociación.
negotiation power poder de negociación.
negotiation rights derechos de negociación.
negotiation strength fuerza de negociación.
negotiation table mesa de negociaciones.
negotiation unit unidad de negociaciones.
negotiator n negociador.
neighborhood life cycle ciclo de vida de vecindad.
nepotism n nepotismo.
nepotist n nepotista.
nest egg ahorros.
net adj neto, final.
net n red.
net v realizar, capturar.
Net (Internet) Internet.
net 30 a pagarse en 30 días.
net amount cantidad neta.
net amount at risk cantidad en riesgo neta.
net annual value valor anual neto.
net appreciation apreciación neta.
net asset value valor de activo neto.
net assets activo neto.
net balance saldo neto.
net basis base neta.
net book value valor neto en libros.
net borrowed reserves reservas prestadas netas.
net borrowing prestamos netos.
net capital expenditure gasto de capital neto.
net capital formation formación neta de capital.
net capital gain ganancia neta de capital.
net capital loss pérdida neta de capital.
net capital ratio ratio de capital neto, razón de capital neto.
net capital requirement requisito neto de capital.
net capital spending gastos de capital neto.
net cash flow flujo neto de efectivo, flujo neto de fondos.
net cash income ingreso neto de efectivo, ingreso neto de fondos.
net cash requirement requisito neto de efectivo.
net change cambio neto.
net charge-off cancelaciones netas.

net contribution contribución neta.
net cost costo neto, coste neto.
net cost method método de costo neto, método de coste neto.
net credit crédito neto.
net credit period período de crédito neto.
net current assets activo corriente neto.
net debit débito neto.
net debt deuda neta.
net decrease disminución neta.
net demand deposits depósitos a la vista netos.
net dividend dividendo neto.
net domestic assets activos nacionales netos.
net domestic product producto nacional neto.
net earnings ingresos netos.
net effect efecto neto.
net emigration emigración neta.
net equity capital propio neto.
net estate patrimonio neto.
net expenditures gastos netos.
net expenses gastos netos.
net exportations exportaciones netas.
net exporter exportador neto.
net exports exportaciones netas.
net foreign investment inversión extranjera neta.
net free reserves reserva disponible neta.
net ground lease arrendamiento de terreno vacante neto.
net immigration inmigración neta.
net importations importaciones netas.
net importer importador neto.
net imports importaciones netas.
net income ingreso neto, beneficio neto, renta neta.
net income multiplier multiplicador de ingreso neto.
net income per share ingreso neto por acción.
net income tax impuesto sobre la renta neta.
net increase aumento neto.
net interest interés neto.
net interest cost costo de intereses neto, coste de intereses neto.
net interest earned intereses devengados netos.
net interest margin margen de intereses neto.
net interest yield rendimiento de intereses neto.
net international reserves reservas internacionales netas.
net investment inversión neta.
net investment income ingresos por inversiones neto.
net leasable area área arrendable neta.
net lease arrendamiento neto, arrendamiento en que el arrendatario tiene que pagar ciertos otros gastos en adición al pago del alquiler.
net level premium prima nivelada neta.
net liquid assets activo líquido neto.
net listing contrato para la venta de un inmueble en que la comisión es lo que exceda una cantidad fija que le corresponde al vendedor, listado neto.
net long-term debt deuda a largo plazo neta.
net loss pérdida neta.
net margin margen neto.
net national debt deuda nacional neta.
net national income ingreso nacional neto.
net national product producto nacional neto.
net of tax neto tras factorizar impuestos.
net operating income ingreso operativo neto.
net operating loss pérdida operativa neta.
net operating loss deduction deducción por pérdida operativa neta.
net operating profit beneficio operativo neto,

ganancia operativa neta.

net operating profit after taxes beneficio operativo neto después de impuestos.

net output salida neta, producción neta.

net pay paga neta, salario neto.

net payments pagos netos.

net position posición neta.

net premium prima neta.

net present value valor presente neto.

net present value method método de valor presente neto.

net price precio neto.

net price method método de precio neto.

net proceeds producto neto.

net profit margin margen de beneficios netos, margen de ganancias netas.

net profits beneficios netos, ganancias netas.

net public debt deuda pública neta.

net purchases compras netas.

net rate tasa neta.

net realisable value valor realizable neto.

net realizable value valor realizable neto.

net receipts entradas netas.

net rent alquiler neto.

net reserves reservas netas.

net result resultado neto.

net retention retención neta.

net return rendimiento neto.

net revenue ingreso neto.

net salary salario neto.

net sales ventas netas.

net sales contract contrato de venta neto.

net savings ahorros netos.

net settlement liquidación neta.

net short-term debt deuda a corto plazo neta.

net single premium prima única neta.

net surplus superávit neto.

net tangible assets activo tangible neto.

net tangible assets ratio ratio de activo tangible neto, razón de activo tangible neto.

net tax base base contributiva neta.

net tax liability responsabilidad contributiva neta.

net taxes impuestos netos, contribuciones netas.

net tonnage tonelaje neto.

net transaction transacción neta.

net value valor neto.

net value added valor añadido neto.

net volume volumen neto.

net wages salario neto.

net weight peso neto.

net working capital capital circulante neto.

net worth valor neto, activo neto, patrimonio neto, patrimonio.

net worth ratio ratio de valor neto, razón de valor neto.

net yield rendimiento neto.

net. (network) red.

netcasting n difusión por la Internet.

netiquette n netiqueta.

netizen n internauta.

network n red.

network v buscar y establecer contactos.

network access acceso a una red.

network administration administración de red.

network administrator administrador de red.

network authentication autenticación de red.

network computer computadora de red.

network effect efecto de red.

network management administración de red, gestión de red.

network manager administrador de red.

network security seguridad de red.

networking n la búsqueda y establecimiento de contactos, trabajo con redes, interconexión de redes.

neutral adj neutral.

neutrality n neutralidad.

never used nunca usado.

new account cuenta nueva.

new account report informe de cuenta nueva.

new acquisition nueva adquisición.

new balance nuevo saldo.

new business nuevos negocios, nuevos asuntos.

new consideration contraprestación adicional.

new contract nuevo contrato.

new credit nuevo crédito.

new economy nueva economía.

new enterprise nueva empresa.

new issue nueva emisión.

new issue market mercado de nuevas emisiones.

new management nueva administración, nueva gestión.

new money dinero nuevo, dinero fresco.

new order nueva orden.

new product nuevo producto.

new technology nueva tecnología.

new town nuevo pueblo.

New York Mercantile Exchange Bolsa Mercantil de Nueva York, New York Mercantile Exchange.

New York Stock Exchange Bolsa de Nueva York, New York Stock Exchange.

newly industrialised countries países recientemente industrializados.

newly industrialised economy economía recientemente industrializada.

newly industrialized countries países recientemente industrializados.

newly industrialized economy economía recientemente industrializada.

news agency agencia de noticias.

news conference conferencia de prensa, rueda de prensa.

news service servicio de noticias.

newsletter n boletín.

newspaper ad anuncio de periódico.

newspaper advertisement anuncio de periódico.

newspaper advertising publicidad en periódicos.

next day funds fondos disponibles el próximo día laborable.

next-generation adj de la próxima generación.

nexus n nexo.

NGO (non-governmental organization, non-governmental organisation) organización no gubernamental.

niche n nicho.

niche market mercado de nicho.

niche marketing marketing de nicho, mercadeo de nicho.

night cycle ciclo nocturno.

night deposit depósito nocturno.

night depository depositaría nocturna.

night differential diferencial nocturno.

night shift turno nocturno, turno de noche.

Nikkei 225 Nikkei 225.

Nikkei Index Índice Nikkei.

nine-bond rule regla de los nueve bonos.

nine to five empleo con horario regular y sueldo fijo, jornada de nueve a cinco.

NMS (National Market System) Sistema Nacional de Mercado, NMS.

NNI (net national income) ingreso nacional neto.
NNP (net national product) producto nacional neto.
no account sin cuenta.
no arrival, no sale si no llegan los bienes no hay que pagar por ellos.
no business value sin valor comercial.
no collateral sin colateral.
no commercial value sin valor comercial.
no customs value sin valor aduanero, sin valor en aduanas.
no declared value sin valor declarado.
no-fault *adj* sin culpa.
no-fault auto insurance seguro automovilístico sin culpa, seguro automovilístico donde la compañía aseguradora paga los daños independientemente de quien tuvo la culpa.
no-fault automobile insurance seguro automovilístico sin culpa, seguro automovilístico donde la compañía aseguradora paga los daños independientemente de quien tuvo la culpa.
no-fault car insurance seguro automovilístico sin culpa, seguro automovilístico donde la compañía aseguradora paga los daños independientemente de quien tuvo la culpa.
no-frills *adj* sólo con lo esencial, sin lujos, básico.
no funds sin fondos.
no-limit order orden sin limitación de precio.
no-load fund fondo mutuo sin comisión.
no money down sin pronto pago.
no name sin marca, sin nombre.
no par sin valor nominal, sin valor a la par.
no-par shares acciones sin valor nominal, acciones sin valor a la par.
no-par stock acciones sin valor nominal, acciones sin valor a la par.
no-par value shares acciones sin valor nominal, acciones sin valor a la par.
no-par value stock acciones sin valor nominal, acciones sin valor a la par.
no purchase necessary sin obligación de compra.
no-strike clause cláusula de no declarar huelga.
no strings attached sin cortapisas.
no trespassing prohibido el paso.
no value declared sin valor declarado.
no-win situation situación en la cual se pierde comoquiera.
no. (number) número.
noise pollution contaminación sonora.
nominal *adj* nominal.
nominal account cuenta nominal.
nominal amount cantidad nominal.
nominal anchor ancla nominal.
nominal assets activo nominal.
nominal capital capital nominal.
nominal charges cargos nominales.
nominal consideration contraprestación nominal.
nominal cost costo nominal, coste nominal.
nominal damages daños nominales.
nominal exchange rate tipo de cambio nominal.
nominal fees cargos nominales.
nominal GDP PIB nominal.
nominal income ingreso nominal.
nominal interest interés nominal.
nominal interest rate tasa de interés nominal.
nominal ledger libro mayor nominal.
nominal loan rate tasa de préstamo nominal.
nominal partner socio nominal.
nominal price precio nominal.
nominal profit beneficio nominal, ganancia nominal.
nominal quotation cotización nominal.
nominal rate tasa nominal.
nominal rate of exchange tipo de cambio nominal.
nominal rent alquiler nominal.
nominal return rendimiento nominal.
nominal scale escala nominal.
nominal tariff tarifa nominal.
nominal trust fideicomiso nominal.
nominal value valor nominal.
nominal wage salario nominal.
nominal yield rendimiento nominal.
nominate *v* nominar, designar.
nominate contracts contratos con nombre o forma propia.
nomination *n* nominación, designación.
nominee *n* persona nombrada, nómino, representante, fideicomisario.
non-acceptance *n* no aceptación, rechazo.
non-accrual loan préstamo sin acumulación.
non-adjustable *adj* no ajustable.
non-admitted *adj* no admitido.
non-age *n* minoría de edad, minoridad.
non-agricultural *adj* no agrícola.
non-amortising loan préstamo sin amortización.
non-amortizing loan préstamo sin amortización.
non-ancestral estate bienes inmuebles no adquiridos por sucesión.
non-apparent easement servidumbre discontinua.
non-approved *adj* no aprobado.
non-arm's length negotiations negociaciones entre partes independientes con desigualdad de condiciones.
non-arm's length transactions transacciones entre partes independientes con desigualdad de condiciones.
non-assessable *adj* no susceptible a gravámenes o impuestos.
non-assessable shares acciones no gravables, acciones no susceptibles a gravámenes o impuestos.
non-assessable stock acciones no gravables, acciones no susceptibles a gravámenes o impuestos.
non-assignable *adj* no transferible.
non-assignable policy póliza no transferible.
non-assumable *adj* no asumible.
non-availability *n* no disponibilidad.
non-bank *adj* no bancario.
non-banking *adj* no bancario.
non-borrowed *adj* no prestado.
non-borrowed reserves reservas no prestadas.
non-business *adj* no de negocios, no laborable.
non-business bad debts deudas incobrables no de negocios.
non-business day día no laborable.
non-business expenditures gastos no de negocios.
non-business expenses gastos no de negocios.
non-business income ingreso no de negocios.
non-callable *adj* no retirable, no redimible.
non-callable bond bono no retirable.
non-cancelable *adj* no cancelable.
non-cancelable health insurance seguro de salud no cancelable.
non-cancelable insurance seguro no cancelable.
non-cancelable life insurance seguro de vida no cancelable.
non-cancelable policy póliza no cancelable.

non-cancellable *adj* no cancelable.
non-cancellable health insurance seguro de salud no cancelable.
non-cancellable insurance seguro no cancelable.
non-cancellable life insurance seguro de vida no cancelable.
non-cancellable policy póliza no cancelable.
non-cash *adj* no en efectivo, no al contado.
non-cash assistance asistencia no financiera.
non-clearing *adj* no compensable.
non-collectible *adj* incobrable.
non-collectible debt deuda incobrable.
non-commercial *adj* no comercial.
non-commercial services servicios no comerciales.
non-commercial transaction transacción no comercial.
non-competing *adj* no competidor.
non-competitive *adj* no competitivo.
non-competitive bid oferta no competitiva.
non-competitive tender oferta no competitiva.
non-compliance *n* incumplimiento.
non-compulsory *adj* no obligatorio.
non-conforming *adj* no conforme.
non-conforming loan préstamo no conforme a ciertas especificaciones.
non-conforming lot solar no conforme a la zonificación.
non-conforming mortgage hipoteca no conforme a ciertas especificaciones.
non-conforming use uso no conforme a la zonificación.
non-consolidated *adj* no consolidado.
non-contestability *n* incontestabilidad.
non-contestability clause cláusula de incontestabilidad.
non-continuous easement servidumbre discontinua.
non-contributory *adj* sin contribuciones.
non-contributory retirement plan plan de retiro sin contribuciones por empleados.
non-controllable *adj* no controlable.
non-controllable cost costo no controlable, coste no controlable.
non-controllable expenditures gastos no controlables.
non-controllable expenses gastos no controlables.
non-controllable risk riesgo no controlable.
non-convertible *adj* no convertible.
non-cooperation *n* no cooperación.
non-corporate *adj* no corporativo.
non-credit services servicios no relacionados al crédito.
non-cumulative *adj* no acumulativo.
non-cumulative dividends dividendos no acumulativos.
non-cumulative preferred shares acciones preferidas no acumulativas.
non-cumulative preferred stock acciones preferidas no acumulativas.
non-cumulative quantity discount descuento por cantidad no acumulativo.
non-cumulative voting votación no acumulativa.
non-current assets activo no circulante.
non-current liability pasivo no circulante.
non-deductible *adj* no deducible.
non-deductible expenditures gastos no deducibles.
non-deductible expenses gastos no deducibles.
non-deductible tax impuesto no deducible.

non-delivery *n* falta de entrega.
non-destructive *adj* no destructivo.
non-disclosure *n* no divulgación.
non-disclosure agreement convenio de no divulgación, pacto de no divulgación.
non-discretionary *adj* no discrecional.
non-discretionary trust fideicomiso no discrecional.
non-discrimination *n* no discriminación.
non-discriminatory *adj* no discriminante.
non-diversifiable risk riesgo no diversificable.
non-divisible *adj* no divisible.
non-durable *adj* no duradero, perecedero.
non-durable consumer goods bienes de consumo no duraderos.
non-durable goods mercancías no duraderas, mercancías perecederas.
non-dutiable *adj* no imponible.
non-essential *adj* no esencial.
non-essential goods bienes no esenciales.
non-exclusive listing contrato no exclusivo para vender un inmueble.
non-executive *adj* no ejecutivo.
non-exempt *adj* no exento.
non-feasance *n* incumplimiento, omisión.
non-filer *n* quien no rinde planilla.
non-financial *adj* no financiero.
non-financial compensation compensación no financiera.
non-financial incentive incentivo no financiero.
non-flexible price precio no flexible.
non-forfeitable *adj* no sujeto a confiscación.
non-fulfillment *n* incumplimiento.
non-fungible *adj* no fungible.
non-governmental *adj* no gubernamental.
non-governmental body organización no gubernamental.
non-governmental organisation organización no gubernamental.
non-governmental organization organización no gubernamental.
non-income property propiedad que no produce ingresos.
non-incorporated *adj* no incorporado.
non-industrial *adj* no industrial.
non-inflationary *adj* no inflacionario.
non-installment credit crédito a pagarse a en un pago.
non-insurable *adj* no asegurable.
non-insurable risk riesgo no asegurable.
non-insured *adj* no asegurado.
non-insured driver conductor no asegurado.
non-insured fund fondo no asegurado.
non-interest *adj* sin intereses.
non-interest bearing que no devenga intereses.
non-interest deposit depósito sin interés.
non-interest expenditures gastos no de intereses.
non-interest expenses gastos no de intereses.
non-interest income ingreso no de intereses.
non-intervention *n* no intervención.
non-leviable *adj* inembargable.
non-linearity *n* no linealidad.
non-listed *adj* no cotizado.
non-luxury *adj* no de lujo.
non-mailable *adj* no apto para enviarse por correo.
non-mandatory *adj* no obligatorio.
non-manufacturing *adj* no de manufactura.
non-manufacturing costs costos no de manufactura, costes no de manufactura.
non-manufacturing expenses gastos no de

manufactura.
non-marketable *adj* no vendible, no negociable.
non-marketable bond bono no negociable.
non-marketable investment inversión no
negociable.
non-marketable security valor no negociable.
non-medical policy póliza de seguro emitida sin
examen médico.
non-member *adj* no miembro.
non-member bank banco no miembro.
non-member firm empresa no miembro.
non-merchantable title título de propiedad no
comerciable.
non-monetary *adj* no monetario.
non-monetary exchange intercambio no
monetario.
non-monetary transaction transacción no
monetaria.
non-mortgage loan préstamo no hipotecario.
non-negotiable *adj* no negociable.
non-negotiable certificate of deposit certificado
de depósito no negociable.
non-negotiable check cheque no negociable.
non-negotiable cheque cheque no negociable.
non-negotiable instrument instrumento no
negociable.
non-negotiable note pagaré no negociable.
non-obligatory *adj* no obligatorio.
non-occupational *adj* no ocupacional.
non-occupational accident accidente no de
trabajo.
non-occupational disability discapacidad no
ocupacional.
non-official *adj* no oficial, extraoficial.
non-operating income ingresos que no provienen
de las operaciones.
non-parametric statistics estadística no
paramétrica.
non-participant *n* no participante.
non-participating *adj* no participante, sin
participación.
non-participating policy póliza sin participación.
non-participating preferred shares acciones
preferidas sin participación.
non-participating preferred stock acciones
preferidas sin participación.
non-participating shares acciones sin
participación.
non-participating stock acciones sin participación.
non-payment *n* falta de pago.
non-pecuniary *adj* no pecuniario.
non-penalised *adj* no penalizado.
non-penalized *adj* no penalizado.
non-performance *n* incumplimiento.
non-performing assets activo improductivo.
non-performing loans préstamos en mora o de otro
modo en incumplimiento.
non-price competition competencia no de precios.
non-production *n* falta de producción.
non-productive *adj* improductivo.
non-productive loan préstamo improductivo.
non-professional *adj* no profesional.
non-profit *adj* sin fines de lucro.
non-profit accounting contabilidad de
organización sin fines de lucro.
non-profit association asociación sin fines de
lucro.
non-profit corporation corporación sin fines de
lucro.
non-profit institution institución sin fines de lucro.

non-profit making sin fines de lucro.
non-profit making association asociación sin
fines de lucro.
non-profit making corporation corporación sin
fines de lucro.
non-profit making institution institución sin fines
de lucro.
non-profit marketing marketing de organización
sin fines de lucro, mercadeo de organización sin
fines de lucro.
non-profit organisation organización sin fines de
lucro.
non-profit organization organización sin fines de
lucro.
non-proportional *adj* no proporcional.
non-proportional reinsurance reaseguro no
proporcional.
non-public *adj* no público, privado.
non-public company compañía no pública.
non-public information información no pública.
non-qualified *adj* no calificado.
non-qualified distribution distribución no
calificada.
non-qualified pension plan plan de pensión no
calificado.
non-reciprocal *adj* no recíproco.
non-reciprocal transfer transferencia no recíproca.
non-recourse *adj* sin recursos.
non-recourse debt deuda sin recursos.
non-recourse loan préstamo sin recursos.
non-recoverable *adj* no recuperable.
non-recurrent *adj* no recurrente, no repetitivo.
non-recurrent charge cargo no recurrente.
non-recurrent cost costo no recurrente, coste no
recurrente.
non-recurrent expenditures gastos no recurrentes.
non-recurrent expenses gastos no recurrentes.
non-recurrent fee cargo no recurrente.
non-recurrent gain ganancia no recurrente.
non-recurrent loss pérdida no recurrente.
non-recurrent revenue ingresos no recurrentes.
non-recurring *adj* no recurrente, no repetitivo.
non-recurring charge cargo no recurrente.
non-recurring cost costo no recurrente, coste no
recurrente.
non-recurring expenditures gastos no recurrentes.
non-recurring expenses gastos no recurrentes.
non-recurring fee cargo no recurrente.
non-recurring gain ganancia no recurrente.
non-recurring loss pérdida no recurrente.
non-recurring revenue ingresos no recurrentes.
non-recyclable *adj* no reciclable.
non-refundable *adj* no reembolsable.
non-refundable charge cargo no reembolsable.
non-refundable deposit depósito no reembolsable.
non-refundable expenditures gastos no
reembolsables.
non-refundable expenses gastos no
reembolsables.
non-refundable fee cargo no reembolsable.
non-renewable *adj* no renovable.
non-renewable natural resources recursos
naturales no renovables.
non-reserve *adj* no de reserva.
non-resident *adj* no residente.
non-resident account cuenta de no residente.
non-resident tax impuesto de no residentes.
non-resident tax rate tasa impositiva de no
residentes.
non-residential *adj* no residencial.

non-residential mortgage loan préstamo hipotecario no residencial.
non-routine decision decisión no de rutina.
non-stochastic *adj* no estocástico.
non-stock *adj* sin acciones.
non-stock company compañía sin acciones.
non-stock corporation corporación sin acciones.
non-sufficient funds fondos insuficientes.
non-tariff *adj* no arancelario.
non-taxable *adj* no tributable, exento.
non-taxable dividend dividendo no tributable.
non-taxable gross income ingreso bruto no tributable.
non-taxable income ingreso no tributable.
non-taxable interest intereses no tributables.
non-taxable investment inversión no tributable.
non-taxable investment income ingresos por inversiones no tributables.
non-taxable securities valores no tributables.
non-taxable transaction transacción no tributable.
non-traditional reinsurance reaseguro no tradicional.
non-transferable *adj* no transferible.
non-transferable card tarjeta no transferible.
non-union *adj* no de unión, no de sindicato.
non-unionised *adj* no sindicalizado.
non-unionized *adj* no sindicalizado.
non-valued *adj* no valorado.
non-voting *adj* sin derecho a voto.
non-voting shares acciones sin derecho a voto.
non-voting stock acciones sin derecho a voto.
non-wage *adj* no salarial.
non-wage income ingresos no salariales.
nonacceptance *n* no aceptación, rechazo.
nonaccrual loan préstamo sin acumulación.
nonadjustable *adj* no ajustable.
nonadmitted *adj* no admitido.
nonage *n* minoría de edad, minoridad.
nonagricultural *adj* no agrícola.
nonamortising loan préstamo sin amortización.
nonamortizing loan préstamo sin amortización.
nonancestral estate bienes inmuebles no adquiridos por sucesión.
nonapparent easement servidumbre discontinua.
nonapproved *adj* no aprobado.
nonassessable *adj* no susceptible a gravámenes o impuestos.
nonassessable shares acciones no gravables, acciones no susceptibles a gravámenes o impuestos.
nonassessable stock acciones no gravables, acciones no susceptibles a gravámenes o impuestos.
nonassignable *adj* no transferible.
nonassignable policy póliza no transferible.
nonassumable *adj* no asumible.
nonavailability *n* no disponibilidad.
nonbank *adj* no bancario.
nonbanking *adj* no bancario.
nonborrowed *adj* no prestado.
nonborrowed reserves reservas no prestadas.
nonbusiness *adj* no de negocios, no laborable.
nonbusiness bad debts deudas incobrables no de negocios.
nonbusiness day día no laborable.
nonbusiness expenditures gastos no de negocios.
nonbusiness expenses gastos no de negocios.
nonbusiness income ingreso no de negocios.
noncallable *adj* no retirable, no redimible.
noncallable bond bono no retirable.

noncancelable *adj* no cancelable.
noncancelable health insurance seguro de salud no cancelable.
noncancelable insurance seguro no cancelable.
noncancelable life insurance seguro de vida no cancelable.
noncancelable policy póliza no cancelable.
noncancelable *adj* no cancelable.
noncancellable health insurance seguro de salud no cancelable.
noncancellable insurance seguro no cancelable.
noncancellable life insurance seguro de vida no cancelable.
noncancellable policy póliza no cancelable.
noncash *adj* no en efectivo, no al contado.
noncash assistance asistencia no financiera.
nonclearing *adj* no compensable.
noncollectible *adj* incobrable.
noncollectible debt deuda incobrable.
noncommercial *adj* no comercial.
noncommercial services servicios no comerciales.
noncommercial transaction transacción no comercial.
noncompeting *adj* no competidor.
noncompetitive *adj* no competitivo.
noncompetitive bid oferta no competitiva.
noncompetitive tender oferta no competitiva.
noncompliance *n* incumplimiento.
noncompulsory *adj* no obligatorio.
nonconforming *adj* no conforme.
nonconforming loan préstamo no conforme a ciertas especificaciones.
nonconforming lot solar no conforme a la zonificación.
nonconforming mortgage hipoteca no conforme a ciertas especificaciones.
nonconforming use uso no conforme a la zonificación.
nonconsolidated *adj* no consolidado.
noncontestability *n* incontestabilidad.
noncontestability clause cláusula de incontestabilidad.
noncontinuous easement servidumbre discontinua.
noncontributory *adj* sin contribuciones.
noncontributory retirement plan plan de retiro sin contribuciones por empleados.
noncontrollable *adj* no controlable.
noncontrollable cost costo no controlable, coste no controlable.
noncontrollable expenditures gastos no controlables.
noncontrollable expenses gastos no controlables.
noncontrollable risk riesgo no controlable.
nonconvertible *adj* no convertible.
noncooperation *n* no cooperación.
noncorporate *adj* no corporativo.
noncredit services servicios no relacionados al crédito.
noncumulative *adj* no acumulativo.
noncumulative dividends dividendos no acumulativos.
noncumulative preferred shares acciones preferidas no acumulativas.
noncumulative preferred stock acciones preferidas no acumulativas.
noncumulative quantity discount descuento por cantidad no acumulativo.
noncumulative voting votación no acumulativa.
noncurrent assets activo no circulante.

noncurrent liability pasivo no circulante.
nondeductible *adj* no deducible.
nondeductible expenditures gastos no deducibles.
nondeductible expenses gastos no deducibles.
nondeductible tax impuesto no deducible.
nondelivery *n* falta de entrega.
nondestructive *adj* no destructivo.
nondisclosure *n* no divulgación.
nondiscretionary *adj* no discrecional.
nondiscretionary trust fideicomiso no
discrecional.
nondiscrimination *n* no discriminación.
nondiscriminatory *adj* no discriminante.
nondiversifiable risk riesgo no diversificable.
nondivisible *adj* no divisible.
nondurable *adj* no duradero, perecedero.
nondurable consumer goods bienes de consumo
no duraderos.
nondurable goods mercancías no duraderas,
mercancías perecederas.
nondutiable *adj* no imponible.
nonessential *adj* no esencial.
nonessential goods bienes no esenciales.
nonexclusive listing contrato no exclusivo para
vender un inmueble.
nonexecutive *adj* no ejecutivo.
nonexempt *adj* no exento.
nonfeasance *n* incumplimiento, omisión.
nonfiler *n* quien no rinde planilla.
nonfinancial *adj* no financiero.
nonfinancial compensation compensación no
financiera.
nonfinancial incentive incentivo no financiero.
nonflexible price precio no flexible.
nonforfeitable *adj* no sujeto a confiscación.
nonfulfillment *n* incumplimiento.
nonfungible *adj* no fungible.
nongovernmental *adj* no gubernamental.
nongovernmental body organización no
gubernamental.
nongovernmental organisation organización no
gubernamental.
nongovernmental organization organización no
gubernamental.
nonincome property propiedad que no produce
ingresos.
nonincorporated *adj* no incorporado.
nonindustrial *adj* no industrial.
noninflationary *adj* no inflacionario.
noninstallment credit crédito a pagarse a en un
pago.
noninsurable *adj* no asegurable.
noninsurable risk riesgo no asegurable.
noninsured *adj* no asegurado.
noninsured driver conductor no asegurado.
noninsured fund fondo no asegurado.
noninterest *adj* sin intereses.
noninterest bearing que no devenga intereses.
noninterest deposit depósito sin intereses
noninterest expenditures gastos no de intereses.
noninterest expenses gastos no de intereses.
noninterest income ingreso no de intereses.
nonintervention *n* no intervención.
nonleviable *adj* inembargable.
nonlinearity *n* no linealidad.
nonlisted *adj* no cotizado.
nonluxury *adj* no de lujo.
nonmailable *adj* no apto para enviarse por correo.
nonmandatory *adj* no obligatorio.
nonmanufacturing *adj* no de manufactura.

nonmanufacturing costs costos no de
manufactura, costes no de manufactura.
nonmanufacturing expenses gastos no de
manufactura.
nonmarketable *adj* no vendible, no negociable.
nonmarketable bond bono no negociable.
nonmarketable investment inversión no
negociable.
nonmarketable security valor no negociable.
nonmedical policy póliza de seguro emitida sin
examen médico.
nonmember *adj* no miembro.
nonmember bank banco no miembro.
nonmember firm empresa no miembro.
nonmerchantable title título de propiedad no
comerciable.
nonmonetary *adj* no monetario.
nonmonetary exchange intercambio no
monetario.
nonmonetary transaction transacción no
monetaria.
nonmortgage loan préstamo no hipotecario.
nonnegotiable *adj* no negociable.
nonnegotiable certificate of deposit certificado
de depósito no negociable.
nonnegotiable check cheque no negociable.
nonnegotiable cheque cheque no negociable.
nonnegotiable instrument instrumento no
negociable.
nonnegotiable note pagaré no negociable.
nonobligatory *adj* no obligatorio.
nonoccupational *adj* no ocupacional.
nonoccupational accident accidente no de
trabajo.
nonoccupational disability discapacidad no
ocupacional.
nonofficial *adj* no oficial, extraoficial.
nonoperating income ingresos que no provienen
de las operaciones.
nonparametric statistics estadística no
paramétrica.
nonparticipant *n* no participante.
nonparticipating *adj* no participante, sin
participación.
nonparticipating policy póliza sin participación.
nonparticipating preferred shares acciones
preferidas sin participación.
nonparticipating preferred stock acciones
preferidas sin participación.
nonpayment *n* falta de pago.
nonpecuniary *adj* no pecuniario.
nonpenalised *adj* no penalizado.
nonpenalized *adj* no penalizado.
nonperformance *n* incumplimiento.
nonperforming assets activo improductivo.
nonperforming loans préstamos en mora o de otro
modo en incumplimiento.
nonprice competition competencia no de precios.
nonproduction *n* falta de producción.
nonproductive *adj* improductivo.
nonproductive loan préstamo improductivo.
nonprofessional *adj* no profesional.
nonprofit *adj* sin fines de lucro.
nonprofit accounting contabilidad de organización
sin fines de lucro.
nonprofit association asociación sin fines de
lucro.
nonprofit corporation corporación sin fines de
lucro.
nonprofit institution institución sin fines de lucro.

nonprofit marketing marketing de organización sin fines de lucro, mercadeo de organización sin fines de lucro.

nonprofit organisation organización sin fines de lucro.

nonprofit organization organización sin fines de lucro.

nonproportional *adj* no proporcional.

nonproportional reinsurance reaseguro no proporcional.

nonpublic *adj* no público, privado.

nonpublic company compañía no pública.

nonpublic information información no pública.

nonqualified *adj* no calificado.

nonqualified distribution distribución no calificada.

nonqualified pension plan plan de pensión no calificado.

nonreciprocal *adj* no recíproco.

nonreciprocal transfer transferencia no recíproca.

nonrecourse *adj* sin recursos.

nonrecourse debt deuda sin recursos.

nonrecourse loan préstamo sin recursos.

nonrecurrent *adj* no recurrente, no repetitivo.

nonrecurrent charge cargo no recurrente.

nonrecurrent cost costo no recurrente, coste no recurrente.

nonrecurrent expenditures gastos no recurrentes.

nonrecurrent expenses gastos no recurrentes.

nonrecurrent fee cargo no recurrente.

nonrecurrent gain ganancia no recurrente.

nonrecurrent loss pérdida no recurrente.

nonrecurrent revenue ingresos no recurrentes.

nonrecurring *adj* no recurrente, no repetitivo.

nonrecurring charge cargo no recurrente.

nonrecurring cost costo no recurrente, coste no recurrente.

nonrecurring expenditures gastos no recurrentes.

nonrecurring expenses gastos no recurrentes.

nonrecurring fee cargo no recurrente.

nonrecurring gain ganancia no recurrente.

nonrecurring loss pérdida no recurrente.

nonrecurring revenue ingresos no recurrentes.

nonrecyclable *adj* no reciclable.

nonrefundable *adj* no reembolsable.

nonrefundable charge cargo no reembolsable.

nonrefundable deposit depósito no reembolsable.

nonrefundable expenditures gastos no reembolsables.

nonrefundable expenses gastos no reembolsables.

nonrefundable fee cargo no reembolsable.

nonrenewable *adj* no renovable.

nonrenewable natural resources recursos naturales no renovables.

nonreserve *adj* no de reserva.

nonresident *adj* no residente.

nonresident account cuenta de no residente.

nonresident tax impuesto de no residentes.

nonresident tax rate tasa impositiva de no residentes.

nonresidential *adj* no residencial.

nonresidential mortgage loan préstamo hipotecario no residencial.

nonroutine decision decisión no de rutina.

nonstochastic *adj* no estocástico.

nonstock *adj* sin acciones.

nonstock company compañía sin acciones.

nonstock corporation corporación sin acciones.

nonsufficient funds fondos insuficientes.

nontariff *adj* no arancelario.

nontaxable *adj* no tributable, exento.

nontaxable dividend dividendo no tributable.

nontaxable gross income ingreso bruto no tributable.

nontaxable income ingreso no tributable.

nontaxable interest intereses no tributables.

nontaxable investment inversión no tributable.

nontaxable investment income ingresos por inversiones no tributables.

nontaxable securities valores no tributables.

nontaxable transaction transacción no tributable.

nontraditional reinsurance reaseguro no tradicional.

nontransferable *adj* no transferible.

nontransferable card tarjeta no transferible.

nonunion *adj* no de unión, no de sindicato.

nonunionised *adj* no sindicalizado.

nonunionized *adj* no sindicalizado.

nonvalued *adj* no valorado.

nonvoting *adj* sin derecho a voto.

nonvoting shares acciones sin derecho a voto.

nonvoting stock acciones sin derecho a voto.

nonwage *adj* no salarial.

nonwage income ingresos no salariales.

NOPAT (net operating profit after taxes) beneficio operativo neto después de impuestos, ganancia operativa neta después de impuestos.

norm *n* norma, costumbre.

normal *adj* normal, acostumbrado.

normal account cuenta normal.

normal activity actividad normal.

normal agency agencia normal.

normal amortisation amortización normal.

normal amortization amortización normal.

normal amount cantidad normal.

normal and reasonable normal y razonable.

normal annuity anualidad normal.

normal asset activo normal.

normal benefits beneficios normales.

normal budget presupuesto normal.

normal budgeting presupuestación normal.

normal business expenses gastos de negocios normales.

normal business practices prácticas de negocios normales.

normal capacity capacidad normal.

normal capital capital normal.

normal charges cargos normales.

normal client cliente normal.

normal commercial practice práctica comercial normal.

normal company compañía normal, sociedad normal.

normal contract contrato normal.

normal cost costo normal, coste normal.

normal course of business curso normal de los negocios.

normal creditor acreedor normal.

normal customer cliente normal.

normal deposit depósito normal.

normal depreciation depreciación normal.

normal discount descuento normal.

normal distribution distribución normal.

normal distribution curve curva de distribución normal.

normal dividend dividendo normal.

normal employment empleo normal.

normal expenditures gastos normales.

normal expenses gastos normales.

normal fees cargos normales.

normal foreseeable loss pérdida previsible
   normal.
normal gain ganancia normal.
normal hours horas normales.
normal income ingreso normal.
normal insurance seguro normal.
normal interest intereses normales.
normal interest rate tasa de interés normal.
normal inventory inventario normal.
normal investment practice práctica de inversión
   normal.
normal job trabajo normal.
normal life insurance seguro de vida normal.
normal loss pérdida normal.
normal mail correo normal.
normal market mercado normal.
normal meeting asamblea ordinaria.
normal operating cycle ciclo operativo normal.
normal partnership sociedad normal.
normal payment pago normal, abono normal.
normal payroll nómina normal.
normal period período normal.
normal practice práctica normal.
normal premium prima normal.
normal price precio normal.
normal production producción normal.
normal productivity productividad normal.
normal profit beneficio normal, ganancia normal.
normal quality calidad normal.
normal rate tasa normal.
normal rate of return tasa de rendimiento normal.
normal remuneration remuneración normal.
normal rent renta normal.
normal resources recursos normales.
normal return rendimiento normal.
normal revenue ingresos normales.
normal risks riesgos normales.
normal salary salario normal.
normal sale venta normal.
normal selling price precio de venta normal.
normal services servicios normales.
normal session asamblea normal, sesión normal.
normal shareholder accionista normal.
normal shares acciones normales.
normal spoilage deterioro normal.
normal stock acciones normales.
normal stockholder accionista normal.
normal tariff tarifa normal.
normal tax impuesto normal.
normal time tiempo normal.
normal trading unit unidad de transacción normal.
normal value valor normal.
normal voting votación normal.
normal wage sueldo normal.
normal wear and tear deterioro normal.
normal work trabajo normal.
normal yield rendimiento normal.
normal yield curve curva de rendimiento normal.
normalise *v* normalizar.
normalised earnings ingresos normalizados.
normalize *v* normalizar.
normalized earnings ingresos normalizados.
normative economics economía normativa.
North American Free Trade Agreement Tratado
   de Libre Comercio de América del Norte.
nosedive *n* caída en picado.
nosedive *v* caer en picado.
nostro account cuenta nostro.
not applicable no aplica, no pertinente.
not available no disponible.

not elsewhere specified no especificado en otra
   parte.
not for resale no para reventa.
not hold water no tener fundamento.
not negotiable no negociable.
not rated no calificado.
not satisfied impago.
not sufficient funds fondos insuficientes.
not transferable no transferible.
nota bene obsérvese, nota bene.
notarisation *n* notarización, atestación notarial.
notarise *v* notarizar.
notarised *adj* notarizado.
notarization *n* notarización, atestación notarial.
notarize *v* notarizar.
notarized *adj* notarizado.
notary *n* notario, notario público.
notary public notario, notario público.
note *n* nota, pagaré, billete.
note holder tenedor de un pagaré.
note issue emisión de billetes de banco.
note of hand pagaré.
note of protest nota de protesto.
note payable documento por pagar.
note receivable documento por cobrar.
noteholder *n* tenedor de un pagaré.
notes payable pagarés a pagar.
notes receivable pagarés a cobrar.
notice *n* aviso, notificación, aviso de despido.
notice account cuenta requiriendo notificación
   antes de retirar fondos.
notice deposit depósito a la vista.
notice in writing aviso por escrito.
notice of acceptance aviso de aceptación.
notice of arrears aviso de mora.
notice of arrival aviso de llegada.
notice of assessment aviso de amillaramiento,
   aviso de imposición.
notice of assignment aviso de traspaso.
notice of bankruptcy aviso de quiebra.
notice of cancellation aviso de cancelación.
notice of cancellation clause cláusula de aviso de
   cancelación.
notice of change aviso de cambio.
notice of confirmation aviso de confirmación.
notice of copyright aviso de derechos de autor.
notice of default aviso de incumplimiento.
notice of deficiency aviso de deficiencia.
notice of delay aviso de demora.
notice of dishonor aviso de rechazo, aviso de
   rechazo de un pagaré.
notice of dishonour aviso de rechazo, aviso de
   rechazo de un pagaré.
notice of due date aviso de vencimiento.
notice of intention aviso de intención.
notice of meeting convocatoria.
notice of non-acceptance aviso de no aceptación.
notice of non-payment aviso de falta de pago.
notice of protest aviso de protesto.
notice of renewal aviso de renovación.
notice of seizure aviso de embargo.
notice of shipment aviso de embarque.
notice of strike aviso de huelga.
notice of withdrawal aviso de retiro.
notice period período de notificación.
notice to creditors aviso a acreedores.
notice to quit aviso de dejar vacante.
notification *n* notificación, aviso.
notification in writing notificación por escrito.
notification of acceptance notificación de

aceptación.
notification of arrears notificación de mora.
notification of arrival notificación de llegada.
notification of assessment notificación de amillaramiento, notificación de imposición.
notification of assignment notificación de traspaso.
notification of bankruptcy notificación de quiebra.
notification of cancellation notificación de cancelación.
notification of cancellation clause cláusula de notificación de cancelación.
notification of change notificación de cambio.
notification of confirmation notificación de confirmación.
notification of copyright notificación de derechos de autor.
notification of default notificación de incumplimiento.
notification of deficiency notificación de deficiencia.
notification of delay notificación de demora.
notification of dishonor notificación de rechazo, notificación de rechazo de un pagaré.
notification of dishonour notificación de rechazo, notificación de rechazo de un pagaré.
notification of due date notificación de vencimiento.
notification of intention notificación de intención.
notification of meeting convocatoria.
notification of non-acceptance notificación de no aceptación.
notification of non-payment notificación de falta de pago.
notification of protest notificación de protesto.
notification of renewal notificación de renovación.
notification of seizure notificación de embargo.
notification of shipment notificación de embarque.
notification of strike notificación de huelga.
notification of withdrawal notificación de retiro.
notification period período de notificación.
notification system sistema de notificación.
notification to creditors notificación a acreedores.
notification to quit notificación de dejar vacante.
notify v notificar, avisar, comunicar.
notional bond bono nocional.
notorious insolvency insolvencia notoria.
notorious possession posesión notoria.
novation n novación.
NOW account cuenta NOW.
NPV (net present value) valor presente neto.
NPV method (net present value method) método de valor presente neto.
NSF (not sufficient funds) fondos insuficientes.
nuclear energy energía nuclear.
nuclear reactor reactor nuclear.
nude contract contrato sin contraprestación.
nude pact contrato sin contraprestación, promesa unilateral.
nuisance n estorbo.
nuisance tax impuesto sobre las ventas, impuesto sólo por fastidiar.
null and void nulo, sin efecto ni valor.
null hypothesis hipótesis nula.
nullification n anulación.
nullification of agreement anulación de convenio, anulación de contrato.
nullification of contract anulación de contrato.
nullify v anular.

nullifying effect efecto anulatorio.
numbered adj numerado.
numbered account cuenta numerada.
numerical adj numérico.
numerical rating system sistema de clasificación numérico.
numerical transit system sistema de tránsito numérico.
numerical value valor numérico.
NYMEX (New York Mercantile Exchange) NYMEX, Bolsa Mercantil de Nueva York.
NYSE (New York Stock Exchange) NYSE, Bolsa de Nueva York.

O

object n objeto, objetivo.
object-oriented adj orientado a objetos.
objection n objeción.
objection to title objeción a título.
objectionable adj objetable, impugnable.
objective n objetivo.
objective indicators indicadores objetivos.
objective probability probabilidad objetiva.
objective value valor establecido por el mercado, valor objetivo.
objectivity n objetividad.
obligate v obligar.
obligated adj obligado.
obligation n obligación, pagaré, bono.
obligation bond bono de obligación.
obligation of a contract obligación contractual.
obligation to buy obligación de comprar.
obligation to sell obligación de vender.
obligations and commitments obligaciones y compromisos.
obligations outstanding obligaciones pendientes.
obligator n obligado, deudor.
obligatorily adv obligatoriamente.
obligatory adj obligatorio.
obligatory acquisition adquisición obligatoria.
obligatory agreement convenio obligatorio.
obligatory amount cantidad obligatoria.
obligatory arbitration arbitraje obligatorio.
obligatory automobile liability insurance seguro de responsabilidad pública de automóvil obligatorio.
obligatory cost costo obligatorio, coste obligatorio.
obligatory covenant estipulación obligatoria.
obligatory coverage cobertura obligatoria.
obligatory disclosure divulgación obligatoria.
obligatory expenditures gastos obligatorios, desembolsos obligatorios.
obligatory expenses gastos obligatorios, desembolsos obligatorios.
obligatory insurance seguro obligatorio.
obligatory level nivel obligatorio.
obligatory licence licencia obligatoria.
obligatory license licencia obligatoria.
obligatory maturity vencimiento obligatorio.
obligatory pact convenio obligatorio.
obligatory pay paga obligatoria.
obligatory payment pago obligatorio.
obligatory reinsurance reaseguro obligatorio.
obligatory remuneration remuneración

obligatoria.
obligatory repairs reparaciones obligatorias.
obligatory reserves reserva obligatoria.
obligatory retirement retiro obligatorio.
obligatory salary salario obligatorio.
obligatory wages salario obligatorio.
obligee *n* obligante, acreedor.
obligor *n* obligado, deudor.
observance *n* observancia, cumplimiento.
observation *n* observación.
observation test prueba mediante observación.
observe *v* observar.
observe the law cumplir con la ley, observar la ley, acatar la ley.
obsolescence *n* obsolescencia.
obsolescent *adj* obsolescente.
obsolete *adj* obsoleto.
obsolete securities valores obsoletos.
obstruct *v* obstruir.
obtain *v* obtener.
obtain credit obtener crédito.
obverse anverso.
obvious defect defecto evidente.
obvious risk riesgo evidente.
OCC (Options Clearing Corporation) Cámara de Compensación de Opciones.
occasional *adj* ocasional.
occasional sale venta ocasional.
occasional transaction transacción ocasional.
occupancy *n* ocupación, tenencia.
occupancy certificate documento certificando que un local cumple con las leyes de edificación.
occupancy certification documento certificando que un local cumple con las leyes de edificación.
occupancy costs costos de ocupación, costes de ocupación.
occupancy expenses gastos de ocupación.
occupancy level nivel de ocupación.
occupancy rate tasa de ocupación.
occupant *n* ocupante, tenedor.
occupation *n* ocupación, trabajo, tenencia.
occupation advancement progreso en el trabajo.
occupation analysis análisis de trabajo.
occupation change cambio de trabajo.
occupation choice selección de trabajo.
occupation classification clasificación de trabajo.
occupation cycle ciclo de trabajo.
occupation decision decisión de trabajo.
occupation definition definición de trabajo.
occupation description descripción de trabajo.
occupation enrichment enriquecimiento de trabajo.
occupation environment ambiente de trabajo.
occupation evaluation evaluación de trabajo.
occupation expectations expectativas de trabajo.
occupation load carga de trabajo.
occupation motivation motivación en el trabajo.
occupation objective objetivo del trabajo.
occupation-oriented *adj* orientado al trabajo.
occupation permit permiso de trabajo, permiso de ocupación.
occupation placement colocación de trabajo.
occupation planning planificación del trabajo.
occupation preferences preferencias de trabajo.
occupation-related *adj* relacionado al trabajo.
occupation-related accident accidente relacionado al trabajo.
occupation-related death muerte relacionada al trabajo.
occupation-related injury lesión relacionada al

trabajo.
occupation satisfaction satisfacción en el trabajo.
occupation security seguridad de trabajo.
occupation selection selección de trabajo.
occupation stress estrés del trabajo.
occupation training entrenamiento de trabajo.
occupational *adj* ocupacional.
occupational accident accidente ocupacional, accidente laboral.
occupational analysis análisis ocupacional.
occupational disease enfermedad de trabajo, enfermedad ocupacional.
occupational earnings ingresos ocupacionales, ingresos laborales.
occupational hazard riesgo de trabajo, riesgo ocupacional.
occupational hazards gajes del oficio.
occupational health salud de trabajo, salud ocupacional.
occupational information información de trabajo, información ocupacional.
occupational injury lesión de trabajo, lesión ocupacional.
occupational licence licencia ocupacional.
occupational license licencia ocupacional.
occupational pension pensión ocupacional.
occupational psychology psicología ocupacional.
occupational risk riesgo de trabajo, riesgo ocupacional.
occupational safety seguridad ocupacional.
Occupational Safety and Health Administration Administración de Seguridad y Salud Ocupacional, OSHA.
occupational tax impuesto a ocupaciones.
occupier *n* ocupante.
occupy *v* ocupar.
occupy time ocupar tiempo.
occupying claimant quien intenta recobrar el costo de las mejoras que ha hecho a un bien inmueble tras enterarse que la tierra no es de él.
occurrence limit límite de ocurrencia.
ocean bill of lading conocimiento de embarque marítimo.
ocean marine insurance seguro marítimo.
OCR (optical character reader) lector óptico de caracteres.
OCR (optical character recognition) reconocimiento óptico de caracteres.
odd date fecha de vencimiento irregular.
odd-days interest intereses durante un intervalo irregular.
odd jobs trabajos diversos, trabajos varios.
odd lot lote irregular, lote incompleto, unidad incompleta de transacción, transacción bursátil de menos de cien acciones.
odd-lot dealer corredor que se especializa en órdenes de unidades incompletas de transacción.
odd-lot differential cargo adicional por orden de unidad incompleta de transacción.
odd lot doctrine doctrina que indica que se considerará que una persona está completamente incapacitada para trabajar si sus limitaciones le ponen en una desventaja competitiva muy significativa.
odd-lot order orden de unidad incompleta de transacción, orden para transacción bursátil de menos de cien acciones.
odds *n* probabilidades.
OECD (Organization for Economic Cooperation and Development, Organisation for Economic

Cooperation and Development) Organización para la Cooperación y el Desarrollo Económico.

OEIC (open-end investment company) compañía de inversiones de acciones ilimitadas.

of record registrado, inscrito.

off-balance sheet assets activo que no aparece en el balance.

off-balance sheet financing financiamiento que no aparece en el balance.

off-balance sheet items partidas que no aparecen en el balance.

off-balance sheet liability pasivo que no aparece en el balance.

off-brand *n* marca considerada inadecuada por un consumidor.

off duty no estando de turno.

off-limits *adj* prohibido.

off-line *adj* fuera de línea, offline.

off-line work trabajo fuera de línea, trabajo offline.

off-market *adj* fuera del mercado oficial, fuera del mercado regular.

off-peak *adj* fuera de horas pico, fuera de horas punta, no el las horas de máximo consumo, no en las horas de máximo precio.

off premises no en el local, no en el local asegurado.

off-premises clause cláusula para cobertura de propiedad mientras no esté en el local asegurado.

off-price *adj* relacionado con tiendas que venden productos a descuento, relacionado con productos vendidos a descuento.

off-season *n* temporada baja.

off-shift differential paga adicional por jornada irregular.

off-site *adj* en otro local, en otras instalaciones.

off-the-books *adj* no en los libros, no declarado.

off-the-job training entrenamiento no en el lugar de trabajo.

off-the-premise banking banca que no se lleva acabo en una oficina de banco.

off-the-record *adj* extraoficial, confidencial.

off-the-shelf *adj* del inventario regular y vendido sin modificaciones.

offensive comment comentario ofensivo.

offensive remark comentario ofensivo.

offensive statement declaración ofensiva.

offer *n* oferta, propuesta.

offer *v* ofrecer, proponer.

offer a contract ofrecer un contrato.

offer and acceptance oferta y aceptación.

offer curve curva de oferta.

offer document documento de oferta.

offer for sale ofrecer para la venta.

offer in writing oferta por escrito.

offer of compromise oferta de transacción.

offer price precio de oferta.

offer to purchase oferta de compra.

offer wanted aviso de que se solicitan ofertas.

offered *adj* ofrecido.

offered price precio ofrecido.

offeree *n* quien recibe una oferta.

offerer *n* oferente.

offering *n* ofrecimiento, oferta, propuesta.

offering circular circular de ofrecimiento.

offering date fecha de ofrecimiento.

offering price precio de oferta, precio de ofrecimiento.

offeror *n* oferente.

office *n* oficina, despacho, agencia, cargo, oficio.

office administration administración de oficina.

office administrator administrador de oficina.

office audit auditoría de oficina.

office automation ofimática, automatización de oficinas.

office block edificio de oficinas.

office building edificio de oficinas.

office clerk oficinista.

office copy copia certificada, copia para la oficina.

office employee empleado de oficina, oficinista.

office equipment equipo de oficina.

office expenditures gastos de oficina.

office expenses gastos de oficina.

office for sale oficina en venta, se vende oficina.

office holder funcionario.

office hours horas de oficina.

office job trabajo de oficina.

office management administración de oficina, gestión de oficina.

office manager gerente de oficina.

Office of Fair Trading Departamento de Protección al Consumidor.

office park parque de oficinas.

office personnel personal de oficina.

office planning planificación de oficina.

office premises local de oficina.

office space espacio para oficinas.

office staff personal de oficina.

office supplies materiales de oficina, útiles de oficina.

office technology tecnología de oficina.

office work trabajo de oficina.

office worker empleado de oficina, oficinista.

officeholder *n* funcionario.

officer *n* oficial, funcionario.

officer's check cheque de caja.

officer's cheque cheque de caja.

officers and directors liability insurance seguro de responsabilidad de funcionarios y directores.

official *adj* oficial, de oficio.

official *n* funcionario.

official agency agencia oficial.

official agent agente oficial.

official books libros oficiales.

official borrower prestatario oficial.

official capital capital oficial.

official check cheque de caja.

official cheque cheque de caja.

official classification clasificación oficial.

official creditor acreedor oficial.

official debt deuda oficial.

official document documento oficial.

official exchange rate tipo de cambio oficial.

official language lenguaje oficial.

official market mercado oficial.

official price precio oficial.

official rate tasa oficial.

official reserves reserva oficial.

official statement declaración oficial.

official strike huelga oficial.

official value valor oficial.

officialese *n* lenguaje intencionalmente pomposo y confuso frecuentemente utilizado en documentos oficiales.

officially *adv* oficialmente.

offline *adj* fuera de línea, offline.

offline work trabajo fuera de línea, trabajo offline.

offload *v* descargar.

offset *n* compensación.

offset *v* compensar.

offset account cuenta de compensación.

offset costs compensar costos, compensar costes.
offset losses compensar pérdidas.
offsetting entry asiento compensatorio.
offsetting error error compensatorio.
offsetting transaction transacción compensatoria.
offshore *adj* en el exterior, offshore, de mar adentro.
offshore account cuenta offshore, cuenta en el exterior.
offshore bank banco offshore, banco en el exterior.
offshore banking banca offshore, banca más allá de un territorio con el fin de aprovechar diferencias en regulaciones.
offshore company compañía offshore, compañía en el exterior.
offshore corporation corporación offshore, corporación en el exterior.
offshore enterprise empresa offshore, empresa en el exterior.
offshore entity entidad offshore, entidad en el exterior.
offshore investments inversiones offshore, inversiones en el exterior.
OGM (ordinary general meeting) asamblea general ordinaria.
oil and gas limited partnership sociedad en comandita de petróleo y gas.
oil company compañía de petróleo.
oil crisis crisis de petróleo.
oil demand demanda de petróleo.
oil-exporting country país exportador de petróleo.
oil exports exportaciones de petróleo.
oil field campo petrolífero.
oil imports importaciones de petróleo.
oil industry industria petrolera.
oil pipeline oleoducto.
oil price precio del petróleo.
oil shortage escasez de petróleo.
oil spill vertido de petróleo.
oil supply oferta de petróleo.
oil tanker petrolero, barco petrolero.
oil well pozo petrolero, pozo petrolífero.
oilfield *n* campo petrolífero, campo petrolero.
Okun's law ley de Okun.
old-age and survivors' insurance seguro de edad avanzada y supervivientes.
old-age pension pensión de jubilación.
old-boy network red favoritista, red favoritista entre hombres.
old custom vieja costumbre.
old economy economía vieja.
old-fashioned *adj* anticuado.
old line life seguro de vida con pagos y beneficios fijos.
old line life insurance seguro de vida con pagos y beneficios fijos.
old money dinero viejo.
oligarch *n* oligarca.
oligarchic *adj* oligárquico.
oligarchy *n* oligarquía.
oligopolistic *adj* oligopolísitco.
oligopolistic competition competencia oligopolísitca.
oligopoly *n* oligopolio.
oligopoly price precio de oligopolio.
oligopsony *n* oligopsonio.
oligopsony price precio de oligopsonio.
ombudsman *n* procurador de individuos, ombudsman.
omission *n* omisión.

omission clause cláusula de omisiones.
omit *v* omitir.
omittance *n* omisión.
omitted *adj* omitido.
omitted dividend dividendo omitido.
omitted transaction transacción omitida.
omnibus clause cláusula de cobertura para personas que usan un vehículo con la autorización de la persona asegurada.
on a commitment basis en base a compromisos.
on account a cuenta, pago a cuenta.
on approval previa aceptación, a prueba.
on behalf of de parte de, a favor de.
on call a la vista, a petición.
on call money dinero a la vista.
on consignment en consignación.
on credit a crédito, a plazos.
on default en caso de incumplimiento.
on delivery a la entrega.
on demand a la vista, a solicitud.
on duty estando de turno, en servicio.
on equal footing en pie de igualdad, bajo las mismas condiciones.
on equal terms de igual a igual.
on file disponible en los archivos, registrado.
on hand presente, disponible.
on-line *adj* online, en línea.
on-line ads publicidad online, anuncios online, publicidad en línea, anuncios en línea.
on-line advertisement anuncio online, anuncio en línea.
on-line advertising publicidad online, anuncios online, publicidad en línea, anuncios en línea.
on-line bank banco online, banco en línea.
on-line banking banca online, banca en línea.
on-line brokerage corretaje online, corretaje en línea.
on-line business negocio online, empresa online, negocio en línea, empresa en línea.
on-line catalog catálogo online, catálogo en línea.
on-line catalogue catálogo online, catálogo en línea.
on-line consumer consumidor online, consumidor en línea.
on-line database base de datos online, base de datos en línea.
on-line document documento online, documento en línea.
on-line help ayuda online, ayuda en línea.
on-line journal revista online, boletín online, revista en línea, boletín en línea.
on-line magazine revista online, boletín online, revista en línea, boletín en línea.
on-line market mercado online, mercado en línea.
on-line order orden online, orden en línea.
on-line payment pago online, pago en línea.
on-line presence presencia online, presencia en línea.
on-line publicity publicidad online, anuncios online, publicidad en línea, anuncios en línea.
on-line purchase compra online, compra en línea.
on-line sale venta online, venta en línea.
on-line search búsqueda online, búsqueda en línea.
on-line shopping compras online, compras en línea.
on-line stock trading transacciones de acciones online, transacciones de acciones en línea.
on-line trading transacciones de acciones online, transacciones de acciones en línea, transacciones de valores online, transacciones de valores en

línea.
on margin comprado en cuenta de margen.
on opening en la apertura.
on order pedido pero no recibido.
on record registrado, que consta.
on sight a la vista.
on site en el local.
on-site audit auditoría en el local.
on-site inspection inspección en el local.
on target acertado, de acuerdo a las expectativas.
on-the-job accident accidente en el trabajo.
on-the-job training entrenamiento en el trabajo.
on-the-record adj oficial.
on time a tiempo.
on vacation de vacaciones.
one-day certificate certificado de un día.
one-hundred-percent location ubicación del cien por ciento.
one-off cost costo no recurrente, coste no recurrente.
one-person company compañía de un solo integrante.
one-person corporation corporación de un solo integrante.
one-price policy política de precio único.
one-sided contract contrato abusivo, contrato leonino.
one-sided market mercado en que solo hay una cotización de compra o venta pero no ambas.
one-stop banking banca con servicios completos.
one-stop shopping center centro comercial.
one-stop shopping centre centro comercial.
one-time adj de una sola vez, que no se repite.
one-time buyer comprador de una sola vez.
one-time rate tasa de una sola vez.
one-to-one contact contacto uno a uno.
one-way free trade libre comercio unilateral.
one-way market mercado en que solo hay una cotización de compra o venta pero no ambas.
onerous adj oneroso.
onerous contract contrato oneroso.
onerous gift donación con cargos.
onerous title título oneroso.
ongoing buyer comprador continuo.
ongoing improvements mejoras continuas.
ongoing inventory inventario continuo.
ongoing seller vendedor continuo.
onlending n représtamo.
online adj online, en línea.
online ads publicidad online, anuncios online, publicidad en línea, anuncios en línea.
online advertisement anuncio online, anuncio en línea.
online advertising publicidad online, anuncios online, publicidad en línea, anuncios en línea.
online bank banco online, banco en línea.
online banking banca online, banca en línea.
online brokerage corretaje online, corretaje en línea.
online business negocio online, empresa online, negocio en línea, empresa en línea.
online catalog catálogo online, catálogo en línea.
online catalogue catálogo online, catálogo en línea.
online consumer consumidor online, consumidor en línea.
online database base de datos online, base de datos en línea.
online document documento online, documento en línea.
online help ayuda online, ayuda en línea.

online journal revista online, boletín online, revista en línea, boletín en línea.
online magazine revista online, boletín online, revista en línea, boletín en línea.
online market mercado online, mercado en línea.
online order orden online, orden en línea.
online payment pago online, pago en línea.
online presence presencia online, presencia en línea.
online publicity publicidad online, anuncios online, publicidad en línea, anuncios en línea.
online purchase compra online, compra en línea.
online sale venta online, venta en línea.
online search búsqueda online, búsqueda en línea.
online shopping compras online, compras en línea.
online stock trading transacciones de acciones online, transacciones de acciones en línea.
online trading transacciones de acciones online, transacciones de acciones en línea, transacciones de valores online, transacciones de valores en línea.
onset n inicio.
onset date fecha de inicio.
onsite adj en el local.
onsite audit auditoría en el local.
onsite inspection inspección en el local.
OPEC (Organization of Petroleum Exporting Countries, Organisation of Petroleum Exporting Countries) OPEP.
open adj abierto, abierto al público, a puertas abiertas.
open v abrir, abrir al público.
open 24 hours abierto las 24 horas.
open a line of credit iniciar una línea de crédito.
open a loan conceder un préstamo.
open a market abrir un mercado.
open account cuenta corriente, cuenta abierta.
open an account abrir una cuenta.
open bid oferta abierta, propuesta con derecho de reducción.
open bidding licitación abierta.
open bids abrir propuestas.
open box ubicación física de los valores de clientes que una casa de corretaje guarda.
open career carrera abierta.
open certificate certificado abierto.
open check cheque abierto.
open cheque cheque abierto.
open competition competencia abierta.
open competition laws leyes de competencia abierta.
open contract contrato abierto.
open credit crédito abierto.
open date fecha abierta.
open dating colocación de fecha de expiración en un lugar fácil de ver.
open debit débito abierto.
open distribution distribución abierta.
open-door policy política de puerta abierta.
open economy economía abierta.
open-end contract contrato en el cual ciertos términos no se han establecido.
open-end credit crédito renovable.
open-end fund fondo mutuo de acciones ilimitadas.
open-end investment company compañía de inversiones de acciones ilimitadas.
open-end lease arrendamiento abierto.
open-end management company compañía administradora de fondo mutuo de acciones ilimitadas.

open-end mortgage hipoteca renovable, hipoteca ampliable.

open-end mutual fund fondo mutuo de acciones ilimitadas.

open-ended *adj* sin límite, sin restricciones, sujeto a cambio, inconcluso.

open-ended contract contrato en el cual ciertos términos no se han establecido.

open-ended credit crédito renovable.

open-ended fund fondo mutuo de acciones ilimitadas.

open-ended investment company compañía de inversiones de acciones ilimitadas.

open-ended lease arrendamiento abierto.

open-ended management company compañía administradora de fondo mutuo de acciones ilimitadas.

open-ended mortgage hipoteca renovable, hipoteca ampliable.

open-ended mutual fund fondo mutuo de acciones ilimitadas.

open form formulario abierto.

open fund fondo abierto.

open government gobierno abierto.

open house casa abierta.

open inflation inflación abierta.

open insurance seguro abierto.

open insurance policy póliza de seguros abierta.

open interest opciones en circulación.

open inventory inventario abierto.

open letter letra abierta.

open letter of credit carta de crédito abierta, letra de crédito abierta.

open listing contrato no exclusivo para vender un inmueble.

open market mercado abierto.

open market account cuenta de mercado abierto.

open market credit crédito de mercado abierto.

open market intervention intervención de mercado abierto.

open market operations operaciones de mercado abierto.

open market policy política de mercado abierto.

open market price precio de mercado abierto.

open market rate tasa de mercado abierto.

open market trading comercio en mercado abierto.

open market transaction transacción de mercado abierto.

open mortgage hipoteca abierta.

open offer oferta abierta.

open option opción abierta.

open order orden abierta.

open-plan office oficina sin paredes medianeras.

open policy póliza abierta.

open port puerto libre, puerto franco.

open position posición abierta.

open possession posesión manifiesta.

open price precio abierto.

open rate tasa abierta.

open repo contrato de retroventa abierto.

open repo agreement contrato de retroventa abierto.

open repurchase contrato de retroventa abierto.

open repurchase agreement contrato de retroventa abierto.

open shop empresa la cual emplea sin considerar si el solicitante es miembro de un gremio.

open source código fuente abierto.

open stock inventario abierto.

open system sistema abierto.

open ticket billete abierto, boleto abierto.

open to offers abierto a ofertas.

open trade transacción abierta.

open transaction transacción abierta.

open unemployment desempleo abierto.

open union unión abierta.

opening *n* apertura, vacante.

opening assets activo de apertura.

opening, at the a la apertura.

opening balance balance de apertura, saldo de apertura.

opening bell campana que anuncia la hora de apertura de una bolsa, hora de apertura de una bolsa.

opening bid oferta de apertura.

opening block bloque de apertura.

opening capital capital de apertura.

opening date fecha de apertura.

opening entry asiento de apertura.

opening hours horas de atención al público.

opening inventory inventario de apertura.

opening liabilities pasivo de apertura.

opening of account apertura de cuenta.

opening of bids apertura de licitación.

opening of books apertura de libros.

opening of negotiations apertura de negociaciones.

opening of the exchange apertura de la bolsa.

opening of year apertura del ejercicio, apertura del año.

opening offer oferta de apertura.

opening, on en la apertura.

opening position posición de apertura.

opening price precio de apertura.

opening purchase compra de apertura.

opening quote cotización de apertura.

opening sale venta de apertura.

opening time hora de apertura.

opening transaction transacción de apertura.

openness *n* franqueza.

operate *v* operar, manejar, dirigir.

operating *adj* operativo, en funcionamiento, activo, de explotación.

operating account cuenta operativa, cuenta de explotación.

operating administration administración operativa.

operating assets activo operativo, activo de explotación.

operating budget presupuesto operativo.

operating capacity capacidad operativa.

operating capital capital operativo, capital de explotación.

operating cash flow flujo de efectivo operativo, flujo de fondos operativo.

operating company compañía en operación, compañía de explotación.

operating costs costos operativos, costos de explotación, costes operativos, costes de explotación.

operating cycle ciclo operativo.

operating decisions decisiones operativas.

operating deficit déficit operativo, déficit de explotación.

operating earnings ingresos operativos, ingresos de explotación.

operating expenditures gastos operativos, gastos de explotación.

operating expenses gastos operativos, gastos de explotación.

operating income ingresos operativos, ingresos de explotación.
operating lease arrendamiento operativo, arrendamiento de explotación.
operating leverage apalancamiento operativo.
operating losses pérdidas operativas, pérdidas de explotación.
operating management administración operativa, gestión operativa.
operating margin margen operativo, margen de explotación.
operating officer funcionario operativo.
operating profits beneficios de explotación, ganancias de explotación, beneficios operativos, ganancias operativas, utilidad de explotación.
operating ratio ratio operativo, ratio de explotación, razón operativa, razón de explotación.
operating reserve reserva operativa.
operating revenue ingresos operativos, entradas de operación.
operating risk riesgo operativo.
operating statement estado operativo.
operating strategy estrategia operativa.
operating subsidies subsidios operativos, subvenciones operativas.
operating surplus superávit operativo, superávit de operación.
operating system sistema operativo.
operation *n* operación.
operational *adj* operacional, de operaciones.
operational analysis análisis operacional.
operational assistance asistencia operacional.
operational audit auditoría operacional.
operational budget presupuesto operacional.
operational charges cargos operacionales.
operational control control operacional.
operational costs costos operacionales, costes operacionales.
operational expenditures gastos operacionales.
operational expenses gastos operacionales.
operational income ingresos operacionales.
operational lease arrendamiento operacional, arrendamiento de explotación.
operational leasing leasing operacional, arrendamiento de explotación.
operational loan préstamo operacional.
operational manager gerente de operaciones.
operational objectives objetivos operacionales.
operational plan plan operacional.
operational planning planificación operacional.
operational research investigación operacional.
operational targets objetivos operacionales.
operations administration administración de operaciones.
operations administrator administrador de operaciones.
operations analysis análisis de operaciones.
operations audit auditoría de operaciones.
operations budgeting presupuestación de operaciones.
operations department departamento de operaciones.
operations director director de operaciones.
operations liability responsabilidad de operaciones.
operations management administración de operaciones, gestión de operaciones.
operations manager administrador de operaciones.
operations research investigación de operaciones.
operations unit unidad de operaciones.

operative *adj* operativo.
operative clause cláusula operativa.
operative words palabras claves de un contrato.
operator *n* operador, gerente, agente.
opinion *n* opinión, dictamen.
opinion leader líder en opiniones.
opinion of title opinión de título.
opportunism *n* oportunismo.
opportunist *n* oportunista.
opportunistic *adj* oportunista.
opportunity *n* oportunidad, ocasión.
opportunity cost costo de oportunidad, coste de oportunidad.
opportunity cost approach acercamiento de costo de oportunidad, acercamiento de coste de oportunidad.
opportunity cost of capital costo de oportunidad de capital, coste de oportunidad de capital.
opportunity curve curva de oportunidad.
opposition *n* oposición, competencia.
oppressive *adj* opresivo.
oppressive agreement convenio abusivo.
oppressive clause cláusula abusiva.
opt *v* optar.
opt in darse de alta, participar, aceptar una opción.
opt out darse de baja, no participar, rechazar una opción.
optical character reader lector óptico de caracteres.
optical character recognition reconocimiento óptico de caracteres.
optical fiber fibra óptica.
optical fibre fibra óptica.
optical scanner explorador óptico.
optimal *adj* óptimo.
optimal allocation asignación óptima.
optimal allocation of resources asignación óptima de recursos.
optimal currency area zona monetaria óptima.
optimal solution solución óptima.
optimisation *n* optimización.
optimise *v* optimizar.
optimism *n* optimismo.
optimist *adj* optimista.
optimization *n* optimización.
optimize *v* optimizar.
optimum *adj* óptimo.
optimum capacity capacidad óptima.
optimum currency area zona monetaria óptima.
optimum output salida óptima.
optimum production producción óptima.
optimum solution solución óptima.
option *n* opción, opción de compra, opción de venta.
option account cuenta de opciones, cuenta con opciones.
option account agreement convenio de cuenta de opciones.
option account agreement form formulario de convenio de cuenta de opciones.
option agreement convenio de cuenta de opciones.
option buyer comprador de opciones.
option chain cadena de opciones.
option class clase de opciones.
option contract contrato de opciones.
option cycle ciclo de opciones.
option day fecha de vencimiento de opciones.
option exchange bolsa de opciones.
option exercise ejercicio de opciones.
option fund fondo mutuo que utiliza opciones.

option holder tenedor de opciones.
option mutual fund fondo mutuo que utiliza opciones.
option period período de opciones.
option premium prima de opción.
option price precio de opción.
option pricing model modelo de valoración de opciones.
option seller vendedor de opciones.
option series serie de opciones.
option spread combinación de opciones.
option to buy opción de compra.
option to purchase opción de compra.
option valuation model modelo de valoración de opciones.
option writer quien vende una opción.
optional *adj* opcional.
optional benefits beneficios opcionales.
optional bond bono retirable.
optional clause cláusula opcional.
optional consumption consumo opcional.
optional credit crédito opcional.
optional date fecha opcional.
optional dividend dividendo opcional.
optional payment pago opcional.
optional payment bond bono de pago con opción de moneda.
optional tax impuesto opcional.
optionee *n* quien recibe una opción, titular de una opción.
Options Clearing Corporation Cámara de Compensación de Opciones.
options market mercado de opciones.
or better o a mejor precio.
oral agreement contrato oral, acuerdo oral, pacto verbal.
oral contract contrato oral, contrato verbal.
oral offer oferta oral, oferta verbal.
oral order orden oral, oferta verbal.
oral trust fideicomiso constituido oralmente, fideicomiso constituido verbalmente.
orchestrate *v* organizar, tramar.
order *n* orden, pedido, clase.
order *v* ordenar, pedir, dirigir.
order acceptance aceptación de la orden, aceptación del pedido.
order bill of lading conocimiento de embarque a la orden.
order book libro de órdenes.
order book official oficial de libro de órdenes.
order by Internet ordenar por Internet.
order by mail ordenar por correo.
order by phone ordenar por teléfono.
order check cheque a la orden, verificación de orden.
order cheque cheque a la orden.
order department departamento de órdenes.
order discount descuento por cantidad de orden.
order-driven *adj* con cotizaciones y precios determinados por las órdenes.
order entry entrada de orden, entrada de pedido.
order form formulario de orden, formulario de pedido.
order in writing orden por escrito.
order letter carta de orden.
order number número de orden, número de pedido.
order of, by por orden de.
order of the day orden del día.
order, on pedido pero no recibido.
order, out of fuera de orden, no funciona.

order paper instrumento negociable pagadero a persona específica.
order point punto de orden.
order-point system sistema de inventario en que al llegar a un punto dado se genera otro pedido.
order shares acciones a la orden.
order sheet hoja de orden.
order stock acciones a la orden.
order-taker *adj* quien toma órdenes.
order ticket formulario de orden.
order to pay orden de pago.
ordering costs costos de orden, costes de orden.
orderly expansion expansión ordenada.
orderly market mercado estable.
orders in hand pedidos en cartera.
ordinary *adj* ordinario.
ordinary account cuenta ordinaria.
ordinary agency agencia ordinaria.
ordinary and necessary business expenses gastos de negocios ordinarios y necesarios.
ordinary and necessary expenses gastos ordinarios y necesarios.
ordinary and reasonable charge cargo ordinario y razonable.
ordinary and reasonable fee cargo ordinario y razonable.
ordinary annuity anualidad ordinaria.
ordinary asset activo ordinario.
ordinary budget presupuesto ordinario.
ordinary budgeting presupuestación ordinaria.
ordinary business expenses gastos de negocios ordinarios.
ordinary business practices prácticas de negocios ordinarias.
ordinary capital capital ordinario.
ordinary charges cargos ordinarios.
ordinary cost costo ordinario, coste ordinario.
ordinary course of business curso ordinario de los negocios.
ordinary creditor acreedor ordinario.
ordinary depreciation depreciación ordinaria.
ordinary discount descuento ordinario.
ordinary dividend dividendo ordinario.
ordinary expenditures gastos ordinarios.
ordinary expenses gastos ordinarios.
ordinary fees cargos ordinarios.
ordinary gain ganancia ordinaria.
ordinary general meeting asamblea general ordinaria.
ordinary income ingreso ordinario.
ordinary insurance seguro ordinario.
ordinary interest intereses ordinarios.
ordinary inventory inventario ordinario.
ordinary life seguro de vida ordinario, vida ordinaria.
ordinary life insurance seguro de vida ordinario.
ordinary loss pérdida ordinaria.
ordinary mail correo ordinario.
ordinary market mercado ordinario.
ordinary partnership sociedad ordinaria.
ordinary payment pago ordinario, abono ordinario.
ordinary payroll nómina ordinaria.
ordinary price precio ordinario.
ordinary production producción ordinaria.
ordinary productivity productividad ordinaria.
ordinary quality calidad ordinaria.
ordinary rate tasa ordinaria.
ordinary rate of return tasa ordinaria de rendimiento.
ordinary remuneration remuneración ordinaria.

ordinary rent renta ordinaria.
ordinary resources recursos ordinarios.
ordinary return rendimiento ordinario.
ordinary revenue ingresos ordinarios.
ordinary risks riesgos ordinarios.
ordinary salary salario ordinario.
ordinary services servicios ordinarios.
ordinary shareholder accionista ordinario.
ordinary shares acciones ordinarias.
ordinary stock acciones ordinarias.
ordinary stockholder accionista ordinario.
ordinary tariff tarifa ordinaria.
ordinary voting votación ordinaria.
organ n órgano.
organic adj orgánico.
organic agriculture agricultura orgánica.
organic farming agricultura orgánica.
organic food alimentos orgánicos.
organic growth crecimiento orgánico.
organisation n organización, persona jurídica.
organisation account cuenta de la organización.
organisation accountability responsabilidad de la organización.
organisation accountant contable de la organización, contador de la organización.
organisation accounting contabilidad de la organización.
organisation acquisition adquisición de la organización.
organisation activity actividad de la organización.
organisation address domicilio de la organización.
organisation administration administración de la organización.
organisation administrator administrador de la organización.
organisation advertising publicidad de la organización.
organisation adviser asesor de la organización.
organisation advisor asesor de la organización.
organisation affairs asuntos de la organización.
organisation affiliate afiliado de la organización.
organisation agency agencia de la organización.
organisation agent agente de la organización.
organisation and methods organización y métodos.
organisation assets activo de la organización.
organisation backer patrocinador de la organización.
organisation backing patrocinio de la organización.
organisation banking banca de la organización.
organisation bankruptcy quiebra de la organización.
organisation benefits beneficios de la organización.
organisation bookkeeping contabilidad de la organización.
organisation books libros de la organización.
organisation brand marca de la organización.
organisation campaign campaña de la organización.
organisation capital capital de la organización.
organisation car carro de la organización.
organisation card tarjeta de la organización.
organisation characteristics características de la organización.
organisation chart organigrama.
organisation conference conferencia de la organización.

organisation consultant consultor de la organización.
organisation correspondence correspondencia de la organización.
organisation cost costo de organización, costo de constitución, coste de organización, coste de constitución.
organisation credit crédito de la organización.
organisation credit card tarjeta de crédito de la organización.
organisation culture cultura de la organización.
organisation data datos de la organización.
organisation database base de datos de la organización.
organisation debt deuda de la organización.
organisation decision decisión de la organización.
organisation department departamento de la organización.
organisation deposit depósito de la organización.
organisation development desarrollo de la organización.
organisation director director de la organización.
organisation discount descuento de la organización.
organisation document documento de la organización.
organisation domicile domicilio de la organización.
organisation earnings ingresos de la organización.
organisation email email de la organización, correo electrónico de la organización.
organisation environment ambiente de la organización.
organisation ethics ética de la organización.
organisation executive ejecutivo de la organización.
organisation expenditures gastos de la organización, gastos de constitución.
organisation expenses gastos de la organización, gastos de constitución.
organisation finance finanzas de la organización.
organisation financing financiación de la organización.
Organisation for Economic Cooperation and Development Organización para la Cooperación y el Desarrollo Económico.
organisation forecast pronóstico de la organización.
organisation fraud fraude de la organización.
organisation goal meta de la organización.
organisation health insurance seguro de salud de la organización.
organisation identity identidad de la organización.
organisation image imagen de la organización.
organisation income ingresos de la organización, rentas de la organización.
organisation insurance seguro de la organización.
organisation interest interés de la organización.
organisation investment inversión de la organización.
organisation lending préstamos de la organización.
organisation liability responsabilidad de la organización.
organisation liability insurance seguro de responsabilidad de la organización.
organisation licence licencia de la organización.
organisation license licencia de la organización.
organisation literature literatura de la organización.

organisation loan préstamo de la organización.
organisation logo logotipo de la organización, logo de la organización.
organisation losses pérdidas de la organización.
organisation magazine revista de la organización, boletín de la organización.
organisation mail correo de la organización, email de la organización, correo electrónico de la organización.
organisation management administración de la organización, gestión de la organización, gerencia de la organización.
organisation manager gerente de la organización, administrador de la organización.
organisation meeting reunión de la organización, asamblea de constitución.
organisation member miembro de la organización.
organisation merger fusión de la organización.
organisation method método de organización.
organisation model modelo de la organización.
organisation name nombre de la organización.
organisation objective objetivo de la organización.
organisation of accounts organización de cuentas.
organisation of assets organización de activos.
organisation of costs organización de costos, organización de costes.
organisation of expenditures organización de gastos.
organisation of expenses organización de gastos.
organisation of liabilities organización del pasivo.
Organisation of Petroleum Exporting Countries Organización de Países Exportadores de Petróleo.
organisation officers funcionarios de la organización.
organisation owner dueño de la organización.
organisation perks beneficios adicionales de la organización.
organisation philosophy filosofía de la organización.
organisation plan plan de organización.
organisation planning planificación de la organización.
organisation policy política de la organización, póliza de la organización.
organisation portal portal de la organización.
organisation portfolio portafolio de la organización.
organisation powers poderes de la organización.
organisation practices prácticas de la organización, costumbres de la organización.
organisation presentation presentación de la organización.
organisation priorities prioridades de la organización.
organisation profits beneficios de la organización, ganancias de la organización.
organisation property propiedad de la organización.
organisation purchase compra de la organización.
organisation purpose propósito de la organización.
organisation records registros de la organización.
organisation regulations reglamentos de la organización, normas de la organización.
organisation relations relaciones de la organización.
organisation report informe de la organización, reporte de la organización.
organisation reserves reservas de la organización.

organisation resolution resolución de la organización.
organisation risk riesgo de la organización.
organisation rules reglas de la organización.
organisation seal sello de la organización.
organisation services servicios de la organización.
organisation shares acciones de la organización.
organisation spending gastos de la organización.
organisation sponsor patrocinador de la organización.
organisation sponsorship patrocinio de la organización.
organisation stock acciones de la organización.
organisation store tienda de la organización.
organisation strategic planning planificación estratégica de la organización.
organisation strategy estrategia de la organización.
organisation structure estructura de la organización.
organisation support services servicios de apoyo de la organización.
organisation system sistema de la organización.
organisation taxation imposición de la organización.
organisation taxes impuestos de la organización, contribuciones de la organización.
organisation treasurer tesorero de la organización.
organisation union unión de la organización.
organisational *adj* organizacional, organizativo.
organisational analysis análisis organizacional, análisis organizativo.
organisational change cambio organizacional, cambio organizativo.
organisational chart organigrama.
organisational climate clima organizacional, clima organizativo.
organisational development desarrollo organizacional, desarrollo organizativo.
organisational effectiveness efectividad organizacional, efectividad organizativa.
organisational efficiency eficiencia organizacional, eficiencia organizativa.
organisational goal meta organizacional, meta organizativa.
organisational level nivel organizacional, nivel organizativo.
organisational meeting reunión constitutiva.
organisational norm norma organizacional, norma organizativa.
organisational planning planificación organizacional, planificación organizativa.
organisational psychology psicología organizacional, psicología organizativa.
organisational structure estructura organizacional, estructura organizativa.
organisational system sistema organizacional, sistema organizativo.
organise *v* organizar, establecer.
organised *adj* organizado, establecido.
organised crime crimen organizado.
organised exchange mercado organizado, lonja.
organised labor trabajadores agremiados, trabajadores sindicados.
organised labour trabajadores agremiados, trabajadores sindicados.
organised market mercado organizado.
organised strike huelga organizada.
organiser *n* organizador, agenda electrónica.
organization *n* organización, persona jurídica.

organization account cuenta de la organización.
organization accountability responsabilidad de la organización.
organization accountant contable de la organización, contador de la organización.
organization accounting contabilidad de la organización.
organization acquisition adquisición de la organización.
organization activity actividad de la organización.
organization address domicilio de la organización.
organization administration administración de la organización.
organization administrator administrador de la organización.
organization advertising publicidad de la organización.
organization adviser asesor de la organización.
organization advisor asesor de la organización.
organization affairs asuntos de la organización.
organization affiliate afiliado de la organización.
organization agency agencia de la organización.
organization agent agente de la organización.
organization and methods organización y métodos.
organization assets activo de la organización.
organization backer patrocinador de la organización.
organization backing patrocinio de la organización.
organization banking banca de la organización.
organization bankruptcy quiebra de la organización.
organization benefits beneficios de la organización.
organization bookkeeping contabilidad de la organización.
organization books libros de la organización.
organization brand marca de la organización.
organization campaign campaña de la organización.
organization capital capital de la organización.
organization car carro de la organización.
organization card tarjeta de la organización.
organization characteristics características de la organización.
organization chart organigrama.
organization conference conferencia de la organización.
organization consultant consultor de la organización.
organization correspondence correspondencia de la organización.
organization cost costo de organización, costo de constitución, coste de organización, coste de constitución.
organization credit crédito de la organización.
organization credit card tarjeta de crédito de la organización.
organization culture cultura de la organización.
organization data datos de la organización.
organization database base de datos de la organización.
organization debt deuda de la organización.
organization decision decisión de la organización.
organization department departamento de la organización.
organization deposit depósito de la organización.
organization development desarrollo de la

organización.
organization director director de la organización.
organization discount descuento de la organización.
organization document documento de la organización.
organization domicile domicilio de la organización.
organization earnings ingresos de la organización.
organization email email de la organización, correo electrónico de la organización.
organization environment ambiente de la organización.
organization ethics ética de la organización.
organization executive ejecutivo de la organización.
organization expenditures gastos de la organización, gastos de constitución.
organization expenses gastos de la organización, gastos de constitución.
organization finance finanzas de la organización.
organization financing financiación de la organización.
Organization for Economic Cooperation and Development Organización para la Cooperación y el Desarrollo Económico.
organization forecast pronóstico de la organización.
organization fraud fraude de la organización.
organization goal meta de la organización.
organization health insurance seguro de salud de la organización.
organization identity identidad de la organización.
organization image imagen de la organización.
organization income ingresos de la organización, rentas de la organización.
organization insurance seguro de la organización.
organization interest interés de la organización.
organization investment inversión de la organización.
organization lending préstamos de la organización.
organization liability responsabilidad de la organización.
organization liability insurance seguro de responsabilidad de la organización.
organization licence licencia de la organización.
organization license licencia de la organización.
organization literature literatura de la organización.
organization loan préstamo de la organización.
organization logo logotipo de la organización, logo de la organización.
organization losses pérdidas de la organización.
organization magazine revista de la organización, boletín de la organización.
organization mail correo de la organización, email de la organización, correo electrónico de la organización.
organization management administración de la organización, gestión de la organización, gerencia de la organización.
organization manager gerente de la organización, administrador de la organización.
organization meeting reunión de la organización, asamblea de constitución.
organization member miembro de la organización.
organization merger fusión de la organización.
organization method método de organización.
organization model modelo de la organización.

organization name nombre de la organización.
organization objective objetivo de la organización.
organization of accounts organización de cuentas.
organization of assets organización de activos.
organization of costs organización de costos, organización de costes.
organization of expenditures organización de gastos.
organization of expenses organización de gastos.
organization of liabilities organización del pasivo.
Organization of Petroleum Exporting Countries Organización de Países Exportadores de Petróleo.
organization officers funcionarios de la organización.
organization owner dueño de la organización.
organization perks beneficios adicionales de la organización.
organization philosophy filosofía de la organización.
organization plan plan de organización.
organization planning planificación de la organización.
organization policy política de la organización, póliza de la organización.
organization portal portal de la organización.
organization portfolio portafolio de la organización.
organization powers poderes de la organización.
organization practices prácticas de la organización, costumbres de la organización.
organization presentation presentación de la organización.
organization priorities prioridades de la organización.
organization profits beneficios de la organización, ganancias de la organización.
organization property propiedad de la organización.
organization purchase compra de la organización.
organization purpose propósito de la organización.
organization records registros de la organización.
organization regulations reglamentos de la organización, normas de la organización.
organization relations relaciones de la organización.
organization report informe de la organización, reporte de la organización.
organization reserves reservas de la organización.
organization resolution resolución de la organización.
organization rules reglas de la organización.
organization seal sello de la organización.
organization services servicios de la organización.
organization shares acciones de la organización.
organization spending gastos de la organización.
organization sponsor patrocinador de la organización.
organization sponsorship patrocinio de la organización.
organization stock acciones de la organización.
organization store tienda de la organización.
organization strategic planning planificación estratégica de la organización.
organization strategy estrategia de la organización.
organization structure estructura de la organización.
organization support services servicios de apoyo de la organización.

organization system sistema de la organización.
organization taxation imposición de la organización.
organization taxes impuestos de la organización, contribuciones de la organización.
organization treasurer tesorero de la organización.
organization union unión de la organización.
organizational *adj* organizacional, organizativo.
organizational analysis análisis organizacional, análisis organizativo.
organizational change cambio organizacional, cambio organizativo.
organizational chart organigrama.
organizational climate clima organizacional, clima organizativo.
organizational development desarrollo organizacional, desarrollo organizativo.
organizational effectiveness efectividad organizacional, efectividad organizativa.
organizational efficiency eficiencia organizacional, eficiencia organizativa.
organizational goal meta organizacional, meta organizativa.
organizational level nivel organizacional, nivel organizativo.
organizational meeting reunión constitutiva.
organizational norm norma organizacional, norma organizativa.
organizational planning planificación organizacional, planificación organizativa.
organizational psychology psicología organizacional, psicología organizativa.
organizational structure estructura organizacional, estructura organizativa.
organizational system sistema organizacional, sistema organizativo.
organize *v* organizar, establecer.
organized *adj* organizado, establecido.
organized crime crimen organizado.
organized exchange mercado organizado, lonja.
organized labor trabajadores agremiados, trabajadores sindicados.
organized labour trabajadores agremiados, trabajadores sindicados.
organized market mercado organizado.
organized strike huelga organizada.
organizer *n* organizador, agenda electrónica.
orientation *n* orientación.
orientation course curso de orientación.
orientation program programa de orientación.
orientation programme programa de orientación.
origin *n* origen.
origin authentication certificación de origen.
origin certificate certificado de origen.
origin certification certificación de origen.
original *adj* original.
original *n* original.
original acquisition adquisición original.
original age edad original.
original assessment amillaramiento original, imposición original.
original assets activo original.
original balance saldo inicial.
original bill of lading conocimiento de embarque original.
original capital capital inicial.
original conveyances cesiones originales.
original cost costo original, coste original.
original document documento original.
original entry asiento original.

original equipment equipo original.
original estate propiedad original.
original insurance seguro original.
original inventor inventor original.
original investment inversión original.
original invoice factura original.
original issue discount descuento de emisión original.
original language lenguaje original.
original margin margen original.
original maturity vencimiento original.
original members miembros originales.
original order orden original.
original packing empaquetamiento original.
original patent patente original.
originate *v* originar.
originate a loan originar un préstamo.
originating bank banco de origen.
origination *n* originación, emisión.
origination charge cargo por originación, comisión de apertura.
origination fee cargo por originación, comisión de apertura.
originator *n* originador, emisor.
originator identifier identificador de originador.
originator's bank banco del originador.
OSHA (Occupational Safety and Health Administration) OSHA.
ostensible *adj* ostensible, aparente.
ostensible agency agencia aparente.
ostensible authority autoridad aparente.
ostensible ownership propiedad aparente.
ostensible partner socio aparente.
ostensibly *adv* ostensiblemente, aparentemente.
OTC (over-the-counter) OTC, valor no cotizado en una bolsa, mercado de valores en que las transacciones se llevan acabo mediante una red electrónica.
OTC market (over-the-counter market) mercado OTC, mercado extrabursátil, mercado de valores no cotizados en una bolsa, mercado de valores en que las transacciones se llevan acabo mediante una red electrónica.
OTC securities (over-the-counter securities) valores no cotizados en una bolsa, valores en que las transacciones se llevan acabo mediante una red electrónica.
other assets otros activos.
other beneficiaries otros beneficiarios.
other charges otros cargos.
other costs otros costos, otros costes.
other current assets otros activos corrientes, otros activos líquidos.
other current liabilities otros pasivos corrientes, otros pasivos líquidos.
other expenditures otros gastos.
other expenses otros gastos.
other fees otros cargos.
other income otros ingresos.
other insurance clause cláusula de seguro solapante.
other insured otros asegurados.
other investments otras inversiones.
other loans otros préstamos.
other long-term debt otras deudas a largo plazo.
other securities otros valores.
ounce *n* onza.
ouster *n* desalojamiento, expulsión.
ouster judgment sentencia de desalojo.
out of benefit asegurado a quien se le ha

suspendido la cobertura por falta de pago de las primas.
out of commission fuera de servicio.
out-of-court *adj* extrajudicial.
out-of-date *adj* caducado, expirado.
out-of-favor *adj* desfavorecido.
out of necessity por necesidad.
out-of-pocket costs costos pagados en efectivo, costes pagados en efectivo.
out-of-pocket expenditures gastos pagados en efectivo.
out-of-pocket expenses gastos pagados en efectivo.
out-of-pocket rule regla que indica que quien compra tras representaciones fraudulentas tiene el derecho de recobrar la diferencia entre la cantidad pagada y el valor de lo comprado.
out of service fuera de servicio.
out-of-state *adj* fuera del estado.
out of stock fuera de inventario.
out of the box recién sacado de la caja e instalado, listo para usar y/o instalar al comprarse.
out-of-the-money *adj* opción de compra cuyo precio de ejecución esta por encima del precio corriente de mercado de las acciones subyacentes, opción de venta cuyo precio de ejecución esta por debajo del precio corriente de mercado de las acciones subyacentes.
out of time fuera de tiempo, fuera de plazo, nave perdida.
out of work desempleado.
out-tray *n* bandeja de salida.
outbid *v* presentar una mejor oferta.
outbound *adj* de salida, que sale, por salir, hacia el exterior.
outbox *n* buzón de salida.
outbuilding *n* estructura anexa, edificio anexo.
outdated *adj* anticuado.
outdo *v* superar, mejorar.
outdoor advertising publicidad exterior.
outflow of capital salida de capital.
outflow of funds salida de fondos.
outgoing mail correo saliente.
outgoing post correo saliente.
outlay *n* desembolso, gasto.
outlet store tienda de ventas a descuento de mercancía.
outlook *n* perspectiva, punto de vista.
outperform *v* superar, tener mejor rendimiento, proveer mayores beneficios.
outplacement *n* outplacement, servicios que ofrece un patrono para ayudar a un empleado despedido a obtener otro trabajo.
output *n* producción, salida.
output bonus bono por productividad.
output capacity capacidad de producción.
output costs costos de producción, costes de producción.
output curve curva de producción.
output expenditures gastos de producción.
output expenses gastos de producción.
output per capita producción per cápita, producción por cabeza.
output per head producción por cabeza, producción per cápita.
output per hour producción por hora, salida por hora.
output rate tasa de producción, tasa de productividad.
outright *adj* entero, por completo, incondicional,

directo.

outright gift regalo incondicional.

outright ownership propiedad incondicional.

outright purchase compra incondicional.

outsell *v* vender más que otros.

outset *n* comienzo.

outside capital capital externo.

outside director director externo, miembro de una junta directiva cuyo vínculo único es ese cargo, consejero externo.

outside interference interferencia externa.

outside office hours fuera de horas de oficina, fuera de horas laborables.

outside pressure presión externa.

outside shareholder accionista externo.

outside stockholder accionista externo.

outside working hours fuera de horas laborables.

outsource *v* contratar externamente, externalizar.

outsourcing *n* contratación externa, outsourcing, externalización.

outstanding *adj* pendiente de pago, pendiente, sobresaliente, en circulación.

outstanding account cuenta pendiente.

outstanding advance adelanto pendiente.

outstanding amount cantidad pendiente.

outstanding and open account cuenta pendiente.

outstanding balance saldo pendiente.

outstanding bonds bonos en circulación.

outstanding capital shares acciones en circulación.

outstanding capital stock acciones en circulación.

outstanding check cheque sin cobrar, cheque pendiente de pago.

outstanding cheque cheque sin cobrar, cheque pendiente de pago.

outstanding claim reclamación pendiente.

outstanding coupon cupón pendiente de pago.

outstanding credit crédito pendiente.

outstanding debt deuda pendiente de pago.

outstanding expenses gastos pendientes de pago.

outstanding interest intereses pendientes.

outstanding invoice factura pendiente.

outstanding loan préstamo pendiente.

outstanding obligation obligación pendiente.

outstanding options opciones en circulación.

outstanding order orden pendiente, pedido pendiente.

outstanding payment pago pendiente.

outstanding premium prima pendiente de pago.

outstanding public debt deuda pública pendiente de pago.

outstanding purchases compras pendientes.

outstanding securities valores en circulación.

outstanding shares acciones en circulación.

outstanding stock acciones en circulación.

outvote *v* tener más votos.

outward-looking economy economía orientada hacia el exterior.

outward-oriented economy economía orientada hacia el exterior.

outworker *n* empleado de una empresa que trabaja en su casa.

over-absorption *n* sobreabsorción.

over-accumulation *n* sobreacumulacion.

over-allotment *n* distribución más allá de lo programado.

over and short sobrantes y faltantes.

over-bid *v* ofrecer más que, ofrecer demasiado.

over-book *v* reservar más allá de lo que se puede acomodar.

over-booked *adj* con reservaciones más allá de lo que se puede acomodar.

over-booking *n* aceptación de reservaciones más allá de lo que se puede acomodar.

over-borrow *v* tomar demasiado prestado.

over-bought *adj* sobrecomprado, sobrevalorado

over-bought market mercado sobrecomprado, mercado sobrevalorado.

over-building *n* sobreconstrucción.

over-buy *v* comprar de más, comprar pagando de más.

over-capacity *n* sobrecapacidad.

over-capitalisation *n* sobrecapitalización.

over-capitalise *v* sobrecapitalizar.

over-capitalised *adj* sobrecapitalizado.

over-capitalization *n* sobrecapitalización.

over-capitalize *v* sobrecapitalizar.

over-capitalized *adj* sobrecapitalizado.

over-cautious *adj* cauteloso en exceso.

over-certification *n* sobrecertificación, certificación de un cheque sin fondos, confirmación bancaria por exceso.

over-certify *v* certificar un cheque sin fondos.

over-collaterisation *n* sobrecolateralización.

over-collaterization *n* sobrecolateralización.

over-commitment *n* asunción de demasiados compromisos.

over-compensation *n* sobrecompensación.

over-consumption *n* sobreconsumo.

over-credit *v* acreditar en exceso.

over-depreciation *n* sobredepreciación.

over-diversification *n* exceso de diversificación.

over-employment *n* sobreempleo.

over-estimate *v* sobreestimar.

over-estimated *adj* sobreestimado.

over-exposed *adj* sobreexpuesto.

over-exposed bank banco sobreexpuesto.

over-extended *adj* sobreextendido.

over-extension *n* sobreextensión.

over-financing *n* sobrefinanciamiento.

over-funded *adj* sobrefinanciado.

over-funding *n* sobrefinanciamiento.

over-heated economy economía sobrecalentada.

over-improvement *n* sobremejoramiento.

over-indebtedness *n* sobreendeudamiento.

over-insurance *n* sobreseguro.

over-insured *adj* sobreasegurado.

over-investment *n* sobreinversión.

over-invoicing *n* sobrefacturación.

over-issue *n* emisión más allá de lo permitido, sobreemisión.

over-leveraged *adj* sobreapalancado.

over line cobertura más allá de la capacidad normal.

over-produce *v* sobreproducir.

over-production *n* sobreproducción.

over-provision *n* sobreprovisión.

over-rate *v* sobrestimar.

over-reaching clause cláusula de extensión.

over-represent *v* sobrerrepresentar.

over-saturation *n* sobresaturación.

over-saving *n* sobreahorro.

over-speculation *n* sobreespeculación.

over-spend *v* gastar de más.

over-staff *v* contratar exceso de personal.

over-staffed *adj* con exceso de personal.

over-state *v* declarar de más, exagerar.

over-stimulate *v* sobreestimular.

over-stock *v* mantener existencias excesivas.

over-stocked *adj* con existencias excesivas.

over-subscribe *v* sobresuscribir.

over-subscribed *adj* sobresuscrito.
over-subscription *n* sobresuscripción.
over-tax *v* cobrar exceso de impuestos, sobrecargar.
over-the-counter valor no cotizado en una bolsa, mercado de valores en que las transacciones se llevan acabo mediante una red electrónica.
over-the-counter market mercado extrabursátil, mercado de valores no cotizados en una bolsa, mercado de valores en que las transacciones se llevan acabo mediante una red electrónica.
over-the-counter securities valores no cotizados en una bolsa, valores en que las transacciones se llevan acabo mediante una red electrónica.
over-trading *n* transacciones excesivas, expansión de ventas más allá de lo financiable por el capital circulante.
over-urbanisation *n* sobreurbanización.
over-urbanization *n* sobreurbanización.
over-valuation *n* sobrevaloración, sobrevaluación.
over-value *v* sobrevalorar.
over-valued *adj* sobrevalorado.
over-work *v* trabajar en exceso.
overabsorption *n* sobreabsorción.
overaccumulation *n* sobreacumulacion.
overage *n* exceso, superávit, excedente.
overall *adj* global, total.
overall account cuenta global.
overall agreement convenio global.
overall amount monto total, suma total.
overall assets activos totales.
overall balance saldo total, balance total.
overall bargaining negociación global.
overall benefits beneficios totales.
overall budget presupuesto total.
overall budgeting presupuestación total.
overall capital capital total.
overall contract contrato global.
overall cost costo total, coste total.
overall coverage cobertura global.
overall debt deuda total.
overall deductible deducible total.
overall deficit déficit total.
overall demand demanda total.
overall discount descuento total.
overall dividend dividendo total.
overall economy economía total.
overall effect efecto global.
overall expenditures gastos totales.
overall expenses gastos totales.
overall exports exportaciones totales.
overall growth crecimiento total.
overall imports importaciones totales.
overall income ingreso total.
overall inflation inflación total.
overall insurance seguro global.
overall investment inversión total.
overall liability responsabilidad total.
overall limit límite total.
overall loss pérdida total.
overall market mercado total.
overall negotiation negociación global.
overall output salida total, producción total.
overall ownership propiedad total.
overall payment pago total.
overall policy póliza global.
overall production producción total.
overall rate tasa total.
overall rate of return tasa de rendimiento total.
overall receipts entradas totales.
overall reserves reservas totales.

overall revenue ingresos totales.
overall risk riesgo total.
overall sales ventas totales.
overall shares acciones totales.
overall spending gastos totales.
overall stock acciones totales.
overall supply oferta total.
overall taxes impuestos totales, contribuciones totales.
overall value valor total.
overall yield rendimiento total.
overallotment *n* distribución más allá de lo programado.
overbanked *adj* con demasiados bancos.
overbid *v* ofrecer más que, ofrecer demasiado.
overbill *v* facturar demasiado, sobrefacturar.
overbook *v* reservar más allá de lo que se puede acomodar.
overbooked *adj* con reservaciones más allá de lo que se puede acomodar.
overbooking *n* aceptación de reservaciones más allá de lo que se puede acomodar.
overborrow *v* tomar demasiado prestado.
overbought *adj* sobrecomprado, sobrevalorado
overbought market mercado sobrecomprado, mercado sobrevalorado.
overbuilding *n* sobreconstrucción.
overbuy *v* comprar de más, comprar pagando de más.
overcapacity *n* sobrecapacidad.
overcapitalisation *n* sobrecapitalización.
overcapitalise *v* sobrecapitalizar.
overcapitalised *adj* sobrecapitalizado.
overcapitalization *n* sobrecapitalización.
overcapitalize *v* sobrecapitalizar.
overcapitalized *adj* sobrecapitalizado.
overcautious *adj* cauteloso en exceso.
overcertification *n* sobrecertificación, certificación de un cheque sin fondos, confirmación bancaria por exceso.
overcertify *v* certificar un cheque sin fondos.
overcharge *n* cargo excesivo, recargo, cobro excesivo.
overcharge *v* sobrecargar, cobrar de más.
overclass *n* clase social que controla la economía, clase social que controla.
overcollaterisation *n* sobrecolateralización.
overcollaterization *n* sobrecolateralización.
overcommitment *n* asunción de demasiados compromisos.
overcompensation *n* sobrecompensación.
overconsumption *n* sobreconsumo.
overcredit *v* acreditar en exceso.
overdepreciation *n* sobredepreciación.
overdiversification *n* exceso de diversificación.
overdraft *n* sobregiro, descubierto.
overdraft facility facilidad de sobregiro.
overdraft protection protección contra sobregiros.
overdraw *v* sobregirar, girar en descubierto.
overdrawn *adj* sobregirado, en descubierto.
overdrawn account cuenta sobregirada, cuenta en descubierto.
overdue *adj* vencido, en mora.
overdue contributions contribuciones vencidas, contribuciones en mora.
overdue debt deuda vencida, deuda en mora.
overdue payment pago vencido, pago en mora.
overdue taxes contribuciones vencidas, contribuciones en mora, impuestos vencidos, impuestos en mora.

overemployment *n* sobreempleo.
overestimate *v* sobreestimar.
overestimated *adj* sobreestimado.
overexposed *adj* sobreexpuesto.
overexposed bank banco sobreexpuesto.
overextended *adj* sobreextendido.
overextension *n* sobreextensión.
overfinancing *n* sobrefinanciamiento.
overflow *n* desbordamiento.
overfunded *adj* sobrefinanciado.
overfunding *n* sobrefinanciamiento.
overhang *n* bloque grande que de venderse crearía presión bajista.
overhaul *v* examinar a fondo reparando lo necesario, revisar, sobrepasar.
overhead *n* gastos generales, gastos fijos.
overhead costs costos generales fijos, costos fijos, costes generales fijos, costes fijos.
overhead expenses gastos generales fijos, gastos fijos.
overhead insurance seguro de gastos generales.
overhead projector retroproyector.
overheated economy economía sobrecalentada.
overimprovement *n* sobremejoramiento.
overindebtedness *n* sobreendeudamiento.
overinsurance *n* sobreseguro.
overinsured *adj* sobreasegurado.
overinvestment *n* sobreinversión.
overinvoicing *n* sobrefacturación.
overissue *n* emisión más allá de lo permitido, sobreemisión.
overland transport transporte terrestre.
overlapping debt deuda solapante.
overlapping insurance seguros solapantes.
overleveraged *adj* sobreapalancado.
overline *n* cobertura más allá de la capacidad normal.
overload *v* sobrecargar.
overnight credit préstamo a un día.
overnight delivery entrega el siguiente día, entrega el siguiente día laborable.
overnight funds préstamo a un día.
overnight loan préstamo a un día.
overnight money préstamo a un día.
overnight rate tasa de préstamo a un día.
overnight repo contrato de retroventa a un día.
overnight repurchase agreement contrato de retroventa a un día.
overnight trading transacciones durante la noche.
overpaid *adj* pagado en exceso.
overpay *v* pagar en exceso.
overpayment *n* pago en exceso, abono en exceso.
overplus *n* excedente.
overprice *v* cobrar en exceso, fijar un precio excesivo.
overpriced *adj* con precio excesivo.
overproduce *v* sobreproducir.
overproduction *n* sobreproducción.
overprovision *n* sobreprovisión.
overrate *v* sobrestimar.
overreaching clause cláusula de extensión.
overrepresent *v* sobrerrepresentar.
override *n* compensación adicional a uno de puesto superior, compensación más allá de cierta cantidad, comisión adicional, comisión de ventas.
override *v* echar a un lado, pasar sobre, anular, dominar, solapar.
override commission comisión adicional, comisión de ventas.
overrider *n* comisión adicional, comisión de ventas.

overriding commission comisión adicional, comisión de ventas.
overrule *v* denegar, revocar, anular.
overrun *n* sobreproducción, sobrecostos.
overrun *v* rebasar, inundar, invadir.
oversaturation *n* sobresaturación.
oversaving *n* sobreahorro.
overseas *adj* extranjero, exterior, de ultramar, en ultramar.
overseas agent agente exterior.
overseas client cliente extranjero.
overseas customer cliente extranjero.
overseas investments inversiones extranjeras.
overseas investor inversionista extranjero.
overseas market mercado extranjero.
overseas trade comercio exterior.
oversee *v* supervisar.
overseer *n* supervisor.
oversell *v* sobrevender, exagerar sobre algo en busca de venderlo.
overshoot *v* exceder.
oversight *n* descuido, supervisión.
oversold *adj* sobrevendido, infravalorado, saturado.
oversold market mercado infravalorado.
overspeculation *n* sobreespeculación.
overspend *v* gastar de más.
overstaff *v* contratar exceso de personal.
overstaffed *adj* con exceso de personal.
overstate *v* declarar de más, exagerar.
overstimulate *v* sobreestimular.
overstock *v* mantener existencias excesivas.
overstocked *adj* con existencias excesivas.
oversubscribe *v* sobresuscribir.
oversubscribed *adj* sobresuscrito.
oversubscription *n* sobresuscripción.
oversupply *n* sobreoferta.
overtax *v* cobrar exceso de impuestos, sobrecargar.
overtime *n* horas extras, sobretiempo, tiempo suplementario.
overtime pay paga por horas extras.
overtime wage salario por horas extras.
overtime work trabajo de horas extras.
overtrading *n* transacciones excesivas, expansión de ventas más allá de lo financiable por el capital circulante.
overurbanisation *n* sobreurbanización.
overurbanization *n* sobreurbanización.
overvaluation *n* sobrevaloración, sobrevaluación.
overvalue *v* sobrevalorar.
overvalued *adj* sobrevalorado.
overwork *v* trabajar en exceso.
owe *v* deber, adeudar.
owing *adj* pendiente de pago.
own *adj* propio.
own *v* tener, poseer.
own-brand *n* marca propia.
own capital capital propio.
own funds fondos propios.
own-label *n* marca propia.
own resources recursos propios.
owner *n* dueño, propietario.
owner financing financiamiento por el dueño.
owner-manager *n* dueño-gerente.
owner-occupied *adj* ocupado por el dueño.
owner of record titular registrado.
owner-operator *n* dueño-operador.
owner's risk riesgo del dueño.
ownership *n* propiedad, titularidad.
ownership authentication certificación de propiedad.

ownership certificate certificado de propiedad.
ownership certification certificación de propiedad.
ownership form forma de propiedad.
ownership in common copropiedad.
ownership rights derechos de propiedad.
ownership structure estructura de la propiedad.

P

p. (page) página.
p. (principal) principal.
p.a. (per annum) por año.
P/E ratio (price-earnings ratio) ratio precio-ganancias, ratio precio-ingresos, razón precio-ganancias, razón precio-ingresos.
P & L (profit and loss) pérdidas y ganancias.
p & p (postage and packing) franqueo y embalaje.
P.S. (postscript) posdata.
PABX (private automatic branch exchange) centralita PABX.
pacesetter *n* quien marca la pauta.
pack *n* paquete, envase, manada.
package *n* paquete, envase.
package code código del paquete.
package deal acuerdo global.
package design diseño del paquete, diseño del envase.
package holiday viaje organizado.
package insurance seguro global.
package insurance policy póliza de seguro global.
package mortgage hipoteca que incluye mobiliario.
package policy póliza global.
package price precio con todo incluido.
package tour viaje organizado.
packaged *adj* empaquetado.
packaged goods mercancías empaquetadas.
packaging *n* empaque, embalaje.
packaging and labeling embalaje y etiquetado.
packaging laws leyes sobre empaque.
packet *n* paquete pequeño, paquete, dineral.
packing *n* empaquetamiento, embalaje.
packing cost costo de empaque, coste de empaque.
packing instructions instrucciones de empaque.
packing list lista de empaque.
packing note albarán.
packing slip albarán.
pact *n* pacto, convenio, acuerdo, compromiso.
pactional *adj* concerniente a un pacto.
page *v* llamar por buscapersonas, llamar por altavoz.
pager *n* buscapersonas.
paging device *n* buscapersonas.
paid *adj* pagado, pago, remunerado.
paid check cheque pagado.
paid cheque cheque pagado.
paid employment empleo remunerado.
paid for pagado.
paid holiday día festivo pagado.
paid holidays vacaciones pagadas.
paid-in capital capital pagado, capital desembolsado.
paid in full pagado totalmente.
paid-in shares acciones pagadas, acciones liberadas.

paid-in stock acciones pagadas, acciones liberadas.
paid-in surplus superávit pagado.
paid losses pérdidas pagadas.
paid on delivery pago a la entrega.
paid status estado de pagado.
paid to date pagado hasta la fecha.
paid-up *adj* pagado totalmente, liberado.
paid-up benefits beneficios pagados.
paid-up capital capital pagado, capital desembolsado.
paid-up insurance seguro pago.
paid-up shares acciones pagadas, acciones liberadas.
paid-up stock acciones pagadas, acciones liberadas.
paid vacations vacaciones pagadas.
pair-off *v* aparear.
paired accounts cuentas apareadas.
paired plans planes apareados.
paired shares acciones apareadas.
paired stock acciones apareadas.
pallet *n* paleta.
palmtop *n* computadora de mano.
paltry *adj* exiguo, ínfimo.
pamphlet *n* panfleto, octavilla.
pan-European *adj* paneuropeo.
panel *n* panel.
panel of arbitrators panel arbitral, comisión de árbitros.
panel of experts panel de expertos.
panic buying compras por pánico.
panic selling ventas por pánico.
paper *n* papel, documento negociable, documento, periódico.
paper currency papel moneda.
paper gains ganancias sin realizar, ganancias sobre el papel.
paper gold oro papel.
paper losses pérdidas sin realizar, pérdidas sobre el papel.
paper money papel moneda.
paper patent invención la cual no ha sido explotada comercialmente.
paper profits beneficios sin realizar, beneficios sobre el papel, ganancias sin realizar, ganancias sobre el papel.
paper shredder destructora de documentos, trituradora de papeles.
paper standard patrón papel.
paper title título dudoso.
paperless *adj* sin papel, electrónico.
paperless office oficina sin papel.
paperless processing procesamiento electrónico.
paperwork *n* papeleo.
par *adj* a la par, nominal.
par *n* par, paridad, valor nominal, igualdad.
par bond bono a la par.
par of exchange paridad de cambio.
par shares acciones a la par, acciones con valor nominal.
par stock acciones a la par, acciones con valor nominal.
par value valor nominal, valor a la par.
par-value shares acciones a la par, acciones con valor nominal.
par-value stock acciones a la par, acciones con valor nominal.
paradigm *n* paradigma.
paralegal *n* paralegal, asistente legal.
parallel economy economía paralela.

parallel exporting exportación paralela.
parallel exports exportaciones paralelas.
parallel financing financiamiento paralelo.
parallel importing importación paralela.
parallel imports importaciones paralelas.
parallel loan préstamo paralelo.
parallel market mercado paralelo.
parallel standard patrón paralelo.
parameter *n* parámetro.
paramount clause cláusula superior.
paramount title título superior.
parcel *n* parcela, lote, paquete.
parcel *v* dividir, empaquetar.
parcel post servicio de paquetes del correo.
pare down reducir gradualmente.
parent bank banco controlador.
parent company compañía controladora, compañía matriz, sociedad matriz.
parent corporation corporación controladora, corporación matriz.
Pareto Efficiency Optimalidad de Pareto, Eficiencia de Pareto.
Pareto Optimality Optimalidad de Pareto, Eficiencia de Pareto.
Pareto's Law Ley de Pareto.
Pareto's Principle Principio de Pareto.
pari passu igualmente, equitativamente.
parity *n* paridad.
parity bond bono de paridad.
parity clause cláusula de paridad.
parity of currencies paridad de divisas, paridad entre monedas.
parity of exchange paridad de cambio.
parity price precio de paridad.
parity principle principio de paridad.
park-and-ride *n* sistema en que los usuarios se estacionan en sitios designados y luego usan transporte público.
parliament *n* parlamento.
parol *adj* verbal.
parol agreement contrato verbal.
parol contract contrato verbal.
parol lease arrendamiento oral.
parsimony *n* parsimonia.
part exchange canje parcial.
part owners copropietarios.
part ownership copropiedad.
part payment pago parcial, abono parcial.
part performance cumplimiento parcial.
part-time *adj* a tiempo parcial.
part-time employee empleado a tiempo parcial.
part-time employment empleo a tiempo parcial.
part-time job empleo a tiempo parcial.
part-time work trabajo a tiempo parcial.
part-time worker trabajador a tiempo parcial.
partial *adj* parcial.
partial acceptance aceptación parcial.
partial account rendición de cuentas parcial.
partial assignment cesión parcial.
partial audit auditoría parcial.
partial average avería parcial.
partial breach incumplimiento parcial.
partial correlation correlación parcial.
partial delivery entrega parcial.
partial disability discapacidad parcial.
partial distribution distribución parcial.
partial-equilibrium analysis análisis de equilibrio parcial.
partial-equilibrium theory teoría de equilibrio parcial.

partial eviction desalojo parcial.
partial incapacity incapacidad parcial.
partial insurance seguro parcial.
partial interest interés parcial.
partial invalidity invalidez parcial.
partial limitation limitación parcial.
partial liquidation liquidación parcial.
partial loss pérdida parcial.
partial merger fusión parcial.
partial monopoly monopolio parcial.
partial oligopoly oligopolio parcial.
partial ownership propiedad parcial.
partial payment pago parcial, abono parcial.
partial performance cumplimiento parcial.
partial plan termination terminación de plan parcial.
partial release liberación parcial.
partial reversal revocación parcial.
partial spin-off escisión parcial.
partial taking expropiación parcial.
partial withdrawal retiro parcial.
partially amortized loan préstamo parcialmente amortizado.
partible *adj* divisible.
partible lands tierras divisibles.
participant *n* participante.
participate *v* participar.
participating *adj* participante.
participating annuity anualidad con participación.
participating bond bono con participación.
participating country país participante.
participating insurance seguro con participación, póliza de seguros con participación.
participating insurance policy póliza de seguros con participación.
participating interest interés participante.
participating policy póliza con participación.
participating policy dividend dividendo de póliza con participación.
participating preferred acciones preferidas con participación.
participating preferred shares acciones preferidas con participación.
participating preferred stock acciones preferidas con participación.
participating reinsurance reaseguro con participación.
participating shares acciones con participación.
participating stock acciones con participación.
participation *n* participación.
participation account cuenta de participación.
participation agreement pacto de participación, convenio de participación.
participation certificate certificado de participación.
participation certification certificación de participación.
participation charge cargo de participación.
participation evidence prueba de participación.
participation fee cargo de participación.
participation loan préstamo con participación.
participation mortgage hipoteca con participación, hipoteca conjunta.
participation proof prueba de participación.
participation rate tasa de participación.
participation verification verificación de participación.
participative budgeting presupuestación con participación.
participative leadership liderazgo con

participación.

participative management administración con participación, gestión con participación.

particular average avería particular.

particular lien gravamen específico.

particular partnership sociedad para un negocio predeterminado.

particulars *n* detalles.

particulars of a document detalles de un documento.

particulars of sale descripción detallada de propiedades a subastarse.

parties and privies las partes de un contrato.

partition *n* partición, repartición, separación.

partition *v* partir, repartir, separar.

partly *adj* parcialmente.

partly paid parcialmente pago.

partner *n* socio, asociado, compañero.

partner countries países socios, países socios comerciales.

partnership *n* sociedad, asociación, consorcio.

partnership address dirección social, domicilio social.

partnership agreement contrato de sociedad.

partnership articles contrato para formar una sociedad.

partnership assets activo social.

partnership association sociedad con responsabilidad limitada.

partnership at will sociedad sin un período fijo de tiempo.

partnership capital capital social.

partnership certificate certificado de sociedad.

partnership contract contrato de sociedad.

partnership debt deuda de la sociedad.

partnership deed escritura de sociedad.

partnership funds fondos sociales.

partnership in commendam sociedad en comandita.

partnership insurance seguro de vida sobre socios, seguros obtenidos con la intención de mantener la sociedad.

partnership liabilities pasivo social.

partnership property propiedad de la sociedad.

party *n* parte, grupo, fiesta.

party in breach parte incumplidora.

party wall pared medianera.

pass *v* pasar, aprobar, adoptar.

pass a budget aprobar un presupuesto.

pass a resolution adoptar una resolución, adoptar un acuerdo.

pass on transferir, comunicar, morir.

pass over pasar por encima, pasar por alto, morir.

pass-through entity entidad cuyas contribuciones pasan sin cobrar hasta llegar a los dueños.

pass-through securities valores cuyas contribuciones pasan sin cobrar hasta llegar a los inversionistas.

pass title transferir título.

passage *n* pasaje, paso, aprobación, transcurso.

passbook *n* libreta de banco, libreta de ahorros.

passbook account cuenta con libreta de ahorros.

passbook loan préstamo sobre ahorros.

passbook savings account cuenta con libreta de ahorros.

passed dividend dividendo omitido, dividendo no pagado.

passenger *n* pasajero.

passenger list lista de pasajeros.

passenger miles millas de pasajero.

passenger service servicio de pasajeros.

passing of property transferencia de propiedad.

passing of title transferencia de título.

passing title transferencia de título.

passive *adj* pasivo, inactivo.

passive activity actividad pasiva.

passive activity income ingresos por actividad pasiva.

passive activity loss pérdida por actividad pasiva.

passive bond bono pasivo.

passive debt deuda pasiva, deuda que no devenga intereses.

passive income ingreso pasivo.

passive income generator generador de ingreso pasivo.

passive investing inversión pasiva.

passive investment inversión pasiva.

passive investment income ingresos de inversiones pasivas.

passive investor inversionista pasivo.

passive loss pérdida pasiva.

passive loss rules reglas para abrigos tributarios por pérdidas pasivas.

passive management administración pasiva, gestión pasiva.

passive retention retención pasiva.

passive trust fideicomiso pasivo.

passport *n* pasaporte.

password *n* contraseña.

password protected protegido por contraseña.

password recovery recuperación de contraseña.

password required contraseña requerida.

past consideration contraprestación anterior.

past debt deuda preexistente.

past due vencido, en mora.

past-due account cuenta vencida, cuenta en mora.

past-due debt deuda vencida, deuda en mora.

past-due loan préstamo vencido, préstamo en mora.

past-due mortgage hipoteca vencida, hipoteca en mora.

past performance resultados anteriores, rendimiento anterior, antecedentes.

past service benefit beneficio por servicio previo.

past service credit crédito por servicio previo.

past service liability responsabilidad por servicio previo.

pat. pend. (patent pending) patente pendiente.

patent *adj* patente, patentado.

patent *n* patente, privilegio, documento de concesión.

patent *v* patentar.

patent agent agente de patentes.

patent and copyright clause cláusula de patentes y derechos de autor.

Patent and Trademark Office Registro de Marcas y Patentes.

patent application solicitud de patente.

patent applied for patente solicitada.

patent attorney abogado de patentes.

patent certificate certificado de patente.

patent defect vicio evidente.

patent holder tenedor de patente.

patent infringement infracción de patente, violación de patente.

patent licence licencia de patente.

patent license licencia de patente.

patent life vigencia de la patente.

patent office oficina de patentes.

patent pending patente pendiente.

patent pooling combinación de derechos de patentes.
patent protection protección de patentes.
patent right derecho de patente.
patent-right dealer comerciante de derechos de patentes.
patent royalties regalías de la patente.
patent term duración de la patente.
patentability *n* patentabilidad.
patentable *adj* patentable.
patented *adj* patentado.
patented article artículo patentado.
patented process proceso patentado.
patented product producto patentado.
patentee *n* patentado, poseedor de patente.
paternity leave licencia por paternidad.
path dependence influencia del camino previamente recorrido.
path dependency influencia del camino previamente recorrido.
patrimony *n* patrimonio.
patron *n* patrocinador, cliente.
patronage *n* patrocinio, clientela.
patronage discount descuento por patrocinio.
patronise *v* patrocinar, frecuentar.
patronize *v* patrocinar, frecuentar.
pattern *n* patrón.
patterns of consumption patrones de consumo.
patterns of demand patrones de demanda.
patterns of investment patrones de inversión.
patterns of supply patrones de oferta.
patterns of trade patrones de comercio.
pauper *n* indigente.
pawn *n* empeño, pignoración, prenda.
pawn *v* empeñar, pignorar, prendar.
pawnbroker *n* prestamista sobre prendas.
pawnee *n* acreedor prendario.
pawnor *n* deudor prendario.
pawnshop *n* casa de empeños.
pay *n* paga, salario, sueldo, remuneración, honorarios.
pay *v* pagar, abonar, remunerar, saldar.
pay a salary pagar un salario, salariar.
pay a visit visitar.
pay administration administración de salario.
pay and conditions salario y condiciones, sueldo y condiciones.
pay-as-you-earn *n* impuestos retenidos.
pay as you go pague al utilizar.
pay at sight pagar a la vista.
pay attention prestar atención.
pay back reembolsar, devolver.
pay bargaining negociación de salario, negociación de sueldo.
pay by card pagar con tarjeta.
pay by check pagar con cheque.
pay by cheque pagar con cheque.
pay by credit card pagar con tarjeta de crédito.
pay by giro pagar con giro.
pay by installments pagar a plazos.
pay by mail pagar por correo.
pay-by-phone *n* sistema de pagos mediante teléfono.
pay-by-phone system sistema de pagos mediante teléfono.
pay cash pagar en efectivo, pagar al contado.
pay check cheque de salario, cheque de sueldo.
pay cheque cheque de salario, cheque de sueldo.
pay claim reclamación de salario, reclamación de sueldo.

pay compression compresión de salario.
pay continuation plan plan de continuación de salario.
pay cut recorte de salario, recorte de sueldo.
pay day día de pago.
pay decrease disminución de salario.
pay down efectuar un depósito, hacer un pago inicial, pagar a cuenta.
pay envelope sobre que contiene la paga.
pay freeze congelación de salario, congelación de sueldo.
pay in pagar, efectuar un depósito, pagar a cuenta.
pay in advance pagar por adelantado.
pay in cash pagar en efectivo, pagar al contado.
pay in full pagar totalmente.
pay in installments pagar a plazos.
pay in kind pagar en especie.
pay in lieu of notice paga en vez de notificación.
pay increase aumento de salario, aumento de sueldo.
pay level nivel de salario.
pay monthly pagar mensualmente.
pay negotiations negociaciones salariales.
pay off saldar, liquidar, pagar, despedir a un empleado tras pagarle lo que se le debe, sobornar, dar resultado.
pay on account pagar a cuenta.
pay out desembolsar, pagar.
pay packet sobre que contiene la paga.
pay parity paridad salarial.
pay-per-view *n* pague por ver, pago por visión.
pay period período de pago.
pay quarterly pagar trimestralmente.
pay raise aumento de salario, aumento de sueldo.
pay reduction reducción de salario, reducción de sueldo.
pay reduction plan plan de reducción de salario.
pay review revisión de salario.
pay rise aumento de salario, aumento de sueldo.
pay scale escala de salarios.
pay settlement convenio salarial.
pay slip hoja de salario, recibo de salario.
pay statement estado de salario, estado de sueldo.
pay tax impuesto sobre salarios.
pay taxes pagar impuestos.
pay television televisión pagada.
pay to bearer pagar al portador.
pay to the order of pagar a la orden de.
pay top dollar pagar el precio más alto.
pay TV TV pagada.
pay under protest pagar bajo protesta.
pay up saldar, liquidar, pagar.
payable *adj* pagadero, vencido.
payable at maturity pagadero al vencimiento.
payable at sight pagadero a la vista.
payable in advance pagadero por adelantado.
payable in installments pagadero a plazos.
payable monthly in arrears pagadero por mes vencido.
payable on delivery pagadero a la entrega.
payable on demand pagadero a la vista.
payable quarterly in arrears pagadero por trimestre vencido.
payable to bearer pagadero al portador.
payable to holder pagadero al portador.
payable to order pagadero a la orden.
payback *n* restitución, retribución.
payback period período de recuperación de inversión, período de amortización.
paycheck *n* cheque de salario, cheque de paga,

salario.
paycheque *n* cheque de salario, cheque de paga,
salario.
payday *n* día de pago.
paydown *n* pago parcial de deuda.
PAYE (pay-as-you-earn) impuestos retenidos.
payee *n* beneficiario de pago, tenedor, portador.
payer *n* pagador.
payer bank banco pagador.
paying *adj* pagador.
paying agency agencia pagadora.
paying agent agente pagador.
paying bank banco pagador.
payload *n* carga útil.
paymaster *n* pagador.
payment *n* pago, abono, sueldo, remuneración,
plazo.
payment against documents pago contra
documentos.
payment authorisation autorización de pago.
payment authorization autorización de pago.
payment before delivery pago antes de entrega.
payment before maturity pago antes del
vencimiento.
payment bond fianza de pago.
payment by check pago por cheque.
payment by cheque pago por cheque.
payment by results paga basada en el rendimiento.
payment cap máximo de ajuste de pago.
payment capacity capacidad de pago.
payment card tarjeta de pago.
payment certain anualidad de pagos seguros.
payment commitment compromiso de pago.
payment conditions condiciones de pago.
payment coupon cupón de pago.
payment date fecha de pago.
payment delay demora de pago.
payment for services pago por servicios.
payment for services rendered pago por servicios
prestados.
payment guarantee garantía de pago.
payment guaranteed pago garantizado.
payment guaranty garantía de pago.
payment holiday permiso para aplazar pagos.
payment in advance pago por adelantado.
payment in arrears pago atrasado.
payment in full pago total.
payment in installments pago a plazos.
payment is kind pago en especie.
payment is due el pago se ha vencido.
payment method método de pago.
payment of debt pago de deuda.
payment of interest pago de intereses.
payment of principal pago del principal.
payment of salary pago de salario.
payment of taxes pago de impuestos.
payment of wages pago de salario.
payment on account pago a cuenta.
payment order orden de pago.
payment plan plan de pagos.
payment processing procesamiento de pago.
payment receipt recibo de pago.
payment received pago recibido.
payment record registro de pago.
payment refused pago rechazado.
payment request solicitud de pago.
payment schedule programa de pagos, tabla de
pagos, programa de amortización, tabla de
amortización.
payment supra protest pago tras protesto.

payment system sistema de pagos.
payment table tabla de pagos, tabla de
amortización.
payment term período de pago.
payment terms términos de pago.
payment type método de pago.
payment under protest pago bajo protesta.
payments deficit déficit de pagos.
payments surplus superávit de pagos.
payoff *n* pago, liquidación, recompensa, resultado.
payoff statement declaración del prestador en
cuanto los términos del préstamo y lo que falta por
cancelarlo.
payola *n* soborno para promover algo.
payor *n* pagador.
payor bank banco pagador.
payout *n* pago, rendimiento, rendimiento necesario
para recuperación de inversión.
payout ratio ratio de dividendos a ganancias, razón
de dividendos a ganancias.
payroll *n* nómina, planilla de sueldos.
payroll account cuenta de nómina.
payroll audit auditoría de nómina.
payroll deductions deducciones de nómina,
deducciones del cheque de salario.
payroll department departamento de nómina.
payroll journal libro de salarios.
payroll office oficina de nómina.
payroll period período de nómina.
payroll records registros de nómina.
payroll register registro de nómina.
payroll tax impuesto sobre la nómina.
PBX (private branch exchange) centralita PBX.
PC (personal computer) ordenador personal,
computadora personal, computador personal.
PC (political correctness) corrección política,
esfuerzos aparentes de no ofender a ciertos grupos.
pct. (percent) por ciento.
pd. (paid) pagado.
PDA (personal digital assistant) PDA, asistente
digital personal.
PDF (Portable Document Format) PDF, formato
PDF.
PE ratio (price-earnings ratio) ratio precio-
ganancias, ratio precio-ingresos, razón precio-
ganancias, razón precio-ingresos.
peaceable possession posesión pacífica.
peaceful picketing piquete pacífico.
peaceful possession posesión pacífica.
peaceful protest protesta pacífica.
peak *n* pico, punta, máximo.
peak capacity capacidad pico, capacidad máxima.
peak demand demanda pico, demanda punta.
peak hours horas pico, horas punta, horas de
demanda máxima, horas de utilización máxima.
peak period horas pico, horas punta, período pico,
período punta.
peak price precio durante horas o temporada pico,
precio durante horas o temporada punta, precio
máximo.
peak season temporada pico, temporada punta,
temporada de demanda máxima, temporada de
utilización máxima.
peak time hora pico, hora punta.
peck order jerarquía entre personas.
pecking order jerarquía entre personas.
peculation *n* peculado, desfalco.
pecuniary *adj* pecuniario.
pecuniary benefits beneficios pecuniarios.
pecuniary consideration contraprestación

pecuniaria.
pecuniary exchange intercambio pecuniario.
pecuniary loss pérdida pecuniaria.
pecuniary transaction transacción pecuniaria.
peddle *v* practicar el oficio de buhonero.
peddler *n* buhonero.
pedlar *n* buhonero.
peer *adj* paritario.
peer *n* par, igual.
peer group grupo paritario.
peer review revisión por grupo paritario.
peg *n* estabilización de precios mediante intervención, apoyo de precios mediante estabilización, ajuste del tipo de cambio de una moneda basada en otra.
PEG ratio (price/earnings to growth ratio) el ratio precio-ganancias dividido por el crecimiento esperado de los ingresos anuales por acción.
pegged currency moneda cuyos ajustes en tipo de cambio están basados en otra.
pegging *n* estabilización de precios mediante intervención, apoyo de precios mediante estabilización, ajuste del tipo de cambio de una moneda basada en otra.
penal clause cláusula penal.
penalisable *adj* penalizable.
penalise *v* penalizar, penar, multar.
penalizable *adj* penalizable.
penalize *v* penalizar, penar, multar.
penalty *n* penalidad, pena, multa.
penalty charge cargo adicional en caso incumplimiento.
penalty clause cláusula penal.
penalty duty arancel punitivo, derecho punitivo.
penalty for early withdrawal penalidad por retiro temprano.
penalty interest tasa de interés mayor en caso incumplimiento.
penalty interest rate tasa de interés mayor en caso incumplimiento.
penalty rate tasa de interés mayor en caso incumplimiento.
pence *n* centavos.
pendency *n* suspensión.
pending *adj* pendiente.
pending business negocios pendientes.
pending litigation litigio pendiente.
pending order orden pendiente.
penetrate a market penetrar en un mercado.
penetration pricing establecimiento de precio bajo para acelerar la entrada de un producto al mercado.
penny *n* centavo.
penny shares acciones que venden típicamente por menos de un dólar.
penny stocks acciones que venden típicamente por menos de un dólar.
pension *n* pensión, jubilación, retiro.
pension adjustment ajuste de la pensión.
pension contributions cuotas hacia la pensión.
pension fund fondo de pensiones, fondo jubilatorio.
pension fund management administración de fondo de pensiones, gestión de fondo de pensiones.
pension income ingresos de pensiones.
pension maximisation maximización de pensión.
pension maximization maximización de pensión.
pension payments pagos de la pensión.
pension plan plan de pensiones.
pension plan funding financiamiento de plan de pensiones.

pension plan termination terminación de plan de pensión.
pension rights derecho a una pensión.
pension scheme plan de pensiones.
pension shortfall déficit en la pensión.
pension trust fideicomiso de pensiones.
pensionable *adj* con derecho a una pensión.
pensioner *n* pensionado, pensionista, jubilado.
pent-up demand demanda acumulada.
people-intensive *adj* que requiere muchas personas.
peppercorn rent alquiler nominal, alquiler simbólico, renta nominal, renta simbólica.
per accident limit límite por accidente.
per annum por año.
per capita por cabeza, per cápita.
per capita consumption consumo per cápita.
per capita debt deuda per cápita.
per capita income ingreso per cápita.
per capita output producción per cápita.
per capita tax impuesto per cápita.
per cent por ciento.
per day por día.
per diem por día.
per head por cabeza, per cápita.
per kilometer por kilómetro.
per mile por milla.
per month por mes.
per person limit límite por persona.
per quarter por trimestre.
per se de por sí, en sí mismo, per se.
per share por acción.
per subscriber por suscriptor.
per-unit subsidy subsidio por unidad, subsidio unitario, subvención por unidad, subvención unitaria.
per year por año.
perceived risk riesgo percibido.
percent *adv* por ciento.
percentage *n* porcentaje.
percentage change cambio porcentual.
percentage depletion porcentaje de agotamiento.
percentage depletion method método de porcentaje de agotamiento.
percentage lease arrendamiento con participación basada en las ventas, arrendamiento con participación.
percentage-of-completion method método de porcentaje de terminación.
percentage-of-loss deductible deducible de porcentaje de pérdidas.
percentage of sales porcentaje de ventas.
percentage-of-sales method método de porcentaje de ventas.
percentage order orden de porcentaje.
percentage participation porcentaje de participación.
percentage point punto porcentual.
percentage rent pago de alquiler incluyendo una cantidad adicional basada en las ventas.
percentage statement estado en porcentajes.
percentile *n* percentil.
perception *n* percepción.
perfect *adj* perfecto, completo, cumplido, ejecutado.
perfect *v* perfeccionar, completar, cumplir, ejecutar.
perfect competition competencia perfecta.
perfect hedge cobertura perfecta.
perfect instrument instrumento registrado.
perfect market mercado perfecto.

perfect monopoly monopolio perfecto.
perfect ownership dominio perfecto, propiedad perfecta.
perfect title título perfecto.
perfect trust fideicomiso perfecto.
perfect usufruct usufructo perfecto.
perfected *adj* perfeccionado.
perfected lien gravamen perfeccionado.
perfected security interest derecho perfeccionado de vender un inmueble para satisfacer una deuda.
perform *v* cumplir, ejecutar, desempeñar, ejercer, funcionar.
performance *n* cumplimiento, ejecución, desempeño, rendimiento, funcionamiento.
performance analysis análisis del rendimiento, análisis de la ejecución.
performance appraisal evaluación del rendimiento, evaluación de la ejecución.
performance assessment evaluación del rendimiento, evaluación de la ejecución.
performance audit auditoría del rendimiento, auditoría de la ejecución.
performance bond fianza de cumplimiento, garantía de cumplimiento.
performance budgeting presupuestación tomando en cuenta el rendimiento, presupuestación tomando en cuenta la ejecución.
performance contract contrato basado en el rendimiento, contrato basado en la ejecución.
performance criteria criterios de rendimiento, criterios de ejecución.
performance evaluation evaluación del rendimiento, evaluación de la ejecución.
performance fund fondo mutuo con metas de apreciación.
performance goal meta del rendimiento, meta de la ejecución.
performance guarantee garantía de la ejecución.
performance guaranty garantía de la ejecución.
performance indicator indicador del rendimiento, indicador de la ejecución.
performance management administración del rendimiento, administración de la ejecución, gestión del rendimiento, gestión de la ejecución.
performance measurement medición del rendimiento, medición de la ejecución.
performance monitoring supervisión del rendimiento, supervisión de la ejecución.
performance mutual fund fondo mutuo con metas de apreciación.
performance objective meta del rendimiento, meta de la ejecución.
performance of services prestación de servicios.
performance-related *adj* relacionado al rendimiento, relacionado a la ejecución, vinculado al rendimiento, vinculado a la ejecución.
performance report informe del rendimiento, informe de la ejecución.
performance review evaluación del rendimiento, evaluación de la ejecución.
performance securities valores que se compran con expectativas de apreciación.
performance shares acciones que se compran con expectativas de apreciación.
performance stocks acciones que se compran con expectativas de apreciación.
performance supervision supervisión del rendimiento, supervisión de la ejecución.
performance target meta del rendimiento, meta de la ejecución.

performance warranty garantía de la ejecución.
performing loans préstamos cuyos pagos se están efectuando a tiempo.
peril *n* peligro, riesgo.
perils of the sea peligros del mar.
period *n* período, plazo.
period analysis análisis periódico.
period certain período cierto.
period cost costo periódico, coste periódico.
period expense gasto periódico.
period of credit período de crédito.
period of delivery período de entrega.
period of grace período de gracia.
period of notification período de notificación.
period of production período de producción.
period of redemption período de rescate de una propiedad hipotecada.
periodic *adj* periódico.
periodic audit auditoría periódica.
periodic change cambio periódico.
periodic charge cargo periódico.
periodic cost costo periódico, coste periódico.
periodic expenditures gastos periódicos.
periodic expenses gastos periódicos.
periodic fee cargo periódico.
periodic finance charge cargo por financiamiento periódico.
periodic income ingreso periódico.
periodic interest rate tasa de interés periódica.
periodic interest rate adjustment ajuste periódico de tasa de interés.
periodic inventory inventario periódico.
periodic inventory method método de inventario periódico.
periodic inventory system sistema de inventario periódico.
periodic level nivel periódico.
periodic outlay desembolso periódico.
periodic payment pago periódico.
periodic payment plan plan de pagos periódicos.
periodic procedure procedimiento periódico.
periodic purchase compra periódica.
periodic rate tasa periódica.
periodic statement estado periódico.
periodic transaction transacción periódica.
periodical *adj* periódico.
periodical *n* publicación periódica, revista, boletín.
peripheral activity actividad periférica.
peripheral equipment equipo periférico.
perishable *adj* perecedero.
perishable commodity producto perecedero.
perishable goods bienes perecederos.
perks *n* beneficios adicionales, pequeños beneficios, privilegios por el puesto, complementos salariales.
permanent *adj* permanente, fijo.
permanent account cuenta permanente.
permanent address dirección permanente.
permanent capital capital permanente.
permanent consumption consumo permanente.
permanent contract contrato permanente.
permanent difference diferencia permanente.
permanent disability discapacidad permanente.
permanent disability benefits beneficios por discapacidad permanente.
permanent employee empleado permanente.
permanent employment empleo permanente.
permanent file archivo permanente.
permanent financing financiamiento permanente.
permanent fixtures instalaciones permanentes.

permanent home residencia permanente.
permanent income ingresos permanentes.
permanent income hypothesis hipótesis de ingreso permanente.
permanent insurance seguro permanente.
permanent life seguro de vida permanente.
permanent life insurance seguro de vida permanente.
permanent location lugar permanente, ubicación permanente.
permanent mortgage hipoteca permanente.
permanent partial disability discapacidad parcial permanente.
permanent personnel personal permanente.
permanent residence residencia permanente.
permanent staff personal permanente.
permanent total disability discapacidad total permanente.
permanently *adv* permanentemente.
permanently restricted assets activo restringido permanentemente.
permissible *adj* permisible.
permissible activities actividades permisibles.
permissible deductions deducciones permisibles.
permissible depreciation depreciación permisible.
permissible expenditures gastos permisibles.
permissible expenses gastos permisibles.
permissible loss ratio ratio de pérdidas permisible, razón de pérdidas permisible.
permissible nonbank activities actividades no bancarias permisibles.
permissible transactions transacciones permisibles.
permission *n* permiso, licencia.
permission granted clause cláusula de permiso otorgado.
permission marketing marketing tras obtención de permiso, mercadeo tras obtención de permiso.
permissive user usuario con permiso.
permissive waste deterioro de inmuebles por omisión.
permit *n* permiso, licencia.
permit *v* permitir, autorizar.
permit bond fianza de licencia.
permit for transit permiso para tránsito.
permitted *adj* permitido.
permitted activities actividades permitidas.
permitted deductions deducciones permitidas.
permitted depreciation depreciación permitida.
permitted expenditures gastos permitidos.
permitted expenses gastos permitidos.
permitted transactions transacciones permitidas.
permutation *n* permutación.
perpendicular spread combinación de opciones perpendicular.
perpetual *adj* perpetuo, vitalicio.
perpetual annuity anualidad perpetua, anualidad vitalicia.
perpetual bond bono sin vencimiento, bono a perpetuidad.
perpetual contract contrato perpetuo, contrato vitalicio.
perpetual insurance seguro perpetuo.
perpetual inventory inventario perpetuo, inventario permanente.
perpetual inventory control control de inventario perpetuo.
perpetual inventory method método de inventario perpetuo.
perpetual inventory system sistema de inventario

perpetuo.
perpetual lease arrendamiento perpetuo, arrendamiento vitalicio.
perpetual trust fideicomiso perpetuo, fideicomiso vitalicio.
perpetuity *n* perpetuidad.
perquisites *n* beneficios adicionales, pequeños beneficios, privilegios por el puesto, complementos salariales.
persistency *n* persistencia.
persistent *adj* persistente.
person-year *n* el trabajo que hace una persona en un año.
person-day *n* el trabajo que hace una persona en un día.
person-hour *n* el trabajo que hace una persona en una hora.
personal *adj* personal, privado.
personal allowances exenciones personales.
personal articles insurance seguro sobre artículos personales.
personal assets bienes muebles, bienes muebles e intangibles.
personal assistant asistente personal.
personal automobile policy póliza de automóvil personal.
personal banker banquero personal.
personal banking banca personal.
personal belongings propiedad personal.
personal benefit beneficio personal.
personal calls llamadas personales.
personal card tarjeta personal.
personal catastrophe insurance seguro de catástrofe médico personal.
personal chattel bienes muebles.
personal check cheque personal.
personal cheque cheque personal.
personal computer ordenador personal, computadora personal, computador personal.
personal consumption consumo personal.
personal contract contrato personal.
personal contract hire contrato de arrendamiento de vehículo en que se otorga pertenencia tras el último pago.
personal credit crédito personal.
personal digital assistant asistente digital personal.
personal disability discapacidad personal.
personal disposable income ingreso personal disponible.
personal distribution of income distribución personal de ingresos.
personal earnings ingresos personales.
personal effects efectos personales.
personal effects floater cobertura de efectos personales sin importar la ubicación.
personal effects insurance cobertura de efectos personales sin importar la ubicación.
personal estate bienes muebles de una persona.
personal exemption exención personal.
personal expenditures gastos personales.
personal expenses gastos personales.
personal finances finanzas personales.
personal financial planning planificación financiera personal.
personal financial statement estado financiero personal.
personal guarantee garantía personal.
personal guaranty garantía personal.
personal history historial personal.

personal holding company compañía tenedora controlada por pocas personas.
personal identification number número de identificación personal.
personal income ingreso personal.
personal income tax impuestos sobre ingresos personales, impuestos sobre la renta personal.
personal injury lesión personal.
personal injury protection cobertura para lesiones personales.
personal insurance seguro personal.
personal interest expense gasto de intereses personales.
personal investment inversión personal.
personal leave permiso personal.
personal letter carta personal.
personal liability responsabilidad personal.
personal liability insurance seguro de responsabilidad personal.
personal line of credit línea de crédito personal.
personal loan préstamo personal.
personal loss pérdida personal.
personal marketing marketing personal, mercadeo personal.
personal marketing orientation marketing orientado hacia lo personal, mercadeo orientado hacia lo personal.
personal obligation obligación personal.
personal organiser organizador personal.
personal organizer organizador personal.
personal particulars datos personales.
personal pension pensión personal.
personal pension scheme plan de pensión personal.
personal property propiedad personal, bienes muebles, bienes muebles e intangibles.
personal property floater cobertura de propiedad personal sin importar la ubicación.
personal property tax impuesto sobre bienes muebles.
personal reasons razones personales.
personal representative representante personal.
personal residence residencia personal.
personal savings ahorros personales.
personal secretary secretario personal.
personal service servicio personal.
personal service contract contrato de servicios personales.
personal service corporation corporación de servicios personales.
personal surfing navegación por la Web personal.
personal tax impuesto personal, impuesto sobre bienes muebles.
personal things efectos personales.
personal touch toque personal.
personal trust fideicomiso personal.
personal use uso personal.
personal use property propiedad de uso personal.
personal warranty garantía personal.
personal wealth riqueza personal, patrimonio personal.
personal Web page página Web personal.
personal Web surfing navegación por la Web personal.
personalisation *n* personalización.
personalised *adj* personalizado.
personalised service servicio personalizado.
personality *n* personalidad.
personalization *n* personalización.
personalized *adj* personalizado.

personalized service servicio personalizado.
personally *adv* personalmente.
personalty *n* bienes muebles, bienes muebles e intangibles.
personation *n* representación engañosa.
personnel *n* personal, departamento de personal, plantel.
personnel administration administración de personal.
personnel administrator administrador de personal.
personnel agency agencia de personal, agencia de empleos.
personnel audit auditoría de personal.
personnel costs costos de personal, costes de personal.
personnel cuts recortes de personal.
personnel department departamento de personal.
personnel director director de personal.
personnel division división de personal.
personnel management administración de personal, gestión de personal.
personnel manager administrador de personal.
personnel office oficina de personal.
personnel planning planificación de personal.
personnel policy política de personal.
personnel psychology psicología del personal.
personnel reductions reducciones de personal.
personnel representative representante de personal.
personnel selection selección de personal.
personnel turnover movimiento de personal, giro de personal, rotación de personal.
perspective *n* perspectiva.
persuasion *n* persuasión.
pertaining to concerniente a.
pertinence *n* pertinencia.
peso *n* peso.
pesticides *n* pesticidas.
petition *n* petición, pedido.
petition in bankruptcy petición de quiebra.
petition in insolvency petición de quiebra.
petitioner *n* peticionante, peticionario, demandante.
petitioning creditor acreedor solicitante.
petrobond *n* petrobono.
petrodollars *n* petrodólares.
petroleum *n* petróleo.
petroleum industry industria del petróleo.
petty average avería menor.
petty cash caja chica, caja para gastos menores.
petty-cash fund caja chica.
pg. (page) página.
PGI (Protected Geographical Indication) Indicación Geográfica Protegida.
phantom income ingreso fantasma.
pharmaceutical industry industria farmacéutica.
phase *n* fase.
phase in introducir gradualmente, implementar gradualmente.
phase out retirar gradualmente, eliminar gradualmente.
phaseout *n* reducción progresiva.
phaseout of personal exemptions reducción progresiva de exenciones personales.
Phillips Curve curva de Phillips.
phishing *n* phishing.
phone *n* teléfono.
phone *v* telefonear.
phone account cuenta telefónica.
phone banking banca telefónica.

phone bill payment pago de cuentas telefónico.
phone book guía telefónica.
phone company compañía telefónica.
phone directory guía telefónica.
phone extension extensión telefónica.
phone line línea telefónica.
phone message mensaje telefónico.
phone number número telefónico.
phone order orden telefónica.
phone rage furia telefónica.
phone sales ventas telefónicas.
phone support apoyo por teléfono.
phone switchboard centralita.
phone transaction transacción telefónica.
phonecard n tarjeta telefónica.
photocopied adj fotocopiado.
photocopier n fotocopiadora.
photocopy n fotocopia.
physical adj físico.
physical assets activo físico.
physical barrier barrera física.
physical capital capital físico.
physical commodity mercancía física, mercancía entregada físicamente.
physical condition condición física.
physical damage insurance seguro de daños físicos.
physical delivery entrega física.
physical depreciation depreciación física.
physical deterioration deterioro físico.
physical disability discapacidad física.
physical distribution distribución física.
physical distribution management administración de la distribución física, gestión de la distribución física.
physical handicap impedimento físico.
physical hazard riesgo físico.
physical impairment minusvalía física.
physical infrastructure infraestructura física.
physical inspection inspección física.
physical inventory inventario físico.
physical market mercado físico.
physical possession posesión efectiva.
physical price precio al contado, precio para una mercancía inmediatamente disponible.
physical product producto físico.
physical protection protección física.
physical special needs necesidades especiales físicas.
physical verification verificación física.
pick-up time hora de recogida.
picket n piquete, piquete de huelga.
picket v hacer un piquete, organizar un piquete.
picket line piquete, piquete de huelga.
picketer n miembro de un piquete.
picketing n hacer piquete.
pickup bond bono de alto interés con fecha cercana de redención.
pickup time hora de recogida.
pie chart gráfico circular.
piece n pieza, parte, pedazo.
piece of advice consejo.
piece of information información.
piece of news noticia.
piece of work trabajo.
piece rate salario por parte, tarifa por pieza, tarifa a destajo.
piece wage salario a destajo, salario por pieza.
piece work trabajo a destajo, destajo.
piece worker trabajador a destajo, trabajador por

pieza.
piecework n trabajo a destajo, destajo.
pieceworker n trabajador a destajo, trabajador por pieza.
piechart n gráfico circular.
pier n muelle.
pierage n derecho de amarre.
piercing the corporate veil descorrer el velo corporativo, desestimación de la personalidad jurídica.
pigeonhole n casillero.
pignorative adj pignoraticio.
pignorative contract contrato pignoraticio.
PIK (payment in kind) pago en especie.
pilferage n ratería, hurto.
pilot plant planta piloto.
pilot production producción piloto.
pilot project proyecto piloto.
pilot study estudio piloto.
PIN (personal identification number) número de identificación personal.
pin money dinero para gastos casuales o menores.
PIN number número de identificación personal.
pink-collar work trabajo mal remunerado tradicionalmente efectuado por mujeres.
pink sheets hojas rosas.
pink slip notificación de despido.
pioneer industry industria pionera.
pioneer patent patente pionera.
pioneer product producto pionero.
piped music hilo musical, música ambiental.
pipeline n conducto, oleoducto, canal de información.
pipeline, in the en proceso, venidero, bajo consideración.
piracy n piratería.
pirate v piratear.
pirated adj pirateado.
pit n área donde se tramita en una lonja.
pitch n lo que dice un vendedor quien quiere vender algo.
pitfall n peligro, peligro no evidente, escollo.
PITI (principal, interest, taxes, and insurance) principal, interés, impuestos, y seguro.
pittance n miseria.
pkg. (package) paquete.
pkt. (packet) paquete.
Pkwy. (parkway) alameda.
placard n cartel, letrero.
place n lugar, local, puesto.
place v poner, colocar, dar empleo.
place an order poner una orden.
place of abode residencia, domicilio.
place of birth lugar de nacimiento.
place of business domicilio comercial.
place of contract lugar donde se celebra un contrato.
place of delivery lugar de entrega.
place of departure lugar de salida.
place of employment lugar de empleo.
place of incorporation lugar de incorporación.
place of payment lugar de pago, lugar de abono.
place of performance lugar de cumplimiento, lugar de ejecución.
place of registration lugar de registro.
place of residence lugar de residencia.
place of work lugar de trabajo.
placement n colocación.
placement agency agencia de colocaciones, agencia de empleos.

placement office oficina de colocaciones, oficina de empleos.
placement ratio ratio de colocación, razón de colocación.
placement test prueba para colocación.
plain language, in en lenguaje sencillo.
plan *n* plan.
plan *v* planificar.
plan administration administración de plan.
plan administrator administrador de plan.
plan document documento de plan.
plan management administración de plan, gestión de plan.
plan manager administrador de plan.
plan of action plan de acción.
plan participants participantes de plan.
plan sponsor patrocinador de plan.
plan termination terminación de plan.
planned *adj* planificado.
planned amortization class clase de amortización planificada.
planned capacity capacidad planificada.
planned community comunidad planificada.
planned development desarrollo planificado.
planned economy economía planificada.
planned investment inversión planificada.
planned obsolescence obsolescencia planificada.
planned unit development desarrollo de unidades planificado.
planning *n* planificación.
planning board junta de planificación.
planning commission comisión de planificación.
plant *n* planta, fábrica.
plant and equipment planta y equipo.
plant manager gerente de planta, gerente de fábrica.
plant utilisation utilización de fábrica.
plant utilization utilización de fábrica.
plastic card tarjeta de plástico.
plat *n* plano, diseño, parcela.
platform automation automatización de plataforma.
platinum *n* platino.
player *n* jugador, persona influyente en un ámbito dado.
PLC (public limited company) sociedad pública de responsabilidad limitada, compañía pública de responsabilidad limitada, compañía pública.
please forward favor de enviar, favor de reenviar, favor de remitir.
pledge *n* prenda, pignoración, garantía, promesa, compromiso, compromiso de donativo, empeño.
pledged account cuenta pignorada.
pledged account mortgage hipoteca de cuenta pignorada.
pledged asset activo pignorado.
pledged securities valores pignorados.
pledged shares acciones pignoradas.
pledged stock acciones pignoradas.
pledgee *n* acreedor prendario.
pledger *n* deudor prendario.
pledgor *n* deudor prendario.
plenary *adj* plenario, pleno, completo.
plenary meeting reunión plenaria, asamblea plenaria.
plot *n* lote, solar, plano.
plot plan plano del lote, plano del solar.
plottage *n* valor adicional que tienen los lotes urbanos al ser parte de una serie contigua.
plottage value valor adicional que tienen los lotes urbanos al ser parte de una serie contigua.
plough back reinvertir.
plug *v* hacer propaganda, hacer comentarios favorables.
plummet *v* caer en picado.
plunder *v* rapiñar, saquear.
plundering *n* rapiña, saqueo.
plunge *v* caer en picado, arriesgarse o especular temerariamente, entrar de lleno repentinamente.
pluralism *n* pluralismo.
pluralist *adj* pluralista.
pluralist *n* pluralista.
pluralistic *adj* pluralista.
plurilateral *adj* plurilateral.
plus *adj* positivo, ventajoso.
plus *n* ventaja.
plus figure cifra positiva.
plus tick venta a precio mayor que la anterior.
Plz. (plaza) plaza.
PO (post office) oficina de correos, oficina postal.
PO (purchase order) orden de compra.
PO Box (post office box) apartado de correos, apartado postal.
POD (proof of delivery) prueba de entrega.
POD (proof of deposit) prueba de depósito.
point *n* punto, un por ciento, un dólar en el valor de acciones.
point of entry punto de entrada.
point of equilibrium punto de equilibrio.
point of export punto de exportación.
point of import punto de importación.
point of origin punto de origen.
point of presence punto de presencia.
point of purchase punto de compra.
point-of-purchase advertising publicidad en punto de compra.
point-of-purchase terminal termina de punto de compra.
point of sale punto de venta.
point-of-sale advertising publicidad en punto de venta.
point-of-sale terminal terminal de punto de venta.
point of view punto de vista.
point system sistema de puntos.
poison pill tácticas para que una compañía sea menos atractiva a un adquiridor, píldora venenosa.
police record antecedentes policiales.
policy *n* póliza, política.
policy anniversary aniversario de póliza.
policy cancellation cancelación de póliza.
policy clauses cláusulas de póliza.
policy condition condición de póliza.
policy date fecha de póliza.
policy declaration declaración de póliza.
policy dividend dividendo de póliza.
policy expiration expiración de póliza.
policy expiration date fecha de expiración de póliza.
policy face valor nominal de póliza.
policy fee cargo por procesar una póliza, cargo adicional de póliza.
policy guidelines directrices de políticas.
policy holder tenedor de póliza, asegurado.
policy limit límite de póliza.
policy loan préstamo garantizado con una póliza de seguros.
policy makers quienes establecen políticas.
policy making establecimiento de política.
policy number número de póliza.
policy objectives objetivos de políticas.

policy of insurance póliza de seguros.
policy owner tenedor de póliza, asegurado.
policy period período de póliza.
policy processing fee cargo por procesar una póliza.
policy provisions cláusulas de póliza.
policy purchase option opción de compra de póliza.
policy requirement requisito de póliza.
policy reserve reserva de póliza.
policy statement declaración de política.
policy stipulation estipulación de póliza.
policy terms términos de póliza.
policy year período anual de una póliza, aniversario de la emisión de una póliza.
policyholder *n* tenedor de póliza, asegurado.
policymakers *n* quienes establecen políticas.
policymaking *n* establecimiento de política.
policyowner *n* tenedor de póliza, asegurado.
political *adj* político.
political climate clima político.
political co-operation cooperación política.
political contribution contribución política.
political cooperation cooperación política.
political correctness corrección política, esfuerzos aparentes de no ofender a ciertos grupos.
political donation contribución política.
political economy economía política.
political issue asunto político.
political party partido político.
political risk riesgo político.
political situation situación política.
political system sistema político.
politically correct políticamente correcto.
politically incorrect políticamente incorrecto.
politics *n* política.
poll *n* encuesta, sondeo, votación, escrutinio.
poll tax impuesto de capitación.
pollutant *adj* contaminante.
pollutant *n* contaminante.
pollute *v* contaminar.
polluter *n* contaminador.
polluter pays principle principio de quien contamina debe pagar el resultante costo social.
polluting *adj* contaminador.
pollution *n* contaminación.
pollution control monitoreo de la contaminación, control de la contaminación.
pollution damage daño por contaminación.
pollution effects efectos de la contaminación.
pollution exclusion exclusión por contaminación.
pollution monitoring monitoreo de la contaminación.
pollution of air contaminación del aire.
pollution of water contaminación del agua.
pollution reduction reducción de la contaminación.
polypoly *n* polipolio.
Ponzi scheme esquema de Ponzi, venta piramidal.
pool *n* fondo común, fondo, agrupación, consorcio.
Pooled Income Fund fondo de inversión donde se combinan donativos para generar ingresos que se reparten a los beneficiarios.
pooling *n* el acto de combinar fondos, el acto de agrupar.
pooling charge cargo por combinar fondos, cargo por agrupar.
pooling fee cargo por combinar fondos, cargo por agrupar.
pooling of interests agrupamiento de intereses.

poor return rendimiento bajo.
POP (point of purchase) punto de compra.
POP (public offering price) precio de ofrecimiento público.
popular demand demanda popular.
popular opinion opinión popular.
popular price precio popular.
population *n* población.
population census censo de población, censo poblacional.
population density densidad de población, densidad poblacional.
population estimate estimado de población, estimado poblacional.
population growth crecimiento de población, crecimiento poblacional.
population projections proyecciones de población, proyecciones poblacionales.
populist *adj* populista.
populist *n* populista.
port *n* puerto.
port authority autoridad portuaria.
port charges derechos portuarios.
port dues derechos portuarios.
port duties derechos portuarios.
port of call puerto de escala.
port of delivery puerto de entrega, puerto final.
port of departure puerto de partida.
port of destination puerto de destino.
port of discharge puerto de descarga.
port of entry puerto de entrada.
port of exit puerto de salida.
port of registry puerto de matriculación.
port of shipment puerto de embarque.
port of transit puerto de tránsito.
port rate tasa portuaria.
port risk riesgo portuario.
port services servicios portuarios.
port-to-port *adj* de puerto a puerto.
port toll derecho portuario.
port-warden *n* funcionario portuario.
portable *adj* portátil, transferible.
Portable Document Format formato PDF.
portable mortgage hipoteca transferible a otra propiedad.
portable pension pensión transferible a otro patrono.
portal *n* portal.
portal-to-portal pay pago de todos los gastos de viaje.
Porter's Five Forces las Cinco Fuerzas de Porter.
Porter's Five Forces Analysis Análisis de las Cinco Fuerzas de Porter.
portfolio *n* cartera de valores, valores en cartera, cartera, portafolio.
portfolio administration administración de cartera de valores.
portfolio administrator administrador de cartera de valores.
portfolio assets activos en cartera de valores.
portfolio beta score puntuación beta de cartera de valores.
portfolio composition composición de la cartera de valores.
portfolio dividend dividendo de la cartera de valores.
portfolio income ingresos de la cartera de valores.
portfolio insurance seguro de cartera de valores.
portfolio management administración de cartera de valores, gestión de cartera de valores.

portfolio manager administrador de cartera de valores.
portfolio mix diversificación de la cartera de valores.
portfolio of clients cartera de clientes.
portfolio optimisation optimización de cartera de valores.
portfolio optimization optimización de cartera de valores.
portfolio reinsurance reaseguro de cartera de pólizas.
portfolio security valor en la cartera, seguridad de la cartera.
portfolio selection selección de cartera, selección de cartera de pólizas.
portfolio strategy estrategia de cartera de valores.
portfolio theory teoría de cartera de valores.
POS (point of sale) punto de venta.
POS terminal (point-of-sale terminal) terminal de punto de venta.
position *n* posición, posición en el mercado, situación, puesto, empleo.
position limit límite de posición.
position of authority posición de autoridad.
position of power posición de poder.
position of trust posición de confianza.
position trader inversionista quien retiene lo comprado por un plazo comparativamente largo.
positioning *n* posicionamiento.
positive attitude actitud positiva.
positive authorisation autorización positiva.
positive authorization autorización positiva.
positive balance saldo positivo.
positive bias sesgo positivo.
positive carry rendimiento mayor que el costo de posesión.
positive cash flow flujo de fondos positivo.
positive confirmation confirmación positiva.
positive correlation correlación positiva.
positive discrimination discriminación positiva.
positive economics economía positiva.
positive leverage apalancamiento positivo.
positive response respuesta positiva.
positive yield curve curva de rendimiento positiva.
possess *v* poseer.
possession *n* posesión.
possessions insurance seguro de bienes.
possessor *n* poseedor.
possessory *adj* posesorio.
possessory lien privilegio de retención.
possible *adj* posible.
possible beneficiary posible beneficiario.
possible business interruption posible interrupción de negocios.
possible claim posible reclamación.
possible commitment posible compromiso.
possible condition posible condición.
possible credit posible crédito.
possible debt posible deuda.
possible expenditures posibles gastos.
possible expenses posibles gastos.
possible fees posibles honorarios, posibles gastos.
possible interest posible interés.
possible liability posible responsabilidad.
possible limitation posible limitación.
possible obligation posible obligación.
possible offer posible oferta.
possible order posible orden.
possible rental posible alquiler.
possible reserve posible reserva.

post *n* puesto, cargo, correo, entrega de correo, nota.
post *v* asentar, anunciar, situar, enviar por correo, colocar una nota, destinar.
post an entry asentar una entrada.
post-audit *adj* post-auditoría.
post-bankruptcy *adj* post-bancarrota.
post card tarjeta postal.
post-closing *adj* post-cierre.
post-closing balance saldo post-cierre.
post-consumer *adj* postconsumidor.
post-date *v* posfechar.
post-dated *adj* posfechado.
post-dated check cheque posfechado.
post-dated cheque cheque posfechado.
post fraud fraude cometido usando el servicio postal.
post-free *adj* con franqueo pagado, sin cargo postal.
post, it is in the ya está enviado por correo, ya está de camino.
post-market dealing transacciones bursátiles después de las horas usuales.
post-market trading transacciones bursátiles después de las horas usuales.
post-money valuation valuación de una corporación incorporando financiamiento externo.
post no bills prohibido fijar carteles.
post office oficina de correos, oficina postal.
post office box apartado de correos, apartado postal.
post-paid *adj* con franqueo pagado.
post-purchase *adj* post-compra.
post-sales service servicio post-venta.
postage *n* franqueo.
postage and packing franqueo y embalaje.
postage meter medidor de franqueo.
postage paid franqueo pagado.
postage rate tasa de franqueo.
postage stamp sello, sello de correos.
postal *adj* postal.
postal account cuenta postal.
postal address dirección postal.
postal box apartado postal.
postal code código postal.
postal money order giro postal.
postal order giro postal.
postal service servicio postal.
postal zip code código postal.
postaudit *adj* post-auditoría.
postbox *n* buzón.
postcard *n* tarjeta postal.
postcode *n* código postal.
postconsumer *adj* postconsumidor.
postdate *v* posfechar.
postdated *adj* posfechado.
postdated check cheque posfechado.
postdated cheque cheque posfechado.
posted price precio anunciado, precio publicado, precio de lista.
poster *n* cartel, póster.
postgraduate *adj* posgraduado.
posting *n* asiento, entrada, anuncio, colocación de nota, destino.
posting date fecha de asiento, fecha de entrada.
posting error error de asiento, error de entrada.
postmark *n* matasellos.
postmark *v* matasellar.
postpaid *adj* con franqueo pagado.
postpone *v* aplazar, diferir, posponer.

postpone payment aplazar un pago.
postponed *adj* aplazado, diferido, pospuesto.
postponed account cuenta aplazada.
postponed annuity anualidad aplazada.
postponed annuity contract contrato de anualidad aplazada.
postponed availability disponibilidad aplazada.
postponed benefits beneficios aplazados.
postponed billing facturación aplazada.
postponed bonds bonos aplazados.
postponed charge cargo aplazado.
postponed compensation compensación aplazada.
postponed compensation plan plan de compensación aplazada.
postponed contribution plan plan de contribuciones aplazadas.
postponed cost costo aplazado, coste aplazado.
postponed credit crédito aplazado.
postponed debit débito aplazado.
postponed debt deuda aplazada.
postponed delivery entrega aplazada.
postponed dividend dividendo aplazado.
postponed expenditures gastos aplazados.
postponed expenses gastos aplazados.
postponed fee cargo aplazado.
postponed gain ganancia aplazada.
postponed group annuity anualidad grupal aplazada.
postponed income ingreso aplazado.
postponed income tax contribución sobre ingresos aplazada.
postponed interest intereses aplazados.
postponed interest bond bono de intereses aplazados.
postponed liability responsabilidad aplazada.
postponed maintenance mantenimiento aplazado.
postponed payments pagos aplazados.
postponed premium prima aplazada.
postponed profits beneficios aplazados, ganancias aplazadas.
postponed remuneration remuneración aplazada.
postponed retirement retiro aplazado.
postponed taxes impuestos aplazados.
postponed wage increase aumento de salario aplazado.
postponement *n* aplazamiento, diferimiento.
potential *adj* potencial, en perspectiva.
potential client cliente potencial.
potential danger peligro potencial.
potential demand demanda potencial.
potential gross income ingreso bruto potencial.
potential market mercado potencial.
potential output producción potencial.
pound *n* libra.
pound sterling libra esterlina.
poverty *n* pobreza.
poverty increase aumento de pobreza.
poverty line línea de pobreza.
poverty reduction reducción de pobreza.
poverty trap trampa de pobreza.
power *n* poder, poderío, potencia, fuerza, capacidad, facultad, energía.
power coupled with an interest poder combinado con un interés de parte del apoderado.
power of appointment facultad de nombramiento.
power of attorney poder.
power of revocation facultad de revocación.
power of sale poder de venta.
power plant planta eléctrica, central eléctrica.

power politics política del poder.
power station planta eléctrica, central eléctrica.
power struggle lucha por el poder.
pp. (pages) páginas.
PPI (producer price index) índice de precios de productores.
PPP (Public-Private Partnership) sociedad entre los sectores públicos y privados.
PPV (pay-per-view) pague por ver, pago por visión.
PR (public relations) relaciones públicas.
practical *adj* práctico.
practical capacity capacidad práctica.
practical impossibility imposibilidad práctica.
practice *n* práctica, costumbre, ejercicio de una profesión, ejercicio.
practice *v* practicar, ejercer.
practice, put into poner en práctica.
practise *n* práctica, costumbre, ejercicio de una profesión, ejercicio.
practise *v* practicar, ejercer.
pre-approved *adj* preaprobado.
pre-approved card tarjeta preaprobada.
pre-approved interest rate tasa de interés preaprobada.
pre-approved loan préstamo preaprobado.
pre-approved mortgage hipoteca preaprobada.
pre-approved mortgage loan préstamo hipotecario preaprobado.
pre-approved mortgage rate tasa hipotecaria preaprobada.
pre-approved rate tasa preaprobada.
pre-arranged *adj* preestablecido, anteriormente arreglado.
pre-audit *adj* preauditoría.
pre-authorised *adj* preautorizado.
pre-authorised charge cargo preautorizado.
pre-authorised cheque cheque preautorizado.
pre-authorised-cheque plan plan de cheques preautorizados.
pre-authorised-cheque system sistema de cheques preautorizados.
pre-authorised debit débito preautorizado.
pre-authorised electronic transfer transferencia electrónica preautorizada.
pre-authorised payment pago preautorizado.
pre-authorised trade transacción preautorizada.
pre-authorised transaction transacción preautorizada.
pre-authorised transfer transferencia preautorizada.
pre-authorized *adj* preautorizado.
pre-authorized charge cargo preautorizado.
pre-authorized check cheque preautorizado.
pre-authorized-check plan plan de cheques preautorizados.
pre-authorized-check system sistema de cheques preautorizados.
pre-authorized debit débito preautorizado.
pre-authorized electronic transfer transferencia electrónica preautorizada.
pre-authorized payment pago preautorizado.
pre-authorized trade transacción preautorizada.
pre-authorized transaction transacción preautorizada.
pre-authorized transfer transferencia preautorizada.
pre-bankruptcy *adj* prebancarrota, prequiebra.
pre-closing *adj* precierre.
pre-coded *adj* precodificado.
pre-compute *v* precomputar.

pre-computed *adj* precomputado.
pre-computed interest intereses precomputados.
pre-contract *adj* precontrato.
pre-contractual *adj* precontractual.
pre-date *v* prefechar, antedatar.
pre-dated *adj* prefechado, antedatado.
pre-determined *adj* predeterminado.
pre-determined benefits beneficios predeterminados.
pre-determined budget presupuesto predeterminado.
pre-determined charges cargos predeterminados.
pre-determined costs costos predeterminados, costes predeterminados.
pre-determined credit line línea de crédito predeterminada.
pre-determined debt deuda predeterminada.
pre-determined exchange rate tipo de cambio predeterminado.
pre-determined expenditures gastos predeterminados.
pre-determined expenses gastos predeterminados.
pre-determined factors factores predeterminados.
pre-determined fee cargo predeterminado.
pre-determined income ingreso predeterminado.
pre-determined interest interés predeterminado.
pre-determined interest rate tasa de interés predeterminada.
pre-determined inventory inventario predeterminado.
pre-determined obligation obligación predeterminada.
pre-determined parity paridad predeterminada.
pre-determined payments pagos predeterminados, abonos predeterminados.
pre-determined period período predeterminado.
pre-determined premium prima predeterminada.
pre-determined price precio predeterminado.
pre-determined procedure procedimiento predeterminado.
pre-determined production producción predeterminada.
pre-determined rate tasa predeterminada.
pre-determined rent renta predeterminada.
pre-determined salary salario predeterminado.
pre-determined sampling muestreo predeterminado.
pre-determined selling price precio de venta predeterminado.
pre-determined tax impuesto predeterminado.
pre-determined term plazo predeterminado.
pre-determined yield rendimiento predeterminado.
pre-emption *n* prioridad.
pre-emption rights derechos de prioridad de compra de nueva emisión de acciones, derechos de prioridad.
pre-emptive *adj* prioritario.
pre-emptive rights derechos de prioridad de compra de nueva emisión de acciones, derechos de prioridad.
pre-existing *adj* preexistente.
pre-existing condition condición preexistente.
pre-existing use uso preexistente.
pre-fabricate *v* prefabricar.
pre-fabricated *adj* prefabricado.
pre-fabricated component componente prefabricado.
pre-fabricated house casa prefabricada.
pre-fabricated housing vivienda prefabricada.
pre-lease *n* prearrendamiento, arrendamiento antes de la construcción.
pre-market dealing transacciones bursátiles antes de las horas usuales.
pre-market trading transacciones bursátiles antes de las horas usuales.
pre-money valuation valuación de una corporación antes de la obtención de financiamiento externo.
pre-notification *n* prenotificación.
pre-nuptial *adj* prematrimonial, antenupcial.
pre-nuptial agreement pacto antenupcial.
pre-owned *adj* usado.
pre-packaged *adj* preempacado.
pre-packaged bankruptcy bancarrota con un plan de reorganización negociado antes del juicio de quiebra.
pre-packaged food comida preempacada.
pre-packed *adj* preempacado.
pre-packed food comida preempacada.
pre-paid *adj* prepagado, pagado por adelantado, con franqueo pagado.
pre-paid charges cargos prepagados.
pre-paid costs costos prepagados, costes prepagados.
pre-paid expenses gastos prepagados.
pre-paid fees cargos prepagados.
pre-paid freight flete prepagado.
pre-paid income ingresos prepagados.
pre-paid insurance seguro prepagado.
pre-paid interest intereses prepagados.
pre-paid postage franqueo prepagado.
pre-paid rent renta prepagada.
pre-paid taxes impuestos prepagados.
pre-pay *v* prepagar, pagar por adelantado.
pre-payment *n* prepago, pago adelantado.
pre-payment clause cláusula de prepago.
pre-payment model modelo de prepago.
pre-payment of charges prepago de cargos.
pre-payment of fees prepago de cargos.
pre-payment of insurance prepago de seguro.
pre-payment of interest prepago de intereses.
pre-payment of premiums prepago de primas.
pre-payment of principal prepago de principal.
pre-payment of taxes prepago de impuestos.
pre-payment penalty penalidad por prepago.
pre-payment privilege privilegio de prepago.
pre-production *n* preproducción.
pre-qualification *n* precalificación, precualificación.
pre-recorded *adj* pregrabado.
pre-refunding *n* prerrefinanciación.
pre-requisite *n* prerrequisito.
pre-sales *n* preventas.
pre-screening *n* precribado.
pre-sell *v* prevender.
pre-set *adj* preestablecido, predefinido.
pre-set benefits beneficios preestablecidos.
pre-set budget presupuesto preestablecido.
pre-set capital capital preestablecido.
pre-set charges cargos preestablecidos.
pre-set commission comisión preestablecida.
pre-set conditions condiciones preestablecidas.
pre-set costs costos preestablecidos, costes preestablecidos.
pre-set credit line línea de crédito preestablecida.
pre-set debt deuda preestablecida.
pre-set deposit depósito preestablecido.
pre-set depreciation depreciación preestablecida.
pre-set exchange rate tipo de cambio preestablecido.
pre-set expenditures gastos preestablecidos.

pre-set expenses gastos preestablecidos.
pre-set factors factores preestablecidos.
pre-set fees cargos preestablecidas.
pre-set income ingreso preestablecido.
pre-set interest interés preestablecido.
pre-set interest rate tasa de interés preestablecida.
pre-set obligation obligación preestablecida.
pre-set pay paga preestablecida.
pre-set payments pagos preestablecidos.
pre-set period período preestablecido.
pre-set premium prima preestablecida.
pre-set price precio preestablecido.
pre-set production producción preestablecida.
pre-set rate tasa preestablecida.
pre-set remuneration remuneración preestablecida.
pre-set rent renta preestablecida.
pre-set return rendimiento preestablecido.
pre-set salary salario preestablecido.
pre-set terms términos preestablecidas.
pre-set wage salario preestablecido.
pre-settlement *adj* antes del convenio, antes de la liquidación.
pre-shipment *adj* preembarque.
pre-shipment inspection inspección preembarque.
pre-sold *adj* prevendido.
pre-sold issue emisión prevendida.
pre-tax *adj* preimpuestos, antes de impuestos.
pre-tax earnings ingresos antes de impuestos.
pre-tax income ingresos antes de impuestos.
pre-tax losses pérdidas antes de impuestos.
pre-tax profits beneficios antes de impuestos, ganancias antes de impuestos.
pre-tax rate of return tasa de rendimiento antes de impuestos.
pre-tax return rendimiento antes de impuestos.
pre-tax yield rendimiento antes de impuestos.
preacquisition *n* preadquisición.
preapproved *adj* preaprobado.
preapproved card tarjeta preaprobada.
preapproved interest rate tasa de interés preaprobada.
preapproved loan préstamo preaprobado.
preapproved mortgage hipoteca preaprobada.
preapproved mortgage loan préstamo hipotecario preaprobado.
preapproved mortgage rate tasa hipotecaria preaprobada.
preapproved rate tasa preaprobada.
prearranged *adj* preestablecido, anteriormente arreglado.
preaudit *adj* preauditoría.
preauthorised charge cargo preautorizado.
preauthorised cheque cheque preautorizado.
preauthorised-cheque plan plan de cheques preautorizados.
preauthorised-cheque system sistema de cheques preautorizados.
preauthorised debit débito preautorizado.
preauthorised electronic transfer transferencia electrónica preautorizada.
preauthorised payment pago preautorizado.
preauthorised trade transacción preautorizada.
preauthorised transaction transacción preautorizada.
preauthorised transfer transferencia preautorizada.
preauthorized *adj* preautorizado.
preauthorized charge cargo preautorizado.
preauthorized check cheque preautorizado.

preauthorized-check plan plan de cheques preautorizados.
preauthorized-check system sistema de cheques preautorizados.
preauthorized debit débito preautorizado.
preauthorized electronic transfer transferencia electrónica preautorizada.
preauthorized payment pago preautorizado.
preauthorized trade transacción preautorizada.
preauthorized transaction transacción preautorizada.
preauthorized transfer transferencia preautorizada.
prebankruptcy *adj* prebancarrota, prequiebra.
precarious *adj* precario.
precarious loan préstamo precario, préstamo de pago dudoso, préstamo sin vencimiento fijo.
precarious possession posesión precaria.
precarious trade comercio precario.
precatory trust fideicomiso implícito.
precaution *n* precaución.
precautionary *adj* preventivo.
precautionary measures medidas preventivas.
precede *v* preceder, tener prioridad.
precedence *n* precedencia, prioridad, antelación.
precedent *n* precedente.
precious metal metal precioso.
precious stone piedra preciosa.
précis *n* resumen.
preclosing *adj* precierre.
preclude *v* precluir, prevenir, impedir.
precoded *adj* precodificado.
precompute *v* precomputar.
precomputed *adj* precomputado.
precomputed interest intereses precomputados.
precondition *n* precondición.
precontract *n* precontrato.
precontractual *adj* precontractual.
predate *v* prefechar, antedatar.
predated *adj* prefechado, antedatado.
predator *n* depredador, predador.
predatory *adj* predatorio, depredador, predador.
predatory dumping dumping predatorio.
predatory pricing precios predatorios, precios depredadores, precios bajo el costo para eliminar competidores.
predatory rate tasa predatoria, tasa depredadora, tasa bajo la del mercado para eliminar competidores.
predecessor *n* predecesor.
predetermine *v* predeterminar.
predetermined *adj* predeterminado.
predetermined benefits beneficios predeterminados.
predetermined budget presupuesto predeterminado.
predetermined charges cargos predeterminados.
predetermined costs costos predeterminados, costes predeterminados.
predetermined credit line línea de crédito predeterminada.
predetermined debt deuda predeterminada.
predetermined exchange rate tipo de cambio predeterminado.
predetermined expenditures gastos predeterminados.
predetermined expenses gastos predeterminados.
predetermined factors factores predeterminados.
predetermined fee cargo predeterminado.
predetermined income ingreso predeterminado.

predetermined interest interés predeterminado.
predetermined interest rate tasa de interés predeterminada.
predetermined inventory inventario predeterminado.
predetermined obligation obligación predeterminada.
predetermined parity paridad predeterminada.
predetermined payments pagos predeterminados, abonos predeterminados.
predetermined period período predeterminado.
predetermined premium prima predeterminada.
predetermined price precio predeterminado.
predetermined procedure procedimiento predeterminado.
predetermined production producción predeterminada.
predetermined rate tasa predeterminada.
predetermined rent renta predeterminada.
predetermined salary salario predeterminado.
predetermined sampling muestreo predeterminado.
predetermined selling price precio de venta predeterminado.
predetermined tax impuesto predeterminado.
predetermined term plazo predeterminado.
predetermined yield rendimiento predeterminado.
predictable *adj* predecible, previsible.
predictable life vida previsible.
predictable life cycles ciclos de vida previsibles.
prediction error error de predicción.
preemption *n* prioridad.
preemption rights derechos de prioridad de compra de nueva emisión de acciones, derechos de prioridad.
preemptive *adj* prioritario.
preemptive rights derechos de prioridad de compra de nueva emisión de acciones, derechos de prioridad.
preexisting *adj* preexistente.
preexisting condition condición preexistente.
preexisting use uso preexistente.
prefab *adj* prefabricado.
prefab *n* algo prefabricado.
prefabricate *v* prefabricar.
prefabricated *adj* prefabricado.
prefabricated component componente prefabricado.
prefabricated house casa prefabricada.
prefabricated housing vivienda prefabricada.
preference *n* preferencia.
preference bonds bonos preferidos, bonos preferentes.
preference dividend dividendo preferido, dividendo preferente.
preference item artículo de preferencia.
preference rate tasa preferente.
preference shareholder accionista preferido.
preference shares acciones preferidas, acciones preferentes.
preference stock acciones preferidas, acciones preferentes.
preference stockholder accionista preferido.
preference tariffs tarifas preferidas, tarifas preferentes, aranceles preferidos, aranceles preferentes.
preference tax item artículo de preferencia impositiva.
preferential *adj* preferencial, preferente.
preferential assignment cesión preferencial,

cesión con prioridades.
preferential creditor acreedor preferencial, acreedor privilegiado.
preferential debts deudas preferenciales, deudas privilegiadas.
preferential duties derechos preferenciales, aranceles privilegiados.
preferential margin margen preferencial.
preferential payment pago preferencial.
preferential price precio preferencial.
preferential rate tasa preferencial.
preferential shares acciones preferidas, acciones preferenciales.
preferential stock acciones preferidas, acciones preferenciales.
preferential tariff tarifa preferencial, arancel preferencial.
preferential terms términos preferenciales.
preferential trade comercio preferencial.
preferential treatment trato preferencial.
preferred *adj* preferido, privilegiado.
preferred beneficiary beneficiario preferido.
preferred creditor acreedor privilegiado, acreedor preferente.
preferred debt deuda preferida.
preferred dividend dividendo preferido.
preferred dividend coverage cobertura de dividendos preferidos.
preferred provider organization organización de proveedores preferidos.
preferred risk riesgo preferido.
preferred shareholder accionista preferido.
preferred shares acciones preferidas, acciones preferenciales.
preferred stock acciones preferidas, acciones preferenciales.
preferred stock fund fondo mutuo de acciones preferidas.
preferred stock mutual fund fondo mutuo de acciones preferidas.
preferred stock ratio ratio de acciones preferidas, ratio de acciones preferenciales, razón de acciones preferidas, razón de acciones preferenciales.
preferred stockholder accionista preferido.
preferred underwriting suscripción preferente.
prefinance *v* prefinanciar.
prefinancing *n* prefinanciación, prefinanciamiento.
prejudice *n* prejuicio, parcialidad.
prelease *n* prearrendamiento, arrendamiento antes de la construcción.
preliminary *adj* preliminar.
preliminary audit auditoría preliminar.
preliminary charges cargos preliminares.
preliminary commitment compromiso preliminar.
preliminary costs costos preliminares, costes preliminares.
preliminary design diseño preliminar.
preliminary estimate estimado preliminar.
preliminary expenditures gastos preliminares.
preliminary expenses gastos preliminares.
preliminary fees cargos preliminares.
preliminary measures medidas preliminares.
preliminary official statement declaración oficial preliminar.
preliminary period período preliminar.
preliminary prospectus prospecto preliminar.
preliminary report informe preliminar.
preliminary results resultados preliminares.
preliminary term término preliminar.
preliminary title report informe de título

preliminar.
premier *adj* principal, primero.
premises *n* premisas, local, predio, instalaciones, establecimiento.
premises liability responsabilidad de local.
premium *adj* superior, de calidad superior, más alto.
premium *n* prima, premio, recargo.
premium adjustment ajuste de prima.
premium adjustment form formulario de ajuste de prima.
premium advance adelanto de prima.
premium, at a con prima.
premium base base de prima.
premium basis base de prima.
premium bond bono con prima.
Premium Bond bono gubernamental que paga los intereses en forma de sorteo.
premium computation cómputo de prima.
premium default incumplimiento de pago de prima.
premium deposit depósito de prima.
premium discount descuento de prima.
premium discount plan plan de descuentos de prima.
premium income ingresos por primas de opciones vendidas.
premium loan préstamo sobre póliza.
premium mode frecuencia de pagos de primas.
premium notice aviso de fecha de pago de prima.
premium paid prima pagada.
premium pay paga adicional por horas o condiciones desfavorables.
premium payment pago de prima, abono de prima.
premium price precio superior.
premium rate tasa de prima.
premium recapture recaptura de prima.
premium receipt recibo de pago de prima.
premium received prima recibida.
premium refund reembolso de prima.
premium reserve reserva de prima.
premium return devolución de prima.
premium tax impuesto sobre las primas obtenidas por un asegurador.
prenotification *n* prenotificación.
prenuptial *adj* prematrimonial, antenupcial.
prenuptial agreement pacto antenupcial.
preowned *adj* usado.
prepackaged *adj* preempacado.
prepackaged bankruptcy bancarrota con un plan de reorganización negociado antes del juicio de quiebra.
prepackaged food comida preempacada.
prepacked *adj* preempacado.
prepacked food comida preempacada.
prepaid *adj* prepagado, pagado por adelantado, con franqueo pagado.
prepaid charges cargos prepagados.
prepaid costs costos prepagados, costes prepagados.
prepaid expenses gastos prepagados.
prepaid fees cargos prepagados.
prepaid freight flete prepagado.
prepaid income ingresos prepagados.
prepaid insurance seguro prepagado.
prepaid interest intereses prepagados.
prepaid postage franqueo prepagado.
prepaid rent renta prepagada.
prepaid taxes impuestos prepagados.
preparation *n* preparación.

prepare *v* preparar.
prepared *adj* preparado.
prepay *v* prepagar, pagar por adelantado.
prepayment *n* prepago, pago adelantado.
prepayment clause cláusula de prepago.
prepayment model modelo de prepago.
prepayment of charges prepago de cargos.
prepayment of fees prepago de cargos.
prepayment of insurance prepago de seguro.
prepayment of interest prepago de intereses.
prepayment of premiums prepago de primas.
prepayment of principal prepago de principal.
prepayment of taxes prepago de impuestos.
prepayment penalty penalidad por prepago.
prepayment privilege privilegio de prepago.
prepayment risk riesgo de prepago.
preproduction *n* preproducción.
prequalification *n* precalificación, precualificación.
prerecorded *adj* pregrabado.
prerefunding *n* prerrefinanciación.
prerequisite *n* prerrequisito.
prerogative *n* prerrogativa.
presale *n* preventa, venta de inmuebles antes de construirse las edificaciones.
prescreening *n* precribado.
prescribe *v* prescribir.
prescribed *adj* prescrito.
prescribed price precio prescrito.
prescribed rate tasa prescrita.
prescription *n* prescripción.
prescription period período de prescripción.
prescriptive easement servidumbre adquirida mediante la prescripción.
preselection of insured preselección de asegurados.
presell *v* prevender.
presence *n* presencia.
present *adj* presente, actual, corriente.
present *n* presente, regalo.
present *v* presentar, mostrar, plantear, exponer.
present a check presentar un cheque.
present a cheque presentar un cheque.
present account cuenta actual.
present account balance saldo actual en cuenta.
present age edad actual.
present amount cantidad actual, monto actual.
present an offer presentar una oferta.
present assets activo actual.
present budget presupuesto actual.
present budgeting presupuestación actual.
present capital capital actual.
present cash value valor actual en efectivo.
present cost costo actual, coste actual.
present debt deuda actual.
present demand demanda actual.
present dollars dólares actuales.
present earnings ingresos actuales.
present enjoyment posesión y uso presente.
present expenditures gastos actuales.
present expenses gastos actuales.
present exports exportaciones actuales.
present fairly presentar justamente.
present fiscal year año fiscal en curso.
present for collection presentar al cobro.
present holdings cartera de inversiones actual, propiedades actuales, posesiones actuales.
present imports importaciones actuales.
present income ingreso actual.
present interest interés actual.

present interest rate tasa de interés actual.
present investments inversiones actuales.
present liabilities pasivo actual.
present licence licencia actual.
present license licencia actual.
present liquidity liquidez actual.
present loss pérdida actual.
present market mercado actual.
present market price precio actual de mercado.
present market value valor actual de mercado.
present markup margen actual de ganancia.
present member miembro actual.
present membership membresía actual.
present occupancy ocupación actual.
present occupation ocupación actual.
present offer oferta actual.
present owner dueño actual.
present payments pagos actuales.
present policy póliza actual, política actual.
present portfolio cartera de valores actual.
present possession posesión actual.
present price precio actual.
present production producción actual.
present production rate tasa de producción actual.
present profits beneficios actuales, ganancias actuales.
present quote cotización actual.
present rate tasa actual.
present return rendimiento actual.
present revenues ingresos actuales.
present salary salario actual, sueldo actual.
present state estado actual.
present status estado actual.
present terms términos actuales.
present user usuario actual.
present value valor actual.
present worth valor actual.
present yield rendimiento actual.
presentation *n* presentación.
presentation software programas de presentaciones, software de presentaciones.
presenteeism *n* el sentir la necesidad de estar todo el tiempo posible en el trabajo para aparentar dedicación.
presentment *n* presentación.
preservation *n* preservación, conservación.
preservation of capital preservación del capital.
preservation of energy conservación de energía.
preservation of natural resources conservación de recursos naturales.
preservation of resources conservación de recursos.
preservation program programa de conservación.
preservation programme programa de conservación.
preserve *v* preservar, conservar.
preserved *adj* preservado, conservado.
preset *adj* preestablecido, predefinido.
preset benefits beneficios preestablecidos.
preset budget presupuesto preestablecido.
preset capital capital preestablecido.
preset charges cargos preestablecidos.
preset commission comisión preestablecida.
preset conditions condiciones preestablecidas.
preset costs costos preestablecidos, costes preestablecidos.
preset credit line línea de crédito preestablecida.
preset debt deuda preestablecida.
preset deposit depósito preestablecido.
preset depreciation depreciación preestablecida.

preset exchange rate tipo de cambio preestablecido.
preset expenditures gastos preestablecidos.
preset expenses gastos preestablecidos.
preset factors factores preestablecidos.
preset fees cargos preestablecidas.
preset income ingreso preestablecido.
preset interest interés preestablecido.
preset interest rate tasa de interés preestablecida.
preset obligation obligación preestablecida.
preset pay paga preestablecida.
preset payments pagos preestablecidos.
preset period período preestablecido.
preset premium prima preestablecida.
preset price precio preestablecido.
preset production producción preestablecida.
preset rate tasa preestablecida.
preset remuneration remuneración preestablecida.
preset rent renta preestablecida.
preset return rendimiento preestablecido.
preset salary salario preestablecido.
preset terms términos preestablecidas.
preset wage salario preestablecido.
presettlement *n* preconvenio, preliquidación.
preshipment *adj* preembarque.
preshipment inspection inspección preembarque.
preside *v* presidir.
preside over presidir.
presidency *n* presidencia.
president *n* presidente.
president and chief executive presidente y director ejecutivo.
president and chief executive officer presidente y director ejecutivo.
president and managing director presidente y director ejecutivo, presidente y director gerente.
president of the board presidente de la junta directiva.
president of the board of directors presidente de la junta directiva.
president of the executive board presidente de la junta directiva.
president of the executive committee presidente de la junta directiva.
president of the management board presidente de la junta directiva.
presidential *adj* presidencial.
presold *adj* prevendido.
presold issue emisión prevendida.
press *n* prensa.
press advertisement anuncio de prensa.
press advertising publicidad en la prensa, anuncios de prensa.
press agency agencia de prensa.
press agent agente de prensa.
press association asociación de prensa.
press campaign campaña de prensa.
press conference conferencia de prensa, rueda de prensa.
press coverage cobertura de prensa.
press relations relaciones con la prensa.
press secretary secretario de prensa.
press statement declaración de prensa.
pressure *n* presión.
pressure *v* presionar.
pressure at work presión en el trabajo.
pressure group grupo de presión.
pressure selling ventas bajo presión.
prestige *n* prestigio.
prestige advertising publicidad de prestigio.

prestige goods bienes de prestigio.
presumed *adj* presunto.
presumed agency agencia presunta.
presumption *n* presunción.
presumption of payment presunción de pago.
presumptive *adj* presunto.
presumptive disability discapacidad presunta.
presumptive title título presunto.
presumptive trust fideicomiso presunto.
pretax *adj* preimpuestos, antes de impuestos.
pretax earnings ingresos antes de impuestos.
pretax income ingresos antes de impuestos.
pretax profits beneficios antes de impuestos, ganancias antes de impuestos.
pretax rate of return tasa de rendimiento antes de impuestos.
pretax return rendimiento antes de impuestos.
pretax yield rendimiento antes de impuestos.
pretreatment *n* pretratamiento.
prevailing *adj* prevaleciente, corriente, vigente, reinante.
prevailing conditions condiciones prevalecientes.
prevailing cost costo prevaleciente, coste prevaleciente.
prevailing interest rate tasa de interés prevaleciente.
prevailing market conditions condiciones del mercado prevalecientes.
prevailing market rate tasa del mercado prevaleciente.
prevailing price precio prevaleciente.
prevailing rate tasa prevaleciente.
prevailing return rendimiento prevaleciente.
prevailing salary salario prevaleciente.
prevailing terms términos prevalecientes.
prevailing trend tendencia prevaleciente.
prevailing wages salarios prevalecientes.
prevailing yield rendimiento prevaleciente.
prevent *v* prevenir, impedir, evitar.
prevention *n* prevención.
preventive *adj* preventivo.
preventive action acción preventiva.
preventive maintenance mantenimiento preventivo.
preventive measures medidas preventivas.
preview *n* preestreno, avance, vista previa.
previous *adj* previo, anterior.
previous balance saldo previo, balance anterior.
previous balance method método de saldo previo.
previous close cierre previo.
previous closing cierre previo.
previous history historial previo.
previously owned usado.
prey *v* explotar, aprovecharse de.
price *n* precio, cotización, valor.
price *v* poner un precio, fijar un precio, cotizar, valorar.
price adjustment ajuste de precio.
price agreement acuerdo sobre precios.
price analysis análisis de precio.
price appreciation alza de precios.
price averaging promediación de precios.
price boom aumento repentino de precios, auge de precios.
price cartel cartel de precios.
price ceiling precio tope, tope de precios.
price change cambio de precio.
price competition competencia de precios.
price competitiveness competitividad de precios.
price component componente de precio.

price control control de precios.
price convergence convergencia de precios.
price curve curva de precios.
price cut recorte de precios.
price cutting recorte de precios.
price deflator deflactor de precios.
price depression depresión de precios.
price deregulation desregulación de precios.
price determination determinación de precio.
price difference diferencia de precios.
price differential diferencial de precios.
price discount descuento de precio.
price discovery descubrimiento de precio.
price discrimination discriminación de precios.
price disparity disparidad de precios.
price distortion distorsión de precios.
price-dividend ratio ratio precio-dividendo, razón precio-dividendo.
price dumping dumping de precios.
price/earnings growth ratio el ratio precio-ganancias dividido por el crecimiento esperado de los ingresos anuales por acción.
price/earnings ratio ratio precio-ganancias, ratio precio-ingresos, razón precio-ganancias, razón precio-ingresos.
price/earnings to growth el ratio precio-ganancias dividido por el crecimiento esperado de los ingresos anuales por acción.
price/earnings to growth ratio el ratio precio-ganancias dividido por el crecimiento esperado de los ingresos anuales por acción.
price effect efecto de precios.
price elasticity elasticidad de precios.
price expectations expectativas de precios.
price fixing fijación de precios.
price-fixing agreement acuerdo de fijación de precios.
price flexibility flexibilidad de precios.
price floor precio mínimo, mínimo de precios.
price fluctuations fluctuaciones de precios.
price forecasting previsión de precios.
price freeze congelación de precios.
price gap brecha de precios.
price guarantee garantía de precio.
price incentive incentivo de precios.
price increase aumento de precio.
price index índice de precios.
price inelasticity inelasticidad de precios.
price inflation inflación de precios.
price leader líder de precios.
price leadership liderazgo de precios.
price level nivel de precios.
price-level accounting contabilidad de nivel de precios.
price limit límite de precio.
price lining líneas de mercancías a precios específicos.
price list lista de precios.
price maintenance mantenimiento de precios.
price maker quien determina precios.
price markup aumento de precio, alza de precio.
price mechanism mecanismo de precios.
price movement movimiento de precios.
price offered precio ofrecido.
price on delivery precio a la entrega.
price policy política de precios.
price/performance ratio ratio precio-rendimiento, razón precio-rendimiento.
price pressure presión de precios.
price protection protección de precios.

price quotation cotización de precio.
price quote cotización de precio.
price range intervalo de precios.
Price Rate of Change tasa de cambio de precios.
price reduction reducción de precio.
price regulation regulación de precios.
price restraint moderación de precios, restricción de precios.
price restrictions restricciones de precios.
price review revisión de precios.
price rigging manipulación de precios.
price rigidity rigidez de precios.
price rise aumento de precios.
price risk riesgo de precios.
price/sales ratio ratio precio-ventas, razón precio-ventas.
price scale escala de precios.
price scanner lector de precios.
price-sensitive *adj* sensible al precio.
price sensitivity sensibilidad a los precios.
price setting fijación de precios.
price skimming fijación inicial del precio más alto posible seguido de rebajas con el fin de preservar la demanda.
price spread combinación de opciones con precios de ejecución diferentes, intervalo de precios.
price stabilisation estabilización de precios.
price stability estabilidad de precios.
price stabilization estabilización de precios.
price sticker etiqueta de precio.
price strategy estrategia de precios.
price structure estructura de precios.
price subject to change precio sujeto a cambio.
price subsidies subsidios de precios, subvenciones de precios.
price support program programa de apoyo de precios.
price support programme programa de apoyo de precios.
price supports apoyo de precios, mantenimiento de precios mínimos.
price system sistema de precios.
price tag etiqueta de precio, precio.
price target precio objetivo.
price terms términos del precio.
price theory teoría de precios.
price-to-earnings ratio ratio precio-ganancias, ratio precio-ingresos, razón precio-ganancias, razón precio-ingresos.
price-to-sales ratio ratio precio-ventas, razón precio-ventas.
price transparency transparencia de precios.
price trend tendencia de precios.
price undercutting oferta de precios menores que la competencia.
price variance varianza de precios.
price variation variación de precios.
price verification verificación de precio.
price war guerra de precios.
priceless *adj* inestimable, que no tiene precio.
pricey *adj* caro.
pricing *n* fijación de precio, cómputo de precios.
pricing above the market fijación de precios sobre las del mercado.
pricing below the market fijación de precios bajo las del mercado.
pricing down rebaja de precios.
pricing model modelo de valoración.
pricing policy política de precios.
pricing strategy estrategia de precios.

pricing up aumento de precios.
prima facie prima facie, a primera vista.
primacy *n* primacía.
primary *adj* primario, fundamental, principal.
primary account cuenta principal.
primary account balance balance de cuenta principal.
primary account number número de cuenta principal.
primary balance saldo primario, balance primario.
primary beneficiary beneficiario principal.
primary boycott boicot principal.
primary capital capital principal.
primary commodity producto primario, mercancía primaria.
primary contract contrato original.
primary data datos principales.
primary dealer corredor primario.
primary demand demanda primaria.
primary deposits depósitos primarios.
primary distribution distribución primaria.
primary earnings ingresos primarios.
primary earnings per share ingresos por acción primarios.
primary exports exportaciones primarias.
primary imports importaciones primarias.
primary industry industria primaria.
primary insurance seguro primario.
primary insurance amount cantidad de seguro primario.
primary insurer asegurador primario.
primary issue emisión primaria, cuestión primaria.
primary lease arrendamiento primario.
primary liability responsabilidad directa.
primary market mercado primario.
primary market area área de mercado primario.
primary mortgage market mercado de hipotecas primario.
primary obligation obligación principal.
primary offering ofrecimiento primario.
primary organisation organización primaria.
primary organization organización primaria.
primary package envase primario.
primary plan plan primario.
primary producer productor primario.
primary product producto primario, producto principal.
primary production producción primaria.
primary reserves reservas primarias.
primary residence residencia principal.
primary sector sector primario.
prime *adj* primario, de primera calidad, principal, preferencial.
prime borrower prestatario preferencial.
prime brokerage servicios preferenciales de corretaje.
prime brokerage services servicios preferenciales de corretaje.
prime commercial paper papel comercial de primera calidad.
prime contractor contratista principal.
prime cost precio real en una compra de buena fe, costo directo, coste directo.
prime interest rate tasa de interés preferencial.
prime land tierra de primera.
prime minister primer ministro.
prime paper papel comercial de primera calidad.
prime rate tasa preferencial, tasa de interés preferencial.
prime rate loan préstamo con tasa preferencial.

prime tenant arrendatario principal.
prime time horario de mayor audiencia televisiva.
principal *adj* principal.
principal *n* principal, capital, mandante, poderdante, director.
principal amount cantidad de principal.
principal and interest principal e intereses.
principal and interest payment pago de principal e intereses.
principal assets activo principal.
principal balance balance de principal, saldo principal.
principal beneficiary beneficiario principal.
principal branch sucursal principal.
principal broker corredor principal.
principal budget presupuesto principal.
principal business negocio principal.
principal business district distrito comercial principal.
principal client cliente principal.
principal commodity producto principal, mercancía principal.
principal contract contrato principal.
principal covenant estipulación principal.
principal creditor acreedor principal.
principal customer cliente principal.
principal dealer corredor principal.
principal debtor deudor principal.
principal demand demanda principal.
principal deposits depósitos principales.
principal distribution distribución principal, distribución de principal.
principal earnings ingresos principales.
principal exports exportaciones principales.
principal fund fondo principal.
principal imports importaciones principales.
principal industry industria principal.
principal insurance seguro principal.
principal insurer asegurador principal.
principal, interest, taxes, and insurance principal, interés, impuestos, y seguro.
principal lease arrendamiento principal.
principal market mercado principal.
principal obligation obligación principal.
principal office oficina principal, sede, casa matriz.
principal only sólo principal.
principal organisation organización principal.
principal organization organización principal.
principal payment pago del principal.
principal place of business sede.
principal producer productor principal.
principal product producto principal.
principal reserves reservas principales.
principal residence residencia principal.
principal shareholder accionista principal.
principal stockholder accionista principal.
principal sum monto del principal.
principal supplier proveedor principal.
principal trading partner socio comercial principal.
principal underwriter colocador de emisión principal.
principles *n* principios.
print *v* imprimir, publicar.
print ad anuncio impreso.
print advertisement anuncio impreso.
printed *adj* impreso, publicado.
printed ad anuncio impreso.
printed advertisement anuncio impreso.
printed form formulario impreso.

printer *n* impresora, imprenta.
printing *n* impresión.
printout *n* impresión.
prior *adj* previo.
prior acts coverage cobertura por actos previos.
prior approval aprobación previa.
prior art conocimientos y patentes previas concernientes al invento en cuestión, arte anterior.
prior creditor acreedor privilegiado.
prior deposit depósito previo.
prior endorser endosante previo.
prior knowledge conocimiento previo.
prior lien gravamen previo, gravamen superior.
prior-lien bond bono de gravamen superior.
prior mortgage hipoteca superior, hipoteca precedente.
prior notice notificación previa.
prior period período previo.
prior period adjustment ajuste de período previo.
prior-preference shares acciones preferenciales con prioridad sobre otras acciones preferidas.
prior-preference stock acciones preferenciales con prioridad sobre otras acciones preferidas.
prior-preferred shares acciones preferenciales con prioridad sobre otras acciones preferidas.
prior-preferred stock acciones preferenciales con prioridad sobre otras acciones preferidas.
prior redemption reembolso previo.
prior redemption privilege privilegio de reembolso previo.
prioritise *v* priorizar.
prioritize *v* priorizar.
priority *n* prioridad.
priority claim reclamación preferencial.
priority mail correo preferencial.
priority of liens prioridad de privilegios, prioridad de gravámenes.
priority post correo preferencial.
privacy *n* privacidad, intimidad.
privacy concerns preocupaciones sobre la privacidad.
privacy laws leyes sobre la privacidad.
privacy statement declaración sobre la privacidad.
privacy violations violaciones de la privacidad.
private *adj* privado, personal, confidencial, secreto.
private account cuenta privada, cuenta particular.
private accountant contable privado, contador privado.
private activity bonds bonos para financiar proyectos parcialmente privados.
private agent agente privado.
private agreement convenio privado, pacto privado.
private arrangement arreglo privado.
private auction subasta privada.
private automatic branch exchange centralita PABX.
private bank banco privado.
private banking banca privada.
private branch exchange centralita PBX.
private brand marca privada.
private business empresa privada.
private capital capital privado.
private carrier transportador privado.
private company compañía privada, sociedad privada, empresa privada.
private conduit conducto privado.
private contract contrato privado.
private corporation corporación privada, persona jurídica privada.

private cost costo privado, coste privado.
private credit crédito privado.
private debt deuda privada.
private deposit depósito privado.
private document documento privado.
private dwelling vivienda privada.
private easement servidumbre privada, servidumbre particular.
private enterprise empresa privada.
private expenditures gastos privados.
private expenses gastos privados.
private ferry transbordador privado.
Private Finance Initiative Iniciativa de Financiación Privada.
private foundation fundación privada.
private gain ganancia privada.
private guard guardia privado.
private hospital hospital privado.
private household vivienda privada.
private income ingresos privados, ingresos personales.
private individual individuo privado, persona privada.
private industry industria privada.
private insurance seguro privado.
private investment inversión privada.
private investor inversionista privado.
private issue emisión privada.
private label marca propia, marca privada.
private law derecho privado.
private lender prestador privado.
private limited company sociedad limitada privada, compañía limitada privada.
private limited partnership sociedad en comandita privada.
private market value valor de mercado privado.
private means fortuna personal.
private mortgage insurance seguro hipotecario privado.
private offer oferta privada.
private offering ofrecimiento privado.
private office oficina privada.
private ownership propiedad privada.
private patient paciente privado.
private pension pensión privada.
private pension plan plan de pensiones privado.
private person persona privada.
private placement colocación privada.
private placing colocación privada.
private property propiedad privada.
private purpose bond bono en que más de cierto por ciento se usará para fines privados.
private sale venta privada.
private school escuela privada, colegio privado.
private secretary secretario privado, secretario personal.
private sector sector privado.
private sector adjustment factor factor de ajuste de sector privado.
private shareholder accionista privado, accionista individual.
private stockholder accionista privado, accionista individual.
private treaty tratado privado.
private trust fideicomiso privado.
private warehouse almacén privado.
privately *adv* privadamente.
privately placed colocado privadamente.
privatisation *n* privatización.
privatisation efforts esfuerzos para la privatización.
privatisation program programa de privatización.
privatisation programme programa de privatización.
privatise *v* privatizar.
privatised *adj* privatizado.
privatization *n* privatización.
privatization efforts esfuerzos para la privatización.
privatization program programa de privatización.
privatization programme programa de privatización.
privatize *v* privatizar.
privatized *adj* privatizado.
privies *n* partes con interés común, partes del mismo contrato, partes interesadas, copartícipes.
privilege *n* privilegio.
privilege tax impuesto sobre negocios requiriendo licencias o franquicias.
privileged *adj* privilegiado, confidencial.
privileged bond bono privilegiado.
privileged creditor acreedor privilegiado.
privileged debts deudas privilegiadas.
privileged information información privilegiada, información confidencial.
privileged shares acciones privilegiadas.
privileged stock acciones privilegiadas.
privity *n* relación contractual, relación jurídica.
privity of contract relación contractual.
privity of estate relación jurídica concerniente a un inmueble.
privy *n* persona con interés común, parte interesada, copartícipe.
Privy Council Consejo Privado, Consejo de la Corona.
prize *n* premio.
PRO (Protected Designation of Origin) Denominación de Origen Protegida.
pro bono hecho gratuitamente, hecho gratuitamente para el bien general, pro bono.
pro forma de mera formalidad, pro forma.
pro forma balance sheet balance pro forma.
pro forma earnings ingresos pro forma.
pro forma invoice factura pro forma.
pro forma statement estado pro forma.
pro rata proporcionalmente, prorrata.
pro rata cancellation cancelación prorrateada.
pro rata distribution distribución prorrateada.
pro rata reinsurance reaseguro prorrateado.
pro rate prorratear.
proactive *adj* proactivo.
probabilistic *adj* probabilístico.
probability *n* probabilidad.
probability curve curva de probabilidad.
probability density densidad de probabilidad.
probability density function función de densidad de probabilidad.
probability distribution distribución de probabilidad.
probability of loss probabilidad de pérdida.
probability theory teoría de la probabilidad.
probable *adj* probable.
probable cost costo probable, coste probable.
probable expenditures gastos probables.
probable expenses gastos probables.
probable life vida probable.
probable maximum loss pérdida máxima probable.
probable payment pago probable.
probable premium prima probable.

probable price precio probable.
probable revenue ingresos probables.
probable risk riesgo probable.
probable tax impuesto probable.
probable value valor probable.
probate *n* legalización de un testamento, verificación de un testamento, verificación de un documento.
probation *n* período de prueba, prueba, libertad condicional.
probation period período de prueba.
probationary *adj* probatorio.
probationary employee empleado probatorio.
probationary period período probatorio.
probationer *n* quien está en un período de prueba, quien está a prueba, quien está en libertad condicional.
probe *n* investigación, sondeo.
probe *v* investigar, sondear.
probity *n* probidad, rectitud.
problem *n* problema.
problem bank banco con alta proporción de préstamos de algún modo en incumplimiento.
problem client cliente problemático.
problem customer cliente problemático.
problem loan préstamo problemático.
problem solving resolución de problemas.
procedural *adj* procesal.
procedural audit auditoría de procedimientos.
procedure *n* procedimiento.
proceed smoothly marchar sobre ruedas.
proceeding *n* procedimiento, proceso.
proceeds *n* productos, resultados, beneficios, ganancias, ingresos.
process *n* proceso.
process *v* procesar, tramitar.
process analysis análisis de procesos.
process control control de procesos.
process costing costeo de procesos.
process division división de procesos.
process inspection inspección de procesos.
process patent patente de procedimiento.
processed *adj* procesado.
processed food alimentos procesados.
processed products productos procesados.
processing *n* procesamiento, tramitación.
processing charge cargo por procesamiento, cargo por tramitación.
processing fee cargo por procesamiento, cargo por tramitación.
processing of a loan tramitación de un préstamo.
processing of an application tramitación de una solicitud.
processing of raw materials procesamiento de materias primas.
processing of waste procesamiento de desperdicios.
processing plant planta procesadora.
procuration *n* procuración, poder, apoderamiento.
procure *v* procurar, adquirir, contratar, instigar.
procurement *n* adquisición, contratación, instigación.
procurement contract contrato mediante el cual un gobierno obtiene bienes o servicios, contrato de adquisición.
procurement department departamento de compras.
procurement guidelines directrices de compras.
procurement manager gerente de compras.
procurement requirements requisitos de compras.

procuring breach of contract instigar al incumplimiento de un contrato.
procuring cause causa próxima.
procyclical *adj* procíclico.
produce *n* productos agrícolas, producto.
produce *v* producir, fabricar, presentar.
producer *n* productor, fabricante.
producer co-operative cooperativa de productores.
producer cooperative cooperativa de productores.
producer goods bienes de producción.
producer price index índice de precios de productores.
producer prices precios de productores.
product *n* producto, resultado.
product acceptance aceptación del producto.
product ad anuncio del producto.
product administration administración del producto.
product administrator administrador del producto.
product advertisement anuncio del producto.
product advertising publicidad del producto.
product association asociación de productos.
product awareness conciencia del producto.
product benefits beneficios del producto.
product bundling agrupamiento de productos.
product classification clasificación del producto.
product compatibility compatibilidad entre productos.
product cost costo del producto, coste del producto.
product costing costeo del producto.
product cycle ciclo del producto.
product design diseño del producto.
product development desarrollo de productos.
product development process proceso del desarrollo de productos.
product differentiation diferenciación del producto.
product divisions divisiones de productos.
product endorsement promoción de producto.
product engineering ingeniería de producto.
product failure exclusion exclusión por falla de producto.
product feature característica del producto.
product group grupo de productos.
product guarantee garantía del producto.
product guaranty garantía del producto.
product image imagen del producto.
product introduction introducción del producto.
product knowledge conocimiento del producto.
product launch lanzamiento del producto.
product liability responsabilidad por los productos vendidos en el mercado.
product liability insurance seguro de responsabilidad por los productos vendidos en el mercado.
product licence licencia del producto.
product license licencia del producto.
product life vida del producto.
product life cycle ciclo de vida del producto.
product life expectancy expectativa de vida del producto.
product line línea de productos.
product loyalty lealtad al producto.
product management administración del producto, gestión del producto.
product manager gerente del producto.
product market mercado del producto.
product marketing marketing del producto,

mercadeo del producto.
product mix surtido de productos.
product name nombre del producto.
product obsolescence obsolescencia del producto.
product origin origen del producto.
product origin certificate certificado de origen del producto.
product origin certification certificación de origen del producto.
product performance rendimiento del producto.
product placement publicidad encubierta, posicionamiento del producto.
product plan plan del producto.
product planning planificación del producto.
product portfolio cartera de productos, portafolio de productos.
product positioning posicionamiento del producto.
product profile perfil del producto.
product profitability rentabilidad del producto.
product promotion promoción del producto.
product range gama de productos.
product recognition reconocimiento del producto.
product research investigación de productos.
product research and development investigación y desarrollo de productos.
product safety seguridad del producto.
product share porcentaje del mercado de un producto.
product strategy estrategia del producto.
product substitution sustitución del producto.
product switching cambio de productos.
product test prueba del producto.
product testing pruebas del producto.
product variability variabilidad del producto.
product warranty garantía del producto.
product withdrawal retiro del producto.
production *n* producción, fabricación, presentación.
production account cuenta de producción.
production administration administración de producción.
production administrator administrador de producción.
production allocation asignación de producción.
production and operations management administración de producción y operaciones, gestión de producción y operaciones.
production bonus bonificación por producción, bono por producción.
production budget presupuesto de producción.
production budgeting presupuestación de producción.
production capacity capacidad de producción.
production capital capital de producción.
production center centro de producción.
production centre centro de producción.
production control control de producción.
production cost costo de producción, coste de producción.
production department departamento de producción.
production director director de producción.
production distribution distribución de producción.
production employee trabajador de producción.
production engineering ingeniería de producción.
production expenditures gastos de producción.
production expenses gastos de producción.
production factor factor de producción.
production forecasting previsión de producción.

production goods bienes de producción.
production incentives incentivos de producción.
production index índice de producción.
production job trabajo de producción.
production level nivel de producción.
production limit límite de producción.
production line línea de producción.
production management administración de producción, gestión de producción.
production manager administrador de producción.
production order orden de producción.
production-oriented organisation organización orientada a la producción.
production-oriented organization organización orientada a la producción.
production planning planificación de producción.
production plant planta de producción.
production-possibility curve curva de posibilidad de producción.
production price precio de producción.
production process proceso de producción.
production rate tasa de producción.
production schedule programa de producción.
production standards normas de producción.
production subsidy subsidio de producción, subvención de producción.
production tax impuesto a la producción.
production time tiempo de producción.
production unit unidad de producción.
production work trabajo de producción.
production worker trabajador de producción.
production yield variance varianza de rendimiento de producción.
productive *adj* productivo.
productive activity actividad productiva.
productive assets activo productivo.
productive funds fondos productivos.
productive investment inversión productiva.
productive land tierra productiva.
productiveness *n* productividad.
productivity *n* productividad.
productivity analysis análisis de productividad.
productivity bonus bonificación por productividad, bono por productividad.
productivity decrease reducción de productividad.
productivity factor factor de productividad.
productivity gain aumento de productividad.
productivity increase aumento de productividad.
productivity of labor productividad de la mano de obra.
productivity of labour productividad de la mano de obra.
productivity reduction reducción de productividad.
products for export productos para la exportación.
products for exportation productos para la exportación.
products for import productos para la importación.
products for importation productos para la importación.
products in transit productos en tránsito.
profession *n* profesión.
profession analysis análisis de profesión.
profession change cambio de profesión.
profession choice selección de profesión.
profession description descripción de profesión.
profession environment ambiente de profesión.
profession-oriented *adj* orientado a la profesión.
profession-related *adj* relacionado a la profesión.
profession training entrenamiento de profesión.

professional *adj* profesional.
professional *n* profesional.
professional advancement progreso profesional.
professional advice asesoramiento profesional.
professional association asociación profesional.
professional body cuerpo profesional.
professional capacity capacidad profesional.
professional change cambio profesional.
professional choice selección profesional.
professional corporation corporación la cual consiste en personas licenciadas quienes ofrecen servicios profesionales, asociación de profesionales.
professional decision decisión profesional.
professional enrichment enriquecimiento profesional.
professional environment ambiente profesional.
professional ethics ética profesional.
professional evaluation evaluación profesional.
professional fees honorarios profesionales.
professional investor inversionista profesional.
professional liability responsabilidad profesional.
professional liability insurance seguro de responsabilidad profesional.
professional licence licencia profesional.
professional license licencia profesional.
professional motivation motivación profesional.
professional negligence negligencia profesional.
professional objective objetivo profesional.
professional personnel personal profesional.
professional placement colocación profesional.
professional planning planificación profesional.
professional practice práctica profesional.
professional preferences preferencias profesionales.
professional relationship relación profesional.
professional responsibility responsabilidad profesional.
professional rotation rotación profesional.
professional satisfaction satisfacción profesional.
professional secret secreto profesional.
professional services servicios profesionales.
professional specification especificación profesional.
professional staff personal profesional.
professional stress estrés profesional.
professional stress management manejo del estrés profesional.
professional touch toque profesional.
professional training entrenamiento profesional.
professionalism *n* profesionalismo.
proficiency *n* habilidad, destreza.
profile *n* perfil.
profit *n* beneficio, ganancia, utilidad, provecho.
profit after taxes beneficio después de impuestos, ganancia después de impuestos.
profit and loss pérdidas y ganancias.
profit and loss account cuenta de pérdidas y ganancias.
profit and loss statement cuenta de pérdidas y ganancias, estado de pérdidas y ganancias.
profit before taxes beneficio antes de impuestos, ganancia antes de impuestos.
profit carried forward beneficio a cuenta nueva, ganancia a cuenta nueva.
profit center centro de beneficios, centro de ganancias.
profit centre centro de beneficios, centro de ganancias.
profit corporation corporación con fines de lucro.

profit forecast pronóstico de beneficios, pronóstico de ganancias.
profit forecasting previsión de beneficios, previsión de ganancias.
profit-making *adj* que produce beneficios, que produce ganancias, con ánimo de lucro.
profit margin margen de beneficio, margen de ganancia.
profit maximisation maximización de beneficios, maximización de ganancias.
profit maximization maximización de beneficios, maximización de ganancias.
profit motive ánimo de lucro.
profit objective objetivo de beneficios, objetivo de ganancias, ánimo de lucro.
profit optimisation optimización de beneficios, optimización de ganancias.
profit optimization optimización de beneficios, optimización de ganancias.
profit planning planificación de beneficios, planificación de ganancias.
profit potential potencial de beneficios, potencial de ganancias.
profit projection proyección de beneficios, proyección de ganancias.
profit-related pay paga vinculada a los beneficios, paga vinculada a las ganancias.
profit reserve reserva de beneficios, reserva de ganancias.
profit-seeking *adj* con fines de lucro.
profit sharing participación en los beneficios, participación en las ganancias.
profit-sharing plan plan de participación en los beneficios, plan mediante el cual los empleados participan en los beneficios.
profit-sharing scheme plan de participación en los beneficios, plan mediante el cual los empleados participan en los beneficios.
profit squeeze reducción en los beneficios, reducción en las ganancias.
profit-taking *n* realización de beneficios, ventas tras alzas significativas a corto plazo de valores.
profit target meta de beneficios, meta de ganancias.
profit tax impuesto sobre beneficios, impuesto sobre ganancias.
profit variance varianza de beneficios, varianza de ganancias.
profit-volume chart diagrama beneficios-volumen, diagrama ganancias-volumen.
profit warning advertencia de beneficios, advertencia de ganancias.
profitability *n* rentabilidad.
profitability accounting contabilidad de rentabilidad.
profitability index índice de rentabilidad.
profitability ratio ratio de rentabilidad, razón de rentabilidad, coeficiente de rentabilidad.
profitability study estudio de rentabilidad.
profitable *adj* rentable, provechoso, lucrativo.
profiteer *n* logrero, estraperlista.
profiteering *n* logrería, estraperlo.
profits warning advertencia sobre los beneficios esperados, advertencia sobre las ganancias esperadas.
proforma *adj* de mera formalidad, pro forma.
proforma balance sheet balance pro forma.
proforma invoice factura pro forma.
proforma statement estado pro forma.
program *n* programa.
program administration administración de

programa.
program administrator administrador de programa.
program budget presupuesto de programas.
program budgeting presupuestación de programas.
program buying compras programadas.
program development desarrollo del programa.
program evaluation evaluación del programa.
program management administración de programa, gestión de programa.
program manager administrador de programa.
program monitoring supervisión del programa, monitoreo del programa.
program selling ventas programadas.
program trading transacciones programadas.
programme *n* programa.
programme administration administración de programa.
programme administrator administrador de programa.
programme budget presupuesto de programas.
programme budgeting presupuestación de programas.
programme buying compras programadas.
programme development desarrollo del programa.
programme evaluation evaluación del programa.
programme management administración de programa, gestión de programa.
programme manager administrador de programa.
programme monitoring supervisión del programa, monitoreo del programa.
programme selling ventas programadas.
programme trading transacciones programadas.
programmed *adj* programado.
programmed buying compras programadas.
programmed charges cargos programados.
programmed costs costos programados, costes programados.
programmed decisions decisiones programadas.
programmed expenditures gastos programados.
programmed expenses gastos programados.
programmed fees cargos programados.
programmed payments pagos programados.
programmed trade transacción programada.
programming *n* programación.
progress *n* progreso, avance, desarrollo.
progress payments pagos por progreso en un proyecto.
progress report informe sobre el progreso.
progression *n* progresión.
progressive *adj* progresivo.
progressive billing facturación progresiva.
progressive costs costos progresivos, costes progresivos.
progressive expenses gastos progresivos.
progressive fees cargos progresivos.
progressive income tax impuesto sobre ingresos progresivo.
progressive rates tasas progresivas.
progressive scale escala progresiva.
progressive tax impuesto progresivo.
progressive tax rates tasas impositivas progresivas.
progressive taxation imposición progresiva.
progressively *adv* progresivamente.
prohibit *v* prohibir.
prohibited *adj* prohibido.
prohibited basis base prohibida.
prohibited risk riesgo prohibido.
prohibition *n* prohibición.

prohibitive *adj* prohibitivo.
prohibitive cost costo prohibitivo, coste prohibitivo.
prohibitive price precio prohibitivo.
prohibitive tariff tarifa prohibitiva.
project *n* proyecto, complejo de viviendas subsidiadas, complejo de viviendas subvencionadas.
project *v* proyectar, pronosticar.
project administration administración del proyecto.
project administrator administrador del proyecto.
project analysis análisis del proyecto.
project appraisal evaluación del proyecto.
project approval aprobación del proyecto.
project budget presupuesto del proyecto.
project budgeting presupuestación del proyecto.
project design diseño del proyecto.
project evaluation evaluación del proyecto.
project financing financiamiento del proyecto, financiación del proyecto.
project leader líder del proyecto.
project loan préstamo para el proyecto.
project management administración del proyecto, gestión del proyecto.
project manager administrador del proyecto, gerente del proyecto.
project planning planificación del proyecto.
project review revisión del proyecto.
project selection selección del proyecto.
project supervision supervisión del proyecto.
projected *adj* proyectado, pronosticado.
projected acceptance aceptación proyectada.
projected annual capacity capacidad anual proyectada.
projected annuity anualidad proyectada.
projected balance saldo proyectado.
projected benefit obligation obligación de beneficios proyectados.
projected benefits beneficios proyectados.
projected costs costos proyectados, costes proyectados.
projected economic life vida económica proyectada.
projected exit value valor de salida proyectado.
projected expenditures gastos proyectados.
projected expenses gastos proyectados.
projected financial statement estado financiero proyectado.
projected growth crecimiento proyectado.
projected growth rate tasa de crecimiento proyectada.
projected holding period período de tenencia proyectada.
projected interest intereses proyectados.
projected life vida proyectada.
projected loss pérdida proyectada.
projected loss ratio ratio de pérdidas proyectadas, razón de pérdidas proyectadas.
projected monetary value valor monetario proyectado.
projected mortality mortalidad proyectada.
projected payments pagos proyectados.
projected price precio proyectado.
projected profit beneficio proyectado, ganancia proyectada.
projected return rendimiento proyectado.
projected value valor proyectado.
projected volume volumen proyectado.
projected yield rendimiento proyectado.

projection *n* proyección, pronóstico.
projection factors factores de proyección.
projection period período de proyección.
proletarianisation *n* proletarización.
proletarianization *n* proletarización.
proletariat *n* proletariado.
prolong *v* prolongar.
prolongation *n* prolongación.
promise *n* promesa.
promise to pay promesa de pagar.
promise to pay the debt of another promesa de pagar la deuda de un tercero.
promisee *n* a quien se promete, tenedor de una promesa.
promiser *n* prometedor.
promising *adj* prometedor.
promisor *n* prometedor.
promissory *adj* promisorio.
promissory note pagaré, nota promisoria, vale.
promissory warranty garantía promisoria.
promote *v* promover, fomentar, ascender, promocionar.
promote efficiency promover eficiencia.
promote growth fomentar crecimiento.
promoter *n* promotor.
promotion *n* promoción, fomento, ascenso.
promotion administration administración de promoción.
promotion administrator administrador de promoción.
promotion agency agencia de promoción.
promotion agent agente de promoción.
promotion agreement acuerdo de promoción.
promotion allowance descuento de promoción.
promotion budget presupuesto de promoción.
promotion budgeting presupuestación de promoción.
promotion campaign campaña de promoción.
promotion channels canales de promoción.
promotion concept concepto de promoción.
promotion consultant consultor de promoción.
promotion costs costos de promoción, costes de promoción.
promotion coverage cobertura de promoción.
promotion department departamento de promoción.
promotion director director de promoción.
promotion division división de promoción.
promotion executive ejecutivo de promoción.
promotion expenditures gastos de promoción.
promotion expenses gastos de promoción.
promotion from within promoción dentro de la misma organización.
promotion gimmick truco de promoción.
promotion jingle jingle.
promotion literature literatura de promoción.
promotion management administración de promoción, gestión de promoción.
promotion manager gerente de promoción, administrador de promoción.
promotion materials materiales de promoción.
promotion media medios de promoción.
promotion mix mezcla de tipos de promoción.
promotion model modelo de promoción.
promotion office oficina de promoción.
promotion plan plan de promoción.
promotion ploy estratagema de promoción.
promotion policy política de promoción.
promotion price precio de promoción.
promotion prospects perspectivas de promoción.

promotion reach alcance de la promoción.
promotion research investigación de promoción.
promotion slogan slogan, eslogan, lema.
promotion space espacio de promoción.
promotion standards normas de promoción.
promotion strategy estrategia de promoción.
promotion stunt truco de promoción.
promotion team equipo de promoción.
promotion trick truco de promoción.
promotion vehicle vehículo de promoción, medio de promoción.
promotional *adj* promocional, de promoción.
promotional administration administración de promoción.
promotional administrator administrador de promoción.
promotional agency agencia de promoción.
promotional agent agente de promoción.
promotional agreement acuerdo de promoción.
promotional allowance descuento de promoción.
promotional budget presupuesto de promoción.
promotional budgeting presupuestación de promoción.
promotional campaign campaña de promoción.
promotional channels canales de promoción.
promotional concept concepto de promoción.
promotional consultant consultor de promoción.
promotional costs costos de promoción, costes de promoción.
promotional coverage cobertura de promoción.
promotional department departamento de promoción.
promotional director director de promoción.
promotional division división de promoción.
promotional executive ejecutivo de promoción.
promotional expenditures gastos de promoción.
promotional expenses gastos de promoción.
promotional gimmick truco de promoción.
promotional jingle jingle.
promotional literature literatura de promoción.
promotional management administración de promoción, gestión de promoción.
promotional manager gerente de promoción, administrador de promoción.
promotional materials materiales de promoción.
promotional media medios de promoción.
promotional mix mezcla de tipos de promoción.
promotional model modelo de promoción.
promotional office oficina de promoción.
promotional plan plan de promoción.
promotional ploy estratagema de promoción.
promotional policy política de promoción.
promotional price precio de promoción.
promotional prospects perspectivas de promoción.
promotional reach alcance de la promoción.
promotional research investigación de promoción.
promotional slogan slogan, eslogan, lema.
promotional space espacio de promoción.
promotional standards normas de promoción.
promotional strategy estrategia de promoción.
promotional stunt truco de promoción.
promotional trick truco de promoción.
prompt *adj* pronto, rápido, inmediato.
prompt delivery entrega inmediata.
prompt payment pronto pago, pago inmediato.
prompt payment discount descuento por pronto pago.
prompt shipment despacho rápido.
promptly *adv* rápidamente, prontamente.

proof *n* prueba.
proof and transit prueba y tránsito.
proof of accounting prueba de contabilidad.
proof of analysis prueba de análisis.
proof of authority prueba de autoridad.
proof of claim prueba de reclamación.
proof of damage prueba de daños.
proof of debt prueba de deuda.
proof of delivery prueba de entrega.
proof of deposit prueba de depósito.
proof of eligibility prueba de elegibilidad.
proof of employment prueba de empleo.
proof of health prueba de salud.
proof of identity prueba de identidad.
proof of incorporation prueba de incorporación.
proof of indebtedness prueba de deuda.
proof of insurability prueba de asegurabilidad.
proof of insurance prueba de seguro.
proof of interest prueba de interés asegurable.
proof of loss prueba de pérdida.
proof of participation prueba de participación.
proof of postage prueba de franqueo.
proof of purchase prueba de compra.
proof of quality prueba de calidad.
proof of sale prueba de venta.
proof of title prueba de dominio.
proof of use prueba de uso.
proof of value prueba de valor.
proof of weight prueba de peso.
propaganda *n* propaganda.
propensity *n* propensión.
propensity to consume propensión a consumir.
propensity to save propensión a ahorrar.
proper endorsement endoso regular.
proper indorsement endoso regular.
property *n* propiedad, derecho de propiedad, inmueble, propiedad inmobiliaria, dominio, posesión, bienes.
property administration administración de propiedades, administración de bienes inmuebles.
property administrator administrador de propiedad, administrador de bienes inmuebles.
property and assets bienes y haberes, bienes y activos.
property and liability insurance seguro de propiedad y responsabilidad.
property appraisal tasación de propiedad.
property assessment valuación fiscal de propiedad, avalúo catastral.
property bond bono de propiedad.
property catastrophe catástrofe de propiedad.
property company compañía inmobiliaria, sociedad inmobiliaria.
property coverage cobertura de seguro de propiedad.
property damage daño de propiedad.
property damage insurance seguro de daño de propiedad.
property damage liability insurance seguro de responsabilidad por daño de propiedad.
property depreciation depreciación de propiedad.
property depreciation insurance seguro de depreciación de propiedad.
property developer promotor inmobiliario, desarrollador inmobiliario.
property development desarrollo inmobiliario, desarrollo de bienes raíces.
property development and management desarrollo y administración inmobiliaria, desarrollo y administración de bienes raíces, desarrollo y

gestión inmobiliaria, desarrollo y gestión de bienes raíces.
property dividend dividendo de propiedad.
property income ingresos de propiedad.
property insurance seguro de propiedad.
property insurance coverage cobertura de seguro de propiedad.
property investment inversión inmobiliaria.
property line lindero de propiedad.
property loan préstamo inmobiliario.
property management administración de propiedades, administración de bienes inmuebles, gestión de propiedades, gestión de bienes inmuebles.
property manager administrador de propiedad.
property market mercado inmobiliario, mercado de propiedades, mercado de bienes raíces.
property owner propietario, dueño de propiedad.
property register registro de la propiedad.
property registry registro de la propiedad.
property rights derechos de propiedad.
property tax impuesto sobre bienes inmuebles, impuesto sobre la propiedad.
proportion *n* proporción.
proportional *adj* proporcional.
proportional allocation asignación proporcional.
proportional distribution distribución proporcional.
proportional rate tasa proporcional.
proportional reinsurance reaseguro proporcional.
proportional representation representación proporcional.
proportional shareholder representation representación de accionistas proporcional.
proportional stockholder representation representación de accionistas proporcional.
proportional taxation imposición proporcional.
proportional taxes impuestos proporcionales.
proportionality *n* proporcionalidad.
proportionate *adj* proporcionado.
proportionately *adv* proporcionalmente.
proposal *n* propuesta.
propose *v* proponer.
proposed *adj* propuesto.
proposed resolution resolución propuesta.
proposer *n* proponente.
proposition *n* proposición, propuesta.
proprietary *adj* de propiedad exclusiva, de propiedad, de marca.
proprietary company sociedad de responsabilidad limitada, compañía de responsabilidad limitada.
proprietary information información de propiedad exclusiva.
proprietary interest derecho de propiedad.
proprietary lease arrendamiento en una cooperativa.
proprietary network red de propiedad exclusiva.
proprietary product producto de marca.
proprietary rights derechos de propiedad.
proprietor *n* propietario.
proprietorship *n* derecho de propiedad, negocio propio.
prorate *v* prorratear.
pros and cons pros y contras.
prosecute *v* enjuiciar, entablar una acción judicial.
prosecution *n* enjuiciamiento, acción judicial, proceso.
prospect *n* prospecto, posibilidad, cliente potencial.
prospecting *n* prospección, búsqueda de nuevos clientes.

prospective *adj* prospectivo, posible.
prospective buyer comprador potencial.
prospective client cliente potencial.
prospective customer cliente potencial.
prospective rating clasificación prospectiva.
prospective reserve reserva prospectiva.
prospective seller vendedor potencial.
prospective valuation valuación prospectiva.
prospector *n* prospector.
prospectus *n* prospecto, folleto de emisión.
prosper *v* prosperar.
prosperity *n* prosperidad.
prosperous *adj* próspero.
protect *v* proteger.
protect interests proteger intereses.
protected *adj* protegido.
protected check cheque protegido.
protected cheque cheque protegido.
Protected Designation of Origin Denominación de Origen Protegida.
protected economy economía protegida.
protected fund fondo mutuo protegido, fondo protegido.
Protected Geographical Indication Indicación Geográfica Protegida.
protected market mercado protegido.
protection *n* protección.
protectionism *n* proteccionismo.
protectionist *adj* proteccionista.
protectionist *n* proteccionista.
protective *adj* protector, proteccionista.
protective stop orden de efectuar una transacción tras haberse tocado un precio específico para limitar pérdidas.
protective tariffs tarifas proteccionistas.
protective trust fideicomiso con la intención de controlar los gastos de una persona que derrocha dinero.
protest *n* protesta, protesto.
protest *v* protestar.
protest strike huelga de protesta.
protestation *n* protesta.
protested *adj* protestado.
protester *n* quien protesta.
protocol *n* protocolo, registro.
prototype *n* prototipo.
prototyping *n* creación de prototipos.
prove *v* probar, comprobar, demostrar.
prove identity probar identidad.
proved *adj* probado, comprobado, demostrado.
proved reserves reservas comprobadas.
proven *adj* probado, comprobado, demostrado.
proven record historial comprobado.
proven reserves reservas comprobadas.
proven skills habilidades comprobadas.
proven track record historial comprobado.
provide *v* proveer, proporcionar, disponer.
provide a subsidy proveer un subsidio, proveer una subvención.
provide against tomar precauciones contra, proteger contra, precaver.
provide aid proveer asistencia.
provide assistance proveer asistencia.
provide for mantener, prepararse para, prever.
provided that siempre y cuando.
provident fund fondo de previsión.
provider *n* proveedor.
provision *n* provisión, disposición.
provision for bad debts provisión para deudas incobrables.

provision for bad loans provisión para préstamos incobrables.
provision for depletion provisión para agotamiento.
provision for depreciation provisión para depreciación, provisión para amortización.
provision for doubtful debts provisión para deudas dudosas.
provision for uncollectible accounts provisión para cuentas incobrables.
provisional *adj* provisional.
provisional acceptance aceptación provisional.
provisional account cuenta provisional.
provisional agreement acuerdo provisional.
provisional application solicitud provisional.
provisional call feature estipulación de redención bajo ciertas condiciones.
provisional certificate certificado provisional.
provisional coverage cobertura provisional.
provisional credit crédito provisional.
provisional insurance seguro provisional.
provisional insurance coverage cobertura de seguro provisional.
provisional invoice factura provisional.
provisional measure medida provisional.
provisional policy póliza provisional.
provisional premium prima provisional.
provisional rate tasa provisional.
provisional report informe provisional.
provisionally *adv* provisionalmente.
proviso *n* condición, restricción.
proxy *n* poder, apoderado.
proxy, by por poder.
proxy fight lucha por control mediante una mayoría de votos por poder.
proxy holder apoderado.
proxy statement declaración para accionistas antes de que voten por poder.
proxy vote voto por poder.
PRP (profit-related pay) paga vinculada a los beneficios, paga vinculada a las ganancias.
prudent *adj* prudente.
prudent approach acercamiento prudente.
prudent investment inversión prudente.
prudent investment decision decisión para inversión prudente.
prudent investor inversionista prudente.
prudent measures medidas prudentes.
prudent-person rule regla de la persona prudente.
prudent policy política prudente.
prudential *adj* prudencial.
PS (postscript) posdata.
PSBR (public sector borrowing requirement) cantidad que el gobierno necesita tomar prestado para cubrir su déficit por un período dado.
PSR (price/sales ratio) ratio precio-ventas, razón precio-ventas.
psychic income ingresos psíquicos.
psychographics *n* psicográficos.
psychological manipulation manipulación psicológica.
public *adj* público.
public *n* público.
public access acceso público.
public accountancy contabilidad pública.
public accountant contador público, contable público.
public accounting contabilidad pública.
public accounts cuentas públicas.
public activity actividad pública.

public **adjuster** ajustador público.
public **administration** administración pública.
public **affairs** asuntos públicos, relaciones públicas.
public **agency** agencia pública.
public **assets** activo público.
public **assistance** asistencia pública.
public **auction** subasta pública.
public **audit** auditoría pública.
public **auditor** auditor público.
public **bank** banco público.
public **banking** banca pública.
public **bidding** licitación pública.
public **body** organismo público.
public **building** edificio público.
public **business** empresa pública.
public **capital** capital público.
public **carrier** transportista público.
public **company** compañía pública.
public **contract** contrato público.
public **corporation** corporación pública, persona jurídica pública, ente municipal.
public **credit** crédito público.
public **debt** deuda pública.
public **deposits** depósitos públicos.
public **distribution** distribución pública.
public **document** documento público.
public **domain** dominio público.
public **easement** servidumbre pública.
public **employee** empleado público.
public **employment** empleo público.
public **enterprise** empresa pública.
public **entity** entidad pública.
public **expenditures** gastos públicos.
public **expenses** gastos públicos
public **ferry** transbordador público.
public **finance** finanzas públicas.
public **financial institution** institución financiera pública.
public **funds** fondos públicos.
public, **go** emitir acciones por primera vez, revelar públicamente.
public **good** bien social.
public **goods** bienes públicos.
public **health** salud pública.
public **holiday** día feriado oficial.
public **housing** vivienda pública.
public **housing authority bond** bono de autoridad de vivienda pública.
public **information** información pública.
public **institution** institución pública.
public **interest** interés público.
public **interest accounting** contabilidad de interés público.
public **investment** inversión pública.
public **issue** emisión pública, cuestión pública.
public **job** empleo público.
public **knowledge** de conocimiento público.
public **lands** tierras públicas.
public **law** derecho público.
public **liability** responsabilidad pública.
public **liability insurance** seguro de responsabilidad pública.
public **liability insurance policy** póliza de seguro de responsabilidad pública.
public **liability policy** póliza de seguro de responsabilidad pública.
public **limited company** sociedad pública de responsabilidad limitada, compañía pública de responsabilidad limitada, compañía pública.
public **limited partnership** sociedad en comandita

pública.
public **loan** préstamo público.
public **market** mercado público.
public **money** dinero público.
public **monopoly** monopolio público.
public **non-commercial use** uso público no comercial.
public **notary** notario público.
public **notice** aviso público.
public **nuisance** estorbo público.
public **offer** oferta pública.
public **offering** ofrecimiento público.
public **offering price** precio de ofrecimiento público.
public **office** cargo público, oficina pública.
public **opinion** opinión pública.
public **ownership** propiedad pública.
public **placement** colocación pública.
public **policy** política pública.
Public-Private Partnership sociedad entre los sectores públicos y privados.
public **property** propiedad pública.
public **purpose bond** bono con fines públicos.
public **purse** tesoro nacional.
public **record** registro público.
public **relations** relaciones públicas.
public **relations agency** agencia de relaciones públicas.
public **relations consultant** asesor de relaciones públicas.
public **relations department** departamento de relaciones públicas.
public **relations manager** gerente de relaciones públicas.
public **relations officer** oficial de relaciones públicas.
public **relief** asistencia pública.
public **responsibility** responsabilidad pública.
public **revenue** ingresos públicos.
public **sale** venta pública.
public **sector** sector público.
public **sector accounting** contabilidad del sector público.
public **sector borrowing requirement** cantidad que el gobierno necesita tomar prestado para cubrir su déficit por un período dado.
public **sector company** compañía pública, empresa pública.
public **sector employment** empleo en el sector público.
public **security** seguridad pública.
public **servant** empleado público.
public **service** servicio público.
public **service advertising** publicidad de servicio público.
public **service corporation** empresa de servicios públicos.
public **spending** gastos públicos.
public **stock offering** oferta pública de acciones.
public **tax** impuesto público.
public **tender** licitación pública.
public **transport** transporte público.
public **treasury** tesoro público, tesorería.
public **trust** fideicomiso público, confianza pública.
public **trustee** fideicomisario público.
public **use** uso público.
public **utility** ente que provee un servicio básico tal como agua o electricidad a la comunidad.
public **warehouse** almacén público.
public **warning** advertencia pública.

public welfare bienestar público, beneficencia pública, asistencia pública, asistencia social.
public works obras públicas.
publication *n* publicación.
publicise *v* hacer público, promocionar.
publicist *n* publicista.
publicity *n* publicidad.
publicity administration administración de publicidad, administración publicitaria.
publicity administrator administrador de publicidad, administrador publicitario.
publicity agency agencia de publicidad, agencia publicitaria.
publicity agent agente de publicidad, agente publicitario.
publicity agreement acuerdo de publicidad, acuerdo publicitario.
publicity and promotion publicidad y promoción.
publicity budget presupuesto de publicidad, presupuesto publicitario.
publicity campaign campaña de publicidad, campaña publicitaria.
publicity channels canales de publicidad, canales publicitarios.
publicity concept concepto de publicidad, concepto publicitario.
publicity consultant consultor de publicidad, consultor publicitario.
publicity cost costo de publicidad, costo publicitario, coste de publicidad, coste publicitario.
publicity cost analysis análisis de costos de publicidad, análisis de costes de publicidad.
publicity coverage cobertura de publicidad, cobertura publicitaria.
publicity department departamento de publicidad, departamento publicitario.
publicity director director de publicidad, director publicitario.
publicity division división de publicidad, división publicitaria.
publicity executive ejecutivo de publicidad, ejecutivo publicitario.
publicity expenditures gastos de publicidad, gastos publicitarios.
publicity expenses gastos de publicidad, gastos publicitarios.
publicity gimmick truco publicitario, truco de publicidad.
publicity jingle jingle de publicidad, jingle publicitario.
publicity literature literatura de publicidad, literatura publicitaria.
publicity management administración de publicidad, administración publicitaria, gestión de publicidad, gestión publicitaria.
publicity manager gerente de publicidad, administrador de publicidad.
publicity materials materiales de publicidad, materiales publicitarios.
publicity media medios de publicidad, medios publicitarios.
publicity mix mezcla de publicidad, mezcla publicitaria.
publicity model modelo de publicidad, modelo publicitario.
publicity office oficina de publicidad, oficina publicitaria.
publicity plan plan de publicidad, plan publicitario.
publicity ploy estratagema de publicidad, estratagema publicitaria.

publicity policy política de publicidad, política publicitaria.
publicity reach alcance de la publicidad, alcance publicitario.
publicity research investigación de publicidad, investigación publicitaria.
publicity slogan slogan de publicidad, slogan publicitario, eslogan de publicidad, eslogan publicitario, lema de publicidad, lema publicitario
publicity space espacio de publicidad, espacio publicitario.
publicity standards normas de publicidad, normas publicitarias.
publicity strategy estrategia de publicidad, estrategia publicitaria.
publicity stunt truco de publicidad, truco publicitario.
publicity team equipo de publicidad, equipo publicitario.
publicity trick truco de publicidad, truco publicitario.
publicity vehicle vehículo de publicidad, vehículo publicitario, medio de publicidad, medio publicitario.
publicize *v* hacer público, promocionar.
publicly *adv* públicamente.
publicly funded financiado públicamente.
publicly held company compañía pública.
publicly held corporation corporación pública.
publicly traded company compañía pública con acciones.
publicly traded corporation corporación pública con acciones.
publicly traded partnership sociedad en comandita con unidades que se pueden transaccionar públicamente.
publish *v* publicar.
published *adj* publicado.
puffer *n* postor simulado en una subasta.
puffing *n* exageración por parte de quien vende un producto de sus beneficios, hacer ofertas falsas en subastas con el propósito de elevar las demás ofertas.
pull strategy estrategia del tirón.
punch in registrar la hora de entrada.
punch out registrar la hora de salida.
punctual *adj* puntual.
punctuality *n* puntualidad.
punitive *adj* punitivo, excesivo.
punitive damages daños punitivos.
punitive measures medidas punitivas.
punitive tariffs tarifas punitivas.
purchase *n* compra, adquisición.
purchase *v* comprar, adquirir.
purchase agreement contrato de compraventa.
purchase and assumption adquisición y asunción.
purchase and sale compra y venta.
purchase authentication certificación de compra.
purchase book libro de compras.
purchase capital capital de compras.
purchase card tarjeta de compras.
purchase certificate certificado de compra.
purchase certification certificación de compra.
purchase commitment compromiso de compra.
purchase conditions condiciones de compra.
purchase contract contrato de compraventa.
purchase cost costo de compra, coste de compra.
purchase credit crédito para comprar.
purchase decision decisión de compra.

purchase discount descuento de compra.
purchase evidence prueba de compra.
purchase financing financiación de compra, financiamiento de compra.
purchase fund fondo de compras.
purchase group grupo de compra.
purchase group agreement convenio de grupo de compra.
purchase intention intención de compra.
purchase invoice factura de compra.
purchase journal libro de compras.
purchase ledger libro mayor de compras.
purchase method método de compra.
purchase money pago anticipado, precio de compra.
purchase-money mortgage hipoteca otorgada para la compra de una propiedad, hipoteca otorgada por el vendedor para facilitar la compra de una propiedad.
purchase necessary, no sin obligación de compra.
purchase of a business compra de una empresa.
purchase option opción de compra.
purchase order orden de compra.
purchase outright comprar enteramente, comprar al contado.
purchase price precio de compra.
purchase price variance varianza de precio de compra.
purchase proof prueba de compra.
purchase retail comprar al por menor.
purchase tax impuesto sobre compras.
purchase value valor de compra.
purchase verification verificación de compra.
purchase wholesale comprar al por mayor.
purchased funds fondos adquiridos.
purchaser *n* comprador, adquiridor.
purchaser for value comprador con contraprestación.
purchaser in bad faith comprador de mala fe.
purchaser in good faith comprador de buena fe.
purchasing *n* compra.
purchasing agency agencia de compras.
purchasing agent agente de compras.
purchasing agreement convenio de compras.
purchasing co-operative cooperativa de compras.
purchasing committee comité de compras.
purchasing contract contrato de compras.
purchasing cooperative cooperativa de compras.
purchasing costs costos de compras, costes de compras.
purchasing department departamento de compras.
purchasing director director de compras.
purchasing group grupo de compras.
purchasing manager gerente de compras.
purchasing office oficina de compras.
purchasing policy política de compras.
purchasing power poder adquisitivo.
purchasing power gain ganancia de poder adquisitivo.
purchasing power loss pérdida de poder adquisitivo.
purchasing power parity paridad de poder adquisitivo.
purchasing power risk riesgo de poder adquisitivo.
purchasing specifications especificaciones de compras.
purchasing system sistema de compras.
pure annuity anualidad pura.

pure competition competencia pura.
pure interest intereses puros.
pure monopoly monopolio puro.
pure obligation obligación pura.
pure play inversión en una compañía que se concentra en una industria o producto dado, compañía que se concentra en una industria o producto dado.
pure premium prima pura.
pure profit beneficio puro, ganancia pura.
pure risk riesgo puro.
purification plant planta depuradora, planta purificadora.
purification process proceso depurador, proceso purificador.
purport *v* implicar, significar.
purpose *n* propósito, objeto, intención.
purpose loan préstamo respaldado con valores para comprar otros valores.
purpose statement declaración de propósito.
purse *n* cantidad de dinero disponible, premio en dinero, cartera.
purser *n* contador.
pursuant to conforme a.
purvey *v* proveer.
purveyor *n* proveedor.
push *v* empujar, presionar, apretar, promocionar.
push along agilizar.
push back aplazar, echar para atrás.
push forward seguir adelante.
push money pagos a vendedores que efectúa un fabricante para que impulsen sus productos.
push on continuar.
push strategy estrategia del empujón.
push through expeditar, obligar aprobación.
put *n* opción de venta.
put bond bono que permite que el tenedor lo revenda al emisor a un precio dado antes del vencimiento.
put forward presentar, exponer, proponer.
put into practice poner en práctica.
put off aplazar, disuadir.
put option opción de venta.
put premium prima de opción de venta.
put spread combinación de opciones de venta.
put up alojar, aumentar, levantar, ofrecer, aportar.
put writer quien vende una opción de venta.
PV (present value) valor actual.
pyramid sales scheme sistema generalmente ilegal de ventas en que se le paga al comprador o miembro por cada comprador o miembro nuevo que atraiga, venta en pirámide.
pyramid scheme sistema generalmente ilegal de ventas en que se le paga al comprador o miembro por cada comprador o miembro nuevo que atraiga, venta en pirámide.
pyramiding método de comprar más acciones al usar como garantía las que ya están en cartera.

Q

Q ratio ratio Q.
QA (quality assurance) comprobación de calidad.
QC (quality control) control de calidad.
qtr. (quarter) trimestre.

qty. (quantity) cantidad.
quadripartite *adj* cuadripartido.
quadruple indemnity indemnización cuádruple.
quadruplicate *adj* cuadruplicado.
quadruplicate form formulario en cuadruplicado.
quadruplicate invoice factura en cuadruplicado.
qualification *n* calificación, cualificación, condición, requisito, limitación, salvedad, título.
qualification check comprobación de calificaciones.
qualified *adj* calificado, cualificado, condicional, competente, limitado, titulado.
qualified acceptance aceptación condicional.
qualified accountant contable autorizado, contable calificado.
qualified approval aprobación condicional.
qualified bank banco calificado.
qualified borrower prestatario calificado.
qualified charity organización caritativa calificada.
qualified debt deuda calificada.
qualified distribution distribución calificada.
qualified employee empleado calificado.
qualified endorsement endoso condicional.
qualified expenses gastos calificados.
qualified for aid calificado para asistencia.
qualified for assistance calificado para asistencia.
qualified for relief calificado para alivio.
qualified guarantee garantía condicional.
qualified guaranty garantía condicional.
qualified indorsement endoso condicional.
qualified investment inversión calificada.
qualified lender prestador calificado.
qualified opinion opinión calificada, opinión con salvedades.
qualified organisation organización calificada.
qualified organization organización calificada.
qualified owner dueño condicional, dueño calificado.
qualified pension plan plan de pensiones calificado.
qualified personnel personal calificado.
qualified plan plan calificado, plan de retiro calificado.
qualified products productos calificados.
qualified property derecho condicional a propiedad, propiedad calificada.
qualified prospect cliente en perspectiva calificado.
qualified report informe calificado.
qualified residence residencia calificada.
qualified residence interest intereses de residencia calificada.
qualified retirement plan plan de retiro calificado.
qualified securities valores calificados.
qualified shares acciones calificadas.
qualified stock option opción de compra de acciones calificadas.
qualified stock option plan plan de opción de compra de acciones calificado.
qualified stocks acciones calificadas.
qualified transfer transferencia calificada.
qualified trust fideicomiso calificado.
qualified warranty garantía condicional.
qualified worker trabajador calificado.
qualify *v* calificar, limitar, capacitar.
qualifying annuity anualidad calificada.
qualifying clauses cláusulas limitantes.
qualifying dividend dividendo calificado.
qualifying member miembro calificado.
qualifying period período de calificación.

qualifying person persona calificada.
qualifying ratio ratio de calificación, razón de calificación.
qualifying shares acciones calificadas.
qualifying stock acciones calificadas.
qualifying stock option opción de compra de acciones calificada.
qualitative *adj* cualitativo.
qualitative analysis análisis cualitativo.
qualitative factors factores cualitativos.
qualitative forecasting previsión cualitativa.
qualitative research investigación cualitativa.
quality *n* calidad, cualidad.
quality assessment evaluación de calidad.
quality assurance comprobación de calidad.
quality audit auditoría de calidad.
quality authentication certificación de calidad.
quality certificate certificado de calidad.
quality certification certificación de calidad.
quality check revisión de calidad, inspección de calidad.
quality circle círculo de calidad.
quality control control de calidad.
quality control chart gráfico de control de calidad.
quality department departamento de calidad.
quality engineer ingeniero de calidad.
quality evidence prueba de calidad.
quality goods bienes de calidad.
quality label etiqueta de calidad.
quality management administración de calidad, gestión de calidad.
quality manager gerente de calidad.
quality market mercado de calidad.
quality of earnings calidad de ingresos.
quality of estate plazo y modo según los cuales se tiene derecho sobre un inmueble.
quality of life calidad de vida.
quality products productos de calidad.
quality proof prueba de calidad.
quality rating clasificación de calidad.
quality requirements requisitos de calidad.
quality review revisión de calidad.
quality standards normas de calidad.
quality verification verificación de calidad.
quantifiable *adj* cuantificable.
quantification *n* cuantificación.
quantified *adj* cuantificado.
quantify *v* cuantificar.
quantitative *adj* cuantitativo.
quantitative analysis análisis cuantitativo.
quantitative factors factores cuantitativos.
quantitative method método cuantitativo.
quantitative research investigación cuantitativa.
quantitative restrictions restricciones cuantitativas.
quantitatively *adv* cuantitativamente.
quantity *n* cantidad.
quantity discount descuento sobre cantidad.
quantity discount model modelo de descuento sobre cantidad.
quantity restrictions restricciones de cantidad.
quantity theory of money teoría cuantitativa del dinero.
quantity variance varianza de cantidad.
quarantine *n* cuarentena.
quarter *n* trimestre, cuarta parte, cuarto.
quarter section una cuarta parte de una milla cuadrada.
quarter-stock *n* acciones con valor a la par de veinticinco dólares.

quarterly *adj* trimestral.
quarterly *adv* trimestralmente.
quarterly activity actividad trimestral.
quarterly basis base trimestral.
quarterly charge cargo trimestral.
quarterly cost costo trimestral, coste trimestral.
quarterly dividend dividendo trimestral.
quarterly expenditures gastos trimestrales.
quarterly expenses gastos trimestrales.
quarterly fee cargo trimestral.
quarterly loss pérdida trimestral.
quarterly payment pago trimestral, abono trimestral.
quarterly premium prima trimestral.
quarterly rate tasa trimestral.
quarterly report informe trimestral.
quarterly returns planillas trimestrales.
quarterly review revisión trimestral.
quarterly statement estado trimestral.
quartile *n* cuartil.
quasi contract cuasicontrato.
quasi-contractual liability responsabilidad cuasicontractual.
quasi corporation cuasicorporación.
quasi deposit depósito implícito, depósito involuntario.
quasi easement cuasiservidumbre.
quasi-fiscal *adj* cuasifiscal.
quasi-money *n* cuasidinero.
quasi monopoly cuasimonopolio.
quasi partner socio aparente.
quasi possession cuasiposesión.
quasi-public *adj* cuasipúblico.
quasi-public corporation corporación cuasipública.
quasi purchase cuasicompra.
quasi rent cuasirrenta.
quasi reorganization cuasirreorganización.
query *n* consulta, pregunta.
query *v* consultar, preguntar.
question quality cuestionar la calidad.
questionable *adj* cuestionable.
questionable payment pago cuestionable.
questionable quality calidad cuestionable.
questionnaire *n* cuestionario.
queue *n* cola.
quick-asset ratio ratio de activo disponible a pasivo corriente, razón de activo disponible a pasivo corriente.
quick assets activo realizable.
quick ratio ratio de activo disponible a pasivo corriente, razón de activo disponible a pasivo corriente.
quid pro quo algo por algo, quid pro quo.
quiet enjoyment goce tranquilo, goce pacífico.
quiet market mercado inactivo.
quiet period período en que no se permite publicidad.
quiet possession posesión pacífica.
quiet title action acción para resolver reclamaciones opuestas en propiedad inmueble.
quiet title suit acción para resolver reclamaciones opuestas en propiedad inmueble.
quintuplicate *adj* quintuplicado.
quintuplicate form formulario en quintuplicado.
quintuplicate invoice factura en quintuplicado.
quit *v* abandonar, renunciar.
quitclaim *n* renuncia a un título, renuncia a un derecho, renuncia, finiquito.
quitclaim *v* renunciar a un título, renunciar a un

derecho, renunciar.
quitclaim deed transferencia de propiedad mediante la cual se renuncia a todo derecho sin ofrecer garantías.
quittance *n* quitanza, finiquito.
quorate *adj* con quórum.
quorum *n* quórum.
quota *n* cuota.
quota-based *adj* basado en cuotas.
quota change cambio de cuota.
quota limit límite de cuota.
quota price precio de cuota.
quota restrictions restricciones de cuota.
quota review revisión de cuota.
quota share parte de la cuota.
quota system sistema de cuotas.
quotation *n* cotización, cita.
quotation request solicitud de cotización.
quote *n* cotización, cita.
quote *v* cotizar, citar.
quoted *adj* cotizado, citado.
quoted price precio cotizado.
quoted securities valores cotizados.
quoted shares acciones cotizadas.
quoted stocks acciones cotizadas.

R

R & D (research and development) investigación y desarrollo.
R & D costs (research and development costs) costos de investigación y desarrollo, costes de investigación y desarrollo.
race discrimination discriminación racial.
racial discrimination discriminación racial.
racial harassment hostigamiento racial.
rack rent alquiler exorbitante.
racket *n* actividad ilícita continua con el propósito de ganar dinero, chanchullo, extorsión.
racketeer *n* quien se dedica a actividades ilícitas continuas con el propósito de ganar dinero, raquetero, extorsionista.
racketeering *n* actividades ilícitas continuas con el propósito de ganar dinero, crimen organizado, raqueterismo.
radiation *n* radiación.
radical *adj* radical.
radical *n* radical.
radio ad anuncio de radio.
radio advertisement anuncio de radio.
radio advertising anuncios de radio.
radio audience radioyentes.
radio broadcast emisión de radio.
radio commercial comercial de radio.
radio network red de radio.
radio station estación de radio, emisora de radio.
raid *n* intento de tomar control de una corporación mediante la adquisición de una mayoría sus acciones, tiburoneo, redada.
raid *v* intentar tomar control de una corporación mediante la adquisición de una mayoría sus acciones, hacer una redada.
raider *n* tiburón, persona o persona jurídica que intenta tomar control de una corporación mediante la adquisición de una mayoría sus acciones.

rail cargo carga ferroviaria.
rail carrier transportador ferroviario.
rail network red ferroviaria.
rail system sistema ferroviario.
railroad cargo carga ferroviaria.
railroad carrier transportador ferroviario.
railroad network red ferroviaria.
railroad system sistema ferroviario.
railway cargo carga ferroviaria.
railway carrier transportador ferroviario.
railway network red ferroviaria.
railway system sistema ferroviario.
rain insurance seguro contra contratiempos ocasionados por lluvia.
raise *n* aumento, subida, aumento de salario.
raise *v* alzar, subir, aumentar, plantear, reunir.
raise a check ampliar un cheque.
raise a cheque ampliar un cheque.
raise capital recaudar capital.
raise funds recaudar fondos.
raise money recaudar dinero.
raise pay aumentar la paga.
raise prices subir precios.
raise revenue recaudar contribuciones.
raise salaries aumentar salarios.
raise taxes aumentar impuestos.
raise wages subir salarios.
raised check cheque al cual se le ha aumentado el valor fraudulentamente.
raised cheque cheque al cual se le ha aumentado el valor fraudulentamente.
rally *n* aumento repentino en un mercado de valores, aumento repentino en la cotización de una acción, mitin.
ramification *n* ramificación.
ramp up aumentar significativamente.
rampant inflation inflación galopante.
random *adj* aleatorio, al azar.
random check revisión aleatoria.
random component componente aleatorio.
random demand demanda aleatoria.
random distribution distribución aleatoria.
random inspection inspección aleatoria.
random-number generator generador de números aleatorios.
random sample muestra aleatoria.
random sampling muestreo aleatorio.
random variable variable aleatoria.
random variances variaciones aleatorias.
random walk theory teoría del paseo aleatorio.
randomisation *n* aleatorización.
randomise *v* aleatorizar.
randomised *adj* aleatorizado.
randomization *n* aleatorización.
randomize *v* aleatorizar.
randomized *adj* aleatorizado.
randomly *adv* aleatoriamente.
range *n* margen, intervalo, gama, clase, rango.
range of products gama de productos.
rank *n* orden, posición, clasificación, categoría.
rank and file los miembros regulares de una entidad, los empleados regulares de una entidad, miembros de unión.
ranking *n* orden, posición, clasificación, categoría.
ranking of claims orden de prioridad de las reclamaciones.
ranking of creditors orden de prioridad de los acreedores.
rapid amortisation amortización rápida.
rapid amortization amortización rápida.

rapid deterioration deterioro rápido.
rapid growth crecimiento rápida.
rapid transport transporte rápido.
rapid turnover giro rápido.
rat race ajetreo constante de la vida moderna, competencia feroz por mejorar el estatus económico y/o laboral.
ratable *adj* proporcional, tasable, imponible.
ratable property propiedad imponible, propiedad tasable.
ratable value valor catastral, valuación fiscal.
ratably *adv* proporcionalmente, a prorrata.
ratchet effect efecto trinquete.
rate *n* tipo, tasa, tarifa, precio, valor.
rate *v* clasificar, estimar, valorar.
rate base base de tasa.
rate basis base de tasa.
rate cap límite de tasa.
rate card lista de precios de anuncios.
rate ceiling tasa tope.
rate cut recorte de tasa.
rate cutting recorte de tasa.
rate decrease disminución de tasa.
rate discrimination discriminación de tasas.
rate earned tasa devengada.
rate fixing fijación de tasa.
rate floor tasa mínima.
rate increase incremento de tasa.
rate lock fijación de tasa.
rate making cómputo de primas.
rate manual manual de primas.
rate of change tasa de cambio.
rate of depreciation tasa de depreciación, tasa de amortización.
rate of employment tasa de empleo.
rate of exchange tipo de cambio.
rate of expansion tasa de expansión.
rate of growth tasa de crecimiento.
rate of increase tasa de aumento.
rate of inflation tasa de inflación.
rate of interest tasa de interés.
rate of production ritmo de producción.
rate of return tasa de rendimiento.
rate of return on investment tasa de rendimiento de inversión.
rate of sales ritmo de ventas.
rate of saving tasa de ahorro.
rate of tax tasa de impuesto.
rate of taxation tasa de imposición.
rate of turnover tasa de rotación.
rate of unemployment tasa de desempleo.
rate regulation regulación de tasas.
rate scale escala de tasas.
rate schedule baremo.
rate-sensitive *adj* sensible a tasas.
rate sensitivity sensibilidad a tasas.
rate setting fijación de tasas.
rate-setting policy política de fijación de tasas.
rate structure estructura de tasas.
rate table baremo.
rate tariff tarifa de transporte condicional.
rate war guerra de tasas.
rateable *adj* proporcional, tasable, imponible.
rateable property propiedad imponible, propiedad tasable.
rateable value valor catastral, valuación fiscal.
rateably *adv* proporcionalmente, a prorrata.
ratification *n* ratificación.
ratify *v* ratificar.
rating *n* clasificación, calificación, categoría,

valoración, índice de televidentes.
rating agency agencia de clasificación.
rating bureau negociado de clasificación.
rating service servicio de clasificación.
ratio *n* ratio, razón, relación, proporción.
ratio analysis análisis de ratios, análisis de razones.
ration *v* racionar.
rational *adj* racional.
rational consumer consumidor racional.
rational expectations expectativas racionales.
rationale *n* lógica, razones, fundamento.
rationalisation *n* racionalización.
rationalization *n* racionalización.
rationing *n* racionamiento.
rationing of goods racionamiento de productos.
rationing system sistema de racionamiento.
rattening *n* práctica de efectuar actos contra la propiedad o materiales de trabajo de un obrero para obligarlo a unirse a un sindicato.
raw data datos sin procesar.
raw land terreno sin mejoras.
raw materials materias primas, insumos.
raw materials inventory inventario de materias primas.
raw materials used materias primas utilizadas.
rcvd. (received) recibido.
Rd. (road) carretera.
re. (regarding) concerniente a, con referencia a.
re-acquire *v* readquirir.
re-acquired *adj* readquirido.
re-acquired shares acciones readquiridas.
re-acquired stock acciones readquiridas.
re-acquisition *n* readquisición.
re-afforestation *n* reforestación.
re-allocate *v* reasignar.
re-allocated *adj* reasignado.
re-allocation *n* reasignación.
re-apply *v* volver a solicitar.
re-appoint *v* volver a nombrar.
re-appraisal *n* revaluación.
re-appraise *v* revaluar, volver a tasar.
re-assess *v* volver a estimar, retasar, volver a amillarar.
re-assessment *n* reestimación, retasación, nuevo amillaramiento.
re-assign *v* reasignar, volver a repartir.
re-assignment *n* reasignación, cesión de parte de un cesionario, nueva repartición.
re-assurance *n* reaseguro, seguridad.
re-assure *v* reasegurar, tranquilizar.
re-brand *v* cambiar la marca de un producto o servicio, actualizar la imagen de un producto o servicio.
re-build *v* reconstruir.
re-buy *v* recomprar.
re-calculate *v* recalcular.
re-deposit *v* volver a depositar, redepositar.
re-design *v* rediseñar.
re-develop *v* redesarrollar.
re-development *n* redesarrollo.
re-educate *v* reeducar.
re-elect *v* reelegir.
re-employ *v* reemplear.
re-employment *n* reempleo.
re-establish *v* reestablecer.
re-evaluate *v* reevaluar.
re-evaluated *adj* reevaluado.
re-evaluation *n* reevaluación.
re-examine *v* reexaminar.
re-export *v* reexportar.

re-exportation *n* reexportación.
re-exported *adj* reexportado.
re-exporter *n* reexportador.
re-finance *v* refinanciar.
re-finance credit crédito de refinanciación.
re-finance risk riesgo de refinanciación.
re-financed *adj* refinanciado.
re-financed loan préstamo refinanciado.
re-financing *n* refinanciamiento, refinanciación.
re-float *v* reflotar.
re-forestation *n* reforestación.
re-hire *v* volver a emplear.
re-hypothecate *v* rehipotecar.
re-hypothecation *n* ofrecer como prenda un bien ya ofrecido por otro como prenda, rehipotecación.
re-import *v* reimportar.
re-importation *n* reimportación.
re-insurance *n* reaseguro.
re-insurance activity actividad reaseguradora.
re-insurance agent agente de reaseguro.
re-insurance agreement convenio de reaseguro.
re-insurance association asociación para reasegurar.
re-insurance broker corredor de reaseguro.
re-insurance business negocio de reaseguro.
re-insurance capacity capacidad para reasegurar.
re-insurance carrier compañía de reaseguro.
re-insurance certificate certificado de reaseguro.
re-insurance certification certificación de reaseguro.
re-insurance clause cláusula de reaseguro.
re-insurance company compañía de reaseguro.
re-insurance consultant consultor de reaseguro.
re-insurance contract contrato de reaseguro.
re-insurance coverage cobertura de reaseguro.
re-insurance credit crédito por reaseguro.
re-insurance department departamento de reaseguro.
re-insurance division división de reaseguro.
re-insurance firm empresa reaseguradora.
re-insurance form formulario de reaseguro.
re-insurance limit límite de reaseguro.
re-insurance office oficina de reaseguro.
re-insurance plan plan de reaseguro.
re-insurance policy póliza de reaseguro.
re-insurance premium prima de reaseguro.
re-insurance rate tasa de reaseguro.
re-insurance regulation regulación de la industria del reaseguro.
re-insurance reserve reserva para reaseguro.
re-insurance risk riesgo de reaseguro.
re-insurance services servicios de reaseguro.
re-insurance trust fideicomiso que usa los beneficios de una póliza de reaseguro.
re-insure *v* reasegurar.
re-insured *adj* reasegurado.
re-insurer *n* reasegurador.
re-intermediation *n* reintermediación.
re-invent *v* reinventar.
re-invest *v* reinvertir.
re-invested *adj* reinvertido.
re-investment *n* reinversión.
re-investment period período de reinversión.
re-investment privilege privilegio de reinversión.
re-investment rate tasa de reinversión.
re-investment risk riesgo de reinversión.
re-issuance *n* reemisión, reimpresión.
re-issue *v* reemitir.
re-issued patent patente modificada.
re-let *v* realquilar.

re-monetisation *n* remonetización.
re-monetise *v* remonetizar.
re-monetised *adj* remonetizado.
re-monetization *n* remonetización.
re-monetize *v* remonetizar.
re-monetized *adj* remonetizado.
re-mortgage *v* rehipotecar.
re-name *v* renombrar.
re-negotiable *adj* renegociable.
re-negotiable interest rate tasa de interés renegociable.
re-negotiable price precio renegociable.
re-negotiable rate tasa renegociable.
re-negotiable-rate loan préstamo de tasa renegociable.
re-negotiable-rate mortgage hipoteca de tasa renegociable.
re-negotiable terms términos renegociables.
re-negotiate *v* renegociar.
re-negotiated *adj* renegociado.
re-negotiated contract contrato renegociado.
re-negotiated loan préstamo renegociado.
re-negotiated terms términos renegociados.
re-negotiation *n* renegociación.
re-open *v* reabrirse, reanudarse.
re-order *v* reordenar, volver a pedir.
re-order point punto de reordenar, punto de hacer un nuevo pedido.
re-organisation *n* reorganización.
re-organisation bond bono de reorganización.
re-organisation committee comité de reorganización.
re-organise *v* reorganizar.
re-organization *n* reorganización.
re-organization bond bono de reorganización.
re-organization committee comité de reorganización.
re-organize *v* reorganizar.
re-package *v* reempacar, volver a empacar, ofrecer con una nueva presentación, actualizar la imagen.
re-packaging *n* reempacado, empaquetado nuevo, ofrecimiento con una nueva presentación, actualización de la imagen.
re-present *v* volver a presentar.
re-process *v* reprocesar.
re-processed *adj* reprocesado.
re-processing *n* reprocesado.
re-publish *v* republicar.
re-purchase *n* recompra, readquisición, redención.
re-purchase *v* recomprar, readquirir.
re-purchase agreement contrato de retroventa, pacto de recompra.
re-purchasing agreement contrato de retroventa, pacto de recompra.
re-registration *n* reinscripción.
re-schedule *v* reprogramar, renegociar, reestructurar.
re-sell *v* revender.
re-shuffle *v* reorganizar, redistribuir.
re-skill *v* entrenar para desempeñar nuevas tareas, entrenar para mejorar destrezas.
re-state *v* repetir, volver a declarar, replantear.
re-stock *v* reaprovisionar, reabastecer.
re-submit *v* volver a presentar.
re-tendering *n* reoferta.
re-zone *v* rezonificar.
re-zoning *n* rezonificación.
reach *n* alcance.
reacquire *v* readquirir.
reacquired *adj* readquirido.

reacquired shares acciones readquiridas.
reacquired stock acciones readquiridas.
reacquisition *n* readquisición.
reaction *n* reacción.
reactionary *adj* reaccionario.
reactionary *n* reaccionario.
reactivate *v* reactivar.
readable *adj* legible.
reader *n* lector.
readership *n* lectores.
readjust *v* reajustar.
readjusted *adj* reajustado.
readjustment *n* reajuste.
readjustment income ingresos de reajuste.
readjustment plan plan de reajuste.
ready *adj* listo, preparado, disponible, rápido.
ready cash dinero en efectivo.
ready-made *adj* prefabricado, idóneo, trillado.
ready money dinero en efectivo.
reaffirm *v* reafirmar.
reaffirmation *n* reafirmación.
reafforestation *n* reforestación.
real *adj* real, verdadero.
real account cuenta real, cuenta del balance.
real age edad real.
real agency agencia real.
real amount cantidad real, monto real.
real assets bienes inmuebles, activo inmobiliario, activo real.
real authorisation autorización real, autorización efectiva.
real authority autoridad real.
real authorization autorización real, autorización efectiva.
real budget presupuesto real.
real budgeting presupuestación real.
real capital capital real.
real cash value valor real en efectivo.
real cost costo real, coste real.
real damages daños reales.
real debt deuda real.
real delivery entrega real.
real demand demanda real, demanda efectiva.
real depreciation depreciación real, depreciación efectiva.
real disbursement desembolso real.
real disposable income ingresos disponibles reales.
real earnings ingresos reales.
real economic growth rate tasa de crecimiento económico real.
real economy economía real.
real estate bienes inmuebles, bienes raíces, propiedad inmueble.
real estate agency agencia de bienes raíces, inmobiliaria.
real estate agent agente de bienes raíces, agente inmobiliario.
real estate broker corredor de bienes raíces, corredor inmobiliario.
real estate capital capital inmobiliario.
real estate closing cierre, cierre de transacción de bienes raíces.
real estate commission comisión de bienes raíces.
real estate company compañía de bienes raíces, compañía inmobiliaria.
real estate credit crédito inmobiliario.
real estate developer promotor inmobiliario, desarrollador inmobiliario.
real estate development desarrollo inmobiliario,

desarrollo de bienes raíces.

real estate financing financiamiento inmobiliario, financiamiento de bienes raíces.

real estate investment inversión en bienes inmuebles, inversión inmobiliaria.

real estate investment trust compañía formada para la inversión en bienes inmuebles.

real estate limited partnership sociedad en comandita inmobiliaria.

real estate listing contrato para una transacción de un inmueble con un corredor de bienes raíces.

real estate loan préstamo inmobiliario.

real estate management administración de bienes inmuebles, gestión de bienes inmuebles.

real estate market mercado de bienes inmuebles.

real estate mortgage investment conduit conducto de inversión en valores de hipotecas.

real estate partnership sociedad para la compra y venta de bienes inmuebles.

real estate taxes impuestos sobre los bienes inmuebles.

real estate trust fideicomiso inmobiliario.

real exchange rate tipo de cambio real.

real expenditures gastos reales, desembolsos reales.

real expenses gastos reales.

real exports exportaciones reales.

real GDP (real gross domestic product) PIB real, producto interior bruto real.

real gross domestic product producto interior bruto real, PIB real.

real guarantee garantía real.

real guaranty garantía real.

real holdings propiedades reales, posesiones reales.

real imports importaciones reales.

real income ingresos reales.

real interest interés real.

real interest rate tasa de interés real.

real investments inversiones reales.

real liabilities pasivo real.

real liquidity liquidez real.

real loss pérdida real.

real market mercado real.

real market price precio real de mercado.

real market value valor real de mercado.

real markup margen real de ganancia.

real money moneda en metálico.

real national income ingreso nacional real.

real offer oferta real.

real overdraft sobregiro real.

real owner dueño real.

real payments pagos reales.

real policy política real, póliza real.

real possession posesión real.

real price precio real.

real production producción real.

real profits beneficios reales, ganancias reales.

real property bienes inmuebles, propiedad inmueble, bienes raíces.

real property taxes impuestos sobre los bienes inmuebles.

real property transaction transacción de bienes raíces.

real quote cotización real.

real rate tasa real.

real rate of return tasa de rendimiento real.

real return rendimiento real.

real revenues ingresos reales.

real salary salario real, sueldo real.

real security garantía hipotecaria, garantía real, seguridad real.

real servitude servidumbre real.

real stock existencias reales.

real terms términos reales.

real-time *adj* en tiempo real.

Real-Time Gross Settlement Liquidación Bruta en Tiempo Real.

real-time transaction transacción en tiempo real.

real-time transmission transmisión en tiempo real.

real user usuario real.

real value valor real.

real value of money valor real del dinero.

real volume volumen real.

real wages salario real, sueldo real.

real weight peso real.

real yield rendimiento real.

realign *v* realinear, reajustar.

realigned *adj* realineado, reajustado.

realignment *n* realineación, reajuste.

realisable *adj* realizable.

realisable gain ganancia realizable.

realisable loss pérdida realizable.

realisable value valor realizable.

realisation *n* realización.

realise *v* realizar.

realised *adj* realizado.

realised gain ganancia realizada.

realised investment inversión realizada.

realised loss pérdida realizada.

realised price precio realizado.

realised profit beneficio realizado, ganancia realizada.

realised return rendimiento realizado.

realised yield rendimiento realizado.

realistic *adj* realista.

realizable *adj* realizable.

realizable gain ganancia realizable.

realizable loss pérdida realizable.

realizable value valor realizable.

realization *n* realización.

realize *v* realizar.

realized *adj* realizado.

realized gain ganancia realizada.

realized investment inversión realizada.

realized loss pérdida realizada.

realized price precio realizado.

realized profit beneficio realizado, ganancia realizada.

realized return rendimiento realizado.

realized yield rendimiento realizado.

reallocate *v* reasignar.

reallocated *adj* reasignado.

reallocation *n* reasignación.

realpolitik *n* política real.

realtime *adj* en tiempo real.

Realtor *n* agente inmobiliario, agente de bienes raíces.

realty *n* bienes inmuebles, bienes raíces, propiedad inmueble.

reapply *v* volver a solicitar.

reappoint *v* volver a nombrar.

reappraisal *n* revaluación.

reappraise *v* revaluar, volver a tasar.

reasonable *adj* razonable, justo.

reasonable amount cantidad razonable.

reasonable and customary charge cargo razonable y acostumbrado.

reasonable and customary fee cargo razonable y acostumbrado.

reasonable charge cargo razonable.

reasonable cost costo razonable, coste razonable.
reasonable expectations expectativas razonables.
reasonable expenditures gastos razonables.
reasonable expenses gastos razonables.
reasonable fee cargo razonable.
reasonable interest rate tasa de interés razonable.
reasonable investment inversión razonable.
reasonable investor inversionista razonable.
reasonable length of time plazo razonable.
reasonable notice aviso razonable.
reasonable person persona razonable.
reasonable person test prueba de persona
  razonable.
reasonable premium prima razonable.
reasonable price precio razonable.
reasonable rate tasa razonable.
reasonable time plazo razonable.
reasonable value valor razonable.
reasonably *adv* razonablemente.
reassess *v* volver a estimar, retasar, volver a
  amillarar.
reassessment *n* reestimación, retasación, nuevo
  amillaramiento.
reassign *v* reasignar, volver a repartir.
reassignment *n* reasignación, cesión de parte de
  un cesionario, nueva repartición.
reassurance *n* reaseguro, seguridad.
reassure *v* reasegurar, tranquilizar.
rebate *n* rebaja, reembolso, descuento, devolución.
rebound *v* recuperarse.
rebrand *v* cambiar la marca de un producto o
  servicio, actualizar la imagen de un producto o
  servicio.
rebuild *v* reconstruir.
rebuilding *n* reconstrucción.
rebuy *v* recomprar.
recalculate *v* recalcular.
recall *n* revocación, retirada, retirada del mercado,
  procedimiento para informar sobre defectos en
  productos y corregirlos.
recall *v* revocar, retirar, retirar del mercado,
  informar sobre defectos de productos y corregirlos.
recallable *adj* revocable, retirable.
recapitalisation *n* recapitalización.
recapitalise *v* recapitalizar.
recapitalization *n* recapitalización.
recapitalize *v* recapitalizar.
recapture *v* recapturar, recobrar, recuperar.
recapture of depreciation recaptura de
  depreciación.
recd. (received) recibido.
receipt *n* recibo, recepción.
receipt book libro de recibos.
receipt for payment recibo por pago.
receipt for services recibo por servicios.
receipt in full recibo por la cantidad total, recibo
  por saldo.
receipt of goods recibo de las mercancías.
receipts *n* ingresos, entradas, recibos.
receivable *adj* por cobrar, exigible.
receivable account cuenta por cobrar.
receivables *n* cuentas por cobrar.
receivables turnover veces por año que se cobran
  las cuentas por cobrar.
receive *v* recibir, aceptar.
receive against payment recibir contra pago.
receive interest recibir intereses.
receive versus payment recibir contra pago.
received *adj* recibido.
receiver *n* recibidor, administrador judicial,

liquidador, síndico, destinatario, receptor.
receiver's certificate certificado del administrador
  judicial, certificado del liquidador.
receivership *n* liquidación judicial, nombramiento
  de un administrador judicial, administración
  judicial.
receiving *adj* receptor, que recibe.
receiving bank banco receptor.
receiving bank identifier código de identificación
  del banco receptor.
receiving bank name nombre de del banco
  receptor.
receiving clerk empleado que recibe.
receiving report informe de lo recibido.
receiving teller cajero receptor.
recent *adj* reciente.
reception *n* recepción, recibimiento, acogida.
receptionist *n* recepcionista.
recession *n* recesión.
recipient *n* recibidor, receptor.
recipient bank banco receptor.
recipient country país receptor.
reciprocal *adj* recíproco.
reciprocal agreement pacto recíproco, convenio
  recíproco.
reciprocal aid ayuda recíproca.
reciprocal allocation method método de
  asignación recíproca.
reciprocal arrangement arreglo recíproco.
reciprocal assistance asistencia recíproca.
reciprocal buying compras recíprocas.
reciprocal commerce comercio recíproco.
reciprocal contract contrato recíproco.
reciprocal covenants estipulaciones recíprocas,
  garantías recíprocas.
reciprocal demand demanda recíproca.
reciprocal easement servidumbre recíproca.
reciprocal exchange intercambio recíproco.
reciprocal flow flujo recíproco.
reciprocal insurance seguro recíproco.
reciprocal insurer asegurador recíproco.
reciprocal laws leyes recíprocas.
reciprocal legislation legislación recíproca.
reciprocal loan préstamo recíproco.
reciprocal obligations obligaciones recíprocas.
reciprocal payments pagos recíprocos.
reciprocal promises promesas recíprocas.
reciprocal purchases compras recíprocas.
reciprocal statutes leyes recíprocas.
reciprocal tax treaty tratado contributivo
  recíproco.
reciprocal trade comercio recíproco.
reciprocal trade agreement acuerdo comercial
  recíproco.
reciprocal transaction transacción recíproca.
reciprocal trusts fideicomisos recíprocos.
reciprocality *n* reciprocidad.
reciprocally *adv* recíprocamente.
reciprocity *n* reciprocidad.
reciprocity agreement acuerdo de reciprocidad.
reckon *v* calcular, computar, contar.
reckoning *n* cálculo, cómputo, cuenta.
reclaim *v* reclamar.
reclamation *n* reclamación, proceso de aumentar el
  valor de terreno inservible al hacerle mejoras,
  recuperación.
reclassification *n* reclasificación.
reclassification of shares reclasificación de
  acciones.
reclassification of stock reclasificación de

acciones.
reclassify v reclasificar.
recognised adj reconocido, realizado.
recognised gain ganancia realizada.
recognised loss pérdida realizada.
recognition n reconocimiento, ratificación.
recognized adj reconocido, realizado.
recognized gain ganancia realizada.
recognized loss pérdida realizada.
recommend v recomendar.
recommendation n recomendación.
recommendation letter cata de recomendación.
recommended adj recomendado.
recommended price precio recomendado.
recommended retail price precio recomendado, precio al por menor recomendado.
recompense n recompensa, indemnización.
recomputation n recómputo.
reconcile v reconciliar, conciliar.
reconcile accounts conciliar cuentas.
reconciliation n reconciliación, conciliación.
reconciliation of accounts conciliación de cuentas.
reconciliation statement estado de conciliación.
recondition v reacondicionar.
reconditioning of property reacondicionamiento de propiedad.
reconduction n reconducción, renovación de un arrendamiento anterior.
reconfigure v reconfigurar.
reconsider v reconsiderar.
reconsideration n reconsideración.
reconsign v reconsignar.
reconsignment n reconsignación.
reconstruct v reconstruir.
reconstruction n reconstrucción.
reconversion n reconversión.
reconveyance n retraspaso.
record n récord, registro, inscripción, historial, expediente, archivo, fichero.
record v registrar, inscribir, anotar, grabar.
record a deed registrar una escritura.
record a mortgage registrar una hipoteca.
record date fecha de registro.
record high el nivel más alto jamás alcanzado, el valor más alto jamás alcanzado.
record-keeping system sistema de registro, sistema de inscripción, sistema de anotación, sistema de grabación.
record low el nivel más bajo jamás alcanzado, el valor más bajo jamás alcanzado.
record, off-the- extraoficial, confidencial.
record, on registrado, que consta.
record owner titular registrado.
record title título registrado.
recordable adj registrable, inscribible.
recordation n registro, inscripción.
recorded adj registrado, inscrito.
recorder n registrador.
recorder of deeds registrador de la propiedad.
recording n registro, inscripción, anotación, grabación.
recording fee cargo de registro, cargo de inscripción.
recording of lien registro de gravamen.
recording of mortgage registro de hipoteca.
recording system sistema de registro, sistema de inscripción, sistema de anotación, sistema de grabación.
records administration administración de

registros.
records administrator administrador de registros.
records management administración de registros, gestión de registros.
records manager administrador de registros.
records of a corporation libros corporativos, libros de un ente jurídico.
recoup v recuperar, reembolsar.
recoup losses recuperar pérdidas.
recoupment n recuperación, reembolso, deducción.
recoupment period período de recuperación.
recourse n recurso.
recourse loan préstamo con recursos.
recover v recuperar, recobrar, rescatar.
recoverable adj recuperable, rescatable.
recoverer n quien ha obtenido una sentencia favorable para obtener un pago.
recovery n recuperación, sentencia favorable para obtener un pago.
recovery of basis recuperación de la base.
recovery of costs recuperación de costos, recuperación de costes.
recovery period período de recuperación.
recovery value valor de rescate.
recreation n recreación.
recreational adj recreativo.
recruit v reclutar, contratar.
recruitment n reclutamiento, contratación.
recruitment bonus bono por reclutamiento.
rectifiable adj rectificable.
rectification n rectificación.
rectification entry asiento de rectificación.
rectify v rectificar.
recuperate v recuperar.
recuperation n recuperación.
recurrent adj recurrente.
recurrent budget presupuesto recurrente.
recurrent disability discapacidad recurrente.
recurrent expenditures gastos recurrentes.
recurrent expenses gastos recurrentes.
recurrent outlays desembolsos recurrentes, gastos recurrentes.
recurring adj recurrente.
recurring charge cargo recurrente.
recurring cost costo recurrente, coste recurrente.
recurring employment empleo repetido.
recurring expenditures gastos recurrentes.
recurring expenses gastos recurrentes.
recurring fee cargo recurrente.
recurring payment pago recurrente.
recycle v reciclar.
recycled adj reciclado.
recycling n reciclaje.
red box caja roja, compartimiento rojo.
red box subsidies subsidios de caja roja, subsidios de compartimiento rojo.
red herring folleto informativo preliminar de una emisión de valores.
red, in the en números rojos.
red tape trámites burocráticos excesivos, burocratismo, papeleo.
redeem v redimir, rescatar, canjear, compensar, amortizar.
redeemable adj redimible, rescatable, canjeable, compensable, amortizable.
redeemable bond bono redimible.
redeemable preferred shares acciones preferenciales redimibles.
redeemable preferred stock acciones preferenciales redimibles.

redeemable rent renta redimible.
redeemable securities valores redimibles.
redeemable shares acciones redimibles.
redeemable stock acciones redimibles.
redeemed *adj* redimido, retirado, rescatado, canjeado, compensado, amortizado.
redeemed bond bono redimido, bono retirado.
redeemed preferred shares acciones preferidas redimidas.
redeemed preferred stock acciones preferidas redimidas.
redeemed shares acciones redimidas.
redeemed stock acciones redimidas.
redemption *n* redención, rescate, canje, reembolso, amortización, compensación.
redemption call aviso de redención.
redemption charge cargo por redención.
redemption date fecha de redención, fecha de rescate.
redemption fee cargo por redención.
redemption fund fondo de redención.
redemption of bonds redención de bonos, rescate de bonos.
redemption period período de rescate.
redemption premium prima de redención.
redemption price precio de redención.
redemption right derecho de rescate.
redemption value valor de redención.
redemption yield rendimiento al vencimiento.
redenomination *n* redenominación.
redeposit *v* volver a depositar, redepositar.
redesign *v* rediseñar.
redevelop *v* redesarrollar.
redevelopment *n* redesarrollo.
rediscount *n* redescuento.
rediscount rate tasa de redescuento.
redistribute *v* redistribuir.
redistributed *adj* redistribuido.
redistributed cost costo redistribuido, coste redistribuido.
redistribution *n* redistribución.
redlining *n* práctica ilegal de negar crédito en ciertas áreas sin tener en cuenta el historial de crédito de los solicitantes de dicha área.
redraft *v* volver a redactar.
redress *v* reparar, remediar.
reduce *v* reducir.
reduce benefits reducir beneficios.
reduce costs reducir costos, reducir costes.
reduce expenditures reducir gastos.
reduce expenses reducir gastos.
reduce overhead reducir gastos generales.
reduce prices reducir precios.
reduce rates reducir tasas.
reduce taxes reducir impuestos.
reduced *adj* reducido.
reduced benefits beneficios reducidos.
reduced budget presupuesto reducido.
reduced cost costo reducido, coste reducido.
reduced expenditures gastos reducidos.
reduced expenses gastos reducidos.
reduced overhead gastos generales reducidos.
reduced price precio reducido.
reduced rate tasa reducida.
reduced taxes impuestos reducidos.
reduction *n* reducción.
reduction certificate certificado de reducción de deuda.
reduction of benefits reducción de beneficios.
reduction of capital reducción de capital.

reduction of contamination reducción de la contaminación.
reduction of costs reducción de costos, reducción de costes.
reduction of dividend reducción de dividendo.
reduction of expenditures reducción de gastos.
reduction of expenses reducción de gastos.
reduction of overhead reducción de gastos generales.
reduction of prices reducción de precios.
reduction of rates reducción de tasas.
reduction of taxes reducción de impuestos.
redundancy *n* redundancia, despido, despido por eliminación de puestos de trabajo.
redundancy insurance seguro de desempleo, seguro de desempleo a corto plazo.
redundancy pay compensación por desempleo, compensación por desempleo a corto plazo.
redundancy payment compensación por desempleo, compensación por desempleo a corto plazo.
redundant *adj* redundante, despedido, despedido por eliminación de un puesto de trabajo.
reeducate *v* reeducar.
reelect *v* reelegir.
reemploy *v* reemplear.
reemployment *n* reempleo.
reestablish *v* reestablecer.
reevaluate *v* reevaluar.
reevaluated *adj* reevaluado.
reevaluation *n* reevaluación.
reexamine *v* reexaminar.
reexport *v* reexportar.
reexportation *n* reexportación.
reexported *adj* reexportado.
reexporter *n* reexportador.
refer *v* referir, remitir.
reference *n* referencia.
reference currency moneda de referencia, divisa de referencia.
reference group grupo de referencia.
reference interest rate tasa de interés de referencia.
reference level nivel de referencia.
reference number número de referencia.
reference price precio de referencia.
reference rate tasa de referencia.
reference sample muestra de referencia.
reference year año de referencia.
referendum *n* referéndum.
referral *n* referido, referencia.
referred *adj* referido.
refinance *v* refinanciar.
refinance credit crédito de refinanciación.
refinance risk riesgo de refinanciación.
refinanced *adj* refinanciado.
refinanced loan préstamo refinanciado.
refinancing *n* refinanciamiento, refinanciación.
refine *v* refinar, pulir.
refined *adj* refinado, pulido.
reflate *v* reflacionar.
reflation *n* reflación.
reflationary *adj* reflacionario.
reflect *v* reflejar.
reflected *adj* reflejado.
refloat *v* reflotar.
reforestation *n* reforestación.
reform *n* reforma.
reformed *adj* reformado.
refresher course curso de actualización

refugee *n* refugiado.
refund *n* reembolso, reintegro, devolución.
refund *v* reembolsar, reintegrar, devolver.
refund a bond redimir un bono.
refund annuity anualidad en que se paga al pensionado lo que él anteriormente aportó.
refund annuity contract contrato de anualidad en que se paga al pensionado lo que él anteriormente aportó.
refund check cheque de reembolso.
refund cheque cheque de reembolso.
refund of charges reembolso de cargos.
refund of costs reembolso de costos, reembolso de costes.
refund of expenditures reembolso de gastos.
refund of expenses reembolso de gastos.
refund of fees reembolso de cargos.
refund of payments reembolso de pagos.
refund of postage reembolso de franqueo.
refund of premium reembolso de prima.
refund of taxes reintegro contributivo.
refundable *adj* reembolsable.
refundable credit crédito reembolsable.
refundable deposit depósito reembolsable.
refundable fee cargo reembolsable.
refundable interest intereses reembolsables.
refundable payment pago reembolsable.
refunding *n* reintegro, reembolso, refinanciación.
refurbish *v* renovar, rejuvenecer.
refurbished *adj* renovado, rejuvenecido.
refurbishment *n* renovación, rejuvenecimiento.
refusal *n* rechazo, denegación, negativa.
refusal of credit denegación de crédito.
refusal of goods rechazo de mercancías.
refusal of payment rechazo de pago.
refuse *n* desechos, desperdicios, basura.
refuse *v* rechazar, denegar, rehusar.
refuse acceptance rehusar la aceptación.
refuse payment rehusar el pago.
reg. (registered) registrado.
reg. (registry) registro.
reg. (regular) regular.
reg. (regulation) regulación, reglamento.
regain *v* recobrar, recuperar.
regard *n* consideración, estima, respeto.
regarding *prep* concerniente a, con referencia a.
region *n* región.
regional *adj* regional.
regional account cuenta regional.
regional agency agencia regional.
regional agent agente regional.
regional aid ayuda regional.
regional assets activo regional.
regional assistance asistencia regional.
regional auditor auditor regional.
regional authority autoridad regional.
regional bank banco regional.
regional banking banca regional.
regional bonds bonos regionales.
regional borrowing préstamos regionales.
regional branch sucursal regional.
regional brand marca regional.
regional budget presupuesto regional.
regional budgeting presupuestación regional.
regional check processing center centro de procesamiento de cheques regional.
regional cheque processing centre centro de procesamiento de cheques regional.
regional clearinghouse casa de liquidación regional.

regional commerce comercio regional.
regional commodity producto regional.
regional company compañía regional.
regional competition competencia regional.
regional consumption consumo regional.
regional content contenido regional.
regional control control regional.
regional corporation corporación regional.
regional correspondent corresponsal regional.
regional credit crédito regional.
regional currency moneda regional.
regional debt deuda regional.
regional demand demanda regional.
regional department departamento regional.
regional development desarrollo regional.
regional differential diferencial regional.
regional director director regional.
regional division división regional.
regional economy economía regional.
regional enterprise empresa regional.
regional estimates estimados regionales.
regional expenditures gastos regionales.
regional expenses gastos regionales.
regional firm empresa regional.
regional fund fondo regional.
regional government gobierno regional.
regional holiday feriado regional.
regional income ingresos regionales.
regional industry industria regional.
regional inspector inspector regional.
regional insurer asegurador regional.
regional interests intereses regionales.
regional intervention intervención regional.
regional investment inversión regional.
regional loan préstamo regional.
regional manager gerente regional.
regional market mercado regional.
regional minimum wage salario mínimo regional, paga mínima regional.
regional money dinero regional.
regional office oficina regional.
regional operations operaciones regionales.
regional partnership sociedad regional.
regional policy política regional.
regional product producto regional.
regional rate tasa regional.
regional resources recursos regionales.
regional revenue ingresos regionales.
regional sales ventas regionales.
regional sales tax impuesto regional sobre ventas.
regional securities valores regionales.
regional shopping center centro comercial regional.
regional standards normas regionales.
regional stock exchange bolsa de valores regional.
regional subsidiary subsidiaria regional.
regional subsidy subsidio regional, subvención regional.
regional supply oferta regional.
regional support ayuda regional.
regional taxes impuestos regionales.
regional time hora regional.
regional trade comercio regional.
regional union unión regional.
regional wealth riqueza regional.
regionally *adv* regionalmente.
register *n* registro, inscripción, lista, caja registradora, archivo.
register *v* registrar, inscribir, matricular, mandar

por correo certificado, mandar por correo registrado.

register of companies registro de compañías.

register of deeds registro de la propiedad.

register of members registro de miembros, registro de accionistas.

register of patents registro de patentes.

register of shareholders registro de accionistas.

register of ships registro de navíos.

register of stockholders registro de accionistas.

register office oficina de registros, oficina de inscripciones.

registered *adj* registrado, inscrito, inscrito oficialmente, matriculado.

registered address domicilio social, dirección registrada.

registered as to principal registrado en cuanto a principal.

registered bond bono registrado.

registered broker corredor registrado.

registered capital capital registrado.

registered charity sociedad benéfica registrada.

registered check cheque certificado.

registered cheque cheque certificado.

registered company compañía registrada, compañía inscrita oficialmente.

registered design diseño registrado.

registered holder tenedor registrado.

registered investment adviser asesor de inversiones registrado.

registered investment advisor asesor de inversiones registrado.

registered investment company compañía de inversiones registrada.

registered letter carta certificada, carta registrada.

registered mail correo certificado, correo registrado.

registered mark marca registrada.

registered name nombre registrado.

registered office domicilio social, oficina registrada.

registered owner dueño registrado.

registered patent patente registrada.

registered pension plan plan de pensiones registrado.

registered post correo certificado, correo registrado.

registered proprietor dueño registrado.

registered representative persona autorizada a venderle valores al público.

Registered Retirement Income Fund Fondo de Ingresos de Retiro Registrado.

registered secondary offering ofrecimiento secundario registrado.

registered securities valores registrados.

registered shareholder accionista registrado.

registered shares acciones registradas.

registered stock acciones registradas.

registered stockholder accionista registrado.

registered title título registrado.

registered tonnage tonelaje registrado.

registered trademark marca registrada.

registered unemployed desempleados registrados.

registered user usuario registrado.

registrable *adj* registrable.

registrant *n* registrante.

registrar *n* registrador.

Registrar of Deeds registrador de la propiedad, registrador de títulos de propiedad.

registration *n* registro, inscripción, matrícula.

registration fee cargo por registro, cargo por inscripción.

registration form formulario de registro, formulario de inscripción.

registration office oficina de registros, oficina de inscripciones.

registration statement declaración del propósito de una emisión de valores.

registry *n* registro, inscripción.

registry certificate certificado de registro.

registry of deeds registro de la propiedad, registro de títulos de propiedad.

registry of ships registro de navíos.

registry office oficina de registros, oficina de inscripciones.

regression *n* regresión.

regression analysis análisis de regresión.

regression coefficient coeficiente de regresión.

regression line línea de regresión.

regressive *adj* regresivo.

regressive tax impuesto regresivo.

regressive taxation imposición regresiva.

regret theory teoría del arrepentimiento.

regular *adj* regular, ordinario.

regular account cuenta regular.

regular agency agencia regular.

regular amortisation amortización regular.

regular amortization amortización regular.

regular amount cantidad regular.

regular annuity anualidad regular.

regular asset activo regular.

regular benefits beneficios regulares.

regular budget presupuesto regular.

regular budgeting presupuestación regular.

regular business expenses gastos de negocios regulares.

regular business practices prácticas de negocios regulares.

regular capital capital regular.

regular charges cargos regulares.

regular client cliente regular.

regular company compañía regular, sociedad regular.

regular contract contrato regular.

regular cost costo regular, coste regular.

regular course of business curso regular de los negocios.

regular creditor acreedor regular.

regular customer cliente regular.

regular deposit depósito regular, depósito a plazo regular.

regular depreciation depreciación regular.

regular discount descuento regular.

regular dividend dividendo regular.

regular employment empleo fijo, empleo regular.

regular expenditures gastos regulares.

regular expenses gastos regulares.

regular fees cargos regulares.

regular gain ganancia regular.

regular general meeting asamblea general regular.

regular hours horas fijas, horas regulares.

regular income ingreso regular.

regular insurance seguro regular.

regular interest intereses regulares.

regular interest rate tasa de interés regular.

regular inventory inventario regular.

regular job trabajo regular.

regular life insurance seguro de vida regular.

regular loss pérdida regular.

regular mail correo regular.

regular market mercado regular.
regular meeting asamblea ordinaria.
regular partnership sociedad regular.
regular payment pago regular, abono regular.
regular payroll nómina regular.
regular period período regular.
regular place of business lugar regular de negocios.
regular premium prima regular.
regular price precio regular.
regular production producción regular.
regular productivity productividad regular.
regular quality calidad regular.
regular rate tasa regular.
regular rate of return tasa regular de rendimiento.
regular remuneration remuneración regular.
regular rent renta regular.
regular resources recursos regulares.
regular return rendimiento regular.
regular revenue ingresos regulares.
regular risks riesgos regulares.
regular salary salario regular.
regular selling price precio de venta regular.
regular services servicios regulares.
regular session asamblea regular, sesión regular.
regular shareholder accionista regular.
regular shares acciones regulares.
regular stock acciones regulares.
regular stockholder accionista regular.
regular tariff tarifa regular.
regular tax impuesto regular.
regular voting votación regular.
regular-way delivery entrega en el tiempo acostumbrado.
regular work trabajo regular.
regular yield rendimiento regular.
regulate v regular.
regulated adj regulado.
regulated account cuenta regulada.
regulated commodities mercancías reguladas, productos regulados.
regulated company compañía regulada.
regulated corporation corporación regulada.
regulated costs costos regulados, costes regulados.
regulated currency moneda regulada, moneda controlada.
regulated demand demanda regulada.
regulated economy economía planificada, economía dirigida, economía regulada.
regulated exchange rate tipo de cambio regulado.
regulated expenditures gastos regulados.
regulated expenses gastos regulados.
regulated funds fondos regulados.
regulated futures contract contrato de futuros regulado.
regulated group grupo regulado.
regulated growth crecimiento regulado.
regulated industry industria regulada.
regulated inflation inflación regulada.
regulated investment inversión regulada.
regulated investment company compañía de inversiones regulada.
regulated market mercado regulado.
regulated money moneda regulada, fondos regulados.
regulated prices precios regulados.
regulated rate tasa regulada, tasa de interés regulada.
regulated securities valores regulados.

regulated shares acciones reguladas.
regulated stock acciones reguladas.
regulated trade comercio regulado, comercio controlado.
regulated wages salarios regulados.
regulation n regulación, reglamento, regla, norma.
regulatory adj regulador.
regulatory agency agencia reguladora.
regulatory body organismo regulador.
regulatory power poder regulador.
rehabilitate v rehabilitar.
rehabilitation n rehabilitación.
rehabilitation clause cláusula de rehabilitación.
rehabilitation expenditures gastos de rehabilitación.
rehabilitation expenses gastos de rehabilitación.
rehabilitation program programa de rehabilitación.
rehire v volver a emplear.
rehypothecate v rehipotecar.
rehypothecation n ofrecer como prenda un bien ya ofrecido por otro como prenda, rehipotecación.
reimbursable adj reembolsable, indemnizable, reintegrable.
reimburse v reembolsar, indemnizar, reintegrar.
reimbursement n reembolso, indemnización, reintegro.
reimbursement arrangement arreglo de reembolso.
reimbursement method método de reembolso.
reimbursement of charges reembolso de cargos.
reimbursement of costs reembolso de costos, reembolso de costes.
reimbursement of expenditures reembolso de gastos.
reimbursement of expenses reembolso de gastos.
reimbursement of fees reembolso de cargos.
reimbursement of payments reembolso de pagos.
reimbursement of postage reembolso de franqueo.
reimbursement of premium reembolso de prima.
reimbursement of taxes reintegro contributivo.
reimport v reimportar.
reimportation n reimportación.
reinstate v reinstalar, reestablecer.
reinstated adj reinstalado, reestablecido.
reinstatement n reinstalación, reestablecimiento.
reinstatement clause cláusula de reinstalación.
reinstatement of policy reinstalación de una póliza.
reinstatement of service reestablecimiento del servicio.
reinstatement premium prima por reinstalación.
reinsurance n reaseguro.
reinsurance activity actividad reaseguradora.
reinsurance agent agente de reaseguro.
reinsurance agreement convenio de reaseguro.
reinsurance association asociación para reasegurar.
reinsurance broker corredor de reaseguro.
reinsurance business negocio de reaseguro.
reinsurance capacity capacidad para reasegurar.
reinsurance carrier compañía de reaseguro.
reinsurance certificate certificado de reaseguro.
reinsurance certification certificación de reaseguro.
reinsurance clause cláusula de reaseguro.
reinsurance company compañía de reaseguro.
reinsurance consultant consultor de reaseguro.
reinsurance contract contrato de reaseguro.
reinsurance coverage cobertura de reaseguro.

reinsurance credit crédito por reaseguro.
reinsurance department departamento de reaseguro.
reinsurance division división de reaseguro.
reinsurance firm empresa reaseguradora.
reinsurance form formulario de reaseguro.
reinsurance limit límite de reaseguro.
reinsurance office oficina de reaseguro.
reinsurance plan plan de reaseguro.
reinsurance policy póliza de reaseguro.
reinsurance premium prima de reaseguro.
reinsurance rate tasa de reaseguro.
reinsurance regulation regulación de la industria del reaseguro.
reinsurance reserve reserva para reaseguro.
reinsurance risk riesgo de reaseguro.
reinsurance services servicios de reaseguro.
reinsurance trust fideicomiso que usa los beneficios de una póliza de reaseguro.
reinsure v reasegurar.
reinsured adj reasegurado.
reinsurer n reasegurador.
reintermediation n reintermediación.
reinvent v reinventar.
reinvest v reinvertir.
reinvested adj reinvertido.
reinvested earnings ingresos reinvertidos.
reinvestment n reinversión.
reinvestment period período de reinversión.
reinvestment privilege privilegio de reinversión.
reinvestment rate tasa de reinversión.
reinvestment risk riesgo de reinversión.
reissuance n reemisión, reimpresión.
reissue v reemitir.
reissued patent patente modificada.
REIT (real estate investment trust) compañía formada para la inversión en bienes inmuebles.
reject n algo rechazado, algo desechado.
reject v rechazar.
reject a check rechazar un cheque.
reject a cheque rechazar un cheque.
reject a claim rechazar una reclamación.
reject items artículos cuyos pagos no se pueden procesar normalmente.
rejected adj rechazado.
rejected goods bienes rechazados.
rejection n rechazo.
rejection letter carta de rechazo.
rejection of offer rechazo de oferta.
related adj relacionado.
related business negocio relacionado, asunto relacionado.
related company compañía relacionada.
related corporation corporación relacionada.
related enterprise empresa relacionada.
related entity entidad relacionada.
related goods mercancías relacionadas.
related group grupo relacionado.
related parties partes relacionadas.
related party transaction transacción entre partes relacionadas.
relational database base de datos relacional.
relationship n relación.
relationship banking banca en que se trata de ofrecer todos los servicios posibles a la vez.
relationship marketing marketing de relaciones, mercadeo de relaciones.
relative adj relativo.
relative consumption consumo relativo.
relative frequency frecuencia relativa.

relative market share porcentaje relativo del mercado.
relative price precio relativo.
relative return rendimiento relativo.
Relative Strength Index índice de fuerza relativa.
relaunch v relanzar.
relax v relajar.
release n liberación, descargo, lanzamiento, finiquito, quita.
release v liberar, descargar, lanzar, volver a arrendar, hacer público.
release clause cláusula liberatoria, cláusula de liberación.
release from liability relevo de responsabilidad.
release of lien liberación de gravamen.
release of mortgage liberación de hipoteca.
relending n représtamo.
relet v realquilar.
relevance n relevancia, pertinencia.
relevant adj relevante, pertinente.
relevant costs costos relevantes, costes relevantes.
relevant range intervalo relevante.
reliability n confiabilidad, fiabilidad.
reliable adj confiable, fidedigno.
reliance n confianza, dependencia, resguardo.
reliction n terreno obtenido por el retroceso permanente de aguas.
relief n alivio, desagravio, ayuda, asistencia social.
religious organisation organización religiosa.
religious organization organización religiosa.
relinquish v abandonar, renunciar a.
relinquishment n abandono, renuncia.
relocate v reubicar, trasladar, recolocar.
relocation n reubicación, recolocación, traslado, cambio de los límites de una pertenencia minera.
relocation expenses gastos de traslado, gastos de mudanza.
rely on confiar en.
remain v permanecer, continuar, quedar.
remainder n remanente, resto, saldo, interés residual en una propiedad, derecho adquirido sobre un inmueble al extinguirse el derecho de otro sobre dicho inmueble.
remainder interest interés residual en una propiedad, derecho adquirido sobre un inmueble al extinguirse el derecho de otro sobre dicho inmueble.
remainderman n propietario de un interés residual en una propiedad, quien adquiere un derecho sobre un inmueble al extinguirse el derecho de otro sobre dicho inmueble.
remainderperson n propietario de un interés residual en una propiedad, quien adquiere un derecho sobre un inmueble al extinguirse el derecho de otro sobre dicho inmueble.
remaining balance saldo remanente.
remand v devolver, reenviar.
remargining n adición de fondos a una cuenta de margen.
remarket v volver a mercadear, volver a colocar en el mercado.
remedial action acción remediadora.
remedial measures medidas remediadoras.
remedies for breach of contract sanciones por incumplimiento de contrato.
remedy n remedio, recurso.
remedy v remediar.
REMIC (real estate mortgage investment conduit) conducto de inversión en valores de hipotecas.

reminder *n* recordatorio.
reminder letter carta de recordatorio.
remise *v* renunciar.
remission *n* remisión, perdón.
remissness *n* negligencia, morosidad.
remit *n* autoridad, autorización, competencia.
remit *v* remitir, remesar, perdonar, anular.
remittance *n* remesa, envío.
remittance advice aviso de remesa, aviso de envío.
remittance letter carta de remesa, carta de envío.
remittance receipt recibo de remesa, recibo de envío.
remitted *adj* remitido.
remittee *n* beneficiario de una remesa.
remitter *n* remitente, restitución.
remitter identifier identificador de remitente.
remitting bank banco remitente.
remnant *n* remanente, residuo, resto.
remnant sale venta de saldos.
remodel *v* remodelar.
remonetisation *n* remonetización.
remonetise *v* remonetizar.
remonetised *adj* remonetizado.
remonetization *n* remonetización.
remonetize *v* remonetizar.
remonetized *adj* remonetizado.
remortgage *v* rehipotecar.
remote *adj* remoto.
remote access acceso remoto.
remote banking banca remota.
remote control control remoto.
remote electronic banking banca electrónica remota.
remote maintenance mantenimiento remoto.
remote payment pago remoto.
remote service unit unidad de servicio remota.
remote worker teletrabajador.
remote working teletrabajo.
removal *n* remoción, transferencia.
removal bond fianza para exportación de mercancías almacenadas.
remove *v* remover, tachar, eliminar, despedir.
remove restrictions remover restricciones.
remove tariffs remover tarifas.
remunerate *v* remunerar.
remunerated *adj* remunerado.
remuneration *n* remuneración, recompensa.
remuneration package paquete de remuneración.
remunerative *adj* remunerativo.
rename *v* renombrar.
render *v* rendir, prestar, ceder, pagar.
render a service prestar un servicio.
render an account rendir una cuenta.
rendering *n* rendición, prestación, pago.
rendering of accounts rendición de cuentas.
rendering of services prestación de servicios.
renege *v* no cumplir una promesa, no cumplir con un compromiso.
renegociate *v* renegociar.
renegociation *n* renegociación.
renegotiable *adj* renegociable.
renegotiable interest rate tasa de interés renegociable.
renegotiable price precio renegociable.
renegotiable rate tasa renegociable.
renegotiable-rate loan préstamo de tasa renegociable.
renegotiable-rate mortgage hipoteca de tasa renegociable.
renegotiable terms términos renegociables.

renegotiate *v* renegociar.
renegotiated *adj* renegociado.
renegotiated contract contrato renegociado.
renegotiated loan préstamo renegociado.
renegotiated terms términos renegociados.
renegotiation *n* renegociación.
renegue *v* no cumplir una promesa, no cumplir con un compromiso.
renew *v* renovar, reanudar, extender.
renew a bill renovar una letra.
renew a contract renovar un contrato.
renew a lease renovar un arrendamiento.
renew a policy renovar una póliza.
renewable *adj* renovable.
renewable contract contrato renovable.
renewable energy energía renovable.
renewable health insurance seguro de salud renovable.
renewable insurance seguro renovable.
renewable lease arrendamiento renovable.
renewable life insurance seguro de vida renovable.
renewable natural resource recurso natural renovable.
renewable policy póliza renovable.
renewable term término renovable.
renewable term insurance seguro de término renovable.
renewable term life insurance seguro de término renovable.
renewal *n* renovación.
renewal certificate certificado de renovación.
renewal clause cláusula de renovación.
renewal notice aviso de renovación.
renewal of contract renovación de contrato.
renewal of policy renovación de póliza.
renewal option opción de renovación.
renewal premium prima por renovación.
renewal provision cláusula de renovación.
renewed *adj* renovado.
renounce *v* renunciar.
renovate *v* renovar.
renovated *adj* renovado.
renovation *n* renovación.
rent *n* renta, alquiler, arrendamiento.
rent *v* rentar, alquilar, arrendar.
rent allowance subsidio de alquiler, subvención de alquiler.
rent arrears atrasos de alquiler.
rent collection cobro de alquiler.
rent collector cobrador de alquiler.
rent control congelación de alquileres, restricciones sobre lo que se puede cobrar de alquiler.
rent day día de pago de alquiler.
rent due alquiler vencido.
rent expenditures gastos de alquiler.
rent expenses gastos de alquiler.
rent, for se alquila.
rent-free *adj* libre de pagos de alquiler.
rent-free period período libre de pagos de alquiler.
rent freeze congelación de alquileres.
rent multiplier multiplicador de alquiler.
rent payable alquiler a pagar.
rent receipt recibo de alquiler.
rent receivable alquiler a cobrar.
rent-roll *n* registro de propiedades alquiladas, ingresos por propiedades alquiladas.
rent strike instancia en la cual los arrendatarios se organizan y no pagan el alquiler hasta que el arrendador cumpla con sus exigencias.

rentable *adj* alquilable, arrendable.
rentable area área alquilable.
rental *n* alquiler, arriendo.
rental agreement contrato de alquiler.
rental contract contrato de alquiler.
rental costs costos de alquiler, costes de alquiler.
rental housing viviendas de alquiler.
rental income ingresos por alquiler.
rental period período del alquiler.
rental rate tasa de alquiler.
rental term período del alquiler.
rental value valor de alquiler.
rented *adj* alquilado, arrendado.
renter *n* alquilante, arrendatario.
renter's insurance seguro de arrendatario.
rentier *n* rentista.
renting *n* alquiler, arrendamiento.
rents, issues and profits los beneficios
    provenientes de las propiedades, las ganancias
    provenientes de las propiedades.
renunciation *n* renunciación, renuncia.
renunciation of property abandono de propiedad.
reopen *v* reabrirse, reanudarse.
reorder *v* reordenar, volver a pedir.
reorder point punto de reordenar, punto de hacer
    un nuevo pedido.
reorganisation *n* reorganización.
reorganisation bond bono de reorganización.
reorganisation committee comité de
    reorganización.
reorganise *v* reorganizar.
reorganization *n* reorganización.
reorganization bond bono de reorganización.
reorganization committee comité de
    reorganización.
reorganize *v* reorganizar.
rep. (representative) representante.
repackage *v* reempacar, volver a empacar, ofrecer
    con una nueva presentación, actualizar la imagen.
repackaging *n* reempacado, empaquetado nuevo,
    ofrecimiento con una nueva presentación,
    actualización de la imagen.
repair *v* reparar.
repairs *n* reparaciones.
reparable *adj* reparable.
reparation *n* reparación, indemnización.
repatriate *v* repatriar.
repatriate capital repatriar capital.
repatriate funds repatriar fondos.
repatriation *n* repatriación.
repatriation of capital repatriación de capital.
repatriation of funds repatriación de fondos.
repay *v* reembolsar, reintegrar, devolver, pagar,
    reciprocar.
repayable *adj* reembolsable, reintegrable.
repayment *n* reembolso, reintegro, pago,
    devolución.
repayment mortgage hipoteca regular.
repayment options opciones de pago.
repayment period período de reembolso, período
    de pago.
repayment schedule programa de pagos, tabla de
    pagos, programa de amortización, tabla de
    amortización.
repeal *v* revocar, derogar, anular.
repeat business negocio repetido.
repeat order orden repetida.
repeat sales ventas repetidas.
repeated demands demandas repetidas.
repercussions *n* repercusiones.

repetitive manufacturing manufactura repetitiva.
repetitive strain injury lesión por movimientos
    repetitivos.
replace *v* reemplazar, sustituir.
replaceable *adj* reemplazable, sustituible.
replacement *n* reemplazo, sustituto.
replacement capital capital de reposición, capital
    de reemplazo.
replacement cost costo de reposición, costo de
    reemplazo, coste de reposición, coste de reemplazo.
replacement cost accounting contabilidad de
    costo de reposición, contabilidad de coste de
    reposición.
replacement cost insurance seguro con costo de
    reemplazo, seguro con coste de reemplazo.
replacement period período de reposición, período
    de reemplazo.
replacement price precio de reposición, precio de
    reemplazo.
replacement ratio ratio de reemplazo, razón de
    reemplazo.
replacement reserve reserva de reposición.
replacement time tiempo de reposición.
replacement value valor de reemplazo, valor de
    reposición.
replenish *v* reabastecer, reponer.
replevin *n* reivindicación.
reply *n* respuesta, contestación.
reply *v* responder, contestar.
reply form formulario de respuesta.
reply-paid envelope sobre con franqueo en
    destino.
repo *n* recompra, readquisición, redención, contrato
    de retroventa, reposesión.
report *n* informe, relación, reportaje, información.
report *v* informar, relatar, reportar, anunciar,
    denunciar.
report earnings anunciar ingresos.
report form formulario de informe.
report of condition informe de condición.
report sales anunciar ventas.
reportable event acontecimiento reportable.
reported earnings ingresos declarados.
reported income ingresos declarados.
reported profits beneficios declarados, ganancias
    declaradas.
reported sales ventas declaradas.
reporting agency agencia de informes.
reporting days días de informes.
reporting period período de informes.
reporting requirements requisitos de informes.
reporting standards normas de informes.
reposition *v* reposicionar.
repossess *v* reposeer, recuperar, embargar.
repossession *n* reposesión, recuperación,
    embargo.
represent *v* representar.
representation *n* representación.
representation expenditures gastos de
    representación.
representation expenses gastos de
    representación.
representation letter carta de representación.
representative *adj* representativo.
representative *n* representante.
representative currency moneda representativa,
    divisa representativa.
representative rate tasa representativa.
representative sample muestra representativa.
repressed inflation inflación reprimida.

repressive tax impuesto represivo.
repricing opportunities oportunidades para cambiar términos, oportunidades para cambiar tasas.
reprieve *n* suspensión temporal.
reprivatisation *n* reprivatización.
reprivatise *v* reprivatizar.
reprivatised *adj* reprivatizado.
reprivatization *n* reprivatización.
reprivatize *v* reprivatizar.
reprivatized *adj* reprivatizado.
reprocess *v* reprocesar.
reprocessed *adj* reprocesado.
reprocessing *n* reprocesado.
reproduce *v* reproducir.
reproducible *adj* reproducible.
reproduction *n* reproducción.
reproduction cost costo de reproducción, coste de reproducción.
reproduction value valor de reproducción.
republish *v* republicar.
repudiate *v* repudiar, rechazar.
repudiation *n* repudio, rechazo, incumplimiento de una obligación contractual.
repugnant clause estipulación incompatible con otras dentro de un contrato.
repugnant condition condición incompatible con otras dentro de un contrato.
repurchase *n* recompra, readquisición, redención.
repurchase *v* recomprar, readquirir.
repurchase agreement contrato de retroventa, pacto de recompra.
repurchasing agreement contrato de retroventa, pacto de recompra.
reputable *adj* respetable, acreditado, de confianza.
reputation *n* reputación.
reputed owner dueño aparente.
request *n* solicitud, petición.
request *v* solicitar, pedir.
request for proposals solicitud de propuestas, petición de propuestas.
require *v* requerir, exigir, necesitar.
required *adj* requerido, exigido, necesario.
required acquisition adquisición requerida.
required agreement convenio requerido.
required amount cantidad requerida.
required arbitration arbitraje requerido.
required automobile liability insurance seguro de responsabilidad pública de automóvil requerido.
required balance balance requerido.
required by law requerido por la ley, exigido por la ley.
required cost costo requerido, coste requerido.
required coverage cobertura requerida.
required deposit depósito requerido.
required diligence diligencia requerida.
required disclosure divulgación requerida.
required distribution distribución requerida.
required expenditures gastos requeridos, desembolsos requeridos.
required expenses gastos requeridos, desembolsos requeridos.
required insurance seguro requerido.
required level nivel requerido.
required licence licencia requerida.
required license licencia requerida.
required limit límite requerido.
required minimum distribution distribución mínima requerida.
required pay paga requerida.

required payment pago requerido.
required purchase compra requerida.
required rate tasa requerida.
required rate of return tasa de rendimiento requerida.
required rating clasificación requerida.
required remuneration remuneración requerida.
required repairs reparaciones requeridas.
required reserve reserva requerida.
required reserve ratio ratio de reserva requerida, razón de reserva requerida.
required retirement retiro forzado.
required return rendimiento requerido.
required salary salario requerido.
required services servicios requeridos.
required tax impuesto requerido, contribución requerida.
required value valor requerido.
required wages salario requerido.
required yield rendimiento requerido.
requirement *n* requisito, exigencia, necesidad.
requirement contract contrato de suministro.
requisite *adj* requerido, exigido, necesario.
requisite *n* requisito, exigencia, necesidad.
requisition *n* pedido, solicitud.
reregistration *n* reinscripción.
resale *n* reventa.
resale, not for no para reventa.
resale price precio de reventa.
resale price maintenance control de los precios de reventa.
resale value valor de reventa.
reschedule *v* reprogramar, renegociar, reestructurar.
rescind *v* rescindir.
rescission *n* rescisión.
rescission of contract rescisión de contrato.
rescissory *adj* rescisorio.
rescue *n* rescate.
rescue *v* rescatar.
research *n* investigación.
research *v* investigar.
research and development investigación y desarrollo.
research and development costs costos de investigación y desarrollo, costes de investigación y desarrollo.
research and development department departamento de investigación y desarrollo.
research and development director director de investigación y desarrollo.
research and development division división de investigación y desarrollo.
research and development management administración de investigación y desarrollo, gestión de investigación y desarrollo.
research and development manager gerente de investigación y desarrollo.
research-intensive *adj* de mucha investigación.
research-oriented *adj* orientado a la investigación.
resell *v* revender.
reseller *n* revendedor.
reservable deposits depósitos reservables.
reservation *n* reservación, reserva.
reservation of rights reserva de derechos.
reservation wage paga mínima aceptable para un trabajador.
reserve *n* reserva, restricción.
reserve *v* reservar, retener.
reserve account cuenta de reserva.

reserve adjustment ajuste de reserva.
reserve adjustment magnitude magnitud de ajuste de reserva.
reserve assets activos de reserva.
reserve bank banco de reserva.
reserve center centro de reserva.
reserve centre centro de reserva.
reserve clause cláusula de reserva.
reserve creation creación de reserva.
reserve currency moneda de reserva.
reserve deficiency deficiencia de reserva.
reserve deposit depósito de reserva.
reserve for bad debts reserva para deudas incobrables.
reserve for contingencies reserva para contingencias.
reserve for depreciation reserva para depreciación.
reserve for doubtful accounts reserva para cuentas dudosas.
reserve for uncollectible accounts reserva para cuentas incobrables.
reserve fund fondo de reserva.
reserve inadequacy insuficiencia de reserva.
reserve increase aumento de reserva.
reserve liabilities pasivos de reserva.
reserve method método de reserva.
reserve money reserva monetaria, base monetaria.
reserve position situación de la reserva.
reserve price precio mínimo.
reserve ratio ratio de encaje, razón de encaje, coeficiente de encaje.
reserve requirement requisito de reservas.
reserve rights reservar derechos.
reserve target objetivo de la reserva.
reserved adj reservado.
reshuffle v reorganizar, redistribuir.
reside v residir.
residence n residencia.
residence of corporation domicilio de una corporación, domicilio de una persona jurídica.
residence permit permiso de residencia.
residence visa visa de residencia.
residency n residencia.
resident adj residente.
resident n residente.
resident buyer comprador residente.
resident manager administrador residente.
resident representative representante residente.
resident taxpayer contribuyente residente.
residential adj residencial.
residential broker corredor residencial.
residential construction construcción residencial.
residential construction insurance seguro de construcción residencial.
residential development desarrollo residencial, urbanización residencial.
residential district distrito residencial.
residential mortgage hipoteca residencial.
residential property propiedad residencial.
residential rental property propiedad para alquiler residencial.
residual adj residual.
residual amortisation amortización residual.
residual amortization amortización residual.
residual amount cantidad residual.
residual cost costo residual, coste residual.
residual disability discapacidad residual.
residual income ingreso residual.
residual interest interés residual.

residual market mercado residual.
residual maturity vencimiento residual.
residual restrictions restricciones residuales.
residual securities valores residuales.
residual unemployment desempleo residual.
residual value valor residual.
residuary adj residual, remanente.
resign v renunciar, dimitir.
resignation n renuncia, dimisión.
resignation letter carta de renuncia.
resilient adj elástico.
resistance n resistencia.
resistance level nivel de resistencia.
reskill v entrenar para desempeñar nuevas tareas, entrenar para mejorar destrezas.
resolution n resolución, decisión, solución.
resolution of company resolución corporativa.
resolve v resolver, decidir, acordar.
resort to recurrir a.
resource n recurso.
resource v proveer recursos, proveer apoyo.
resource allocation asignación de recursos, distribución de recursos.
resource budget presupuesto de recursos.
resource budgeting presupuestación de recursos.
resource commitment compromiso de recursos.
resource conservation conservación de recursos.
resource gap insuficiencia de recursos, brecha de recursos.
resource management administración de recursos, gestión de recursos.
resources and expenditures recursos y gastos.
respect n respeto.
respect v respetar.
respectable adj respetable, considerable.
respite n suspensión, aplazamiento, prórroga.
response n respuesta, reacción.
response rate porcentaje de respuesta.
response time tiempo de respuesta.
responsibility n responsabilidad.
responsibility accounting contabilidad de responsabilidad.
responsibility center centro de responsabilidad.
responsibility centre centro de responsabilidad.
responsible adj responsable.
responsible bidder postor responsable.
responsive adj que responde, que responde rápidamente, que responde favorablemente.
restate v repetir, volver a declarar, replantear.
restitution n restitución, restablecimiento.
restock v reaprovisionar, reabastecer.
restocking n reaprovisionamiento, reabastecimiento, reposición de existencias.
restoration n restauración, rehabilitación, restitución.
restoration of plan restauración de plan.
restoration premium prima por restauración.
restore v restaurar, rehabilitar, restituir.
restrain v restringir, refrenar, limitar, impedir.
restraint n restricción, prohibición, limitación, moderación, compostura.
restraint of trade restricción al comercio, limitación al libre comercio.
restraint on alienation restricción en cuanto a la transferencia.
restrict v restringir, limitar.
restricted adj restringido, limitado.
restricted acceptance aceptación restringida.
restricted account cuenta restringida.
restricted agreement convenio restringido.

restricted articles artículos restringidos.
restricted assets activo restringido.
restricted card list lista de tarjetas restringidas.
restricted commitment compromiso restringido.
restricted contract contrato restringido.
restricted credit crédito restringido.
restricted data datos restringidos.
restricted delivery entrega restringida.
restricted deposit depósito restringido.
restricted distribution distribución restringida.
restricted endorsement endoso restringido.
restricted funds fondos restringidos.
restricted guarantee garantía restringida.
restricted guaranty garantía restringida.
restricted indorsement endoso restringido.
restricted insurance seguro restringido.
restricted list lista de valores restringidos.
restricted market mercado restringido.
restricted obligation obligación restringida.
restricted offer oferta restringida.
restricted order orden restringida.
restricted payment pago restringido.
restricted permit permiso restringido.
restricted purchase compra restringida.
restricted sale venta restringida.
restricted shares acciones con restricciones en cuanto a la transferencia.
restricted stock acciones con restricciones en cuanto a la transferencia.
restricted stock option opción de compra de acciones restringida.
restricted surplus superávit restringido.
restricted transfer transferencia restringida.
restricted use uso restringido.
restriction *n* restricción, limitación.
restriction of competition restricción de la competencia.
restrictive *adj* restrictivo, limitante.
restrictive business practices prácticas comerciales restrictivas.
restrictive condition condición restrictiva.
restrictive covenant estipulación restrictiva, pacto restrictivo.
restrictive endorsement endoso restrictivo.
restrictive indorsement endoso restrictivo.
restrictive monetary policy política monetaria restrictiva.
restrictive policy política restrictiva.
restrictive practices prácticas restrictivas.
restrictive trade practices prácticas comerciales restrictivas.
restructure *v* reestructurar.
restructured *adj* reestructurado.
restructured loan préstamo reestructurado.
restructuring *n* reestructuración.
restructuring of debt reestructuración de deuda.
resubmit *v* volver a presentar.
result *n* resultado.
result-driven *adj* impulsado por resultados.
resulting *adj* resultante.
resulting trust fideicomiso resultante, fideicomiso inferido por ley.
résumé *n* currículum vitae, currículo, resumen.
resume *v* reasumir, reanudar.
resume payments reanudar pagos.
resurgence *n* resurgimiento.
retail *adj* minorista, al por menor, al detalle.
retail *n* venta minorista, venta al por menor, venta al detalle.
retail *v* vender al por menor, vender al detalle.

retail bank banco minorista.
retail banking banca minorista, banca al por menor, banca ofrecida al público en general.
retail business comercio minorista, comercio al por menor, negocio minorista.
retail center centro de ventas minoristas, centro de ventas al por menor.
retail centre centro de ventas minoristas, centro de ventas al por menor.
retail chain cadena de tiendas.
retail credit crédito minorista, crédito al por menor.
retail dealer comerciante minorista, comerciante al por menor.
retail deposit depósito minorista.
retail distribution distribución minorista.
retail inventory inventario minorista, inventario al por menor.
retail inventory method método de inventario minorista, método de inventario al por menor.
retail investor inversionista individual.
retail market mercado minorista, mercado al por menor.
retail merchant comerciante minorista, comerciante al por menor.
retail outlet tienda minorista, tienda que vende al por menor, punto de venta.
retail park parque comercial, parque de hipertiendas.
retail price precio minorista, precio al por menor, precio de venta.
retail price index índice de precios minoristas, índice de precios al por menor.
retail price maintenance mantenimiento de precios minoristas, mantenimiento de precios al por menor.
retail sales ventas minoristas, ventas al por menor.
retail sales tax impuesto sobre ventas minoristas, impuesto sobre ventas al por menor.
retail sector sector minorista, sector al por menor.
retail store tienda minorista, tienda que vende al por menor, punto de venta.
retail therapy el ir de compras para mejorar los ánimos.
retail trade comercio minorista, comercio al por menor.
retailer *n* minorista, detallista, quien vende al por menor.
retailing *n* venta minorista, venta al por menor, venta al detalle.
retain *v* retener, contratar.
retainage *n* cantidad retenida en un contrato de construcción hasta un periodo acordado.
retained earnings ingresos retenidos, utilidades retenidas.
retained earnings statement declaración de ingresos retenidos.
retained profits beneficios retenidos, ganancias retenidas.
retained tax impuesto retenido.
retainer *n* iguala, anticipo, pago por adelantado para servicios profesionales que se esperan utilizar.
retaliatory duty arancel de represalia.
retaliatory eviction evicción como represalia.
retaliatory tariff arancel de represalia.
retendering *n* reoferta.
retention *n* retención.
retention rate tasa de retención.
retention ratio ratio de retención, razón de retención.
retention requirement requisito de retención.

retire v retirar, retirarse, jubilar, redimir.
retired adj retirado, jubilado.
retired bonds bonos retirados.
retired securities valores retirados.
retiree n jubilado.
retirement n jubilación, retiro.
retirement age edad de jubilación, edad de retiro.
retirement allowance pensión de jubilación, pensión de retiro.
retirement annuity anualidad de jubilación, pensión de jubilación, anualidad de retiro, pensión de retiro.
retirement benefits beneficios de jubilación, beneficios de retiro.
retirement fund fondo de jubilación, fondo de retiro.
retirement income ingresos de jubilación, ingresos de retiro.
retirement income payments pagos de ingresos de jubilación, pagos de ingresos de retiro.
retirement income policy póliza de ingresos de jubilación, póliza de ingresos de retiro.
retirement of debt retiro de deuda.
retirement pension pensión de jubilación, pensión de retiro.
retirement plan plan de jubilación, plan de retiro.
retirement planning planificación de jubilación, planificación de retiro.
retirement savings ahorros para la jubilación, ahorros para el retiro.
retirement savings plan plan de ahorros de jubilación, plan de ahorros de retiro.
retirement scheme plan de jubilación, plan de retiro.
retirement system sistema de jubilación, sistema de retiro.
retract v retractar.
retractable adj retractable.
retractable bond bono que permite que el tenedor lo revenda al emisor a un precio dado antes del vencimiento.
retraction n retracción.
retrain v reentrenar, volver a entrenar, recapacitar.
retraining n reentrenamiento, recapacitación.
retreat v retroceder.
retrench v economizar, reducir.
retrieval n recuperación, rescate.
retrieve v recuperar, rescatar.
retroactive adj retroactivo.
retroactive adjustment ajuste retroactivo.
retroactive conversion conversión retroactiva.
retroactive extension extensión retroactiva.
retroactive insurance seguro retroactivo.
retroactive liability insurance seguro de responsabilidad retroactivo.
retroactive pay paga retroactiva.
retroactive rate tasa retroactiva.
retroactive rate adjustment ajuste de tasa retroactivo.
retroactive salary salario retroactivo.
retroactive wages salario retroactivo.
retroactively adv retroactivamente.
retroactivity n retroactividad.
retrocession n retrocesión.
retrospective adj retrospectivo.
retrospective rating clasificación retrospectiva.
return n retorno, devolución, planilla, declaración de la renta, declaración, rendimiento, beneficio.
return v retornar, devolver, rendir.
return address dirección del remitente.

return items artículos devueltos.
return mail, by a vuelta de correo.
return of capital retorno de capital.
return of premium reembolso de la prima.
return on assets rendimiento de activos.
return on capital rendimiento de capital.
return on equity rendimiento de la inversión en acciones.
return on invested capital rendimiento del capital invertido.
return on investment rendimiento de inversión.
return on revenue rendimiento de ingresos.
return on sales rendimiento de ventas.
return post, by a vuelta de correo.
return premium prima devuelta.
return rate tasa de rendimiento.
return to sender devolver al remitente.
returnable adj retornable.
returned adj devuelto.
returned check cheque devuelto.
returned cheque cheque devuelto.
returned goods mercancías devueltas.
returned letter carta devuelta.
revalorisation n revalorización.
revalorise v revalorar.
revalorization n revalorización.
revalorize v revalorar.
revaluate v revaluar, revalorizar, retasar.
revaluation n revaluación, revalorización, retasación.
revaluation clause cláusula de retasación.
revalue v revaluar, revalorizar, retasar.
revamp v restaurar, renovar, reparar, mejorar.
revenue n ingresos, renta, entradas, entradas brutas, recaudación.
revenue agent agente fiscal, agente de Hacienda.
revenue and expense accounts cuentas de ingresos y gastos.
revenue anticipation note nota en anticipación a ingresos.
revenue bond bono a pagarse por ingresos de lo construido.
revenue center centro de ingresos.
revenue centre centro de ingresos.
revenue collection recaudación de ingresos.
revenue curve curva de ingresos.
revenue department departamento fiscal, Hacienda.
revenue earner quien devenga ingresos.
revenue office Hacienda.
revenue officer funcionario de Hacienda, funcionario fiscal.
revenue per employee ingresos por empleado.
revenue per user ingresos por usuario.
revenue-producing adj que produce ingresos.
revenue recognition reconocimiento de ingresos.
revenue shortfall déficit de ingresos.
revenue stamp estampilla fiscal, timbre fiscal.
revenue stream flujo de ingresos.
revenue tariff tarifa fiscal, arancel fiscal.
reversal n inversión, contratiempo.
reverse adj inverso.
reverse n dorso, reverso.
reverse v invertir, revocar, anular.
reverse annuity mortgage hipoteca de anualidad invertida.
reverse channels canales inversos.
reverse-charge call llamada por cobrar, llamada a cobro revertido.
reverse conversion conversión inversa.

reverse cost method método de costo inverso, método de coste inverso.
reverse discrimination discriminación inversa.
reverse dumping dumping inverso.
reverse engineering ingeniería inversa.
reverse leverage apalancamiento inverso.
reverse money transfer transferencia de dinero inversa.
reverse mortgage hipoteca inversa.
reverse repo contrato de retroventa inverso.
reverse repurchase agreement contrato de retroventa inverso.
reverse share split split inverso, reducción proporcional en la cantidad de acciones de una corporación.
reverse split split inverso, reducción proporcional en la cantidad de acciones de una corporación.
reverse stock split split inverso, reducción proporcional en la cantidad de acciones de una corporación.
reverse takeover adquisición inversa, absorción inversa.
reverse transfer transferencia inversa.
reversible adj reversible.
reversing entry contraasiento.
reversion n reversión.
reversionary adj reversionario.
reversionary factor factor reversionario.
reversionary interest interés reversionario.
reversionary lease arrendamiento reversionario, arrendamiento a tomar efecto al expirarse uno existente.
reversionary value valor reversionario.
revert v revertir.
review n revisión, examen, estudio, reseña.
review v revisar, examinar, estudiar, reseñar.
review board junta de revisión.
review body cuerpo de revisión.
revise v revisar, modificar, ajustar.
revise downward ajustar hacia abajo, ajustar a la baja.
revise upward ajustar hacia arriba, ajustar al alza.
revised adj revisado, modificado, ajustado.
revised downward ajustado hacia abajo, ajustado a la baja.
revised upward ajustado hacia arriba, ajustado al alza.
revision n revisión, modificación, ajuste.
revisionism n revisionismo.
revisionist adj revisionista.
revisionist n revisionista.
revitalise v revitalizar.
revitalize v revitalizar.
revival of offer restablecimiento de la oferta.
revival of policy restablecimiento de la póliza.
revive v revivir, reavivar.
revocable adj revocable, cancelable.
revocable beneficiary beneficiario revocable.
revocable credit crédito revocable.
revocable letter of credit carta de crédito revocable.
revocable transfer transferencia revocable.
revocable trust fideicomiso revocable.
revocation n revocación, cancelación.
revocation of agency revocación de agencia.
revocation of offer revocación de oferta.
revocation of power of attorney revocación de poder.
revoke v revocar, cancelar.
revolutionary adj revolucionario.

revolving account cuenta rotatoria.
revolving charge account cuenta de crédito rotatoria.
revolving credit crédito rotatorio, crédito renovable.
revolving credit line línea de crédito rotatoria.
revolving fund fondo rotatorio.
revolving letter of credit carta de crédito rotatoria.
revolving line of credit línea de crédito rotatoria.
revolving loan préstamo rotatorio.
reward n recompensa.
reward v recompensar.
reward system sistema de recompensas.
rewarding adj gratificante.
rewards card tarjeta de lealtad.
rezone v rezonificar.
rezoning n rezonificación.
RFID (radio-frequency identification) identificación por radiofrecuencia.
RIC (regulated investment company) compañía de inversiones regulada.
Ricardian equivalence equivalencia ricardiana.
rider n cláusula adicional, anexo.
rig v manipular o controlar para beneficio propio, equipar.
right adj justo, apropiado, correcto, cierto.
right n derecho, título, propiedad, privilegio, derecha.
right first time bien hecho la primera vez, filosofía de hacer las cosas bien la primera vez.
right of accumulation derecho de acumulación.
right of conversion derecho de conversión.
right of entry derecho de entrada.
right of first refusal derecho de tener la primera oportunidad de comprar un inmueble al estar disponible, derecho de prelación.
right of foreclosure derecho de ejecución hipotecaria.
right of redemption derecho de rescate.
right of reproduction derecho de reproducción.
right of rescission derecho de rescisión.
right of return derecho de devolución.
right of sale derecho de venta.
right of survivorship derecho de supervivencia.
right of way derecho de paso, servidumbre de paso.
right of withdrawal derecho de retiro.
right to light servidumbre de luz.
right to purchase derecho de compra.
right to strike derecho de huelga.
right to vote derecho de voto.
right to work derecho al trabajo.
right-to-work laws leyes sobre los derechos al trabajo.
right-winger n derechista.
rightful owner dueño legítimo.
rights n derechos de suscripción, derechos.
rights holder titular de derechos de suscripción, titular de derechos.
rights issue emisión de derechos de suscripción, emisión de derechos.
rights offering oferta de derechos de suscripción, oferta de derechos.
rights reserved, all todos los derechos reservados, reservados todos los derechos.
rightsizing n el buscar tener la cantidad idónea de empleados para la empresa, el buscar tener el equipo idóneo para la empresa.
ring-fence v el reservar fondos para un uso específico y prohibir sus uso para otros fines.
riot exclusion exclusión por motines.

rip-off *n* estafa.
riparian *adj* ribereño.
riparian owner propietario ribereño.
riparian rights derechos ribereños.
ripoff *n* estafa.
rise *n* aumento, subida, alza.
rise *v* aumentar, subir, ascender.
rise in demand aumento de la demanda.
rise in prices aumento de los precios.
rise in rent aumento del alquiler.
rise in salary aumento del salario.
rise in wages aumento de la paga.
rising *adj* creciente, ascendente, alcista.
rising demand demanda creciente.
rising prices precios crecientes.
rising trend tendencia creciente.
rising unemployment desempleo creciente.
risk *n* riesgo, peligro.
risk *v* arriesgar, poner en peligro.
risk-adjusted *adj* ajustado por riesgo.
risk-adjusted discount rate tasa de descuento ajustada por riesgo.
risk-adjusted rate tasa ajustada por riesgo.
risk-adjusted return rendimiento ajustado por riesgo.
risk adjustment ajuste por riesgo.
risk administration administración de riesgos.
risk analysis análisis del riesgo.
risk appraisal evaluación de riesgo.
risk arbitrage arbitraje con riesgo.
risk assessment evaluación del riesgo.
risk assignment transferencia de riesgo, cesión de riesgo
risk assumed riesgo asumido.
risk assumption asunción del riesgo.
risk aversion aversión al riesgo.
risk avoidance evitación de riesgos.
risk avoider quien evita riesgos.
risk-based capital capital basado en riesgo.
risk-based deposit insurance seguro sobre depósitos basado en riesgo.
risk-based premium prima basada en el riesgo.
risk capital capital de riesgo.
risk category categoría de riesgo.
risk classification clasificación de riesgo.
risk control control de riesgos.
risk-control measures medidas de control de riesgos.
risk-control techniques técnicas de control de riesgos.
risk disclosure divulgación de riesgos.
risk diversification diversificación de riesgos.
risk equivalent equivalente de riesgo.
risk exposure exposición al riesgo.
risk factor factor de riesgo.
risk financing financiamiento de riesgos.
risk-financing techniques técnicas de financiamiento de riesgos.
risk-financing transfer transferencia de financiamiento de riesgos.
risk-free *adj* sin riesgo.
risk-free rate tasa sin riesgo, tasa de inversiones de mínimo riesgo.
risk-free return rendimiento sin riesgo, rendimiento de inversiones de mínimo riesgo.
risk-free yield rendimiento sin riesgo, rendimiento de inversiones de mínimo riesgo.
risk identification identificación de riesgos.
risk increase aumento del riesgo.
risk investments inversiones de riesgo.

risk management administración de riesgos, gestión de riesgos.
risk measurement medición de riesgos.
risk-oriented *adj* orientado al riesgo.
risk participation participación en riesgos.
risk position posición de riesgo.
risk premium prima por riesgo, prima adicional por tomar un riesgo mayor que lo normal.
risk profile perfil de riesgo.
risk reduction reducción de riesgos.
risk retention retención de riesgos.
risk-return ratio ratio riesgo-rendimiento, razón riesgo-rendimiento.
risk-reward ratio ratio riesgo-recompensa, razón riesgo-recompensa.
risk selection selección de riesgos.
risk spreading distribución de riesgos.
risk taker quien toma riesgos.
risk taking toma de riesgos.
risk tolerance tolerancia al riesgo.
risk transfer transferencia de riesgo.
riskless *adj* sin riesgo.
riskless transaction transacción sin riesgo.
risks of navigation riesgos de la navegación.
risky investment inversión arriesgada.
rival *n* rival, competidor.
rival company compañía competidora.
rival interests intereses conflictivos.
rival offer oferta competidora.
rival price precio competidor.
rival product producto competidor.
RMD (required minimum distribution) distribución mínima requerida.
ROA (return on assets) rendimiento de activos.
road tax impuesto de carreteras.
rob *v* robar, atracar.
robber *n* ladrón, atracador.
robbery *n* robo, atraco.
robbery insurance seguro contra robos.
robot *n* robot.
robotics *n* robótica.
robotisation *n* robotización.
robotise *v* robotizar.
robotization *n* robotización.
robotize *v* robotizar.
robust economy economía robusta.
ROC (rate of change) tasa de cambio.
ROC (return on capital) rendimiento de capital.
rock-bottom price precio muy bajo, el precio más bajo.
rock the market sacudir el mercado.
ROE (return on equity) rendimiento de la inversión en acciones.
ROI (return on investment) rendimiento de inversión.
ROIC (return on invested capital) rendimiento del capital invertido.
role-playing *n* juegos del rol.
roll *n* registro, nómina, lista.
roll back reducir, disminuir.
roll out lanzar, introducir.
roll over transferir, renovar, reinvertir en una inversión similar tras vencimiento.
rolling stock material rodante.
rollover *n* transferencia, renovación, reinversión en una inversión similar tras vencimiento.
roomer *n* inquilino.
root of title el primer título en un resumen de título.
ROR (return on revenue) rendimiento de ingresos.
ROS (return on sales) rendimiento de ventas.

roster *n* registro, nómina.
rotate *v* rotar.
rotating shift turno rotatorio, turno rotativo.
rotation *n* rotación.
rotation of crops rotación de cultivos.
Roth Individual Retirement Account cuenta de retiro individual Roth.
Roth IRA (Roth Individual Retirement Account) cuenta de retiro individual Roth.
rough draft borrador.
rough estimate aproximación estimada.
round *n* ronda, sesión.
round *v* redondear.
round figures cifras redondas.
round lot lote completo, unidad completa de transacción, transacción bursátil de cien acciones.
round number número redondo.
round off redondear.
round table mesa redonda.
round-the-clock *adj* día y noche, veinticuatro horas al día, constante.
round trip viaje ida y vuelta, compra y venta del mismo valor.
rounding *n* redondeo.
rounding error error de redondeo.
roundup *n* resumen, redada.
route *n* ruta, itinerario.
routine *adj* rutinario.
routine *n* rutina.
routine notification notificación rutinaria.
routing number número de enrutamiento.
routing symbol símbolo de enrutamiento.
royalty *n* regalía, royalty.
royalty payment pago de regalías, pago de royalty.
RP (repo, repurchase agreement) contrato de retroventa.
RPI (retail price index) índice de precios minoristas, índice de precios al por menor.
RPP (registered pension plan) plan de pensiones registrado.
RRIF (Registered Retirement Income Fund) Fondo de Ingresos de Retiro Registrado.
RRP (recommended retail price) precio recomendado, precio al por menor recomendado.
RSI (Relative Strength Index) índice de fuerza relativa.
RSI (repetitive strain injury) lesión por movimientos repetitivos.
RSVP (*répondez s'il vous plait*) se ruega contestación.
Rte. (route) ruta.
RTGS (Real-Time Gross Settlement) Liquidación Bruta en Tiempo Real.
rubber check cheque devuelto, cheque devuelto por insuficiencia de fondos, cheque sin fondos, cheque rebotado.
rubber cheque cheque devuelto, cheque devuelto por insuficiencia de fondos, cheque sin fondos, cheque rebotado.
rubber stamp visto bueno, sello de goma, quien autoriza sin verificar el mérito o la autenticidad de algo.
rubber-stamp *v* autorizar, dar el visto bueno, autorizar sin verificar el mérito o la autenticidad de algo.
ruin *v* arruinar.
rule *n* regla, norma, costumbre, fallo.
rule *v* gobernar, fallar.
rule of thumb regla general.
rule out excluir la posibilidad, excluir, impedir.

rules and practices reglas y prácticas.
rules and regulations reglas y reglamentos.
ruling *n* fallo, decisión.
ruling price precio corriente, precio líder.
rumor *n* rumor.
rumour *n* rumor.
run *n* retiro masivo y general de fondos de un banco a causa del pánico, serie, clase.
run *v* administrar, dirigir, correr, ejecutar, tener vigencia.
run down agotar, atropellar, disminuir gradualmente, encontrar tras buscar, criticar.
run-down *adj* en mal estado.
run-of-the-mill *adj* común y corriente, mediocre.
run on a bank retiro masivo y general de fondos de un banco a causa del pánico.
run out agotar, agotarse, terminar, vencer.
run up acumular, acumular deudas, acumular deudas rápidamente, agrandar.
run-up *n* alza, alza en precios, período que precede algo.
runaway inflation inflación galopante.
rundown *n* resumen, resumen minucioso, disminución gradual.
runner *n* mensajero.
running *adj* corriente, continuo, vigente.
running *adv* consecutivamente.
running *n* administración, gestión, manejo, funcionamiento.
running account cuenta corriente.
running costs costos de mantener un negocio en marcha, costos de operación, costos de explotación, costes de mantener un negocio en marcha, costes de operación, costes de explotación.
running days días corridos.
running expenses gastos de mantener un negocio en marcha, gastos de operación, gastos de explotación.
running policy póliza corriente.
rural *adj* rural.
rural development desarrollo rural.
rural economy economía rural.
rural servitude servidumbre rural.
rurban *adj* zona que combina aspectos de la vida urbana y rural.
rush *v* hacer a la carrera, apurar.
rush hour hora pico, hora punta.

S

S Corporation corporación pequeña la cual ha elegido que se le impongan contribuciones como personas naturales.
S & L (savings and loan association) asociación de ahorro y préstamo, sociedad de ahorro y préstamo.
S & P 500 (Standard and Poor's 500 Index) Índice S & P 500, Índice Standard and Poor's 500.
S & P 500 Index (Standard and Poor's 500 Index) Índice S & P 500, Índice Standard and Poor's 500.
S & P Index (Standard and Poor's Index) Índice S & P, Índice Standard and Poor's.
sabotage *n* sabotaje.
sabotage *v* sabotear.

sack *v* despedir.
SAD (Single Administrative Document)
Documento Único Administrativo.
SAE (stamped-addressed envelope) sobre
predirigido con sello.
safe *adj* seguro.
safe *n* caja fuerte.
safe deposit box caja de seguridad.
safe deposit company compañía que alquila cajas
de seguridad.
safe driver plan plan de conductores seguros.
safe hands, in en buenas manos.
safe harbor amparo de quien ha tratado de cumplir
en buena fe.
safe harbor rule estipulación para amparar a quien
ha tratado de cumplir en buena fe.
safe haven inversión segura, lugar seguro.
safe investment inversión segura.
safe place to work lugar seguro para trabajar.
safe rate tasa de inversión segura.
safeguard *n* salvaguardia, garantía.
safeguard *v* salvaguardar, proteger.
safekeeping *n* custodia, depósito.
safekeeping certificate certificado de custodia,
certificado de depósito.
safety *n* seguridad.
safety audit auditoría de seguridad.
safety belt cinturón de seguridad.
safety check revisión de seguridad, cheque con
medidas especiales de seguridad.
safety cheque cheque con medidas especiales de
seguridad.
safety commission comisión de seguridad.
safety deposit box caja de seguridad.
safety factor factor de seguridad.
safety hazard riesgo de seguridad.
safety management administración de seguridad,
gestión de seguridad.
safety margin margen de seguridad.
safety measure medida de seguridad.
safety net red de protección, red de protección
social.
safety of assets seguridad de activos.
safety of principal seguridad del principal.
safety paper papel de seguridad.
safety precaution medida de seguridad, precaución
de seguridad.
safety regulations reglamentos de seguridad.
safety requirements requisitos de seguridad.
safety restrictions restricciones de seguridad.
safety rules reglas de seguridad.
safety standards normas de seguridad.
safety statutes leyes concernientes a la seguridad
en el trabajo.
safety stock inventario de seguridad.
sagging profits beneficios caídos, ganancias
caídas.
sagging sales ventas caídas.
salable *adj* vendible.
salable value valor justo en el mercado.
salaried *adj* asalariado.
salary *n* salario, sueldo, paga.
salary adjustment ajuste salarial, ajuste de salario.
salary administration administración salarial,
administración de salario.
salary agreement convenio salarial, convenio de
salarios.
salary arbitration arbitraje salarial, arbitraje de
salarios.
salary assignment cesión de salario, asignación de

salario.
salary bargaining negociación salarial,
negociación de salarios.
salary base base salarial, base de salario.
salary bill costos salariales, costes salariales.
salary bracket escala salarial, escala de salarios.
salary ceiling techo salarial, techo de salarios.
salary check cheque salarial, cheque de salario.
salary cheque cheque salarial, cheque de salario.
salary claim reclamación salarial, reclamación de
salario.
salary compression compresión salarial,
compresión de salario.
salary continuation plan plan de continuación
salarial, plan de continuación de salario.
salary control control salarial, control de salarios.
salary cost costos salariales, costes salariales.
salary curve curva salarial.
salary cut recorte salarial, recorte de salario.
salary decrease disminución salarial, disminución
del salario.
salary deduction deducción salarial, deducción del
salario.
salary differentials diferenciales salariales,
diferenciales de salarios.
salary dispute disputa salarial.
salary earner asalariado, quien devenga ingresos.
salary equalisation equiparación salarial,
igualación salarial.
salary equalization equiparación salarial,
igualación salarial.
salary floor salario mínimo.
salary freeze congelación salarial, congelación de
salarios.
salary gap diferenciales de salarios.
salary garnishment embargo de salario.
salary incentive incentivo salarial.
salary increase aumento salarial, aumento de
salario.
salary increment incremento salarial, incremento
de salario.
salary index índice salarial.
salary inflation inflación salarial.
salary level nivel salarial, nivel de salarios.
salary minimum salario mínimo, mínimo salarial,
mínimo de salario.
salary negotiations negociaciones salariales.
salary payment pago salarial, pago de salario.
salary policy política salarial.
salary raise aumento salarial, aumento de salario.
salary range intervalo salarial, intervalo de salarios.
salary rate tasa salarial.
salary receipt recibo salarial, recibo de salario.
salary reduction reducción salarial, reducción de
salarios.
salary reduction plan plan de reducción salarial,
plan de reducción de salarios.
salary regulation regulación salarial, regulación de
salarios.
salary restraint moderación salarial.
salary review revisión salarial, revisión de salario.
salary rise alza salarial.
salary round ronda de negociaciones salariales.
salary scale escala salarial, escala de salarios.
salary settlement convenio salarial.
salary stabilisation estabilización salarial.
salary stabilization estabilización salarial.
salary structure estructura salarial, estructura de
salarios.
salary subsidy subsidio salarial, subvención

salarial.

salary tax impuesto salarial, impuesto sobre salarios.

sale *n* venta, compraventa.

sale and leaseback venta de propiedad seguida del arrendamiento de dicha propiedad a quien la vendió.

sale and purchase compraventa.

sale and repurchase venta y recompra.

sale and return venta con derecho de devolución.

sale at retail venta minorista, venta al por menor.

sale by auction venta mediante subasta.

sale by sample venta mediante muestras.

sale by the court venta judicial.

sale, for se vende.

sale in gross venta en conjunto.

sale-note *n* nota de venta.

sale on account venta a cuenta.

sale on approval venta sujeta a la aprobación.

sale on condition venta condicional.

sale on credit venta a crédito.

sale or return venta con derecho de devolución.

sale price precio de venta.

sale proof prueba de venta.

sale verification verificación de venta.

sale with all faults venta en que no se ofrecen garantías.

sale with right of redemption venta con derecho de redención.

saleable *adj* vendible.

saleable value valor justo en el mercado.

sales account cuenta de ventas.

sales activity actividad de ventas.

sales administration administración de ventas.

sales administrator administrador de ventas.

sales agent agente de ventas.

sales agreement contrato de compraventa.

sales allowance rebaja en ventas.

sales analysis análisis de ventas.

sales analyst analista de ventas.

sales area área de ventas.

sales assistant asistente de ventas.

sales authentication certificación de ventas.

sales book libro de ventas.

sales brochure folleto de ventas.

sales budget presupuesto de ventas.

sales budgeting presupuestación de ventas.

sales call llamada de ventas, visita de ventas.

sales campaign campaña de ventas.

sales center centro de ventas.

sales centre centro de ventas.

sales certificate certificado de ventas.

sales certification certificación de ventas.

sales channels canales de ventas.

sales charge cargo por ventas de valores, cargos por ventas.

sales check recibo de venta.

sales clerk dependiente.

sales commission comisión de venta.

sales conditions condiciones de venta.

sales conference conferencia de ventas.

sales contract contrato de compraventa, contrato de venta.

sales curve curva de ventas.

sales day book libro diario de ventas.

sales department departamento de ventas.

sales director director de ventas.

sales discount descuento de venta.

sales division división de ventas.

sales drive promoción de ventas.

sales evidence prueba de ventas.

sales executive ejecutivo de ventas.

sales expense gastos de ventas.

sales figures cifras de ventas.

sales force personal de ventas.

sales force automation automatización del personal de ventas.

sales forecast pronóstico de ventas.

sales forecasting previsión de ventas.

sales incentive incentivo de ventas.

sales income ingresos por ventas.

sales invoice factura de venta.

sales journal libro de ventas.

sales leaflet folleto de ventas.

sales ledger libro mayor de ventas.

sales letter carta de ventas.

sales line línea de ventas.

sales literature información escrita de ventas.

sales load cargo por ventas de valores.

sales management administración de ventas, gestión de ventas.

sales manager gerente de ventas.

sales manual manual de ventas.

sales markup margen de ventas.

sales maximisation maximización de ventas.

sales maximization maximización de ventas.

sales meeting reunión de ventas.

sales mix mezcla de ventas.

sales mix variance varianza de mezcla de ventas.

sales network red de ventas.

sales office oficina de ventas.

sales opportunity oportunidad de ventas.

sales organisation organización de ventas.

sales organization organización de ventas.

sales orientation orientación de ventas.

sales outlet punto de ventas.

sales per share ventas por acción.

sales personnel personal de ventas.

sales pitch lo que dice un vendedor quien quiere vender algo.

sales planning planificación de ventas.

sales point punto de ventas.

sales policy política de ventas.

sales portfolio cartera de ventas, portafolio de ventas.

sales potential potencial de ventas.

sales presentation presentación de ventas.

sales price precio de venta.

sales proceeds ingresos de ventas.

sales profits beneficios de ventas, ganancias de ventas.

sales projection proyección de ventas.

sales promotion promoción de ventas.

sales quota cuota de ventas.

sales ratio ratio de ventas, razón de ventas, proporción de ventas.

sales receipt recibo de venta.

sales region región de ventas.

sales rep (sales representative) representante de ventas.

sales representative representante de ventas.

sales resistance resistencia a la venta.

sales return devolución de venta.

sales revenue ingresos de ventas.

sales room sala de ventas.

sales sample muestra de ventas.

sales service servicio de ventas.

sales slip recibo de venta.

sales slump bajada repentina en ventas.

sales staff personal de ventas.

sales talk lo que dice un vendedor quien quiere vender algo, charla de ventas.
sales target objetivo de ventas.
sales tax impuesto sobre las ventas.
sales team equipo de ventas.
sales territory territorio de ventas.
sales tool herramienta de ventas.
sales turnover nivel de ventas.
sales value valor de venta.
sales volume volumen de ventas.
sales volume variance varianza de volumen de ventas.
salesgirl n vendedora, dependienta.
saleslady n vendedora, dependienta.
salesman n vendedor, dependiente.
salesmanship n el arte de vender, las técnicas que usa un vendedor quien quiere vender algo.
salesperson n vendedor, dependiente.
salesroom n sala de ventas.
saleswoman n vendedora, dependienta.
salvage n salvamento, rescate, objetos rescatados.
salvage loss diferencia entre el valor de los bienes recuperados menos el valor original de dichos bienes.
salvage value valor residual.
same-day adj el mismo día.
same-day delivery entrega el mismo día.
same-day funds fondos disponibles el mismo día.
same-day substitution sustitución el mismo día.
same invention la misma invención.
same store sales ventas de la misma tienda para un período anterior.
sample n muestra, modelo.
sample book muestrario.
sampler n muestrario.
sampling n muestra, muestreo.
sampling distribution distribución de muestreo.
sampling error error de muestreo.
Samurai bond bono samurai.
sanction n sanción, ratificación, autorización.
sanction v sancionar, ratificar, autorizar.
sandwich generation generación sándwich.
sandwich lease arrendamiento del arrendatario que subarrienda a otro.
sanitary certificate certificado de sanidad.
SASE (self-addressed stamped envelope) sobre predirigido con sello.
satellite n satélite.
satellite communications comunicaciones por satélite.
satellite office oficina satélite.
satisfaction n satisfacción, cumplimiento, liquidación.
satisfaction guaranteed satisfacción garantizada.
satisfaction guaranteed or your money back si no queda satisfecho le devolvemos su dinero.
satisfaction of lien documento mediante el cual se libera un gravamen.
satisfaction of mortgage documento que certifica que se ha liquidado una hipoteca.
satisfaction piece documento que certifica que se ha liquidado una hipoteca.
satisfactory adj satisfactorio.
satisfactory endorser endosante satisfactorio.
satisfactory indorser endosante satisfactorio.
satisfactory title título satisfactorio.
satisficing n la búsqueda de un nivel satisfactorio en vez del más alto posible.
satisfied adj satisfecho, cumplido, liquidado.
satisfy v satisfacer, cumplir, liquidar.

saturate v saturar.
saturated adj saturado.
saturated market mercado saturado.
saturation n saturación.
saturation campaign campaña de saturación.
saturation of market saturación de mercado.
saturation point punto de saturación.
Saturday night special oferta pública para la adquisición de acciones sorpresiva.
save v ahorrar, economizar, salvar, guardar, reservar.
save as you earn plan de ahorros con contribuciones mensuales a base de ingresos retenidos.
save harmless clause cláusula de indemnidad.
saver n ahorrista.
saving n ahorro, reserva, economía.
saving clause cláusula restrictiva, cláusula que indica que si se invalida una parte de una ley o de un contrato que no se invalidarán las demás.
savings n ahorros.
savings account cuenta de ahorros.
savings account loan préstamo colaterizado con cuenta de ahorros.
savings and loan association asociación de ahorro y préstamo, sociedad de ahorro y préstamo.
savings and loan bank banco de ahorro y préstamo.
savings bank banco de ahorros.
savings bond bono de ahorros.
savings book libreta de ahorros.
savings certificate certificado de ahorros.
savings deposits depósitos de ahorros.
savings element elemento de ahorros.
savings funds fondos de ahorros.
savings institution entidad de ahorros.
savings passbook libreta de ahorros.
savings plan plan de ahorros.
savings rate tasa de ahorros.
Say's law ley de Say.
SAYE (save as you earn) plan de ahorros con contribuciones mensuales a base de ingresos retenidos.
SBA (Small Business Administration) administración de empresas pequeñas, administración de negocios pequeños.
SBU (Strategic Business Unit) Unidad Estratégica de Negocios.
scab n esquirol, rompehuelgas.
scalability n escalabilidad.
scalable adj escalable.
scale n escala, tarifa, báscula.
scale down reducir, disminuir.
scale of charges escala de cargos.
scale of costs escala de costos, escala de costes.
scale of fees escala de cargos.
scale of salaries escala de salarios.
scale of wages escala de salarios.
scale order orden por etapas.
scale relationship relación de escala.
scale tolerance las pequeñas diferencias en la medición del peso entre básculas diferentes.
scale up ampliar, aumentar.
scalp v revender taquillas a espectáculos en exceso del valor nominal, especular con cantidades pequeñas.
scalper n quien revende taquillas a espectáculos en exceso del valor nominal, especulador en cantidades pequeñas.
scalping n reventa de taquillas a espectáculos en

exceso del valor nominal, especulación en
cantidades pequeñas.

scam *n* chanchullo.

scan *v* explorar, revisar someramente, revisar
detenidamente.

scanner *n* escáner.

scarce *adj* escaso, insuficiente.

scarce currency moneda escasa.

scarcity *n* escasez, insuficiencia.

scarcity rent renta por escasez.

scarcity value valor por escasez.

scatter chart diagrama de dispersión, gráfico de
dispersión.

scatter diagram diagrama de dispersión, gráfico de
dispersión.

scatter graph diagrama de dispersión, gráfico de
dispersión.

scatter plot diagrama de dispersión, gráfico de
dispersión.

scenario *n* escenario, panorama.

scenario analysis análisis del panorama.

schedule *n* programa, horario, calendario, plan,
anejo, lista.

schedule *v* programar, planificar.

schedule of charges lista de cargos.

schedule of costs lista de costos, lista de costes.

schedule of deductions lista de deducciones,
anejo de deducciones.

schedule of fees lista de cargos.

schedule of payments calendario de pagos.

schedule of prices lista de precios.

schedule of production programa de producción.

schedule of rates lista de tasas.

schedule production producción programada.

schedule rating método de calcular primas de
seguros dependiendo de las características
especiales del riesgo.

scheduled *adj* programado, previsto, listado.

scheduled coverage cobertura de acuerdo a una
lista de bienes con sus valores respectivos.

scheduled maintenance mantenimiento
programado.

scheduled payments pagos programados.

scheduled policy póliza para cobertura de acuerdo
a una lista de bienes con sus valores respectivos.

scheduled production producción programada.

scheduled property lista de bienes asegurados con
sus valores respectivos.

scheme *n* plan, proyecto, esquema, idea,
estratagema, treta.

scheme to defraud treta para defraudar.

Schengen Agreement Acuerdo de Schengen.

science park parque científico.

scientific amortization amortización científica.

scientific management administración científica,
gestión científica.

scope *n* alcance, ámbito, intención.

scope of a patent alcance de una patente.

scope of employment actividades que lleva a cabo
un empleado al cumplir con sus deberes del trabajo.

scorched earth tierra quemada.

scorched-earth policy política de tierra quemada.

scrap *v* abandonar, descartar, chatarrear, botar.

scrap plans abandonar planes.

screen *n* pantalla.

screen *v* cribar, seleccionar.

screen candidates seleccionar candidatos.

screened *adj* cribado, seleccionado.

screened candidates candidatos seleccionados.

screening *n* cribado, selección.

screening candidates selección de candidatos.

scrimp *v* hacer economías, escatimar.

scrip *n* vale, certificado, certificado provisional.

scrip dividend dividendo consistente en acciones
en sustitución de dinero, dividendo para el cual se
entrega un vale.

scrip issue dividendo en acciones.

scripophily *n* coleccionismo de certificados viejos
de acciones y otros valores.

scroll down desplazar hacia abajo.

scroll up desplazar hacia arriba.

scrolling down desplazamiento hacia abajo.

scrolling up desplazamiento hacia arriba.

SDR (Special Drawing Rights) derechos
especiales de giro.

SDRs (Special Drawing Rights) derechos
especiales de giro.

sea carrier cargador marítimo.

sea damage daño en alta mar.

sea freight flete marítimo.

sea insurance seguro marítimo.

sea risks riesgos de alta mar.

sea trade comercio marítimo.

sea transport transporte marítimo.

seal *n* sello, timbre.

seal *v* sellar, cerrar, concluir.

seal of approval sello de aprobación, visto bueno.

seal of corporation sello corporativo.

sealed *adj* sellado, cerrado, concluido.

sealed and delivered sellado y entregado.

sealed bid oferta en sobre sellado, propuesta
sellada.

seaport *n* puerto marítimo.

search *n* búsqueda, registro, investigación.

search *v* buscar, registrar, investigar.

search costs costos de búsqueda, costes de
búsqueda.

search engine motor de búsqueda.

search of title estudio de título.

season *n* estación, temporada.

seasonal *adj* estacional, de temporada.

seasonal adjusting ajuste estacional.

seasonal adjustment ajuste estacional.

seasonal business negocio estacional.

seasonal contract contrato estacional.

seasonal credit crédito estacional.

seasonal demand demanda estacional.

seasonal discount descuento estacional.

seasonal employment empleo estacional.

seasonal fluctuations fluctuaciones estacionales.

seasonal index índice estacional.

seasonal industry industria estacional.

seasonal labor mano de obra estacional.

seasonal labour mano de obra estacional.

seasonal market mercado estacional.

seasonal patterns patrones estacionales.

seasonal price precio estacional.

seasonal production producción estacional.

seasonal risk riesgo estacional.

seasonal supply oferta estacional.

seasonal unemployment desempleo estacional.

seasonal variability variabilidad estacional.

seasonal variation variación estacional.

seasonal work trabajo estacional.

seasonal worker trabajador estacional.

seasonally *adv* estacionalmente.

seasonally adjusted desestacionalizado, ajustado
estacionalmente.

seasonally adjusted figures cifras
desestacionalizadas, cifras ajustadas

estacionalmente.
seasonally adjusted rate tasa desestacionalizada, tasa ajustada estacionalmente.
seasoned loan préstamo con buen historial de pagos.
seasoned mortgage hipoteca con buen historial de pagos.
seat *n* asiento, sede, escaño.
SEC (Securities and Exchange Commission) Comisión del Mercado de Valores.
sec. (secondary) secundario.
sec. (secretary) secretario.
second *adj* segundo, subordinado, alternado.
second *v* secundar, apoyar, trasladar temporalmente.
second class segunda clase.
second generation segunda generación.
second generation product producto de segunda generación.
second-guess *v* criticar algo ya sabiéndose el resultado, intentar adivinar las intenciones o acciones de otro, intentar anticiparse a algo.
second-hand *adj* de segunda mano.
second home segunda residencia.
second lien segundo gravamen, segundo privilegio.
second mortgage segunda hipoteca.
second-rate *adj* de calidad inferior.
second round segunda ronda.
secondary *adj* secundario, subordinado.
secondary action acción secundaria.
secondary activity actividad secundaria.
secondary beneficiary beneficiario secundario.
secondary boycott boicot secundario.
secondary contract contrato que modifica o reemplaza uno anterior.
secondary conveyances cesiones derivadas.
secondary creditor acreedor secundario.
secondary data datos secundarios.
secondary distribution distribución secundaria.
secondary easement servidumbre accesoria.
secondary education educación secundaria.
secondary employment empleo secundario.
secondary financing financiamiento secundario.
secondary income ingresos secundarios.
secondary industry industria secundaria.
secondary labor market mercado laboral secundario.
secondary labour market mercado laboral secundario.
secondary liability responsabilidad secundaria.
secondary market mercado secundario.
secondary mortgage market mercado hipotecario secundario.
secondary offering ofrecimiento secundario.
secondary plan plan secundario.
secondary product producto secundario.
secondary reserves reservas secundarias.
secondary sector sector secundario.
secondary shares acciones secundarias.
secondary stocks acciones secundarias.
secondary strike huelga secundaria.
seconder *n* quien secunda, quien apoya.
secondhand *adj* de segunda mano.
secondment *n* traslado temporal.
seconds *n* artículos imperfectos o defectuosos.
secrecy *n* secreto.
secret *adj* secreto, oculto.
secret partner socio secreto.
secret partnership sociedad secreta.
secret payment pago secreto.

secret profit beneficio oculto, ganancia oculta.
secret reserve reserva oculta.
secret trust fideicomiso secreto.
secretarial *adj* secretarial, de secretario.
secretary *n* secretario.
Secretary of Agriculture Ministro de Agricultura, Secretario de Agricultura.
Secretary of Commerce Ministro de Comercio, Secretario de Comercio.
secretary of corporation secretario de una corporación, secretario de una persona jurídica.
Secretary of Health Ministro de Salud, Secretario de Salud.
Secretary of Industry Ministro de Industria, Secretario de Industria.
Secretary of Labor Ministro de Trabajo, Secretario de Trabajo.
Secretary of Labour Ministro de Trabajo, Secretario de Trabajo.
Secretary of the Treasury Ministro de Hacienda, Ministro del Tesoro, Secretario de Hacienda, Secretario del Tesoro.
section *n* sección, sector, párrafo, artículo.
section administration administración de sección.
section administrator administrador de sección.
section chief jefe de sección.
section director director de sección.
section head jefe de sección.
section management administración de sección, gestión de sección.
section manager gerente de sección.
section of land una milla cuadrada de terreno.
sector *n* sector.
sector fund fondo mutuo de sector.
sector GDP PIB sectorial.
sector index índice sectorial.
sector mutual fund fondo mutuo de sector.
sector of the economy sector de la economía.
sector-specific *adj* específico para un sector.
secular *adj* secular.
secure *adj* seguro.
secure *v* asegurar, garantizar, obtener.
secure electronic transaction transacción electrónica segura.
secure electronic transfer transferencia electrónica segura.
secure server servidor seguro.
secure transaction transacción segura.
secured *adj* garantizado.
secured account cuenta garantizada.
secured bond bono garantizado.
secured claim reclamación garantizada.
secured credit crédito garantizado.
secured credit card tarjeta de crédito garantizada con cuenta de ahorros.
secured creditor acreedor garantizado.
secured debt deuda garantizada.
secured loan préstamo garantizado.
secured note pagaré garantizado.
secured transaction transacción garantizada.
securely *adv* seguramente.
secureness *n* seguridad, certeza.
securities *n* valores.
securities account cuenta de valores.
securities act ley de inversiones, ley de valores.
securities affiliate afiliado de valores.
securities analyst analista de inversiones.
Securities and Exchange Commission Comisión del Mercado de Valores.
securities borrowing préstamo de valores,

préstamo garantizado por valores.
securities broker corredor de valores.
securities commission comisión de valores.
securities dealer corredor de valores.
securities department departamento de valores.
securities exchange bolsa de valores.
securities house casa de valores.
securities index índice de valores.
securities laws leyes de valores.
securities lending préstamo de valores.
securities listing cotización de valores.
securities loan préstamo de valores, préstamo garantizado por valores.
securities market mercado de valores.
securities offering oferta de valores.
securities portfolio cartera de valores.
securities rating clasificación de valores.
securities taxes impuestos sobre valores.
securities underwriting colocación de valores, suscripción de valores, aseguramiento de emisión de valores.
securitisation n conversión a valores.
securitise v convertir en valores.
securitised adj convertido en valores.
securitization n conversión a valores.
securitize v convertir en valores.
securitized adj convertido en valores.
security n seguridad, garantía, fianza.
security agreement acuerdo de garantía.
security audit auditoría de seguridad.
security certificate certificado de seguridad.
security check revisión de seguridad, cheque con medidas especiales de seguridad.
security cheque cheque con medidas especiales de seguridad.
security deposit depósito de garantía.
security failure falla de seguridad.
security hazard riesgo de seguridad.
security interest derecho de vender un inmueble para satisfacer una deuda.
security leak fuga de seguridad.
security management administración de seguridad, gestión de seguridad.
security margin margen de seguridad.
security measure medida de seguridad.
security of assets seguridad de activos.
security of principal seguridad del principal.
security precaution precaución de seguridad.
security rating clasificación de seguridad.
security regulations reglamentos de seguridad.
security requirements requisitos de seguridad.
security restrictions restricciones de seguridad.
security risk riesgo de seguridad.
security rules reglas de seguridad.
security standards normas de seguridad.
security valuation valuación de valores.
seed capital capital generador.
seed money dinero generador.
seek approval buscar aprobación.
seek employment buscar empleo.
seek work buscar trabajo.
segment n segmento.
segment margin margen de segmento.
segment reporting informes de segmento.
segmentation n segmentación.
segmentation strategy estrategia de segmentación.
segmented adj segmentado.
segregate v segregar.
segregated adj segregado.
segregated account cuenta segregada.

segregated funds fondos segregados.
segregation n segregación.
segregation of duties segregación de deberes.
segregation of securities segregación de valores.
seignorage n señoreaje, monedaje.
seisin n posesión.
seize v embargar, confiscar, incautar, decomisar, aprovechar.
seizure n embargo, confiscación, incautación, decomisado.
select adj selecto.
select v seleccionar.
select committee comité selecto.
select mortality table tabla de mortalidad selecta.
selection n selección.
selection of risk selección de riesgo.
selection ratio ratio de selección, razón de selección.
selective adj selectivo.
selective advertising publicidad selectiva.
selective demand demanda selectiva.
selective distribution distribución selectiva.
selective marketing marketing selectivo, mercadeo selectivo.
self-actualisation n autoactualización.
self-actualization n autoactualización.
self-addressed envelope sobre predirigido.
self-addressed stamped envelope sobre predirigido con sello.
self-adjusting adj autoajustable.
self-adjustment n autoajuste.
self-administered adj autoadministrado.
self-administered pension pensión autoadministrada.
self-administered plan plan autoadministrado.
self-amortizing adj autoamortizable.
self-amortizing mortgage hipoteca autoamortizable.
self-appointed adj autoproclamado, autonombrado.
self-assessment n autoevaluación, autoevaluación de deberes contributivos.
self-certification n autocertificación.
self-consumption n autoconsumo.
self-dealing n transacciones en que una persona actúa como fiduciario para su propio beneficio.
self-employed adj quien tiene negocio propio, empleado autónomo.
self-employed worker empleado autónomo.
self-employment n negocio propio.
self-employment income ingresos provenientes de un negocio propio.
self-employment retirement plan plan de retiro de negocio propio.
self-employment tax impuesto a los que tienen negocio propio.
self-executing adj de efecto automático, de implementación automática.
self-financed adj autofinanciado.
self-financing n autofinanciamiento, autofinanciación.
self-funded adj autofinanciado.
self-generated adj autogenerado.
self-governed adj autónomo.
self-governing adj autónomo.
self-government n autonomía.
self-imposed adj autoimpuesto.
self-insurance n autoseguro.
self-insure v autoasegurar.
self-insured adj autoasegurado.
self-insurer n autoasegurador.

self-interest *n* interés propio.
self-liquidating *adj* autoliquidante.
self-liquidating loan préstamo autoliquidante.
self-management *n* autoadministración, autogestión.
self-motivated *adj* automotivado.
self-realisation *n* autorealización.
self-realization *n* autorealización.
self-regulating *adj* autorregulador.
self-regulating organisation organización autorreguladora.
self-regulating organization organización autorreguladora.
self-regulation *n* autorregulación.
self-regulatory *adj* autorregulador.
self-regulatory body organización autorreguladora.
self-regulatory organisation organización autorreguladora.
self-regulatory organization organización autorreguladora.
self-reliance *n* autosuficiencia.
self-reliant *adj* autosuficiente.
self-selection *n* autoselección.
self-service *n* autoservicio.
self-sufficiency *n* autosuficiencia.
self-sufficient *adj* autosuficiente.
self-supporting *adj* autosostenido.
self-sustained *adj* autosostenido.
sell *v* vender, convencer.
sell at a loss vender incurriendo pérdidas.
sell at auction vender mediante subasta.
sell-by date vencimiento, última fecha de venta.
sell direct vender directamente.
sell limit order orden de venta con precio límite, orden de venta a un precio específico o uno más favorable.
sell off agotar, agotar a precio reducido, liquidar.
sell-off *n* ventas precipitadas, ventas precipitadas que causan reducciones drásticas en cotizaciones.
sell on account vender a cuenta.
sell on credit vender a crédito.
sell order orden de venta.
sell out venta de valores de un cliente por un corredor para compensar por falta de pago, agotarse, venderse, liquidarse.
sell-out *n* venta total, traición, agotamiento, liquidación.
sell rating recomendación de venta.
sell recommendation recomendación de venta.
sell short vender al descubierto, vender valores que no se poseen corrientemente en cartera.
sell-side analyst asesor de compras bursátiles para cuentas de clientes.
seller *n* vendedor.
seller financing financiamiento por el vendedor.
seller's lien gravamen del vendedor.
seller's market mercado del vendedor, mercado que favorece a los que venden.
seller's option opción del vendedor.
seller's rate tasa del vendedor.
selling *n* venta.
selling against the box venta al descubierto de valores en cartera.
selling agency agencia de ventas.
selling agent agente de ventas.
selling broker corredor de ventas.
selling campaign campaña de ventas.
selling climax clímax de ventas.
selling commission comisión de ventas.
selling concession descuento de ventas.

selling costs costos de ventas, costes de ventas.
selling expenditures gastos de ventas.
selling expenses gastos de ventas.
selling flat vendiéndose sin intereses.
selling group grupo de ventas.
selling group agreement convenio del grupo de ventas.
selling licence licencia de venta.
selling license licencia de venta.
selling point punto de venta.
selling price precio de venta.
selling price clause cláusula del precio de venta.
selling rights derechos de venta.
selling short venta de valores que no se poseen corrientemente en cartera.
selling short against the box venta al descubierto de valores en cartera.
selling syndicate sindicato de ventas.
selloff *n* ventas precipitadas, ventas precipitadas que causan reducciones drásticas en cotizaciones.
sellout *n* venta total, traición, agotamiento, liquidación.
semester *n* semestre.
semi-annual *adj* semianual, semestral.
semi-annual adjustment ajuste semianual.
semi-annual audit auditoría semianual.
semi-annual basis base semianual.
semi-annual bonus bono semianual.
semi-annual budget presupuesto semianual.
semi-annual charge cargo semianual.
semi-annual earnings ingresos semianuales.
semi-annual income ingreso semianual.
semi-annual interest intereses semianuales.
semi-annual premium prima semianual.
semi-annual production producción semianual.
semi-annual rate tasa semianual.
semi-annual return rendimiento semianual.
semi-annual yield rendimiento semianual.
semi-detached house casa dúplex.
semi-durable *adj* semiduradero.
semi-durable goods bienes semiduraderos, productos semiduraderos.
semi-finished *adj* semiterminado, semielaborado.
semi-finished product producto semiterminado, producto semielaborado.
semi-fixed *adj* semifijo.
semi-fixed cost costo semifijo, coste semifijo.
semi-fixed rate tasa semifija.
semi-industrialised *adj* semiindustrializado.
semi-industrialized *adj* semiindustrializado.
semi-manufactured *adj* semimanufacturado, semielaborado.
semi-monthly *adj* quincenal.
semi-private *adj* semiprivado.
semi-public *adj* semipúblico.
semi-skilled labor mano de obra semicalificada, mano de obra semicualificada.
semi-skilled labour mano de obra semicalificada, mano de obra semicualificada.
semi-skilled manpower mano de obra semicalificada, mano de obra semicualificada, personal semicalificado, personal semicualificado.
semi-skilled worker trabajador semicalificado, trabajador semicualificado.
semi-variable *adj* semivariable.
semi-variable cost costo semivariable, coste semivariable.
semi-variable premium prima semivariable.
semi-variable rate tasa semivariable.
semiannual *adj* semianual, semestral.

semiannual adjustment ajuste semianual.
semiannual audit auditoría semianual.
semiannual basis base semianual.
semiannual bonus bono semianual.
semiannual budget presupuesto semianual.
semiannual charge cargo semianual.
semiannual earnings ingresos semianuales.
semiannual income ingreso semianual.
semiannual interest intereses semianuales.
semiannual premium prima semianual.
semiannual production producción semianual.
semiannual rate tasa semianual.
semiannual return rendimiento semianual.
semiannual yield rendimiento semianual.
semidetached house casa dúplex.
semidurable *adj* semiduradero.
semifinished *adj* semiterminado, semielaborado.
semifinished product producto semiterminado, producto semielaborado.
semifixed *adj* semifijo.
semifixed cost costo semifijo, coste semifijo.
semifixed rate tasa semifija.
semiindustrialised *adj* semiindustrializado.
semiindustrialized *adj* semiindustrializado.
semimanufactured *adj* semimanufacturado, semielaborado.
semimonthly *adj* quincenal.
seminar *n* seminario.
semiprivate *adj* semiprivado.
semipublic *adj* semipúblico.
semiskilled labor mano de obra semicalificada, mano de obra semicualificada.
semiskilled labour mano de obra semicalificada, mano de obra semicualificada.
semiskilled manpower mano de obra semicalificada, mano de obra semicualificada, personal semicalificado, personal semicualificado.
semiskilled worker trabajador semicalificado, trabajador semicualificado.
semivariable *adj* semivariable.
semivariable cost costo semivariable, coste semivariable.
semivariable premium prima semivariable.
semivariable rate tasa semivariable.
send *v* mandar, enviar, transmitir.
send back devolver.
send by courier enviar por mensajero.
send by email enviar por email, enviar por correo electrónico.
send by fax enviar por fax.
send by mail enviar por correo, enviar por email, enviar por correo electrónico.
send by messenger enviar por mensajero.
send by post enviar por correo.
send for encargar, hacer llamar.
send in enviar, hacer pasar.
send off enviar, hacer irse.
send out enviar, hacer irse.
sender *n* remitente.
sending bank banco remitente.
sending bank identifier código de identificación del banco remitente.
sending bank name nombre del banco remitente.
senior *adj* superior, mayor, principal, de rango superior.
senior auditor auditor principal.
senior citizen persona de edad avanzada.
senior creditor acreedor de rango superior.
senior debt deuda de rango superior.
senior employees empleados de rango superior.

senior executive alto ejecutivo.
senior lien gravamen de rango superior, privilegio de rango superior.
senior loan préstamo de rango superior.
senior management alta gerencia.
senior manager gerente de rango superior.
senior mortgage hipoteca de rango superior.
senior officer funcionario de rango superior.
senior official funcionario de rango superior.
senior partner socio principal.
senior personnel empleados de rango superior.
senior secretary secretario de rango superior.
senior securities valores de rango superior.
senior staff empleados de rango superior.
senior vice-president vicepresidente principal.
senior VP (senior vice-president) vicepresidente principal.
seniority *n* antigüedad, prioridad.
seniority system sistema basado en la antigüedad.
sensitive *adj* sensible, delicado, confidencial.
sensitive information información confidencial.
sensitive market mercado sensible.
sensitivity *n* sensibilidad.
sensitivity analysis análisis de sensibilidad.
sensitivity training entrenamiento de sensibilidad.
sentiment indicators indicadores del sentir.
sentimental value valor sentimental.
separability *n* separabilidad.
separability clause cláusula de separabilidad, cláusula que indica que si se invalida una cláusula en un contrato no se invalidarán las demás.
separable *adj* separable, divisible.
separable contract contrato divisible.
separate *adj* separado, distinto.
separate *v* separar, dividir.
separate account cuenta separada.
separate accounting contabilidad separada.
separate agreement convenio separado.
separate billing facturación separada.
separate bookkeeping contabilidad separada.
separate contract contrato separado.
separate covenant estipulación que obliga a cada parte individualmente.
separate customer cliente separado.
separate estate bienes privativos.
separate line of business línea de negocios separada.
separate property bienes privativos.
separate residence residencia separada.
separate return planilla separada, declaración de impuestos separada.
separate tax return planilla separada, declaración de impuestos separada.
separately *adv* separadamente, por separado.
separation *n* separación, clasificación.
separation of service separación de servicios.
separation rate tasa de separación.
separatism *n* separatismo.
separatist *adj* separatista.
separatist *n* separatista.
sequence *n* secuencia.
sequential *adj* secuencial.
sequester *v* secuestrar, confiscar, embargar.
sequestered account cuenta confiscada.
sequestration *n* secuestro, confiscación, embargo.
sequestrator *n* secuestrador, embargador.
serial *adj* serial, de serie, consecutivo.
serial bonds bonos en serie.
serial correlation correlación serial.
serial number número de serie.

series *n* serie.
series bonds bonos en serie.
series of options serie de opciones.
serious breach of contract incumplimiento grave de contrato.
serious injury lesión seria.
serve *v* servir, atender, entregar, notificar.
server *n* servidor.
service *n* servicio.
service adjustment ajuste de servicio.
service agreement contrato de servicios.
service bureau empresa de servicios.
service business negocio de servicios.
service center centro de servicios.
service centre centro de servicios.
service charge cargo por servicios.
service company compañía de servicios.
service contract contrato de servicios.
service corporation corporación de servicios.
service cost costo de servicio, coste de servicio.
service department departamento de servicios.
service department costs costos del departamento de servicios, costes del departamento de servicios.
service director director de servicios.
service economy economía de servicios.
service entrance entrada de servicio.
service establishment establecimiento donde se prestan servicios.
service fee cargo por servicios.
service, in en servicio.
service, in- durante el empleo.
service industry industria de servicios.
service job trabajo de servicio.
service level nivel de servicio.
service level agreement acuerdo de nivel de servicio.
service life vida útil.
service manager gerente de servicios.
service mark marca de servicios.
service not included servicio no incluido.
service occupation ocupación de servicio.
service of a loan servicio de un préstamo.
service, out of fuera de servicio.
service payment pago de servicios.
service plan plan de servicios.
service provider proveedor de servicios.
service sector sector de servicios, sector terciario.
services rendered servicios prestados.
services station estación de servicio.
servicing *n* servicio, mantenimiento.
servicing agreement contrato de servicio.
servient tenement propiedad sirviente.
servitude *n* servidumbre.
session *n* sesión.
session high cotización más alta de la sesión, cotización máxima, venta más alta de la sesión.
session low cotización más baja de la sesión, cotización mínima, venta más baja de la sesión.
set *adj* establecido, fijo.
set *n* conjunto, serie.
set *v* establecer, fijar, poner.
SET (secure electronic transaction) transacción electrónica segura.
set annuity anualidad fija.
set aside reservar, guardar, apartar.
set assets activo fijo.
set benefits beneficios fijos.
set budget presupuesto fijo.
set budgeting presupuestación fija.
set capital capital fijo.

set charges cargos fijos.
set commission comisión fija.
set conditions condiciones fijas.
set cost contract contrato de costo fijo, contrato de coste fijo.
set costs costos fijos, costes fijos.
set credit line línea de crédito fija.
set debt deuda fija.
set deposit depósito a plazo fijo.
set depreciation amortización fija.
set-dollar annuity anualidad de cantidad fija.
set down establecer, poner por escrito.
set exchange rate tipo de cambio fijo.
set expenditures gastos fijos.
set expenses gastos fijos.
set factors factores fijos.
set fee cargo fijo.
set forth presentar.
set income ingreso fijo.
set-income investment inversión de ingreso fijo.
set-income market mercado de inversiones de ingreso fijo.
set-income securities valores de ingreso fijo.
set interest interés fijo.
set interest rate tasa de interés fija.
set liabilities pasivo fijo.
set obligation obligación fija.
set of accounts conjunto de cuentas.
set off desencadenar, comenzar, causar.
set parity paridad fija.
set pay paga fija.
set-payment mortgage hipoteca de pagos fijos.
set payments pagos fijos.
set period período fijo.
set premium prima fija.
set price precio fijo.
set-price contract contrato a precio fijo.
set prices fijar precios.
set rate tasa fija.
set-rate financing financiamiento a tasa de interés fija.
set-rate loan préstamo de tasa de interés fija.
set-rate mortgage hipoteca de tasa de interés fija.
set remuneration remuneración fija.
set rent renta fija.
set return rendimiento fijo.
set salary salario fijo.
set sampling muestreo fijo.
set selling price precio de venta fijo.
set tax impuesto fijo.
set term plazo fijo.
set trust fideicomiso fijo.
set-up *v* establecer, convocar, preparar.
set-up costs costos de establecimiento, costes de establecimiento.
set wage salario fijo.
setback *n* distancia mínima de un linde dentro de la cual se puede edificar, contratiempo.
settle *v* transar, convenir, decidir, liquidar, pagar, ajustar, establecerse.
settle accounts ajustar cuentas.
settle on acordar, escoger.
settle up liquidar, ajustar cuentas.
settle upon acordar, escoger.
settled *adj* transado, convenido, decidido, liquidado, pagado, ajustado.
settled account cuenta liquidada.
settlement *n* transacción, convenio, decisión, liquidación, pago, cierre, ajuste.
settlement account cuenta de liquidación.

settlement costs gastos de cierre, costos de cierre, costes de cierre.
settlement currency moneda de liquidación.
settlement date fecha de pago, fecha de entrega, fecha del cierre.
settlement department departamento de liquidaciones.
settlement in full pago completo.
settlement of accounts liquidación de cuentas.
settlement offer oferta de liquidación.
settlement options opciones de liquidación.
settlement price precio de liquidación.
settlement statement declaración del cierre, estado del cierre.
settlement terms términos de liquidación.
settler *n* residente en un terreno.
setup *v* establecer, convocar, preparar.
setup costs costos de establecimiento, costes de establecimiento.
sever *v* cortar, separar, dividir.
severability *n* divisibilidad.
severability clause cláusula que indica que si se invalida una parte en una ley o contrato no se invalidarán las demás.
severable *adj* separable, divisible.
severable contract contrato divisible.
several *adj* separado, independiente, varios.
several covenants estipulaciones que obligan a cada parte individualmente.
several liability responsabilidad independiente.
several obligation obligación independiente.
several ownership propiedad independiente.
severally *adv* separadamente, independientemente.
severally liable responsable independientemente.
severalty *n* propiedad individual.
severance *n* separación, división, indemnización por despido, cesantía.
severance benefit beneficio por despido, indemnización por despido, cesantía.
severance indemnity indemnización por despido, cesantía.
severance package indemnización por despido, cesantía.
severance pay indemnización por despido, cesantía.
severance tax impuesto sobre la explotación de recursos naturales.
severely indebted altamente endeudado, sobreendeudado.
sewage *n* aguas residuales, aguas sucias.
sewage pollution contaminación por aguas residuales.
sewage treatment tratamiento de aguas residuales.
sex bias prejuicios sexistas.
sex discrimination discriminación sexual.
sex discrimination act ley contra la discriminación sexual.
sexism *n* sexismo.
sexist *adj* sexista.
sexist *n* sexista.
sexual bias prejuicios sexistas.
sexual discrimination discriminación sexual.
sexual favoritism favoritismo sexual.
sexual favouritism favoritismo sexual.
sexual harassment hostigamiento sexual, acoso sexual.
sexy ad anuncio sexy.
sexy advertisement anuncio sexy.
sexy advertising publicidad sexy.
SFA (sales force automation) automatización del personal de ventas.
SGR (sustainable growth rate) tasa de crecimiento sostenible.
shadow economy economía sombra.
shadow market mercado sombra.
shadow price precio sombra.
shady dealings transacciones dudosas, negocios dudosos.
shake-out *n* reorganización drástica.
shake-up *n* reorganización drástica.
shakeout *n* reorganización drástica.
shakeup *n* reorganización drástica.
shaky currency moneda tambaleante.
shaky economy economía tambaleante.
sham *adj* falso, ficticio, fingido, engañoso.
sham *n* imitación, falsificación, engaño.
sham transaction transacción falsa.
shape *v* formar, determinar.
share *n* parte, participación, acción.
share *v* compartir.
share capital capital accionario, capital en acciones.
share of market porcentaje del mercado, porcentaje del mercado de una marca.
share premium prima de emisión.
share premium account cuenta para primas de emisión.
share repurchase plan plan de recompra de acciones.
share split split, cambio proporcional en la cantidad de acciones de una corporación, división de acciones.
sharecropper *n* aparcero.
sharecropping *n* aparcería.
shared *adj* compartido.
shared account cuenta compartida.
shared action acción compartida.
shared agreement convenio compartido.
shared amount monto compartido, cantidad compartida.
shared-appreciation mortgage hipoteca de apreciación compartida.
shared assets activos combinados.
shared balance saldo compartido.
shared bank account cuenta de banco compartida.
shared benefits beneficios combinados.
shared capital capital compartido.
shared contract contrato compartido.
shared control control compartido.
shared cost costo compartido, coste compartido.
shared debts deudas compartidas.
shared demand demanda compartida.
shared discount descuento compartido.
shared enterprise empresa compartida.
shared expenditures gastos compartidos.
shared expenses gastos compartidos.
shared exports exportaciones compartidas.
shared financing financiamiento compartido, financiación compartida.
shared guarantee garantía compartida.
shared guaranty garantía compartida.
shared imports importaciones compartidas.
shared income ingresos compartidos.
shared initiative iniciativa compartida.
shared insurance seguro compartido.
shared interest interés compartido.
shared investment inversión compartida.
shared lease arrendamiento compartido.
shared liability responsabilidad compartida.
shared limit límite compartido.

shared loan préstamo compartido.
shared loss pérdida compartida.
shared management administración compartida, gestión compartida.
shared monopoly monopolio compartido.
shared network red compartida.
shared obligation obligación compartida.
shared occupancy ocupación compartida.
shared output salida compartida, producción compartida.
shared owners copropietarios, condueños.
shared ownership posesión compartida, propiedad compartida.
shared patent patente compartida.
shared payment pago compartido.
shared policy póliza compartida, política compartida.
shared possession coposesión, posesión compartida.
shared production producción compartida.
shared profits beneficios compartidos, ganancias compartidas.
shared rate tasa compartida.
shared receipts entradas compartidas.
shared reserves reservas compartidas.
shared responsibility responsabilidad compartida.
shared revenue ingresos compartidos.
shared risk riesgo compartido.
shared sales ventas compartidas.
shared spending gastos compartidos.
shared statement estado compartido.
shared tenancy tenencia compartida, tenencia mancomunada, arrendamiento compartido, arrendamiento mancomunado.
shared undertaking empresa compartida.
shared value valor compartido.
shareholder *n* accionista, accionario.
shareholder of record accionista registrado.
shareholder's derivative action acción entablada por un accionista para hacer cumplir una causa corporativa.
shareholder's equity porcentaje del accionista en una corporación.
shareholder's liability responsabilidad del accionista.
shareholders' equity capital accionario, capital social.
shareholders' meeting asamblea de accionistas, reunión de accionistas, junta de accionistas.
shareholders' register registro de accionistas.
shareholding *n* tenencia de acciones, posesión de acciones.
shares account cuenta de acciones, cuenta que paga lo devengado con acciones.
shares accumulation acumulación de acciones.
shares allotment asignación de acciones.
shares analysis análisis de acciones.
shares appreciation apreciación de acciones.
shares at a discount acciones con descuento.
shares at a premium acciones con prima.
shares authorised acciones autorizadas.
shares authorized acciones autorizadas.
shares buyback recompra de acciones por la compañía que los emitió, recompra de acciones.
shares certificate certificado de acciones.
shares dividend dividendo en acciones.
shares index índice de acciones.
shares index futures futuros de índices de acciones.
shares issue emisión de acciones.

shares issued acciones emitidas.
shares list lista de acciones.
shares loan préstamo de acciones.
shares market mercado de acciones.
shares of stock acciones.
shares offer oferta de acciones.
shares option opción de compra de acciones.
shares outstanding acciones en circulación.
shares ownership titularidad de acciones.
shares price precio de acciones.
shares purchase compra de acciones.
shares purchase plan plan de compra de acciones.
shares purchase warrant derecho generalmente vigente por varios años para la compra de acciones a un precio específico.
shares record registro de acciones.
shares redemption redención de acciones.
shares-redemption plan plan de redención de acciones.
shares register registro de acciones.
shares rights derecho de acciones.
shares split split, cambio proporcional en la cantidad de acciones de una corporación, división de acciones.
shares subscription suscripción de acciones.
shares transfer transferencia de acciones.
shares transfer agent agente de transferencia de acciones.
shares transfer tax impuesto sobre la transferencia de acciones.
shares warrant derecho generalmente vigente por varios años para la compra de acciones a un precio específico.
shark watcher entidad que se especializa en la detección temprana de posibles intentos de tomas de control.
sharp *n* cláusula que le permite al acreedor entablar una acción rápida y sumaria en caso de incumplimiento.
sharp decline bajada abrupta.
sharp increase aumento abrupto.
Sharpe ratio ratio de Sharpe.
sheet *n* hoja.
shelf life vida de estante.
shelf registration registro de acciones que no se emitirán de inmediato.
shelf space espacio en estante.
shell company compañía sin actividades o activos significativos.
shell corporation corporación sin actividades o activos significativos.
shell out desembolsar, repartir.
shelter *n* refugio, abrigo tributario, amparo contributivo, estratagema para reducir o aplazar la carga impositiva.
sheltered *adj* refugiado, protegido, protegido contra impuestos.
shift *n* turno, jornada, movimiento, desplazamiento, cambio.
shift *v* mover, desplazar, cambiar.
shift differential paga adicional por jornada irregular.
shift employees empleados de turno.
shift in demand desplazamiento en la demanda.
shift in supply desplazamiento en la oferta.
shift personnel personal de turno.
shift staff personal de turno.
shift work trabajado por turnos.
shift workers trabajadores por turnos.
shifting trust fideicomiso en el cual los

beneficiarios pueden variar condicionalmente.
shiftwork *n* trabajado por turnos.
shiftworkers *n* trabajadores por turnos.
ship *n* nave, embarcación.
ship *v* enviar, embarcar.
ship broker corredor naviero, consignatario.
shipbroker *n* corredor naviero, consignatario.
shipment *n* cargamento, embarque, envío.
shipper *n* embarcador, cargador.
shipping *n* envío, embarque.
shipping agency agencia naviera.
shipping agent agente naviero.
shipping charges gastos de embarque.
shipping company compañía naviera.
shipping costs costos de embarque, costes de
  embarque.
shipping date fecha de embarque.
shipping documents documentos de embarque.
shipping expenditures gastos de embarque.
shipping expenses gastos de embarque.
shipping fees cargos de embarque.
shipping industry industria naviera.
shipping instructions instrucciones de embarque.
shipping line línea naviera.
shipping notice aviso de embarque.
shipping order copia del conocimiento de
  embarque con detalles adicionales sobre la entrega,
  conocimiento de embarque.
shipping papers documentos de embarque.
shipping terms condiciones de embarque.
shipping time tiempo de embarque.
shipping version versión o modelo de un producto
  destinado a ser vendido.
shipping weight peso de embarque.
shop *n* tienda, taller, oficio.
shop *v* comprar, ir de compras, buscar hacer
  compras.
shop around comparar precios de diferentes
  vendedores, comparar diferentes ofertas.
shop assistant dependiente.
shop-books *n* libros de cuentas.
shop front fachada de tienda.
shop-in-shop *n* tienda independiente con su propio
  espacio dentro de otra tienda.
shop owner dueño de tienda, tendero.
shop right rule derecho de un patrono de usar una
  invención de un empleado sin pagarle regalías.
shop-soiled *adj* deteriorado por estar demasiado
  tiempo en una tienda.
shop steward representante sindical.
shop window escaparate.
shop-worn *adj* deteriorado por estar demasiado
  tiempo en una tienda.
shopaholic *n* adicto a las compras.
shopaholism *n* adicción a las compras.
shopfront *n* fachada de tienda.
shopkeeper *n* tendero.
shoplifter *n* quien hurta mercancías en una tienda o
  negocio.
shoplifting *n* hurto de mercancías en una tienda o
  negocio.
shopoholic *n* adicto a las compras.
shopoholism *n* adicción a las compras.
shopowner *n* dueño de tienda, tendero.
shopper *n* comprador, pequeño periódico local con
  fines publicitarios.
shopper acceptance aceptación por el comprador.
shopper account cuenta del comprador.
shopper agreement convenio del comprador.
shopper analysis análisis del comprador.

shopper awareness conciencia del comprador.
shopper base base de compradores.
shopper behavior conducta del comprador.
shopper behaviour conducta del comprador.
shopper benefits beneficios para el comprador.
shopper billing facturación del comprador.
shopper card tarjeta del comprador.
shopper care cuido del comprador.
shopper confidence confianza del comprador.
shopper credit crédito del comprador.
shopper debt deuda del comprador.
shopper demand demanda del comprador.
shopper dissatisfaction insatisfacción del
  comprador.
shopper education educación del comprador.
shopper expectations expectativas del comprador.
shopper expenditures gastos del comprador.
shopper expenses gastos del comprador.
shopper frustration frustración del comprador.
shopper group grupo de compradores.
shopper habits hábitos del comprador.
shopper ignorance ignorancia del comprador.
shopper information información para el
  comprador, información sobre los compradores.
shopper interests intereses del comprador.
shopper loan préstamo al comprador.
shopper loyalty lealtad del comprador.
shopper magazine revista del comprador, boletín
  del comprador.
shopper marketing marketing dirigido al
  comprador, mercadeo dirigido al comprador.
shopper needs necesidades del comprador.
shopper option opción del comprador.
shopper organisation organización de
  compradores.
shopper organization organización de
  compradores.
shopper-oriented *adj* orientado al comprador.
shopper power poder del comprador.
shopper preferences preferencias del comprador.
shopper pressure presión al comprador, presión
  del comprador.
shopper price precio al comprador.
shopper profile perfil del comprador.
shopper protection protección del comprador.
shopper research investigación sobre
  compradores, investigación del comprador.
shopper response respuesta del comprador.
shopper retention retención de compradores.
shopper rights derechos del comprador.
shopper risk riesgo del comprador.
shopper satisfaction satisfacción del comprador.
shopper service servicio al comprador.
shopper spending gastos del comprador.
shopper study estudio sobre compradores, estudio
  del comprador.
shopper survey encuesta del comprador.
shopper tastes gustos del comprador.
shopper test prueba del comprador.
shopper training entrenamiento de compradores.
shopper trends tendencias de compradores.
shoppers' association asociación de compradores.
shoppers' choice elección de compradores.
shoppers' cooperative cooperativa de
  compradores.
shoppers' market mercado de compradores.
shoppers' records registros de compradores.
shopping *n* compras, ir de compras.
shopping basket cesta de compras.
shopping cart carrito de compras.

shopping center centro comercial.
shopping centre centro comercial.
shopping district distrito comercial, zona comercial, zona de compras.
shopping mall centro comercial.
shopping precinct distrito comercial, zona comercial, zona de compras.
shopping service servicio de compras.
shopping trolley carrito de compras.
shopping zone zona de compras, zona comercial, distrito comercial.
shopsoiled *adj* deteriorado por estar demasiado tiempo en una tienda.
shopworn *adj* deteriorado por estar demasiado tiempo en una tienda.
shore up prices apoyar precios.
short *adj* corto, al descubierto.
short *v* vender valores que no se poseen corrientemente en cartera.
short account cuenta en descubierto, cuenta para la venta de valores que no se poseen en cartera.
short against the box venta al descubierto de valores en cartera.
short bill letra a corto plazo.
short bond bono a corto plazo.
short call opción de compra descubierta.
short-change *v* dar menos cambio que el debido, dar menos de lo debido, estafar.
short coupon primer pago de intereses de un bono cuando abarca un período menor que los demás.
short covering compra de cobertura.
short-dated *adj* a corto plazo, con poco tiempo antes de su redención o vencimiento.
short delivery entrega incompleta.
short form forma corta, forma simplificada.
short-form report informe resumido.
short-handed *adj* corto de trabajadores, corto del personal y/o recursos usuales.
short interest cantidad de acciones en circulación vendidas al descubierto.
short lease arrendamiento a corto plazo.
short message service servicio de mensajes cortos, SMS.
short notice poco aviso.
short option position posición de opciones descubierta, posición de opciones corta.
short position posición descubierta, posición corta.
short put opción de venta descubierta.
short sale venta al descubierto, venta de valores que no se poseen corrientemente en cartera.
short sale against the box venta al descubierto de valores en cartera.
short-sale rules reglas de ventas al descubierto.
short seller quien vende al descubierto.
short selling ventas al descubierto.
short squeeze situación en la cual quienes han vendido al descubierto están obligados a comprar.
short supply escasez, escasez de oferta.
short-term *adj* a corto plazo.
short-term assets activo a corto plazo.
short-term bond bono a corto plazo.
short-term capital capital a corto plazo.
short-term capital gain ganancia de capital a corto plazo.
short-term capital loss pérdida de capital a corto plazo.
short-term care cuidado a corto plazo.
short-term contract contrato a corto plazo.
short-term corporate bond bono corporativo a corto plazo.

short-term credit crédito a corto plazo.
short-term creditor acreedor a corto plazo.
short-term debt deuda a corto plazo.
short-term debt ratio ratio de deuda a corto plazo, razón de deuda a corto plazo.
short-term deposit depósito a corto plazo.
short-term disability discapacidad a corto plazo.
short-term disability insurance seguro de discapacidad a corto plazo.
short-term draft letra a corto plazo.
short-term employee empleado a corto plazo.
short-term employment empleo a corto plazo.
short-term financing financiamiento a corto plazo.
short-term forecast pronóstico a corto plazo.
short-term gain ganancia a corto plazo.
short-term gains tax impuesto sobre ganancias a corto plazo.
short-term interest rate tasa de interés a corto plazo.
short-term investment inversión a corto plazo.
short-term investment fund fondo de inversión a corto plazo.
short-term job trabajo a corto plazo.
short-term lease arrendamiento a corto plazo.
short-term liability responsabilidad a corto plazo, obligación a corto plazo.
short-term loan préstamo a corto plazo.
short-term loss pérdida a corto plazo.
short-term money market mercado monetario a corto plazo.
short-term mortgage hipoteca a corto plazo.
short-term municipal bond bono municipal a corto plazo.
short-term paper efectos a corto plazo.
short-term policy póliza a corto plazo, política a corto plazo.
short-term rate tasa a corto plazo.
short-term securities valores a corto plazo.
short-term trend tendencia a corto plazo.
short-term unemployment desempleo a corto plazo.
short-term work trabajo a corto plazo.
short-term worker trabajador a corto plazo.
short-terminism *n* la búsqueda de maximizar las resultados a corto plazo a expensas del éxito a largo plazo.
short time jornada reducida por falta de trabajo.
short ton tonelada corta.
short year año de menos de doce meses.
shortage *n* escasez, déficit.
shortchange *v* dar menos cambio que el debido, dar menos de lo debido, estafar.
shorten *v* acortar, reducir.
shortfall *n* déficit, insuficiencia.
shorthanded *adj* corto de trabajadores, corto del personal y/o recursos usuales.
shorting *n* vender valores que no se poseen corrientemente en cartera.
shorting against the box venta al descubierto de valores en cartera.
shortlist *n* lista con los mejores candidatos, lista con las opciones más atractivas.
shoulder responsibility cargar con la responsabilidad.
show *v* mostrar, demostrar, exponer, revelar.
show, for para impresionar.
show of hands votación a mano alzada.
show room sala de exposición.
showcard *n* rótulo publicitario.
showing *n* exposición, demostración, espectáculo.

showroom *n* sala de exposición.

shr. (share) acción.

shred *v* triturar papeles, destruir documentos.

shredder *n* trituradora de papeles, trituradora, destructora de documentos.

shrinkage *n* disminución, disminución esperada, reducción.

shut down cesar operaciones.

shutdown *n* cese de operaciones.

shuttle trade comercio transfronterizo.

SIC (Standard Industrial Classification) Clasificación Industrial Uniforme.

sick benefits beneficios por enfermedad.

sick leave licencia por enfermedad.

sick-out *n* protesta laboral en la cual los empleados se declaran enfermos y no van al trabajo.

sick pay paga durante enfermedad.

sickness benefit beneficio por enfermedad.

sickness coverage cobertura por enfermedad.

sickness insurance seguro de enfermedad.

sickness leave licencia por enfermedad.

sickness pay paga durante enfermedad.

side business negocio secundario.

side collateral colateral parcial.

sideline *n* línea de productos secundaria, línea secundaria de negocios, línea lateral en una pertenencia minera.

sideways market mercado lateral.

SIG (special interest group) grupo de interés, grupo de presión.

sight, at a la vista.

sight bill letra a la vista.

sight credit crédito a la vista.

sight deposit depósito a la vista.

sight draft letra a la vista.

sight letter of credit carta de crédito a la vista.

sight liabilities obligaciones a la vista.

sight loan préstamo a la vista.

sight, on a la vista.

sight unseen sin verse.

sign *n* signo, señal, rótulo.

sign *v* firmar.

sign a check firmar un cheque.

sign a cheque firmar un cheque.

sign a contract firmar un contrato.

sign a document firmar un documento.

sign a lease firmar un arrendamiento.

sign a receipt firmar un recibo.

sign an agreement firmar un convenio, firmar un contrato.

sign in matricularse, firmar para confirmar la llegada.

sign off despedirse, terminar una transmisión, dar la aprobación.

sign on contratar, firmar un contrato, unirse a, registrarse como desempleado.

sign out darse de alta, firmar para confirmar que se retira algo.

sign up matricularse.

signal *n* señal.

signal *v* señalar.

signatory *n* signatario, firmante.

signature *n* firma.

signature authentication certificación de firma.

signature by mark firma mediante una marca.

signature by proxy firma por un apoderado.

signature card tarjeta de firmas.

signature check comprobación de firma.

signature loan préstamo sin colateral.

signature on file la firma está en los expedientes.

signature verification verificación de firma.

signed *adj* firmado.

signed contract contrato firmado.

signed document documento firmado.

signer *n* firmante.

significant *adj* significativo, considerable.

significant order orden significativa, orden considerable.

signify *v* significar, manifestar.

signing bonus bono por firmar, bono al firmar, bonificación por firmar, bonificación al firmar.

silent partner socio oculto, socio secreto.

silver *n* plata.

silver bullion plata en lingotes.

silver certificate certificado de plata.

silver standard patrón plata.

SIM (subscriber identity module) módulo de identidad de usuario, tarjeta SIM.

SIM card (subscriber identity module card) tarjeta SIM.

similar *adj* similar.

similar offer oferta similar.

similar price precio similar.

similar properties propiedades similares.

simple *adj* simple, sencillo.

simple arbitrage arbitraje simple.

simple average promedio simple, avería simple.

simple capital structure estructura de capital simple.

simple contract contrato simple.

simple interest interés simple.

simple linear regression regresión lineal simple.

simple moving average promedio móvil simple.

simple obligation obligación simple.

simple probability probabilidad simple.

simple rate of return tasa de rendimiento simple.

simple regression regresión simple.

simple return rendimiento simple.

simple trust fideicomiso simple.

simple yield rendimiento simple.

simplex method método símplex.

simplified earnings form formulario de ingresos simplificado.

simplified employee pension plan plan de pensiones de empleados simplificado.

simulated *adj* simulado.

simulated contract contrato simulado.

simulated sale venta simulada.

simulation *n* simulación.

simultaneous *adj* simultáneo.

simultaneously *adv* simultáneamente.

sin tax impuesto sobre vicios como el tabaco o alcohol.

Sincerely Yours Atentamente.

sinecure *n* sinecura.

single *adj* único, solo, soltero.

single-A bond rating calificación de bono A, clasificación de bono A.

single-A rating calificación A, clasificación A.

Single Administrative Document Documento Único Administrativo.

single commission comisión única.

single condition condición única.

single creditor acreedor único, acreedor de privilegio único.

single-crop economy economía de cultivo único.

single currency moneda única, divisa única.

single entry partida única, partida simple.

single-entry accounting contabilidad por partida única.

single-entry bookkeeping contabilidad por partida única.
Single European Act Acta Única Europea.
single European currency moneda europea única, divisa europea única.
single-exchange rate tipo de cambio único.
single-family dwelling vivienda de familia única.
single-family home hogar de familia única.
single-family housing vivienda de familia única.
single interest insurance seguro que sólo protege al prestador.
single market mercado único.
single obligation obligación sin pena por incumplimiento.
single payment pago único.
single-payment loan préstamo de pago único.
single premium prima única.
single-premium annuity anualidad de prima única.
single-premium deferred annuity anualidad diferida de prima única.
single-premium insurance seguro de prima única.
single-premium life seguro de vida de prima única.
single-premium life insurance seguro de vida de prima única.
single price precio único.
single-price policy política de precio único.
single proprietorship negocio propio.
single rate tasa única, tarifa única.
single stock futures futuros de acción única.
single tax impuesto único.
single taxpayer persona no casada para efectos contributivos.
single-use *adj* con un solo uso, para usarse solo una vez, desechable.
singular title título singular.
sinking fund fondo de amortización.
sinking fund reserve reserva para el fondo de amortización.
sister companies compañías filiales, empresas afiliadas, empresas hermanas.
sister corporations corporaciones filiales, empresas afiliadas, empresas hermanas.
sit-down strike huelga de brazos caídos, protesta laboral en la cual los trabajadores se rehúsan a irse de su lugar de empleo.
sit-in strike huelga de brazos caídos, protesta laboral en la cual los trabajadores se rehúsan a irse de su lugar de empleo.
site *n* sitio, local, emplazamiento, lote, solar.
site assessment evaluación de local.
site audit auditoría in situ.
site licence licencia del local.
site license licencia del local.
sitting tenant arrendatario que permanece tras cambio de dueño.
situation *n* situación.
situational management administración situacional, gestión situacional.
situations vacant puestos vacantes.
six-monthly *adj* semestral.
sizable investment inversión considerable.
sizeable investment inversión considerable.
skeleton staff personal mínimo, personal reducido.
skill *n* habilidad, destreza.
skill-intensive *adj* intensivo en habilidad.
skill obsolescence obsolescencia de habilidades.
skilled *adj* diestro, hábil, calificado, cualificado, perito.
skilled labor mano de obra calificada, mano de obra cualificada.

skilled labour mano de obra calificada, mano de obra cualificada.
skilled manpower mano de obra calificada, mano de obra cualificada, personal calificado, personal cualificado.
skilled worker trabajador calificado, trabajador cualificado, trabajador diestro.
skim *v* leer someramente, remover lo mejor, ocultar ingresos o ganancias para pagar menos impuestos.
skip-payment privilege privilegio de omitir pagos, privilegio de aplazar pagos.
skyrocketing costs costos que suben precipitadamente, costes que suben precipitadamente.
skyrocketing inflation inflación que sube precipitadamente.
skyrocketing prices precios que suben precipitadamente.
skyrocketing unemployment desempleo que sube precipitadamente.
SLA (service level agreement) acuerdo de nivel de servicio.
slack *adj* inactivo, lento, muerto, flojo, negligente, perezoso.
slack *n* período inactivo.
slack off tomarlo suave, holgazanear en el trabajo, disminución de actividad.
slack period período inactivo.
slander *n* calumnia, difamación oral.
slander *v* calumniar, difamar oralmente.
slander of title declaración falsa concerniente al título de propiedad de otro.
slant *n* sesgo, enfoque.
slash costs rebajar costos drásticamente, rebajar costes drásticamente.
slash expenditures rebajar gastos drásticamente.
slash expenses rebajar gastos drásticamente.
slash prices rebajar precios drásticamente.
slash taxes rebajar impuestos drásticamente.
SLD (sold) vendido.
sleeping partner socio oculto.
slick salesman vendedor marrullero.
slick salesperson vendedor marrullero.
slick saleswoman vendedora marrullera.
slick seller vendedor marrullero.
slide in prices baja en precios.
slide in rates baja en tasas.
slip *n* hoja, comprobante.
slogan *n* eslogan.
slot *n* puesto, espacio.
slowdown *n* ralentización, acuerdo entre trabajadores para reducir la producción con el propósito de obligar al patrono a ceder a ciertas exigencias, retraso.
sluggish *adj* lento, inactivo, vago.
sluggish demand demanda lenta.
sluggish economy economía lenta.
sluggish growth crecimiento lento.
sluggish market mercado lento.
sluggish progress progreso lento.
slum *n* sección pobre y superpoblada de una ciudad.
slump *n* bajada repentina, bajón.
slump in demand bajada repentina en demanda.
slump in prices bajada repentina en precios.
slump in sales bajada repentina en ventas.
slush fund fondo para usos ilícitos.
small ad anuncio pequeño.
small advertisement anuncio pequeño.
small and medium size enterprises pequeñas y medianas empresas.

small business empresa pequeña, negocio pequeño.

Small Business Administration administración de empresas pequeñas, administración de negocios pequeños.

small-cap *adj* relacionado con compañías cuya capitalización de mercado es pequeña.

small-capitalisation *adj* relacionado con compañías cuya capitalización de mercado es pequeña.

small-capitalisation company compañía cuya capitalización de mercado es pequeña.

small-capitalization *adj* relacionado con compañías cuya capitalización de mercado es pequeña.

small-capitalization company compañía cuya capitalización de mercado es pequeña.

small change cambio, menudo, calderilla, vuelta, pequeño cambio.

small company pequeña compañía.

small corporation pequeña corporación.

small denomination baja denominación.

small employer patrono pequeño.

small enterprise pequeña empresa.

small farmer pequeño agricultor.

small firm pequeña empresa.

small investor pequeño inversionista.

small loan acts leyes las cuales establecen ciertos términos de préstamos de cantidades pequeñas.

small loss principle principio de pérdidas pequeñas.

small office/home office oficina pequeña/oficina en el hogar.

Small Order Execution System sistema de ejecución de órdenes pequeñas.

small print letra pequeña, cláusulas de un contrato escritas con letras pequeñas y ubicadas de modo que no se noten fácilmente.

small-scale *adj* a pequeña escala.

smart card tarjeta inteligente, tarjeta con chip.

smart money inversiones hechas por gente bien informada y con vasta experiencia.

SMEs (small and medium size enterprises) pequeñas y medianas empresas.

smoke clause cláusula de humo.

smooth-running *adj* sobre ruedas.

smoothly *adv* sin contratiempos.

SMS (short message service) SMS.

SMS message SMS, mensaje SMS.

smuggle *v* contrabandear.

smuggled *adj* de contrabando.

smuggled goods artículos de contrabando.

smuggler *n* contrabandista.

smuggling *n* contrabando.

snail mail correo regular, correo caracol.

snap decision decisión instantánea, decisión espontánea.

snapshot statement estado interino.

sneak preview exhibición por adelantado.

soaring demand demanda galopante.

soaring inflation inflación galopante.

soaring prices precios galopantes.

social accounting contabilidad social.

social aid asistencia social.

social audit auditoría social.

social benefit beneficio social.

social capital capital social.

Social Charter Carta Social.

Social Contract Contrato Social.

social cost costo social, coste social.

social credit crédito social.

social debt deuda social.

social dumping dumping social.

social economics economía social.

social engineering ingeniería social.

social good bien social.

social impact statement declaración del impacto social.

social infrastructure infraestructura social.

social insurance seguro social.

social-insurance benefits beneficios del seguro social.

social marketing marketing social, mercadeo social.

social policy política social.

social responsibility responsabilidad social.

social safety net red de protección social.

social security seguridad social, seguro social.

social security benefits beneficios de la seguridad social, beneficios del seguro social.

social security card tarjeta de la seguridad social, tarjeta del seguro social.

social security contributions contribuciones a la seguridad social, contribuciones al seguro social.

social security funds fondos de la seguridad social, fondos del seguro social.

social security number número de seguro social, número de seguridad social.

social security payment pago de la seguridad social, pago del seguro social.

social security scheme sistema de la seguridad social, sistema del seguro social.

social security system sistema de la seguridad social, sistema del seguro social.

social security taxes impuestos de la seguridad social, impuestos del seguro social.

social services servicios sociales.

social welfare bienestar social, asistencia social.

socialism *n* socialismo.

socialist *adj* socialista.

socialist *n* socialista.

socially responsible investment inversión socialmente responsable.

Society for Worldwide Interbank Financial Telecommunications Code SWIFT.

sociocultural *adj* sociocultural.

socioeconomic *adj* socioeconómico.

SOES (Small Order Execution System) sistema de ejecución de órdenes pequeñas.

soft credit crédito blando.

soft currency moneda débil.

soft goods géneros textiles.

soft landing aterrizaje suave.

soft loan préstamo con términos muy favorables para países en desarrollo económico.

soft market mercado débil.

soft money papel moneda, moneda débil, donaciones políticas efectuadas de modo que se eviten ciertos reglamentos o límites.

soft sell técnicas de ventas que no dependen de la insistencia.

soften up ablandar.

software *n* software, programas.

SoHo (small office/home office) oficina pequeña/oficina en el hogar.

solar energy energía solar.

solar power energía solar.

sold *adj* vendido.

sold out agotado, vendido, liquidado, traicionado.

sole *adj* único, individual, exclusivo.

sole agency agencia exclusiva.
sole agent agente exclusivo.
sole and unconditional owner dueño único y absoluto.
sole corporation corporación con sólo un miembro.
sole owner dueño único.
sole ownership propiedad exclusiva.
sole proprietor dueño único.
sole proprietorship negocio propio, empresa individual.
sole tenant dueño exclusivo, arrendatario único.
sole trader comerciante individual.
solely *adv* solamente, exclusivamente.
solemn *adj* solemne, formal.
solicit *v* solicitar, peticionar.
solicit bids abrir la licitación.
solicitation *n* solicitación, petición.
solicited *adj* solicitado.
solicitor *n* abogado, solicitador.
solid *adj* sólido, firme, continuo, unánime.
solid business negocio sólido.
solid offer oferta firme.
solid support apoyo firme, apoyo unánime.
solidarity *n* solidaridad.
solve *v* resolver, solucionar, esclarecer.
solvency *n* solvencia.
solvency margin margen de solvencia.
solvency ratio coeficiente de solvencia, ratio de solvencia.
solvent *adj* solvente.
solvent company compañía solvente.
solvent debt deuda cobrable.
SOP (standard operating procedure) procedimiento de operación normal.
sophisticated market mercado sofisticado.
sophisticated trading transacciones sofisticadas.
sort *v* clasificar, ordenar, organizar.
sort code código de sucursal.
sound *adj* sólido, sensato, sano.
sound business practice práctica comercial sana.
sound financial management administración financiera sana, gestión financiera sana.
sound footing base sólida.
sound insulation aislamiento sonoro.
sound pollution contaminación sonora.
sound title título de propiedad transferible sin gravámenes u otras restricciones.
soundness *n* solidez, solvencia.
source *n* fuente, origen.
source and application of funds origen y aplicación de fondos.
source document documento fuente.
sources of capital fuentes de capital.
sources of funds fuentes de fondos.
sources of income fuentes de ingresos.
sources of information fuentes de información.
sources of profits fuentes de beneficios, fuentes de ganancias.
sovereign *adj* soberano.
sovereign risk riesgo por país.
space buyer comprador de espacio.
spam *n* spam, correo basura.
spam mail spam, correo basura.
spammer *n* spammer, quien envía correo basura.
spamming *n* spamming, envío de correo basura.
spare capacity capacidad de sobra, capacidad sobrante.
spare no expense no reparar en gastos, no escatimar en gastos.

spare time tiempo libre.
speaker *n* portavoz, interlocutor, conferenciante.
special *adj* especial, específico.
special acceptance aceptación especial.
special account cuenta especial.
special agency agencia especial.
special agent agente especial.
special arbitrage account cuenta de arbitraje especial.
special assessment contribución especial.
special assessment bond bono a pagarse por contribuciones especiales.
special assessment fund fondo de contribuciones especiales.
special assumpsit acción por incumplimiento de un contrato expreso, acción por incumplimiento de una promesa expresa.
special audit auditoría especial.
special benefits beneficios especiales.
special bond account cuenta de bonos especial.
special budget presupuesto especial.
special budgeting presupuestación especial.
special buyer comprador especial.
special charge cargo especial.
special contract contrato especial, contrato sellado, contrato expreso.
special cost costo especial, coste especial.
special coverage cobertura especial.
special credit crédito especial.
special damages daños especiales.
special delivery entrega especial.
special deposit depósito especial.
special discount descuento especial.
special dividend dividendo especial.
Special Drawing Rights Derechos Especiales de Giro.
special endorsement endoso específico.
special expenditures gastos especiales.
special expenses gastos especiales.
special extended coverage cobertura extendida especial.
special fee cargo especial.
special form formulario especial.
special guarantee garantía específica.
special guaranty garantía específica.
special indorsement endoso específico.
special insurance seguro especial.
special insurance policy póliza de seguro especial.
special interest account cuenta de intereses especial.
special interest group grupo de interés, grupo de presión.
special journal libro especial.
special leave permiso especial.
special licence licencia especial.
special license licencia especial.
special lien gravamen especial, privilegio especial.
special meeting asamblea extraordinaria.
special mention mención especial.
special miscellaneous account cuenta miscelánea especial.
special mortality table tabla de mortalidad especial.
special offer oferta especial.
special offering ofrecimiento especial.
special order orden especial.
special owner dueño especial.
special partner socio comanditario.
special partnership sociedad en comandita.

special payment pago especial.
special permit permiso especial.
special policy póliza especial.
special price precio especial.
special property derecho de propiedad condicional.
special purchase compra especial.
special purpose propósito especial.
special purpose financial statement estado financiero de propósitos especiales.
special rate tarifa especial, tasa especial.
special redemption redención especial.
special report informe especial.
special reserve reserva especial.
special resolution resolución especial.
special risk riesgo especial.
special risk insurance seguro de riesgo especial.
special services servicios especiales.
special session sesión extraordinaria.
special situation situación especial.
special tax impuesto especial.
special tax bond bono a pagarse por impuestos especiales.
special tax rate tasa especial de impuesto.
special trust fideicomiso especial.
special use uso especial.
special-use permit permiso de uso especial.
special warranty garantía especial.
specialisation *n* especialización.
specialise *v* especializarse.
specialised *adj* especializado.
specialised agency agencia especializada.
specialised capital capital especializado.
specialised fund fondo mutuo especializado.
specialised industry industria especializada.
specialised mutual fund fondo mutuo especializado.
specialised work trabajo especializado.
specialist *n* especialista.
specialist's book libro del especialista.
speciality *n* especialidad.
speciality retailer detallista especializado.
speciality shop tienda especializada.
speciality store tienda especializada.
specialization *n* especialización.
specialize *v* especializarse.
specialized *adj* especializado.
specialized agency agencia especializada.
specialized capital capital especializado.
specialized fund fondo mutuo especializado.
specialized industry industria especializada.
specialized mutual fund fondo mutuo especializado.
specialized work trabajo especializado.
specialty *n* contrato sellado, edificio destinado a usos específicos, especialidad.
specialty retailer detallista especializado.
specialty shop tienda especializada.
specialty store tienda especializada.
specie *n* moneda sonante.
specific *adj* específico, explícito.
specific amount cantidad específica.
specific coverage cobertura específica.
specific deposit depósito específico.
specific duty arancel específico, derecho específico, deber específico.
specific identification identificación específica.
specific insurance seguro específico.
specific interest rate tasa de interés específica.
specific lien gravamen específico.

specific limit límite específico.
specific offer oferta específica.
specific payment pago específico.
specific performance cumplimiento específico.
specific price precio específico.
specific price index índice de precios específico.
specific rate tasa específica.
specific subsidy subsidio específico, subvención específica.
specific tariff arancel específico.
specific tax impuesto específico, tasa fija de impuesto.
specification *n* especificación, descripción.
specification of services especificación de servicios.
specified *adj* especificado.
specified benefits beneficios especificados.
specified capital capital especificado.
specified charges cargos especificados.
specified costs costos especificados, costes especificados.
specified credit line línea de crédito especificada.
specified deposit depósito especificado.
specified exchange rate tipo de cambio especificado.
specified expenditures gastos especificados.
specified expenses gastos especificados.
specified fees cargos especificado.
specified interest rate tasa de interés especificada.
specified payment pago especificado.
specified peril insurance seguro de peligro especificado.
specified period período especificado.
specified price precio especificado.
specified purpose propósito especificado.
specified rate tasa especificada.
specified return rendimiento especificado.
specified salary salario especificado.
specified yield rendimiento especificado.
specify *v* especificar.
specimen *n* espécimen, muestra, ejemplar.
specimen signature firma de muestra.
specs (specifications) especificaciones.
speculate *v* especular.
speculation *n* especulación.
speculative *adj* especulativo.
speculative approach enfoque especulativo.
speculative bubble burbuja especulativa.
speculative builder constructor especulativo.
speculative buying compras especulativas.
speculative investment inversión especulativa.
speculative investor inversionista especulativo.
speculative market mercado especulativo.
speculative operations operaciones especulativas.
speculative risk riesgo especulativo.
speculative securities valores especulativos.
speculative selling ventas especulativas.
speculative transaction transacción especulativa.
speculator *n* especulador.
speech recognition reconocimiento de voz.
speech-recognition software software de reconocimiento de voz, programas de reconocimiento de voz.
speed-up *n* esfuerzo de aumentar la producción sin aumentar la paga.
speed-up *v* acelerar, apresurar.
speed-up production aumentar la producción, acelerar la producción.
speed-up work acelerar el trabajo, apresurar el trabajo.

spend *v* gastar, consumir.
spending *n* gastos, gasto.
spending cut recorte de gastos.
spending decrease reducción de gastos.
spending increase aumento de gastos.
spending level nivel de gastos.
spending limit límite de gastos.
spending money dinero para gastos.
spending pattern patrón de gastos.
spending power poder para gastos.
spendthrift *n* pródigo, derrochador.
spendthrift trust fideicomiso para un pródigo.
sphere of activity esfera de actividad.
sphere of expertise esfera de pericia.
sphere of influence esfera de influencia.
sphere of knowledge esfera de conocimientos.
spike in price aumento repentino de precios.
spin *v* girar, contar algo sesgadamente.
spin doctor quien busca influenciar la opinión pública al ponerle el giro deseado a alguna información o acontecimiento.
spin-off *n* escisión, separación de una subsidiaria o división de una corporación para formar un ente independiente, producto o concepto derivado de otro.
spin-off product producto derivado de otro.
spinoff *n* escisión, separación de una subsidiaria o división de una corporación para formar un ente independiente, producto o concepto derivado de otro.
spinoff product producto derivado de otro.
spiraling demand demanda galopante.
spiraling inflation inflación galopante.
spiraling prices precios galopantes.
split *n* split, cambio proporcional en la cantidad de acciones de una corporación, división de acciones, división, escisión.
split *v* cambiar proporcionalmente la cantidad de acciones de una corporación, dividir, escindir.
split-adjusted *adj* teniendo un precio ajustado tomando en cuenta un split.
split commission comisión dividida.
split deductible deducible dividido.
split deposit depósito dividido.
split dollar insurance seguro cuyos beneficios se pagan al patrono y un beneficiario escogido por el empleado, seguro en que parte de las primas se usa para seguro de vida y lo demás para inversión.
split dollar life insurance seguro cuyos beneficios se pagan al patrono y un beneficiario escogido por el empleado, seguro de vida en que parte de las primas se usa para seguro de vida y lo demás para inversión.
split-down *n* reducción proporcional en la cantidad de acciones de una corporación.
split fee honorario dividido, cuota dividida, cargo dividido.
split income ingresos divididos.
split limit límite dividido.
split-off *n* escisión, división.
split order orden dividida.
split shift jornada dividida, turno dividido.
split-up *n* escisión, disolución de una corporación al dividirse en dos o más entes corporativos, aumento proporcional en la cantidad de acciones de una corporación.
spoiled check cheque arruinado.
spoiled cheque cheque arruinado.
spoils system sistema de colocar a amistades y miembros del mismo partido en cargos públicos.

spokesman *n* portavoz, representante.
spokesperson *n* portavoz, representante.
spokeswoman *n* portavoz, representante.
sponsor *n* garante, patrocinador, proponente.
sponsor *v* garantizar, patrocinar, auspiciar, respaldar, financiar, proponer.
sponsorship *n* patrocinio, respaldo, auspicio.
sporadic activity actividad esporádica.
spot *adj* al contado, con entrega inmediata.
spot cash pago al contado.
spot cash price precio con pago al contado.
spot check revisión al azar.
spot commodity mercancía de la cual se espera entrega física, mercancía al contado, producto al contado.
spot credit crédito inmediato.
spot delivery entrega inmediata.
spot exchange rate tipo de cambio al contado.
spot goods mercadería disponible, productos disponibles.
spot market mercado spot, mercado al contado.
spot payment pago al contado.
spot price precio spot, precio de entrega inmediata, precio al contado.
spot purchase compra al contado.
spot quotation cotización spot, cotización al contado.
spot quote cotización spot, cotización al contado.
spot rate tasa al contado.
spot trading ventas en efectivo y con entrega inmediata.
spot zoning otorgamiento de una clasificación de zonificación que no corresponde al de los terrenos en el área inmediata y que no imparte un beneficio público.
spouse allowance deducción por cónyuge.
spouse deduction deducción por cónyuge.
spread *n* margen, extensión, combinación de opciones de compra y venta, diferencia entre los precios de oferta de compra y oferta de venta, gama.
spread *v* extender, espaciar, propagar, difundir.
spread costs repartir costos, repartir costes.
spread payments espaciar pagos.
spread rumors hacer correr rumores, regar rumores.
spread rumours hacer correr rumores, regar rumores.
spreading of risks distribución de riesgos.
spreadsheet *n* hoja de cálculo.
spurious *adj* espurio, falsificado.
spurt *n* avance repentino y de corta duración, racha, ráfaga.
spyware *n* spyware, programas espía.
squander money derrochar dinero.
squander resources despilfarrar recursos.
squander time desperdiciar tiempo.
square *n* cuadra, manzana.
square accounts conciliar cuentas, saldar cuentas.
square block cuadra, manzana.
square feet pies cuadrados.
square footage área en pies cuadrados.
square kilometers kilómetros cuadrados.
square meters metros cuadrados.
Square Mile centro financiero de Londres.
square miles millas cuadradas.
square position posición balanceada.
squatter *n* ocupante ilegal, intruso, okupa.
squeeze *v* restringir, apretar.
squeeze credit restringir crédito.

squeeze out *v* eliminar un interés minoritario en una corporación, forzar a otro a irse, lograr con gran dificultad.
squeeze prices restringir precios.
SRO (self-regulatory organization, self-regulatory organisation, self-regulating organization, self-regulating organisation) organización autorreguladora.
SRP (suggested retail price) precio al por menor sugerido, precio sugerido.
SSP (statutory sick pay) paga por enfermedad requerida.
St. (street) calle.
stabilisation *n* estabilización.
stabilisation fund fondo de estabilización.
stabilisation measures medidas de estabilización.
stabilisation policy política de estabilización.
stabilise *v* estabilizar.
stabilise prices estabilizar precios.
stabilised *adj* estabilizado.
stabilised rate tasa estabilizada.
stabiliser *n* estabilizador.
stability *n* estabilidad.
stability measures medidas de estabilidad.
stability policy política de estabilidad.
stabilization *n* estabilización.
stabilization fund fondo de estabilización.
stabilization measures medidas de estabilización.
stabilization policy política de estabilización.
stabilize *v* estabilizar.
stabilize prices estabilizar precios.
stabilized *adj* estabilizado.
stabilized rate tasa estabilizada.
stabilizer *n* estabilizador.
stable *adj* estable, permanente.
stable costs costos estables, costes estables.
stable currency moneda estable.
stable economy economía estable.
stable exchange rate tipo de cambio estable.
stable income ingresos estables.
stable interest rate tasa de interés estable.
stable price precio estable.
stable rate tasa estable.
staff *n* personal, empleados.
staff *v* proveer de personal.
staff administration administración de personal.
staff administrator administrador de personal.
staff agency agencia de personal, agencia de empleos.
staff association asociación de personal.
staff audit auditoría de personal.
staff costs costos de personal, costes de personal.
staff cuts recortes de personal.
staff department departamento de personal.
staff development desarrollo del personal.
staff director director de personal.
staff division división de personal.
staff increase aumento de personal.
staff management administración de personal, gestión de personal.
staff manager administrador de personal.
staff member miembro del personal.
staff office oficina de personal.
staff planning planificación del personal.
staff policy política de personal.
staff psychology psicología del personal.
staff reductions reducciones de personal.
staff representative representante de personal.
staff selection selección de personal.
staff training entrenamiento del personal.

staff turnover movimiento de personal, giro de personal, rotación de personal.
stag *n* especulador con emisiones de acciones.
stage *n* etapa.
stagflation *n* estanflación.
stagger *v* escalonar.
staggered *adj* escalonado.
staggered maturities vencimientos escalonados.
staggered payments pagos escalonados.
staggered schedules horarios escalonados.
stagnation *n* estancamiento.
stake *n* participación, interés, apuesta.
stake, at en juego.
stake in the company participación en la compañía.
stakeholder *n* accionista, interesado, quien retiene lo apostado hasta saberse el resultado.
staking *n* la identificación los linderos de un terreno mediante el uso de estacas.
stale check cheque presentado más allá del tiempo razonable, cheque vencido.
stale cheque cheque presentado más allá del tiempo razonable, cheque vencido.
stale-dated *adj* presentado más allá del tiempo razonable, vencido.
stale-dated check cheque presentado más allá del tiempo razonable, cheque vencido.
stale-dated cheque cheque presentado más allá del tiempo razonable, cheque vencido.
stalemate *n* atascadero, estancamiento, punto muerto.
stamp *n* sello, estampilla, timbre, estampado.
stamp *v* sellar, franquear, ponerle sellos, ponerle estampillas.
stamp duty impuesto de sellos.
stamp tax impuesto de sellos.
stamped-addressed envelope sobre predirigido con sello.
stand *n* posición, opinión, stand, puesto, expositor.
stand *v* permanecer, seguir vigente, mantenerse, comparecer.
stand-alone *adj* independiente, autónomo.
stand-by *v* estar de reserva, estar en espera, estar listo para entrar en acción o funcionamiento, mantenerse firme.
stand-by commitment compromiso de reserva.
stand-by credit crédito de reserva.
stand-by list lista de reserva.
stand firm mantenerse firme, no vacilar.
standard *adj* estándar, normal, habitual, oficial, de serie.
standard *n* estandarte, patrón, criterio, nivel, norma.
Standard & Poor's 500 Index Índice S & P 500, Índice Standard and Poor's 500.
Standard & Poor's Index Índice S & P, Índice Standard and Poor's.
standard account cuenta estándar.
standard activity actividad estándar.
standard agency agencia estándar.
standard agreement convenio estándar, contrato estándar.
standard amortization amortización estándar.
standard amount cantidad estándar.
Standard and Poor's 500 Index Índice S & P 500, Índice Standard and Poor's 500.
Standard and Poor's Index Índice S & P, Índice Standard and Poor's.
standard and reasonable habitual y razonable.
standard and use norma y uso.

standard asset activo estándar.
standard benefits beneficios habituales.
standard budget presupuesto estándar.
standard budgeting presupuestación estándar.
standard business expenses gastos habituales de negocios.
standard business practices prácticas habituales de negocios.
standard capacity capacidad estándar.
standard capital capital estándar.
standard charges cargos habituales.
standard commercial practice práctica comercial habitual.
standard commodity producto estándar, mercancía estándar.
standard contract contrato estándar.
standard cost costo estándar, coste estándar.
standard cost system sistema de costos estándar, sistema de costes estándar.
standard course of business curso habitual de los negocios.
standard covenants cláusulas estándares, garantías estándares.
standard creditor acreedor estándar.
standard customer cliente estándar.
standard deduction deducción estándar, deducción fija.
standard deposit depósito estándar.
standard depreciation depreciación estándar.
standard deviation desviación estándar.
standard discount descuento habitual.
standard distribution distribución estándar.
standard dividend dividendo regular.
standard employment empleo habitual.
standard error error estándar.
standard expenditures gastos habituales.
standard expenses gastos habituales.
standard fees cargos habituales.
standard form forma estándar, política en cuanto al trato de ciertos riesgos.
standard gain ganancia estándar.
standard grade grado estándar, categoría estándar.
standard group grupo estándar.
standard hours horas habituales.
standard income ingreso habitual.
Standard Industrial Classification Clasificación Industrial Uniforme.
standard insurance seguro habitual.
standard interest interés estándar.
standard interest rate tasa de interés estándar.
standard inventory inventario habitual.
standard investment practice práctica de inversión habitual.
standard job trabajo estándar.
standard labor rate tasa laboral combinada.
standard labour rate tasa laboral combinada.
standard limit límite estándar.
standard loss pérdida estándar.
standard market mercado habitual.
standard meeting asamblea ordinaria.
standard of comparison patrón de comparación.
standard of living nivel de vida.
standard of value patrón de valor.
standard operating procedure procedimiento de operación normal.
standard partnership sociedad estándar.
standard pay paga habitual, salario habitual.
standard payment pago habitual, abono habitual.
standard payroll nómina estándar.
standard period período habitual.

standard place of business lugar habitual de negocios.
standard policy póliza estándar.
standard practice práctica habitual.
standard premium prima habitual.
standard price precio habitual.
standard procedure procedimiento normal.
standard production producción estándar.
standard productivity productividad estándar.
standard profit beneficio habitual, ganancia habitual.
standard provisions cláusulas habituales.
standard quality calidad estándar.
standard rate tasa estándar.
standard rate of interest tasa estándar de interés.
standard rate of return tasa estándar de rendimiento.
standard remuneration remuneración habitual.
standard rent renta habitual.
standard resources recursos habituales.
standard return rendimiento estándar.
standard revenue ingresos habituales.
standard risk riesgo aceptable, riesgo habitual.
standard salary salario habitual, sueldo habitual.
standard sale venta estándar.
standard selling price precio estándar de venta.
standard services servicios habituales.
standard session asamblea estándar, sesión estándar.
standard spoilage deterioro estándar.
standard tariff tarifa estándar.
standard tax impuesto estándar.
standard time tiempo estándar, hora estándar.
standard trading unit unidad habitual de transacción.
standard value valor estándar.
standard variation variación estándar.
standard voting votación habitual.
standard wage salario habitual, sueldo habitual.
standard wear and tear deterioro estándar.
standard work trabajo habitual.
standard yield rendimiento estándar.
standardisation *n* estandarización, normalización.
standardise *v* estandarizar, normalizar.
standardised *adj* estandarizado, normalizado.
standardised production producción estandarizada.
standardization *n* estandarización, normalización.
standardize *v* estandarizar, normalizar.
standardized *adj* estandarizado, normalizado.
standardized production producción estandarizada.
standby *adj* de reserva, de emergencia, en espera.
standby commitment compromiso de reserva.
standby credit crédito de reserva.
standby list lista de reserva.
standing agreement acuerdo vigente, pacto vigente, contrato vigente.
standing charge cargo mínimo periódico por un servicio tal como teléfono o electricidad, cargo a repetirse hasta nuevo aviso.
standing committee comité permanente.
standing contract contrato vigente.
standing mortgage hipoteca en que sólo se pagan intereses hasta el vencimiento.
standing order orden mantenida, orden a repetirse hasta nuevo aviso.
standoff *n* atascadero, estancamiento, punto muerto.
standstill *n* detención.

staple *n* artículo de primera necesidad, materia prima, producto principal.

staple foods alimentos básicos.

staple product producto principal, producto esencial, producto de primera necesidad.

staple stock productos siempre en inventario por demanda fija.

start *n* inicio, comienzo, principio, ventaja.

start of month inicio del mes.

start of period inicio del período.

start of the month inicio del mes.

start of the period inicio del período.

start of the year inicio del año.

start of year inicio del año.

start-up *n* establecimiento de negocio, puesta en marcha.

start-up *v* establecer un negocio, poner en marcha.

start-up business negocio recién establecido.

start-up capital capital para establecer un negocio.

start-up company compañía recién establecida.

start-up corporation corporación recién establecida.

start-up costs costos de establecer un negocio, costes de establecer un negocio.

start-up financing financiamiento para establecer un negocio.

starter home vivienda apropiada para quien compra por primera vez, primera vivienda comprada.

starting expenses gastos iniciales, gastos de organización.

starting interest rate tasa de interés inicial.

starting inventory inventario inicial.

starting offer oferta inicial.

starting pay paga inicial.

starting point punto de partida.

starting price precio inicial.

starting rate tasa inicial.

starting salary salario inicial.

starting wage salario inicial.

startup *n* establecimiento de negocio, puesta en marcha.

startup *v* establecer un negocio, poner en marcha.

startup business negocio recién establecido.

startup capital capital para establecer un negocio.

startup company compañía recién establecida.

startup corporation corporación recién establecida.

startup costs costos de establecer un negocio, costes de establecer un negocio.

startup financing financiamiento para establecer un negocio.

state *adj* estatal.

state *n* estado, condición.

state *v* declarar, exponer.

state account cuenta estatal.

state agency agencia estatal.

state agent agente estatal.

state aid ayuda estatal.

state assets activo estatal.

state assistance asistencia estatal.

state auditor auditor estatal.

state bank banco estatal.

state bank examination examinación de bancos estatales.

state bank examiner examinador de bancos estatales.

state banking banca estatal.

state benefit beneficio estatal.

state bonds bonos estatales.

state borrowing préstamos estatales.

state branch sucursal estatal.

state brand marca estatal.

state budget presupuesto estatal.

state budgeting presupuestación estatal.

state capital capital estatal.

state capitalism capitalismo estatal.

state commerce comercio estatal.

state commodity producto estatal.

state company compañía estatal.

state competition competencia estatal.

state consumption consumo estatal.

state content contenido estatal.

state control control estatal.

state-controlled *adj* controlado estatalmente.

state corporation corporación estatal.

state correspondent corresponsal estatal.

state credit crédito estatal.

state debt deuda estatal.

state demand demanda estatal.

state department departamento estatal.

state division división estatal.

state domicile domicilio estatal.

state economy economía estatal.

state enterprise empresa estatal.

state estimates estimados estatales.

state expenditures gastos estatales.

state expenses gastos estatales.

state firm empresa estatal.

state fund fondo estatal.

state goods productos estatales.

state holiday feriado estatal.

state income ingresos estatales.

state income taxes impuestos estatales sobre la renta.

state industry industria estatal.

state inspector inspector estatal.

state insurance seguro estatal, seguro social.

state insurer asegurador estatal.

state interests intereses estatales.

state intervention intervención estatal.

state investment inversión estatal.

state investor inversionista estatal.

state issue emisión estatal, asunto estatal.

state liabilities pasivo estatal.

state liquidity liquidez estatal.

state loan préstamo estatal.

state market mercado estatal.

state minimum wage salario mínimo estatal, paga mínima estatal.

state money dinero estatal.

state monopoly monopolio estatal.

state of affairs estado de cosas.

state of emergency estado de emergencia.

state-of-the-art *adj* puntero, lo más reciente y avanzado.

state-of-the-art technology tecnología puntera, lo más reciente y tecnológicamente avanzado.

state-owned *adj* estatal, del estado.

state partnership sociedad estatal.

state pension pensión estatal.

state policy política estatal, póliza estatal.

state product producto estatal.

state rate tasa estatal.

state resources recursos estatales.

state revenue ingreso estatal.

state-run *adj* estatal, operado por el estado.

state sales ventas estatales.

state sales tax impuesto estatal sobre ventas.

state sector sector estatal.

state securities valores estatales.
state standards normas estatales.
state subsidiary subsidiaria estatal.
state subsidy subsidio estatal, subvención estatal.
state supply oferta estatal.
state support ayuda estatal.
state taxes impuestos estatales.
state trade comercio estatal.
state treasury tesorería estatal.
state union unión estatal.
state wealth riqueza estatal.
stated *adj* dicho, declarado, indicado, establecido, fijado, señalado.
stated account acuerdo de balance para cancelación.
stated amount cantidad declarada.
stated amount endorsement anejo de cantidad declarada.
stated capital capital declarado.
stated interest rate tasa de interés declarada, tasa de interés nominal.
stated meeting asamblea ordinaria, junta ordinaria.
stated rate tasa declarada, tasa nominal.
stated term sesión ordinaria.
stated times intervalos establecidos.
stated value valor establecido.
stateless *adj* sin estado, sin nacionalidad.
statement *n* declaración, estado de cuenta, extracto de cuenta, extracto.
statement analysis análisis del balance.
statement balance saldo al prepararse un estado de cuenta.
statement of account estado de cuenta, extracto de cuenta.
statement of affairs informe sobre el estado financiero.
statement of assets and liabilities estado de activo y pasivo.
statement of cash flow informe sobre el flujo de fondos.
statement of changes informe sobre cambios.
statement of changes in financial position estado de cambios de posición financiera.
statement of condition estado de condición.
statement of earnings estado de ingresos, estado de ganancias.
statement of expenses estado de gastos.
statement of financial condition estado de posición financiera.
statement of financial position estado de posición financiera.
statement of income estado de ingresos.
statement of income and expenses estado de ingresos y gastos.
statement of objectives declaración de objetivos.
statement of opinion declaración sobre opinión.
statement of principles declaración de principios.
statement of retained earnings estado de ingresos retenidos.
statement of terms and conditions declaración de términos y condiciones.
statement of value declaración del valor.
statement savings account cuenta de ahorros con estado.
statement stuffer material publicitario incluido con un estado.
static *adj* estático.
static analysis análisis estático.
static budget presupuesto estático.
static economics economía estática.

static prices precios estáticos.
statism *n* estatismo.
statist *n* estatista.
statistical *adj* estadístico.
statistical analysis análisis estadístico.
statistical control control estadístico.
statistical cost control control de costos estadístico, control de costes estadístico.
statistical discrepancy discrepancia estadística.
statistical inference inferencia estadística.
statistical method método estadístico.
statistical process control control de proceso estadístico.
statistical quality control control de calidad estadístico.
statistical sampling muestreo estadístico.
statistics *n* estadística.
status *n* estatus, estado, condición, situación.
status of the fund estado del fondo.
status quo statu quo, el estado de las cosas en un momento dado.
status report informe de situación.
status symbol símbolo de estatus.
statute *n* ley, estatuto.
statute of frauds ley indicando que ciertos contratos orales no son válidos.
statute of limitations ley de prescripción.
statutory *adj* estatutario.
statutory accounting contabilidad estatutaria.
statutory audit auditoría estatutaria.
statutory bond fianza estatutaria.
statutory declaration declaración estatutaria.
statutory earnings ingresos estatutarios.
statutory foreclosure ejecución hipotecaria estatutaria, ejecución hipotecaria extrajudicial conforme a las leyes pertinentes.
statutory holidays días feriados por ley.
statutory instruments normas administrativas.
statutory liability responsabilidad estatutaria.
statutory lien gravamen estatutario, privilegio estatutario.
statutory limit límite establecido por ley.
statutory meeting asamblea estatutaria, junta estatuaria.
statutory minimum wage salario mínimo establecido por ley.
statutory notice notificación exigida por ley.
statutory obligation obligación estatutaria.
statutory provisions estipulaciones estatutarias.
statutory regulations reglamentos estatutarios.
statutory requirements requisitos estatutarios.
statutory reserves reservas estatutarias.
statutory restriction restricción estatutaria.
statutory rights derechos estatutarios.
statutory sick pay paga por enfermedad requerida.
statutory voting regla de un voto por una acción.
stay *n* suspensión, aplazamiento, estancia.
stay *v* suspender, aplazar, permanecer.
stay-in strike huelga de brazos caídos.
Std. (standard) estándar, normal, habitual, oficial, de serie.
steady decline bajada sostenida.
steady decrease reducción sostenida.
steady fall bajada sostenida.
steady increase aumento sostenido.
steady interest rate tasa de interés sostenida.
steady rate tasa sostenida.
steady rise subida sostenida.
steady state estado estacionario.
steady-state economy economía en estado

estacionario.
steal v robar.
steep decline bajada empinada.
steep decrease reducción empinada.
steep fall bajada empinada.
steep increase aumento empinado.
steep interest rate tasa de interés excesiva.
steep price precio excesivo.
steep rate tasa excesiva.
steep rise subida empinada.
steering n dirección, práctica ilegal de mostrar propiedades sólo a ciertos grupos étnicos, práctica ilegal de mostrar ciertas propiedades a ciertos grupos étnicos.
steering committee comité de dirección.
stenography n estenografía.
step n paso, medida.
step-by-step adj paso a paso.
step in intervenir.
step-rate premium insurance seguro con primas variables.
step up aumentar, incrementar.
stepped-up basis base impositiva ajustada al valor del mercado al pasarse propiedad a un heredero.
stepping-stone n trampolín.
sterling n libra esterlina.
steward n representante sindical, sustituto.
sticker price precio de lista, precio de etiqueta.
sticker shock alteración al ver lo caro que algo es.
sticking point punto de contención.
sticky adj pegajoso, complicado.
sticky prices precios que tienden a permanecer estables.
stiff competition competencia tenaz.
stiff penalty penalidad severa.
stifling bids comportamientos o acuerdos los cuales impiden una subasta justa.
stimulate v estimular.
stimulate the economy estimular la economía.
stimulation n estímulo.
stipend n estipendio.
stipulate v estipular, convenir.
stipulated adj estipulado.
stipulated agreement acuerdo estipulado.
stipulated benefits beneficios estipulados.
stipulated budget presupuesto estipulado.
stipulated capital capital estipulado.
stipulated charge cargo estipulado.
stipulated commission comisión estipulada.
stipulated conditions condiciones estipuladas.
stipulated cost costo estipulado, coste estipulado.
stipulated credit line línea de crédito estipulada.
stipulated deposit depósito estipulado.
stipulated expenditures gastos estipulados.
stipulated expenses gastos estipulados.
stipulated fee cargo estipulado.
stipulated interest rate tasa de interés estipulada.
stipulated liability responsabilidad estipulada.
stipulated obligation obligación estipulada.
stipulated pay paga estipulada.
stipulated payment pago estipulado.
stipulated period período estipulado.
stipulated premium prima estipulada.
stipulated premium insurance seguro de prima estipulada.
stipulated price precio estipulado.
stipulated rate tasa estipulada.
stipulated remuneration remuneración estipulada.
stipulated rent renta estipulada.
stipulated return rendimiento estipulado.

stipulated salary salario estipulado.
stipulated selling price precio de venta estipulado.
stipulated terms términos estipulados.
stipulated wages salarios estipulados.
stipulation n estipulación, convenio.
stipulator n estipulante.
stipulatory adj estipulante.
stk. (stock) acciones, acción, capital comercial, inventario, existencias, reserva, ganado.
stochastic adj estocástico.
stochastic indicator oscilador estocástico.
stock n acciones, acción, capital comercial, inventario, existencias, stock, reserva, ganado.
stock v abastecer, almacenar.
stock account cuenta de inventario, cuenta de acciones.
stock accumulation acumulación de acciones, acumulación de inventario.
stock adjustment ajuste de inventario.
stock administration administración del inventario.
stock administrator administrado del inventario.
stock ahead orden para una transacción de acciones que se ejecuta primero de acuerdo a las reglas de prioridad.
stock analysis análisis de acciones, análisis de inventario.
stock appreciation apreciación de acciones.
stock association empresa sin incorporar pero con acciones.
stock at a discount acciones con descuento.
stock at a premium acciones con prima.
stock book libro de inventario.
stock broker corredor de bolsa, agente de bolsa, corredor bursátil, agente bursátil.
stock brokerage corretaje de bolsa, corretaje bursátil.
stock brokerage firm firma de corretaje de bolsa, casa de corretaje de bolsa, firma de corretaje bursátil, casa de corretaje bursátil.
stock brokerage house casa de corretaje de bolsa, casa de corretaje bursátil.
stock buyback recompra de acciones por la compañía que los emitió, recompra de acciones.
stock capital capital en acciones.
stock card ficha de inventario.
stock certificate certificado de acciones, certificado de inventario.
stock change cambio en inventario.
stock company compañía por acciones, sociedad anónima.
stock compensation compensación mediante acciones.
stock control control de inventario.
stock controller controlador de inventario.
stock corporation corporación por acciones, ente jurídico por acciones, sociedad anónima.
stock cycle ciclo de inventario.
stock dividend dividendo en acciones.
stock exchange bolsa de valores.
stock exchange list lista de valores cotizados.
stock exchange listing cotización en una bolsa de valores.
stock farming ganadería.
stock financing financiamiento mediante acciones, financiamiento basado en inventario.
stock fund fondo mutuo que invierte solo en acciones.
stock holder accionista.
stock holding tenencia de acciones, posesión de

acciones.
stock, in en inventario.
stock in hand inventario disponible.
stock in trade inventario.
stock index índice de acciones.
stock index futures futuros de índices de acciones.
stock index options opciones de índices de acciones.
stock insurance company compañía de seguros por acciones.
stock insurer compañía de seguros por acciones.
stock issue emisión de acciones.
stock issued acciones emitidas.
stock jobber especulador.
stock ledger libro de accionistas, libro de acciones.
stock list lista de acciones, lista de inventario.
stock loan préstamo de acciones, préstamo basado en inventario.
stock management administración del inventario, gestión del inventario.
stock manager administrado del inventario.
stock market mercado de valores, bolsa de valores, bolsa.
stock market collapse colapso del mercado de valores, colapso de la bolsa de valores.
stock market crash colapso del mercado de valores, colapso de la bolsa de valores.
stock market cycle ciclo del mercado de valores, ciclo de la bolsa de valores.
stock market game juego de bolsa.
stock market index índice del mercado de valores, índice de la bolsa de valores.
stock option opción de compra de acciones.
stock option plan plan de compra de acciones de empleados.
stock, out of fuera de inventario.
stock outstanding acciones en circulación.
stock ownership titularidad de acciones, posesión de acciones.
stock ownership plan plan de compra de acciones de empleados.
stock planning planificación de inventario.
stock portfolio cartera de acciones.
stock power poder para transferir acciones.
stock price precio de acción.
stock price index índice de precios de acciones.
stock purchase compra de acciones.
stock-purchase plan plan de compra de acciones.
stock-purchase warrant derecho generalmente vigente por varios años para la compra de acciones a un precio específico.
stock quotation cotización de acciones.
stock quote cotización de acciones.
stock record registro de acciones.
stock-redemption plan plan de redención de acciones.
stock register registro de acciones.
stock reserve reserva de inventario.
stock rights derecho de suscripción.
stock shortage escasez de inventario.
stock split split, cambio proporcional en la cantidad de acciones de una corporación, división de acciones.
stock split down reducción proporcional en la cantidad de acciones de una corporación.
stock split up aumento proporcional en la cantidad de acciones de una corporación.
stock subscription suscripción de acciones.
stock swap intercambio de acciones.
stock symbols símbolos de acciones.

stock trading transacciones de acciones.
stock transaction transacción de acciones.
stock transfer transferencia de acciones.
stock-transfer agent agente de transferencia de acciones.
stock-transfer tax impuesto sobre la transferencia de acciones.
stock turnover rotación de inventario, giro de inventario.
stock valuation valuación del inventario, valuación de acciones.
stock warrant derecho generalmente vigente por varios años para la compra de acciones a un precio específico.
stock yield rendimiento de las acciones.
stockbreeding n ganadería.
stockbroker n corredor de bolsa, agente de bolsa, corredor bursátil, agente bursátil.
stockholder n accionista, accionario.
stockholder of record accionista registrado.
stockholder's derivative action acción entablada por un accionista para hacer cumplir una causa corporativa.
stockholder's equity porcentaje del accionista en una corporación.
stockholder's liability responsabilidad del accionista.
stockholders' equity capital accionario, capital social.
stockholders' meeting asamblea de accionistas, reunión de accionistas, junta de accionistas.
stockholders' register registro de accionistas.
stockholding n tenencia de acciones, posesión de acciones.
stockist n proveedor, distribuidor.
stockjobber n intermediario de bolsa, corredor de bolsa, corredor de bolsa inescrupuloso, especulador.
stockpile n reservas.
stocks and flows stocks y flujos.
stocktaking n toma de inventario, evaluación de la situación corriente.
stolen adj hurtado.
stolen card tarjeta hurtada.
stolen goods bienes hurtados.
stop n detención, suspensión.
stop v parar, detener, suspender, cancelar.
stop a check detener el pago de un cheque.
stop a cheque detener el pago de un cheque.
stop at nothing perseguir despiadadamente un objetivo.
stop-gap measure medida de emergencia, medida provisional.
stop-limit order orden de efectuar una transacción al alcanzarse un precio específico.
stop-loss order orden de efectuar una transacción de venta al alcanzarse un precio específico.
stop-loss reinsurance reaseguro para limitar las pérdidas por varias reclamaciones combinadas que excedan un cierto porcentaje de ingresos por primas.
stop order orden de efectuar una transacción al alcanzarse un precio específico.
stop payment detener el pago, detener el pago de un cheque.
stop payment order orden de detener el pago, orden de no hacer el pago de un cheque.
stop price precio límite, precio de activación de orden.
stop production detener la producción.

stop work detener el trabajo, dejar de trabajar.
stoppage *n* parada, huelga, interrupción, suspensión.
stoppage in transit embargo por el vendedor de mercancías en tránsito.
stoppage in transitu embargo por el vendedor de mercancías en tránsito.
stoppage of work paro de trabajo, paro de trabajo y operaciones.
stopped payment pago detenido.
storage *n* almacenamiento, almacenaje, almacén.
storage area área de almacenamiento.
storage charges cargos por almacenamiento.
storage costs costos por almacenamiento, costes por almacenamiento.
storage expenditures gastos por almacenamiento.
storage expenses gastos por almacenamiento.
storage fees cargos por almacenamiento.
store *n* tienda, negocio, almacén, reserva.
store *v* almacenar.
store brand marca propia, marca de la tienda, marca del lugar de compra.
store card tarjeta de crédito de una tienda.
store credit card tarjeta de crédito de una tienda.
store front fachada de tienda.
store label marca propia, marca de la tienda, marca del lugar de compra.
store window escaparate.
storefront *n* fachada de tienda.
storehouse *n* almacén.
storekeeper *n* tendero.
storeowner *n* dueño de tienda, tendero.
stow *v* almacenar, estibar.
stowage *n* almacenamiento, estiba.
straddle *n* combinación de igual cantidad de opciones de compra y venta para el mismo valor y con el mismo precio de ejecución y fecha de vencimiento.
straight *adj* recto, honesto, directo, exacto, fidedigno.
straight bill of lading conocimiento de embarque no negociable.
straight bond bono regular, bono ordinario.
straight debt deuda regular, deuda ordinaria.
straight-line depreciation depreciación lineal, amortización lineal.
straight-line method of depreciation método de depreciación lineal, método de amortización lineal.
straight time número de horas acostumbrado por un período de trabajo.
straightforward contract contrato con lenguaje y condiciones claras.
straightforward explanation explicación honesta y clara.
strangle *n* combinación de igual cantidad de opciones de compra y venta para el mismo valor y fecha de vencimiento pero con diferentes precios de ejecución.
stratagem *n* estratagema.
strategic *adj* estratégico.
strategic adjustment ajuste estratégico.
strategic alliance alianza estratégica.
strategic analysis análisis estratégico.
strategic asset allocation asignación estratégica de activos, asignación estratégica de inversiones.
strategic budgeting presupuestación estratégica.
Strategic Business Unit Unidad Estratégica de Negocios.
strategic industry industria estratégica.
Strategic Management Accounting Contabilidad

de Dirección Estratégica.
strategic marketing marketing estratégico, mercadeo estratégico.
strategic partner socio estratégico.
strategic partnership sociedad estratégica.
strategic plan plan estratégico.
strategic planning planificación estratégica.
strategy *n* estrategia.
stratification *n* estratificación.
stratification of losses estratificación de pérdidas.
stratified *adj* estratificado.
stratified random sampling muestreo aleatorio estratificado.
stratified sampling muestreo estratificado.
straw party prestanombre.
stream of commerce bienes en movimiento comercial.
streamline *v* hacer algo más eficiente y/o sencillo, racionalizar.
street name valores de una persona que están a nombre del corredor.
street price precio en la calle.
street vendor vendedor callejero, buhonero, vendedor ambulante.
strength *n* fuerza, solidez, punto fuerte, número.
strength of the economy solidez de la economía.
strengths, weaknesses, opportunities, and threats fuerzas, debilidades, oportunidades, y amenazas.
strengths, weaknesses, opportunities, and threats analysis análisis de las fuerzas, debilidades, oportunidades, y amenazas.
stress *n* estrés, énfasis.
stress *v* estresar, enfatizar.
stress-related *adj* relacionado al estrés, provocado por el estrés.
stress-related illness enfermedad relacionada al estrés, enfermedad provocada por el estrés.
stressful *adj* estresante.
stressful job trabajo estresante.
stressful work environment ambiente de trabajo estresante.
strict *adj* estricto, preciso, severo.
strict foreclosure sentencia que indica que tras incumplimiento de pago la propiedad se transfiere al acreedor hipotecario sin venta ni derecho de rescate.
strict instructions instrucciones precisas.
strict liability responsabilidad objetiva.
strict terms términos precisos.
strictest confidentiality máxima confidencialidad.
strike *n* huelga, paro.
strike *v* hacer huelga, declarar huelga, alcanzar, cerrar, golpear.
strike a deal llegar a un acuerdo.
strike action acción de huelga.
strike ballot voto de huelga.
strike benefits beneficios por huelga.
strike-bound *adj* obstaculizado o imposibilitado por huelga.
strike-breaker *n* rompehuelgas.
strike-breaking *n* romper huelgas.
strike clause cláusula de huelga.
strike committee comité de huelga.
strike fund fondo de huelga.
strike insurance seguro contra huelgas.
strike notice aviso de huelga.
strike pay paga durante huelga.
strike price precio de ejecución.
strike suit acción entablada por accionistas sin

intención de que se beneficie la corporación.
strike threat amenaza de huelga.
strike vote voto de huelga.
strikebound *adj* obstaculizado o imposibilitado por huelga.
strikebreaker *n* rompehuelgas.
strikebreaking *n* romper huelgas.
striker *n* huelguista.
striking price precio de ejecución.
stringent conditions condiciones estrictas.
strings attached, no sin cortapisas.
strip mall centro comercial en forma de hilera que generalmente está al borde de una carretera.
stripped bond bono sin cupones.
strips *n* valores con pago único al vencimiento que incluye los intereses devengados.
strong-arm tactics tácticas empleando coerción y/o violencia.
strong box caja fuerte.
strong buy recommendation recomendación enfática de compra.
strong currency moneda fuerte.
strong economy economía fuerte.
strong money moneda fuerte.
strong room cámara acorazada.
strong sell recommendation recomendación enfática de venta.
strongbox *n* caja fuerte.
strongroom *n* cámara acorazada.
structural *adj* estructural.
structural adjustment ajuste estructural.
structural alteration alteración estructural.
structural alteration or change alteración estructural.
structural change alteración estructural.
structural damage daño estructural.
structural defect vicio estructural.
structural inflation inflación estructural.
structural reform reforma estructural.
structural unemployment desempleo estructural.
structure *n* estructura.
structure *v* estructurar.
stub *n* talón.
student loan préstamo estudiantil.
studio *n* estudio.
study *n* estudio.
stumbling block obstáculo.
stunt *n* algo hecho solo para llamar la atención o hacer propaganda.
style *n* estilo.
sub-account *n* subcuenta.
sub-activity *n* subactividad.
sub-administrator *n* subadministrador.
sub-agency *n* subagencia.
sub-agent *n* subagente.
sub-chapter S Corporation corporación pequeña la cual ha elegido que se le impongan contribuciones como personas naturales.
sub-committee *n* subcomité.
sub-contract *n* subcontrato.
sub-contract *v* subcontratar.
sub-contracting *n* subcontratación.
sub-contractor *n* subcontratista.
sub-director *n* subdirector.
sub-divide *v* subdividir.
sub-dividing *n* subdivisión.
sub-division *n* subdivisión.
sub-employed *adj* subempleado.
sub-employment *n* subempleo.
sub-lease *n* subarriendo.

sub-lease *v* subarrendar.
sub-lessee *n* subarrendatario.
sub-lessor *n* subarrendador.
sub-let *n* subarriendo.
sub-let *v* subarrendar.
sub-letter *n* subarrendador.
sub-letting *n* subarrendamiento.
sub-licence *n* sublicencia.
sub-license *n* sublicencia.
sub-manager *n* subgerente.
sub-marginal *adj* submarginal.
sub-mortgage *n* subhipoteca.
sub-optimisation *n* suboptimización.
sub-optimise *v* suboptimizar.
sub-optimization *n* suboptimización.
sub-optimize *v* suboptimizar.
sub-par *adj* inferior, bajo la par.
sub-partner *n* subsocio.
sub-partnership *n* subsociedad.
sub-section *n* subsección.
sub-sector *n* subsector.
sub-system *n* subsistema.
sub-tenancy *n* subarriendo.
sub-tenant *n* subinquilino, subarrendatario.
sub-total *n* subtotal.
subaccount *n* subcuenta.
subactivity *n* subactividad.
subadministrator *n* subadministrador.
subagency *n* subagencia.
subagent *n* subagente.
Subchapter S Corporation corporación pequeña la cual ha elegido que se le impongan contribuciones como personas naturales.
subcommittee *n* subcomité.
subcontract *n* subcontrato.
subcontract *v* subcontratar.
subcontracting *n* subcontratación.
subcontractor *n* subcontratista.
subdirector *n* subdirector.
subdivide *v* subdividir.
subdividing *n* subdivisión.
subdivision *n* subdivisión.
subemployed *adj* subempleado.
subemployment *n* subempleo.
subindex *n* subíndice.
subjacent support derecho del apoyo subterráneo de las tierras.
subject to change sujeto a cambio.
subject to check sujeto a comprobación.
subject to collection sujeto a cobro.
subject to mortgage sujeto a hipoteca.
subject to opinion sujeto a opinión.
subject to price change precio sujeto a cambio.
subject to quota sujeto a cuota.
subject to redemption sujeto a redención.
subject to repurchase sujeto a recompra.
subject to restriction sujeto a restricción.
subject to sale sujeto a venta previa.
subject to tax imponible.
subject to verification sujeto a verificación.
subjective *adj* subjetivo.
subjective probability probabilidad subjetiva.
subjective risk riesgo subjetivo.
sublease *n* subarriendo.
sublease *v* subarrendar.
sublessee *n* subarrendatario.
sublessor *n* subarrendador.
sublet *n* subarriendo.
sublet *v* subarrendar.
subletter *n* subarrendador.

subletting *n* subarrendamiento.
sublicence *n* sublicencia.
sublicense *n* sublicencia.
subliminal advertising propaganda subliminal.
submanager *n* subgerente.
submarginal *adj* submarginal.
submerged lands tierras sumergidas.
submission *n* sumisión, presentación.
submission of bids presentación de ofertas.
submit *v* someter, presentar.
submit an offer someter una oferta.
submit to arbitration someterse a arbitraje.
submitted *adj* sometido, presentado.
submortgage *n* subhipoteca.
suboptimisation *n* suboptimización.
suboptimise *v* suboptimizar.
suboptimization *n* suboptimización.
suboptimize *v* suboptimizar.
subordinate *adj* subordinado.
subordinate *n* subordinado.
subordinate *v* subordinar.
subordinated *adj* subordinado.
subordinated debt deuda subordinada.
subordinated loan préstamo subordinado.
subordinated note nota subordinada.
subordination *n* subordinación.
subpar *adj* inferior, bajo la par.
subpartner *n* subsocio.
subpartnership *n* subsociedad.
subprime loan préstamo con una tasa mayor que la preferencial.
subrogate *v* subrogar.
subrogation *n* subrogación.
subrogation clause cláusula de subrogación.
subscribe *v* suscribir, suscribirse, firmar, adherirse.
subscribed *adj* suscrito.
subscribed shares acciones suscritas.
subscribed stock acciones suscritas.
subscriber *n* suscriptor, abonado, firmante.
subscriber identity module módulo de identidad de usuario.
subscription *n* suscripción, firma.
subscription agreement convenio de suscripción.
subscription certificate certificado de suscripción.
subscription contract contrato de suscripción, contrato de compra.
subscription for shares suscripción de acciones.
subscription period plazo de suscripción, período de suscripción.
subscription price precio de suscripción.
subscription privilege privilegio de suscripción.
subscription ratio ratio de suscripción, razón de suscripción.
subscription right derecho de suscripción.
subscription warrant derecho generalmente vigente por varios años para la compra de acciones a un precio específico.
subsection *n* subsección.
subsector *n* subsector.
subsequent *adj* subsiguiente.
subsequent buyer comprador subsiguiente.
subsequent creditor acreedor subsiguiente.
subsequent endorsement endoso subsiguiente.
subsequent endorser endosante subsiguiente.
subsequent event evento subsiguiente.
subsequent indorsement endoso subsiguiente.
subsequent indorser endosante subsiguiente.
subsequent offering ofrecimiento subsiguiente.
subsequent purchaser comprador subsiguiente.
subsidiarity *n* subsidiaridad.

subsidiary *adj* subsidiario, auxiliar.
subsidiary *n* filial, sucursal.
subsidiary account cuenta auxiliar.
subsidiary bank banco subsidiario.
subsidiary company compañía subsidiaria.
subsidiary company accounting contabilidad de compañía subsidiaria.
subsidiary corporation corporación subsidiaria.
subsidiary enterprise empresa subsidiaria.
subsidiary ledger libro mayor auxiliar.
subsidiary trust fideicomiso auxiliar.
subsidisation *n* subvención, subsidiación.
subsidise *v* subsidiar, subvencionar.
subsidised *adj* subsidiado, subvencionado.
subsidised company compañía subsidiada, compañía subvencionada.
subsidised goods productos subsidiados, bienes subsidiados, productos subvencionados, bienes subvencionados.
subsidised housing vivienda subsidiada, vivienda subvencionada.
subsidised interest rate tasa de interés subsidiada, tasa de interés subvencionada.
subsidised loan préstamo subsidiado, préstamo subvencionado.
subsidised mortgage hipoteca subsidiada, hipoteca subvencionada.
subsidised payment pago subsidiado, pago subvencionado.
subsidised price precio subsidiado, precio subvencionado.
subsidised rate tasa subsidiada, tasa subvencionada.
subsidised rent renta subsidiada, renta subvencionada.
subsidization *n* subvención, subsidiación.
subsidize *v* subsidiar, subvencionar.
subsidized *adj* subsidiado, subvencionado.
subsidized company compañía subsidiada, compañía subvencionada.
subsidized goods productos subsidiados, bienes subsidiados, productos subvencionados, bienes subvencionados.
subsidized housing vivienda subsidiada, vivienda subvencionada.
subsidized interest rate tasa de interés subsidiada, tasa de interés subvencionada.
subsidized loan préstamo subsidiado, préstamo subvencionado.
subsidized mortgage hipoteca subsidiada, hipoteca subvencionada.
subsidized payment pago subsidiado, pago subvencionado.
subsidized price precio subsidiado, precio subvencionado.
subsidized rate tasa subsidiada, tasa subvencionada.
subsidized rent renta subsidiada, renta subvencionada.
subsidy *n* subsidio, subvención.
subsistence *n* subsistencia.
subsistence agriculture agricultura de subsistencia.
subsistence allowance reembolso de gastos de subsistencia, pago de gastos de subsistencia, adelanto salarial.
subsistence crop cultivo de subsistencia.
subsistence economy economía de subsistencia.
subsistence income ingresos de subsistencia.
subsistence minimum mínimo de subsistencia.

subsistence pay paga de subsistencia, salario de subsistencia.

subsistence salary salario de subsistencia, paga de subsistencia.

subsistence wage paga de subsistencia, salario de subsistencia.

substandard adj de calidad inferior.

substandard risk riesgo más allá de lo usualmente aceptable.

substantial adj substancial, sustancial, considerable.

substantial compliance cumplimiento con lo esencial.

substantial equivalent equivalente substancial.

substantial income ingresos considerables.

substantial loan préstamo considerable.

substantial performance cumplimiento con lo esencial.

substantial possession posesión efectiva.

substantial risk riesgo considerable.

substantially adv substancialmente, sustancialmente, considerablemente.

substantially equivalent sustancialmente equivalente, substancialmente equivalente.

substantiate v substanciar, corroborar, probar, justificar.

substantive adj sustantivo, substantivo, esencial.

substantive change cambio sustantivo.

substantive compliance cumplimiento sustantivo.

substitute adj substituto, sustituto.

substitute n substituto, sustituto.

substitute v sustituir, substituir.

substitute trustee fideicomisario substituto.

substituted basis base sustituida.

substitution n sustitución, substitución.

substitution capital capital de sustitución.

substitution effect efecto de sustitución.

subsystem n subsistema.

subtenancy n subarriendo.

subtenant n subinquilino, subarrendatario.

subtotal n subtotal.

subvention n subvención, subsidio.

successful bidder postor ganador.

succession n sucesión, serie.

succession duty impuesto sucesorio.

succession tax impuesto sucesorio.

successive adj sucesivo.

successive assignees cesionarios sucesivos.

successor n sucesor, causahabiente.

successor in interest dueño de propiedad quien sigue a otro.

successor trustee fideicomisario quien sigue a otro.

successors and assigns sucesores y cesionarios.

sue v demandar, accionar.

suffer v sufrir.

suffer consequences sufrir consecuencias.

suffer damages sufrir daños.

suffer losses sufrir pérdidas.

sufficiency n suficiencia.

sufficiency of coverage suficiencia de cobertura.

sufficiency of financing suficiencia de financiación, suficiencia de financiamiento.

sufficiency of insurance suficiencia de cobertura.

sufficiency of reserves suficiencia de reservas.

sufficient adj suficiente.

sufficient consideration contraprestación suficiente, causa suficiente.

sufficient coverage cobertura suficiente.

sufficient disclosure divulgación suficiente.

sufficient funds fondos suficientes.

sufficient income ingresos suficientes.

sufficient notice notificación suficiente.

sufficient pay paga suficiente.

sufficient quality calidad suficiente.

sufficient remuneration remuneración suficiente.

sufficient salary salario suficiente.

suggested price precio sugerido.

suggested retail price precio al por menor sugerido, precio sugerido.

suggestion n sugerencia, sugestión.

suggestion box caja de sugerencias.

suggestion system sistema de sugerencias.

suicide clause cláusula de suicidio.

suicide pill medida extrema para evitar una toma hostil del control corporativo.

suit n acción, juicio, pleito, procedimiento.

suitability n idoneidad.

suitability rules reglas concerniente lo apropiado que pueden ser ciertos valores para ciertas personas.

suitable adj apropiado, adecuado, idóneo.

sum n suma de dinero, suma, total, monto, importe.

sum advanced suma adelantada, anticipo.

sum at risk suma en riesgo, capital bajo riesgo, suma máxima por la cual un asegurador es responsable en una póliza.

sum certain suma cierta.

sum charged suma cargada.

sum collected suma cobrada.

sum contributed suma contribuida.

sum covered suma asegurada.

sum credited suma acreditada.

sum deducted suma deducida.

sum due suma debida.

sum financed suma financiada.

sum insured suma asegurada.

sum lost suma perdida.

sum of credit suma de crédito.

sum of damage suma del daño.

sum of loss suma de la pérdida.

sum of subsidy suma del subsidio, suma de la subvención.

sum-of-the-years'-digits method método de la suma de los dígitos de los años.

sum-of-the-years'-digits method of depreciation método de depreciación de la suma de los dígitos de los años.

sum outstanding suma pendiente, saldo.

sum overdue suma vencida.

sum overpaid suma pagada en exceso.

sum paid suma pagada.

sum payable suma pagadera.

sum pending suma a pagar.

sum realised suma realizada.

sum realized suma realizada.

sum up resumir.

sum withheld suma retenida.

summarily adv sumariamente.

summarise v resumir.

summarize v resumir.

summary n resumen, sumario.

summary statement estado resumido.

summit n cumbre.

summit conference conferencia cumbre.

summon v convocar, citar, citar a comparecer.

sumptuary adj suntuario.

sumptuary goods artículos suntuarios, productos suntuarios.

sumptuary laws leyes sobre productos suntuarios.

Sunday closing laws leyes que prohíben las operaciones comerciales los domingos.

sundries *n* artículos diversos, artículos varios.

sundry expenses gastos diversos, gastos varios.

sunrise industry industria naciente que crece aceleradamente.

sunset act ley que expira a menos que se renueve formalmente, ley en vías de retiro.

sunset industry industria ya en sus postrimerías.

sunset law ley que expira a menos que se renueve formalmente, ley en vías de retiro.

sunshine law ley de transparencia en gestiones gubernamentales.

superannuate *v* retirar, hacer retirar, descartar por obsoleto.

superannuated *adj* retirado, jubilado, obsoleto.

superannuation *n* retiro, retiro forzado, aportaciones a un plan de retiro.

supercomputer *n* supercomputadora.

superfund *n* superfondo.

superintendent *n* superintendente.

superior *adj* superior.

superior *n* superior.

superior lien gravamen de rango superior, privilegio de rango superior.

superior quality calidad superior.

superior service servicio superior.

superior title título superior.

superiority *n* superioridad.

supermarket *n* supermercado.

SuperMontage *n* SuperMontage.

superpower *n* superpoder.

supersaver *n* precio con gran descuento.

supersede *v* reemplazar, anular.

superstore *n* hipermercado.

superstructure *n* superestructura.

supertax *n* impuesto adicional.

supervise *v* supervisar.

supervised *adj* supervisado.

supervision *n* supervisión.

supervisor *n* supervisor.

supervisory *adj* supervisor.

supervisory board junta supervisora.

supervisory employee empleado supervisor.

supplement *n* suplemento, recargo.

supplement *v* suplementar.

supplemental *adj* suplementario, suplemental.

supplemental agreement convenio suplementario.

supplemental benefits beneficios suplementarios.

supplemental budget presupuesto suplementario.

supplemental contract contrato suplementario.

supplemental costs costos suplementarios, costes suplementarios.

supplemental coverage cobertura suplementaria.

supplemental credit crédito suplementario.

supplemental deed escritura suplementaria.

supplemental estimate estimado suplementario.

supplemental expenditures gastos suplementarios.

supplemental expenses gastos suplementarios.

supplemental financing financiamiento suplementario.

supplemental income ingreso suplementario.

supplemental information información suplementaria.

supplemental liability insurance seguro de responsabilidad suplementario.

supplemental medical insurance seguro médico suplementario.

supplemental pay paga suplementaria.

supplemental payments pagos suplementarios.

supplemental pension pensión suplementaria.

supplemental policy póliza suplementaria.

supplemental salary salario suplementario.

supplemental statement estado suplementario.

supplemental tax impuesto suplementario.

supplemental wages salario suplementario.

supplementary *adj* suplementario.

supplementary agreement convenio suplementario.

supplementary benefits beneficios suplementarios.

supplementary budget presupuesto suplementario.

supplementary contract contrato suplementario.

supplementary costs costos suplementarios, costes suplementarios.

supplementary coverage cobertura suplementaria.

supplementary credit crédito suplementario.

supplementary deed escritura suplementaria.

supplementary estimate estimado suplementario.

supplementary expenditures gastos suplementarios.

supplementary expenses gastos suplementarios.

supplementary financing financiamiento suplementario.

supplementary income ingreso suplementario.

supplementary information información suplementaria.

supplementary liability insurance seguro de responsabilidad suplementario.

supplementary medical insurance seguro médico suplementario.

supplementary pay paga suplementaria.

supplementary payments pagos suplementarios.

supplementary pension pensión suplementaria.

supplementary policy póliza suplementaria.

supplementary salary salario suplementario.

supplementary statement estado suplementario.

supplementary tax impuesto suplementario.

supplementary wages salario suplementario.

supplier *n* proveedor.

supplies *n* suministros, existencias.

supplies and equipment materiales y equipos.

supply *n* oferta, abastecimiento, abasto, existencias.

supply *v* proveer, abastecer, suministrar, suplir, proporcionar, ofrecer.

supply and demand oferta y demanda.

supply and demand curves curvas de oferta y demanda.

supply and demand equilibrium equilibrio de oferta y demanda.

supply chain cadena de suministro.

supply chain management administración de la cadena de suministro, gestión de la cadena de suministro.

supply crunch reducción de la oferta disponible.

supply curve curva de oferta.

supply elasticity elasticidad de oferta.

supply goods proveer productos, proveer mercancías, proveer bienes.

supply goods and services proveer bienes y servicios

supply management administración de suministro, gestión de suministro.

supply of money agregado monetario, masa monetaria, oferta monetaria.

supply price precio de oferta.

supply-side economics economía de la oferta.

supply-sider *n* partidario de la economía de la oferta.

supply the market abastecer el mercado.
support *n* mantenimiento, sostén, apoyo, nivel de apoyo.
support *v* mantener, sostener, apoyar.
support growth sostener el crecimiento.
support hotline línea de apoyo.
support level nivel de apoyo.
support personnel personal de apoyo.
support price precio de apoyo.
support prices sostener precios.
support services servicios de apoyo.
support staff personal de apoyo.
support system sistema de apoyo.
support trust fideicomiso en que se le da al beneficiario sólo lo necesario para mantenerse.
supported *adj* con servicio de apoyo, mantenido, sostenido, apoyado.
suppress *v* suprimir, reprimir, ocultar.
suppressed *adj* suprimido, reprimido, ocultado.
suppressed inflation inflación reprimida, inflación suprimida.
suppression *n* supresión, represión, ocultación.
suppression of the competition represión de la competencia, supresión de la competencia.
supranational *adj* supranacional.
surcharge *n* recargo, sobreprecio, impuesto abusivo, hipoteca adicional a la primera.
surcharge *v* recargar, imponer un impuesto adicional, señalar un error en una cuenta saldada, imponer responsabilidad personal a un fiduciario quien administra mal.
surety *n* fiador, fianza, garante, garantía, seguridad.
surety bond fianza.
surety insurance seguro de fidelidad.
suretyship *n* fianza, garantía.
surf the Internet navegar por Internet.
surf the Net navegar por Internet.
surface transport transporte terrestre, transporte marítimo.
surge in inflation aumento repentino en inflación.
surge in productivity aumento repentino en productividad.
surge in sales aumento repentino en ventas.
surge in unemployment aumento repentino en desempleo.
surpass expectations exceder expectativas.
surplus *n* superávit, excedente, sobrante.
surplus account cuenta de superávit, cuenta de excedente.
surplus capacity capacidad excedente.
surplus reinsurance reaseguro con participación de todo riesgo que exceda cierto límite.
surplus reserve reserva del superávit, reserva del excedente.
surplus value valor del superávit, valor del excedente.
surrender *n* renuncia, cesión, entrega.
surrender *v* renunciar, ceder, entregar.
surrender of property entrega de propiedad, cesión de bienes.
surrender value valor de rescate.
surrenderee *n* a quien se renuncia.
surrenderor *n* renunciante.
surtax *n* impuesto adicional, sobretasa.
surtax *v* imponer impuestos adicionales, imponer sobretasas.
surveillance *n* vigilancia.
survey *n* agrimensura, apeo, encuesta, investigación, peritaje, vista de conjunto.
survey *v* encuestar, investigar, medir, peritar,

contemplar.
surveyor *n* agrimensor, investigador, medidor, perito, encuestador.
surviving company compañía sobreviviente.
survivor *n* superviviente.
survivorship *n* supervivencia.
survivorship annuity anualidad con pagos a los beneficiarios sobrevivientes.
survivorship clause cláusula de supervivencia.
suspend *v* suspender.
suspend payments suspender pagos.
suspended *adj* suspendido.
suspended coverage cobertura suspendida.
suspended payment pago suspendido.
suspended policy póliza suspendida.
suspended production producción suspendida.
suspended trading transacciones bursátiles suspendidas, suspensión de las transacciones de un valor.
suspended work trabajo suspendido.
suspense account cuenta suspensiva.
suspension *n* suspensión.
suspension of business suspensión de las operaciones de negocios.
suspension of coverage suspensión de cobertura.
suspension of payment suspensión de pago.
suspension of performance suspensión del cumplimiento.
suspension of policy suspensión de póliza.
suspension of production suspensión de producción.
suspension of trading suspensión de transacciones.
suspension of work suspensión de trabajo.
sustain damage sufrir daños.
sustain injuries sufrir lesiones.
sustain losses sufrir pérdidas.
sustainability *n* sostenibilidad.
sustainable *adj* sostenible.
sustainable agriculture agricultura sostenible.
sustainable debt deuda sostenible.
sustainable development desarrollo sostenible.
sustainable growth crecimiento sostenible.
sustainable growth rate tasa de crecimiento sostenible.
sustainable rate tasa sostenible.
sustained *adj* sostenido.
sustained decline bajada sostenida.
sustained decrease disminución sostenida, reducción sostenida.
sustained growth crecimiento sostenido.
sustained increase aumento sostenido.
sustained inflation inflación sostenida.
sustained non-inflationary growth crecimiento sostenido sin inflación.
sustained rise aumento sostenido.
swap *n* intercambio, swap.
swap *v* intercambiar.
swap market merado de swaps.
swap network red de intercambio.
swap option opción sobre un swap.
swaption *n* opción sobre un swap, swap.
sweat equity equidad obtenida a través del trabajo del dueño en la propiedad.
sweatshop *n* lugar de trabajo donde se explota excesivamente a los empleados.
sweatshop-free *adj* sin uso de lugares de trabajo donde se explota excesivamente a los empleados.
sweeping changes cambios drásticos.
sweeping reorganisation reorganización drástica.

sweeping reorganization reorganización drástica.
sweeten the offer mejorar la oferta.
sweetener *n* algo que mejora una oferta.
sweetheart agreement convenio colectivo que favorece al patrono y al sindicato a expensas de los empleados.
sweetheart contract convenio colectivo que favorece al patrono y al sindicato a expensas de los empleados.
sweetheart deal transacción colusoria que favorece a unos pocos a expensas de los demás, convenio colectivo que favorece al patrono y al sindicato a expensas de los empleados.
SWIFT (Society for Worldwide Interbank Financial Telecommunications) SWIFT.
SWIFT Code (Society for Worldwide Interbank Financial Telecommunications Code) Código SWIFT.
swindle *n* estafa.
swindle *v* estafar.
swindler *n* estafador.
swindling *n* estafa.
swing *n* giro, cambio notable.
swing loan préstamo puente.
swing shift turno de tarde.
swing trading compra y venta de los mismos valores en un intervalo de no más de pocos días buscando aprovechar cualquier variación en precio.
swipe a card pasar una tarjeta por un lector o sensor.
swipe card tarjeta que se pasa por un lector o sensor.
switch *n* cambio, intercambio.
switch *v* cambiar, intercambiar.
switchboard *n* centralita.
swop *n* intercambio, swap.
swop *v* intercambiar.
SWOT (strengths, weaknesses, opportunities, and threats) debilidades, amenazas, fortalezas, y oportunidades.
SWOT analysis (strengths, weaknesses, opportunities, and threats analysis) análisis DAFO, análisis de las debilidades, amenazas, fortalezas, y oportunidades.
SWP (Systematic Withdrawal Plan) plan de retiros sistemáticos.
symbol *n* símbolo.
symbolic *adj* simbólico.
symbolic delivery entrega simbólica.
symbolic possession posesión simbólica.
sympathetic strike huelga de solidaridad.
sympathy strike huelga de solidaridad.
symposium *n* simposio.
synallagmatic contract contrato sinalagmático.
syndic *n* síndico.
syndical *adj* sindical.
syndicalism *n* sindicalismo.
syndicalist *adj* sindicalista.
syndicalist *n* sindicalista.
syndicate *n* sindicato, consorcio, agencia que vende material de prensa, consorcio criminal.
syndicate *v* sindicar, distribuir, vender material de prensa.
syndicate manager gerente del sindicato.
syndicate termination terminación del sindicato.
syndicated *adj* sindicado, distribuido.
syndicated loan préstamo sindicado.
syndication *n* sindicación, distribución.
syndicator *n* sindicador, distribuidor.
synergism *n* sinergismo.

synergy *n* sinergia.
synopsis *n* sinopsis.
synthetic *adj* sintético.
synthetic lease arrendamiento sintético.
synthetic securities valores sintéticos.
system *n* sistema.
system administration administración del sistema.
system administrator administrador del sistema.
system management administración del sistema, gestión del sistema.
system manager administrador del sistema.
systematic *adj* sistemático.
systematic error error sistemático.
systematic risk riesgo sistemático.
systematic sampling muestreo sistemático.
Systematic Withdrawal Plan plan de retiros sistemáticos.
systematise *v* sistematizar.
systematize *v* sistematizar.
systemic risk riesgo sistémico.
systems analysis análisis de sistemas.
systems analyst analista de sistemas.
systems design diseño de sistemas.
systems development desarrollo de sistemas.
systems engineering ingeniería de sistemas.

T

T-account cuenta T, cuenta en T.
T-bill (treasury bill) letra del Tesoro, obligación del Tesoro a corto plazo.
T-bond (treasury bond) bono del tesoro, obligación del Tesoro a largo plazo.
T-note (treasury note) nota del Tesoro, obligación del Tesoro a mediano plazo.
tab *n* cuenta.
table *n* tabla, lista, índice, mesa.
table *v* presentar, proponer, posponer.
table of morbidity tabla de morbilidad.
table of mortality tabla de mortalidad.
tabloid *n* tabloide.
tabular *adj* tabular.
tabular form en forma tabular.
tabulate *v* tabular.
tabulation *n* tabulación.
tacit *adj* tácito.
tacit acceptance aceptación tácita.
tacit agreement convenio tácito, acuerdo tácito.
tacit collusion colusión tácita.
tacit hypothecation hipoteca por operación de ley.
tacit mortgage hipoteca por operación de ley.
tacit relocation tácita reconducción.
tacit renewal renovación tácita.
tack *v* unir un gravamen de rango inferior con el de primer rango para obtener prioridad sobre uno intermedio.
tacking *n* combinación de los períodos de posesión de diferentes personas para adquirir título mediante la prescripción adquisitiva, unir un gravamen de rango inferior con el de primer rango para obtener prioridad sobre uno intermedio.
tactical asset allocation asignación táctica de inversiones, asignación táctica de activos.
tactics *n* tácticas.
tag *n* etiqueta.

tag *v* etiquetar.
tag line eslogan.
tag reader lector de etiquetas.
tagline *n* eslogan.
tail *n* cola.
tail away mermarse.
tailor-made *adj* hecho a la medida.
tailspin *n* caída en picado.
tainted food comida contaminada.
tainted water agua contaminada.
take *n* ingresos, comisión, ventas de un intervalo dado, toma, perspectiva.
take *v* tomar, asumir, llevar, llevar a cabo, ocupar, ganar, alquilar, comprar, robar.
take an inventory llevar a cabo un inventario.
take back devolver, retirar, recuperar.
take bids recibir ofertas.
take delivery aceptar entrega.
take effect entrar en vigencia, surtir efecto.
take-home pay paga neta, salario neto.
take inventory hacer inventario.
take legal action tomar acción legal.
take on encargarse de, asumir, contratar, enfrentarse a.
take-or-pay contract contrato firme de compra.
take out sacar, retirar, obtener.
take-out financing financiamiento permanente tras la construcción.
take out insurance asegurar.
take-out loan financiamiento permanente tras la construcción.
take over tomar control, asumir, absorber.
take possession tomar posesión.
take profits realizar beneficios, realizar ganancias.
take stock hacer inventario, estimar.
take title adquirir título.
take up aceptar, ocupar, continuar con, emprender.
takedown *n* el precio al cual los colocadores de una emisión obtienen los valores que luego ofrecerán al público.
takeover *n* toma del control, adquisición, absorción.
takeover arbitrage arbitraje envolviendo corporaciones en situaciones de toma del control.
takeover bid oferta pública de adquisición, oferta de toma del control.
takeover candidate corporación quien es candidata a una oferta pública de adquisición.
takeover laws leyes sobre las adquisiciones corporativas.
takeover offer oferta pública de adquisición, oferta de toma del control.
takeover regulations reglamentos sobre las adquisiciones corporativas.
takeover target corporación que es el objetivo de a una oferta pública de adquisición.
taking delivery aceptación de entrega.
taking inventory toma de inventario.
taking stock toma de inventario, estimación.
taking unconscionable advantage aprovecharse de las circunstancias para llegar a un acuerdo abusivo.
takings *n* entradas, ingresos, ventas.
talk business hablar de negocios.
talks *n* charlas, negociaciones.
tally *n* cuenta, anotación contable, etiqueta.
tally *v* contar, cuadrar, etiquetar.
tally trade venta a plazos.
talon *n* talón.
tamper *v* alterar, falsificar.

tamper-evident *adj* que evidencia cualquier alteración, que evidencia cualquier adulteración.
tamper-proof *adj* a prueba de alteración, a prueba de adulteración.
tamper with interferir, alterar, falsificar, manipular, sobornar.
TAN (tax anticipation note) nota en anticipación a impuestos.
tandem increase aumento en tándem.
tandem loan préstamo en tándem.
tangible *adj* tangible.
tangible assets activo tangible.
tangible cost costo tangible, coste tangible.
tangible fixed assets inmovilizado material.
tangible goods bienes tangibles.
tangible movable property bienes muebles tangibles.
tangible net worth activo neto tangible.
tangible personal property propiedad personal tangible.
tangible property propiedad tangible.
tangible value valor tangible.
tangible wealth riqueza tangible.
tangibles *n* activo tangible.
tap *v* explotar, utilizar, desviar, pinchar.
tap issue emisión privada de valores de tesorería, emisión de valores de tesorería a otras entidades gubernamentales.
tape *n* cinta, cinta magnética.
tape *v* grabar en cinta, pegar con cinta.
tape recording grabación en cinta.
taper off disminuirse gradualmente, reducir gradualmente.
tare *n* tara.
tare weight tara.
target *n* objetivo, objeto, diana.
target *v* dirigir a.
target audience audiencia objetivo, audiencia objeto.
target balance balance objetivo.
target buyer comprador objetivo.
target client cliente objetivo.
target company compañía objeto, compañía sobre la cual se quiere adquirir control.
target cost costo objetivo, coste objetivo.
target customer cliente objetivo.
target firm empresa objeto, empresa sobre la cual se quiere adquirir control.
target date fecha fijada.
target group grupo objetivo.
target income ingreso objetivo.
target market mercado objetivo.
target net income ingreso neto objetivo.
target price precio objetivo, precio mínimo establecido por el gobierno.
target range intervalo objetivo.
target rate tasa objetivo.
target risk riesgo objetivo.
target segment segmento objetivo.
target zone zona objetivo.
tariff *n* tarifa, arancel, derecho de importación, lista de precios.
tariff agreement acuerdo arancelario, acuerdo aduanero.
tariff barrier barrera arancelaria.
tariff elimination eliminación arancelaria.
tariff escalation escalonamiento arancelario.
tariff exemption exención arancelaria.
tariff increase aumento arancelario.
tariff negotiation negociación arancelaria.

tariff preferences preferencias arancelarias.
tariff protection protección arancelaria.
tariff quota cuota arancelaria.
tariff rate tasa arancelaria, tasa de tarifas.
tariff reduction reducción arancelaria.
tariff regulation reglamentación arancelaria.
tariff schedule arancel.
tariff structure estructura arancelaria.
tariff suspension suspensión arancelaria.
tariff system sistema arancelario.
tariff wall barrera arancelaria.
tariff war guerra arancelaria.
task *n* tarea.
task force fuerza de tareas, grupo temporal para ejecutar una o más tareas.
task group grupo de tareas.
task management administración de tareas, gestión de tareas.
task scheduling programación de tareas.
tax *n* impuesto, contribución, tributo, gravamen.
tax *v* imponer, gravar.
tax abatement reducción impositiva.
tax accountancy contabilidad fiscal, contabilidad impositiva.
tax accounting contabilidad fiscal, contabilidad impositiva.
tax adjustment ajuste impositivo.
tax administration administración tributaria.
tax advance adelanto impositivo.
tax advantage ventaja impositiva.
tax adviser asesor fiscal.
tax advisor asesor fiscal.
tax agency agencia tributaria.
tax agreement acuerdo tributario, convenio tributario.
tax allocation repartición de impuestos.
tax allowance deducción contributiva.
tax amnesty amnistía contributiva.
tax and spend imponer y gastar.
tax anticipation bill obligación a corto plazo en anticipación a impuestos.
tax anticipation bond bono en anticipación a impuestos.
tax anticipation note nota en anticipación a impuestos.
tax assessment valuación fiscal.
tax assessor tasador fiscal.
tax attorney abogado tributarista.
tax audit auditoría fiscal.
tax auditor auditor fiscal.
tax authorities autoridades fiscales.
tax avoidance elusión de impuestos, evitación de impuestos, reducción de la carga impositiva mediante el uso de deducciones legales.
tax balance sheet balance fiscal.
tax band clasificación contributiva, clasificación impositiva.
tax barrier barrera impositiva.
tax base base imponible, base gravable.
tax basis base imponible, base gravable.
tax benefit beneficio impositivo.
tax benefit rule regla de beneficios impositivos.
tax bite cantidad de impuestos a pagar, proporción de los ingresos que se requieren para pagar impuestos.
tax bond bono fiscal.
tax bracket categoría contributiva, clasificación impositiva, clasificación contributiva, clasificación tributaria.
tax break beneficio impositivo, deducción impositiva.
tax burden carga impositiva.
tax calendar calendario fiscal.
tax carryback pérdidas netas que se incluyen al volver a computar los impuestos de años anteriores.
tax carryforward pérdidas que se pueden incluir en la planilla tributaria para años subsiguientes.
tax carryover pérdidas que se pueden incluir en la planilla tributaria para años subsiguientes.
tax certificate certificado impositivo, certificado de la adquisición de un inmueble resultando de una venta por incumplimiento de los deberes impositivos.
tax claim reclamación impositiva.
tax code código impositivo.
tax collection recaudación de impuestos, cobro de impuestos, recaudación de contribuciones, cobro de contribuciones.
tax collector recaudador de impuestos, cobrador de impuestos.
tax commission comisión fiscal.
tax compliance cumplimiento fiscal.
tax computation cómputo impositivo, cómputo de impuestos.
tax concession beneficio impositivo, concesión impositiva.
tax consultant consultor fiscal.
tax court tribunal fiscal.
tax credit crédito impositivo, crédito fiscal.
tax data datos fiscales.
tax debt deuda impositiva.
tax declaration declaración impositiva, declaración de la renta.
tax deductible deducible para efectos contributivos.
tax-deductible interest intereses deducibles para efectos contributivos.
tax deduction deducción impositiva, deducción fiscal.
tax deed escritura del comprador de un inmueble mediante una venta por incumplimiento de los deberes impositivos.
tax deferral aplazamiento de impuestos.
tax-deferred *adj* de impuestos diferidos.
tax-deferred annuity anualidad de impuestos diferidos.
tax-deferred exchange intercambio de impuesto diferido.
tax-deferred savings ahorros de impuestos diferidos.
tax department oficina de impuestos, departamento de contribuciones.
tax deposit depósito de contribuciones.
tax district distrito fiscal.
tax doctrine doctrina fiscal.
tax dodger evasor de impuestos.
tax dodging evasión de impuestos.
tax due impuesto debido.
tax duty obligación impositiva.
tax effect efecto impositivo.
tax-efficient *adj* eficiente desde la perspectiva impositiva.
tax election elección de trato impositivo.
tax equalisation equiparación fiscal, igualación fiscal.
tax equalization equiparación fiscal, igualación fiscal.
tax equity equidad fiscal.
tax equivalent equivalente impositivo.
tax evader evasor de impuestos.

tax evasion evasión de impuestos, evasión fiscal.
tax examination auditoría fiscal, inspección impositiva.
tax exclusion exclusión impositiva.
tax-exempt *adj* exento de impuestos.
tax-exempt bond bono exento de impuestos.
tax-exempt corporation corporación exenta de impuestos.
tax-exempt income ingreso exento de impuestos.
tax-exempt organisation organización exenta de impuestos.
tax-exempt organization organización exenta de impuestos.
tax-exempt property propiedad exenta de impuestos.
tax-exempt securities valores exentos de impuestos.
tax exemption exención impositiva.
tax exile quien vive en otro país para pagar menos impuestos.
tax expert experto fiscal.
tax fairness equidad fiscal.
tax foreclosure ejecución fiscal.
tax forms formularios fiscales.
tax fraud fraude impositivo.
tax-free *adj* libre de impuestos.
tax-free exchange intercambio libre de impuestos.
tax-free income ingreso libre de impuestos.
tax-free rollover transferencia libre de impuestos.
tax gain ganancia contributiva, ganancia fiscal.
tax guidelines directrices impositivas.
tax harmonisation armonización fiscal.
tax harmonization armonización fiscal.
tax haven paraíso impositivo, paraíso fiscal.
tax holiday exoneración temporal de impuestos, exención temporal de impuestos.
tax impact impacto impositivo.
tax incentive incentivo impositivo.
tax incentive system sistema de incentivos impositivos.
tax incidence incidencia impositiva.
tax increase aumento impositivo.
tax inspection auditoría fiscal, inspección impositiva.
tax inspector inspector de impuestos, inspector de Hacienda.
tax installment pago de impuestos.
tax instalment pago de impuestos.
tax investigation investigación fiscal.
tax invoice factura de impuestos.
tax jurisdiction jurisdicción fiscal.
tax law ley impositiva, derecho fiscal.
tax lease instrumento que se otorga en una venta por incumplimiento de los deberes impositivos cuando lo que se vende es el derecho de posesión por un tiempo determinado.
tax legislation legislación fiscal.
tax levy imposición fiscal.
tax liability obligación fiscal, obligación contributiva.
tax lien privilegio fiscal, gravamen por impuestos no pagados.
tax limit límite impositivo.
tax list lista de contribuyentes.
tax loophole laguna impositiva.
tax loss pérdida contributiva, pérdida fiscal.
tax-loss carryback pérdidas netas que se incluyen al volver a computar los impuestos de años anteriores.
tax-loss carryforward pérdidas que se pueden

incluir en la planilla tributaria para años subsiguientes.
tax-loss carryover pérdidas que se pueden incluir en la planilla tributaria para años subsiguientes.
tax map mapa impositivo.
tax notice aviso de imposición.
tax obligation obligación fiscal, obligación contributiva.
tax office oficina fiscal, oficina de impuestos.
tax on capital gains impuesto sobre ganancias de capital.
tax on consumption impuesto sobre el consumo.
tax on dividends impuesto sobre los dividendos.
tax on gross receipts impuesto sobre ingresos brutos.
tax on luxury impuesto sobre los lujos.
tax on profits impuesto sobre los beneficios, impuesto sobre las ganancias.
tax opinion opinión sobre la calidad de exento de una emisión de bonos.
tax overdue impuesto vencido, impuesto pagadero.
tax paid impuesto pagado.
tax payment pago de impuestos, pago impositivo.
tax penalty penalidad impositiva.
tax planning planificación impositiva.
tax policy política fiscal.
tax preference preferencia impositiva.
tax preference items artículos de preferencia impositiva.
tax pressure presión fiscal, presión impositiva.
tax proposal propuesta fiscal.
tax provision provisión impositiva.
tax purchaser quien adquiere en una venta por incumplimiento de los deberes impositivos.
tax rate tasa impositiva, tipo impositivo.
tax-rate schedule tabla de tasas impositivas.
tax ratio ratio impositivo, razón impositiva.
tax rebate reembolso contributivo.
tax receipts ingresos impositivos, ingresos fiscales.
tax record registro fiscal.
tax reduction reducción impositiva.
tax reform reforma fiscal.
tax refund reintegro de impuestos.
tax regulations regulaciones fiscales.
tax relief alivio impositivo.
tax reserve reserva para impuestos.
tax return planilla, declaración de impuestos.
tax return preparer preparador de planillas.
tax revenue ingresos impositivos.
tax roll registro de contribuyentes.
tax sale venta de propiedad por incumplimiento de los deberes impositivos.
tax saving ahorro impositivo, ahorro fiscal.
tax settlement liquidación impositiva, liquidación fiscal.
tax shelter abrigo tributario, amparo contributivo, estratagema para reducir o aplazar la carga impositiva.
tax shield escudo tributario.
tax stamp timbre fiscal.
tax structure estructura tributaria.
tax subsidy subsidio fiscal, subvención fiscal.
tax system sistema fiscal.
tax tables tablas impositivas.
tax take la cantidad que se recauda en impuestos.
tax threshold umbral fiscal.
tax title título de quien compra en una venta por incumplimiento de los deberes impositivos.
tax treatment tratamiento tributario.
tax treaty tratado fiscal.

tax valuation valuación fiscal, valuación impositiva.
tax withholding retención fiscal, retención impositiva.
tax year año impositivo, año fiscal, ejercicio fiscal.
tax yield recaudación fiscal, ingreso neto fiscal.
taxability n imponibilidad.
taxable adj imponible, tributable, gravable.
taxable act acto gravable, acto tributable.
taxable assets activo imponible.
taxable base base imponible.
taxable bond bono imponible.
taxable capital capital imponible.
taxable capital gains ganancias de capital imponibles.
taxable equivalent yield rendimiento equivalente imponible.
taxable estate patrimonio imponible, patrimonio gravable.
taxable event hecho imponible.
taxable funds fondos imponibles, fondos gravables.
taxable gain ganancia imponible.
taxable gift donación imponible, donación gravable.
taxable income ingreso imponible, ingreso gravable.
taxable investment inversión imponible.
taxable municipal bond bono municipal imponible.
taxable operations operaciones imponibles, operaciones gravables.
taxable profits beneficios imponibles, ganancias imponibles.
taxable property propiedad imponible, propiedad gravable.
taxable return rendimiento imponible.
taxable securities valores imponibles.
taxable transaction transacción imponible.
taxable valuation valuación imponible, valuación gravable, valuación fiscal.
taxable value valor imponible, valor gravable, valor fiscal.
taxable year año fiscal, ejercicio fiscal.
taxable yield rendimiento imponible.
taxation n tributación, imposición, impuestos.
taxation policy política de tributación, política fiscal.
taxation system sistema de tributación, sistema fiscal.
taxation year año fiscal, ejercicio fiscal.
taxing power poder fiscal.
taxman n entidad o persona que cobra impuestos.
taxpayer n contribuyente.
taxpayer identification number número de identificación de contribuyente.
taxpayer number número de identificación de contribuyente, número de contribuyente.
taxpayer rights derechos de contribuyentes.
TBA (to be announced) a ser anunciado.
TBT (technical barriers to trade) barreras técnicas al comercio.
TCO (total cost of ownership) costo total de propiedad, coste total de propiedad.
team n equipo.
team leader líder del equipo.
team member miembro del equipo.
teamster n camionero.
teamwork n trabajo en equipo.
teaser n anuncio cuyo objetivo es crear curiosidad sobre algún producto o servicio.

teaser rate tasa introductoria baja en busca de engatusar, tasa introductoria baja.
technical adj técnico.
technical administrator administrador técnico.
technical adviser asesor técnico.
technical advisor asesor técnico.
technical analysis análisis técnico.
technical approval aprobación técnica.
technical assistance asistencia técnica.
technical bankruptcy bancarrota técnica.
technical barriers to trade barreras técnicas al comercio.
technical consultant asesor técnico.
technical correction corrección técnica.
technical indicator indicador técnico.
technical manager gerente técnico.
technical market mercado técnico.
technical mortgage hipoteca formal.
technical overdraft sobregiro técnico.
technical progress progreso técnico.
technical rally aumento repentino técnico.
technical reserve reserva técnica.
technical service servicio técnico.
technical support apoyo técnico.
technicality n tecnicismo, formalidad.
technocracy n tecnocracia.
technocrat adj tecnócrata.
technocrat n tecnócrata.
technological adj tecnológico.
technological assessment evaluación tecnológica.
technological center centro tecnológico.
technological centre centro tecnológico.
technological gap brecha tecnológica.
technological innovation innovación tecnológica.
technological obsolescence obsolescencia tecnológica.
technological progress progreso tecnológico.
technological transfer transferencia tecnológica.
technological unemployment desempleo tecnológico.
technology n tecnología.
technology shares acciones de nuevas tecnologías.
technology stocks acciones de nuevas tecnologías.
technology transfer transferencia de tecnología.
tel. (telephone) teléfono.
tel. num. (telephone number) número telefónico.
telebank n telebanco.
telebanking n telebanca.
telecast v transmitir por televisión.
telecom (telecommunications) telecomunicaciones.
telecom n empresa de telecomunicaciones.
telecommunications n telecomunicaciones.
telecommunications network red de telecomunicaciones.
telecommunications services servicios de telecomunicaciones.
telecommute v teletrabajar.
telecommuter n teletrabajador.
telecommuting n teletrabajo.
teleconference n teleconferencia.
teleconference v teleconferenciar.
teleconferencing n teleconferencia.
telecottage n estructura rural incorporando equipos de telecomunicación.
telegraphic transfer transferencia telegráfica.
telemarketing n telemarketing, telemercadeo.
telematics n telemática.
teleordering n telepedido.

telepayment *n* telepago.
telephone *n* teléfono.
telephone *v* telefonear, llamar.
telephone account cuenta telefónica.
telephone banking banca telefónica.
telephone bill payment pago de cuentas telefónico.
telephone book guía telefónica.
telephone company compañía telefónica.
telephone directory guía telefónica.
telephone extension extensión telefónica.
telephone line línea telefónica.
telephone message mensaje telefónico.
telephone number número telefónico.
telephone order orden telefónica.
telephone sales ventas telefónicas.
telephone selling ventas telefónicas.
telephone support apoyo por teléfono.
telephone switchboard centralita.
telephone transaction transacción telefónica.
telephonic *adj* telefónico.
telephony *n* telefonía.
teleprocessing *n* teleproceso.
telesales *n* televentas.
teleshopping *n* telecompras.
teletext *n* teletexto.
televise *v* televisar.
televised *adj* televisado.
television ad anuncio de televisión.
television advertisement anuncio de televisión.
television advertising publicidad de televisión.
television audience telespectadores.
television commercial comercial de televisión.
television network red de televisión.
television viewer telespectador.
telework *v* teletrabajo.
teleworker *n* teletrabajador.
teleworking *n* teletrabajo.
telex *n* télex.
teller *n* cajero, cajero de banco.
teller terminal terminal de cajero.
teller's check cheque de caja.
teller's cheque cheque de caja.
teller's stamp sello de cajero.
temp *n* empleado temporal.
temp *v* trabajar como empleado temporal.
temping *n* trabajo como empleado temporal.
temporal *adj* temporal.
temporarily *adv* temporalmente.
temporary *adj* temporal, temporero, temporario, provisional.
temporary *n* empleado temporal.
temporary account cuenta temporal.
temporary administrator administrador temporal.
temporary annuity anualidad temporal.
temporary balance sheet balance temporal.
temporary capital capital temporal.
temporary consumption consumo temporal.
temporary contract contrato temporal.
temporary difference diferencia temporal.
temporary disability discapacidad temporal.
temporary disability benefits beneficios por discapacidad temporal.
temporary employee empleado temporal.
temporary employment empleo temporal.
temporary export exportación temporal.
temporary exportation exportación temporal.
temporary file archivo temporal.
temporary financing financiamiento temporal.
temporary help ayuda temporal, empleados temporeros.

temporary home residencia temporal.
temporary import importación temporal.
temporary importation importación temporal.
temporary income ingreso temporal.
temporary insurance seguro temporal.
temporary interruption interrupción temporal.
temporary investment inversión temporal.
temporary job trabajo temporal.
temporary loan préstamo temporal.
temporary location lugar temporal, ubicación temporal.
temporary measure medida temporal.
temporary monopoly monopolio temporal.
temporary personnel personal temporal.
temporary residence residencia temporal.
temporary resident residente temporal.
temporary staff personal temporal.
temporary total disability discapacidad total temporal.
temporary total disability benefits beneficios por discapacidad total temporal.
temporary unemployment desempleo temporal.
temporary work trabajo temporal.
temporary worker trabajador temporal, empleado temporal.
tenancy *n* tenencia, arrendamiento.
tenancy agreement contrato de arrendamiento.
tenancy at sufferance posesión de un inmueble tras la expiración del arrendamiento.
tenancy at will arrendamiento por un período indeterminado.
tenancy by the entirety tenencia conjunta entre cónyuges.
tenancy contract contrato de arrendamiento.
tenancy for life arrendamiento de un inmueble por vida, arrendamiento de un inmueble durante la vida de un tercero.
tenancy for years arrendamiento de un inmueble por un número determinado de años.
tenancy from month to month arrendamiento renovable de mes a mes.
tenancy from year to year arrendamiento renovable de año a año.
tenancy in common tenencia en conjunto.
tenancy in partnership tenencia en sociedad.
tenant *n* tenedor de un inmueble, arrendatario, inquilino, ocupante.
tenant at sufferance quien mantiene posesión tras la expiración del arrendamiento.
tenant at will arrendatario por un período indeterminado.
tenant farmer agricultor arrendatario.
tenant for life tenedor de un inmueble por vida, tenedor de un inmueble durante la vida de un tercero.
tenant for years tenedor de un inmueble por un número determinado de años.
tenant from month to month arrendatario en un arrendamiento renovable de mes a mes.
tenant from year to year arrendatario en un arrendamiento renovable de año a año.
tenant in common tenedor en conjunto.
tenant in fee simple propietario absoluto.
tenant in severalty tenedor exclusivo.
tenant's fixtures instalaciones fijas en un inmueble las cuales el tenedor tiene derecho a remover.
tenantable repairs reparaciones necesarias para que un inmueble se pueda habitar.
tendency *n* tendencia.
tender *n* oferta, oferta de pago, oferta de cumplir,

moneda de curso legal.

tender *v* ofrecer, ofrecer pagar, presentar.

tender of delivery oferta de entrega.

tender of performance oferta de cumplimiento.

tender offer oferta pública para la adquisición de acciones.

tendering *n* licitación.

tenement *n* edificio de alquiler de poca calidad y renta baja, edificio de alquiler, edificio con viviendas.

tenement house edificio de alquiler de poca calidad y renta baja.

tenor *n* vencimiento de un préstamo, tiempo restante de un préstamo, copia exacta, las palabras exactas de un documento.

tentative *adj* tentativo.

tentative offer oferta tentativa.

tentative trust fideicomiso en que una persona hace un depósito en un banco en nombre propio como fiduciario para otro.

tenure *n* posesión, tenencia, ejercicio de un cargo, empleo por un tiempo indefinido.

tenured *adj* permanente.

tergiversate *v* tergiversar.

tergiversation *n* tergiversación.

term *n* término, plazo, plazo fijo, sesión.

term assurance seguro de vida por un término fijo.

term bonds bonos emitidos con la misma fecha de vencimiento, bonos a plazo fijo.

term certificate certificado de depósito de un año o más, certificado a plazo fijo.

term credit crédito a plazo fijo.

term delivery entrega a plazo fijo.

term deposit depósito a plazo fijo.

term for years derecho de posesión por un tiempo determinado.

term insurance seguro de vida por un término fijo.

term investment inversión a plazo fijo.

term life insurance seguro de vida por un término fijo.

term loan préstamo a plazo fijo.

term mortgage hipoteca no amortizante.

term of lease término del arrendamiento.

term policy seguro de vida a plazo fijo.

term repo contrato de retroventa por más de un día.

term repurchase agreement contrato de retroventa por más de un día.

term to maturity plazo al vencimiento.

terminability *n* terminabilidad.

terminable *adj* terminable.

terminable interest interés en un inmueble el cual termina bajo las condiciones estipuladas.

terminal *adj* terminal, último, final.

terminal *n* terminal.

terminal bonus bono final.

terminal market mercado a plazos.

terminal price precio final.

terminal value valor al final de un período dado.

terminate *v* terminar, finalizar, despedir, limitar, rescindir.

termination *n* terminación, expiración, despido, limitación, rescisión.

termination allowance indemnización por despido, cesantía.

termination benefits beneficios por despido.

termination notice aviso de terminación, aviso de despido.

termination of contract rescisión de contrato.

termination of employment despido de empleo, terminación de empleo.

termination pay indemnización por despido, cesantía.

termination statement declaración de terminación.

terminology *n* terminología.

termite clause cláusula de termitas.

terms *n* términos, condiciones, estipulaciones.

terms and conditions términos y condiciones.

terms and conditions of acceptance términos y condiciones de aceptación.

terms and conditions of credit términos y condiciones de crédito.

terms and conditions of delivery términos y condiciones de entrega.

terms and conditions of loan términos y condiciones de préstamo.

terms and conditions of payment términos y condiciones de pago.

terms and conditions of purchase términos y condiciones de compra.

terms and conditions of sale términos y condiciones de venta.

terms and conditions of shipment términos y condiciones de transporte, términos y condiciones de embarque.

terms and conditions of trade términos y condiciones de comercio.

terms and conditions of use términos y condiciones de uso.

terms net cash estipulación en un contrato de venta de pago en efectivo.

terms of acceptance condiciones de aceptación.

terms of approval condiciones de aprobación.

terms of credit condiciones de crédito.

terms of delivery condiciones de entrega.

terms of employment condiciones de empleo.

terms of loan condiciones de préstamo.

terms of payment condiciones de pago.

terms of purchase condiciones de compra.

terms of sale condiciones de venta.

terms of shipment condiciones de transporte, condiciones de embarque.

terms of trade condiciones de comercio.

terms of use condiciones de uso.

territorial monopoly monopolio territorial.

territorial waters aguas territoriales, aguas jurisdiccionales.

territory *n* territorio.

tertiary *adj* terciario.

tertiary economy sector terciario, sector de servicios.

tertiary sector sector terciario, sector de servicios.

test *n* prueba, examen.

test *v* probar, examinar.

test audit auditoría de prueba.

test equipment equipo de prueba.

test market mercado de prueba.

test-market *v* mercadear de prueba.

test marketing marketing de prueba, mercadeo de prueba.

test number número de prueba.

test of transaction prueba de transacción.

test on animals efectuar pruebas utilizando animales.

testament *n* testamento.

testamentary *adj* testamentario.

testamentary trust fideicomiso testamentario.

testamentary trustee fiduciario testamentario.

testate *adj* testado.

testator *n* testador.

tester *n* probador, examinador, muestra.

testing *n* pruebas.
testing and inspection pruebas e inspección.
testing procedure procedimiento de pruebas.
TEV (total enterprise value) valor total de empresa.
text *n* texto.
text message mensaje de texto, enviar mensajes de texto.
thank-you letter carta de agradecimiento.
thank-you note nota de agradecimiento.
the customer is always right el cliente siempre tiene la razón.
theft *n* hurto, robo.
theft insurance seguro contra hurtos y robos.
theft loss pérdidas debido a hurtos o robos.
theme advertising publicidad temática.
theocracy *n* teocracia.
theocrat *adj* teócrata.
theocrat *n* teócrata.
theoretical *adj* teorético.
theoretical capacity capacidad teorética.
theoretical production producción teorética.
theoretical value valor teorético.
theory *n* teoría.
theory, in en teoría.
theory of agency teoría de la agencia.
theory of demand teoría de la demanda.
theory of supply teoría de la oferta.
Theory X Teoría X.
Theory Y Teoría Y.
Theory Z Teoría Z.
thermal energy energía termal.
thin capitalisation capitalización escasa, capitalización basada en préstamos.
thin capitalization capitalización escasa, capitalización basada en préstamos.
thin corporation corporación con capitalización escasa.
thin market mercado con pocas transacciones.
things of value objetos de valor.
things personal bienes muebles.
things real bienes inmuebles.
think tank grupo de expertos reunido para resolver problemas complejos y/o generar nuevas ideas.
third class tercera clase.
third country tercer país.
third currency tercera divisa, tercera moneda.
third market tercer mercado.
third mortgage tercera hipoteca.
third party tercero.
third party beneficiary tercero beneficiario.
third party check cheque de tercera parte.
third party cheque cheque de tercera parte.
third party credit crédito de tercera parte.
third party payment pago por tercera parte.
third party transfer transferencia por tercera parte.
third possessor quien compra una propiedad hipotecada sin asumir una hipoteca existente.
third-rate *adj* de calidad inferior.
third shift tercer turno.
Third World Tercer Mundo.
Third World Country país del Tercer Mundo.
thousand-year lease arrendamiento a mil años.
threat *n* amenaza.
threatened cloud imperfección de título anticipada.
threshold *n* umbral.
threshold point punto umbral.
threshold price precio umbral.
threshold rate tasa umbral.

thrift *n* economía, ahorro, institución de ahorros.
thrift account cuenta de ahorros.
thrift company institución de ahorros.
thrift institution institución de ahorros.
thriving business negocio próspero.
through bill of lading estilo de conocimiento de embarque usado cuando hay más de un transportador.
through lot lote el cual tiene una calle en cada extremo, solar el cual tiene una calle en cada extremo.
through rate tarifa combinada de envío.
throughput *n* producción, capacidad, cantidad.
throw away botar, desperdiciar, malgastar, desaprovechar, mencionar casualmente.
throw good money after bad arriesgar perder aun más dinero en busca de recuperar pérdidas sufridas.
throw money around despilfarrar dinero.
throw money away botar dinero.
throw out botar, rechazar, expulsar, desbaratar, mencionar casualmente.
throwaway *adj* desechable.
throwaway society sociedad orientada alrededor de los productos desechables y de la generación de desperdicios en general.
tick *n* movimiento mínimo del precio de un valor, movimiento del precio de un valor, marca en una casilla, marca.
tick *v* marcar en una casilla, marcar.
tick off marcar en una casilla, marcar, enojar.
ticker *n* dispositivo para visualizar cotizaciones.
ticker symbols símbolos de acciones.
ticket *n* billete, boleto, pasaje, entrada, multa.
ticket scalper quien revende taquillas a espectáculos en exceso del valor nominal.
ticket scalping reventa de taquillas a espectáculos en exceso del valor nominal.
ticket tout quien revende taquillas a espectáculos en exceso del valor nominal.
ticket touting reventa de taquillas a espectáculos en exceso del valor nominal.
tickler file archivo utilizado para recordatorios de lo pendiente.
tide over sacar de un apuro, ayudar a superar una dificultad.
tie-in promotion promoción vinculada.
tie-in sale venta vinculada.
tie up vincular estrechamente, finalizar exitosamente, invertir en valores de menor liquidez, atar, obstaculizar, inmovilizar, entretener.
tied *adj* atado, vinculado, empatado.
tied aid ayuda vinculada.
tied product producto que se puede comprar siempre y cuando el cliente acuerde comprar otro determinado.
tier *n* nivel.
Tier 1 Capital capital bancario primario.
Tier 2 Capital capital bancario secundario.
Tier 3 Capital capital bancario terciario.
tiger economy economía emergente.
tight budget presupuesto restringido.
tight credit situación económica en que es difícil obtener crédito.
tight market mercado activo.
tight monetary policy política de dificultar la obtención de crédito.
tight money situación económica en que es difícil obtener crédito.
tight money policy política de dificultar la obtención de crédito.

tight schedule horario apretado, programa apretado.

tight security seguridad cuidadosamente controlada.

tighten credit dificultar la obtención de crédito.

till *n* caja.

tillage *n* tierra cultivada, tierra bajo cultivo, cultivo.

time-adjusted rate of return tasa de rendimiento ajustada por el tiempo.

time adjustment ajuste de tiempo.

time-and-a-half *n* tiempo y medio, paga por tiempo y medio.

time-and-a-half pay paga por tiempo y medio.

time and motion studies estudios de tiempo y movimientos.

time-and-one-half *n* tiempo y medio, paga por tiempo y medio.

time-and-one-half pay paga por tiempo y medio.

time bar prohibir por haber expirado el tiempo límite.

time barring prohibición por haber expirado el tiempo límite.

time bill letra de cambio a fecha cierta, letra de cambio a término.

time buyer comprador de tiempo.

time card tarjeta registradora, tarjeta para registrar horas de trabajo.

time charter contrato de fletamento por un término determinado.

time clock reloj registrador, reloj que indica las horas de entrada y salida de trabajo.

time deposit depósito a plazo.

time draft letra de cambio a fecha cierta, letra de cambio a término.

time frame intervalo de tiempo, intervalo de tiempo dentro del cual algo debe ocurrir.

time immemorial tiempo inmemorial.

time is of the essence el tiempo es de esencia.

time limit límite de tiempo.

time limitations limitaciones de tiempo.

time loan préstamo a plazo.

time management administración del tiempo, gestión del tiempo.

time money dinero a plazo.

time note pagaré pagadero en un término determinado.

time off tiempo libre.

time, on a tiempo.

time out of memory tiempo inmemorial.

time payment pago a plazo.

time policy póliza por un término determinado.

time premium valor adicional de una opción por el tiempo restante antes de su expiración.

time rate pago por horas, pago por un plazo dado de tiempo.

time-saving *adj* que ahorra tiempo.

time-sharing *n* tiempo compartido, multipropiedad, copropiedad en la cual los diversos dueños tienen derecho a usar la propiedad durante un período específico cada año.

time sheet hoja de jornales, hoja de registro de tiempo.

time span intervalo de tiempo.

time spread combinación de opciones con vencimientos diferentes.

time to market el tiempo que se demora en llegar un producto al mercado tras su concepción.

time value valor del tiempo, valor adicional de una opción por el tiempo restante antes de su expiración.

time value of money valor de tiempo del dinero.

time wage paga por hora, salario por hora.

time-weighted return rendimiento con tiempo ponderado.

time work trabajo remunerado por hora, trabajo remunerado por día, trabajo remunerado por jornada.

time zone huso horario, zona de tiempo.

timeframe *n* intervalo de tiempo, intervalo de tiempo dentro del cual algo debe ocurrir.

timely *adj* oportuno.

timescale *n* escala de tiempo.

timeshare *n* multipropiedad, copropiedad en la cual los diversos dueños tienen derecho a usar la propiedad durante un período específico cada año.

timesharing *n* multipropiedad, copropiedad en la cual los diversos dueños tienen derecho a usar la propiedad durante un período específico cada año, tiempo compartido.

timetable *n* horario, programa, calendario.

tip *n* comunicación de información sobre una corporación la cual no es del conocimiento público, propina, consejo, basurero.

tippees *n* quienes obtienen información sobre una corporación la cual no es del conocimiento público, quienes obtienen propinas, quienes obtienen consejos.

tipper *n* quien divulga información sobre una corporación la cual no es del conocimiento público, quien da una propina, quien da consejos.

TIPS (Treasury Inflation Protected Securities) valores del Tesoro que proveen protección contra la inflación.

titanium *n* titanio.

title *n* título.

title abstract resumen de título.

title authentication certificación de título.

title bond garantía de título.

title by accretion título obtenido mediante la adquisición gradual de tierra por causas de la naturaleza.

title by adverse possession título adquirido al mantener la posesión y transcurrir la prescripción adquisitiva.

title by descent título adquirido como heredero.

title by limitation título adquirido mediante la prescripción.

title by prescription título adquirido al mantener la posesión y transcurrir la prescripción adquisitiva.

title by purchase título obtenido por cualquier método menos herencia.

title certificate certificado de título.

title certification certificación de título.

title company compañía de títulos.

title covenants cláusulas en un traspaso concernientes a las garantías del título.

title deeds escrituras evidenciando título de propiedad.

title defect defecto de título.

title defective in form título con defectos formales.

title documents documentos de título.

title evidence prueba de dominio.

title guarantee garantía de título.

title guaranty garantía de título.

title guaranty company compañía que garantiza títulos.

title in fee simple propiedad absoluta.

title insurance seguro de título.

title of record título registrado.

title proof prueba de dominio.

title report informe de título.
title retention privilegio de retención de título.
title search estudio de título.
title standards normas para evaluar el título de propiedad.
title verification verificación de dominio.
titular *adj* titular, nominal.
TM (trademark) marca, marca comercial.
to be announced a ser anunciado.
to close the books cerrar los libros.
to let se alquila.
today's high cotización más alta del día, precio máximo del día, venta más alta del día.
today's low cotización más baja del día, precio mínimo del día, venta más baja del día.
toehold *n* punto de apoyo.
token *adj* nominal, simbólico.
token *n* ficha, vale, señal.
token money moneda fiduciaria.
token of gratitude muestra de agradecimiento.
token payment pago parcial, abono parcial, pago nominal.
Tokyo Stock Exchange Bolsa de Tokio.
tolerance *n* tolerancia.
tolerant *adj* tolerante.
toll *n* peaje.
toll call llamada a larga distancia.
toll-free call llamada sin cargos, llamada sin cargos de larga distancia.
toll-free number número de teléfono gratuito.
tom next (tomorrow next) transacción en divisas en que se abre y cierra la posición el mismo día para evitar la entrega de dicha moneda el día siguiente.
tombstone *n* anuncio en periódicos de un ofrecimiento público.
tombstone ad anuncio en periódicos de un ofrecimiento público.
tombstone advertisement anuncio en periódicos de un ofrecimiento público.
tomorrow next transacción en divisas en que se abre y cierra la posición el mismo día para evitar la entrega de dicha moneda el día siguiente.
ton *n* tonelada.
tonnage *n* tonelaje.
tonnage-duty *n* impuesto sobre el tonelaje.
tonnage tax impuesto sobre el tonelaje.
tonne *n* tonelada métrica.
tontine *n* tontina.
tools of the trade herramientas del oficio.
top *n* tope, límite superior.
top billing teniendo la mayor importancia al mercadearse.
top brass alta gerencia.
top-down analysis análisis top-down.
top-down investing inversión top-down.
top-down management administración de arriba abajo, administración de portafolio de arriba abajo, gestión de arriba abajo, gestión de portafolio de arriba abajo.
top drawer de la más alta calidad, de la mayor importancia.
top-end *adj* teniendo el precio más caro en su categoría, siendo del nivel más alto en su categoría.
top executive alto ejecutivo.
top-heavy *adj* con demasiados altos ejecutivos.
top lease arrendamiento que se establece antes de expirar uno anterior.
top-level discussions discusiones entre funcionarios del más alto nivel.

top-level talks conversaciones entre funcionarios del más alto nivel.
top management alta gerencia.
top of the list encabezando la lista.
top of the range teniendo el precio más caro en su categoría, siendo del nivel más alto en su categoría.
top out alcanzar un máximo.
top price precio tope, precio más alto.
top quality la calidad más alta.
top rate of tax clasificación contributiva más alta.
top-rated *adj* de la más alta clasificación.
top-secret *adj* de alto secreto.
top-up insurance seguro suplementario.
Toronto Stock Exchange Bolsa de Toronto.
Torrens System Sistema Torrens.
total *adj* total, entero, rotundo.
total acceptance aceptación total.
total amount monto total.
total annual deductible deducible anual total.
total assets activos totales.
total assignment cesión total.
total balance saldo total.
total breach incumplimiento total.
total capital capital total.
total capitalisation capitalización total.
total capitalization capitalización total.
total cost costo total, coste total.
total cost curve curva de costos totales, curva de costes totales.
total cost of ownership costo total de propiedad, coste total de propiedad.
total debt deuda total.
total delivery entrega total.
total demand demanda total.
total disability discapacidad total.
total disbursement desembolso total.
total discount descuento total.
total enterprise value valor total de empresa.
total expenditures gastos totales.
total expenses gastos totales.
total exports exportaciones totales.
total fixed costs costos fijos totales, costes fijos totales.
total imports importaciones totales.
total income ingresos totales.
total insurance seguro total.
total investment inversión total.
total liability responsabilidad total, pasivo total.
total limit límite total.
total limit of liability límite de responsabilidad total.
total loss pérdida total.
total output salida total, producción total.
total payment pago total.
total performance cumplimiento total.
total project approach acercamiento de proyecto total.
total public debt deuda pública total.
total public expenditure gasto público total.
total public spending gasto público total.
Total Quality Management administración de calidad total, gestión de calidad total.
total receipts entradas totales.
total reserves reservas totales.
total return rendimiento total.
total revenue ingresos totales.
total risk riesgo total.
total sales ventas totales.
total shareholder return rendimiento total al accionista.

total supply oferta total.

total value valor total.

total variable costs costos variables totales, costes variables totales.

total volume volumen total.

total wage bill costos salariales, costes salariales.

total yield rendimiento total.

totalise *v* totalizar.

totality *n* totalidad.

totalize *v* totalizar.

Totten trust fideicomiso en que una persona hace un depósito en un banco en nombre propio como fiduciario para otro.

touch-activated *adj* activado por el tacto.

touch screen pantalla táctil.

tough competition competencia dura.

tough policy política dura.

tough terms términos duros.

tourism *n* turismo.

tourism industry industria del turismo.

tourist attraction atracción turística.

tourist tax impuesto turístico.

tourist trap lugar donde intentan aprovecharse de los turistas.

tout *v* promocionar energéticamente, persuadir insistentemente, intentar vender de la forma que sea.

town planning urbanismo.

township *n* medida de terreno en forma de cuadrado conteniendo 36 millas cuadradas, municipio.

toxic waste desperdicios tóxicos.

TQM (Total Quality Management) administración de calidad total, gestión de calidad total.

track progress seguir el progreso.

track record historial.

track sales seguir ventas.

tracker fund fondo indexado, fondo indizado, fondo mutuo a base de índice.

tracking of progress seguimiento del progreso.

tracking of sales seguimiento de ventas.

tracking stock acción que sigue el rendimiento de una división o subsidiaria de una empresa.

tract house una de múltiples casas similares construidas en el mismo lote.

tradability *n* comerciabilidad.

tradable *adj* comerciable.

trade *n* comercio, industria, oficio, cambio.

trade *v* comerciar, cambiar.

trade acceptance aceptación comercial, documento cambiario aceptado.

trade account cuenta comercial.

trade agreement acuerdo comercial, convenio comercial.

trade allowance descuento comercial.

trade and commerce actividad comercial.

trade association asociación comercial.

trade balance balanza comercial.

trade barrier barrera comercial.

trade bill efecto comercial, letra comercial.

trade bloc países participantes en un acuerdo comercial.

trade brand marca comercial.

trade, by de oficio.

trade channels canales de comercio.

trade conditions condiciones de comercio.

trade contract contrato comercial.

trade credit crédito comercial.

trade creditor acreedor comercial.

trade cycle ciclo comercial.

trade data datos comerciales.

trade date fecha de transacción.

trade debt deuda comercial.

trade debtor deudor comercial.

trade deficit déficit comercial.

trade description descripción comercial.

trade directory directorio comercial.

trade discount descuento comercial.

trade dispute disputa laboral.

trade embargo embargo comercial.

trade exhibition exhibición comercial.

trade expo exposición comercial.

trade exposition exposición comercial.

trade fair feria comercial.

trade figures cifras comerciales.

trade financing financiamiento comercial, financiación comercial.

trade fixtures instalaciones fijas comerciales.

trade flow flujo comercial.

trade gap brecha comercial.

trade imbalance desbalance comercial, desequilibrio comercial.

trade impediment impedimento comercial.

trade-in *n* algo usado que se entrega para reducir el costo de algo similar que se esta comprando nuevo, algo que se intercambia por otra cosa.

trade journal diario comercial.

trade law derecho comercial.

trade libel declaraciones escritas comercialmente difamantes.

trade literature literatura comercial, folletos comerciales.

trade magazine revista comercial, boletín comercial.

trade-mark *n* marca, marca comercial.

trade-mark licence licencia de marca comercial.

trade-mark license licencia de marca comercial.

trade-mark protection protección de marca comercial.

trade mission misión comercial.

trade monopoly monopolio comercial.

trade name nombre comercial, razón social.

trade note pagaré comercial, nota comercial.

trade off intercambiar una cosa por otra, intercambiar una cosa por otra como parte de un compromiso.

trade organisation organización comercial.

trade organization organización comercial.

trade patterns patrones de comercio.

trade policy política comercial.

trade practice práctica comercial.

trade price precio comercial.

trade promotion promoción comercial.

trade publication publicación comercial.

trade rate tasa comercial.

trade reference referencia comercial.

trade register registro comercial.

trade regulations reglamentos comerciales.

trade-related *adj* relacionado al comercio.

trade report informe comercial.

trade representative representante comercial.

trade restriction restricción comercial.

trade route ruta comercial.

trade sales ventas comerciales.

trade sanctions sanciones comerciales.

trade secret secreto comercial, secreto industrial.

trade show exposición comercial.

trade statistics estadísticas comerciales.

trade strategy estrategia comercial.

trade surplus superávit comercial.

trade talks conversaciones comerciales.
trade terms términos comerciales.
trade union sindicato, gremio laboral.
trade union membership afiliación sindical.
trade unionism sindicalismo.
trade volume volumen comercial.
trade war guerra comercial.
tradeability n comerciabilidad.
tradeable adj comerciable.
traded options opciones cotizadas.
traded securities valores cotizados.
traded shares acciones cotizadas.
traded stocks acciones cotizadas.
trademark n marca, marca comercial.
trademark counterfeiting falsificación de marca comercial.
trademark licence licencia de marca comercial.
trademark license licencia de marca comercial.
trademark office oficina de marcas comerciales.
trademark protection protección de marca comercial.
trademark registry registro de marcas comerciales.
trader n comerciante, negociante, intermediario, corredor.
tradesman n comerciante, detallista, negociante, intermediario, trabajador cualificado, trabajador diestro.
trading n comercio, transacciones, operaciones.
trading account cuenta para transacciones.
trading activity actividad comercial, actividad bursátil.
trading ahead el efectuar transacciones de la cuenta propia de un especialista cuando existen ordenes públicas.
trading authorisation autorización para transacciones.
trading authorization autorización para transacciones.
trading bloc bloc comercial.
trading capital capital de explotación.
trading company compañía comercial.
trading contract contrato comercial.
trading corporation corporación comercial, ente jurídico comercial.
trading days días de transacciones.
trading desk mesa de transacciones.
trading enterprise empresa comercial.
trading estate parque comercial.
trading floor parqué.
trading gains ganancias por transacciones.
trading halt parada de transacciones.
trading hours horario de transacciones.
trading limit límite de transacciones.
trading losses pérdidas bursátiles.
trading name nombre comercial.
trading operation operación comercial, transacción.
trading partner socio comercial.
trading partnership sociedad comercial.
trading policies políticas comerciales, políticas de transacciones.
trading portfolio cartera con actividad.
trading post puesto de transacciones.
trading profits beneficios bursátiles, ganancias bursátiles.
trading range intervalo de transacciones.
trading session sesión bursátil.
trading stamps estampillas obtenidas mediante compras las cuales se combinan para obtener premios.

trading unit unidad de transacción.
trading volume volumen de transacciones.
trading voyage viaje marítimo comercial.
traditional corporation corporación tradicional.
traditional industry industria tradicional.
traditionalism n tradicionalismo.
traditionalist adj tradicionalista.
traditionalist n tradicionalista.
traffic n tráfico, movimiento, circulación, comercio.
traffic v traficar, comerciar.
traffic control control de tráfico.
traffic jam embotellamiento, tapón.
trafficker n traficante, comerciante.
tragedy of the commons tragedia de los comunes.
trailing indicators indicadores atrasados.
train v entrenar, capacitar, formar.
trainee n aprendiz.
trainer n entrenador, capacitador.
training n entrenamiento, capacitación, formación.
training agency agencia de entrenamiento, agencia de capacitación, agencia de formación.
training center centro de entrenamiento, centro de capacitación, centro de formación.
training centre centro de entrenamiento, centro de capacitación, centro de formación.
training department departamento de entrenamiento, departamento de capacitación, departamento de formación.
training director director de entrenamiento, director de capacitación, director de formación.
training management administración de entrenamiento, administración de capacitación, administración de formación, gestión de entrenamiento, gestión de capacitación, gestión de formación.
training manager gerente de entrenamiento, gerente de capacitación, gerente de formación.
training plan plan de entrenamiento, plan de capacitación, plan de formación.
training program programa de entrenamiento, programa de capacitación, programa de formación.
training programme programa de entrenamiento, programa de capacitación, programa de formación.
training scheme plan de entrenamiento, plan de capacitación, plan de formación.
tramp corporation corporación o ente jurídico el cual se constituye en un estado sin intenciones de comerciar en dicho estado.
tranche n tramo, clase, parte, bloque.
trans-ship v transbordar, trasbordar.
trans-shipment n transbordo, trasbordo.
transact v tramitar, negociar, gestionar, comerciar.
transacting business llevando a cabo operaciones comerciales.
transaction n transacción, negocio, operación, gestión.
transaction account cuenta de transacciones.
transaction amount cantidad de transacción.
transaction analysis análisis de transacción.
transaction card tarjeta de transacciones.
transaction code código de transacción.
transaction cost costo de transacción, coste de transacción.
transaction currency moneda de transacción.
transaction cycle ciclo de transacciones.
transaction date fecha de transacción.
transaction document documento de transacción.
transaction expenditures gastos de transacción.
transaction expenses gastos de transacción.
transaction fees cargos por transacción.

transaction management administración de transacciones, gestión de transacciones.
transaction process proceso de transacciones.
transaction processing procesamiento de transacciones.
transaction report informe de transacción.
transaction risk riesgo de transacción.
transaction tax impuesto sobre transacciones.
transaction test prueba de transacción.
transaction value valor de transacción.
transactional *adj* transaccional.
transactional analysis análisis transaccional.
transactor *n* tramitador, negociante.
transcribe *v* transcribir.
transcribed *adj* transcrito.
transcription *n* transcripción.
transeuropean *adj* transeuropeo.
transfer *n* transferencia, traspaso, cesión, traslado.
transfer *v* transferir, traspasar, ceder, trasladar.
transfer account cuenta de transferencia.
transfer agent agente de transferencia.
transfer agreement acuerdo de cesión.
transfer charge cargo de transferencia.
transfer cost costo de transferencia, coste de transferencia.
transfer deed escritura de traspaso.
transfer electronically transferir electrónicamente.
transfer entry asiento de transferencia.
transfer expenditures gastos de transferencia.
transfer expenses gastos de transferencia.
transfer fee cargo de transferencia.
transfer income ingresos de transferencia, transferir ingresos.
transfer of account transferencia de cuenta.
transfer of assets transferencia de activo.
transfer of employees traslado de empleados.
transfer of funds transferencia de fondos.
transfer of mortgage transferencia de hipoteca.
transfer of ownership transferencia de propiedad.
transfer of property transferencia de propiedad.
transfer of risk transferencia de riesgo.
transfer of technology transferencia de tecnología.
transfer of title transferencia de título.
transfer order orden de transferencia.
transfer payment pago de transferencia.
transfer price precio de transferencia.
transfer risk riesgo de transferencia.
transfer tax impuesto a las transferencias.
transfer title transferir título.
transferability *n* transferibilidad.
transferable *adj* transferible.
transferable card tarjeta transferible.
transferable letter of credit carta de crédito transferible.
transferable loan préstamo transferible.
transferable securities valores transferibles.
transferee *n* cesionario.
transference *n* transferencia, cesión.
transferer *n* cedente, transferidor.
transferor *n* cedente, transferidor.
transferred *adj* transferido, cedido.
transferred account cuenta transferida.
transferred amount cantidad transferida.
transferred funds fondos transferidos.
transferred ownership propiedad transferida.
transferred property propiedad transferida.
transferred shares acciones transferidas.
transferred stock acciones transferidas.
transformation *n* transformación.
transgressive trust fideicomiso que viola la regla

prohibiendo crear un interés futuro si no existe la posibilidad de que se transfiera dentro de los 21 años más período de gestación de haberse creado.
tranship *v* transbordar, trasbordar.
transhipment *n* transbordo, trasbordo.
transient *adj* transitorio.
transient merchant comerciante ambulante.
transient worker trabajador transitorio.
transit *n* tránsito.
transit account cuenta de tránsito.
transit agent agente de tránsito.
transit bill pase.
transit department departamento de tránsito.
transit duties derechos de tránsito.
transit, in en tránsito.
transit items artículos de tránsito.
transit letter carta de tránsito.
transit number número de tránsito.
transit rate tasa de tránsito.
transition *n* transición.
transition government gobierno de transición.
transition period período de transición.
transitional *adj* de transición.
transitional government gobierno de transición.
transitional period período de transición.
transitory *adj* transitorio.
translate *v* traducir.
translated *adj* traducido.
translation *n* traducción.
translator *n* traductor.
transmission *n* transmisión.
transmission mechanism mecanismo de transmisión.
transmit *v* transmitir.
transmittal letter carta de envío, carta que acompaña.
transmitted *adj* transmitido.
transmitter *n* transmisor.
transnational *adj* transnacional.
transnational company compañía transnacional.
transnational contract contrato transnacional.
transnational corporation corporación transnacional.
transnational enterprise empresa transnacional.
transparency *n* transparencia.
transparent *adj* transparente.
transparent price precio transparente.
transport *n* transporte.
transport *v* transportar.
transport agency agencia de transporte.
transport agent agente de transporte.
transport charge cargos de transporte.
transport company compañía de transporte.
transport costs costos de transporte, costes de transporte.
transport date fecha de transporte.
transport documents documentos de transporte.
transport expenditures gastos de transporte.
transport expenses gastos de transporte.
transport fees cargos de transporte.
transport industry industria de transporte.
transport instructions instrucciones de transporte.
transport insurance seguro de transporte.
transport line línea de transporte.
transport notice aviso de transporte.
transport papers documentos de transporte.
transport service servicio de transporte.
transport system sistema de transporte.
transport terms condiciones de transporte.
transport time tiempo de transporte.

transport weight peso de transporte.
transportable *adj* transportable.
transportation *n* transportación, transporte.
transportation agency agencia de transporte.
transportation agent agente de transporte.
transportation charge cargos de transporte.
transportation company compañía de transporte.
transportation costs costos de transporte, costes de transporte.
transportation date fecha de transporte.
transportation documents documentos de transporte.
transportation expenditures gastos de transporte.
transportation expenses gastos de transporte.
transportation fees cargos de transporte.
transportation industry industria de transporte.
transportation instructions instrucciones de transporte.
transportation insurance seguro de transporte.
transportation line línea de transporte.
transportation notice aviso de transporte.
transportation papers documentos de transporte.
transportation service servicio de transporte.
transportation system sistema de transporte.
transportation terms condiciones de transporte.
transportation time tiempo de transporte.
transportation weight peso de transporte.
transporter *n* transportador, transportista.
transship *v* transbordar, trasbordar.
transshipment *n* transbordo, trasbordo.
trashy *adj* de bajísima calidad, sin valor alguno.
travel agency agencia de viajes.
travel allowance reembolso de gastos de viaje, pago de gastos de viaje.
travel and entertainment card tarjeta de viajes y entretenimiento.
travel and entertainment expenses gastos de viaje y entretenimiento.
travel documentation documentación para viajar.
travel expenditures gastos de viaje.
travel expenses gastos de viaje.
travel insurance seguro de viaje.
travel restrictions restricciones de viaje.
travel time tiempo de viaje.
traveler's check cheque de viajero.
traveler's cheque cheque de viajero.
traveler's letter of credit carta de crédito de viajero, carta de crédito dirigida a un banco corresponsal.
traveling agency agencia de viajes.
traveling allowance reembolso de gastos de viaje, pago de gastos de viaje.
traveling documentation documentación para viajar.
traveling expenditures gastos de viaje.
traveling expenses gastos de viaje.
traveling insurance seguro de viaje.
traveling restrictions restricciones de viaje.
traveling sales representative representante de ventas viajero.
traveling time tiempo de viaje.
traveller's check cheque de viajero.
traveller's cheque cheque de viajero.
traveller's letter of credit carta de crédito de viajero, carta de crédito dirigida a un banco corresponsal.
travelling agency agencia de viajes.
travelling allowance reembolso de gastos de viaje, pago de gastos de viaje.
travelling documentation documentación para viajar.

travelling expenditures gastos de viaje.
travelling expenses gastos de viaje.
travelling insurance seguro de viaje.
travelling restrictions restricciones de viaje.
travelling sales representative representante de ventas viajero.
travelling time tiempo de viaje.
treasurer *n* tesorero.
treasurer's check cheque de caja, cheque de cajero, cheque de tesorería.
treasurer's cheque cheque de caja, cheque de cajero, cheque de tesorería.
treasuries *n* valores de tesorería.
treasury *n* tesorería, fisco, Tesoro, Departamento del Tesoro, Departamento de Hacienda, Ministerio de Hacienda, Hacienda.
treasury bill letra del Tesoro, obligación del Tesoro a corto plazo.
treasury bill rate tasa de letras del Tesoro.
treasury bond bono del Tesoro, obligación del Tesoro a largo plazo, bono emitido y readquirido por la misma corporación.
Treasury Budget presupuesto de tesorería.
Treasury Department Departamento del Tesoro, Departamento de Hacienda, Ministerio de Hacienda, Hacienda.
treasury index índice de valores del Tesoro.
Treasury Inflation Protected Securities valores del Tesoro que proveen protección contra la inflación.
treasury note nota del Tesoro, obligación del Tesoro a mediano plazo.
treasury offering ofrecimiento del Tesoro.
treasury officer funcionario de Hacienda.
treasury securities valores de tesorería, valores emitidos y readquiridos por la misma corporación.
treasury shares acciones de tesorería, autocartera.
treasury stock acciones de tesorería, autocartera.
treasury stock method método de acciones de tesorería.
treat *v* tratar, invitar.
treat sewage tratar aguas residuales.
treat wastewater tratar aguas residuales.
treatise *n* tratado.
treatment *n* tratamiento.
treatment of sewage tratamiento de aguas residuales.
treatment of wastewater tratamiento de aguas residuales.
treaty *n* tratado.
treble *adj* triple.
tree diagram diagrama de árbol.
trend *n* tendencia.
trend analysis análisis de tendencia.
trend forecast pronóstico de tendencia.
trend forecasting previsión de tendencia.
trend GDP PIB de tendencia.
trend inflation inflación tendencial.
trend line línea en un gráfico que indica la tendencia.
trend reversal inversión de tendencia.
trendline *n* línea en un gráfico que indica la tendencia.
trendsetter *n* quien ayuda a establecer nuevas modas, quien ayuda a establecer nuevas tendencias.
trespassing, no prohibido el paso.
Treynor ratio ratio de Treynor.
trial *n* juicio, proceso, prueba, ensayo.
trial and error ensayo y error.

trial balance balance de comprobación.
trial offer oferta de prueba.
trial order orden de prueba.
trial period período de prueba.
trial purchase compra de prueba.
trial size tamaño de prueba.
trial subscription suscripción de prueba.
tribute *n* tributo, imposición.
trick *n* truco, ardid, trampa.
trick *v* engañar, embaucar.
trickle-down economics economía de la filtración.
trickle-down theory teoría de la filtración.
trigger level nivel de intervención.
trigger point punto de intervención.
trigger price precio de intervención.
trillion *n* trillón, billón.
trim expenses recortar gastos.
trim spending recortar gastos.
trimestrial *adj* trimestral.
triple-A *adj* triple A, AAA.
triple-A bond rating calificación de bono AAA, clasificación de bono AAA.
triple-A rating calificación AAA, clasificación AAA.
triple-A tenant arrendatario de primera categoría.
triple indemnity triple indemnización.
triple-net lease arrendamiento en que el arrendatario paga todos los gastos de la propiedad.
triple protection triple protección.
triplicate *adj* triplicado.
triweekly *adj* trisemanal.
trouble *n* problemas, problema, líos, conflicto, molestia.
trouble-free *adj* sin problemas, sin contratiempos.
troubled bank banco con una proporción alta de préstamos en mora o de otro modo en incumplimiento.
troubleshoot *v* buscar averías y arreglarlas, investigar problemas e intentar arreglarlos.
troy ounce onza troy.
troy weight peso troy.
truancy *n* ausencia sin justificación del trabajo.
truck *n* camión.
true and fair verdadero y equitativo.
true copy copia fiel, copia exacta.
true income ingresos reales.
true interest intereses reales.
true interest cost costo real de intereses, coste real de intereses.
true lease arrendamiento real.
true owner dueño verdadero, propietario legítimo.
true value valor justo en el mercado, valor real.
true yield rendimiento real.
truncation *n* truncamiento, retención de cheques cancelados.
trust *n* fideicomiso, fundación, trust, confianza.
trust account cuenta fiduciaria.
trust agreement acuerdo de fideicomiso.
trust certificate certificado de fideicomiso de equipo.
trust company compañía fiduciaria.
trust deed escritura fiduciaria.
trust department departamento de fideicomisos, departamento de administración de bienes.
trust deposit depósito en un fideicomiso.
trust estate los bienes en fideicomiso.
trust fund fondos en fideicomiso, fondos destinados a formar parte de un fideicomiso.
trust fund doctrine doctrina que indica que los bienes de una empresa se deben usar para pagar sus deudas antes de repartirse entre los accionistas.
trust indenture escritura de fideicomiso, documento que contiene los términos y las condiciones de un fideicomiso.
trust instrument instrumento formal mediante el cual se crea un fideicomiso.
trust legacy legado a través de un fideicomiso.
trust officer funcionario de una compañía fiduciaria encargado de los fondos de los fideicomisos.
trust property la propiedad objeto del fideicomiso.
trust receipt recibo fiduciario.
trusted third party tercero de confianza.
trustee *n* fiduciario, fideicomisario, persona en una capacidad fiduciaria, síndico.
trustee in bankruptcy síndico concursal.
trusteeship *n* fideicomiso, cargo fiduciario.
trustor *n* quien crea un fideicomiso.
trustworthy *adj* digno de confianza, fidedigno.
truth *n* verdad, veracidad, fidelidad, realidad.
truth-in-lending laws leyes para que se divulgue información pertinente en préstamos.
truth-in-savings laws leyes para que se divulgue información pertinente a cuentas que producen intereses.
try out probar.
TSE (Tokyo Stock Exchange) Bolsa de Tokio.
TSE (Toronto Stock Exchange) Bolsa de Toronto.
TSR (total shareholder return) rendimiento total al accionista.
turf war guerra territorial.
turn a profit producir un beneficio, producir una ganancia, sacar una ganancia.
turn away rechazar.
turn down rechazar.
turn in entregar, realizar.
turn inventory mover el inventario, reemplazar el inventario.
turn-key contract contrato llave en mano.
turn over entregar, transferir, invertir.
turnabout *n* inversión completa de situación o circunstancias.
turnaround *n* inversión completa de situación o circunstancias, el terminar completamente y entregar un trabajo tras recibir la orden, el tiempo que transcurre en terminar completamente y entregar un trabajo tras recibir la orden, el proceso de descargar pasajeros y/o carga y luego cargar los que siguen, el tiempo que demora el proceso de descargar pasajeros y/o carga y luego cargar los que siguen.
turnaround time el tiempo que transcurre en terminar completamente y entregar un trabajo tras recibir la orden, el tiempo que demora el proceso de descargar pasajeros y/o carga y luego cargar los que siguen.
turndown *n* rechazo.
turnkey contract contrato llave en mano.
turnover *n* movimiento, movimiento de mercancías, producción, facturación, cambio de personal, giro, rotación, nivel de ventas.
turnover rate tasa de movimiento, tasa de rotación, ratio del volumen de transacciones de una acción a las acciones emitidas.
turnover ratio ratio de movimiento, ratio de rotación.
turnover tax impuesto a etapas de producción.
turnpike *n* autopista de peaje.
TV (television) televisión, TV.
twenty-four hour service servicio las veinticuatro

horas.
twenty-four hour trading transacciones las veinticuatro horas.
twilight shift turno vespertino.
twisting *n* tergiversación, búsqueda de parte de un corredor de valores deshonesto que un cliente efectúe transacciones excesivas y/o innecesarias.
two-dollar broker miembro de bolsa quien sirve de corredor para corredores de valores.
two-tailed test prueba de dos colas.
two-tier system sistema de dos niveles.
tycoon *n* magnate.
tying arrangement arreglo mediante el cual se puede obtener un producto siempre que se compre otro determinado.
tying contract contrato mediante el cual se puede obtener un producto siempre que se compre otro determinado.
type *n* tipo, clase.
type of option tipo de opción.
typical *adj* típico, ordinario.
typical agency agencia típica.
typical annuity anualidad típica.
typical asset activo típico.
typical budget presupuesto típico.
typical budgeting presupuestación típica.
typical business expenses gastos de negocios típicos.
typical charges cargos típicos.
typical company compañía típica, sociedad típica.
typical cost costo típico, coste típico.
typical creditor acreedor típico.
typical depreciation depreciación típica.
typical discount descuento típico.
typical dividend dividendo típico.
typical expenditures gastos típicos.
typical expenses gastos típicos.
typical fees cargos típicos.
typical fixed costs costos fijos típicos, costes fijos típicos.
typical gain ganancia típica.
typical income ingreso típico.
typical insurance seguro típico.
typical interest intereses típicos.
typical inventory inventario típico.
typical life vida típica.
typical life insurance seguro de vida típico.
typical life span promedio típico de vida.
typical loss pérdida típica.
typical market mercado típico.
typical maturity vencimiento típico.
typical partnership sociedad típica.
typical payment pago típico, abono típico.
typical payroll nómina típica.
typical price precio típico.
typical production producción típica.
typical productivity productividad típica.
typical quality calidad típica.
typical rate tasa típica.
typical rate of return tasa típica de rendimiento.
typical remuneration remuneración típica.
typical rent renta típica.
typical return rendimiento típico.
typical revenue ingresos típicos.
typical risks riesgos típicos.
typical salary salario típico.
typical services servicios típicos.
typical tariff tarifa típica.
typical tax impuesto típico, contribución típica.
typical unit cost costo unitario típico, coste

unitario típico.
typical voting votación típica.
typical wage salario típico, sueldo típico.
typical workweek semana laboral típica, semana de trabajo típica.
typical yield rendimiento típico.
typically *adv* típicamente, ordinariamente.
typing error error mecanográfico.
typo (typographical error) error tipográfico.
typographical error error tipográfico.

U

UBI (unrelated business income) ingresos de negocios no relacionados.
UBIT (unrelated business income tax) impuesto sobre ingresos de negocios no relacionados.
UBR (Uniform Business Rate) impuesto empresarial uniforme.
UBTI (unrelated business taxable income) ingresos imponibles de negocios no relacionados.
UCC (Uniform Commercial Code) Código Empresarial Uniforme.
UGMA (Uniform Gifts to Minors Act) ley uniforme de regalos a menores.
UIT (unit investment trust) fondo mutuo de inversiones de ingreso fijo.
ultimate balance saldo final.
ultimate beneficiary beneficiario final.
ultimate consumer consumidor final.
ultimate destination destino final.
ultimate payment pago final, abono final.
ultimatum *n* ultimátum.
ultra vires ultra vires, actos más allá de los poderes autorizados.
umbrella fund fondo colectivo reuniendo varios fondos diferentes.
umbrella liability seguro de responsabilidad suplementario para aumentar la cobertura.
umbrella liability insurance seguro de responsabilidad suplementario para aumentar la cobertura.
umbrella policy póliza suplementaria para aumentar la cobertura.
unabridged *adj* íntegro.
unacceptable *adj* inaceptable, inadmisible.
unacceptable bid oferta inaceptable, puja inaceptable.
unacceptable conditions condiciones inaceptables.
unacceptable price precio inaceptable.
unacceptable quality calidad inaceptable.
unacceptable terms términos inaceptables.
unaccessible *adj* inaccesible.
unaccounted *adj* faltando, inexplicado.
unaccustomed *adj* desacostumbrado, no usual.
unacknowledged *adj* no reconocido.
unadjusted *adj* no ajustado.
unadjusted basis base no ajustada.
unadjusted data datos no ajustados.
unadjusted figures cifras no ajustadas.
unadjusted rate tasa no ajustada.
unadjusted rate of return tasa de rendimiento no ajustada.
unadmitted *adj* no admitido.

unadmitted assets activo no admitido.
unadvertised *adj* no anunciado.
unaffiliated *adj* no afiliado.
unaffiliated union unión no afiliada.
unalienable *adj* inalienable.
unallocated *adj* no asignado, no destinado.
unallocated costs costos no asignados, costes no asignados.
unallotted *adj* no asignado, no destinado.
unallotted shares acciones no asignadas.
unamortised *adj* no amortizado.
unamortized *adj* no amortizado.
unamortized bond discount descuento de bono no amortizado.
unamortized bond premium prima de bono no amortizada.
unamortized debt deuda no amortizada.
unamortized discount descuento no amortizado.
unamortized loan préstamo no amortizado.
unamortized mortgage hipoteca no amortizada.
unamortized mortgage loan préstamo hipotecario no amortizado.
unamortized premium prima no amortizada.
unamortized value valor no amortizado.
unanimity *n* unanimidad.
unanimous *adj* unánime.
unanimously *adv* unánimemente.
unannounced *adj* no anunciado.
unanticipated *adj* no anticipado.
unapplied *adj* no aplicado.
unappropriated *adj* no apropiado, no asignado.
unappropriated funds fondos no asignados.
unappropriated profits beneficios no asignados, ganancias no asignadas.
unappropriated retained earnings ingresos retenidos no asignados.
unappropriated surplus superávit no asignado.
unapproved *adj* no aprobado.
unascertainable *adj* indeterminable.
unascertained *adj* indeterminado.
unassignable *adj* intransferible, no asignable.
unassociated *adj* no asociado.
unassured *adj* no asegurado.
unaudited *adj* no auditado.
unauthenticated *adj* no autenticado.
unauthorised *adj* no autorizado, desautorizado.
unauthorised agent agente no autorizado.
unauthorised amount cantidad no autorizada.
unauthorised auditor auditor no autorizado.
unauthorised bank banco no autorizado.
unauthorised budget presupuesto no autorizado.
unauthorised charge cargo no autorizado.
unauthorised cost costo no autorizado, coste no autorizado.
unauthorised dealer comerciante no autorizado.
unauthorised endorsement endoso no autorizado.
unauthorised expenditures gastos no autorizados.
unauthorised expenses gastos no autorizados.
unauthorised fee cargo no autorizado.
unauthorised indorsement endoso no autorizado.
unauthorised insurer asegurador no autorizado.
unauthorised investment inversión no autorizada.
unauthorised issue emisión no autorizada.
unauthorised leave of absence licencia no autorizada.
unauthorised payment pago no autorizado.
unauthorised remuneration remuneración no autorizada.
unauthorised representative representante no autorizado.

unauthorised signature firma no autorizada.
unauthorised strike huelga no autorizada.
unauthorised terms términos no autorizados.
unauthorised transfer transferencia no autorizada.
unauthorised use uso no autorizado.
unauthorized *adj* no autorizado, desautorizado.
unauthorized agent agente no autorizado.
unauthorized amount cantidad no autorizada.
unauthorized auditor auditor no autorizado.
unauthorized bank banco no autorizado.
unauthorized budget presupuesto no autorizado.
unauthorized charge cargo no autorizado.
unauthorized cost costo no autorizado, coste no autorizado.
unauthorized dealer comerciante no autorizado.
unauthorized endorsement endoso no autorizado.
unauthorized expenditures gastos no autorizados.
unauthorized expenses gastos no autorizados.
unauthorized fee cargo no autorizado.
unauthorized indorsement endoso no autorizado.
unauthorized insurer asegurador no autorizado.
unauthorized investment inversión no autorizada.
unauthorized issue emisión no autorizada.
unauthorized leave of absence licencia no autorizada.
unauthorized payment pago no autorizado.
unauthorized remuneration remuneración no autorizada.
unauthorized representative representante no autorizado.
unauthorized signature firma no autorizada.
unauthorized strike huelga no autorizada.
unauthorized terms términos no autorizados.
unauthorized transfer transferencia no autorizada.
unauthorized use uso no autorizado.
unavailability *n* indisponibilidad.
unavailable *adj* no disponible, inaccesible.
unavoidable *adj* inevitable.
unavoidable charges cargos inevitables.
unavoidable costs costos inevitables, costes inevitables.
unavoidable delay demora inevitable.
unavoidable expenditures gastos inevitables.
unavoidable expenses gastos inevitables.
unavoidable fees cargos inevitables.
unavoidably *adv* inevitablemente.
unbacked *adj* no respaldado.
unbalanced *adj* desbalanceado, no cuadrado.
unbalanced budget presupuesto desbalanceado.
unbalanced budgeting presupuestación desbalanceada.
unbalanced growth crecimiento desbalanceado.
unbiased *adj* imparcial, no sesgado.
unbiased estimator estimador no sesgado.
unbilled *adj* no facturado.
unbilled revenue ingresos no facturados.
unblock *v* desbloquear, descongelar.
unblocking *n* desbloqueo, descongelación.
unbranded *adj* sin marca.
unbridled competition competencia desenfrenada.
unbundle *v* desempaquetar.
unbundled *adj* desempaquetado.
unbundled stock units unidades de acciones desempaquetadas.
unbundling *n* desempaquetamiento.
unbusinesslike *adj* poco profesional, informal, sin instintos de negocios.
uncallable *adj* no retirable, no redimible.
uncalled *adj* no redimido.
uncalled bonds bonos no redimidos.

uncanceled *adj* no cancelado.
uncancelled *adj* no cancelado.
uncashed *adj* no cobrado, no canjeado.
uncertain *adj* incierto.
uncertain rate tasa incierta.
uncertainty *n* incertidumbre.
unchanged *adj* sin cambios, sin modificaciones, igual.
unchecked inflation inflación descontrolada.
unclaimed *adj* no reclamado.
unclaimed balance balance no reclamado.
unclaimed goods bienes no reclamados.
uncleared *adj* no compensado, sin haber cumplido los requisitos de aduana.
uncollectable *adj* incobrable.
uncollectable account cuenta incobrable.
uncollectable debt deuda incobrable.
uncollectable loan préstamo incobrable.
uncollected *adj* no cobrado.
uncollected funds fondos no cobrados.
uncollectible *adj* incobrable.
uncollectible account cuenta incobrable.
uncollectible debt deuda incobrable.
uncollectible loan préstamo incobrable.
uncommitted *adj* no comprometido, disponible.
uncommitted funds fondos disponibles.
uncommitted resources recursos disponibles.
uncompensable *adj* incompensable.
unconditional *adj* incondicional.
unconditional acceptance aceptación incondicional.
unconditional agreement convenio incondicional.
unconditional annuity anualidad incondicional.
unconditional binding receipt recibo obligante incondicional.
unconditional commitment compromiso incondicional.
unconditional contract contrato incondicional.
unconditional conveyance traspaso incondicional.
unconditional credit crédito incondicional.
unconditional creditor acreedor incondicional.
unconditional delivery entrega incondicional.
unconditional endorsement endoso incondicional.
unconditional guarantee garantía incondicional.
unconditional guaranty garantía incondicional.
unconditional health insurance seguro de salud incondicional.
unconditional indorsement endoso incondicional.
unconditional insurance seguro incondicional.
unconditional liquidity liquidez incondicional.
unconditional obligation obligación incondicional.
unconditional offer oferta incondicional.
unconditional offer to purchase oferta de compra incondicional.
unconditional order orden incondicional.
unconditional ownership propiedad incondicional.
unconditional payment pago incondicional.
unconditional permit permiso incondicional.
unconditional promise promesa incondicional.
unconditional receipt recibo incondicional.
unconditional sale venta incondicional.
unconditional sales contract contrato de venta incondicional.
unconditional transfer transferencia incondicional.
unconditionally *adv* incondicionalmente.
unconfirmed *adj* no confirmado.

unconfirmed credit crédito no confirmado.
unconfirmed letter of credit carta de crédito no confirmada.
unconscionable *adj* desmedido, abusivo, falto de escrúpulos.
unconscionable bargain contrato abusivo, negocio abusivo.
unconscionable clause cláusula abusiva.
unconscionable contract contrato abusivo.
unconsolidated *adj* no consolidado.
unconsolidated accounts cuentas no consolidadas.
unconsolidated debt deuda no consolidada.
unconsolidated financial statement estado financiero no consolidado.
unconsolidated mortgages hipotecas no consolidadas.
unconsolidated statement estado no consolidado.
unconsolidated tax return planilla no consolidada.
uncontrollable *adj* incontrolable.
uncontrollable costs costos incontrolables, costes incontrolables.
uncontrollable expenditures gastos incontrolables.
uncontrollable expenses gastos incontrolables.
uncontrollable factors factores incontrolables.
uncontrollable variables variables incontrolables.
unconverted *adj* no convertido.
unconvertible *adj* no convertible.
uncorrected *adj* sin corregir.
uncorroborated *adj* no corroborado.
uncovered *adj* descubierto, en descubierto.
uncovered call opción de compra descubierta.
uncovered call option opción de compra descubierta.
uncovered call writer vendedor de opción de compra descubierta.
uncovered call writing venta de opción de compra descubierta.
uncovered option opción descubierta.
uncovered option writer vendedor de opción descubierta.
uncovered option writing venta de opción descubierta.
uncovered position posición descubierta.
uncovered put opción de venta descubierta.
uncovered put option opción de venta descubierta.
uncovered put writer vendedor de opción de venta descubierta.
uncovered put writing venta de opción de venta descubierta.
uncrossed *adj* no cruzado.
undated *adj* sin fecha.
undecided *adj* indeciso, irresoluto, pendiente.
undeclared *adj* no declarado.
undeclared value valor no declarado.
undeferrable *adj* inaplazable.
undefined *adj* indefinido.
undeliverable *adj* no entregable.
undelivered *adj* sin entregar.
undepreciated *adj* no depreciado, no amortizado.
under-achiever *n* quien no alcanza las expectativas esperadas.
under-bid *v* hacer una oferta más baja.
under bond bajo fianza, bajo garantía.
under-capacity *n* subcapacidad.
under-capitalisation *n* subcapitalización.
under-capitalise *v* subcapitalizar.
under-capitalised *adj* subcapitalizado.

under-capitalization *n* subcapitalización.
under-capitalize *v* subcapitalizar.
under-capitalized *adj* subcapitalizado.
under-charge *v* cobrar de menos.
under-charged *adj* cobrado de menos.
under construction bajo construcción.
under-consumption *n* subconsumo.
under contract bajo contrato, contratado.
under-cover *adj* secreto, confidencial.
under-cut *v* vender a un precio más bajo que un competidor, socavar.
under-developed *adj* subdesarrollado.
under-developed country país subdesarrollado.
under-development *n* subdesarrollo.
under-employed *adj* subempleado.
under-employed *n* subempleado.
under-employment *n* subempleo.
under-estimate *v* subestimar, infravalorar.
under-estimation *n* subestimación, infravaloración.
under-financed *adj* subfinanciado.
under-funded *adj* subfinanciado.
under-insurance *n* infraseguro.
under-insured *adj* infraasegurado.
under-invest *v* subinvertir.
under-investment *n* subinversión.
under-lease *n* subarriendo.
under-lessee *n* subarrendatario.
under-lessor *n* subarrendador.
under-manned *adj* escaso de personal.
under-margined account cuenta de margen que está por debajo del mínimo de mantenimiento.
under new management bajo nueva administración.
under-paid *adj* pagado insuficientemente.
under par bajo la par.
under-pay *v* pagar insuficientemente.
under-payment *n* pago insuficiente, abono insuficiente.
under-payment penalty penalidad por insuficiencia de pagos.
under-perform *v* tener rendimiento menor del esperado, tener rendimiento menor que otro.
under-price *v* poner precios muy bajos, poner precios más bajos que otros.
under-priced *adj* con un precio muy bajo, con un precio más bajo que otros.
under-production *n* subproducción.
under protest bajo protesto.
under-quote *v* cotizar menor que otros, cotizar menos de lo debido.
under-rate *v* subestimar, infravalorar.
under-rated *adj* subestimado, infravalorado.
under-report *v* informar menos de lo devengado, informar menos de lo debido.
under-represent *v* representar menos de lo debido, representar insuficientemente.
under-represented *adj* representado menos de lo debido, insuficientemente representado.
under seal bajo sello.
under-sell *v* vender por menos que competidores, vender por menos que lo usual, vender por menos del valor real, representar como menos de lo que realmente se es.
under-signed *adj* abajo firmado, infrascrito.
under-signed, the el abajo firmante, el infrascrito.
under-spend *v* gastar menos de lo debido, gastar menos de lo previsto, gastar menos que otros.
under-staff *v* tener menos personal que lo necesario, tener menos personal que lo debido.

under-staffed *adj* con menos personal que lo necesario, con menos personal que lo debido.
under-subscribed *adj* subscrito insuficientemente.
under-tax *v* imponer de menos.
under-tenant *n* subarrendatario.
under-the-counter *adj* vendido o traspasado ilegalmente, comprado u obtenido ilegalmente.
under-the-table *adj* vendido o traspasado ilegalmente, comprado u obtenido ilegalmente.
under-utilisation *n* subutilización.
under-utilization *n* subutilización.
under-valuation *n* subvaloración.
under-value *v* subvalorar.
under-valued *adj* infravalorado, subvalorado.
under-valued currency moneda subvalorada, divisa subvalorada.
under-valued stock acción subvalorada.
under wraps secreto, oculto.
underachiever *n* quien no alcanza las expectativas esperadas.
underbid *v* hacer una oferta más baja.
undercapacity *n* subcapacidad.
undercapitalisation *n* subcapitalización.
undercapitalise *v* subcapitalizar.
undercapitalised *adj* subcapitalizado.
undercapitalization *n* subcapitalización.
undercapitalize *v* subcapitalizar.
undercapitalized *adj* subcapitalizado.
undercharge *v* cobrar de menos.
undercharged *adj* cobrado de menos.
underconsumption *n* subconsumo.
undercover *adj* secreto, confidencial.
undercut *v* vender a un precio más bajo que un competidor, socavar.
underdeveloped *adj* subdesarrollado.
underdeveloped country país subdesarrollado.
underdevelopment *n* subdesarrollo.
underemployed *adj* subempleado.
underemployed *n* subempleado.
underemployment *n* subempleo.
underestimate *v* subestimar, infravalorar.
underestimation *n* subestimación, infravaloración.
underfinanced *adj* subfinanciado.
underfunded *adj* subfinanciado.
undergo *v* sufrir, experimentar, someterse a.
undergo changes sufrir cambios.
underground *adj* clandestino, subterráneo.
underground economy economía clandestina.
underhand *adj* traicionero, solapado, deshonesto.
underhanded *adj* traicionero, solapado, deshonesto, escaso de personal.
underinsurance *n* infraseguro.
underinsured *adj* infraasegurado.
underinvest *v* subinvertir.
underinvestment *n* subinversión.
underlease *n* subarriendo.
underlessee *n* subarrendatario.
underlessor *n* subarrendador.
underlying *adj* subyacente.
underlying assets activo subyacente.
underlying bond bono subyacente.
underlying cause causa subyacente.
underlying company compañía subsidiaria.
underlying futures contract contrato de futuros subyacente.
underlying inflation inflación subyacente.
underlying inflation rate tasa de inflación subyacente.
underlying lien gravamen subyacente.
underlying mortgage hipoteca subyacente.

underlying rate tasa subyacente.
underlying rate of inflation tasa de inflación subyacente.
underlying securities valores subyacentes.
undermanned *adj* escaso de personal.
undermargined account cuenta de margen que está por debajo del mínimo de mantenimiento.
underpaid *adj* pagado insuficientemente.
underpay *v* pagar insuficientemente.
underpayment *n* pago insuficiente, abono insuficiente.
underpayment penalty penalidad por insuficiencia de pagos.
underperform *v* tener rendimiento menor del esperado, tener rendimiento menor que otro.
underprice *v* poner precios muy bajos, poner precios más bajos que otros.
underpriced *adj* con un precio muy bajo, con un precio más bajo que otros.
underproduction *n* subproducción.
underquote *v* cotizar menor que otros, cotizar menos de lo debido.
underrate *v* subestimar, infravalorar.
underrated *adj* subestimado, infravalorado.
underreport *v* informar menos de lo devengado, informar menos de lo debido.
underrepresent *v* representar menos de lo debido, representar insuficientemente.
underrepresented *adj* representado menos de lo debido, insuficientemente representado.
undersell *v* vender por menos que competidores, vender por menos que lo usual, vender por menos del valor real, representar como menos de lo que realmente se es.
undersigned *adj* abajo firmado, infrascrito.
undersigned, the el abajo firmante, el infrascrito.
underspend *v* gastar menos de lo debido, gastar menos de lo previsto, gastar menos que otros.
understaff *v* tener menos personal que lo necesario, tener menos personal que lo debido.
understaffed *adj* con menos personal que lo necesario, con menos personal que lo debido.
understanding *n* entendimiento, interpretación, convenio.
understate *v* subestimar, subdeclarar.
understated *adj* subestimado, subdeclarado.
understatement *n* subestimación, declaración incompleta.
undersubscribed *adj* subscrito insuficientemente.
undertake *v* emprender, comprometerse, contraer, asumir, garantizar.
undertake an obligation asumir una obligación.
undertaking *n* empresa, compromiso, promesa.
undertax *v* imponer de menos.
underutilisation *n* subutilización.
underutilization *n* subutilización.
undervaluation *n* subvaloración.
undervalue *v* subvalorar.
undervalued *adj* infravalorado, subvalorado.
undervalued currency moneda subvalorada, divisa subvalorada.
undervalued stock acción subvalorada.
underway *adj* en marcha.
underwrite *v* suscribir, asegurar, financiar, garantizar la venta completa de una emisión, escribir abajo de.
underwrite a risk asegurar un riesgo.
underwrite shares suscribir acciones, garantizar la venta completa de una emisión de acciones.
underwrite stock suscribir acciones, garantizar la

venta completa de una emisión de acciones.
underwriter *v* suscriptor, asegurador, colocador de emisión.
underwriting *n* suscripción, aseguramiento, financiación, aseguramiento de emisión.
underwriting agreement contrato de colocación de emisión.
underwriting commission comisión de colocación de emisión.
underwriting contract contrato de colocación de emisión.
underwriting costs costos de colocación de emisión, costes de colocación de emisión.
underwriting fee cargo de colocación de emisión.
underwriting group grupo de colocación de emisión.
underwriting manager administrador de colocación de emisión.
underwriting spread margen de colocación de emisión.
underwriting syndicate consorcio de emisión.
undeterminable *adj* indeterminable.
undetermined *adj* indeterminado.
undetermined costs costos indeterminados, costes indeterminados.
undeveloped *adj* no desarrollado, menos desarrollado que otros.
undigested securities valores emitidos no vendidos.
undisbursed *adj* sin desembolsar.
undischarged *adj* no pagado, no cumplido.
undisclosed *adj* oculto.
undisclosed agency representación oculta.
undisclosed agent quien no revela su estado de representante.
undisclosed defects vicios ocultos.
undisclosed information información oculta.
undisclosed partner socio oculto.
undisclosed principal mandante oculto.
undiscounted *adj* no descontado.
undistributed *adj* no distribuido.
undistributed costs costos no distribuidos, costes no distribuidos.
undistributed dividends dividendos no distribuidos.
undistributed earnings ingresos no distribuidos.
undistributed expenditures gastos no distribuidos.
undistributed expenses gastos no distribuidos.
undistributed profits beneficios no distribuidos, ganancias no distribuidas.
undistributed profits tax impuesto sobre beneficios no distribuidos, impuesto sobre ganancias no distribuidas.
undivided *adj* indiviso, completo.
undivided account cuenta indivisa.
undivided interest interés indiviso.
undivided profits beneficios indivisos, ganancias indivisas.
undivided right derecho indiviso.
undo *v* deshacer, anular, enmendar.
undocumented *adj* indocumentado, sin documentación.
undue *adj* indebido, no pagadero, no vencido.
unduly *adv* indebidamente, excesivamente.
unearned *adj* no ganado, no devengado.
unearned discount descuento no devengado.
unearned income ingresos no devengados.
unearned increment incremento no devengado, plusvalía.

unearned interest intereses no vencidos, intereses no devengados.
unearned premium prima no devengada.
unearned revenue ingresos no devengados.
uneconomic adj no económico, ineconómico.
uneconomical adj no económico, ineconómico.
unemployable adj quien no puede ser empleado, incapacitado para trabajar.
unemployed adj desempleado, sin utilizar.
unemployment n desempleo, paro.
unemployment benefit compensación por desempleo.
unemployment compensation compensación por desempleo.
unemployment insurance seguro de desempleo.
unemployment pay paga por desempleo.
unemployment pension pensión por desempleo.
unemployment rate tasa de desempleo.
unencumbered adj libre de gravámenes.
unencumbered property propiedad libre de gravámenes.
unendorsed adj no endosado, no apoyado, no promovido.
unenforceable adj inexigible, no ejecutable.
unequal adj desigual.
unequal treatment trato desigual.
unethical adj no ético.
unexecuted adj sin ejecutar.
unexpected adj inesperado.
unexpected amount cantidad inesperada.
unexpected balance saldo inesperado, balance inesperado.
unexpected benefits beneficios inesperados.
unexpected budget presupuesto inesperado.
unexpected business expenses gastos de negocios inesperados.
unexpected capacity capacidad inesperada.
unexpected capital capital inesperado.
unexpected charges cargos inesperados.
unexpected costs costos inesperados, costes inesperados.
unexpected customer service servicio al cliente inesperado.
unexpected discount descuento inesperado.
unexpected dividend dividendo inesperado.
unexpected expenditures gastos inesperados.
unexpected expenses gastos inesperados.
unexpected fees cargos inesperados.
unexpected gain ganancia inesperada.
unexpected growth crecimiento inesperado.
unexpected income ingreso inesperado.
unexpected interest rate tasa de interés inesperada.
unexpected inventory inventario inesperado.
unexpected loss pérdida inesperada.
unexpected market mercado inesperado.
unexpected mortality mortalidad inesperada.
unexpected payment pago inesperado, abono inesperado.
unexpected premium prima inesperada.
unexpected price precio inesperado.
unexpected production producción inesperada.
unexpected productivity productividad inesperada.
unexpected profit beneficios inesperados, ganancias inesperadas.
unexpected quality calidad inesperada.
unexpected rate tasa inesperada.
unexpected rent renta inesperada.
unexpected resources recursos inesperados.

unexpected results resultados inesperados.
unexpected return rendimiento inesperado.
unexpected revenue ingresos inesperados.
unexpected risks riesgos inesperados.
unexpected salary salario inesperado.
unexpected services servicios inesperados.
unexpected tariff tarifa inesperada.
unexpected tax impuesto inesperado.
unexpected value valor inesperado.
unexpected volume volumen inesperado.
unexpected work trabajo inesperado.
unexpected yield rendimiento inesperado.
unexpired adj no vencido, no expirado, no caducado.
unexpired account cuenta no expirada.
unexpired card tarjeta no expirada.
unexpired cost costo no vencido, coste no vencido.
unexpired credit card tarjeta de crédito no expirada.
unexpired insurance seguro no expirado.
unexpired insurance policy póliza de seguro no expirada.
unexpired policy póliza no expirada.
unexpired term plazo no vencido.
unfair adj injusto, desleal.
unfair advantage ventaja desleal.
unfair competition competencia desleal.
unfair competitive advantage ventaja competitiva desleal.
unfair dismissal despido injustificado.
unfair labor practice práctica laboral desleal.
unfair labour practice práctica laboral desleal.
unfair methods of competition métodos de competencia desleales.
unfair practices prácticas desleales.
unfair trade competencia desleal.
unfair trade practices prácticas de competencia desleales.
unfair treatment trato injusto.
unfaithful employee empleado desleal.
unfavorable adj desfavorable.
unfavorable balance of trade balanza comercial desfavorable.
unfavorable variance varianza desfavorable.
unfavourable adj desfavorable.
unfavourable balance of trade balanza comercial desfavorable.
unfavourable variance varianza desfavorable.
unfinished business asuntos pendientes.
unfinished goods productos semiacabados.
unfinished products productos semiacabados.
unfit adj inadecuado, incapacitado.
unforeseeable adj imprevisible.
unforeseen costs costos imprevistos, costes imprevistos.
unfreeze v descongelar, desbloquear.
unfriendly takeover toma de control hostil.
unfulfilled adj incumplido, insatisfecho, no despachado.
unfunded adj sin fondos, flotante.
unfunded benefits beneficios sin fondos asignados.
unfunded liabilities pasivos sin fondos asignados.
unfunded pension plan plan de pensiones sin fondos asignados.
ungraded adj no clasificado, no graduado.
unhedged adj sin cobertura, sin protección.
unified adj unificado.
unified budget presupuesto unificado.
unified budgeting presupuestación unificada.

unified credit crédito unificado.
uniform *adj* uniforme.
uniform accounting contabilidad uniforme.
uniform accounting system sistema de contabilidad uniforme.
Uniform Business Rate impuesto empresarial uniforme.
uniform capitalization rules reglas de capitalización uniformes.
uniform cash flow flujo de fondos uniforme.
uniform code código uniforme.
Uniform Commercial Code Código Empresarial Uniforme.
uniform forms formularios uniformes.
Uniform Gifts to Minors Act ley uniforme de regalos a menores.
uniform laws leyes uniformes.
uniform statement declaración uniforme, estado uniforme.
Uniform Transfers to Minors Act ley uniforme de transferencias a menores.
uniformity *n* uniformidad.
unify *v* unificar.
unilateral *adj* unilateral.
unilateral agreement convenio unilateral, contrato unilateral.
unilateral contract contrato unilateral.
unilateral free trade libre comercio unilateral.
unilateral quota cuota unilateral.
unilateral strategy estrategia unilateral.
unilateralism *n* unilateralismo.
unilateralist *adj* unilateralista.
unilateralist *n* unilateralista.
unilaterally *adv* unilateralmente.
unimpeachable *adj* irrefutable, intachable.
unimproved *adj* sin mejoras.
unimproved land tierras sin mejoras.
unimproved property propiedad sin mejoras.
unincorporated *adj* no incorporado.
unincorporated association asociación no incorporada.
unincorporated business negocio no incorporado.
unincorporated enterprise empresa no incorporada.
uninsurable *adj* no asegurable.
uninsurable interest interés no asegurable.
uninsurable property propiedad no asegurable.
uninsurable risk riesgo no asegurable.
uninsurable title título no asegurable.
uninsured *adj* no asegurado, sin seguro.
uninsured account cuenta no asegurada.
uninsured bank banco no asegurado.
uninsured deposit depósito no asegurado.
uninsured depositor depositante no asegurado.
uninsured financial institution institución financiera no asegurada.
uninsured loan préstamo no asegurado.
uninsured mail correo no asegurado.
uninsured mortgage hipoteca no asegurada.
uninsured mortgage loan préstamo hipotecario no asegurado.
uninsured motorist conductor no asegurado.
uninsured motorist coverage cobertura de conductores no asegurados.
uninsured municipal bond bono municipal no asegurado.
uninsured peril peligro no asegurado.
uninsured premises propiedad no asegurada.
uninsured property propiedad no asegurada.
uninsured risk riesgo no asegurado.

uninsured title título no garantizado.
uninterruptable *adj* ininterrumpible.
uninterrupted *adj* ininterrumpido.
uninterruptible *adj* ininterrumpible.
uninvested *adj* no invertido.
union *n* unión, sindicato, gremio laboral.
union affiliation afiliación sindical.
union agreement convenio sindical, contrato sindical.
union card tarjeta sindical.
union certification certificación sindical.
union contract contrato sindical, convenio colectivo.
union delegate delegado sindical.
union dues cuotas sindicales.
union member sindicalista, miembro de unión.
union membership afiliación sindical.
union mortgage clause cláusula en una póliza de seguro de propiedad para proteger al acreedor hipotecario.
union official oficial sindical.
union rate salario mínimo postulado por un sindicato.
union representative representante sindical.
union security clause cláusula sindical en un contrato laboral.
union shop taller agremiado.
unionisation *n* sindicalización.
unionise *v* sindicalizar, agremiar.
unionised *adj* sindicalizado, agremiado.
unionization *n* sindicalización.
unionize *v* sindicalizar, agremiar.
unionized *adj* sindicalizado, agremiado.
unique selling point ventaja que ofrece un producto o servicio que lo diferencia de otros.
unique selling proposition ventaja que ofrece un producto o servicio que lo diferencia de otros.
unissued *adj* no emitido.
unissued capital capital no emitido.
unissued preferred shares acciones preferidas no emitidas.
unissued preferred stock acciones preferidas no emitidas.
unissued shares acciones no emitidas.
unissued stock acciones no emitidas.
unit *n* unidad.
unit bank banco sin sucursales.
unit banking banca sin sucursales.
unit benefit formula fórmula de unidades de beneficios.
unit benefit plan plan de unidades de beneficios.
unit control control de unidades.
unit cost costo unitario, coste unitario.
unit investment trust fondo mutuo de inversiones de ingreso fijo.
unit labor cost costo unitario del trabajo, coste unitario del trabajo.
unit labour cost costo unitario del trabajo, coste unitario del trabajo.
unit of account unidad de cuenta.
unit of currency unidad monetaria.
unit of output unidad de producción.
unit of production unidad de producción.
unit of sampling unidad de muestreo.
unit of trade unidad de transacción.
unit of value unidad de valor.
unit price precio unitario.
unit teller cajero de pagos y cobros.
unit trust fondo de inversión que emite unidades.
unit value valor unitario.

unitary *adj* unitario.
unitary elasticity elasticidad unitaria.
unitrust *n* fideicomiso en que se le paga anualmente a los beneficiarios un porcentaje fijo del valor justo en el mercado del activo.
units of production method método de unidades de producción.
unity *n* unidad.
unity of command unidad de mando.
unity of interest unidad de intereses.
unity of possession unidad de posesión.
unity of time unidad de tiempo.
unity of title unidad de título.
universal *adj* universal.
universal agency representación general, poder general.
universal agent agente general, representante general, apoderado general.
universal bank banco universal.
universal banking banca universal.
universal life seguro de vida universal.
universal life insurance seguro de vida universal.
universal numerical system sistema numérico universal.
universal partnership sociedad universal.
Universal Product Code Código Universal de Productos.
universal teller cajero universal.
universal variable seguro de vida variable universal.
universal variable life insurance seguro de vida variable universal.
universe *n* universo.
universe of securities universo de valores.
unjust *adj* injusto.
unjust enrichment enriquecimiento injusto.
unjustified *adj* injustificado.
unknown *adj* desconocido.
unlawful *adj* ilegal, ilícito.
unlawful condition condición ilegal.
unlawful consideration contraprestación ilegal.
unlawful contract contrato ilegal.
unlawful dismissal despido ilegal.
unlawful dividend dividendo ilegal.
unlawful exaction exacción ilegal.
unlawful income ingreso ilegal.
unlawful interest usura, interés ilegal.
unlawful loan préstamo ilegal.
unlawful picketing piquete ilegal.
unlawful possession posesión ilegal.
unlawful strike huelga ilegal.
unlawful tax impuesto ilegal.
unlawful trade comercio ilegal.
unlawful transaction transacción ilegal, negocio ilegal.
unlawfully *adv* ilegalmente, ilícitamente.
unlawfully obtained obtenido ilegalmente.
unless otherwise agreed salvo que se acuerde lo contrario, a menos que se acuerde lo contrario.
unless otherwise indicated salvo que se indique lo contrario, a menos que se indique lo contrario.
unless otherwise provided salvo que se disponga lo contrario, a menos que se disponga lo contrario.
unless otherwise specified salvo que se especifique lo contrario, a menos que se especifique lo contrario.
unleveraged *adj* no apalancado.
unleveraged company compañía no apalancada.
unlicenced *adj* sin licencia, sin autorizar.
unlicensed *adj* sin licencia, sin autorizar.

unlimited *adj* ilimitado.
unlimited account cuenta ilimitada.
unlimited authority autorización ilimitada.
unlimited company sociedad de responsabilidad ilimitada, compañía de responsabilidad ilimitada.
unlimited credit crédito ilimitado.
unlimited liability responsabilidad ilimitada.
unlimited mortgage hipoteca ilimitada.
unlimited risk riesgo ilimitado.
unlimited supply oferta ilimitada, abastecimiento ilimitado.
unlimited tax bond bono con respaldo de imposición ilimitada.
unliquidated *adj* no liquidado, sin determinar.
unlisted *adj* no cotizado, no cotizado en una bolsa, no inscrito, no listado.
unlisted company compañía no cotizada.
unlisted securities valores no cotizados.
unlisted securities market mercado de valores no cotizados.
unlisted shares acciones no cotizadas.
unlisted stock acciones no cotizadas.
unlisted trading transacciones de valores no cotizados.
unlivery *n* descarga del cargamento en el puerto señalado.
unload *v* descargar, salir de.
unloading *n* descarga.
unmailable *adj* no apto para enviarse por correo.
unmanageable *adj* inmanejable.
unmarginable *adj* no elegible para cuentas de margen.
unmarked *adj* sin marcar.
unmarketable *adj* incomerciable, invendible, innegociable.
unmarketable title título incierto.
unmatured *adj* no vencido.
unmortgaged *adj* no hipotecado.
unnamed *adj* sin nombre, sin nombrar.
unnecessary *adj* innecesario.
unnecessary charges cargos innecesarios.
unnecessary costs costos innecesarios, costes innecesarios.
unnecessary expenditures gastos innecesarios, desembolsos innecesarios.
unnecessary expenses gastos innecesarios, desembolsos innecesarios.
unnecessary fees cargos innecesarios.
unnecessary services servicios innecesarios.
unnecessary tax impuesto innecesario, contribución innecesaria.
unnegotiable *adj* innegociable, no negociable.
unoccupied *adj* vacante, no ocupado.
unofficial *adj* no oficial, extraoficial, no autorizado.
unofficial strike huelga sin la autorización del sindicato.
unpaid *adj* no pagado, impago, sin paga, no remunerado.
unpaid balance saldo deudor.
unpaid bill cuenta no pagada.
unpaid charges cargos no pagados.
unpaid check cheque no pagado.
unpaid cheque cheque no pagado.
unpaid debt deuda no pagada.
unpaid dividend dividendo no pagado.
unpaid holiday día festivo no pagado.
unpaid invoice factura no pagada.
unpaid leave licencia no pagada.
unpaid loan préstamo no pagado.
unpaid time tiempo no pagado.

unpaid work trabajo no pagado.
unpatented adj no patentado.
unpayable adj impagable.
unpayable debt deuda impagable.
unplanned adj no planificado.
unprejudiced adj sin prejuicios, imparcial.
unprepared adj desprevenido, sin preparar, improvisado.
unpriced adj sin precio.
unproductive adj improductivo, infructuoso.
unproductive asset activo improductivo.
unproductive investment inversión improductiva.
unprofessional adj no profesional.
unprofessional conduct conducta no profesional.
unprofitable adj no provechoso, no lucrativo.
unpunctual adj impuntual.
unqualified adj sin reservas, sin calificaciones, no cualificado.
unqualified opinion opinión sin reservas.
unquestionable adj incuestionable.
unquoted adj no cotizado, sin cotizar, sin cotización en una bolsa.
unquoted shares acciones no cotizadas, acciones sin cotizar, acciones sin cotización en una bolsa.
unread adj sin leer, sin leer todavía.
unrealised adj no realizado.
unrealised appreciation apreciación no realizada.
unrealised depreciation depreciación no realizada.
unrealised gains ganancias no realizadas.
unrealised losses pérdidas no realizadas.
unrealised profits beneficios no realizados, ganancias no realizadas.
unrealistic goal meta poco realista.
unrealized adj no realizado.
unrealized appreciation apreciación no realizada.
unrealized depreciation depreciación no realizada.
unrealized gains ganancias no realizadas.
unrealized losses pérdidas no realizadas.
unrealized profits beneficios no realizados, ganancias no realizadas.
unreasonable adj irrazonable, arbitrario.
unreasonable compensation remuneración irrazonable.
unreasonable conditions condiciones irrazonables.
unreasonable restraint of trade restricción irrazonable del comercio.
unreceipted adj sin recibo, sin acuse de recibo.
unrecorded adj sin registrar, no registrado, no inscrito.
unrecorded deed escritura sin registrar.
unrecoverable adj irrecuperable.
unrecovered cost costo no recuperado, coste no recuperado.
unredeemable adj irredimible, no redimible.
unredeemed adj no redimido.
unregistered adj no registrado.
unregistered securities valores no registrados.
unregistered shares acciones no registradas.
unregistered stock acciones no registradas.
unrelated adj no relacionado.
unrelated business income ingresos de negocios no relacionados.
unrelated business income tax impuesto sobre ingresos de negocios no relacionados.
unrelated business taxable income ingresos imponibles de negocios no relacionados.
unreliable adj no confiable, no fidedigno.
unremitted earnings ingresos no remitidos.
unreported adj sin informar.

unreported income ingresos sin informar.
unrestricted adj sin restricción, no restringido, ilimitado.
unrestricted articles artículos sin restricciones.
unrestricted assets activo sin restricción.
unrestricted card list lista de tarjetas sin restricciones.
unrestricted credit crédito sin restricción.
unrestricted data datos sin restricciones.
unrestricted distribution distribución sin restricciones.
unrestricted funds fondos sin restricciones.
unrestricted list lista de valores sin restricciones.
unrestricted market mercado sin restricciones.
unrestricted shares acciones sin restricciones, acciones sin restricciones en cuanto a la transferencia.
unrestricted stock acciones sin restricciones, acciones sin restricciones en cuanto a la transferencia.
unrestricted stock option opción de compra de acciones sin restricciones.
unrestricted use uso sin restricciones.
unrewarding adj no gratificante.
unsafe adj inseguro, peligroso.
unsalable adj invendible.
unsaleable adj invendible.
unsatisfactory adj no satisfactorio.
unsatisfactory account cuenta no satisfactoria.
unsatisfactory title título viciado.
unsatisfied adj insatisfecho.
unscheduled adj no programado, imprevisto, no listado.
unscheduled property propiedad que no está en una lista de bienes asegurados con sus valores respectivos.
unscrupulous adj inescrupuloso.
unsecured adj sin garantía, no asegurado.
unsecured account cuenta sin garantía.
unsecured bond bono sin garantía.
unsecured credit crédito sin garantía.
unsecured credit card tarjeta de crédito que no requiere depósito u otra garantía.
unsecured creditor acreedor sin garantía.
unsecured debt deuda sin garantía.
unsecured loan préstamo sin garantía.
unsecured note pagaré quirografario.
unsecured transaction transacción sin garantía.
unseen adj no visto.
unsettled adj agitado, sin resolver, sin saldar, variable.
unsigned adj sin firmar.
unskilled adj no diestro, no hábil, no cualificado, no especializado.
unskilled labor mano de obra no cualificada, mano de obra no especializada.
unskilled labour mano de obra no cualificada, mano de obra no especializada.
unskilled worker trabajador no cualificado, trabajador no especializado.
unsocial hours horas de trabajo fuera de lo usual.
unsold adj no vendido.
unsolicited adj no solicitado.
unsolicited e-mail spam, email no solicitado, correo electrónico no solicitado.
unsolicited mail correo no solicitado, spam, email no solicitado, correo electrónico no solicitado.
unsolicited offer oferta no solicitada.
unsolicited spam spam, correo basura.
unspecified adj no especificado.

unspent *adj* sin gastar, sin agotar.
unstable *adj* inestable.
unstable government gobierno inestable.
unstable market mercado inestable.
unstamped *adj* sin sellar.
unstated interest intereses imputados.
unsubordinated debt deuda no subordinada.
unsubscribed *adj* no suscrito.
unsubscribed shares acciones no suscritas.
unsubscribed stock acciones no suscritas.
unsubsidised *adj* no subsidiado, no subvencionado.
unsubsidized *adj* no subsidiado, no subvencionado.
unsuccessful bid oferta infructuosa.
unsuitable *adj* inapropiado, no adecuado.
unsupported *adj* sin servicio de apoyo, no mantenido, no sostenido, no apoyado.
unsustainable *adj* insostenible.
unsustainable growth crecimiento insostenible.
unsystematic *adj* no sistemático.
unsystematic risk riesgo no sistemático.
untapped *adj* sin explotar.
untapped resources recursos sin explotar.
untargeted *adj* indiscriminado, no intencionado.
untaxed *adj* sin impuestos.
untenantable conditions condiciones no aptas para la ocupación.
untested *adj* sin probar, sin comprobar.
untick *v* quitar la marca de una casilla, quitar una marca.
untied aid ayuda no vinculada.
untimely *adj* inoportuno.
untrained *adj* sin entrenar, sin capacitación.
untransferable *adj* intransferible.
unused *adj* sin usar, no utilizado.
unused assets activo no utilizado.
unused capacity capacidad no utilizada.
unused capital capital no utilizado.
unused cash efectivo no utilizado.
unused credit crédito no utilizado.
unused funds fondos no utilizados.
unused resources recursos no utilizados.
unusual items partidas atípicas.
unvalued policy póliza en que no se establece el valor de los bienes asegurados.
unverified *adj* sin verificar.
unwaged *adj* sin paga, sin salario, desempleado.
unweighted *adj* sin compensar.
unwritten *adj* no escrito, verbal.
unwritten contract contrato no escrito, contrato verbal.
unwritten rule regla no escrita.
up-and-coming *adj* prometedor, empresarial, ambicioso.
up front por adelantado, pagado por adelantado, honestamente, abiertamente.
up-to-date *adj* al día, actualizado.
up-to-the-minute *adj* de última hora.
up volume volumen de acciones que han aumentado de precio desde el cierre anterior de bolsa.
UPC (Universal Product Code) Código Universal de Productos.
update *n* actualización, puesta al día.
update *v* actualizar, poner al día.
updated *adj* actualizado, puesto al día.
updating *n* actualización, puesta al día.
upgrade *n* ascenso, subida de categoría, mejora, actualización.

upgrade *v* ascender, subir de categoría, mejorar, actualizar.
upkeep *n* mantenimiento.
upkeep costs costos de mantenimiento, costes de mantenimiento.
upkeep expenditures gastos de mantenimiento.
upkeep expenses gastos de mantenimiento.
upload *v* cargar, hacer un upload.
upmarket *adj* dirigido hacia consumidores de altos ingresos.
upon condition bajo condición.
upper limit límite superior.
ups and downs altibajos.
upselling *n* venta de algo más caro que lo que pidió o intencionó un cliente, venta de mejoras y/o opciones innecesarias de algo.
upset price precio mínimo en subasta.
upside trend tendencia de aumento de valor.
upsizing *n* aumento en busca de mayor eficiencia, aumento de personal.
upsurge *n* aumento repentino, aumento rápido.
upswing *n* aumento en actividad económica, aumento en actividad empresarial.
uptick *n* venta a precio mayor que la anterior.
uptime *n* tiempo de funcionamiento normal, tiempo de operación normal.
uptrend *n* cambio alcista en un ciclo.
upturn *n* cambio alcista en un ciclo.
upward *adj* ascendiente, al alza.
upward adjustment ajuste al alza.
upward bias sesgo al alza.
upward correction corrección al alza.
upward pressure presión al alza.
upward revision revisión al alza.
upward trend tendencia al alza.
upwardly mobile moviéndose hacia una posición más alta social o económica.
urban *adj* urbano.
urban development desarrollo urbano.
urban easement servidumbre urbana.
urban economy economía urbana.
urban planning planificación urbana.
urban property propiedad urbana.
urban renewal renovación urbana.
urban servitude servidumbre urbana.
urbanisation *n* urbanización.
urbanise *v* urbanizar.
urbanised *adj* urbanizado.
urbanization *n* urbanización.
urbanize *v* urbanizar.
urbanized *adj* urbanizado.
urgent delivery entrega urgente.
urgent letter carta urgente.
usable *adj* utilizable.
usable funds fondos utilizables.
usage *n* uso, costumbre.
usage of trade modo acostumbrado de llevar a cabo transacciones.
usance *n* usanza, uso, vencimiento.
use *n* uso, empleo, consumo.
use *v* usar, emplear, consumir.
use-by date fecha límite de consumo, última fecha de uso.
use certificate certificado de uso.
use certification certificación de uso.
use conditions condiciones de uso.
use evidence prueba de uso.
use tax impuesto sobre bienes comprados en otro estado.
use verification verificación de uso.

used *adj* usado, empleado, consumido.
useful *adj* útil.
useful economic life vida útil económica.
useful life vida útil.
user *n* usuario.
user charge cargo al usuario.
user cost costo al usuario, coste al usuario.
user fee cargo al usuario.
user-friendly *adj* fácil de usar y/o manejar, diseñado para uso y/o manejo fácil aun por aquellos de poca sofisticación técnica.
user guide guía para usuarios.
user instructions instrucciones para usuarios.
user interface interfaz del usuario.
user name nombre del usuario.
user network red de usuarios.
user-oriented *adj* orientado al usuario.
user-unfriendly *adj* difícil de usar y/o manejar.
username *n* nombre del usuario.
USP (unique selling proposition, unique selling point) ventaja que ofrece un producto o servicio que lo diferencia de otros.
usual *adj* usual, acostumbrado.
usual account cuenta usual.
usual activity actividad usual.
usual agency agencia usual.
usual amortisation amortización usual.
usual amortization amortización usual.
usual amount cantidad usual.
usual and reasonable usual y razonable.
usual asset activo usual.
usual benefits beneficios usuales.
usual budget presupuesto usual.
usual budgeting presupuestación usual.
usual business expenses gastos de negocios usuales.
usual business practices prácticas de negocios usuales.
usual capacity capacidad usual.
usual capital capital usual.
usual charges cargos usuales.
usual commercial practice práctica comercial usual.
usual contract contrato usual.
usual cost costo usual, coste usual.
usual course of business curso usual de los negocios.
usual covenants cláusulas usuales, garantías usuales.
usual creditor acreedor usual.
usual customer cliente usual.
usual deposit depósito usual.
usual depreciation depreciación usual.
usual discount descuento usual.
usual distribution distribución usual.
usual dividend dividendo usual.
usual employment empleo usual.
usual expenditures gastos usuales.
usual expenses gastos usuales.
usual fees cargos usuales.
usual gain ganancia usual.
usual hours horas usuales.
usual income ingreso usual.
usual insurance seguro usual.
usual interest intereses usuales.
usual interest rate tasa de interés usual.
usual inventory inventario usual.
usual investment practice práctica de inversión usual.
usual job trabajo usual.

usual loss pérdida usual.
usual market mercado usual.
usual meeting asamblea ordinaria.
usual partnership sociedad usual.
usual pay paga usual, salario usual.
usual payment pago usual, abono usual.
usual payroll nómina usual.
usual period período usual.
usual place of business lugar usual de negocios.
usual practice práctica usual.
usual premium prima usual.
usual price precio usual.
usual production producción usual.
usual productivity productividad usual.
usual profit beneficio usual, ganancia usual.
usual quality calidad usual.
usual rate tasa usual.
usual rate of return tasa usual de rendimiento.
usual remuneration remuneración usual.
usual rent renta usual.
usual resources recursos usuales.
usual return rendimiento usual.
usual revenue ingresos usuales.
usual risks riesgos usuales.
usual salary salario usual, sueldo usual.
usual sale venta usual.
usual selling price precio de venta usual.
usual services servicios usuales.
usual session asamblea usual, sesión usual.
usual spoilage deterioro usual.
usual tariff tarifa usual.
usual tax impuesto usual.
usual time tiempo usual.
usual trading unit unidad de transacción usual.
usual value valor usual.
usual voting votación usual.
usual wage salario usual, sueldo usual.
usual wear and tear deterioro usual.
usual work trabajo usual.
usual yield rendimiento usual.
usufruct *n* usufructo.
usufructuary *n* usufructuario.
usurer *n* usurero.
usurious *adj* usurario.
usurious contract contrato usurario.
usurious rate tasa usuraria.
usurious rate of interest tasa de interés usuraria.
usury *n* usura.
usury laws leyes concernientes a la usura.
usury rate tasa usuraria.
utilisation *n* utilización, empleo.
utilisation factor factor de utilización.
utilisation of capacity utilización de la capacidad.
utilisation rate tasa de utilización.
utilise *v* utilizar, emplear.
utilised *adj* utilizado, empleado.
utilised capacity capacidad utilizada.
utilitarianism *n* utilitarismo.
utilitarianist *adj* utilitarista.
utilitarianist *n* utilitarista.
utility *n* utilidad, empresa que provee un servicio básico tal como agua o electricidad a la comunidad.
utility company empresa que provee un servicio básico tal como agua o electricidad a la comunidad.
utility easement servidumbre de compañías de servicio público.
utility models modelos de utilidad.
utilization *n* utilización, empleo.
utilization factor factor de utilización.
utilization of capacity utilización de la capacidad.

utilization rate tasa de utilización.
utilize v utilizar, emplear.
utilized adj utilizado, empleado.
utilized capacity capacidad utilizada.
UTMA (Uniform Transfers to Minors Act) ley uniforme de transferencias a menores.
utmost care el máximo de cuidado.

V

v-mail (video e-mail) videocorreo.
vacancy n vacante, alojamiento vacante.
vacancy position puesto vacante.
vacancy rate tasa de vacantes.
vacant adj vacante, desocupado.
vacant land tierra vacante.
vacant lot solar vacante.
vacate v dejar vacante, anular.
vacation vacaciones.
vacation, on de vacaciones.
vacation pay paga durante vacaciones.
valid adj válido, vigente.
valid contract contrato válido.
valid date fecha de validez.
valid title título válido.
validate v validar, confirmar, convalidar.
validated adj validado, confirmado, convalidado.
validation n validación, confirmación, convalidación.
validation period período de validación.
validity n validez.
validity test prueba de validez.
validness n validez.
valorisation n valorización.
valorise v valorar.
valorization n valorización.
valorize v valorar.
valuable adj valioso.
valuable assets activo valioso.
valuable consideration contraprestación suficiente, contraprestación válida.
valuable improvements mejoras de valor.
valuables n posesiones de valor.
valuate v valuar, tasar.
valuation n valuación, valoración, evaluación, tasación, apreciación.
valuation account cuenta de valuación.
valuation adjustment ajuste de valuación.
valuation base base de valuación.
valuation basis base de valuación.
valuation change cambio de valuación.
valuation criterion criterio de valuación.
valuation factor factor de valuación.
valuation method método de valuación.
valuation of assets valuación de activos.
valuation of loss valuación de la pérdida.
valuation of policy valuación de la póliza.
valuation premium prima de valuación.
valuation procedure procedimiento de valuación.
valuation report informe de valuación.
valuation reserve reserva de valuación.
valuator n evaluador, tasador.
value n valor, contraprestación, precio.
value v valorar, tasar, preciar.
value added valor agregado, valor añadido.

value-added service servicio de valor agregado, servicio de valor añadido.
value-added tax impuesto al valor agregado, impuesto sobre el valor agregado, impuesto de plusvalía, contribución al valor agregado, contribución de plusvalía.
value analysis análisis de valor.
value at risk valor en riesgo.
value authentication certificación de valor.
value certificate certificado de valor.
value certification certificación de valor.
value change cambio de valor.
value date fecha de valor.
value declared valor declarado.
value decrease disminución de valor.
value evidence prueba de valor.
value fund fondo mutuo de acciones que se consideran subvaloradas.
value growth crecimiento del valor.
value in use valor en uso.
value increase aumento de valor.
value investing inversión en compañías que se consideran subvaloradas.
value investor quien busca invertir en compañías que se consideren subvaloradas.
value mutual fund fondo mutuo de acciones que se consideran subvaloradas.
value of money valor del dinero.
value proof prueba de valor.
value received valor recibido.
value shares acciones que se consideran subvaloradas.
value stocks acciones que se consideran subvaloradas.
value verification verificación de valor.
valued adj valorado, tasado, preciado.
valued contract contrato valorado.
valued policy póliza valorado, póliza en que se establece el valor de los bienes asegurados.
valueless adj sin valor, inservible.
valuer n tasador.
vanguard n vanguardia.
VAR (value at risk) valor en riesgo.
variability n variabilidad.
variable adj variable.
variable n variable.
variable amount cantidad variable.
variable-amount annuity anualidad de cantidad variable.
variable annuity anualidad variable.
variable base base variable.
variable-benefit plan plan de beneficios variables.
variable benefits beneficios variables.
variable budget presupuesto variable.
variable budgeting presupuestación variable.
variable capital capital variable.
variable cost costo variable, coste variable.
variable-cost ratio ratio de costos variables, ratio de costes variables, razón de costos variables, razón de costes variables.
variable credit line línea de crédito variable.
variable debt deuda variable.
variable depreciation depreciación variable, amortización variable.
variable-dollar annuity anualidad de cantidad variable.
variable exchange rate tipo de cambio variable.
variable expenditures gastos variables.
variable expenses gastos variables.
variable fee cargo variable.

variable income ingreso variable.
variable inspection inspección variable.
variable interest interés variable.
variable interest rate tasa de interés variable.
variable life insurance seguro de vida variable.
variable limit límite variable.
variable mortgage rate tasa variable de hipoteca.
variable overhead gastos generales variables.
variable-payment plan plan de pagos variables.
variable payments pagos variables.
variable premium prima variable.
variable-premium life insurance seguro de vida de primas variables.
variable price precio variable.
variable rate tasa variable.
variable-rate account cuenta con tasa de interés variable.
variable-rate certificate certificado de depósito a tasa de interés variable.
variable-rate certificate of deposit certificado de depósito a tasa de interés variable.
variable-rate financing financiamiento a tasa de interés variable.
variable-rate loan préstamo a tasa de interés variable.
variable-rate mortgage hipoteca con tasa de interés variable.
variable return rendimiento variable.
variable yield rendimiento variable.
variance *n* varianza, variación, diferencia, disputa, permiso especial para una desviación de los reglamentos de zonificación.
variance analysis análisis de la varianza.
variation *n* variación.
variation clause cláusula de variación.
variety store tienda con variedad de productos.
vary *v* variar, cambiar.
vast *adj* vasto.
VAT (value-added tax) impuesto al valor agregado, impuesto sobre el valor agregado, impuesto de plusvalía, contribución al valor agregado, contribución de plusvalía.
vault *n* cámara acorazada, bóveda.
vault cash efectivo en bóveda.
vault receipt recibo de bóveda.
vehicle *n* vehículo.
vehicle coverage cobertura de vehículo.
velocity of circulation velocidad de circulación.
velocity of money velocidad del dinero.
vend *v* vender.
vendee *n* comprador.
vender *n* vendedor.
vendibility *n* vendibilidad.
vendible *adj* vendible.
vending machine máquina expendedora, máquina vendedora.
vendor *n* vendedor.
vendor rating clasificación del vendedor.
vendor's lien gravamen del vendedor.
venture *n* empresa, negocio, negocio arriesgado, aventura.
venture *v* arriesgar, aventurar.
venture capital capital riesgo, capital arriesgado en una empresa.
venture capital limited partnership sociedad en comandita de capital de riesgo.
VER (voluntary export restraints) restricciones de exportación voluntarias.
verbal *adj* verbal.
verbal agreement acuerdo verbal.

verbal contract contrato verbal.
verbal offer oferta verbal.
verbatim *adv* palabra por palabra, textualmente, usando las mismas palabras.
verge of bankruptcy, on the al borde de la quiebra.
verifiable *adj* verificable.
verification *n* verificación.
verification factor factor de verificación.
verification of account verificación de cuenta.
verification of analysis verificación de análisis.
verification of auditing verificación de auditoría.
verification of authority verificación de autoridad.
verification of cancellation verificación de cancelación.
verification of claim verificación de reclamación.
verification of credit verificación de crédito.
verification of damage verificación de daños.
verification of eligibility verificación de elegibilidad.
verification of employment verificación de empleo.
verification of health verificación de salud.
verification of identity verificación de identidad.
verification of incorporation verificación de incorporación.
verification of insurance verificación de seguro.
verification of participation verificación de participación.
verification of purchase verificación de compra.
verification of quality verificación de calidad.
verification of sale verificación de venta.
verification of signature verificación de firma.
verification of title verificación de dominio.
verification of use verificación de uso.
verification of value verificación de valor.
verification of weight verificación de peso.
verify *v* verificar.
versatile *adj* versátil, polifacético.
version *n* versión.
vertical *adj* vertical.
vertical analysis análisis vertical.
vertical combination combinación vertical.
vertical conflict conflicto vertical.
vertical consolidation consolidación vertical.
vertical equity equidad vertical.
vertical expansion expansión vertical.
vertical integration integración vertical.
vertical management administración vertical, gestión vertical.
vertical market mercado vertical.
vertical marketing marketing vertical, mercadeo vertical.
vertical merger fusión vertical.
vertical mobility movilidad vertical.
vertical organisation organización vertical.
vertical organization organización vertical.
vertical portal portal vertical.
vertical promotion promoción vertical.
vertical spread combinación vertical de opciones.
vertical union sindicato vertical.
very important person persona muy importante.
vest *v* investir, dar posesión, conferir.
vested *adj* efectivo, transferido, conferido.
vested interest interés adquirido.
vested pension derecho de pensión adquirido.
vested remainder derecho sobre un inmueble el cual se adquirirá al extinguirse el derecho de otro sobre dicho inmueble.
vesting *n* adquisición de derechos de pensión.

veto *n* veto.
veto *v* vetar.
viability *n* viabilidad.
viable *adj* viable.
vicarious liability responsabilidad indirecta.
vice-chair *n* vicepresidente.
vice-chairman *n* vicepresidente.
vice-chairperson *n* vicepresidente.
vice-chairwoman *n* vicepresidenta.
vice-president *n* vicepresidente.
vice-principal *n* empleado a quien se le delegan varias responsabilidades de supervisión y control sobre empleados.
vice-secretary *n* vicesecretario.
vice versa viceversa.
vicious circle círculo vicioso.
vicious cycle círculo vicioso.
victim *n* víctima.
victimisation *n* victimización.
victimise *v* victimizar.
victimised *adj* victimizado.
victimization *n* victimización.
victimize *v* victimizar.
victimized *adj* victimizado.
video *n* video.
video banking banca por video.
video conference videoconferencia.
video e-mail videocorreo.
video mail videocorreo.
video phone videoteléfono.
video tape cinta de video, videocinta.
video telephone videoteléfono.
video terminal terminal de video.
videocamera *n* videocámara.
videoconference *n* videoconferencia.
videophone *n* videoteléfono.
videotape *n* cinta de video, videocinta.
view *n* vista, perspectiva, inspección.
viewing public telespectadores.
violation *n* violación, infracción.
VIP (very important person) persona muy importante.
viral marketing marketing viral, mercadeo viral.
virtual *adj* virtual.
virtual bank banco virtual.
virtual mall centro comercial virtual.
virtual marketplace mercado virtual.
virtual office oficina virtual.
virtual reality realidad virtual.
virtual shopping cart carrito de compras virtual.
virtual shopping mall centro comercial virtual.
virtual store tienda virtual.
virus *n* virus.
virus-free *adj* sin virus.
visa *n* visa, visado.
visible exports exportaciones visibles.
visible means of support medios aparentes de mantenimiento.
visible supply emisiones de bonos municipales en los próximos treinta días.
visible trade comercio visible.
visit a Web page visitar una pagina Web.
visit a Web site visitar una pagina Web.
visiting card tarjeta de visita.
visitor tax impuesto de visitante.
visual aids ayudas visuales.
vital *adj* vital.
vitiate *v* viciar.
vmail (video e-mail) videocorreo.
vocation *n* vocación.

vocational *adj* vocacional.
vocational guidance orientación vocacional.
vocational rehabilitation rehabilitación vocacional.
vocational training entrenamiento vocacional.
vogue, in en boga, de moda.
voice-activated *adj* activado por voz.
voice an opinion expresar una opinión.
voice mail correo de voz.
voice mailbox buzón de correo de voz.
voice message mensaje de voz.
voice recognition reconocimiento de voz.
void *adj* nulo, inválido, sin fuerza legal.
void *v* anular, invalidar, dejar sin fuerza legal.
void contract contrato nulo.
void transaction transacción nula.
voidable *adj* anulable.
voidable contract contrato anulable.
voidable preference preferencia anulable.
voidance *n* anulación, estado de desocupación.
voided *adj* anulado.
voided check cheque anulado.
voided cheque cheque anulado.
vol. (volume) volumen.
volatile *adj* volátil.
volatile capital capital volátil.
volatile market mercado volátil.
volatile shares acciones volátiles.
volatile stocks acciones volátiles.
volatility *n* volatilidad.
volume *n* volumen.
volume discount descuento por volumen.
volume of business volumen de negocios.
volume of trade volumen de comercio.
voluntarism *n* voluntarismo.
voluntary *adj* voluntario.
voluntary accumulation plan plan de acumulación voluntario.
voluntary arbitration arbitraje voluntario.
voluntary assignment cesión voluntaria.
voluntary association asociación voluntaria.
voluntary bankruptcy quiebra voluntaria.
voluntary compliance cumplimiento voluntario.
voluntary contribution contribución voluntaria.
voluntary controls controles voluntarios.
voluntary conversion conversión voluntaria.
voluntary conveyance transferencia voluntaria, transferencia a título gratuito.
voluntary deposit depósito voluntario.
voluntary exchange intercambio voluntario.
voluntary export quotas cuotas de exportación voluntarias.
voluntary export restraints restricciones de exportación voluntarias.
voluntary insurance seguro voluntario.
voluntary lien gravamen voluntario.
voluntary liquidation liquidación voluntaria.
voluntary payment pago voluntario.
voluntary plan termination terminación de plan voluntaria.
voluntary redundancy baja voluntaria.
voluntary repayment repago voluntario.
voluntary repurchase recompra voluntaria.
voluntary reserve reserva voluntaria.
voluntary retirement retiro voluntario.
voluntary sale venta voluntaria.
voluntary termination terminación voluntaria.
voluntary trust fideicomiso voluntario.
voluntary unemployment desempleo voluntario.
voluntary work trabajo voluntario.

voluntary worker trabajador voluntario.
volunteer *n* voluntario.
vostro account cuenta vostro.
vote *n* voto.
vote *v* votar.
vote against votar en contra.
vote by proxy voto por poder, voto mediante apoderado.
vote in favor votar a favor.
vote in favour votar a favor.
vote of confidence voto de confianza.
voter *n* votante.
voting *n* votación.
voting power poder de voto.
voting rights derechos de voto.
voting shares acciones con derecho de voto.
voting stock acciones con derecho de voto.
voting trust fideicomiso para votación.
voting trust certificate certificado de fideicomiso para votación.
vouchee *n* defensor del título.
voucher *n* comprobante, recibo, quien responde por algo o alguien.
voucher check cheque con comprobante.
voucher system sistema de comprobantes.
voyage policy póliza de seguro marítimo para viajes determinados.
VP (vice-president) vicepresidente.
vulture fund fondo buitre.

W

wage *n* salario, sueldo, remuneración, paga.
wage adjustment ajuste salarial.
wage agreement convenio salarial.
wage and hours laws leyes concernientes al máximo de horas de trabajo y al salario mínimo.
wage arbitration arbitraje salarial.
wage assignment cesión de salario, asignación de salario.
wage bill costos salariales, costes salariales.
wage bracket escala salarial.
wage ceiling techo salarial.
wage control control salarial.
wage cost costos salariales, costes salariales.
wage curve curva salarial.
wage differentials diferenciales de salarios.
wage dispute disputa salarial.
wage earner asalariado, trabajador.
wage earner plan convenio para el pago de deudas por un deudor asalariado bajo la ley de quiebras.
wage equalisation equiparación salarial, igualación salarial.
wage equalization equiparación salarial, igualación salarial.
wage floor salario mínimo.
wage freeze congelación salarial.
wage gap diferenciales de salarios.
wage garnishment embargo de salario.
wage incentive incentivo salarial.
wage increase aumento salarial.
wage increment incremento salarial.
wage index índice salarial.
wage inflation inflación salarial.
wage level nivel salarial.

wage minimum salario mínimo.
wage moderation moderación salarial.
wage negotiations negociaciones salariales.
wage payment pago salarial, pago de salario.
wage policy política salarial.
wage-price spiral espiral salarios-precios.
wage-push inflation inflación impulsada por salarios ascendentes.
wage rate tasa salarial.
wage regulation regulación salarial.
wage restraint moderación salarial.
wage rise alza salarial.
wage round ronda de negociaciones salariales.
wage scale escala salarial.
wage settlement convenio salarial.
wage stabilisation estabilización salarial.
wage stabilization estabilización salarial.
wage structure estructura salarial.
wage subsidy subsidio salarial, subvención salarial.
wage tax impuesto sobre salarios.
waged *adj* asalariado, remunerado.
wageless *adj* no pagado.
wager policy póliza de seguro en la que el asegurado no tiene un interés asegurable.
wages *n* salario, sueldo, remuneración, paga.
wages and salaries sueldos y salarios.
wageworker *n* asalariado, trabajador.
wait list lista de espera.
waiting list lista de espera.
waiting period período de espera.
waive *v* renunciar a, abandonar, eximir.
waiver *n* renuncia, abandono, exención.
waiver clause cláusula de renuncia.
waiver of exemption renuncia de exención.
waiver of notice renuncia a notificación.
waiver of premium clause cláusula de cesación de pagos por parte del asegurado al incapacitarse.
waiver of premiums cancelación de primas.
waiver of protest renuncia al protesto.
waiver of rights renuncia de derechos.
waiver of tort elección de no accionar por daño legal sino por incumplimiento de contrato.
walkout *n* huelga laboral, abandono organizado del lugar de trabajo por trabajadores por causa de conflictos laborales.
Wall Street Wall Street, calle en Nueva York donde hay bolsas de valores y firmas de inversiones, actividad bursátil en general en Nueva York.
wallflower *n* compañía que no esta en boga, valor que no está en boga, industria que no esté en boga.
WAN (wide-area network) red de área extendida, red extendida, WAN.
want ad anuncio clasificado.
want of consideration falta de contraprestación.
wanted ad anuncio clasificado.
WAP (Wireless Application Protocol) Protocolo de Aplicación Inalámbrica, WAP.
war economy economía de guerra.
warehouse *n* almacén, depósito.
warehouse book libro para mantener el inventario de un almacén.
warehouse receipt recibo de almacenaje.
warehouse rent almacenaje.
warehouse system sistema para el almacenamiento de mercancías importadas.
warehouseman *n* almacenero, almacenista.
warehouser *n* almacenero, almacenista.
wares *n* mercancías, bienes.
warn *v* advertir.

warning *n* advertencia, aviso.
warning bulletin boletín de advertencia.
warning sign señal de advertencia.
warning signal señal de advertencia.
warrant *n* certificado, garantía, comprobante, libramiento, autorización, justificación, warrant, derecho generalmente vigente por varios años para la compra de acciones a un precio específico, orden, orden judicial.
warrant *v* garantizar, certificar, autorizar, justificar.
warrantable *adj* garantizable.
warranted *adj* garantizado.
warrantee *n* beneficiario de una garantía, garantizado.
warranter *n* garante.
warrantor *n* garante.
warranty *n* garantía.
warranty deed escritura con garantías de título.
warranty of habitability garantía de habitabilidad.
warranty of merchantability garantía de comerciabilidad.
warranty of title garantía de título.
wash sale venta con pérdida del mismo valor comprado dentro de un plazo máximo de días, venta ficticia.
waste *n* desperdicios, residuos, derroche, daños negligentes a la propiedad, uso abusivo de la propiedad.
waste *v* derrochar, despilfarrar, desperdiciar, malgastar.
waste management administración de residuos, gestión de residuos.
waste of money pérdida de dinero.
waste of time pérdida de tiempo.
waste recycling reciclaje de residuos.
waste treatment tratamiento de residuos.
wasteful *adj* derrochador, despilfarrador, pródigo, ruinoso, no rentable.
wasting asset activo consumible, recurso natural agotable.
wasting property propiedad agotable.
wasting trust fideicomiso agotable.
watch *v* vigilar, velar, observar, mirar, custodiar.
watch list lista de acciones bajo vigilancia especial.
watchdog *n* vigilante, organismo de control, perro guardián.
watchlist *n* lista de acciones bajo vigilancia especial.
water *v* diluir.
water conservation conservación del agua.
water control control del agua.
water damage insurance seguro contra daño por agua.
water pollution contaminación del agua.
water power fuerza del agua.
water purification purificación del agua.
water resources recursos hidráulicos.
water shares diluir acciones.
water stock diluir acciones.
water supply abastecimiento de agua.
water transportation transporte por agua.
water treatment tratamiento del agua.
watered shares acciones diluidas, acciones ofrecidas con precio inflado comparado con el valor contable.
watered stock acciones diluidas, acciones ofrecidas con precio inflado comparado con el valor contable.
watermark *n* filigrana.
watermarked *adj* filigranado.

watertight contract contrato hermético.
way-going crop cosecha tras la expiración del arrendamiento.
way of necessity servidumbre de paso por necesidad.
waybill *n* hoja de ruta, guía, carta de porte.
wayleave *n* servidumbre a cambio de contraprestación.
ways and means medios y arbitrios.
ways and means committee comisión de medios y arbitrios.
weak currency moneda débil, divisa débil.
weak market mercado débil.
wealth *n* riqueza.
wealth creation creación de riqueza.
wealth distribution distribución de la riqueza.
wealth effect efecto de riqueza.
wealth management administración de la riqueza, gestión de la riqueza.
wealth tax impuesto sobre activos que exceden cierta cantidad.
wealthy *adj* rico, adinerado.
wear and tear deterioro, deterioro esperado.
wear and tear exclusion exclusión de deterioro, exclusión de deterioro esperado.
weather a crisis sobrellevar una crisis.
weather a recession sobrellevar una recesión.
Web *n* Web, red.
Web address dirección en la Web, dirección de Internet.
Web ads publicidad en la Web, anuncios en la Web, publicidad online, anuncios online, publicidad en línea, anuncios en línea.
Web advertisement anuncio en la Web, anuncio online, anuncio en línea.
Web advertising publicidad en la Web, anuncios en la Web, publicidad online, anuncios online, publicidad en línea, anuncios en línea.
Web bank banco en la Web, banco online, banco en línea.
Web banking banca en la Web, banca online, banca en línea.
Web-based *adj* basado en la Web.
Web business negocio en la Web, empresa en la Web, negocio online, empresa online, negocio en línea, empresa en línea.
Web catalog catálogo en la Web, catálogo online, catálogo en línea.
Web catalogue catálogo en la Web, catálogo online, catálogo en línea.
Web consumer consumidor en la Web, consumidor online, consumidor en línea.
Web database base de datos en la Web, base de datos online, base de datos en línea.
Web document documento en la Web, documento online, documento en línea.
Web economics infonomía.
Web-enabled *adj* listo para la Web.
Web help ayuda en la Web, ayuda online, ayuda en línea.
Web journal revista en la Web, boletín en la Web, revista online, boletín online, revista en línea, boletín en línea.
Web magazine revista en la Web, boletín en la Web, revista online, boletín online, revista en línea, boletín en línea.
Web market mercado en la Web, mercado online, mercado en línea.
Web order orden por la Web, orden online, orden en línea.

Web page página Web, sitio Web.
Web payment pago por la Web, pago online, pago en línea.
Web phone teléfono Web.
Web presence presencia en la Web, presencia online, presencia en línea.
Web publicity publicidad en la Web, anuncios en la Web, publicidad online, anuncios online, publicidad en línea, anuncios en línea.
Web purchase compra por la Web, compra online, compra en línea.
Web sale venta en la Web, venta online, venta en línea.
Web search búsqueda en la Web, búsqueda online, búsqueda en línea.
Web shopping compras por la Web, compras online, compras en línea.
Web site página Web, sitio Web.
Web telephone teléfono Web.
Web telephony telefonía Web.
webcam *n* cámara web, webcam.
Webcast *n* transmisión por la Web.
Webcast *v* transmitir por la Web.
Webcasting *n* transmisión por la Web.
Webinar *n* seminario por la Web.
Webmaster *n* administrador de Web.
Webonomics *n* infonomía.
Website *n* página Web, sitio Web.
Webzine *n* revista en la Web, boletín en la Web, revista online, boletín online, revista en línea, boletín en línea.
weed-out *v* cribar, seleccionar, descartar.
weekday *n* día de semana, día laborable.
weekend *n* fin de semana.
weekly *adj* semanal.
weekly *adv* semanalmente.
weekly charges cargos semanales.
weekly costs costos semanales, costes semanales.
weekly expenditures gastos semanales.
weekly expenses gastos semanales.
weekly fee cargo semanal.
weekly installment pago semanal.
weekly interest intereses semanales.
weekly payment pago semanal, abono semanal.
weekly rent alquiler semanal.
weekly report informe semanal.
weekly salary salario semanal.
weekly sales ventas semanales.
weekly savings ahorros semanales.
WEF (World Economic Forum) Foro Económico Mundial.
weigh the pros and cons evaluar los pros y contras.
weigh up considerar, evaluar, ponderar.
weight *n* peso.
weight certificate certificado de peso.
weight certification certificación de peso.
weight verification verificación de peso.
weighted *adj* ponderado.
weighted average media ponderada.
weighted average inventory method método de inventario de media ponderada.
weighted average life vida media ponderada.
weighted average maturity vencimiento medio ponderado.
weighted cost costo ponderado, coste ponderado.
weighted index índice ponderado.
weighted mean media ponderada.
weights and measures pesos y medidas.
welfare *n* bienestar, asistencia social, prestaciones

sociales, bienestar social.
welfare agency agencia de asistencia social.
welfare benefits beneficios de asistencia social.
welfare costs costos de la asistencia social, costes de la asistencia social.
welfare department departamento de asistencia social.
welfare economics economía del bienestar.
welfare economy economía del bienestar.
welfare office oficina de asistencia social.
welfare payment pago de asistencia social.
welfare program programa de asistencia social.
welfare programme programa de asistencia social.
welfare recipient beneficiario de la asistencia social.
welfare services servicios de asistencia social.
welfare society sociedad del bienestar.
welfare state estado del bienestar.
well-balanced *adj* bien equilibrado.
well-established *adj* bien establecido.
well-informed *adj* bien informado.
well-off *adj* acomodado.
well-positioned *adj* bien colocado.
westernisation *n* occidentalización.
westernised *adj* occidentalizado.
westernization *n* occidentalización.
westernized *adj* occidentalizado.
wharf *n* muelle.
wharfage *n* derechos de muelle.
what-if scenario escenario hipotético.
wheel and deal trapichear.
wheeler-dealer *n* trapichero.
when-issued *adj* a efectuarse cuando se emita.
whistle blower empleado que se rehúsa a participar en actividades ilícitas en su empresa, empleado que informa sobre actividades ilícitas en su empresa.
white-collar crime crimen de cuello blanco.
white-collar job trabajo de oficina.
white-collar work trabajo de oficina.
white-collar worker empleado de oficina.
white elephant elefante blanco, algo costoso e inútil, algo costoso y difícil de mantener.
white goods electrodomésticos tales como neveras y hornos.
white knight caballero blanco.
white pages páginas blancas.
whittle away reducir lentamente, deteriorar lentamente, destruir lentamente.
WHO (World Health Organization, World Health Organisation) Organización Mundial de la Salud, OMS.
whole life seguro de vida entera.
whole life annuity anualidad de vida entera.
whole life insurance seguro de vida entera.
wholesale *adj* al por mayor, mayorista.
wholesale *v* vender al por mayor.
wholesale bank banco mayorista.
wholesale banking banca mayorista, banca al por mayor.
wholesale business comercio mayorista, negocio mayorista, comercio al por mayor, negocio al por mayor.
wholesale dealer comerciante mayorista, comerciante al por mayor.
wholesale distributor distribuidor mayorista, distribuidor al por mayor.
wholesale goods productos al por mayor, mercancías al por mayor.
wholesale house casa mayorista.
wholesale market mercado mayorista, mercado al

por mayor.

wholesale price precio mayorista, precio al por mayor.

wholesale price index índice de precios mayoristas, índice de precios al por mayor.

wholesale store tienda mayorista, tienda al por mayor.

wholesale trade comercio mayorista, comercio al por mayor.

wholesaler n mayorista.

wholesaling n venta al por mayor, mayoreo.

wholly adv enteramente, totalmente.

wholly-owned subsidiary subsidiaria integral.

WI (when-issued) a efectuarse cuando se emita.

Wi-Fi (Wireless Fidelity) Wi-Fi.

wide-area network red de área extendida, red extendida, WAN.

wide range amplia gama, amplio alcance.

wide-ranging adj de amplio alcance, de amplia gama, muy diverso.

widely available disponible por todas partes, de fácil obtención.

widely recognised muy reconocido.

widely recognized muy reconocido.

widespread adj difundido, extenso.

widow-and-orphan stock acción muy segura que generalmente paga dividendos altos.

wildcat strike huelga salvaje, huelga no autorizada por el sindicato.

wilful adj intencional, voluntario, premeditado, terco.

wilful default incumplimiento intencional.

will n testamento, voluntad.

willful adj intencional, voluntario, premeditado, terco.

willful default incumplimiento intencional.

willfully adv intencionalmente, voluntariamente, premeditadamente, tercamente.

Wilshire 5000 Index Índice Wilshire 5000.

win a contract ganarse un contrato.

win over convencer.

win support ganarse apoyo.

win-win situation situación en que de igual forma se sale ganando, situación donde todos salen ganando.

wind down ir terminando, terminar gradualmente, reducir gradualmente.

wind power fuerza del viento.

wind up terminar, concluir, liquidar, cesar operaciones.

windfall profits beneficios inesperados, ganancias inesperadas.

windfall profits tax impuesto sobre los beneficios inesperados, impuesto sobre las ganancias inesperadas.

windfall tax impuesto sobre los beneficios inesperados, impuesto sobre las ganancias inesperadas.

winding-up n disolución, liquidación, finalización, cese de operaciones.

window n ventana, ventanilla.

window display escaparate, vitrina.

window dressing estratagemas para adornar.

window of opportunity ventana de oportunidad.

winner n ganador.

winning bid oferta ganadora.

winning tender oferta ganadora.

winnings n ganancias.

wipe out eliminar, liquidar, borrar.

wire v mandar por transferencia electrónica.

wire house casa de corretaje con sucursales.

wire room departamento dentro de una firma de corretaje donde se tramitan las órdenes.

wire transfer transferencia electrónica.

wireless adj inalámbrico.

Wireless Application Protocol Protocolo de Aplicación Inalámbrica.

wireless communications comunicaciones inalámbricas.

wireless Internet Internet inalámbrico.

wireless Web la Web inalámbrica.

wiretapping n escucha, escucha telefónica, intercepción de señales telefónicas.

with all faults en el estado en que está.

with benefit of survivorship con beneficio de supervivencia.

with compliments como obsequio.

with interest con intereses.

with recourse con recurso.

with right of survivorship con derecho de supervivencia.

withdraw v retirar, retractar, cancelar.

withdraw a bid retirar una propuesta.

withdraw an application retirar una solicitud.

withdraw an offer retirar una oferta.

withdraw funds retirar fondos.

withdraw money retirar dinero.

withdraw support retirar apoyo.

withdrawal n retiro.

withdrawal from circulation retiro de circulación.

withdrawal notice aviso de retiro.

withdrawal of a bid retiro de una propuesta.

withdrawal of an application retiro de una solicitud.

withdrawal of an offer retiro de una oferta.

withdrawal of funds retiro de fondos.

withdrawal of money retiro de dinero.

withdrawal of support retiro de apoyo.

withdrawal penalty penalidad por retiro.

withdrawal plan plan de retiros.

withdrawal slip hoja de retiros.

withdrawal value valor de retiro.

withhold v retener, rehusar.

withholding n retención, retención de impuestos, impuesto retenido.

withholding agent agente de retención, retentor.

withholding tax retención de impuestos, impuesto retenido.

without charge sin costo, sin coste, gratis.

without delay sin demora.

without dividend sin dividendo.

without liability sin responsabilidad.

without notice sin aviso.

without obligation sin obligación.

without prior notice sin previo aviso.

without recourse sin recurso.

without reserve sin reserva.

without warning sin advertencia, sin aviso.

witness n testigo, testigo de algo firmado, testigo firmante.

witness v atestiguar, atestiguar una firma, firmar como testigo.

witness whereof, in en testimonio de lo cual, en fe de lo cual.

wk. (week) semana.

wk. (work) trabajo.

woodland n tierra forestada, zona forestada.

word-of-mouth adj de boca en boca.

word-of-mouth advertising publicidad de boca en boca.

word-of-mouth marketing marketing de boca en boca, mercadeo de boca en boca.
word-of-mouth referrals referidos de boca en boca.
word processing procesamiento de palabras, procesamiento de texto.
wording n formulación, términos usados.
work n trabajo, empleo, ocupación, obra.
work v trabajar, funcionar.
work accident accidente en el trabajo.
work advancement progreso en el trabajo.
work analysis análisis de trabajo.
work area área de trabajo.
work bank banco de trabajos.
work change cambio de trabajo.
work choice selección de trabajo.
work classification clasificación de trabajo.
work crew equipo de trabajo, grupo de trabajo.
work cycle ciclo de trabajo.
work day día laborable, jornada.
work decision decisión de trabajo.
work definition definición de trabajo.
work description descripción de trabajo.
work enrichment enriquecimiento de trabajo.
work environment ambiente de trabajo.
work evaluation evaluación de trabajo.
work expectations expectativas de trabajo.
work experience experiencia de trabajo.
work flow flujo de trabajo.
work for a living trabajar para ganarse la vida.
work force fuerza laboral, personal.
work full time trabajar a tiempo completo.
work group grupo de trabajo, cuadrilla.
work history historial de trabajo.
work in progress trabajo en curso.
work in shifts trabajar por turnos.
work-life balance equilibrio entre el trabajo y la vida.
work load carga de trabajo.
work motivation motivación en el trabajo.
work objective objetivo del trabajo.
work of necessity trabajo de necesidad.
work off pagar mediante trabajo, amortizar.
work order orden de trabajo.
work-oriented adj orientado al trabajo.
work out resolver, formular, lograr mediante esfuerzos, funcionar, calcular.
work overtime trabajar horas extras.
work part time trabajar a tiempo parcial.
work permit permiso de trabajo, permiso oficial de trabajo de extranjero.
work place lugar de trabajo.
work placement colocación de trabajo.
work plan plan de trabajo.
work planning planificación del trabajo.
work preferences preferencias de trabajo.
work rate tasa por trabajo.
work-related adj relacionado al trabajo.
work-related accident accidente relacionado al trabajo.
work-related death muerte relacionada al trabajo.
work-related injury lesión relacionada al trabajo.
work rotation rotación de trabajo.
work satisfaction satisfacción en el trabajo.
work schedule horario de trabajo.
work security seguridad en el trabajo.
work selection selección de trabajo.
work sheet hoja de trabajo.
work shift turno de trabajo.
work specification especificación de trabajo.

work station estación de trabajo.
work stoppage paro laboral.
work stress estrés del trabajo.
work team equipo de trabajo, cuadrilla.
work ticket tarjeta para registrar horas de trabajo.
work-to-rule n huelga de celo.
work-to-rule strike huelga de celo.
work training entrenamiento de trabajo.
work unit unidad de trabajo.
work week semana laboral.
workaholic n adicto al trabajo.
workaholism n adicción al trabajo.
workday n día laborable, jornada.
worker n trabajador, obrero, empleado.
workers' compensation insurance seguro de accidentes y enfermedades de trabajo.
workers' compensation laws leyes sobre de accidentes y enfermedades de trabajo.
workers' union unión de trabajadores, sindicato de trabajadores.
workfare n programa que exige trabajo de alguna índole para poder recibir asistencia social.
workforce n fuerza laboral, personal.
working adj que trabaja, trabajador, que funciona, obrero, utilizable.
working account cuenta de explotación.
working age en edad para trabajar.
working age population población en edad para trabajar.
working area área de trabajo.
working assets activo de explotación, activo de trabajo.
working capital capital circulante, capital de explotación.
working capital ratio ratio corriente, ratio de liquidez, razón corriente, razón de liquidez.
working capital turnover ratio de ventas a capital circulante, razón de ventas a capital circulante.
working class clase obrera, clase trabajadora.
working conditions condiciones de trabajo.
working day día laborable, jornada.
working documents documentos de trabajo.
working environment ambiente de trabajo.
working group grupo de trabajo.
working holiday vacaciones incorporando trabajo.
working hours horas de trabajo.
working life parte de la vida que se ocupa trabajando.
working papers permiso oficial de trabajo, documentos de trabajo.
working partner socio activo.
working place lugar de trabajo.
working population población activa, población trabajadora.
working practice práctica de trabajo.
working reserve reserva para operaciones.
working vacation vacaciones incorporando trabajo.
working week semana laboral.
workload n carga de trabajo.
workman n obrero, trabajador.
workplace n lugar de trabajo.
worksheet n hoja de trabajo.
workshop n taller.
workstation n estación de trabajo.
workweek n semana laboral.
workwoman n obrera, trabajadora.
world adj mundial.
world n mundo.
world account cuenta mundial.
world accountancy contabilidad mundial.

world accounting contabilidad mundial.
world accounts cuentas mundiales.
world advertising publicidad mundial.
world agency agencia mundial.
world agent agente mundial.
world agreement convenio mundial, pacto mundial.
world aid ayuda mundial.
world assets activo mundial.
world assistance asistencia mundial.
world association asociación mundial.
World Bank Banco Mundial.
world banking banca mundial.
world body cuerpo mundial, institución mundial.
world brand marca mundial.
world budget presupuesto mundial.
world budgeting presupuestación mundial.
world capital capital mundial.
world cartel cartel mundial.
world-class *adj* de clase mundial.
world co-operation cooperación mundial.
world commerce comercio mundial.
world commodity producto mundial, mercancía mundial.
world communications comunicación mundial.
world company compañía mundial.
world competition competencia mundial.
world conference conferencia mundial.
world consumption consumo mundial.
world contract contrato mundial.
world cooperation cooperación mundial.
world corporation corporación mundial.
world correspondent corresponsal mundial.
world coverage cobertura mundial.
world credit crédito mundial.
world currency moneda mundial.
world debt deuda mundial.
world demand demanda mundial.
world deposits depósitos mundiales.
world division división mundial.
World Economic Forum Foro Económico Mundial.
world economy economía mundial.
world enterprise empresa mundial.
world entity entidad mundial.
world estimates estimados mundiales.
world expenditures gastos mundiales.
world expenses gastos mundiales.
world exports exportaciones mundiales.
world-famous *adj* mundialmente famoso.
world firm empresa mundial.
world food aid ayuda alimentaria mundial.
world goods productos mundiales.
world harmonisation armonización mundial.
world harmonization armonización mundial.
World Health Organisation Organización Mundial de la Salud.
World Health Organization Organización Mundial de la Salud.
world holiday feriado mundial.
world imports importaciones mundiales.
world income ingresos mundiales.
world industry industria mundial.
world inflation inflación mundial.
world insurance seguro mundial.
world insurer asegurador mundial.
World Intellectual Property Organisation Organización Mundial de la Propiedad Intelectual.
World Intellectual Property Organization Organización Mundial de la Propiedad Intelectual.

world interests intereses mundiales.
world investment inversión mundial.
world investor inversionista mundial.
world leader líder mundial.
world lending préstamos mundiales.
world liability responsabilidad mundial.
world liquidity liquidez mundial.
world loans préstamos mundiales.
world market mercado mundial.
world market price precio del mercado mundial.
world market share porcentaje del mercado mundial.
world marketing marketing mundial, mercadeo mundial.
world organisation organización mundial.
world organization organización mundial.
world partnership sociedad mundial.
world payment pago mundial.
world policy política mundial, póliza mundial.
world pollution contaminación mundial.
world price precio mundial.
world product producto mundial.
world quota cuota mundial.
world reserves reservas mundiales.
world resources recursos mundiales.
world revenues ingresos mundiales.
world sales ventas mundiales.
world securities valores mundiales.
world shipping transporte mundial.
world standardisation normalización mundial.
world standardization normalización mundial.
world standards normas mundiales.
world strategy estrategia mundial.
world supply oferta mundial.
world support ayuda mundial, apoyo mundial.
world system sistema mundial.
world taxes impuestos mundiales.
world trade comercio mundial.
World Trade Organisation Organización Mundial del Comercio.
World Trade Organization Organización Mundial del Comercio.
world trade policy política de comercio mundial.
world transport transporte mundial.
world union unión mundial.
world wealth riqueza mundial.
World Wide Web la Web, Telaraña Mundial.
worldwide *adj* mundial.
worldwide account cuenta mundial.
worldwide accountancy contabilidad mundial.
worldwide accounting contabilidad mundial.
worldwide accounting standards normas mundiales de contabilidad.
worldwide accounts cuentas mundiales.
worldwide advertising publicidad mundial.
worldwide agency agencia mundial.
worldwide agent agente mundial.
worldwide agreement convenio mundial, pacto mundial.
worldwide aid ayuda mundial.
worldwide assets activo mundial.
worldwide assistance asistencia mundial.
worldwide association asociación mundial.
worldwide bank banco mundial.
worldwide banking banca mundial.
worldwide body cuerpo mundial, institución mundial.
worldwide brand marca mundial.
worldwide budget presupuesto mundial.
worldwide budgeting presupuestación mundial.

worldwide capital capital mundial.
worldwide cartel cartel mundial.
worldwide co-operation cooperación mundial.
worldwide commerce comercio mundial.
worldwide commodity producto mundial,
mercancía mundial.
worldwide communications comunicación
mundial.
worldwide company compañía mundial.
worldwide competition competencia mundial.
worldwide conference conferencia mundial.
worldwide consumption consumo mundial.
worldwide contract contrato mundial.
worldwide cooperation cooperación mundial.
worldwide corporation corporación mundial.
worldwide correspondent corresponsal mundial.
worldwide coverage cobertura mundial.
worldwide credit crédito mundial.
worldwide currency moneda mundial.
worldwide custom costumbre mundial.
worldwide debt deuda mundial.
worldwide demand demanda mundial.
worldwide deposits depósitos mundiales.
worldwide division división mundial.
worldwide economy economía mundial.
worldwide enterprise empresa mundial.
worldwide entity entidad mundial.
worldwide estimates estimados mundiales.
worldwide expenditures gastos mundiales.
worldwide expenses gastos mundiales.
worldwide exports exportaciones mundiales.
worldwide firm empresa mundial.
worldwide food aid ayuda alimentaria mundial.
worldwide goods productos mundiales.
worldwide harmonisation armonización mundial.
worldwide harmonization armonización mundial.
worldwide holiday feriado mundial.
worldwide imports importaciones mundiales.
worldwide income ingresos mundiales.
worldwide industry industria mundial.
worldwide insurance seguro mundial.
worldwide insurance coverage cobertura de
seguro mundial.
worldwide insurance policy póliza de seguro
mundial.
worldwide insurer asegurador mundial.
worldwide interests intereses mundiales.
worldwide investment inversión mundial.
worldwide investor inversionista mundial.
worldwide lending préstamos mundiales.
worldwide liability responsabilidad mundial.
worldwide liquidity liquidez mundial.
worldwide loans préstamos mundiales.
worldwide market mercado mundial.
worldwide marketing marketing mundial,
mercadeo mundial.
worldwide organisation organización mundial.
worldwide organization organización mundial.
worldwide partnership sociedad mundial.
worldwide payment pago mundial.
worldwide policy política mundial, póliza mundial.
worldwide price precio mundial.
worldwide product producto mundial.
worldwide quota cuota mundial.
worldwide reserves reservas mundiales.
worldwide resources recursos mundiales.
worldwide revenues ingresos mundiales.
worldwide sales ventas mundiales.
worldwide securities valores mundiales.
worldwide shipping transporte mundial.

worldwide standardisation normalización
mundial.
worldwide standardization normalización
mundial.
worldwide standards normas mundiales.
worldwide strategy estrategia mundial.
worldwide subsidiary subsidiaria mundial.
worldwide supply oferta mundial.
worldwide support ayuda mundial, apoyo mundial.
worldwide system sistema mundial.
worldwide taxes impuestos mundiales.
worldwide trade comercio mundial.
worldwide transport transporte mundial.
worldwide union unión mundial.
worldwide wealth riqueza mundial.
worst-case scenario escenario más desfavorable.
worth *n* valor.
worthless *adj* sin valor.
worthless account cuenta sin valor.
worthless check cheque sin fondos, cheque girado
contra una cuenta no existente.
worthless cheque cheque sin fondos, cheque
girado contra una cuenta no existente.
worthless securities valores sin valor.
worthwhile *adj* que vale la pena.
wrap up concluir, concluir con éxito, envolver.
wrap-up *n* resumen, resumen informativo.
wraparound mortgage hipoteca que incorpora otra
hipoteca existente.
writ *n* orden judicial, mandamiento judicial, orden,
mandamiento, auto, decreto.
writ of attachment mandamiento de embargo.
write down reducir el valor contable, amortizar
parcialmente.
write-off *n* cancelación, pérdida total, eliminación,
anulación, deuda incobrable.
write off *v* reducir el valor contable a cero,
eliminar, amortizar completamente, cancelar una
partida contable, cancelar, dar por perdido.
write up aumentar el valor contable.
writer *n* girador, quien vende opciones.
writing, in por escrito.
written *adj* escrito.
written agreement convenio escrito, acuerdo
escrito, contrato escrito.
written contract contrato escrito.
written down con el valor contable reducido,
parcialmente amortizado, escrito.
written guarantee garantía escrita.
written guaranty garantía escrita.
written notice aviso por escrito.
written off eliminado, cancelado, amortizado
completamente, con el valor contable reducido a
cero, dado por perdido.
written offer oferta escrita.
written warning aviso escrito, advertencia escrita.
written warranty garantía escrita.
wrong entry asiento equivocado.
wrongdoer *n* malhechor, criminal.
wrongdoing *n* acto malévolo, acto criminal,
conducta malévola, conducta criminal.
wrongful *adj* indebido, ilegal, perjudicial.
wrongful dishonor rehuso de pago indebido.
wt. (weight) peso.
**WTO (World Trade Organization, World Trade
Organisation)** Organización Mundial del
Comercio.
WWW (World Wide Web) la Web, Telaraña
Mundial.

X

x (ex dividend) sin dividendo.
x (extension) extensión, extensión telefónica.
X (ex) ex.
X *n* lugar donde se firma, firma utilizada por quien no sabe escribir, cantidad desconocida.
X-efficiency *n* eficiencia X.
X-inefficiency *n* ineficiencia X.
XC (ex coupon) sin cupón.
XD (ex dividend) sin dividendo.
xenocurrency *n* xenomoneda.
xenophobe *adj* xenófobo.
xenophobe *n* xenófobo.
xenophobia *n* xenofobia.
XR (ex rights) sin derechos de suscripción.

Y

Yankee bond bono Yankee, bono yanqui.
yard *n* yarda.
yardstick *n* norma para comparar, norma para medir.
year-end *adj* fin de año, fin de ejercicio.
year-end adjustment ajuste de fin de año.
year-end audit auditoría de fin de año.
year-end dividend dividendo de fin de año.
year of issue año de emisión.
year-to-date *adj* año hasta la fecha, ejercicio hasta la fecha.
year-to-year *adj* interanual.
yearly *adj* anual.
yearly *adv* anualmente.
yearly accounts cuentas anuales.
yearly adjustment ajuste anual.
yearly aggregate limit límite total anual.
yearly amortisation amortización anual.
yearly amortization amortización anual.
yearly audit auditoría anual.
yearly average earnings promedio de ingresos anuales.
yearly basis base anual.
yearly bonus bono anual, bonificación anual.
yearly budget presupuesto anual.
yearly budgeting presupuestación anual.
yearly cap límite anual.
yearly cash flow flujo de efectivo anual.
yearly charge cargo anual.
yearly closing cierre anual.
yearly cost costo anual, coste anual.
yearly debt service servicio de la deuda anual.
yearly depreciation depreciación anual.
yearly dividend dividendo anual.
yearly earnings ingresos anuales.
yearly exclusion exclusión anual.
yearly fee cargo anual.
yearly financial statement estado financiero anual.
yearly growth crecimiento anual.
yearly income ingreso anual, renta anual.
yearly interest interés anual.
yearly limit límite anual.
yearly meeting reunión anual, asamblea anual, junta anual, sesión anual.

yearly payment pago anual, abono anual.
yearly percentage rate tasa porcentual anual.
yearly policy póliza anual.
yearly premium prima anual.
yearly production producción anual.
yearly profit beneficio anual, ganancia anual.
yearly rate tasa anual, tipo anual.
yearly rate increase incremento de tasa anual.
yearly remuneration remuneración anual.
yearly renewable term insurance seguro de término renovable anualmente.
yearly rent renta anual.
yearly report informe anual, reporte anual, memoria anual.
yearly return rendimiento anual.
yearly salary salario anual, sueldo anual.
yearly statement estado anual.
yearly value valor anual.
yearly wage salario anual, sueldo anual.
yearly yield rendimiento anual.
years of service años de servicio.
yellow-dog contract contrato mediante el cual el empleado pierde su trabajo si se une a un sindicato.
yellow pages páginas amarillas.
yen *n* yen.
yield *n* rendimiento, cosecha.
yield *v* rendir, rendirse, ceder.
yield advantage ventaja de rendimiento.
yield basis base de rendimiento.
yield curve curva de rendimiento.
yield equivalence equivalencia de rendimiento.
yield equivalent equivalente de rendimiento.
yield gap diferencia de rendimiento.
yield increase aumento de rendimiento.
yield interest devengar intereses.
yield pickup incremento en la tasa corriente obtenida al vender un bono y comprar otro con mayor rendimiento.
yield rate tasa de rendimiento.
yield spread diferencia de rendimiento.
yield to average life rendimiento a la vida media.
yield to call rendimiento a la redención.
yield to maturity rendimiento al vencimiento.
Yours Sincerely Atentamente.
youth market mercado juvenil.
yr. (year) año.
yrs. (years) años.
YTC (yield to call) rendimiento a la redención.
YTM (yield to maturity) rendimiento al vencimiento.
yuan *n* yuan.
yuppie (young urban professional) yuppie, joven profesional ambicioso que vive en una ciudad y que busca impresionar.
yuppy (young urban professional) yuppie, joven profesional ambicioso que vive en una ciudad y que busca impresionar.

Z

Z-score *n* puntuación Z.
zero balance balance cero, saldo cero.
zero-balance account cuenta de balance cero.
zero-based *adj* de base cero.
zero-based budget presupuesto de base cero.

zero-based budgeting presupuestación de base cero.

zero-coupon bond bono cupón cero, bono con pago único al vencimiento que incluye el principal y todos los intereses.

zero-coupon mortgage hipoteca con pago único al vencimiento que incluye el principal y todos los intereses.

zero-coupon securities valores con pago único al vencimiento que incluye el principal y todos los intereses.

zero defects cero defectos.

zero economic growth crecimiento económico cero.

zero growth crecimiento cero.

zero inflation inflación cero.

zero rate tasa cero, tipo cero.

zero-sum game juego de suma cero.

zip code código postal.

zonal *adj* zonal.

zone *n* zona.

zone *v* dividir en zonas.

zone of employment zona de empleo.

zoning *n* zonificación.

zoning laws leyes de zonificación.

zoning map mapa de zonificación.

zoning ordinance ordenanza de zonificación.

zoning regulations reglamentos de zonificación.

zoning rules reglamentos de zonificación.

Spanish to English

Español a Inglés

A

a bordo aboard.
a cargo de in charge of, payable by.
a cobrar receivable.
a corto plazo short term, in the short term.
a crédito on credit.
a cuenta on account.
a cuenta de for the account of, on behalf of.
a cuenta nueva carried forward.
a descuento at a discount.
a destajo by the job.
a favor de in favor of.
a fondo in depth.
a granel in bulk.
a la apertura at the opening.
a la baja bearish.
a la entrega on delivery.
a la gruesa bottomry.
a la orden de to the order of.
a la par at par.
a la presentación at sight, on presentation.
a la vista at sight, on demand.
a largo plazo long term, long range.
a mano by hand.
a mansalva without risk, without danger.
a mediano plazo medium term.
a medio plazo medium term.
a pagar payable, outstanding.
a pedimento on request.
a plazo corto short term.
a plazo fijo fixed term.
a plazo intermedio intermediate term.
a plazo largo long term.
a plazos in installments.
a precio de mercado at market price.
a presentación on presentation.
a primera vista at first glance, prima facie.
a propósito on purpose, deliberately.
a prueba on approval.
a riesgo at risk.
a su presentación on presentation.
a su propia orden to his own order.
a tiempo on time.
a tiempo completo full time.
a tiempo parcial part time.
a título gratuito gratuitous.
a título informativo for information purposes only, by way of information.
a título oneroso based on valuable consideration.
a título precario for temporary use and enjoyment.
abajo firmado undersigned, signed below.
abajo firmante undersigned.
abajo mencionado undermentioned, mentioned below.
abajofirmante *m/f* undersigned.
abandonado *adj* abandoned, neglected, negligent.
abandonamiento *m* abandonment, negligence.
abandonar *v* abandon, abort, waive.
abandonar al asegurador abandon to the insurer.
abandonar géneros abandon goods.
abandonar propiedad abandon property.
abandonar tierra abandon land.
abandonar una reclamación abandon a claim.
abandono *m* abandonment, waiver.
abandono de activo abandonment of assets.
abandono de bienes abandonment of goods.
abandono de buque abandonment of ship.

abandono de carga abandonment of cargo, abandonment of freight.
abandono de cargamento abandonment of cargo, abandonment of freight.
abandono de contrato abandonment of contract.
abandono de cosas aseguradas abandonment of insured property.
abandono de deberes dereliction of duties, abandonment of duties.
abandono de derechos de autor abandonment of copyright.
abandono de flete abandonment of freight, abandonment of cargo.
abandono de mercancías abandonment of goods.
abandono de nave abandonment of ship.
abandono de propiedad abandonment of property.
abandono de propiedad asegurada abandonment of insured property.
abandono de tierra abandonment of land.
abandono de un contrato abandonment of a contract.
abandono de una reclamación abandonment of a claim.
abandono del servicio dereliction of duty.
abandono implícito implied abandonment.
abanico salarial salary range, wage scale.
abaratamiento *m* cheapening, reduction, price cut.
abaratar *v* cheapen, reduce, cut prices.
abaratarse *v* become cheaper, to be reduced, come down in price.
abarcador *adj* comprehensive.
abarcador *m* monopolizer.
abarcar *v* cover, contain, monopolize, undertake many things.
abarrotado *adj* saturated, monopolized, completely stocked.
abarrotar *v* saturate, monopolize, stock completely.
abastecedor *m* purveyor, supplier.
abastecer *v* supply.
abastecer el mercado supply the market.
abastecido *adj* supplied.
abastecimiento *m* supply, supplying.
abastecimiento de energía energy supply.
abastecimiento electrónico electronic sourcing, e-sourcing.
abasto *m* supply, supplying.
abasto de energía energy supply.
abastos *m* supplies.
abertura *f* opening, openness.
abierto *adj* open.
abierto a ofertas open to offers.
abierto al público open to the public.
abierto las 24 horas open 24 hours.
abjurar *v* abjure, renounce.
abogado *m* attorney, lawyer, advocate, barrister.
abogado de empresa corporate attorney, in-house attorney, corporate lawyer, in-house lawyer.
abogado de patentes patent attorney, patent lawyer.
abogado de sociedad corporate attorney, corporate lawyer.
abogado del estado government attorney, state attorney, government lawyer, state lawyer, public prosecutor.
abogado del gobierno government attorney, government lawyer.
abogado laboral labor attorney, labor lawyer.
abogado laboralista labor attorney, labor lawyer.
abogado laborista labor attorney, labor lawyer.
abogado mercantilista corporate attorney,

corporate lawyer, commercial attorney, commercial lawyer.

abogado notario attorney who is also a notary public, lawyer who is also a notary public.

abogado tributarista tax attorney, tax lawyer.

abogar v defend, advocate, plead.

abolición f abolition, repeal.

abolir v abolish, repeal.

abonable adj payable.

abonado adj paid, credited.

abonado m subscriber, customer.

abonado al contado paid in cash.

abonado en cuenta credited to account.

abonado en efectivo paid in cash.

abonado por adelantado paid in advance.

abonado totalmente paid in full.

abonador m surety, guarantor.

abonamiento m surety, guarantee, security.

abonar v credit, pay, guarantee.

abonar a una cuenta credit an account.

abonar al contado pay cash.

abonar de más overcredit.

abonar en cuenta credit an account.

abonar en efectivo pay cash.

abonar en exceso overcredit.

abonaré m promissory note, due bill.

abono m payment, credit, guarantee.

abono a cuenta payment on account.

abono a la entrega paid on delivery.

abono a plazos payment in installments.

abono acordado agreed-upon payment.

abono acostumbrado customary payment.

abono adelantado advance payment, prepayment.

abono adicional additional payment.

abono adicional garantizado guaranteed additional payment.

abono al contado cash payment.

abono antes de entrega cash before delivery.

abono antes del vencimiento payment before maturity, prepayment.

abono anticipado prepayment, advance payment, advance cash.

abono anticipado de impuestos advance tax payment.

abono anual annual payment.

abono aplazado installment payment, deferred payment.

abono atrasado late payment, overdue payment, payment in arrears.

abono automático automatic payment.

abono bisemanal biweekly payment.

abono calculado calculated payment.

abono compensatorio compensating payment.

abono compulsorio compulsory payment.

abono con la orden cash with order.

abono con tarjeta credit card payment, debit card payment.

abono con tarjeta de crédito credit card payment.

abono con tarjeta de débito debit card payment.

abono condicional conditional payment.

abono conjunto copayment.

abono constante constant payment.

abono contingente contingent payment.

abono contra entrega cash on delivery.

abono contractual contractual payment.

abono contratado contracted payment.

abono convenido agreed-upon payment.

abono de alquiler rent payment.

abono de amortización amortization payment.

abono de anualidad annuity payment.

abono de arrendamiento lease payment.

abono de banquero banker's payment.

abono de compensación compensating payment.

abono de contribuciones tax payment.

abono de dividendo dividend payment.

abono de entrada down payment.

abono de facturas bill payment.

abono de impuestos tax payment.

abono de incentivo incentive pay, incentive fee.

abono de intereses interest payment.

abono de la deuda debt payment.

abono de la pensión pension payment.

abono de la reclamación claim payment.

abono de las obligaciones payment of obligations.

abono de mantenimiento maintenance payment.

abono de prima premium payment.

abono de servicios payment of services.

abono de vacaciones vacation pay.

abono del IVA payment of the value-added tax.

abono demorado delayed payment.

abono detenido stopped payment.

abono diferido deferred payment, late payment.

abono directo direct payment.

abono electrónico electronic payment.

abono en cuotas payment in installments.

abono en efectivo cash payment.

abono en especie payment in kind.

abono en exceso overpayment.

abono en línea online payment.

abono en moneda extranjera payment in foreign currency.

abono en mora overdue payment.

abono especial special payment.

abono especificado specified payment.

abono estimado estimated payment.

abono estipulado stipulated payment.

abono extraviado missing payment.

abono fijo fixed payment.

abono final final payment, final installment.

abono forzado forced payment.

abono forzoso forced payment.

abono fraccionado partial payment.

abono garantizado guaranteed payment.

abono global lump-sum payment.

abono hipotecario mortgage payment.

abono inicial down payment.

abono inicial mínimo minimum down payment.

abono inmediato immediate payment.

abono insuficiente underpayment.

abono íntegro full payment.

abono interino interim payment.

abono internacional international payment.

abono máximo maximum payment.

abono mensual monthly payment.

abono mínimo minimum payment.

abono necesario necessary payment.

abono negociado negotiated payment.

abono neto net payment.

abono nominal nominal payment.

abono normal normal payment.

abono obligado obligatory payment, mandatory payment.

abono obligatorio obligatory payment, mandatory payment.

abono online online payment.

abono ordinario ordinary payment.

abono pactado agreed-upon payment.

abono parcial partial payment.

abono pendiente outstanding payment.

abono perdido missing payment.
abono periódico periodic payment.
abono por adelantado payment in advance, cash in advance.
abono por cheque payment by check, payment by cheque.
abono por error wrongful payment.
abono por horas payment per hour, hourly rate.
abono por otro payment of the debts of another.
abono preautorizado preauthorized payment.
abono preestablecido preset payment.
abono preferencial preferential payment.
abono puntual timely payment, prompt payment.
abono recibido payment received.
abono recurrente recurring payment.
abono reembolsable refundable payment.
abono regular regular payment.
abono requerido required payment.
abono restringido restricted payment.
abono seguro secure payment.
abono subsidiado subsidized payment.
abono subvencionado subsidized payment.
abono tardío late payment.
abono típico typical payment.
abono total full payment.
abono trimestral quarterly payment.
abono único single payment.
abono vencido overdue payment.
abono voluntario voluntary payment.
abonos consecutivos consecutive payments.
abonos corrientes current payments.
abonos escalonados graduated payments.
abonos parejos level payments.
abonos programados programmed payments.
abonos suplementarios supplemental payments.
abonos variables variable payments.
abordaje *m* collision of vessels, boarding.
abordar un tema deal with a topic.
abortar *v* abort, abandon, fail, suspend.
abrazo del oso bear hug.
abreviado *adj* abbreviated.
abreviar *v* abbreviate.
abrigo contributivo tax shelter.
abrigo contributivo abusivo abusive tax shelter.
abrigo impositivo tax shelter.
abrigo tributario tax shelter.
abrir a la baja open down, open lower.
abrir al alza open up, open higher.
abrir crédito open credit.
abrir la asamblea call the meeting to order.
abrir la junta call the meeting to order.
abrir la licitación open the bidding.
abrir la reunión call the meeting to order.
abrir la sesión call the meeting to order.
abrir las negociaciones open negotiations.
abrir los libros open the books.
abrir propuestas open bids.
abrir un crédito open a line of credit.
abrir un mercado open a market.
abrir un negocio open a business.
abrir una cuenta open an account.
abrogable *adj* annullable, repealable.
abrogación *f* abrogation, annulment, repeal.
abrogar *v* abrogate, annul, repeal.
absentismo *m* absenteeism.
absentismo laboral employee absenteeism.
absentista *m/f* absentee.
absoluta e incondicionalmente absolutely and unconditionally.
absolutamente *adv* absolutely.

absolutamente e incondicionalmente absolutely and unconditionally.
absoluto *adj* absolute.
absorber *v* absorb, take over.
absorber costes absorb costs.
absorber costos absorb costs.
absorber gastos absorb expenses.
absorber la pérdida absorb the loss.
absorber liquidez absorb liquidity.
absorber pérdidas absorb losses.
absorbido *adj* absorbed, taken over.
absorción *f* absorption, takeover.
absorción corporativa corporate takeover.
absorción de corporación corporate takeover.
absorción de costes absorption of costs, cost absorption.
absorción de costos absorption of costs, cost absorption.
absorción de empresa corporate takeover.
absorción de liquidez absorption of liquidity.
absorción inversa reverse takeover.
abstención *f* abstention.
abstenerse *v* abstain.
abundancia *f* abundance.
abundante *adj* abundant.
abusar *v* abuse, take advantage.
abusivo *adj* abusive.
abuso *m* abuse, misuse.
abuso de autoridad abuse of authority.
abuso de confianza breach of trust.
abuso de crédito misuse of credit.
abuso de poder abuse of power.
academia comercial business school, business academy.
academia de comercio business school, commerce academy.
academia de negocios business school, business academy.
acaparado *adj* monopolized, hoarded, cornered.
acaparador *adj* monopolizing, hoarding, cornering.
acaparador *m* monopolizer, hoarder, cornerer.
acaparamiento *m* monopolization, hoarding, cornering.
acaparamiento de bienes hoarding of goods.
acaparamiento de mercancías hoarding of goods, hoarding of commodities, coemption.
acaparamiento de toda la oferta coemption.
acaparar *v* monopolize, hoard, corner.
acaparar el mercado corner the market.
acaparrarse *v* reach an agreement, close a transaction.
acápite *m* separate paragraph.
acarrear *v* carry, transport.
acarreo *m* carriage, transport.
acarreto *m* carriage, transport.
acatamiento *m* compliance, observance, respect, acknowledgement.
acatamiento voluntario voluntary compliance.
acatar *v* comply with, observe, respect, acknowledge.
acceder *v* accede, agree.
acceder a un mercado gain access to a market.
accesibilidad *f* accessibility.
accesible *adj* accessible, approachable, available.
accesible a todos available to all.
accesión *f* accession.
acceso *m* access, admittance.
acceso a Internet Internet access.
acceso a mercados market access.
acceso al crédito credit access.

acceso directo direct access.
acceso efectivo effective access.
acceso efectivo al mercado effective market access.
acceso equivalente equivalent access.
acceso libre free access, open access.
acceso público public access.
accesoria *f* annex.
accesorio *adj* accessory, secondary.
accesorio *m* accessory, fixture.
accesorios e instalaciones fixtures and fittings.
accidental *adj* accidental.
accidentalmente *adv* accidentally.
accidente *m* accident.
accidente corporal accident resulting in a personal injury.
accidente de empleo occupational accident.
accidente de trabajo occupational accident.
accidente en el empleo on-the-job accident.
accidente en el trabajo on-the-job accident.
accidente industrial industrial accident.
accidente laboral occupational accident.
accidente no de trabajo non-occupational accident.
accidente no laboral non-occupational accident.
accidente ocupacional occupational accident.
accidente operativo industrial accident.
accidente profesional occupational accident.
accidente relacionado al empleo job-related accident.
accidente relacionado al trabajo job-related accident, work-related accident.
acción *f* stock share, stock certificate, stock, share, action, act, lawsuit.
acción administrativa administrative action.
acción antidumping antidumping action.
acción cambiaria action for the collection of a bill of exchange.
acción cambiaria de regreso action against secondary endorsers.
acción civil civil action.
acción comunitaria community action.
acción contractual action of contract.
acción criminal criminal action.
acción de apremio summary process for the collection of taxes, action of debt.
acción de clase class action.
acción de cobro de dinero action of debt.
acción de conducción action by a tenant to maintain possession.
acción de desahucio action of ejectment, ejectment action.
acción de desalojo ejectment action.
acción de deslinde action to establish property lines.
acción de despojo ejectment action.
acción de enriquecimiento indebido action for restitution after unjust enrichment.
acción de quiebra act of bankruptcy.
acción de regreso action of debt.
acción disciplinaria disciplinary action.
acción en cobro de dinero action of debt.
acción estimatoria action by a buyer against a seller to obtain a reduction in price due to defects.
acción fraccionada fractional share.
acción hipotecaria foreclosure proceedings.
acción ilegal illegal action.
acción ilícita illicit action.
acción industrial industrial action.
acción inmobiliaria action concerning real estate.

acción judicial legal action, lawsuit.
acción laboral labor action.
acción legal legal action, lawsuit.
acción mobiliaria action concerning personal property.
acción multilateral multilateral action.
acción para el cobro recovery action, cost recovery action.
acción pauliana action by a creditor to nullify a fraudulent act by a debtor.
acción pignoraticia action of pledge.
acción plenaria de posesión action to acquire property through prescription.
acción por incumplimiento de contrato action of assumpsit.
acción posesoria possessory action.
acción prendaria action of pledge.
acción revocatoria action by a creditor against a debtor to nullify fraudulent acts.
acción sindical union activity.
accionable *adj* actionable.
accionariado *m* shareholders.
accionario *m* shareholder.
acciones *f* shares, stocks, stock shares, stock certificates.
acciones a la par par-value stock, par stock.
acciones a valor par par-value stock, par stock.
acciones acumulativas cumulative stock.
acciones administradas managed shares, managed stock.
acciones al contado cash stock, cash shares.
acciones al portador bearer stock, bearer shares.
acciones amortizables redeemable shares, redeemable stock.
acciones asignadas allocated shares, allocated stock.
acciones autorizadas authorized shares, authorized capital shares.
acciones bancarias bank shares, bank stock.
acciones barométricas barometer stocks.
acciones calificadas qualifying shares.
acciones canjeables convertible shares.
acciones cíclicas cyclical stocks.
acciones clasificadas classified stock, classified shares.
acciones comunes common stock.
acciones con derecho a dividendos dividend stock.
acciones con derecho a voto voting stock.
acciones con derecho de voto voting stock.
acciones con descuento stock at a discount.
acciones con dividendos dividend stock.
acciones con garantía de dividendos guaranteed stock.
acciones con participación participating stock.
acciones con prima stocks at a premium.
acciones con valor a la par par-value stock.
acciones con voto voting stock.
acciones congeladas frozen shares, frozen stock.
acciones controladas controlled shares, controlled stock.
acciones convertibles convertible stock.
acciones corporativas corporate stock.
acciones cotizadas listed stock, listed shares.
acciones cotizadas en bolsa listed stock, listed shares.
acciones cubiertas paid-up stock.
acciones de alta tecnología high-technology stocks.
acciones de alto riesgo high-risk stocks.

acciones de banco bank stocks, bank shares.
acciones de banquero banker's stock, banker's shares.
acciones de capital capital stock.
acciones de clase A class A stock.
acciones de clase B class B stock.
acciones de compañías corporate shares.
acciones de control control stock.
acciones de fundación founders' shares.
acciones de fundador founders' shares.
acciones de garantía guarantee stock.
acciones de industria stock given in exchange of services.
acciones de ingresos income shares.
acciones de la compañía company shares.
acciones de la directiva directors' shares.
acciones de los empleados employee shares, employee stock.
acciones de los fundadores founders' shares.
acciones de los promotores founders' shares.
acciones de preferencia preferred shares.
acciones de primer orden blue-chip stocks.
acciones de primera calidad blue-chip stocks.
acciones de sociedad anónima corporate stock.
acciones de tesorería treasury stock.
acciones de trabajo stock issued for services.
acciones diferidas deferred stock.
acciones diluidas diluted shares.
acciones donadas donated stock.
acciones emitidas emitted stock, issued stock.
acciones en caja treasury stock.
acciones en cartera stocks in portfolio.
acciones en circulación outstanding stock.
acciones en tesorería treasury stock.
acciones enteramente pagadas paid-up stock.
acciones exhibidas paid-up stock.
acciones gravables assessable stock, assessable shares.
acciones inactivas inactive stocks.
acciones indexadas indexed stocks, indexed shares.
acciones indicativas de tendencias bellwether stocks.
acciones liberadas paid-up stock.
acciones manipuladas manipulated shares, manipulated stock.
acciones negociables negotiable shares.
acciones no cotizadas unlisted shares.
acciones no emitidas unissued stock.
acciones no gravables non-assessable stock.
acciones no imponibles non-assessable stock.
acciones no liberadas stock that is not paid-up.
acciones no registradas unregistered stock.
acciones no suscritas unsubscribed stock.
acciones nominales registered stock.
acciones nominativas registered stock.
acciones normales normal stock, normal shares.
acciones ordinarias ordinary stock.
acciones pagadas paid-up stock.
acciones pignoradas pledged shares.
acciones preferenciales preferred stock.
acciones preferenciales acumulativas cumulative preferred stock.
acciones preferenciales con participación participating preferred stock.
acciones preferenciales convertibles convertible preferred stock.
acciones preferenciales no acumulativas noncumulative preferred stock.
acciones preferenciales redimibles redeemable

preferred stock.
acciones preferentes preferred stock.
acciones preferentes acumulativas cumulative preferred stock.
acciones preferentes con participación participating preferred stock.
acciones preferentes convertibles convertible preferred stock.
acciones preferentes no acumulativas noncumulative preferred stock.
acciones preferentes redimibles callable preferred stock.
acciones preferidas preferred stock.
acciones preferidas acumulativas cumulative preferred stock.
acciones preferidas con participación participating preferred stock.
acciones preferidas convertibles convertible preferred stock.
acciones preferidas no acumulativas noncumulative preferred stock.
acciones preferidas redimibles callable preferred stock.
acciones prestadas borrowed stock, loaned stock.
acciones privilegiadas preferred stock.
acciones privilegiadas acumulativas cumulative preferred stock.
acciones privilegiadas con participación participating preferred stock.
acciones privilegiadas convertibles convertible preferred stock.
acciones privilegiadas no acumulativas noncumulative preferred stock.
acciones privilegiadas redimibles callable preferred stock.
acciones readquiridas reacquired stock.
acciones recuperables callable stock, redeemable stock.
acciones redimibles callable stock, redeemable stock.
acciones redimidas called stock, called shares.
acciones regulares regular stock, regular shares.
acciones rescatables callable stock, redeemable stock.
acciones seguras defensive stocks.
acciones sin derecho a voto non-voting stock.
acciones sin derecho de voto non-voting stock.
acciones sin valor a la par no par stock.
acciones sin valor nominal no par stock.
acciones sin voto non-voting stock.
acciones suscriptas subscribed stock.
acciones suscritas subscribed stock.
acciones votantes voting stock.
accionista *m/f* stockholder, shareholder.
accionista constituyente founding stockholder.
accionista fundador founding stockholder.
accionista mayoritario majority stockholder.
accionista minoritario minority stockholder.
accionista ordinario common stockholder, ordinary stockholder.
accionista preferido preferred stockholder.
accionista principal principal stockholder.
accionista privado private stockholder.
accionista registrado stockholder of record.
accionistas disidentes dissenting stockholders.
accisa *f* excise tax.
aceleración *f* acceleration.
aceleración del vencimiento acceleration of maturity.
acelerado *adj* accelerated.

acelerador *m* accelerator.
acelerar *v* accelerate.
acensar *v* tax, take a census, establish an annuity contract which runs with the land.
acensuar *v* tax, take a census, establish an annuity contract which runs with the land.
aceptabilidad *f* acceptability.
aceptable *adj* acceptable.
aceptablemente *adv* acceptably.
aceptación *f* acceptance, success.
aceptación absoluta absolute acceptance, clean acceptance.
aceptación anticipada anticipated acceptance.
aceptación bancaria banker's acceptance, bank acceptance.
aceptación cambiaria accepted bill of exchange.
aceptación comercial trade acceptance.
aceptación como finiquito accord and satisfaction.
aceptación como miembro acceptance of membership.
aceptación condicionada conditional acceptance.
aceptación condicional conditional acceptance.
aceptación contractual acceptance of contract.
aceptación de bienes acceptance of goods.
aceptación de colateral collateral acceptance.
aceptación de complacencia accommodation acceptance.
aceptación de crédito credit acceptance.
aceptación de depósitos acceptance of deposits.
aceptación de entrega acceptance of delivery.
aceptación de favor accommodation acceptance.
aceptación de la donación acceptance of the gift.
aceptación de la herencia acceptance of the inheritance.
aceptación de la letra de cambio acceptance of the bill of exchange.
aceptación de marca brand acceptance.
aceptación de oferta acceptance of offer, acceptance of bid.
aceptación de pedido acceptance of order.
aceptación de poder acceptance of power of attorney.
aceptación de propuesta acceptance of proposal, acceptance of bid.
aceptación del cliente client acceptance.
aceptación del consumidor consumer acceptance.
aceptación del legado acceptance of the legacy.
aceptación del mandato acceptance to represent a principal.
aceptación del mercado market acceptance.
aceptación del producto product acceptance.
aceptación del riesgo acceptance of risk.
aceptación en blanco blank acceptance.
aceptación especial special acceptance.
aceptación expresa express acceptance.
aceptación final final acceptance.
aceptación general general acceptance, clean acceptance.
aceptación implícita implied acceptance.
aceptación incondicional unconditional acceptance, absolute acceptance, clean acceptance.
aceptación legal legal acceptance.
aceptación libre general acceptance, clean acceptance.
aceptación limitada limited acceptance.
aceptación mercantil trade acceptance.
aceptación parcial partial acceptance.
aceptación por acomodamiento accommodation acceptance.

aceptación por el consumidor consumer acceptance.
aceptación provisional provisional acceptance.
aceptación pura y simple unconditional acceptance.
aceptación restringida restricted acceptance.
aceptación tácita tacit acceptance.
aceptación total total acceptance.
aceptado *adj* accepted, honored.
aceptador *adj* accepting.
aceptador *m* acceptor, accepter.
aceptamos devoluciones, no we do not accept returns, no returns.
aceptamos tarjetas we accept credit cards, we accept debit cards, we accept cards.
aceptamos tarjetas de crédito we accept credit cards.
aceptamos tarjetas de débito we accept debit cards.
aceptante *adj* accepting.
aceptante *m/f* acceptor, accepter.
aceptante de un efecto acceptor of a bill.
aceptar *v* accept.
aceptar con reserva accept conditionally.
aceptar condicionalmente accept conditionally.
aceptar depósitos accept deposits.
aceptar efectivo accept cash.
aceptar entrega accept delivery.
aceptar mercancías accept goods.
aceptar por cuenta de accept for the account of, accept on behalf of.
aceptar responsabilidad accept responsibility, accept liability.
aceptar tarjetas accept credit cards, accept debit cards, accept cards.
aceptar tarjetas de crédito accept credit cards.
aceptar tarjetas de débito accept debit cards.
aceptar un empleo accept a job.
aceptar un pago accept a payment.
aceptar un trabajo accept a job.
aceptar una letra accept a bill.
aceptar una oferta accept an offer.
acepto *adj* acceptable, accepted.
acepto *m* acceptance.
acercamiento *m* approach.
acercamiento colaborativo collaborative approach.
acercamiento de comparación comparison approach.
acercamiento de comparación de mercado market comparison approach.
acercamiento de coste de oportunidad opportunity cost approach.
acercamiento de costes cost approach.
acercamiento de costo de oportunidad opportunity cost approach.
acercamiento de costos cost approach.
acercamiento de estado comparativo comparative statement approach.
acercamiento de ingresos income approach.
acercamiento de ventas comparativas comparative sales approach.
acercamiento económico economic approach.
acercamiento incremental incremental approach.
acercamiento integrado integrated approach.
acertado *adj* correct, on target, appropriate.
acervo *m* undivided assets, undivided estate, common property, heap.
acervo comunitario the evolving rights and obligations which bind and govern the member

states of the European Union.

acervo hereditario assets of an estate.

acervo social assets of a company.

aclaración *f* clarification, explanation.

aclarar *v* clarify, explain.

acoger *v* accept, receive.

acometer *v* undertake, tackle, attack.

acomodar *v* accommodate.

acompañado *adj* accompanied.

acompañar *v* accompany.

aconsejable *adj* advisable, sensible.

aconsejar *v* advise, recommend, suggest.

acontecimiento *m* incident, event, happening.

acopiador *adj* hoarding, gathering.

acopiador *m* hoarder, gatherer.

acopiar *v* hoard, gather.

acopio *m* hoarding, gathering.

acordado *adj* agreed, decided, settled, resolved.

acordar *v* agree, decide, settle, resolve, pass a resolution.

acordar un dividendo declare a dividend.

acordar una dilación grant a delay.

acordar una patente grant a patent.

acordarse *v* agree to.

acorde *adj* in agreement, agreed.

acortar *v* shorten, abbreviate.

acosar *v* harass.

acoso *m* harassment.

acoso sexual sexual harassment.

acostumbrado *adj* accustomed, usual.

acre *m* acre.

acrecencia *f* accretion, increase.

acrecentador *adj* accretive.

acrecentamiento *m* increase, accrual.

acrecentar *v* increase, accrue.

acrecer *v* increase, accrue.

acrecimiento *m* increase, accrual.

acreción *f* accretion, increase.

acreditación *f* accreditation.

acreditación y aprobación accreditation and approval.

acreditado *adj* accredited, credited.

acreditante *m/f* creditor.

acreditar *v* credit, accredit, authorize, guarantee.

acreditar a una cuenta credit an account.

acreditar en exceso overcredit.

acreedor *m* creditor.

acreedor a corto plazo short-term creditor.

acreedor a largo plazo long-term creditor.

acreedor asegurado secured creditor.

acreedor ausente absent creditor.

acreedor bilateral bilateral creditor.

acreedor comercial commercial creditor, trade creditor.

acreedor común general creditor, unsecured creditor.

acreedor con garantía secured creditor.

acreedor concursal creditor in an insolvency proceeding.

acreedor condicional conditional creditor.

acreedor de dominio creditor of a bankrupt who claims title.

acreedor de la sucesión decedent's creditor.

acreedor de negocios business creditor.

acreedor de quiebra bankruptcy creditor.

acreedor de regreso creditor who demands payment of a dishonored bill.

acreedor del fallido creditor of a bankrupt.

acreedor del quebrado creditor of a bankrupt.

acreedor embargante attaching creditor.

acreedor empresarial business creditor.

acreedor escriturario creditor with a notarized loan.

acreedor extranjero foreign creditor.

acreedor garantizado secured creditor.

acreedor hipotecario mortgage creditor, mortgagee.

acreedor incondicional unconditional creditor.

acreedor inferior junior creditor.

acreedor mancomunado joint creditor.

acreedor mercantil commercial creditor, mercantile creditor.

acreedor no asegurado unsecured creditor.

acreedor no garantizado unsecured creditor.

acreedor normal normal creditor.

acreedor ordinario ordinary creditor, general creditor.

acreedor peticionario petitioning creditor.

acreedor pignoraticio pledgee.

acreedor por contrato sellado specialty creditor.

acreedor por fallo judgment creditor.

acreedor por sentencia judgment creditor.

acreedor preferencial preferred creditor.

acreedor preferente preferred creditor.

acreedor preferido preferred creditor.

acreedor prendario pledgee.

acreedor principal principal creditor.

acreedor privilegiado privileged creditor, preferred creditor.

acreedor quirografario general creditor.

acreedor real secured creditor.

acreedor refaccionario creditor who advances money for construction.

acreedor regular regular creditor.

acreedor secundario secondary creditor.

acreedor sencillo general creditor.

acreedor simple general creditor.

acreedor sin garantía unsecured creditor.

acreedor sin privilegio general creditor.

acreedor social partnership creditor, corporate creditor.

acreedor solidario joint and several creditor.

acreedor subsecuente subsequent creditor.

acreedor subsiguiente subsequent creditor.

acreedor superior senior creditor.

acreedor único single creditor.

acreencia *f* amount due, credit balance.

acrónimo *m* acronym.

acta *f* record, minutes, document, memorandum, law, act.

acta constitutiva articles of incorporation, certificate of incorporation, act of incorporation.

acta de avenimiento memorandum of an agreement.

acta de cesión conveyance, transfer.

acta de constitución articles of incorporation, act of incorporation.

acta de depósito document certifying that which has been deposited with a notary pubic.

acta de deslinde certificate stating a boundary line, description of a boundary line.

acta de disolución articles of dissolution.

acta de incorporación articles of incorporation, act of incorporation.

acta de organización articles of incorporation, act of incorporation.

acta de protesto protest of a commercial document.

acta de protocolización document certifying that which has been recorded in the formal registry of a

notary public.
acta de sesión minutes.
acta de una reunión minutes.
Acta Única Europea Single European Act.
actitud cooperativa cooperative attitude.
actitud despectiva disparaging attitude.
activado *adj* activated.
activado por voz voice-activated.
activador *m* activator.
activar *v* activate.
actividad *f* activity.
actividad agraria agrarian activity.
actividad agrícola agricultural activity.
actividad aseguradora insurance activity.
actividad bancaria banking activity.
actividad comercial commercial activity, business activity.
actividad corporativa corporate activity.
actividad de auditoría audit activity.
actividad de bancos banking activity.
actividad de cobros collection activity.
actividad de comercio commerce activity.
actividad de comercio electrónico e-commerce activity, e-business activity.
actividad de construcción building activity.
actividad de cuenta account activity.
actividad de empresas business activity.
actividad de la compañía company activity.
actividad de negocios business activity.
actividad de reaseguro reinsurance activity.
actividad diaria daily activity.
actividad económica economic activity.
actividad empresarial business activity.
actividad financiera financial activity.
actividad industrial industrial activity.
actividad lucrativa lucrative activity, gainful activity.
actividad marginal marginal activity.
actividad mercantil commercial activity.
actividad normal normal activity.
actividad pasiva passive activity.
actividad productiva productive activity.
actividad profesional professional activity.
actividad pública public activity.
actividad reaseguradora reinsurance activity.
actividad remunerada remunerated activity, paid activity.
actividad secundaria secondary activity, sideline.
actividad trimestral quarterly activity.
actividades de entrenamiento training activities.
actividades de formación training activities.
activismo *m* activism.
activista *m/f* activist.
activo *adj* active.
activo *m* assets.
activo a corto plazo short-term assets.
activo a largo plazo long-term assets.
activo a mano cash assets.
activo abandonado abandoned assets.
activo aceptable admissible assets.
activo acostumbrado customary assets.
activo actual present assets.
activo acumulado accrued assets.
activo admisible admissible assets.
activo admitido admitted assets.
activo agotable depletable assets.
activo amortizable amortizable assets, depreciable assets.
activo aprobado admitted assets.
activo bloqueado blocked assets, frozen assets.

activo circulante working assets, current assets, floating assets.
activo comercial business assets.
activo computable admitted assets.
activo común common assets.
activo confirmado admitted assets.
activo congelado frozen assets.
activo consumible wasting assets.
activo contingente contingent assets.
activo convertible convertible assets.
activo corporativo corporate assets.
activo corriente current assets.
activo corriente neto net current assets.
activo de capital capital assets.
activo de cierre closing assets.
activo de comercio commerce assets, business assets.
activo de comercio electrónico e-commerce assets, e-business assets.
activo de explotación working assets, operating assets.
activo de la compañía company assets.
activo de la quiebra bankrupt's assets.
activo de negocios business assets.
activo de reserva reserve assets.
activo de trabajo working assets.
activo demorado deferred assets.
activo depreciable depreciable assets.
activo diferido deferred assets.
activo disponible liquid assets, available assets, cash assets.
activo efectivo cash assets.
activo en cartera portfolio assets.
activo en circulación working assets.
activo en divisas foreign exchange assets.
activo en efectivo cash assets.
activo eventual contingent assets.
activo exigible bills receivable, receivable assets, receivables.
activo exterior foreign assets.
activo ficticio fictitious assets.
activo fijo fixed assets.
activo financiero financial assets.
activo físico tangible assets, physical assets.
activo flotante floating assets, current assets.
activo hipotecado mortgaged assets.
activo ilíquido illiquid assets.
activo imponible taxable assets.
activo improductivo dead assets, unproductive assets.
activo inactivo inactive assets.
activo incorpóreo intangible assets.
activo inmaterial intangible assets.
activo inmobiliario real assets.
activo inmovilizado fixed assets.
activo intangible intangible assets.
activo invisible concealed assets, goodwill, invisible assets.
activo líquido liquid assets.
activo líquido neto net liquid assets.
activo material material assets.
activo mercantil commercial assets.
activo monetario monetary assets.
activo neto net assets, net worth.
activo no aceptado unadmitted assets.
activo no admitido unadmitted assets.
activo no circulante non-current assets.
activo no corriente non-current assets.
activo no monetario non-monetary assets.
activo nominal nominal assets.

activo normal normal assets.
activo oculto hidden assets.
activo original original assets.
activo permanente fixed assets.
activo personal personal assets.
activo pignorado pledged assets.
activo real real assets, actual assets.
activo realizable current assets, quick assets.
activo regular regular assets.
activo rentable earning assets.
activo restringido restricted assets.
activo sin restricción unrestricted assets.
activo social partnership assets, corporate assets.
activo subyacente underlying assets.
activo tangible tangible assets.
activo típico typical assets.
activo y pasivo assets and liabilities.
activos ocultos hidden assets.
activos totales total assets.
acto *m* act, action.
acto a título gratuito gratuitous act.
acto a título oneroso act based upon valuable consideration.
acto administrativo administrative action.
acto antidumping antidumping act.
acto concursal bankruptcy proceedings.
acto de cesión act of cession, act of transfer, transfer.
acto de comercio commercial transaction.
acto de desfalco act of embezzlement.
acto de estado act of state, act of government.
acto de gobierno act of government, act of state.
acto de insolvencia act of insolvency.
acto de la naturaleza act of nature.
acto de posesión possessory action.
acto de quiebra act of bankruptcy.
acto fraudulento fraudulent act.
acto gravable taxable act.
acto gravado taxed act.
acto imponible taxable act.
acto traslativo transfer.
acto tributable taxable act.
actos comerciales commercial transactions.
actos constitutivos acts that create an obligation.
actos de disposición acts to dispose of property.
actos de gestión acts of agency.
actos lícitos legal acts.
actos lucrativos lucrative acts.
actos nulos void acts.
actos onerosos acts based on valuable consideration.
actuación económica economic performance.
actual *adj* actual, current.
actualizable *adj* updateable.
actualización *f* updating, update.
actualización automática automatic updating.
actualizado *adj* updated.
actualizar *v* update, bring up to date, revise.
actualizar un archivo update a file.
actualizar una cuenta update an account.
actuar ilegalmente act illegally.
actuar impropiamente act improperly.
actuarial *adj* actuarial.
actuario *m* actuary.
actuario de seguros insurance actuary.
acudir a la ley resort to the law.
acuerdo *m* agreement, understanding, settlement.
acuerdo administrativo management agreement, administrative agreement.
acuerdo aduanero tariff agreement.

acuerdo agrícola agricultural agreement.
acuerdo antidumping antidumping agreement.
acuerdo arancelario tariff agreement.
acuerdo arbitral arbitral agreement.
acuerdo base base agreement.
acuerdo básico basic agreement.
acuerdo bilateral bilateral agreement.
acuerdo colectivo collective agreement.
acuerdo colectivo de trabajo collective bargaining agreement.
acuerdo comercial trade agreement, business agreement, commercial agreement.
acuerdo comercial bilateral bilateral trade agreement.
acuerdo comercial recíproco reciprocal trade agreement.
acuerdo concursal creditors' agreement.
acuerdo condicionado conditional agreement.
acuerdo condicional conditional agreement.
acuerdo conjunto joint agreement.
acuerdo contractual contractual agreement.
acuerdo contratado contracted agreement.
acuerdo contributivo tax agreement.
acuerdo de administración management agreement.
acuerdo de agencia agency agreement.
acuerdo de alquiler rental agreement, rental contract.
acuerdo de arrendamiento lease agreement, lease contract.
acuerdo de asociación association agreement.
acuerdo de cartel cartel agreement.
acuerdo de cesión transfer agreement.
acuerdo de comerciante merchant agreement.
acuerdo de comercio trade agreement.
acuerdo de comercio recíproco reciprocal trade agreement.
acuerdo de compensación clearing agreement, compensation agreement.
acuerdo de compras purchasing agreement.
acuerdo de compraventa sale agreement, bargain and sale agreement.
acuerdo de confidencialidad confidentiality agreement.
acuerdo de cooperación cooperation agreement.
acuerdo de crédito credit agreement.
acuerdo de cuenta account agreement.
acuerdo de cuenta conjunta joint account agreement.
acuerdo de cuenta de margen margin agreement.
acuerdo de extensión extension agreement.
acuerdo de fideicomiso trust agreement.
acuerdo de fijación de precios price fixing agreement.
acuerdo de franquicia franchise agreement.
acuerdo de garantía guarantee agreement, security agreement.
acuerdo de gestión management agreement.
acuerdo de indemnización indemnity agreement.
acuerdo de intercambio trade agreement.
acuerdo de inversiones investment agreement.
Acuerdo de Libre Comercio Free Trade Agreement.
acuerdo de licencia licensing agreement.
acuerdo de marketing marketing agreement.
acuerdo de mercadeo marketing agreement.
acuerdo de modificación modification agreement.
acuerdo de negocios business agreement.
acuerdo de no competir covenant not to compete.
acuerdo de participación participation agreement.

acuerdo de precios price-fixing.
acuerdo de productividad productivity agreement.
acuerdo de prórroga extension agreement.
acuerdo de reciprocidad reciprocity agreement.
acuerdo de recompra repurchase agreement, buyback agreement.
acuerdo de renovar covenant to renew.
acuerdo de titular de tarjeta cardholder agreement.
acuerdo de voluntades meeting of minds.
acuerdo del cliente customer's agreement.
acuerdo del contrato contract agreement.
acuerdo económico economic agreement.
acuerdo empresarial business agreement.
acuerdo en la quiebra agreement between debtor and creditors.
acuerdo entre deudor y acreedores agreement between debtor and creditors.
acuerdo escrito written agreement.
acuerdo estándar standard agreement.
acuerdo estipulado stipulated agreement.
acuerdo exclusivo exclusive agreement.
acuerdo expreso express agreement.
acuerdo fiscal tax agreement.
acuerdo formal formal agreement.
acuerdo general general agreement.
Acuerdo General Sobre Aranceles Aduaneros y Comercio General Agreement on Tariffs and Trade.
Acuerdo General Sobre el Comercio de Servicios General Agreement on Trade in Services.
acuerdo global global agreement, comprehensive agreement.
acuerdo implícito implied agreement.
acuerdo impositivo tax agreement.
acuerdo incondicional unconditional agreement.
acuerdo internacional international agreement.
acuerdo laboral labor agreement.
acuerdo maestro master agreement.
acuerdo marco framework agreement.
acuerdo mercantil commercial agreement.
acuerdo modelo model agreement.
acuerdo monetario monetary agreement.
acuerdo multilateral multilateral agreement.
acuerdo mutuo mutual agreement.
acuerdo negociado negotiated agreement.
acuerdo obligatorio binding agreement.
acuerdo oral oral agreement.
acuerdo para fijar precios agreement to fix prices.
acuerdo patrón master agreement.
acuerdo por contrato contract agreement.
acuerdo por escrito agreement in writing.
acuerdo preferencial preferential agreement.
acuerdo prematrimonial prenuptial agreement.
acuerdo prenupcial prenuptial agreement.
acuerdo privado private agreement.
acuerdo provisional provisional agreement.
acuerdo salarial wage agreement.
acuerdo separado separate agreement.
acuerdo sindical union agreement.
acuerdo sobre precios price agreement.
acuerdo suplementario supplemental agreement.
acuerdo tácito tacit agreement, implied agreement.
acuerdo tributario tax agreement.
acuerdo unánime unanimous agreement.
acuerdo unilateral unilateral agreement.
acuerdo verbal verbal agreement, parol agreement.
acuerdo vinculante binding agreement.
acuerdos fiscales internacionales international

tax agreements.
acuerdos sobre mercancías commodities agreements.
acuerdos sobre productos commodities agreements.
acuicultura f aquaculture.
acumulable adj accumulative, cumulative.
acumulación f accumulation, accrual, backlog.
acumulación bruta gross accumulation.
acumulación de acciones stock accumulation.
acumulación de capital capital accumulation.
acumulación de costes cost accumulation.
acumulación de costos cost accumulation.
acumulación de dividendos dividend accumulation.
acumulación de existencias stockpiling.
acumulación de intereses interest accrual.
acumulación de inventario inventory accumulation.
acumulación de pedidos backlog of orders.
acumulación de trabajo work backlog.
acumulado adj accumulated, accrued, backlogged.
acumulador adj accumulative, accruing.
acumular v accumulate, accrue.
acumular reservas accumulate reserves.
acumulativo adj accumulative, cumulative.
acuñación f mintage, coinage.
acuñar v mint, coin, affix a seal.
acuñar moneda mint money.
acusar recibo acknowledge receipt.
acusar recibo de pago acknowledge receipt of payment.
acusar recibo de un pedido acknowledge receipt of an order.
acusar una ganancia show a profit.
acusar una pérdida show a loss.
acuse m acknowledgement.
acuse de recibo acknowledgement of receipt, acknowledgement.
acuse de recibo de pago acknowledgement of receipt of payment, acknowledgement of payment.
acuse de recibo de un pedido acknowledgement of receipt of an order, acknowledgement of an order.
acuse de recibo de una orden acknowledgement of receipt of an order, acknowledgement of an order.
ad hoc ad hoc, for this.
ad valorem according to value, ad valorem.
adaptabilidad f adaptability.
adaptable adj adaptable.
adaptación f adaptation.
adaptación del producto product adaptation.
adaptado adj adapted.
adaptar v adapt.
adaptarse v adapt.
adaptivo adj adaptive.
adecuadamente adv adequately.
adecuado adj adequate, appropriate.
adehala f extra, gratuity.
adelantadamente adv in advance.
adelantado adj advanced, early.
adelantar v advance, pay in advance, move up, progress.
adelantar dinero advance money.
adelanto m advance, advance of money, progress.
adelanto bancario bank advance.
adelanto contributivo tax advance.
adelanto de dinero advance of money, advance.
adelanto de efectivo cash advance.

adelanto de fondos advance payment, advance.
adelanto de herencia inter vivos gift.
adelanto de prima premium advance.
adelanto de salario salary advance.
adelanto impositivo tax advance.
adelanto salarial salary advance.
adelanto sobre póliza advance on policy.
adelanto tributario tax advance.
adeudado *adj* indebted.
adeudamiento *m* indebtedness.
adeudar *v* owe, debit.
adeudar una cuenta debit an account.
adeudarse *v* become indebted.
adeudo *m* debt, obligation, indebtedness, debit, customs duty.
adherencia *f* adherence.
adherente *adj* adherent.
adherir *v* adhere, affix.
adhesión *f* adhesion, support, membership.
adicción a las compras shopaholism, shopoholism.
adicción al trabajo workaholism.
adición *f* addition, marginal note.
adición de capital capital addition.
adición de nombre addition of name.
adicional *adj* additional, add-on.
adicionalmente *adv* additionally.
adicto a las compras shopaholic, shopoholic.
adicto al trabajo workaholic.
adiestramiento *m* training.
adinerado *adj* wealthy, rich.
adir *v* accept, accept an inheritance.
adir la herencia accept the inheritance.
adjudicación *f* adjudication, award, sale.
adjudicación al mejor postor award to the best bidder.
adjudicación de contrato award of contract.
adjudicación de herencia adjudication of an inheritance.
adjudicación de quiebra adjudication of bankruptcy.
adjudicación en pago payment in lieu of that accorded.
adjudicador *m* awarder, adjudicator, seller.
adjudicar *v* award, adjudicate, sell.
adjudicar al mejor postor award to the best bidder.
adjudicar un contrato award a contract.
adjudicatario *m* awardee, grantee, successful bidder.
adjuntar *v* enclose, attach.
adjunto *adj* enclosed, attached, assistant.
administración *f* administration, management, administration office, management office.
administración activa active management.
administración adaptativa adaptive administration, adaptive management.
administración adaptiva adaptive administration, adaptive management.
administración aduanera customs administration.
administración ambiental environmental management.
administración bancaria bank management, bank administration.
administración central central management, central administration.
administración centralizada centralized management, centralized administration.
administración científica scientific management.
administración clásica classical management.

administración comercial business administration, business management.
administración corporativa corporate administration.
administración de activos asset management, asset administration.
administración de aduanas customs administration.
administración de banco bank management, bank administration.
administración de bienes del ausente administration of property of an absentee.
administración de bienes inmuebles real estate management.
administración de cartera portfolio administration, money management.
administración de cartera de valores portfolio administration, money management.
administración de comercio commerce administration, commerce management, business administration, business management.
administración de comercio electrónico e-commerce administration, e-commerce management, e-business administration, e-business management.
administración de comunicaciones communications management.
administración de crisis crisis management.
administración de cuenta account management.
administración de departamento department management.
administración de efectivo cash management, cash administration.
administración de empresas business administration, business management.
administración de energía energy management, energy administration.
administración de fondos money management, funds management, cash management, cash administration.
Administración de Hacienda tax administration, tax authority.
administración de impuestos tax administration.
administración de inventario inventory management.
administración de inversiones investment management.
administración de la calidad quality management.
administración de la carrera career management.
administración de la compañía company administration, company management.
administración de la corporación corporate administration.
administración de la cosa común administration of something owned jointly.
administración de la demanda demand management.
administración de la deuda debt administration.
administración de la deuda pública public debt administration, national debt administration.
administración de la empresa company administration, enterprise administration.
administración de la herencia estate administration.
administración de la información information administration, information management.
administración de la quiebra administration of a bankrupt's estate.
administración de la sociedad administration of a partnership, administration of a corporation.

administración de la sucesión administration of an estate.
administración de línea line management.
administración de marca brand management.
administración de marketing marketing management.
administración de materiales materials management.
administración de mercadeo marketing management.
administración de mercancías commodities management, merchandise management.
administración de negocios business administration, business management.
administración de oficina office management.
administración de operaciones operations management.
administración de personal personnel administration.
administración de plan plan administration.
administración de producción production management.
administración de productos commodities management, products management.
administración de programa program management.
administración de propiedades property management.
administración de recursos resource management.
administración de recursos humanos human resources management.
administración de recursos naturales natural resources management.
administración de red network management.
administración de registros records management.
administración de relaciones con clientes customer relationship management.
administración de riesgos risk management.
administración de salario salary administration.
administración de tierras land management.
administración de ventas sales management.
administración del desarrollo development management.
administración del mercado market administration.
administración del pasivo liability management.
administración del proyecto project management.
administración departamental departmental administration.
administración descentralizada decentralized administration.
administración dinámica dynamic administration.
administración efectiva effective management.
administración electrónica electronic administration, e-administration.
administración empresarial business administration, business management.
administración financiera financial management.
administración fiscal fiscal management.
administración funcional functional management.
administración general general management.
administración hipotecaria mortgage administration.
administración judicial receivership.
administración laboral labor administration.
administración matricial matrix management.
administración mercantil commercial administration, commercial management.
administración monetaria money management,

money administration, monetary management.
administración múltiple multiple management, multiple administration.
administración nuclear core management.
administración operativa operating administration.
administración por crisis management by crisis, administration by crisis.
administración por excepciones management by exception, administration by exception.
administración por objetivos management by objectives, administration by objectives.
administración presupuestaria budget management.
administración pública public administration.
administración salarial salary administration.
administración tributaria tax administration.
administración vertical vertical management.
administrado *adj* administered, managed.
administrador *adj* administrating, administering.
administrador *m* administrator, manager.
administrador activo active manager, active administrator.
administrador adaptivo adaptive manager, adaptive administrator.
administrador adjunto deputy manager.
administrador aduanero customs administrator.
administrador asociado associate administrator.
administrador comercial commercial administrator.
administrador concursal trustee in bankruptcy.
administrador corporativo corporate administrator.
administrador de activos asset manager, asset administrator.
administrador de aduanas customs administrator, customs officer.
administrador de auditoría audit manager.
administrador de bienes estate manager.
administrador de cartera portfolio manager, money manager.
administrador de cartera de valores portfolio manager, money manager.
administrador de cobros collection manager.
administrador de comercio commerce administrator, commerce manager, business administrator, business manager.
administrador de comercio electrónico e-commerce administrator, e-commerce manager, e-business administrator, e-business manager.
administrador de comunicaciones communications manager.
administrador de contratos contract manager.
administrador de contribuciones tax collector.
administrador de crédito credit manager.
administrador de cuenta account manager.
administrador de departamento department manager.
administrador de empresa business administrator.
administrador de fondos funds manager, money manager, cash administrator, cash manager.
administrador de impuestos tax collector.
administrador de inventario inventory manager, inventory administrator.
administrador de la compañía company manager, company administrator.
administrador de la corporación corporate administrator.
administrador de la deuda debt administrator.
administrador de la empresa company

administrator, enterprise administrator.
administrador de línea line manager.
administrador de marketing marketing manager.
administrador de mercadeo marketing manager.
administrador de mercancías merchandise manager.
administrador de operaciones operations manager.
administrador de pasivos liability manager.
administrador de personal personnel manager.
administrador de plan plan administrator.
administrador de producción production manager.
administrador de programa program manager.
administrador de propiedad property manager.
administrador de proyecto project manager.
administrador de publicidad advertising manager.
administrador de reclamaciones claims manager.
administrador de recursos humanos human resources manager.
administrador de red network manager.
administrador de registros records manager.
administrador de relaciones con clientes client relations manager, customer relations manager.
administrador de sucursal branch office administrator.
administrador de turno manager on duty.
administrador de ventas sales administrator.
administrador del departamento de cumplimiento compliance manager.
administrador del sistema systems administrator.
administrador departamental departmental administrator.
administrador empresarial company administrator, enterprise administrator.
administrador fiduciario trustee.
administrador financiero financial manager.
administrador general general manager.
administrador intermedio middle manager.
administrador judicial receiver.
administrador mercantil commercial administrator.
administrador monetario money manager, money administrator, monetary manager.
administrador presupuestario budget manager.
administrador regional regional manager, area manager.
administrador temporal temporary administrator.
administrar *v* administer, manage.
administrar bienes inmuebles manage real estate.
administrar cuentas manage accounts.
administrar datos manage data.
administrar deudas manage debt.
administrar dinero manage money.
administrar el comercio manage commerce, manage trade.
administrar el crecimiento manage growth.
administrar el crédito manage credit.
administrar el marketing manage marketing.
administrar el mercadeo manage marketing.
administrar el mercado manage the market.
administrar el pasivo manage liabilities.
administrar el personal manage personnel.
administrar el programa manage the program.
administrar el proyecto manage the project.
administrar empresas manage businesses.
administrar en nombre de act in the name of.
administrar fondos manage money, manage funds.
administrar inversiones manage investments.
administrar la calidad manage quality.

administrar la cartera manage the portfolio.
administrar la compañía manage the company.
administrar la demanda manage demand.
administrar la deuda manage debt.
administrar la economía manage the economy.
administrar la herencia manage the estate.
administrar la inflación manage inflation.
administrar la línea manage the line.
administrar la producción manage production.
administrar la red manage the network.
administrar la sociedad manage a partnership, manage a corporation.
administrar las acciones manage shares, manage stock.
administrar las tasas manage rates.
administrar las tasas de cambio manage exchange rates.
administrar los costes manage costs.
administrar los costos manage costs.
administrar los fondos manage funds.
administrar los gastos manage expenses, manage expenditures.
administrar los precios manage prices.
administrar los recursos manage resources.
administrar los riesgos manage risks.
administrar mal mismanage.
administrar operaciones manage operations.
administrar sistemas manage systems.
administrar tareas manage tasks.
administrar tierras manage lands.
administrar ventas manage sales.
administrativamente *adv* administratively.
administrativo *adj* administrative.
administrativo *m* administrator.
admisible *adj* admissible.
admisión *f* admission.
admisión a cotización listing of securities.
admisión de valores en bolsa listing of securities.
admisión gratis free admission.
admisión gratuita free admission.
admisión libre free admission.
admitido *adj* admitted, accepted, acknowledged.
admitir *v* admit, accept, acknowledge.
admitir una deuda acknowledge a debt.
admitir una reclamación admit a claim.
admonición *f* admonition, warning.
adopción *f* adoption.
adoptar *v* adopt.
adoptar un acuerdo adopt a resolution, pass a resolution.
adoptar una medida adopt a measure.
adoptar una resolución adopt a resolution, pass a resolution.
adquirible *adj* acquirable.
adquirido *adj* acquired.
adquirido por acquired by.
adquiridor *m* acquirer, purchaser.
adquiriente *m/f* acquirer, purchaser.
adquiriente a título gratuito recipient of a gift.
adquiriente a título oneroso purchaser for value.
adquiriente de buena fe purchaser in good faith.
adquirir *v* acquire, take over.
adquirir acciones acquire shares, acquire stock.
adquirir por título de compra acquire by purchase.
adquirir una participación acquire an interest.
adquisición *f* acquisition, procurement, takeover.
adquisición a título gratuito acquisition by gift.
adquisición a título oneroso purchase for value.
adquisición apalancada leveraged buyout,

leveraged acquisition.
adquisición compulsoria compulsory acquisition.
adquisición corporativa corporate acquisition.
adquisición de buena fe purchase in good faith.
adquisición de cosas acquisition of chattels.
adquisición de la compañía company acquisition.
adquisición derivada derivative acquisition.
adquisición electrónica electronic procurement, e-procurement, electronic acquisition.
adquisición esencial essential acquisition.
adquisición forzada forced acquisition.
adquisición forzosa forced acquisition.
adquisición indispensable indispensable acquisition.
adquisición necesaria necessary acquisition.
adquisición obligada obligatory acquisition, mandatory acquisition.
adquisición obligatoria obligatory acquisition, mandatory acquisition.
adquisición original original acquisition.
adquisición requerida required acquisition.
adquisitivo *adj* acquisitive.
adscribir *v* appoint, assign, attach.
aduana *f* customs, customhouse.
aduana de destino destination customs.
aduana de entrada entry customs.
aduana de salida departure customs.
aduanal *adj* pertaining to a customhouse.
aduanar *v* pay customs, clear customs.
aduanero *m* customs official.
adueñarse *v* become owner, take possession.
adulteración *f* adulteration, falsification, tampering.
adulteración de documentos falsification of documents.
adulterado *adj* adulterated.
adulterar *v* adulterate, falsify.
adulterino *adj* adulterine, falsified.
advenimiento del plazo maturity.
adverso *adj* adverse.
advertencia *f* warning.
advertencia escrita written warning.
advertencia final final warning.
advertencia pública public warning.
advertencia verbal verbal warning.
advertir *v* warn, notice.
adyacente *adj* adjacent, adjoining.
aeronavegabilidad *f* airworthiness.
aeropuerto aduanero customs airport.
aeropuerto de destino airport of delivery, destination airport.
aeropuerto de entrega airport of delivery.
aeropuerto franco customs-free airport.
afección *f* pledging, mortgaging, charge.
afección de bienes pledging of goods, mortgaging.
afectable *adj* able to be encumbered, able to be mortgaged.
afectación *f* encumbrance, appropriation, charge, allocation.
afectado *adj* affected, encumbered, appropriated, charged, allocated.
afectado adversamente adversely affected.
afectar *v* affect, encumber, appropriate, charge, allocate.
afectar adversamente adversely affect.
afecto *adj* pledged, encumbered, allocated.
affidávit *m* affidavit.
afianzado *adj* bonded, guaranteed.
afianzado para derechos aduaneros customs-

bonded.
afianzado para rentas interiores internal revenue bonded.
afianzador *m* surety, guarantor.
afianzamiento *m* bonding, bond, guarantee, reinforcement.
afianzar *v* bond, bail, guarantee, reinforce.
afiliación *f* affiliation, membership.
afiliación sindical union affiliation.
afiliado *adj* affiliated.
afiliado *m* member, affiliate.
afiliado activo active member.
afiliado afectado affected member.
afiliado aliado allied member.
afiliado asociado associate member.
afiliado corporativo corporate member, corporate affiliate.
afiliado de la unión union member.
afiliado del gremio union member.
afiliado del sindicato union member.
afiliado fundador founding member, charter member.
afiliado principal principal member.
afiliado regular regular member.
afiliado titular regular member.
afiliar *v* affiliate, join.
afirmación *f* affirmation.
afirmar *v* affirm.
afirmarse *v* firm up.
afirmativo *adj* affirmative.
aflojar *v* loosen, slow down.
aflorar *v* declare what was formerly hidden.
afluencia *f* affluence, abundance.
aforado *adj* appraised.
aforador *m* appraiser.
aforamiento *m* appraising, measuring.
aforar *v* appraise, estimate.
aforo *m* appraisal, measurement.
agencia *f* agency, bureau, branch.
agencia acostumbrada customary agency.
agencia administradora administrative agency.
agencia administrativa administrative agency.
agencia aduanera customs agency.
agencia comercial commercial agency.
agencia corporativa corporate agency.
agencia de administración administration agency.
agencia de aduanas customs agency.
agencia de bienes raíces real estate agency, estate agency.
agencia de calificación crediticia credit rating agency.
agencia de cobro de deudas debt collection agency.
agencia de cobros collection agency.
agencia de colocaciones employment agency.
agencia de comercio commerce agency, trade agency.
agencia de comercio electrónico e-commerce agency, e-business agency.
agencia de comercio exterior foreign trade agency.
agencia de compensación clearing agency.
agencia de compras purchasing agency.
agencia de crédito credit agency, credit bureau.
agencia de desarrollo development agency.
agencia de embarques shipping agency.
agencia de empleos employment agency.
agencia de facilitación facilitating agency.
agencia de informes de crédito credit reporting

agency.
agencia de marketing marketing agency.
agencia de mercadeo marketing agency.
agencia de negocios business agency.
agencia de noticias news agency.
agencia de personal employment agency,
personnel agency.
agencia de prensa press agency.
Agencia de Protección Ambiental Environmental
Protection Agency.
Agencia de Protección de Datos data protection
agency.
agencia de publicidad advertising agency.
agencia de relaciones públicas public relations
agency.
agencia de servicios completos full-service
agency.
agencia de trabajos employment agency.
agencia de valores securities agency.
agencia de ventas sales agency.
agencia del estado government agency, state
agency.
agencia del gobierno government agency.
agencia departamental departmental agency.
agencia empresarial business agency.
agencia especial special agency.
agencia especializada specialized agency.
agencia estatal government agency, state agency.
agencia exclusiva exclusive agency.
agencia federal federal agency.
agencia fiscal fiscal agency.
agencia general general agency.
agencia gubernamental government agency.
agencia implícita implied agency.
agencia independiente independent agency.
agencia inmobiliaria real estate agency, estate
agency.
agencia internacional international agency.
Agencia Internacional de Energía International
Energy Agency.
agencia mercantil commercial agency, mercantile
agency.
agencia multilateral multilateral agency.
agencia normal normal agency.
agencia noticiosa news agency.
agencia oficial official agency.
agencia ordinaria ordinary agency.
agencia ostensible ostensible agency.
agencia pagadora paying agency.
agencia presunta presumed agency.
agencia presupuestaria budget agency.
agencia publicitaria advertising agency.
agencia real actual agency.
agencia reguladora regulatory agency.
agencia regular regular agency.
agencia tributaria tax agency, tax office, internal
revenue office.
agencia única exclusive agency.
agenciar *v* obtain, negotiate.
agenciarse *v* obtain.
agenda *f* agenda, organizer.
agenda electrónica electronic organizer, personal
organizer.
agenda oculta hidden agenda.
agente *m* agent, broker, police officer.
agente administrador managing agent.
agente aduanal customs agent, customhouse
broker, customs broker.
agente aduanero customs agent, customhouse
broker, customs broker.

agente aparente apparent agent.
agente autorizado authorized agent.
agente cautivo captive agent.
agente comercial commercial agent, business
agent, broker.
agente comprador buyer.
agente corporativo corporate agent.
agente de adquisiciones purchasing agent,
acquisition agent.
agente de aduanas customs agent, customhouse
broker, customs broker.
agente de bienes raíces real estate agent, estate
agent.
agente de bolsa stockbroker.
agente de cambio exchange broker.
agente de cambio y bolsa stockbroker.
agente de campo field agent.
agente de centro de llamadas call center agent,
call centre agent.
agente de cobros collection agent.
agente de combinaciones combination agent.
agente de comercio commercial agent, commerce
agent, broker.
agente de comercio electrónico e-commerce
agent, e-business agent.
agente de compensación clearing agent.
agente de compras purchasing agent, acquisition
agent.
agente de contratación contract broker.
agente de distribución distribution agent.
agente de exportación export broker, export
agent.
agente de fletamento charter agent.
agente de importación import broker, import
agent.
agente de la propiedad inmobiliaria real estate
agent, estate agent.
agente de negociaciones bargaining agent.
agente de negocios business agent.
agente de pagos de dividendos dividend paying
agent.
agente de patentes patent agent.
agente de plica escrow agent.
agente de prensa press agent.
agente de publicidad publicity agent, advertising
agent.
agente de reaseguro reinsurance agent.
agente de reclamaciones claims agent.
agente de retención withholding agent.
agente de seguros insurance agent.
agente de seguros independiente independent
insurance agent.
agente de transferencia transfer agent.
agente de transferencia de acciones stock
transfer agent.
agente de tránsito transit agent.
agente de ventas sales agent.
agente debidamente autorizado duly authorized
agent.
agente del fabricante manufacturer's agent.
agente del naviero shipping agent.
agente económico economic agent.
agente especial special agent.
agente exclusivo exclusive agent, sole agent.
agente exportador export broker, export agent.
agente exterior overseas agent.
agente extranjero foreign agent.
agente fiduciario fiduciary agent.
agente financiero financial agent.
agente fiscal fiscal agent, revenue agent.

agente general general agent.
agente importador import broker, import agent.
agente inculpable innocent agent.
agente independiente independent agent.
agente inmobiliario real estate agent, estate agent.
agente inocente innocent agent.
agente local local agent.
agente marítimo shipping agent.
agente mercantil commercial agent, mercantile agent.
agente naviero shipping agent.
agente no autorizado unauthorized agent.
agente oficial official agent.
agente ostensible ostensible agent.
agente pagador paying agent.
agente privado private agent.
agente publicitario publicity agent, advertising agent.
agente retenedor withholding agent.
agente tributario tax agent, revenue agent.
agente único sole agent.
agente vendedor sales agent.
agente viajero traveling agent.
agio *m* agio, usury, speculation, profit margin.
agiotaje *m* agiotage, usury, speculation, insurance speculation.
agiotista *m* usurer, profiteer, speculator, speculator in insurance.
aglomeración *f* agglomeration.
agobiar *v* harass, stress.
agotable *adj* depletable, exhaustible.
agotado *adj* sold out, out of stock, depleted, exhausted.
agotamiento *m* depletion, exhaustion.
agotamiento acumulado accumulated depletion.
agotamiento de costes cost depletion.
agotamiento de costos cost depletion.
agotar *v* sell out, deplete, exhaust.
agrario *adj* agrarian.
agravar *v* aggravate, increase, impose a tax.
agravio material material damage.
agregación *f* aggregation.
agregación de mercado market aggregation.
agregado *adj* aggregated.
agregado *m* attaché.
agregado comercial commercial attaché.
agregado monetario M0 M0.
agregado monetario M1 M1.
agregado monetario M2 M2.
agregado monetario M3 M3.
agregado monetario M4 M4.
agregar *v* add, incorporate.
agregativo *adj* aggregative.
agremiación *f* unionization, union.
agremiado *m* union member.
agremiar *v* unionize.
agresión sexual sexual assault, sexual attack, sexual aggression.
agresivo *adj* aggressive.
agrícola *adj* agricultural.
agricultor *m* farmer.
agricultura *f* agriculture, farming.
agricultura de subsistencia subsistence agriculture.
agricultura mixta mixed farming.
agricultura orgánica organic farming, organic agriculture.
agricultura sostenible sustainable agriculture.
agrimensor *m* surveyor.
agroalimentario *adj* agrofood.

agroeconómico *adj* agroeconomic.
agroforestal *adj* agroforest.
agroindustria *f* agribusiness, agrobusiness, agroindustry.
agronomía *f* agronomy.
agropecuario *adj* related to agriculture and/or stockbreeding.
agroquímico *adj* agrochemical.
agroquímicos *m* agrochemicals.
agrosilvicultura *f* agroforestry.
agroturismo *m* agrotourism.
agrupación *f* group, grouping, bunching.
agrupación de fincas merging of properties.
agrupación de hipotecas mortgage pool.
agrupación horizontal horizontal combination.
agrupación temporal de empresas joint venture of corporations.
agrupación vertical vertical combination.
agrupamiento *m* group, grouping, bunching.
agrupamiento de costes cost pool.
agrupamiento de costos cost pool.
agrupar *v* group, bunch.
aguar acciones water stock.
aguas interiores inland waters.
aguas internacionales international waters.
aguas residuales wastewater, sewage.
aguinaldo *m* bonus, Christmas bonus.
aguinaldo de navidad Christmas bonus.
ahorrar *v* save.
ahorrista *m/f* saver.
ahorro *m* saving.
ahorro bruto gross saving.
ahorros compulsorios compulsory savings.
ahorros de costes cost savings.
ahorros de costos cost savings.
ahorros del consumidor consumer savings.
ahorros domésticos household savings, domestic savings.
ahorros exteriores foreign savings.
ahorros fiscales tax savings.
ahorros forzados forced savings.
ahorros forzosos forced savings.
ahorros impositivos tax savings.
ahorros líquidos liquid savings.
ahorros netos net savings.
ahorros personales personal savings.
ahorros presupuestarios budget savings.
ahorros privados private savings.
aislacionista *adj* isolationist.
aislacionista *m/f* isolationist.
aislamiento acústico sound insulation.
aislamiento sonoro sound insulation.
ajeno a la voluntad beyond the control.
ajetreo *m* hustle and bustle, drudgery.
ajustable *adj* adjustable.
ajustado *adj* adjusted.
ajustado a la baja adjusted downward.
ajustado al alza adjusted upward.
ajustado cíclicamente cyclically adjusted.
ajustado estacionalmente seasonally adjusted.
ajustado hacia abajo adjusted downward.
ajustado hacia arriba adjusted upward.
ajustado por riesgo risk-adjusted.
ajustador *m* adjuster, claims adjuster.
ajustador de averías average adjuster.
ajustador de derechos liquidator.
ajustador de pérdidas loss adjuster.
ajustador de reclamaciones claims adjuster.
ajustador de seguros insurance adjuster.
ajustador independiente independent adjuster.

ajustador público public adjuster.
ajustar *v* adjust, settle.
ajustar cuentas settle accounts.
ajustar precios adjust prices.
ajuste *m* adjustment, settlement.
ajuste a la baja downward adjustment.
ajuste actuarial actuarial adjustment.
ajuste al mercado market fit.
ajuste anual annual adjustment.
ajuste automático automatic adjustment.
ajuste cambiario exchange adjustment.
ajuste compensatorio compensatory adjustment.
ajuste contable accounting adjustment.
ajuste contributivo tax adjustment.
ajuste de auditoría audit adjustment.
ajuste de crédito credit adjustment.
ajuste de cuentas account adjustment.
ajuste de débito debit adjustment.
ajuste de inventario inventory adjustment.
ajuste de pérdidas loss adjustment.
ajuste de precio price adjustment.
ajuste de prima premium adjustment.
ajuste de reserva reserve adjustment.
ajuste de servicio service adjustment.
ajuste de tasa rate adjustment.
ajuste de tasa de interés interest rate adjustment.
ajuste de tiempo time adjustment.
ajuste de tipo rate adjustment.
ajuste de tipo de interés interest rate adjustment.
ajuste del mercado market adjustment.
ajuste estacional seasonal adjustment.
ajuste estructural structural adjustment.
ajuste financiero financial adjustment.
ajuste fiscal tax adjustment.
ajuste impositivo tax adjustment.
ajuste inflacionario inflation adjustment.
ajuste monetario monetary adjustment, currency
  adjustment.
ajuste por coste de vida cost of living adjustment.
ajuste por costo de vida cost of living adjustment.
ajuste por inflación inflation adjustment.
ajuste por mortalidad mortality adjustment.
ajuste por periodificación accruals and
  prepayments.
ajuste por riesgo risk adjustment.
ajuste retroactivo retroactive adjustment.
ajuste salarial wage adjustment.
ajuste semianual semiannual adjustment.
ajuste tributario tax adjustment.
al año per year.
al azar at random.
al cierre at the close.
al cierre del mercado at the close of the market.
al contado cash.
al corriente up to date.
al coste at cost.
al costo at cost.
al descubierto short.
al detal retail.
al detalle retail.
al día up to date, current.
al fiado on credit.
al mejor postor to the best bidder.
al menudeo retail.
al pie de la fábrica at the place manufactured.
al pie de la letra to the letter, literally, verbatim.
al pie de la obra at the work site.
al por mayor wholesale.
al por menor retail.
al portador bearer.

al precio del mercado at market, at the market.
al valor ad valorem.
alargar *v* extend.
alargar el plazo extend a time period.
alarma de incendios fire alarm.
albacea *m/f* executor.
albaceazgo *m* executorship.
albarán *f* delivery slip, packing slip.
alboroto *m* disturbance, riot.
alcabalero *m* tax collector.
alcance *m* scope, reach.
alcance de auditoría audit scope.
alcance de la publicidad advertising reach.
alcance publicitario advertising reach.
alcanzar *v* reach, attain, achieve.
alcanzar un acuerdo reach an agreement.
alcanzar un objetivo reach an objective.
alcista *adj* rising, bullish.
alcista *m/f* bull.
aleatorio *adj* aleatory, random, contingent.
alegar *v* allege, affirm, plead.
alerta *f* alert, warning.
alertar *v* alert, warn.
alfa *adj* alpha.
algoritmo *m* algorithm.
aliado *adj* allied.
alianza *f* alliance.
alianza competitiva competitive alliance.
alianza estratégica strategic alliance.
aliarse *v* form an alliance.
alias *m* alias, assumed name.
aliciente *m* incentive.
aliciente fiscal tax incentive.
alienable *adj* alienable.
alienación *f* alienation.
alienar *v* alienate.
alijar *v* jettison, unload.
alijo *m* unloading.
alimentar *v* feed, fuel.
alimentos básicos staple foods.
alimentos modificados genéticamente
  genetically modified foods, genetically engineered
  foods.
alimentos naturales natural foods.
alimentos orgánicos organic foods.
alimentos procesados processed foods.
alimentos transgénicos genetically modified
  foods, genetically engineered foods.
alindar *v* mark the boundaries of.
alinear *v* align.
alistarse *v* sign-up, enroll, prepare.
aliviar la carga alleviate the burden.
alivio *m* relief.
alivio contributivo tax relief.
alivio de la deuda debt relief.
alivio fiscal tax relief.
alivio impositivo tax relief.
alivio tributario tax relief.
almacén *m* warehouse, storehouse, store, storage.
almacén aduanal customs warehouse.
almacén aduanero customs warehouse.
almacén afianzado bonded warehouse.
almacén de datos data warehouse.
almacén de uso público public warehouse.
almacén general de depósito public warehouse.
almacén particular private warehouse.
almacén privado private warehouse.
almacén público public warehouse.
almacenador *m* warehouser.
almacenaje *m* storage, warehousing.

almacenamiento *m* storage, warehousing.
almacenamiento de datos data storage.
almacenamiento de información information storage.
almacenar *v* store, stock.
almacenero *m* warehouser.
almacenista *m/f* warehouser.
almoneda *f* public auction.
almonedar *v* auction, auction off.
almonedear *v* auction, auction off.
alodial *adj* allodial.
alodio *m* allodium.
alojamiento *m* lodging, hosting.
alongar *v* lengthen, extend.
alquilable *adj* rentable, leasable, hirable.
alquilado *adj* rented, leased, hired.
alquilador *m* lessor, lessee, renter, rentee, hirer.
alquilante *m/f* lessor, lessee, renter, rentee, hirer.
alquilar *v* rent, lease, hire.
alquiler *m* rent, rental, lease, hire, rent payment, lease payment.
alquiler acordado agreed-upon rent.
alquiler acostumbrado customary rent.
alquiler acumulado accrued rent.
alquiler ajustado adjusted rent.
alquiler anticipado advance rent.
alquiler anual annual rent, annual rental.
alquiler atrasado back rent.
alquiler bajo low rent.
alquiler comercial commercial rent, commercial rental.
alquiler con opción de compra rent with option to buy, lease with option to buy.
alquiler contingente contingent rental.
alquiler contratado contracted rent, contracted rental.
alquiler convenido agreed-upon rent.
alquiler corporativo corporate rental.
alquiler de equipo equipment rental.
alquiler del terreno ground rent.
alquiler estipulado stipulated rent.
alquiler fijo fixed rent.
alquiler implícito implicit rent.
alquiler mensual monthly rent, monthly rental.
alquiler negociado negotiated rent.
alquiler neto net rent.
alquiler nominal nominal rent.
alquiler pactado agreed-upon rent.
alquiler percibido earned rent.
alquiler permanente permanent rental.
alquiler preestablecido preset rent.
alquiler prepagado prepaid rent.
alquiler razonable reasonable rent.
alquiler regular regular rent.
alquiler semanal weekly rent, weekly rental.
alquiler semianual semiannual rent, semiannual rental.
alquiler subsidiado subsidized rent, subsidized rental.
alquiler subvencionado subsidized rent, subsidized rental.
alquiler suplementario supplemental rent.
alquiler temporal temporary rental.
alquiler total total rent.
alquiler trimestral quarterly rent, quarterly rental.
alta *f* membership, registration, registration with tax authorities, form for registration with tax authorities, discharge.
alta calidad high quality.
alta dirección top management, brass.

alta gerencia top management, brass.
alta tecnología high technology.
altamente calificado highly qualified.
altamente competitivo highly competitive.
altamente cualificado highly qualified.
altamente remunerado highly paid.
altas finanzas high finance.
alteración *f* alteration.
alteración de contrato alteration of contract.
alteración de fideicomiso alteration of trust.
alteración de instrumento alteration of instrument.
alteración de los libros alteration of the books.
alteración de un cheque alteration of a check, alteration of a cheque.
alterado *adj* altered.
alterar *v* alter, change, modify.
alterar los libros alter the books.
alternante *adj* alternating.
alternar *v* alternate.
alternativa *f* alternative, option.
alternativo *adj* alternative, alternate.
alterno *adj* alternate, alternating.
alto apalancamiento high leverage.
alto coste high cost.
alto coste de la vida high cost of living.
alto costo high cost.
alto costo de la vida high cost of living.
alto nivel de la vida high standard of living.
alto rendimiento high-yield, high-return.
alto riesgo high-risk.
alto secreto top secret.
aluvión *m* alluvion.
alza *f* rise, upturn.
alza de alquiler rise in rent.
alza de la demanda rise in demand.
alza de precios rise in prices, price appreciation.
alza de salario salary raise, wage rise.
alza salarial salary raise, wage rise.
alzado *adj* fraudulently bankrupt.
alzado *m* fraudulent bankrupt.
alzamiento *m* higher bid, fraudulent bankruptcy, hiding of assets by a bankrupt.
alzamiento de bienes fraudulent bankruptcy, hiding of assets by a bankrupt.
alzar *v* raise, fraudulently enter bankruptcy.
alzar el precio raise the price.
alzarse *v* fraudulently enter bankruptcy.
amalgama *f* amalgam.
amalgamación *f* amalgamation.
amalgamar *v* amalgamate.
amañar *v* fix, tamper with, become accustomed.
amasar *v* amass.
ambición *f* ambition.
ambicioso *adj* ambitious.
ambiental *adj* environmental, ambient.
ambientalismo *m* environmentalism.
ambientalista *adj* environmentalist.
ambientalista *m/f* environmentalist.
ambientalmente *adv* environmentally.
ambientalmente protegido environmentally protected.
ambientalmente responsable environmentally responsible.
ambiente *m* environment, atmosphere.
ambiente comercial commercial environment, business environment.
ambiente corporativo corporate environment.
ambiente de comercio commerce environment, business environment.

ambiente de comercio electrónico e-commerce environment, e-business environment.
ambiente de empleo job environment.
ambiente de negocios business environment.
ambiente de profesión profession environment.
ambiente de trabajo job environment, work environment.
ambiente empresarial business environment.
ambiente inflacionario inflationary environment.
ambiente laboral job environment.
ambiente mercantil commercial environment.
ambiente profesional professional environment.
ambiguamente *adv* ambiguously.
ambigüedad *f* ambiguity.
ambiguo *adj* ambiguous.
ámbito *m* domain, field, scope.
ambulante *adj* ambulant.
amenaza *f* threat.
amenaza de huelga strike threat.
amenazar *v* threaten.
amenidades *f* amenities.
amigable *adj* friendly, amicable.
amiguismo *m* cronyism.
amillarado *adj* assessed.
amillaramiento *m* tax assessment, assessment.
amillarar *v* assess a tax, assess.
amnistía *f* amnesty.
amnistía contributiva tax amnesty.
amnistía fiscal tax amnesty.
amnistía impositiva tax amnesty.
amnistiar *v* grant amnesty.
amojonamiento *m* delimitation, demarcation.
amojonar *v* delimit, mark the boundaries of.
amonedación *f* minting.
amonedar *v* mint.
amortizable *adj* amortizable, depreciable, redeemable, repayable.
amortización *f* amortization, depreciation, redemption, repayment.
amortización acelerada accelerated depreciation, accelerated amortization.
amortización acumulada accrued depreciation.
amortización anticipada early redemption.
amortización anual annual depreciation, annual amortization.
amortización científica scientific amortization.
amortización combinada combined depreciation.
amortización compensatoria compensating depreciation.
amortización constante straight-line depreciation, constant amortization.
amortización creciente increasing amortization.
amortización curable curable depreciation.
amortización de capital capital depreciation, capital amortization.
amortización de componentes component depreciation.
amortización de descuento amortization of discount.
amortización de deuda amortization of debt.
amortización de divisa exchange depreciation.
amortización de empréstito amortization of loan.
amortización de la moneda currency depreciation.
amortización de obligación amortization of obligation.
amortización de pagos parejos level-payment amortization.
amortización de préstamo amortization of loan.
amortización de prima amortization of premium.
amortización de principal amortization of principal.
amortización de propiedad property depreciation.
amortización decreciente decreasing amortization.
amortización económica economic depreciation.
amortización en libros book depreciation.
amortización excesiva overdepreciation.
amortización extraordinaria extraordinary depreciation.
amortización fija fixed depreciation, fixed amortization.
amortización física physical depreciation.
amortización futura future depreciation.
amortización grupal group depreciation.
amortización incurable incurable depreciation.
amortización lineal straight-line depreciation.
amortización negativa negative amortization.
amortización no realizada unrealized depreciation.
amortización ordinaria ordinary depreciation.
amortización permitida allowed depreciation.
amortización rápida rapid amortization.
amortización real real depreciation.
amortización regular regular amortization.
amortización residual residual amortization.
amortización variable variable depreciation, variable amortization.
amortizado *adj* amortized, depreciated, redeemed, repayed.
amortizar *v* amortize, depreciate, redeem, repay.
amortizar una deuda amortize a debt.
amovible *adj* movable, transferable.
amovilidad *f* removability, transferability.
amparo *m* protection, support, shelter, exemption.
amparo contributivo tax shelter.
amparo fiscal tax shelter.
amparo impositivo tax shelter.
amparo social social security.
amparo tributario tax shelter.
ampliación *f* extension, enlargement, increase.
ampliación de capital increase of capital.
ampliación de cobertura extension of coverage.
ampliación de la base imponible broadening the tax base.
ampliación de la base impositiva broadening the tax base.
ampliación del crédito increase of the loan.
ampliación del plazo extension of the term.
ampliamente reconocido widely recognized.
ampliar *v* enlarge, extend, expand.
ampliar el plazo extend the term.
ampliar el riesgo extend the risk.
ampliar un cheque raise a check, raise a cheque.
amplificación *f* enlargement, extension.
amplificar *v* enlarge, extend, develop.
amplio surtido wide selection.
amplitud de la cobertura extent of the coverage.
amplitud del mercado extent of the market.
añadir *v* add, add up, append.
análisis *m* analysis.
análisis a fondo in-depth analysis.
análisis bottom-up bottom-up analysis.
análisis comercial commercial analysis.
análisis competitivo competitive analysis.
análisis contable accounting analysis.
análisis coste-beneficio cost-benefit analysis.
análisis coste-efectividad cost-effectiveness analysis.
análisis costo-beneficio cost-benefit analysis.
análisis costo-efectividad cost-effectiveness

analysis.
análisis cualitativo qualitative analysis.
análisis cuantitativo quantitative analysis.
análisis DAFO (análisis de las debilidades, amenazas, fortalezas, y oportunidades) SWOT analysis.
análisis de acciones stock analysis.
análisis de actividad activity analysis.
análisis de año base base-year analysis.
análisis de cobros collection analysis.
análisis de conducta de coste cost-behavior analysis.
análisis de conducta de costo cost-behavior analysis.
análisis de correlación correlation analysis.
análisis de coste mínimo least cost analysis.
análisis de costes cost analysis.
análisis de costes de distribución distribution cost analysis.
análisis de costes de marketing marketing cost analysis.
análisis de costes de mercadeo marketing cost analysis.
análisis de costes funcional functional cost analysis.
análisis de costo mínimo least cost analysis.
análisis de costos cost analysis.
análisis de costos de distribución distribution cost analysis.
análisis de costos de marketing marketing cost analysis.
análisis de costos de mercadeo marketing cost analysis.
análisis de costos funcional functional cost analysis.
análisis de crédito credit analysis.
análisis de cuenta account analysis.
análisis de cuenta de plica escrow analysis.
análisis de decisiones decision analysis.
análisis de depósitos deposit analysis.
análisis de empleo job analysis.
análisis de equilibrio general general equilibrium analysis.
análisis de equilibrio parcial partial-equilibrium analysis.
análisis de estados financieros financial statement analysis.
análisis de factores factor analysis.
análisis de flujo de fondos funds-flow analysis.
análisis de gastos expenditures analysis.
análisis de ingresos income analysis.
análisis de insumo-producto input-output analysis.
análisis de inventario inventory analysis.
análisis de inversiones investment analysis.
análisis de la ejecución performance analysis.
análisis de la tendencia analysis of the trend.
análisis de la varianza analysis of variance.
análisis de las fortalezas, oportunidades, debilidades, y amenazas SWOT analysis.
análisis de los consumidores consumer analysis.
análisis de mercado market analysis.
análisis de operaciones operations analysis.
análisis de procesos process analysis.
análisis de producto product analysis.
análisis de profesión profession analysis.
análisis de proyecto project analysis.
análisis de ratios ratio analysis.
análisis de ratios financieros financial ratio analysis.

análisis de razones ratio analysis.
análisis de razones financieras financial ratio analysis.
análisis de regresión regression analysis.
análisis de regresión múltiple multiple regression analysis.
análisis de riesgo risk analysis.
análisis de sistemas systems analysis.
análisis de tendencias trend analysis.
análisis de trabajo job analysis.
análisis de transacción transaction analysis.
análisis de valor value analysis.
análisis de ventas sales analysis.
análisis del mercado market analysis.
análisis del punto crítico break-even analysis.
análisis del rendimiento performance analysis.
análisis del riesgo risk analysis.
análisis diferencial differential analysis.
análisis económico economic analysis.
análisis entre industrias interindustry analysis.
análisis estadístico statistical analysis.
análisis estático static analysis.
análisis factorial factorial analysis.
análisis financiero financial analysis.
análisis FODA (análisis de las fortalezas, oportunidades, debilidades, y amenazas) SWOT analysis.
análisis horizontal horizontal analysis.
análisis incremental incremental analysis.
análisis marginal marginal analysis.
análisis matricial matrix analysis.
análisis monetario monetary analysis.
análisis operacional operational analysis.
análisis operativo operational analysis.
análisis organizacional organizational analysis.
análisis organizativo organizational analysis.
análisis periódico period analysis.
análisis presupuestario budget analysis.
análisis profesional professional analysis.
análisis top-down top-down analysis.
análisis vertical vertical analysis.
analista *m* analyst.
analista de bolsa stock analyst.
analista de cobros collection analyst.
analista de costes cost analyst.
analista de costos cost analyst.
analista de crédito credit analyst.
analista de inversiones securities analyst.
analista de mercado market analyst.
analista de sistemas systems analyst.
analista de valores securities analyst.
analista de ventas sales analyst.
analista económico economic analyst.
analista financiero financial analyst.
analizar *v* analyze.
analizar cuentas analyze accounts.
analizar una cuenta analyze an account.
anarquía *f* anarchy.
anarquismo *m* anarchism.
anarquista *adj* anarchist.
anarquista *m/f* anarchist.
anatocismo *m* anatocism.
ancho de banda bandwidth.
anchura del mercado breadth of market.
ancla nominal nominal anchor.
anejar *v* annex, attach.
anejo *adj* attached, annexed.
anejo *m* annex, attached document, enclosure.
anexar *v* annex, attach, append.
anexidades *f* accessories, incidental rights or

things.
anexión *f* annexation.
anexionar *v* annex.
anexo *adj* attached, annexed.
anexo *m* annex, attached document, enclosure.
anexo para endosos allonge.
animar *v* encourage, stimulate.
ánimo de lucro intention to profit.
ánimo de revocar intent to revoke.
aniversario *m* anniversary.
aniversario de póliza policy anniversary.
año agrícola crop year.
año anterior previous year, last year.
año base base year.
año bisiesto leap year.
año calendario calendar year.
año civil civil year.
año comercial commercial year, business year.
año comercial natural natural business year.
año común common year.
año contable accounting year.
año continuo calendar year.
año contributivo tax year.
año contributivo fiscal fiscal tax year.
año de adquisición year of acquisition, year of purchase.
año de auditoría auditing year.
año de beneficios benefit year.
año de calendario calendar year.
año de emisión year of issue.
año de negocios business year.
año de referencia reference year.
año económico fiscal year.
año empresarial business year.
año en curso current year.
año financiero financial year, fiscal year.
año fiscal fiscal year, tax year, financial year.
año gravable tax year.
año hasta la fecha year to date.
año impositivo tax year.
año impositivo fiscal fiscal tax year.
año natural calendar year, natural year.
año nuevo new year.
año pasado last year, previous year.
año presupuestario budget year.
año social corporate year.
año tributario tax year.
año tributario fiscal fiscal tax year.
anomalía *f* anomaly.
anómalo *adj* anomalous, abnormal, irregular.
anónimo *adj* anonymous.
anormal *adj* abnormal, irregular.
años de servicio years of service.
anotación *f* annotation, note, filing, entry.
anotación al margen marginal note.
anotación contable accounting entry.
anotación de embargo filing a writ of attachment.
anotación de secuestro filing a writ of attachment.
anotación en cuenta account entry.
anotación en la cuenta annotation in the account.
anotación en registro público filing in a public registry.
anotación preventiva provisional filing in a registry of property to protect an interest.
anotar *v* annotate, note, file, enter, register.
anotar en los libros enter in the books.
antecedentes *m* record, history, precedent.
antecedentes crediticios credit history, credit record.

antecedentes criminales criminal record, criminal history.
antecedentes laborales employment history, employment record.
antecedentes penales criminal record, criminal history.
antecedentes policiales police history.
antecontrato *m* preliminary agreement.
antedata *f* antedate, backdate.
antedatado *adj* antedated, backdated.
antedatar *v* antedate, backdate.
antedicho *adj* aforementioned, aforedescribed, aforenamed, aforestated.
antefirma *f* title of the person signing.
antelación, con beforehand.
antemano, de beforehand.
antenupcial *adj* antenuptial.
antepagar *v* prepay, pay beforehand.
anteproyecto *m* preliminary draft, blueprint.
anteproyecto de contrato preliminary draft of a contract.
anterior al impuesto pretax, before-tax.
antes de contribuciones pretax, before-tax.
antes de impuestos pretax, before-tax.
antes de la apertura before opening.
antes de tributos pretax, before-tax.
antes del cierre before closing.
anticíclico *adj* anticyclical, countercyclical.
anticipación *f* anticipation, prepayment.
anticipación del vencimiento acceleration of maturity.
anticipadamente *adv* in advance.
anticipado *adj* in advance, anticipated, early.
anticipado, por in advance, anticipated, early.
anticipar *v* anticipate, advance, prepay.
anticipar dinero advance money.
anticipatorio *adj* anticipatory.
anticipo *m* advance payment, advance, anticipation, bargain money, earnest money, preview.
anticipo bancario bank advance.
anticipo contributivo tax advance.
anticipo de dinero advance of money, advance.
anticipo de efectivo cash advance.
anticipo de fondos advance payment, advance.
anticipo de herencia inter vivos gift.
anticipo de prima premium advance.
anticipo de salario salary advance.
anticipo en efectivo cash advance.
anticipo impositivo tax advance.
anticipo salarial salary advance.
anticipo sobre póliza advance on policy.
anticipos al personal advances to employees.
anticompetitivo *adj* anticompetitive.
anticresis *f* antichresis.
anticuado *adj* old-fashioned.
antidumping *adj* antidumping.
antieconómico *adj* uneconomic.
antigüedad *f* seniority, antiquity, bumping.
antigüedad en la empresa seniority.
antiguo *adj* former, ancient, old.
antiinflacionario *adj* antiinflationary.
antiinflacionista *adj* antiinflationary.
antimonopólico *adj* antitrust, antimonopoly.
antimonopolio *adj* antitrust, antimonopoly.
antimonopolista *adj* antitrust, antimonopoly.
antípoca *f* deed acknowledging a lease, deed acknowledging an annuity contract that runs with the land.
antipocar *v* acknowledge in writing a lease, acknowledge in writing an annuity contract that

runs with the land.
antirreglamentario *adj* against the rules.
antor *m* seller of stolen goods.
anual *adj* annual, yearly.
anualidad *f* annuity, annual charge, annual occurrence.
anualidad acumulada accumulated annuity.
anualidad anticipada anticipated annuity.
anualidad aplazada deferred annuity.
anualidad cierta annuity certain.
anualidad colectiva group annuity.
anualidad con efecto inmediato immediate annuity.
anualidad con participación participating annuity.
anualidad condicional conditional annuity.
anualidad conjunta joint annuity.
anualidad contingente contingent annuity.
anualidad de discapacidad disability annuity.
anualidad de grupo group annuity.
anualidad de impuestos diferidos tax-deferred annuity.
anualidad de jubilación retirement annuity.
anualidad de pago inmediato immediate-payment annuity.
anualidad de pagos diferidos deferred-payment annuity.
anualidad de pagos parejos level-payment annuity.
anualidad de prima única single-premium annuity.
anualidad de primas flexibles flexible-premium annuity.
anualidad de reembolso a plazos installment refund annuity.
anualidad de reembolso en efectivo cash refund annuity.
anualidad de retiro retirement annuity.
anualidad de supervivencia survivorship annuity.
anualidad diferida deferred annuity.
anualidad diferida grupal group deferred annuity.
anualidad fija fixed annuity.
anualidad grupal group annuity.
anualidad grupal diferida deferred group annuity.
anualidad híbrida hybrid annuity.
anualidad incondicional annuity certain, unconditional annuity.
anualidad inmediata immediate annuity.
anualidad normal normal annuity.
anualidad ordinaria ordinary annuity.
anualidad perpetua perpetual annuity.
anualidad pura pure annuity.
anualidad regular regular annuity.
anualidad temporal temporary annuity.
anualidad típica typical annuity.
anualidad variable variable annuity.
anualidad vitalicia life annuity.
anualizado *adj* annualized.
anualizar *v* annualize.
anualmente *adj* annually.
anulabilidad *f* voidability, annullability.
anulable *adj* voidable, cancellable, annullable.
anulación *f* annulment, nullification, cancellation
anulación de contrato nullification of contract.
anulación de convenio nullification of agreement.
anulación de deuda cancellation of debt.
anulación de orden cancellation of order.
anulación de pedido cancellation of order.
anulación de póliza cancellation of policy.
anulado *adj* annulled, voided, cancelled.

anulador *adj* annulling, canceling.
anular *v* annul, void, cancel, abrogate.
anular un pedido cancel an order.
anular una orden cancel an order.
anulativo *adj* nullifying, annulling, voiding.
anunciado *adj* advertised, announced.
anunciante *m/f* advertiser, announcer.
anunciar *v* advertise, announce.
anunciar un cambio announce a change.
anuncio *m* announcement, notice, advertisement, ad, commercial.
anuncio agresivo aggressive advertisement.
anuncio anticipado advance advertisement, advance announcement.
anuncio clasificado classified advertisement.
anuncio comercial commercial advertisement, trade advertisement.
anuncio comparativo comparative advertisement.
anuncio cooperativo cooperative advertisement.
anuncio corporativo corporate advertisement.
anuncio de dividendo dividend announcement.
anuncio de empleo job advertisement.
anuncio de imagen image advertisement.
anuncio de oferta invitation to bid.
anuncio de servicio público public service advertisement.
anuncio de trabajo job advertisement.
anuncio del producto product advertisement.
anuncio directo direct advertisement.
anuncio electrónico electronic advertisement, Internet advertisement.
anuncio en el Internet Internet advertisement.
anuncio en línea online advertisement.
anuncio en prensa press advertisement, press announcement.
anuncio engañoso false advertisement, deceptive advertisement.
anuncio financiero financial advertisement.
anuncio industrial industrial advertisement.
anuncio informativo informative advertisement.
anuncio institucional institutional advertisement.
anuncio nacional national advertisement.
anuncio online online advertisement.
anuncio por correo mail advertisement, postal advertisement.
anuncio por Internet Internet advertisement.
anuncio por palabras classified advertisement.
anuncio radial radio advertisement.
anuncio selectivo selective advertisement.
anuncio subliminal subliminal advertisement.
anuncio televisivo television advertisement, television announcement.
anverso *adj* obverse, front.
apalabrar *v* agree to verbally, contract verbally, discuss beforehand.
apalancamiento *m* leverage.
apalancamiento de capital capital leverage.
apalancamiento financiero financial leverage.
apalancamiento inverso reverse leverage.
apalancamiento negativo negative leverage.
apalancamiento operativo operating leverage.
apalancamiento positivo positive leverage.
apalancar *v* leverage.
aparato productivo the combination of the three sectors of the economy.
aparcería *f* sharecropping, partnership.
aparcero *m* sharecropper, partner.
apareado *adj* matched.
apareamiento *m* matching.
aparecer *v* appear.

aparente *adj* apparent.
apariencia de título color of title.
apartado *m* paragraph, section, Post Office Box.
apartado de correos Post Office Box.
apartado postal Post Office Box.
apartamento *m* apartment, flat.
apartamento cooperativo cooperative apartment.
apartamento modelo model apartment.
Apdo. de Correos Post Office Box.
apear *v* survey.
apelación *f* appeal.
apelante *m/f* appellee.
apelar *v* appeal.
apeo *m* survey.
apercibimiento *m* warning, caution, notification.
apertura *f* opening.
apertura, a la at the opening.
apertura de crédito opening of a line of credit, granting of a loan.
apertura de cuentas opening of accounts.
apertura de la bolsa opening of the exchange.
apertura de las licitaciones opening of bids.
apertura de las propuestas opening of bids.
apertura de libros opening of the books.
apertura de negociaciones opening of negotiations.
apertura de negocio opening of a business.
apertura de propuestas opening of bids.
apertura demorada delayed opening.
API (agente de la propiedad inmobiliaria) real estate agent.
aplazable *adj* postponable.
aplazada *f* extension of time.
aplazado *adj* deferred, postponed.
aplazamiento *m* deferment, adjournment, postponement.
aplazamiento automático automatic stay.
aplazamiento de contribuciones tax deferral.
aplazamiento de impuestos tax deferral.
aplazamiento de pago deferment of payment.
aplazamiento de pago de contribuciones deferment of payment of taxes.
aplazamiento de pago de impuestos deferment of payment of taxes.
aplazar *v* defer, adjourn, postpone.
aplazar un pago defer a payment.
aplicable *adj* applicable.
aplicación *f* application, implementation.
aplicación de costes cost application.
aplicación de costos cost application.
aplicación de fondos funds application.
aplicación de impuestos tax allocation, tax imposition.
aplicación de recursos application of resources.
aplicado *adj* applied.
aplicar *v* apply, impose.
aplicar un impuesto impose a tax.
aplicarse *v* apply, work hard, to be applicable.
ápoca *f* receipt.
apoderado *adj* empowered, authorized.
apoderado *m* representative, agent, proxy, attorney.
apoderado especial special agent.
apoderado general general agent, managing partner.
apoderado singular special agent.
apoderamiento *m* empowerment, power of attorney, appropriation, authorization.
apoderar *v* empower, grant power of attorney, give possession.
apoderarse *v* take possession.

apolítico *adj* apolitical.
apolítico *m* apolitical person.
aportación *f* contribution.
aportación adicional additional contribution.
aportación de capital capital contribution.
aportación máxima maximum contribution.
aportación mínima minimum contribution.
aportación neta net contribution.
aportar *v* contribute.
aportar fondos finance, contribute funds.
aporte *m* contribution, payment.
aporte jubilatorio payment to a retirement fund.
apoyado por el estado government-supported, state-supported.
apoyado por el gobierno government-supported.
apoyar *v* support, aid, back, second.
apoyo *m* support, backup.
apoyo condicionado conditional support.
apoyo condicional conditional support.
apoyo de la balanza de pagos balance of payments support.
apoyo de precios price support.
apoyo del estado government support, state support.
apoyo del gobierno government support.
apoyo del mercado market support.
apoyo económico economic support, financial support.
apoyo estatal government support, state support.
apoyo financiero financial support.
apoyo gubernamental government support.
apoyo incondicional unconditional support.
apoyo lateral lateral support.
apoyo técnico technical support.
apreciable *adj* appreciable.
apreciación *f* appreciation, appraisal.
apreciación de acciones stock appreciation.
apreciación de capital capital appreciation.
apreciación de la moneda currency appreciation.
apreciación monetaria monetary appreciation, currency appreciation.
apreciación no realizada unrealized appreciation.
apreciador *m* appraiser.
apreciar *v* appraise, appreciate.
apremiar el pago compel payment.
apremio *m* legal proceedings for debt collection, pressure.
apremio personal legal proceedings for debt collection involving personal property.
apremio real sale of attached real property.
aprendiz *m/f* apprentice, trainee.
aprendizaje *m* apprenticeship, learning.
aprendizaje asistido por computadora computer-aided learning.
aprendizaje asistido por ordenador computer-aided learning.
aprendizaje electrónico electronic learning, e-learning.
aprieto *m* difficulty, distress.
aprobación *f* approval, ratification, approbation.
aprobación de crédito credit approval.
aprobación de préstamo loan approval.
aprobación previa prior approval.
aprobación técnica technical approval.
aprobado *adj* approved.
aprobar *v* approve, ratify, pass.
aprobar el presupuesto approve the budget.
aprobar la moción carry the motion.
aprontar *v* comply with an obligation promptly, pay immediately.

apropiación *f* appropriation.
apropiación fraudulenta fraudulent conversion.
apropiación ilícita conversion.
apropiación implícita constructive conversion.
apropiación indebida misappropriation.
apropiación presupuestaria budget appropriation.
apropiador *m* appropriator.
apropiar *v* appropriate.
apropiarse de appropriate, take possession of.
aprovechamiento *m* utilization, enjoyment.
aprovechamiento de tierras land improvement, land use.
aprovechamiento del suelo land improvement, land use.
aprovechamiento del terreno land improvement, land use.
aprovecharse de take advantage of.
aprovisionamiento *m* supply.
aprovisionar *v* supply.
aproximación *f* approximation.
aproximadamente *adv* approximately.
aproximado *adj* approximate.
aproximar *v* approximate.
aptitud *f* aptitude, competency.
apto *adj* apt, capable.
apuesta *f* bet.
apuntar *v* note, aim.
apunte *m* note, entry.
apunte contable accounting entry.
apunte de anulación canceling entry.
apunte de cancelación canceling entry.
aquiescencia *f* acquiescence.
aquiescente *adj* acquiescent.
arancel *m* tariff, tariff schedule, duty, schedule of fees.
arancel ad valorem ad valorem tariff, ad valorem duty.
arancel adicional additional tariff, additional duty.
arancel aduanero customs tariff, tariff, schedule of customs duties.
arancel agrícola agricultural tariff.
arancel al valor ad valorem tariff, ad valorem duty.
arancel alternativo alternative tariff.
arancel antidumping antidumping tariff, antidumping duty.
arancel autónomo autonomous tariff.
arancel compensatorio compensatory tariff, countervailing duty, compensating tariff.
arancel compuesto compound tariff, compound duty.
arancel común common tariff.
arancel convencional conventional tariff.
arancel de aduanas customs tariff, tariff, schedule of customs duties.
arancel de avalúo tariff.
arancel de entrada import tariff, import duty.
arancel de exportación export tariff, export duty.
arancel de importación import tariff, import duty.
arancel de protección protective tariff.
arancel de renta revenue tariff.
arancel de represalia retaliatory duty.
arancel de salida export tariff, export duty.
arancel diferencial differential duty.
arancel discriminatorio discriminating tariff.
arancel específico specific tariff.
arancel fijo fixed tariff.
arancel fiscal revenue tariff, fiscal tariff.
arancel flexible flexible tariff.
arancel general general tariff.
arancel medio average tariff.

arancel mínimo minimum tariff.
arancel mixto mixed tariff.
arancel múltiple multiple tariff.
arancel normal normal tariff.
arancel ordinario ordinary tariff.
arancel portuario dock duties.
arancel preferencial preferential tariff.
arancel preferente preferential tariff.
arancel prohibitivo prohibitive tariff.
arancel promedio average tariff.
arancel proteccionista protective tariff.
arancel reducido reduced tariff.
arancel regular regular tariff.
arancel según el valor ad valorem tariff, ad valorem duty.
arancel típico typical tariff.
arancel variable variable tariff.
arancelario *adj* tariff, pertaining to tariffs.
arbitrable *adj* arbitrable.
arbitración *f* arbitration.
arbitración obligante binding arbitration.
arbitrador *m* arbitrator, arbiter.
arbitraje *m* arbitration, arbitrage.
arbitraje comercial commercial arbitration.
arbitraje compuesto compound arbitrage.
arbitraje compulsivo compulsory arbitration.
arbitraje compulsorio compulsory arbitration.
arbitraje cubierto covered arbitrage.
arbitraje de cambio exchange arbitrage.
arbitraje de divisas currency arbitrage.
arbitraje de fusiones merger arbitrage.
arbitraje entre compañías intercompany arbitration.
arbitraje forzado forced arbitration.
arbitraje forzoso forced arbitration.
arbitraje industrial labor arbitration.
arbitraje laboral labor arbitration.
arbitraje mercantil commercial arbitration.
arbitraje necesario compulsory arbitration.
arbitraje obligatorio compulsory arbitration.
arbitraje requerido required arbitration.
arbitraje salarial salary arbitration.
arbitraje simple simple arbitrage.
arbitraje vinculante binding arbitration.
arbitraje voluntario voluntary arbitration.
arbitrajista *m/f* arbitrageur.
arbitral *adj* arbitral.
arbitramiento *m* arbitration.
arbitrar *v* arbitrate.
arbitrar fondos raise money.
arbitrario *adj* arbitrary.
arbitrativo *adj* arbitrative.
arbitrios *m* taxes, resources.
árbitro *m* arbitrator, arbiter.
árbol de decisión decision tree.
archivado *adj* filed, archived.
archivador *m* archivist, file clerk.
archivar *v* file, archive.
archivero *m* archivist, file clerk.
archivista *m/f* archivist, file clerk.
archivo *m* file, archive, archives, record.
archivo activo active file.
archivo adjunto attached file, attachment.
archivo anexado attached file, attachment.
archivo anexo attached file, attachment.
archivo central de información central information file.
archivo confidencial confidential file.
archivo contable accounting file.
archivo de auditoría audit file.

archivo de computadora computer file.
archivo de contabilidad accounting file.
archivo de crédito credit file.
archivo de datos data file.
archivo de firma signature file.
archivo de información del cliente customer-information file.
archivo de ordenador computer file.
archivo maestro master file.
archivo permanente permanent file.
archivo temporal temporary file.
archivos de cheques check files, cheque files.
ardid *f* scheme, ruse, plot, stratagem.
área *m* area, zone.
área aduanera customs area.
área alquilable rentable area.
área arrendable leasable area.
área comercial commercial area.
área común common area.
área de acumulación accumulation area.
área de aduanas customs area.
área de comercio commercial area.
área de desarrollo development area.
área de desastre disaster area.
área de distribución distribution area.
área de libre comercio free-trade area.
área de mercado market area.
área de moneda común common currency area.
área de monedas currency area.
área de pericia area of expertise.
área de recepción reception area.
área de solar mínima minimum lot area.
área de trabajo work area, workspace.
área de ventas sales area.
área deprimida depressed area.
área edificada built-up area.
área estadística metropolitana metropolitan statistical area.
área euro Euro area.
área impactada impacted area.
área industrial industrial area.
área mercantil commercial area.
área metropolitana metropolitan area.
área monetaria common currency area.
área restringida restricted area.
área rural rural area.
área urbana urban area.
áreas de cultivo crop areas.
argucia *f* ruse.
argumento *m* argument, reasoning, summary.
arma publicitaria publicity weapon.
armonización *f* harmonization.
armonización contable accounting harmonization.
armonización contributiva tax harmonization.
armonización de impuestos tax harmonization.
armonización fiscal tax harmonization.
armonización global global harmonization.
armonización impositiva tax harmonization.
armonización mundial global harmonization.
armonización tributaria tax harmonization.
armonizar *v* harmonize.
arquear *v* audit, measure a ship's capacity.
arqueo *m* audit, a ship's capacity, capacity, tonnage.
arqueo bruto gross tonnage.
arqueo de buques tonnage, capacity.
arqueo de fondos audit of the public treasury.
arqueo neto net tonnage.
arquero *m* teller.
arraigar *v* put up a bond, purchase real estate.

arraigo *m* bailment, real estate.
arras *f* security, earnest money, down payment.
arreglador *m* adjuster.
arreglador de avería average adjuster.
arreglar *v* arrange, fix, settle, adjust.
arreglar una cuenta settle an account.
arreglar una reclamación adjust a claim.
arreglarse *v* settle, compromise.
arreglo *m* arrangement, agreement, settlement, adjustment.
arreglo bilateral bilateral arrangement.
arreglo con acreedores arrangement with creditors.
arreglo cooperativo cooperative arrangement.
arreglo de avería average adjustment.
arreglo de crédito credit arrangement.
arreglo de reembolso reimbursement arrangement.
arreglo financiero financial arrangement, financial settlement.
arreglo recíproco reciprocal arrangement.
arrendable *adj* leasable.
arrendación *f* lease.
arrendación a corto plazo short-term lease.
arrendación a largo plazo long-term lease.
arrendado *adj* leased.
arrendador *m* lessor, lessee, landlord.
arrendador a la parte sharecropper.
arrendador ausente absentee lessor, absentee landlord.
arrendamiento *m* lease, leasing, lease contract, renting, hiring.
arrendamiento a corto plazo short-term lease.
arrendamiento a largo plazo long-term lease.
arrendamiento apalancado leveraged lease.
arrendamiento cerrado closed-end lease.
arrendamiento comercial commercial lease, business lease, commercial rental.
arrendamiento con opción de compra lease with option to buy.
arrendamiento concurrente concurrent lease.
arrendamiento corporativo corporate lease.
arrendamiento de capital capital lease.
arrendamiento de consumo consumer lease.
arrendamiento de empresa business lease.
arrendamiento de equipo equipment leasing.
arrendamiento de explotación operating lease.
arrendamiento de negocio business lease.
arrendamiento de servicio employment.
arrendamiento empresarial business lease.
arrendamiento escalonado graduated lease.
arrendamiento fijo fixed lease.
arrendamiento financiero financial lease.
arrendamiento marítimo maritime lease.
arrendamiento mercantil commercial lease.
arrendamiento neto net lease.
arrendamiento operativo operating lease.
arrendamiento oral parol lease.
arrendamiento perpetuo perpetual lease.
arrendamiento primario primary lease.
arrendamiento renovable renewable lease.
arrendamiento reversionario reversionary lease.
arrendamiento transferible assignable lease.
arrendante *m/f* lessor, lessee.
arrendar *v* lease, let, hire.
arrendatario *m/f* lessee, tenant.
arrendaticio *adj* pertaining to a lease.
arriba mencionado abovementioned, mentioned above.
arriendo *m* lease, hire.
arriendo a corto plazo short-term lease.

arriendo a largo plazo   long-term lease.
arriendo marítimo   maritime lease.
arriendo neto   net lease.
arriendo oral   parol lease.
arriendo perpetuo   perpetual lease.
arriendo transferible   assignable lease.
arriesgado *adj*   risky.
arriesgar *adj*   risk.
arroba (@) *f*   at sign.
arruinado *adj*   ruined, bankrupt.
arruinarse *v*   go bankrupt, become ruined.
arte *m/f*   art, profession, skill.
arte anterior   prior art.
arte de vender   art of selling, selling ability.
artículo *m*   article, item, clause, section.
artículo adicional   addendum.
artículo básico   staple.
artículo de comercio   commodity, article of commerce.
artículo de excepción   exception item.
artículo de exportación   export article.
artículo de importación   import article.
artículo de marca   trademarked article.
artículo de preferencia   preference item.
artículo de preferencia contributiva   preference tax item.
artículo de preferencia impositiva   preference tax item.
artículo de preferencia tributaria   preference tax item.
artículo de primera necesidad   staple, basic commodity.
artículo defectuoso   defective item.
artículo del contrato   contract clause.
artículo descontinuado   discontinued item.
artículo devuelto   returned item.
artículo manufacturado   manufactured article.
artículo patentado   patented article.
artículo propietario   patented article, trademarked article.
artículos coleccionables   collectibles.
artículos consolidados   consolidated items.
artículos de asociación   articles of association.
artículos de cobro   collection items.
artículos de consumo   consumer goods.
artículos de contrabando   smuggled goods.
artículos de conveniencia   convenience goods.
artículos de incorporación   articles of incorporation.
artículos de lujo   luxury goods.
artículos de marca   branded goods, branded items.
artículos de moda   fashion goods.
artículos de valor   valuables.
artículos de venta   items for sale, goods for sale.
artículos diversos   sundries.
artículos especializados   specialized goods.
artículos gravables   taxable items.
artículos imponibles   taxable items.
artículos restringidos   restricted articles.
artículos sin restricciones   unrestricted articles.
artículos suntuarios   luxury goods.
artículos tributables   taxable items.
artículos y servicios   goods and services.
artificial *adj*   artificial.
asalariado *adj*   salaried.
asalariado *m*   salaried worker, wage earner.
asalariar *v*   to pay a salary, to pay wages.
asamblea *f*   assembly, meeting.
asamblea anual   annual meeting.
asamblea anual de accionistas   annual

shareholders' meeting, annual stockholders' meeting.
asamblea comercial   business assembly, commercial assembly.
asamblea constitutiva   organizational meeting.
asamblea constituyente   constitutional convention.
asamblea consultiva   advisory body.
asamblea de accionistas   shareholders' meeting.
asamblea de accionistas general   general shareholders' meeting, general stockholders' meeting.
asamblea de acreedores   creditors' meeting.
asamblea de negocios   business assembly.
asamblea empresarial   business assembly.
asamblea extraordinaria   special meeting.
asamblea general   general meeting.
asamblea general anual   annual general meeting.
asamblea general de accionistas   general meeting of shareholders, general meeting of stockholders.
asamblea general extraordinaria   extraordinary general meeting.
asamblea mercantil   commercial assembly.
asamblea normal   normal meeting.
asamblea ordinaria   regular meeting.
asamblea plenaria   plenary meeting.
ascender *v*   promote, rise.
ascenso *m*   promotion, rise.
ascenso de empleado   employee promotion.
asegurabilidad *f*   insurability.
asegurabilidad garantizada   guaranteed insurability.
asegurable *adj*   insurable, assurable.
aseguración *f*   insurance.
asegurado *adj*   insured, assured.
asegurado *m*   insured, insured person.
asegurado adicional   additional insured.
asegurador *adj*   insuring, safeguarding.
asegurador *m*   insurer, underwriter, assurer.
asegurador autorizado   authorized insurer.
asegurador cooperativo   cooperative insurer.
asegurador de vida   life insurer.
asegurador directo   direct insurer.
asegurador extranjero   alien insurer.
asegurador independiente   independent insurer.
asegurador líder   lead insurer.
asegurador marítimo   marine insurer, assecurator.
asegurador no autorizado   unauthorized insurer.
asegurador primario   primary insurer.
aseguradora *f*   insurer, insurance company, underwriter.
aseguradores contra incendios   fire underwriters.
aseguradores contra riesgos marítimos   marine underwriters.
aseguradores de crédito   credit underwriters.
aseguramiento *m*   assurance, insuring, insurance, securing.
aseguramiento de calidad   quality assurance.
aseguranza *f*   insurance.
asegurar *v*   insure, underwrite, affirm, assure, tighten.
asegurar contra todos riesgos   insure against all risks.
asegurar un riesgo   underwrite a risk.
asegurarse *v*   obtain insurance, become certain.
aseguro *m*   insurance.
asentar *v*   make an entry, enter, post, record.
asentar una partida   make an entry.
asequible *adj*   attainable, affordable.
asesor *m*   advisor, consultant.

asesor administrativo administrative consultant.
asesor comercial commercial advisor.
asesor corporativo corporate advisor.
asesor de carreras career adviser.
asesor de comercio commerce advisor, business advisor.
asesor de comercio electrónico e-commerce advisor, e-business advisor.
asesor de crédito credit counselor, credit advisor.
asesor de finanzas financial adviser.
asesor de imagen image adviser.
asesor de inversiones investment adviser.
asesor de marketing marketing consultant.
asesor de mercadeo marketing consultant.
asesor de negocios business adviser.
asesor de seguros insurance consultant.
asesor económico economic advisor.
asesor empresarial business adviser.
asesor en colocaciones investment adviser.
asesor financiero financial adviser.
asesor fiscal tax adviser.
asesor impositivo tax adviser.
asesor jurídico legal advisor.
asesor legal legal advisor.
asesor mercantil commercial advisor.
asesor político political advisor, spin doctor.
asesor técnico technical adviser.
asesoramiento *m* advice, counsel, counseling.
asesoramiento bancario banking counseling.
asesoramiento continuo continuous advice.
asesoramiento de crédito credit counseling.
asesoramiento financiero financial counseling.
asesoramiento jurídico legal advice.
asesoramiento legal legal advice.
asesoramiento profesional professional advice.
asesorar *v* advise, counsel.
asesoría *f* advice, counseling, consultant, consultant's office, consultant's fee.
asesoría bancaria banking counseling.
asesoría de crédito credit counseling.
asesoría financiera financial counseling.
asesoría jurídica legal counseling.
asesoría legal legal counseling.
asesoría profesional professional counseling.
asiento *m* seat, entry, posting.
asiento ciego blind entry.
asiento compensatorio offsetting entry.
asiento complementario complementing entry.
asiento compuesto compound entry.
asiento contable accounting entry, book entry.
asiento de abono credit entry.
asiento de ajuste adjusting entry.
asiento de apertura opening entry.
asiento de caja cash entry.
asiento de cargo debit entry.
asiento de cierre closing entry.
asiento de complemento complementing entry.
asiento de corrección correction entry.
asiento de crédito credit entry.
asiento de débito debit entry.
asiento de diario journal entry.
asiento de presentación registration of a mortgage in a property registry.
asiento de reclasificación reclassification entry.
asiento de rectificación rectification entry.
asiento de transferencia transfer entry.
asiento de traspaso transfer entry.
asiento del diario compuesto compound journal entry.
asiento del mayor ledger entry.

asiento equivocado wrong entry.
asiento falsificado false entry.
asiento global global entry.
asiento original original entry.
asiento principal de negocios principal place of business.
asignable *v* assignable, allocable.
asignación *f* assignment, allotment, assignation, allowance, allocation, appropriation, payment.
asignación absoluta absolute assignment.
asignación de acciones allocation of shares, allocation of stock.
asignación de activos asset allocation.
asignación de beneficios allocation of benefits, allocation of profits.
asignación de colateral collateral assignment.
asignación de contratos allocation of contracts.
asignación de costes allocation of costs.
asignación de costos allocation of costs.
asignación de cuotas allocation of quotas.
asignación de dinero allocation of money.
asignación de empleo job assignment.
asignación de fondos allocation of funds.
asignación de ganancias allocation of profits.
asignación de gastos allocation of expenses.
asignación de ingresos allocation of income, income assignment, allocation of earnings.
asignación de pérdidas allocation of losses.
asignación de producción production allocation.
asignación de recursos allocation of resources.
asignación de reservas allocation of reserves.
asignación de responsabilidades allocation of responsibilities.
asignación de salario assignment of wages.
asignación directa direct allocation.
asignación familiar family allowance.
asignación incondicional absolute assignment.
asignación óptima de recursos optimal allocation of resources.
asignación para vivienda housing allowance.
asignación presupuestaria budget allocation, budget assignment.
asignación proporcional proportional allocation.
asignación salarial assignment of wages.
asignación y distribución allocation and distribution.
asignado *adj* assigned, allocated, allotted.
asignar *v* assign, allocate, allot, establish, designate.
asignar acciones allocate shares, allocate stock.
asignar beneficios allocate benefits, allocate profits.
asignar contratos allocate contracts.
asignar costes allocate costs.
asignar costos allocate costs.
asignar cuotas allocate quotas.
asignar dinero allocate money.
asignar fondos allocate funds.
asignar ganancias allocate profits.
asignar ingresos allocate income.
asignar pérdidas allocate losses.
asignar recursos allocate resources.
asignar reservas allocate reserves.
asignatario *m* beneficiary, legatee.
asilo político political asylum.
asimilación *f* assimilation.
asistencia *f* assistance, aid.
asistencia bilateral bilateral assistance.
asistencia del estado government assistance, state assistance.

asistencia del gobierno government assistance.
asistencia económica economic assistance.
asistencia en financiamiento financing assistance.
asistencia estatal government assistance, state assistance.
asistencia exterior foreign assistance.
asistencia federal federal assistance.
asistencia financiera financial assistance.
asistencia gubernamental government assistance.
asistencia internacional international assistance.
asistencia jurídica legal assistance.
asistencia legal legal assistance.
asistencia médica medical assistance, medical insurance.
asistencia multilateral multilateral assistance.
asistencia pública public assistance, welfare.
asistencia social public assistance, welfare.
asistencia técnica technical assistance.
asistente *m/f* assistant.
asistente administrativo administrative assistant.
asistente del director assistant to the director.
asistente digital personal personal digital assistant.
asistente ejecutivo executive assistant, executive secretary.
asistente personal personal assistant.
asistente técnico technical assistant.
asistido *adj* assisted, aided.
asistido por computadora computer-aided.
asistido por ordenador computer-aided.
asistir *v* assist, attend, aid.
asistir a una asamblea attend a meeting.
asistir a una junta attend a meeting.
asistir a una reunión attend a meeting.
asistir a una sesión attend a meeting.
asociación *f* association, organization, collaboration.
asociación agrícola farmers' association.
asociación anónima corporation.
asociación benéfica charitable association.
asociación caritativa charitable association.
asociación comercial commercial association, commercial league, trade association.
asociación cooperativa cooperative association.
asociación corporativa corporate association.
asociación de ahorro y préstamos savings and loan association.
asociación de beneficencia charitable association.
asociación de comerciantes trade association.
asociación de comercio commerce association, commerce league, business association, business league.
asociación de comercios electrónicos e-commerce association, e-commerce league, e-business association, e-business league.
asociación de compensación clearing association.
asociación de condominio condominium association.
asociación de consumidores consumer association.
asociación de crédito credit association, credit union.
asociación de dueños de condominio condominium owners' association.
asociación de dueños de hogar homeowner's association.
asociación de empleados employee association.

asociación de empresas business league.
asociación de fabricantes manufacturers' association.
asociación de marca brand association.
asociación de negocios business league.
asociación de prensa press association.
asociación de préstamos loan association.
asociación de propietarios homeowners' association.
asociación de vecinos neighborhood association, community association.
asociación denunciable partnership at will.
asociación empresarial business league.
asociación en participación joint venture.
asociación gremial trade association, labor union.
asociación impersonal corporation.
asociación mercantil commercial association, commercial league, trade association.
asociación momentánea joint venture.
asociación mutua mutual association.
asociación nacional national association.
asociación no pecuniaria nonprofit organization.
asociación obrera trade union, labor union.
asociación para reasegurar reinsurance association.
asociación patronal employers' association.
asociación personal partnership.
asociación profesional professional association.
asociación profesional obrera trade union.
asociación secreta secret partnership.
asociación sin fines de lucro nonprofit organization.
asociación sindical labor union.
asociado *adj* associated.
asociado *m* associate, partner.
asociarse *v* join, become associated, incorporate, form a partnership.
asocio *m* association, corporation.
aspecto *m* aspect.
aspirante *m/f* applicant, candidate.
astucia *f* astuteness, cunning, shrewdness.
asueto *m* time off, day off, half-day off.
asumible *adj* assumable.
asumido *adj* assumed.
asumir *v* assume, take.
asumir control assume control, take over.
asumir costes bear costs.
asumir costos bear costs.
asumir un empréstito assume a loan.
asumir un préstamo assume a loan.
asumir un riesgo assume a risk.
asumir una deuda assume a debt.
asumir una hipoteca assume a mortgage.
asumir una obligación assume an obligation.
asumir una pérdida take a loss, suffer a loss.
asunción *f* assumption.
asunción corriente current assumption.
asunción de crédito assumption of a loan.
asunción de deuda assumption of debt, assumption of indebtedness.
asunción de empréstito assumption of a loan.
asunción de hipoteca mortgage assumption.
asunción de interés interest assumption.
asunción de obligación assumption of obligation.
asunción de préstamo assumption of a loan.
asunción de riesgo assumption of risk.
asunción hipotecaria mortgage assumption.
asunto *m* matter, issue, lawsuit.
asunto político political issue.
asuntos corporativos corporate affairs.

asuntos de la agenda agenda items.
asuntos económicos economic affairs.
asuntos fiscales fiscal affairs.
asuntos pendientes pending matters.
asuntos políticos political affairs.
atareado *adj* busy.
atascadero *m* impasse.
atasco *m* impasse.
atención *f* attention, courtesy, service.
atención al cliente customer service.
atender *v* attend to, pay attention to, deal with.
atender a un cliente serve a customer.
atender el compromiso meet an obligation.
atender la deuda meet a debt.
atender la obligación meet an obligation.
atender una queja deal with a complaint.
atender una reclamación meet a claim.
atentamente *adv* with care, sincerely.
aterrizaje suave soft landing.
atesorar *v* hoard, collect valuables, save money.
atestar *v* witness, vouch for, certify.
atestar la firma witness the signature.
atmósfera *f* atmosphere.
atmósfera tensa tense atmosphere.
atolladero *m* impasse.
atracción turística tourist attraction.
atractivo emocional emotional appeal.
atraer clientela attract clientele, attract business.
atraer clientes attract clients.
atraer compradores attract buyers.
atraer consumidores attract consumers.
atraer usuarios attract users.
atrasado *adj* in arrears, back, late, delinquent.
atrasado de pago in arrears, in default.
atrasar *v* delay, postpone.
atrasarse *v* become delayed, fall into arrears.
atraso *m* delay, arrearage.
atraso, en in arrears.
atrasos *m* arrears.
atribución *f* attribution.
atributo *m* attribute.
audiencia *f* audience, hearing, trial.
audiencia cautiva captive audience.
audiencia objeto target audience.
audioconferencia *f* audio conference.
audiovisual *adj* audiovisual.
auditabilidad *f* auditability.
auditable *adj* auditable.
auditado *adj* audited.
auditar *v* audit.
auditar una cuenta audit an account.
auditor *m* auditor.
auditor autorizado authorized auditor.
auditor bancario bank auditor.
auditor de banco bank auditor.
auditor de campo field auditor.
auditor estatal state auditor.
auditor externo external auditor.
auditor fiscal tax auditor.
auditor independiente independent auditor.
auditor interno internal auditor.
auditor no autorizado unauthorized auditor.
auditor público public auditor.
auditoría *f* audit, auditing, auditing firm.
auditoría administrativa administrative audit.
auditoría ambiental environmental audit.
auditoría anual annual audit.
auditoría completa complete audit.
auditoría contable accounting audit.
auditoría continua continuous audit.

auditoría de acatamiento compliance audit.
auditoría de administración administration audit.
auditoría de caja cash audit.
auditoría de calidad quality audit.
auditoría de campo field audit.
auditoría de cuentas accounts audit.
auditoría de cumplimiento compliance audit.
auditoría de dividendos dividend audit.
auditoría de eficiencia efficiency audit.
auditoría de estados financieros financial statement audit.
auditoría de la ejecución performance audit.
auditoría de los libros book audit.
auditoría de mercado market audit.
auditoría de nómina payroll audit.
auditoría de operaciones operations audit.
auditoría de personal personnel audit.
auditoría de seguridad safety audit, security audit.
auditoría del balance balance sheet audit.
auditoría del rendimiento performance audit.
auditoría detallada detailed audit.
auditoría especial special audit.
auditoría especial completa complete special audit.
auditoría estatutaria statutory audit.
auditoría externa external audit.
auditoría fiscal tax audit.
auditoría general general audit.
auditoría horizontal horizontal audit.
auditoría independiente independent audit.
auditoría informática audit of information technology resources.
auditoría interina interim audit.
auditoría intermedia intermediate audit.
auditoría interna internal audit.
auditoría limitada limited audit.
auditoría medioambiental environmental audit.
auditoría operacional operational audit.
auditoría operativa operational audit.
auditoría parcial partial audit.
auditoría periódica periodic audit.
auditoría por correspondencia correspondence audit.
auditoría preliminar preliminary audit.
auditoría pública public audit.
auditoría semianual semiannual audit.
auge *m* boom.
auge económico economic boom.
auge inflacionario inflationary boom.
aumentado *adj* increased.
aumentar *v* increase, gain.
aumentar comercio increase commerce, increase trade.
aumentar el tipo increase the rate.
aumentar el tipo de interés increase the interest rate.
aumentar impuestos increase taxes.
aumentar la oferta increase supply, increase the offer.
aumentar la tasa increase the rate.
aumentar la tasa de interés increase the interest rate.
aumentar las ganancias increase profits.
aumentar los beneficios increase benefits, increase profits.
aumentar precios increase prices.
aumentar producción increase production.
aumentar salida increase output.
aumentar tarifas increase tariffs.
aumento *m* increase, gain.

aumento arancelario tariff increase.
aumento contributivo tax increase.
aumento de capital capital increase.
aumento de dividendo increase of dividend.
aumento de la productividad increase in productivity.
aumento de los costes increase in costs.
aumento de los costos increase in costs.
aumento de los ingresos increase in earnings.
aumento de precio price increase.
aumento de productividad productivity increase.
aumento de reserva reserve increase.
aumento de salario salary increase, wage increase.
aumento de sueldo salary increase.
aumento de tarifa tariff increase.
aumento de tasa rate increase.
aumento de tasa de interés interest rate increase.
aumento de tipo rate increase.
aumento de tipo de interés interest rate increase.
aumento del crédito credit increase.
aumento del rendimiento yield increase.
aumento del riesgo risk increase.
aumento del valor value increase.
aumento general general increase.
aumento impositivo tax increase.
aumento lineal linear increase.
aumento neto net increase.
aumento proporcional proportional increase.
aumento salarial salary increase, wage increase.
aumento tributario tax increase.
aunar *v* join, unify, pool, harmonize.
ausencia *f* absence.
ausencia compensada compensated absence.
ausencia de crecimiento absence of growth.
ausencia por enfermedad sick leave.
ausentado *adj* absent.
ausentado *m* absentee.
ausente *adj* absent.
ausente *m* absentee.
ausentismo *m* absenteeism.
auspiciar *v* sponsor.
auspicio *m* sponsorship.
austeridad *f* austerity.
austeridad económica economic austerity.
autarquía *f* autarchy.
autárquico *adj* autarchic, autarchical.
auténtica *f* attestation, certification.
autenticación *f* authentication, attestation.
autenticación de firma authentication of signature.
autenticado *adj* authenticated, attested.
autenticar *v* authenticate, attest.
autenticidad *f* authenticity.
auténtico *adj* authentic, certified.
autentificación *f* authentication, attestation.
autentificar *v* authenticate, attest
auto *m* decree, writ, court order, decision, car.
auto de embargo writ of attachment.
auto de pago official demand for payment.
auto de posesión writ of possession.
auto de quiebra declaration of bankruptcy.
auto de reivindicación writ of replevin.
autoabastecimiento *m* self-sufficiency.
autoadministrado *adj* self-administered.
autoajustable *adj* self-adjusting.
autoamortizable *adj* self-amortizing.
autoasegurador *m* self-insurer.
autoayuda *f* self-help.
autocartera *f* treasury shares, shares held by the issuing company.
autoconsumo *m* consumption or utilization of that

which the same person or entity produces or provides.
autocontrato *m* contract where one party acts on behalf of both parties.
autocorrelación *f* autocorrelation.
autodespido *m* resignation.
autodirección *f* self-management.
autoejecutable *adj* self-executing.
autoempleo *m* self-employment.
autoevaluación *f* self-evaluation.
autofinanciación *f* self-financing, autofinancing.
autofinanciamiento *m* self-financing, autofinancing.
autogenerado *adj* self-generated.
autogestión *f* self-management.
autogobierno *m* self-government.
autoliquidación *f* self-liquidation, self-assessment.
autoliquidante *adj* self-liquidating.
automático *adj* automatic.
automatización *f* automation.
automatización de oficinas office automation.
automatizado *adj* automated.
automatizar *v* automate.
automóvil de la compañía company car.
automóvil de la empresa company car.
autonomía *f* autonomy.
autónomo *adj* autonomous.
autoridad *f* authority.
autoridad absoluta absolute authority.
autoridad administradora administrative authority.
autoridad aparente apparent authority.
autoridad discrecional discretionary authority.
autoridad fiscal fiscal authority, tax authority.
autoridad gubernamental governmental authority.
autoridad inferida inferred authority.
autoridad local local authority.
autoridad monetaria monetary authority.
autoridad para contratar contracting authority.
autoridad para firmar signing authority.
autoridad portuaria port authority.
autoridades aduaneras customs authorities.
autoridades bancarias banking authorities.
autoridades de aduanas customs authorities.
autoridades de bancos banking authorities.
autoridades de la banca banking authorities.
autoridades financieras financial authorities.
autoridades fiscales fiscal authorities, tax authorities.
autoridades monetarias monetary authorities.
autoridades reguladoras regulatory authorities.
autoritativo *adj* authoritative.
autorización *f* authorization, authority.
autorización de cheque check authorization, cheque authorization.
autorización de compra authorization to buy.
autorización de contrato contract authorization.
autorización de crédito credit authorization.
autorización de exportación export license, export licence.
autorización de exportación general general export license, general export licence.
autorización de importación import license, import licence.
autorización de libros authorization of a new set of books by public authority.
autorización de pago payment authorization, authority to pay.
autorización de préstamo loan approval.
autorización efectiva actual authority, effective

authority.
autorización expresa express authority.
autorización general general authority, general authorization.
autorización implícita implied authority.
autorización limitada limited authority.
autorización negativa negative authorization.
autorización no limitada unlimited authority.
autorización ostensible apparent authority.
autorización para contratar authority to contract.
autorización para negociar authority to negotiate.
autorización para operar authority to operate.
autorización para operar un banco bank charter.
autorización para pagar authority to pay.
autorización para transacciones limitada limited trading authorization.
autorización para vender agency to sell.
autorización positiva positive authorization.
autorización presupuestaria budget authorization.
autorización real actual authority.
autorizado *adj* authorized, official.
autorizar *v* authorize.
autorregulación *f* self-regulation.
autorregulado *adj* self-regulated.
autorregulador *adj* self-regulatory.
autoseguro *m* self-insurance.
autoselección *f* self-selection.
autoservicio *m* self-service.
autosostenido *adj* self-sustained.
autosuficiencia *f* self-sufficiency.
autosuficiente *adj* self-sufficient.
auxiliar *adj* assistant, auxiliary.
auxiliar *m/f* assistant, auxiliary
aval *m* aval, guarantee, endorsement.
aval absoluto full guarantee.
aval bancario bank guarantee.
aval limitado limited guarantee.
avalado *m* guarantee, endorsee.
avalar *v* guarantee, support, endorse.
avalista *m/f* guarantor, endorser, backer.
avalorar *v* value, appraise.
avaluación *f* appraisal, valuation.
avaluador *m* appraiser.
avaluar *v* value, appraise.
avalúo *m* appraisal, valuation, assessment.
avalúo catastral real estate appraisal, property assessment.
avalúo certificado certified appraisal.
avalúo fiscal appraisal for taxation purposes.
avance *m* advance.
avance económico economic advance.
avances tecnológicos technological advances.
avanzado *adj* advanced.
avanzar *v* advance, progress.
avenencia *f* agreement, settlement.
avenimiento *m* agreement, mediation, conciliation.
avería *f* damage, failure, average.
avería común general average.
avería extraordinaria extraordinary average.
avería gruesa general average, gross average.
avería menor petty average.
avería ordinaria petty average.
avería parcial partial average.
avería particular particular average.
avería pequeña petty average.
avería simple simple average, particular average, common average.
averiado *adj* out of order, broken.
averiguación *f* ascertainment, inquiry.

aversión al riesgo risk aversion.
aviar *v* finance, supply, prepare.
avisar *v* notify, warn, announce.
aviso *m* notice, note, announcement, warning, advertisement.
aviso a acreedores notice to creditors.
aviso adecuado adequate notice.
aviso anticipado advance notice.
aviso clasificado classified advertisement.
aviso de aceptación notice of acceptance.
aviso de asamblea notice of meeting.
aviso de asignación assignment notice.
aviso de caducidad expiration notice.
aviso de cambio notice of change.
aviso de cancelación notice of cancellation.
aviso de confirmación confirmation notice.
aviso de deficiencia notice of deficiency.
aviso de demanda de pago call notice.
aviso de demora notice of delay.
aviso de derechos de autor copyright notice.
aviso de despido notice, dismissal notice, pink slip.
aviso de ejecución exercise notice.
aviso de embarque notice of shipment.
aviso de entrega delivery notice.
aviso de envío dispatch notice, advice note.
aviso de expiración expiration notice.
aviso de huelga strike notice.
aviso de imposición tax notice, assessment notice.
aviso de incumplimiento notice of default.
aviso de junta notice of meeting.
aviso de llegada notice of arrival.
aviso de mora notice of arrears.
aviso de no aceptación notice of non-acceptance.
aviso de protesto notice of protest.
aviso de quiebra bankruptcy notice.
aviso de rechazo notice of dishonor.
aviso de redención call notice.
aviso de renovación notice of renewal.
aviso de retiro withdrawal notice.
aviso de retraso notice of delay.
aviso de reunión notice of meeting.
aviso de terminación termination notice.
aviso de vencimiento notice of due date, notice of deadline, notice of date of maturity, expiration notice.
aviso escrito written notice.
aviso formal formal notice.
aviso implícito constructive notice.
aviso legal legal notice.
aviso por escrito written notice.
aviso previo prior notice.
aviso público public notice.
aviso razonable reasonable notice.
avisos comerciales trademark.
ayuda *f* assistance, aid, help.
ayuda a la inversión investment aid.
ayuda al desarrollo development aid.
ayuda alimentaria food aid.
ayuda alimenticia food aid.
ayuda bilateral bilateral aid.
ayuda condicionada conditional aid.
ayuda condicional conditional aid.
ayuda de capital capital aid.
ayuda de emergencia emergency aid.
ayuda del estado government assistance, state assistance.
ayuda del gobierno government assistance.
ayuda directa direct aid.
ayuda económica economic aid.

ayuda en línea online help.
ayuda estatal government assistance, state assistance.
ayuda exterior foreign aid.
ayuda federal federal aid.
ayuda financiera financial aid.
ayuda fiscal tax assistance.
ayuda gubernamental government assistance.
ayuda incondicional unconditional aid.
ayuda indirecta indirect aid.
ayuda internacional international aid.
ayuda online online help.
ayuda técnica technical assistance.
ayuda vinculada tied aid.
ayudante *m/f* helper, assistant.
ayudar *v* help, assist, aid.
ayudas audiovisuales audiovisual aids.
azar, al at random.

B

bache *m* slump, momentary setback.
bache económico economic slump.
Bachiller en Administración de Empresas Bachelor of Business Administration, Bachelor of Business Management.
Bachiller en Ciencias Económicas Bachelor of Science in Economics.
Bachiller en Comercio Bachelor of Commerce.
Bachiller en Economía Bachelor of Economics.
Bachillerato en Administración de Empresas Bachelor of Business Administration, Bachelor of Business Management.
Bachillerato en Ciencias Económicas Bachelor of Science in Economics.
Bachillerato en Comercio Bachelor of Commerce.
Bachillerato en Economía Bachelor of Economics.
back office back office.
baja *f* drop, decrease, downturn, slump, withdrawal, discharge, leave, deregistration with tax authorities.
baja calidad low quality, bad quality.
baja categoría low category, demeaning.
baja de precios fall in prices.
baja incentivada voluntary redundancy.
baja por enfermedad sick leave.
baja por maternidad maternity leave.
baja por paternidad paternity leave.
baja repentina sharp decline, slump.
baja voluntaria voluntary redundancy.
bajada *f* drop, decrease, downturn.
bajada de demanda drop in demand.
bajada de divisa currency fall.
bajada de producción drop in production.
bajada de salario drop in salary.
bajada de ventas drop in sales.
bajada en picado sharp fall.
bajada en precios drop in prices.
bajada salarial drop in salary.
bajar *v* lower, reduce, come down, fall, drop.
bajar intereses lower interest rates.
bajar las tasas de intereses lower interest rates.
bajar precios lower prices.
bajista *adj* bearish.
bajista *m/f* bear.

bajo amenaza under threat.
bajo apercibimiento under penalty.
bajo contrato under contract.
bajo coste below cost.
bajo costo below cost.
bajo la línea below the line.
bajo la par below par.
bajo mano clandestinely.
bajo nueva administración under new management.
bajo obligación under obligation.
bajo promedio under average.
bajo protesto under protest.
bajo sello under seal.
bajón *m* sharp decline, slump.
balance *m* balance, balance sheet, asset and liability statement.
balance adeudado balance due.
balance anterior previous balance.
balance bancario bank balance.
balance calculado calculated balance sheet.
balance certificado certified balance sheet.
balance clasificado classified balance sheet.
balance cobrado collected balance.
balance combinado combined balance sheet, combined balance.
balance comercial trade balance.
balance comparativo comparative balance sheet.
balance compensatorio compensating balance.
balance condensado condensed balance sheet.
balance consolidado consolidated balance sheet.
balance corriente current balance.
balance de apertura opening balance, starting balance.
balance de beneficios balance of benefits.
balance de bienes balance of goods.
balance de cierre closing balance, ending balance.
balance de comercio trade balance.
balance de comprobación trial balance.
balance de consolidación consolidated balance sheet.
balance de contabilidad balance sheet.
balance de cuenta balance of account.
balance de cuenta principal primary account balance.
balance de ejercicio balance sheet.
balance de fusión consolidated balance sheet.
balance de la cartera portfolio balance.
balance de liquidación liquidation balance sheet.
balance de mercancías merchandise balance.
balance de principal principal balance.
balance de prueba trial balance sheet.
balance de resultado profit and loss statement.
balance de situación balance sheet.
balance de situación certificado certified balance sheet.
balance de situación consolidado consolidated balance sheet.
balance de sumas y saldos trial balance.
balance descubierto overdraft.
balance dinámico dynamic balance sheet.
balance estimado estimated balance sheet.
balance final final balance, ending balance.
balance fiscal tax balance sheet, balance sheet for tax purposes, fiscal balance.
balance general general balance sheet, balance sheet.
balance general certificado certified balance sheet.
balance general comparativo comparative

balance sheet.
balance general consolidado consolidated balance sheet.
balance general estimado estimated balance sheet.
balance global overall balance.
balance impositivo tax balance sheet, balance sheet for tax purposes.
balance inactivo unclaimed balance.
balance inicial beginning balance.
balance mínimo minimum balance.
balance necesario necessary balance.
balance negativo negative balance.
balance no reclamado unclaimed balance.
balance previo previous balance.
balance provisional interim balance sheet, balance sheet.
balance provisorio interim balance sheet, balance sheet.
balance requerido required balance.
balance temporal temporary balance sheet.
balance tentativo tentative balance sheet.
balance total total balance.
balance transferido transferred balance.
balanceado *adj* balanced.
balancear *v* balance.
balancete *m* tentative balance sheet.
balanza *f* balance, comparison.
balanza básica basic balance.
balanza cambista balance of payments.
balanza comercial trade balance.
balanza comercial desfavorable unfavorable trade balance.
balanza comercial favorable favorable trade balance.
balanza de bienes balance of goods.
balanza de comercio trade balance.
balanza de comercio exterior foreign trade balance.
balanza de divisas balance of foreign exchange.
balanza de endeudamiento balance of indebtedness.
balanza de intercambio trade balance.
balanza de mercancías trade balance.
balanza de pagos balance of payments.
balanza de pagos corriente current balance of payments.
balanza de pagos desfavorable unfavorable balance of payments.
balanza de pagos favorable favorable balance of payments.
balanza de pagos internacionales balance of international payments.
balanza de servicios difference between imports and exports of services.
balanza en cuenta corriente balance on current account.
balanza mercantil trade balance.
baldío *adj* unimproved, uncultivated, idle.
banca *f* banking.
banca al por mayor wholesale banking.
banca al por menor retail banking.
banca automática automatic banking.
banca central central banking.
banca comercial commercial banking.
banca computerizada computerized banking.
banca con servicios completos full-service banking.
banca con sucursales branch banking.
banca cooperativa cooperative banking.

banca corporativa corporate banking.
banca de concentración concentration banking.
banca de cuentas a crédito charge account banking.
banca de depósitos deposit banking.
banca de empresas enterprise banking, business banking.
banca de inversión investment banking.
banca de inversionistas investment banking.
banca de negocios business banking.
banca de sucursales branch banking.
banca directa direct banking.
banca electrónica electronic banking, e-banking.
banca electrónica remota remote electronic banking, remote e-banking.
banca empresarial enterprise banking, business banking.
banca en línea online banking, electronic banking, e-banking.
banca encadenada chain banking.
banca extranjera foreign banking.
banca grupal group banking.
banca hipotecaria mortgage banking.
banca individual individual banking, private banking.
banca industrial industrial banking.
banca institucional institutional banking.
banca interestatal interstate banking.
banca internacional international banking.
banca intraestatal intrastate banking.
banca inversionista investment banking.
banca mayorista wholesale banking.
banca mercantil merchant banking, commercial banking.
banca minorista retail banking.
banca mixta mixed banking.
banca múltiple multiple banking.
banca online online banking, electronic banking, e-banking.
banca personal personal banking.
banca por correo bank by mail.
banca por Internet Internet banking.
banca por servicarro drive-in banking.
banca por teléfono bank by phone.
banca privada private banking.
banca pública public banking.
banca sin cheques checkless banking.
banca telefónica telephone banking.
banca universal universal banking.
bancable *adj* bankable, negotiable.
bancario *adj* banking, financial.
bancarización *f* extent to which the inhabitants of a given country or area have access to bank services.
bancarrota *f* bankruptcy.
bancarrota bancaria bank failure.
bancarrota comercial business bankruptcy, business failure, commercial bankruptcy, commercial failure.
bancarrota corporativa corporate bankruptcy.
bancarrota empresarial business bankruptcy, business failure.
bancarrota, en in bankruptcy.
bancarrota fraudulenta fraudulent bankruptcy.
bancarrota involuntaria involuntary bankruptcy.
bancarrota mercantil commercial bankruptcy, commercial failure.
bancarrota voluntaria voluntary bankruptcy.
banco *m* bank.
banco aceptante accepting bank.
banco acreedor creditor bank.

banco afiliado affiliated bank.
banco agente agent bank, agency bank.
banco agrario land bank.
banco agrícola agricultural bank.
banco asegurado insured bank.
banco asociado associate bank, member bank.
banco autorizado authorized bank.
banco capitalizador bank for capitalization of savings.
banco central central bank.
Banco Central Europeo European Central Bank.
banco comercial commercial bank.
banco comunitario community bank.
banco confirmante confirming bank.
banco cooperativo cooperative bank.
banco corresponsal correspondent bank.
banco de ahorros savings bank.
banco de bancos central bank, banker's bank.
banco de banqueros bankers' bank.
banco de centro financiero money center bank, money centre bank.
banco de cobranzas collecting bank.
banco de cobro collecting bank.
banco de comercio commercial bank.
banco de comercio exterior foreign trade bank.
banco de compensación clearing bank.
banco de concentración concentration bank.
banco de crédito credit bank.
banco de crédito inmobiliario mortgage bank.
banco de datos data bank.
banco de depósito deposit bank.
banco de depósito inicial bank of first deposit.
banco de desarrollo development bank.
banco de emisión bank of issue.
banco de empleos job bank.
Banco de España Bank of Spain.
Banco de Exportación e Importación Export-Import Bank.
banco de fomento development bank.
banco de inversión investment bank.
Banco de la Reserva Federal Federal Reserve Bank.
banco de liquidación clearinghouse.
Banco de Pagos Internacionales Bank for International Settlements.
banco de préstamos loan bank.
banco de reserva reserve bank.
banco de servicios completos full-service bank.
banco de servicios limitados limited-service bank.
banco de servicios múltiples all-purpose bank.
banco de tenedor de tarjeta cardholder bank.
banco de titular de tarjeta cardholder bank.
banco de trabajos job bank.
banco del beneficiario beneficiary's bank.
banco del desarrollo multilateral multilateral development bank.
banco del estado government bank, state bank.
banco del gobierno government bank.
banco depositario depository bank.
banco deudor debtor bank.
banco doméstico domestic bank.
banco electrónico electronic bank, e-bank.
banco emisor bank of issue.
banco en línea online bank.
banco estatal government bank, state bank.
Banco Europeo de Inversiones European Investment Bank.
Banco Europeo para la Reconstrucción y el Desarrollo European Bank for Reconstruction and Development.
banco extranjero foreign bank, overseas bank.
banco extraterritorial off-shore bank.
banco fiduciario trust company, trust bank.
banco gubernamental government bank.
banco hipotecario mortgage bank.
banco independiente independent bank.
banco industrial industrial bank.
Banco Interamericano de Desarrollo Inter-American Development Bank.
banco intermediario intermediary bank.
banco internacional international bank.
Banco Internacional de Reconstrucción y Fomento International Bank for Reconstruction and Development.
banco líder lead bank.
banco mercantil commercial bank, merchant bank.
banco miembro member bank.
banco multinacional multinational bank.
banco múltiple all-purpose bank.
Banco Mundial World Bank.
banco municipal municipal bank.
banco mutualista de ahorro mutual savings bank.
banco mutuario borrowing bank.
banco nacional national bank, government bank.
banco no asegurado uninsured bank.
banco no autorizado unauthorized bank.
banco no miembro nonmember bank.
banco notificador advising bank, notifying bank.
banco oficial official bank, government bank.
banco online online bank.
banco ordenante advising bank.
banco pagador payer bank.
banco prestatario borrowing bank.
banco principal main bank.
banco privado private bank.
banco público public bank.
banco puente bridge bank.
banco que recibe receiving bank.
banco quebrado failed bank.
banco receptor receiving bank.
banco regional regional bank.
banco registrado chartered bank.
banco remitente remitting bank.
banda ancha broadband.
banda de ingresos income band.
bandeja de entrada inbox.
bandeja de salida outbox.
bandera de conveniencia flag of convenience.
banner *m* banner.
banner publicitario banner advertisement.
banquero *m* banker.
banquero comercial commercial banker.
banquero hipotecario mortgage banker.
banquero mercantil commercial banker.
banquero personal personal banker.
banquero privado private banker.
barato *adj* inexpensive, cheap.
barbecho *m* fallow.
barcaje *m* transport by vessel, fee for transport by vessel.
barco de carga cargo ship, cargo vessel.
barco mercante merchant ship, merchant vessel.
baremo *m* rate table, rate schedule.
barómetro *m* barometer.
barómetro económico economic barometer.
barraca *f* warehouse, cabin, hut, worker's hut.
barraquero *m* warehouser.
barrera *f* barrier.
barreras a la entrada entry barriers.

barreras aduaneras customs barriers.
barreras al comercio trade barriers.
barreras arancelarias tariff barriers.
barreras artificiales artificial barriers.
barreras comerciales trade barriers.
barreras de aduanas customs barriers.
barreras de comunicación communication
barriers.
barreras fiscales tax barriers, fiscal barriers.
barreras lingüísticas language barriers.
barril de petróleo barrel of oil.
barrio *m* district, quarter.
basado en activos asset-based.
basado en computadoras computer-based.
basado en ordenadores computer-based.
base *f* base, basis.
base actuarial actuarial basis.
base ajustada adjusted basis.
base amortizable depreciable basis.
base anual annual basis.
base contributiva neta net tax basis.
base de acumulación accrual basis.
base de acumulación modificada modified
accrual basis.
base de amortización depreciation base.
base de cálculo calculation base.
base de capital capital base.
base de clientes client base.
base de comerciantes merchant base.
base de cómputo computation base.
base de contabilidad basis of accounting.
base de crédito credit basis.
base de datos database.
base de datos corporativa corporate database.
base de datos distribuida distributed database.
base de datos en línea online database.
base de datos online online database.
base de datos relacional relational database.
base de depreciación depreciation base.
base de efectivo cash basis.
base de imposición basis of assessment.
base de ingresos income basis.
base de inversión investment base, investment
basis.
base de la renta income basis.
base de prima premium base.
base de tarjetas card base.
base de tasa rate base.
base de tenedores de tarjeta cardholder base.
base de tipo rate base.
base de titulares de tarjeta cardholder base.
base de valoración valuation basis.
base de valuación valuation basis.
base del acuerdo basis of the agreement.
base del contrato basis of the contract.
base del convenio basis of the agreement.
base del coste cost basis, cost base.
base del costo cost basis, cost base.
base del índice index basis.
base del mercado market base.
base depreciable depreciable basis.
base económica economic base.
base imponible tax basis, assessment basis.
base impositiva tax basis, tax base.
base impositiva ajustada adjusted tax basis.
base impositiva neta net tax basis.
base industrial industrial base.
base monetaria monetary base.
base no ajustada unadjusted basis.
base salarial salary base.

base semianual semiannual basis.
base sólida solid base, solid ground.
base sustituida substituted basis.
base tributaria tax basis.
base tributaria neta net tax basis.
base trimestral quarterly basis.
base variable variable base.
bases constitutivas articles of incorporation.
básico *adj* basic.
BCE (Banco Central Europeo) European Central
Bank.
beca *f* grant, scholarship.
BEI (Banco Europeo de Inversiones) European
Investment Bank.
benefactor *m* benefactor.
beneficencia *f* social welfare, charity, beneficence.
beneficencia social social welfare.
beneficiado *m* beneficiary.
beneficiar *v* benefit, develop.
beneficiario *m* beneficiary, recipient, payee, heir.
beneficiario absoluto absolute beneficiary.
beneficiario alternativo alternative beneficiary,
alternative payee.
beneficiario condicional contingent beneficiary.
beneficiario contingente contingent beneficiary.
beneficiario de ingresos income beneficiary.
beneficiario de preferencia preference
beneficiary.
beneficiario de una asignación allottee.
beneficiario de una póliza beneficiary of a policy.
beneficiario de una póliza de seguros
beneficiary of an insurance policy.
beneficiario del fideicomiso beneficiary of trust.
beneficiario designado designated beneficiary.
beneficiario en expectativa expectant beneficiary.
beneficiario eventual contingent beneficiary.
beneficiario incidental incidental beneficiary.
beneficiario inmediato immediate beneficiary.
beneficiario irrevocable irrevocable beneficiary.
beneficiario preferido preferred beneficiary.
beneficiario revocable revocable beneficiary.
beneficiario secundario secondary beneficiary.
beneficiarios conjuntos joint beneficiaries.
beneficiencia *f* social welfare, charity, beneficence.
beneficiencia social social welfare.
beneficio *m* benefit, profit, gain, return,
development.
beneficio a corto plazo short-term profit, short-
term gain.
beneficio a largo plazo long-term profit, long-term
gain.
beneficio acumulado accumulated profit.
beneficio adicional por muerte additional death
benefit.
beneficio antes de impuestos profit before taxes.
beneficio anticipado anticipated profit.
beneficio asignado allocated profit.
beneficio bruto gross profit.
beneficio bruto de explotación gross operating
profit, gross operating income.
beneficio bruto de ventas gross profit on sales.
beneficio contable book profit, accounting profit.
beneficio contributivo tax benefit.
beneficio de explotación operating profit,
operating income.
beneficio de familia máximo maximum family
benefit.
beneficio de operaciones operating profit.
beneficio declarado declared profit.
beneficio después de contribuciones after-tax

profit.
beneficio después de impuestos after-tax profit.
beneficio distribuido allocated profit.
beneficio económico economic benefit.
beneficio en efectivo cash benefit.
beneficio en libros book profit.
beneficio excesivo excessive profit.
beneficio financiero financial profit, financial benefit.
beneficio fiscal taxable profit, taxable benefit.
beneficio gravable taxable profit, taxable benefit.
beneficio imponible taxable profit, taxable benefit.
beneficio impositivo taxable profit, taxable benefit.
beneficio líquido cash benefit.
beneficio marginal marginal benefit.
beneficio máximo maximum benefit.
beneficio mínimo minimum benefit.
beneficio neto net income, net profit, clear profit.
beneficio neto por acción net income per share.
beneficio nominal nominal profit.
beneficio normal normal profit.
beneficio operativo operating profit.
beneficio por acción earnings per share.
beneficio por discapacidad disability benefit.
beneficio por muerte accidental accidental death benefit.
beneficio realizado realized profit.
beneficio retenido retained profit.
beneficio sobre el papel paper profit.
beneficio social social benefit.
beneficio tributable taxable profit, taxable benefit.
beneficios acordados agreed-upon benefits.
beneficios acumulados earned surplus.
beneficios adicionales perquisites.
beneficios adicionales ejecutivos executive perquisites.
beneficios antes de contribuciones pretax profits, before-tax profits, pretax earnings, before-tax earnings.
beneficios antes de impuestos pretax profits, before-tax profits, pretax earnings, before-tax earnings.
beneficios anticipados anticipated benefits, anticipated profits.
beneficios asignados assigned benefits, allocated benefits.
beneficios contractuales contractual benefits.
beneficios contratados contracted benefits.
beneficios convenidos agreed-upon benefits.
beneficios corporativos corporate benefits.
beneficios de acumulación accumulation benefits.
beneficios de comercio commerce benefits, business benefits, commerce profits, business profits.
beneficios de comercio electrónico e-commerce benefits, e-business benefits, e-commerce profits, e-business profits.
beneficios de indemnización indemnity benefits.
beneficios de jubilación temprana early-retirement benefits.
beneficios de la compañía company benefits.
beneficios de la corporación corporate benefits.
beneficios de la empresa company benefits, enterprise benefits.
beneficios de la sociedad company benefits.
beneficios de los empleados employee benefits.
beneficios de retiro temprano early-retirement benefits.

beneficios de salud de empleados employee health benefits.
beneficios definidos defined benefits.
beneficios del seguro social social security benefits.
beneficios diferidos deferred benefits.
beneficios económicos economic benefits.
beneficios empresariales company benefits, enterprise benefits.
beneficios especificados specified benefits.
beneficios estipulados stipulated benefits.
beneficios fijos fixed benefits.
beneficios gravables taxable profits, taxable benefits.
beneficios imponibles taxable profits, taxable benefits.
beneficios jubilatorios retirement benefits.
beneficios marginales fringe benefits, marginal profits.
beneficios médicos medical benefits.
beneficios negociados negotiated benefits.
beneficios netos net earnings.
beneficios no distribuidos undistributed earnings.
beneficios no realizados unrealized profits.
beneficios opcionales optional benefits.
beneficios pactados agreed-upon benefits.
beneficios para el consumidor consumer benefits.
beneficios pecuniarios pecuniary benefits.
beneficios por accidente accident benefits.
beneficios por discapacidad disability benefits.
beneficios por discapacidad temporal temporary disability benefits.
beneficios por discapacidad total total disability benefits.
beneficios por edad age benefits.
beneficios por enfermedad sick benefits.
beneficios por huelga strike benefits.
beneficios por incapacidad disability benefits.
beneficios por maternidad maternity benefits.
beneficios por muerte death benefits.
beneficios preestablecidos preset benefits.
beneficios proyectados projected benefits.
beneficios regulares regular benefits.
beneficios retenidos retained profits, retained earnings.
beneficios suplementarios supplemental benefits.
beneficios totales aggregate benefits, total benefits, total profits.
beneficios tributables taxable profits, taxable benefits.
beneficios variables variable benefits.
beneficioso *adj* beneficial, profitable.
benéfico *adj* benevolent.
BENELUX (Belgique, Nederland, Luxembourg) BENELUX.
benevolente *adj* benevolent.
benévolo *adj* benevolent.
BERD (Banco Europeo para la Reconstrucción y el Desarrollo) European Bank for Reconstruction and Development.
beta *f* beta.
bianual *adj* biannual.
bidireccional *adj* bidirectional.
bien Giffen Giffen good.
bien informado well-informed.
bien preparado well-prepared.
bienal *adj* biennial.
bienalmente *adv* biennially.
bienes *m* property, assets, goods, commodities,

estate.

bienes abandonados abandoned property.
bienes accesorios accessions, fixtures.
bienes adventicios adventitious property.
bienes alodiales allodial property.
bienes arrendados leased goods.
bienes comunales community property.
bienes comunes public property, community property.
bienes consumibles consumable goods.
bienes corporales corporeal goods.
bienes de baja calidad low-quality goods.
bienes de calidad quality goods.
bienes de capital capital goods, capital assets.
bienes de consumo consumer goods.
bienes de consumo duraderos durable goods, hard goods.
bienes de consumo no duraderos non-durable goods.
bienes de dominio privado private property.
bienes de dominio público public property.
bienes de equipo capital goods.
bienes de exportación export goods.
bienes de familia homestead.
bienes de importación import goods.
bienes de inversión capital goods, capital assets.
bienes de la sociedad conyugal community property.
bienes de la sucesión estate of a decedent.
bienes de lujo luxury goods.
bienes de mala calidad bad-quality goods.
bienes de menores property of minors.
bienes de producción production goods.
bienes de propiedad privada private property.
bienes de servicio público local government property.
bienes de uso común public property.
bienes de uso público public property.
bienes del quebrado bankrupt's property.
bienes divisibles divisible property.
bienes durables durable goods.
bienes duraderos durable goods.
bienes embargables attachable property.
bienes embargados attached property.
bienes en tránsito goods in transit.
bienes enajenables alienable property.
bienes falsificados counterfeit goods.
bienes forales leasehold.
bienes fungibles fungible goods.
bienes futuros future goods.
bienes gananciales community property.
bienes gravados goods subject to a lien, taxed goods.
bienes hereditarios inherited property, decedent's estate.
bienes herenciales inherited property, decedent's estate.
bienes hipotecables mortgageable property.
bienes hipotecados mortgaged property.
bienes inalienables inalienable property.
bienes incorporales intangible assets.
bienes incorpóreos intangible assets.
bienes indivisibles indivisible goods.
bienes industriales industrial goods.
bienes inembargables property that can not be attached.
bienes inferiores inferior goods.
bienes inmateriales immaterial goods.
bienes inmovilizados fixed assets.
bienes inmuebles real estate, real property.

bienes inmuebles amortizables depreciable real estate.
bienes inmuebles depreciables depreciable real estate.
bienes intangibles intangible property, intangible assets.
bienes intermedios intermediate goods.
bienes libres unencumbered property.
bienes mancomunados joint property.
bienes manufacturados manufactured goods.
bienes materiales material goods.
bienes mobiliarios personal property.
bienes mostrencos waifs.
bienes muebles personal property.
bienes no duraderos non-durable goods.
bienes no esenciales nonessential goods.
bienes no fungibles non-fungible goods.
bienes no hipotecables non-mortgageable property.
bienes para la exportación goods for export.
bienes para la importación goods for import.
bienes particulares private property, private goods.
bienes perecederos perishable goods, non-durable goods.
bienes personales personal goods, personal estate.
bienes por heredar hereditaments.
bienes presentes property in possession, present assets.
bienes primarios primary commodities, primary goods.
bienes principales principal goods.
bienes privados private property, private goods.
bienes privativos separate property of each spouse.
bienes propios separate property of each spouse, unencumbered property.
bienes públicos public property, public goods.
bienes raíces real estate, real property.
bienes reales real estate, real property.
bienes rechazados rejected goods.
bienes reservables inalienable property.
bienes sedientes real estate, real property.
bienes sociales partnership property, corporate property.
bienes sucesorios estate of a decedent.
bienes suntuarios luxury goods.
bienes tangibles tangible goods.
bienes vacantes real estate with no known owner.
bienes y activos property and assets, goods and assets.
bienes y servicios goods and services.
bienestar *m* welfare, well-being.
bienestar económico economic well-being, economic welfare.
bienestar público public welfare.
bienestar social social welfare.
bienhechuría *f* improvements.
bienquerencia *f* goodwill.
bilateral *adj* bilateral.
bilateralismo *m* bilateralism.
bilateralmente *adv* bilaterally.
billete *m* bill, note, ticket.
billete bancario bank bill, bank note, bank currency, bill.
billete de banco bank bill, bank note, bank currency, bill.
billete del tesoro treasury note.
billetera *f* wallet.
billetera electrónica electronic wallet, e-wallet.
billetero *f* wallet.

billetes moneda currency notes.
billón *m* billion, trillion.
bimensual *adj* bimonthly.
bimestral *adj* bimestrial, bimonthly.
bimestre *adj* bimestrial.
bimestre *m* bimester.
bimetalismo *m* bimetallism.
bioagricultura *f* bioagriculture.
biodiversidad *f* biodiversity.
bioeconomía *f* bioeconomics.
biométrica *f* biometrics.
biotecnología *f* biotechnology.
biotopo *m* biotope.
BIRF (Banco Internacional de Reconstrucción y Fomento) International Bank for Reconstruction and Development.
bisemanal *adj* biweekly.
blanco, en blank.
blanquear *v* launder.
blanqueo *m* laundering.
blanqueo de capitales capital laundering.
blanqueo de dinero money laundering.
bloque *m* block, bloc.
bloque comercial trading bloc.
bloque de acciones block of shares.
bloque de apertura opening block.
bloque monetario monetary bloc.
bloqueado *adj* blocked, frozen.
bloqueador *adj* blockading, obstructing.
bloquear *v* block, freeze, blockade, obstruct.
bloquear fondos freeze assets.
bloqueo *m* blockade.
bloqueo económico economic blockade.
bloqueo efectivo effective blockade.
bloqueo en el papel paper blockade.
Bluetooth *m* Bluetooth.
BM (Banco Mundial) World Bank.
boca de expendio retail outlet, point of sale.
boicot *m* boycott.
boicot del comprador buyer's boycott.
boicot económico economic boycott.
boicot primario primary boycott.
boicot principal primary boycott.
boicot secundario secondary boycott.
boicotear *v* boycott.
boicoteo *m* boycott, boycotting.
boleta *f* ticket, voucher, certificate, permit.
boleta bancaria certificate of deposit.
boleta de consignación certificate of deposit.
boleta de depósito deposit slip, certificate of deposit.
boleta de ingreso deposit slip, certificate of deposit.
boleta de registro certificate of registry.
boleta de retiro withdrawal slip.
boletín *m* bulletin, ticket, voucher, journal, magazine, newsletter.
boletín comercial business magazine, business journal, commercial magazine, commercial journal.
boletín corporativo corporate magazine, corporate bulletin.
boletín de comercio commerce journal, commerce magazine.
boletín de comercio electrónico e-commerce journal, e-business journal.
boletín de empresas business magazine, business journal.
boletín de la compañía company magazine, company bulletin.
boletín de negocios business magazine, business journal.
boletín de prensa press release.
boletín del consumidor consumer magazine, consumer bulletin.
boletín electrónico electronic magazine, electronic journal, e-zine, e-magazine, e-journal.
boletín empresarial business magazine, business journal.
boletín en línea online magazine, online journal.
boletín mercantil commercial magazine, commercial journal.
boletín oficial official magazine, official journal, official gazette.
boletín online online magazine, online journal.
boleto *m* ticket, preliminary contract.
boleto de carga bill of lading.
boleto de compraventa preliminary contract, bill of sale.
boleto de empeño pawn ticket.
bolsa *f* stock exchange, exchange.
bolsa de colocaciones employment exchange, employment office, labor pool, labor exchange, labour pool, labour exchange.
bolsa de comercio commodities exchange, stock exchange.
bolsa de contratación commodities exchange.
bolsa de divisas foreign currency exchange.
bolsa de empleos employment exchange, employment office, labor pool, labor exchange, labour pool, labour exchange.
Bolsa de Londres London Stock Exchange.
Bolsa de Nueva York New York Stock Exchange.
bolsa de productos commodities exchange.
bolsa de trabajo employment exchange, employment office, labor pool, labor exchange, labour pool, labour exchange.
bolsa de valores securities exchange, stock exchange.
bolsa de valores regional regional stock exchange.
bolsín *m* curb market, kerb market.
bolsista *m/f* market investor, market speculator.
bona fide bona fide.
bonificación *f* bonus, allowance, rebate, discount.
bonificación al firmar signing bonus.
bonificación anual annual bonus, yearly bonus.
bonificación de contribuciones tax rebate.
bonificación de impuestos tax rebate.
bonificación de incentivo incentive bonus.
bonificación en efectivo cash bonus.
bonificación fiscal tax rebate.
bonificación grupal group bonus.
bonificación por actividad activity bonus.
bonificación por eficiencia efficiency bonus.
bonificación por firmar signing bonus.
bonificación por producción production bonus.
bonificación por riesgo hazard bonus.
bonificación semianual semiannual bonus, biannual bonus.
bonificación tributaria tax rebate.
bonificar *v* give a bonus, grant an allowance, rebate, discount.
bonista *m/f* bondholder.
bono *m* bond, bonus, voucher.
bono a corto plazo short-term bond.
bono a la par par bond.
bono a largo plazo long term bond.
bono a mediano plazo medium-term bond.
bono a medio plazo medium-term bond.
bono a perpetuidad perpetual bond.

bono activo active bond.
bono ajustable adjustable bond.
bono al firmar signing bonus.
bono al portador bearer bond.
bono amortizado amortized bond.
bono anual annual bonus.
bono asumido assumed bond.
bono bancario bank bond.
bono basura junk bond.
bono clasificado classified bond.
bono colateral collateral trust bond.
bono comerciable marketable bond.
bono con combinación combination bond.
bono con cupones coupon bond.
bono con garantía secured bond.
bono con participación participating bond.
bono con prima premium bond.
bono consolidado consolidated bond.
bono convertible convertible bond.
bono corporativo corporate bond.
bono cupón cero zero-coupon bond.
bono de ahorro savings bond.
bono de alto rendimiento high-yield bond.
bono de amortización amortization bond.
bono de arbitraje arbitrage bond.
bono de banco bank bond.
bono de caja short-term government debt
  instrument.
bono de consolidación funding bond.
bono de contribuciones tax rebate.
bono de conversión refunding bond.
bono de desarrollo industrial industrial
  development bond.
bono de fomento development bond.
bono de garantía guarantee bond.
bono de garantía colateral collateral trust bond.
bono de hipoteca general general mortgage bond.
bono de hipotecas consolidadas consolidated
  mortgage bond.
bono de impuestos tax rebate.
bono de incentivo incentive bonus.
bono de ingresos de hipotecas mortgage revenue
  bond.
bono de ingresos industriales industrial revenue
  bond.
bono de ingresos municipales municipal revenue
  bond.
bono de intereses diferidos deferred interest
  bond.
bono de navidad Christmas bonus.
bono de obligación general general obligation
  bond.
bono de obligación preferente prior-lien bond.
bono de prenda note issued against warehoused
  property.
bono de primera hipoteca first mortgage bond.
bono de reintegración refunding bond.
bono de rendimientos income bond.
bono de renta income bond.
bono de renta perpetua perpetual bond.
bono de tesorería government bond, treasury
  bond.
bono del estado government bond, state bond.
bono del gobierno government bond.
bono del tesoro treasury bond.
bono descontado discount bond.
bono en dólares dollar bond.
bono en efectivo cash bonus.
bono en eurodólares Eurodollar bond.
bono estatal government bond, state bond.

bono exento de contribuciones tax-exempt bond.
bono exento de impuestos tax-exempt bond.
bono extranjero foreign bond.
bono fiscal government bond, tax bond.
bono garantizado guaranteed bond.
bono grupal group bonus.
bono gubernamental government bond.
bono hipotecario mortgage bond.
bono imponible taxable bond.
bono inactivo inactive bond.
bono indexado indexed bond.
bono indizado indexed bond.
bono industrial industrial bond.
bono inmobiliario real estate bond.
bono intercambiable interchangeable bond.
bono irredimible irredeemable bond.
bono municipal municipal bond.
bono municipal a corto plazo short-term
  municipal bond.
bono municipal a largo plazo long-term
  municipal bond.
bono municipal a mediano plazo medium-term
  municipal bond.
bono municipal a medio plazo medium-term
  municipal bond.
bono municipal asegurado insured municipal
  bond.
bono municipal imponible taxable municipal
  bond.
bono municipal no asegurado uninsured
  municipal bond.
bono municipal tributable taxable municipal
  bond.
bono negociable negotiable bond, marketable
  bond.
bono no negociable nonmarketable bond.
bono no retirable noncallable bond.
bono nocional notional bond.
bono nominativo registered bond.
bono pasivo passive bond.
bono perpetuo perpetual bond, annuity bond.
bono por actividad activity bonus.
bono por eficiencia efficiency bonus.
bono por firmar signing bonus.
bono por producción production bonus.
bono por riesgo hazard bonus.
bono privilegiado privileged bond.
bono puente bridge bond.
bono redimible redeemable bond, callable bond.
bono redimido called bond.
bono registrado registered bond.
bono rescatable callable bond.
bono respaldado por hipotecas mortgage-backed
  bond.
bono retirable callable bond.
bono retirado called bond.
bono semianual semiannual bonus.
bono sin garantía unsecured bond.
bono sin vencimiento perpetual bond.
bono sobre equipo equipment trust certificate.
bono subyacente underlying bond.
bono talonario coupon bond.
bono tributable taxable bond.
bono tributario tax rebate.
bonos colateralizados collaterized bonds.
bonos de fundador bonds issued to promoters.
bonos del gobierno federal federal government
  bonds.
bonos diferidos deferred bonds.
bonos emitidos bonds issued.

bonos en circulación outstanding bonds.
bonos en serie serial bonds.
bonos extranjeros foreign bonds.
bonos municipales municipal bonds.
bonos municipales sin certificado certificateless municipal bonds.
bonos sin certificado certificateless bonds.
boom *m* boom.
boom económico economic boom.
borrador *m* rough draft, draft, daybook.
borrador de acuerdo rough draft of agreement.
borrador de contrato rough draft of contract.
borradura *f* erasure, deletion.
borrar *v* erase, delete.
bóveda *f* vault.
BOVESPA *m* BOVESPA.
BPA (beneficio por acción) earnings per share.
bracero *m* laborer, day laborer.
braceros contratados contract labor.
brecha *f* gap, divide.
brecha cambiaria exchange gap.
brecha comercial trade gap.
brecha de credibilidad credibility gap.
brecha de financiamiento funding gap, financing gap.
brecha de inflación inflationary gap.
brecha digital digital divide.
brecha inflacionaria inflationary gap.
brecha tecnológica technological gap.
breve, en very soon, momentarily.
broker *m* broker.
browser *m* browser.
bruto *adj* gross, stupid.
buen nombre goodwill, good reputation.
buen rendimiento good yield, good return.
buena calidad good quality.
buena fe good faith.
buena inversión good investment.
buena paga good credit risk, good pay.
buenas prácticas de administración good management practices.
buenas prácticas de manufactura good manufacturing practices.
bueno y válido good and valid.
bufete *m* law firm, law office.
buhonería *f* peddling.
buhonero *m* peddler.
buque *m* ship, vessel, hull.
buque carguero freighter.
buque de carga freighter.
buque mercante merchant ship.
burbuja de precios price bubble.
burbuja de precios de activos asset price bubble.
burocracia *f* bureaucracy.
burócrata *m* bureaucrat.
burocrático *adj* bureaucratic.
burocratización *f* bureaucratization.
burocratizar *v* bureaucratize.
bursátil *adj* pertaining to stock exchange transactions, pertaining to a stock exchange.
buscador *m* search engine.
buscapersonas *m* pager.
buscar empleo seek employment.
buscar trabajo seek employment.
búsqueda *f* search.
búsqueda ejecutiva executive search.
búsqueda electrónica online search, Internet search, electronic search.
búsqueda en el Internet Internet search, online search.

búsqueda en línea online search, Internet search, electronic search.
búsqueda online online search, Internet search, electronic search.
buzón *m* mailbox.
buzón de entrada inbox.
buzón de salida outbox.
buzón de voz voice mailbox.
buzonear *v* send junk mail, send advertisements to private homes.

C

caballero blanco white knight.
caballero negro black knight.
cabalmente *adj* completely, exactly.
cabecera *f* header, headline.
cabecero *m* lessee, head of household.
cabeza de casa head of household.
cabeza de familia head of household.
cabotaje *m* cabotage, coasting trade, coastal sailing, coastal trading, tax upon a vessel traveling along a coast.
CAC 40 CAC 40.
cacicada *f* abuse of authority, abuse of power.
cacique *m* local person wielding excessive power, local political boss, despot, autocrat.
cadena *f* chain.
cadena afiliada affiliated chain.
cadena bancaria banking chain.
cadena comercial commercial chain.
cadena corporativa corporate chain.
cadena de bancos bank chain.
cadena de comercio commerce chain.
cadena de comercio electrónico e-commerce chain, e-business chain.
cadena de distribución chain of distribution.
cadena de ensamblaje assembly line.
cadena de grandes almacenes department store chain.
cadena de mando chain of command.
cadena de montaje assembly line.
cadena de negocios business chain.
cadena de posesión chain of possession.
cadena de radio radio network.
cadena de suministro supply chain.
cadena de televisión television network.
cadena de tiendas chain of stores.
cadena de titularidad chain of title.
cadena de título chain of title.
cadena empresarial business chain.
cadena mercantil commercial chain, mercantile chain.
cadena radial radio network.
cadena televisiva television network.
caducable *adj* forfeitable, lapsable.
caducado *adj* forfeited, expired, lapsed.
caducar *v* expire, lapse, to be forfeited, become void.
caducidad *f* expiration, lapse, forfeiture, caducity.
caducidad de marcas lapse of trademark registration.
caducidad de patentes lapse of patent registration.
caduco *adj* expired, lapsed, void.
caer *v* fall, decline, diminish, lose value,

understand.
caer en comiso to be forfeited.
caer en mora fall in arrears, to become delinquent on a debt.
caer en picado fall sharply.
caída *f* fall, drop.
caída de capital drop in capital.
caída de costes drop in costs.
caída de costos drop in costs
caída de demanda drop in demand.
caída de deuda drop in debt.
caída de divisa currency fall.
caída de gastos drop in expenses.
caída de impuestos tax drop.
caída de la contaminación drop in contamination.
caída de precios drop in prices.
caída de producción drop in production.
caída de salario salary drop.
caída de tasas rate fall.
caída de tipo rate fall.
caída de valor drop in value.
caída de ventas drop in sales.
caída del déficit deficit drop.
caída en picado sharp fall.
caída en precios drop in prices.
caída impositiva tax drop.
caída neta net drop.
caída salarial salary drop.
caída tributaria tax drop.
caído *adj* due, fallen.
caídos *m* arrears, perquisites.
caja *f* box, safe, cash, cash desk, checkout, cash register, window, fund.
caja ámbar amber box.
caja azul blue box.
caja chica petty cash.
caja de ahorros savings bank.
caja de amortización sinking fund.
caja de caudales safe, safety deposit box.
caja de compensación clearinghouse.
caja de conversión governmental foreign exchange.
caja de crédito hipotecario mortgage bank.
caja de gastos menores petty cash.
caja de jubilación pension fund.
caja de maternidad maternity leave fund.
caja de pensión pension fund.
caja de previsión pension fund.
caja de seguridad safety deposit box.
caja de seguro safe.
caja dotal pension fund.
caja fiscal national treasury.
caja fuerte safe.
caja mutua de ahorros mutual savings bank.
caja pequeña petty cash.
caja postal post office savings bank.
caja postal de ahorros post office savings bank.
caja registradora cash register.
caja registradora electrónica electronic cash register.
caja roja red box.
caja verde green box.
cajear *v* take on a debt knowing that it can not be paid.
cajero *m* teller, cashier, peddler.
cajero asistente assistant cashier.
cajero automático automatic teller machine, automated teller machine, cash dispenser, cashpoint.
cajero bancario bank cashier.

cajero comercial commercial teller.
cajero de banco bank cashier.
cajero de certificación certification teller.
cajero de cobros collection teller.
cajero de cupones coupon teller.
cajero principal head teller.
cajero que recibe receiving teller.
cajero receptor receiving teller.
cajero recibidor receiving teller.
cajilla de seguridad safety deposit box.
calculable *adj* calculable.
calculado *adj* calculated.
calculador *adj* calculating.
calculadora *f* calculator.
calcular *v* calculate, compute.
cálculo *m* calculation, computation.
cálculo aproximado approximate calculation.
cálculo contributivo tax calculation.
cálculo de contribuciones calculation of taxes.
cálculo de costes calculation of costs.
cálculo de costos calculation of costs.
cálculo de ganancias calculation of earnings.
cálculo de gastos calculation of expenses.
cálculo de impuestos calculation of taxes.
cálculo de ingresos calculation of earnings.
cálculo de intereses calculation of interest.
cálculo de pagos calculation of payments.
cálculo de precios calculation of prices.
cálculo de prima calculation of premium.
cálculo de subsidio calculation of subsidy.
cálculo de subvención calculation of subsidy.
cálculo de valor final calculation of final value.
cálculo de ventas sales calculation.
cálculo del valor calculation of value.
cálculo fiscal tax calculation.
cálculo impositivo tax calculation.
cálculo presupuestario budget calculation.
cálculo suplementario supplemental calculation.
cálculo tributario tax calculation.
calderilla *f* small change.
calendario *m* calendar, schedule, agenda, docket.
calendario fiscal fiscal calendar, tax calendar.
calentamiento global global warming.
calibre *m* caliber.
calidad *f* quality.
calidad aceptable acceptable quality.
calidad acostumbrada customary quality.
calidad adecuada adequate quality.
calidad comercial commercial quality.
calidad cuestionable questionable quality.
calidad de activos asset quality.
calidad de banco bank quality.
calidad de crédito credit quality.
calidad de primera top quality.
calidad de vida quality of life.
calidad decreciente declining quality.
calidad inferior inferior quality.
calidad media average quality.
calidad mínima minimum quality.
calidad normal normal quality.
calidad regular regular quality.
calidad típica typical quality.
calificación *f* qualification, rating.
calificación A A rating.
calificación AA AA rating.
calificación AAA AAA rating.
calificación B B rating.
calificación Ba Ba rating.
calificación Baa Baa rating.
calificación BB BB rating.

calificación **BBB** BBB rating.
calificación **C** C rating.
calificación **Ca** Ca rating.
calificación **Caa** Caa rating.
calificación **CC** CC rating.
calificación **CCC** CCC rating.
calificación **crediticia** credit rating.
calificación **D** D rating.
calificación **registral** verification of suitability for filing in a public registry.
calificaciones **profesionales** professional qualifications.
calificado *adj* qualified, skilled, conditional.
calificar *v* classify, rate, qualify.
cámara *f* chamber, room, legislative body, camera.
cámara **compensadora** clearinghouse.
cámara **de circuito cerrado** closed-circuit camera.
cámara **de comercio** chamber of commerce.
cámara **de comercio e industria** chamber of commerce and industry.
Cámara **de Comercio Internacional** International Chamber of Commerce.
cámara **de compensación** clearinghouse.
cámara **de compensación internacional** international clearinghouse.
cámara **de compensación local** local clearinghouse.
cámara **de la industria** chamber of industry.
cámara **industrial** chamber of industry.
camarilla *f* lobby, pressure group, entourage.
cambalache *m* bartering.
cambiable *adj* changeable, exchangeable.
cambiador *m* barterer.
cambial *m* bill of exchange.
cambial **domiciliada** domiciled bill.
cambiar *v* change, exchange, negotiate.
cambiar **de dueño** change owner, change hands.
cambiar **de empleo** change jobs.
cambiar **de manos** change hands, change owner.
cambiar **de trabajo** change jobs.
cambiar **una letra** negotiate a bill.
cambiario *adj* pertaining to a bill of exchange, pertaining to exchange.
cambio *m* change, exchange, exchange rate, barter.
cambio **a corto plazo** short-term exchange.
cambio **a la vista** exchange at sight.
cambio **a plazo** forward rate, forward price.
cambio **al contado** spot rate, spot price.
cambio **comprador** buying exchange.
cambio **contable** accounting change.
cambio **de base** change of base.
cambio **de beneficiario** change of beneficiary.
cambio **de carrera** career change.
cambio **de circunstancias** change of circumstances.
cambio **de contabilidad** accounting change.
cambio **de cuota** quota change.
cambio **de dinero** money exchange, currency exchange.
cambio **de dirección** change of address, change of management, change of direction.
cambio **de domicilio** change of domicile.
cambio **de empleo** employment change.
cambio **de marca** brand switching.
cambio **de parecer** change of heart.
cambio **de precio** price change.
cambio **de profesión** profession change.
cambio **de propiedad** change of ownership.
cambio **de propietario** change of ownership.
cambio **de tasa** change of rate.

cambio **de tasa de interés** change of interest rate.
cambio **de tipo** change of rate.
cambio **de tipo de interés** change of interest rate.
cambio **de trabajo** job change.
cambio **de turno** shift change.
cambio **de valor** value change.
cambio **de valoración** valuation change.
cambio **de valuación** valuation change.
cambio **directo** direct exchange.
cambio **dirigido** controlled exchange.
cambio **en condiciones** change in conditions.
cambio **en demanda** change in demand.
cambio **en el método de contabilidad** change in accounting method.
cambio **en el riesgo** change in the risk.
cambio **en el valor nominal** change in par value.
cambio **en inventario** inventory change.
cambio **en la clasificación arancelaria** change in tariff classification.
cambio **en la tendencia** change in tendency.
cambio **en oferta** change in supply.
cambio **en un principio de contabilidad** change in accounting principle.
cambio **exterior** foreign trade, foreign exchange.
cambio **extranjero** foreign trade, foreign exchange.
cambio **fijo** fixed exchange.
cambio **flotante** floating exchange.
cambio **futuro** future exchange.
cambio **libre** free exchange, exchange in a free market.
cambio **mercantil** mercantile exchange.
cambio **neto** net change.
cambio **oficial** official exchange rate.
cambio **organizacional** organizational change.
cambio **organizativo** organizational change.
cambio **periódico** periodic change.
cambio **político** political change.
cambio **profesional** professional change.
cambio **social** amendment to the articles of incorporation, social change.
cambio **vendedor** selling exchange.
cambios **cíclicos** cyclical changes.
cambista *m/f* cambist.
camino **crítico** critical path.
camino **de servidumbre** right of way.
camión *m* truck, lorry.
campaña *f* campaign, period of employment.
campaña **agrícola** crop year.
campaña **corporativa** corporate campaign.
campaña **de marketing** marketing campaign.
campaña **de mercadeo** marketing campaign.
campaña **de prensa** press campaign.
campaña **de publicidad** advertising campaign.
campaña **de saturación** saturation campaign.
campaña **de ventas** selling campaign.
campaña **nacional** national campaign.
campaña **promocional** promotional campaign.
campaña **publicitaria** advertising campaign.
campo *m* field, land, country.
campo **de actividad** field of activity.
campo **de datos** data field.
campo **petrolero** oil field.
campo **petrolífero** oil field.
canal *m* channel.
canal **comercial** commercial channel, trade channel.
canales **de comercialización** marketing channels.
canales **de comercio** channels of commerce, channels of trade.
canales **de comunicación** communication

channels.
canales de distribución distribution channels.
canales de marketing marketing channels.
canales de mercadeo marketing channels.
canales de mercado market channels.
canales de ventas sales channels.
canalizar *v* channel.
canalizar fondos channel funds.
canasta de monedas basket of currencies.
canasta familiar average family monthly
  expenditures for a given list of items including
  food and health expenses, typical monthly
  expenditures for a family of a specified
  socioeconomic level for a given list of items
  including food and health expenses.
cancelable *adj* cancellable, annullable.
cancelación *f* cancellation, annulment, charge-off.
cancelación anticipada early cancellation.
cancelación de contrato cancellation of contract.
cancelación de convenio cancellation of
  agreement.
cancelación de deuda debt cancellation.
cancelación de gravamen discharge of lien.
cancelación de hipoteca cancellation of mortgage.
cancelación de orden cancellation of order.
cancelación de pagaré cancellation of promissory
  note.
cancelación de pedido cancellation of order.
cancelación de póliza cancellation of policy.
cancelación de póliza de seguro cancellation of
  insurance policy.
cancelación de préstamo cancellation of loan,
  loan write-off.
cancelación parcial partial cancellation.
cancelado *adj* cancelled, annulled, paid off, written
  off.
cancelar *v* cancel, annul, pay off, write off.
cancelar la factura cancel a bill.
cancelar un cheque cancel a check, cancel a
  cheque.
cancelar un crédito cancel a credit.
cancelar un pedido cancel an order.
cancelar una orden cancel an order.
cancerígeno *adj* carcinogenic.
canje *m* exchange, conversion, barter, clearing of
  checks, clearing of cheques, redemption.
canjeabilidad *f* exchangeability, convertibility,
  redeemability.
canjeable *adj* exchangeable, convertible,
  redeemable.
canjear *v* exchange, convert, clear checks, redeem.
canon *m* rate, rent, royalty.
canon de arrendamiento rent payment.
cánones de ética profesional canons of
  professional responsibility.
cantidad *f* quantity, amount, sum, figure.
cantidad a abonar amount payable, amount due.
cantidad a pagar amount payable, amount due.
cantidad acreditada amount credited.
cantidad actual present amount.
cantidad acumulada accumulated amount.
cantidad adeudada amount owed, amount due.
cantidad alzada agreed sum.
cantidad amortizable amortizable amount,
  depreciable amount.
cantidad amortizada amortized amount,
  depreciated amount.
cantidad aplazada deferred amount.
cantidad asegurada amount covered, amount
  insured.

cantidad base base amount.
cantidad cargada charged amount.
cantidad cobrada amount collected.
cantidad compuesta compound amount.
cantidad constante constant amount.
cantidad contribuida amount contributed.
cantidad convenida agreed-upon amount.
cantidad de crédito amount of credit.
cantidad de equilibrio equilibrium quantity.
cantidad de la pérdida amount of loss.
cantidad de la reclamación claim amount
cantidad de la subvención amount of subsidy.
cantidad de orden económica economic order
  quantity.
cantidad de pedido order quantity.
cantidad de pedido económica economic order
  quantity.
cantidad de seguro primario primary insurance
  amount.
cantidad de transacción transaction amount.
cantidad debida amount due.
cantidad declarada stated amount.
cantidad deducida amount deducted.
cantidad del daño amount of damage.
cantidad del subsidio amount of subsidy.
cantidad depreciada depreciated amount.
cantidad desembolsada disbursed amount.
cantidad determinada determined amount.
cantidad en descubierto overdrawn amount.
cantidad en exceso excess amount.
cantidad en riesgo amount at risk.
cantidad específica specific amount.
cantidad exenta exempt amount.
cantidad exportada amount exported.
cantidad fija fixed amount.
cantidad financiada amount financed.
cantidad garantizada guaranteed amount.
cantidad importada amount imported.
cantidad indeterminada sum uncertain.
cantidad inicial initial amount.
cantidad líquida liquid assets.
cantidad media average amount.
cantidad mínima minimum amount.
cantidad necesaria necessary amount.
cantidad neta net amount.
cantidad obligada obligatory amount.
cantidad obligatoria obligatory amount.
cantidad pagada amount paid.
cantidad pagada en exceso amount overpaid.
cantidad pagadera amount to be paid, amount
  payable.
cantidad pendiente amount outstanding.
cantidad perdida amount lost.
cantidad predeterminada predetermined amount.
cantidad producida produced amount.
cantidad promedia average amount.
cantidad real actual amount.
cantidad realizada amount realized.
cantidad regular regular amount.
cantidad requerida required amount.
cantidad residual residual amount.
cantidad retenida amount withheld.
cantidad transferida transferred amount.
cantidad variable variable amount.
cantidad vencida amount overdue.
capacidad *f* capacity, ability, capability.
capacidad administrativa executive capacity.
capacidad adquisitiva purchasing power,
  purchasing capacity.
capacidad anual esperada expected annual

capacity.
capacidad civil legal capacity.
capacidad competitiva competitive capacity.
capacidad consultiva consultative capacity, consulting capacity.
capacidad consultora consultative capacity, consulting capacity.
capacidad contributiva taxpaying capacity.
capacidad crediticia creditworthiness.
capacidad de absorción absorptive capacity.
capacidad de carga cargo capacity.
capacidad de competir capacity to compete.
capacidad de comprar y vender capacity to buy and sell.
capacidad de contratar ability to contract.
capacidad de crédito credit capacity.
capacidad de endeudamiento borrowing capacity.
capacidad de exportación export capacity.
capacidad de ganar dinero earning capacity.
capacidad de importación import capacity.
capacidad de las partes capacity of parties.
capacidad de pago capacity to pay, ability to pay, credit rating.
capacidad de pago de contribuciones ability to pay taxes.
capacidad de pago de deudas ability to pay debts.
capacidad de pago de impuestos ability to pay taxes.
capacidad de producción production capacity.
capacidad de producir ingresos earning capacity.
capacidad de tomar prestado borrowing capacity.
capacidad de trabajo working capacity.
capacidad disponible capacity available.
capacidad económica economic capacity.
capacidad en exceso excess capacity.
capacidad excedente excess capacity.
capacidad exportadora export capacity.
capacidad fiduciaria fiduciary capacity.
capacidad financiera financial capacity, credit rating.
capacidad ideal ideal capacity.
capacidad importadora importing capacity.
capacidad legal legal capacity.
capacidad máxima maximum capacity, peak capacity.
capacidad máxima práctica maximum practical capacity.
capacidad no utilizada unused capacity, idle capacity.
capacidad normal normal capacity.
capacidad ociosa idle capacity, excess capacity.
capacidad operativa operating capacity.
capacidad óptima optimum capacity.
capacidad para contratar capacity to contract.
capacidad para ganar ability to earn.
capacidad para hipotecar capacity to mortgage.
capacidad para pagar ability to pay.
capacidad para pagar contribuciones ability to pay taxes.
capacidad para pagar deudas ability to pay debts.
capacidad para pagar impuestos ability to pay taxes.
capacidad para reasegurar reinsurance capacity.
capacidad para trabajar capacity to work.
capacidad pico peak capacity.
capacidad práctica practical capacity.
capacidad profesional professional capacity.

capacidad teórica theoretical capacity.
capacidad utilizada utilized capacity.
capacitación *f* capacitation, training, qualification.
capacitación del personal personnel training, staff training.
capacitación dentro de la empresa in-house training.
capacitación en el empleo on-the-job training.
capacitación en el trabajo on-the-job training.
capacitación interna in-house training.
capacitación ocupacional job training, occupational training.
capacitación profesional professional training.
capacitado *adj* capable, trained, qualified.
capacitar *v* capacitate, train, qualify.
caparra *f* earnest money, down payment, partial payment, bargain money.
capataz *m* foreperson, foreman, overseer.
capaz *adj* capable.
capitación *f* capitation.
capital *m* capital, principal.
capital a corto plazo short-term capital.
capital a la vista callable capital.
capital a largo plazo long-term capital.
capital a mediano plazo medium-term capital.
capital a medio plazo medium-term capital.
capital accionario capital stock.
capital acordado agreed-upon capital.
capital activo active capital.
capital adeudado loan capital.
capital ajustado adjusted capital.
capital amortizado amortized capital.
capital antecedente original capital.
capital aportado contributed capital.
capital asegurado insured capital.
capital aumentado increased capital.
capital autorizado authorized capital.
capital base base capital.
capital bloqueado blocked capital.
capital circulante working capital, circulating capital, floating capital.
capital circulante negativo negative working capital.
capital circulante neto net working capital.
capital computable accountable capital.
capital congelado frozen capital.
capital constante constant capital.
capital contable shareholders' equity.
capital contratado contracted capital.
capital contribuido contributed capital.
capital convenido agreed-upon capital.
capital corporativo corporate capital.
capital corriente current capital.
capital cubierto paid-up capital.
capital de arranque startup capital.
capital de explotación operating capital.
capital de inversión investment capital.
capital de la compañía company capital, company assets.
capital de la corporación corporate capital, corporate assets.
capital de la empresa company capital, company assets, enterprise capital.
capital de producción production capital.
capital de riesgo risk capital, venture capital.
capital de trabajo working capital.
capital declarado stated capital, declared capital.
capital desembolsado paid-up capital.
capital deteriorado impaired capital.
capital diluido watered capital.

capital disponible available capital.
capital e intereses capital and interest.
capital emitido issued capital.
capital empresarial company capital, enterprise capital.
capital en acciones stock capital, issued stock.
capital en giro working capital.
capital en préstamos loan capital.
capital escriturado stated capital.
capital especializado specialized capital.
capital especificado specified capital.
capital estipulado stipulated capital.
capital extranjero foreign capital.
capital fijo fixed capital, fixed assets.
capital financiero financial capital.
capital físico physical capital.
capital flotante floating capital.
capital fundacional original capital.
capital humano human capital.
capital improductivo non-producing capital.
capital inactivo idle capital.
capital individual individual capital.
capital inicial initial capital, original capital.
capital inmobiliario real-estate capital.
capital integrado paid-up capital.
capital invertido invested capital.
capital legal legal capital.
capital líquido liquid assets, net worth.
capital mobiliario chattel capital.
capital negociado negotiated capital.
capital neto net worth, net capital.
capital nominal nominal capital, face capital.
capital pactado agreed-upon capital.
capital pagado paid-in capital.
capital permanente permanent capital.
capital preestablecido preset capital.
capital prestado borrowed capital.
capital principal primary capital.
capital privado private capital.
capital productivo working capital.
capital propio equity capital, equity.
capital público public capital.
capital real real capital.
capital redimible callable capital.
capital regular regular capital.
capital riesgo risk capital, venture capital.
capital semilla seed capital.
capital social capital stock, corporate capital, shareholders' equity, partnership's capital, equity.
capital subscrito subscribed capital.
capital suscrito subscribed capital.
capital temporal temporary capital.
capital utilizado capital employed.
capital variable variable capital.
capital y reservas capital and reserves.
capitalismo *m* capitalism.
capitalismo de camarilla crony capitalism.
capitalista *adj* capitalist.
capitalista *m/f* capitalist.
capitalización *f* capitalization, compounding.
capitalización bursátil market capitalization.
capitalización de beneficios capitalization of profits.
capitalización de contribuciones capitalization of taxes.
capitalización de ganancias capitalization of profits.
capitalización de impuestos capitalization of taxes.
capitalización de ingresos capitalization of

earnings, capitalization of income.
capitalización de intereses capitalization of interest.
capitalización de mercado market capitalization.
capitalización de utilidades capitalization of profits.
capitalización directa direct capitalization.
capitalización total total capitalization.
capitalizado *adj* capitalized.
capitalizar *v* capitalize, compound, convert.
capitulación *f* capitulation, agreement, settlement.
capitulaciones matrimoniales prenuptial agreement.
capítulo *m* chapter.
captación de capital capital raising.
captura de dividendo dividend capture.
carácter *m* character.
características *f* characteristics, features.
características corporativas corporate characteristics.
características generales general characteristics.
carencia *f* lack, absence, shortage.
carencia de personal personnel shortage.
carestía *f* shortage, high cost of staples.
carestía de la vida high cost of living.
carga *m* cargo, charge, encumbrance, burden, tax, obligation.
carga abandonada abandoned cargo.
carga adicional additional cargo, additional charge.
carga aérea air cargo, air freight.
carga contributiva tax burden.
carga de buques ship's cargo.
carga de deuda debt burden.
carga de la prueba burden of proof.
carga de trabajo workload.
carga del fiduciario trustee's duties.
carga del seguro obligation to insure.
carga económica economic burden.
carga financiera financial burden.
carga fiscal tax burden.
carga general general cargo.
carga impositiva tax burden.
carga real real property tax.
carga tributaria tax burden.
carga útil payload.
cargador *m* loader, carrier.
cargamento *m* cargo, load, freight.
cargamento a granel bulk shipment.
cargar *v* load, impose, charge, encumber, burden, obligate.
cargar con la responsabilidad shoulder the responsibility.
cargareme *m* receipt.
cargas de familia family expenses.
cargo *m* charge, fee, debit, post, position, duty, load.
cargo accesorio accessory charge, accessory fee.
cargo acordado agreed-upon charge, agreed-upon fee.
cargo acostumbrado customary charge, customary fee.
cargo acostumbrado y razonable customary and reasonable charge, customary and reasonable fee.
cargo adicional additional charge, additional fee.
cargo administrador management fee, management charge, administrative charge, administrative fee.
cargo administrativo management fee, management charge, administrative charge, administrative fee.

cargo anual annual charge, annual fee.
cargo bancario bank charge, bank fee.
cargo constante constant charge, constant fee.
cargo contractual contractual charge, contractual fee.
cargo contratado contracted charge, contracted fee.
cargo convenido agreed-upon charge, agreed-upon fee.
cargo de, a in charge of, payable by.
cargo de administración administration fee.
cargo de asunción assumption charge, assumption fee.
cargo de compromiso commitment charge, commitment fee.
cargo de conversión conversion charge, conversion fee.
cargo de corredor broker charge, broker fee.
cargo de corretaje brokerage charge, brokerage fee.
cargo de mantenimiento maintenance charge, maintenance fee.
cargo de participación participation charge, participation fee.
cargo de salida exit fee, exit charge.
cargo de tasación appraisal fee, appraisal charge.
cargo de transferencia transfer charge, transfer fee.
cargo de transporte transportation fee, transportation charge.
cargo de venta diferido deferred sales charge, deferred sales fee.
cargo diferido deferred charge, deferred fee.
cargo directo direct charge.
cargo ejecutivo executive position.
cargo equitativo equitable charge, equitable fee.
cargo especial special charge, special fee.
cargo estipulado stipulated charge, stipulated fee.
cargo extra extra charge, extra fee.
cargo fijo fixed fee, flat fee, fixed charge, flat charge.
cargo financiero financial charge, financial fee.
cargo máximo maximum charge, maximum fee.
cargo mínimo minimum charge, minimum fee.
cargo negociado negotiated charge, negotiated fee.
cargo no recurrente nonrecurring charge, nonrecurring fee.
cargo no reembolsable nonrefundable fee, nonrefundable charge.
cargo pactado agreed-upon charge, agreed-upon fee.
cargo periódico periodic charge, periodic fee.
cargo por actividad activity charge, activity fee.
cargo por adelanto de efectivo cash advance fee, cash advance charge.
cargo por administración management fee, management charge.
cargo por agrupar pooling charge, pooling fee.
cargo por amortización amortization charge, amortization fee.
cargo por aplazamiento deferment fee, deferment charge.
cargo por cancelación cancellation charge, cancellation fee.
cargo por cobros collection fee, collection charge.
cargo por compromiso commitment fee.
cargo por depreciación depreciation charge.
cargo por empréstito loan fee.
cargo por extensión extension fee.

cargo por financiación finance charge.
cargo por financiación periódico periodic finance charge.
cargo por financiamiento finance charge.
cargo por financiamiento periódico periodic finance charge.
cargo por garantía de préstamo loan guarantee fee.
cargo por liquidación liquidation charge.
cargo por originación origination fee.
cargo por originación de préstamo loan origination fee.
cargo por préstamo loan fee.
cargo por procesar una póliza policy processing fee.
cargo por redención redemption fee.
cargo por servicios service charge.
cargo por servicios bancarios bank service charge.
cargo por servicios de crédito credit service charge.
cargo por solicitud application fee.
cargo por solicitud de préstamo loan application fee.
cargo preautorizado preauthorized charge.
cargo predeterminado predetermined charge.
cargo público public office.
cargo razonable reasonable charge.
cargo recurrente recurring charge.
cargo reembolsable refundable fee.
cargo semianual semiannual charge.
cargo trimestral quarterly charge.
cargo variable variable fee.
cargos acostumbrados customary charges, customary fees.
cargos acumulados accrued charges.
cargos adicionales extra charges.
cargos aduaneros customs charges.
cargos atrasados back charges.
cargos bancarios banking charges.
cargos cobrados collected fees.
cargos consulares consular charges.
cargos de aduanas customs charges.
cargos de capital capital charges.
cargos de financiamiento financing charges.
cargos de flete carriage charges.
cargos de la directiva directors' fees.
cargos de porte carriage charges.
cargos de transporte carriage charges.
cargos especificados specified charges.
cargos estimados estimated charges.
cargos fijos fixed charges.
cargos incidentales incidental charges.
cargos inevitables unavoidable charges.
cargos mensuales monthly charges.
cargos misceláneos miscellaneous charges, miscellaneous fees.
cargos normales normal charges, normal fees.
cargos operacionales operational charges.
cargos ordinarios ordinary charges, ordinary fees.
cargos por inspección inspection charges.
cargos por intereses interest charges.
cargos por recibir charges receivable.
cargos por servicios service charges.
cargos por tramitación handling charges.
cargos preestablecidos preset charges, preset fees.
cargos preliminares preliminary fees.
cargos prepagados prepaid fees, charges prepaid.
cargos programados programmed charges.

cargos progresivos progressive fees.
cargos regulares regular charges, regular fees.
cargos típicos typical charges, typical fees.
cargos varios miscellaneous charges, miscellaneous fees.
caritativo *adj* charitable.
carné *m* identity card, card, identification document.
carné de conducir driver's license, driver's licence.
carné de identificación identity card, identification document.
carnet *m* identity card, card, identification document.
carnet de conducir driver's license, driver's licence.
carnet de identificación identity card, identification document.
caro *adj* expensive, costly.
carpeta *f* folder.
carrera *f* career.
carrera abierta open career.
carrito *m* cart, shopping cart.
carrito de compras shopping cart.
carro corporativo corporate car.
carro de la compañía company car.
carro de la corporación corporate car.
carro de la empresa company car.
carta *f* letter, document, charter.
carta abierta open letter.
carta acompañante cover letter.
carta adjunta cover letter.
carta blanca carte blanche.
carta certificada certified letter, registered letter.
carta comercial business letter, commercial letter.
carta con acuse de recibo letter with return receipt requested.
carta confirmatoria confirming letter.
carta constitucional charter, articles of incorporation.
carta constitutiva corporate charter.
carta credencial credentials.
carta de aceptación letter of acceptance.
carta de agradecimiento thank you letter.
carta de asignación allotment letter.
carta de autorización letter of authorization.
carta de cobro collection letter.
carta de comercio commerce letter.
carta de compromiso letter of undertaking, letter of commitment.
carta de confirmación confirmation letter.
carta de crédito letter of credit, bill of credit.
carta de crédito a la vista sight letter of credit.
carta de crédito a plazo time letter of credit.
carta de crédito abierta open letter of credit.
carta de crédito anticipada advance letter of credit.
carta de crédito auxiliar ancillary letter of credit.
carta de crédito circular circular letter of credit.
carta de crédito comercial commercial letter of credit.
carta de crédito confirmada confirmed letter of credit.
carta de crédito confirmada irrevocable confirmed irrevocable letter of credit.
carta de crédito de exportación export letter of credit.
carta de crédito de importación import letter of credit.
carta de crédito de viajero traveler's letter of credit.

carta de crédito diferida deferred letter of credit.
carta de crédito garantizada guaranteed letter of credit.
carta de crédito irrevocable irrevocable letter of credit.
carta de crédito renovable renewable letter of credit.
carta de crédito revocable revocable letter of credit.
carta de crédito simple simple letter of credit.
carta de crédito transferible transferable letter of credit.
carta de deficiencia deficiency letter.
carta de depósito letter of deposit.
carta de despido letter of dismissal, pink slip.
carta de embarque bill of lading.
carta de envío remittance letter.
carta de espera extension letter.
carta de fletamento charter party.
carta de garantía letter of guarantee.
carta de intención letter of intent.
carta de introducción introduction letter.
carta de inversión investment letter.
carta de mar ship's papers.
carta de negocios business letter.
carta de nombramiento appointment letter.
carta de orden order letter.
carta de pago receipt.
carta de pedido order letter.
carta de porte bill of lading, bill of freight, waybill.
carta de porte a la orden order bill of lading.
carta de porte aéreo air bill of lading, air waybill, airbill.
carta de porte local local bill of lading.
carta de porte múltiple blanket bill of lading.
carta de porte nominativa straight bill of lading.
carta de privilegio franchise.
carta de procuración power of attorney.
carta de queja complaint letter.
carta de rechazo denial letter.
carta de reclamación complaint letter.
carta de recomendación letter of recommendation.
carta de remesa remittance letter.
carta de remisión cover letter.
carta de renuncia resignation letter.
carta de representación letter of representation.
carta de seguimiento follow-up letter.
carta de solicitud application letter.
carta de tránsito transit letter.
carta de transmisión cover letter.
carta de transporte aéreo air bill of lading, air waybill, airbill.
carta de venta bill of sale.
carta devuelta returned letter.
carta empresarial business letter.
carta entregada delivered letter.
carta estándar standard letter.
carta franqueada postage-paid letter.
carta mercantil business letter, commercial letter.
carta muerta dead letter.
carta orden de crédito letter of credit.
carta orgánica corporate franchise.
carta poder power of attorney, proxy.
carta registrada registered letter.
carta registrada con acuse de recibo registered letter with return receipt requested.
Carta Social Social Charter.
cartel *m* cartel, poster.

cartel de asignación allocation cartel.
cartel de compra cartel to purchase as a group.
cartel de condiciones cartel to set the terms of sales.
cartel de exportación export cartel.
cartel de limitación cartel to limit production.
cartel de mercancías commodities cartel.
cartel de precios cartel for price fixing.
cartel de productos commodities cartel.
cartel exportador export cartel.
cartel internacional international cartel.
cartelera *f* billboard, hoarding.
cartelización *f* cartelization.
cartera *f* portfolio, briefcase, wallet, purse.
cartera activa active portfolio.
cartera comercial commercial portfolio, trading portfolio.
cartera de acciones stock portfolio.
cartera de acciones seguras defensive portfolio.
cartera de activos asset portfolio.
cartera de bonos bond portfolio.
cartera de clientes client portfolio.
cartera de créditos credit portfolio.
cartera de hipotecas mortgage portfolio.
cartera de inversiones investment portfolio.
cartera de pedidos orders portfolio.
cartera de préstamos loan portfolio.
cartera de valores investment portfolio.
cartera de valores conservadora conservative portfolio.
cartera de valores corriente current portfolio.
cartera de valores de apreciación growth portfolio.
cartera de valores eficiente efficient portfolio.
cartera de valores escalonada laddered portfolio.
cartera diversificada diversified portfolio.
cartera electrónica. electronic wallet, e-wallet, electronic portfolio.
casa *f* house, home, firm, company, family.
casa adosada semidetached house.
casa bancaria banking house, bank.
casa cambiaria money-exchange.
casa central home office, head office, headquarters.
casa de aceptaciones acceptance house, accepting house.
casa de amonedación mint.
casa de apartamentos apartment house.
casa de arbitraje arbitrage house.
casa de banca banking house, bank.
casa de cambio exchange house.
casa de comercio commercial firm.
casa de contratación exchange.
casa de correos post office.
casa de corretaje brokerage house, brokerage firm.
casa de corretaje de descuento discount brokerage house, discount broker.
casa de corretaje de servicios completos full-service broker.
casa de corretaje institucional institutional brokerage house.
casa de depósito warehouse.
casa de descuento discount house.
casa de empeños pawnshop.
casa de juego gambling establishment.
casa de la moneda mint.
casa de liquidación clearinghouse.
casa de liquidación local local clearinghouse.
casa de préstamos loan office.
casa de renta rental property.

casa de subastas auction house.
casa de valores investment house.
casa de ventas por correo mail order house.
casa emisora issuing house.
casa en común condominium.
casa filial affiliated firm.
casa habitada inhabited house.
casa matriz home office, head office, headquarters.
casa modelo model house.
casa prefabricada prefabricated house.
casa solariega homestead.
casados radicando conjuntamente married filing jointly.
casados radicando separadamente married filing separately.
casco urbano built-up area of a city or urban area.
casilla de correos post-office box.
casilla postal post-office box.
casillero *m* pigeonhole.
caso *m* case.
caso fortuito superior force, act of nature.
caso hipotético hypothetical case.
caso incierto contingency.
catalogar *v* catalog, categorize.
catálogo *m* catalog, catalogue.
catálogo electrónico electronic catalog, electronic catalogue, e-catalog, e-catalogue.
catálogo en línea online catalog, online catalogue, electronic catalog, electronic catalogue.
catálogo online online catalog, online catalogue, electronic catalog, electronic catalogue.
catastral *adj* cadastral, pertaining to a cadastre.
catastro *m* cadastre.
catástrofe de propiedad property catastrophe.
categoría *f* category, class, bracket.
categoría contributiva tax bracket.
categoría de acciones class of stock.
categoría de riesgo risk category.
categoría salarial wage category.
categoría tributaria tax bracket.
categorización *f* classification, categorization.
categorización aduanera customs classification.
categorización crediticia credit rating.
categorización de activos categorization of assets, classification of assets.
categorización de bono bond rating.
categorización de calidad quality rating.
categorización de costes categorization of costs, classification of costs.
categorización de costos categorization of costs, classification of costs.
categorización de cuentas categorization of accounts, classification of accounts.
categorización de empleo job classification.
categorización de gastos categorization of expenses, categorization of expenditures, classification of expenses, classification of expenditures.
categorización de riesgo risk classification.
categorización del empleo job classification.
categorización del trabajo job classification.
categorización industrial industrial classification.
categorización oficial official classification.
categorizado *adj* categorized.
categorizar *v* categorize.
caución *f* bond, surety, guarantee, security deposit, bail, pledge.
caución de aduanas customs bond.
caución de almacén warehouse bond.
caución de averías average bond.

caución de construcción construction bond.
caución de contratista contract bond.
caución de cumplimiento performance bond.
caución de depósito warehouse bond.
caución de desembarque landing bond.
caución de embargo attachment bond.
caución de empresa porteadora carrier's bond.
caución de exportación export bond.
caución de fidelidad fidelity bond.
caución de fidelidad colectiva blanket fidelity bond.
caución de garantía surety bond, guarantee bond.
caución de incumplimiento performance bond.
caución de indemnización indemnity bond.
caución de licencia license bond, licence bond.
caución de licitación bid bond.
caución de licitador bid bond.
caución de mantenimiento maintenance bond.
caución de oferta bid bond.
caución de pago payment bond.
caución de postura bid bond.
caución de propiedad title bond.
caución de seguridad surety bond.
caución de terminación completion bond.
caución estatutaria statutory bond.
caucionado adj bonded, secured, guaranteed, pledged.
caucionar v bond, secure, guarantee, pledge.
caudal m estate, capital, wealth, bankroll.
caudal hereditario decedent's estate.
caudal relicto decedent's estate.
caudal social assets of a partnership, assets of a corporation.
causa f cause, consideration, purpose of entering a contract.
causa a título gratuito gratuitous consideration.
causa accidental accidental cause.
causa adecuada adequate consideration.
causa anterior past consideration.
causa concurrente concurrent consideration.
causa continua continuing consideration.
causa de insolvencia act of bankruptcy, bankruptcy proceedings.
causa de la obligación purpose of entering a contract, consideration.
causa debida due consideration.
causa del contrato purpose of entering a contract, consideration.
causa efectuada executed consideration.
causa ejecutada executed consideration.
causa equitativa equitable consideration.
causa expresa express consideration.
causa gratuita gratuitous consideration.
causa ilegal illegal consideration.
causa ilícita illegal consideration.
causa implícita implied consideration.
causa impracticable impossible consideration.
causa inadecuada inadequate consideration.
causa inmoral immoral consideration.
causa insuficiente inadequate consideration.
causa justa fair consideration.
causa justa y adecuada fair and valuable consideration.
causa justa y razonable fair and reasonable consideration.
causa legal legal consideration.
causa lícita legal consideration.
causa moral moral consideration.
causa nominal nominal consideration.
causa onerosa good consideration, valuable consideration.
causa pasada past consideration.
causa pecuniaria pecuniary consideration.
causa por efectuarse executory consideration.
causa razonable adequate consideration.
causa suficiente sufficient consideration.
causa tácita implied consideration.
causa valiosa valuable consideration.
causahabiente m/f assignee, successor.
causal de despido grounds for dismissal.
causante m/f assignor, originator.
causar impuesto to be subject to tax.
causar intereses bear interest.
cautelar adj cautionary.
caveat m caveat, warning.
caveat emptor let the buyer beware, caveat emptor.
caveat venditor let the seller beware, caveat venditor.
cazatalentos m headhunter.
CD (compact disc) CD.
CD-ROM m CD-ROM.
CE (Comunidad Europea) European Community.
cedente m/f assignor, transferor, cedent, grantor, endorser.
ceder v assign, transfer, cede, relinquish.
cedible adj assignable, transferable.
cedido adj assigned, transferred.
cédula f identification document, official document, document, certificate, scrip, bond.
cédula catastral cadastral document which describes a property.
cédula de aduanas customs permit.
cédula de cambio bill of exchange.
cédula de capitalización certificate issued by a bank for capitalization of savings.
cédula de privilegio de invención letters patent.
cédula de suscripción subscription warrant.
cédula de tesorería treasury debt instrument.
cédula fiscal taxpayer identification document.
cédula hipotecaria mortgage bond.
cédula inmobiliaria mortgage certificate.
cedulación f registration, publication.
cedular v register, enroll.
cédulas de inversión securities.
CEE (Comunidad Económica Europea) European Economic Community.
celebración f celebration, formalization, execution.
celebrar v celebrate, hold, formalize, execute.
celebrar asamblea hold a meeting.
celebrar negocios transact business.
celebrar un acuerdo make an agreement.
celebrar un contrato enter into a contract.
celebrar un referendo hold a referendum.
celebrar una conferencia hold a conference.
celebrar una junta hold a meeting.
celebrar una reunión hold a meeting.
celebrar una sesión hold a meeting.
celebrar una subasta hold an auction.
censalista m/f annuitant, lessor, recipient of an annuity contract which runs with the land.
censar v prepare a taxpayer list, take a census.
censario m payer of an annuity contract which runs with the land, payer of ground rent.
censatario m/f payer of an annuity contract which runs with the land.
censo m census, lease, tax, annuity contract which runs with the land.
censo agrícola agricultural census.
censo al quitar redeemable annuity contract which runs with the land.

censo consignativo annuity contract which runs with the land, ground rent.
censo de bienes inventory.
censo de contribuyentes taxpayer list.
censo de negocios census of business.
censo de población population census.
censo de por vida life annuity, annuity contract which runs with the land for life.
censo demográfico population census.
censo irredimible irredeemable annuity contract which runs with the land.
censo perpetuo perpetual annuity, perpetual annuity contract which runs with the land.
censo personal annuity contract which runs with the person.
censo poblacional population census.
censo real annuity contract which runs with the land.
censo redimible redeemable annuity contract which runs with the land.
censo reservativo transfer of full ownership reserving the right to receive an annuity.
censo temporal annuity contract which runs with the land for a determined period.
censo vitalicio life annuity, annuity contract which runs with the land for life.
censor *m* censor.
censual *adj* pertaining to an annuity contract which runs with the land, censual.
censualista *m/f* annuitant, lessor, recipient of an annuity contract which runs with the land.
censuario *m* payer of an annuity contract which runs with the land.
censura *f* censure.
censurar *v* censure.
centavo *m* cent.
céntimo *m* cent, one hundredth part.
central *adj* central, main, head, principal.
central *f* central office, head office, power station.
central de datos data center.
central de llamadas call center.
central de servicio service center.
central eléctrica power station.
central hidroeléctrica hydroelectric power station.
central telefónica telephone central, switchboard.
centralismo *m* centralism.
centralista *adj* centralist.
centralista *m/f* centralist.
centralita *f* switchboard.
centralita telefónica switchboard.
centralización *f* centralization.
centralización del control centralization of control.
centralizado *adj* centralized.
centralizar *v* centralize.
centrar *v* center.
céntrico *adj* centric.
centrismo *m* centrism.
centrista *adj* centrist.
centrista *m/f* centrist.
centro *m* center, centre.
centro administrativo administrative center, administrative centre.
centro bancario banking center, banking centre.
centro comercial shopping center, commercial center, shopping centre, commercial centre.
centro comercial electrónico cybermall, electronic shopping mall, electronic shopping center, electronic shopping centre, virtual shopping mall.

centro comercial regional regional shopping center, regional shopping centre.
centro comercial virtual virtual shopping mall, cybermall, electronic shopping mall, electronic shopping center, electronic shopping centre.
centro de actividad activity center, activity centre.
centro de autorizaciones authorization center, authorization centre.
centro de cálculo computing center, computing centre.
centro de capacitación training center, training centre.
centro de comercio commerce center, commerce centre.
centro de comercio electrónico e-commerce center, e-commerce centre, e-business center, e-business centre.
centro de compensación clearing center, clearing centre.
centro de compras shopping center, commercial center, shopping centre, commercial centre.
centro de computación computing center, computing centre.
centro de computadoras computing center, computing centre.
centro de cómputos computing center, computing centre.
centro de contacto contact center, contact centre.
centro de costes cost center, cost centre.
centro de costos cost center, cost centre.
centro de cuido de niños child care center, child care centre.
centro de distribución distribution center, distribution centre.
centro de educación a distancia distance learning center, distance learning centre.
centro de empresas business center, business centre.
centro de exhibiciones exhibition center, exhibition centre.
centro de exposición exhibition center, exhibition centre.
centro de formación training center, training centre.
centro de ganancias profit center, profit centre.
centro de gastos expense center, expense centre.
centro de ingresos revenue center, revenue centre.
centro de inversiones investment center, investment centre.
centro de la ciudad city center, city centre.
centro de llamadas call center, call centre.
centro de negocios business center, business centre.
centro de ocio leisure center, leisure centre.
centro de procesamiento processing center, processing centre.
centro de procesamiento de cheques check processing center, cheque processing centre.
centro de producción production center, production centre.
centro de responsabilidad responsibility center, responsibility centre.
centro de salud health center, health centre.
centro de servicio service center, service centre.
centro de tarjetas card center, card centre.
centro de tarjetas de crédito credit card center, credit card centre.
centro financiero financial center, financial centre.
centro industrial industrial center, industrial centre.

centro mercantil commercial center, commercial centre.
centro neurálgico nerve center, nerve centre.
centro tecnológico technological center, technological centre.
centro urbano urban center, urban centre.
cercanías f commuter belt.
cerrado adj closed.
cerrado al público closed to the public.
cerrar v close, close down.
cerrar a la baja close down.
cerrar los libros close the books.
cerrar un acuerdo close a deal.
cerrar un contrato close a deal.
cerrar una cuenta close an account.
cerrar una posición close a position.
cerrar una venta close a sale.
certificable adj certifiable.
certificación f certification.
certificación de análisis certification of analysis.
certificación de autoridad certification of authority.
certificación de calidad certification of quality.
certificación de cheque certification of check, certification of cheque.
certificación de compra certification of purchase.
certificación de conformidad conformity certificate.
certificación de cuenta account certification.
certificación de daños certification of damage.
certificación de dominio certification of title, title papers, title.
certificación de elegibilidad certification of eligibility.
certificación de empleo certification of employment.
certificación de gremio union certification.
certificación de identidad certification of identity.
certificación de incorporación certification of incorporation.
certificación de manufacturero certification of manufacturer.
certificación de origen certification of origin.
certificación de participación certification of participation.
certificación de peso certification of weight.
certificación de propiedad certification of ownership.
certificación de reaseguro reinsurance certification.
certificación de reclamación certification of claim.
certificación de reconocimiento certification of acknowledgement.
certificación de saldo certification of balance.
certificación de salud certification of health.
certificación de seguro certification of insurance.
certificación de sindicato union certification.
certificación de título certification of title, title papers, title.
certificación de unión union certification.
certificación de uso certification of use.
certificación de valor certification of value.
certificación de venta certification of sale.
certificado adj certified, registered.
certificado m certificate.
certificado abierto open certificate.
certificado aduanero customs certificate.
certificado al portador bearer certificate.

certificado anual annual certificate.
certificado bancario bank certificate.
certificado catastral catastral certificate.
certificado contributivo tax certificate.
certificado de acciones stock certificate.
certificado de aceptación acceptance certificate.
certificado de adeudo certificate of indebtedness.
certificado de adición certificate of a patent improvement.
certificado de aduanas customs certificate.
certificado de ahorros savings certificate.
certificado de análisis certificate of analysis.
certificado de auditoría audit certificate.
certificado de autoridad certificate of authority.
certificado de avalúo appraisal certificate.
certificado de averías average statement.
certificado de balance balance certificate.
certificado de bono bond certificate.
certificado de calidad quality certificate.
certificado de cambio exchange certificate.
certificado de cobertura coverage certificate.
certificado de competencia competency certificate.
certificado de compra certificate of purchase.
certificado de conformidad conformity certificate.
certificado de constitución certificate of incorporation.
certificado de cumplimiento compliance certificate.
certificado de daños certificate of damage.
certificado de defunción death certificate.
certificado de depósito certificate of deposit, deposit slip, warehouse warrant.
certificado de depósito bancario bank certificate of deposit.
certificado de depósito en eurodólares Eurodollar certificate of deposit.
certificado de depósito garantizado guaranteed certificate of deposit.
certificado de depósito negociable negotiable certificate of deposit.
certificado de depósito no negociable nonnegotiable certificate of deposit.
certificado de desahucio certificate of eviction.
certificado de deuda certificate of indebtedness, debt certificate.
certificado de divisas foreign exchange certificate.
certificado de elegibilidad certificate of eligibility.
certificado de empleo certificate of employment.
certificado de enmienda certificate of amendment.
certificado de exención exemption certificate.
certificado de exportación export certificate.
certificado de fábrica factory certificate.
certificado de fideicomiso trust certificate.
certificado de garantía de préstamo loan guarantee certificate.
certificado de identidad certificate of identity.
certificado de importación import certificate.
certificado de impuestos tax certificate.
certificado de incorporación certificate of incorporation.
certificado de inspección inspection certificate.
certificado de invención patent certificate.
certificado de inventario inventory certificate.
certificado de inversión investment certificate.
certificado de manufactura certificate of manufacture.
certificado de manufacturero certificate of manufacturer.
certificado de matrimonio marriage certificate.

certificado de muerte death certificate.
certificado de nacimiento birth certificate.
certificado de origen certificate of origin.
certificado de origen del producto certificate of product origin.
certificado de oro gold certificate.
certificado de participación participation certificate.
certificado de patente patent certificate.
certificado de peso certificate of weight.
certificado de plata silver certificate.
certificado de préstamo loan certificate.
certificado de propiedad certificate of ownership, deed.
certificado de protesto certificate of protest.
certificado de reaseguro reinsurance certificate.
certificado de reclamación certificate of claim.
certificado de reconocimiento certificate of acknowledgement.
certificado de regalo gift certificate.
certificado de registro certificate of registry.
certificado de renovación renewal certificate.
certificado de saldo certificate of balance.
certificado de salud certificate of health, bill of health.
certificado de sanidad certificate of health, bill of health.
certificado de seguridad security certificate.
certificado de seguro certificate of insurance.
certificado de suscripción subscription certificate.
certificado de título certificate of title.
certificado de trabajo certificate of services rendered.
certificado de uso certificate of use.
certificado de valor certificate of value.
certificado de valor nominal face-amount certificate.
certificado de valor razonable certificate of reasonable value.
certificado de venta certificate of sale.
certificado definitivo definitive certificate.
certificado del administrador judicial receiver's certificate.
certificado del contable accountant's certificate.
certificado del contador accountant's certificate.
certificado del liquidador receiver's certificate.
certificado del mercado monetario money market certificate.
certificado del tesoro treasury note.
certificado digital digital certificate.
certificado electrónico electronic certificate.
certificado grupal group certificate.
certificado hipotecario mortgage certificate.
certificado impositivo tax certificate.
certificado médico medical certificate.
certificado oro gold certificate.
certificado provisional provisional certificate, interim certificate.
certificado respaldado por hipotecas mortgage-backed certificate.
certificado sanitario certificate of health, bill of health.
certificado tributario tax certificate.
certificador *m* certifier.
certificar *v* certify.
certificar una firma certify a signature, witness a signature.
certificatorio *adj* certifying.
cesación *f* cessation, suspension.

cesación de pagos suspension of payments.
cesamiento *m* cessation, suspension.
cesante *adj* unemployed, dismissed, laid off.
cesante *m/f* unemployed person, dismissed person, laid off person.
cesantía *f* unemployment, dismissal, severance pay.
cesar *v* cease, stop, suspend, resign.
cesar de trabajar cease work.
cesar, sin nonstop.
cese *m* ceasing, stoppage, suspension, resignation.
cese de operaciones winding up.
cesibilidad *f* transferability, assignability.
cesible *adj* transferable, assignable.
cesión *f* cession, transfer, conveyance, assignment.
cesión absoluta absolute assignment.
cesión activa transfer of a right.
cesión de arrendamiento assignment of lease.
cesión de bienes cession of goods, assignment of goods.
cesión de cartera assignment of portfolio.
cesión de contrato assignment of contract.
cesión de créditos assignment of claims, extension of credit.
cesión de cuenta assignment of account.
cesión de cuentas por cobrar assignment of accounts receivable.
cesión de derechos assignment of rights.
cesión de deudas novation, assignment of debts.
cesión de fondos assignment of funds.
cesión de hipoteca assignment of mortgage.
cesión de ingresos assignment of income.
cesión de la clientela transfer of the clients of a business.
cesión de rentas assignment of rents.
cesión de riesgos assignment of risks.
cesión de salario assignment of salary, assignment of wages.
cesión general general assignment.
cesión incondicional absolute assignment.
cesión libre absolute conveyance.
cesión preferencial assignment with preferences.
cesión salarial assignment of salary, assignment of wages.
cesión secundaria secondary conveyance.
cesión sin condiciones absolute conveyance.
cesión total total assignment.
cesión voluntaria voluntary assignment.
cesionario *m* cessionary, assignee, transferee, grantee.
cesionario conjunto co-assignee.
cesionario mancomunado co-assignee.
cesionista *m/f* assignor, transferor, grantor.
cesta *f* basket.
cesta de compras shopping basket.
cesta de fondos basket of mutual funds.
cesta de la compra shopping basket.
cesta de monedas currency basket.
cesta monetaria currency basket.
cesta virtual virtual shopping basket, electronic shopping basket.
chanchullo *m* scam, swindle, racket.
chantaje *m* blackmail.
chantajear *v* blackmail.
chantajista *m/f* blackmailer.
charla *f* chat.
chárter *m* charter.
chartismo *m* chartism.
chat *m* chat.
chatarra *f* trash, junk.
cheque *m* check, cheque, bank check, bank cheque.

cheque a favor de check payable to, cheque payable to.
cheque a la orden order check, order cheque.
cheque a la orden de check to the order of, cheque to the order of.
cheque abierto open check, open cheque.
cheque al portador bearer check, bearer cheque.
cheque alterado altered check, altered cheque.
cheque antedatado antedated check, antedated cheque.
cheque anulado cancelled check, cancelled cheque.
cheque bancario bank check, banker's check, bank cheque, banker's cheque.
cheque cancelado cancelled check, cancelled cheque.
cheque certificado certified check, certified cheque.
cheque circular cashier's check, cashier's cheque.
cheque cobrado cashed check, collected check, cashed cheque, collected cheque.
cheque compensado cleared check, cleared cheque.
cheque conformado certified check, certified cheque.
cheque corporativo corporate check, corporate cheque.
cheque cruzado check for deposit only, crossed check, cheque for deposit only, crossed cheque.
cheque de banco bank check, cheque check.
cheque de caja cashier's check, bank check, cashier's cheque, bank cheque.
cheque de cajero cashier's check, cashier's cheque.
cheque de dividendo dividend check, dividend cheque.
cheque de gerencia cashier's check, cashier's cheque.
cheque de gerencia bancaria cashier's check, cashier's cheque.
cheque de gerente cashier's check, cashier's cheque.
cheque de la compañía company check, company cheque.
cheque de la corporación corporate check, corporate cheque.
cheque de la empresa company check, enterprise check, company cheque, enterprise cheque.
cheque de reembolso refund check, refund cheque.
cheque de salario pay check, salary check, pay cheque, salary cheque.
cheque de sueldo pay check, salary check, pay cheque, salary cheque.
cheque de tesorería treasury check, treasury cheque.
cheque de ventanilla counter check, counter cheque.
cheque de viajero traveler's check, traveler's cheque.
cheque devuelto returned check, bad check, returned cheque, bad cheque.
cheque empresarial company check, enterprise check, company cheque, enterprise cheque.
cheque en blanco blank check, blank cheque.
cheque en garantía memorandum check, memorandum cheque.
cheque endosado endorsed check, endorsed cheque.
cheque falsificado forged check, forged cheque.

cheque falso false check, bogus check, false cheque, bogus cheque.
cheque librado drawn check, drawn cheque.
cheque limitado limited check, limited cheque.
cheque local local check, local cheque.
cheque mutilado mutilated check, mutilated cheque.
cheque negociable negotiable check, negotiable cheque.
cheque no negociable nonnegotiable check, nonnegotiable cheque.
cheque no pagado unpaid check, dishonored check, unpaid cheque, dishonoured cheque.
cheque nominativo check made out to a specific person or entity, cheque made out to a specific person or entity.
cheque pagadero a check payable to, cheque payable to.
cheque pagado paid check, paid cheque.
cheque para abono en cuenta check for deposit only, cheque for deposit only.
cheque para acreditar en cuenta check for deposit only, cheque for deposit only.
cheque personal personal check, personal cheque.
cheque por la cantidad de check in the amount of, cheque in the amount of.
cheque posdatado post-dated check, post-dated cheque.
cheque posfechado post-dated check, post-dated cheque.
cheque postal postal money order, postal check, postal cheque.
cheque preautorizado preauthorized check, preauthorized cheque.
cheque protegido protected check, protected cheque.
cheque rayado check for deposit only, cheque for deposit only.
cheque rechazado dishonored check, bounced check, dishonoured cheque, bounced cheque.
cheque regalo gift certificate.
cheque registrado registered check, registered cheque.
cheque rehusado dishonored check, bounced check, dishonoured cheque, bounced cheque.
cheque salarial salary check, pay check, salary cheque, pay cheque.
cheque sin fondos bad check, bad cheque.
cheque sin valor worthless check, worthless cheque.
cheque vencido stale check, stale cheque.
cheque visado certified check, certified cheque.
chequear *v* check, inspect.
chequera *f* checkbook, chequebook.
chip *m* chip, microprocessor.
choque cultural culture shock.
Cía. (compañía) company.
cianotipo *m* blueprint.
cibercafé *m* cybercafe.
cibercrimen *m* cybercrime.
ciberespacio *m* cyberspace.
cibermercado *m* cybermarket.
cíclicamente *adj* cyclically.
cíclico *adj* cyclical.
ciclo *m* cycle.
ciclo administrativo management cycle, administrative cycle.
ciclo alcista bullish cycle.
ciclo bajista bearish cycle.
ciclo comercial business cycle, commercial cycle.

ciclo contable accounting cycle, bookkeeping cycle.
ciclo de auditoría audit cycle.
ciclo de cobros collection cycle.
ciclo de comercio commerce cycle.
ciclo de comercio electrónico e-commerce cycle, e-business cycle.
ciclo de contabilidad accounting cycle, bookkeeping cycle.
ciclo de conversión de efectivo cash conversion cycle.
ciclo de empleo employment cycle.
ciclo de expiraciones expiration cycle.
ciclo de facturación billing cycle.
ciclo de inventario inventory cycle.
ciclo de mercado market cycle.
ciclo de negocios business cycle.
ciclo de trabajo work cycle, job cycle.
ciclo de transacciones transaction cycle.
ciclo de vida life cycle.
ciclo de vida de inversión investment life cycle.
ciclo de vida del producto product life cycle.
ciclo del producto product cycle.
ciclo diurno day cycle.
ciclo económico economic cycle, business cycle.
ciclo mercantil commercial cycle.
ciclo monetario monetary cycle.
ciclo nocturno night cycle.
ciclo operativo normal normal operating cycle.
ciclo presupuestario budget cycle.
ciencia administrativa administrative science.
ciencia empresariales management science.
cierre *m* closure, closing, shut-down, lock-out.
cierre a la baja lower close.
cierre, al at the close.
cierre al alza higher close.
cierre anual annual closing.
cierre comercial commercial closure.
cierre contable accounting closing.
cierre de comercio electrónico e-commerce closure, e-business closure.
cierre de cuentas closing of accounts.
cierre de la bolsa close of the exchange, close of the stock exchange.
cierre de licitación bid closing.
cierre de los libros closing of the books.
cierre de negocio business closure, closing of a deal.
cierre de un préstamo closing a loan.
cierre de un préstamo hipotecario closing a mortgage loan.
cierre del ejercicio year's end, end of fiscal year, end of tax year.
cierre del mercado market close.
cierre empresarial lockout.
cierre fiscal end of fiscal year, end of tax year.
cierre mercantil commercial closure.
cierre patronal lockout.
cierre previo previous closing.
cifra *f* figure, cipher.
cifrado *adj* encrypted, encoded.
cifrar *v* encrypt, encode.
cifras ajustadas adjusted figures.
cifras ajustadas estacionalmente seasonally adjusted figures.
cifras comerciales commercial figures, trade figures.
cifras consolidadas consolidated figures.
cifras de crecimiento growth figures.
cifras de desempleo unemployment figures.

cifras de empleo employment figures.
cifras de exportación export figures.
cifras de importación import figures.
cifras de ventas sales figures.
cifras desestacionalizadas seasonally adjusted figures.
cifras reales real figures.
cifras redondas round figures.
cinta consolidada consolidated tape.
cinta de video videotape.
cinta magnética magnetic tape.
cinturón verde green belt.
circuito cerrado closed circuit.
circuito económico economic circuit.
circulación *f* circulation.
circulación de bienes circulation of goods.
circulación de dinero circulation of money.
circulación de mercancías circulation of goods.
circulación general general circulation.
circulado *adj* circulated.
circulante *adj* circulating.
circular *f* circular, notice.
circular *v* circulate.
circular de bono bond circular.
circular de ofrecimiento offering circular.
círculo de calidad quality circle.
círculo vicioso vicious circle.
círculos bancarios banking circles.
círculos comerciales business circles, commercial circles.
círculos de comercio commerce circles.
círculos de comercio electrónico e-commerce circles, e-business circles.
círculos de negocios business circles.
círculos económicos economic circles.
círculos empresariales business circles.
círculos financieros financial circles.
círculos mercantiles commercial circles.
circunstancia *f* circumstance.
circunstancias atenuantes extenuating circumstances.
circunstancias críticas critical circumstances.
circunstancias económicas economic circumstances.
circunstancias especiales special circumstances.
circunstancias excepcionales exceptional circumstances.
circunstancias financieras financial condition.
cita *f* appointment, meeting.
citación *f* citation, summons, notification of a meeting.
citación a licitadores call for bids, call for tenders.
citación de evicción notice of eviction.
citación de remate notice of a public auction.
citar *v* arrange a meeting, cite, summon.
citar a asamblea call a meeting.
citar a junta call a meeting.
citar a reunión call a meeting.
citar a sesión call a meeting.
cítense postores bids welcome.
ciudad satélite satellite city.
ciudadanía *f* citizenship.
ciudadanía corporativa corporate citizenship.
ciudadano de segunda clase second-class citizen.
clandestinamente *adv* clandestinely.
clandestino *adj* clandestine.
claridad *f* clarity.
clarificación *f* clarification.
clarificación de condiciones clarification of conditions.

clarificación de términos clarification of terms.
claro y expedito free and clear.
claro y puro free and clear.
clase *f* class, type, grade.
clase alta upper class.
clase baja lower class.
clase business business class.
clase capitalista capitalist class.
clase de acciones class of stock, class of shares.
clase de empleo class of employment.
clase de negocio type of business.
clase de opciones class of options.
clase de seguro type of insurance.
clase dominante ruling class.
clase media middle class.
clase obrera working class.
clase social social class.
clase trabajadora working class.
clasificación *f* classification, categorization, rating.
clasificación A A rating.
clasificación AA AA rating.
clasificación AAA AAA rating.
clasificación aduanera customs classification.
clasificación B B rating.
clasificación Ba Ba rating.
clasificación Baa Baa rating.
clasificación básica basic rating.
clasificación BB BB rating.
clasificación BBB BBB rating.
clasificación C C rating.
clasificación Ca Ca rating.
clasificación Caa Caa rating.
clasificación CC CC rating.
clasificación CCC CCC rating.
clasificación contributiva tax bracket.
clasificación crediticia credit rating.
clasificación de activos classification of assets.
clasificación de activos netos classification of
  stockholders' equity, classification of shareholders'
  equity.
clasificación de aduanas customs classification.
clasificación de bono bond rating.
clasificación de calidad quality rating.
clasificación de costes classification of costs.
clasificación de costos classification of costs.
clasificación de cuentas classification of
  accounts.
clasificación de empleo job classification.
clasificación de gastos classification of expenses,
  classification of expenditures.
clasificación de gravámenes marshaling of liens.
clasificación de producto product classification.
clasificación de riesgo risk classification.
clasificación de trabajo job classification.
clasificación de valores securities rating.
clasificación del pasivo classification of
  liabilities.
clasificación impositiva marginal marginal tax
  bracket.
clasificación industrial industrial classification.
clasificación laboral labor classification.
clasificación necesaria necessary rating.
clasificación oficial official classification.
clasificación prospectiva prospective rating.
clasificación requerida required rating.
clasificado *adj* classified, categorized.
clasificados *m* classifieds, classified ads.
clasificar *v* classify, grade, categorize, rate.
clasismo *m* classism.

clasista *adj* classist.
clasista *m/f* classist.
cláusula *f* clause, article.
cláusula accesoria secondary clause.
cláusula adicional rider, added clause.
cláusula al portador bearer clause.
cláusula amarilla yellow dog clause.
cláusula ambigua ambiguous clause.
cláusula antihuelga no-strike clause.
cláusula antirrenuncia antiwaiver clause.
cláusula arbitral arbitration clause.
cláusula arbitraria arbitrary clause.
cláusula auxiliar auxiliary clause, auxiliary
  covenant.
cláusula compromisoria arbitration clause.
cláusula condicional conditional clause.
cláusula conminatoria penalty clause, warning
  clause.
cláusula conspicua conspicuous clause.
cláusula contra demolición demolition clause.
cláusula de abandono abandonment clause.
cláusula de aceleración acceleration clause.
cláusula de ajuste adjustment clause.
cláusula de arbitraje arbitration clause.
cláusula de arbitraje forzoso compulsory
  arbitration clause.
cláusula de arrepentimiento rescission clause.
cláusula de asunción assumption clause.
cláusula de autorización authorization clause.
cláusula de aviso de cancelación notice of
  cancellation clause.
cláusula de beneficiario beneficiary clause.
cláusula de caducidad expiration clause.
cláusula de cambio de beneficiario change of
  beneficiary provision.
cláusula de cancelación cancellation clause.
cláusula de coaseguro coinsurance clause.
cláusula de cobertura en exceso excess coverage
  clause.
cláusula de contingencias contingency clause.
cláusula de contrato contract clause.
cláusula de contrato total entire contract clause.
cláusula de contribución contribution clause.
cláusula de demora delay clause.
cláusula de desastre disaster clause.
cláusula de desastre común common disaster
  clause.
cláusula de destino destination clause.
cláusula de disponibilidad availability clause.
cláusula de distribución distribution clause,
  apportionment clause.
cláusula de encadenamiento tying clause.
cláusula de escape escape clause.
cláusula de estilo standard clause.
cláusula de excepción exception clause, saving
  clause.
cláusula de exclusión exclusion clause.
cláusula de exención exemption clause.
cláusula de extensión extension clause.
cláusula de franquicia franchise clause.
cláusula de garantía guarantee clause.
cláusula de humo smoke clause.
cláusula de inalienabilidad non-transferability
  clause.
cláusula de incendio intencional arson clause.
cláusula de incontestabilidad incontestability
  clause.
cláusula de indivisión non-divisibility clause.
cláusula de inmunidad immunity clause.
cláusula de insolvencia insolvency clause.

cláusula de liberación release clause.
cláusula de mejor comprador clause which allows the cancellation of the contract if a better price is obtained.
cláusula de monedas currency clause.
cláusula de muerte accidental accidental death clause.
cláusula de nación más favorecida most-favored nation clause.
cláusula de negligencia negligence clause.
cláusula de no competencia non-competition clause.
cláusula de notificación de cancelación notice of cancellation clause.
cláusula de pago demorado delayed payment clause.
cláusula de paridad parity clause.
cláusula de penalización penalty clause.
cláusula de permiso otorgado permission granted clause.
cláusula de precio de venta selling price clause.
cláusula de prepago prepayment clause.
cláusula de reaseguro reinsurance clause.
cláusula de reclamaciones claim provision.
cláusula de rehabilitación rehabilitation clause.
cláusula de reinstalación reinstatement clause.
cláusula de reinstalación automática automatic reinstatement clause.
cláusula de renovación renewal provision.
cláusula de renuncia waiver clause.
cláusula de reposesión repossession clause.
cláusula de rescisión rescission clause.
cláusula de reserva reserve clause.
cláusula de responsabilidad financiera financial responsibility clause.
cláusula de salvaguardia safeguard clause.
cláusula de salvedad saving clause.
cláusula de subrogación subrogation clause.
cláusula de suicidio suicide clause.
cláusula de tasación appraisal clause.
cláusula de valor en el mercado market value clause.
cláusula de valor justo en el mercado market value clause.
cláusula de valor recibido value received clause.
cláusula del acreedor hipotecario mortgagee clause.
cláusula del conocimiento de embarque bill of lading clause.
cláusula disputable contestable clause.
cláusula escapatoria escape clause.
cláusula esencial essential clause.
cláusula facultativa facultative clause.
cláusula hipotecaria mortgage clause.
cláusula laboral labor clause, labour clause.
cláusula liberatoria release clause.
cláusula monetaria monetary clause, currency clause.
cláusula negando responsabilidad disclaimer clause.
cláusula neutra neutral clause.
cláusula obligada mandatory clause.
cláusula obligatoria mandatory clause.
cláusula oculta hidden clause.
cláusula opcional optional clause.
cláusula operativa operative clause.
cláusula oro gold payment clause.
cláusula para eximir de responsabilidad hold harmless clause.
cláusula penal penalty clause.

cláusula principal principal clause.
cláusula prohibitiva prohibitive clause.
cláusula rescisoria rescission clause.
cláusula resolutiva defeasance clause.
cláusula resolutoria defeasance clause.
cláusula salarial salary clause.
cláusula usual standard clause.
clausulado *m* series of clauses, series of articles.
cláusulas de estilo standard clauses.
cláusulas de póliza policy clauses.
cláusulas de un contrato contractual clauses, articles of agreement.
clausura *f* closing, closure, adjournment.
clausura de sesiones adjournment.
clave *f* key, code, cipher.
clave de acceso access code, password.
cleptocracia *f* kleptocracy.
clerical *adj* clerical.
clic *m* click.
clic doble double-click.
cliente *m* client, customer.
cliente activo active client.
cliente corporativo corporate client, corporate customer.
cliente de crédito charge customer.
cliente fijo regular customer.
cliente habitual regular customer.
cliente marginal marginal customer.
cliente objetivo target customer.
cliente potencial potential customer, prospect.
cliente principal main customer.
cliente privado private customer.
cliente separado separate customer.
clientela *f* clientele.
clima económico economic climate.
clima económico desfavorable unfavorable economic climate.
clima económico favorable favorable economic climate.
clima financiero financial climate.
clima organizacional organizational climate.
clima organizativo organizational climate.
clima político political climate.
clímax de compras buying climax.
clímax de ventas selling climax.
club de inversiones investment club.
club navideño Christmas club.
coacción *f* coaction, coercion.
coacción en los contratos coercion to contract.
coacreedor *m* joint creditor, co-creditor.
coactivo *adj* coactive, coercing.
coadministración *f* co-administration.
coadministrador *m* co-administrator.
coadministrar *v* coadministrate.
coadquisición *f* joint acquisition.
coagente *m* co-agent, joint agent.
coalbacea *m/f* co-executor.
coalición *f* coalition.
coarrendador *m* colessor, joint lessor.
coarrendatario *m* colessee, joint lessee, joint tenant.
coasegurado *adj* coinsured.
coasegurador *m* coinsurer.
coasegurar *m* coinsure.
coaseguro *m* coinsurance.
coasociado *m* partner, associate.
coasociar *v* associate.
cobertura *f* coverage, hedging, guarantee.
cobertura a plazo forward cover.
cobertura a término forward cover.

cobertura adecuada adequate coverage.
cobertura adicional additional coverage.
cobertura amplia wide coverage.
cobertura ampliada expanded coverage.
cobertura automática automatic coverage.
cobertura compulsoria compulsory coverage.
cobertura contra todo riesgo all-risks coverage.
cobertura de activos asset coverage.
cobertura de coaseguro coinsurance coverage.
cobertura de colisión collision insurance.
cobertura de costes fijos fixed-charge coverage.
cobertura de costos fijos fixed-charge coverage.
cobertura de dependiente dependent coverage.
cobertura de intereses interest coverage.
cobertura de intereses de bonos bond interest coverage.
cobertura de mercado market coverage.
cobertura de país country coverage.
cobertura de publicidad advertising coverage.
cobertura de reaseguro reinsurance coverage.
cobertura de responsabilidad patronal employers' liability coverage.
cobertura de seguro de dependiente dependent insurance coverage.
cobertura de seguro de propiedad property insurance coverage.
cobertura de seguro de vivienda dwelling insurance coverage.
cobertura de seguro extendido extended insurance coverage.
cobertura de seguro múltiple blanket insurance coverage.
cobertura de seguro provisional provisional insurance coverage.
cobertura de seguros insurance coverage.
cobertura de todo riesgo all-risks coverage.
cobertura de vehículo vehicle coverage.
cobertura de vivienda dwelling coverage.
cobertura del peligro coverage of hazard.
cobertura del riesgo coverage of risk.
cobertura del seguro insurance coverage.
cobertura delta delta hedging.
cobertura en exceso excess coverage.
cobertura esencial essential coverage.
cobertura especial special coverage.
cobertura específica specific coverage.
cobertura excesiva excess coverage.
cobertura extendida extended coverage.
cobertura extendida adicional additional extended coverage.
cobertura extendida especial special extended coverage.
cobertura familiar family coverage.
cobertura forzada forced coverage.
cobertura forzosa forced coverage.
cobertura global overall coverage.
cobertura indispensable indispensable coverage.
cobertura múltiple blanket coverage.
cobertura necesaria necessary coverage.
cobertura negativa negative coverage.
cobertura obligada obligatory coverage, mandatory coverage.
cobertura obligatoria obligatory coverage, mandatory coverage.
cobertura provisional provisional coverage.
cobertura publicitaria advertising coverage.
cobertura requerida required coverage.
cobertura suplementaria supplemental coverage.
cobertura total full coverage.
cobrabilidad *f* collectibility.

cobrable *adj* collectible, cashable.
cobradero *adj* collectible, cashable.
cobrado *adj* collected, cashed.
cobrador *m* collector, payee, collection agent.
cobrador de deudas debt collector.
cobrador de impuestos tax collector.
cobranza *f* collection.
cobranza adelantada collection in advance.
cobranza al entregar collection on delivery.
cobranza anticipada collection in advance.
cobranza automática automatic collection.
cobranza contra entrega collection on delivery.
cobranza de alquiler collection of rent.
cobranza de cheques collection of checks, collection of cheques.
cobranza de contribuciones collection of taxes.
cobranza de cuentas collection of accounts.
cobranza de derechos collection of duties.
cobranza de derechos aduaneros collection of customs duties.
cobranza de deudas collection of debts, debt collection.
cobranza de deudas incobrables collection of bad debts.
cobranza de impuestos collection of taxes.
cobranza de intereses collection of interest.
cobranza de primas collection of premiums.
cobranza excesiva overcharge.
cobranza por adelantado collection in advance.
cobrar *v* collect, charge, cash, earn.
cobrar al contado charge cash.
cobrar al entregar collect on delivery.
cobrar cargos collect fees.
cobrar de más overcharge.
cobrar impuestos collect taxes.
cobrar intereses collect interest.
cobrar un cheque cash a check, cash a cheque.
cobrar un dividendo collect a dividend.
cobrar un pago collect a payment.
cobrar una deuda collect a debt.
cobrar una factura collect a bill.
cobrar una prima collect a premium.
cobro *m* collection, charge, charging, cashing, earning.
cobro adelantado collection in advance.
cobro al entregar collection on delivery.
cobro anticipado collection in advance.
cobro automático automatic collection.
cobro contra entrega collection on delivery.
cobro de alquiler collection of rent.
cobro de cheques collection of checks, collection of cheques.
cobro de contribuciones collection of taxes.
cobro de cuentas collection of accounts.
cobro de derechos collection of duties.
cobro de derechos aduaneros collection of customs duties.
cobro de derechos de aduanas collection of customs duties.
cobro de deudas collection of debts, debt collection.
cobro de deudas incobrables collection of bad debts.
cobro de impuestos collection of taxes.
cobro de intereses collection of interest.
cobro de lo indebido unjust enrichment.
cobro de primas collection of premiums.
cobro excesivo overcharge.
cobro por adelantado collection in advance.
cobros acordados agreed-upon charges.

cobros acostumbrados customary charges.
cobros acumulados accrued charges.
cobros adicionales additional charges.
cobros administrativos management charges, administrative charges.
cobros anuales annual charges.
cobros atrasados back charges.
cobros bancarios bank charges, banking charges.
cobros diferidos deferred charges.
cobros directos direct charges.
cobros equitativos equitable charges.
cobros especiales special charges.
cobros estimados estimated charges.
cobros fijos fixed charges.
cobros incidentales incidental charges.
cobros inevitables unavoidable charges.
cobros mensuales monthly charges.
cobros misceláneos miscellaneous charges.
cobros normales normal charges.
cobros ordinarios ordinary charges.
cobros periódicos periodic charges.
cobros por inspección inspection charges.
cobros por intereses interest charges.
cobros por servicios service charges.
cobros por tramitación handling charges.
cobros preestablecidos preset charges.
cobros prepagados charges prepaid.
cobros programados programmed charges.
cobros razonables reasonable charges.
cobros regulares regular charges.
cobros típicos typical charges.
cobros varios miscellaneous charges.
cocesionario *m* co-assignee.
coche de la empresa company car.
codeterminación *f* codetermination.
codeudor *m* joint debtor, co-debtor.
codeudor hipotecario comortgagor.
codicioso *adj* greedy.
codificación *f* coding, encoding, codification, encryption.
codificación de activos coding of assets.
codificación de costes coding of costs.
codificación de costos coding of costs.
codificación de cuentas coding of accounts.
codificación de gastos coding of expenses, coding of expenditures.
codificación del pasivo coding of liabilities.
codificado *adj* encoded.
codificador arancelario schedule of customs duties.
codificar *v* encode, codify.
código *m* code.
código aduanero customs code.
código antidumping antidumping code.
código bancario bank code.
código comercial commercial code.
código contributivo tax code.
código de acceso access code.
código de aduanas customs code.
código de arbitración code of arbitration.
código de autenticación de mensaje message authentication code.
código de autorización authorization code.
código de banco bank code.
código de barras bar code.
código de buena conducta code of good conduct.
código de comercio commercial code, code of commerce.
código de conducta code of conduct.
código de construcciones building code.

código de control control code.
código de edificación building code.
código de ética code of ethics.
código de ética profesional code of professional responsibility.
código de las quiebras bankruptcy code.
código de moneda currency code.
código de país country code.
código de práctica code of practice.
código de procedimientos code of procedure.
código de quiebras bankruptcy code.
código de transacción transaction code.
código del trabajo labor code, labour code.
código fiscal tax code, fiscal code.
código fuente abierto open source.
código impositivo tax code.
código laboral labor code.
código mercantil commercial code.
código monetario monetary code, currency code.
código postal postal code, zip code.
Código SWIFT SWIFT Code.
código tributario tax code.
código uniforme uniform code.
codirección *f* co-management.
codirector *m* co-director, joint director, co-manager.
codirigir *v* co-direct, co-manage.
codueño *m* co-owner, joint owner.
coeficiente *m* coefficient, ratio, rate.
coeficiente alfa alpha coefficient.
coeficiente beta beta coefficient.
coeficiente capital/activo capital/asset ratio.
coeficiente capital/deuda capital/debt ratio.
coeficiente capital/producto capital/output ratio.
coeficiente capital/trabajo capital/labor ratio, capital/labour ratio.
coeficiente coste-beneficio cost-benefit ratio.
coeficiente costo-beneficio cost-benefit ratio.
coeficiente de actividad activity ratio.
coeficiente de amortización amortization rate, depreciation rate.
coeficiente de caja cash ratio.
coeficiente de calificación qualifying ratio.
coeficiente de capital capital ratio.
coeficiente de capital neto net capital ratio.
coeficiente de capitalización capitalization ratio.
coeficiente de cobertura coverage ratio.
coeficiente de cobertura de deudas debt coverage ratio.
coeficiente de cobertura de intereses interest coverage ratio.
coeficiente de cobertura de préstamos loan coverage ratio.
coeficiente de cobros collection ratio.
coeficiente de colocación placement ratio.
coeficiente de concentración concentration ratio.
coeficiente de conversión conversion ratio.
coeficiente de correlación correlation coefficient.
coeficiente de deuda a corto plazo short-term debt ratio.
coeficiente de efectivo cash ratio.
coeficiente de eficiencia efficiency ratio.
coeficiente de ejecución exercise ratio.
coeficiente de elasticidad elasticity coefficient.
coeficiente de encaje bank cash ratio, cash ratio.
coeficiente de endeudamiento debt-to-equity ratio.
coeficiente de explotación operating ratio.
coeficiente de gastos expense ratio.
coeficiente de Gini Gini coefficient, Gini ratio.

coeficiente de liquidez liquidity ratio.
coeficiente de liquidez bancaria bank liquidity ratio.
coeficiente de mejoras improvement ratio.
coeficiente de mercado market ratio.
coeficiente de morosidad delinquency ratio.
coeficiente de pagos de dividendos dividend payout ratio.
coeficiente de pérdidas loss ratio.
coeficiente de pérdidas esperadas expected loss ratio.
coeficiente de pérdidas incurridas incurred loss ratio.
coeficiente de pérdidas permisibles permissible loss ratio.
coeficiente de reemplazo replacement ratio.
coeficiente de regresión regression coefficient.
coeficiente de selección selection ratio.
coeficiente de suficiencia de capital capital adequacy ratio.
coeficiente de suscripción subscription ratio.
coeficiente de valor neto net worth ratio.
coeficiente de valuación assessment ratio.
coeficiente de variación coefficient of variation.
coeficiente ingresos-gastos income-expense ratio.
coeficiente mínimo de encaje minimum reserve ratio.
coeficiente riesgo-recompensa risk-reward ratio.
coemitente *m/f* co-issuer, co-drawer.
coercer *v* coerce.
coercible *adj* coercible.
coerción *f* coercion.
cofiador *m* co-surety.
cofiduciarios *m* joint trustees.
cofinanciación *f* cofinancing.
cofinanciamiento *m* cofinancing.
cofinanciar *v* cofinance.
cofirmante *m/f* cosigner.
cofirmar *v* cosign.
cogarante *m* joint guarantor.
cogerente *m/f* co-manager.
cogestión *f* co-management, participation of employee representatives in management.
cogirador *m* co-drawer, co-maker.
cohechador *m* briber.
cohechar *v* bribe.
cohecho *m* bribe, bribery, graft.
coheredero *m* co-heir, joint heir.
cohesión económica economic cohesion.
cohipotecante *m/f* comortgagor.
coima *f* bribe, bribery, graft.
coincidencia de la voluntad meeting of minds.
coinquilino *m* co-lessee, joint tenant.
cointeresado *adj* jointly interested.
coinversión *f* joint venture, joint investment.
colaboración *f* collaboration.
colaborador *m* collaborator.
colaborar *v* collaborate.
colaborativo *adj* collaborative.
colapso *m* collapse.
colapso monetario monetary collapse.
colateral *adj* collateral.
colateral *m* collateral.
colateral adicional additional collateral.
colateral cruzado cross collateral.
colateral en efectivo cash collateral.
colateral mixto mixed collateral.
colateralizado *adj* collateralized.
colateralizar *v* collateralize.

colateralmente *adv* collaterally.
colección *f* collection.
colección de cupones coupon collection.
coleccionable *adj* collectible.
colecta *f* collection, tax collection.
colectar *v* collect.
colectiva e individualmente joint and several.
colectivamente *adv* collectively, jointly.
colectividad *f* collectivity.
colectivismo *m* collectivism.
colectivista *adj* collectivist.
colectivista *m/f* collectivist.
colectivización *f* collectivization.
colectivo *adj* collective, joint.
colector *m* collector.
colector de contribuciones tax collector.
colector de derechos aduaneros collector of customs duties.
colector de impuestos tax collector.
colector de rentas internas collector of internal revenue.
colector fiscal tax collector.
colecturía *f* tax office.
colegiación *f* professional association, joining a professional association.
colegiado *m* member of a professional association.
colegiarse *v* join a professional association.
colegio *m* professional association, college, school.
colegio de negocios business college, business university, business school.
colegio de profesionales professional association.
colindante *adj* adjoining, abutting.
colindante *m* adjoining property, adjoining owner.
colindar *v* adjoin, abut.
colocación *f* placing, placement, post, employment, job.
colocación de bonos bond placement, bond underwriting.
colocación de empleo job placement.
colocación de trabajo job placement.
colocación directa direct placement.
colocación privada private placement.
colocación profesional professional placement.
colocado privadamente privately placed.
colocador de bloques block positioner.
colocar *v* place, employ.
colocar una emisión place an issue.
colonialismo *m* colonialism.
colonialista *adj* colonialist.
colonialista *m/f* colonialist.
colonización *f* colonization.
colonizado *adj* colonized.
colonizador *m* colonizer.
colonizar *v* colonize.
coludir *v* collude.
columna *f* column.
columna del debe debit column.
columna del haber credit column.
colusión *f* collusion.
colusión tácita tacit collusion.
colusor *m* colluder.
colusoriamente *adv* collusively.
colusorio *adj* collusive.
.com dot com.
comandatario *m* co-agent.
comandita *f* special partnership, limited partnership.
comandita simple limited partnership.
comanditado *m* general partner.
comanditario *m* special partner, limited partner.

combatir la inflación fight inflation.
combinación *f* combination.
combinación de negocios business combination.
combinación horizontal horizontal combination.
combinación vertical vertical combination.
combinado *adj* combined.
combinar *v* combine.
combinar recursos pool resources.
comentario *m* comment, commentary.
comentario de auditoría audit comment.
comentario despectivo disparaging comment, disparaging remark.
comenzar *v* commence.
comerciabilidad *f* marketability.
comerciable *adj* marketable.
comercial *adj* commercial.
comercial *m* commercial, advertisement.
comercialidad *f* commerciality.
comercialismo *m* commercialism.
comercializable *adj* merchantable, marketable, saleable.
comercialización *f* commercialization, marketing, merchandising.
comercialización agresiva aggressive marketing.
comercialización concentrada concentrated marketing.
comercialización cooperativa cooperative marketing.
comercialización creativa creative marketing.
comercialización de consumo consumer marketing.
comercialización de exportación export marketing.
comercialización de marca brand marketing, brand advertising.
comercialización de masa mass marketing.
comercialización de nicho niche marketing.
comercialización de prueba test marketing.
comercialización de respuesta directa direct-response marketing.
comercialización del producto product marketing.
comercialización diferenciada differentiated marketing.
comercialización directa direct marketing.
comercialización ecológica ecomarketing.
comercialización electrónica electronic marketing, e-marketing.
comercialización en masa mass marketing.
comercialización global global marketing.
comercialización industrial industrial marketing.
comercialización interactiva interactive marketing.
comercialización internacional international marketing.
comercialización por Internet Internet marketing.
comercialización selectiva selective marketing.
comercialización telefónica telemarketing.
comercialización vertical vertical marketing.
comercialización viral viral marketing.
comercialización y mercadeo merchandising and marketing.
comercializador *m* merchant.
comercializar *v* commercialize, market.
comercialmente *adv* commercially.
comercialmente viable commercially viable.
comerciante *m/f* merchant, businessperson, trader, dealer.
comerciante activo active trader.
comerciante al por mayor wholesaler, wholesale trader.
comerciante al por menor retailer, retail trader.
comerciante almacenista wholesaler, jobber.
comerciante autorizado authorized dealer.
comerciante individual sole proprietor, individual trader.
comerciante mayorista wholesaler, wholesale trader.
comerciante minorista retailer, retail trader.
comerciante no autorizado unauthorized dealer.
comerciar *v* trade, market, do business, deal.
comercio *m* commerce, trade, business, business establishment, store.
comercio activo brisk commerce, busy business.
comercio administrado managed trade, managed commerce.
comercio agrícola agricultural trade, agricultural commerce.
comercio al detal retail business.
comercio al detalle retail business.
comercio al menudeo retail business.
comercio al por mayor wholesale business.
comercio al por menor retail business.
comercio bilateral bilateral trade.
comercio clandestino clandestine trade, illegal trade.
comercio colaborativo collaborative commerce.
comercio controlado managed trade, administered trade, controlled trade.
comercio de cabotaje coastal trade.
comercio de comisión commission business.
comercio de exportación export business, export trade.
comercio de importación import business, import trade.
comercio de mercancías commodities trading.
comercio de permuta barter trade.
comercio de productos commodities trading.
comercio de trueque barter trade.
comercio de ultramar overseas trade.
comercio detallista retail business.
comercio doméstico domestic trade.
comercio electrónico electronic commerce, e-commerce, electronic business, e-business.
comercio electrónico puesto en marcha e-commerce startup, e-business startup.
comercio en línea online business, online commerce, Web commerce.
comercio equitativo fair trade.
comercio exportador export business, export trade.
comercio exterior foreign trade.
comercio franco duty-free trade.
comercio fronterizo border trade.
comercio ilegal illegal trade.
comercio ilícito illicit trade.
comercio importador import business, import trade.
comercio interestatal interstate commerce.
comercio interindustrial inter-industrial trade.
comercio interior domestic trade.
comercio internacional international trade, international commerce.
comercio interno internal commerce.
comercio intraestatal intrastate commerce.
comercio intraindustrial intra-industrial trade.
comercio invisible invisible commerce.
comercio justo fair trade, fair commerce.
comercio legal legal trade.
comercio libre free trade.

comercio manipulado manipulated trade.
comercio marítimo maritime trade.
comercio mayorista wholesale trade.
comercio minorista retail trade.
comercio móvil m-business, m-commerce.
comercio multilateral multilateral trade.
comercio mundial world trade.
comercio nacional domestic trade.
comercio online online business, online commerce, Web commerce.
comercio por Internet Internet business, e-business.
comercio preferencial preferential trade.
comercio recíproco reciprocal trade.
comercio transfronterizo cross-border trade, shuttle trade.
comida fresca fresh food.
comida rápida fast food.
comienzo *m* commencement, beginning.
comienzo de la cobertura commencement of coverage.
comienzo de la cobertura del seguro commencement of insurance coverage.
comienzo del año beginning of the year.
comienzo del ejercicio beginning of the year.
comienzo del mes beginning of the month.
comienzo del período beginning of the period.
comienzo del seguro commencement of insurance.
comienzos de construcción de viviendas housing starts.
comisario *m* commissioner, shareholders' representative.
comisario de averías average surveyor.
comisario de comercio trade commissioner.
comisario de patentes commissioner of patents.
comisario testamentario testamentary trustee.
comisión *f* commission, committee.
comisión acordada agreed-upon commission.
comisión administradora administrative commission.
comisión administrativa administrative commission.
comisión asesora advisory committee.
comisión bancaria banking commission, bank commission, banking fee.
comisión central central commission.
comisión contratada contracted commission.
comisión contributiva tax commission.
comisión convenida agreed-upon commission.
comisión de adquisición acquisition commission.
comisión de apertura origination fee.
comisión de banca banking commission, bank commission.
comisión de bienes raíces real estate commission.
comisión de cobro collection fee.
comisión de compra buying commission.
comisión de compromiso commitment fee.
comisión de corredor broker commission.
comisión de corretaje brokerage commission.
comisión de custodia custody fee.
comisión de gestión management fee, management committee, agency fee.
Comisión de Igualdad de Oportunidades Equal Opportunities Commission.
comisión de intermediario finder's fee.
Comisión de las Comunidades Europeas Commission of the European Communities.
comisión de medios y arbitrios ways and means

committee.
comisión de planificación planning commission.
comisión de reembolso early-redemption fee.
comisión de seguridad safety commission.
comisión de ventas sales commission, selling commission.
comisión del agente agent's commission.
comisión directiva executive committee, steering committee.
comisión dividida split commission.
comisión ejecutiva executive committee.
comisión estipulada stipulated commission.
Comisión Europa European Commission.
comisión fija set commission, flat commission.
comisión fiscal tax commission.
comisión gestora management committee.
comisión impositiva tax commission.
comisión mercantil commercial commission.
comisión monetaria monetary commission.
comisión negociada negotiated commission.
comisión pactada agreed-upon commission.
comisión permanente permanent committee.
comisión por cobros collection commission.
comisión preestablecida preset commission.
comisión principal main commission.
comisión tributaria tax commission.
comisionado *m* commissioner.
comisionado de la banca bank commissioner.
comisionado de seguros insurance commissioner.
comisionar *v* commission, empower.
comisiones parejas level commissions.
comisionista *m/f* agent, commission agent, a person working on a commission basis.
comiso *m* confiscation, forfeiture.
comisorio *adj* valid for a specified time.
comité *m* committee, commission, board.
comité administrador administrative committee, executive committee, managing committee.
comité administrativo administrative committee, executive committee, managing committee.
comité arbitral arbitration board.
comité asesor advisory committee, consulting board, advisory board.
comité bancario bank board.
comité consultivo consulting committee, consulting board.
comité consultor consulting committee, consulting board.
comité de acción action committee.
comité de accionistas shareholders' meeting.
comité de acreedores creditors' committee, creditors' meeting.
comité de administración administrative committee, executive committee, managing committee.
Comité de Agricultura Committee on Agriculture.
comité de arbitraje board of arbitration, arbitration committee.
comité de aseguradores board of underwriters.
comité de auditoría audit committee, board of audit.
comité de comercio board of trade.
comité de compras buying committee.
comité de dirección board of directors, administrative board, executive committee, steering committee, board of governors.
comité de directores board of directors, administrative board, executive committee, steering committee.
comité de fiduciarios board of trustees.

comité de gerencia board of directors, administrative board, executive committee, steering committee.
comité de inspección inspection committee.
comité de planificación planning board.
comité de préstamos loan committee.
comité de reorganización reorganization committee.
comité de retiro pension board.
comité de revisión board of review, board of audit.
comité de síndicos board of trustees.
comité del banco bank board.
comité directivo board of directors, administrative board, executive committee, steering committee, board of governors.
comité ejecutivo executive committee.
comité especial special committee.
comité ordinario ordinary committee.
comité planeador planning board.
comité planificador planning board.
comitente *m/f* principal, shipper.
comodante *m/f* gratuitous lender.
comodar *v* lend gratuitously.
comodatario *m* gratuitous borrower, gratuitous bailee.
comodato *m* gratuitous loan, gratuitous bailment.
comodidades *f* amenities.
compañero *m* companion, partner.
compañero de trabajo co-worker.
compañía *f* company.
compañía absorbente absorbing company.
compañía accionista corporate shareholder.
compañía activa active company.
compañía administrada managed company.
compañía administradora management company, administrative company.
compañía administrativa management company, administrative company.
compañía adquirida acquired company.
compañía adquiriente acquiring company.
compañía afiliada affiliated company.
compañía agrícola farm company, farming company.
compañía aliada allied company.
compañía anónima stock company.
compañía apalancada leveraged company.
compañía armadora shipping company.
compañía aseguradora insurance company.
compañía asociada associated company, affiliated company.
compañía autorizada authorized company, admitted company.
compañía bancaria banking company.
compañía capitalizadora company for the capitalization of savings.
compañía caritativa charitable company.
compañía centralizada centralized company.
compañía cerrada close corporation, closed company.
compañía civil civil corporation.
compañía colectiva partnership.
compañía comanditaria special partnership, limited partnership.
compañía comanditaria especial special partnership.
compañía comercial business association, commercial company.
compañía competidora competing company.
compañía componente constituent company.
compañía con fines de lucro for-profit company.

compañía constructora construction company.
compañía consultiva consulting company.
compañía consultora consulting company.
compañía contable accounting company.
compañía controlada controlled company, subsidiary.
compañía controladora controlling company, holding company.
compañía controlante controlling company.
compañía cooperativa cooperative.
compañía cotizada listed company.
compañía de administración administration company.
compañía de ahorro y préstamo savings and loan association.
compañía de arrendamiento leasing company.
compañía de banca hipotecaria mortgage banking company.
compañía de capitalización company for capitalization of savings.
compañía de cartera investment trust.
compañía de coaseguro coinsurance company, coinsurance carrier.
compañía de cobro collection company.
compañía de comercio commerce company, business association.
compañía de comercio electrónico e-commerce company, e-business company.
compañía de construcción building company.
compañía de consultores consulting company.
compañía de control controlling company, holding company.
compañía de crédito credit company, credit union.
compañía de crédito comercial commercial credit company.
compañía de derecho company created fulfilling all legal requirements.
compañía de explotación operating company.
compañía de fideicomiso trust company.
compañía de finanzas cautiva captive finance company.
compañía de hecho company in fact.
compañía de inversiones investment company.
compañía de inversiones apalancada leveraged investment company.
compañía de inversiones de acciones limitadas closed-end investment company.
compañía de inversiones diversificada diversified investment company.
compañía de inversiones registrada registered investment company.
compañía de inversiones regulada regulated investment company.
compañía de negocios business company.
compañía de petróleo oil company.
compañía de préstamos loan company.
compañía de reaseguro reinsurance company, reinsurance carrier.
compañía de responsabilidad limitada limited liability company, limited company.
compañía de seguros insurance company.
compañía de seguros cautiva captive insurance company.
compañía de seguros comercial commercial insurance company.
compañía de seguros de vida life insurance company.
compañía de seguros mixta mixed insurance company.
compañía de seguros mutuales mutual insurance

company.
compañía de seguros mutuos mutual insurance company.
compañía de servicio service company.
compañía de servicios públicos utility, public services company.
compañía de telecomunicaciones telecommunications company.
compañía de trabajo temporal temporary employment agency.
compañía de transportes transport company, shipping company, carrier.
compañía de utilidad pública utility, public services company.
compañía de ventas por correo mail order company.
compañía de ventas por correspondencia mail order company.
compañía descentralizada decentralized company.
compañía difunta defunct company.
compañía distribuidora distributing company.
compañía disuelta dissolved company.
compañía diversificada diversified company.
compañía doméstica domestic company.
compañía dominante dominant company.
compañía emisora issuing company.
compañía en funcionamiento going concern.
compañía en línea online company.
compañía en marcha going concern.
compañía en nombre colectivo general partnership.
compañía especulativa speculative company, commercial company.
compañía establecida established company.
compañía estatal government company, state company.
compañía ética ethical company.
compañía exenta exempt company.
compañía explotadora operating company.
compañía exportadora exporting company.
compañía extranjera alien company, foreign company.
compañía extranjera administrada managed foreign company.
compañía extranjera controlada controlled foreign company.
compañía familiar family company.
compañía fiduciaria trust company.
compañía filial affiliated company, sister company, subsidiary.
compañía financiera finance company, financial company.
compañía financiera para consumidores consumer finance company.
compañía fusionada merged company.
compañía global global company.
compañía hipotecaria mortgage company.
compañía ilícita company organized for illegal purposes.
compañía importadora importing company.
compañía inactiva dormant company.
compañía individual individual company, sole proprietorship.
compañía industrial industrial company.
compañía inmobiliaria real estate company, property company.
compañía insolvente insolvent company.
compañía integrada integrated company.
compañía internacional international company.

compañía inversionista investment company.
compañía local local company.
compañía lucrativa commercial company.
compañía manipulada manipulated company.
compañía manufacturera manufacturing company.
compañía marítima maritime company.
compañía matriz parent company.
compañía mercantil commercial company.
compañía miembro member company.
compañía mixta mixed company.
compañía multinacional multinational company.
compañía mutuaria borrowing company.
compañía nacional domestic company.
compañía naviera shipping company.
compañía no afiliada unaffiliated company.
compañía no apalancada unleveraged company.
compañía no lucrativa nonprofit company.
compañía no pública nonpublic company.
compañía online online company.
compañía operadora operating company.
compañía por acciones stock company.
compañía porteadora carrier.
compañía prestataria borrowing company.
compañía privada private company.
compañía privada de transporte private carrier.
compañía privatizada privatized company.
compañía propietaria close company.
compañía pública publicly held company, public company.
compañía pública de transporte public carrier.
compañía puesta en marcha business startup.
compañía quebrada bankrupt company.
compañía reaseguradora reinsurance company.
compañía registrada registered company.
compañía regulada regulated company.
compañía retenedora holding company.
compañía sin acciones nonstock company.
compañía sin fines de lucro nonprofit company.
compañía sobreviviente surviving company.
compañía subsidiaria subsidiary company.
compañía tenedora holding company.
compañía tenedora de banco bank holding company.
compañía tenedora diversificada diversified holding company.
compañía transferidora ceding company.
compañía transnacional transnational company.
compañías vinculadas related companies.
comparabilidad *f* comparability.
comparable *adj* comparable.
comparablemente *adv* comparably.
comparación *f* comparison.
comparación de mercado market comparison.
comparación equitativa fair comparison.
comparar *v* compare.
comparar precios compare prices.
comparativamente *adv* comparatively.
comparativamente barato comparatively cheap.
comparativamente caro comparatively expensive.
comparativo *adj* comparative.
comparecer *v* appear.
compartimiento ámbar amber box.
compartimiento azul blue box.
compartimiento rojo red box.
compartimiento verde green box.
compartir gastos shares expenses.
compatibilidad *f* compatibility.
compatible *adj* compatible.
compatrono *m* joint employer.

compendio *m* condensation, summary, extract.
compensable *adj* compensable.
compensación *f* compensation, remuneration, clearing, reparation, offset.
compensación acordada agreed-upon compensation.
compensación acostumbrada customary remuneration.
compensación acumulada accrued compensation.
compensación adecuada adequate compensation.
compensación adicional additional compensation.
compensación anual annual compensation, annual remuneration, annual salary, annual wage.
compensación anual garantizada guaranteed annual remuneration.
compensación bancaria bank clearing.
compensación base base compensation.
compensación básica basic compensation.
compensación bilateral bilateral clearing.
compensación bruta gross compensation.
compensación competitiva competitive compensation.
compensación compulsoria compulsory compensation.
compensación contractual contractual compensation.
compensación contratada contracted compensation.
compensación convenida agreed-upon compensation.
compensación de cheques check clearing, cheque clearing.
compensación de crédito credit clearing.
compensación de pérdidas loss compensation.
compensación de vacaciones vacation compensation.
compensación debida due compensation.
compensación diaria daily compensation.
compensación diferida deferred compensation.
compensación efectiva net compensation.
compensación ejecutiva executive compensation.
compensación esencial essential compensation.
compensación especificada specified compensation.
compensación estipulada stipulated compensation.
compensación extra extra compensation, bonus.
compensación extraordinaria extra compensation, bonus, overtime compensation.
compensación facultativa facultative compensation.
compensación fija fixed compensation, set compensation.
compensación financiera financial compensation.
compensación financiera directa direct financial compensation.
compensación forzada forced compensation.
compensación forzosa forced compensation.
compensación garantizada guaranteed compensation.
compensación igual equal compensation.
compensación indebida wrongful compensation.
compensación indispensable indispensable compensation.
compensación inicial initial compensation.
compensación justa just compensation.
compensación máxima maximum compensation.
compensación media average compensation.
compensación mensual monthly compensation, monthly salary, monthly wage.

compensación mercantil clearing.
compensación mínima minimum wage.
compensación multilateral multilateral compensation.
compensación necesaria necessary compensation.
compensación negociada negotiated compensation.
compensación neta net compensation.
compensación no financiera nonfinancial compensation.
compensación nominal nominal compensation.
compensación normal normal compensation.
compensación obligada obligatory compensation, mandatory compensation.
compensación obligatoria obligatory compensation, mandatory compensation.
compensación pactada agreed-upon compensation.
compensación por accidentes de trabajo workers' compensation.
compensación por cesantía severance compensation.
compensación por desempleo unemployment compensation.
compensación por despido severance compensation, dismissal compensation.
compensación por días festivos holiday compensation.
compensación por discapacidad disability compensation.
compensación por enfermedad sick compensation.
compensación por incentivos incentive compensation.
compensación por maternidad maternity compensation.
compensación preestablecida preset compensation.
compensación real real compensation.
compensación regular regular compensation.
compensación requerida required compensation.
compensación retenida retained wages.
compensación retroactiva retroactive compensation.
compensación semanal weekly compensation, weekly salary, weekly wage.
compensación suplementaria supplemental compensation.
compensación típica typical compensation.
compensación viciosa inappropriate compensation.
compensación y beneficios compensation and benefits.
compensaciones *f* clearings.
compensaciones bancarias bank clearings.
compensado *adj* compensated, cleared, offset.
compensador *adj* compensating.
compensar *v* compensate, compensate for, clear, repair, offset.
compensar la diferencia make up the difference.
compensativo *adj* compensative.
compensatorio *adj* compensatory.
competencia *f* competition, competence, authority, jurisdiction, field.
competencia abierta open competition.
competencia amistosa friendly competition.
competencia atomística atomistic competition.
competencia desenfrenada unbridled competition.

competencia desleal unfair competition.
competencia destructiva destructive competition.
competencia entre industrias interindustry
competition.
competencia externa foreign competition, external
competition.
competencia feroz fierce competition.
competencia ilícita illegal competition.
competencia imperfecta imperfect competition.
competencia injusta unfair competition.
competencia interna domestic competition,
internal competition.
competencia internacional international
competition.
competencia justa fair competition.
competencia leal fair competition.
competencia lícita fair competition.
competencia monopolista monopolistic
competition.
competencia monopolística monopolistic
competition.
competencia oligopolística oligopolistic
competition.
competencia perfecta perfect competition.
competencia pura pure competition.
competencia sana healthy competition.
competente adj competitive, competent,
authoritative.
competición f competition.
competidor m competitor.
competir v compete.
competitividad f competitiveness.
competitivo adj competitive.
compilación f compilation.
compilación de datos data compilation.
complejo adj complex.
complejo m complex.
complejo industrial industrial complex.
complejo residencial residential complex.
complementario adj complementary,
supplementary.
complemento salarial perquisite.
completamente adv completely, fully, absolutely.
completamente amortizado fully amortized.
completamente diluido fully diluted.
completamente distribuido fully distributed.
completamente pagado fully paid.
completamente pago fully paid.
completamente registrado fully registered.
completar v complete, fill-in.
completar una transacción complete a
transaction.
completo adj complete, comprehensive.
complicación f complication.
complicado adj complicated.
cómplice en la quiebra accomplice to fraud in a
bankruptcy.
componente m component.
componente aleatorio random component.
componente de coste component of cost.
componente de costo component of cost.
componente de índice component of index.
componente de moneda currency component.
componente de precio price component.
componente monetario monetary component,
currency component.
componente prefabricado prefabricated
component.
componer v mediate, arbitrate, settle.
comportamiento m behavior.

comportamiento de compra buying behavior.
comportamiento de rebaño bandwagon effect,
herd behavior.
comportamiento del consumidor consumer
behavior.
comportamiento del mercado market behavior.
comportamiento gregario bandwagon effect, herd
behavior.
composición f composition, settlement.
composición amigable friendly settlement.
composición de la cartera de valores portfolio
composition.
composición de moneda monetary composition,
currency composition.
composición monetaria monetary composition,
currency composition.
compostura f repair, settlement, agreement,
composure.
compra f purchase, purchasing, buy, buying.
compra a crédito credit purchase.
compra a granel bulk purchase.
compra a la apertura purchase at the open.
compra a plazos installment purchase.
compra absoluta absolute purchase.
compra acelerada accelerated purchase.
compra al cierre purchase at the close.
compra al contado cash purchase.
compra anticipada advance purchase.
compra apalancada leveraged purchase, leveraged
buyout.
compra apareada matched purchase.
compra compulsoria compulsory purchase.
compra condicional conditional purchase.
compra corporativa corporate purchase.
compra de acciones stock purchase, share buying.
compra de activos asset purchase.
compra de cobertura short covering.
compra de equipo equipment purchase.
compra directa direct buy.
compra electrónica electronic purchase.
compra en bloque block purchase.
compra en efectivo cash purchase.
compra en línea online purchase.
compra especial special purchase.
compra forzada forced purchase.
compra forzosa forced purchase.
compra futura future purchase, forward purchase.
compra global lump-sum purchase.
compra necesaria necessary purchase.
compra negociada negotiated purchase.
compra obligada mandatory purchase.
compra obligatoria mandatory purchase.
compra online online purchase.
compra periódica periodic purchase.
compra requerida required purchase.
compra restringida restricted purchase.
compra y venta sale, bargain and sale, buying and
selling.
comprable adj purchasable, bribable.
comprado adj bought.
comprador m purchaser, buyer, shopper, bargainee.
comprador a crédito charge buyer.
comprador al contado cash buyer.
comprador de buena fe buyer in good faith, bona
fide purchaser.
comprador de mala fe buyer in bad faith.
comprador en efectivo cash buyer.
comprador en firme firm buyer.
comprador final final buyer.
comprador firme firm buyer.

comprador impulsivo impulsive buyer.
comprador inocente buyer in good faith.
comprador marginal marginal buyer.
comprador subsiguiente subsequent purchaser.
comprar *v* buy, purchase, bribe.
comprar a crédito buy on credit.
comprar a plazos buy in installments.
comprar al contado buy outright.
comprar al por mayor buy wholesale.
comprar al por menor buy retail.
comprar en firme buy firm.
comprar enteramente buy outright.
comprar para revender buy for resale.
compras a plazos installment buying.
compras al contado cash buying.
compras centrales central buying.
compras centralizadas centralized purchasing.
compras comparadas comparison shopping.
compras comparativas comparison shopping.
compras compulsivas compulsive shopping, compulsive buying.
compras de entrega inmediata purchases with immediate delivery, cash buying.
compras desde el hogar home shopping.
compras electrónicas electronic shopping, online shopping, Internet shopping.
compras en efectivo cash buying.
compras en el Internet Internet shopping.
compras en línea online shopping, Internet shopping.
compras especulativas speculative buying.
compras excesivas excessive purchases.
compras impulsivas impulse buying.
compras netas net purchases.
compras online online shopping, Internet shopping.
compras por contrato contract purchasing.
compras recíprocas reciprocal buying.
compras repetidas repeat buying.
compras telefónicas telephone buying.
compraventa *f* buying and selling, sale, purchase, bargain and sale, sales contract.
compraventa a crédito credit sale.
compraventa a ensayo purchase on approval.
compraventa a plazos credit sale.
compraventa a prueba purchase on approval.
compraventa al contado cash purchase.
compraventa de herencia sale of inheritance.
compraventa en abonos installment sale.
compraventa mercantil purchase for resale.
compraventa sobre muestras sale by sample.
compraventa solemne formalized sale.
comprendido *adj* understood, included.
comprensibilidad *f* comprehensibility.
comprensible *adj* comprehensible.
comprensión *f* comprehension.
comprensivamente *adv* comprehensively.
comprensivo *adj* comprehensive.
compresión *f* compression.
compresión de datos data compression.
compresión de salario salary compression.
compresión salarial salary compression.
comprobación *f* check, verification, audit.
comprobación al azar random check, spot check.
comprobación de análisis analysis verification.
comprobación de auditoría audit verification.
comprobación de autoridad authority verification.
comprobación de calidad quality check, quality assurance.

comprobación de cancelación cancellation verification.
comprobación de cheque check verification, cheque verification.
comprobación de compra purchase verification.
comprobación de crédito credit verification.
comprobación de cuenta account verification.
comprobación de daños damage verification.
comprobación de dominio title verification.
comprobación de elegibilidad eligibility verification.
comprobación de empleo employment verification.
comprobación de firma signature verification, signature check.
comprobación de identidad identity verification.
comprobación de incorporación incorporation verification.
comprobación de ingresos income verification.
comprobación de participación participation verification.
comprobación de peso weight verification.
comprobación de reclamación claim verification.
comprobación de salud health verification.
comprobación de seguro insurance verification.
comprobación de trasfondo background check.
comprobación de uso use verification.
comprobación de valor value verification.
comprobación de venta sale verification.
comprobación interna internal check.
comprobante *m* voucher, proof, receipt.
comprobante de adeudo proof of debt.
comprobante de caja cash voucher.
comprobante de compra proof of purchase.
comprobante de crédito credit voucher.
comprobante de depósito deposit slip, deposit certificate.
comprobante de deuda proof of debt.
comprobante de diario journal voucher.
comprobante de gasto expense voucher.
comprobante de pago proof of payment.
comprobante de retiro withdrawal slip.
comprobante de venta sales slip, bill of sale.
comprobar *v* verify, audit, check.
comprometer *v* obligate, commit, compromise, bind, submit to arbitration.
comprometer fondos commit funds.
comprometido *adj* obligated, committed, compromised, bound.
compromiso *m* commitment, obligation, arbitration, agreement, engagement.
compromiso a corto plazo short-term commitment.
compromiso a largo plazo long-term commitment.
compromiso a mediano plazo medium-term commitment.
compromiso a medio plazo medium-term commitment.
compromiso a plazo commitment which must be fulfilled within a certain period.
compromiso absoluto absolute commitment.
compromiso accesorio accessory commitment.
compromiso acordado agreed-upon commitment.
compromiso anticipado advance commitment.
compromiso arbitral agreement to submit to arbitration.
compromiso bancario bank commitment.
compromiso bilateral bilateral commitment.

compromiso colateral collateral engagement.
compromiso colectivo collective commitment, joint commitment.
compromiso comercial commercial commitment.
compromiso condicionado conditional commitment.
compromiso condicional conditional commitment.
compromiso conjunto joint commitment.
compromiso consensual consensual commitment.
compromiso contingente contingent commitment.
compromiso contractual contractual commitment.
compromiso contratado contracted commitment.
compromiso contributivo tax commitment.
compromiso convenido agreed-upon commitment.
compromiso crediticio debt commitment.
compromiso de arrendamiento lease commitment.
compromiso de comercio commercial commitment.
compromiso de compartir commitment to share.
compromiso de compra commitment to buy.
compromiso de confidencialidad confidentiality commitment.
compromiso de crédito credit commitment.
compromiso de entrega commitment to deliver.
compromiso de fondos funds commitment.
compromiso de hacer commitment to do.
compromiso de pagar commitment to pay.
compromiso de pago payment commitment.
compromiso de préstamo loan commitment.
compromiso de préstamo hipotecario mortgage loan commitment.
compromiso de recursos resources commitment.
compromiso de reparación commitment to repair.
compromiso de venta commitment to sell.
compromiso del estado government commitment, state commitment.
compromiso del gobierno government commitment.
compromiso determinado determinate commitment.
compromiso directo direct commitment.
compromiso divisible divisible commitment.
compromiso en firme firm commitment.
compromiso específico specific commitment.
compromiso estatal government commitment, state commitment.
compromiso estatutario statutory commitment.
compromiso estipulado stipulated commitment.
compromiso ético moral commitment.
compromiso eventual contingent liability.
compromiso expreso express commitment.
compromiso fijo fixed commitment.
compromiso financiero financial commitment.
compromiso firme firm commitment.
compromiso fiscal tax commitment, tax duty.
compromiso garantizado secured commitment.
compromiso gubernamental government commitment.
compromiso hipotecario mortgage commitment.
compromiso ilícito illegal commitment.
compromiso implícito implied commitment.
compromiso impositivo tax commitment.
compromiso incondicional unconditional commitment, absolute commitment.
compromiso incumplido unfulfilled commitment.
compromiso indeterminado indeterminate commitment.

compromiso indirecto indirect commitment.
compromiso legal legal commitment.
compromiso mancomunado joint commitment.
compromiso mercantil commercial commitment.
compromiso moral moral commitment.
compromiso negociado negotiated commitment.
compromiso pactado agreed-upon commitment.
compromiso pecuniario monetary commitment.
compromiso pendiente outstanding commitment.
compromiso personal personal commitment.
compromiso preestablecido preset commitment.
compromiso preliminar preliminary commitment.
compromiso primario primary commitment.
compromiso principal principal commitment.
compromiso profesional professional commitment.
compromiso puro pure commitment.
compromiso real real commitment.
compromiso restringido restricted commitment.
compromiso simple simple commitment.
compromiso solidario joint and several commitment.
compromiso subordinado subordinated commitment.
compromiso subsidiario accessory commitment.
compromiso tributario tax commitment.
compromiso unilateral unilateral commitment.
compuesto *adj* compound, composite.
compulsa *f* authenticated copy, compared document, audit.
compulsión de comprar buying compulsion.
computación *f* computing.
computación comercial commercial computing.
computación de comercio commerce computing.
computación de negocios business computing.
computación empresarial business computing.
computación mercantil commercial computing.
computador *m* computer.
computadora *f* computer.
computadora central central computer.
computadora de bolsillo pocket computer.
computadora de escritorio desktop computer.
computadora de mano handheld computer.
computadora de mesa desktop computer.
computadora de red network computer.
computadora doméstica home computer.
computadora personal personal computer.
computadora portátil portable computer.
computadorizado *adj* computerized.
computar *v* compute, calculate.
computarizado *adj* computerized.
computarizar *v* computerize.
computerización *f* computerization.
computerizado *adj* computerized.
computerizar *v* computerize.
cómputo *m* computation, calculation.
cómputo aproximado approximate computation.
cómputo contributivo tax computation.
cómputo de contribuciones tax computation.
cómputo de costes computation of costs.
cómputo de costos computation of costs.
cómputo de ganancias computation of earnings.
cómputo de gastos computation of expenses.
cómputo de impuestos tax computation.
cómputo de ingresos computation of earnings.
cómputo de intereses computation of interest.
cómputo de pagos computation of payments.
cómputo de precios computation of prices.
cómputo de prima premium computation.
cómputo de subsidio computation of subsidy.

cómputo de subvención computation of subsidy.
cómputo de valor final computation of final value.
cómputo de ventas sales computation.
cómputo del valor computation of value.
cómputo fiscal tax computation.
cómputo impositivo tax computation.
cómputo presupuestario budget computation.
cómputo suplementario supplemental computation.
cómputo tributario tax computation.
común *adj* common, held in common, public.
común, en in common.
comunal *adj* communal.
comunero *m* joint tenant.
comunicación *f* communication.
comunicación de datos data communication.
comunicación de masas mass communication.
comunicación diagonal diagonal communication.
comunicación formal formal communication.
comunicación global global communications.
comunicación lateral lateral communication.
comunicaciones móviles mobile communications.
comunicado *m* communiqué.
comunicar *v* communicate, inform.
comunidad *f* community, association.
comunidad bancaria banking community.
comunidad comercial commercial community.
comunidad de bienes community property, joint ownership.
comunidad de bienes gananciales community property.
comunidad de bienes matrimoniales community property.
comunidad de comercio commerce community.
comunidad de comercio electrónico e-commerce community, e-business community.
comunidad de negocios business community.
comunidad de propietarios homeowners' association, residents' association.
Comunidad Económica Europea European Economic Community.
comunidad empresarial business community.
comunidad en mancomún joint tenancy.
Comunidad Europea European Community.
comunidad hereditaria community of heirs.
comunidad mercantil commercial community.
comunidad proindiviso joint tenancy.
comunidad virtual virtual community.
comunismo *m* communism.
comunista *adj* communist.
comunista *m/f* communist.
con ánimo de lucro for-profit, profit-seeking.
con antelación beforehand.
con derecho a un dividendo entitled to a dividend.
con descuento at a discount, with a discount.
con dividendo with dividend, cum dividend.
con fines de lucro for-profit, profit-seeking.
con intereses with interest, cum interest.
con prima at a premium.
con todo incluido all-inclusive.
con todos los defectos with all faults.
concatenación *f* concatenation.
concedente *m/f* grantor, conceder.
conceder *v* concede, admit, grant, award.
conceder crédito extend credit.
conceder un préstamo make a loan.
conceder una patente grant a patent.
concejo municipal city council.
concentración *f* concentration.

concentración de capitales concentration of capital.
concentración de empresas consolidation of corporations.
concentración horizontal horizontal consolidation.
concentración industrial industrial consolidation.
concentración total aggregate concentration.
concentración vertical vertical consolidation.
concepto *m* concept.
concepto contable accounting concept.
concepto de acumulación accrual concept.
concepto de contabilidad accounting concept.
concepto de marketing marketing concept.
concepto de mercadeo marketing concept.
conceptual *adj* conceptual.
concertado *adj* concerted, agreed.
concertar *v* agree, contract, close, coordinate, concert, reach.
concertar un contrato make a contract.
concertar un préstamo negotiate a loan.
concertar una cita make an appointment.
concesible *adj* grantable.
concesión *f* concession, grant, franchise, authorization.
concesión administrativa management concession.
concesión arancelaria tariff concession.
concesión de crédito extension of credit.
concesión por mercancías merchandise allowance.
concesionario *m* concessionaire, franchisee, authorized dealer, grantee.
concesionario de la patente patentee.
concesionario exclusivo sole licensee.
concesionario único sole licensee.
concesiones económicas economic concessions.
concesivo *adj* concessible, grantable.
conciencia de marca brand awareness.
conciencia del cliente client awareness, customer awareness.
conciencia del producto product awareness.
conciencia ecológica ecological awareness.
conciencia social social awareness.
concierto *m* agreement, settlement, accord, contract.
concierto de voluntades meeting of minds.
conciliación *f* conciliation, reconciliation.
conciliación bancaria bank reconciliation.
conciliación de cuentas account reconciliation.
conciliación laboral labor arbitration, labour arbitration.
conciliador *m* conciliator.
conciliar *v* conciliate, reconcile.
conciliar cuentas reconcile accounts.
concluir *v* conclude, complete.
conclusión *f* conclusion, completion.
concordar *v* conciliate, agree, tally.
concordato *m* agreement between debtor and creditors, concordat.
concordato preventivo agreement between the creditors and a debtor to avoid bankruptcy.
concretar *v* set, specify, agree.
concurrencia *f* concurrency, attendance.
concurrencia desleal unfair competition.
concurrente *adj* concurrent.
concurrentemente *adv* concurrently.
concurrir *v* concur, attend, meet.
concurrir a una asamblea attend a meeting.
concurrir a una junta attend a meeting.

concurrir a una licitación bid.
concurrir a una reunión attend a meeting.
concurrir a una sesión attend a meeting.
concursado m bankrupt.
concursal adj pertaining to bankruptcy.
concursante m/f bidder, competitor.
concursar v declare bankruptcy, compete.
concurso m tender, competition, contest, meeting, bankruptcy proceedings.
concurso civil bankruptcy proceedings.
concurso civil de acreedores bankruptcy proceedings.
concurso de acreedores creditors' meeting.
concurso de competencia competitive bidding.
concurso de precios competitive bidding.
concurso necesario involuntary bankruptcy.
concurso público public bidding.
concurso punible criminal bankruptcy.
condena f conviction.
condescender v accommodate, acquiesce.
condición f condition, state.
condición afirmativa affirmative condition.
condición callada implied condition.
condición casual casual condition.
condición compatible consistent condition.
condición concurrente condition concurrent.
condición confinante confining condition.
condición conjunta copulative condition.
condición constitutiva essential condition.
condición convenible consistent condition.
condición copulativa copulative condition.
condición cumplida fulfilled condition.
condición de derecho implied condition.
condición de hecho express condition.
condición de plazo temporary condition.
condición de póliza policy condition.
condición de trabajo condition of employment.
condición dependiente dependent condition.
condición desconvenible repugnant condition.
condición deshonesta immoral condition.
condición disyuntiva disjunctive condition.
condición en la herencia testamentary condition.
condición en los testamentos testamentary condition.
condición expresa express condition.
condición extintiva extinguishing condition.
condición financiera financial condition.
condición física physical condition.
condición ilegal unlawful condition.
condición ilícita unlawful condition.
condición implícita implied condition.
condición imposible impossible condition.
condición incierta uncertain condition.
condición incompatible repugnant condition.
condición independiente independent condition.
condición inherente inherent condition.
condición inmoral immoral condition.
condición legal lawful condition.
condición legítima lawful condition.
condición médica confinante confining medical condition.
condición mixta mixed condition.
condición mutua mutual condition.
condición necesaria essential condition.
condición negativa negative condition.
condición posible possible condition.
condición positiva positive condition.
condición precedente condition precedent.
condición precisa express condition.
condición preexistente preexisting condition.

condición previa condition precedent.
condición prohibida forbidden condition.
condición resolutiva condition subsequent.
condición resolutoria condition subsequent.
condición restrictiva restrictive condition.
condición retroactiva retroactive condition.
condición subsecuente condition subsequent.
condición sucesiva successive condition.
condición superflua superfluous condition.
condición supuesta implied condition.
condición suspensiva suspensive condition.
condición tácita implied condition.
condición testamentaria testamentary condition.
condición única sole condition.
condicionado adj conditioned.
condicional adj conditional.
condicionalmente adv conditionally.
condicionar v condition, qualify.
condiciones acordadas agreed-upon conditions.
condiciones adversas adverse conditions.
condiciones ambientales environmental conditions.
condiciones atractivas attractive conditions, attractive terms.
condiciones comerciales business conditions, commercial conditions.
condiciones concesionarias concessional terms.
condiciones concurrentes concurrent conditions.
condiciones contractuales contractual conditions.
condiciones contratadas contracted conditions.
condiciones convenidas agreed-upon conditions.
condiciones corporativas corporate conditions.
condiciones corrientes current conditions.
condiciones crediticias terms of credit.
condiciones de aceptación terms of acceptance.
condiciones de aprobación conditions of approval.
condiciones de comercio commerce conditions.
condiciones de comercio electrónico e-commerce conditions, e-business conditions.
condiciones de compra terms of purchase.
condiciones de contratación terms of contracting, terms of hiring.
condiciones de crédito terms of credit.
condiciones de empleo employment conditions.
condiciones de entrega terms of delivery.
condiciones de licitación bidding conditions.
condiciones de negocios business conditions.
condiciones de pago terms of payment.
condiciones de préstamo terms of loan.
condiciones de trabajo work conditions.
condiciones de uso terms of use.
condiciones de venta terms of sale.
condiciones de vida living conditions.
condiciones del contrato contract conditions.
condiciones del mercado market conditions.
condiciones del mercado prevalecientes prevailing market conditions.
condiciones dependientes dependent conditions.
condiciones desfavorables unfavorable conditions.
condiciones económicas economic conditions.
condiciones económicas favorables favorable economic conditions.
condiciones empresariales business conditions.
condiciones esenciales essential conditions.
condiciones estipuladas stipulated conditions.
condiciones favorables favorable conditions.
condiciones fijas set conditions.

condiciones laborales working conditions.
condiciones mercantiles commercial conditions.
condiciones negociadas negotiated conditions.
condiciones pactadas agreed-upon conditions.
condiciones preestablecidas preset conditions.
condiciones prevalecientes prevailing conditions.
condiciones y calificaciones conditions and qualifications.
condiciones y salvedades conditions and qualifications.
condómine *m* joint owner.
condominio *m* condominium, joint ownership.
condómino *m* joint owner.
condonación de la deuda debt forgiveness.
condonar *v* condone, pardon, forgive, cancel.
condonar una deuda forgive a debt.
conducción *f* conveyance, running, driving.
conducta del comprador buyer's behavior.
conducta del consumidor consumer behavior.
conducta ética ethical behavior.
conducto *m* conduit, channel.
conductos oficiales official channels.
condueño *m* joint owner.
conectado *adj* connected.
conectividad *f* connectivity.
conexidades *f* incidental rights, appurtenances.
conexión *f* connection
conexión bancaria bank connection.
conexión comercial commercial connection, business connection.
conexión de red network connection.
conexión Internet Internet connection.
confederación *f* confederation.
confederación de sindicatos labor union.
conferencia *f* conference, lecture, long-distance telephone call.
conferencia audiovisual audiovisual conference.
conferencia comercial business conference.
conferencia corporativa corporate conference.
conferencia de comercio commerce conference.
conferencia de comercio electrónico e-commerce conference, e-business conference.
conferencia de marketing marketing conference.
conferencia de mercadeo marketing conference.
conferencia de negocios business conference.
conferencia de prensa press conference, news conference.
conferencia de ventas sales conference.
conferencia del comité committee conference.
conferencia electrónica online conference, Internet conference, electronic conference.
conferencia empresarial business conference.
conferencia en línea online conference, Internet conference.
conferencia internacional international conference.
conferencia mercantil commercial conference.
conferencia online online conference, Internet conference.
conferencia por computadora computer conference, computer conferencing.
conferencia por Internet Internet conference, Internet conferencing.
conferencia por ordenador computer conference, computer conferencing.
conferido *m* conferee.
conferir *v* confer, bestow.
conferir derechos confer rights.
confiable *adj* reliable, trustworthy.
confianza *f* confidence, trust.

confianza del cliente client confidence, customer confidence.
confianza del mercado market confidence.
confiar *v* have confidence in, trust, rely upon.
confidencial *adj* confidential.
confidencialidad *f* confidentiality.
confidencialmente *adv* confidentially.
configuración *f* configuration.
configuración administrativa management configuration.
configuración contributiva tax configuration.
configuración corporativa corporate configuration.
configuración de capital capital configuration.
configuración de control control configuration.
configuración de costes cost configuration.
configuración de costos cost configuration.
configuración de datos data configuration.
configuración de la administración management configuration.
configuración de la compañía company configuration.
configuración de la corporación corporate configuration.
configuración de la empresa enterprise configuration.
configuración de la gestión management configuration.
configuración de la inversión investment configuration.
configuración de la organización organization configuration.
configuración de precios price configuration.
configuración del mercado market configuration.
configuración directiva management configuration.
configuración económica economic configuration.
configuración empresarial enterprise configuration.
configuración financiera financial configuration.
configuración fiscal tax configuration.
configuración impositiva tax configuration.
configuración orgánica organizational configuration.
configuración organizativa organizational configuration.
configuración salarial wage configuration.
configuración sindical union configuration.
configuración tributaria tax configuration.
confín *m* boundary, limit, abutment.
confirmación *f* confirmation, acknowledgement.
confirmación bancaria bank confirmation.
confirmación de orden order confirmation.
confirmación de pedido order confirmation.
confirmación negativa negative confirmation.
confirmación positiva positive confirmation.
confirmado *adj* confirmed.
confirmante *adj* confirming.
confirmar *v* confirm, acknowledge.
confirmar crédito confirm credit.
confirmar un pedido confirm an order.
confirmar una orden confirm an order.
confirmar una reservación confirm a reservation.
confirmativamente *adv* confirmatively.
confirmativo *adj* confirmative.
confirmatorio *adj* confirmatory.
confiscable *adj* confiscable.
confiscación *f* confiscation.
confiscado *adj* confiscated.

confiscador *m* confiscator.
confiscar *v* confiscate, expropriate.
confiscatorio *adj* confiscatory.
conflictivo *adj* conflictive.
conflicto *m* conflict.
conflicto de intereses conflict of interest.
conflicto de leyes conflict of laws.
conflicto de trabajo labor dispute.
conflicto horizontal horizontal conflict.
conflicto industrial industrial conflict.
conflicto laboral labor dispute, labour dispute.
conflicto vertical vertical conflict.
conformar *v* correlate, verify, authorize, agree, shape, constitute.
conforme *adj* agreed, adequate, in order, in compliance.
conforme al programa according to schedule.
conformidad *f* conformity, approval.
conformidad con, en in conformity with.
confrontación *f* confrontation.
confundir *v* confuse, mix.
confusión *f* confusion, commingling, intermingling.
confusión de bienes confusion of goods.
confusión de cosas confusion of goods.
confusión de derechos confusion of rights.
confusión de deudas confusion of debts, merger of debts.
confusión de lindes confusion of boundaries.
confusión de servidumbres merger of easements.
confusión de títulos confusion of titles.
congelación *f* freezing, blocking.
congelación de activos freezing of assets, asset freeze.
congelación de alquileres rent control.
congelación de capital freezing of capital, capital freeze.
congelación de crédito freezing of credit, credit freeze.
congelación de depósitos deposit freeze.
congelación de empleos job freeze.
congelación de fondos freezing of funds, funds freeze.
congelación de precios price freeze.
congelación de rentas rent control.
congelación de salarios wage freeze.
congelación salarial wage freeze.
congelado *adj* frozen, blocked.
congelamiento *f* freezing, blocking.
congelamiento de activos freezing of assets, asset freeze.
congelamiento de alquileres rent control.
congelamiento de capital freezing of capital, capital freeze.
congelamiento de crédito freezing of credit, credit freeze.
congelamiento de depósitos deposit freeze.
congelamiento de empleos job freeze.
congelamiento de fondos freezing of funds, funds freeze.
congelamiento de precios price freeze.
congelamiento de rentas rent control.
congelamiento de salarios wage freeze.
congelamiento salarial wage freeze.
congelar *v* freeze, block.
congelar activos freeze assets.
congelar capital freeze capital.
congelar crédito freeze credit.
congelar fondos freeze funds.
congelar salarios freeze salaries.

congestión *f* congestion.
conglomeración *f* conglomeration.
conglomerado *m* conglomerate.
conglomerado financiero financial conglomerate.
congreso *m* congress, convention, conference.
congruencia *f* congruence.
conjetura *f* conjecture.
conjunción de voluntades meeting of minds.
conjuntamente *adj* jointly.
conjunto *adj* joint, common, mixed.
conjunto *m* set, group, body.
conjunto de medidas set of measures.
conjunto de productos product mix, group of products.
conjunto de reglamentos body of regulations.
conjunto de reglas body of rules.
conmutable *adj* commutable, exchangeable.
conmutación *f* commutation, exchange.
conmutación impositiva commutation of taxes.
conmutar *v* commute, exchange.
connotación *f* connotation.
conocer al cliente know the client, know the customer.
conocer el mercado know the market.
conocimiento *m* knowledge, bill of lading, ocean bill of lading, bill.
conocimiento a la orden order bill of lading.
conocimiento aéreo air bill of lading, air waybill, airbill.
conocimiento al portador negotiable bill of lading.
conocimiento de almacén warehouse receipt.
conocimiento de carga bill of lading.
conocimiento de embarque bill of lading.
conocimiento de embarque aéreo air bill of lading, air waybill, airbill.
conocimiento de embarque certificado certified bill of lading.
conocimiento de embarque directo through bill of lading.
conocimiento de embarque limpio clean bill of lading.
conocimiento de embarque negociable negotiable bill of lading.
conocimiento de favor accommodation bill of lading.
conocimiento del mercado market awareness.
conocimiento del producto product knowledge, product awareness.
conocimiento especializado specialized knowledge.
conocimiento experto expert knowledge.
conocimiento limpio clean bill of lading.
conocimiento original original bill of lading.
conocimiento sucio foul bill of lading.
conocimiento tachado foul bill of lading.
consciente del ambiente green-conscious.
consecuencias *f* consequences, repercussions.
consecuencias ambientales environmental consequences.
consecuencias graves serious consequences.
consecuente *adj* consequent, consistent.
consecutivo *adj* consecutive.
conseguir acceso gain access.
conseguir resultados get results.
consejero *m* advisor, consultant, director.
consejero administrador administrative advisor, management advisor.
consejero administrativo administrative advisor, management advisor.

consejero comercial commercial advisor.
consejero corporativo corporate advisor.
consejero de administración director, administration advisor.
consejero de comercio commerce advisor.
consejero de marketing marketing advisor.
consejero de mercadeo marketing advisor.
consejero de negocios business advisor.
consejero de publicidad advertising advisor, publicity advisor.
consejero de reaseguro reinsurance advisor.
consejero de seguros insurance advisor.
consejero delegado managing director.
consejero empresarial business advisor.
consejero financiero financial advisor.
consejero fiscal tax advisor.
consejero impositivo tax advisor.
consejero jurídico legal advisor.
consejero laboral labor advisor, labour advisor.
consejero mercantil commercial advisor.
consejero técnico technical advisor.
consejeros directores board of directors.
consejo *m* council, board, advice.
consejo administrador administrative council, board of directors.
consejo administrativo administrative council, board of directors.
consejo asesor advisory council.
consejo consultativo advisory board.
consejo consultivo advisory board.
consejo de administración board of directors.
consejo de auditoría advisory board.
consejo de conferencias conference board.
consejo de dirección board of directors.
consejo de directores board of directors.
Consejo de Europa Council of Europe.
consejo de la cuidad city council.
Consejo de Ministros Council of Ministers.
consejo de supervisión supervisory board.
consejo directivo board of directors.
consejo ejecutivo executive board.
Consejo Europeo European Council.
consejo municipal city council.
consenso *m* consensus.
consensual *adj* consensual.
consentimiento *m* consent.
consentimiento expreso express consent.
consentimiento implícito implied consent.
consentimiento mutuo mutual consent.
conservación *f* conservation, preservation.
conservación de la energía conservation of energy.
conservación de la naturaleza nature conservation.
conservación de los recursos conservation of resources.
conservación de los recursos naturales conservation of natural resources.
conservación del agua water conservation.
conservacionista *m/f* conservationist.
conservador *adj* conservative.
conservadurismo *m* conservatism.
conservar *v* conserve.
conservar agua conserve water.
conservar energía conserve energy.
conservar recursos conserve resources.
conservar recursos naturales conserve natural resources.
consideración *f* consideration.
consideraciones comerciales commercial considerations.
consideraciones de comercio commerce considerations.
consideraciones de negocios business considerations.
consideraciones empresariales business considerations.
consideraciones mercantiles commercial considerations, mercantile considerations.
considerandos *m* whereas clauses, legal considerations.
considerar *v* consider.
consignación *f* consignment, deposit, destination, allotment, payment.
consignación aérea air consignment.
consignación, en on consignment.
consignación en pago deposit for the payment of debt.
consignado *adj* consigned.
consignador *m* consignor.
consignar *v* consign, earmark, deposit.
consignatario *m* consignee, depositary, trustee.
consistencia *f* consistency.
consistente *adj* consistent.
consistentemente *adv* consistently.
consistir *v* consist of.
consocio *m* partner, copartner, associate.
consolidación *f* consolidation, funding.
consolidación de balances consolidation of balances.
consolidación de compañías consolidation of companies.
consolidación de corporaciones consolidation of corporations.
consolidación de deudas consolidation of debts.
consolidación de empresas merger.
consolidación de fincas consolidation of two or more properties.
consolidación de fondos consolidation of funds.
consolidación del mercado market consolidation.
consolidación horizontal horizontal consolidation.
consolidación presupuestaria budget consolidation.
consolidación vertical vertical consolidation.
consolidado *adj* consolidated.
consolidador *m* consolidator.
consolidar *v* consolidate, combine, fund.
consorcio *m* consortium, cartel, syndicate, pool.
consorcio bancario bank syndicate.
consorcio de bancos bank syndicate.
consorcio de reaseguro reinsurance pool.
conspicuo *adj* conspicuous.
constancia de deuda evidence of indebtedness.
constante *f* constant.
constante de gastos expense constant.
constante de pérdidas loss constant.
constante hipotecaria mortgage constant.
constantemente *adv* constantly.
constar *v* to be evident, to be recorded, to consist of, to demonstrate.
constar de consist of.
constitución *f* constitution.
constituido *adj* constituted.
constituir *v* constitute.
constituir quórum constitute a quorum.
constituir una sociedad form a company, form a partnership.
constreñido *adj* constrained.
constreñimiento *m* constraint.
constreñir *v* constrain.

construcción f construction.
constructivo adj constructive.
constructor m builder, contractor.
constructor a la orden custom builder.
construir v construct.
consulado m consulate.
consulta f consultation.
consultación f consultation.
consultar v consult.
consultaría f consultancy.
consultativo adj consultative, consulting.
consultivo adj consulting, consultative.
consultor m consultant.
consultor administrador administrative consultant, management consultant.
consultor administrativo administrative consultant, management consultant.
consultor comercial commercial consultant.
consultor corporativo corporate consultant.
consultor de administración administration consultant.
consultor de comercio commerce consultant.
consultor de comercio electrónico e-commerce consultant, e-business consultant.
consultor de marketing marketing consultant.
consultor de mercadeo marketing consultant.
consultor de negocios business consultant.
consultor de publicidad advertising consultant.
consultor de reaseguro reinsurance consultant.
consultor de seguros insurance consultant.
consultor empresarial business consultant.
consultor financiero financial consultant.
consultor fiscal tax consultant.
consultor impositivo tax consultant.
consultor jurídico legal consultant.
consultor laboral labor consultant, labour consultant.
consultor mercantil commercial consultant.
consultorio m the office of a professional.
consumación f consummation, completion.
consumado adj consummate.
consumar v consummate.
consumible adj consumable.
consumidor m consumer.
consumidor a consumidor consumer-to-consumer.
consumidor a empresa consumer-to-business.
consumidor a negocio consumer-to-business.
consumidor corporativo corporate consumer.
consumidor electrónico electronic consumer, e-consumer.
consumidor final final consumer, end consumer.
consumidor industrial industrial consumer.
consumidor racional rational consumer.
consumir v consume, expend.
consumismo m consumerism.
consumista adj consumeristic.
consumista m/f consumerist.
consumo m consumption.
consumo aparente apparent consumption.
consumo conspicuo conspicuous consumption.
consumo de capital capital consumption.
consumo de electricidad electricity consumption.
consumo directo direct consumption.
consumo doméstico domestic consumption.
consumo exterior foreign consumption.
consumo externo foreign consumption.
consumo interior domestic consumption.
consumo intermedio intermediate consumption.
consumo interno domestic consumption.

consumo nacional domestic consumption.
consumo opcional optional consumption.
consumo ostentoso conspicuous consumption.
consumo per cápita per capita consumption.
consumo permanente permanent consumption.
consumo personal personal consumption.
consumo por persona per capita consumption.
consumo privado private spending, private consumption.
consumo propio self-consumption.
consumo público public spending.
consumo temporal temporary consumption.
contabilidad f accounting, accountancy, bookkeeping.
contabilidad acumulativa accrual accounting.
contabilidad administrativa administrative accounting.
contabilidad agresiva aggressive accounting.
contabilidad ambiental environmental accounting, green accounting.
contabilidad analítica analytical accounting.
contabilidad bancaria bank bookkeeping, bank accounting.
contabilidad comercial commercial accounting.
contabilidad computarizada computer accounting, computerized accounting.
contabilidad con doble registro double entry accounting.
contabilidad corporativa corporate accounting.
contabilidad creativa creative accounting.
contabilidad de acumulación accrual accounting.
contabilidad de adquisiciones acquisition accounting.
contabilidad de caja cash accounting.
contabilidad de coste corriente current cost accounting.
contabilidad de coste de reposición replacement cost accounting.
contabilidad de costes cost accounting.
contabilidad de costo corriente current cost accounting.
contabilidad de costo de reposición replacement cost accounting.
contabilidad de costos cost accounting.
contabilidad de depreciación depreciation accounting.
contabilidad de efectivo cash accounting.
contabilidad de empresas business accounting.
contabilidad de existencias inventory accounting.
contabilidad de fusiones merger accounting.
contabilidad de gastos expense accounting.
contabilidad de gestión managerial accounting.
contabilidad de la compañía company accounting.
contabilidad de la corporación corporate accounting.
contabilidad de la empresa company accounting, enterprise accounting.
contabilidad de la sociedad company accounting.
contabilidad de negocios business accounting.
contabilidad de nivel de precios price level accounting.
contabilidad de rentabilidad profitability accounting.
contabilidad de sector público public sector accounting.
contabilidad de valor corriente current value accounting.
contabilidad del camino crítico critical path accounting.

contabilidad del crecimiento growth accounting.
contabilidad del gobierno government accounting.
contabilidad directiva managerial accounting.
contabilidad ecológica green accounting.
contabilidad ejecutiva managerial accounting.
contabilidad electrónica electronic accounting.
contabilidad empresarial company accounting, enterprise accounting.
contabilidad en valores de caja cash-based accounting.
contabilidad estatutaria statutory accounting.
contabilidad fiduciaria fiduciary accounting.
contabilidad financiera financial accounting.
contabilidad fiscal tax accounting.
contabilidad funcional functional accounting.
contabilidad gerencial managerial accounting.
contabilidad gubernamental government accounting.
contabilidad impositiva tax accounting.
contabilidad industrial industrial accounting.
contabilidad informatizada computer accounting, computerized accounting.
contabilidad medioambiental environmental accounting, green accounting.
contabilidad mercantil commercial accounting.
contabilidad nacional national accounting.
contabilidad por actividades activity accounting.
contabilidad por partida doble double-entry accounting.
contabilidad por partida simple single-entry accounting.
contabilidad por partida única single-entry accounting.
contabilidad por ramas branch accounting.
contabilidad pública public accounting.
contabilidad separada separate accounting.
contabilidad social social accounting.
contabilidad verde green accounting.
contabilizable *adj* accountable.
contabilización *f* accounting.
contabilizar *v* enter, post, record.
contable *adj* pertaining to accounting, countable.
contable *m* accountant, bookkeeper.
contable administrativo management accountant.
contable autorizado Certified Accountant, Certified Public Accountant, qualified accountant.
contable certificante certifying accountant.
contable corporativo corporate accountant.
contable de costes cost accountant.
contable de costos cost accountant.
contable diplomado Certified Accountant, Certified Public Accountant, qualified accountant.
contable financiero financial accountant.
contable forense forensic accountant.
contable independiente independent accountant.
contable jefe chief accountant, accounting chief.
contable perito expert accountant.
contable privado private accountant.
contable público public accountant, Certified Accountant, Certified Public Accountant.
contable público autorizado Certified Public Accountant.
contable público diplomado Certified Public Accountant.
contable público titulado Certified Public Accountant.
contable responsable accountant in charge.
contacto *m* contact.
contado, al cash.

contador *m* accountant, bookkeeper.
contador administrativo management accountant.
contador autorizado Certified Accountant, Certified Public Accountant, qualified accountant.
contador certificante certifying accountant.
contador corporativo corporate accountant.
contador de costes cost accountant.
contador de costos cost accountant.
contador diplomado Certified Accountant, Certified Public Accountant, qualified accountant.
contador financiero financial accountant.
contador forense forensic accountant.
contador independiente independent accountant.
contador jefe chief accountant, accounting chief.
contador perito expert accountant.
contador privado private accountant.
contador público public accountant, Certified Accountant, Certified Public Accountant.
contador público autorizado Certified Public Accountant.
contador público diplomado Certified Public Accountant.
contador público titulado Certified Public Accountant.
contador responsable accountant in charge.
contaduría *f* accounting, accountancy, accountant's office, accounting office, bookkeeping, bookkeeping office.
contaminación *f* contamination, pollution.
contaminación ambiental environmental pollution, pollution, environmental contamination.
contaminación del agua water pollution, water contamination.
contaminación del aire air pollution, air contamination.
contaminación marítima marine pollution, marine contamination.
contaminación sonora noise pollution.
contaminado *adj* contaminated, polluted.
contaminador *adj* contaminating, polluting.
contaminante *adj* contaminating, polluting.
contaminante *m* contaminant, pollutant.
contaminar *v* contaminate, pollute.
contango *m* contango.
contante y sonante cash.
contemplación *f* contemplation.
contemplación de insolvencia contemplation of insolvency.
contemplación de quiebra contemplation of bankruptcy.
contemplativo *adj* contemplative.
contención *f* containment, contention.
contención de costes cost containment.
contención de costos cost containment.
contenedorización *f* containerization.
contener *v* contain.
contenido *m* contents, content.
contenido desconocido contents unknown.
contenido extranjero foreign content.
contestador *m* answering machine.
contestar por correo answer by mail, answer by post.
contestar por teléfono answer by phone.
contexto *m* context.
contigüidad *f* contiguity, contiguousness.
contiguo *adj* contiguous.
continental *adj* continental.
contingencia *f* contingency.
contingencia de ganancia gain contingency.
contingencia de pérdida loss contingency.

contingencia financiera financial contingency.
contingente *adj* contingent, incidental.
continuación *f* continuation.
continuación de beneficios continuation of benefits.
continuación de ingresos income continuation.
continuamente *adj* continuously.
continuar *v* continue.
continuidad *f* continuity.
continuidad de la existencia corporativa continuity of life.
continuidad en el mercadeo continuity in advertising.
continuo *adj* continuous.
contra documentos against documents.
contra el libre comercio against free trade.
contra entrega de documentos against documents.
contra la ley against the law.
contra pago against payment.
contra todo riesgo against all risks.
contra todos los riesgos against all risks.
contraasiento *m* correcting entry, reversing entry, contra entry.
contraatacar *v* fight back, counterattack.
contrabandear *v* smuggle.
contrabandeo *m* smuggling.
contrabandista *m/f* smuggler.
contrabando *m* smuggling, contraband.
contracambio *m* re-exchange.
contracción *f* contraction.
contracción de depósitos contraction of deposits.
contracción de la demanda contraction of demand.
contracción de la economía contraction of the economy.
contracíclico *adj* countercyclical.
contractual *adj* contractual.
contraendosar *v* re-endorse.
contraendoso *m* re-endorsement.
contraer *v* contract, incur, assume an obligation.
contraer un empréstito contract a loan.
contraer un préstamo contract a loan.
contraer una deuda incur a debt.
contraer una obligación assume an obligation.
contrafianza *f* indemnity bond.
contralor *m* comptroller, controller, auditor.
contralor financiero financial controller.
contralor general general controller.
contraloría *f* comptrollership, controllership.
contramedida *f* countermeasure.
contraoferta *f* counteroffer, counterbid.
contraorden *f* countermand.
contraparte *f* counterpart.
contrapartida *f* balancing entry, balancing item, contra entry.
contraprestación *f* consideration.
contraprestación a título gratuito gratuitous consideration.
contraprestación adecuada adequate consideration.
contraprestación anterior past consideration.
contraprestación concurrente concurrent consideration.
contraprestación continua continuing consideration.
contraprestación debida due consideration.
contraprestación expresa express consideration.
contraprestación ilegal illegal consideration.
contraprestación implícita implied consideration.

contraprestación inadecuada inadequate consideration.
contraprestación inmoral immoral consideration.
contraprestación insuficiente inadequate consideration.
contraprestación justa fair consideration.
contraprestación justa y adecuada fair and valuable consideration.
contraprestación justa y razonable fair and reasonable consideration.
contraprestación legal legal consideration.
contraprestación monetaria consideration in money, pecuniary consideration.
contraprestación moral moral consideration.
contraprestación nominal nominal consideration.
contraprestación pecuniaria consideration in money, pecuniary consideration.
contraprestación razonable adequate consideration.
contraprestación suficiente sufficient consideration.
contrario a las provisiones contrary to the provisions.
contrarreclamación *f* counter-complaint.
contrarrestar *v* counteract.
contraseña *f* password.
contrata *f* contract made with a government, contract, agreement.
contratable *adj* contractable.
contratación *f* contracting, hiring, preparation of a contract, procurement.
contratación colectiva collective bargaining.
contratación de servicios externos outsourcing.
contratación externa outsourcing.
contratación interna insourcing.
contratado *adj* contracted, agreed.
contratante *adj* contracting.
contratante *m/f* contractor, contracting party.
contratar *v* contract, hire.
contratar y despedir hire and fire.
contratista *m/f* contractor.
contratista de construcción building contractor.
contratista general general contractor.
contratista independiente independent contractor.
contrato *m* contract, agreement.
contrato a corto plazo short-term contract.
contrato a la gruesa bottomry.
contrato a largo plazo long-term contract.
contrato a plazo forward contract.
contrato a plazo fijo fixed-term contract.
contrato a precio global lump-sum contract.
contrato a precios unitarios unit-price contract.
contrato a suma alzada lump-sum contract.
contrato a término forward contract.
contrato a tiempo completo full-time contract.
contrato a tiempo parcial part-time contract.
contrato a título gratuito gratuitous contract.
contrato a título oneroso onerous contract.
contrato abandonado abandoned contract.
contrato abierto open contract, non-exclusive contract.
contrato accesorio accessory contract.
contrato administrativo management contract, administrative contract, contract made with a government.
contrato al mejor postor contract to the highest bidder.
contrato aleatorio aleatory contract.
contrato anulable voidable contract.
contrato bancario de inversión bank investment

contract.
contrato bilateral bilateral contract.
contrato blindado ironclad contract.
contrato cerrado closed contract.
contrato cierto certain contract.
contrato colateral collateral contract.
contrato colectivo collective contract.
contrato colectivo de trabajo collective bargaining agreement.
contrato comercial commercial contract, trade contract.
contrato complejo mixed contract.
contrato con alternativas alternative contract.
contrato con cláusula penal contract with a penalty clause.
contrato con el gobierno government contract.
contrato con incentivos incentive contract.
contrato condicional conditional contract.
contrato conjunto joint contract.
contrato conmutativo commutative contract.
contrato consensual consensual contract.
contrato corporativo corporate contract.
contrato de adhesión adhesion contract.
contrato de administración management contract.
contrato de agencia agency contract, agency agreement.
contrato de alquiler rental contract.
contrato de anualidad annuity contract.
contrato de anualidad diferida deferred annuity contract.
contrato de anualidad grupal diferida deferred group annuity contract.
contrato de aparcería sharecropping contract.
contrato de arrendamiento lease, lease contract.
contrato de arrendamiento de servicios service contract.
contrato de arriendo lease.
contrato de asociación association contract, partnership contract.
contrato de cambio exchange contract, commutative contract, foreign exchange contract.
contrato de coaseguro coinsurance contract.
contrato de comercio commerce contract, trade contract.
contrato de comercio electrónico e-commerce contract, e-business contract.
contrato de comercio en exclusiva exclusive dealing contract.
contrato de comisión commission contract.
contrato de comodato gratuitous bailment contract.
contrato de compra y venta sales contract, bargain and sale contract.
contrato de compras purchasing contract.
contrato de compraventa sales contract, bargain and sale contract.
contrato de compromiso arbitration agreement.
contrato de conchabo employment contract.
contrato de consignación consignment contract.
contrato de construcción construction contract, building contract.
contrato de corredor broker contract.
contrato de corretaje brokerage contract.
contrato de coste fijo fixed cost contract.
contrato de costo fijo fixed cost contract.
contrato de crédito credit contract.
contrato de custodia bailment contract.
contrato de depósito bailment contract.
contrato de doble repurchase contract.
contrato de empeño contract to pawn.

contrato de empleo employment contract.
contrato de empresa contract with an independent contractor.
contrato de empréstito loan contract.
contrato de encadenamiento exclusive contract, tying arrangement.
contrato de enfiteusis emphyteusis contract.
contrato de enganche employment contract.
contrato de enrolamiento employment contract.
contrato de estabilidad agreement to stabilize prices.
contrato de exclusividad exclusive contract.
contrato de fianza contract of surety.
contrato de fideicomiso trust agreement.
contrato de fiducia trust agreement.
contrato de fletamento charter party, charter agreement.
contrato de futuros futures contract.
contrato de futuros financieros financial futures contract.
contrato de futuros regulado regulated futures contract.
contrato de garantía guarantor agreement.
contrato de gestión management contract.
contrato de hipoteca mortgage agreement.
contrato de incorporación incorporation agreement.
contrato de indemnidad contract of indemnity.
contrato de indemnización contract of indemnity.
contrato de ingreso garantizado guaranteed income contract.
contrato de intención letter of intent.
contrato de intermediación bursátil authorization for a discretionary securities account.
contrato de inversión garantizada guaranteed investment contract.
contrato de inversiones investment contract.
contrato de juego wagering contract.
contrato de leasing lease, lease contract.
contrato de locación lease, contract of hire.
contrato de locación de obra construction contract.
contrato de locación de servicios service contract.
contrato de mandato contract of mandate.
contrato de mantenimiento maintenance contract.
contrato de mercancías commodity contract.
contrato de mutuo loan for consumption.
contrato de negocios business contract.
contrato de obras contract for public works.
contrato de opción option.
contrato de organización incorporation agreement.
contrato de palabra oral contract, verbal agreement.
contrato de permuta barter agreement.
contrato de plazo fijo fixed-term contract.
contrato de prenda pledge contract.
contrato de préstamo loan contract.
contrato de préstamo de uso bailment contract.
contrato de productos commodity contract.
contrato de prueba contract for an employment trial.
contrato de reaseguro reinsurance contract.
contrato de renta de jubilación contract for retirement income.
contrato de renta de retiro contract for retirement income.
contrato de renta vitalicia life annuity contract.
contrato de representación agency agreement.

contrato de reserva backup contract.
contrato de retroventa repurchase agreement.
contrato de retroventa abierto open repurchase agreement.
contrato de retroventa inverso reverse repurchase agreement.
contrato de seguro insurance contract.
contrato de seguro médico health insurance contract.
contrato de seguro múltiple blanket insurance contract.
contrato de servicios service contract.
contrato de servicios personales personal service contract.
contrato de sociedad partnership agreement, incorporation agreement.
contrato de suministro supply contract.
contrato de tarea contract work.
contrato de temporada seasonal contract.
contrato de trabajo employment contract, labor contract, labour contract.
contrato de transporte shipping agreement.
contrato de trueque barter agreement.
contrato de venta contract of sale.
contrato de venta condicional conditional sales contract.
contrato de venta incondicional unconditional sales contract.
contrato dependiente dependent contract.
contrato derivado subcontract.
contrato divisible divisible contract.
contrato ejecutado executed contract.
contrato empresarial business contract.
contrato en exclusiva exclusive contract.
contrato enfitéutico emphyteusis contract.
contrato escrito written contract.
contrato espurio spurious contract.
contrato estimatorio consignment sales contract.
contrato exclusivo exclusive contract.
contrato expirado expired contract.
contrato expreso express contract.
contrato extintivo nullifying contract.
contrato falso simulated contract.
contrato fiduciario fiduciary contract, trust agreement, trust indenture.
contrato fingido simulated contract.
contrato formal formal contract.
contrato futuro future contract.
contrato garantizado guaranteed contract.
contrato gratuito gratuitous contract.
contrato grupal group contract.
contrato ilegal illegal contract.
contrato ilícito illegal contract.
contrato imperfecto imperfect contract.
contrato implícito implied contract.
contrato incondicional unconditional contract.
contrato individual de trabajo individual employment contract.
contrato indivisible indivisible contract.
contrato informal informal contract.
contrato inmoral immoral contract.
contrato innominado innominate contract.
contrato internacional international contract.
contrato inválido void contract.
contrato laboral labor contract, labour contract.
contrato leonino unconscionable contract.
contrato-ley union contract covering an entire industry made official by the government.
contrato lícito legal contract.
contrato literal written contract.

contrato llave en mano turnkey contract.
contrato lucrativo onerous contract.
contrato maestro master contract.
contrato marco framework contract.
contrato marítimo marine contract.
contrato matrimonial prenuptial agreement, antenuptial agreement, marriage contract.
contrato mercantil mercantile contract, commercial contract, business contract.
contrato mixto mixed contract.
contrato modelo model contract.
contrato multilateral multilateral contract.
contrato negociable negotiable contract.
contrato no escrito unwritten contract.
contrato no solemne simple contract.
contrato nominado nominate contract.
contrato notarial notarized contract.
contrato notarizado notarized contract.
contrato nulo void contract.
contrato nupcial antenuptial agreement, marriage contract.
contrato oneroso onerous contract.
contrato oral oral contract.
contrato partible divisible contract.
contrato permanente permanent contract.
contrato perpetuo perpetual contract.
contrato personal personal contract.
contrato pignoraticio pledge contract.
contrato plurilateral multilateral contract.
contrato por acuerdo mutuo contract by mutual agreement.
contrato por adhesión adhesion contract.
contrato por correo mail contract.
contrato por correspondencia mail contract.
contrato por escrito written contract.
contrato preliminar preliminary contract.
contrato preparatorio preliminary contract.
contrato presunto implied contract.
contrato principal principal contract.
contrato privado private contract.
contrato público public contract.
contrato real real contract.
contrato recíproco reciprocal contract.
contrato renovable renewable contract.
contrato renovable garantizado guaranteed renewable contract.
contrato restringido restricted contract.
contrato revocativo nullifying contract.
contrato roto broken contract.
contrato sellado contract under seal.
contrato separado separate contract.
contrato simple simple contract.
contrato simulado simulated contract.
contrato sinalagmático synallagmatic contract.
contrato sindical collective bargaining agreement.
contrato sobreentendido implied contract.
contrato social partnership agreement, incorporation agreement.
Contrato Social Social Contract.
contrato solemne special contract.
contrato solidario joint and several contract.
contrato sucesivo installment contract.
contrato suplementario supplemental contract.
contrato tácito implied contract.
contrato típico nominate contract.
contrato transnacional transnational contract.
contrato unilateral unilateral contract.
contrato usurario usurious contract.
contrato válido valid contract.
contrato verbal parol contract, oral contract.

contrato verdadero express contract.
contrato vinculante binding contract.
contratos asignados allocated contracts.
contratos independientes independent contracts.
contravalor *m* collateral, counter-value.
contraventa *f* repurchase.
contribución *f* contribution, tax, tax assessment.
contribución a la exportación export tax.
contribución a la herencia inheritance tax.
contribución a las ganancias income tax.
contribución a las rentas income tax.
contribución a las transacciones excise tax.
contribución a las utilidades income tax.
contribución a las ventas sales tax.
contribución a los capitales capital stock tax.
contribución a los predios property tax.
contribución a los réditos income tax.
contribución a ocupaciones occupational tax.
contribución acumulativa cumulative tax.
contribución ad valorem ad valorem tax.
contribución adelantada advance tax.
contribución adicional surtax, additional tax, additional contribution.
contribución aduanal customs duty.
contribución al capital contribution to capital.
contribución al consumo consumption tax.
contribución al valor agregado value-added tax.
contribución alternativa mínima alternative minimum tax.
contribución alternativa mínima corporativa corporate alternative minimum tax.
contribución anticipada advance tax.
contribución arancelaria customs duty.
contribución base base tax.
contribución básica basic tax.
contribución compensatoria compensatory tax.
contribución complementaria complementary tax, surtax.
contribución compulsoria compulsory tax.
contribución comunitaria community tax.
contribución corporativa corporate tax.
contribución de ausentismo absentee tax.
contribución de base amplia broad-base tax.
contribución de capitación capitation tax, poll-tax.
contribución de capital capital contribution.
contribución de compensación compensation tax.
contribución de consumo excise tax, consumption tax.
contribución de derechos reales tax on real estate transfers.
contribución de emergencia emergency tax.
contribución de estampillado stamp tax.
contribución de exportación export tax.
contribución de fabricación manufacturing tax.
contribución de herencias inheritance tax.
contribución de igualación equalization tax.
contribución de importación import tax.
contribución de inmuebles real estate tax, property tax.
contribución de internación import duty.
contribución de legado inheritance tax.
contribución de lujo luxury tax.
contribución de manufactura manufacturing tax.
contribución de mejoras special assessment, tax assessment.
contribución de mercancía commodity tax.
contribución de no residentes nonresident tax.
contribución de plusvalía capital gains tax.

contribución de privilegio franchise tax.
contribución de productos commodity tax.
contribución de salida departure tax.
contribución de seguro social social security tax.
contribución de sellos stamp tax.
contribución de soltería tax on unmarried persons.
contribución de sucesión inheritance tax.
contribución de superposición surtax.
contribución de testamentaría inheritance tax.
contribución de timbres stamp tax.
contribución de tonelaje tonnage-duty.
contribución de transferencia transfer tax.
contribución de valorización special assessment.
contribución debida tax due.
contribución degresiva degressive tax.
contribución directa direct tax.
contribución doble double taxation.
contribución electoral poll-tax.
contribución en la frontera border tax.
contribución escalonada progressive tax.
contribución especial special tax, extraordinary tax.
contribución específica specific tax.
contribución estatal state tax.
contribución estimada estimated tax.
contribución excesiva excessive tax.
contribución extranjera foreign tax.
contribución extraordinaria surtax.
contribución fija fixed tax, flat tax.
contribución fiscal tax, national tax.
contribución general general tax.
contribución hereditaria inheritance tax.
contribución hipotecaria mortgage tax.
contribución ilegal illegal tax.
contribución indirecta indirect tax.
contribución individual sobre la renta individual's income tax.
contribución industrial professional services tax.
contribución inmobiliaria real estate tax, property tax.
contribución innecesaria unnecessary tax.
contribución interna internal tax.
contribución local local tax.
contribución máxima maximum contribution, maximum tax.
contribución máxima deducible maximum deductible contribution.
contribución media average tax.
contribución mínima minimum contribution, minimum tax.
contribución múltiple multiple taxation.
contribución municipal municipal tax.
contribución necesaria necessary tax.
contribución negativa negative tax.
contribución neta net contribution.
contribución no deducible nondeductible contribution.
contribución normal tax, normal tax.
contribución oculta hidden tax.
contribución opcional optional tax.
contribución ordinaria tax, ordinary tax.
contribución pagada tax paid.
contribución para mejoras contribution for improvements.
contribución para previsión social social security tax.
contribución patrimonial capital tax.
contribución patronal employers' contribution.
contribución per cápita per capita tax, poll-tax.

contribución personal personal tax.
contribución política political contribution.
contribución por cabeza per capita tax, poll-tax.
contribución portuaria port charges.
contribución predial property tax.
contribución profesional occupational tax.
contribución progresiva progressive tax.
contribución proporcional proportional tax.
contribución pública public tax.
contribución real property tax.
contribución regresiva regressive tax.
contribución regular regular tax.
contribución represiva repressive tax.
contribución requerida required tax.
contribución retenida retained tax.
contribución según el valor ad valorem tax.
contribución sobre beneficios profits tax.
contribución sobre beneficios extraordinarios excess profits tax.
contribución sobre bienes property tax.
contribución sobre bienes inmuebles property tax.
contribución sobre bienes muebles personal property tax.
contribución sobre compras purchase tax.
contribución sobre concesiones franchise tax.
contribución sobre diversiones amusement tax.
contribución sobre dividendos dividend tax.
contribución sobre donaciones gift tax.
contribución sobre el capital capital tax.
contribución sobre el consumo excise tax.
contribución sobre el ingreso income tax.
contribución sobre el juego gambling tax.
contribución sobre el lujo luxury tax.
contribución sobre el patrimonio property tax, capital tax, net worth tax.
contribución sobre el patrimonio neto net worth tax.
contribución sobre el valor agregado value-added tax.
contribución sobre el valor añadido value-added tax.
contribución sobre empleo employment tax.
contribución sobre entradas admissions tax.
contribución sobre exceso de ganancias excess profits tax.
contribución sobre franquicias franchise tax.
contribución sobre ganancias profit tax.
contribución sobre ganancias a corto plazo short-term gains tax.
contribución sobre ganancias a largo plazo long-term gains tax.
contribución sobre ganancias de capital capital gains tax.
contribución sobre herencias inheritance tax.
contribución sobre ingresos income tax.
contribución sobre ingresos acumulados accumulated earnings tax.
contribución sobre ingresos de sociedades corporate income tax.
contribución sobre ingresos diferida deferred income tax.
contribución sobre ingresos negativa negative income tax.
contribución sobre ingresos progresivo progressive income tax.
contribución sobre inmuebles real property tax.
contribución sobre la nómina payroll tax.
contribución sobre la producción production tax.
contribución sobre la propiedad property tax.

contribución sobre la propiedad general general property tax.
contribución sobre la propiedad inmueble real property tax.
contribución sobre la renta income tax.
contribución sobre la renta corporativa corporate income tax.
contribución sobre la renta individual individual's income tax.
contribución sobre la renta personal individual's income tax.
contribución sobre las importaciones import tax.
contribución sobre las nóminas payroll tax.
contribución sobre las sociedades corporate tax.
contribución sobre las ventas sales tax.
contribución sobre los beneficios profit tax.
contribución sobre los bienes property tax.
contribución sobre los ingresos income tax.
contribución sobre los ingresos brutos gross receipts tax.
contribución sobre mercancías commodities tax.
contribución sobre producción production tax.
contribución sobre productos commodities tax.
contribución sobre salarios salary tax.
contribución sobre transferencias transfer tax.
contribución sobre transmisiones transfer tax.
contribución sobre ventas sales tax.
contribución sucesoria inheritance tax.
contribución suplementaria supplemental tax.
contribución terrestre property tax.
contribución territorial land tax.
contribución típica typical tax.
contribución única nonrecurrent tax, single tax.
contribuciones acumuladas accrued taxes.
contribuciones acumulativas cumulative taxes.
contribuciones aduaneras customs duties.
contribuciones atrasadas back taxes.
contribuciones aumentadas increased taxes, increased contributions.
contribuciones calculadas estimated taxes, calculated taxes.
contribuciones cobradas collected taxes.
contribuciones combinadas combined taxes.
contribuciones comerciales business taxes, commercial taxes.
contribuciones corporativas corporate taxes.
contribuciones de aduanas customs duties.
contribuciones de empleados employee contributions.
contribuciones de la compañía company taxes.
contribuciones de la corporación corporate taxes.
contribuciones de la empresa enterprise taxes.
contribuciones de negocios business taxes.
contribuciones de rentas internas internal revenue taxes.
contribuciones definidas defined contributions, defined taxes.
contribuciones del comercio electrónico e-commerce taxes, e-business taxes.
contribuciones diferidas deferred taxes.
contribuciones empresariales business taxes, enterprise taxes.
contribuciones en exceso excess contributions, excess taxes.
contribuciones en mora overdue contributions, overdue taxes.
contribuciones federales federal taxes.
contribuciones ilegales illegal taxes.

contribuciones locales local taxes.
contribuciones mercantiles commercial taxes.
contribuciones morosas delinquent taxes.
contribuciones nacionales national taxes.
contribuciones por pagar taxes due, taxes to be paid, contributions due.
contribuciones por recibir taxes due, taxes to be collected, contributions receivable.
contribuciones prepagadas prepaid taxes.
contribuciones proporcionales proportional taxes.
contribuciones prorrateadas apportioned taxes.
contribuciones retenidas withheld taxes.
contribuciones sobre ingresos corporativos corporate income tax.
contribuciones sobre ingresos federales federal income taxes.
contribuciones vencidas overdue contributions, overdue taxes.
contribuciones voluntarias adicionales additional voluntary contributions.
contribuido *adj* contributed, paid in taxes.
contribuir *v* contribute, pay taxes.
contributario *m* contributor, taxpayer.
contributivo *adj* pertaining to taxes.
contribuyente *adj* contributory.
contribuyente *m/f* contributor, taxpayer.
contribuyente individual individual taxpayer.
control *m* control, check.
control administrativo administrative control, management control.
control aduanero customs control.
control aleatorio random check.
control ambiental environmental control.
control centralizado centralized control.
control conjunto joint control.
control contable accounting control.
control de acceso access control.
control de aduanas customs control.
control de caja cash control.
control de calidad quality control.
control de calidad estadístico statistical quality control.
control de cambio exchange control.
control de capital capital control.
control de contabilidad accounting control.
control de costes cost control.
control de costes estadístico statistical cost control.
control de costos cost control.
control de costos estadístico statistical cost control.
control de crédito credit control.
control de daños damage control.
control de dividendos dividend control.
control de divisas foreign exchange control.
control de errores error control.
control de existencias stock control.
control de fronteras border control.
control de gastos expense control, expenditure control.
control de inmigración immigration control.
control de inventario inventory control.
control de inventario perpetuo perpetual inventory control.
control de la contaminación pollution control, pollution monitoring.
control de la junta board control.
control de límites limits control.
control de materiales materials control.

control de mercancías merchandise control.
control de negociación bargaining control, negotiation control.
control de pérdidas loss control.
control de precios price control.
control de proceso estadístico statistical process control.
control de procesos process control.
control de producción production control.
control de riesgos risk control.
control de salarios wage control, salary control.
control de ventas sales control.
control del consejo board control.
control del consumo consumption control.
control del efectivo cash control.
control del gasto público control of public expenditures.
control del trabajo job control.
control directo direct control.
control ejecutivo managerial control.
control estadístico statistical control.
control exclusivo exclusive control.
control externo external control.
control financiero financial control.
control fronterizo border control.
control interno internal control.
control mayoritario majority control.
control monetario monetary control.
control operacional operational control.
control presupuestario budget control.
control salarial wage control, salary control.
controlable *adj* controllable.
controlado *adj* controlled.
controlado por computadora computer-controlled.
controlado por el gobierno government-controlled.
controlado por ordenador computer-controlled.
controlador *m* controller.
controlar *v* control, check.
controlar el comercio control commerce, control trade.
controlar el crecimiento control growth.
controlar el inventario control inventory.
controlar el mercado control the market.
controlar la demanda control demand.
controlar la economía control the economy.
controlar la inflación control inflation.
controlar las acciones control shares, control stock.
controlar las tasas control rates.
controlar los costes control costs.
controlar los costos control costs.
controlar los fondos control funds.
controlar los gastos control expenses, control expenditures.
controlar los precios control prices.
controlar los salarios control wages, control salaries.
controles a la exportación export controls.
controles a la importación import controls.
controles de exportación export controls.
controles de importación import controls.
controles de intercambio de divisas currency exchange controls.
controles financieros financial controls.
convalidación *f* confirmation, validation.
convalidar *v* confirm, validate.
convencer *v* convince.
convención *f* convention, agreement.

convención colectiva de trabajo collective bargaining agreement.
convención comercial business convention, commercial convention.
convención de comercio commerce convention.
convención de comercio electrónico e-commerce convention, e-business convention.
convención de negocios business convention.
convención de trabajo labor agreement, labour agreement.
convención empresarial business convention.
convención internacional international agreement.
convención mercantil commercial convention.
convencional *adj* conventional.
conveniencia *f* convenience.
conveniente *adj* convenient, appropriate.
convenido *adj* agreed, convened.
convenio *m* agreement, contract, settlement, deal, bargain.
convenio administrativo management agreement, administrative agreement.
convenio aduanero tariff agreement.
convenio agrícola agricultural agreement.
convenio antidumping antidumping agreement.
convenio arancelario tariff agreement.
convenio arbitral arbitral agreement.
convenio base base agreement.
convenio básico basic agreement.
convenio bilateral bilateral agreement.
convenio colectivo collective agreement.
convenio colectivo de trabajo collective bargaining agreement.
convenio comercial trade agreement, business agreement, commercial agreement.
convenio compulsorio compulsory agreement.
convenio concursal creditors' agreement.
convenio condicionado conditional agreement.
convenio condicional conditional agreement.
convenio conjunto joint agreement.
convenio contributivo tax agreement.
convenio de agencia agency agreement.
convenio de asociación association agreement.
convenio de cartel cartel agreement.
convenio de cesión transfer agreement.
convenio de coaseguro coinsurance agreement.
convenio de comercio commerce agreement.
convenio de comercio electrónico e-commerce agreement, e-business agreement.
convenio de compensación clearing agreement, compensation agreement.
convenio de compras purchasing agreement.
convenio de confidencialidad confidentiality agreement.
convenio de cooperación cooperation agreement.
convenio de crédito credit agreement.
convenio de cuenta account agreement.
convenio de extensión extension agreement.
convenio de fideicomiso trust agreement.
convenio de garantía guarantee agreement, security agreement.
convenio de indemnización indemnity agreement.
convenio de intercambio trade agreement.
convenio de inversiones investment agreement.
convenio de marketing marketing agreement.
convenio de mercadeo marketing agreement.
convenio de modificación modification agreement.
convenio de negociación colectiva collective bargaining agreement.
convenio de negocios business agreement.

convenio de no competir covenant not to compete.
convenio de participación participation agreement.
convenio de precios price-fixing.
convenio de prórroga extension agreement.
convenio de reaseguro reinsurance agreement.
convenio de reciprocidad reciprocity agreement.
convenio de recompra repurchase agreement, buyback agreement.
convenio de renovar covenant to renew.
convenio del cliente customer's agreement.
convenio económico economic agreement.
convenio empresarial business agreement.
convenio en la quiebra agreement between debtor and creditors.
convenio entre deudor y acreedores agreement between debtor and creditors.
convenio escrito written agreement.
convenio expreso express agreement.
convenio financiero financial agreement.
convenio fiscal tax agreement.
convenio forzado forced agreement.
convenio forzoso forced agreement.
convenio general general agreement.
convenio implícito implied agreement.
convenio impositivo tax agreement.
convenio incondicional unconditional agreement.
convenio internacional international agreement.
convenio laboral labor agreement, labour agreement.
convenio maestro master agreement.
convenio marco framework agreement.
convenio mercantil commercial agreement.
convenio monetario monetary agreement.
convenio multilateral multilateral agreement.
convenio mutuo mutual agreement.
convenio necesario necessary agreement.
convenio obligado binding agreement, mandatory agreement, obligatory agreement.
convenio obligatorio binding agreement, mandatory agreement, obligatory agreement.
convenio oral oral agreement.
convenio para fijar precios agreement to fix prices.
convenio patrón master agreement.
convenio por escrito agreement in writing.
convenio provisional provisional agreement.
convenio requerido required agreement.
convenio restringido restricted agreement.
convenio salarial wage agreement.
convenio separado separate agreement.
convenio sobre precios price agreement.
convenio suplementario supplemental agreement.
convenio tácito tacit agreement, implied agreement.
convenio tributario tax agreement.
convenio verbal oral agreement, parol agreement.
convenir *v* agree, to be advisable, convene, correspond, bargain.
convenirse *v* reach an agreement, convene.
convergencia *f* convergence.
convergencia de precios price convergence.
convergencia económica economic convergence.
converger *v* converge.
convergir *v* converge.
conversión *f* conversion.
conversión a la par conversion at par.
conversión de bono bond conversion.
conversión de condominio condominium

conversion.
conversión de deuda debt conversion.
conversión de moneda currency conversion.
conversión de póliza conversion of policy.
conversión en euros conversion into Euros.
conversión equitativa equitable conversion.
conversión forzada forced conversion.
conversión forzosa forced conversion.
conversión inversa reverse conversion.
conversión involuntaria involuntary conversion.
conversión monetaria monetary conversion, currency conversion.
conversión retroactiva retroactive conversion.
conversión voluntaria voluntary conversion.
convertibilidad f convertibility.
convertibilidad completa full convertibility.
convertibilidad de moneda currency convertibility.
convertibilidad monetaria currency convertibility.
convertible adj convertible.
convertido adj converted.
convertir v convert.
convicción f conviction.
convocador m convener.
convocante m/f convener.
convocar v convoke, call together, summon.
convocar a licitación call for bids, call for tenders.
convocar de nuevo reconvene.
convocar una asamblea call a meeting.
convocar una asamblea de accionistas call a meeting of stockholders.
convocar una junta call a meeting.
convocar una junta de accionistas call a meeting of shareholders.
convocar una reunión call a meeting.
convocar una sesión call a meeting.
convocatoria f summons, notice of a meeting, announcement.
convocatoria de acreedores creditors' meeting.
convocatoria para propuestas call for bids, call for tenders.
cónyuge m/f spouse.
coobligación f co-obligation.
coobligado m co-obligor.
cooperación f cooperation.
cooperación financiera financial cooperation.
cooperación internacional international cooperation.
cooperación monetaria monetary cooperation.
cooperación política political cooperation.
cooperador adj cooperating, cooperative.
cooperar v cooperate.
cooperativa f cooperative, co-op.
cooperativa agrícola agricultural cooperative, farmers' cooperative.
cooperativa de arrendamiento leasing cooperative.
cooperativa de compras buying cooperative.
cooperativa de consumidores consumers' cooperative.
cooperativa de consumo consumers' cooperative.
cooperativa de crédito credit union, credit cooperative.
cooperativa de productores producers' cooperative.
cooperativa de seguros insurance cooperative.
cooperativa de trabajadores workers' cooperative.
cooperativa de vivienda housing cooperative.
cooperativo adj cooperative, cooperating.

coordinación f coordination.
coordinación de beneficios coordination of benefits.
coordinado adj coordinated.
coordinador m coordinator.
coordinar v coordinate.
coordinar esfuerzos coordinate efforts.
copar m monopolize.
coparticipación f partnership.
copartícipe adj joint.
copartícipe m/f partner.
copia f copy.
copia adjunta attached copy.
copia anexa attached copy.
copia anexada attached copy.
copia anticipada advance copy.
copia auténtica true copy.
copia auténtica certificada certified true copy.
copia autenticada authenticated copy.
copia carbón carbon copy.
copia carbón ciega blind carbon copy.
copia carbón oculta blind carbon copy.
copia certificada certified copy, attested copy.
copia ciega blind carbon copy.
copia conformada conformed copy.
copia de archivo file copy.
copia de seguridad backup copy, backup.
copia fiel true copy.
copia oculta blind carbon copy.
copia original original copy.
copiadora f copier, photocopier.
copiar v copy, photocopy.
coposeedor m joint owner, joint possessor.
coposesión f joint ownership, joint possession.
coposesor m joint owner, joint possessor.
copresidente m co-chairperson.
copropiedad f joint tenancy, joint ownership, co-ownership.
copropietario m joint owner, joint tenant, co-owner.
copyright m copyright.
corporación f corporation, company, legal entity, entity.
corporación absorbente absorbing corporation.
corporación accionista corporate shareholder.
corporación activa active corporation.
corporación administrada managed corporation.
corporación administradora management corporation, administrative corporation.
corporación administrativa management corporation, administrative corporation.
corporación adquirida acquired corporation.
corporación adquiriente acquiring corporation.
corporación afiliada affiliated corporation.
corporación agrícola farming corporation.
corporación aliada allied corporation.
corporación apalancada leveraged corporation.
corporación armadora shipping corporation.
corporación aseguradora insurance corporation.
corporación asociada associated corporation, affiliated corporation.
corporación autorizada authorized corporation, admitted corporation.
corporación bancaria banking corporation.
corporación caritativa charitable corporation.
corporación centralizada centralized corporation.
corporación cerrada close corporation.
corporación civil civil corporation.
corporación comercial commercial corporation.
corporación competidora competing corporation.

corporación componente constituent corporation.
corporación con fines de lucro for-profit corporation.
corporación constructora construction corporation.
corporación consultiva consulting corporation.
corporación consultora consulting corporation.
corporación contable accounting corporation.
corporación controlada controlled corporation, subsidiary.
corporación controladora controlling corporation, holding corporation.
corporación controlante controlling corporation.
corporación cooperativa cooperative.
corporación cotizada listed corporation.
corporación de administración administration corporation.
corporación de arrendamiento leasing corporation.
corporación de comercio commerce corporation.
corporación de construcción building corporation.
corporación de consultores consulting corporation.
corporación de control holding corporation.
corporación de crédito credit corporation.
corporación de derecho corporation created fulfilling all legal requirements.
corporación de dividendos limitados limited-dividend corporation.
corporación de fideicomiso trust corporation.
corporación de hecho corporation in fact.
corporación de inversión investment corporation.
corporación de negocios business corporation.
corporación de petróleo oil corporation.
corporación de préstamos loan corporation.
corporación de reaseguro reinsurance corporation, reinsurance carrier.
corporación de responsabilidad limitada limited liability corporation, limited corporation.
corporación de seguros insurance corporation.
corporación de seguros de vida life insurance corporation.
corporación de seguros mutuos mutual insurance corporation.
corporación de servicio service corporation.
corporación de servicios personales personal service corporation.
corporación de servicios públicos utility, public services corporation.
corporación de telecomunicaciones telecommunications corporation.
corporación de transportes transport corporation, shipping corporation, carrier.
corporación de utilidad pública utility, public services corporation.
corporación descentralizada decentralized corporation.
corporación difunta defunct corporation.
corporación distribuidora distributing corporation.
corporación disuelta dissolved corporation.
corporación diversificada diversified corporation.
corporación doméstica domestic corporation.
corporación dominante dominant corporation.
corporación emisora issuing corporation.
corporación en funcionamiento going concern.
corporación en línea online corporation.
corporación en marcha going concern.
corporación especulativa speculative corporation, commercial corporation.

corporación establecida established corporation.
corporación estatal government corporation, state corporation.
corporación ética ethical corporation.
corporación exenta exempt corporation.
corporación exenta de contribuciones tax-exempt corporation.
corporación exenta de impuestos tax-exempt corporation.
corporación explotadora operating corporation.
corporación exportadora exporting corporation.
corporación extranjera alien corporation, foreign corporation.
corporación extranjera administrada managed foreign corporation.
corporación extranjera controlada controlled foreign corporation.
corporación familiar family corporation.
corporación fiduciaria trust corporation.
corporación filial affiliated corporation, sister corporation, subsidiary.
corporación financiera finance corporation, financial corporation.
Corporación Financiera Internacional International Finance Corporation.
corporación fusionada merged corporation.
corporación global global corporation.
corporación hipotecaria mortgage corporation.
corporación ilícita corporation organized for illegal purposes.
corporación importadora importing corporation.
corporación inactiva dormant corporation.
corporación individual individual corporation, sole proprietorship.
corporación industrial industrial corporation.
corporación inmobiliaria real estate corporation, property corporation.
corporación insolvente insolvent corporation.
corporación integrada integrated corporation.
corporación internacional international corporation.
corporación inversionista investment corporation.
corporación local local corporation.
corporación lucrativa commercial corporation.
corporación manipulada manipulated corporation.
corporación manufacturera manufacturing corporation.
corporación marítima maritime corporation.
corporación matriz parent corporation.
corporación mercantil commercial corporation.
corporación miembro member corporation.
corporación mixta mixed corporation.
corporación multinacional multinational corporation.
corporación nacional domestic corporation.
corporación naviera shipping corporation.
corporación no afiliada unaffiliated corporation.
corporación no apalancada unleveraged corporation.
corporación no especulativa nonprofit corporation.
corporación no lucrativa nonprofit corporation.
corporación no pública nonpublic corporation.
corporación online online corporation.
corporación operadora operating corporation.
corporación por acciones stock corporation.
corporación porteadora carrier.
corporación privada private corporation.

corporación privada de transporte private carrier.
corporación propietaria close corporation.
corporación pública public corporation.
corporación pública de transporte public carrier.
corporación quebrada bankrupt corporation.
corporación reaseguradora reinsurance corporation.
corporación registrada registered corporation.
corporación regulada regulated corporation.
corporación retenedora holding corporation.
corporación sin acciones nonstock corporation.
corporación sin fines de lucro nonprofit corporation, benevolent corporation.
corporación sobreviviente surviving corporation.
corporación subsidiaria subsidiary corporation.
corporación tenedora holding corporation.
corporación transnacional transnational corporation.
corporativismo *m* corporatism.
corporativista *adj* corporatist.
corporativo *adj* corporate.
corpóreo *adj* corporeal.
corrección *f* correction.
corrección a la baja downward correction.
corrección del mercado market correction.
corrección monetaria monetary correction.
corrección política political correctness.
correcto políticamente politically correct.
corredor *m* broker, commercial broker, trader.
corredor aduanero customs broker.
corredor asociado associated broker.
corredor comercial commercial broker.
corredor conjunto co-broker.
corredor cooperador cooperating broker.
corredor de aceptaciones acceptance dealer.
corredor de aduanas customs broker, customhouse broker.
corredor de apuestas bookmaker.
corredor de arrendamientos lease broker.
corredor de bienes raíces real estate broker.
corredor de bolsa broker, trader, stockbroker.
corredor de bonos bond broker.
corredor de cambio foreign exchange broker.
corredor de cargo fijo flat-fee broker.
corredor de comercio merchandise broker, merchandise broker who also performs the services of a notary public, commerce broker, business broker.
corredor de comercios electrónicos e-commerce broker, e-business broker.
corredor de contratación contract broker.
corredor de descuento discount broker.
corredor de divisas foreign exchange broker, foreign exchange trader.
corredor de empresas business broker.
corredor de fletamento charter broker.
corredor de hipotecas mortgage broker.
corredor de letras bill broker.
corredor de mercancías merchandise broker, commodities broker.
corredor de negocios business broker.
corredor de préstamos loan broker.
corredor de productos commodities broker.
corredor de propiedades real estate broker.
corredor de reaseguro reinsurance broker.
corredor de seguros insurance broker.
corredor de servicios completos full-service broker.
corredor de valores securities broker.

corredor de ventas sales broker, selling broker.
corredor del comprador buyer's broker.
corredor hipotecario mortgage broker.
corredor independiente independent broker.
corredor inmobiliario real estate broker.
corredor institucional institutional broker.
corredor mercantil commercial broker.
corredor principal principal broker.
corredor registrado registered broker.
corredor residencial residential broker.
correduría *f* brokerage.
correduría de seguros insurance brokerage.
corregido *adj* corrected.
corregido a la baja corrected downward, revised downward.
corregido al alza corrected upward, revised upward.
corregir *v* correct.
correlación *f* correlation.
correlación conjunta joint correlation.
correlación directa direct correlation.
correlación lineal linear correlation.
correlación múltiple multiple correlation.
correlación negativa negative correlation.
correlación parcial partial correlation.
correlación positiva positive correlation.
correlación serial serial correlation.
correo *m* mail, post, correspondence, post office.
correo aéreo airmail.
correo asegurado insured mail.
correo basura junk mail.
correo caracol snail mail.
correo certificado certified mail, registered mail.
correo comercial business mail, commercial mail.
correo corporativo corporate mail.
correo de comercio business mail, commercial mail, commerce mail.
correo de negocios business email.
correo de primera clase first class mail.
correo de respuesta comercial business reply mail.
correo directo direct mail.
correo electrónico email, e-mail, electronic mail.
correo electrónico comercial business email, commercial email.
correo electrónico corporativo corporate email.
correo electrónico de la compañía company email.
correo electrónico de negocios business email.
correo electrónico empresarial business email.
correo electrónico entregado delivered email.
correo empresarial business email.
correo entrante incoming mail.
correo entregado delivered mail.
correo expreso express mail.
correo mercantil commercial mail.
correo no asegurado uninsured mail.
correo registrado registered mail.
correo saliente outgoing mail.
correo simple ordinary mail.
correo urgente urgent mail, special delivery mail.
correspondencia *f* correspondence, mail.
correspondencia certificada certified mail, registered mail.
correspondencia comercial business correspondence, commercial correspondence.
correspondencia corporativa corporate correspondence.
correspondencia de comercio commerce correspondence.

correspondencia de la compañía company correspondence.
correspondencia de negocios business correspondence.
correspondencia electrónica electronic correspondence.
correspondencia empresarial business correspondence.
correspondencia mercantil commercial correspondence.
correspondencia registrada registered mail.
corresponder *v* correspond.
corresponder con correspond with.
correspondiente *adj* corresponding.
corresponsal *m/f* correspondent.
corresponsal extranjero foreign correspondent.
corretaje *m* brokerage.
corretaje de descuento discount brokerage.
corretaje institucional institutional brokerage.
corrida bancaria bank run.
corriente *adj* current.
corriente *f* trend, stream.
corriente de ingresos income stream.
corrientemente *adv* currently.
corrientemente asegurado currently insured.
corrientemente cubierto currently covered.
corrupción *f* corruption.
corrupto *adj* corrupt.
cortar costes cut costs.
cortar costos cut costs.
corte *f* court.
corte aduanal customs court.
corte aduanera customs court.
corte arbitral court of arbitration.
corte de aduanas customs court.
corte de arbitraje court of arbitration.
corte de comercio commercial court.
corte de quiebras bankruptcy court.
corte de sucesiones probate court.
corte de trabajo labor court, labour court.
corte laboral labor court, labour court.
corto *adj* short.
corto plazo, a short term, in the short term.
cosa fungible fungible good.
cosa gravada encumbered thing.
cosa hipotecada mortgaged thing.
cosa inmueble real property.
cosa mueble movable thing.
cosecha del arrendatario away-going crop.
coseguro *m* coinsurance.
cosignatario *m* cosigner.
cosolicitante *m/f* co-applicant.
costa *f* cost, price, coast.
coste *m* cost, price.
coste absorbido absorbed cost.
coste acordado agreed-upon cost.
coste acostumbrado customary cost.
coste actual present cost.
coste adicional additional cost, aftercost.
coste administrativo administrative cost.
coste alternativo alternative cost.
coste amortizable amortizable cost.
coste amortizado amortized cost.
coste anticipado anticipated cost.
coste anual annual cost.
coste aplicado applied cost.
coste base base cost.
coste básico basic cost.
coste-beneficio cost-benefit.
coste calculado calculated cost.

coste capitalizado capitalized cost.
coste comparativo comparative cost.
coste común common cost.
coste conjunto joint cost.
coste constante constant cost.
coste contingente contingent cost.
coste continuo continuing cost.
coste contratado contracted cost.
coste controlable controllable cost.
coste convenido agreed-upon cost.
coste corriente current cost.
coste de administración administration cost.
coste de adquisición acquisition cost.
coste de amortización amortization expense.
coste de capital cost of capital.
coste de comercialización commercialization cost, merchandising cost, marketing cost.
coste de compra cost of purchase.
coste de compromiso commitment cost.
coste de constitución organization cost.
coste de conversión conversion cost.
coste de distribución distribution cost.
coste de elaboración manufacturing cost.
coste de emisión issue cost.
coste de emisión de bonos bond issue cost.
coste de emitir acciones flotation cost.
coste de entrega cost of delivery.
coste de explotación operating cost.
coste de fabricación manufacturing cost.
coste de factores factor cost.
coste de financiación financing cost.
coste de financiamiento financing cost.
coste de intereses neto net interest cost.
coste de inventario inventory cost.
coste de la mano de obra cost of labor, cost of labour.
coste de mantenimiento maintenance cost.
coste de manufactura manufacturing cost.
coste de materiales materials cost.
coste de mercado market cost.
coste de mercancías cost of goods.
coste de mercancías manufacturadas cost of goods manufactured.
coste de mercancías vendidas cost of goods sold.
coste de negocios directo direct business cost.
coste de operación operating cost.
coste de oportunidad opportunity cost.
coste de organización organization cost.
coste de personal personnel cost.
coste de personal directo direct labor cost, direct labour cost.
coste de personal indirecto indirect labor cost, indirect labour cost.
coste de posesión carrying cost, cost of possession.
coste de producción production cost.
coste de publicidad advertising cost.
coste de reemplazo replacement cost.
coste de reposición replacement cost
coste de reproducción reproduction cost, replacement cost.
coste de servicio service cost.
coste de sustitución substitution cost.
coste de tomar prestado borrowing cost.
coste de transferencia transfer cost.
coste de transporte transportation cost.
coste de vida cost of living.
coste del producto product cost.
coste depreciable depreciable cost.

coste depreciado depreciated cost.
coste diferencial differential cost.
coste diferido deferred cost.
coste directo direct cost.
coste discrecional discretionary cost.
coste económico economic cost.
coste efectivo effective cost.
coste-eficiente *adj* cost-efficient.
coste entregado delivered cost.
coste esencial essential cost.
coste especial special cost.
coste específico specific cost.
coste estándar standard cost.
coste estimado estimated cost.
coste estipulado stipulated cost.
coste evitable avoidable cost.
coste fijo fixed cost, overhead.
coste financiero financial cost.
coste general general cost, overhead.
coste histórico historical cost.
coste implícito implied cost.
coste imputado imputed cost.
coste incidental incidental cost.
coste incontrolable uncontrollable cost.
coste incremental incremental cost.
coste indirecto indirect cost.
coste inevitable inevitable cost.
coste inicial initial cost.
coste laboral labor cost, labour cost.
coste marginal marginal cost.
coste marginal de adquisición marginal cost of acquisition.
coste marginal de capital marginal cost of capital.
coste marginal de fondos marginal cost of funds.
coste máximo maximum cost.
coste medio average cost.
coste mínimo minimum cost.
coste mixto mixed cost.
coste necesario necessary cost.
coste negociado negotiated cost.
coste neto net cost.
coste neto medio average net cost.
coste no controlable noncontrollable cost.
coste no recuperado unrecovered cost.
coste nominal nominal cost.
coste normal normal cost.
coste objeto target cost.
coste obligado obligatory cost.
coste obligatorio obligatory cost.
coste operativo operating cost.
coste ordinario ordinary cost.
coste original original cost.
coste pactado agreed-upon cost.
coste periódico periodic cost.
coste por empleado cost per employee.
coste por financiamiento finance cost.
coste por kilómetro cost per kilometer.
coste por milla cost per mile.
coste por pieza cost per piece.
coste predeterminado predetermined cost.
coste prevaleciente prevailing cost.
coste privado private cost.
coste prohibitivo prohibitive cost.
coste promedio average cost.
coste publicitario advertising cost.
coste razonable reasonable cost.
coste real real cost, actual cost.
coste recuperable recoverable cost.
coste recurrente recurring cost.
coste reducido reduced cost.

coste regular regular cost.
coste relacionado related cost.
coste repetitivo repetitive cost.
coste requerido required cost.
coste residual residual cost.
coste salarial wage cost.
coste semivariable semivariable cost.
coste tangible tangible cost.
coste típico typical cost.
coste total total cost, full cost, all-in cost.
coste trimestral quarterly cost.
coste unitario unit cost.
coste unitario medio average unit cost.
coste variable variable cost.
coste y flete cost and freight.
coste y seguro cost and insurance.
coste, seguro y flete cost, insurance, and freight.
costear *v* finance, pay for.
costeo *m* costing.
costeo basado en la actividad activity-based costing.
costeo de procesos process costing.
costeo del producto product costing.
costeo directo direct costing.
costeo marginal marginal costing.
costeo por absorción absorption costing.
costeo por actividades activity costing.
costeo total full costing.
costero *adj* coastal.
costes adicionales extra costs.
costes administrados managed costs.
costes administrativos administrative costs.
costes asignados allocated costs.
costes aumentados increased costs.
costes comprometidos committed costs.
costes constantes constant costs.
costes contables accounting costs.
costes contractuales contractual costs.
costes controlables controllable costs.
costes controlados controlled costs.
costes crecientes increasing costs.
costes de administración administration costs.
costes de agencia agency costs.
costes de capacidad capacity costs.
costes de colocación de emisión underwriting costs.
costes de construcción building costs.
costes de contabilidad accounting costs.
costes de distribución distribution costs.
costes de embarque shipping costs.
costes de explotación operating costs.
costes de fábrica factory costs.
costes de investigación y desarrollo research and development costs.
costes de marketing marketing costs.
costes de mercadeo marketing costs.
costes de personal personnel costs.
costes de promoción promotional costs.
costes de puesta en marcha front-end costs, startup costs.
costes de quiebra bankruptcy costs.
costes de ventas sales costs, selling costs.
costes decrecientes decreasing costs.
costes del desarrollo development costs.
costes especificados specified costs.
costes esperados expected costs.
costes estables stable costs.
costes excepcionales exceptional costs.
costes explícitos explicit costs.
costes externos external costs.

costes fijos fixed costs, overhead.
costes fijos comprometidos committed fixed costs.
costes fijos netos average fixed costs.
costes fijos totales total fixed costs.
costes financieros financial costs.
costes generales overhead.
costes generales fijos overhead.
costes incontrolables uncontrollable costs.
costes indeterminados undetermined costs.
costes inevitables unavoidable costs.
costes legales legal costs.
costes manipulados manipulated costs.
costes mensuales monthly costs.
costes misceláneos miscellaneous costs.
costes no asignados unallocated costs.
costes no de manufactura nonmanufacturing costs.
costes no distribuidos undistributed costs.
costes normales normal costs.
costes ocultos hidden costs.
costes operacionales operational costs.
costes operativos operating costs.
costes preestablecidos preset costs.
costes preliminares preliminary costs.
costes prepagados prepaid costs.
costes progresivos progressive costs.
costes prorrateados prorated costs, apportioned costs.
costes relevantes relevant costs.
costes suplementarios supplemental costs.
costes varios miscellaneous costs.
costes y gastos costs and charges.
costo *m* cost, price.
costo absorbido absorbed cost.
costo acordado agreed-upon cost.
costo acostumbrado customary cost.
costo actual present cost.
costo adicional additional cost, aftercost.
costo administrado managed cost, administered cost.
costo alternativo alternative cost.
costo amortizable amortizable cost.
costo amortizado amortized cost.
costo anticipado anticipated cost.
costo anual annual cost.
costo aplicado applied cost.
costo base base cost.
costo básico basic cost.
costo-beneficio cost-benefit.
costo calculado calculated cost.
costo capitalizado capitalized cost.
costo comparativo comparative cost.
costo común common cost.
costo conjunto joint cost.
costo constante constant cost.
costo contingente contingent cost.
costo continuo continuing cost.
costo contratado contracted cost.
costo controlable controllable cost.
costo convenido agreed-upon cost.
costo corriente current cost.
costo de administración administration cost.
costo de adquisición acquisition cost.
costo de amortización amortization expense.
costo de capital cost of capital.
costo de cobros collection cost.
costo de comercialización commercialization cost, merchandising cost, marketing cost.
costo de compra cost of purchase.

costo de compromiso commitment cost.
costo de constitución organization cost.
costo de conversión conversion cost.
costo de distribución distribution cost.
costo de elaboración manufacturing cost.
costo de emisión issue cost.
costo de emisión de bonos bond issue cost.
costo de emitir acciones flotation cost.
costo de entrega cost of delivery.
costo de explotación operating cost.
costo de fabricación manufacturing cost.
costo de factores factor cost.
costo de financiación financing cost.
costo de financiamiento financing cost.
costo de fondos cost of funds.
costo de intereses neto net interest cost.
costo de inventario inventory cost.
costo de la mano de obra cost of labor, cost of labour.
costo de la pérdida cost of loss.
costo de mantenimiento maintenance cost.
costo de manufactura manufacturing cost.
costo de materiales materials cost.
costo de mercado market cost.
costo de mercancías cost of goods.
costo de mercancías manufacturadas cost of goods manufactured.
costo de mercancías vendidas cost of goods sold.
costo de negocios directo direct business cost.
costo de ocupación cost of occupancy.
costo de operación operating cost.
costo de oportunidad opportunity cost.
costo de organización organization cost.
costo de personal personnel cost.
costo de personal directo direct labor cost, direct labour cost.
costo de personal indirecto indirect labor cost, indirect labour cost.
costo de posesión carrying cost, cost of possession.
costo de producción cost of production.
costo de publicidad advertising cost.
costo de reemplazo replacement cost.
costo de reposición replacement cost.
costo de reproducción replacement cost, reproduction cost, cost of reproduction.
costo de seguro de vida life insurance cost.
costo de servicio service cost.
costo de sustitución substitution cost.
costo de tomar prestado borrowing cost.
costo de transacción transaction cost.
costo de transferencia transfer cost.
costo de transporte transportation cost.
costo de ventas cost of sales.
costo de vida cost of living.
costo del dinero cost of money.
costo del producto product cost.
costo del riesgo cost of risk.
costo del seguro cost of insurance.
costo depreciable depreciable cost.
costo depreciado depreciated cost.
costo diferencial differential cost.
costo diferido deferred cost.
costo directo direct cost.
costo discrecional discretionary cost.
costo económico economic cost.
costo efectivo effective cost.
costo-eficiente *adj* cost-efficient.
costo entregado delivered cost.

costo esencial essential cost.
costo especial special cost.
costo específico specific cost.
costo estándar standard cost.
costo estimado estimated cost.
costo estipulado stipulated cost.
costo fijo fixed cost.
costo financiero financial cost.
costo histórico historical cost.
costo implícito implied cost.
costo imputado imputed cost.
costo incidental incidental cost.
costo incontrolable uncontrollable cost.
costo incremental incremental cost.
costo indirecto indirect cost.
costo inevitable inevitable cost.
costo inicial initial cost.
costo intangible intangible cost.
costo laboral labor cost, labour cost.
costo marginal marginal cost.
costo marginal de adquisición marginal cost of acquisition.
costo marginal de capital marginal cost of capital.
costo marginal de fondos marginal cost of funds.
costo máximo maximum cost.
costo medio average cost.
costo mínimo minimum cost.
costo mixto mixed cost.
costo necesario necessary cost.
costo negociado negotiated cost.
costo neto net cost.
costo neto medio average net cost.
costo no controlable noncontrollable cost.
costo no recuperado unrecovered cost.
costo nominal nominal cost.
costo normal normal cost.
costo objeto target cost.
costo obligado obligatory cost.
costo obligatorio obligatory cost.
costo operativo operating cost.
costo ordinario ordinary cost.
costo original original cost.
costo pactado agreed-upon cost.
costo periódico periodic cost.
costo por empleado cost per employee.
costo por financiamiento finance cost.
costo por kilómetro cost per kilometer.
costo por milla cost per mile.
costo por pieza cost per piece.
costo predeterminado predetermined cost.
costo prevaleciente prevailing cost.
costo privado private cost.
costo prohibitivo prohibitive cost.
costo promedio average cost.
costo publicitario advertising cost.
costo razonable reasonable cost.
costo real real cost, actual cost.
costo recuperable recoverable cost.
costo recurrente recurring cost.
costo redistribuido redistributed cost.
costo reducido reduced cost.
costo regular regular cost.
costo relacionado related cost.
costo repetitivo repetitive cost.
costo requerido required cost.
costo residual residual cost.
costo salarial wage cost.
costo semifijo semifixed cost.
costo semivariable semivariable cost.
costo tangible tangible cost.

costo típico typical cost.
costo total total cost, full cost, all-in cost.
costo trimestral quarterly cost.
costo unitario unit cost.
costo unitario medio average unit cost.
costo variable variable cost.
costo y flete cost and freight.
costo y seguro cost and insurance.
costo, seguro y flete cost, insurance, and freight.
costos adicionales extra costs.
costos administrados managed costs.
costos administrativos administrative costs.
costos asignados allocated costs.
costos aumentados increased costs.
costos comprometidos committed costs.
costos constantes constant costs.
costos contables accounting costs.
costos contractuales contractual costs.
costos controlables controllable costs.
costos controlados controlled costs.
costos crecientes increasing costs.
costos de administración administration costs.
costos de agencia agency costs.
costos de capacidad capacity costs.
costos de colocación de emisión underwriting costs.
costos de construcción building costs.
costos de contabilidad accounting costs.
costos de distribución distribution costs.
costos de embarque shipping costs.
costos de explotación operating costs.
costos de fábrica factory costs.
costos de investigación y desarrollo research and development costs.
costos de marketing marketing costs.
costos de mercadeo marketing costs.
costos de personal personnel costs.
costos de promoción promotional costs.
costos de puesta en marcha front-end costs, startup costs.
costos de quiebra bankruptcy costs.
costos de ventas selling costs.
costos decrecientes decreasing costs.
costos del desarrollo development costs.
costos especificados specified costs.
costos esperados expected costs.
costos estables stable costs.
costos excepcionales exceptional costs.
costos explícitos explicit costs.
costos externos external costs.
costos fijos fixed costs, overhead.
costos fijos comprometidos committed fixed costs.
costos fijos totales total fixed costs.
costos financieros financial costs.
costos generales overhead.
costos generales fijos overhead.
costos incontrolables uncontrollable costs.
costos indeterminados undetermined costs.
costos inevitables unavoidable costs.
costos legales legal costs.
costos manipulados manipulated costs.
costos mensuales monthly costs.
costos misceláneos miscellaneous costs.
costos no asignados unallocated costs.
costos no de manufactura nonmanufacturing costs.
costos no distribuidos undistributed costs.
costos normales normal costs.
costos ocultos hidden costs.

costos operacionales operational costs.
costos operativos operating costs.
costos preestablecidos preset costs.
costos preliminares preliminary costs.
costos prepagados prepaid costs.
costos programados programmed costs.
costos progresivos progressive costs.
costos prorrateados apportioned costs.
costos relevantes relevant costs.
costos suplementarios supplemental costs.
costos variables totales total variable costs.
costos varios miscellaneous costs.
costos y cargos costs and charges.
costoso *adj* costly, expensive.
costumbre *f* custom, routine.
costumbres comerciales business customs, commercial customs.
costumbres comunitarias community customs.
costumbres corporativas corporate customs.
costumbres de comercio commerce customs.
costumbres de contabilidad accounting customs.
costumbres de industria industry customs.
costumbres de negocios business customs.
costumbres de trabajo labor customs, labour customs, work customs.
costumbres del comercio customs of the trade, commerce practices, business practices.
costumbres del comercio electrónico e-commerce practices, e-business practices.
costumbres empresariales business customs.
costumbres establecidas established customs.
costumbres financieras financial customs.
costumbres generales general customs.
costumbres industriales industrial customs.
costumbres inmemoriales immemorial customs.
costumbres internacionales international customs.
costumbres laborales labor customs, labour customs.
costumbres mercantiles business customs, commercial customs.
costumbres sanitarias health customs, sanitary customs.
costumbres vigentes current customs.
costumbres y prácticas customs and practices.
cota de referencia benchmark.
cotejar *v* collate, compare.
cotizable *adj* quotable.
cotización *f* quotation, quote.
cotización a la apertura opening quote, opening quotation.
cotización actual current quote, current quotation.
cotización al cierre closing quote, closing quotation.
cotización completa full quote, full quotation.
cotización de acciones stock listing, stock quote, stock quotation.
cotización de apertura opening quote, opening quotation.
cotización de bono bond listing, bond quote, bond quotation.
cotización de cierre closing quote, closing quotation.
cotización de precio price quote, price quotation.
cotización demorada delayed quote.
cotización en firme firm quote.
cotización firme firm quote.
cotización máxima daily high, highest quote, highest quotation.
cotización mínima daily low, lowest quote, lowest quotation.
cotización nominal nominal quotation.
cotización oficial official quote, official quotation.
cotizado *adj* quoted, listed.
cotizado en bolsa listed on an exchange.
cotizar *v* quote, list.
cotizar en bolsa list on an exchange.
coyuntura económica economic situation, economic circumstances.
crash *m* crash.
creación *f* creation.
creación de empleos job creation.
creación de un mercado market creation.
creador de mercado market maker.
crear *v* create, develop.
creatividad *f* creativity.
creciente *adj* increasing, growing.
crecimiento *m* growth, increase.
crecimiento administrado managed growth.
crecimiento anticipado anticipated growth.
crecimiento anual annual growth.
crecimiento cero zero growth.
crecimiento compuesto compound growth.
crecimiento constante constant growth, steady growth.
crecimiento controlado controlled growth.
crecimiento corporativo corporate growth.
crecimiento de capital capital growth.
crecimiento de la demanda demand growth.
crecimiento del valor value growth.
crecimiento direccional directional growth.
crecimiento económico economic growth.
crecimiento económico cero zero economic growth.
crecimiento económico equilibrado balanced economic growth.
crecimiento equilibrado balanced growth.
crecimiento estable stable growth.
crecimiento global overall growth.
crecimiento manipulado manipulated growth.
crecimiento rápido fast growth.
crecimiento sostenible sustainable growth.
crecimiento sostenido sustained growth.
credenciales *f* credentials.
credibilidad *f* credibility.
crédito *m* credit, installment, solvency, reputation, credit rating, debt.
crédito, a on credit.
crédito a corto plazo short-term credit.
crédito a la exportación export credit.
crédito a largo plazo long-term credit.
crédito a mediano plazo medium-term credit.
crédito a medio plazo medium-term credit.
crédito a sola firma unsecured credit.
crédito abierto open credit.
crédito adicional additional credit.
crédito agrícola farm credit, agricultural credit.
crédito al consumo consumer credit.
crédito al descubierto unsecured credit.
crédito al por menor retail credit.
crédito ampliado extended credit.
crédito autorizado authorized credit.
crédito bancario bank credit.
crédito cierto documented debt.
crédito clasificado classified credit.
crédito comercial commercial credit, business credit, trade credit, goodwill.
crédito confirmado confirmed credit.
crédito congelado frozen credit.
crédito contra contribución credit against tax.

crédito contra impuesto credit against tax.
crédito contributivo tax credit.
crédito contributivo extranjero foreign tax credit.
crédito contributivo por inversión investment tax credit.
crédito corporativo corporate credit.
crédito cubierto secured credit.
crédito de aceptación acceptance credit.
crédito de avío loan for a specific business purpose.
crédito de cheques check credit, cheque credit.
crédito de comercio commerce credit.
crédito de comercio electrónico e-commerce credit, e-business credit.
crédito de consumo consumer credit.
crédito de descuento discount credit.
crédito de habilitación loan for a specific business purpose.
crédito de importación import credit.
crédito de negocios business credit.
crédito de tercera parte third party credit.
crédito de vivienda housing credit, mortgage.
crédito del comprador buyer's credit.
crédito del consumidor consumer credit.
crédito descubierto unsecured credit.
crédito deteriorado impaired credit.
crédito diferido deferred credit.
crédito dirigido directed credit.
crédito disponible available credit.
crédito divisible divisible credit.
crédito documentado documentary credit.
crédito documentario documentary credit.
crédito empresarial business credit.
crédito en blanco open credit.
crédito en efectivo cash credit.
crédito especial special credit.
crédito estacional seasonal credit.
crédito extendido extended credit.
crédito ficticio fictitious credit.
crédito fiscal tax credit.
crédito garantizado guaranteed credit, secured credit.
crédito hipotecario mortgage credit, mortgage.
crédito ilimitado unlimited credit.
crédito impositivo tax credit.
crédito impositivo extranjero foreign tax credit.
crédito impositivo por inversión investment tax credit.
crédito incobrable uncollectible debt, bad debt.
crédito incondicional unconditional credit.
crédito inmediato immediate credit.
crédito instantáneo immediate credit.
crédito interino interim credit.
crédito interior domestic credit.
crédito irrevocable irrevocable credit.
crédito libre open credit.
crédito litigioso debt in litigation.
crédito mercantil commercial credit.
crédito mixto mixed credit.
crédito mobiliario chattel mortgage.
crédito no confirmado unconfirmed credit.
crédito no utilizado unused credit.
crédito opcional optional credit.
crédito ordinario ordinary credit.
crédito pendiente outstanding credit.
crédito personal personal credit.
crédito pignoraticio secured credit.
crédito por cuidado de dependiente dependent care credit.
crédito por inversión investment credit.

crédito por reaseguro reinsurance credit.
crédito por seguro médico health insurance credit.
crédito preferencial preferential credit, preferential debt.
crédito prendario chattel credit.
crédito privado private credit.
crédito privilegiado privileged credit, privileged debt.
crédito provisional provisional credit.
crédito público public credit, public debt.
crédito puente bridge credit, bridge loan.
crédito quirografario unsecured credit.
crédito reembolsable refundable credit.
crédito refaccionario agricultural loan, commercial loan.
crédito renovable renewable credit.
crédito restringido restricted credit.
crédito revocable revocable credit.
crédito rotatorio revolving credit.
crédito simple simple credit.
crédito sin garantía unsecured credit.
crédito sin restricción unrestricted credit.
crédito suplementario supplemental credit.
crédito transferible transferable credit.
crédito tributario tax credit.
crédito tributario extranjero foreign tax credit.
crédito tributario por inversión investment tax credit.
crédito unificado unified credit.
creíble *adj* credible.
crimen corporativo corporate crime.
crimen organizado organized crime.
crisis *f* crisis.
crisis bancaria banking crisis.
crisis de liquidez liquidity crisis.
crisis de petróleo oil crisis.
crisis económica economic crisis.
crisis financiera financial crisis.
crisis laboral labor crisis.
crisis monetaria monetary crisis.
criterio *m* criterion, judgment, opinion.
criterio de valoración valuation criterion.
criterio de valuación valuation criterion.
criterios de convergencia convergence criteria.
criterios de crédito credit criteria.
criterios económicos economic criteria.
crítica *f* criticism.
crítico *adj* critical.
cruzar *v* cross.
cta. (cuenta) account.
cuadrar *v* square, balance, tally.
cuadrilla *f* work group, work team.
cuadro *m* chart, table, schedule, panel.
cuadro de amortización amortization schedule.
cuadro de financiación statement of sources and application of funds.
cuadro directivo board of directors.
cuadruplicado *adj* quadruplicate.
cualificación *f* qualification, rating.
cualificado *adj* qualified, skilled, conditional.
cualificar *v* classify, rate, qualify.
cualitativamente *adv* qualitatively.
cualitativo *adj* qualitative.
cuantía *f* amount, extent.
cuantía de la subvención amount of the subsidy.
cuantía del préstamo amount of the loan.
cuantía del subsidio amount of the subsidy.
cuantificación *f* quantification.
cuantitativamente *adv* quantitatively.

cuantitativo *adj* quantitative.
cuartil *m* quartile.
cuarto mercado fourth market.
cuarto mundo fourth world.
cuarto trimestre fourth trimester.
cuasicontrato *m* quasi contract.
cuasicorporación *f* quasi corporation.
cuasidinero *m* quasi-money.
cuasimonopolio *m* quasi monopoly.
cuasiposesión *f* quasi possession.
cuasipúblico quasi-public.
cuasirrenta *f* quasi rent.
cuasiservidumbre *f* quasi easement.
cuatrimestre *m* a four month period.
cubierta *f* coverage, cover.
cubierto *adj* covered.
cubierto por seguro covered by insurance.
cubrir *v* cover, cover up, pay.
cubrir costes cover costs.
cubrir costos cover costs.
cuello de botella bottleneck.
cuenta *f* account, bill, accounting, calculation, report.
cuenta, a on account.
cuenta a cobrar account receivable, bill receivable.
cuenta a comisión commission account.
cuenta a crédito charge account.
cuenta a la vista demand account.
cuenta a pagar bill payable.
cuenta abierta open account, account open.
cuenta activa active account.
cuenta adjunta adjunct account.
cuenta administrada managed account, administered account.
cuenta ajena the account of another.
cuenta al descubierto short account, overdrawn account.
cuenta asegurada insured account.
cuenta asignada assigned account.
cuenta atrasada delinquent account, past due account, account past due, account overdue.
cuenta auxiliar subsidiary account.
cuenta bancaria bank account.
cuenta básica basic account.
cuenta bloqueada blocked account, frozen account.
cuenta cancelada cancelled account.
cuenta cedida assigned account.
cuenta cerrada closed account, account closed.
cuenta clave key account.
cuenta comercial commercial account, business account.
cuenta compuesta compound account.
cuenta congelada frozen account, blocked account.
cuenta conjunta joint account.
cuenta continua continuing account.
cuenta controlada controlled account.
cuenta controladora controlling account.
cuenta convenida account stated.
cuenta corporativa corporate account.
cuenta corriente commercial account, current account, checking account.
cuenta corriente bancaria checking account.
cuenta custodial custodial account.
cuenta de, a for the account of, on behalf of.
cuenta de aceptación acceptance account.
cuenta de actividad activity account.
cuenta de agencia agency account.
cuenta de ahorro individual individual savings

account.
cuenta de ahorro vinculada linked savings account.
cuenta de ahorros savings account.
cuenta de ajuste adjustment account.
cuenta de alto volumen high-volume account.
cuenta de anticipos advance account.
cuenta de apropiación appropriation account.
cuenta de arbitraje especial special arbitrage account.
cuenta de balance cero zero-balance account.
cuenta de banco bank account.
cuenta de banco conjunta joint bank account.
cuenta de bonos especial special bond account.
cuenta de caja cash account.
cuenta de capital capital account.
cuenta de cargo charge account.
cuenta de certificado certificate account.
cuenta de cheques checking account.
cuenta de cliente client account.
cuenta de club club account.
cuenta de club navideño Christmas club account.
cuenta de comercio commercial account, commerce account.
cuenta de compensación offset account.
cuenta de compras purchase account.
cuenta de concentración concentration account.
cuenta de consignación consignment account.
cuenta de consumo consumption account.
cuenta de control control account.
cuenta de corporación corporation account.
cuenta de corredor broker account.
cuenta de corretaje brokerage account.
cuenta de crédito credit account, charge account.
cuenta de crédito renovable revolving charge account.
cuenta de crédito rotatorio revolving charge account.
cuenta de custodia custody account, custodian account.
cuenta de depósito deposit account.
cuenta de depósito del mercado monetario money market deposit account.
cuenta de efectivo cash account.
cuenta de empresa corporate account.
cuenta de excedentes surplus account.
cuenta de explotación working account, operating account.
cuenta de fideicomiso trust account.
cuenta de ganancias y pérdidas profit-and-loss account.
cuenta de gastos expense account.
cuenta de gastos flexibles flexible expense account.
cuenta de gestión management account.
cuenta de igualación equalization account.
cuenta de ingresos income account.
cuenta de intereses diarios daily interest account.
cuenta de inventario inventory account.
cuenta de inversiones investment account.
cuenta de jubilación individual individual retirement account.
cuenta de la compañía company account.
cuenta de liquidación settlement account.
cuenta de liquidez liquidity account.
cuenta de margen margin account.
cuenta de mercado abierto open market account.
cuenta de negocios business account.
cuenta de no residente nonresident account.
cuenta de nómina payroll account.

cuenta de opciones option account.
cuenta de operaciones operations account.
cuenta de participación participation account.
cuenta de pérdidas y ganancias profit and loss account.
cuenta de poseedor de tarjeta cardholder account.
cuenta de préstamos loan account.
cuenta de producción production account.
cuenta de regreso protest charges.
cuenta de resaca protest charges.
cuenta de reserva reserve account.
cuenta de residente resident account.
cuenta de resultados profit and loss account.
cuenta de retiro individual individual retirement account.
cuenta de saldo cero zero-balance account.
cuenta de superávit surplus account.
cuenta de tenedor de tarjeta cardholder account.
cuenta de titular de tarjeta cardholder account.
cuenta de tutela trust account.
cuenta de valoración valuation account.
cuenta de valores securities account.
cuenta de ventas sales account.
cuenta del balance balance sheet account.
cuenta del cierre closing account.
cuenta del cliente client account.
cuenta del difunto deceased account.
cuenta del mayor ledger account.
cuenta del mercado monetario money market account.
cuenta detallada itemized account.
cuenta deudora debit account, account payable.
cuenta diferida deferred account.
cuenta discrecional discretionary account.
cuenta dividida divided account.
cuenta dudosa doubtful account.
cuenta embargada attached account.
cuenta en descubierto overdrawn account, short account.
cuenta en divisas currency account.
cuenta en efectivo cash account.
cuenta en fideicomiso account in trust.
cuenta en moneda extranjera foreign currency account.
cuenta en mora delinquent account, past due account, account past due, account overdue.
cuenta en plica escrow account.
cuenta entre compañías intercompany account.
cuenta especial special account.
cuenta expirada expired account.
cuenta exterior foreign account.
cuenta externa external account.
cuenta fiduciaria trust account.
cuenta final final account.
cuenta financiera financial account.
cuenta flexible flexible account.
cuenta garantizada secured account.
cuenta general general account.
cuenta global aggregate account.
cuenta grupal group account.
cuenta inactiva inactive account, dormant account.
cuenta incobrable uncollectible account, bad account.
cuenta individual individual account.
cuenta indivisa undivided account.
cuenta liquidada liquidated account.
cuenta mala uncollectible account, bad account.
cuenta mancomunada joint account.
cuenta manipulada manipulated account.

cuenta mercantil commercial account.
cuenta miscelánea especial special miscellaneous account.
cuenta mixta mixed account.
cuenta morosa delinquent account, past due account, account past due, account overdue.
cuenta no asegurada uninsured account.
cuenta no expirada unexpired account.
cuenta nominal nominal account.
cuenta nueva new account.
cuenta numerada numbered account.
cuenta ordinaria ordinary account.
cuenta para gastos expense account.
cuenta particional account to divide.
cuenta particular private account.
cuenta pendiente outstanding account.
cuenta permanente permanent account.
cuenta personal personal account.
cuenta pignorada pledged account.
cuenta por contrato contract account.
cuenta presupuestaria budget account.
cuenta primaria primary account.
cuenta principal primary account.
cuenta privada private account.
cuenta propia own account.
cuenta provisional provisional account.
cuenta pública public account.
cuenta puente bridge account.
cuenta regional regional account.
cuenta reservada reserved account.
cuenta rotatoria revolving account.
cuenta saldada account settled.
cuenta secundaria secondary account.
cuenta segregada segregated account.
cuenta separada separate account.
cuenta sin garantía unsecured account.
cuenta sin movimiento inactive account.
cuenta sin valor worthless account.
cuenta sobregirada overdrawn account.
cuenta telefónica telephone account.
cuenta temporal temporary account.
cuenta transferida transferred account.
cuenta vencida past due account, account past due, account overdue, aged account.
cuentacorrentista *m/f* account holder.
cuentahabiente *m/f* account holder.
cuentas administrativas management accounts.
cuentas anuales annual accounts.
cuentas consolidadas consolidated accounts.
cuentas de activo asset accounts.
cuentas de orden memoranda accounts.
cuentas de pasivo liability accounts.
cuentas mezcladas commingled accounts.
cuentas no consolidadas unconsolidated accounts.
cuentas por cobrar accounts receivable.
cuentas por pagar accounts payable.
cuerpo *m* body, corps, volume.
cuerpo administrativo administrative body.
cuerpo arbitral arbitral body.
cuerpo consultivo consultative body, consulting body.
cuerpo consultor consultative body, consulting body.
cuerpo de bienes total assets.
cuerpo legislativo legislative body.
cuerpo profesional professional body.
cuestión *f* question, issue, controversy, matter.
cuestionable *adv* questionable.
cuestionario *m* questionnaire.

cuestiones ambientales environmental issues.
cuidado a corto plazo short-term care.
cuidado a largo plazo long-term care.
cuidado de salud health care.
cuidado médico medical care.
cuido del cliente client care, customer care.
cultivo *m* cultivation, crop.
cultivo alimentario food crop.
cultivo comercial cash crop, commercial crop.
cultivo de explotación cash crop, commercial crop.
cultivo industrial industrial farming, factory farming.
cultivo orgánico organic farming.
cultivos esenciales staple crops.
cultura *f* culture.
cultura corporativa corporate culture.
cultura de la compañía company culture.
cultura de la dependencia dependence culture.
cultura de la organización organization culture.
cultura popular popular culture.
cumbre *f* summit.
cumbre comercial business summit.
cumbre de comercio business summit, commerce summit.
cumbre de comercio electrónico e-commerce summit, e-business summit.
cumbre de negocios business summit.
cumbre económica economic summit.
cumbre empresarial business summit.
cumplido *adj* complete, reliable, courteous, abundant.
cumplimentación *f* fulfillment.
cumplimiento *m* fulfillment, completion, performance, observance, expiration date.
cumplimiento contributivo tax compliance.
cumplimiento de la obligación performance of an obligation.
cumplimiento del contrato fulfillment of the contract.
cumplimiento específico specific performance.
cumplimiento fiscal tax compliance.
cumplimiento impositivo tax compliance.
cumplimiento parcial partial performance.
cumplimiento total total performance.
cumplimiento tributario tax compliance.
cumplimiento voluntario voluntary compliance.
cumplir *v* fulfill, carry out, comply, perform, observe.
cumplir con abide by.
cumplir un contrato fulfill a contract.
cumplir un requisito fulfill a requirement.
cumplir una condición fulfill a condition.
cumplir una promesa fulfill a promise, keep a promise.
cumplirse el plazo mature.
cumulativo *adj* cumulative.
cuota *f* quota, share, payment, installment, fee, allocation, allotment.
cuota arancelaria tariff quota.
cuota contributiva tax rate, tax assessment.
cuota de amortización amortization payment.
cuota de exportación export quota.
cuota de importación import quota.
cuota de impuesto tax rate.
cuota de mercado market share.
cuota de ventas sales quota.
cuota del país country quota.
cuota global global quota.
cuota gravable taxable value.

cuota imponible taxable value.
cuota inicial initial payment, down payment.
cuota patronal employer's share.
cuota tributable taxable value.
cuotas anuales annual dues, annual installments.
cuotas asignadas allocated quotas.
cuotas, en in installments.
cuotas mensuales monthly dues, monthly installments.
cuotas semanales weekly dues, weekly installments.
cuotas sindicales union dues.
cuotas trimestrales quarterly dues, quarterly installments.
cupo *m* quota, share, tax share.
cupo de exportación export quota.
cupo de importación import quota.
cupón *m* coupon.
cupón al portador bearer coupon.
cupón cero zero coupon.
cupón de acción dividend coupon.
cupón de bono bond coupon.
cupón de deuda bond coupon.
cupón de dividendo dividend coupon.
cupón de intereses interest coupon.
cupón de pago payment coupon.
cupón de respuesta reply coupon.
currículo *m* curriculum vitae, curriculum.
currículum vitae curriculum vitae.
curso *m* course, trend.
curso acostumbrado de los negocios customary course of business.
curso de acción course of action.
curso de cambio rate of exchange.
curso de capacitación training course.
curso de formación training course.
curso de habilitación qualification course.
curso de los negocios course of business.
curso de orientación orientation course.
curso del empleo course of employment.
curso forzoso monetary system in which the currency is not convertible into a precious metal such as gold or silver.
curso intensivo crash course.
curso legal legal tender.
curso normal de los negocios ordinary course of business.
curso ordinario de los negocios ordinary course of business.
curso regular de los negocios regular course of business.
curva de aprendizaje learning curve.
curva de coste marginal marginal cost curve.
curva de costes cost curve.
curva de costes totales total cost curve.
curva de costo marginal marginal cost curve.
curva de costos cost curve.
curva de costos totales total cost curve.
curva de crecimiento growth curve.
curva de demanda demand curve.
curva de Engel Engel Curve.
curva de experiencia experience curve.
curva de ingresos revenue curve.
curva de Laffer Laffer Curve.
curva de oferta supply curve.
curva de Phillips Phillips Curve.
curva de precios price curve.
curva de probabilidad probability curve.
curva de producción output curve.
curva de rendimiento yield curve.

curva de rendimiento invertida inverted yield curve.
curva de rendimiento positiva positive yield curve.
curva de rendimientos decrecientes declining-yield curve.
curva de rendimientos negativa negative yield curve.
curva de ventas sales curve.
curva en forma de campana bell-shaped curve, bell curve.
curva salarial wage curve.
curvas de indiferencia indifference curves.
curvas de oferta y demanda supply and demand curves.
custodia *f* custody.
custodia conjunta joint custody.
custodial *adj* custodial.

D

D. (Don) Mr.
dación *f* dation, delivery, giving.
dación de arras payment of earnest money.
dación en pago dation in payment, payment in lieu of that accorded.
dádiva *f* gift, donation, grant.
dador *m* giver, donor, grantor.
dador de empleo employer.
dador de préstamo lender.
dador de trabajo employer.
DAFO (debilidades, amenazas, fortalezas, y oportunidades) SWOT.
dañado *adj* damaged.
daño accidental accidental damage.
daño ambiental environmental damage, environmental harm.
daño de propiedad property damage.
daño fortuito fortuitous damage.
daño intencionado intentional damage.
daño intencional intentional damage.
daño irreparable irreparable damage.
daño oculto concealed damage.
daños *m* damages.
daños a la propiedad damage to property.
daños consecuentes consequent damages.
daños efectivos actual damages.
daños especiales special damages.
daños reales actual damages.
daños y perjuicios damages.
dar *v* give, grant, convey, provide, furnish, donate, yield, offer, extend.
dar a crédito lend.
dar aviso give notice.
dar crédito grant credit.
dar de alta register a person, incorporate into inventory.
dar de baja remove a person from a register, discharge.
dar en arriendo lease.
dar en prenda pledge.
dar por nulo nullify.
dar por perdido consider lost.
dar por vencido cause to become due and payable, give up.

dar prestado lend.
dar prórroga grant a time extension.
darse de alta join, register.
darse de baja resign, leave a given line of work or industry.
data *f* item, date and place.
datar *v* date.
datos *m* data.
datos básicos basic data.
datos contables accounting data.
datos contributivos tax data.
datos corporativos corporate data.
datos de contabilidad accounting data.
datos del censo census data.
datos desagregados disaggregated data.
datos digitales digital data.
datos entre compañías intercompany data.
datos fiscales tax data.
datos impositivos tax data.
datos internos internal data.
datos personales personal data.
datos procesados processed data.
datos sin procesar raw data.
datos sin restricciones unrestricted data.
datos tributarios tax data.
DAX *m* DAX.
de acuerdo a lo convenido as per agreement.
de acuerdo a nuestros registros according to our records.
de acuerdo al contrato as per contract.
de amplia base broad-based.
de antemano beforehand.
de base amplia broad-based.
de derecho of right, lawful.
de fácil manejo easy to use, user-friendly.
de facto de facto, in fact.
de hecho de facto, in fact.
de mancomún jointly.
de tránsito in transit.
de uso fácil easy to use, user-friendly.
debatir *v* debate, discuss.
debe *m* debit side, debit.
debe y haber debit and credit.
debenture *m* debenture.
debenturista *m/f* holder of a debenture.
deber *m* duty, obligation, debt.
deber *v* owe.
deber a corto plazo short-term obligation.
deber a largo plazo long-term obligation.
deber absoluto absolute obligation.
deber accesorio accessory obligation.
deber bancario bank obligation.
deber bilateral bilateral obligation.
deber colateral collateral engagement.
deber colectivo collective obligation, joint obligation.
deber comercial commercial obligation.
deber condicionado conditional obligation.
deber condicional conditional obligation.
deber conjunto joint obligation.
deber consensual consensual obligation.
deber contingente contingent obligation.
deber contractual contractual obligation.
deber contratado contracted obligation.
deber contributivo tax obligation.
deber convenido agreed-upon obligation.
deber crediticio debt obligation.
deber de compartir obligation to share.
deber de compra obligation to buy.
deber de confidencialidad confidentiality

obligation.
deber de entrega obligation to deliver.
deber de hacer obligation to do.
deber de pagar obligation to pay.
deber de pago payment obligation.
deber de reparación obligation to repair.
deber de venta obligation to sell.
deber del estado government obligation, state
  obligation.
deber del gobierno government obligation.
deber determinado determinate obligation.
deber directo direct obligation.
deber específico specific obligation.
deber estatal government obligation, state
  obligation.
deber estatutario statutory obligation.
deber estipulado stipulated obligation.
deber ético moral obligation.
deber expreso express obligation.
deber financiero financial obligation.
deber firme firm obligation.
deber fiscal tax obligation.
deber gubernamental government obligation.
deber implícito implied obligation.
deber impositivo tax obligation.
deber incondicional unconditional obligation,
  absolute obligation.
deber incumplido unfulfilled obligation.
deber indirecto indirect obligation.
deber legal legal obligation.
deber mercantil commercial obligation.
deber moral moral obligation.
deber personal personal obligation.
deber primario primary obligation.
deber principal principal obligation.
deber profesional professional obligation.
deber simple simple obligation.
deber solidario joint and several obligation.
deber subordinado subordinated obligation.
deber subsidiario accessory obligation.
deber tributario tax obligation.
deber unilateral unilateral obligation.
debida diligencia due diligence.
debidamente calificado duly qualified.
debidamente cualificado duly qualified.
debidamente registrado duly registered.
debido *adj* owed, due, proper.
débil *adj* weak, soft.
**debilidades, amenazas, fortalezas, y
  oportunidades** strengths, weaknesses,
  opportunities, and threats, SWOT.
debitar *v* debit.
debitar de más overdebit.
débito *m* debit, debit entry.
débito abierto open debit.
débito bancario bank debit.
débito diferido deferred debit.
débito directo direct debit.
débito neto net debit.
débito preautorizado preauthorized debit.
decaer *v* decline, diminish, wane.
decencia humana human decency.
decepcionante *adj* disappointing.
decisión *f* decision.
decisión comercial business decision, commercial
  decision.
decisión corporativa corporate decision.
decisión de alto nivel high-level decision.
decisión de carrera career decision.
decisión de comercio commerce decision.

decisión de comercio electrónico e-commerce
  decision, e-business decision.
decisión de compra purchase decision.
decisión de empleo employment decision.
decisión de negocios business decision.
decisión de trabajo job decision.
decisión empresarial business decision.
decisión financiera financial decision.
decisión mayoritaria majority decision.
decisión mercantil commercial decision.
decisiones operativas operating decisions.
decisiones programadas programmed decisions.
decisivo *adj* decisive.
declaración *f* declaration, statement, report.
declaración abreviada abbreviated tax return.
declaración aduanera customs declaration.
declaración arancelaria customs declaration.
declaración confidencial confidential statement.
declaración conjunta joint statement, joint tax
  return.
declaración contributiva tax return.
declaración de abandono abandonment
  declaration.
declaración de aduanas customs declaration.
declaración de bancarrota declaration of
  bankruptcy.
declaración de bienes statement of property
  owned, declaration of assets.
declaración de concurso declaration of
  bankruptcy.
declaración de condición statement of condition.
declaración de condominio condominium
  declaration.
declaración de contribuciones tax return.
declaración de contribuciones estimadas
  declaration of estimated taxes.
declaración de contribuciones sobre ingresos
  income tax return.
declaración de contribuciones sobre la renta
  income tax return.
declaración de dividendo dividend declaration.
declaración de entrada customs declaration,
  declaration of entry.
declaración de exportación export declaration.
declaración de fideicomiso declaration of trust.
declaración de ganancias declaration of earnings.
declaración de impacto impact statement.
declaración de impacto ambiental environmental
  impact statement.
declaración de importación import declaration.
declaración de impuestos tax return.
declaración de impuestos estimados declaration
  of estimated taxes.
declaración de impuestos sobre ingresos
  income tax return.
declaración de impuestos sobre la renta income
  tax return.
declaración de ingresos income statement,
  earnings statement.
declaración de ingresos retenidos retained
  earnings statement.
declaración de insolvencia declaration of
  insolvency, declaration of bankruptcy.
declaración de la misión mission statement.
declaración de la renta income statement, income
  tax return.
declaración de origen declaration of origin.
declaración de póliza policy declaration.
declaración de quiebra declaration of bankruptcy.
declaración de rechazo notice of dishonor.

declaración de solvencia declaration of solvency.
declaración de utilidades retenidas retained earnings statement.
declaración del cierre closing statement.
declaración del impacto social social impact statement.
declaración electrónica electronic tax return.
declaración engañosa deceptive statement.
declaración ética ethical statement.
declaración exagerada exaggerated statement.
declaración falsa false statement, false tax return.
declaración fiscal tax return.
declaración fraudulenta fraudulent representation.
declaración impositiva tax return.
declaración incompleta incomplete statement, incomplete tax return.
declaración individual individual statement, individual tax return.
declaración jurada sworn statement, affidavit.
declaración morosa late tax return.
declaración oficial official statement.
declaración oral oral statement.
declaración por computadora electronic tax return.
declaración por escrito statement in writing.
declaración por ordenador electronic tax return.
declaración separada separate statement, separate tax return.
declaración tributaria tax return.
declaración verbal verbal statement.
declarado *adj* declared, stated, manifested.
declarado de más overstated.
declarado de menos understated.
declarante *m/f* filer, declarant, deponent.
declarar *v* declare, state, file, depose, determine.
declarar la bancarrota declare bankruptcy.
declarar la quiebra declare bankruptcy.
declarar un dividendo declare a dividend.
declarar una huelga declare a strike.
declaratoria de quiebra declaration of bankruptcy.
declinación de responsabilidad disclaimer, disclaimer of responsibility.
declinar *v* decline, refuse.
decodificación *f* decoding, deciphering.
decodificado *adj* decoded, deciphered.
decodificador *m* decoder, decipherer.
decodificar *v* decode, decipher.
decomisable *adj* confiscable, forfeitable.
decomisar *v* confiscate, forfeit.
decomiso *m* confiscation, forfeit.
decreciente *adj* decreasing, falling.
decremento *m* decrease, fall.
decretar *v* decree, decide.
decreto *m* decree, order.
dedicación *f* dedication.
dedicado *adj* dedicated.
dedicar *v* dedicate.
deducción *f* deduction, allowance, inference.
deducción admisible admissible deduction.
deducción contributiva tax deduction.
deducción de gastos deduction of expenses.
deducción de ingresos deduction from income.
deducción de ingresos brutos deduction from gross income.
deducción de ingresos netos deduction from net income.
deducción de intereses interest deduction.
deducción de intereses hipotecarios mortgage interest deduction.
deducción familiar family allowance.

deducción fiscal matrimonial marital deduction.
deducción impositiva tax deduction.
deducción impositiva matrimonial marital deduction.
deducción matrimonial marital deduction.
deducción máxima maximum deduction.
deducción médica medical deduction.
deducción permisible allowable deduction.
deducción permitida allowed deduction.
deducción personal personal exemption, personal allowance.
deducción por agotamiento depletion allowance.
deducción por dependiente dependent deduction.
deducción por depreciación depreciation deduction, allowance for depreciation.
deducción por depreciación acelerada accelerated depreciation allowance.
deducción por doble imposición double taxation relief.
deducción por gastos de comidas meal expense deduction.
deducción por gastos de mudanza moving expense deduction.
deducción por gastos de negocios business expense deduction.
deducción por gastos de representación entertainment expense deduction.
deducción por gastos educativos education expense deduction.
deducción por gastos médicos medical expense deduction.
deducción por inversiones investment deduction.
deducción tributaria tax deduction.
deducción tributaria matrimonial marital deduction.
deducciones de nómina payroll deductions.
deducciones detalladas itemized deductions.
deducciones detalladas misceláneas miscellaneous itemized deductions.
deducciones en exceso excess deductions.
deducibilidad *f* deductibility.
deducible *adj* deductible.
deducible *m* deductible.
deducible dividido split deductible.
deducible fijo flat deductible, fixed deductible.
deducir *v* deduct, deduce.
deducir contribuciones deduct taxes.
deducir del salario deduct from wages.
deducir impuestos deduct taxes.
defalcar *v* embezzle, default.
defecto *m* defect, insufficiency.
defecto constitutivo inherent defect.
defecto de fábrica manufacturing detect.
defecto de manufactura manufacturing detect.
defecto de título title detect.
defecto inherente inherent defect.
defecto latente latent defect.
defecto oculto hidden defect.
defecto patente patent defect.
defectos aparentes apparent defects.
defectuoso *adj* defective.
deficiencia *f* deficiency.
deficiencia de capital capital deficiency.
deficiente *adj* deficient.
déficit *m* deficit.
déficit acumulativo cumulative deficit.
déficit comercial trade deficit.
déficit de caja cash deficit.
déficit de la balanza trade deficit.
déficit de la balanza comercial trade deficit.

déficit de pagos payments deficit.
déficit de tesorería treasury deficit.
déficit en la balanza de pagos balance of payments deficit.
déficit enorme huge deficit.
déficit exterior external deficit.
déficit federal federal deficit.
déficit fiscal fiscal deficit.
déficit global overall deficit.
déficit monetario monetary deficit.
déficit por cuenta corriente capital balance deficit.
déficit presupuestario budgetary deficit.
déficit público public deficit.
deficitario *adj* that which creates or increases a deficit.
definición de empleo job definition.
definición de trabajo job definition.
definitivo *adj* definitive, final.
deflación *f* deflation.
deflación moderada moderate deflation.
deflación monetaria monetary deflation.
deflacionador *m* deflator.
deflacionar *v* deflate.
deflacionario *adj* deflationary.
deflacionista *adj* deflationary.
deflactor *adj* deflator.
defraudación *f* fraud, defraudation, defrauding, swindle.
defraudación fiscal tax evasion.
defraudador *m* defrauder, swindler.
defraudar *v* defraud, cheat.
degradación *f* degradation.
degradar *v* degrade.
degresión *f* degression.
degresivo *adj* degressive.
dejar de cumplir fail to fulfill.
dejar de ser válido cease to be valid.
dejar de tener efecto cease to have effect.
dejar de tener vigencia cease to have effect.
dejar en prenda pledge, pawn.
dejar sin efecto annul.
dejar un empleo leave a job.
dejar un trabajo leave a job.
delegación *f* delegation, agency, authorization.
delegación comercial commercial delegation.
delegación de autoridad delegation of authority.
delegación de crédito novation.
delegación de deuda novation.
Delegación de Hacienda tax office.
delegado *adj* delegated, assigned.
delegado *m* delegate, agent, representative, assignee.
delegado de la conferencia conference delegate.
delegado gremial union representative, union delegate.
delegado sindical union representative, union delegate.
delegante *m* principal, assignor.
delegar *v* delegate, assign, authorize.
delegar autoridad delegate authority.
delegatorio *adj* delegatory.
deliberación *f* deliberation.
delimitación *f* delimitation.
delimitar *v* delimit.
delincuencia *f* delinquency.
delincuente *adj* delinquent.
delinear *v* delineate.
delito *m* crime, offense, felony.
delito de guante blanco white collar crime.

delito fiscal tax crime.
delta *f* delta.
demanda *f* demand, claim, lawsuit, action.
demanda activa active demand, active buying.
demanda actual actual demand.
demanda acumulada aggregate demand.
demanda administrada managed demand.
demanda agregada aggregate demand.
demanda agregada-oferta agregada aggregate demand-aggregate supply.
demanda aletoria random demand.
demanda cíclica cyclical demand.
demanda colectiva class action.
demanda combinada composite demand.
demanda complementaria complementary demand.
demanda conjunta joint demand.
demanda controlada controlled demand.
demanda corriente current demand.
demanda creciente growing demand.
demanda de importaciones import demand.
demanda de los consumidores consumer demand.
demanda de mercado market demand.
demanda de petróleo oil demand.
demanda derivada derived demand.
demanda directa direct demand.
demanda doméstica domestic demand.
demanda efectiva effective demand.
demanda elástica elastic demand.
demanda, en in demand.
demanda en exceso excess demand.
demanda estacional seasonal demand.
demanda exterior foreign demand.
demanda extranjera foreign demand.
demanda global global demand, overall demand.
demanda indirecta indirect demand.
demanda industrial industrial demand.
demanda inelástica inelastic demand.
demanda interna domestic demand.
demanda laboral labor demand, labour demand.
demanda manipulada manipulated demand.
demanda monetaria monetary demand.
demanda pico peak demand.
demanda popular popular demand.
demanda potencial potential demand.
demanda primaria primary demand.
demanda punta peak demand.
demanda recíproca reciprocal demand.
demanda salarial wage demand.
demanda selectiva selective demand.
demanda total aggregate demand, total demand.
demandable *adj* demandable.
demandado *m* defendant, respondent.
demandante *m/f* complainant, claimant, plaintiff, demandant.
demandar *v* demand, claim, sue.
demarcación *f* demarcation.
demasía *f* excess.
demo *m* demo.
democracia *f* democracy.
democrático *adj* democratic.
demografía *f* demography.
demográfico *adj* demographic.
demolición *f* demolition.
demora *f* delay, demurrage, arrearage.
demora de entrega delivery delay.
demora de pago payment delay.
demora en el pago payment delay.
demora en la entrega delivery delay.

demora evitable avoidable delay.
demorado *adj* delayed.
demorar *v* delay, hold.
demoroso *adj* overdue, in default.
demostración *f* demonstration.
demostración masiva massive demonstration.
demostrar *v* demonstrate.
denegación *f* denial, refusal.
denegación de crédito credit denial.
denegación de responsabilidad disclaimer of liability.
denegar *v* deny, refuse.
denegatorio *adj* denying, rejecting.
denominación *f* denomination, title.
denominación comercial trade name, commercial name, business name.
Denominación de Origen Designation of Origin.
Denominación de Origen Protegida Protected Designation of Origin.
denominación del puesto job title.
denominación social firm name, company name.
denominador común common denominator.
densidad *f* density.
densidad de población population density.
densidad de probabilidad probability density.
densidad poblacional population density.
dentro del tiempo establecido within the established time.
denuncia *f* report, announcement.
denuncia del contribuyente income tax return.
denunciación *f* report, announcement.
denunciador *m* person who files a report.
denunciante *m/f* person who files a report.
denunciar *v* report, announce.
denunciar un saldo show a balance.
denunciar una mina file a mining claim.
departamentalización *f* departmentalization.
departamento *m* department, branch, district, bureau, apartment.
departamento arrendado leased department, leased apartment.
departamento bancario banking department.
departamento comercial commercial department.
departamento contable accounting department, bookkeeping department.
departamento corporativo corporate department.
departamento de acatamiento compliance department.
departamento de aprobación de crédito credit-approval department.
departamento de atención al cliente customer service department.
departamento de auditoría audit department.
departamento de autorizaciones authorization department.
departamento de bienestar social social welfare department.
departamento de capacitación training department.
departamento de certificación certification department.
departamento de cobranza collection department.
departamento de cobros collection department.
departamento de comercialización marketing department.
departamento de comercio commerce department, trade department.
departamento de comercio electrónico e-commerce department, e-business department.
departamento de comercio exterior foreign trade department.
departamento de compras purchasing department.
departamento de comunicaciones communications department.
departamento de contabilidad accounting department, bookkeeping department.
departamento de contribuciones tax department.
departamento de corretaje brokerage department.
departamento de crédito credit department.
departamento de cuentas de margen margin department.
departamento de cumplimiento compliance department.
departamento de desarrollo development department.
departamento de descuento discount department.
departamento de distribución distribution department.
departamento de exportación export department.
departamento de facturación billing department.
departamento de formación training department.
departamento de habilitación training department.
departamento de hipotecas mortgage department.
departamento de impuestos tax department.
departamento de investigación research department.
departamento de investigación y desarrollo research and development department.
departamento de liquidaciones settlement department.
departamento de mantenimiento maintenance department.
departamento de marketing marketing department.
departamento de mercadeo marketing department.
departamento de negocios business department.
departamento de nóminas payroll department.
departamento de operaciones operations department.
departamento de órdenes order department.
departamento de personal personnel department, personnel.
departamento de planificación planning department.
departamento de préstamos loan department.
departamento de producción production department.
departamento de publicidad advertising department.
departamento de reaseguro reinsurance department.
departamento de reclamaciones claims department.
departamento de recursos humanos human resources department.
departamento de relaciones industriales industrial relations department.
departamento de relaciones públicas public relations department.
departamento de salud health department.
departamento de sanidad health department.
departamento de seguro social social security department.
departamento de seguros insurance department.
departamento de servicio service department.
departamento de servicio al cliente customer service department.

departamento de tránsito transit department.
departamento de ventas sales department.
departamento de ventas a crédito credit sales
department.
Departamento del Tesoro Treasury Department.
departamento empresarial business department.
departamento exportador export department.
departamento extranjero foreign department.
departamento fiduciario trust department.
departamento financiero finance department.
departamento fiscal tax department.
departamento general general department.
departamento gubernamental governmental
department.
departamento hipotecario mortgage department.
departamento importador import department.
departamento jurídico legal department.
departamento legal legal department.
departamento mercantil commercial department,
mercantile department.
departamento publicitario advertising department.
departamento regional regional department, area
department.
dependencia *f* dependence, dependency, branch,
agency.
dependencia gubernamental governmental
agency.
dependencia pública governmental agency.
depender de depend on.
dependiente *adj* dependent, subordinate.
dependiente *m/f* dependent, agent, employee, clerk.
dependiente legal legal dependent.
deponente *m/f* deponent, depositor, bailor.
depositante *m/f* depositor, bailor.
depositante asegurado insured depositor.
depositante no asegurado uninsured depositor.
depositar *v* deposit.
depositaría *f* depository.
depositaría del estado government depository,
state depository.
depositaría del gobierno government depository.
depositaría designada designated depository.
depositaría gubernamental government
depository.
depositaría nocturna night depository.
depositario *m* depositary, depository, trustee,
bailee.
depositario de plica escrow agent.
depósito *m* deposit, down payment, warehouse,
trust agreement, bailment, bargain money.
depósito a corto plazo short-term deposit.
depósito a la vista sight deposit, demand deposit.
depósito a largo plazo long-term deposit.
depósito a mediano plazo medium-term deposit.
depósito a medio plazo medium-term deposit.
depósito a plazo time deposit, term deposit.
depósito a plazo fijo fixed-term deposit.
depósito a término time deposit, time deposit.
depósito a título gratuito gratuitous deposit.
depósito a título oneroso bailment for hire.
depósito accidental involuntary bailment.
depósito acordado agreed-upon deposit.
depósito adicional additional deposit.
depósito aduanero customs deposit.
depósito afianzado bonded warehouse.
depósito anticipado advance deposit.
depósito asegurado insured deposit.
depósito automático automatic deposit.
depósito bancario bank deposit, bank money.
depósito bloqueado blocked deposit.

depósito comercial bailment, business deposit,
commercial deposit.
depósito congelado blocked deposit.
depósito conjunto joint deposit.
depósito convencional voluntary deposit.
depósito convenido agreed-upon deposit.
depósito corporativo corporate deposit.
depósito de ahorro savings deposit.
depósito de avería gruesa general average
deposit.
depósito de garantía guarantee deposit.
depósito de giro demand deposit.
depósito de la compañía company deposit.
depósito de plica escrow deposit.
depósito de prima premium deposit.
depósito de reserva reserve deposit.
depósito de títulos de propiedad deposit of title
deeds.
depósito de ventanilla counter deposit.
depósito del estado government deposit, state
deposit.
depósito del gobierno government deposit.
depósito derivado derivative deposit.
depósito directo direct deposit.
depósito directo de nómina direct deposit of
payroll.
depósito disponible demand deposit.
depósito dividido split deposit.
depósito efectivo actual bailment.
depósito en buena fe good faith deposit.
depósito en garantía guarantee deposit.
depósito en mutuo loan for consumption.
depósito especial special deposit.
depósito especificado specified deposit.
depósito específico specific deposit.
depósito estatal government deposit, state deposit.
depósito estipulado stipulated deposit.
depósito exigible demand deposit.
depósito extranjero foreign deposit.
depósito fiscal tax deposit.
depósito franco customs deposit.
depósito garantizado guaranteed deposit.
depósito general general deposit.
depósito gratuito gratuitous deposit, gratuitous
bailment.
depósito gubernamental government deposit.
depósito interbancario interbank deposit.
depósito involuntario involuntary deposit.
depósito irregular irregular deposit.
depósito mercantil bailment, commercial deposit.
depósito mínimo minimum deposit.
depósito necesario necessary deposit.
depósito negociado negotiated deposit.
depósito no asegurado uninsured deposit.
depósito no reembolsable nonrefundable deposit.
depósito nocturno night deposit.
depósito obligado mandatory deposit.
depósito obligatorio mandatory deposit.
depósito pactado agreed-upon deposit.
depósito por correspondencia mail deposit.
depósito preestablecido preset deposit.
depósito previo prior deposit.
depósito privado private deposit.
depósito reembolsable refundable deposit.
depósito regular regular deposit.
depósito requerido required deposit.
depósito voluntario voluntary deposit.
depósitos a la vista netos net demand deposits.
depósitos brutos gross deposits.
depósitos de ahorros savings deposits.

depósitos en divisas currency deposits.
depósitos en tránsito deposits in transit.
depósitos nucleares core deposits.
depósitos primarios primary deposits.
depósitos públicos public deposits.
depósitos reservables reservable deposits.
depreciable *adj* depreciable.
depreciación *f* depreciation.
depreciación acelerada accelerated depreciation.
depreciación acelerada en exceso excess accelerated depreciation.
depreciación acumulada accumulated depreciation, accrued depreciation.
depreciación anual annual depreciation.
depreciación combinada combined depreciation.
depreciación compensatoria compensating depreciation.
depreciación curable curable depreciation.
depreciación de activos depreciation of assets.
depreciación de activos fijos depreciation of fixed assets.
depreciación de capital capital depreciation.
depreciación de componentes component depreciation.
depreciación de divisa exchange depreciation.
depreciación de la moneda currency depreciation.
depreciación de moneda depreciation of money.
depreciación de propiedad property depreciation.
depreciación de saldos decrecientes declining-balance depreciation.
depreciación económica economic depreciation.
depreciación efectiva real depreciation, actual depreciation.
depreciación en libros book depreciation.
depreciación excesiva overdepreciation.
depreciación extraordinaria extraordinary depreciation.
depreciación física physical depreciation.
depreciación futura future depreciation.
depreciación grupal group depreciation.
depreciación incurable incurable depreciation.
depreciación lineal straight-line depreciation.
depreciación monetaria currency depreciation, monetary depreciation.
depreciación no realizada unrealized depreciation.
depreciación normal normal depreciation.
depreciación ordinaria ordinary depreciation.
depreciación permitida allowed depreciation.
depreciación real real depreciation, actual depreciation.
depreciación regular regular depreciation.
depreciación típica typical depreciation.
depreciación variable variable depreciation.
depreciado *adj* depreciated.
depreciar *v* depreciate.
depredación *f* depredation, embezzlement.
depredador *m* predator.
depresión *f* depression.
depresión económica depression, economic depression.
deprimido *adj* depressed.
depuración de aguas residuales sewage treatment, waste-water treatment.
derechismo *m* rightism.
derechista *adj* rightist.
derechista *m/f* rightist.
derecho *m* right, law, franchise.
derecho a la huelga right to strike.
derecho a la propiedad property rights.

derecho a trabajar right to work.
derecho administrativo administrative law.
derecho adquirido acquired right, vested right.
derecho bancario banking law.
derecho cambiario rights pertaining to a bill of exchange.
derecho comercial commercial law, business law.
derecho corporativo corporate law.
derecho de acceso access right.
derecho de arrendamiento leasehold.
derecho de capitación poll tax.
derecho de clientela goodwill.
derecho de cobro right to collect.
derecho de comercio commercial law, business law.
derecho de comercio electrónico e-commerce law, e-business law.
derecho de crédito creditor's right.
derecho de devolución right to return.
derecho de dominio right of fee simple ownership.
derecho de hogar seguro homestead right.
derecho de huelga right to strike.
derecho de imposición taxing power.
derecho de impresión copyright.
derecho de insolvencia bankruptcy law.
derecho de las sucesiones law of successions.
derecho de los negocios commercial law.
derecho de los riesgos del trabajo workers' compensation law.
derecho de minas mining law, mining right.
derecho de paso right of way, easement of access.
derecho de patente patent right.
derecho de posesión right of possession.
derecho de prelación right of first refusal.
derecho de prioridad right of pre-emption.
derecho de propiedad property rights, real estate law.
derecho de propiedad literaria copyright.
derecho de reproducción copyright.
derecho de rescate right of redemption.
derecho de rescisión right of rescission.
derecho de retención lien.
derecho de retiro right of withdrawal.
derecho de servidumbre right of easement.
derecho de sociedades corporate law, company law.
derecho de superficie surface rights.
derecho de supervivencia right of survivorship.
derecho de suscripción subscription rights.
derecho de tanteo right of first refusal.
derecho de tránsito freedom of passage.
derecho de uso right of use.
derecho de venta right of sale.
derecho de vía right of way.
derecho de voto right to vote.
derecho del contrato contract law.
derecho del tanto right of first refusal.
derecho del trabajo labor law, labour law.
derecho económico economic law.
derecho empresarial business law.
derecho exclusivo exclusive right.
derecho exclusivo para vender exclusive right to sell.
derecho financiero financial law.
derecho fiscal tax law.
derecho hipotecario mortgage law.
derecho imperfecto imperfect right.
derecho indiviso undivided right.
derecho industrial labor law, labour law.
derecho inmobiliario real estate law.

derecho intelectual copyright.
derecho internacional international law.
derecho internacional del trabajo international labor law, international labour law.
derecho laboral labor law, labour law.
derecho legal legal right.
derecho marcario trademark law, trademark right.
derecho mercantil commercial law, business law, mercantile law.
derecho mobiliario personal property law.
derecho particular franchise.
derecho patentario patent law.
derecho patrimonial property law.
derecho privado private law.
derecho público public law.
derecho societario corporate law, company law.
derecho tributario tax law.
derechohabiente *m* holder of a right, successor.
derechos *m* taxes, duties, tariffs, rights, fees, laws.
derechos a negociaciones bargaining rights.
derechos ad valorem ad valorem tariffs, ad valorem duties.
derechos adicionales additional tariffs, additional duties.
derechos administrativos management rights, administrative rights.
derechos aduaneros customs duties, customs tariffs, tariffs, schedule of customs duties.
derechos aduaneros ad valorem ad valorem customs duties.
derechos aéreos air rights.
derechos agrícolas agricultural tariffs.
derechos ajustables adjustable tariffs.
derechos al valor ad valorem tariffs, ad valorem duties.
derechos alternativos alternative tariffs.
derechos antidumping antidumping tariffs, antidumping duties.
derechos arancelarios customs duties.
derechos autónomos autonomous tariffs.
derechos civiles civil rights.
derechos compensatorios compensatory tariffs, countervailing duties, compensating tariffs.
derechos compuestos compound tariffs, compound duties.
derechos convencionales conventional tariffs.
derechos de aduana customs duties, customs tariffs, tariffs, schedule of customs duties.
derechos de aduana adicionales additional duties.
derechos de autor copyright.
derechos de autor y derechos conexos copyright and related rights.
derechos de avalúos tariffs.
derechos de contrato contract rights.
derechos de conversión conversion rights.
derechos de entrada import duties, entry rights.
derechos de exclusividad exclusive rights.
derechos de exportación export duties, export tariffs.
derechos de fábrica manufacturing royalties.
derechos de importación import duties, import tariffs.
derechos de licencia license fees, licence fees.
derechos de patente patent rights, patent royalties.
derechos de protección protective tariffs.
derechos de puerto keelage.
derechos de quilla keelage.
derechos de renta revenue tariffs.
derechos de represalia retaliatory duties.

derechos de salida export duties.
derechos de sello stamp taxes.
derechos de sucesión inheritance taxes, estate duties.
derechos de superficie surface rights.
derechos de suscripción stock rights.
derechos de timbre stamp taxes.
derechos de tránsito transit duties.
derechos de venta selling rights.
derechos de vuelos air rights.
derechos del arrendatario renter's rights.
derechos del consumidor consumer rights.
derechos del empleado workers' rights.
derechos del trabajador workers' rights.
derechos diferenciales differential duties.
derechos discriminatorios discriminating tariffs.
derechos específicos specific tariffs.
derechos estatales government taxes, government fees, state taxes, state fees.
derechos fijos fixed tariffs.
derechos fiscales revenue tariffs, fiscal tariffs.
derechos flexibles flexible tariffs.
derechos generales general tariffs.
derechos gubernamentales government taxes, government fees.
derechos humanos human rights.
derechos impositivos taxes, duties.
derechos individuales individual rights.
derechos mínimos minimum tariffs.
derechos mixtos mixed tariffs.
derechos múltiples multiple tariffs.
derechos normales normal tariffs.
derechos ordinarios ordinary tariffs.
derechos patronales employer rights.
derechos portuarios port duties, dock duties.
derechos preferenciales preferential tariffs.
derechos preferentes preferential tariffs.
derechos prohibitivos prohibitive tariffs.
derechos proteccionistas protective tariffs.
derechos reducidos reduced tariffs, reduced rights.
derechos regulares regular tariffs.
derechos ribereños riparian rights.
derechos según el valor ad valorem duties.
derechos sucesorios inheritance taxes.
derechos típicos typical tariffs.
derechos variables adjustable tariffs, variable tariffs.
derivado *adj* derived.
derivados *m* derivatives.
derogable *adj* repealable, annullable.
derogación *f* repeal, annulment.
derogado *adj* repealed, annulled.
derogar *v* repeal, annul.
derogatorio *adj* repealing, annulling.
derrama *f* apportionment.
derramar *v* apportion.
desacuerdo *m* disagreement.
desadeudar *v* free from debt.
desadeudarse *v* pay debts.
desafiar *v* challenge.
desagüe industrial industrial discharge.
desahogado *adj* unencumbered.
desahorro *m* dissaving.
desahuciador *m* evictor, dispossessor.
desahuciar *v* evict, dispossess.
desahucio *m* eviction, dispossession, severance pay, notice of termination of lease.
desahucio como represalia retaliatory eviction.
desahucio constructivo constructive eviction.

desahucio efectivo actual eviction.
desahucio implícito constructive eviction.
desairar v dishonor, refuse.
desalojamiento m eviction, dispossession.
desalojar v evict, dispossess, move out.
desalojo m eviction, dispossession.
desalojo como represalia retaliatory eviction.
desalojo constructivo constructive eviction.
desalojo físico actual eviction.
desalojo implícito constructive eviction.
desalojo parcial partial eviction.
desalquilar v vacate, evict.
desapoderar v cancel a power of attorney,
   dispossess.
desaposesionar v dispossess.
desapropiamiento m transfer of property,
   surrender of property.
desapropiar v transfer property.
desapropio m transfer of property, surrender of
   property.
desarrendar v terminate a lease.
desarrollado adj developed.
desarrollador m developer.
desarrollador inmobiliario property developer,
   real estate developer.
desarrollar v develop, promote.
desarrollar un mercado develop a market.
desarrollarse v develop, grow.
desarrollo m development, growth
desarrollo administrativo administrative
   development.
desarrollo agrario agrarian development.
desarrollo comercial business development,
   commercial development.
desarrollo de comercio commerce development.
desarrollo de la carrera career development.
desarrollo de marca brand development.
desarrollo de mercado market development.
desarrollo de negocios business development.
desarrollo de productos product development.
desarrollo de recursos humanos human
   resources development.
desarrollo del comercio electrónico e-commerce
   development, e-business development.
desarrollo del personal personnel development.
desarrollo económico economic development.
desarrollo educativo educational development.
desarrollo empresarial business development
desarrollo financiero financial development.
desarrollo gerencial managerial development.
desarrollo industrial industrial development.
desarrollo inmobiliario property development, real
   estate development.
desarrollo insostenible unsustainable
   development.
desarrollo mercantil commercial development.
desarrollo organizacional organizational
   development.
desarrollo organizativo organizational
   development.
desarrollo personal personal growth.
desarrollo planificado planned development.
desarrollo regional regional development.
desarrollo sostenible sustainable development.
desarrollo urbano urban development.
desasegurar v cancel insurance.
desastre ambiental environmental disaster.
desastre económico economic disaster.
desastre financiero financial disaster.
desatendido adj unattended.

desautorizado adj unauthorized.
desautorizar v deprive of authority.
desaventajado adj disadvantaged.
desbalanceado adj unbalanced.
desbloquear v lift a blockade, unblock, unfreeze,
   release.
desbloqueo m unblocking, unfreezing, releasing.
descapitalización f decapitalization.
descapitalizado adj decapitalized.
descapitalizar v decapitalize.
descarga f unloading, discharge.
descargar v unload, discharge, download.
descargar la responsabilidad transfer
   responsibility.
descargo m unloading, release.
descargo en quiebra discharge in bankruptcy.
descartar v discard, reject.
descenso m descent.
descentralización f decentralization.
descentralizado adj decentralized.
descentralizar v decentralize.
descifrado adj decoded, deciphered.
descifrar v decode, decipher.
descodificación f decoding, deciphering.
descodificado adj decoded, deciphered.
descodificador m decoder, decipherer.
descodificar v decode, decipher.
desconectado adj disconnected.
desconectar v disconnect.
descongelación f unfreezing.
descongelado adj unfrozen.
descongelar v unfreeze.
desconglomeración f deconglomeration.
desconocer v disavow, disclaim, ignore.
desconsolidar v deconsolidate.
descontable adj discountable.
descontado adj discounted.
descontador m payee of a discounted bill.
descontante m payee of a discounted bill.
descontar v discount, deduct, disregard.
descontar una letra discount a bill.
descontento adj discontented.
descontento m discontent.
descontinuación f discontinuance.
descontinuación de contribuciones
   discontinuance of contributions.
descontinuación de pagos discontinuance of
   payments.
descontinuación de pagos de primas
   discontinuance of premium payments.
descontinuación de plan discontinuance of plan.
descontinuado adj discontinued.
descontinuar v discontinue, suspend.
descontinuo adj discontinuous.
descorrer el velo corporativo pierce the corporate
   veil.
descrédito m discredit.
describir v describe.
descripción f description.
descripción de empleo job description.
descripción de trabajo job description, work
   description.
descripción detallada detailed description.
descripción legal legal description.
descriptivo adj descriptive.
descuadre m imbalance.
descubierto adj uncovered.
descubierto m overdraft, shortage.
descubierto bancario bank overdraft.
descubierto, en overdrawn, uncovered.

descubierto en cuenta overdraft.
descuento *m* discount.
descuento, a at a discount.
descuento a clientes client discount, customer discount.
descuento a plazo forward discount.
descuento a término forward discount.
descuento acostumbrado customary discount.
descuento bancario bank discount.
descuento comercial commercial discount.
descuento compuesto compound discount.
descuento, con at a discount, with a discount.
descuento corporativo corporate discount.
descuento de adquisición acquisition discount.
descuento de bono bond discount.
descuento de bono no amortizado unamortized bond discount.
descuento de cambio exchange discount.
descuento de comerciante merchant discount.
descuento de distribución distribution allowance.
descuento de facturas invoice discounting.
descuento de precio price discount.
descuento de prima premium discount.
descuento especial special discount.
descuento estacional seasonal discount.
descuento financiero financial discount.
descuento funcional functional discount.
descuento grupal group discount.
descuento hipotecario mortgage discount.
descuento mercantil commercial discount.
descuento normal normal discount.
descuento obligatorio required discount.
descuento oculto concealed discount.
descuento ordinario ordinary discount.
descuento para clientes client discount, customer discount.
descuento permitido allowed discount.
descuento por aplazamiento backwardation.
descuento por manejo handling allowance.
descuento por pago al contado cash discount.
descuento por pago en efectivo cash discount.
descuento por patrocinio patronage discount.
descuento por pronto pago prompt payment discount.
descuento por volumen volume discount.
descuento regular regular discount.
descuento, sin not at a discount, without a discount.
descuento típico typical discount.
descuento total total discount.
descuido *m* carelessness, neglect, mistake.
desdoblamiento *m* stock split.
desdoble *m* stock split.
desechable *adj* disposable.
desechos industriales industrial waste.
deseconomías *f* diseconomies.
deseconomías de escala diseconomies of scale.
desembarcar *v* disembark, unload.
desembargar *v* lift an embargo, remove a lien.
desembargo *m* lifting of an embargo, removal of a lien.
desembolsable *adj* disbursable, payable.
desembolsado *v* disbursed, paid.
desembolsar *v* disburse, pay.
desembolso *m* disbursement, outlay, expenditure, payment.
desembolso acumulado accumulated expenditure.
desembolso adicional additional expenditure.
desembolso administrado managed disbursement.

desembolso básico basic expenditure.
desembolso capitalizado capitalized expense, capitalized expenditure.
desembolso compulsorio compulsory expense, compulsory expenditure.
desembolso controlado controlled disbursement.
desembolso corriente current disbursement.
desembolso de capital capital outlay.
desembolso de constitución organization expenditure.
desembolso de desarrollo development expenditure.
desembolso de efectivo cash disbursement.
desembolso de fabricación manufacturing expenditure.
desembolso de intereses interest expenditure.
desembolso de inversión investment expenditure.
desembolso de mantenimiento maintenance expenditure.
desembolso de manufactura manufacturing expenditure.
desembolso de producción production expenditure.
desembolso de transporte transportation expenditure.
desembolso demorado delayed disbursement.
desembolso diferido deferred expenditure.
desembolso directo direct expenditure.
desembolso discrecional discretionary expenditure.
desembolso esencial essential expense, essential expenditure.
desembolso especial special expenditure.
desembolso estimado estimated expenditure.
desembolso federal federal expenditure.
desembolso financiero financial expenditure.
desembolso flotante floating charge.
desembolso forzado forced expense, forced expenditure.
desembolso forzoso forced expense, forced expenditure.
desembolso general general expenditure.
desembolso incidental incidental expenditure.
desembolso incurrido expenditure incurred.
desembolso indirecto indirect expenditure.
desembolso indispensable indispensable expense, indispensable expenditure.
desembolso inicial initial expenditure, initial outlay.
desembolso nacional bruto gross national expenditure.
desembolso necesario necessary expenditure.
desembolso no controlable noncontrollable expenditure.
desembolso no deducible nondeductible expenditure.
desembolso no recurrente nonrecurring expenditure.
desembolso no reembolsable nonrefundable expenditure.
desembolso no repetitivo nonrecurring expenditure.
desembolso obligado obligatory expense, obligatory expenditure.
desembolso obligatorio obligatory expense, obligatory expenditure.
desembolso periódico periodic outlay.
desembolso por financiamiento finance expenditure.
desembolso presupuestario budget expenditure.

desembolso razonable reasonable expenditure.
desembolso real real expenditure, actual expenditure.
desembolso recurrente recurring expenditure.
desembolso requerido required expense, required expenditure.
desembolso total total disbursement.
desembolso trimestral quarterly expenditure.
desembolsos varios miscellaneous outlays.
desempeñar *v* carry out, perform, comply with.
desempeño *m* carrying out, performance, compliance with.
desempleado *adj* unemployed.
desempleado *m* unemployed person.
desempleo *m* unemployment.
desempleo a largo plazo long-term unemployment.
desempleo abierto open unemployment.
desempleo cíclico cyclical unemployment.
desempleo creciente growing unemployment.
desempleo crónico chronic unemployment.
desempleo de larga duración long-term unemployment.
desempleo disfrazado disguised unemployment.
desempleo encubierto hidden unemployment.
desempleo estacional seasonal unemployment.
desempleo estructural structural unemployment.
desempleo fluctuante fluctuating unemployment.
desempleo friccional frictional unemployment.
desempleo involuntario involuntary unemployment.
desempleo masivo massive unemployment.
desempleo oculto hidden unemployment.
desempleo permanente permanent unemployment.
desempleo por temporada seasonal unemployment.
desempleo regional regional unemployment.
desempleo técnico technological unemployment.
desempleo tecnológico technological unemployment.
desempleo temporal temporary unemployment.
desempleo voluntario voluntary unemployment.
deseo de comprar desire to buy, desire to purchase.
deseo de vender desire to sell.
desequilibrado *adj* imbalanced, unbalanced.
desequilibrio *m* imbalance.
desequilibrio comercial trade imbalance.
desequilibrio económico economic imbalance.
desequilibrio monetario monetary imbalance.
desertificación *f* desertification.
desertificar *v* desertify.
desestabilización *f* destabilization.
desestabilizado *adj* destabilized.
desestabilizar *v* destabilize.
desestacionalizado *adj* seasonally adjusted.
desestimación de la personalidad societaria piercing the corporate veil.
desestructurado *adj* unstructured.
desfalcador *m* embezzler, defaulter.
desfalcar *v* embezzle, defalcate, default.
desfalco *m* embezzlement, defalcation.
desfavorable *adj* unfavorable.
desforestación *f* deforestation.
desgaste *m* wear and tear, wear.
desgaste por uso wear and tear, wear.
desglosar *v* break down.
desglose *m* breakdown.
desglose de cargos breakdown of charges,

breakdown of fees.
desglose de costes breakdown of costs.
desglose de costos breakdown of costs.
desglose de gastos breakdown of expenses, breakdown of expenditures.
desgravación *f* tax reduction, deduction.
desgravar *v* reduce taxes, disencumber, deduct, remove a lien.
deshabitado *adj* uninhabited.
deshacer el contrato rescind the contract.
deshipotecar *v* pay off a mortgage, cancel a mortgage.
deshonestamente *adv* dishonestly.
deshonestidad *f* dishonesty.
deshonesto *adj* dishonest.
deshonrar *v* dishonor, disgrace.
desierto *adj* deserted.
designación *f* designation, appointment, specification.
designación de fiduciario appointment of trustee.
designado *adj* designated, appointed, specified.
designar *v* designate, appoint, specify.
desigualdad *f* inequality.
desincentivo *m* disincentive.
desincorporar *v* dissolve a corporation, divide.
desindustrialización *f* deindustrialization.
desinflación *f* disinflation.
desinflacionario *adj* disinflationary.
desinformación *f* disinformation.
desintermediación *f* disintermediation.
desinversión *f* disinvestment.
desinvertido *adj* disinvested.
desinvertir *v* disinvest.
desistimiento *m* abandonment, waiver.
desleal *adj* unfair, disloyal.
deslindar *v* delimit.
deslinde *m* survey, delimitation.
deslinde y amojonamiento survey and demarcation.
deslocalización *f* distribution of corporate facilities throughout various regions to minimize expenses.
desmandar *v* revoke, revoke a power of attorney.
desmembrarse *v* dissolve, dissolve a partnership.
desmonetización *f* demonetization.
desmonetizado *adj* demonetized.
desmonetizar *v* demonetize.
desmoralizar *v* demoralize.
desmotivación *f* demotivation.
desmotivar *v* demotivate.
desmutualización *f* demutualization.
desmutualizado *adj* demutualized.
desmutualizar *v* demutualize.
desnacionalización *f* denationalization.
desnacionalizado *adj* denationalized.
desnacionalizar *v* denationalize.
desobediencia civil civil disobedience.
desocupación *f* unoccupancy, unemployment, eviction.
desocupación a largo plazo long-term unemployment.
desocupación abierta open unemployment.
desocupación cíclica cyclical unemployment.
desocupación creciente growing unemployment.
desocupación crónica chronic unemployment.
desocupación de larga duración long-term unemployment.
desocupación disfrazada disguised unemployment.
desocupación encubierta hidden unemployment.
desocupación estacional seasonal unemployment.

desocupación estructural structural unemployment.
desocupación fluctuante fluctuating unemployment.
desocupación friccional frictional unemployment.
desocupación involuntaria involuntary unemployment.
desocupación masiva massive unemployment.
desocupación oculta hidden unemployment.
desocupación permanente permanent unemployment.
desocupación por temporada seasonal unemployment.
desocupación técnica technological unemployment.
desocupación tecnológica technological unemployment.
desocupación temporal temporary unemployment.
desocupado *adj* unoccupied, unemployed.
desocupar *v* vacate, evict.
desocupar judicialmente evict.
desocuparse *v* quit a job.
desorganización *f* disorganization.
desorganizado *adj* disorganized.
despachante de aduanas customs agent.
despachar *v* dispatch, send, ship, settle, take care of quickly.
despacho *m* dispatch, office, shipment, clearance.
despacho administrativo administrative office.
despacho aduanal customs clearance, customhouse clearance.
despacho aduanero customs clearance, customhouse clearance.
despacho arrendado leased office.
despacho bancario banking office.
despacho central headquarters, head office, central office, central dispatch.
despacho comercial commercial office, business office.
despacho contable accounting office.
despacho corporativo corporate office, head office.
despacho de administración administration office.
despacho de aduanas customs clearance, customhouse clearance.
despacho de apoyo support office, back office.
despacho de auditoría audit office.
despacho de autorizaciones authorization office.
despacho de bienestar welfare office.
despacho de cobranza collection office.
despacho de cobros collection office.
despacho de colocaciones employment office.
despacho de comercio commerce office.
despacho de compras purchasing office, buying office, shipment of purchases.
despacho de contabilidad accounting office.
despacho de contribuciones tax office.
despacho de correos post office.
despacho de crédito credit office.
despacho de empleos employment office.
despacho de exportación export office.
despacho de facturación billing office.
despacho de gobierno government office.
Despacho de Hacienda tax office.
despacho de importación import office.
despacho de impuestos tax office.
despacho de información information office.
despacho de marcas trademark office.

despacho de negocios business office.
despacho de nómina payroll office.
despacho de operaciones operations office.
despacho de órdenes order office, shipment of orders.
despacho de patentes patent office.
despacho de personal personnel office.
despacho de préstamos loan office.
despacho de publicidad advertising office.
despacho de reclamaciones claims office.
despacho de relaciones públicas public relations office.
despacho de seguros insurance office.
despacho de servicio service office.
despacho de tránsito transit office.
despacho de ventas sales office.
despacho del administrador manager office.
despacho del auditor auditor's office.
despacho del director director's office, manager's office.
despacho del gerente manager's office.
despacho electrónico electronic office, electronic delivery.
despacho empresarial business office.
despacho financiero finance office.
despacho general general office.
despacho matriz headquarters, head office, main office.
despacho mercantil commercial office.
despacho principal main office, head office.
despacho privado private office.
despacho público public office, government office.
despacho regional regional office.
despacho virtual virtual office.
despedido *adj* fired, dismissed.
despedir *v* fire, dismiss.
despedirse *v* quit.
desperdicio de energía energy waste.
desperdicios industriales industrial waste.
desperdicios peligrosos dangerous waste.
despido *m* dismissal, firing, layoff.
despido colectivo mass dismissal.
despido constructivo constructive dismissal.
despido de empleado discharge of employee.
despido forzado forced resignation.
despido forzoso forced resignation.
despido improcedente dismissal without grounds.
despido injustificado dismissal without grounds.
despido justificado dismissal with grounds.
despido masivo mass dismissal.
despido procedente dismissal with grounds.
despido sumario summary dismissal.
despido voluntario voluntary redundancy.
despignorar *v* release a pledge.
despilfarro *m* waste, wastefulness.
desplazado *adj* displaced, moved.
desplazamiento *m* displacement, movement, shift.
desplazamiento de la demanda demand shift.
desplazar *v* displace, move.
desplome bursátil market crash.
despoblación *f* depopulation.
despoblado *adj* depopulated.
despoblar *v* depopulate.
despojar *v* despoil, evict, dispossess.
despojo *m* plundering, plunder, dispossession, forceful eviction.
desposeedor *m* dispossessor.
desposeer *v* dispossess, evict, divest.
desposeimiento *m* dispossession, divestiture.

desproporcionado *adj* disproportionate.
después de contribuciones after-taxes.
después de horas hábiles after-hours.
después de horas laborables after-hours.
después de impuestos after-taxes.
desreconocimiento *m* derecognition.
desreglamentación *f* deregulation.
desreglamentación bancaria bank deregulation.
desregulación *f* deregulation.
desregulación bancaria bank deregulation.
desregulación de precios price deregulation.
desregulado *adj* deregulated.
desregular *v* deregulate.
desregulatorio *adj* deregulatory.
destajista *m/f* pieceworker.
destajo *m* piecework.
destajo, a by the job.
destinación *f* destination, assignment.
destinado *adj* destined, designated, allocated, allotted.
destinar *v* destine, designate, allocate, allot.
destinatario *m* addressee, consignee, recipient.
destino *m* destination.
destituir *v* dismiss, deprive.
destrezas administrativas administrative skills.
destrezas de administración administration skills.
destrucción ambiental environmental destruction.
destrucción del ambiente environmental destruction.
destrucción del medioambiente environmental destruction.
destructora de documentos paper shredder.
desuso *m* disuse.
desutilidad *f* disutility.
desvalorar *v* devalue.
desvalorización *f* devaluation.
desvalorizar *v* devalue.
desvaluación *f* devaluation.
desvaluación competitiva competitive devaluation.
desvaluación de moneda currency devaluation.
desvaluación monetaria currency devaluation.
desventaja *f* disadvantage.
desventaja competitiva competitive disadvantage.
desventajado *adj* disadvantaged.
desventajoso *adj* disadvantageous.
desviación *f* deviation, diversion.
desviación de comercio diversion of commerce.
desviación estándar standard deviation.
desviación media mean deviation.
desviación típica typical deviation.
desviar fondos divert funds.
detal, al retail.
detallado *adj* detailed.
detallar *v* itemize, specify in detail.
detalle *m* detail, particular, item.
detalle, al retail.
detalles de pago details of payment.
detallista *adj* meticulous, retail.
detallista *m/f* retailer.
detallista independiente independent retailer.
detener el pago stop payment.
deteriorado *adj* deteriorated.
deteriorarse *v* deteriorate.
deterioro *m* deterioration, impairment.
deterioro anormal abnormal spoilage, abnormal deterioration.
deterioro de capital impairment of capital.
deterioro del valor impairment of value.

deterioro físico physical deterioration.
deterioro normal normal wear and tear, normal spoilage.
determinable *adj* determinable.
determinación *f* determination, assessment.
determinación de contribuciones determination of taxes.
determinación de costes determination of costs.
determinación de costos determination of costs.
determinación de gastos determination of expenses.
determinación de impuestos determination of taxes.
determinación de intereses determination of interest.
determinación de pagos determination of payments.
determinación de precios determination of prices.
determinación de prima determination of premium.
determinación de riesgo risk assessment.
determinación de subsidio determination of subsidy.
determinación de subvención determination of subsidy.
determinado *adj* determinate.
determinar *v* determine, fix.
detrimento *m* detriment.
deuda *f* debt, indebtedness, obligation, liability.
deuda a corto plazo short-term debt.
deuda a corto plazo neta net short-term debt.
deuda a la vista demand debt.
deuda a largo plazo long-term debt.
deuda a largo plazo general general long-term debt.
deuda a largo plazo neta net long-term debt.
deuda a mediano plazo medium-term debt.
deuda a medio plazo medium-term debt.
deuda activa active debt.
deuda amortizable amortizable debt.
deuda ancestral ancestral debt.
deuda anulada cancelled debt.
deuda atrasada debt in arrears.
deuda bancaria bank debt.
deuda bruta gross debt.
deuda cancelada cancelled debt.
deuda cobrable collectible debt.
deuda comercial commercial debt, trading debt.
deuda conjunta joint debt.
deuda consolidada consolidated debt.
deuda contingente contingent debt.
deuda contraída anteriormente antecedent debt.
deuda contributiva tax debt.
deuda convertible convertible debt.
deuda corporativa corporate debt.
deuda corriente current debt.
deuda de comercio commerce debt.
deuda de comercio electrónico e-commerce debt, e-business debt.
deuda de negocios business debt.
deuda de rango superior senior debt.
deuda del consumidor consumer debt.
deuda del estado government debt, state debt.
deuda del gobierno government debt.
deuda del tesoro treasury debt.
deuda directa direct debt.
deuda documentaria documented debt.
deuda doméstica domestic debt.
deuda dudosa doubtful debt.
deuda efectiva effective debt.

deuda empresarial business debt.
deuda en gestión debt in the process of collection through legal means.
deuda en libros book debt.
deuda en moneda extranjera foreign currency debt.
deuda estatal government debt, state debt.
deuda exigible debt due, exigible debt.
deuda existente existing debt.
deuda exterior foreign debt.
deuda externa foreign debt.
deuda federal federal debt.
deuda federal bruta gross federal debt.
deuda ficticia fictitious debt.
deuda fiduciaria fiduciary debt.
deuda fija fixed debt.
deuda fiscal tax debt.
deuda flotante floating debt.
deuda fraudulenta fraudulent debt.
deuda garantizada guaranteed debt, secured debt.
deuda general general debt.
deuda gubernamental government debt.
deuda hipotecaria mortgage debt.
deuda ilícita illegal debt.
deuda ilíquida unliquidated debt.
deuda impositiva tax debt.
deuda incobrable uncollectible debt.
deuda interior internal debt, domestic debt.
deuda interna internal debt, domestic debt.
deuda internacional international debt.
deuda legítima legitimate debt.
deuda lícita legal debt.
deuda líquida liquidated debt.
deuda mala uncollectible debt.
deuda mancomunada joint debt.
deuda mancomunada y solidaria joint and several debt.
deuda mercantil commercial debt, mercantile debt.
deuda morosa delinquent debt.
deuda nacional national debt.
deuda nacional bruta gross national debt.
deuda nacional neta net national debt.
deuda neta net debt.
deuda no amortizada unamortized debt.
deuda no consolidada unconsolidated debt.
deuda no pagada unpaid debt.
deuda oficial official debt.
deuda pasiva passive debt.
deuda pendiente outstanding debt.
deuda per cápita per capita debt.
deuda perpetua perpetual debt.
deuda por juicio judgment debt.
deuda preestablecida preset debt.
deuda preferida preferred debt.
deuda prendaria chattel debt.
deuda privada private debt.
deuda privilegiada preferred debt.
deuda pública public debt, national debt.
deuda pública neta net public debt.
deuda quirografaria unsecured debt.
deuda registrada registered debt.
deuda sin garantía unsecured debt.
deuda social partnership debt, company debt, debt with society.
deuda solidaria joint and several debt.
deuda subordinada subordinated debt.
deuda total total debt.
deuda tributaria tax debt.
deuda variable variable debt.
deuda vencida matured debt.

deudas cobradas collected debts.
deudas hereditarias decedent's debts.
deudas incobrables de negocio business bad debts.
deudas individuales individual debts.
deudas privilegiadas privileged debts.
deudor *adj* indebted.
deudor *m* debtor, obligor.
deudor ausente absent debtor.
deudor concordatario bankrupt who has an agreement with his creditors.
deudor en mora delinquent debtor.
deudor hipotecario mortgage debtor, mortgagor.
deudor insolvente insolvent debtor.
deudor mancomunado joint debtor.
deudor moroso delinquent debtor, bad debtor.
deudor por fallo judgment debtor.
deudor por juicio judgment debtor.
deudor principal principal debtor.
deudor solidario joint and several debtor.
devaluación *f* devaluation.
devaluación monetaria currency devaluation.
devaluado *adj* devaluated.
devaluar *v* devalue.
devengado *adj* accrued, earned, due.
devengamiento *m* accrual, earning.
devengar *v* accrue, draw.
devengar intereses bear interest.
devengo *m* accrual.
devolución *f* devolution, return, refund, rebate.
devolución contributiva tax refund.
devolución de impuesto tax refund.
devolución de prima premium return, premium refund.
devolución de venta sales return.
devolución fiscal tax refund.
devolución impositiva tax refund.
devolución tributaria tax refund.
devolutivo *adj* returnable.
devolver *v* return, refund.
día a día day-to-day, day-by-day.
día abierto open date.
día base base date.
día calendario calendar day.
día cierto day certain.
día de aceptación acceptance date.
día de acumulación accrual date.
día de anuncio announcement date.
día de apertura opening date.
día de asueto day off.
día de caducidad expiration date.
día de cierre closing date, final date.
día de compensación clearing date.
día de compra date of purchase, date of acquisition.
día de conversión conversion date.
día de declaración declaration date.
día de depósito deposit date.
día de desembolso payout date.
día de disponibilidad availability date.
día de distribución distribution date.
día de efectividad effective date.
día de ejecución date of exercise.
día de elegibilidad eligibility date.
día de embarque shipping date.
día de emisión date of issue.
día de endoso endorsement date.
día de entrada posting date.
día de entrada en vigor effective date.
día de entrega delivery date.

día de expiración expiration date.
día de factura invoice date.
día de facturación billing date.
día de fiesta holiday.
día de fiesta nacional national holiday, official holiday.
día de fiesta oficial national holiday, official holiday.
día de liquidación settlement date.
día de mercado market day.
día de negocios business day, working day.
día de oferta offering date.
día de ofrecimiento offering date.
día de pago payment date, payday.
día de pago de dividendo payment date of dividend.
día de póliza policy date.
día de presentación filing date, presentation date.
día de publicación publication date.
día de radicación filing date.
día de redención call date.
día de registro date of record, date of registration.
día de semana weekday.
día de tasación appraisal date.
día de terminación termination date.
día de terminación de plan termination date of plan.
día de trabajo working day.
día de transacción transaction date.
día de vencimiento expiration date, due date, deadline, final date, maturity date.
día de venta sales date.
día de vigencia effective date.
día designado designated day.
día efectivo effective date.
día en blanco open date.
día feriado holiday.
día feriado bancario bank holiday.
día feriado nacional national holiday, official holiday.
día feriado oficial national holiday, official holiday.
día festivo holiday.
día festivo bancario bank holiday.
día festivo nacional national holiday, official holiday.
día festivo oficial national holiday, official holiday.
día hábil working day, business day.
día inhábil non-working day, non-business day, holiday.
día laborable working day, business day.
día libre day off.
día límite final date, deadline.
día natural natural day.
día no laborable non-working day, non-business day.
día opcional optional date.
día posterior later date.
día útil working day.
diagnóstico ambiental environmental assessment.
diagrama *m* diagram, chart.
diagrama circular pie diagram, pie chart.
diagrama de actividad activity diagram, activity chart.
diagrama de barras bar diagram, bar chart.
diagrama de flujo flow diagram, flow chart.
diálogo *m* dialog.
diariamente *adv* daily.
diario *adj* daily.
diario *m* journal, newspaper, diary.

diario comercial trade journal.
diario de caja cash journal.
diario de compras purchase journal.
diario de ventas sales journal.
diario económico economic journal, economic newspaper.
días consecutivos consecutive days.
días de cobertura days of coverage.
días de gracia days of grace.
días de transacciones trading days.
dictado *m* dictation.
dictamen *m* opinion, judgment, decision, ruling.
dictamen de auditoría auditor's certificate, auditor's opinion.
dictamen del auditor auditor's certificate, auditor's opinion.
dictar *v* dictate, pronounce.
dieta *f* allowance, daily allowance.
diferencia *f* difference, gap.
diferencia de cambio exchange difference.
diferencia de precios price difference.
diferencia de tasas rate difference.
diferencia salarial salary difference, wage gap.
diferencia temporal temporary difference.
diferenciación *f* differentiation.
diferenciación de marca brand differentiation.
diferenciado *adj* differentiated.
diferencial *m* differential.
diferencial de inflación inflation differential.
diferencial de precios price differential.
diferencial inflacionario inflation differential.
diferencial regional regional differential.
diferenciar *v* differentiate.
diferencias culturales cultural differences.
diferido *adj* deferred.
diferimiento *m* deferral.
diferir *v* defer, delay, adjourn, differ.
difunto *adj* deceased.
digital *adj* digital.
digitalizado *adj* digitized.
digitalizar *v* digitize.
dígito *m* digit.
dígito de comprobación check digit.
digno de confianza trustworthy.
dilación *f* delay, procrastination.
dilapidado *adj* dilapidated.
dilatar *v* delay, defer, extend.
dilatorio *adj* dilatory.
diligencia *f* diligence, task, care.
diligencia de embargo attachment proceedings.
diligencia de lanzamiento ejectment.
diligencia debida due diligence.
diligencia necesaria necessary diligence.
diligencia normal ordinary diligence.
diligencia ordinaria ordinary diligence.
diligencia requerida required diligence.
diligenciador *m* agent, negotiator.
diligencias del protesto measures taken to protest a note, measures taken to protest a draft.
diligenciero *m* agent, representative.
diligente *adj* diligent.
diligentemente *adv* diligently.
dilución *f* dilution, watering.
dilución de capital capital dilution.
diluir *v* dilute, water.
dimisión *f* resignation, waiver.
dimitir *v* resign, waive.
dinámica *f* dynamics.
dinámica económica economic dynamics.
dinámico *adj* dynamic.

dinamismo *m* dynamism.
dinerario *adj* monetary.
dinero *m* money, currency, cash.
dinero a corto plazo short-term money.
dinero a la vista demand money, call money.
dinero a largo plazo long-term money.
dinero a plazo time money.
dinero activo active money.
dinero asignado allocated money.
dinero bancario bank money.
dinero barato cheap money.
dinero base base money.
dinero caliente hot money.
dinero circulante circulating money.
dinero constante constant money.
dinero contante cash.
dinero contante y sonante cash.
dinero de plástico credit card, debit card.
dinero del banco central central bank money.
dinero depositado deposited money.
dinero electrónico electronic cash, electronic money, e-cash, e-money.
dinero en circulación money in circulation, circulating money.
dinero en depósito deposit money.
dinero en efectivo cash.
dinero en mano cash in hand.
dinero en metálico cash.
dinero en sentido amplio broad money.
dinero en tabla cash.
dinero extranjero foreign money.
dinero falso counterfeit money.
dinero fiduciario fiduciary money.
dinero fresco fresh money.
dinero inactivo inactive money, idle money.
dinero inconvertible inconvertible money.
dinero inicial up-front money.
dinero lavado laundered money.
dinero mercancía commodity currency.
dinero negro illegally obtained money, undeclared money.
dinero pagado money paid.
dinero personal personal money.
dinero privado private money.
dinero público public money.
dinero recibido money received.
dinero sucio dirty money.
dinero suelto change.
diplomacia *f* diplomacy.
diplomático *adj* diplomatic.
diputado *m* delegate, representative, deputy, Member of Congress, Member of Parliament.
dirección *f* address, management, direction.
dirección centralizada centralized management.
dirección comercial commercial address, business address.
dirección corporativa corporate address, corporate management.
dirección de correo electrónico email address.
dirección de empresas business administration.
dirección de Internet Internet address, email address.
dirección de la oficina office management, office address.
dirección de operaciones operations management.
dirección de proyectos project management.
dirección de recursos humanos human resource management.
dirección de relaciones institucionales

institutional relations management.
dirección de riesgos risk management.
dirección de sistemas systems management.
dirección de ventas sales management.
dirección del comercio electrónico e-commerce address, e-business address, e-commerce management, e-business management.
dirección del mercado market management, market direction.
dirección electrónica email address, Internet address.
dirección financiera financial management.
dirección general headquarters, general management.
dirección IP IP address, Internet Protocol address.
dirección mercantil commercial address.
dirección permanente permanent address.
dirección por crisis management by crisis.
dirección por excepciones management by exception.
dirección por objetivos management by objectives.
dirección por resultados management by results.
dirección postal mailing address.
dirección profesional professional address.
directamente *adv* directly.
directamente responsable directly responsible.
directiva *f* directorate, management, board of directors, guideline.
directivo *adj* directive, executive, managing.
directo *adj* direct.
director *m* director, executive, manager.
director adjunto assistant director.
director administrativo administrative director.
director asociado associate director.
director comercial commercial director.
director contable accounting director.
director corporativo corporate director.
director de administración administrative director.
director de área area director.
director de auditoría audit director.
director de capacitación training director.
director de comercialización marketing director.
director de comercio commerce director.
director de comercio electrónico e-commerce director, e-business director.
director de compras purchasing manager.
director de comunicaciones communications manager.
director de contabilidad chief accounting officer, accounting director.
director de crédito credit director.
director de cuenta account manager, account director.
director de departamento department manager.
director de desarrollo development director.
director de desarrollo de comercio electrónico e-commerce development director, e-business development director.
director de desarrollo de negocios business development director.
director de distribución distribution manager.
director de división division manager.
director de empresa company director.
director de entrenamiento training director.
director de fábrica factory manager.
director de finanzas chief financial officer, finance director, financial director.
director de habilitación training director.

director de información chief information officer.
director de investigación research manager.
director de investigación y desarrollo research and development manager.
director de la compañía company director.
director de la corporación corporate director.
director de la empresa company director, enterprise director.
director de marketing marketing director.
director de mercadeo marketing director.
director de negocios business director.
director de oficina office manager, branch manager.
director de operaciones operations manager, chief operations officer.
director de personal personnel manager.
director de planta plant manager.
director de producción production manager.
director de proyecto project manager.
director de publicidad advertising director, publicity manager.
director de recursos humanos human resources director.
director de relaciones institucionales institutional relations director.
director de servicios service manager.
director de sistemas systems manager.
director de sucursal branch manager.
director de ventas sales director.
director del banco bank director, bank manager.
director ejecutivo executive director, chief executive officer, chief executive.
director ejecutivo adjunto deputy executive director, deputy chief executive, deputy chief executive officer.
director empresarial business director, company director, enterprise director.
director externo outside director.
director ficticio dummy director.
director financiero chief financial officer, finance director, financial director.
director general director general, chief executive officer, chief operating officer.
director general adjunto assistant director general.
director gerente managing director.
director gerente adjunto deputy managing director.
director independiente independent director.
director interino acting director.
director mercantil commercial director, mercantile director.
director nombrado appointed director.
director principal senior director, senior manager.
director publicitario advertising director, publicity manager.
director regional regional director, regional manager.
director técnico chief technical officer.
directorio *m* directory, directorate.
directorio comercial commercial directory, trade directory.
directorio electrónico electronic directory.
directorios encadenados interlocking directorates.
directorios entrelazados interlocking directorates.
directrices de calidad quality guidelines.
directrices de calidad ambiental environmental quality guidelines.
directrices de comercio commerce guidelines.
directrices de contabilidad accounting guidelines.

directrices de cumplimiento performance guidelines, compliance guidelines, fulfillment guidelines.
directrices de ética profesional guidelines of professional ethics.
directrices de fabricación manufacturing guidelines.
directrices de industria industry guidelines.
directrices de la compañía company guidelines.
directrices de negocios business guidelines.
directrices de producción production guidelines.
directrices de publicidad advertising guidelines.
directrices de rendimiento performance guidelines.
directrices de seguridad security guidelines, safety guidelines.
directrices del trabajo work guidelines, labor guidelines.
directrices empresariales business guidelines.
directrices establecidas established guidelines.
directrices financieras financial guidelines.
directrices industriales industrial guidelines.
directrices internacionales international guidelines.
directrices medioambientales environmental guidelines.
directrices mercantiles commercial guidelines.
directrices publicitarias advertising guidelines.
directrices sanitarias health guidelines, sanitary guidelines.
directrices vigentes current guidelines.
directriz *f* guideline.
dirigente *m/f* leader, manager, director.
dirigente obrero labor leader, labour leader.
dirigido *adj* directed, managed, targeted.
dirigir *v* direct, manage, run, target.
dirigir el comercio direct commerce, direct trade.
dirigir el crecimiento direct growth.
dirigir la demanda direct demand.
dirigir la economía direct the economy.
dirigir la inflación direct inflation.
dirigir las acciones direct shares, direct stock.
dirigir las tasas direct rates.
dirigir las tasas de cambio direct exchange rates.
dirigir los costes direct costs.
dirigir los costos direct costs.
dirigir los fondos direct funds.
dirigir los gastos direct expenses, direct expenditures.
dirigir los precios direct prices.
dirigismo *m* government intervention.
dirigismo estatal government intervention.
dirigismo oficial government intervention.
dirimir *v* settle, annul.
disagio *m* disagio.
discapacidad *f* disability.
discapacidad a corto plazo short-term disability.
discapacidad a largo plazo long-term disability.
discapacidad absoluta total disability.
discapacidad absoluta permanente permanent total disability.
discapacidad absoluta temporal temporary total disability.
discapacidad física physical disability.
discapacidad laboral work disability.
discapacidad laboral transitoria temporary work disability.
discapacidad no ocupacional nonoccupational disability.
discapacidad para trabajar work disability.

discapacidad parcial partial disability.
discapacidad parcial permanente permanent partial disability.
discapacidad permanente permanent disability.
discapacidad permanente total permanent total disability.
discapacidad perpetua permanent disability.
discapacidad personal personal disability.
discapacidad presunta presumptive disability.
discapacidad recurrente recurrent disability.
discapacidad relativa partial disability.
discapacidad residual residual disability.
discapacidad temporal temporary disability.
discapacidad temporaria temporary disability.
discapacidad temporaria total temporary total disability.
discapacidad total total disability.
discapacidad total permanente permanent total disability.
discapacidad total temporal temporary total disability.
discapacidad transitoria transitory disability.
discapacitado *adj* disabled.
disco *m* disc, disk.
disco compacto compact disc.
disco fijo hard disk.
disco magnético magnetic disk.
disco óptico optical disc.
disco versátil digital DVD.
discontinuo *adj* discontinuous.
discreción *f* discretion.
discreción limitada limited discretion.
discrecional *adj* discretionary.
discrepancia *f* discrepancy.
discrimen *m* discrimination.
discriminación *f* discrimination.
discriminación de precios price discrimination.
discriminación directa direct discrimination.
discriminación económica economic discrimination.
discriminación indirecta indirect discrimination.
discriminación inversa reverse discrimination.
discriminación laboral labor discrimination, labour discrimination.
discriminación por edad age discrimination, ageism.
discriminación positiva positive discrimination.
discriminación racial race discrimination.
discriminación religiosa religious discrimination.
discriminación sexual sex discrimination, gender discrimination.
discriminador *adj* discriminating.
discriminador *m* discriminator.
discriminar *v* discriminate.
discriminatorio *adj* discriminatory.
discurso *m* speech, presentation.
discusión *f* discussion.
discusión comercial business discussion, commercial discussion.
discusión de comercio commerce discussion.
discusión de negocios business discussion.
discusión empresarial business discussion.
discusión mercantil commercial discussion.
diseminación *f* dissemination.
diseminar *v* disseminate.
diseñado ergonómicamente ergonomically designed.
diseñar *v* design.
diseño *m* design.
diseño asistido por computadora computer-aided design.
diseño asistido por ordenador computer-aided design.
diseño de paquete package design.
diseño de producto product design.
diseño de proyecto project design.
diseño ergonómico ergonomic design.
diseño industrial industrial design.
disfrute *m* enjoyment, use, benefit, possession.
disminución *f* diminution, reduction.
disminución contributiva tax reduction.
disminución de capital reduction of capital.
disminución de contribuciones reduction of taxes.
disminución de costes cost reduction.
disminución de costos cost reduction.
disminución de deuda debt reduction.
disminución de dividendo dividend reduction.
disminución de gastos expense reduction.
disminución de impuestos tax reduction.
disminución de la contaminación contamination reduction.
disminución de la tasa bancaria bank rate reduction.
disminución de pérdidas loss reduction.
disminución de personal personnel reduction, personnel downsizing.
disminución de precio price reduction.
disminución de presupuesto budget reduction.
disminución de riesgos risk reduction.
disminución de salario salary reduction.
disminución de tasa rate reduction.
disminución de tipo rate reduction.
disminución de valor value decrease.
disminución del tipo bancario bank rate reduction.
disminución general general decrease.
disminución impositiva tax reduction.
disminución neta net decrease.
disminución presupuestaria budgetary reduction.
disminución salarial salary reduction.
disminución tributaria tax reduction.
disminuir *v* diminish, decrease.
disminuir gradualmente reduce gradually, taper off.
disminuir tarifas decrease tariffs.
disolución *f* dissolution, breakup.
disolución de sociedad dissolution of corporation, dissolution of partnership.
disolver *v* dissolve, break up, adjourn, terminate, settle.
disolver la asamblea adjourn the meeting.
disolver la junta adjourn the meeting.
disolver la reunión adjourn the meeting.
disolver la sesión adjourn the meeting.
disolver una compañía dissolve a company.
disolver una corporación dissolve a corporation.
disolver una sociedad dissolve a corporation, dissolve a partnership.
disparidad *f* disparity.
disparidad de precios price disparity.
dispensación *f* dispensation, exemption.
dispensador de dinero cash dispenser, automated teller machine, cashpoint.
dispensador de efectivo cash dispenser, automated teller machine, cashpoint.
dispensar *v* dispense, exempt, pardon.
dispersión *f* dispersion.
disponer *v* dispose, order, prepare, arrange.
disponibilidad *f* availability.

disponibilidad de crédito credit availability.
disponibilidad de fondos funds availability.
disponibilidad descontinuada discontinued availability.
disponibilidad diferida deferred availability.
disponibilidades en efectivo cash holdings.
disponibilidades líquidas liquid holdings.
disponible *adj* available, liquid, disposable.
disponible comercialmente commercially available.
disponible para empleo available for employment.
disponible para trabajo available for work.
disposición *f* disposition, requirement, clause, provision, layout, disposal.
disposiciones generales blanket provisions.
disposiciones tributarias tax laws.
dispositivo de acceso access device.
disputa *f* dispute.
disputa obrera labor dispute.
distinción *f* distinction.
distintivo *adj* distinctive.
distorsión de precios price distortion.
distorsión del mercado market distortion.
distorsionar *v* distort.
distracción *f* distraction, misappropriation.
distracción de fondos misappropriation.
distracto *m* annulment of contract by mutual consent.
distraer *v* divert, misappropriate.
distribución *f* distribution, allocation, allotment.
distribución a dueños distribution to owners.
distribución abierta open distribution.
distribución de beneficios profits distribution.
distribución de capital capital distribution.
distribución de costes cost distribution.
distribución de costos cost distribution.
distribución de dividendo dividend distribution.
distribución de fondos funds distribution.
distribución de frecuencias frequency distribution.
distribución de ganancias earnings distribution, profits distribution.
distribución de ganancias de capital capital gains distribution.
distribución de gastos distribution of expenses.
distribución de ingresos income distribution.
distribución de la renta income distribution.
distribución de muestreo sampling distribution.
distribución de plusvalías capital gains distribution.
distribución de probabilidad probability distribution.
distribución de producción production distribution.
distribución de recursos resource distribution.
distribución de utilidades profits distribution.
distribución del riesgo distribution of risk.
distribución del trabajo work distribution.
distribución desproporcionada disproportionate distribution.
distribución en especie in-kind distribution.
distribución en exclusiva exclusive distribution.
distribución equitativa equitable distribution.
distribución exclusiva exclusive distribution.
distribución física physical distribution.
distribución funcional functional distribution.
distribución global lump-sum distribution, global distribution.
distribución limitada limited distribution.
distribución mayorista wholesale distribution.

distribución minorista retail distribution.
distribución normal normal distribution.
distribución parcial partial distribution.
distribución presupuestaria budget distribution.
distribución proporcional proportional distribution.
distribución prorrateada pro rata distribution.
distribución pública public distribution.
distribución restringida restricted distribution.
distribución secundaria secondary distribution.
distribución selectiva selective distribution.
distribución sin restricciones unrestricted distribution.
distribuible *adj* distributable.
distribuido *adj* distributed, allocated, allotted.
distribuido nacionalmente nationally distributed.
distribuidor *m* distributor.
distribuidor en exclusiva exclusive distributor.
distribuidor exclusivo exclusive distributor.
distribuidor mayorista wholesale distributor.
distribuidor minorista retail distributor.
distribuir *v* distribute, allocate, allot.
distrito *m* district, region.
distrito aduanero customs district.
distrito comercial commercial district, business district.
distrito comercial central central business district.
distrito contributivo tax district.
distrito de comercio commerce district.
distrito de negocios business district.
distrito financiero financial district.
distrito fiscal tax district, assessment district.
distrito impositivo tax district.
distrito industrial industrial district.
distrito mercantil commercial district.
distrito postal postal district, postal zone.
distrito residencial residential district.
distrito tributario tax district.
dita *f* guarantee, debt, guarantor.
divergencia *f* divergence.
diversidad *f* diversity.
diversificable *adj* diversifiable.
diversificación *f* diversification.
diversificación concéntrica concentric diversification.
diversificación de activos asset diversification, asset mix.
diversificación de liquidez liquidity diversification.
diversificación de productos product diversification.
diversificación del riesgo risk diversification.
diversificación horizontal horizontal diversification.
diversificación vertical vertical diversification.
diversificado *adj* diversified.
diversificar *v* diversify.
dividendo *m* dividend.
dividendo a cuenta account dividend.
dividendo a pagar dividend payable.
dividendo acostumbrado customary dividend.
dividendo activo dividend.
dividendo acumulado accumulated dividend.
dividendo acumulativo cumulative dividend.
dividendo adicional extra dividend.
dividendo anual annual dividend.
dividendo atrasado late dividend.
dividendo aumentado increased dividend.
dividendo bruto gross dividend.
dividendo casual irregular dividend.

dividendo de bienes property dividend.
dividendo de capital capital dividend.
dividendo de ganancias de capital capital gains dividend.
dividendo de liquidación liquidation dividend.
dividendo de póliza policy dividend.
dividendo de póliza con participación participating policy dividend.
dividendo de propiedad property dividend.
dividendo declarado declared dividend.
dividendo diferido deferred dividend.
dividendo en acciones stock dividend.
dividendo en efectivo cash dividend.
dividendo en especie property dividend.
dividendo en pagarés scrip dividend.
dividendo exento exempt dividend.
dividendo extra extra dividend.
dividendo extraordinario extraordinary dividend.
dividendo fijo fixed dividend.
dividendo final final dividend.
dividendo fiscal fiscal dividend.
dividendo garantizado guaranteed dividend.
dividendo ilegal illegal dividend.
dividendo implícito constructive dividend.
dividendo imponible taxable dividend.
dividendo interino interim dividend.
dividendo mínimo minimum dividend.
dividendo neto net dividend.
dividendo no gravable nontaxable dividend.
dividendo no imponible nontaxable dividend.
dividendo no tributable nontaxable dividend.
dividendo normal normal dividend.
dividendo ocasional irregular dividend.
dividendo omitido omitted dividend.
dividendo opcional optional dividend.
dividendo ordinario ordinary dividend, common dividend.
dividendo por acción dividend per share.
dividendo preferencial preferred dividend.
dividendo preferente preferred dividend.
dividendo preferido preferred dividend.
dividendo privilegiado preferred dividend.
dividendo provisional interim dividend.
dividendo provisorio interim dividend.
dividendo regular regular dividend.
dividendo típico typical dividend.
dividendo tributable taxable dividend.
dividendo trimestral quarterly dividend.
dividendos de acciones comunes common stock dividends.
dividido *adj* divided.
dividido igualmente equally divided.
dividuo *adj* divisible.
divisa *f* foreign currency, emblem, slogan, devise.
divisa única single currency.
divisas *f* foreign currency, foreign exchange.
divisas a plazo foreign exchange futures.
divisas a término foreign exchange futures.
divisas administradas managed currencies.
divisas ajustables adjustable currencies.
divisas artificiales artificial currencies.
divisas bloqueadas blocked currencies.
divisas circulantes circulating currencies.
divisas claves key currencies.
divisas comunes common currencies.
divisas controladas managed currencies.
divisas convertibles convertible currencies.
divisas de liquidación settlement currencies.
divisas de referencia reference currencies.
divisas de reservas reserve currencies.

divisas débiles soft currencies.
divisas depreciadas depreciated currencies.
divisas devaluadas devaluated currencies.
divisas dirigidas managed currencies.
divisas elásticas elastic currencies.
divisas en circulación currencies in circulation.
divisas escasas scarce currencies.
divisas estables stable currencies.
divisas extranjeras foreign currencies.
divisas flotantes floating currencies.
divisas fuertes hard currencies.
divisas inconvertibles inconvertible currencies.
divisas inelásticas inelastic currencies.
divisas legales legal tender.
divisas legítimas legal tender.
divisas mixtas mixed currencies.
divisas nacionales national currencies, domestic currencies.
divisibilidad *f* divisibility.
divisible *adj* divisible.
división *f* division, partition.
división arrendada leased division.
división comercial commercial division.
división contable accounting division.
división corporativo corporate division.
división de acatamiento compliance division.
división de acciones stock split.
división de aprobación de crédito credit-approval division.
división de atención al cliente customer service division.
división de auditoría audit division.
división de autorizaciones authorization division.
división de bienestar social social welfare division.
división de capacitación training division.
división de certificación certification division.
división de cobranza collection division.
división de cobros collection division.
división de comercialización marketing division.
división de comercio commerce division, trade division.
división de comercio exterior foreign trade division.
división de comisión commission split.
división de compras purchasing division.
división de comunicaciones communications division.
división de contabilidad accounting division.
división de contribuciones tax division.
división de corretaje brokerage division.
división de crédito credit division.
división de cuentas de margen margin division.
división de cumplimiento compliance division.
división de desarrollo development division.
división de descuento discount division.
división de distribución distribution division.
división de exportación export division.
división de facturación billing division.
división de formación training division.
división de habilitación training division.
división de hipotecas mortgage division.
división de impuestos tax division.
división de ingresos income splitting.
división de investigación research division.
división de investigación y desarrollo research and development division.
división de la renta income splitting.
división de liquidaciones settlement division.
división de mantenimiento maintenance division.

división de marketing marketing division.
división de mercadeo marketing division.
división de negocios business division.
división de nómina payroll division.
división de operaciones operations division.
división de órdenes order division.
división de personal personnel division.
división de planificación planning division.
división de préstamos loan division.
división de producción production division.
división de publicidad advertising division.
división de reaseguro reinsurance division.
división de reclamaciones claims division.
división de recursos humanos human resources division.
división de relaciones industriales industrial relations division.
división de relaciones públicas public relations division.
división de salud health division.
división de sanidad health division.
división de seguro social social security division.
división de seguros insurance division.
división de servicio service division.
división de servicio al cliente customer service division.
división de tránsito transit division.
división de ventas sales division.
división de ventas a crédito credit sales division.
división del trabajo division of labor.
división derivada derivative division.
división empresarial business division.
división exportadora export division.
división extranjera foreign division.
división fiduciaria trust division.
división financiera finance division.
división fiscal tax division.
división general general division.
división gubernamental governmental division.
división hipotecaria mortgage division.
división jurídica legal division.
división legal legal division.
división mercantil commercial division, mercantile division.
división publicitaria advertising division.
división regional regional division, area division.
divisional adj divisional.
divulgación f disclosure, publication.
divulgación adecuada adequate disclosure.
divulgación completa full disclosure.
divulgación compulsoria compulsory disclosure.
divulgación de interés disclosure of interest.
divulgación financiera financial disclosure.
divulgación necesaria necessary disclosure.
divulgación obligatoria obligatory disclosure, mandatory disclosure.
divulgación requerida required disclosure.
divulgado adj disclosed, published.
divulgar v disclose, publish.
Dña. (Doña) Ms., Mrs., Miss.
DNI (Documento Nacional de Identidad) National Identity Card.
DO (Denominación de Origen) Designation of Origin.
DO Protegida (Denominación de Origen Protegida) Protected Designation of Origin.
doble agencia dual agency.
doble asiento double posting.
doble cargo double charge.
doble clic double click.

doble contabilidad double accounting, double counting.
doble contabilización double accounting, double counting.
doble contrato dual contract.
doble control dual control.
doble disminución de saldo double declining balance.
doble distribución dual distribution.
doble economía dual economy.
doble empleo double employment, moonlighting.
doble endoso double endorsement.
doble entrada double entry.
doble exención double exemption.
doble financiación double financing.
doble financiamiento double financing.
doble imposición double taxation.
doble indemnización double indemnity.
doble ingreso double income.
doble opción double option.
doble paga double pay.
doble recuperación double recovery.
doble responsabilidad double liability.
doble supervisión dual supervision.
doble tributación double taxation.
doctor en economía doctor in economics.
doctrina f doctrine.
doctrina contributiva tax doctrine.
doctrina del álter ego alter ego doctrine.
doctrina fiscal tax doctrine.
doctrina impositiva tax doctrine.
doctrina tributaria tax doctrine.
documentación f documentation, document, documents.
documentación aduanera customs documentation.
documentación contable accounting documentation.
documentación de aduanas customs documentation.
documentación de empréstito loan documentation.
documentación de exportación export documentation.
documentación de importación import documentation.
documentación de préstamo loan documentation.
documentación de reclamación claim documentation.
documentación del buque ship's papers.
documental adj documentary.
documentar v document, provide documentation.
documentar una deuda provide evidence of indebtedness.
documentario adj documentary.
documento m document, bill.
documento a la orden order paper.
documento adjunto affixed document, attachment.
documento al portador bearer paper.
documento anexado affixed document, attachment.
documento anexo affixed document, attachment.
documento cambiario bill of exchange.
documento certificado certified document.
documento comercial commercial paper, commercial document.
documento constitutivo incorporation papers.
documento corporativo corporate document.
documento de antecedentes background document, background paper.

documento de aventura bill of adventure.
documento de comercio commercial paper, commerce document.
documento de comercio electrónico e-commerce document, e-business document.
documento de constitución incorporation papers.
documento de crédito credit instrument.
documento de favor accommodation bill, accommodation paper.
documento de giro draft.
documento de pago document certifying payment.
documento de transacción transaction document.
documento de tránsito bill of lading.
documento de transmisión bill of sale.
documento de venta bill of sale.
documento extranjero foreign document.
documento falsificado forged document.
documento falso false document.
documento fuente source document.
documento interno internal document.
documento mercantil commercial document.
Documento Nacional de Identidad National Identity Card.
documento negociable negotiable instrument.
documento oficial official document.
documento original original document.
documento por cobrar note receivable.
documento por pagar note payable.
documento privado private document.
documento público public document.
documento transmisible negotiable instrument.
documentos aduaneros customs documents.
documentos comerciales commercial documents, business documents.
documentos contables accounting documents.
documentos contra aceptación documents against acceptance.
documentos contra pago documents against payment.
documentos de aduanas customs documents.
documentos de cobros collection documents.
documentos de contabilidad accounting documents.
documentos de embarque shipping documents.
documentos de empleo working papers.
documentos de exportación export documents.
documentos de importación import documents.
documentos de negocios business documents.
documentos de título title documents.
documentos de trabajo working papers.
documentos empresariales business documents.
documentos externos external documents.
documentos legales legal documents.
dólar *m* dollar.
dólares constantes constant dollars.
dólares corrientes current dollars.
dolarización *f* dollarization.
dolo *m* deceit, fraud.
dolo causante deceit used in securing a contract.
dolo positivo active deceit.
dolo principal deceit used in securing a contract.
dolosamente *adv* fraudulently, deceitfully.
doloso *adj* fraudulent, deceitful.
doméstico *adj* domestic, internal.
domiciliación *f* direct debit, automatic payment, domiciliation.
domiciliado *adj* domiciled.
domicilio *m* domicile.
domicilio bancario bank address.
domicilio comercial commercial domicile, business address.
domicilio corporativo corporate address, corporate domicile.
domicilio de la compañía company address, company domicile.
domicilio extranjero foreign domicile.
domicilio fijo fixed residence.
domicilio fijo, sin without a fixed residence.
domicilio fiscal tax domicile.
domicilio ilegal illegal residence.
domicilio legal legal residence.
domicilio mercantil commercial domicile.
domicilio postal mailing address.
domicilio social corporate address, corporate domicile, partnership address.
dominación *f* domination.
dominante *adj* dominant.
dominar *v* dominate.
dominar un mercado dominate a market.
dominio *m* dominion, ownership, control.
dominio absoluto fee simple.
dominio aéreo air rights.
dominio del estado government property, state property.
dominio del mercado market dominance.
dominio directo legal ownership.
dominio durante la vida life estate.
dominio eminente eminent domain.
dominio fiduciario possession in trust.
dominio fiscal government ownership.
dominio fluvial riparian ownership.
dominio imperfecto imperfect ownership.
dominio perfecto perfect ownership.
dominio pleno fee simple.
dominio por tiempo fijo estate for years.
dominio público public domain.
dominio simple fee simple.
dominio supremo eminent domain.
dominio útil useful ownership, usufruct.
dominio vitalicio life estate.
donación *f* donation, gift, bestowal.
donación irrevocable absolute gift.
donado *adj* donated, given.
donador *m* donor, giver.
donante *m/f* donor, giver.
donar *v* donate, give.
donatario *m* donee, recipient.
donativo *m* donation, gift, contribution.
dorso *m* back, back of a document.
dossier *m* dossier.
dotación *f* endowment, dotation, dowry.
dotación de personal staffing.
Dow Jones Dow Jones, Dow Jones Industrial Average.
download *m* download.
dpto. (departamento) department.
dto. (descuento) discount.
dueño *m* owner, property owner, head of household.
dueño absoluto absolute owner.
dueño actual present owner.
dueño aparente reputed owner.
dueño ausente absentee owner.
dueño corporativo corporate owner.
dueño de comercio electrónico e-commerce owner, e-business owner.
dueño de hogar home owner.
dueño de la compañía company owner.
dueño de negocio business owner.
dueño matriculado registered owner.

dueño real actual owner.
dueño sin restricciones absolute owner.
dueño único sole owner.
dueños de propiedades colindantes adjoining landowners.
dumping *m* dumping.
dumping social social dumping.
duopolio *m* duopoly.
duopsonio *m* duopsony.
dúplex *m* duplex.
duplicación *f* duplication.
duplicación de beneficios duplication of benefits.
duplicado *adj* duplicate.
duplicado *m* duplicate.
duplicar *v* duplicate.
duplicidad *f* duplicity.
duración *f* duration, life.
duración de beneficios duration of the benefits.
duración de la garantía duration of the warranty.
duración de la patente term of the patent.
duración de los beneficios duration of the benefits.
duración del contrato duration of the contract.
duración del convenio duration of the agreement.
duración del servicio duration of the service.
duradero *adj* durable.
DVD *m* DVD.

E

e-mail *m* e-mail.
echarse atrás go back on one's word, go back.
ecoauditoría *f* environmental audit.
ecoetiquetado *m* eco-labelling.
ecoindustria *f* eco-industry.
ecología *f* ecology.
ecológicamente *adv* ecologically.
ecológico *adj* ecological, ecologic.
ecologismo *m* environmentalism.
ecologista *m/f* ecologist, environmentalist.
econometría *f* econometrics.
econométrico *adj* econometric.
economía *f* economy, economics.
economía abierta open economy.
economía administrada managed economy.
economía agrícola agricultural economy, agricultural economics.
economía ambiental environmental economics.
economía aplicada applied economics.
economía avanzada advanced economy, advanced economics.
economía capitalista capitalist economy.
economía centralmente planificada centrally planned economy.
economía cerrada closed economy.
economía clandestina black economy.
economía clásica classical economics.
economía colectiva collective economy.
economía comercial business economics, commercial economics.
economía competitiva competitive economy.
economía controlada controlled economy.
economía de comercio electrónico e-commerce economics, e-business economics.
economía de consumo consumption economy.

economía de costes cost economy.
economía de costos cost economy.
economía de empresas business economics.
economía de escala economy of scale.
economía de guerra war economy.
economía de información information economy.
economía de la tierra land economy.
economía de libre mercado free-market economy.
economía de mercado market economy.
economía de negocios business economics.
economía de permutas barter economy.
economía de planificación centralizada centrally planned economy.
economía de servicios service economy.
economía de trueque barter economy.
economía del bienestar welfare economics.
economía del conocimiento knowledge economy.
economía del consumo consumer economics, consumer economy.
economía del desarrollo development economics.
economía dependiente dependent economy.
economía deprimida depressed economy.
economía digital digital economy.
economía dinámica dynamic economy.
economía dirigida directed economy, managed economy.
economía doméstica domestic economy.
economía dual dual economy.
economía emergente emerging economy.
economía empresarial business economics.
economía equilibrada balanced economy.
economía estática static economics.
economía falsa false economy.
economía financiera financial economy.
economía formal formal economy.
economía global global economy, overall economy.
economía informal informal economy.
economía institucional institutional economics.
economía interna internal economy.
economía intervenida directed economy, managed economy.
economía libre free economy.
economía local local economy.
economía madura mature economy.
economía manipulada manipulated economy.
economía matemática mathematical economics.
economía mercantil commercial economics.
economía mixta mixed economy.
economía monetaria cash economy, monetary economics.
economía mundial world economy.
economía nacional national economy, domestic economy.
economía negra black economy.
economía normativa normative economics.
economía nueva new economy.
economía paralela parallel economy.
economía planificada planned economy, centrally planned economy, managed economy.
economía política political economy.
economía protegida protected economy.
economía recalentada overheated economy.
economía regional regional economy.
economía rural rural economy.
economía sana healthy economy.
economía sobrecalentada overheated economy.
economía sumergida black economy.
economía urbana urban economy.
economías de escala economies of scale.

económicamente *adv* economically.
económicamente viable economically viable.
económico *adj* economic, economical.
economismo *m* economism.
economista *m/f* economist.
economizar *v* economize, save.
ecónomo *m* trustee, guardian.
ecosistema *m* ecosystem.
ecotasa *f* ecotax.
ecotóxico *adj* ecotoxic.
ecotoxicológico *adj* ecotoxicological.
ecuación *f* equation.
ecuación contable accounting equation.
ecuación contable básica basic accounting equation.
ecuación de ajuste adjustment equation.
ecuación de contabilidad accounting equation.
ecuación de contabilidad básica basic accounting equation.
ecuación del balance balance sheet equation.
ecuación del punto crítico break-even equation.
edad actual present age.
edad alcanzada attained age.
edad de jubilación retirement age.
edad de jubilación forzada compulsory retirement age.
edad de jubilación forzosa compulsory retirement age.
edad de retiro retirement age.
edad de retiro forzado compulsory retirement age.
edad de retiro forzoso compulsory retirement age.
edad efectiva effective age.
edad límite age limit.
edad mínima de empleo minimum employment age.
edad original original age.
edades de jubilación múltiples multiple retirement ages.
edades de retiro múltiples multiple retirement ages.
edición electrónica electronic edition.
edicto *m* edict.
edificación *f* edification.
edificación auxiliar accessory building.
edificar *v* build.
edificio auxiliar accessory building.
edificio cooperativo cooperative building.
edificio de apartamentos apartment building.
edificio de departamentos apartment building.
edificio de oficinas office building.
edificio de pisos apartment building.
edificio público public building.
editorial *f* publisher.
educación *f* education.
educación a distancia distance learning.
educación asistida por computadora computer-aided education.
educación asistida por ordenador computer-aided education.
educación continua continuing education.
educación del consumidor consumer education.
educación profesional continua continuing professional education.
educacional *adj* educational.
educado *adj* educated, well-mannered.
educativo *adj* educational.
EEE (Espacio Económico Europeo) European Economic Area.
efectivamente *adv* effectively, really.
efectivar *v* cash, negotiate, collect.

efectividad *f* effectiveness.
efectividad administrativa management effectiveness, managerial effectiveness.
efectivo *adj* effective, actual.
efectivo *m* cash.
efectivo desembolsado cash disbursed.
efectivo disponible available cash.
efectivo, en in cash.
efectivo en caja cash on hand, cash holdings.
efectivo en exceso excess cash.
efectivo en la bóveda cash in vault.
efectivo en tránsito cash in transit.
efectivo inactivo idle cash.
efecto *m* effect, negotiable instrument, article of merchandise, bill.
efecto aceptado accepted bill.
efecto acumulativo cumulative effect.
efecto al portador bearer bill.
efecto bancario bank bill.
efecto cambiario bill of exchange.
efecto comercial trade bill, commercial bill.
efecto contributivo tax effect.
efecto de complacencia accommodation bill.
efecto de ingreso income effect.
efecto de invernadero greenhouse effect.
efecto de la renta income effect.
efecto de sustitución substitution effect.
efecto deflacionario deflationary effect.
efecto directo direct effect.
efecto dominó domino effect.
efecto financiero financial effect.
efecto impositivo tax effect.
efecto indirecto indirect effect.
efecto inmediato immediate effect.
efecto jurídico legal effect.
efecto legal legal effect.
efecto liberatorio de pago releasing effect of payment.
efecto mercantil commercial bill.
efecto multiplicador multiplier effect.
efecto neto net effect.
efecto retroactivo retroactive effect.
efecto tributario tax effect.
efectos *m* chattels, merchandise, negotiable instruments, bills, effects.
efectos a cobrar bills receivable.
efectos a corto plazo short-term paper.
efectos a pagar bills payable.
efectos al portador bearer paper.
efectos contables accounting effects.
efectos cuasinegociables quasi-negotiable instruments.
efectos de caja cash items.
efectos de comercio negotiable instruments, commercial paper, merchandise.
efectos de cortesía accommodation paper.
efectos de difícil cobro negotiable instruments which are hard to collect.
efectos de favor accommodation paper.
efectos de la contaminación pollution effects.
efectos desatendidos dishonored bills.
efectos extranjeros foreign negotiable instruments.
efectos financieros finance bills.
efectos negociables negotiable instruments.
efectos pasivos bills payable.
efectos personales personal property, personal effects.
efectos públicos government securities.
efectos redescontables eligible paper.

efectos timbrados stamped documents.
efectuar v effectuate, make, carry out, comply with.
efectuar cobros collect.
efectuar seguro obtain insurance.
efectuar un asiento make an entry.
efectuar un contrato make a contract.
efectuar un pago make a payment.
efectuar una asamblea hold a meeting.
efectuar una garantía provide a guarantee.
efectuar una junta hold a meeting.
efectuar una reunión hold a meeting.
efectuar una sesión hold a meeting.
efectuar una venta make a sale.
eficacia f efficiency, effectiveness.
eficacia administrativa administrative effectiveness.
eficacia de costes cost-effectiveness.
eficacia de costos cost-effectiveness.
eficacia en el uso de la energía energy efficiency.
eficaz adj efficient, effective.
eficaz en relación con el coste cost-effective.
eficaz en relación con el costo cost-effective.
eficiencia f efficiency.
eficiencia administrativa administrative efficiency.
eficiencia de capital capital efficiency.
eficiencia económica economic efficiency.
eficiencia en el uso de la energía energy efficiency.
eficiencia estimada estimated efficiency.
eficiencia laboral labor efficiency, labour efficiency.
eficiencia marginal marginal efficiency.
eficiencia marginal de capital marginal efficiency of capital.
eficiencia marginal de inversión marginal efficiency of investment.
eficiente adj efficient.
eficiente en costes cost-efficient.
eficiente en costos cost-efficient.
eficientemente adv efficiently.
egreso m departure, expenditure.
ejecución f execution, enforcement, fulfillment, carrying-out, foreclosure, judgment.
ejecución coactiva foreclosure.
ejecución concursal bankruptcy proceedings.
ejecución de hipoteca mortgage foreclosure.
ejecución del trabajo job performance.
ejecución general bankruptcy proceedings.
ejecución hipotecaria mortgage foreclosure.
ejecución hipotecaria estatutaria statutory foreclosure.
ejecución individual foreclosure by a single creditor.
ejecución inmediata immediate execution.
ejecución universal bankruptcy proceedings.
ejecutable adj executable, enforceable, workable.
ejecutado adj executed, carried out, complied with, perfect.
ejecutado m a debtor whose property is attached.
ejecutante m/f executant, performer.
ejecutar v execute, perform, carry out, foreclose.
ejecutar bienes attach property.
ejecutar un ajuste make an adjustment, work out a settlement.
ejecutar un contrato perform a contract.
ejecutar un pedido execute an order, fill an order.
ejecutar una hipoteca foreclose a mortgage.
ejecutar una orden execute an order.
ejecutivamente adv promptly, efficiently, summarily, executively.
ejecutividad f right of foreclosure, right of execution.
ejecutivo adj executive, executory, prompt.
ejecutivo m executive.
ejecutivo asistente assistant executive.
ejecutivo corporativo corporate executive.
ejecutivo de cuentas account executive.
ejecutivo de la compañía company executive.
ejecutivo de la corporación corporate executive.
ejecutivo de la empresa company executive, enterprise executive.
ejecutivo de marketing marketing executive.
ejecutivo de mercadeo marketing executive.
ejecutivo de publicidad advertising executive.
ejecutivo de ventas sales executive.
ejecutivo empresarial company executive, enterprise executive.
ejecutivo en jefe chief executive.
ejecutor m executor, performer.
ejecutor testamentario executor.
ejecutorio adj executory, executable, final, enforceable.
ejemplar m sample, copy.
ejemplar de firma specimen signature.
ejemplar de muestra sample copy.
ejemplo m example.
ejercer v exercise, practice.
ejercer el comercio engage in commerce.
ejercer una profesión practice a profession.
ejercicio m exercise, practice, fiscal year, tax year, year.
ejercicio anual business year.
ejercicio comercial business year, trading year.
ejercicio contable accounting year, accounting period.
ejercicio de una opción exercise of an option.
ejercicio económico fiscal year, financial year.
ejercicio financiero fiscal year, financial year.
ejercicio fiscal fiscal year, financial year.
ejercicio gravable tax year, fiscal year.
ejercicio impositivo tax year, fiscal year.
ejercicio presupuestario budget year.
ejercicio profesional practice of a profession.
ejercicio social fiscal year, corporate year.
ejercitable adj enforceable.
ejercitar v exercise, practice.
el cliente siempre tiene la razón the customer is always right.
el pro y el contra pros and cons.
elaboración f manufacture.
elaborado comercialmente commercially manufactured.
elaborar v manufacture, elaborate.
elasticidad f elasticity.
elasticidad cruzada cross elasticity.
elasticidad de demanda elasticity of demand.
elasticidad de oferta elasticity of supply.
elasticidad de oferta y demanda elasticity of supply and demand.
elasticidad de producción elasticity of production.
elasticidad negativa negative elasticity.
elasticidad unilateral unitary elasticity.
elástico adj elastic.
elección f election, choice.
elección del consumidor consumer choice.
electrodomésticos m household appliances, appliances.
electrónica de consumo consumer electronics.

elegibilidad *f* eligibility.
elegible *adj* eligible.
elegible para asistencia eligible for assistance, eligible for aid.
elegir *v* elect, select.
elemento *m* element.
elemento de ahorros savings element.
elemento de riesgo element of risk.
elementos comunes common elements.
elevar precios raise prices.
eliminación *f* elimination.
eliminación arancelaria tariff elimination.
eliminación de aranceles tariff elimination.
eliminación de deuda debt elimination.
eliminación de tarifas tariff elimination.
eliminar *v* eliminate.
eliminar la competencia eliminate competition.
eliminar restricciones remove restrictions.
eludir *v* evade, avoid.
eludir impuestos evade taxes, avoid taxes.
elusión *f* avoidance, evasion.
elusión de impuestos tax avoidance, tax evasion.
email *m* e-mail.
emancipación *f* emancipation.
emancipar *v* emancipate.
embajada *f* embassy.
embalaje *m* packing, package.
embalar *v* pack, package.
embarcación *f* vessel, ship.
embarcación de cabotaje coaster.
embarcación fletada chartered ship, chartered vessel.
embargable *adj* attachable.
embargado *adj* attached, garnished.
embargado *m* garnishee, lienee.
embargador *m* garnishor, lienor.
embargante *m/f* garnishor, lienor.
embargar *v* embargo, attach, garnish.
embargo *m* embargo, attachment, garnishment.
embargo comercial trade embargo.
embargo de bienes attachment of assets, attachment of goods.
embargo de buques embargo of vessels.
embargo de ingresos attachment of earnings.
embargo de mercancías attachment of goods.
embargo de propiedad attachment of property.
embargo precautorio attachment of property to ensure the satisfaction of a judgment.
embargo preventivo attachment of property to ensure the satisfaction of a judgment.
embargo provisional temporary attachment.
embargo provisorio temporary attachment.
embargo subsecuente attachment of property after a judgment.
embarque *m* shipment, embarkation.
embaucador *m* swindler, cheat.
embaucamiento *m* swindle, cheat.
embaucar *v* swindle, cheat.
embotellamiento *m* bottleneck.
emergente *adj* emerging.
emigración *f* emigration, migration.
emigrante *m/f* emigrant, migrant.
emigrante económico economic migrant.
emisible *adj* issuable.
emisión *f* emission, issuance, broadcast, transmission.
emisión autorizada authorized issue, authorized shares, authorized capital shares.
emisión bancaria bank issue.
emisión colocada pre-sold issue.

emisión consolidada consolidated bond issuance.
emisión corporativa corporate issue.
emisión de acciones stock issue, share issue.
emisión de billetes bancarios bank note issue.
emisión de billetes de banco bank note issue.
emisión de bonos bond issuance, bond issue.
emisión de cheque check issue, cheque issue.
emisión de derechos rights issue.
emisión de moneda currency issue, monetary issue.
emisión de tarjeta card issue.
emisión de títulos issuance of securities.
emisión de valores issuance of securities.
emisión monetaria currency issue, monetary issue.
emisión no autorizada unauthorized issue.
emisión prevendida pre-sold issue.
emisión pública public issue.
emisor *m* issuer, broadcaster, transmitter.
emisor de tarjetas card issuer.
emisor de tarjetas de crédito credit card issuer.
emitente *m/f* drawer of a check, drawer of a bill.
emitido *adj* emitted, issued, broadcasted, transmitted.
emitir *v* issue, emit, broadcast, transmit.
emitir acciones issue shares.
emitir un cheque issue a check, issue a cheque.
emitir una póliza issue a policy.
emolumento *m* emolument.
empadronamiento *m* tax list, census, census-taking.
empaque *m* packaging.
empaque engañoso deceptive packaging.
empaquetado *adj* packaged, bundled.
empaquetamiento *m* packaging, bundling.
empaquetar *v* package, bundle.
emparejado *adj* coupled.
empeñado *adj* pledged, pawned.
empeñar *v* pledge, pawn, undertake.
empeño *m* pledge, pawn, pledge contract, pawnshop, commitment.
empeoramiento *m* worsening.
empezar desde cero start from scratch.
empezar trabajo begin work.
empírico *adj* empirical.
emplazamiento *m* summons, citation, location.
emplazamiento a huelga strike call.
empleable *adj* employable.
empleado *adj* employed.
empleado *m* employee, clerk.
empleado a corto plazo short-term employee.
empleado a largo plazo long-term employee.
empleado a sueldo salaried employee.
empleado a tiempo completo full-time employee.
empleado a tiempo parcial part-time employee.
empleado activo active employee.
empleado administrativo administrative employee.
empleado agrícola farm employee.
empleado asalariado salaried employee.
empleado autónomo self-employed employee.
empleado bancario bank employee, bank clerk.
empleado calificado qualified employee, skilled employee.
empleado clave key employee.
empleado contratado contracted employee.
empleado cualificado qualified employee, skilled employee.
empleado de administración administration employee.
empleado de banco bank employee, bank clerk.

empleado de campo field employee.
empleado de contabilidad accounting employee, accounting clerk.
empleado de mostrador counter employee, clerk.
empleado de oficina office employee.
empleado de producción production employee.
empleado de temporada seasonal employee.
empleado de ventas sales employee.
empleado del estado government employee, state employee.
empleado del gobierno government employee.
empleado discapacitado disabled employee.
empleado diurno day employee.
empleado ejecutivo executive employee.
empleado especializado specialized employee.
empleado estacional seasonal employee.
empleado eventual temporary employee, casual employee.
empleado exento exempt employee.
empleado extranjero foreign employee.
empleado ficticio dummy employee.
empleado fijo permanent employee.
empleado incapacitado disabled employee.
empleado independiente independent contractor.
empleado industrial industrial employee.
empleado itinerante itinerant employee.
empleado migratorio migrant employee.
empleado nocturno night employee.
empleado permanente permanent employee.
empleado por cuenta ajena employed employee.
empleado por cuenta propia self-employed employee.
empleado por horas hourly employee.
empleado por turnos shift employee.
empleado probatorio probationary employee.
empleado público public employee.
empleado sindicalizado unionized employee.
empleado temporal temporary employee, casual employee.
empleado temporario temporary employee, casual employee.
empleado temporero temporary employee, casual employee.
empleador *m* employer.
empleados despedidos dismissed employees.
emplear *v* employ, utilize.
empleo *m* employment, job, occupation, position, use.
empleo a corto plazo short-term employment, short-term job.
empleo a distancia telework, teleworking.
empleo a largo plazo long-term employment, long-term job.
empleo a tiempo completo full-time employment, full-time job.
empleo a tiempo parcial part-time employment, part-time job.
empleo activo active employment, active job.
empleo administrativo administrative employment, administrative job.
empleo agrícola agricultural employment.
empleo bajo contrato contract employment.
empleo bancario bank employment, bank job.
empleo calificado qualified employment, skilled work.
empleo casual casual work, casual employment, temporary employment, temporary work.
empleo clave key job.
empleo continuo continuous employment.
empleo contratado contract employment.

empleo cualificado qualified employment, skilled work.
empleo de administración administration job.
empleo de banco bank job.
empleo de campo field job.
empleo de construcción construction job.
empleo de medio tiempo part-time employment.
empleo de menores child labor.
empleo de necesidad work of necessity.
empleo de oficina office work, clerical job.
empleo de producción production job.
empleo diurno day employment.
empleo en el sector privado private sector employment, private sector job.
empleo en el sector público public sector employment, public sector job.
empleo especializado specialized job, specialized employment.
empleo estacional seasonal job.
empleo eventual temporary employment, temporary work, casual employment, casual work.
empleo fijo steady employment, steady job.
empleo forzado forced labor.
empleo forzoso forced labor.
empleo justo fair employment.
empleo nocturno night employment.
empleo pagado paid employment.
empleo peligroso hazardous employment, hazardous job, dangerous job.
empleo permanente permanent employment, permanent job.
empleo por cuenta propia self-employment, independent work.
empleo por turnos shift work.
empleo profesional professional employment.
empleo provechoso gainful employment.
empleo público public employment.
empleo remunerado paid employment.
empleo seguro secure employment, steady employment.
empleo sumergido underground employment.
empleo temporal temporary employment, temporary work, casual employment, casual work.
empleo temporario temporary employment, temporary work, casual employment, casual work.
empleo temporero temporary employment, temporary work, casual employment, casual work.
empleo vitalicio lifetime employment, lifetime job.
empleo y vivienda justa fair employment and housing.
empobrecer *v* impoverish.
empobrecimiento *m* impoverishment.
emporio *m* emporium.
emprendedor *adj* enterprising.
emprender *v* undertake, take, embark on.
empresa *f* enterprise, business, company, firm, undertaking, intention.
empresa a consumidor business-to-consumer.
empresa a empleado business-to-employee.
empresa a empresa business-to-business.
empresa a gobierno business-to-government.
empresa absorbente absorbing company.
empresa accionista corporate shareholder.
empresa activa active enterprise.
empresa administrada managed enterprise, managed company.
empresa administradora management enterprise, management company.
empresa administrativa management enterprise, management company.

empresa adquirida acquired company.
empresa adquiriente acquiring company.
empresa afiliada affiliated enterprise, affiliated company.
empresa agrícola farm enterprise, farming enterprise.
empresa aliada allied enterprise, allied company.
empresa armadora shipping enterprise, shipping company.
empresa aseguradora insurance firm, insurance company.
empresa asociada associated enterprise, associated company.
empresa autorizada authorized enterprise, authorized company.
empresa bancaria banking enterprise.
empresa caritativa charitable company.
empresa centralizada centralized company.
empresa colectiva joint venture, partnership.
empresa comercial business enterprise, business concern, business venture, commercial firm, commercial enterprise.
empresa competidora competing company.
empresa componente constituent company.
empresa común joint venture.
empresa con fines de lucro for-profit company, for-profit enterprise.
empresa conductora common carrier.
empresa conjunta joint venture, adventure.
empresa conjunta corporativa corporate joint venture.
empresa constructora construction firm.
empresa consultiva consulting company.
empresa consultora consulting company.
empresa controlada controlled company, subsidiary.
empresa controladora controlling company, holding company.
empresa controlante controlling company.
empresa cooperativa cooperative, corporate enterprise
empresa cotizada listed company.
empresa de administración administration company.
empresa de ahorro y préstamo savings and loan association.
empresa de alto crecimiento high-growth venture.
empresa de alto riesgo high-risk venture.
empresa de arrendamiento leasing company.
empresa de banca hipotecaria mortgage banking company.
empresa de capitalización company for capitalization of savings.
empresa de cartera investment trust.
empresa de cobro collection company.
empresa de comercio commerce enterprise, commerce concern.
empresa de comercio electrónico e-commerce enterprise, e-commerce entity, e-commerce firm, e-business enterprise, e-business entity, e-business firm.
empresa de construcción building firm.
empresa de consultores consulting company.
empresa de control controlling company, holding company.
empresa de crédito credit company, credit union.
empresa de derecho company created fulfilling all legal requirements.
empresa de explotación operating company.

empresa de fideicomiso trust company.
empresa de hecho de facto company.
empresa de inversión investment company.
empresa de negocios business enterprise, business concern, business venture.
empresa de petróleo oil company.
empresa de préstamos loan company.
empresa de reaseguros reinsurance firm.
empresa de responsabilidad limitada limited liability company, limited company.
empresa de seguros insurance firm.
empresa de seguros comercial commercial insurance company.
empresa de seguros de vida life insurance company.
empresa de seguros mutuos mutual insurance company.
empresa de servicios services company.
empresa de servicios públicos public utility company.
empresa de telecomunicaciones telecommunications enterprise, telecommunications company.
empresa de trabajo temporal temporary employment agency.
empresa de transporte particular private carrier.
empresa de transporte privado private carrier.
empresa de transporte público public carrier.
empresa de transportes transport company, shipping company, carrier.
empresa de utilidad pública public utility company.
empresa de ventas por correo mail order firm.
empresa de ventas por correspondencia mail order firm.
empresa del estado government enterprise, state enterprise.
empresa del gobierno government enterprise.
empresa dependiente dependent enterprise.
empresa descentralizada decentralized company.
empresa difunta defunct company.
empresa distribuidora distributing company.
empresa disuelta dissolved company.
empresa diversificada diversified firm.
empresa doméstica domestic enterprise, domestic company.
empresa dominante dominant firm.
empresa en funcionamiento going concern.
empresa en línea online firm.
empresa en marcha going concern.
empresa especulativa speculative enterprise.
empresa establecida established enterprise, established company.
empresa estatal government enterprise, state enterprise.
empresa ética ethical enterprise, ethical company.
empresa exenta exempt company.
empresa explotadora operating company.
empresa exportadora exporting company.
empresa extranjera foreign enterprise.
empresa familiar family enterprise.
empresa fiduciaria trust company.
empresa filial affiliated company, subsidiary company.
empresa financiera financial company.
empresa fiscal government enterprise.
empresa fusionada merged enterprise, merged company.
empresa global global firm.
empresa gubernamental government enterprise.

empresa hipotecaria mortgage company.
empresa ilícita company organized for illegal purposes.
empresa importadora importing company.
empresa individual individual enterprise, sole proprietorship.
empresa industrial industrial enterprise.
empresa inmobiliaria real estate company.
empresa importadora importing company.
empresa insolvente insolvent company, insolvent enterprise.
empresa integrada integrated enterprise.
empresa internacional international enterprise, international company.
empresa inversionista investment company.
empresa local local enterprise, local company.
empresa lucrativa commercial enterprise.
empresa manufacturera manufacturing company.
empresa marginal marginal enterprise.
empresa marítima maritime enterprise.
empresa matriz parent company.
empresa mercantil commercial firm, commercial enterprise, business enterprise.
empresa mixta mixed enterprise.
empresa multinacional multinational enterprise.
empresa municipal municipal utility, municipal enterprise.
empresa nacional national enterprise, national company, domestic enterprise, domestic company.
empresa naviera shipping company.
empresa no afiliada unaffiliated enterprise.
empresa no lucrativa nonprofit organization.
empresa no miembro nonmember firm.
empresa objetivo target company.
empresa online online firm.
empresa operadora operating company.
empresa pequeña small enterprise.
empresa porteadora carrier.
empresa privada private enterprise.
empresa pública public enterprise.
empresa puesta en marcha business startup.
empresa quebrada bankrupt firm.
empresa reaseguradora reinsurance firm.
empresa registrada registered enterprise.
empresa regulada regulated company, regulated firm.
empresa retenedora holding company.
empresa sin fines de lucro nonprofit enterprise, nonprofit company.
empresa subsidiaria subsidiary company.
empresa tenedora holding company.
empresa transnacional transnational company.
empresa vertical vertical enterprise.
empresariado *m* enterprise group, entrepreneur group.
empresarial *adj* entrepreneurial.
empresario *m* entrepreneur, businessperson, contractor, employer.
empresas pequeñas y medianas small and medium size enterprises.
empresas vinculadas related enterprises.
emprestar *v* loan.
empréstito *m* loan, loan contract.
empréstito a corto plazo short-term loan.
empréstito a la vista demand loan.
empréstito a largo plazo long-term loan.
empréstito a mediano plazo medium-term loan.
empréstito a medio plazo medium-term loan.
empréstito a plazo fijo time loan.
empréstito a tasa de interés variable variable-rate loan.
empréstito agrícola agricultural loan.
empréstito amortizable amortizable loan.
empréstito amortizado amortized loan.
empréstito asegurado insured loan.
empréstito asumible assumable loan.
empréstito autoliquidante self-liquidating loan.
empréstito bancario bank loan.
empréstito basado en inventario inventory loan.
empréstito bisemanal biweekly loan.
empréstito clasificado classified loan.
empréstito colateralizado collateralized loan.
empréstito colectivo blanket loan.
empréstito comercial commercial loan.
empréstito comercial e industrial commercial and industrial loan.
empréstito completamente amortizado fully amortized loan.
empréstito con garantía guaranteed loan.
empréstito con interés loan with interest.
empréstito con participación participation loan.
empréstito conforme conforming loan.
empréstito consolidado consolidated loan.
empréstito contingente contingent loan.
empréstito convencional conventional loan.
empréstito convertible convertible loan.
empréstito de acciones stock loan.
empréstito de consolidación consolidation loan.
empréstito de construcción construction loan.
empréstito de consumo consumer loan, consumption loan.
empréstito de depósito deposit loan.
empréstito de desarrollo development loan.
empréstito de día a día day-to-day loan.
empréstito de dinero monetary loan.
empréstito de interés fijo fixed-rate loan.
empréstito de inversión investment loan.
empréstito de pago único single-payment loan.
empréstito de pagos parejos level-payment loan.
empréstito de ratio alto high-ratio loan.
empréstito de razón alta high-ratio loan.
empréstito de renta perpetua perpetual loan.
empréstito de tasa ajustable adjustable-rate loan.
empréstito de tasa constante constant-rate loan.
empréstito de tasa fija fixed-rate loan.
empréstito de tasa flexible flexible-rate loan.
empréstito de tasa flotante floating-rate loan.
empréstito de tasa fluctuante fluctuating-rate loan.
empréstito de tipo ajustable adjustable-rate loan.
empréstito de tipo constante constant-rate loan.
empréstito de tipo de interés fijo fixed-rate loan.
empréstito de tipo flexible flexible-rate loan.
empréstito de tipo flotante floating-rate loan.
empréstito de tipo fluctuante fluctuating-rate loan.
empréstito de uso loan for use.
empréstito de valores securities loan.
empréstito descontado discounted loan.
empréstito diario day loan.
empréstito directo direct loan.
empréstito dudoso doubtful loan.
empréstito en divisa foreign currency loan.
empréstito en efectivo cash loan.
empréstito en moneda extranjera foreign currency loan.
empréstito estudiantil student loan.
empréstito extranjero foreign loan.
empréstito fiduciario fiduciary loan.
empréstito forzado forced loan.

empréstito forzoso forced loan.
empréstito garantizado guaranteed loan.
empréstito hipotecario mortgage loan.
empréstito hipotecario ajustable adjustable
  mortgage loan.
empréstito hipotecario amortizado amortized
  mortgage loan.
empréstito hipotecario asegurado insured
  mortgage loan.
empréstito hipotecario conforme conforming
  mortgage loan.
empréstito hipotecario garantizado guaranteed
  mortgage loan.
empréstito hipotecario no amortizado
  unamortized mortgage loan.
empréstito hipotecario no asegurado uninsured
  mortgage loan.
empréstito hipotecario preaprobado
  preapproved mortgage loan.
empréstito ilegal unlawful loan.
empréstito improductivo nonproductive loan.
empréstito incobrable uncollectible loan.
empréstito indexado indexed loan.
empréstito indirecto indirect loan.
empréstito indizado indexed loan.
empréstito interino interim loan.
empréstito internacional international loan.
empréstito interno internal loan.
empréstito libre de intereses interest-free loan.
empréstito local local loan.
empréstito marítimo maritime loan.
empréstito mercantil commercial loan.
empréstito mínimo floor loan.
empréstito no amortizado unamortized loan.
empréstito no asegurado uninsured loan.
empréstito no hipotecario nonmortgage loan.
empréstito no pagado unpaid loan.
empréstito pagadero a la demanda callable loan.
empréstito para adquisición acquisition loan.
empréstito para consumo loan for consumption.
empréstito para edificación building loan.
empréstito para mejoras improvement loan.
empréstito para proyecto project loan.
empréstito para viviendas housing loan.
empréstito paralelo parallel loan.
empréstito parcialmente amortizado partially
  amortized loan.
empréstito personal personal loan.
empréstito preaprobado preapproved loan.
empréstito precario precarious loan.
empréstito público public loan.
empréstito quirografario unsecured loan.
empréstito reestructurado restructured loan.
empréstito refinanciado refinanced loan.
empréstito renegociado renegotiated loan.
empréstito renovable revolving loan.
empréstito rotatorio revolving loan.
empréstito sin amortización nonamortizing loan.
empréstito sin garantía unsecured loan.
empréstito sobre póliza policy loan.
empréstito subsidiado subsidized loan.
empréstito temporal temporary loan.
empréstito temporero temporary loan.
empréstito usurario usurious loan.
empréstito vinculado a un índice index-tied loan.
en atraso in arrears.
en bancarrota bankrupt.
en blanco blank.
en breve very soon, momentarily.
en común in common.

en conformidad con in conformity with.
en consignación on consignment.
en cuotas in installments.
en demanda in demand.
en descubierto overdrawn, uncovered.
en efectivo in cash.
en especie in kind.
en espera in abeyance.
en exceso in excess.
en fideicomiso in trust.
en funciones acting, serving.
en huelga on strike.
en línea online.
en marcha in operation.
en metálico in cash.
en mora in arrears, delinquent.
en negociación in negotiation, under negotiation.
en nombre de on behalf of.
en números negros in the black.
en números rojos in the red.
en perpetuidad in perpetuity.
en posesión in possession.
en profundidad in depth.
en quiebra bankrupt.
en regla in order.
en serie serial.
en suspenso in abeyance.
en tránsito in transit.
en vigencia in force.
enajenable adj alienable.
enajenación f alienation.
enajenador m alienor.
enajenante m/f alienor.
enajenar v alienate, sell.
encabezamiento m header, headline.
encabezamiento de mensaje message header.
encadenamiento f connection, nexus.
encaje m cash reserve, reserve.
encaje bancario bank reserves.
encaje excedente excess reserves.
encaje legal legal reserve.
encaminar v route, channel.
encante m auction.
encargado m manager, person in charge,
  representative.
encargado activo active manager.
encargado adjunto deputy manager.
encargado administrativo administrative
  manager.
encargado asociado associate manager.
encargado bancario bank manager.
encargado comercial business manager,
  commercial manager.
encargado contable accounting manager.
encargado corporativo corporate manager.
encargado de administración administration
  manager.
encargado de área area manager.
encargado de auditoría audit manager.
encargado de banco bank manager.
encargado de capacitación training manager.
encargado de comercialización marketing
  manager.
encargado de compras purchasing manager.
encargado de comunicaciones communications
  manager.
encargado de contabilidad accounting manager.
encargado de contratos contract manager.
encargado de crédito credit manager.
encargado de cuentas account manager.

encargado de departamento department manager.
encargado de desarrollo development manager.
encargado de distribución distribution manager.
encargado de distrito district manager.
encargado de división division manager.
encargado de empresa business manager.
encargado de entrenamiento training manager.
encargado de exportación export manager.
encargado de fábrica factory manager.
encargado de fabricación manufacturing manager.
encargado de finanzas finance manager.
encargado de fondos money manager, funds manager.
encargado de formación training manager.
encargado de importación import manager.
encargado de la compañía company manager.
encargado de la corporación corporate manager.
encargado de la empresa company manager, enterprise manager.
encargado de línea line manager.
encargado de marca brand manager.
encargado de marketing marketing manager.
encargado de mercadeo marketing manager.
encargado de mercancías merchandise manager.
encargado de oficina office manager.
encargado de operaciones operations manager.
encargado de personal personnel manager.
encargado de planta plant manager.
encargado de producción production manager.
encargado de publicidad advertising manager.
encargado de reclamaciones claims manager.
encargado de recursos humanos human resources manager.
encargado de servicios service manager.
encargado de sistemas systems manager.
encargado de sucursal branch manager.
encargado de turno manager on duty.
encargado de ventas sales manager.
encargado de zona zone manager.
encargado del producto product manager.
encargado del sindicato syndicate manager.
encargado departamental departmental manager.
encargado ejecutivo executive manager.
encargado empresarial company manager, enterprise manager.
encargado en funciones acting manager.
encargado financiero finance manager.
encargado general general manager.
encargado intermedio middle manager.
encargado mercantil commercial manager.
encargado propietario owner manager.
encargado regional regional manager, area manager.
encargado técnico technical manager.
encargar v entrust, order.
encargo m post, entrustment, assignment, order, errand.
encarte m insert.
enclave industrial industrial territory, industrial site.
encomendero m agent.
encomienda postal parcel post.
encriptación f encryption.
encriptado adj encrypted.
encriptar v encrypt.
encubierta f fraud, deceit.
encubiertamente adv clandestinely, fraudulently.
encubrimiento v cover-up.
encuentro de negocios business meeting.

encuesta f survey, poll.
encuesta de consumidores consumer survey.
encuesta de mercado market survey.
endeudado adj indebted.
endeudamiento m indebtedness.
endeudarse v to become indebted.
endorsar v endorse, indorse.
endorso m endorsement, indorsement.
endosable adj endorsable, indorsable.
endosado adj endorsed, indorsed.
endosado m endorsee, indorsee.
endosador m endorser, indorser.
endosante m/f endorser, indorser.
endosante de favor accommodation endorser.
endosante irregular irregular endorser.
endosante previo prior endorser.
endosante satisfactorio satisfactory endorser.
endosante subsiguiente subsequent endorser.
endosar v endorse, back.
endosatario m endorsee.
endosatario para cobro endorsee for collection.
endose m endorsement, indorsement.
endoso m endorsement, indorsement.
endoso a la orden full endorsement.
endoso absoluto absolute endorsement.
endoso al portador blank endorsement.
endoso antedatado antedated endorsement.
endoso anterior prior endorsement.
endoso bancario bank endorsement.
endoso calificado qualified endorsement.
endoso completo full endorsement.
endoso condicional conditional endorsement, qualified endorsement.
endoso conjunto joint endorsement.
endoso cualificado qualified endorsement.
endoso de cobertura extendida extended coverage endorsement.
endoso de costes aumentados increased cost endorsement.
endoso de costos aumentados increased cost endorsement.
endoso de favor accommodation endorsement.
endoso de regreso endorsement to a prior party.
endoso en blanco blank endorsement.
endoso en garantía endorsement pledging as collateral.
endoso en prenda endorsement pledging as collateral.
endoso en procuración endorsement granting power of attorney.
endoso en propiedad endorsement transferring title.
endoso especial special endorsement.
endoso falsificado forged endorsement.
endoso incondicional unconditional endorsement.
endoso irregular irregular endorsement, anomalous endorsement.
endoso limitado qualified endorsement.
endoso para cobro endorsement for collection.
endoso pignoraticio endorsement pledging as collateral.
endoso pleno full endorsement.
endoso por acomodamiento accommodation endorsement.
endoso regular full endorsement.
endoso restrictivo restrictive endorsement.
endoso restringido restricted endorsement.
endoso subsiguiente subsequent endorsement.
energía f energy, power.
energía alternativa alternative energy.

energía atómica atomic energy, nuclear energy.
energía convencional conventional energy.
energía ecológica green energy.
energía hidroeléctrica hydroelectric power.
energía nuclear nuclear energy, atomic energy.
energía renovable renewable energy.
energía solar solar energy.
energía térmica thermal energy.
energía verde green energy.
enfermedad de trabajo occupational disease.
enfermedad laboral occupational disease.
enfermedad ocupacional occupational disease.
enfiteusis *f* emphyteusis.
enfiteuta *m/f* emphyteuta.
enfoque de marketing marketing approach.
enfoque de mercadeo marketing approach.
engañar *v* deceive, defraud.
enganche de trabajadores contracting of laborers to work elsewhere.
engaño *m* deception, fraud.
engañosamente *adv* deceptively, misleadingly, fraudulently.
engañoso *adj* deceptive, misleading, fraudulent.
enlace *m* link, nexus.
enmendable *adj* amendable, revisable, correctable.
enmendado *adj* amended, revised, corrected.
enmendadura *f* amendment, revision, correction.
enmendar *v* amend, revise, correct.
enmendatura *f* amendment, revision, correction.
enmienda *f* amendment, revision, correction.
enriquecimiento *m* enrichment.
enriquecimiento de empleo employment enrichment.
enriquecimiento de trabajo job enrichment.
enriquecimiento injusto unjust enrichment.
enriquecimiento profesional professional enrichment.
enriquecimiento sin causa unjust enrichment.
ensamblaje final final assembly.
ensayo *m* trial, assay, test.
enseñanza asistida por computadora computer-aided teaching.
enseñanza asistida por ordenador computer-aided teaching.
enseres *m* chattels, fixtures, appliances.
entablar *v* initiate, begin, start, bring.
entablar juicio hipotecario initiate a foreclosure.
entablar negociaciones begin negotiations.
entablar un protesto protest.
ente *m* entity, body, being.
ente absorbente absorbing entity.
ente activo active entity.
ente administrado managed entity.
ente administrador management entity, managing entity.
ente administrativo management entity.
ente adquirido acquired entity.
ente adquiriente acquiring entity.
ente afiliado affiliated entity.
ente agrícola farm entity, farming entity.
ente aliado allied entity.
ente asegurador insurance company.
ente asociado associated entity.
ente autorizado authorized entity, admitted entity.
ente bancario bank, banking entity.
ente capitalizador entity for the capitalization of savings.
ente caritativo charitable entity.
ente centralizado centralized entity.
ente comercial business entity, business concern,

commercial concern.
ente competidor competing entity.
ente componente constituent entity.
ente con fines de lucro for-profit entity.
ente constructor construction entity.
ente consultivo consulting entity.
ente consultor consulting entity.
ente contable accounting entity.
ente controlado controlled entity.
ente controlador controlling entity.
ente controlante controlling entity.
ente corporativo corporate entity.
ente de administración administration entity.
ente de cobro collection entity.
ente de comercio business entity, commerce entity.
ente de construcción building entity.
ente de consultores consulting entity.
ente de contabilidad accounting entity.
ente de control controlling entity.
ente de crédito credit entity.
ente de derecho privado private corporation.
ente de derecho público public company.
ente de inversiones investment entity.
ente de negocios business entity, business concern.
ente de préstamos loan entity.
ente de reaseguro reinsurance entity, reinsurance carrier.
ente de seguros insurance entity.
ente de servicio service entity.
ente de servicios públicos utility, public services entity.
ente de telecomunicaciones telecommunications entity.
ente de transporte transport entity.
ente de utilidad pública utility, public service entity.
ente descentralizado decentralized entity.
ente distribuidor distributing entity.
ente disuelto dissolved entity.
ente diversificado diversified entity.
ente doméstico domestic entity.
ente dominante dominant entity.
ente económico economic entity.
ente en funcionamiento going concern.
ente en línea online entity.
ente en marcha going concern.
ente establecido established entity.
ente estatal government entity, state entity.
ente ético ethical entity.
ente exento exempt entity.
ente explotador operating entity.
ente exportador exporting entity.
ente extranjero alien entity, foreign entity.
ente fiduciario trust entity.
ente filial affiliated entity, sister entity, subsidiary.
ente financiero finance entity.
ente fusionado merged entity.
ente global global entity.
ente gubernamental governmental entity, governmental agency.
ente importador importing entity.
ente inactivo dormant entity.
ente industrial industrial entity.
ente integrado integrated entity.
ente internacional international entity.
ente inversionista investment entity.
ente legal legal entity.
ente local local entity.

ente lucrativo lucrative entity, commercial entity.
ente manufacturero manufacturing entity.
ente marítimo maritime entity.
ente matriz parent entity.
ente mercantil commercial entity, commercial concern.
ente miembro member entity.
ente mixto mixed entity.
ente multinacional multinational entity.
ente nacional domestic entity, national entity.
ente no afiliado unaffiliated entity.
ente no lucrativo nonprofit entity.
ente no público nonpublic entity.
ente operador operating entity.
ente prestatario borrowing entity.
ente privado private entity.
ente privatizado privatized entity.
ente público public entity.
ente quebrado bankrupt entity.
ente reasegurador reinsurance entity.
ente registrado registered entity.
ente regulado regulated entity.
ente retenedor holding entity.
ente sin fines de lucro nonprofit entity.
ente sindical labor union.
ente social partnership.
ente subsidiario subsidiary entity.
ente transnacional transnational entity.
entendimiento *m* understanding.
entendimiento mutuo mutual understanding.
enterado *adj* informed, well-informed.
enterar *v* inform, pay, satisfy.
entero *adj* whole, honest.
entero *m* point, payment.
entidad *f* entity, agency, company, corporation.
entidad absorbente absorbing entity.
entidad activa active entity.
entidad administrada managed entity.
entidad administradora management entity, managing entity.
entidad administrativa management entity, managing entity.
entidad adquirida acquired entity.
entidad adquiriente acquiring entity.
entidad afiliada affiliated entity.
entidad agrícola farm entity, farming entity.
entidad aliada allied entity.
entidad armadora shipping entity.
entidad aseguradora insurance entity.
entidad asociada associated entity.
entidad autorizada authorized entity, admitted entity.
entidad bancaria bank, banking entity.
entidad capitalizadora entity for the capitalization of savings.
entidad caritativa charitable entity.
entidad centralizada centralized entity.
entidad comercial business entity, business concern, commercial concern.
entidad competidora competing entity.
entidad componente constituent entity.
entidad con fines de lucro for-profit entity.
entidad constructora construction entity.
entidad consultiva consulting entity.
entidad consultora consulting entity.
entidad contable accounting entity.
entidad controlada controlled entity.
entidad controladora controlling entity.
entidad controlante controlling entity.
entidad corporativa corporate entity.

entidad de administración administration entity.
entidad de ahorro y préstamo savings and loan association.
entidad de banca hipotecaria mortgage banking entity.
entidad de capitalización entity for the capitalization of savings.
entidad de cobro collection entity.
entidad de comercio business entity, commerce entity.
entidad de construcción building entity.
entidad de consultores consulting entity.
entidad de contabilidad accounting entity.
entidad de control controlling entity.
entidad de crédito credit entity.
entidad de crédito comercial commercial credit entity.
entidad de derecho privado private company.
entidad de derecho público public company.
entidad de fideicomiso trust entity.
entidad de inversiones investment entity.
entidad de negocios business entity, business concern.
entidad de préstamos loan entity.
entidad de reaseguro reinsurance entity, reinsurance carrier.
entidad de responsabilidad limitada limited liability entity.
entidad de seguros insurance entity.
entidad de seguros de vida life insurance entity.
entidad de seguros mutuales mutual insurance entity.
entidad de seguros mutuos mutual insurance entity.
entidad de servicio service entity.
entidad de servicios públicos utility, public services entity.
entidad de telecomunicaciones telecommunications entity.
entidad de transporte transport entity.
entidad de utilidad pública utility, public services entity.
entidad descentralizada decentralized entity.
entidad difunta defunct entity.
entidad distribuidora distributing entity.
entidad disuelta dissolved entity.
entidad diversificada diversified entity.
entidad doméstica domestic entity.
entidad dominante dominant entity.
entidad económica economic entity.
entidad en funcionamiento going concern.
entidad en línea online entity.
entidad en marcha going concern.
entidad especulativa speculative entity, commercial entity.
entidad establecida established entity.
entidad estatal government entity, state entity.
entidad ética ethical entity.
entidad exenta exempt entity.
entidad explotadora operating entity.
entidad exportadora exporting entity.
entidad extranjera alien entity, foreign entity.
entidad fiduciaria trust entity.
entidad filial affiliated entity, sister entity, subsidiary.
entidad financiera finance entity.
entidad fusionada merged entity.
entidad global global entity.
entidad gubernamental governmental entity, governmental agency.

entidad hipotecaria mortgage entity.
entidad ilícita entity organized for illegal purposes.
entidad importadora importing entity.
entidad inactiva dormant entity.
entidad industrial industrial entity.
entidad inmobiliaria real estate entity, property entity.
entidad insolvente insolvent entity.
entidad integrada integrated entity.
entidad internacional international entity.
entidad inversionista investment entity.
entidad legal legal entity.
entidad local local entity.
entidad lucrativa lucrative entity, commercial entity.
entidad manufacturera manufacturing entity.
entidad marítima maritime entity.
entidad matriz parent entity.
entidad mercantil commercial entity, commercial concern.
entidad miembro member entity.
entidad mixta mixed entity.
entidad multinacional multinational entity.
entidad mutuaria borrowing entity.
entidad nacional domestic entity, national entity.
entidad naviera shipping entity.
entidad no afiliada unaffiliated entity.
entidad no lucrativa nonprofit entity.
entidad no pública nonpublic entity.
entidad online online entity.
entidad operadora operating entity.
entidad porteadora common carrier.
entidad prestataria borrowing entity.
entidad privada private entity.
entidad privada de transporte private carrier.
entidad privatizada privatized entity.
entidad pública public entity.
entidad pública de transporte public carrier.
entidad puesta en marcha business startup.
entidad quebrada bankrupt entity.
entidad reaseguradora reinsurance entity.
entidad registrada registered entity.
entidad regulada regulated entity.
entidad retenedora holding entity.
entidad sin acciones nonstock entity.
entidad sin fines de lucro nonprofit entity.
entidad sindical labor union.
entidad sobreviviente surviving entity.
entidad social partnership.
entidad subsidiaria subsidiary entity.
entidad tenedora holding entity.
entidad transnacional transnational entity.
entorno *m* environment.
entorno de trabajo work environment.
entorno del mercado market environment.
entorno económico economic environment.
entorno laboral work environment, labor environment, labour environment.
entrada *f* entry, entrance, down payment, deposit, input, cash receipts, admission, ticket.
entrada a caja cash receipts.
entrada al mercado market entry.
entrada de capital capital inflow.
entrada de datos data entry.
entrada de divisas inflow of foreign currency.
entrada de fondos inflow of funds.
entrada en efectivo cash inflow.
entrada libre free admission.
entrada mínima minimum down payment.
entradas *f* income, revenue, entries.

entradas brutas gross revenue.
entradas de operación operating revenue.
entradas en caja cash receipts.
entradas netas net income.
entradas totales total receipts.
entradas y salidas income and expenditure.
entrar a trabajar start work.
entrar en el mercado enter the market.
entrar en negociaciones initiate negotiations.
entrar en recesión go into recession.
entrar en vigor take effect.
entre compañías intercompany.
entre industrias interindustry.
entrega *f* delivery, dedication.
entrega a domicilio home delivery.
entrega, a la on delivery.
entrega condicional conditional delivery.
entrega contra reembolso cash on delivery.
entrega corriente current delivery.
entrega demorada delayed delivery.
entrega diferida deferred delivery.
entrega efectiva actual delivery.
entrega especial special delivery.
entrega futura forward delivery.
entrega gratis free delivery.
entrega gratuita free delivery.
entrega incondicional unconditional delivery, absolute delivery.
entrega inmediata immediate delivery, cash settlement.
entrega material actual delivery.
entrega parcial partial delivery.
entrega real actual delivery.
entrega restringida restricted delivery.
entrega simbólica symbolical delivery.
entrega total total delivery.
entregable *adj* deliverable.
entregadero *adj* deliverable.
entregado *adj* delivered.
entregado derechos no pagados delivered duty unpaid.
entregado derechos pagados delivered duty paid.
entregado en la frontera delivered at frontier.
entregador *m* deliverer.
entregamiento *m* delivery.
entregar *adj* deliver, submit, hand in, dedicate.
entregar a mano hand deliver.
entregar mercancías deliver goods.
entrenamiento *m* training.
entrenamiento administrativo management training.
entrenamiento asistido por computadora computer-aided training.
entrenamiento asistido por ordenador computer-aided training.
entrenamiento de empleo job training.
entrenamiento de grupo group training.
entrenamiento de profesión profession training.
entrenamiento de trabajo job training.
entrenamiento grupal group training.
entrenamiento profesional professional training.
entrenamiento vocacional vocational training.
entretener *v* entertain.
entretenimiento *m* entertainment.
entrevista *f* interview.
entrevista de salida exit interview.
enumeración *f* enumeration.
enumerado *adj* enumerated.
enumerar *v* enumerate.
envase *m* container, packing, packaging.

envase del consumidor consumer package.
enviar *v* send, ship, deliver, remit.
enviar por correo send by mail, send by post.
enviar por correo electrónico send by email.
enviar por email send by email.
enviar por fax send by fax.
enviar por mail send by email.
envío *m* sending, shipping, delivery, remittance.
envío urgente urgent delivery.
época de pago date due.
equidad *f* equity, equality, justice.
equidad contributiva tax equity.
equidad fiscal tax equity.
equidad impositiva tax equity.
equidad media average equity.
equidad tributaria tax equity.
equilibrado *adj* balanced.
equilibrar *v* balance.
equilibrar el déficit balance the deficit.
equilibrar el presupuesto balance the budget.
equilibrar la balanza comercial balance the trade deficit.
equilibrio *m* equilibrium, balance.
equilibrio competitivo competitive equilibrium.
equilibrio cooperativo cooperative equilibrium.
equilibrio de mercado market equilibrium.
equilibrio de oferta y demanda supply and demand equilibrium.
equilibrio económico economic equilibrium.
equilibrio en la balanza de pagos balance of payments equilibrium.
equilibrio financiero financial equilibrium.
equilibrio fiscal fiscal balance.
equilibrio general general equilibrium.
equilibrio macroeconómico macroeconomic equilibrium.
equilibrio presupuestario budget balance.
equipar *v* equip.
equipar completamente fully equip.
equiparable *adj* comparable.
equiparar *v* compare.
equipo *m* equipment, team.
equipo accesorio accessory equipment.
equipo administrativo administrative team.
equipo agrícola agricultural equipment, farm equipment.
equipo auxiliar auxiliary equipment.
equipo comercial commercial equipment.
equipo corporativo corporate equipment.
equipo de administración management team, administrative team.
equipo de auditoría audit team.
equipo de capital capital equipment.
equipo de computadora computer hardware, computer equipment.
equipo de dirección management team.
equipo de gestión management team.
equipo de marketing marketing team.
equipo de mercadeo marketing team.
equipo de negocios business equipment.
equipo de oficina office equipment.
equipo de ordenador computer hardware, computer equipment.
equipo de trabajo work team.
equipo de ventas sales team.
equipo físico hardware, equipment.
equipo mercantil commercial equipment.
equitativo *adj* equitable.
equivalencia *f* equivalence.
equivalencia de rendimiento yield equivalence.

equivalencia en efectivo cash equivalence.
equivalente *m* equivalent.
equivalente actuarial actuarial equivalent.
equivalente ad valorem ad valorem equivalent.
equivalente contributivo tax equivalent.
equivalente de acciones comunes common stock equivalent.
equivalente de acciones ordinarias common stock equivalent.
equivalente de certidumbre certainty equivalent.
equivalente de precio de mercado market price equivalent.
equivalente de rendimiento yield equivalent.
equivalente en efectivo cash equivalent.
equivalente fiscal tax equivalent.
equivalente impositivo tax equivalent.
equivalente substancial de cosa patentizada substantial equivalent of patented device.
equivalente tributario tax equivalent.
equivocación bilateral bilateral mistake.
erario *m* treasury.
ergonomía *f* ergonomics.
ergonómicamente *adv* ergonomically.
ergonómico *adj* ergonomic.
erogación *f* distribution.
erogar *v* distribute.
erosión *f* erosion.
erróneo *adj* erroneous, mistaken.
error aparente apparent error.
error compensatorio compensating error, offsetting error.
error contable accounting error.
error de cálculo calculation error.
error de contabilidad accounting error.
error de facturación billing error.
error de muestreo sampling error.
error en buena fe bona fide error.
error estándar standard error.
error humano human error.
error inadvertido inadvertent error.
error sistemático systematic error.
error tipográfico typographical error.
errores y omisiones errors and omissions.
escala *f* scale, port of call, stopover.
escala de cargos scale of charges.
escala de costes scale of costs.
escala de costos scale of costs.
escala de precios price scale.
escala de razón ratio scale.
escala de salarios salary scale, pay scale.
escala de tasas rate scale.
escala fija flat scale.
escala invertida inverted scale.
escala móvil sliding scale.
escala mundial worldwide scale.
escala nominal nominal scale.
escala progresiva progressive scale.
escala salarial salary scale, pay scale.
escalabilidad *f* scalability.
escalable *adj* scalable.
escalafón *m* rank within a company, promotion ladder, wage scale, seniority, classification of the personnel of an entity.
escalera profesional career ladder.
escalonamiento *m* staggering.
escandallo *m* document detailing how a price was arrived at, pricing, sampling, sample.
escaparate *m* window display, store window, shop window, storefront.
escaparate electrónico electronic storefront.

escaparate virtual virtual storefront.
escasez *f* scarcity, shortage.
escasez crítica critical shortage.
escasez de capital capital shortage.
escasez de crédito credit crunch, credit squeeze.
escasez de demanda demand shortage.
escasez de dinero money shortage.
escasez de inventario inventory shortage.
escasez de liquidez liquidity shortage, liquidity squeeze.
escasez de mano de obra labor shortage, labour shortage.
escasez de oferta offer shortage.
escasez de personal personnel shortage.
escasez de petróleo oil shortage.
escasez de viviendas housing shortage.
escasez laboral labor shortage, labour shortage.
escenario *m* scenario, scene.
escenario hipotético hypothetical scenario.
escenario más desfavorable worst-case scenario.
escenario más favorable best-case scenario.
escisión *f* split.
escribano público notary public.
escrito *m* document, brief, bill.
escritorio *m* desk, office.
escritura *f* deed, contract, document, instrument, legal instrument.
escritura a título gratuito gratuitous deed.
escritura con garantía general general warranty deed.
escritura constitutiva articles of incorporation, charter, articles of association, act of incorporation.
escritura de arrendamiento lease.
escritura de cancelación document evidencing the cancellation of a debt.
escritura de cesión deed of assignment.
escritura de compraventa bill of sale, deed, act of sale, bargain and sale deed.
escritura de concordato creditors' agreement with the bankrupt.
escritura de constitución articles of incorporation, charter, articles of association, act of incorporation.
escritura de constitución de hipoteca mortgage deed.
escritura de donación deed of gift.
escritura de emisión de bonos bond indenture.
escritura de enajenación deed.
escritura de fideicomiso trust indenture.
escritura de fundación articles of incorporation, charter, articles of association, act of incorporation, deed of foundation.
escritura de hipoteca mortgage deed.
escritura de organización articles of incorporation, charter, articles of association, act of incorporation.
escritura de partición deed of partition.
escritura de pleno dominio deed in fee.
escritura de propiedad title deed.
escritura de reforma amendment.
escritura de satisfacción document evidencing the cancellation of a debt.
escritura de seguro insurance policy.
escritura de sociedad partnership agreement, articles of incorporation, act of incorporation.
escritura de traspaso deed of assignment, deed.
escritura de venta bill of sale, deed.
escritura fiduciaria trust deed.
escritura hipotecaria mortgage deed.
escritura maestra master deed.

escritura sin registrar unrecorded deed.
escritura social partnership agreement, articles of incorporation, act of incorporation.
escritura suplementaria supplemental deed.
escritura traslativa de dominio deed.
escriturar *v* register a deed, register publicly.
escrutinio *m* scrutiny.
escucha *f* wiretapping.
escucha telefónica wiretapping.
escuela de comercio business college, business school, business university.
escuela de empresariales business college, business school, business university.
escuela de negocios business college, business school, business university.
escuela empresarial business college, business school, business university.
escuela privada private school.
escuela pública public school.
esencial *adj* essential.
esencialmente *adv* essentially.
esfera de actividad sphere of activity.
esfuerzo colaborativo collaborative effort.
esfuerzo concertado concerted effort.
eslogan *m* slogan.
eslogan publicitario advertising slogan.
espacio abierto open space.
espacio disponible available space.
Espacio Económico Europeo European Economic Area.
especialista *m/f* specialist.
especialización *f* specialization.
especialización horizontal horizontal specialization.
especializado *adj* specialized.
especie, en in kind.
especificación *f* specification.
especificación de empleo job specification.
especificación de trabajo job specification.
especificación profesional professional specification.
especificado *adj* specified.
especificar *v* specify.
específico *adj* specific.
especulación *f* speculation, adventure.
especulación bursátil stock speculation.
especulación inmobiliaria real estate speculation.
especulador *m* speculator.
especular *v* speculate.
especulativo *adj* speculative.
espera *f* stay, term, grace period, wait.
espera, en in abeyance.
esperado expected.
esperanza de vida life expectancy.
esperanza de vida de producto product life expectancy.
espionaje *m* espionage.
espionaje comercial commercial espionage, trade espionage.
espionaje corporativo corporate espionage.
espionaje industrial industrial espionage.
espiral inflacionaria inflationary spiral.
espiral inflacionista inflationary spiral.
espíritu empresarial entrepreneurial spirit.
espónsor *m* sponsor.
esponsorización *f* sponsorship.
esponsorizar *v* sponsor.
esquema *m* scheme, diagram, outline.
esquema autoadministrado self-administered scheme.

esquema calificado qualified scheme.
esquema comercial business scheme, commercial scheme, commerce scheme.
esquema comunitario community scheme.
esquema contable accounting scheme.
esquema contractual contractual scheme.
esquema corporativo corporate scheme.
esquema de acumulación accumulation scheme.
esquema de ahorros savings scheme.
esquema de amortización amortization scheme, repayment scheme.
esquema de apoyo aid scheme.
esquema de apoyo económico financial aid scheme.
esquema de apoyo financiero financial aid scheme.
esquema de asistencia aid scheme.
esquema de asistencia económica financial aid scheme.
esquema de asistencia financiera financial aid scheme.
esquema de auditoría audit scheme.
esquema de ayuda aid scheme.
esquema de ayuda económica financial aid scheme.
esquema de ayuda financiera financial aid scheme.
esquema de beneficios benefit scheme.
esquema de bonificaciones bonus scheme.
esquema de capacitación training scheme.
esquema de comercialización marketing scheme, commercialization scheme.
esquema de comercio business scheme, commercial scheme, commerce scheme.
esquema de conservación conservation scheme.
esquema de contabilidad accounting scheme.
esquema de contribuciones contribution scheme, tax scheme.
esquema de desarrollo development scheme.
esquema de entrenamiento training scheme.
esquema de financiación financing scheme.
esquema de financiamiento financing scheme.
esquema de formación training scheme.
esquema de habilitación training scheme.
esquema de hospitalización hospitalization scheme.
esquema de incentivos incentive scheme.
esquema de incentivos grupal group incentive scheme.
esquema de inversiones investment scheme.
esquema de investigación research scheme.
esquema de jubilación retirement scheme.
esquema de marketing marketing scheme.
esquema de mercadeo marketing scheme.
esquema de mercado market scheme.
esquema de negocios business scheme.
esquema de pagos payment scheme.
esquema de pagos periódicos periodic payment scheme.
esquema de participación directa direct participation scheme.
esquema de participación en las ganancias profit-sharing scheme.
esquema de pensiones pension scheme.
esquema de pensiones para empleados employee pension scheme.
esquema de privatización privatization scheme.
esquema de producción production scheme.
esquema de publicidad advertising scheme.
esquema de reajuste readjustment scheme.

esquema de reaseguro reinsurance scheme.
esquema de reducción de costes cost-reduction scheme.
esquema de reducción de costos cost-reduction scheme.
esquema de retiro retirement scheme.
esquema de seguros insurance scheme.
esquema de servicios service scheme.
esquema económico economic scheme.
esquema económico nacional national economic scheme.
esquema empresarial business scheme.
esquema estratégico strategic scheme.
esquema financiero financial scheme.
esquema mercantil commercial scheme.
esquema operacional operational scheme.
esquema publicitario advertising scheme.
esquema salarial salary scheme, pay scheme.
esquema social social scheme.
esquilmar *v* exhaust, milk.
esquirol *m* scab.
estabilidad *f* stability.
estabilidad absoluta permanent job security.
estabilidad de precios price stability.
estabilidad económica economic stability.
estabilidad en el empleo job security.
estabilidad financiera financial stability.
estabilidad política political stability.
estabilidad relativa temporary job security.
estabilidad social social stability.
estabilización *f* stabilization.
estabilización de cambio exchange stabilization.
estabilización de empleo employment stabilization.
estabilización de mercado market stabilization.
estabilización de moneda currency stabilization.
estabilización de precios price stabilization.
estabilización de precios de mercancías commodity price stabilization.
estabilización de precios de productos commodity price stabilization.
estabilización económica economic stabilization.
estabilización fiscal fiscal stabilization.
estabilización monetaria monetary stabilization, currency stabilization.
estabilización política political stabilization.
estabilización salarial wage stabilization.
estabilización social social stabilization.
estabilizado *adj* stabilized.
estabilizador *m* stabilizer.
estabilizador automático automatic stabilizer.
estabilizar *v* stabilize.
estabilizar precios stabilize prices.
establecer *v* establish, set, set up, enact.
establecer impuestos impose taxes.
establecer la sede set up headquarters.
establecido *adj* established, set, set up, enacted.
establecimiento *m* establishment, enterprise, resolution, statute, plant.
establecimiento afiliado affiliated enterprise.
establecimiento agrícola farm enterprise, farming enterprise.
establecimiento autorizado authorized enterprise.
establecimiento bancario banking enterprise.
establecimiento comercial business enterprise, business concern, commercial enterprise.
establecimiento corporativo corporate enterprise.
establecimiento de comercio commerce enterprise.
establecimiento de comercio electrónico e-

commerce enterprise, e-business enterprise.

establecimiento de metas establishment of goals.

establecimiento de negocios business enterprise, business concern.

establecimiento de objetivos establishment of objectives.

establecimiento de servicios services enterprise.

establecimiento de servicios públicos public services enterprise.

establecimiento del estado government enterprise, state enterprise.

establecimiento del gobierno government enterprise.

establecimiento doméstico domestic enterprise.

establecimiento en marcha going concern.

establecimiento especulativo speculative enterprise.

establecimiento estatal government enterprise, state enterprise.

establecimiento exportador exporting enterprise.

establecimiento extranjero foreign enterprise.

establecimiento familiar family enterprise.

establecimiento filial affiliated enterprise.

establecimiento financiero financial enterprise.

establecimiento global global enterprise.

establecimiento gubernamental government enterprise.

establecimiento importador importing enterprise.

establecimiento industrial industrial enterprise.

establecimiento integrado integrated enterprise.

establecimiento internacional international enterprise.

establecimiento local local enterprise.

establecimiento lucrativo commercial enterprise.

establecimiento manufacturero manufacturing enterprise.

establecimiento marginal marginal enterprise.

establecimiento mercantil commercial enterprise, business enterprise.

establecimiento mixto mixed enterprise.

establecimiento multinacional multinational enterprise.

establecimiento nacional domestic enterprise, national enterprise.

establecimiento no afiliado unaffiliated enterprise.

establecimiento no lucrativo nonprofit enterprise.

establecimiento no miembro nonmember enterprise.

establecimiento online online enterprise.

establecimiento pequeño small enterprise.

establecimiento privado private enterprise.

establecimiento público public enterprise.

establecimiento puesta en marcha business startup.

establecimiento registrado registered enterprise.

estación *f* station, season.

estación aduanera customs station.

estación de aduanas customs station.

estación de trabajo workstation.

estacional *adj* seasonal.

estacionalidad *adv* seasonality.

estadía *f* stay, time in port beyond that necessary.

estadística *f* statistics.

estadística actuarial actuarial statistics.

estadística bayesiana Bayesian statistics.

estadística demográfica demographic statistics.

estadística descriptiva descriptive statistics.

estadística inferencial inferential statistics.

estadística no paramétrica nonparametric statistics.

estadísticas de empleo employment statistics.

estadísticas del año calendario calendar-year statistics.

estadísticas del desempleo unemployment statistics.

estadísticas laborales labor statistics.

estadístico *adj* statistical.

estado *m* state, condition, statement, report, government.

estado anual annual statement.

estado auditado audited statement.

estado bancario bank statement.

estado benefactor welfare state.

estado certificado certified statement.

estado civil marital status.

estado combinado combined statement.

estado comparativo comparative statement.

estado con fines contributivos tax statement.

estado condensado condensed statement.

estado consolidado consolidated statement.

estado contable accounting statement.

estado corporativo corporate state.

estado corriente current state, current status.

estado de actividad activity state.

estado de banco bank statement.

estado de bienestar welfare state.

estado de caja cash statement.

estado de cámara de compensación clearinghouse statement.

estado de casa de liquidación clearinghouse statement.

estado de concurso state of bankruptcy.

estado de contabilidad balance sheet, accounting statement.

estado de continuación continuation statement.

estado de cosas state of affairs.

estado de cuenta statement, account statement, account status.

estado de flujos de caja cash flow statement.

estado de flujos de caja consolidado consolidated cash flow statement.

estado de ganancias profit statement, statement of earnings.

estado de ganancias y pérdidas profit and loss statement.

estado de ingresos earnings statement, income statement.

estado de ingresos retenidos statement of retained earnings.

estado de ingresos y gastos statement of income and expenses.

estado de la economía state of the economy.

estado de liquidación liquidation statement.

estado de origen y aplicación de fondos statement of source and application of funds.

estado de pérdidas y ganancias profit and loss statement.

estado de posición financiera statement of financial condition.

estado de producción production statement.

estado de quiebra state of bankruptcy.

estado de reconciliación reconciliation statement.

estado de resultados operating statement.

estado de situación general balance sheet, balance sheet.

estado de superávit surplus statement.

estado de tenedor de tarjeta cardholder statement.

estado de titular de tarjeta cardholder statement.

estado del bienestar welfare state.
estado del cierre closing statement.
estado descriptivo descriptive statement.
estado diario daily statement.
estado exento exempt status.
estado falsificado falsified statement.
estado final final statement, final state.
estado financiero financial statement.
estado financiero anual annual financial statement.
estado financiero certificado certified financial statement.
estado financiero combinado combined financial statement.
estado financiero comparativo comparative financial statement.
estado financiero condensado condensed financial statement.
estado financiero consolidado consolidated financial statement.
estado financiero de conglomerado conglomerate financial statement.
estado financiero grupal group financial statement.
estado financiero no consolidado unconsolidated financial statement.
estado financiero personal personal financial statement.
estado financiero proyectado projected financial statement.
estado interino interim statement.
estado legal legal status, marital status.
estado mensual monthly statement.
estado miembro member state.
estado no consolidado unconsolidated statement.
estado periódico periodic statement.
estado pro forma pro forma statement.
estado revisado revised statement, audited statement.
estado suplementario supplemental statement.
estado trimestral quarterly statement.
estados financieros interinos interim financial statements.
estados financieros intermedios interim financial statements.
estafa f swindle, scam.
estafa comercial business swindle, business scam.
estafa corporativa corporate scam, corporate swindle.
estafa de comercio electrónico e-commerce scam, e-business scam.
estafa empresarial business swindle, business scam.
estafa mercantil business swindle, business scam.
estafador m swindler, scammer.
estafar v swindle, scam.
estagnación f stagnation.
estampar v stamp, rubber stamp, affix.
estampilla f stamp, rubber stamp.
estampilla fiscal revenue stamp.
estampillado adj stamped, rubber stamped.
estampillar v stamp, rubber stamp.
estancamiento m deadlock, stagnation.
estancamiento económico economic stagnation.
estanco m monopoly, state monopoly.
estándar adj standard.
estándar m standard.
estandarización f standardization.
estandarizado adj standardized.
estandarizar v standardize.

estanflación f stagflation.
estanquero m retailer of goods under state monopoly.
estatal adj state, government.
estático adj static.
estatismo m statism.
estatista adj statist.
estatista m/f statist.
estatutario adj statutory.
estatuto m statute, by-law, ordinance.
estatutos de sociedades by-laws.
estelionato m stellionate.
estereotipación f stereotyping.
estereotipado adj stereotyped.
estereotipia f stereotyping.
estereotipo m stereotype.
estilo administrativo management style.
estilo de administración management style.
estilo de dirección management style.
estilo de gerencia management style.
estilo de gestión management style.
estilo de vida lifestyle.
estimación f estimation, estimate, appraisal, assessment.
estimación aproximada approximate estimate.
estimación conservadora conservative estimate.
estimación de contribuciones estimate of taxes.
estimación de costes cost estimate.
estimación de costos cost estimate.
estimación de ganancias earnings estimate.
estimación de gastos estimate of expenses, estimate of expenditures.
estimación de impuestos estimate of taxes.
estimación de ingresos earnings estimate.
estimación de intereses estimate of interest.
estimación de pagos estimate of payments.
estimación de precios estimate of prices.
estimación de prima estimate of premium.
estimación de subsidio estimate of subsidy.
estimación de valor final final value estimate.
estimación de ventas sales estimate.
estimación del valor estimate of value.
estimación presupuestaria budget estimate.
estimación suplementaria supplemental estimate.
estimado m estimate.
estimado aproximado approximate estimate.
estimado conservador conservative estimate.
estimado de contribuciones estimate of taxes.
estimado de costes estimate of costs.
estimado de costos estimate of costs.
estimado de ganancias earnings estimate.
estimado de gastos estimate of expenses, estimate of expenditures.
estimado de impuestos estimate of taxes.
estimado de ingresos earnings estimate.
estimado de intereses estimate of interest.
estimado de pagos estimate of payments.
estimado de precios estimate of prices.
estimado de prima estimate of premium.
estimado de subsidio estimate of subsidy.
estimado de subvención estimate of subsidy.
estimado de ventas sales estimate.
estimado del valor estimate of value.
estimado presupuestario budget estimate.
estimado suplementario supplemental estimate.
estimador m estimator, appraiser.
estimar v estimate, appraise, hold in esteem.
estimatoria f action by the buyer against the seller to obtain a reduction in price due to defects.
estimular v stimulate.

estimular la economía stimulate the economy.
estímulo *m* stimulation, stimulus, incentive.
estímulo fiscal fiscal stimulus.
estipendio *m* stipend, compensation.
estipulación *f* stipulation, specification, agreement, covenant.
estipulación condicionada conditional stipulation.
estipulación de control de costes cost-containment provision.
estipulación de control de costos cost-containment provision.
estipulación de póliza policy stipulation.
estipulación incondicional absolute covenant.
estipulación obligatoria obligatory covenant.
estipulaciones estatutarias statutory provisions.
estipulaciones generales general provisions.
estipulado *adj* stipulated.
estipulante *adj* stipulating.
estipulante *m/f* stipulator.
estipular *v* stipulate, specify, agree.
estocástico *adj* stochastic.
estorbo atractivo attractive nuisance.
estraperlo *m* black market.
estratagema *f* stratagem, ploy.
estratagema publicitaria advertising ploy.
estrategia *f* strategy.
estrategia comercial business strategy, commercial strategy.
estrategia competitiva competitive strategy.
estrategia corporativa corporate strategy.
estrategia de capital capital strategy.
estrategia de comercio commerce strategy, business strategy.
estrategia de comercio electrónico e-commerce strategy, e-business strategy.
estrategia de comprar y retener buy and hold strategy.
estrategia de crecimiento growth strategy.
estrategia de desarrollo development strategy.
estrategia de diferenciación differentiation strategy.
estrategia de diversificación diversification strategy.
estrategia de expansión expansion strategy.
estrategia de inversiones investment strategy.
estrategia de la compañía company strategy.
estrategia de la empresa enterprise strategy, company strategy.
estrategia de marca brand strategy.
estrategia de marketing marketing strategy.
estrategia de mercadeo marketing strategy.
estrategia de mercado market strategy.
estrategia de negocios business strategy.
estrategia de precios pricing strategy, price strategy.
estrategia de publicidad advertising strategy.
estrategia de ventas sales strategy.
estrategia del producto product strategy.
estrategia económica economic strategy.
estrategia empresarial business strategy.
estrategia financiera financial strategy.
estrategia global global strategy.
estrategia mercantil commercial strategy.
estrategia publicitaria advertising strategy.
estratégico *adj* strategic.
estratificación *f* stratification.
estratificación de pérdidas stratification of losses.
estratificación social social stratification.
estrechamiento *m* narrowing, strengthening.

estreno *m* launch, premier.
estrés *m* stress.
estrés del trabajo work-related stress.
estrés en el empleo work-related stress.
estrés laboral work-related stress.
estrés profesional professional stress, work-related stress.
estricto *adj* strict, stringent.
estructura *f* structure.
estructura administrativa management structure.
estructura anexa appurtenant structure.
estructura capital capital structure.
estructura cerrada closed structure.
estructura contributiva tax structure.
estructura corporativa corporate structure.
estructura de capital capital structure.
estructura de capital compleja complex capital structure.
estructura de capital simple simple capital structure.
estructura de control control structure.
estructura de costes cost structure.
estructura de costos cost structure.
estructura de datos data structure.
estructura de la administración management structure.
estructura de la compañía company structure.
estructura de la corporación corporate structure.
estructura de la empresa company structure, enterprise structure.
estructura de la gestión management structure.
estructura de la inversión investment structure.
estructura de la organización organization structure.
estructura de precios price structure.
estructura del mercado market structure.
estructura directiva management structure.
estructura económica economic structure.
estructura empresarial company structure, enterprise structure.
estructura financiera financial structure.
estructura fiscal fiscal structure, tax structure.
estructura histórica historical structure.
estructura impositiva tax structure.
estructura orgánica organizational structure.
estructura organizativa organizational structure.
estructura salarial wage structure.
estructura sindical union structure.
estructura tributaria tax structure.
estructuración *f* structuring.
estructurado *adj* structured.
estructurar *v* structure.
estudio *m* study, studio, office, law office.
estudio de caso case study.
estudio de consumidores consumer study.
estudio de factibilidad feasibility study.
estudio de gerencia management study.
estudio de impacto impact study.
estudio de impacto ambiental environmental impact study.
estudio de mercado market study.
estudio de rentabilidad profitability study.
estudio de título title search.
estudio de viabilidad viability study.
estudio piloto pilot study.
estudios comerciales business studies.
estudios de comercio electrónico e-commerce studies, e-business studies.
estudios de negocios business studies.
estudios empresariales business studies.

etapa *f* stage.
etapa de abandono abandonment stage.
etapa de crecimiento growth stage.
etapa de la carrera career stage.
etapa de madurez maturity stage.
Eternet *m* Ethernet.
Ethernet *m* Ethernet.
ética *f* ethics.
ética comercial business ethics.
ética corporativa corporate ethics.
ética de los negocios business ethics.
ética del trabajo work ethic.
ética empresarial business ethics.
ética en el comercio commerce ethics, business ethics.
ética en el comercio electrónico e-commerce ethics, e-business ethics.
ética en los negocios business ethics.
ética mercantil business ethics.
ética profesional professional ethics.
éticamente *adv* ethically.
ético *adj* ethical.
etiqueta *m* label, tag, etiquette.
etiqueta comercial commercial etiquette, business etiquette.
etiqueta corporativa corporate etiquette.
etiqueta de dirección address label.
etiqueta de precio price tag.
etiqueta en el comercio commerce etiquette, business etiquette.
etiqueta en el comercio electrónico e-commerce etiquette, e-business etiquette.
etiqueta en los negocios business etiquette.
etiquetado *m* labeling.
etiquetado ecológico green labeling.
etiquetado verde green labeling.
étnico *adj* ethnic.
EURATOM *m* EURATOM.
euro *m* euro.
eurobanca *f* Eurobanking.
eurobono *m* Eurobond.
eurocéntrico *m* Eurocentric.
eurocheque *m* Eurocheck, Eurocheque.
eurocrédito *m* Eurocredit.
eurodepósito *m* Eurodeposit.
eurodinero *m* Eurocurrency, Euromoney.
eurodivisa *f* Eurocurrency, Euromoney.
eurodólares *m* Eurodollars.
euromercado *m* Euromarket.
Eurostoxx 50 Eurostoxx 50.
evacuar *v* evacuate, conclude, fulfill, transact.
evacuar un informe make a report.
evacuar un negocio liquidate a business.
evadir *v* evade.
evadir impuestos evade taxes.
evaluación *f* evaluation, assessment, appraisal.
evaluación actuarial actuarial evaluation.
evaluación acumulativa cumulative assessment.
evaluación bancaria bank assessment.
evaluación continua continuous assessment.
evaluación de banco bank assessment.
evaluación de calidad quality assessment.
evaluación de costes cost evaluation.
evaluación de costos cost evaluation.
evaluación de empleo employment evaluation.
evaluación de inversiones investment evaluation.
evaluación de la conformidad conformity assessment.
evaluación de la demanda demand assessment.
evaluación de la ejecución performance evaluation.
evaluación de proyecto project evaluation.
evaluación de recursos assessment of resources.
evaluación de tareas task analysis.
evaluación de trabajo job evaluation.
evaluación del control interno evaluation of internal control.
evaluación del daño damage assessment.
evaluación del desempeño performance evaluation.
evaluación del impacto impact assessment.
evaluación del impacto ambiental environmental impact assessment.
evaluación del mercado market assessment, market evaluation.
evaluación del personal personnel evaluation.
evaluación del producto product evaluation.
evaluación del rendimiento performance evaluation.
evaluación del riesgo risk assessment.
evaluación del riesgo del país country risk assessment.
evaluación económica economic assessment.
evaluación final final evaluation.
evaluación financiera financial evaluation, financial assessment.
evaluación fiscal fiscal assessment, tax assessment.
evaluación profesional professional evaluation.
evaluación tecnológica technological assessment.
evaluador *m* evaluator, assessor, appraiser.
evaluar *v* evaluate, assess, appraise.
evaluar rendimiento evaluate performance, assess performance.
evasión *f* evasion.
evasión contributiva tax evasion.
evasión de contribuciones tax evasion.
evasión de impuestos tax evasion.
evasión de responsabilidad evasion of liability, evasion of responsibility.
evasión del impuesto tax evasion.
evasión fiscal tax evasion.
evasión impositiva tax evasion.
evasión tributaria tax evasion.
evasivo *adj* evasive.
evasor *m* evader.
evasor de impuestos tax evader.
evento *m* event.
evento contable accounting event.
evento de contabilidad accounting event.
evento fortuito fortuitous event.
evento subsiguiente subsequent event.
eventos independientes independent events.
eventual *adj* eventual, contingent, temporary.
eventualmente *adv* eventually.
evicción *f* eviction, dispossession.
evicción como represalia retaliatory eviction.
evicción efectiva actual eviction.
evidencia *f* evidence, proof.
evidencia contable accounting evidence.
evidencia de acatamiento compliance evidence.
evidencia de análisis evidence of analysis.
evidencia de asegurabilidad evidence of insurability.
evidencia de auditoría evidence of auditing.
evidencia de autoridad evidence of authority.
evidencia de calidad evidence of quality.
evidencia de cancelación evidence of cancellation.
evidencia de compra evidence of purchase.

evidencia de contabilidad accounting evidence.
evidencia de cuenta evidence of an account.
evidencia de cumplimiento compliance evidence.
evidencia de daños evidence of damage.
evidencia de depósito evidence of deposit.
evidencia de deuda evidence of debt.
evidencia de dominio evidence of title, title papers, title.
evidencia de elegibilidad evidence of eligibility.
evidencia de empleo evidence of employment.
evidencia de entrega evidence of delivery.
evidencia de identidad evidence of identity.
evidencia de incorporación evidence of incorporation.
evidencia de participación evidence of participation.
evidencia de pérdida evidence of loss.
evidencia de peso evidence of weight.
evidencia de reclamación evidence of claim.
evidencia de salud evidence of health.
evidencia de seguro evidence of insurance.
evidencia de uso evidence of use.
evidencia de valor evidence of value.
evidencia de venta evidence of sale.
evidente *adj* evident.
evitable *adj* avoidable.
evitación *f* avoidance.
evitación de contrato avoidance of contract.
evitación de impuestos avoidance of taxes.
evitación de pérdidas loss avoidance.
evitación de reclamaciones claims avoidance.
ex cupón ex coupon.
ex dividendo ex dividend.
ex-empleado *m* ex-employee.
ex parte ex parte, of one part.
exacción *f* exaction, levy.
exacción ilegal illegal exaction.
exactitud *f* accuracy.
exactor *m* tax collector.
exageración *f* exaggeration.
exagerado *adj* exaggerated.
exagerar *v* exaggerate.
examen *m* examination, exam, test.
examen de admisión entrance exam.
examen de auditoría audit examination.
examen de ingreso entrance exam.
examen médico medical examination.
examinación *f* examination.
examinación bancaria bank examination.
examinación de acatamiento compliance examination.
examinación de auditoría audit examination.
examinación de banco bank examination.
examinación de bancos nacionales national bank examination.
examinación de cumplimiento compliance examination.
examinación general general examination.
examinador *m* examiner.
examinador bancario bank examiner.
examinador de bancos bank examiner.
examinador de bancos nacionales national bank examiner.
examinador de seguros insurance examiner.
examinar *v* examine.
examinar cuentas audit.
excedente *m* excess, surplus.
excedente acumulado accumulated surplus.
excedente capitalizado capitalized surplus.
excedente comercial trade surplus.

excedente contribuido contributed surplus.
excedente corporativo corporate surplus.
excedente de capacidad excess capacity.
excedente de capital capital surplus.
excedente de contingencia contingency surplus.
excedente de efectivo cash surplus.
excedente de explotación operating surplus.
excedente de exportación export surplus.
excedente de importación import surplus.
excedente de inversión investment surplus.
excedente de la balanza trade surplus.
excedente de operación operating surplus, earned surplus.
excedente de pagos payments surplus.
excedente de producción production surplus.
excedente del consumidor consumer surplus
excedente disponible available surplus.
excedente divisible divisible surplus.
excedente donado donated surplus.
excedente exterior external surplus.
excedente externo external surplus.
excedente ganado earned surplus.
excedente neto net surplus.
excedente pagado paid-in surplus.
excedente presupuestario budgetary surplus.
excedente restringido restricted surplus.
exceder *v* exceed.
excepción *f* exception, demurrer.
excepcional *adj* exceptional.
excesivamente *adv* excessively.
excesivo *adj* excessive.
exceso *m* excess, overage.
exceso de capacidad excess capacity.
exceso de deducciones excess deductions.
exceso de demanda excess demand.
exceso de información excess information.
exceso de liquidez excess liquidity.
exceso de oferta excess supply.
exceso de pérdida excess loss.
exceso de personal excess personnel.
exceso de seguro overinsurance.
exceso de siniestralidad excess loss.
exceso, en in excess.
excluido *adj* excluded.
excluir *v* exclude.
exclusión *f* exclusion.
exclusión acordada agreed exclusion.
exclusión anual annual exclusion.
exclusión contributiva tax exclusion.
exclusión de dividendos dividend exclusion.
exclusión de ingresos income exclusion.
exclusión fiscal tax exclusion.
exclusión general general exclusion.
exclusión impositiva tax exclusion.
exclusión por contaminación pollution exclusion.
exclusión por vicios inherentes inherent vice exclusion.
exclusión tributaria tax exclusion.
exclusiones de la póliza exclusions of policy.
exclusiva *f* exclusive, exclusive rights, sole rights.
exclusividad *f* exclusivity.
exclusividad laboral exclusive employment.
exclusivismo *m* exclusivism.
exclusivista *adj* exclusivist, monopolistic.
exclusivista *m/f* exclusivist.
exclusivo *adj* exclusive.
excusa barata lame excuse.
exención *f* exemption, immunity.
exención absoluta absolute exemption.
exención aduanera customs exemption.

exención arancelaria exemption from customs duties.
exención contributiva tax exemption.
exención de derechos aduaneros exemption from customs duties.
exención de impuestos tax exemption.
exención de responsabilidad exemption from liability.
exención fiscal tax exemption.
exención impositiva tax exemption.
exención incondicional absolute exemption.
exención personal personal exemption.
exención por dependencia dependency exemption.
exención por edad age exemption.
exención por personas a cargo exemption for dependents.
exención total full exemption, total exemption.
exención tributaria tax exemption.
exencionar v exempt.
exentar v exempt.
exento adj exempt, immune.
exento de contribuciones tax exempt.
exento de derechos duty-free.
exento de impuestos tax exempt.
exhaustivo adj exhaustive.
exhibición f exhibit.
exhibición comercial commercial exhibit.
exhibición corporativa corporate exhibit.
exhibición de comercio commerce exhibit.
exhibición de comercio electrónico e-commerce exhibit, e-business exhibit.
exhibición de la compañía company exhibit.
exhibición de negocios business exhibit.
exhibición empresarial business exhibit.
exhibición mercantil commercial exhibit, mercantile exhibit.
exhibidor m exhibitor.
exhibir v exhibit.
exigencia f exigency, demand, requirement.
exigencia de capital capital requirement.
exigible adj exigible, required, demandable, due.
exigido por la ley required by law.
exigir v demand, require, charge, levy.
eximente adj exempting.
eximir v exempt.
eximir de derechos exempt from duties.
existencias f inventory, stock, actuals.
existencias al cierre closing stock, closing inventory.
existencias base base stock.
existencias disponibles available stock.
existencias en inventario available stock.
existencias finales closing stock, closing inventory, final stock, final inventory.
existencias físicas physical stock.
existencias reales actual stock.
éxito m success.
exoneración f exoneration, exemption, release.
exonerar v exonerate, exempt, release.
exonerar de impuestos exempt from taxes.
exonerar de responsabilidad release from liability.
exorbitante adj exorbitant.
expandir v expand.
expansión f expansion.
expansión comercial commercial expansion.
expansión de crédito credit expansion.
expansión de depósitos deposit expansion.
expansión de inversiones investment expansion.

expansión de la demanda demand expansion.
expansión del mercado market expansion.
expansión del negocio business expansion.
expansión diagonal diagonal expansion.
expansión económica economic expansion.
expansión horizontal horizontal expansion.
expansión industrial industrial expansion.
expansión interna internal expansion.
expansión monetaria monetary expansion.
expansionismo m expansionism.
expansionista adj expansionist.
expansionista m/f expansionist.
expectativa f expectation, expectancy.
expectativa de pérdida expectation of loss.
expectativa de vida life expectancy.
expectativa de vida actuarial actuarial life expectancy.
expectativas de carrera career expectations.
expectativas de empleo employment expectations.
expectativas de precios price expectations.
expectativas de trabajo job expectations.
expectativas del consumidor consumer expectations.
expectativas profesionales professional expectations, job expectations.
expedición f expedition, remittance, shipment, issuance.
expedición de aduanas customhouse clearance.
expedido adj sent, issued.
expedidor m shipper, drawer.
expediente f file, record, proceeding.
expediente de apremio proceeding for collection.
expediente de construcción file pertaining to a request for a building permit.
expediente de regulación de empleo workforce adjustment plan.
expedientes comerciales commercial records.
expedientes corporativos corporate records.
expedientes de comercio commerce records.
expedientes de la compañía company records.
expedientes de negocio business records.
expedientes del comercio electrónico e-commerce records, e-business records.
expedientes empresariales business records.
expedientes mercantiles commercial records.
expedientes personales personal records.
expedientes profesionales professional records.
expedir v ship, send, issue.
expedir un cheque issue a check, issue a cheque.
expedir una factura make out a bill.
expedir una patente issue a patent.
expedito y claro free and clear.
expendedor m dealer, vendor.
expender v expend, sell, circulate counterfeit money.
expendición de moneda falsa circulation of counterfeit money.
expendio m expense, retail selling.
expensas f costs.
experiencia f experience.
experiencia comercial business experience, commercial experience.
experiencia de comercio commerce experience, business experience.
experiencia de comercio electrónico e-commerce experience, e-business experience.
experiencia de empleo work experience.
experiencia del año calendario calendar-year experience.
experiencia empresarial business experience.

experiencia en negocios business experience.
experiencia laboral work experience.
experiencia limitada limited experience.
experiencia mercantil commercial experience.
experimentar *v* experiment, experience, try out, suffer.
experto *m* expert.
experto en finanzas finance expert.
expiración *f* expiration.
expiración de patente patent expiration.
expiración de póliza policy expiration.
expirado *adj* expired.
expirar *v* expire.
explícitamente *adv* explicitly.
explícito *adj* explicit.
exploración por máquina machine scanning.
explotación *f* exploitation, use, operation.
explotación agrícola agricultural exploitation.
explotación de empleados exploitation of workers.
explotación de trabajadores exploitation of workers.
explotación de una patente use of a patent.
explotación ganadera stock farm.
explotador *m* exploiter, user.
explotar *v* exploit, use.
expoliación *f* violent dispossession.
exponer *v* expose, exhibit, explain, declare, put forward, risk.
exportación *f* exportation, export.
exportación directa direct export.
exportación indirecta indirect export.
exportación temporal temporary export.
exportación temporaria temporary export.
exportaciones actuales present exports.
exportaciones agrícolas agricultural exports.
exportaciones de capital capital exports.
exportaciones de petróleo oil exports.
exportaciones nacionales national exports.
exportaciones netas net exports.
exportaciones paralelas parallel exports.
exportaciones reales real exports.
exportaciones totales aggregate exports.
exportado *adj* exported.
exportador *adj* exporting.
exportador *m* exporter.
exportadores cooperativos cooperative exporters.
exportar *v* export.
exposición *f* exposure, exhibition, show, display.
exposición a pérdida loss exposure.
exposición agrícola agricultural show.
exposición comercial trade show, trade exhibit.
exposición económica economic exposure.
exposición industrial industrial show, industrial exhibit.
expositor *m* exhibitor.
expreso *adj* express, evident, specific.
expreso aéreo air express.
expropiación *f* expropriation, appropriation of land.
expropiar *v* expropriate, condemn.
expulsar *v* expel, evict.
expulsión *f* expulsion, eviction.
extender *v* extend, make out, issue.
extender el contrato extend the contract.
extender el convenio extend the agreement.
extender el plazo extend the term, extend the deadline.
extender la garantía extend the warranty.
extender las actas write up the minutes.

extender los asientos make the entries.
extender un cheque draw a check, draw a cheque.
extender un contrato prepare a contract.
extender una patente issue a patent.
extender una póliza issue a policy.
extensión *f* extension, scope, length.
extensión agrícola agricultural extension.
extensión de contrato extension of contract.
extensión de línea line extension.
extensión de marca brand extension.
extensión del plazo extension of the term.
extensión retroactiva retroactive extension.
extensión telefónica telephone extension, extension.
exterior *adj* foreign, exterior.
externalización *f* outsourcing.
externalización de procesos de negocios business process outsourcing.
externalizar *v* outsource.
externo *adj* external, foreign.
extinción *f* extinguishment, termination, liquidation, paying off.
extinción de deudas extinguishment of debts.
extinción de los contratos termination of contracts.
extinción temprana de deuda early extinguishment of debt.
extinguir *v* extinguish, terminate, pay off.
extinguirse *v* expire, lapse.
extintivo *adj* extinguishing.
extorno *m* refund, drawback.
extorsión *f* extortion, blackmail.
extorsionar *v* extort, blackmail.
extrabursátil *adj* outside of a stock exchange, outside of an exchange.
extracción *f* withdrawal, extraction.
extracontable *adj* not in the books.
extracontractual *adj* not in the contract.
extracto *m* excerpt, statement, summary, extract.
extracto bancario bank statement.
extracto de balance condensed balance sheet.
extracto de cuenta statement of account, account statement.
extraer *v* withdraw, extract.
extranet *f* extranet.
extranjero *adj* foreign, overseas.
extranjero *m* foreigner, abroad.
extraoficial *adj* unofficial, off-the-record, extra-official.
extraordinario *adj* extraordinary.
extrapolación *f* extrapolation.
extrapolar *v* extrapolate.
extrapresupuestario *adj* extrabudgetary.

F

fábrica *f* factory.
fábrica de la moneda mint.
fabricación *f* fabrication, manufacture.
fabricación asistida por computadora computer-assisted manufacturing.
fabricación asistida por ordenador computer-assisted manufacturing.
fabricación en serie mass production.
fabricación integrada por computadora

computer-integrated manufacturing.
fabricación integrada por ordenador computer-integrated manufacturing.
fabricado *adj* fabricated, manufactured.
fabricante *m/f* manufacturer.
fabricar *v* manufacture.
fabril *adj* manufacturing.
fácil manejo, de easy to use, user-friendly.
facilidad de uso ease of use, user-friendliness.
facilidades *f* facilities.
facilidades de crédito credit facilities.
facilidades de pago credit terms, payment options.
facilitación *f* facilitation.
facilitador *m* facilitator.
facilitar *v* facilitate, furnish, accommodate.
facsímil *m* facsimile, fax.
factibilidad *f* feasibility.
factible *adj* feasible.
factor *m* factor, agent.
factor de actividad activity factor.
factor de acumulación accumulation factor.
factor de ajuste de divisa currency adjustment factor.
factor de anualidad annuity factor.
factor de capacidad capacity factor.
factor de carga load factor.
factor de conversión conversion factor.
factor de corrección correction factor.
factor de correlación correlation factor.
factor de coste cost factor.
factor de costo cost factor.
factor de descuento discount factor.
factor de diversidad diversity factor.
factor de inflación inflation factor.
factor de producción production factor.
factor de productividad productivity factor.
factor de riesgo risk factor.
factor de seguridad safety factor, security factor.
factor de utilización utilization factor.
factor de valor actual present value factor.
factor de valoración valuation factor.
factor de valuación valuation factor.
factor de verificación verification factor.
factor decisivo decisive factor, determining factor.
factor determinante determining factor, decisive factor.
factor estacional seasonal factor.
factor inflacionario inflation factor.
factor limitante limiting factor.
factor negativo negative factor.
factor precio price factor.
factor reversionario reversionary factor.
factoraje *m* factorage, agency.
factores cíclicos cyclical factors.
factores cualitativos qualitative factors.
factores cuantitativos quantitative factors.
factores de costes cost factors.
factores de costos cost factors.
factores de proyección projection factors.
factores fijos fixed factors.
factores humanos human factors.
factores incontrolables uncontrollable factors.
factores preestablecidos preset factors.
factoría *f* factory, agency, factorage.
factoring *m* factoring.
factótum *m* agent.
factura *f* invoice, bill, account.
factura a cobrar invoice receivable.
factura a pagar invoice payable.
factura aduanera customs invoice.

factura anticipada advance invoice.
factura certificada certified invoice.
factura comercial commercial invoice.
factura común invoice.
factura consular consular invoice.
factura corregida corrected invoice.
factura de aduanas customs invoice.
factura de compra purchase invoice.
factura de consignación consignment invoice.
factura de embarque shipping invoice.
factura de venta sales invoice, bill of sale.
factura detallada itemized invoice.
factura duplicada duplicate invoice.
factura electrónica electronic bill, e-bill, electronic invoice.
factura en cuadruplicado quadruplicate invoice.
factura en línea online invoice.
factura en línea online invoice.
factura en quintuplicado quintuplicate invoice.
factura final final invoice.
factura impaga unpaid invoice.
factura impagada unpaid invoice.
factura online online invoice.
factura original original invoice.
factura pendiente pending invoice, outstanding invoice.
factura pro forma pro forma invoice.
factura provisional provisional invoice.
factura rectificada corrected invoice.
facturación *f* billing, invoicing.
facturación anticipada advance billing.
facturación anual annual billing.
facturación bruta gross billing.
facturación de clientes client billing, customer billing.
facturación descriptiva descriptive billing.
facturación diferida deferred billing.
facturación electrónica electronic billing, e-billing, Internet billing.
facturación en línea online billing, Internet billing.
facturación online online billing, Internet billing.
facturación por ciclos cycle billing.
facturación por Internet Internet billing.
facturación progresiva progressive billing.
facturación separada separate billing.
facturado *adj* billed.
facturador *m* biller.
facturar *v* invoice, bill, check-in.
facturero *m* invoice book.
facultad *f* faculty, authority.
facultad de vender authority to sell.
facultades implícitas del agente agent's implied authority.
facultar *v* empower, authorize.
facultativo *adj* facultative, optional, concerning a power.
falacia *f* deceit, deceitfulness, fallacy.
falencia *f* deceit, bankruptcy.
falla *f* fault, failure, defect.
falla de causa failure of consideration.
falla de mercado market failure.
falla de seguridad security breach.
fallido *adj* bankrupt, frustrated.
fallido *m* bankrupt.
fallido culpable bankrupt due to negligence.
fallido fraudulento fraudulent bankrupt.
fallido rehabilitado discharged bankrupt.
fallir *v* fail.
fallo *m* failure, judgment, decision, ruling, arbitration award.

falsa representación false representation.
falsamente *adv* falsely.
falseamiento *m* falsification.
falseamiento de datos data falsification.
falsear *v* falsify.
falsear datos falsify data.
falsedad *f* falsehood, misrepresentation.
falsificación *f* forgery, falsification, counterfeiting.
falsificación comercial commercial counterfeiting.
falsificación de cheques check forgery, cheque forgery.
falsificación de documentos forgery.
falsificación de libros falsification of books.
falsificación de moneda counterfeiting.
falsificado *adj* forged, falsified, counterfeited.
falsificador *m* forger, falsifier, counterfeiter.
falsificador de moneda counterfeiter.
falsificar *v* forge, falsify, counterfeit.
falso *adj* false, forged, counterfeit.
falso flete dead freight.
falso y fraudulento false and fraudulent.
falta *f* fault, lack, absence, shortage, failure.
falta de aceptación non-acceptance.
falta de asistencia absenteeism.
falta de caja cash shortage.
falta de causa want of consideration.
falta de competencia lack of competition.
falta de contraprestación want of consideration.
falta de crecimiento absence of growth.
falta de credibilidad lack of credibility.
falta de cumplimiento failure of consideration, nonperformance, noncompliance, nonfeasance.
falta de efectivo cash shortage.
falta de ejecución failure of consideration, nonperformance, noncompliance, nonfeasance.
falta de entrega non-delivery.
falta de existencias lack of inventory.
falta de fondos lack of funds.
falta de pago nonpayment, dishonor.
falta de trabajo unemployment.
falta de uso nonuse.
faltante de caja cash shortage.
faltante de efectivo cash shortage.
faltar *v* fail, default, breach, to be lacking, to be short.
faltista *adj* habitually defaulting.
familia de fondos mutuos family of funds.
familia de marcas family of brands.
familia de productos family of products.
familia inmediata immediate family.
fase *f* phase.
fase de crecimiento growth phase.
fase de producción production phase.
fase de promoción promotional phase.
fatiga industrial industrial fatigue.
fatiga laboral industrial fatigue.
favor *m* favor, favour, accommodation.
favor de, a in favor of, in favour of.
favorable *adj* favorable, favourable.
favorecedor *m* endorser of an accommodation bill, client.
favorecido *adj* favored, favoured.
favorecido *m* maker of an accommodation bill.
favoritismo *m* favoritism, favouritism.
favoritismo sexual sexual favoritism, sexual favouritism.
fax *m* fax.
fecha *f* date.
fecha abierta open date.
fecha base base date.

fecha cierta date certain.
fecha contable accounting date.
fecha de aceptación acceptance date.
fecha de acumulación accrual date.
fecha de adquisición acquisition date.
fecha de ajuste adjustment date.
fecha de amortización amortization date, redemption date, repayment date.
fecha de anuncio announcement date.
fecha de apertura opening date.
fecha de asiento posting date.
fecha de caducidad expiration date.
fecha de cierre closing date, final date.
fecha de compra date of purchase, data of acquisition.
fecha de conversión conversion date.
fecha de corte cut-off date.
fecha de declaración declaration date.
fecha de depósito deposit date.
fecha de desembolso payout date.
fecha de disponibilidad availability date.
fecha de distribución distribution date.
fecha de efectividad effective date.
fecha de ejecución date of exercise.
fecha de elegibilidad eligibility date.
fecha de embarque shipping date.
fecha de emisión date of issue.
fecha de endoso endorsement date.
fecha de entrada posting date.
fecha de entrada en vigor effective date.
fecha de entrega delivery date.
fecha de expiración expiration date.
fecha de expiración de contrato contract expiration date.
fecha de expiración de póliza policy expiration date.
fecha de factura invoice date.
fecha de facturación billing date.
fecha de letra draft date.
fecha de liquidación settlement date.
fecha de oferta offering date.
fecha de ofrecimiento offering date.
fecha de pago payment date.
fecha de pago de dividendo payment date of dividend.
fecha de póliza policy date.
fecha de presentación filing date.
fecha de publicación publication date.
fecha de radicación filing date.
fecha de redención call date.
fecha de registro date of record, date of registration.
fecha de tasación appraisal date.
fecha de terminación termination date.
fecha de terminación de plan termination date of plan.
fecha de transacción transaction date.
fecha de valor effective date.
fecha de valoración valuation date.
fecha de vencimiento expiration date, due date, deadline, final date, maturity date.
fecha de venta sales date.
fecha de vigencia effective date.
fecha efectiva effective date.
fecha en blanco open date.
fecha límite final date, deadline.
fecha opcional optional date.
fechado *adj* dated.
fechado *m* dating.

fechar *v* date.
fecho *adj* executed, issued.
federación *f* federation.
federal *adj* federal.
federalismo *m* federalism.
federalista *adj* federalist.
federalista *m/f* federalist.
federalmente *adv* federally.
federarse *v* form a federation, form an association.
fehaciente *adj* certifying, evidencing, authentic, credible.
feria comercial trade fair.
feria industrial industrial fair.
feria mundial world fair.
feriado *m* holiday.
feriado bancario bank holiday.
feriado nacional national holiday.
feriado oficial national holiday.
feudal *adj* feudal.
feudalismo *m* feudalism.
feudalista *adj* feudalist.
feudalista *m/f* feudalist.
fiable *adj* reliable, responsible, trustworthy.
fiado *adj* purchased on credit.
fiador *m* surety, bailor, guarantor.
fiador mancomunado co-surety.
fiador solidario joint and several surety.
fianza *f* bond, guarantee, deposit, bail.
fianza aduanera customs bond.
fianza de aduanas customs bond.
fianza de almacén warehouse bond.
fianza de averías average bond.
fianza de caución surety bond.
fianza de construcción construction bond.
fianza de contratista contract bond.
fianza de cumplimiento performance bond.
fianza de depósito warehouse bond.
fianza de desembarque landing bond.
fianza de embargo attachment bond.
fianza de empresa porteadora carrier's bond.
fianza de exportación export bond.
fianza de fidelidad fidelity bond.
fianza de garantía surety bond, guarantee bond.
fianza de importación import bond.
fianza de incumplimiento performance bond.
fianza de indemnización indemnity bond.
fianza de licencia license bond, licence bond.
fianza de licitación bid bond.
fianza de licitador bid bond.
fianza de mantenimiento maintenance bond.
fianza de oferta bid bond.
fianza de pago payment bond.
fianza de postura bid bond.
fianza de propiedad title bond.
fianza de seguridad surety bond.
fianza de terminación completion bond.
fianza de título title bond.
fianza estatutaria statutory bond.
fianza hipotecaria mortgage.
fianza mercantil performance bond.
fianza pignoraticia pledge.
fianza prendaria pledge.
fiar *v* grant credit, bond for, guarantee.
fibra óptica optical fiber.
ficha de almacén stock card.
ficha de cuenta account card.
ficha de datos data card.
ficha de existencias stock card.
ficha de inventario stock card.
fichero *m* file, filing cabinet, card index.

fichero activo active file.
fichero adjunto attached file, attachment.
fichero anexado attached file, attachment.
fichero anexo attached file, attachment.
fichero confidencial confidential file.
fichero contable accounting file.
fichero de auditoría audit file.
fichero de computadora computer file.
fichero de crédito credit file.
fichero de datos data file.
fichero de información del cliente customer information file.
fichero de ordenador computer file.
fichero maestro master file.
fichero permanente permanent file.
fichero principal main file.
fichero temporal temporary file.
ficticio *adj* fictitious.
fidedigno *adj* reliable, trustworthy.
fideicomisario *m* trustee, beneficiary of a trust, legal representative of debenture holders.
fideicomisario en la quiebra trustee in bankruptcy.
fideicomisario público public trustee.
fideicomiso *m* trust.
fideicomiso activo active trust.
fideicomiso caritativo charitable trust.
fideicomiso ciego blind trust.
fideicomiso comercial business trust, commercial trust.
fideicomiso complejo complex trust.
fideicomiso condicional contingent trust.
fideicomiso conservatorio testamentary trust.
fideicomiso constructivo constructive trust.
fideicomiso corporativo corporate trust.
fideicomiso de acumulación accumulation trust.
fideicomiso de beneficencia charitable trust.
fideicomiso de fondos depositados funded trust.
fideicomiso de pensiones pension trust.
fideicomiso de seguro de vida life insurance trust.
fideicomiso de sociedad anónima corporate trust.
fideicomiso de tierras land trust.
fideicomiso definido express trust.
fideicomiso directivo directory trust.
fideicomiso directo direct trust.
fideicomiso discrecional discretionary trust.
fideicomiso, en in trust.
fideicomiso especial special trust.
fideicomiso expreso express trust.
fideicomiso familiar testamentary trust.
fideicomiso fijo fixed trust.
fideicomiso formalizado executed trust.
fideicomiso forzoso constructive trust.
fideicomiso imperfecto imperfect trust.
fideicomiso implícito implied trust.
fideicomiso impuesto constructive trust.
fideicomiso indestructible indestructible trust.
fideicomiso involuntario involuntary trust.
fideicomiso irrevocable irrevocable trust.
fideicomiso limitado limited trust.
fideicomiso matrimonial marital trust.
fideicomiso múltiple multiple trust.
fideicomiso nominal nominal trust.
fideicomiso para votación voting trust.
fideicomiso particular private trust.
fideicomiso pasivo passive trust.
fideicomiso perfecto perfect trust.
fideicomiso perpetuo perpetual trust.

fideicomiso personal personal trust.
fideicomiso por formalizar executory trust.
fideicomiso presunto presumptive trust.
fideicomiso privado private trust.
fideicomiso público public trust.
fideicomiso puro simple trust.
fideicomiso revocable revocable trust.
fideicomiso secreto secret trust.
fideicomiso sencillo simple trust.
fideicomiso simple simple trust.
fideicomiso sin depósito de fondos unfunded trust.
fideicomiso sucesivo testamentary trust.
fideicomiso testamentario testamentary trust.
fideicomiso universal trust encompassing an entire estate.
fideicomiso voluntario voluntary trust.
fideicomisor *m* trustee.
fideicomisos recíprocos reciprocal trusts.
fideicomitente *m/f* trustor.
fidelidad *f* fidelity, loyalty.
fidelidad de marca brand loyalty.
fidelización *f* promotion of customer loyalty.
fidelizar *v* promote customer loyalty.
fiduciante *m/f* trustor.
fiduciario *adj* fiduciary.
fiduciario *m* trustee.
fiduciario condicional contingent trustee.
fiduciario corporativo corporate trustee.
fiduciario interino acting trustee.
fiduciario judicial judicial trustee.
fiduciario testamentario testamentary trustee.
fiel cumplimiento faithful performance.
fieldad *f* surety, guarantee.
fiesta nacional national holiday, public holiday.
fiesta oficial official holiday, public holiday.
figurar *v* appear.
fijación *f* fixing, setting.
fijación de precios price-fixing, price setting.
fijación de precios de mercancías commodity pricing.
fijación de precios de productos commodity pricing.
fijación de tarifa rate setting, rate fixing.
fijación de tasa rate lock.
fijación de tasas rate setting, rate fixing.
fijación de tipo rate lock.
fijación de tipos rate setting, rate fixing.
fijación del precio de oro gold fixing.
fijar *v* set, fix, determine.
fijar precios fix prices, set prices.
fijar una fecha set a date.
fijo *adj* fixed, set, determined.
filial *adj* affiliated, subordinated, subsidiary.
filial *f* affiliated entity, affiliated company, agency, subsidiary, branch.
filigrana *f* watermark.
filigranado *v* watermarked.
filosofía corporativa corporate philosophy.
filosofía de la compañía company philosophy.
filosofía de la corporación corporate philosophy.
filosofía de la empresa company philosophy, enterprise philosophy.
filosofía empresarial company philosophy, enterprise philosophy.
filtrar información leak information.
FIM (fondo de inversión inmobiliaria) real estate investment fund.
fin *m* end, objective, goal.
fin de año end of year.

fin de mes end of month.
fin de trimestre end of quarter.
final *adj* final.
finalidad *f* finality, objective, goal.
finalidad de pago finality of payment.
finalizar *v* finalize.
finalizar un contrato finalize a contract.
financiable *adj* financeable, that can be financed.
financiación *f* financing, funding.
financiación a corto plazo short-term financing.
financiación a interés fijo fixed-rate financing.
financiación a largo plazo long term financing.
financiación a mediano plazo medium-term financing.
financiación a medio plazo medium-term financing.
financiación a tasa fija fixed-rate financing.
financiación a tipo fijo fixed-rate financing.
financiación bancaria bank financing.
financiación basada en inventario inventory financing.
financiación básica core financing, core funding.
financiación combinada combined financing.
financiación comercial commercial financing, business financing.
financiación compensatoria compensatory financing.
financiación conjunta joint financing.
financiación corporativa corporate financing.
financiación creativa creative financing.
financiación de adquisición purchase financing, acquisition financing.
financiación de arrendamientos lease financing.
financiación de bienes inmuebles real estate financing.
financiación de bienes raíces real estate financing.
financiación de capital capital financing, capital funding.
financiación de comercio commerce financing, business financing.
financiación de comercio electrónico e-commerce financing, e-business financing.
financiación de compra purchase financing, acquisition financing.
financiación de contingencia contingent financing.
financiación de inversiones investment financing.
financiación de la deuda debt financing.
financiación de la exportación export financing.
financiación de negocios business financing.
financiación de riesgos risk financing.
financiación del consumo consumer finance.
financiación del crédito credit financing.
financiación del déficit deficit financing.
financiación del proyecto project financing.
financiación directa direct financing.
financiación empresarial business financing.
financiación hipotecaria mortgage financing.
financiación innovadora creative financing.
financiación interina interim financing.
financiación interna internal financing.
financiación mediante acciones stock financing.
financiación mediante bonos bond financing.
financiación mediante déficit deficit financing.
financiación mediante deuda debt financing.
financiación mercantil commercial financing.
financiación mixta mixed financing.
financiación paralela parallel financing.
financiación permanente permanent financing.

financiación por el dueño owner financing.
financiación por el vendedor seller financing.
financiación provisional provisional financing.
financiación puente bridge financing.
financiación retroactiva retroactive financing.
financiación secundaria secondary financing.
financiación subordinada supplemental financing.
financiación suplementaria supplemental financing.
financiación temporal temporary financing.
financiado *adj* financed, funded.
financiado por el estado government-financed, state-financed.
financiado por el gobierno government-financed.
financiamiento *m* financing, funding.
financiamiento a corto plazo short-term financing.
financiamiento a interés fijo fixed-rate financing.
financiamiento a largo plazo long term financing.
financiamiento a mediano plazo medium-term financing.
financiamiento a medio plazo medium-term financing.
financiamiento a tasa fija fixed-rate financing.
financiamiento a tipo fijo fixed-rate financing.
financiamiento bancario bank financing.
financiamiento basado en inventario inventory financing.
financiamiento básico core financing, core funding.
financiamiento combinado combined financing.
financiamiento comercial commercial financing, business financing.
financiamiento compensatorio compensatory financing.
financiamiento conjunto joint financing.
financiamiento creativo creative financing.
financiamiento de adquisición purchase financing, acquisition financing.
financiamiento de arrendamientos lease financing.
financiamiento de bienes inmuebles real estate financing.
financiamiento de bienes raíces real estate financing.
financiamiento de capital capital financing, capital funding.
financiamiento de comercio commerce financing, business financing.
financiamiento de comercio electrónico e-commerce financing, e-business financing.
financiamiento de compra purchase financing, acquisition financing.
financiamiento de contingencia contingent financing.
financiamiento de inversiones investment financing.
financiamiento de la deuda debt financing.
financiamiento de la exportación export financing.
financiamiento de negocios business financing.
financiamiento de riesgos risk financing.
financiamiento del consumo consumer finance.
financiamiento del crédito credit financing.
financiamiento del déficit deficit financing.
financiamiento del proyecto project financing.
financiamiento directo direct financing.
financiamiento empresarial business financing.
financiamiento hipotecario mortgage financing.
financiamiento innovador creative financing.

financiamiento interino interim financing.
financiamiento interno internal financing.
financiamiento mediante acciones stock financing.
financiamiento mediante bonos bond financing.
financiamiento mediante déficit deficit financing.
financiamiento mediante deuda debt financing.
financiamiento mixto mixed financing.
financiamiento paralelo parallel financing.
financiamiento permanente permanent financing.
financiamiento por el dueño owner financing.
financiamiento por el vendedor seller financing.
financiamiento provisional provisional financing.
financiamiento puente bridge financing.
financiamiento retroactivo retroactive financing.
financiamiento secundario secondary financing.
financiamiento subordinado supplemental financing.
financiamiento suplementario supplemental financing.
financiamiento temporal temporary financing.
financiar *v* finance, fund, back, bankroll.
financiera *f* finance company.
financiero *adj* financial.
financiero *m* financier.
financista *m/f* financier.
finanzas *f* finance, finances.
finanzas comerciales business finance, commercial finance.
finanzas corporativas corporate finance.
finanzas de comercio commerce finance, business finance.
finanzas de comercio electrónico e-commerce finance, e-business finance.
finanzas de negocios business finance.
finanzas del estado government finance, state finance.
finanzas del gobierno government finance.
finanzas empresariales business finance.
finanzas mercantiles commercial finance.
finanzas públicas public finance.
finca *f* plot, farm, property, real estate, estate.
finca colindante adjoining property.
finca de ganado cattle farm.
finca raíz real estate.
finca rústica rural property.
finca urbana urban property.
fincar *v* purchase real estate.
fines caritativos charitable purposes.
fines comerciales business ends, commercial ends.
fines de contabilidad accounting purposes.
fines de lucro profit-seeking.
fines de negocios business ends.
fines empresariales business ends.
fines fiscales tax purposes.
fines mercantiles commercial ends.
finiquitar *v* extinguish, close an account, settle, end.
finiquito *m* extinction, release, closing of an account, quitclaim, settlement.
firma *f* signature, firm, company, company name.
firma autenticada authenticated signature.
firma autorizada authorized signature.
firma certificada certified signature, attested signature.
firma cliente client firm.
firma comercial company, company name, business firm, commercial firm.
firma conjunta cosignature, joint signature.
firma consultiva consulting firm.
firma consultora consulting firm.

firma corresponsal correspondent firm.
firma de comercio commerce firm.
firma de comercio electrónico e-commerce firm, e-business firm.
firma de consultores consulting firm.
firma de contables accounting firm.
firma de contadores accounting firm.
firma de corretaje brokerage firm.
firma de favor accommodation endorsement.
firma de inversiones investment firm.
firma de negocios business firm.
firma del cliente client's signature.
firma digital digital signature.
firma electrónica electronic signature.
firma en blanco blank signature.
firma falsificada forged signature, falsified signature.
firma financiera financial firm.
firma mayorista wholesale firm.
firma mercantil commercial firm.
firma miembro member firm.
firma minorista retail firm.
firma no autorizada non-authorized signature.
firma obligante binding signature.
firma social company signature, company name.
firmado *adj* signed.
firmante *m/f* signer, signatory, maker of a document.
firmante conjunto cosigner.
firmante de cheques check signer, cheque signer.
firmante por acomodación accommodation maker.
firmar *v* sign, execute.
firmar un contrato sign a contract.
firme *adj* final, firm.
fiscal *adj* fiscal, tax.
fiscal de cuentas auditor.
fiscalidad *f* tax system, tax code.
fiscalista *adj* fiscal, tax.
fiscalización *f* control, supervision, investigation, inspection.
fiscalización administrativa administrative supervision.
fiscalización aduanera customs supervision.
fiscalización ambiental environmental supervision.
fiscalización bancaria bank supervision.
fiscalización centralizada centralized supervision.
fiscalización contable accounting supervision.
fiscalización de acceso access supervision.
fiscalización de aduanas customs supervision.
fiscalización de caja cash supervision.
fiscalización de calidad quality supervision.
fiscalización de costes cost supervision.
fiscalización de costos cost supervision.
fiscalización de crédito credit supervision.
fiscalización de existencias stock supervision.
fiscalización de fronteras border supervision.
fiscalización de gastos expense supervision, expenditure supervision.
fiscalización de inventario inventory supervision.
fiscalización de la contaminación pollution monitoring.
fiscalización de la ejecución performance supervision.
fiscalización de la junta board supervision.
fiscalización de precios price supervision.
fiscalización de procesos process supervision.
fiscalización de producción production supervision.

fiscalización de riesgos risk supervision.
fiscalización de salarios wage supervision, salary supervision.
fiscalización de ventas sales supervision.
fiscalización del consejo board supervision.
fiscalización del consumo consumption supervision.
fiscalización del efectivo cash supervision.
fiscalización del proyecto project supervision.
fiscalización del rendimiento performance supervision.
fiscalización del trabajo job supervision.
fiscalización directa direct supervision.
fiscalización ejecutiva executive supervision.
fiscalización externa external supervision.
fiscalización financiera financial supervision.
fiscalización indirecta indirect supervision.
fiscalización interna internal supervision.
fiscalización operacional operational supervision.
fiscalización presupuestaria budget supervision.
fiscalización salarial wage supervision.
fiscalmente *adv* fiscally.
fisco *m* fisc, exchequer, treasury.
fisco municipal municipal treasury, municipal government.
flamante *adj* new, newly introduced, novice.
fletador *m* charterer, owner of a means of transport for hire.
fletamento *m* chartering, charter party, affreightment.
fletamento a plazo time charter.
fletamento por tiempo time charter.
fletamento por viaje trip charter.
fletamento por viaje redondo voyage charter.
fletamiento *m* chartering, charter party, affreightment.
fletante *m/f* charterer, owner of a means of transport for hire.
fletar *v* charter, freight, hire.
flete *m* freight, carriage.
flete abandonado abandoned freight.
flete adicional additional freight.
flete aéreo air cargo, air freight.
flete anticipado advance freight.
flete base base freight.
flete bruto gross freight.
flete en exceso excess freight.
flete eventual freight contingency.
flete marítimo ocean freight, sea freight.
flete neto net freight.
flete pagado hasta carriage paid to.
flete terrestre land freight.
flete y seguro pagado carriage and insurance paid.
fletear *v* charter, freight, hire.
fletero *m* freighter, freight carrier.
flexibilidad *f* flexibility.
flexibilidad de horario flexitime.
flexibilidad de precios price flexibility.
flexibilidad del empleo job flexibility.
flexibilidad del trabajo job flexibility.
flexibilidad laboral labor flexibility, labour flexibility.
flota *f* fleet.
flotación *f* floating.
flotación limpia clean floating.
flotación sucia dirty floating.
flotante *adj* floating.
flotar un empréstito float a loan.
flotilla *f* fleet.
fluctuación *f* fluctuation.

fluctuación de la tasa de cambio exchange rate fluctuations.
fluctuación de la tasa de interés interest rate fluctuations.
fluctuación del tipo de cambio exchange rate fluctuations.
fluctuación del tipo de interés interest rate fluctuations.
fluctuación económica economic fluctuation.
fluctuación máxima maximum fluctuation.
fluctuación mínima minimum fluctuation.
fluctuaciones cíclicas cyclical fluctuations.
fluctuaciones de mercado market fluctuations.
fluctuaciones de precios price fluctuations.
fluctuaciones estacionales seasonal fluctuations.
fluctuante *adj* fluctuating.
fluctuar *v* fluctuate.
flujo *m* flow.
flujo anual annual flow.
flujo bilateral bilateral flow.
flujo de apoyo aid flow.
flujo de apoyo financiero financial aid flow.
flujo de asistencia aid flow.
flujo de asistencia financiera financial aid flow.
flujo de ayuda aid flow.
flujo de ayuda financiera financial aid flow.
flujo de caja cash flow.
flujo de caja negativo negative cash flow.
flujo de caja positivo positive cash flow.
flujo de capital capital flow.
flujo de consumo consumption flow.
flujo de costes flow of costs.
flujo de costos flow of costs.
flujo de datos data flow.
flujo de dinero money flow.
flujo de divisas currency flow.
flujo de efectivo cash flow.
flujo de efectivo anual annual cash flow.
flujo de efectivo en exceso excess cash flow.
flujo de fondos cash flow, flow of funds.
flujo de fondos antes de impuestos before-tax cash flow.
flujo de fondos bruto gross cash flow.
flujo de fondos en exceso excess cash flow.
flujo de fondos incremental incremental cash flow.
flujo de fondos negativo negative cash flow.
flujo de fondos positivo positive cash flow.
flujo de ingresos income flow.
flujo del trabajo work flow.
flujo financiero financial flow.
flujo monetario monetary flow, money flow.
flujo neto de efectivo net cash flow.
flujo neto de fondos net cash flow.
flujo unilateral unilateral flow.
flujograma *m* flowchart.
FMI (Fondo Monetario Internacional) International Monetary Fund.
folio *m* folio.
folleto *m* brochure, leaflet, pamphlet.
folleto de emisión prospectus.
folleto de instrucciones instruction leaflet.
folleto electrónico electronic brochure, e-brochure.
folleto informativo brochure.
folleto publicitario brochure.
fomentador *m* promoter, developer.
fomentar *v* promote, develop.
fomentar crecimiento promote growth.
fomento *m* development, promotion.
fondo *m* fund, bankroll, bottom.

fondo, a in depth.
fondo acumulativo sinking fund.
fondo amortizante sinking fund.
fondo central central fund.
fondo común general fund.
fondo común de inversión mutual fund.
fondo consolidado consolidated fund.
fondo de acciones common stock fund.
fondo de acciones comunes common stock fund.
fondo de acciones ordinarias common stock fund.
fondo de amortización amortization fund, sinking fund.
fondo de amortización de bonos bond sinking fund.
fondo de anualidad annuity fund.
fondo de beneficencia endowment fund.
fondo de bienestar welfare fund.
fondo de bonos bond fund.
fondo de bonos municipales municipal bond fund.
fondo de caja chica petty cash fund.
fondo de capital capital fund.
fondo de capitalización capitalization fund.
Fondo de Cohesión Cohesion Fund.
fondo de comercio goodwill.
fondo de compensación compensation fund.
fondo de contingencia contingency fund.
fondo de contrapartida counterpart fund.
fondo de crecimiento growth fund.
fondo de depreciación depreciation fund.
fondo de doble propósito dual purpose fund.
fondo de estabilización stabilization fund.
fondo de fideicomiso trust fund.
fondo de fondos mutual fund that invests in other mutual funds.
fondo de garantía guarantee fund.
fondo de gastos finales final expense fund.
fondo de huelga strike fund.
fondo de igualación equalization fund.
fondo de indemnización indemnity fund.
fondo de ingresos corporativos corporate income fund.
fondo de insolvencia insolvency fund.
fondo de inversión mutual fund, investment fund.
fondo de inversión a corto plazo short-term investment fund.
fondo de inversión a largo plazo long-term investment fund.
fondo de inversión colectivo collective investment fund.
fondo de inversión con comisión load fund.
fondo de inversión de bonos bond mutual fund.
fondo de inversión de sector sector fund.
fondo de inversión del mercado monetario money market fund.
fondo de inversión equilibrado balanced mutual fund.
fondo de inversión especializado specialized mutual fund.
fondo de inversión inmobiliaria real estate investment fund.
fondo de inversión sin comisión no-load fund.
fondo de jubilación retirement fund.
fondo de pensión retirement fund.
fondo de pérdidas central central loss fund.
fondo de previsión reserve fund, pension fund.
fondo de previsión social social security fund.
fondo de reptiles slush fund.
fondo de reserva reserve fund.

fondo de retiro retirement fund.
fondo de servicio de la deuda debt service fund.
fondo del estado government fund, state fund.
fondo del gobierno government fund.
fondo discrecional discretionary fund.
fondo educativo educational fund.
fondo equilibrado balanced fund.
fondo especial special fund.
fondo especulativo speculative fund, hedge fund.
fondo estatal government fund, state fund.
fondo fiduciario trust fund.
fondo fiduciario irrevocable irrevocable trust fund.
fondo fijo fixed fund.
fondo garantizado por banco bank-guaranteed fund.
fondo general general fund.
fondo gubernamental government fund.
fondo indexado index fund.
fondo inmobiliario real estate fund.
fondo jubilatorio pension fund.
Fondo Monetario Internacional International Monetary Fund.
fondo mutualista mutual fund.
fondo mutuo mutual fund.
fondo mutuo de acciones stock mutual fund.
fondo mutuo de bonos bond mutual fund.
fondo mutuo equilibrado balanced mutual fund.
fondo mutuo especializado specialized mutual fund.
fondo no asegurado noninsured fund.
fondo para contingencias contingency fund.
fondo para emergencias emergency fund.
fondo para gastos expense fund.
fondo para la educación educational fund.
fondo para préstamos loan fund.
fondo renovable revolving fund.
fondo reservado reserved fund.
fondo restringido restricted fund.
fondo rotatorio revolving fund.
fondo social capital stock, partnership's capital.
Fondo Social Europeo European Social Fund.
fondos *m* funds.
fondos administrados managed funds, administered funds.
fondos ajenos another's funds.
fondos asignados allocated funds.
fondos bancarios bank funds.
fondos bloqueados blocked funds, frozen funds.
fondos cobrados collected funds.
fondos comprometidos committed funds.
fondos congelados frozen funds, blocked funds.
fondos controlados controlled funds.
fondos de ahorros savings funds.
fondos de cámara de compensación clearinghouse funds.
fondos de casa de liquidación clearinghouse funds.
fondos de construcción building funds.
fondos de depósitos deposit funds.
fondos de fideicomiso trust funds.
fondos de renta fija fixed-income funds.
fondos de renta variable variable-income funds.
fondos disponibles available funds.
fondos en efectivo cash funds.
fondos en exceso excess funds.
fondos en plica escrow funds.
fondos externos external funds.
fondos federales federal funds.
fondos fiduciarios trust funds.

fondos frescos fresh funds.
fondos garantizados guaranteed funds.
fondos gravables taxable funds.
fondos ilíquidos illiquid funds.
fondos imponibles taxable funds.
fondos inactivos inactive funds.
fondos insuficientes insufficient funds.
fondos invertidos invested funds.
fondos líquidos liquid funds.
fondos manipulados manipulated funds.
fondos mezclados commingled funds.
fondos mixtos mixed funds.
fondos mutuos de fondos mutual funds that invest in other mutual funds.
fondos no asignados unappropriated funds.
fondos no cobrados uncollected funds.
fondos prestados borrowed funds.
fondos presupuestados budgeted funds.
fondos privados private funds.
fondos productivos productive funds.
fondos propios own funds, personal funds.
fondos públicos public funds.
fondos restringidos restricted funds.
fondos sin restricciones unrestricted funds.
forma de pago method of payment.
forma estándar standard form.
formación *f* formation, training.
formación de capital capital formation.
formación de empresa company formation, enterprise formation.
formación de fideicomiso formation of trust.
formación en la empresa in-house training, on-the-job training.
formación en línea online training, distance training.
formación gerencial management training.
formación interna in-house training, internal training.
formación online online training, distance training.
formación profesional professional training, vocational training.
formación vocacional vocational training.
formal *adj* formal, procedural, serious, responsible, dependable.
formalizar *v* formalize.
formalizar protesto protest.
formas de los contratos contractual formalities.
formato *m* format.
formato de archivo file format.
formato de cuenta account format.
formato de fichero file format.
fórmula *f* formula.
fórmula de beneficios benefit formula.
fórmula de coaseguro coinsurance formula.
fórmula de coste-volumen cost-volume formula.
fórmula de costo-volumen cost-volume formula.
fórmula de presupuesto flexible flexible budget formula.
fórmula de propuesta proposal.
formular *v* formulate, form.
formulario *m* form.
formulario abierto open form.
formulario de ajuste de prima premium adjustment form.
formulario de coaseguro coinsurance form.
formulario de contrato contract form.
formulario de crédito credit form.
formulario de cuenta account form.
formulario de ingresos earnings form.
formulario de orden order form.

formulario de pedido order form.
formulario de propuesta proposal form.
formulario de reaseguro reinsurance form.
formulario de respuesta reply form.
formulario de seguros insurance form.
formulario de solicitud application form.
formulario electrónico electronic form.
formulario en blanco blank form.
formulario en cuadruplicado quadruplicate form.
formulario en quintuplicado quintuplicate form.
formulario especial special form.
formulario impreso printed form.
formularios comerciales commercial forms.
formularios mercantiles commercial forms.
foro *m* lease, leasehold, forum.
Foro Económico Mundial World Economic Forum.
fortalezas, debilidades, oportunidades, y amenazas strengths, weaknesses, opportunities, and threats, SWOT.
fortalezas, oportunidades, debilidades, y amenazas strengths, weaknesses, opportunities, and threats, SWOT.
fortuito *adj* fortuitous.
fortuna *f* fortune.
forzado *adj* compulsory, unavoidable.
forzoso *adj* compulsory, unavoidable.
fotocopia *f* photocopy.
fotocopiar *v* photocopy.
fracasar *v* fail, break down.
fracaso *m* failure.
fracción *f* fraction.
fraccionar *v* break up, divide.
fragmentación *f* fragmentation.
fragmentación del mercado market fragmentation.
fragmentado *adj* fragmented.
fraguar *v* falsify, plot.
fraguar una firma forge a signature.
franco *adj* free, duty-free, exempt, frank.
franco a bordo free on board.
franco al costado free alongside.
franco al costado de buque free alongside ship.
franco camión free on truck.
franco de derechos duty-free.
franco en el muelle free on dock.
franco transportista free carrier.
franja magnética magnetic stripe.
franquear *v* prepay, pay postage, frank, clear, exempt.
franqueo *m* postage, prepayment, franking, clearance.
franqueo incluido postage included.
franqueo pagado postage paid.
franquicia *f* franchise, exemption.
franquicia aduanera exemption from customs duties.
franquicia arancelaria exemption from customs duties.
franquicia fiscal tax exemption.
franquicia impositiva tax exemption.
franquicia tributaria tax exemption.
franquiciado *m* franchisee.
franquiciador *m* franchiser.
fraude *m* fraud, deceit.
fraude comercial business fraud, commercial fraud.
fraude contributivo tax fraud.
fraude corporativo corporate fraud.
fraude de acreedores fraud committed against creditors.
fraude de comerciante merchant fraud.
fraude de comercio electrónico e-commerce fraud, e-business fraud.
fraude efectivo actual fraud.
fraude empresarial business fraud.
fraude en los negocios business fraud.
fraude fiscal tax fraud.
fraude impositivo tax fraud.
fraude informático computer fraud.
fraude intrínseco intrinsic fraud.
fraude mercantil commercial fraud.
fraude procesable actionable fraud.
fraude tributario tax fraud.
fraudulencia *f* fraudulence.
fraudulentamente *adv* fraudulently.
fraudulento *adj* fraudulent.
frecuencia *f* frequency.
frecuencia de accidentes accident frequency, accident rate.
frecuencia de pérdidas loss frequency.
frecuencia relativa relative frequency.
frenar la inflación curb inflation.
frenesí de compras buying frenzy.
frente obrero labor association, labour association.
fructuoso *adj* successful, productive.
frustración de contrato frustration of contract.
frustración del consumidor consumer frustration.
frutos industriales industrial products, emblements.
FTSE *m* FTSE.
FTSE 100 FTSE 100.
fuente *f* source.
fuente de ganancia source of profit.
fuente de ingresos source of income.
fuente rentística source of revenue.
fuentes de beneficios sources of profits.
fuentes de capital sources of capital.
fuentes de fondos sources of funds.
fuentes de ganancias sources of profits.
fuentes de información sources of information.
fuentes externas external sources.
fuentes internas internal sources.
fuera de horario after-hours.
fuera de horas after-hours.
fuera de horas de oficina outside office hours.
fuera de horas laborables outside work hours.
fuera de horas pico off-peak.
fuera de horas punta off-peak.
fuera de inventario out of stock.
fuera de la ley outside of the law, illegal.
fuera de plazo after the deadline.
fuero comercial commercial code.
fuerza *f* force, strength, power.
fuerza de negociación bargaining strength.
fuerza de trabajo workforce, labor.
fuerza de ventas sales force.
fuerza financiera financial force.
fuerza laboral work force, labor force, labour force.
fuerza legal legal force.
fuerza mayor force majeure, act of God.
fuerzas del mercado forces of the market.
fuga de capitales capital flight.
fuga de cerebros brain drain.
fuga de divisas currency flight.
función *f* function, performance.
función de auditoría audit function.
función de costes cost function.
función de costos cost function.
función de densidad de probabilidad probability

density function.
función de depósito deposit function.
función de la demanda demand function.
función de la oferta offer function.
función de liquidez liquidity function.
función del consumo consumption function.
funcional *adj* functional.
funcionamiento *m* function, performance.
funcionario *m* functionary, officer.
funcionario administrativo administrative officer.
funcionario contable accounting officer.
funcionario corporativo corporate officer.
funcionario de administración administration officer.
funcionario de conciliación conciliation officer.
funcionario de contabilidad accounting officer.
funcionario de cumplimiento compliance officer.
funcionario de Hacienda revenue officer, treasury officer.
funcionario de inmigración immigration officer.
funcionario de operaciones principal chief operating officer.
funcionario de plica escrow officer.
funcionario de préstamos loan officer.
funcionario ejecutivo executive officer.
funcionario ejecutivo principal chief executive officer.
funcionario financiero principal chief financial officer.
funcionario interino acting officer.
funcionario público government employee, civil servant.
funcionarios de la compañía company officers.
funciones administrativas managerial functions.
funciones de mercado market functions.
funciones del dinero money functions.
funciones, en acting, serving.
fundación *f* foundation.
fundación benéfica charitable foundation.
fundación caritativa charitable foundation.
fundación privada private foundation.
fundación pública public foundation.
fundado *adj* founded.
fundador *m* founder.
fundamental *adj* fundamental.
fundamento *m* foundation, reason.
fundar *v* found.
fundirse *v* go bankrupt, fail, merge.
fundo dominante dominant tenement.
fundo sirviente servient tenement.
fungibilidad *f* fungibility.
fungible *adj* fungible.
furgoneta de reparto delivery van.
fusión *f* merger, amalgamation.
fusión bancaria bank merger.
fusión conglomerada conglomerate merger.
fusión corporativa corporate merger.
fusión de bancos bank merger.
fusión de conglomerados conglomerate merger.
fusión de contratos merger of contracts.
fusión de corporaciones corporate merger.
fusión de títulos confusion of titles.
fusión horizontal horizontal merger.
fusión parcial partial merger.
fusión por absorción absorption merger.
fusión transfronteriza cross-border merger.
fusión vertical vertical merger.
fusionar *v* merge, unite, amalgamate.
fusiones y adquisiciones mergers and acquisitions.

futuro *adv* future.
futurología *f* futurology.
futuros de divisas foreign currency futures.
futuros de índices de acciones stock index futures.
futuros de monedas currency futures.
futuros de tasas de intereses interest rate futures.
futuros de tipos de intereses interest rate futures.
futuros financieros financial futures.
futuros sobre divisas currency futures.
futuros sobre índices index futures.

G

gabela *f* tax.
gabela de consumo excise tax.
gabinete *m* cabinet.
gaje *m* remuneration, additional remuneration, perquisites.
gajes del empleo hazards of the trade.
gajes del oficio hazards of the trade.
galería *f* mall, galleria.
galería comercial mall, galleria.
galería de compras mall, galleria.
gama *f* range, scale, line.
gama de productos product range, product line.
gamma *f* gamma.
ganadería *f* stockbreeding, livestock.
ganado *adj* earned, won.
ganado *m* livestock.
ganancia *f* profit, gain, earnings, benefit.
ganancia a corto plazo short-term gain, short-term profit.
ganancia a largo plazo long-term gain, long-term profit.
ganancia acostumbrada customary gain.
ganancia acumulada accumulated profits.
ganancia antes de impuestos profits before taxes.
ganancia anticipada anticipated profit.
ganancia bruta gross profit.
ganancia bruta de explotación gross operating profits.
ganancia bruta de ventas gross profit on sales.
ganancia contable accounting profit.
ganancia de explotación operating profits.
ganancia de inventario inventory profit.
ganancia de ventas sales profits.
ganancia declarada declared profits.
ganancia después de contribuciones after-tax profits.
ganancia después de impuestos after-tax profits.
ganancia diferida deferred gain.
ganancia entre compañías intercompany profit.
ganancia financiera financial profit, financial gain.
ganancia fiscal taxable profit.
ganancia futura future profit.
ganancia gravable taxable profit.
ganancia imponible taxable profit.
ganancia impositiva taxable profit.
ganancia imprevista windfall profit.
ganancia inesperada windfall profit.
ganancia neta net profit, clear profit.
ganancia neta consolidada consolidated net profit.
ganancia neta de capital net capital gain.

ganancia no recurrente nonrecurring gain.
ganancia no repetitiva nonrecurring gain.
ganancia normal normal gain, normal profit.
ganancia operativa operating profit.
ganancia ordinaria ordinary gain.
ganancia privada private gain.
ganancia realizable realizable gain.
ganancia realizada realized gain.
ganancia regular regular gain.
ganancia sobre el papel paper profit.
ganancia típica typical gain.
ganancia total total profit.
ganancial *adj* pertaining to profit, pertaining to community property.
ganancias actuariales actuarial gains.
ganancias acumuladas accumulated profits.
ganancias antes de contribuciones pretax profits, before-tax profits.
ganancias antes de impuestos pretax profits, before-tax profits.
ganancias anticipadas anticipated profits.
ganancias anuales annual profits.
ganancias asignadas allocated profits.
ganancias brutas diferidas deferred gross profit.
ganancias comerciales business gains, business profits, commercial gains, commercial profits.
ganancias corporativas corporate profits.
ganancias corrientes current profits.
ganancias de capital capital gains.
ganancias de capital a corto plazo short-term capital gains.
ganancias de capital a largo plazo long-term capital gains.
ganancias de comercio commerce gains, commerce profits.
ganancias de comercio electrónico e-commerce profits, e-commerce gains, e-business profits, e-business gains.
ganancias de empresas business gains, business profits.
ganancias de negocios business gains, business profits.
ganancias diferidas deferred profits.
ganancias empresariales business gains, business profits.
ganancias en libros book profits.
ganancias excesivas excessive profits.
ganancias exentas exempt profits.
ganancias extraordinarias extraordinary profits.
ganancias gravables taxable profits.
ganancias imponibles taxable profits.
ganancias marginales marginal profits.
ganancias mercantiles commercial gains, commercial profits.
ganancias no realizadas unrealized profits.
ganancias por acción earnings per share.
ganancias retenidas retained profits.
ganancias tributables taxable profits.
ganancias y pérdidas profit and loss.
ganancioso *adj* profitable.
ganar *v* earn, gain, win, make.
ganar dinero earn money.
ganar interés earn interest.
ganar valor increase in value.
ganarse la vida earn a living.
ganga *f* bargain.
garante *m* guarantor, backer, surety, guarantee.
garantía *f* guarantee, guaranty, warranty, security, backing, collateral, bond, assurance.
garantía absoluta absolute guarantee, absolute guaranty.

garantía adicional additional warranty, additional security, additional collateral.
garantía afirmativa affirmative warranty.
garantía automática automatic guarantee, automatic warranty.
garantía bancaria bank guarantee.
garantía colateral collateral warranty.
garantía completa full warranty.
garantía condicional conditional guarantee.
garantía continua continuing guarantee.
garantía contractual contractual guarantee.
garantía de banco bank guarantee.
garantía de calidad quality guarantee.
garantía de cheque check guarantee, cheque guarantee.
garantía de conformidad assurance of conformity.
garantía de crédito credit guarantee, guarantee of a loan.
garantía de depósitos deposit guarantee.
garantía de devolución del dinero money-back guarantee.
garantía de empréstito loan guarantee.
garantía de firma guarantee of a signature.
garantía de inversión investment guarantee.
garantía de pago payment guarantee.
garantía de persona positive identification.
garantía de por vida lifetime warranty, lifetime guarantee.
garantía de precio price guarantee.
garantía de préstamo loan guarantee.
garantía de título title guarantee.
garantía del constructor builder's warranty.
garantía del producto product guarantee, product warranty.
garantía en avería gruesa general average guarantee.
garantía en efectivo cash guarantee.
garantía escrita written warranty, written guarantee.
garantía especial special warranty.
garantía eventual conditional guarantee.
garantía explícita express warranty.
garantía expresa express warranty.
garantía financiera financial guarantee.
garantía flotante floating collateral.
garantía formal collateral.
garantía general general warranty.
garantía hipotecaria mortgage security, mortgage.
garantía implícita implied warranty.
garantía incondicional unconditional guarantee, absolute guarantee, absolute warranty.
garantía limitada limited guarantee, limited warranty.
garantía mancomunada joint guarantee.
garantía particular special guarantee.
garantía personal personal guarantee.
garantía pignoraticia pledge.
garantía por escrito written warranty, written guarantee.
garantía prendaria pledge, collateral.
garantía prolongada extended warranty.
garantía promisoria promissory warranty.
garantía provisional binder.
garantía real collateral, real guarantee.
garantía restringida restricted guarantee.
garantía solidaria joint and several guarantee.
garantías concurrentes concurrent guaranties.
garantir *v* guarantee.
garantizado *adj* guaranteed, warranted, assured.

garantizado por banco bank-guaranteed.
garantizador *m* guarantor, surety.
garantizar *v* guarantee, warrant, assure.
garito *m* gambling house.
gas tóxico toxic gas.
gastar *v* expend, spend.
gasto *m* expense, expenditure.
gasto básico basic expense.
gasto capitalizado capitalized expense.
gasto comunitario community expense, community expenditure.
gasto corriente current expenditure.
gasto de ajuste de pérdidas loss adjustment expense.
gasto de intereses interest expense.
gasto diferido deferred expense.
gasto directo direct expense.
gasto discrecional discretionary expense.
gasto doméstico bruto gross domestic expenditure.
gasto especial special expense.
gasto estimado estimated expense.
gasto federal federal expenditure.
gasto financiero financial expense.
gasto fiscal fiscal expenditure.
gasto flotante floating charge.
gasto general general expense.
gasto incidental incidental expense.
gasto incurrido expense incurred.
gasto indirecto indirect expense.
gasto innecesario unnecessary expense.
gasto interior bruto gross domestic expenditure.
gasto nacional bruto gross national expenditure.
gasto necesario necessary expense.
gasto no controlable noncontrollable expense.
gasto no deducible nondeductible expense.
gasto no recurrente nonrecurring expense.
gasto no reembolsable nonrefundable expense.
gasto no repetitivo nonrecurring expense.
gasto periódico periodic expense.
gasto por financiamiento finance expense.
gasto presupuestario budget expenditure.
gasto razonable reasonable expense.
gasto real real expense, actual expense, real expenditure, actual expenditure.
gasto recurrente recurring expense.
gasto trimestral quarterly expense.
gasto único one-time expense.
gastos *m* expenses, expenditures, charges, costs.
gastos a repartir undistributed expenses.
gastos accesorios accessory expenses, accessory expenditures.
gastos acordados agreed-upon expenses, agreed-upon expenditures.
gastos acostumbrados customary expenses, customary expenditures.
gastos acumulados accrued expenses, accrued expenditures.
gastos adicionales additional expenses.
gastos administrados managed expenses, managed expenditures.
gastos administrativos administrative expenses.
gastos administrativos generales general administrative expenses.
gastos aduanales customs expenses.
gastos anticipados anticipated expenses.
gastos anuales annual expenses.
gastos autorizados authorized expenses.
gastos bancarios bank expenses.
gastos calculados calculated expenses, calculated expenditures.

gastos comerciales commercial expenses, commercial expenditures.
gastos compensatorios compensating expenses.
gastos compulsorios compulsory expenses, compulsory expenditures.
gastos comunes ordinary expenses, ordinary expenditures.
gastos constantes constant expenses.
gastos contingentes contingent costs.
gastos contractuales contractual expenses, contractual expenditures.
gastos contratados contracted expenses, contractual expenditures.
gastos controlables controllable expenses.
gastos controlados controlled expenses, controlled expenditures.
gastos convenidos agreed-upon expenses, agreed-upon expenditures.
gastos corporativos corporate expenses, corporate expenditures, corporate spending.
gastos crecientes increasing expenses.
gastos cubiertos covered expenses.
gastos de administración administration expenses.
gastos de adquisición acquisition expenses.
gastos de aduanas customs expenses.
gastos de agencia agency expenses.
gastos de amortización amortization expenses.
gastos de bolsillo out-of-pocket expenses.
gastos de capital capital expenses.
gastos de cierre closing costs.
gastos de cobranza costs of collection.
gastos de cobros collection expenses.
gastos de comercio commerce expenses, commerce expenditures.
gastos de comercio electrónico e-commerce expenses, e-commerce expenditures, e-business expenses, e-business expenditures.
gastos de compensación compensating expenses.
gastos de conservación maintenance expenses, conservation expenses.
gastos de constitución organization expenses, incorporation expenses.
gastos de consumo consumer spending, consumer expenditures.
gastos de correo postage expenses.
gastos de depreciación depreciation expenses.
gastos de desarrollo development expenses.
gastos de dirección administration expenses.
gastos de distribución distribution expenses.
gastos de embarque shipping expenses.
gastos de emisión issuance expenses.
gastos de empleo employment expenses.
gastos de entrega delivery expenses.
gastos de envío shipping expenses.
gastos de explotación operating expenses.
gastos de fábrica factory expenses.
gastos de fabricación manufacturing expenses.
gastos de financiación financing expenses.
gastos de financiamiento financing expenses.
gastos de fomento development costs.
gastos de funcionamiento operating expenses.
gastos de funeral funeral expenses.
gastos de fusión merger expenses.
gastos de gerencia management expenses.
gastos de hospitalización hospital expenses.
gastos de iniciación organization expenses.
gastos de inversión investment expenses.
gastos de la deuda debt expenses.

gastos de manipulación handling expenses.
gastos de mantenimiento maintenance expenses.
gastos de manufactura manufacturing expenses.
gastos de manutención living expenses.
gastos de marketing marketing expenses.
gastos de mercadeo marketing expenses.
gastos de negocios business expenses, business expenditures.
gastos de negocios ordinarios ordinary business expenses.
gastos de negocios ordinarios y necesarios ordinary and necessary business expenses.
gastos de oficina office expenses.
gastos de operación operating costs.
gastos de organización organization expenses.
gastos de personal personnel expenses.
gastos de producción production expenses.
gastos de promoción promotion expenses.
gastos de protesto protest charges.
gastos de publicidad advertising expenses, advertising expenditures.
gastos de puro lujo sumptuary expenses.
gastos de rehabilitación rehabilitation expenditures.
gastos de representación representation expenses, entertainment expenses.
gastos de transacción transaction expenses.
gastos de transferencia transfer expenses.
gastos de transporte transportation expenses.
gastos de ventas selling expenses.
gastos de viaje travel expenses.
gastos deducibles deductible expenses.
gastos del consumidor consumer spending, consumer expenditures.
gastos del estado government expenditures, state expenditures.
gastos del gobierno government expenditures.
gastos diferidos deferred expenses.
gastos directos direct expenses.
gastos educativos education expenses.
gastos elegibles eligible expenses.
gastos empresariales business expenses, business expenditures.
gastos en efectivo cash expenses, out-of-pocket expenses.
gastos esenciales essential expenses, essential expenditures.
gastos especificados specified expenses.
gastos esperados expected expenses.
gastos estatales government expenditures, state expenditures.
gastos estimados estimated expenses.
gastos estipulados stipulated expenses, stipulated expenditures.
gastos excepcionales exceptional expenses.
gastos extraordinarios extraordinary expenses.
gastos familiares family expenses.
gastos fijos fixed expenses, fixed charges, overhead.
gastos fijos de fábrica factory overhead.
gastos finales final costs.
gastos financieros finance charges.
gastos forzados forced expenses, forced expenditures.
gastos forzosos forced expenses, forced expenditures.
gastos funerales funeral expenses.
gastos funerarios funeral expenses.
gastos generales overhead, general expenses.
gastos generales comerciales commercial overhead.
gastos generales de fabricación manufacturing overhead.
gastos generales de manufactura manufacturing overhead.
gastos generales directos direct overhead.
gastos generales fijos fixed overhead.
gastos generales indirectos indirect overhead.
gastos generales reducidos reduced overhead.
gastos generales variables variable overhead.
gastos gubernamentales government expenditures.
gastos hospitalarios hospital expenses.
gastos incontrolables uncontrollable expenses.
gastos incurridos incurred expenses.
gastos indirectos indirect costs, indirect expenses.
gastos indirectos de manufactura indirect manufacturing expenses.
gastos indispensables indispensable expenses, indispensable expenditures.
gastos inesperados unexpected expenses.
gastos inevitables unavoidable expenses.
gastos iniciales initial expenses.
gastos médicos medical expenses.
gastos mensuales monthly expenses.
gastos mercantiles commercial expenses, commercial expenditures.
gastos misceláneos miscellaneous expenses.
gastos necesarios necessary expenses, necessary expenditures.
gastos negociados negotiated expenses, negotiated expenditures.
gastos netos net expenses.
gastos no deducibles non-deductible expenses.
gastos no distribuidos undistributed expenses.
gastos normales normal expenses, normal expenditures.
gastos obligados obligatory expenses, obligatory expenditures.
gastos obligatorios obligatory expenses, obligatory expenditures.
gastos operacionales operating expenses.
gastos operativos operating expenses.
gastos operativos generales general operating expenses.
gastos ordinarios ordinary expenses.
gastos ordinarios y necesarios ordinary and necessary expenses.
gastos pactados agreed-upon expenses, agreed-upon expenditures.
gastos pagados expenses paid.
gastos pendientes de pago outstanding expenses.
gastos personales personal expenses.
gastos por deudas incobrables bad debt expenditures, bad debt expenses.
gastos preestablecidos preset expenses, preset expenditures.
gastos preliminares preliminary expenses.
gastos prepagados prepaid expenses, charges prepaid.
gastos presupuestados budgeted expenses.
gastos privados private spending.
gastos profesionales professional expenses, business expenses.
gastos programados programmed expenses.
gastos progresivos progressive expenses.
gastos publicitarios advertising expenses, advertising expenditures.
gastos públicos public spending.
gastos reducidos reduced expenses.

gastos regulares regular expenses, regular expenditures.
gastos requeridos required expenses, required expenditures.
gastos suntuarios sumptuary expenses.
gastos suplementarios supplemental expenses.
gastos típicos typical expenses, typical expenditures.
gastos totales total expenses.
gastos variables variable expenses.
gastos varios miscellaneous expenses, sundry expenses.
GATT *m* GATT.
generación *f* generation.
generación de efectivo generation of cash.
generador *m* generator.
generador de ingreso pasivo passive income generator.
generador de números aleatorios random-number generator.
generalmente aceptado generally accepted.
generar *v* generate.
generar beneficios generate profits.
generar empleos generate jobs.
generar ganancias generate profits.
generar ingresos generate income.
generar trabajos generate jobs.
genérico *adj* generic.
géneros *m* goods, merchandise.
géneros textiles soft goods.
genuino *adj* genuine.
genuino y válido genuine and valid.
geodemográfico *adj* geodemographic.
geografía económica economic geography.
geopolítica *f* geopolitics.
geopolítico *adj* geopolitical.
gerencia *f* management, management office.
gerencia activa active management.
gerencia adaptiva adaptive management.
gerencia bancaria bank management.
gerencia centralizada centralized management.
gerencia científica scientific management.
gerencia clásica classical management.
gerencia comercial business management.
gerencia corporativa corporate management.
gerencia de activos asset management.
gerencia de activos y pasivos asset/liability management.
gerencia de aduanas customs administration.
gerencia de banco bank management, bank administration.
gerencia de bienes inmuebles real estate management, property management.
gerencia de bienes raíces real estate management, property management.
gerencia de caja cash management.
gerencia de capacitación training department.
gerencia de comercialización marketing management.
gerencia de comercio commerce management.
gerencia de comercio electrónico e-commerce management, e-business management.
gerencia de compras purchasing management.
gerencia de comunicaciones communications management.
gerencia de crisis crisis management.
gerencia de cuenta account management.
gerencia de datos data management.
gerencia de departamento department management.

gerencia de distribución distribution management.
gerencia de división division management.
gerencia de efectivo cash management.
gerencia de empresas business administration, business management.
gerencia de entrenamiento training department.
gerencia de fondos money management, funds management, cash management.
gerencia de formación training department.
gerencia de impuestos tax management.
gerencia de inversiones investment management.
gerencia de la cadena de suministros supply-chain management.
gerencia de la calidad quality management.
gerencia de la cartera portfolio administration, money management.
gerencia de la compañía company management.
gerencia de la deuda debt management, debt administration.
gerencia de la herencia estate management.
gerencia de la quiebra management of a bankrupt's estate.
gerencia de la red network management.
gerencia de la sociedad management of a partnership, management of a corporation.
gerencia de línea line management.
gerencia de marca brand management.
gerencia de marketing marketing management.
gerencia de materiales materials management.
gerencia de mercadeo marketing management.
gerencia de mercancías commodities management, merchandise management.
gerencia de negocios business management.
gerencia de oficina office management.
gerencia de operaciones operations management.
gerencia de personal personnel management.
gerencia de plan plan management.
gerencia de producción production management.
gerencia de productos commodities management, products management.
gerencia de programa program management.
gerencia de proyecto project management.
gerencia de recursos resource management.
gerencia de recursos humanos human resources management.
gerencia de recursos naturales natural resources management.
gerencia de registros records management.
gerencia de relaciones con clientes customer relationship management.
gerencia de riesgos risk management.
gerencia de sistemas systems management.
gerencia de tareas task management.
gerencia de tierras land management.
gerencia de ventas sales management.
gerencia del crédito credit management.
gerencia del desempeño performance management.
gerencia del dinero money management, funds management.
gerencia del mercado market management.
gerencia del personal personnel management.
gerencia del proyecto project management.
gerencia departamental departmental management.
gerencia efectiva effective management.
gerencia empresarial business management, enterprise management.
gerencia financiera financial management.

gerencia fiscal fiscal management, tax management, tax planning.
gerencia general general management, general manager's office.
gerencia inmobiliaria property management, real estate management.
gerencia intermedia middle management.
gerencia laboral labor management, labour management.
gerencia monetaria monetary management.
gerencia operativa operating management.
gerencia por objetivos management by objectives.
gerencia presupuestaria budgetary management.
gerencia tributaria tax management.
gerencia vertical vertical management.
gerencial *adj* managerial.
gerente *m* manager.
gerente activo active manager.
gerente adaptivo adaptive manager.
gerente adjunto deputy manager.
gerente administrativo administrative manager.
gerente asociado associate manager.
gerente bancario bank manager.
gerente comercial business manager, commercial manager.
gerente contable accounting manager.
gerente corporativo corporate manager.
gerente de administración administration manager.
gerente de área area manager.
gerente de auditoría audit manager.
gerente de banco bank manager.
gerente de capacitación training manager.
gerente de cobros collections manager.
gerente de comercialización marketing manager.
gerente de comercio commerce manager.
gerente de comercio electrónico e-commerce manager, e-business manager.
gerente de compras purchasing manager.
gerente de comunicaciones communications manager.
gerente de contabilidad accounting manager.
gerente de contratos contract manager.
gerente de crédito credit manager.
gerente de cuentas account manager.
gerente de departamento department manager.
gerente de desarrollo development manager.
gerente de distribución distribution manager.
gerente de distrito district manager.
gerente de división division manager.
gerente de empresa business manager, enterprise manager.
gerente de entrenamiento training manager.
gerente de exportación export manager.
gerente de fábrica factory manager.
gerente de fabricación manufacturing manager.
gerente de finanzas finance manager.
gerente de fondos money manager, funds manager.
gerente de formación training manager.
gerente de importación import manager.
gerente de la compañía company manager.
gerente de la corporación corporate manager.
gerente de la empresa company manager, enterprise manager.
gerente de línea line manager.
gerente de marca brand manager.
gerente de marketing marketing manager.
gerente de mercadeo marketing manager.
gerente de mercancías merchandise manager.

gerente de nuevos productos new products manager.
gerente de oficina office manager.
gerente de operaciones operations manager.
gerente de personal personnel manager.
gerente de planta plant manager.
gerente de producción production manager.
gerente de proyecto project manager.
gerente de publicidad advertising manager.
gerente de reclamaciones claims manager.
gerente de recursos humanos human resources manager.
gerente de relaciones con clientes client relations manager, customer relations manager.
gerente de servicios service manager.
gerente de sistemas systems manager.
gerente de sucursal branch manager.
gerente de turno manager on duty.
gerente de unidad unit manager.
gerente de ventas sales manager.
gerente de zona zone manager.
gerente del producto product manager.
gerente del sindicato syndicate manager.
gerente departamental departmental manager.
gerente ejecutivo executive manager.
gerente empresarial company manager, enterprise manager.
gerente en funciones acting manager.
gerente financiero finance manager.
gerente general general manager.
gerente intermedio middle manager.
gerente mercantil commercial manager.
gerente presupuestario budgeting manager.
gerente propietario owner manager.
gerente regional regional manager, area manager.
gerente técnico technical manager.
gestión *f* action, effort, management, administration, handling, dealing, negotiation.
gestión activa active management.
gestión adaptiva adaptive management.
gestión bancaria bank management.
gestión centralizada centralized management.
gestión científica scientific management.
gestión clásica classical management.
gestión comercial business management.
gestión corporativa corporate management.
gestión de activos asset management.
gestión de activos y pasivos asset/liability management.
gestión de aduanas customs administration.
gestión de banco bank management, bank administration.
gestión de bienes inmuebles real estate management, property management.
gestión de caja cash management.
gestión de capacitación training management.
gestión de comercialización marketing management.
gestión de compras purchasing management.
gestión de comunicaciones communications management.
gestión de crisis crisis management.
gestión de cuenta account management.
gestión de datos data management.
gestión de departamento department management.
gestión de distribución distribution management.
gestión de división division management.
gestión de efectivo cash management.
gestión de empresas business administration,

business management.
gestión de entrenamiento training management.
gestión de fondos money management, funds management, cash management.
gestión de formación training management.
gestión de impuestos tax management.
gestión de inversiones investment management.
gestión de la cadena de suministros supply-chain management.
gestión de la calidad quality management.
gestión de la cartera portfolio administration, money management.
gestión de la cartera de valores portfolio administration, money management.
gestión de la compañía company management.
gestión de la cosa común administration of something owned jointly.
gestión de la deuda debt management, debt administration.
gestión de la herencia estate management.
gestión de la línea line management.
gestión de la quiebra management of a bankrupt's estate.
gestión de la red network management.
gestión de la sociedad management of a partnership, management of a corporation.
gestión de marca brand management.
gestión de marketing marketing management.
gestión de materiales materials management.
gestión de mercadeo marketing management.
gestión de mercancías commodities management, merchandise management.
gestión de negocios business management.
gestión de negocios ajenos handling of another's business affairs without a written contract.
gestión de oficina office management.
gestión de operaciones operations management.
gestión de personal personnel management.
gestión de plan plan management.
gestión de producción production management.
gestión de productos commodities management, products management.
gestión de programa program management.
gestión de proyecto project management.
gestión de recursos resource management.
gestión de recursos humanos human resources management.
gestión de recursos naturales natural resources management.
gestión de registros records management.
gestión de relaciones con clientes customer relationship management.
gestión de riesgos risk management.
gestión de salario salary management.
gestión de sistemas systems management.
gestión de tareas task management.
gestión de tierras land management.
gestión de ventas sales management.
gestión del conocimiento knowledge management.
gestión del crédito credit management.
gestión del desempeño performance management.
gestión del dinero money management.
gestión del mercado market management.
gestión del pasivo liabilities management.
gestión del personal personnel management.
gestión del proyecto project management.
gestión departamental departmental management.
gestión efectiva effective management.

gestión empresarial business management.
gestión financiera financial management.
gestión fiscal fiscal management, tax management, tax planning.
gestión general general management, general manager's office.
gestión inmobiliaria property management.
gestión intermedia middle management.
gestión laboral labor management, labour management.
gestión monetaria monetary management.
gestión operativa operating management.
gestión pasiva passive portfolio management.
gestión por objetivos management by objectives.
gestión presupuestaria budgetary management.
gestión salarial salary management.
gestión tributaria tax management.
gestión vertical vertical management.
gestionar *v* manage, administrate, negotiate, take measures, handle, deal with.
gestionar bienes inmuebles manage real estate.
gestionar cuentas manage accounts.
gestionar datos manage data.
gestionar deudas manage debt.
gestionar dinero manage money.
gestionar el crédito manage credit.
gestionar el marketing manage marketing.
gestionar el mercadeo manage marketing.
gestionar el mercado manage the market.
gestionar el pago demand payment.
gestionar el pasivo manage liabilities.
gestionar el personal manage personnel.
gestionar el programa manage the program.
gestionar el proyecto manage the project.
gestionar empresas manage businesses.
gestionar en nombre de act in the name of.
gestionar fondos manage money, manage funds.
gestionar inversiones manage investments.
gestionar la calidad manage quality.
gestionar la cartera manage the portfolio.
gestionar la compañía manage the company.
gestionar la deuda manage debt.
gestionar la herencia manage the estate.
gestionar la línea manage the line.
gestionar la producción manage production.
gestionar la red manage the network.
gestionar la sociedad manage a partnership, manage a corporation.
gestionar los recursos manage resources.
gestionar los riesgos manage risks.
gestionar operaciones manage operations.
gestionar sistemas manage systems.
gestionar tareas manage tasks.
gestionar tierras manage lands.
gestionar un empréstito arrange a loan.
gestionar una patente apply for a patent.
gestionar ventas manage sales.
gestor *adj* negotiating, promoting, managing, administrating.
gestor *m* negotiator, promoter, manager, administrator, agent.
gestor activo active manager.
gestor adaptivo adaptive manager.
gestor adjunto deputy manager.
gestor administrativo administrative manager.
gestor asociado associate manager.
gestor bancario bank manager.
gestor comercial business manager, commercial manager.
gestor contable accounting manager.

gestor corporativo corporate manager.
gestor de administración administration manager.
gestor de área area manager.
gestor de auditoría audit manager.
gestor de banco bank manager.
gestor de capacitación training manager.
gestor de comercialización marketing manager.
gestor de compras purchasing manager.
gestor de comunicaciones communications manager.
gestor de contabilidad accounting manager.
gestor de contratos contract manager.
gestor de crédito credit manager.
gestor de cuentas account manager.
gestor de departamento department manager.
gestor de desarrollo development manager.
gestor de distribución distribution manager.
gestor de división division manager.
gestor de entrenamiento training manager.
gestor de exportación export manager.
gestor de finanzas finance manager.
gestor de fondos money manager, funds manager.
gestor de formación training manager.
gestor de importación import manager.
gestor de la compañía company manager.
gestor de la corporación corporate manager.
gestor de la empresa company manager, enterprise manager, business manager.
gestor de línea line manager.
gestor de marca brand manager.
gestor de marketing marketing manager.
gestor de mercadeo marketing manager.
gestor de mercancías merchandise manager.
gestor de negocios ajenos handler of another's business affairs without a written contract, one who acts for another without authority.
gestor de nuevos productos new products manager.
gestor de oficina office manager.
gestor de operaciones operations manager.
gestor de personal personnel manager.
gestor de planta plant manager.
gestor de producción production manager.
gestor de publicidad advertising manager.
gestor de reclamaciones claims manager.
gestor de recursos humanos human resources manager.
gestor de relaciones con clientes client relations manager, customer relations manager.
gestor de servicios service manager.
gestor de sistemas systems manager.
gestor de sucursal branch manager.
gestor de turno manager on duty.
gestor de ventas sales manager.
gestor de zona zone manager.
gestor del producto product manager.
gestor del sindicato syndicate manager.
gestor departamental departmental manager.
gestor ejecutivo executive manager.
gestor empresarial company manager, enterprise manager.
gestor en funciones acting manager.
gestor financiero finance manager.
gestor general general manager.
gestor intermedio middle manager.
gestor mercantil commercial manager.
gestor oficioso one who acts for another without authority.
gestor presupuestario budgeting manager.
gestor propietario owner manager.

gestor regional regional manager, area manager.
gestor técnico technical manager.
gestoría f office that handles administrative tasks.
girado adj drawn.
girado m drawee.
girador m drawer, maker.
girante m/f drawer, maker.
girar v draw, write, remit, do business.
girar a cargo de draw against.
girar dinero withdraw cash.
girar en descubierto overdraw.
girar un cheque draw a check, write a check, draw a cheque, write a cheque.
giro m draft, money order, turnover, line of business, turn.
giro a la vista sight draft, demand draft.
giro a plazo time draft.
giro aceptado accepted draft.
giro bancario bank giro, bank money order, bank draft.
giro comercial commercial draft.
giro de capital capital turnover.
giro de cortesía accommodation paper.
giro de cuenta account turnover.
giro de favor accommodation paper.
giro de inventario inventory turnover.
giro de inversiones investment turnover.
giro de mercancías merchandise turnover.
giro documentario documentary draft.
giro en descubierto overdraft.
giro en divisas currency draft.
giro laboral labor turnover, labour turnover.
giro postal money order.
giro postal internacional international money order.
giro simple clean draft.
giro telegráfico wire transfer.
global adj global, blanket, comprehensive.
globalización f globalization.
globalización de la economía mundial globalization of the world economy.
globalizado adj globalized.
globalizar v globalize.
glocalización f glocalization.
gobierno m government.
gobierno a empresas government-to-business.
gobierno a gobierno government-to-government.
gobierno abierto open government.
gobierno central central government.
gobierno centralizado centralized government.
gobierno descentralizado decentralized government.
gobierno electrónico electronic government, e-government.
gobierno en funciones interim government.
gobierno estable stable government.
gobierno federal federal government.
gobierno general general government.
gobierno inestable unstable government.
gobierno municipal municipal government.
gobierno nacional national government.
gobierno regional regional government.
goce m enjoyment, possession.
góndola f gondola.
gozar v enjoy, have possession.
gozar de una renta receive an income.
grabación f recording.
grabación digital digital recording.
grabar v record, tape.
gracia f grace period, favor, gift.

gracioso *adj* gratuitous.
gradación *f* classification, marshaling assets.
grado *m* degree, extent, grade, step.
grado de monopolio degree of monopoly.
grado de riesgo degree of risk.
graduación *f* classification.
graduación de acreedores ordering of creditors' priority.
graduación de créditos marshaling assets.
graduado *adj* graded, graduated.
gradual *adj* gradual.
gradualismo *m* gradualism.
gradualista *adj* gradualist.
gradualista *m/f* gradualist.
gráfico *m* graph, chart, graphic.
gráfico circular pie chart.
gráfico de barras bar graph.
gráfico de control de calidad quality control chart.
gráfico de sectores pie chart.
gráficos comerciales commercial graphics, business graphics.
gran almacén department store.
granel, a in bulk.
granja industrial factory farm.
gratificación *f* gratification, bonus, perquisite.
gratificante *adj* gratifying, rewarding.
gratis *adj* free, gratuitous, gratis.
gratuito *adj* free, gratuitous, gratis.
gravable *adj* taxable, assessable, liable.
gravado *adj* taxed, assessed, encumbered.
gravamen *m* encumbrance, lien, tax.
gravamen bancario banker's lien, bank lien.
gravamen cancelado satisfied lien.
gravamen de aduanas customs duty.
gravamen de valorización special assessment.
gravamen del constructor mechanic's lien.
gravamen del factor factor's lien.
gravamen del timbre stamp tax.
gravamen del transportador carrier's lien.
gravamen del transportista carrier's lien.
gravamen del vendedor vendor's lien.
gravamen equitativo equitable lien.
gravamen específico specific lien.
gravamen fiscal tax.
gravamen fiscal general general tax lien.
gravamen general general lien.
gravamen hipotecario mortgage lien, mortgage.
gravamen involuntario involuntary lien.
gravamen judicial judicial lien.
gravamen liquidado satisfied lien.
gravamen perfeccionado perfected lien.
gravamen por fallo judgment lien.
gravamen por fallo judicial judgment lien.
gravamen previo prior lien.
gravamen subyacente underlying lien.
gravamen sucesorio inheritance tax, estate tax.
gravamen voluntario voluntary lien.
gravámenes concurrentes concurrent liens.
gravar *v* tax, encumber, levy, assess, pledge.
gravar con impuestos burden with taxes.
gremial *adj* pertaining to labor unions, pertaining to guilds.
gremializar *v* unionize.
gremio *m* union, labor union, trade union, guild.
gremio afiliado affiliated union.
gremio independiente independent union.
gremio industrial industrial union.
gremio internacional international union.
gremio local local union.

gremio nacional national union.
gremio no afiliado unaffiliated union.
gremio vertical vertical union.
groupware *m* groupware.
gruesa, a la bottomry.
grupo *m* group, unit.
grupo afiliado affiliated group.
grupo asesor advisory group.
grupo bancario banking group.
grupo consultor consultant group.
grupo controlado controlled group.
grupo corporativo corporate group.
grupo creativo creative group.
grupo de asociación association group.
grupo de auditoría audit group.
grupo de bancos banking group.
grupo de cabilderos lobby.
grupo de compañías group of companies.
grupo de compras purchasing group.
grupo de consumidores consumer group.
grupo de control control group.
grupo de cuentas account group, group of accounts.
grupo de dirección management group.
grupo de edades age group.
grupo de empresas group of enterprises, group of companies.
grupo de fondos fund group.
grupo de ingresos income group, income bracket.
grupo de los 5 group of 5.
grupo de los 7 group of 7.
grupo de los 8 group of 8.
grupo de los 10 group of 10.
grupo de los cinco group of five.
grupo de los diez group of ten.
grupo de los ocho group of eight.
grupo de los siete group of seven.
grupo de marcas brand group.
grupo de presión pressure group, lobby.
grupo de productos product group.
grupo de riesgo risk group.
grupo de trabajo workgroup.
grupo de trabajo ad hoc ad hoc workgroup.
grupo de ventas selling group.
grupo económico conglomerate, economic group.
grupo equilibrado balanced group.
grupo estándar standard group.
grupo ficticio fictitious group.
grupo industrial conglomerate, industrial group.
grupo manipulado manipulated group.
grupo mínimo minimum group.
grupo objeto target group.
grupo paritario peer group.
grupo socioeconómico socioeconomic group.
gubernamental *adj* governmental.
guerra arancelaria tariff war.
guerra comercial trade war.
guerra de clases class war.
guerra de precios price war.
guerra de tarifas tariff war.
guerra de tasas rate war.
guerra de tipos rate war.
guerra económica economic war.
guía *f* guide, waybill, customs permit, directory.
guía *m/f* guide, advisor.
guía administrativa management guide.
guía aérea air bill of lading, air waybill, airbill.
guía de carga waybill.
guía de carga aérea air bill of lading, air waybill, airbill.

guía de depósito warehouse receipt.
guía de embarque ship's bill of lading, bill of
    lading.
guía de exportación export permit, export waybill.
guía de importación import permit.
guía de servicios service guide.
guía de transporte waybill.
gustos del consumidor consumer tastes.

H

haber *m* property, credit, credit side, estate, salary.
haber jubilatorio pension.
haber social corporate capital, partnership's assets.
haberes *m* property, assets, wages.
habiente *adj* possessing.
hábil *adj* competent, skillful.
habilidad *f* ability, skill.
habilidad competitiva competitive ability.
habilidades administrativas management skills.
habilidades interpersonales interpersonal skills.
habilitación *f* authorization, qualification, training,
    profit sharing.
habilitación de bandera authorization for a foreign
    vessel to engage in coastal trade.
habilitado *adj* enabled, authorized, trained.
habilitado *m* employee sharing in the profits,
    representative, official who handles money.
habilitar *v* authorize, share in the profits, enable,
    train, validate.
habilitar los libros affix required revenue stamps
    to the books.
habitabilidad *f* habitability.
habitable *adj* habitable.
hábitos de compras buying habits.
hábitos de consumo consumer habits.
hábitos del comprador buyer's habits.
hábitos del consumidor consumer habits.
habitualmente *adv* habitually.
hablar de negocios talk business.
hacendado *m* landowner.
hacendístico *adj* fiscal.
hacer balance balance.
hacer bancarrota go into bankruptcy.
hacer cesión assign.
hacer dinero make money, earn money.
hacer efectivo cash, collect.
hacer empeño pawn.
hacer hincapié emphasize.
hacer inventario take inventory, inventory.
hacer negocios do business.
hacer pago pay.
hacer partes divide.
hacer protestar protest.
hacer quiebra go into bankruptcy.
hacer un empréstito make a loan.
hacer un pedido place an order.
hacer una oferta make an offer, make a bid.
hacer una transferencia make a transfer.
hacerse garante de become surety for.
hacienda *f* treasury, finance, estate, property, rural
    property, livestock.
Hacienda *f* Internal Revenue Service, Inland
    Revenue, Inland Revenue Office, Exchequer.
hacienda de ganado cattle farm.

hacienda particular private property.
Hacienda Pública treasury, Government Finance,
    public revenues, public funds, public assets.
hacienda social corporate property, partnership's
    property.
hecho a la medida custom-made, made-to-order,
    made-to-measure.
hecho falso false fact.
hecho imponible taxable event.
hechos ocultos concealed facts.
hectárea *f* hectare.
heredad *f* estate, plot, property, rural property.
heredad ajena rural property belonging to another.
heredad cerrada enclosed property.
heredad dominante dominant tenement.
heredad sirviente servient tenement.
heredar *v* inherit.
heredero *m* heir, owner of rural property.
herederos y cesionarios heirs and assigns.
hereditable *adj* inheritable.
hereditario *adj* hereditary.
herencia *f* inheritance, estate, hereditaments.
herramienta de marketing marketing tool.
herramienta de mercadeo marketing tool.
herramienta de ventas sales tool.
heterogéneo *adj* heterogeneous.
heurística *f* heuristics.
heurístico *adj* heuristic.
higiene industrial industrial hygiene.
hilo musical canned music, piped music, muzak.
hiperenlace *m* hyperlink.
hiperinflación *f* hyperinflation.
hipermedia *f* hypermedia.
hipermercado *m* hypermarket, superstore.
hipertexto *m* hypertext.
hipoteca *f* mortgage, hypothecation.
hipoteca a corto plazo short-term mortgage.
hipoteca a la vista demand mortgage.
hipoteca a largo plazo long-term mortgage.
hipoteca abierta open mortgage.
hipoteca ajustable adjustable mortgage.
hipoteca alternativa alternative mortgage.
hipoteca amortizada amortized mortgage.
hipoteca ampliable open mortgage.
hipoteca asegurada insured mortgage.
hipoteca asumible assumable mortgage.
hipoteca autoamortizable self-amortizing
    mortgage.
hipoteca bisemanal biweekly mortgage.
hipoteca cerrada closed-end mortgage, closed
    mortgage.
hipoteca colectiva blanket mortgage.
hipoteca comercial commercial mortgage.
hipoteca con pago final mayor balloon mortgage.
hipoteca con pago único al final bullet mortgage.
hipoteca con tasa de interés variable variable-
    rate mortgage.
hipoteca con tipo de interés variable variable-
    rate mortgage.
hipoteca conforme conforming mortgage.
hipoteca convencional conventional mortgage.
hipoteca convertible convertible mortgage.
hipoteca de ajuste adjustment mortgage.
hipoteca de anualidad invertida reverse annuity
    mortgage.
hipoteca de bienes muebles chattel mortgage.
hipoteca de construcción construction mortgage.
hipoteca de cuenta pignorada pledged account
    mortgage.
hipoteca de hogar home mortgage.

hipoteca de inquilinato leasehold mortgage.
hipoteca de interés fijo fixed-rate mortgage.
hipoteca de pagos constantes constant-payment mortgage.
hipoteca de pagos fijos fixed-payment mortgage.
hipoteca de pagos flexibles flexible-payment mortgage.
hipoteca de pagos parejos level-payment mortgage.
hipoteca de pagos progresivos graduated-payment mortgage.
hipoteca de participación participation mortgage.
hipoteca de quince años fifteen-year mortgage.
hipoteca de reducción directa direct-reduction mortgage.
hipoteca de tasa ajustable adjustable-rate mortgage.
hipoteca de tasa ajustable convertible convertible adjustable-rate mortgage.
hipoteca de tasa constante constant-rate mortgage.
hipoteca de tasa de interés fija fixed-rate mortgage.
hipoteca de tasa fija convencional conventional fixed-rate mortgage.
hipoteca de tasa flexible flexible-rate mortgage.
hipoteca de tasa flotante floating-rate mortgage.
hipoteca de tasa fluctuante fluctuating rate mortgage.
hipoteca de tasa renegociable renegotiable-rate mortgage.
hipoteca de tasa variable variable-rate mortgage.
hipoteca de tipo ajustable adjustable-rate mortgage.
hipoteca de tipo ajustable convertible convertible adjustable-rate mortgage.
hipoteca de tipo constante constant rate mortgage.
hipoteca de tipo de interés fijo fixed-rate mortgage.
hipoteca de tipo fijo convencional conventional fixed-rate mortgage.
hipoteca de tipo flexible flexible-rate mortgage.
hipoteca de tipo flotante floating-rate mortgage.
hipoteca de tipo fluctuante fluctuating rate mortgage.
hipoteca de tipo renegociable renegotiable-rate mortgage.
hipoteca de tipo variable variable-rate mortgage.
hipoteca de treinta años thirty-year mortgage.
hipoteca en primer grado first mortgage.
hipoteca en primer lugar first mortgage.
hipoteca en segundo grado second mortgage.
hipoteca especial special mortgage.
hipoteca fija closed-end mortgage.
hipoteca flexible flexible mortgage.
hipoteca garantizada guaranteed mortgage.
hipoteca general general mortgage.
hipoteca ilimitada unlimited mortgage.
hipoteca indeterminada open-end mortgage.
hipoteca inversa reverse mortgage.
hipoteca legal legal mortgage.
hipoteca marítima maritime mortgage.
hipoteca mercantil commercial mortgage.
hipoteca naval ship mortgage.
hipoteca no amortizada unamortized mortgage.
hipoteca no asegurada uninsured mortgage.
hipoteca permanente permanent mortgage.
hipoteca posterior junior mortgage, second mortgage.

hipoteca preaprobada pre-approved mortgage.
hipoteca precedente prior mortgage, first mortgage.
hipoteca prendaria chattel mortgage.
hipoteca principal first mortgage.
hipoteca residencial residential mortgage.
hipoteca secundaria junior mortgage, second mortgage.
hipoteca subordinada subordinated mortgage.
hipoteca subsidiada subsidized mortgage.
hipoteca subvencionada subsidized mortgage.
hipoteca superior prior mortgage, first mortgage.
hipoteca tácita legal mortgage.
hipoteca voluntaria conventional mortgage.
hipotecable *adj* mortgageable.
hipotecado *adj* mortgaged.
hipotecante *m/f* mortgagor.
hipotecar *v* mortgage, jeopardize.
hipotecario *adj* pertaining to mortgages.
hipotecario *m* mortgagee.
hipotecas consolidadas consolidated mortgages.
hipotecas no consolidadas unconsolidated mortgages.
hipótesis *f* hypothesis.
hipótesis de mercado eficiente efficient market hypothesis.
hipótesis nula null hypothesis.
histograma *m* histogram, bar chart.
historia crediticia credit history.
historia criminal criminal record, criminal history.
historia de crédito credit history.
historia de cuenta account history.
historia de empleo employment history, employment record.
historia financiera financial history.
historial crediticio credit history.
historial criminal criminal record, criminal history.
historial de crédito credit history.
historial de cuenta account history.
historial de empleo employment history, employment record.
historial de inversiones investment history.
historial financiero financial history.
historial médico medical history.
historial personal personal history.
hito *m* landmark, milestone.
hogar *m* homestead, home.
hoja de asistencia time sheet.
hoja de balance balance sheet.
hoja de cálculo spreadsheet.
hoja de confirmación confirmation slip.
hoja de costes cost sheet.
hoja de costos cost sheet.
hoja de crédito credit slip.
hoja de depósito deposit slip.
hoja de embarque consignment note.
hoja de gastos expense sheet.
hoja de orden order sheet, order form.
hoja de pedido order sheet, order form.
hoja de ruta waybill.
hoja de trabajo worksheet.
hoja electrónica spreadsheet, electronic sheet.
hoja electrónica de cálculo spreadsheet.
hoja sellada stamped sheet.
hoja timbrada stamped sheet.
holding *m* holding company.
hombre de negocios businessman.
homo economicus homo economicus, economic man.
homogéneo *adj* homogeneous.

homologación f homologation.
homologar v homologate.
homoscedasticidad f homoscedasticity.
honesto adj honest, decent.
honorario condicional contingent fee.
honorario de agencia agency fee.
honorario de agente agent's fee.
honorario definido fixed fee.
honorario fijo fixed fee.
honorarios m fees, honorariums.
honorarios compartidos shared fees.
honorarios consulares consular fees.
honorarios contingentes contingent fees.
honorarios de los directores directors' fees,
  directors' honorariums.
honorarios profesionales professional fees.
honradez f honesty, decency.
honrado adj honest, decent.
honrar v honor, meet, pay.
hora de apertura opening time.
hora de cierre closing time.
hora de expiración expiration time.
hora de salida departure time.
hora fijada set time.
hora final final time, final hour.
hora-hombre f man-hour.
hora local local time.
hora pico peak time.
hora punta peak time.
horario m schedule.
horario bancario banking hours.
horario compartido shared schedule, shared hours.
horario de apertura opening hours, business hours.
horario de atención business hours, opening
  hours.
horario de entrega delivery time.
horario de oficina office hours, business hours.
horario de recogida pickup time.
horario de trabajo work schedule, working hours.
horario de verano daylight saving time.
horario del mercado market hours.
horario flexible flexitime, flexible hours.
horario laboral work schedule, working hours.
horario regular regular hours, regular schedule.
horas bancarias banking hours.
horas comerciales commercial hours.
horas de atención al público opening hours,
  business hours.
horas de cierre closing hours.
horas de comercio business hours.
horas de oficina office hours, business hours.
horas de trabajo working hours, business hours.
horas de transacciones trading hours.
horas extraordinarias overtime.
horas extras overtime.
horas hábiles working hours.
horas laborables working hours.
horas pico peak hours.
horas punta peak hours.
horticultura f horticulture.
hospital privado private hospital.
hostigamiento m harassment.
hostigamiento sexual sexual harassment.
hostigar v harass.
hostilidad f hostility.
huelga f strike.
huelga autorizada authorized strike.
huelga de brazos caídos sit-down strike, go-slow.
huelga de brazos cruzados sit-down strike, go-
  slow.

huelga de celo work-to-rule, work-to-rule strike.
huelga de protesta protest strike.
huelga de solidaridad sympathy strike.
huelga del comprador buyer's strike.
huelga directa direct strike.
huelga, en on strike.
huelga general general strike.
huelga ilegal illegal strike.
huelga indefinida indefinite strike.
huelga legal legal strike.
huelga no autorizada unauthorized strike.
huelga oficial official strike.
huelga organizada organized strike.
huelga pasiva sit-down strike.
huelga patronal lockout.
huelga política political strike.
huelga relámpago lightning strike.
huelga salvaje wildcat strike.
huelga secundaria secondary strike.
huelguista m/f striker.
huida de capitales capital flight.
hundimiento del mercado market crash.
hurtado adj stolen, robbed.
hurto m larceny.

I

I+D (investigación y desarrollo) research and
  development.
IAE (Impuesto Sobre Actividades Económicas)
  economic activity tax.
IBEX 35 IBEX 35.
IBI (impuesto sobre bienes inmuebles) property
  tax, real estate tax.
idear v think up, design.
identidad f identity.
identidad contable accounting identity.
identidad corporativa corporate identity.
identidad cultural cultural identity.
identificación f identification.
identificación bancaria bank identification.
identificación de bienes identification of goods.
identificación de marca brand identification.
identificación de riesgos risk identification.
identificación específica specific identification.
identificación genérica generic identification.
identificación por radiofrecuencia radio-
  frequency identification, RFID.
identificador del remitente sender identifier,
  shipper identifier.
idoneidad f suitability, competence.
idóneo adj suitable, competent.
ignorancia del consumidor consumer ignorance.
igual adj equal.
igual salario por igual trabajo equal pay for equal
  work.
iguala f retainer, fee, contract for services,
  agreement.
igualación f equalization.
igualación contributiva tax equalization.
igualación fiscal tax equalization.
igualación impositiva tax equalization.
igualación tributaria tax equalization.
igualar v equalize, adjust, agree.
igualdad f equality.

igualdad de condiciones equal conditions.
igualdad de oportunidades equal opportunity.
igualdad de oportunidades de empleo equal employment opportunities.
igualdad de salario equal pay for equal work.
igualdad salarial equal pay for equal work.
igualitario *adj* egalitarian.
igualitario *m* egalitarian.
igualitarismo *m* egalitarianism.
igualmente *adv* equally.
ilegal *adj* illegal.
ilegalmente *adv* illegally.
ilegítimo *adj* illegitimate.
ilícito *adj* illegal.
iliquidez *f* illiquidity.
ilíquido *adj* illiquid, unliquidated.
ilusión del dinero money illusion.
ilusión monetaria monetary illusion.
imagen corporativa corporate image.
imagen de marca brand image.
imagen del producto product image.
imagen fiel true representation.
imagen global global image.
imitación *f* imitation.
imitación de marca imitation of a trademark.
imitación de nombre comercial imitation of a trade name.
imitado *adj* imitated.
imitar *v* imitate.
impacto ambiental environmental impact.
impacto contributivo tax impact.
impacto ecológico ecological impact.
impacto sobre el ambiente impact on the environment.
impagable *adj* unpayable.
impagado *adj* unpaid.
impago *adj* unpaid.
impedimento *m* estoppel.
impedimento por actos propios estoppel.
impedir *v* impede.
impensa *f* expense.
imperfecto *adj* imperfect.
imperialismo *m* imperialism.
imperialista *adj* imperialist.
imperialista *m/f* imperialist.
imperio de comercio commerce empire, business empire.
imperio de comercio electrónico e-commerce empire, e-business empire.
impignorable *adj* that which cannot be pledged.
implantar *v* implant, impose, install, introduce.
implementación *f* implementation.
implementado *adj* implemented.
implementar *v* implement.
implicación *f* implication.
implicación de los empleados employee participation.
implícito *adj* implicit.
imponedor *m* assessor.
imponente *adj* imposing, obligating.
imponente *m* depositor, investor.
imponer *v* impose, tax, obligate, levy, invest, deposit.
imponer condiciones impose conditions.
imponer contribuciones impose taxes, levy taxes.
imponer impuestos impose taxes, levy taxes.
imponer una multa impose a fine.
imponibilidad *f* taxability.
imponible *adj* taxable, assessable, dutiable.
importable *adj* importable.

importación *f* importation, imports.
importación directa direct importing.
importación libre de derechos duty-free importation, duty-free import.
importación temporal temporary importation.
importación temporaria temporary importation.
importación y exportación import-export.
importaciones actuales present imports.
importaciones agrícolas agricultural imports.
importaciones de capital capital imports.
importaciones de petróleo oil imports.
importaciones nacionales national imports.
importaciones netas net imports.
importaciones paralelas parallel imports.
importaciones reales real imports, actual imports.
importaciones totales aggregate imports.
importado *adj* imported.
importador *adj* importing.
importador *m* importer.
importadores cooperativos cooperative importers.
importancia *f* importance.
importante *adj* important.
importar *v* import, matter, to be important.
importe *m* amount, total, price, value.
importe a abonar amount payable, amount due.
importe a cobrar amount receivable.
importe a pagar amount payable, amount due.
importe a riesgo amount at risk.
importe acreditado amount credited.
importe actual present amount.
importe acumulado accumulated amount.
importe adeudado amount owed, amount due.
importe amortizable amortizable amount, depreciable amount.
importe amortizado amortized amount, depreciated amount.
importe aplazado deferred amount.
importe asegurado amount covered, amount insured.
importe base base amount.
importe bruto gross amount.
importe cargado amount charged.
importe cobrado amount collected.
importe compuesto compound amount.
importe constante constant amount.
importe contribuido amount contributed.
importe convenido agreed-upon amount.
importe de crédito amount of credit.
importe de la factura invoice amount.
importe de la pérdida amount of loss.
importe de la reclamación claim amount.
importe de la subvención amount of subsidy.
importe de la transacción transaction amount.
importe debido amount due.
importe declarado stated amount.
importe deducido amount deducted.
importe del daño amount of damage.
importe del subsidio amount of subsidy.
importe depreciado depreciated amount.
importe desembolsado disbursed amount.
importe determinado determined amount.
importe en descubierto overdrawn amount.
importe en exceso excess amount.
importe en riesgo amount at risk.
importe específico specific amount.
importe exento exempt amount.
importe facturado amount invoiced.
importe fijo fixed amount.
importe financiado amount financed.

importe garantizado   guaranteed amount.
importe inicial   initial amount.
importe medio   average amount.
importe mínimo   minimum amount.
importe necesario   necessary amount.
importe neto   net amount.
importe nominal   nominal amount.
importe obligado   obligatory amount.
importe obligatorio   obligatory amount.
importe pagadero   amount to be paid, amount payable.
importe pagado   amount paid.
importe pagado en exceso   amount overpaid.
importe pendiente   amount outstanding.
importe perdido   amount lost.
importe predeterminado   predetermined amount.
importe promedio   average amount.
importe real   actual amount.
importe realizado   amount realized.
importe regular   regular amount.
importe requerido   required amount.
importe residual   residual amount.
importe retenido   amount withheld.
importe transferido   transferred amount.
importe variable   variable amount.
importe vencido   amount overdue.
imposibilidad de pago   impossibility of payment.
imposibilidad práctica   practical impossibility.
imposición *f*   taxation, assessment, imposition, deposit.
imposición a la renta   income tax.
imposición arbitraria   arbitrary taxation.
imposición clasificada   classified taxation.
imposición comercial   business taxation, commercial taxation.
imposición corporativa   corporate taxation.
imposición de impuestos   taxation, assessment of taxes.
imposición de permuta   barter taxation.
imposición del comercio   business taxation, commercial taxation.
imposición del comercio electrónico   e-commerce taxation, e-business taxation.
imposición directa   direct taxation.
imposición discriminatoria   discriminatory taxation.
imposición empresarial   business taxation.
imposición excesiva   excessive taxation.
imposición federal   federal taxation.
imposición fiscal   taxation, national taxation.
imposición indirecta   indirect taxation.
imposición mercantil   commercial taxation.
imposición múltiple   multiple taxation.
imposición progresiva   progressive taxation.
imposición proporcional   proportional taxation.
imposición real   property tax.
imposición regresiva   regressive taxation.
imposición sobre capital   capital tax.
impositivas *f*   taxes.
impositivo *adj*   pertaining to taxation, tax, fiscal.
impostergable *adj*   not postponable.
impreso *adj*   printed.
impresora láser   laser printer.
imprevistos *m*   incidental expenses.
improductivo *adj*   nonproductive.
imprudencia *f*   imprudence, negligence.
imprudencia profesional   malpractice.
imprudente *adj*   imprudent, negligent.
impuesto *adj*   taxed, assessed.
impuesto *m*   tax, assessment.

impuesto a la exportación   export tax.
impuesto a la herencia   inheritance tax.
impuesto a la propiedad   property tax, real estate tax.
impuesto a la renta   income tax.
impuesto a las donaciones   gift tax.
impuesto a las ganancias   income tax, profits tax.
impuesto a las rentas   income tax.
impuesto a las sociedades   corporate tax.
impuesto a las transferencias   transfer tax.
impuesto a las utilidades   income tax.
impuesto a las ventas   sales tax.
impuesto a los bienes inmuebles   property tax, real estate tax.
impuesto a los capitales   capital stock tax, capital tax.
impuesto a los ingresos   income tax.
impuesto a los inmuebles   property tax, real estate tax.
impuesto a los predios   property tax, real estate tax.
impuesto a los réditos   income tax.
impuesto ad valorem   ad valorem tax.
impuesto adelantado   advance tax.
impuesto adicional   surtax, additional tax, additional duty.
impuesto aduanal   customs duty.
impuesto al capital   capital stock tax, capital tax.
impuesto al consumidor   consumer tax.
impuesto al consumo   consumption tax, excise tax.
impuesto al valor agregado   value-added tax.
impuesto al valor añadido   value-added tax.
impuesto ambiental   environmental tax.
impuesto anticipado   advance tax.
impuesto antidumping   antidumping tax, antidumping tariff, antidumping duty.
impuesto arancelario   customs duty.
impuesto base   base tax, basic tax.
impuesto básico   basic tax, base tax.
impuesto compensatorio   compensatory tax.
impuesto complementario   complementary tax, surtax.
impuesto compulsorio   compulsory tax.
impuesto comunitario   community tax.
impuesto corporativo   corporate tax.
impuesto de ausentismo   absentee tax.
impuesto de base amplia   broad-based tax.
impuesto de capitación   capitation tax, poll-tax, head tax.
impuesto de circulación   circulation tax, automobile tax.
impuesto de compensación   compensation tax.
impuesto de consumo   excise tax, consumption tax.
impuesto de derechos reales   tax on real estate transfers.
impuesto de emergencia   emergency tax.
impuesto de estampillado   stamp tax.
impuesto de exportación   export tax.
impuesto de fabricación   manufacturing tax.
impuesto de herencias   inheritance tax.
impuesto de igualación   equalization tax.
impuesto de importación   import tax.
impuesto de inmuebles   property tax, real estate tax.
impuesto de internación   import duty.
impuesto de legado   inheritance tax.
impuesto de lujo   luxury tax.
impuesto de manufactura   manufacturing tax.
impuesto de mejora   special assessment.

impuesto de mercancía commodity tax.
impuesto de no residentes nonresident tax.
impuesto de patrimonio capital tax.
impuesto de plusvalía capital gains tax, added-value tax.
impuesto de privilegio franchise tax.
impuesto de productos commodity tax.
impuesto de retención withholding tax.
impuesto de salida departure tax.
impuesto de seguro social social security tax.
impuesto de sellos stamp tax.
impuesto de sociedades corporate tax.
impuesto de soltería tax on unmarried persons.
impuesto de sucesión inheritance tax.
impuesto de superposición surtax.
impuesto de timbres stamp tax.
impuesto de tonelaje tonnage-duty.
impuesto de transferencia transfer tax.
impuesto de valorización special assessment.
impuesto debido tax due.
impuesto degresivo degressive tax.
impuesto devengado accrued tax.
impuesto diferido deferred tax.
impuesto directo direct tax.
impuesto doble double tax.
impuesto electoral poll-tax.
impuesto en la frontera border tax.
impuesto escalonado graduated tax, progressive tax.
impuesto especial special tax.
impuesto específico specific tax.
impuesto estatal state tax, government tax.
impuesto estimado estimated tax.
impuesto excesivo excessive tax.
impuesto extranjero foreign tax.
impuesto extraordinario surtax.
impuesto federal federal tax.
impuesto fijo fixed tax, flat tax.
impuesto fiscal tax, national tax.
impuesto general general tax.
impuesto gubernamental government tax.
impuesto hereditario inheritance tax.
impuesto hipotecario mortgage tax.
impuesto ilegal illegal tax.
impuesto impago unpaid tax.
impuesto indirecto indirect tax, excise tax.
impuesto individual sobre la renta individual's income tax.
impuesto industrial professional services tax.
impuesto inflacionario inflation tax.
impuesto inmobiliario property tax, real estate tax.
impuesto innecesario unnecessary tax.
impuesto interno internal tax.
impuesto local local tax.
impuesto máximo maximum tax.
impuesto medio average tax.
impuesto mínimo minimum tax.
impuesto mínimo alternativo alternative minimum tax.
impuesto municipal municipal tax.
impuesto nacional national tax.
impuesto necesario necessary tax.
impuesto negativo negative tax.
impuesto negativo sobre la renta negative income tax.
impuesto no deducible nondeductible tax.
impuesto normal tax, normal tax.
impuesto oculto hidden tax.
impuesto opcional optional tax.
impuesto ordinario tax.

impuesto pagado tax paid.
impuesto para previsión social social security tax.
impuesto patrimonial capital tax.
impuesto per cápita per capita tax, poll tax.
impuesto personal personal tax.
impuesto por cabeza per capita tax, poll tax.
impuesto por persona per capita tax, poll tax.
impuesto portuario port charges.
impuesto predial property tax, real estate tax.
impuesto profesional occupational tax.
impuesto progresivo progressive tax.
impuesto proporcional proportional tax.
impuesto público public tax.
impuesto real property tax, real estate tax.
impuesto regresivo regressive tax.
impuesto regular regular tax.
impuesto represivo repressive tax.
impuesto requerido required tax.
impuesto retenido retained tax.
impuesto según el valor ad valorem tax.
Impuesto Sobre Actividades Económicas economic activity tax.
impuesto sobre beneficios profits tax.
impuesto sobre beneficios extraordinarios excess profits tax.
impuesto sobre bienes property tax, real estate tax.
impuesto sobre bienes inmuebles property tax, real estate tax.
impuesto sobre bienes muebles personal property tax.
impuesto sobre bienes raíces real estate tax, property tax.
impuesto sobre bienes y servicios goods and services tax.
impuesto sobre compras purchase tax.
impuesto sobre compraventa sales tax.
impuesto sobre concesiones franchise tax.
impuesto sobre diversiones amusement tax.
impuesto sobre dividendos dividend tax.
impuesto sobre donaciones gift tax.
impuesto sobre el capital capital tax, capital levy.
impuesto sobre el consumo excise tax, consumption tax.
impuesto sobre el ingreso income tax.
impuesto sobre el juego gambling tax.
impuesto sobre el lujo luxury tax.
impuesto sobre el patrimonio property tax, capital tax, net worth tax.
impuesto sobre el patrimonio neto net worth tax.
impuesto sobre el valor agregado value-added tax.
impuesto sobre el valor añadido value-added tax.
impuesto sobre empleo employment tax.
impuesto sobre entradas admissions tax.
impuesto sobre exceso de ganancias excess profits tax.
impuesto sobre franquicias franchise tax.
impuesto sobre ganancias profit tax.
impuesto sobre ganancias a corto plazo short-term gains tax.
impuesto sobre ganancias a largo plazo long-term gains tax.
impuesto sobre ganancias de capital capital gains tax.
impuesto sobre gastos expense tax.
impuesto sobre herencias inheritance tax.
impuesto sobre ingresos income tax.
impuesto sobre ingresos brutos gross receipts

tax.
impuesto sobre ingresos de sociedades corporate income tax.
impuesto sobre ingresos individuales individual's income tax.
impuesto sobre inmuebles property tax, real estate tax.
impuesto sobre la exportación export tax.
impuesto sobre la importación import tax.
impuesto sobre la producción production tax.
impuesto sobre la propiedad property tax, real estate tax.
impuesto sobre la propiedad inmueble real property tax.
impuesto sobre la renta income tax.
impuesto sobre la renta corporativa corporate income tax.
impuesto sobre la renta individual individual's income tax.
impuesto sobre la renta personal individual's income tax.
impuesto sobre la renta progresivo progressive income tax, graduated income tax.
impuesto sobre las importaciones import tax.
impuesto sobre las inversiones investment tax.
impuesto sobre las nóminas payroll tax.
impuesto sobre las sociedades corporate tax.
impuesto sobre las ventas sales tax.
impuesto sobre mercancías commodities tax.
impuesto sobre productos commodities tax.
impuesto sobre riqueza mueble personal property tax.
impuesto sobre salarios salary tax.
impuesto sobre sucesiones inheritance tax.
impuesto sobre sueldos salary tax.
impuesto sobre transacciones de capital capital transactions tax.
impuesto sobre transferencias transfer tax.
impuesto sobre transmisión de bienes transfer tax.
impuesto sobre transmisiones transfer tax.
impuesto sobre ventas al por menor retail sales tax.
impuesto sobre ventas general general sales tax.
impuesto sucesorio inheritance tax.
impuesto suntuario luxury tax.
impuesto suplementario supplemental tax.
impuesto terrestre property tax, real estate tax.
impuesto territorial land tax, property tax.
impuesto típico typical tax.
impuesto único nonrecurrent tax, single tax.
impuestos acumulados accrued taxes.
impuestos acumulativos cumulative taxes.
impuestos aduaneros customs duties.
impuestos atrasados back taxes.
impuestos aumentados increased taxes.
impuestos calculados estimated taxes, calculated taxes.
impuestos cobrados collected taxes.
impuestos combinadas combined taxes.
impuestos comerciales business taxes, commercial taxes.
impuestos corporativos corporate taxes.
impuestos de aduana customs duties.
impuestos de aeropuerto airport taxes.
impuestos de la compañía company taxes.
impuestos de la corporación corporate taxes.
impuestos de la empresa enterprise taxes.
impuestos de negocios business taxes.
impuestos de rentas internas internal revenue

taxes.
impuestos del comercio electrónico e-commerce taxes, e-business taxes.
impuestos diferidos deferred taxes.
impuestos empresariales business taxes, enterprise taxes.
impuestos en mora overdue taxes.
impuestos federales federal taxes.
impuestos ilegales illegal taxes.
impuestos incluidos including taxes, inclusive of taxes.
impuestos locales local taxes.
impuestos mercantiles commercial taxes.
impuestos morosos delinquent taxes.
impuestos nacionales national taxes.
impuestos prepagados prepaid taxes.
impuestos proporcionales proportional taxes.
impuestos prorrateados apportioned taxes.
impuestos retenidos withheld taxes.
impuestos sobre automóviles car taxes.
impuestos sobre autos car taxes.
impuestos sobre carros car taxes.
impuestos sobre coches car taxes.
impuestos sobre ingresos corporativos corporate income tax.
impuestos sobre ingresos federales federal income taxes.
impuestos vencidos overdue taxes.
impugnar v impugn, challenge.
impulsado por el mercado market-driven.
impulso económico economic momentum.
imputable adj imputable, chargeable, allocable.
imputación f imputation, charge, allocation.
imputación del pago debtor's choice of which debt a payment should be credited to.
imputado adj imputed, charged, allocated.
imputar v impute, charge, allocate.
inaceptable adj unacceptable.
inaceptado adj unaccepted.
inactivo adj inactive, idle.
inacumulativo adj noncumulative.
inadecuado adj inadequate.
inajenable adj inalienable.
inalámbrico adj wireless.
inalienabilidad f inalienability.
inalienable adj inalienable.
inamovible adj unremovable, irremovable.
inamovilidad f unremovability, irremovability.
inaplazable adj not postponable.
inaplicabilidad f inapplicability.
inaplicable adj inapplicable.
inapreciable adj invaluable, imperceptible.
inasistente m/f absentee.
inauguración f inauguration, opening.
inaugural adj inaugural.
incaducable adj unforfeitable, not voidable.
incapacidad f incapacity, inability, disability, lack of qualification.
incapacidad a corto plazo short-term disability.
incapacidad a largo plazo long-term disability.
incapacidad absoluta total disability.
incapacidad absoluta permanente permanent total disability.
incapacidad absoluta temporal temporary total disability.
incapacidad definitiva permanent disability.
incapacidad física physical disability.
incapacidad laboral work disability.
incapacidad laboral transitoria temporary work disability.

incapacidad mental mental disability.
incapacidad no ocupacional non-occupational disability.
incapacidad para contratar lack of capacity to contract.
incapacidad para pagar inability to pay.
incapacidad para trabajar work disability, inability to work.
incapacidad parcial partial disability.
incapacidad parcial permanente permanent partial disability.
incapacidad permanente permanent disability.
incapacidad permanente total permanent total disability.
incapacidad perpetua permanent disability.
incapacidad personal personal disability.
incapacidad presunta presumptive disability.
incapacidad provisional temporary disability.
incapacidad recurrente recurrent disability.
incapacidad relativa partial disability.
incapacidad residual residual disability.
incapacidad temporal temporary disability.
incapacidad temporaria temporary disability.
incapacidad temporaria total temporary total disability.
incapacidad total total disability.
incapacidad total permanente permanent total disability.
incapacidad total temporal temporary total disability.
incapacidad transitoria transitory disability.
incapacitado *adj* incapacitated, disabled, unqualified.
incapacitar *v* incapacitate, disable.
incapacitarse *v* become disabled.
incapaz *adj* incapable, not qualified.
incautación *f* attachment, seizure, impoundment, expropriation, confiscation.
incautar *v* attach, seize, impound, expropriate, confiscate.
incendio intencional arson.
incendio provocado arson.
incentivación *f* incentivation, creation of incentives.
incentivo *m* incentive.
incentivo contributivo tax incentive.
incentivo de ventas sales incentive.
incentivo económico economic incentive.
incentivo financiero financial incentive.
incentivo fiscal tax incentive.
incentivo impositivo tax incentive.
incentivo no financiero nonfinancial incentive.
incentivo salarial wage incentive.
incentivo tributario tax incentive.
incentivos de producción production incentives.
incentivos para la exportación export incentives.
incentivos para la inversión investment incentives.
incentivos por bonificaciones bonus incentives.
incertidumbre financiera financial uncertainty.
incesible *adj* inalienable.
incidencia *f* incidence.
incidencia contributiva incidence of taxation.
incidencia de contribuciones incidence of taxation.
incidencia de impuestos incidence of taxation.
incidencia impositiva incidence of taxation.
incidencia tributaria incidence of taxation.
incidental *adj* incidental.
incidentalmente *adv* incidentally.

incidente *m* incident.
incierto *adj* uncertain, untrue.
inciso *m* paragraph, clause, section.
incluido *adj* included, enclosed, attached.
incluido el IVA value-added tax included.
inclusión por referencia incorporation by reference, annexation by reference.
inclusive *adj* inclusive.
incluso *adj* including.
incluyendo franqueo including postage.
incoación *f* initiation.
incoado *adj* inchoate.
incoar *v* initiate.
incobrable *adj* uncollectible.
incomerciable *adj* unmarketable.
incompatible *adj* incompatible.
incompetencia *f* incompetence.
incompetente *adj* incompetent.
incompleto *adj* incomplete.
incondicionado *adj* unconditional.
incondicional *adj* unconditional, absolute.
incondicionalmente *adv* unconditionally, absolutely.
inconducente *adj* useless.
inconfirmado *adj* unconfirmed.
inconsistente *adj* inconsistent.
incontestabilidad *f* incontestability.
incontestable *adj* incontestable.
incontinuo *adj* discontinuous.
incontrolable *adj* uncontrollable.
inconveniente *adj* inconvenient, unsuitable.
inconveniente *m* inconvenience, drawback, objection.
inconvertible *adj* inconvertible.
incorporable *adj* that which can be incorporated.
incorporación *f* incorporation, joining.
incorporación por referencia incorporation by reference, annexation by reference, adoption by reference.
incorporado *adj* incorporated, joined, built-in.
incorporado a built-in.
incorporal *adj* incorporeal.
incorporar *v* incorporate, join.
incorporarse *v* incorporate, join.
incorpóreo *adj* incorporeal.
incosteable *adj* that which is too expensive.
Incoterms *m* Incoterms.
incremental *adj* incremental.
incrementar *v* increment, increase.
incremento *m* increment, increase.
incremento arancelario tariff increase.
incremento de capital capital increase.
incremento de dividendo increase of dividend.
incremento de la productividad increase in productivity.
incremento de los costes increase in costs.
incremento de los costos increase in costs.
incremento de los ingresos increase in earnings.
incremento de patrimonio increase in wealth, increase in net assets.
incremento de precio price increase.
incremento de reserva reserve increase.
incremento de salario salary increase, wage increase.
incremento de sueldo salary increase.
incremento de tarifa tariff increase.
incremento de tasa rate increase.
incremento de tasa de interés interest rate increase.
incremento de tipo rate increase.

incremento de tipo de interés interest rate increase.
incremento del crédito credit increase.
incremento del rendimiento yield increase.
incremento del riesgo risk increase.
incremento del valor value increase.
incremento general general increase.
incremento impositivo tax increase.
incremento lineal linear increase.
incremento neto net increase.
incremento proporcional proportional increase.
incremento salarial salary increase, wage increase.
incremento tributario tax increase.
incumplimiento *m* breach, nonfulfillment, noncompliance, default.
incumplimiento con anticipación anticipatory breach of contract.
incumplimiento cruzado cross default.
incumplimiento de condición breach of condition.
incumplimiento de contrato breach of contract.
incumplimiento de deberes breach of duty.
incumplimiento de garantía breach of warranty.
incumplimiento de pago default of payment.
incumplimiento de pago de prima premium default.
incumplimiento de promesa breach of promise.
incumplimiento de representación breach of representation.
incumplimiento en el pago de contribuciones failure to pay taxes.
incumplimiento en el pago de impuestos failure to pay taxes.
incumplimiento parcial partial breach.
incumplimiento reiterado de contrato continuing breach of contract.
incumplimiento total total breach.
incumplir *v* breach, fail to comply, default.
incuria *f* negligence.
incurrido *adj* incurred.
incurrir *v* incur.
incurrir en gastos incur expenses.
incurrir en mora to be late in a payment, to become delinquent on a loan.
incurrir en pérdidas incur losses.
incurrir en responsabilidad to become responsible.
incurrir en una deuda incur a debt.
incurrir en una multa to be subject to a fine.
incurso *adj* liable.
indagación de crédito credit inquiry.
indecisión *f* indecision.
indefinido *adj* undefined.
indelegable *adj* unable to be delegated.
indemnidad *f* indemnity.
indemnizable *adj* indemnifiable.
indemnización *f* indemnity, indemnification, compensation, benefit, allowance.
indemnización compensatoria compensatory damages.
indemnización de preaviso indemnity for dismissal without advance notice.
indemnización diaria daily indemnity, daily benefit.
indemnización global lump-sum settlement.
indemnización justa fair compensation.
indemnización monetaria monetary indemnity.
indemnización múltiple multiple indemnity.
indemnización obrera workers' compensation.
indemnización por accidente accident benefits.
indemnización por cesantía severance pay.

indemnización por desahucio severance pay.
indemnización por desempleo unemployment benefits.
indemnización por despido severance pay.
indemnización por discapacidad disability indemnity, disability benefit.
indemnización por enfermedad sick benefits.
indemnización por fallecimiento death benefits.
indemnización por falta de preaviso indemnity for dismissal without advance notice.
indemnización por invalidez disability indemnity, disability benefit.
indemnización por muerte death benefits.
indemnización razonable adequate damages.
indemnizado *adj* indemnified, compensated.
indemnizado *m* indemnitee.
indemnizador *adj* indemnitor.
indemnizar *v* indemnify, compensate.
indemnizatorio *adj* indemnifying.
independencia *f* independence.
independencia económica economic independence.
independiente *adj* independent.
indeterminado *adj* indeterminate.
indexación *f* indexation.
indexado *adj* indexed.
indexar *v* index.
indicación *f* indication.
indicación de interés indication of interest.
Indicación Geográfica Protegida Protected Geographical Indication.
indicado *adj* indicated, suitable.
indicador *m* indicator, gage.
indicadores adelantados leading indicators.
indicadores anticipados leading indicators.
indicadores atrasados lagging indicators.
indicadores básicos fundamental indicators.
indicadores coincidentes coincident indicators.
indicadores comerciales business indicators, commercial indicators.
indicadores de comercio business indicators, commercial indicators.
indicadores de comercio electrónico e-commerce indicators, e-business indicators.
indicadores de empresas business indicators.
indicadores de negocios business indicators.
indicadores de pobreza poverty indicators.
indicadores de tendencias bellwethers.
indicadores del mercado market indicators.
indicadores económicos economic indicators.
indicadores económicos coincidentes coincident economic indicators.
indicadores empresariales business indicators.
indicadores mercantiles commercial indicators.
indicadores monetarios monetary indicators.
indicadores retrasados lagging indicators.
índice *m* index, rate, ratio.
índice base base index.
índice bursátil stock index.
Índice CAC 40 CAC 40 Index.
índice combinado composite index.
índice compuesto composite index.
Índice DAX DAX Index.
índice de absentismo absenteeism rate.
índice de acciones index of stocks, stock index.
índice de acciones comunes common stock index.
índice de ausentismo absenteeism rate.
índice de base amplia broad-based index.
índice de cobertura index of coverage.

índice de confianza de los consumidores consumer confidence index.
índice de correlación index of correlation.
índice de coste de fondos cost-of-funds index.
índice de coste de vida cost-of-living index.
índice de costo de fondos cost-of-funds index.
índice de costo de vida cost-of-living index.
índice de crecimiento growth index.
índice de desempleo unemployment index.
índice de desocupación unemployment index.
índice de eficiencia efficiency index.
índice de empleo employment index.
índice de endeudamiento borrowing ratio, leverage ratio.
índice de indicadores adelantados index of leading indicators.
índice de indicadores anticipados index of leading indicators.
índice de inflación inflation index.
índice de Laspeyres Laspeyres index.
índice de liquidez liquidity ratio.
índice de mercado market index.
índice de morosidad delinquency index.
índice de ocupación occupancy rate, employment rate.
índice de precios price index.
índice de precios al consumidor consumer price index.
índice de precios al consumo consumer price index.
Índice de Precios al Consumo Armonizado Harmonized Index of Consumer Prices.
índice de precios al por mayor wholesale price index.
índice de precios al por menor retail price index.
índice de precios de mercancías commodity index, commodity price index.
índice de precios de productores producer price index.
índice de precios de productos commodity index, commodity price index.
índice de precios específicos specific price index.
índice de precios general general price index.
índice de precios mayoristas wholesale price index.
índice de precios minoristas retail price index.
índice de producción production index.
índice de producción industrial industrial production index.
índice de referencia reference index.
índice de rendimiento rate of return.
índice de rentabilidad profitability index.
índice de rotación turnover ratio.
índice de solvencia solvency index.
índice del coste cost index.
índice del coste de vida cost of living index.
índice del costo cost index.
índice del costo de vida cost of living index.
índice del desarrollo de mercado market development index.
índice del mercado de valores stock market index.
Índice Dow Jones Dow Jones Industrial Average.
índice estacional seasonal index.
índice financiero financial index, financial ratio.
índice general general index.
índice inflacionario inflation index.
Índice NASDAQ NASDAQ index.
Índice Nikkei Nikkei index.

índice ponderado weighted index.
Índice S&P S & P Index.
Índice S&P 500 S & P 500 Index.
índice salarial wage index.
índice sectorial sector index.
Índice Standard and Poor's S & P Index.
Índice Standard and Poor's 500 S & P 500 Index.
indigencia *f* indigence.
indigente *adj* indigent.
indigente *m/f* indigent.
indiligencia *f* carelessness, negligence.
indirectamente *adv* indirectly.
indirecto *adj* indirect.
indispensable *adj* indispensable.
indisponible *adj* unavailable.
individual *adj* individual.
individualismo *m* individualism.
individualista *adj* individualist, individualistic.
individualista *m/f* individualist.
individualmente *adv* individually.
individuo *adj* individual, indivisible.
individuo *m* individual.
individuo aprobado approved individual.
indivisibilidad *f* indivisibility.
indivisible *adj* indivisible.
indivisiblemente *adv* indivisibly.
indivisión *f* indivision.
indiviso *adj* undivided.
indización *f* indexing.
indizado *adj* indexed.
indizar *v* index.
indocumentado *adj* undocumented.
inducido *adj* induced.
inducir *v* induce.
inductor *m* inducer.
indultado *adj* pardoned.
indultar *v* pardon, grant amnesty.
indulto *m* pardon, amnesty.
industria *f* industry.
industria aérea air industry.
industria agrícola agricultural industry.
industria agropecuaria agribusiness.
industria alimentaria food industry.
industria alimenticia food industry.
industria automotriz automotive industry.
industria bancaria banking industry.
industria bélica war industry.
industria casera cottage industry.
industria cíclica cyclical industry.
industria clave key industry.
industria con mucha mano de obra labor-intensive industry, labour-intensive industry.
industria de bienes de capital capital goods industry.
industria de costes constantes constant-cost industry.
industria de costes crecientes increasing-cost industry.
industria de costos constantes constant-cost industry.
industria de costos crecientes increasing-cost industry.
industria de la carne meat industry.
industria de la construcción building industry.
industria de seguros insurance industry.
industria de servicios service industry.
industria de servicios financieros financial services industry.
industria de telecomunicaciones telecommunications industry.

industria del ocio leisure industry.
industria del petróleo oil industry, petroleum industry.
industria del plástico plastics industry.
industria electrónica electronics industry.
industria en crecimiento growth industry.
industria en desarrollo growth industry.
industria esencial essential industry.
industria especializada specialized industry.
industria estacional seasonal industry.
industria estratégica strategic industry.
industria exportadora export industry.
industria familiar cottage industry.
industria farmacéutica pharmaceutical industry.
industria financiera financial industry.
industria impactada impacted industry.
industria importadora import industry.
industria intensiva en capital capital-intensive industry.
industria ligera light industry.
industria liviana light industry.
industria local local industry.
industria manufacturera manufacturing industry.
industria militar military industry.
industria naciente infant industry.
industria nacional national industry, domestic industry.
industria naviera shipping industry.
industria pesada heavy industry.
industria pesquera fishing industry.
industria petrolera oil industry, petroleum industry.
industria primaria primary industry.
industria privada private industry.
industria pública public industry.
industria regional regional industry.
industria regulada regulated industry.
industrial *adj* industrial.
industrial *m/f* industrialist.
industrialismo *m* industrialism.
industrialista *adj* industrialist.
industrialista *m/f* industrialist.
industrialización *f* industrialization.
industrializado *adj* industrialized.
industrializar *v* industrialize.
industrias aliadas allied industries.
ineficacia *f* inefficiency.
ineficiencia *f* inefficiency.
ineficiencia económica economic inefficiency.
ineficiencias en el mercado inefficiencies in the market.
ineficiente *adj* inefficient.
inejecución *f* nonperformance.
inelasticidad *f* inelasticity.
inelasticidad de demanda inelasticity of demand.
inelasticidad de oferta inelasticity of supply.
inelasticidad de oferta y demanda inelasticity of supply and demand.
inelasticidad de precios price inelasticity.
inelasticidad de producción inelasticity of production.
inelástico *adj* inelastic.
inelegible *adj* ineligible.
inembargabilidad *f* unattachability.
inembargable *adj* that which can not be attached.
inenajenabilidad *f* inalienability.
inenajenable *adj* inalienable.
inestabilidad *f* instability.
inestable *adj* unstable.
inevitable *adj* unavoidable.

inexactitud *f* inexactitude, inaccuracy.
inexacto *adj* inexact, inaccurate.
inferencia estadística statistical inference.
inferior *adj* inferior.
infirmación *f* invalidation.
infirmar *v* invalidate.
inflación *f* inflation.
inflación abierta open inflation.
inflación administrada managed inflation.
inflación básica core inflation.
inflación cíclica cyclical inflation.
inflación contenida contained inflation.
inflación continua continuous inflation.
inflación controlada controlled inflation.
inflación creciente growing inflation.
inflación de costes cost inflation.
inflación de costos cost inflation.
inflación de demanda demand inflation.
inflación de moneda currency inflation.
inflación de precios price inflation.
inflación de salarios wage inflation, salary inflation.
inflación disfrazada disguised inflation.
inflación estructural structural inflation.
inflación galopante galloping inflation, runaway inflation.
inflación importada imported inflation.
inflación impulsada por costes cost-push inflation.
inflación impulsada por costos cost-push inflation.
inflación impulsada por demanda demand-pull inflation.
inflación interanual year-to-year inflation.
inflación lentamente progresiva creeping inflation.
inflación moderada moderate inflation.
inflación monetaria monetary inflation, currency inflation.
inflación mundial world inflation.
inflación oculta hidden inflation.
inflación subyacente underlying inflation.
inflacionario *adj* inflationary.
inflacionista *adj* inflationist.
inflar *v* inflate.
inflar precios inflate prices.
inflar un cheque raise a check, raise a cheque.
infligir *v* inflict, impose.
infligir una multa impose a fine.
influencia *f* influence.
influenciar *v* influence.
influenciar el comercio influence commerce, influence trade.
influenciar el crecimiento influence growth.
influenciar la demanda influence demand.
influenciar la economía influence the economy.
influenciar la inflación influence inflation.
influenciar las acciones influence shares, influence stock.
influenciar las tasas influence rates.
influenciar las tasas de cambio influence exchange rates.
influenciar los costes influence costs.
influenciar los costos influence costs.
influenciar los fondos influence funds.
influenciar los gastos influence expenses, influence expenditures.
influenciar los precios influence prices.
influenciar los salarios influence wages.
influir *v* influence.

influir el comercio influence commerce, influence trade.
influir el crecimiento influence growth.
influir la demanda influence demand.
influir la economía influence the economy.
influir la inflación influence inflation.
influir las acciones influence shares, influence stock.
influir las tasas influence rates.
influir las tasas de cambio influence exchange rates.
influir los costes influence costs.
influir los costos influence costs.
influir los fondos influence funds.
influir los gastos influence expenses, influence expenditures.
influir los precios influence prices.
influir los salarios influence wages.
influyente *adj* influential.
infonomía *f* Webonomics, Web economics.
información *f* information, investigation, report.
información actualizada up-to-date information, current information.
información asimétrica asymmetric information.
información confidencial confidential information, privileged information.
información de crédito credit report, credit information.
información de trabajo occupational information.
información del cliente client information, customer information.
información despectiva derogatory information.
información falsa false information.
información financiera financial information.
información no pública nonpublic information.
información ocupacional occupational information.
información para los consumidores consumer information.
información personal personal information.
información privilegiada privileged information, confidential information.
información pública public information.
informado *adj* informed, advised.
informal *adj* informal.
informar *v* inform, advise.
informática *f* informatics, computing, information technology.
informativo *adj* informative.
informatización *f* computerization.
informatizado *adj* computerized, computer-based.
informatizar *v* computerize.
informe *m* report, opinion, information.
informe anual annual report.
informe anual a los accionistas annual report to stockholders, annual report to shareholders.
informe bancario bank report.
informe comercial business report, commercial report.
informe completo complete report.
informe confidencial confidential report.
informe consolidado consolidated report.
informe contable accounting report.
informe corporativo corporate report.
informe crediticio credit report.
informe de asesoría advisory report.
informe de auditoría audit report.
informe de caja cash report.
informe de comercio business report, commerce report.

informe de comercio electrónico e-commerce report, e-business report.
informe de contabilidad accounting report.
informe de crédito credit report.
informe de cuenta account report.
informe de cuenta nueva new account report.
informe de cumplimiento compliance report.
informe de excepción exception report.
informe de gastos expense report.
informe de gastos funcional functional reporting of expenses.
informe de gestión management report.
informe de ingresos earnings report.
informe de inspección inspection report.
informe de la compañía company report.
informe de la conferencia conference report.
informe de la directiva directors' report.
informe de la ejecución performance report.
informe de la situación situation report.
informe de mercado market report.
informe de negocios business report.
informe de pérdidas loss report.
informe de préstamos hipotecarios mortgage loan report.
informe de reclamación claim report.
informe de tasación appraisal report.
informe de título title report.
informe de transacción transaction report.
informe del auditor auditor's report.
informe del balance balance sheet report.
informe del contable accountant's report.
informe del contador accountant's report.
informe del rendimiento performance report.
informe diario daily report.
informe empresarial business report, commercial report.
informe especial special report.
informe externo external report.
informe final final report.
informe financiero financial report.
informe interino interim report.
informe intermedio interim report.
informe interno internal report.
informe mensual monthly report.
informe mercantil commercial report.
informe provisional provisional report, interim report.
informe resumido summarized report.
informe semanal weekly report.
informe sobre actividad activity report.
informe trimestral quarterly report.
informes comparativos comparative reports.
infraasegurado *adj* underinsured.
infracción *f* infraction, infringement.
infracción de patente patent infringement.
infracción tributaria tax law violation.
infractor *m* infringer.
infractorio *adj* infringing.
infraestructura *f* infrastructure.
infraseguro *m* underinsurance.
infrautilización *f* underutilization.
infravaloración *f* undervaluation.
infravalorado *adj* undervalued.
infravalorar *v* undervalue.
infringir la ley break the law.
infructuoso *adj* fruitless, useless, unprofitable.
ingeniería administrativa management engineering.
ingeniería agrícola agricultural engineering.
ingeniería de sistemas systems engineering.

ingeniería financiera financial engineering.
ingeniería industrial industrial engineering.
ingeniería informática computer engineering.
ingeniería inversa reverse engineering.
ingresar *v* enter, admit, input, deposit, pay, join.
ingreso *m* income, revenue, entry, admission, deposit, payment.
ingreso acostumbrado customary income.
ingreso activo active income.
ingreso actual actual income, present income.
ingreso acumulativo cumulative income.
ingreso ajustado adjusted income.
ingreso anual annual income.
ingreso básico basic income, base income.
ingreso bruto gross income, gross revenue.
ingreso bruto ajustado adjusted gross income.
ingreso bruto ajustado modificado modified adjusted gross income.
ingreso bruto efectivo effective gross income.
ingreso bruto no gravable nontaxable gross income.
ingreso bruto no imponible nontaxable gross income.
ingreso bruto no tributable nontaxable gross income.
ingreso contable accounting income.
ingreso corporativo corporate income.
ingreso de ajuste adjustment income.
ingreso de inversiones pasivo passive investment income.
ingreso después de contribuciones income after taxes.
ingreso después de impuestos income after taxes.
ingreso devengado earned income.
ingreso diferido deferred income.
ingreso disponible income available.
ingreso doméstico bruto gross domestic income.
ingreso exento de contribuciones tax-exempt income.
ingreso exento de impuestos tax-exempt income.
ingreso fijo fixed income.
ingreso garantizado guaranteed income.
ingreso global comprehensive income, global income.
ingreso gravable taxable income.
ingreso ilegal illegal income.
ingreso imponible taxable income.
ingreso imputado imputed income.
ingreso individual individual income.
ingreso interior bruto gross domestic income.
ingreso libre de contribuciones tax-free income.
ingreso libre de impuestos tax-free income.
ingreso marginal marginal revenue.
ingreso medio average income.
ingreso monetario money income.
ingreso nacional national income.
ingreso nacional bruto gross national income.
ingreso nacional neto net national income.
ingreso nacional real real national income.
ingreso neto net income, bottom line.
ingreso neto ajustado adjusted net income.
ingreso neto objeto target net income.
ingreso neto por acción net income per share.
ingreso no gravable nontaxable income.
ingreso no imponible nontaxable income.
ingreso no tributable nontaxable income.
ingreso nominal nominal income.
ingreso normal normal income.
ingreso objeto target income.

ingreso operativo neto net operating income.
ingreso ordinario ordinary income.
ingreso pasivo passive income.
ingreso per cápita per capita income.
ingreso percibido earned income.
ingreso periódico periodic income.
ingreso personal personal income.
ingreso personal disponible personal disposable income.
ingreso por cabeza income per head.
ingreso por dividendos dividend income.
ingreso preestablecido preset income.
ingreso regular regular income.
ingreso residual residual income.
ingreso semianual semiannual income.
ingreso suplementario supplemental income.
ingreso temporal temporary income.
ingreso típico typical income.
ingreso total total income.
ingreso tras contribuciones income after taxes.
ingreso tras impuestos income after taxes.
ingreso tributable taxable income.
ingreso variable variable income.
ingresos *m* receipts, income, earnings, revenue.
ingresos acostumbrados customary revenue.
ingresos acumulados accrued revenue, accumulated earnings.
ingresos adecuados adequate income.
ingresos administrativos administrative revenues.
ingresos agrícolas farm income.
ingresos antes de contribuciones pretax earnings, pretax income, before-tax earnings, before-tax income.
ingresos antes de impuestos pretax earnings, pretax income, before-tax earnings, before-tax income.
ingresos anticipados anticipated earnings, anticipated income.
ingresos anuales annual earnings.
ingresos asignados allocated income.
ingresos aumentados increased earnings.
ingresos bancarios bank income, bank earnings.
ingresos comerciales business income, business earnings, commercial income, commercial earnings.
ingresos comunitarios community income.
ingresos constantes constant income, constant revenue.
ingresos contributivos tax receipts.
ingresos corporativos corporate income, corporate earnings.
ingresos corregidos corrected earnings.
ingresos corrientes current earnings, current revenues.
ingresos de bono bond income.
ingresos de capital capital income, capital revenues.
ingresos de comercio commerce income, commerce earnings, business income, business earnings.
ingresos de comercio electrónico e-commerce earnings, e-commerce income, e-business earnings, e-business income.
ingresos de empresas business income.
ingresos de explotación operating income.
ingresos de exportación export earnings.
ingresos de jubilación retirement income.
ingresos de la compañía company income, company earnings.
ingresos de la corporación corporate income.

ingresos de la empresa company income, enterprise income.
ingresos de negocios business income, business earnings.
ingresos de operación operating income.
ingresos de reajuste readjustment income.
ingresos de retiro retirement income.
ingresos declarados declared income.
ingresos del estado government revenues, state revenues.
ingresos del gobierno government revenues.
ingresos del trabajo work income, earned income.
ingresos después de tributos after-tax income.
ingresos devengados earned income.
ingresos discrecionales discretionary income.
ingresos disponibles disposable income.
ingresos divididos split income.
ingresos efectivos effective income.
ingresos empresariales business income, business earnings, company income, enterprise income.
ingresos en efectivo cash earnings, cash income.
ingresos estables stable income.
ingresos estatales government revenues, state revenues.
ingresos estatutarios statutory earnings.
ingresos exentos exempt income.
ingresos extranjeros foreign income.
ingresos extraordinarios extraordinary income.
ingresos familiares family income.
ingresos federales federal revenue.
ingresos fijos fixed revenue, fixed income.
ingresos financieros financial income.
ingresos fiscales fiscal revenues, tax revenues.
ingresos futuros future revenue, future income.
ingresos generales general revenue.
ingresos gubernamentales government revenues.
ingresos imponibles taxable income.
ingresos impositivos tax receipts.
ingresos interiores internal revenue.
ingresos laborales occupational earnings.
ingresos mercantiles commercial income, commercial earnings.
ingresos netos net earnings.
ingresos netos de explotación net operating income.
ingresos no distribuidos undistributed earnings.
ingresos normales normal revenue.
ingresos ocupacionales occupational earnings.
ingresos operacionales operational income.
ingresos operativos operating income.
ingresos patrimoniales estate income.
ingresos percibidos earned income.
ingresos permanentes permanent income.
ingresos personales personal earnings.
ingresos personales disponibles disposable personal income.
ingresos por acción earnings per share.
ingresos por actividad pasiva passive activity income.
ingresos por honorarios fee income.
ingresos por intereses interest income.
ingresos por inversiones investment income.
ingresos por pensión alimentaria alimony income.
ingresos por pensión alimenticia alimony income.
ingresos por ventas sales income.
ingresos prepagados prepaid income.
ingresos públicos public revenue.
ingresos reales real earnings, real income, actual income.

ingresos regulares regular revenue, regular earnings.
ingresos retenidos retained income, retained earnings.
ingresos típicos typical revenue, typical earnings.
ingresos totales total income, total revenue, aggregate income.
ingresos tras discapacidad disability income.
ingresos tributarios tax receipts.
ingresos y egresos income and expenditure, ingress and egress.
ingresos y gastos income and expenses, receipts and expenditures.
inhábil *adj* unable, unqualified, non-working.
inhabilidad *f* inability, incompetence, disability.
inhabilidad a corto plazo short-term disability.
inhabilidad a largo plazo long-term disability.
inhabilidad absoluta total disability.
inhabilidad absoluta permanente permanent total disability.
inhabilidad absoluta temporal temporary total disability.
inhabilidad definitiva permanent disability.
inhabilidad física physical disability.
inhabilidad laboral work disability.
inhabilidad laboral transitoria temporary work disability.
inhabilidad mental mental disability.
inhabilidad no ocupacional non-occupational disability.
inhabilidad para trabajar work disability, inability to work.
inhabilidad parcial partial disability.
inhabilidad parcial permanente permanent partial disability.
inhabilidad permanente permanent disability.
inhabilidad permanente total permanent total disability.
inhabilidad perpetua permanent disability.
inhabilidad personal personal disability.
inhabilidad presunta presumptive disability.
inhabilidad provisional temporary disability.
inhabilidad recurrente recurrent disability.
inhabilidad relativa partial disability.
inhabilidad residual residual disability.
inhabilidad temporal temporary disability.
inhabilidad temporaria temporary disability.
inhabilidad temporaria total temporary total disability.
inhabilidad total total disability.
inhabilidad total permanente permanent total disability.
inhabilidad total temporal temporary total disability.
inhabilidad transitoria transitory disability.
inhabilitación *f* disablement, disability, disqualification.
inhabilitación a corto plazo short-term disability.
inhabilitación a largo plazo long-term disability.
inhabilitación absoluta total disability.
inhabilitación absoluta permanente permanent total disability.
inhabilitación absoluta temporal temporary total disability.
inhabilitación definitiva permanent disability.
inhabilitación física physical disability.
inhabilitación laboral work disability.
inhabilitación laboral transitoria temporary work disability.

inhabilitación mental mental disability.
inhabilitación no ocupacional non-occupational disability.
inhabilitación para trabajar work disability, inability to work.
inhabilitación parcial partial disability.
inhabilitación parcial permanente permanent partial disability.
inhabilitación permanente permanent disability.
inhabilitación permanente total permanent total disability.
inhabilitación perpetua permanent disability.
inhabilitación personal personal disability.
inhabilitación presunta presumptive disability.
inhabilitación provisional temporary disability.
inhabilitación recurrente recurrent disability.
inhabilitación relativa partial disability.
inhabilitación residual residual disability.
inhabilitación temporal temporary disability.
inhabilitación temporaria temporary disability.
inhabilitación temporaria total temporary total disability.
inhabilitación total total disability.
inhabilitación total permanente permanent total disability.
inhabilitación total temporal temporary total disability.
inhabilitación transitoria transitory disability.
inhabitable *adj* uninhabitable.
inhabitado *adj* uninhabited.
inherente *adj* inherent.
inherentemente peligroso inherently dangerous.
inicial *adj* initial, starting.
iniciar *v* initiate, start, enter.
iniciar las negociaciones enter negotiations.
iniciativa *f* initiative.
iniciativa conjunta joint initiative.
iniciativa privada private enterprise.
inicio *m* beginning, commencement.
inicio de la cobertura commencement of coverage.
inicio de la cobertura del seguro commencement of insurance coverage.
inicio del año beginning of the year.
inicio del ejercicio beginning of the year.
inicio del mes beginning of the month.
inicio del período beginning of the period.
inicio del seguro commencement of insurance.
ininterrumpido *adj* uninterrupted.
injusto *adj* unjust, unfair.
inmaterial *adj* immaterial.
inmediato *adj* immediate.
inmemorial *adj* immemorial.
inmigración *f* immigration.
inmigrante *adj* immigrant.
inmigrante *m/f* immigrant.
inminente *adj* imminent.
inmobiliaria *f* real estate agency, real estate firm, real estate company.
inmobiliario *adj* real-estate, property.
inmoral *adj* immoral.
inmoralidad *f* immorality.
inmovilismo *m* resistance to change, ultraconservatism.
inmovilista *adj* resistant to change, ultraconservative.
inmovilizado *adj* immobilized, frozen.
inmovilizado *m* fixed assets.
inmovilizado inmaterial intangible fixed assets.
inmovilizado material tangible fixed assets.
inmovilizar *v* immobilize, freeze.

inmovilizar activos freeze assets.
inmovilizar capital freeze capital.
inmovilizar crédito freeze credit.
inmovilizar fondos freeze funds.
inmovilizar salarios freeze salaries.
inmueble *m* property, real estate, building.
inmueble abandonado abandoned property.
inmueble adyacente adjacent property.
inmueble alquilado rented property, leased property.
inmueble amortizable depreciable property.
inmueble arrendado leased property, rented property.
inmueble asegurado insured property.
inmueble colindante abutting property.
inmueble comercial commercial property, business property.
inmueble compartido shared property.
inmueble común common property, public property.
inmueble corporativo corporate property.
inmueble cubierto covered property.
inmueble de negocio business property.
inmueble de renta income property.
inmueble de uso común public property.
inmueble de uso privado private property.
inmueble de uso público public property.
inmueble depreciable depreciable property.
inmueble divisible divisible property.
inmueble embargado attached property.
inmueble empresarial business property.
inmueble enajenable alienable property.
inmueble estatal government property, state property.
inmueble excluido excluded property.
inmueble exento exempt property.
inmueble gravado property subject to a lien, taxed property.
inmueble gubernamental government property.
inmueble hipotecable mortgageable property.
inmueble hipotecado mortgaged property.
inmueble indivisible indivisible property.
inmueble industrial industrial property.
inmueble mercantil commercial property.
inmueble mixto mixed property.
inmueble particular private property.
inmueble privado private property.
inmueble público public property.
inmueble residencial residential property.
inmueble rural rural property.
inmueble rústico rural property.
inmueble sin mejoras unimproved property.
inmueble urbano urban property.
inmueble vacante vacant property.
inmune *adj* immune.
inmunidad *f* immunity.
inmunidad fiscal tax exemption.
inmunización *f* immunization.
innegociable *adj* nonnegotiable.
innominado *adj* unnamed.
innovación *f* innovation.
innovación financiera financial innovation.
innovador *adj* innovative.
innovar *v* innovate.
inobservancia *f* nonobservance.
inquilinato *m* tenancy, lease, leasehold.
inquilino *m* tenant, lessee, sharecropper.
insalubridad *f* insalubrity, unsanitariness.
insatisfacción del consumidor consumer dissatisfaction.

insatisfecho *adj* unsatisfied.
inscribible *adj* registrable, recordable.
inscribir *v* register, record.
inscribirse *v* register.
inscripción *f* inscription, registration, recording.
inscripción de buques registration of vessels.
inscripción de hipoteca recording of mortgage.
inscripción de la posesión registration of possession.
inscripción de la traslación de dominio recording of a transfer of ownership.
inscripto *adj* registered, recorded.
inscrito *adj* registered, recorded.
insecuestrable *adj* not attachable.
inseparabilidad *f* inseparability.
inseparable *adj* inseparable.
insistencia *f* insistence, pressuring.
insoluto *adj* unpaid.
insolvencia *f* insolvency, bankruptcy.
insolvencia bancaria bank insolvency.
insolvencia comercial commercial insolvency.
insolvencia culpable negligent bankruptcy.
insolvencia fraudulenta fraudulent bankruptcy.
insolvencia notoria notorious insolvency.
insolvente *adj* insolvent.
inspección *f* inspection, examination, survey.
inspección aduanera customs inspection.
inspección catastral cadastral survey.
inspección de acatamiento compliance inspection.
inspección de aceptación acceptance inspection.
inspección de aduanas customs inspection.
inspección de calidad quality inspection, quality control.
inspección de cumplimiento compliance inspection.
inspección de fábrica factory inspection.
inspección de procesos process inspection.
inspección de seguridad security inspection.
inspección fiscal fiscal inspection, tax inspection.
inspección física physical inspection.
inspección por aduanas inspection by customs.
inspeccionar *v* inspect, examine, survey.
inspector *m* inspector, examiner, surveyor.
inspector aduanero customs inspector.
inspector de aduana customs inspector.
inspector de fábrica factory inspector.
inspector de Hacienda tax inspector.
inspector de hogares home inspector.
inspector de impuestos tax inspector.
inspector de salud health inspector.
inspector de sanidad health inspector.
inspector de trabajo work inspector.
inspector de trabajo y seguridad work and safety inspector.
inspector gubernamental government inspector.
instalación *f* installation, fixture, plant.
instalaciones permanentes permanent fixtures.
instalaciones técnicas technical installations.
instalar *v* install, set up.
instar *v* urge.
instinto para los negocios business sense.
institución *f* institution.
institución absorbente absorbing institution.
institución activa active institution.
institución administrada managed institution.
institución administradora management institution, managing institution.
institución administrativa management institution.

institución adquirida acquired institution.
institución adquiriente acquiring institution.
institución afiliada affiliated institution.
institución agrícola farm institution, farming institution.
institución aliada allied institution.
institución armadora shipping institution.
institución aseguradora insurance company.
institución asociada associated institution.
institución autorizada authorized institution, admitted institution.
institución bancaria banking institution.
institución caritativa charitable institution.
institución centralizada centralized institution.
institución comercial business institution, business concern, commercial concern.
institución competidora competing institution.
institución componente constituent institution.
institución con fines de lucro for-profit institution.
institución constructora construction institution.
institución consultiva consulting institution.
institución consultora consulting institution.
institución contable accounting institution.
institución controlada controlled institution.
institución controladora controlling institution.
institución controlante controlling institution.
institución corporativa corporate institution.
institución de administración administration institution.
institución de ahorro y préstamo savings and loan association.
institución de banca hipotecaria mortgage banking institution.
institución de beneficencia charitable institution.
institución de capitalización institution for capitalization of savings.
institución de cobro collection institution.
institución de comercio business institution, commerce institution.
institución de construcción building institution.
institución de consultores consulting institution.
institución de contabilidad accounting institution.
institución de control controlling institution.
institución de crédito credit institution.
institución de depósito deposit institution.
institución de derecho privado private company.
institución de derecho público public company.
institución de fianzas bonding company.
institución de fideicomiso trust institution, trust company.
institución de inversiones investment institution.
institución de negocios business institution, business concern.
institución de préstamos lending institution, loan institution.
institución de reaseguro reinsurance institution, reinsurance carrier.
institución de seguros insurance institution.
institución de servicio service institution.
institución de telecomunicaciones telecommunications institution.
institución de transporte transport institution.
institución de utilidad pública public service institution.
institución descentralizada decentralized institution.
institución difunta defunct institution.
institución distribuidora distributing institution.
institución disuelta dissolved institution.

institución diversificada diversified institution.
institución doméstica domestic institution.
institución dominante dominant institution.
institución económica economic institution.
institución en funcionamiento going concern.
institución en línea online institution.
institución en marcha going concern.
institución especulativa speculative institution, commercial institution.
institución establecida established institution.
institución estatal government institution, state institution.
institución ética ethical institution.
institución exenta exempt institution.
institución explotadora operating institution.
institución exportadora exporting institution.
institución extranjera alien institution, foreign institution.
institución fiduciaria trust institution, trust company.
institución filial affiliated institution.
institución financiera finance institution.
institución financiera asegurada insured financial institution.
institución financiera no asegurada uninsured financial institution.
institución financiera privada private financial institution.
institución financiera pública public financial institution.
institución fusionada merged institution.
institución global global institution.
institución gubernamental governmental institution.
institución hipotecaria mortgage institution, mortgage company.
institución importadora importing institution.
institución inactiva dormant institution.
institución industrial industrial institution.
institución inmobiliaria real estate institution, property institution.
institución insolvente insolvent institution.
institución integrada integrated institution.
institución internacional international institution.
institución inversionista investment institution.
institución legal legal institution.
institución local local institution.
institución lucrativa lucrative institution, commercial institution.
institución manufacturera manufacturing institution.
institución marítima maritime institution.
institución matriz parent institution.
institución mercantil commercial institution, commercial concern.
institución miembro member institution.
institución mixta mixed institution.
institución monetaria central central monetary institution.
institución multinacional multinational institution.
institución nacional national institution, domestic institution.
institución naviera shipping institution.
institución no afiliada unaffiliated institution.
institución no lucrativa nonprofit institution.
institución no pública nonpublic institution.
institución online online institution.
institución operadora operating institution.
institución política political institution.

institución prestataria borrowing institution.
institución privada private institution.
institución privatizada privatized institution.
institución pública public institution.
institución puesta en marcha business startup.
institución quebrada bankrupt institution.
institución reaseguradora reinsurance institution.
institución registrada registered institution.
institución regulada regulated institution.
institución retenedora holding institution.
institución sin acciones nonstock institution.
institución sin fines de lucro nonprofit institution.
institución sindical labor union.
institución sobreviviente surviving institution.
institución subsidiaria subsidiary institution.
institución tenedora holding institution.
institución transnacional transnational institution.
institucional *adj* institutional.
instituto *m* institution.
instituto de emisión bank of issue.
instituto financiero financial institution.
Instituto Monetario Europeo European Monetary Institute.
instrucción *f* instruction, education, training.
instrucción asistida por computadora computer-aided instruction.
instrucción asistida por ordenador computer-aided instruction.
instrucciones claras clear instructions.
instrucciones de embarque shipping instructions.
instrucciones de empaque packing instructions.
instruir *v* instruct, educate, train.
instrumental *adj* instrumental.
instrumento *m* instrument, document.
instrumento al portador bearer instrument.
instrumento constitutivo articles of incorporation, partnership's agreement.
instrumento de crédito credit instrument.
instrumento de deuda debt instrument.
instrumento de título document of title.
instrumento de venta bill of sale.
instrumento del mercado monetario money market instrument.
instrumento derivado derivative instrument.
instrumento falsificado false instrument.
instrumento financiero financial instrument.
instrumento legal legal instrument.
instrumento negociable negotiable instrument.
instrumento no negociable nonnegotiable instrument.
instrumento por escrito instrument in writing.
instrumento privado private document.
instrumento público public document.
instrumentos de trabajo tools of the trade.
instrumentos financieros a plazo financial futures.
instrumentos negociables commercial paper, negotiable instruments.
insuficiencia *f* insufficiency, shortage.
insuficiencia de activos asset insufficiency.
insuficiencia de personal personnel shortage.
insuficiente *adj* insufficient.
insumo *m* raw material.
intangible *adj* intangible.
integración *f* integration, payment.
integración económica economic integration.
integración horizontal horizontal integration.
integración lateral lateral integration.
integración total total integration.

integración vertical vertical integration.
integración vertical hacia atrás backward vertical integration.
integrado *adj* integrated.
integrantes *m* members, partners.
integrar *v* integrate, pay, reimburse.
integridad *f* integrity.
íntegro *adj* complete.
inteligencia artificial artificial intelligence.
inteligencia comercial business intelligence, commerce intelligence.
inteligencia de comercio business intelligence, commerce intelligence.
inteligencia económica economic intelligence.
inteligencia empresarial business intelligence.
intención *f* intention.
intención de compra purchase intention.
intención de los contratantes intent of the contracting parties.
intención fraudulenta fraudulent intent.
intencionado *adj* intended.
intencional *adj* intentional.
intencionalidad *f* premeditation.
intencionalmente *adv* intentionally.
intensidad *f* intensity.
intensidad de capital capital intensity.
intensidad de utilización de tierras land-use intensity.
intensificar *v* intensify.
intensivo *adj* intensive.
intensivo en capital capital-intensive.
intensivo en trabajo labor-intensive, labour-intensive.
intento de monopolizar attempt to monopolize.
intento fracasado failed attempt, frustrated attempt.
interactividad *f* interactivity.
interactivo *adj* interactive.
interanual *adj* year-to-year.
interbancario *adj* interbank.
intercambiable *adj* interchangeable.
intercambiar *v* interchange, exchange, swap, trade.
intercambio *m* interchange, exchange, swap, trade.
intercambio bilateral bilateral trade.
intercambio comercial commerce, trade, trading.
intercambio de bonos bond swap.
intercambio de crédito credit interchange.
intercambio de deuda debt swap.
intercambio de divisas currency exchange, foreign currency swap.
intercambio de información information exchange.
intercambio de monedas currency swap.
intercambio de tasas de interés interest rate swap.
intercambio de tipos de interés interest rate swap.
intercambio doméstico domestic exchange.
Intercambio Electrónico de Datos Electronic Data Interchange.
intercambio hipotecario mortgage swap.
intercambio involuntario involuntary exchange.
intercambio libre de contribuciones tax-free exchange.
intercambio libre de impuestos tax-free exchange.
intercambio monetario monetary exchange, currency swap.
intercambio no monetario nonmonetary exchange.

intercambio pecuniario pecuniary exchange.
intercambio recíproco reciprocal exchange.
intercambio voluntario voluntary exchange.
intercepción de comunicaciones interception of communications.
interconectado *adj* interconnected.
interconectar *v* interconnect.
interconexión *f* interconnection.
intercontinental *adj* intercontinental.
interdepartamental *adj* interdepartmental.
interdependencia *f* interdependence.
interdependiente *adj* interdependent.
interdicción *f* interdiction, prohibition.
interdicto de obra nueva action against further construction.
interdicto de obra ruinosa action against maintaining a dangerous structure.
interempresarial *adj* intercompany.
interés *m* interest.
interés absoluto absolute interest.
interés anual annual interest.
interés asegurable insurable interest.
interés bancario bank interest.
interés básico basic interest.
interés beneficioso beneficial interest.
interés comercial business interest, commercial interest.
interés compuesto compound interest.
interés común joint interest, common interest.
interés condicional contingent interest.
interés constante constant interest.
interés convencional conventional interest.
interés corporativo corporate interest.
interés corriente current interest.
interés creado vested interest.
interés de bono bond interest.
interés de clase class interest.
interés de demora interest charged for late payment, delinquency interest.
interés de gracia interest charged for late payment, delinquency interest.
interés de mercado market interest rate.
interés de mora interest charged for late payment, delinquency interest.
interés de plaza going interest rate.
interés del crédito credit interest.
interés demorado interest charged for late payment, delinquency interest.
interés deudor debit interest.
interés dominante controlling interest.
interés efectivo effective interest rate.
interés empresarial business interest.
interés fijo fixed interest.
interés financiero financial interest.
interés futuro future interest.
interés garantizado guaranteed interest.
interés hipotecario mortgage interest.
interés ilegal illegal interest.
interés imputado imputed interest.
interés inalienable inalienable interest.
interés indiviso undivided interest.
interés legal legal interest.
interés mayoritario majority interest, majority stake.
interés mercantil commercial interest.
interés minoritario minority interest, minority stake.
interés neto net interest.
interés no asegurable uninsurable interest.
interés nominal nominal interest.

interés ordinario ordinary interest.
interés pagado paid interest.
interés parcial partial interest.
interés percibido earned interest.
interés por mora interest charged for late payment, delinquency interest.
interés predominante majority interest.
interés preestablecido preset interest.
interés preferencial preferential interest.
interés privado private interest.
interés público public interest.
interés real real interest.
interés residual residual interest.
interés reversionario reversionary interest.
interés simple simple interest.
interés social social interest, social good.
interés usurario usury.
interés variable variable interest.
interesado *m* party, interested party, contracting party.
intereses acostumbrados customary interest.
intereses acumulados accrued interest.
intereses anticipados anticipated interest.
intereses anuales constantes constant annual interest.
intereses anuales fijos fixed annual interest.
intereses atrasados belated interest.
intereses bancarios bank interest.
intereses cobrados collected interest.
intereses concurrentes concurrent interests.
intereses conflictivos competing interests, conflicting interests.
intereses de consumo consumer interest.
intereses de empréstito loan interest.
intereses de préstamo loan interest.
intereses devengados earned interest, accrued interest.
intereses diarios daily interest.
intereses diferidos deferred interest.
intereses en exceso excess interest.
intereses exactos exact interest.
intereses explícitos explicit interest.
intereses hipotecarios mortgage interest.
intereses hipotecarios de hogar home mortgage interest.
intereses mensuales monthly interest.
intereses no gravables nontaxable interest.
intereses no imponibles nontaxable interest.
intereses no tributables nontaxable interest.
intereses normales normal interest.
intereses ordinarios ordinary interest.
intereses pagados interest paid.
intereses prepagados prepaid interest.
intereses puros pure interest.
intereses recibidos interest received.
intereses reembolsables refundable interest.
intereses regulares regular interest.
intereses semestrales semiannual interest.
intereses típicos typical interest.
interestatal *adj* interstate.
interfaz *f* interface.
interfaz de usuario user interface.
interferencia *f* interference.
interferencia patronal employer interference.
interferir *v* interfere.
intergubernamental *adj* intergovernmental.
ínterin *adj* interim.
interinamente *adv* provisionally.
interindustrial *adj* interindustry.
interinidad *f* temporariness.

interino *adj* interim, provisional, temporary, acting.
interior *adj* internal, domestic, inland.
interiormente *adv* internally, domestically.
intermediación *f* intermediation.
intermediación de valores securities brokerage.
intermediación en el mercado de valores securities brokerage.
intermediación financiera financial intermediation.
intermediar *v* intermediate, mediate.
intermediario *m* intermediary, middleman, mediator, broker, dealer.
intermediario autorizado authorized dealer.
intermediario financiero financial intermediary.
intermediarios de marketing marketing intermediaries.
intermediarios de mercadeo marketing intermediaries.
intermedio *adj* intermediate.
intermitente *adj* intermittent.
internacional *adj* international.
internacionalismo *m* internationalism.
internacionalización *f* internationalization.
internacionalización económica economic internationalization.
internacionalizar *v* internationalize.
internacionalmente *adv* internationally.
internamente *adv* internally, domestically.
internauta *m/f* netizen.
Internet *m/f* Internet.
Internet móvil mobile Internet.
Internet sin cables wireless Internet.
interno *adj* internal, domestic, in-house.
internuncio *m* envoy.
interpelación *f* interpellation, order to pay a debt, request.
interpelado *m* recipient of an order to pay a debt, recipient of a request.
interpelador *m* interpellator, person who orders the payment of a debt, requester.
interpelante *m/f* interpellator, person who orders the payment of a debt, requester.
interpelar *v* interpellate, order to pay a debt, request.
interperíodo *adj* interperiod.
interpolación *f* interpolation.
interpolar *v* interpolate.
interponer *v* intervene, file, present.
interposición *f* intervention, interference, mediation.
interpósita persona agent, apparent agent.
interpretación *f* interpretation.
interpretación del contrato interpretation of the contract.
interpretación técnica technical interpretation.
interpretación usual usual interpretation.
interpuesta persona agent, intermediary.
interrumpir *v* interrupt.
interrupción *f* interruption.
interrupción comercial business interruption, commerce interruption.
interrupción de comercio business interruption, commerce interruption.
interrupción de comercio electrónico e-commerce interruption, e-business interruption.
interrupción de la carrera career break.
interrupción de negocios business interruption.
interrupción de negocios contingente contingent business interruption.
interrupción del trabajo work interruption, work

stoppage.
interrupción empresarial business interruption.
interrupción en el servicio interruption in service, break in service.
interrupción temporal temporary interruption.
intervalo *m* interval.
intervalo de confianza confidence interval.
intervalo de fluctuación fluctuation interval.
intervalo de ingresos income interval.
intervalo de precios price range.
intervención *f* intervention, audit, participation.
intervención del banco central central bank intervention.
intervención del estado government intervention, state intervention.
intervención del gobierno government intervention.
intervención económica economic intervention.
intervención estatal government intervention, state intervention.
intervención federal federal intervention.
intervención fiscal tax audit.
intervención gubernamental government intervention.
intervención monetaria monetary intervention.
intervenidor *m* intervener, auditor, supervisor.
intervenir *v* intervene, mediate, audit, supervise.
intervenir el pago stop payment.
intervensionismo *m* interventionism.
intervensionista *adj* interventionist.
intervensionista *m/f* interventionist.
interventor *m* intervener, auditor, inspector, supervisor.
intestado *adj* intestate.
intimación de pago demand for payment.
intimación judicial de pago court order to pay.
intimidación *f* intimidation.
intracomunitario *adj* intracommunity.
intradepartamental *adj* intradepartmental.
intraestatal *adj* intrastate.
Intranet *m/f* intranet.
intransferible *adj* nontransferable.
intransmisible *adj* untransmissible.
intraperíodo *adj* intraperiod.
intrasmisible *adj* untransmissible.
intraspasable *adj* nontransferable.
intrínseco *adj* intrinsic.
introducción de datos data input.
introducción del producto product introduction.
introducir progresivamente phase in.
introductorio *adj* introductory.
intrusarse *v* encroach.
inutilizable *adj* unusable.
invalidación *f* invalidation.
invalidado *adj* invalidated.
invalidar *v* invalidate, quash.
invalidez *f* invalidity, disability.
invalidez a corto plazo short-term disability.
invalidez a largo plazo long-term disability.
invalidez absoluta total disability.
invalidez absoluta permanente permanent total disability.
invalidez absoluta temporal temporary total disability.
invalidez definitiva permanent disability.
invalidez física physical disability.
invalidez laboral work disability.
invalidez laboral transitoria temporary work disability.
invalidez mental mental disability.

invalidez no ocupacional non-occupational disability.
invalidez para trabajar work disability, inability to work.
invalidez parcial partial disability.
invalidez parcial permanente permanent partial disability.
invalidez permanente permanent disability.
invalidez permanente total permanent total disability.
invalidez perpetua permanent disability.
invalidez personal personal disability.
invalidez presunta presumptive disability.
invalidez provisional temporary disability.
invalidez recurrente recurrent disability.
invalidez relativa partial disability.
invalidez residual residual disability.
invalidez temporal temporary disability.
invalidez temporaria temporary disability.
invalidez temporaria total temporary total disability.
invalidez total total disability.
invalidez total permanente permanent total disability.
invalidez total temporal temporary total disability.
invalidez transitoria transitory disability.
inválido *adj* invalid.
invariable *adj* fixed, steady, constant.
invención *f* invention.
invendible *adj* unsalable.
inventar *v* invent.
inventariar *v* inventory.
inventario *m* inventory.
inventario abierto open inventory.
inventario acostumbrado customary inventory.
inventario combinado composite inventory.
inventario constante continuous inventory, ongoing inventory.
inventario continuo continuous inventory, ongoing inventory.
inventario de cierre closing inventory.
inventario de existencias stock inventory.
inventario de fabricación manufacturing inventory.
inventario de final de período ending inventory.
inventario de inicio opening inventory.
inventario de manufactura manufacturing inventory.
inventario de materias primas raw materials inventory.
inventario de mercancías merchandise inventory.
inventario de productos terminados finished goods inventory.
inventario de seguridad buffer inventory.
inventario en libros book inventory.
inventario fijo fixed inventory.
inventario final final inventory, end inventory.
inventario físico physical inventory.
inventario inicial beginning inventory.
inventario mínimo minimum inventory.
inventario normal normal inventory.
inventario periódico periodic inventory.
inventario permanente permanent inventory.
inventario perpetuo perpetual inventory.
inventario predeterminado predetermined inventory.
inventario regular regular inventory.
inventario típico typical inventory.
invento *m* invention.
inventor *m* inventor.

inventor original original inventor.
inversamente proporcional inversely proportional.
inversión *f* investment, inversion.
inversión a corto plazo short-term investment.
inversión a largo plazo long-term investment.
inversión a mediano plazo medium-term investment.
inversión a medio plazo medium-term investment.
inversión activa active investment.
inversión agresiva aggressive investment.
inversión amortizable amortizable investment.
inversión autónoma autonomous investment.
inversión autorizada authorized investment.
inversión bruta gross investment.
inversión colectiva collective investment.
inversión comercial business investment, commercial investment.
inversión continua continuing investment.
inversión corporativa corporate investment.
inversión corriente current investment.
inversión cruzada cross-investment.
inversión cubierta covered investment.
inversión de capital capital investment.
inversión de cartera portfolio investment.
inversión de comercio electrónico e-commerce investment, e-business investment.
inversión de fondos investment of funds.
inversión de ingreso fijo fixed-income investment.
inversión del estado government investment, state investment.
inversión del gobierno government investment.
inversión del mercado monetario money market investment.
inversión derivada derivative investment.
inversión deseada desired investment.
inversión directa direct investment.
inversión directa extranjera foreign direct investment.
inversión doméstica domestic investment.
inversión dominante controlling interest.
inversión elegible eligible investment.
inversión empresarial business investment.
inversión en bonos bond investment.
inversión en el extranjero foreign investment.
inversión en negocios business investment.
inversión estatal state investment.
inversión ética ethical investment.
inversión exterior investment abroad.
inversión extranjera foreign investment.
inversión extranjera directa foreign direct investment.
inversión extranjera neta net foreign investment.
inversión financiera financial investment.
inversión gubernamental government investment.
inversión indexada indexed investment.
inversión indizada indexed investment.
inversión inicial initial investment.
inversión internacional international investment.
inversión mercantil commercial investment.
inversión nacional national investment.
inversión nacional bruta gross national investment.
inversión negativa negative investment.
inversión neta net investment.
inversión no autorizada unauthorized investment.
inversión no tributable nontaxable investment.
inversión original original investment.
inversión pasiva passive investment.

inversión permanente permanent investment.
inversión planificada planned investment.
inversión privada private investment.
inversión productiva productive investment.
inversión prudente prudent investment.
inversión pública public investment.
inversión razonable reasonable investment.
inversión real real investment.
inversión realizada realized investment.
inversión regulada regulated investment.
inversión respaldada por hipotecas mortgage-backed investment.
inversión segura defensive investment, safe investment.
inversión temporal temporary investment.
inversión total total investment, aggregate investment.
inversiones inactivas inactive investments.
inversiones negociables marketable investments.
inversiones no negociables nonmarketable investments.
inversiones sin certificado certificateless investments.
inversionista *m/f* investor.
inversionista acreditado accredited investor.
inversionista activo active investor, active trader.
inversionista corporativo corporate investor.
inversionista extranjero foreign investor.
inversionista individual individual investor.
inversionista institucional institutional investor.
inversionista potencial potential investor.
inversionista privado private investor.
inversionista prudente prudent investor.
inversionista público public investor.
inversionista razonable reasonable investor.
inversionistas institucionales institutional investors.
inversor *m* investor.
inversor acreditado accredited investor.
inversor activo active investor, active trader.
inversor corporativo corporate investor.
inversor extranjero foreign investor.
inversor individual individual investor.
inversor institucional institutional investor.
inversor potencial potential investor.
inversor privado private investor.
inversor prudente prudent investor.
inversor público public investor.
inversor razonable reasonable investor.
invertido *adj* invested, inverted.
invertir *v* invest, reverse.
invertir capital invest capital.
invertir dinero invest money.
invertir en propiedades invest in properties.
invertir fondos invest funds.
investidura *f* investiture.
investigación *f* investigation, research.
investigación cualitativa qualitative research.
investigación cuantitativa quantitative research.
investigación de campo field research.
investigación de clientes client research, customer research.
investigación de consumidores consumer research, consumer survey.
investigación de crédito credit investigation.
investigación de marketing marketing research.
investigación de mercadeo marketing research.
investigación de mercado market research.
investigación de operaciones operations research.

investigación de título title search.
investigación de trasfondo background investigation.
investigación económica economic research.
investigación industrial industrial research.
investigación motivacional motivational research.
investigación y desarrollo research and development.
investir *v* vest, confer.
inviolabilidad *f* inviolability.
inviolable *adj* inviolable.
invocar *v* invoke.
involuntario *adj* involuntary.
inyección de capital capital injection.
inyección de dinero injection of money, injection of funds.
inyección de fondos injection of funds, injection of money.
inyectar capital inject capital.
inyectar fondos inject funds.
IPC (índice de precios al consumidor) consumer price index, CPI.
IPC (índice de precios al consumo) consumer price index, CPI.
IPCA (Índice de Precios al Consumo Armonizado) Harmonized Index of Consumer Prices.
IPI (índice de producción industrial) industrial production index.
ir a la bancarrota go into bankruptcy.
ir a la quiebra go into bankruptcy.
irrazonable *adj* unreasonable.
irrecuperable *adj* irrecoverable.
irredimible *adj* irredeemable.
irreemplazable *adj* irreplaceable.
irregular *adj* irregular.
irregularidad *f* irregularity.
irregularidad administrativa administrative irregularity, administration deviation.
irregularidad de administración administration irregularity.
irreivindicable *adj* irrecoverable.
irremplazable *adj* irreplaceable.
irremunerado *adj* unremunerated.
irrenunciable *adj* unrenounceable.
irreparable *adj* irreparable.
irrescindible *adj* unrescindable.
irretroactividad *f* non-retroactivity.
irretroactivo *adj* not retroactive.
irrevisable *adj* not revisable.
irrevocabilidad *f* irrevocability.
irrevocable *adj* irrevocable.
irritable *adj* voidable.
irritar *v* void.
írrito *adj* void.
irrogar gastos incur expenses.
ISO *m* ISO.
isocoste *m* isocost.
isocosto *m* isocost.
ítem *m* item, article.
ítem presupuestario budgetary item.
itemizar *v* itemize.
iteración *f* iteration.
itinerario *m* itinerary.
IVA (impuesto al valor agregado, impuesto sobre el valor añadido) value-added tax.
izquierdismo *m* leftism.
izquierdista *adj* leftist.
izquierdista *m/f* leftist.

J

jefatura *f* headquarters, division, directorship.
jefe *m* boss, chief, head, manager.
jefe activo active manager.
jefe administrativo administrative officer.
jefe asociado associate manager.
jefe comercial commercial manager.
jefe contable chief accountant, accounting chief.
jefe contador chief accountant, accounting chief.
jefe corporativo corporate manager.
jefe de administración administration manager.
jefe de almacén merchandise manager.
jefe de área area manager.
jefe de auditoría audit manager.
jefe de banco bank manager.
jefe de capacitación training manager.
jefe de cobros collections manager.
jefe de compras chief buyer.
jefe de comunicaciones communications manager.
jefe de contabilidad chief accountant, accounting chief.
jefe de contaduría chief accountant, accounting chief.
jefe de contratación chief recruitment officer, recruitment officer.
jefe de crédito credit manager.
jefe de cuentas accounts manager.
jefe de departamento departmental head.
jefe de desarrollo development manager.
jefe de distribución distribution manager.
jefe de distrito district manager.
jefe de división division head.
jefe de entrenamiento training manager.
jefe de equipo team leader.
jefe de estado head of state.
jefe de exportación export manager.
jefe de fábrica factory manager.
jefe de fabricación manufacturing manager.
jefe de familia head of household.
jefe de finanzas finance manager.
jefe de flota fleet manager.
jefe de formación training manager.
jefe de grupo group manager.
jefe de importación import manager.
jefe de información chief information officer.
jefe de la compañía company manager.
jefe de la corporación corporate manager.
jefe de la empresa company manager, enterprise manager.
jefe de línea line manager.
jefe de marca brand manager.
jefe de marketing marketing manager.
jefe de mercadeo marketing manager.
jefe de oficina office manager.
jefe de operaciones chief operating officer.
jefe de personal personnel manager, head of personnel.
jefe de planta plant manager.
jefe de producción production manager.
jefe de proyecto project manager.
jefe de publicidad advertising manager, publicity manager.
jefe de reclamaciones claims manager.
jefe de recursos humanos human resources manager.
jefe de sección chief of section.

jefe de servicio service manager.
jefe de servicio al cliente customer service manager.
jefe de sistemas systems manager.
jefe de sucursal branch manager.
jefe de turno manager on duty.
jefe de unidad head of unit.
jefe de ventas head of sales.
jefe de zona zone manager.
jefe del departamento técnico chief technical officer.
jefe del producto product manager.
jefe del sindicato syndicate manager.
jefe departamental departmental head.
jefe ejecutivo chief executive officer, chief executive.
jefe empresarial company manager, enterprise manager.
jefe en funciones acting manager.
jefe financiero finance manager.
jefe general general manager.
jefe intermedio middle manager.
jefe regional regional manager, area manager.
jefe técnico technical manager.
jerarquía *f* hierarchy.
jerárquico *adj* hierarchical.
jerga *f* jargon.
jingle *m* jingle.
jingle publicitario advertising jingle.
joint venture joint venture.
jornada *f* work period, work shift, work day, day.
jornada completa full-time.
jornada continua continuous shift.
jornada de trabajo work period, work day, work shift.
jornada discontinua split shift.
jornada diurna day shift.
jornada laboral work period, work day, work shift.
jornada nocturna night shift.
jornada parcial part-time.
jornada partida split shift.
jornal *m* daily pay, daily wage, wages.
jornalero *m* day laborer, laborer.
jubilación *f* retirement, pension.
jubilación anticipada early retirement.
jubilación aplazada deferred retirement.
jubilación diferida deferred retirement.
jubilación máxima maximum pension.
jubilación mínima minimum pension.
jubilación obligatoria mandatory retirement.
jubilación por discapacidad disability retirement, disability pension.
jubilación por invalidez disability retirement, disability pension.
jubilación por vejez old-age pension.
jubilación temprana early retirement.
jubilación voluntaria voluntary retirement.
jubilado *adj* retired.
jubilado *m* retiree, pensioner.
jubilar *v* retire, pension.
jubilarse *v* retire, retire with a pension.
jubilatorio *adj* pertaining to retirement.
juego administrativo management game.
juego de bolsa stock market game.
juego limpio fair play.
juegos comerciales business games.
juegos de negocios business games.
juegos del rol role-playing.
juegos empresariales business games.
jugador *m* player, gambler.

jugar a la bolsa stock market speculation.
jugar en bolsa speculate in the stock market.
jugárselo todo risk it all.
juicio *m* trial, litigation, proceeding, judgment, opinion.
juicio civil civil trial.
juicio de apremio suit for debt collection, suit for collection of a judgment.
juicio de árbitros arbitration proceedings
juicio de avenencia arbitration proceedings.
juicio de concurso bankruptcy proceedings.
juicio de consignación action to place money in escrow.
juicio de convocatoria action to have a creditors' meeting.
juicio de convocatoria de acreedores action to have a creditors' meeting.
juicio de desahucio eviction proceedings, dispossess proceedings.
juicio de desalojo eviction proceedings, dispossess proceedings.
juicio de embargo attachment proceedings.
juicio de insolvencia bankruptcy proceedings.
juicio de lanzamiento eviction proceedings, dispossess proceedings.
juicio de mayor cuantía proceeding concerning a large claim.
juicio de menor cuantía proceeding concerning a small claim.
juicio de mensura, deslinde, y amojonamiento action to determine boundaries.
juicio de quiebra bankruptcy proceedings.
juicio de rehabilitación discharge proceedings.
juicio hipotecario foreclosure on a mortgage.
junior *adj* junior.
junta *f* board, meeting, assembly, committee.
junta administradora management board, administrative board.
junta administrativa management board, administrative board.
junta anual annual meeting.
junta anual de accionistas annual shareholders' meeting.
junta arbitral arbitration board.
junta asesora consulting board, advisory board.
junta bancaria bank board.
junta constitutiva organizational meeting.
junta consultiva consulting board.
junta consultora consulting board.
junta de accionistas shareholders' meeting.
junta de acreedores creditors' meeting.
junta de administración administration board, board of management.
junta de apelación de impuestos board of tax appeals.
junta de arbitraje board of arbitration.
junta de aseguradores board of underwriters.
junta de auditoría board of audit.
junta de comercio board of trade.
junta de conciliación conciliation board.
junta de conferencias conference board.
junta de dirección board of governors.
junta de directores board of directors.
junta de fiduciarios board of trustees.
junta de gobernadores board of governors.
junta de gobierno board of governors.
junta de planificación planning board.
junta de planificación económica economic planning board.
junta de retiro pension board.

junta de revisión board of review, board of audit.
junta de síndicos board of trustees.
junta del banco bank board.
junta directiva board of directors, administrative board.
junta especial special meeting.
junta examinadora examining board.
junta extraordinaria special meeting, extraordinary meeting.
junta general general meeting.
junta general anual annual general meeting.
junta general de accionistas shareholders' meeting.
junta general extraordinaria extraordinary general meeting.
junta general ordinaria shareholders' meeting.
junta monetaria monetary board, currency board.
junta ordinaria regular meeting.
junta planificadora planning board.
jurídico-laboral *adj* pertaining to labor law, pertaining to labour law.
jurisdicción *f* jurisdiction, venue.
jurisdicción laboral jurisdiction over matters concerning labor law, jurisdiction over matters concerning labour law.
jurisdicción mercantil jurisdiction over matters concerning commercial law.
juro *m* right to permanent ownership.
just-in-time *m* just-in-time.
justa compensación just compensation.
justicia social social justice.
justificable *adj* justifiable.
justificado *adj* justified.
justificante *adj* justifying.
justificante *m* receipt, written proof.
justificante de pago receipt for payment.
justificar *v* justify.
justipreciación *f* appraisal, estimation.
justipreciador *m* appraiser.
justipreciar *v* appraise, value.
justiprecio *m* appraisal, valuation.
justo a tiempo just-in-time.
justo precio fair price.
justo título just title.
justo valor just value.
juzgado de aduanas custom's court.
juzgado de trabajo labor court, labour court.

K

Kaizen *m* Kaizen.
Kanban *m* Kanban.
keynesianismo *m* Keynesianism.
keynesiano *adj* Keynesian.
kilometraje *m* mileage, allowance per kilometer, distance in kilometers.
kiosco *m* kiosk.

L

labor *f* labor, labour, work.
laborable *adj* workable, working, work.
laboral *adj* labor, labour, working.
laborante *adj* laboring, labouring.
laborar *v* labor, labour, work.
laboratorio *m* laboratory.
laborío *m* labor, labour, work.
laborioso *adj* laborious, hardworking.
laborismo *m* laborism, labourism.
labrar *v* farm, work.
labrar un acta draw up a document.
laguna contributiva tax loophole.
laguna fiscal tax loophole.
laguna impositiva tax loophole.
laguna tributaria tax loophole.
laissez faire laissez-faire, political philosophy of not interfering.
lanchada *f* full load of a vessel.
lanchaje *m* lighterage.
lanzamiento *m* eviction, ouster, launch, launching.
lanzamiento de un nuevo producto launching of a new product.
lanzar *v* evict, oust, launch.
lanzar al mercado market, launch.
lanzar un nuevo producto launch a new product, market a new product.
lanzar un producto launch a new product, market a new product.
lapso *m* lapse.
lapso de espera waiting period.
lapso de tiempo time period.
largo plazo long term.
lastar *v* pay for another.
lasto *m* receipt given to the person who pays for another.
lateral *adj* lateral.
latifundio *m* very large property.
laudar *v* award.
laudo *m* award, decision.
laudo arbitral arbitration award, arbitration decision.
lavado de dinero money laundering.
lavar dinero launder money.
lealtad *f* loyalty.
lealtad al producto product loyalty.
lealtad de clientes client loyalty, customer loyalty.
lealtad de marca brand loyalty.
lealtad del consumidor consumer loyalty.
leasing *m* leasing.
leasing financiero financial leasing.
leasing operativo operational leasing.
lector *m* reader, scanner.
lector de caracteres en relieve embossed character reader.
lector de código de barras bar-code reader, bar-code scanner.
lector de documentos document reader, document scanner.
lector de etiquetas tag scanner, label scanner.
lector de tarjetas card reader, card swipe.
lector digital digital scanner, digital reader.
lector láser laser scanner, laser reader.
lector magnético magnetic scanner, magnetic reader.
lector óptico optical scanner, optical reader.
lector óptico de caracteres optical character

reader.
legado *m* legacy, devise, bequeathment, bequest.
legajo *m* file, bundle of papers.
legal *adj* legal, lawful.
legalidad *f* legality.
legalización *f* legalization, authentication, certification.
legalización de testamento probate.
legalizar *v* legalize, authenticate, certify.
legalmente *adv* legally.
legar *v* bequeath, devise, delegate.
legatario *m* legatee, devisee, beneficiary.
legibilidad *f* legibility.
legible *adj* legible, readable.
legible por máquina machine readable.
legislación *f* legislation.
legislación antidumping antidumping legislation.
legislación antimonopolio antitrust legislation.
legislación del trabajo labor legislation, labour legislation.
legislación económica economic legislation.
legislación fiscal fiscal legislation, tax legislation.
legislación impositiva tax legislation.
legislación laboral labor legislation, labour legislation.
legislación obrera labor legislation, labour legislation.
legislación recíproca reciprocal legislation.
legislación tributaria tax legislation.
legislar *v* legislate.
legislativo *adj* legislative.
legislatura *f* legislature, legislative term.
legitimar *v* legitimize.
legitimidad *f* legitimacy, genuineness.
legítimo *adj* legitimate.
lema *m* slogan.
lema publicitario advertising slogan.
lenguaje corporal body language.
lesión *f* injury, damage.
lesión corporal bodily injury.
lesión de trabajo occupational injury.
lesión en el trabajo injury on the job.
lesión laboral occupational injury.
lesión ocupacional occupational injury.
lesión personal personal injury.
lesión relacionada al empleo job-related injury.
lesión relacionada al trabajo job-related injury.
lesionado *adj* injured.
lesionado *m* injured person.
lesionar *v* injure, damage.
letra *f* draft, bill, letter, handwriting.
letra a cobrar bill receivable.
letra a corto plazo short-term draft, short bill.
letra a día fijo time bill.
letra a la vista demand bill, sight draft.
letra a largo plazo long-term draft, long bill.
letra a pagar bill payable.
letra a plazo time bill.
letra a plazo fijo time bill.
letra a presentación sight draft.
letra a término time bill.
letra abierta open letter of credit, open letter.
letra aceptada accepted draft, accepted bill.
letra al cobro bill for collection.
letra al portador blank bill.
letra avalada guaranteed bill.
letra bancaria bank draft.
letra cambiaria bill of exchange.
letra chica fine print, small print.
letra comercial trade bill, commercial bill.

letra de acomodación accommodation letter.
letra de banco bank draft.
letra de cambio bill of exchange, bill.
letra de cambio a la vista sight draft.
letra de cambio a plazo fijo time bill.
letra de cambio aceptada accepted bill of exchange.
letra de cambio al portador bearer bill of exchange.
letra de cambio comercial commercial bill.
letra de cambio documentada documentary bill of exchange, documentary draft.
letra de cambio documentaria documentary bill of exchange, documentary draft.
letra de cambio doméstica domestic bill of exchange.
letra de cambio domiciliada domiciled bill of exchange.
letra de cambio endosada endorsed bill of exchange.
letra de cambio extranjera foreign bill of exchange.
letra de cambio negociable negotiable bill of exchange.
letra de cambio no domiciliada non-domiciled bill of exchange.
letra de cambio protestada protested bill of exchange.
letra de cambio vencida due draft.
letra de crédito letter of credit, credit bill.
letra de favor accommodation bill.
letra de recambio redraft.
letra de resaca redraft.
letra del tesoro treasury bill.
letra descontable discountable bill.
letra descontada discounted bill.
letra documentaria documentary bill.
letra doméstica domestic bill.
letra domiciliada domiciled draft.
letra en blanco blank bill.
letra financiera finance bill.
letra limpia clean bill of exchange, clean bill.
letra menuda fine print, small print.
letra mercantil commercial bill.
letra muerta dead letter.
letra negociable negotiable bill.
letra no atendida dishonored bill.
letra pequeña fine print, small print.
letra protestada protested bill.
letra rechazada dishonored bill.
letras patentes letters patent.
letrero *m* sign, notice.
levantamiento *m* lifting, raising, survey.
levantamiento de restricciones lifting of restrictions.
levantar *v* lift, raise, boost, adjourn, build.
levantar acta take minutes, put in writing.
levantar capital raise capital.
levantar el embargo lift the embargo, release the attachment.
levantar la sesión adjourn.
levantar un pagaré pay a note.
levantar un protesto prepare a notice of protest.
ley *f* law, statute, act, code.
ley antidumping antidumping law.
ley arancelaria tariff law.
ley cambiaria law pertaining to negotiable instruments.
ley comercial commercial law, commercial statute, commercial code.

ley contributiva tax law.
ley de competencia competition act.
ley de contabilidad accounting law.
Ley de Derechos Civiles Civil Rights Act.
ley de derechos de autor copyright law.
ley de edificación building code.
ley de empleo employment law.
Ley de Finanzas Finance Act.
ley de fraudes statute of frauds.
ley de inmigración immigration law.
ley de la demanda law of demand.
ley de la oferta law of supply.
ley de la probabilidad law of probability.
ley de la proporcionalidad law of proportionality.
ley de los costes crecientes law of increasing costs.
ley de los costos crecientes law of increasing costs.
ley de los números grandes law of large numbers.
ley de los números pequeños law of small numbers.
ley de los rendimientos crecientes law of increasing returns.
ley de los rendimientos decrecientes law of diminishing returns.
ley de oferta y demanda law of supply and demand.
ley de patentes patent law, patent statute.
Ley de Protección Ambiental Environmental Protection Act.
Ley de Protección del Empleo Employment Protection Act.
ley de quiebras bankruptcy law, bankruptcy code.
ley de refrendación countersignature law.
ley de sociedades corporate law, partnership law.
ley del hogar seguro homestead exemption law.
ley del lugar del contrato the law of the place the contract was made.
ley del timbre stamp-tax law.
ley del trabajo labor law, labor statute, labour law, labour statute.
ley fiscal tax law, tax statute.
ley hipotecaria law of mortgages.
ley impositiva tax law, tax statute.
ley internacional international law.
ley laboral labor law, labour law.
ley mercantil commercial law, commercial statute, commercial code.
ley presupuestaria budget law.
ley tributaria tax law, tax statute.
ley uniforme uniform law.
leyes agrarias agrarian laws.
leyes antimonopólicas antitrust laws.
leyes antimonopolio antitrust laws.
leyes bancarias banking laws.
leyes de compañías de inversiones investment company laws.
leyes de crédito justo fair credit acts.
leyes de etiquetado labeling laws.
leyes de impuestos internal revenue laws.
leyes de quiebra bankruptcy laws.
leyes de rentas internas internal revenue laws.
leyes de valores securities laws.
leyes de ventas a granel bulk sales laws.
leyes de zonificación zoning laws.
leyes impositivas tax laws.
leyes laborales labor laws, labour laws.
leyes obreras labor laws, labour laws.
leyes recíprocas reciprocal laws.

leyes sobre competencia justa y razonable fair trade acts.
leyes sobre la propiedad horizontal horizontal property laws.
leyes tributarias tax laws.
leyes uniformes uniform laws.
liberación f liberation, exemption, release.
liberación aduanera customs release.
liberación de aduana customs release.
liberación de gravamen release of lien.
liberado adj liberated, exempt, released, deregulated.
liberador adj liberating, deregulating.
liberal adj liberal.
liberalismo m liberalism.
liberalismo económico economic liberalism.
liberalista adj liberalist.
liberalista m/f liberalist.
liberalización f liberation, deregulation.
liberalizar v liberalize, deregulate.
liberar v free, exempt, issue.
liberar acciones issue stock.
liberar de derechos exempt from duties.
liberar de responsabilidad free from liability.
liberatorio adj releasing, exempting.
libertad f liberty, freedom, right, license.
libertad contractual freedom of contract.
libertad de acción freedom of action.
libertad de competencia free competition.
libertad de contratación freedom of contract.
libertad de contratar freedom of contract.
libertad de elección freedom of choice.
libertad de establecimiento freedom of establishment.
libertad de industria right to work.
libertad de la propiedad right to own property.
libertad de mercado market freedom.
libertad de movimiento freedom of movement.
libertad de pactar freedom of contract.
libertad de precios free-market pricing.
libertad de trabajar right to work.
libertad de trabajo right to work.
libertad económica economic freedom.
libertad industrial right to work.
libertades civiles civil liberties.
libertar v liberate, exempt.
LIBID f LIBID, London Interbank Bid Rate.
LIBOR f LIBOR, London Interbank Offered Rate.
libra esterlina pound sterling.
librado adj drawn.
librado m drawee.
librado alternativo alternative drawee.
librador m drawer.
libramiento m order of payment, draft.
librancista m issuer of an order of payment.
librante m/f drawer.
libranza f order of payment, draft.
librar v liberate, free, draw, issue.
libre adj free, exempt.
libre a bordo free on board.
libre acceso free access.
libre al costado free alongside ship.
libre amortización free depreciation.
libre cambio free trade.
libre circulación de bienes free movement of goods.
libre circulación de capitales free movement of capital.
libre circulación de mano de obra free movement of labor, free movement of labour.

libre circulación de mercancías free movement of goods, free movement of commodities.
libre circulación de productos free movement of goods, free movement of commodities.
libre circulación de trabajadores free movement of labor, free movement of labour.
libre comercio free trade.
libre competencia free competition.
libre de contribuciones tax-free.
libre de derechos duty-free.
libre de deudas free of debts.
libre de gastos free of charges.
libre de gastos a bordo free on board.
libre de gravamen free and clear.
libre de hipotecas mortgage-free.
libre de impuestos tax-free.
libre de impuestos aduaneros free of customs.
libre depreciación free depreciation.
libre economía free economy.
libre empresa free enterprise.
libre movimiento de mano de obra free movement of labor, free movement of labour.
libre movimiento de trabajadores free movement of labor, free movement of labour.
librecambio *m* free trade.
librecambismo *m* free trade.
librecambista *adj* free trading.
librecambista *m/f* free trader.
libreta *f* bank book, notebook, agenda.
libreta de ahorros bank book, bank passbook.
libreta de banco bank book, bank passbook.
libreta de cheques checkbook, chequebook.
libreta de depósitos deposit book.
libreta de direcciones address book.
libreta de facturas invoice book.
libreta de recibos receipt book.
libro *m* book.
libro comercial trade book.
libro contable accounting book.
libro de acciones stock ledger.
libro de accionistas stock ledger.
libro de actas minutes book.
libro de asiento memorandum book, account book.
libro de asiento original book containing the original entry.
libro de balances balance book.
libro de caja cashbook, cash journal.
libro de calificaciones crediticias credit rating book.
libro de cheques checkbook, chequebook.
libro de cobros collection book.
libro de contabilidad account book.
libro de cuenta y razón account book.
libro de cuentas account book.
libro de cupones coupon book.
libro de direcciones address book.
libro de entradas en caja cash receipts journal.
libro de facturas invoice book, bill book.
libro de inventario inventory book.
libro de inventarios y balances inventory and balance book.
libro de letras bill book, bill diary.
libro de minutas minute book.
libro de navegación ship's logbook.
libro de órdenes order book.
libro de pagos al contado cash payment journal.
libro de pedidos order book.
libro de primera entrada book containing the original entry.
libro de recibos receipt book.

libro de ventas sales book.
libro del cajero cashier's book.
libro diario journal.
libro electrónico electronic book, e-book.
libro general general journal.
libro maestro ledger.
libro mayor ledger, bank ledger.
libro mayor auxiliar subsidiary ledger.
libro mayor de costes cost ledger.
libro mayor de costos cost ledger.
libro mayor de ventas sales ledger.
libro mayor general general ledger.
libro talonario stub book.
libros contables books of account, accounting books.
libros corporativos corporate books.
libros de a bordo ship's papers.
libros de comercio corporate books.
libros de contabilidad books of account, accounting books.
libros de la sociedad corporate books.
libros del registro de la propiedad register of real estate, register of deeds.
libros facultativos books not required by law.
libros obligatorios books required by law.
libros y registros contables accounting books and records.
libros y registros de contabilidad accounting books and records.
licencia *f* license, licence, leave of absence.
licencia autorizada authorized leave of absence.
licencia comercial commercial license, commercial licence.
licencia corporativa corporate license, corporate licence.
licencia corriente current license, current licence.
licencia de agente agent license, agent licence.
licencia de alijo unloading permit.
licencia de apertura opening permit.
licencia de comercio commerce license, commerce licence.
licencia de comercio electrónico e-commerce license, e-commerce licence, e-business license, e-business licence.
licencia de construcción building permit.
licencia de exportación export license, export licence.
licencia de fabricación manufacturing license, manufacturing licence, manufacturing rights.
licencia de importación import license, import licence.
licencia de manufactura manufacturing license, manufacturing licence.
licencia de marca brand license, brand licence.
licencia de negocios business license, business licence.
licencia de obras planning permission.
licencia de patente patent license, patent licence.
licencia de venta selling license, selling licence.
licencia empresarial business license, business licence.
licencia en exclusiva exclusive license, exclusive licence.
licencia especial special license, special licence.
licencia exclusiva exclusive license, exclusive licence.
licencia expresa express license, express licence.
licencia fiscal business license, business licence.
licencia gratuita gratuitous license, gratuitous licence.

licencia mercantil commercial license, commercial licence.
licencia necesaria necessary license, necessary licence.
licencia obligada obligatory license, required licence.
licencia obligatoria obligatory license, required licence.
licencia para comercio commerce license, commerce licence.
licencia para edificar building permit.
licencia para operar license to operate, licence to operate.
licencia por maternidad maternity leave.
licencia por paternidad paternity leave.
licencia profesional professional license, professional licence.
licencia requerida required license, required licence.
licenciado *adj* licensed, licenced.
licenciado *m* licentiate, licensee, attorney, graduate.
Licenciado en Administración de Empresas Bachelor of Business Administration, Bachelor of Business Management.
Licenciado en Ciencias Económicas Bachelor of Science in Economics.
Licenciado en Economía Bachelor of Economics
licenciamiento *m* licensing.
licenciamiento automático automatic licensing.
licenciamiento cruzado cross-licensing.
licenciante *m/f* licensor.
licenciarse *v* become licensed, become licenced, graduate.
licenciatario *m* licensee.
licenciatario en exclusiva exclusive licensee.
licenciatario exclusivo exclusive licensee.
licitación *f* bidding, licitation, bid, tender.
licitación abierta open bidding.
licitación colusoria collusive bidding.
licitación competitiva competitive bidding.
licitación publica public bidding.
licitador *m* bidder.
lícitamente *adv* legally.
licitante *m/f* bidder.
licitar *v* bid, tender, auction, auction off.
lícito *adj* legal.
licitud *f* lawfulness.
líder de mercado market leader.
líder en pérdida loss leader.
líder mundial world leader.
liderazgo *m* leadership.
liderazgo de precios price leadership.
ligar *v* link.
limitable *adj* limitable.
limitación *f* limitation.
limitación contingente contingent limitation.
limitación de deducciones detalladas itemized deduction limitation.
limitación de gastos expense limitation.
limitación de responsabilidad limitation of liability.
limitación monetaria monetary limitation.
limitación parcial partial limitation.
limitación presupuestaria budgetary constraint.
limitaciones de deuda debt limitations.
limitadamente *adv* limitedly.
limitado *adj* limited.
limitar *v* limit.
limitar la competencia limit competition.

limitativo *adj* limiting.
límite *m* limit, cap, end, boundary.
límite anual annual limit, annual cap.
límite básico basic limit.
límite básico de responsabilidad basic limit of liability.
límite combinado combined limit.
límite contributivo tax limit.
límite convenido agreed limit.
límite de acceso access limit.
límite de aceptación acceptance limit.
límite de autorización authorization limit.
límite de coaseguro coinsurance limit.
límite de crédito credit limit.
límite de crédito bilateral bilateral credit limit.
límite de deuda debt limit.
límite de deuda federal federal debt limit.
límite de edad age limit.
límite de emisión emission limit.
límite de endeudamiento borrowing limit.
límite de fluctuación fluctuation limit.
límite de gastos expense limit.
límite de ingresos income limit.
límite de póliza policy limit.
límite de posición position limit.
límite de precio price limit.
límite de préstamos loan limit.
límite de préstamos legal legal lending limit.
límite de producción production limit.
límite de propiedad property line.
límite de reaseguro reinsurance limit.
límite de responsabilidad limit of liability.
límite de responsabilidad total aggregate limit of liability.
límite de seguros insurance limit.
límite de tasa rate limit.
límite de tasa de interés interest rate limit.
límite de tiempo time limit.
límite de tipo rate limit.
límite de tipo de interés interest rate limit.
límite del país country limit.
límite diario daily limit.
límite dividido split limit.
límite en exceso excess limit.
límite específico specific limit.
límite estándar standard limit.
límite impositivo tax limit.
límite inferior lower limit.
límite legal legal limit.
límite necesario necessary limit.
límite obligado mandatory limit.
límite obligatorio mandatory limit.
límite por accidente per accident limit.
límite por persona per person limit.
límite presupuestario budget limit.
límite requerido required limit.
límite superior upper limit.
límite superior convenido agreed higher limit.
límite total aggregate limit.
límite total anual annual aggregate limit.
límite tributario tax limit.
límite variable variable limit.
límites controlados controlled limits.
límites de confianza confidence limits.
límites de control control limits.
límites de seguro de vida life insurance limits.
limítrofe *adj* bordering.
limpio *adj* clean, clear, net.
lindar *v* adjoin, abut.
linde *m* boundary, abutment, landmark.

lindero *adj* adjoining.
lindero *m* boundary, abutment, landmark.
línea *f* line, boundary.
línea aérea airline, air route.
línea arrendada leased line.
línea base baseline.
línea de aceptación acceptance line.
línea de ayuda helpline.
línea de carga load line.
línea de consulta helpline.
línea de coste-factor factor-cost line.
línea de costo-factor factor-cost line.
línea de crédito credit line.
línea de crédito acordada agreed-upon credit line.
línea de crédito bancaria bank line.
línea de crédito contingente contingent credit line.
línea de crédito convenida agreed-upon credit line.
línea de crédito de apoyo backup line.
línea de crédito de banco bank line.
línea de crédito especificada specified credit line.
línea de crédito estipulada stipulated credit line.
línea de crédito fija fixed credit line.
línea de crédito negociada negotiated credit line.
línea de crédito pactada agreed-upon credit line.
línea de crédito preestablecida preset credit line.
línea de crédito renovable revolving line of credit.
línea de crédito rotatoria revolving credit line.
línea de crédito variable variable credit line.
línea de descuento line of discount.
línea de edificación building line.
línea de marcas brand line.
línea de montaje assembly line.
línea de navegación navigation route, shipping company.
línea de negocios line of business.
línea de pobreza poverty line.
línea de producción production line.
línea de productos product line.
línea de regresión regression line.
línea de ventas sales line.
línea dedicada dedicated line.
línea directa direct line.
línea férrea railroad line, railroad company.
línea fluvial navigation route.
línea jerárquica line of command.
línea naviera shipping line.
línea presupuestaria budget line.
línea telefónica telephone line.
lineal *adj* linear.
linealidad *f* linearity.
líneas comerciales commercial lines.
líneas de comunicaciones lines of communication.
lingote *m* ingot.
liquidable *adj* liquefiable.
liquidación *f* liquidation, settlement, winding-up, clearance.
liquidación completa complete liquidation.
liquidación de activos asset liquidation.
liquidación de corporación dissolution of corporation.
liquidación de cuentas settlement of accounts, adjustment of accounts.
liquidación de existencias clearance sale.
liquidación de impuestos tax payment.
liquidación de siniestro claim settlement.
liquidación de sociedad liquidation of

partnership, liquidation of corporation, dissolution of corporation.
liquidación de una reclamación adjustment of a claim.
liquidación diaria daily settlement.
liquidación en efectivo cash settlement.
liquidación forzosa forced liquidation.
liquidación involuntaria involuntary liquidation.
liquidación neta net settlement.
liquidación obligatoria forced liquidation.
liquidación parcial partial liquidation.
liquidación por cierre fire sale, liquidation sale.
liquidación total clearance sale.
liquidación tributaria tax payment.
liquidado *adj* liquidated, settled, cleared.
liquidador *m* liquidator.
liquidador de averías average adjuster, claims adjuster.
liquidador judicial judicial liquidator.
liquidar *v* liquidate, sell off, settle, clear, wind up.
liquidar un giro honor a draft.
liquidar un negocio liquidate a business.
liquidar una cuenta settle an account.
liquidez *f* liquidity.
liquidez bancaria bank liquidity.
liquidez corriente current liquidity.
liquidez de mercado market liquidity.
liquidez en exceso excess liquidity.
liquidez internacional international liquidity.
liquidez nacional national liquidity.
líquido *adj* liquid, net.
líquido gravable taxable income.
líquido imponible taxable income.
líquido tributable taxable income.
lisiado *adj* disabled, injured.
lisiar *v* disable, injure.
lista *f* list.
lista aprobada approved list.
lista de acreedores list of creditors.
lista de asistencia attendance list.
lista de autorización negativa negative authorization list.
lista de contribuyentes tax list, assessment list.
lista de correos mailing list.
lista de cotejo checklist.
lista de cuentas chart of accounts, account list.
lista de espera waiting list.
lista de materiales bill of materials.
lista de morosos delinquent list.
lista de precios price list.
lista final final list.
lista legal legal list.
lista legal modificada modified legal list.
lista negra black list.
listado *adj* listed.
listado *m* listing, list.
listado aprobado approved list.
listado de acreedores list of creditors.
listado de asistencia attendance list.
listado de contribuyentes tax list, assessment list.
listado de correos mailing list.
listado de cotejo checklist.
listado de cuentas chart of accounts, account list.
listado de espera waiting list.
listado de materiales bill of materials.
listado de morosos delinquent list.
listado de precios price list.
listado final final list.
listado legal legal list.
listado negro black list.

listar *v* list.
literal *adj* literal.
literalmente *adj* literally.
literatura comercial commercial literature.
literatura corporativa corporate literature.
literatura de comercio commerce literature.
literatura de la compañía company literature.
literatura de negocios business literature.
literatura empresarial business literature.
literatura mercantil commercial literature, mercantile literature.
literatura publicitaria advertising literature, publicity literature.
litigación *f* litigation.
litigar *v* litigate.
litigio *m* litigation, lawsuit.
litigioso *adj* litigious, under litigation.
litoral *m* littoral.
llamada *f* call.
llamada a cobro revertido collect call.
llamada a licitación call for bids, call for tenders.
llamada a propuestas call for bids, call for tenders.
llamada comercial business call.
llamada de comercio commerce call.
llamada de larga distancia long-distance call.
llamada de negocios business call.
llamada directa direct call.
llamada en conferencia conference call.
llamada internacional international call.
llamada por cobrar collect call.
llamada telefónica telephone call.
llamamiento *m* call.
llamamiento a licitación call for bids, call for tenders.
llamar *v* call.
llamar a asamblea call a meeting.
llamar a concurso call for bids, call for tenders.
llamar a junta call a meeting.
llamar a reunión call a meeting.
llamar a sesión call a meeting.
llamar al orden call to order.
llamativo *adj* attention-getting, eye-catching.
llave *f* goodwill, key.
llave en mano turnkey.
llave maestra master key.
llegada *f* arrival.
llegada de mercancía arrival of merchandise.
llegar *v* arrive.
llegar a un acuerdo reach an agreement.
llegar a un entendimiento reach an understanding.
llenar *v* comply with, fill, fill in.
llenar los requisitos fulfill the requirements.
llenar una vacante fill a vacancy.
llenero *adj* complete.
llevado a cabo carried out, completed.
llevanza *f* leasing.
llevar *v* carry, manage, run, transfer, lease.
llevar a cabo carry out, complete.
llevar a cabo negocios conduct business.
llevar a cabo una transacción complete a transaction.
llevar a efecto put into effect.
llevar a la bancarrota bankrupt.
llevar a la quiebra bankrupt.
llevar a protesto protest.
llevar a remate put up for auction.
llevar a término complete.
llevar intereses bear interest.
llevar un registro keep a record.

lo mejor de lo mejor cream of the crop, best of the best.
lo último en entrenamiento cutting-edge training.
lo último en marketing cutting-edge marketing.
lo último en mercadeo cutting-edge marketing.
lo último en tecnología cutting-edge technology.
lobby *m* lobby.
locación *f* lease, employment.
locación concurrente concurrent lease.
locación de cosas lease of goods.
locación de fincas rústicas lease of rural property.
locación de fincas urbanas lease of urban property.
locación de servicios employment.
locación informal parol lease.
locación-venta *f* lease with option to buy.
locador *m* lessor, employer.
locador de servicios employer.
local *adj* local.
local *m* locale, premises.
local alquilado rented premises.
local arrendado leased premises.
local autorizado authorized premises.
local comercial commercial premises, business premises, commercial locale.
local corporativo corporate premises.
local de negocios business premises.
local empresarial business premises.
local mercantil commercial premises, commercial locale.
locales de trabajo work sites.
localidad *f* locality.
localización *f* location.
localización cubierta covered location.
localizador *m* locator.
localizador uniforme de recursos uniform resource locator.
localizar *v* locate.
locatario *m* lessee.
locativo *adj* pertaining to leasing, pertaining to employment.
lógica *f* logic.
lógica difusa fuzzy logic.
logística *f* logistics.
logístico *adj* logistic.
logo *m* logo.
logo corporativo corporate logo.
logo de la compañía company logo.
logo de la corporación corporate logo.
logo de la empresa enterprise logo.
logo empresarial enterprise logo.
logotipo *m* logo.
logotipo corporativo corporate logo.
logotipo de la compañía company logo.
logotipo de la corporación corporate logo.
logotipo de la empresa enterprise logo.
logotipo empresarial enterprise logo.
lograr *v* achieve, possess, enjoy.
lograr *v* profiteer, lend money.
logrería *f* profiteering, usury, moneylending.
logrero *m* profiteer, usurer, moneylender.
logro *m* achievement.
logro profesional professional achievement.
longuería *f* dilatoriness.
lonja *f* market, exchange, commodities exchange.
lonja de mercancías commodities exchange.
lonja de productos commodities exchange.
los pro y los contra pros and cons.
lote *m* lot, block.

lote completo round lot.
lote de acciones block of stock, class of stock.
lote incompleto odd lot.
lote irregular odd lot.
lotear v parcel.
loteo m parceling, parcelling.
lotería f lottery.
lucha de clases class war.
lucrar v profit.
lucrarse v profit.
lucrativo adj lucrative, profitable.
lucro m profit.
lucro cesante lost profits.
lucro esperado anticipated profits.
lucro naciente profit on borrowed funds.
lucros y daños profit and loss.
lugar m place, position, post, reason, occasion.
lugar de constitución place of incorporation.
lugar de cumplimiento place of performance.
lugar de ejecución place of performance.
lugar de empleo place of employment.
lugar de entrega place of delivery.
lugar de incorporación place of incorporation.
lugar de la conferencia conference venue.
lugar de pago place of payment.
lugar de partida place of departure.
lugar de registro place of registration.
lugar de residencia place of residence.
lugar de salida place of departure.
lugar de trabajo workplace.
lugar en los contratos place of the contract.
lujo m luxury.
lujoso adj luxurious.

M

macroambiente m macroenvironment.
macroeconomía f macroeconomics.
macroeconómico adj macroeconomic.
macromarketing m macromarketing.
madurar v mature.
Maestría en Administración de Empresas
Master of Business Administration, Master of
Business Management, Master of Science in
Business Administration.
Maestría en Ciencias Económicas Master of
Science in Economics.
Maestría en Comercio Master of Commerce.
Maestría en Economía Master of Economics.
maestro de obras foreperson.
magancería f trickery.
magancia f trick.
magnate m/f magnate.
magnitud f magnitude.
magullar v batter and bruise.
mailing m mailing.
mal carácter bad character.
mal codificado misencoded.
mal negocio bad deal.
mal nombre bad reputation.
mal pagado badly paid, badly remunerated.
mal riesgo bad risk.
mala administración bad administration.
mala declaración false statement.
mala fama bad reputation.

mala fe bad faith.
mala firma illegible signature.
mala gerencia bad management.
mala paga credit risk.
mala reputación bad reputation.
mala voluntad bad will.
malaventura f misfortune.
malaventurado adj unfortunate.
malaventuranza f misfortune.
malbaratador m spendthrift, underseller.
malbaratar v squander, dump, undersell.
malbarato m squandering, dumping, underselling.
malentendido m misunderstanding.
malfuncionamiento m malfunction.
malgastar v squander.
malicia f malice.
malogramiento m failure, frustration.
malograr v waste, spoil.
malograrse v fail, to be frustrated.
malogro m failure, frustration.
malsano adj noxious.
maltratar v maltreat.
maltrato m maltreatment.
malversación f misappropriation, embezzlement,
peculation.
malversador m embezzler, peculator.
malversar v misappropriate, embezzle, peculate.
mamandurria f sinecure.
maña f cunning, custom.
mánager m manager.
mancipación f conveyance, transfer.
mancomunada y solidariamente joint and
severally.
mancomunadamente adv jointly.
mancomunado adj joint.
mancomunar v compel joint obligation, join.
mancomunarse v become jointly obligated, join.
mancomunidad f joint liability, association.
mancomunidad a prorrata joint liability on a
proportional basis.
mancomunidad simple joint liability on a
proportional basis.
mancomunidad solidaria joint and several
liability.
mancomunidad total joint and several liability.
mandante m/f mandator.
mandar v order, send.
mandar pagar order payment.
mandar protestar order protest.
mandatario m mandatary, agent, representative,
proxy, leader.
mandatario en la compraventa agent for a party
in a sale.
mandatario general general agent.
mandatario singular special agent.
mandato m mandate, order, agency, power of
attorney, term.
mandato aparente apparent agency.
mandato condicional conditional agency.
mandato de hecho actual agency.
mandato de pago order of payment.
mandato delegable delegable agency.
mandato escrito written agency.
mandato especial special agency.
mandato expreso express agency.
mandato general general agency.
mandato gratuito gratuitous agency.
mandato ilícito illegal agency.
mandato irrevocable irrevocable agency.
mandato mancomunado joint agency.

mandato oneroso paid agency.
mandato ostensible ostensible agency.
mandato particular special agency.
mandato personal personal agency.
mandato presunto implied agency.
mandato retribuido paid agency.
mandato revocable revocable agency.
mandato tácito implied agency.
mandato verbal oral agency.
mandatorio *adj* mandatory.
mando *m* command, control, authority.
manejar *v* manage, direct, handle, drive, use.
manejar el comercio manage commerce, manage trade.
manejar el crecimiento manage growth.
manejar el inventario manage inventory.
manejar la demanda manage demand.
manejar la economía manage the economy.
manejar la inflación manage inflation.
manejar las acciones manage shares, manage stock.
manejar las tasas manage rates.
manejar las tasas de cambio manage exchange rates.
manejar los costes manage costs.
manejar los costos manage costs.
manejar los fondos manage funds.
manejar los gastos manage expenses, manage expenditures.
manejar los precios manage prices.
manejar los salarios manage wages.
manejo *m* management, direction, handling, driving.
manejo activo active management.
manejo ambiental environmental management.
manejo bancario bank management.
manejo central central management.
manejo centralizado centralized management.
manejo científico scientific management.
manejo comercial business management.
manejo corporativo corporate management.
manejo de activos asset management.
manejo de aduanas customs management.
manejo de bienes inmuebles real estate management.
manejo de cartera portfolio management, money management.
manejo de cartera de valores portfolio management, money management.
manejo de crisis crisis management.
manejo de cuenta account management.
manejo de departamento department management.
manejo de empresas business management.
manejo de energía energy management.
manejo de fondos money management, funds management, cash management.
manejo de impuestos tax management.
manejo de inventario inventory management.
manejo de inversiones investment management.
manejo de la calidad quality management.
manejo de la carrera career management.
manejo de la compañía company management.
manejo de la corporación corporate management.
manejo de la deuda debt management.
manejo de la deuda pública public debt management, national debt management.
manejo de la empresa company management, enterprise management.
manejo de la sociedad management of a

corporation, management of a partnership.
manejo de marketing marketing management.
manejo de materiales materials management.
manejo de mercadeo marketing management.
manejo de mercancías commodities management, merchandise management.
manejo de negocios business management.
manejo de oficina office management.
manejo de operaciones operations management.
manejo de personal personnel management.
manejo de plan plan management.
manejo de producción production management.
manejo de productos commodities management, products management.
manejo de propiedades property management.
manejo de quejas complaint management.
manejo de recursos resource management.
manejo de recursos humanos human resources management.
manejo de recursos naturales natural resources management.
manejo de relaciones con clientes customer relationship management.
manejo de riesgos risk management.
manejo de tierras land management.
manejo de ventas sales management.
manejo del desarrollo development management.
manejo del estrés profesional professional stress management.
manejo del mercado market management.
manejo del proyecto project management.
manejo departamental departmental management.
manejo descentralizado decentralized management.
manejo dinámico dynamic management.
manejo efectivo effective management.
manejo empresarial business management, enterprise management.
manejo financiero financial management.
manejo fiscal fiscal management.
manejo funcional functional management.
manejo general general management.
manejo laboral labor management, labour management.
manejo mercantil commercial management.
manejo monetario money management, monetary management.
manejo presupuestario budget management.
manejo público public management.
manejo salarial salary management.
mañero *adj* cunning.
manferir *v* assay weights and measures.
manganilla *f* ruse, stratagem.
manifestación *f* manifestation, demonstration, declaration.
manifestación de bienes declaration of assets.
manifestación de impuestos tax return.
manifestación de ingresos declaration of income.
manifestación de quiebra declaration of bankruptcy.
manifestar *v* express, declare, show, demonstrate.
manifiesto *adj* manifest, obvious.
manifiesto *m* manifest, manifesto.
manifiesto de embarque ship's manifest.
maniobra *f* maneuver.
maniobra publicitaria advertising ploy.
maniobrar *v* maneuver.
manipulación *f* manipulation, handling.
manipulado *adj* manipulated, handled.
manipulador *m* manipulator, handler.

manipular v manipulate, handle.
manipular el comercio manipulate commerce, manipulate trade.
manipular el crecimiento manipulate growth.
manipular la bolsa manipulate the market, manipulation.
manipular la demanda manipulate demand.
manipular la economía manipulate the economy.
manipular la inflación manipulate inflation.
manipular las acciones manipulate shares, manipulate stock.
manipular las cuentas manipulate accounts.
manipular las tasas manipulate rates.
manipular las tasas de cambio manipulate exchange rates.
manipular los costes manipulate costs.
manipular los costos manipulate costs.
manipular los fondos manipulate funds.
manipular los gastos manipulate expenses, manipulate expenditures.
manipular los mercados manipulate markets.
manipular los precios manipulate prices.
manipular los salarios manipulate wages.
manipuleo m manipulation.
mano, a by hand.
mano de obra labor, labour, work force.
mano de obra calificada skilled labor, skilled labour.
mano de obra contratada contract labor, contract labour.
mano de obra cualificada skilled labor, skilled labour.
mano de obra directa direct labor, direct labour.
mano de obra especializada specialized labor, specialized labour.
mano de obra indirecta indirect labor, indirect labour.
mano de obra migratoria migrant labor, migrant labour.
mano de obra no calificada unskilled labor, unskilled labour.
mano de obra no cualificada unskilled labor, unskilled labour.
manos limpias integrity.
mañosamente adv cunningly.
mañoso adj cunning.
mansalva, a without risk, without danger.
mantención f maintenance.
mantenencia f maintenance.
mantener v maintain, keep, sustain, support.
mantener a raya hold in check.
mantener los precios hold the prices, maintain the prices.
mantenerse v keep, support oneself.
mantenerse a flote keep afloat.
mantenerse al corriente keep current.
mantenerse en comunicación keep in touch.
mantenerse en contacto keep in touch.
mantenerse firme stand firm.
mantenido adj dependent.
mantenimiento m maintenance.
mantenimiento correctivo corrective maintenance.
mantenimiento de cuenta account maintenance, maintenance of account.
mantenimiento del valor maintenance of value.
mantenimiento diferido deferred maintenance.
mantenimiento mínimo minimum maintenance.
mantenimiento preventivo preventive maintenance.
manual m manual.

manual de auditoría auditing manual.
manual de contabilidad accounting manual.
manual de instrucciones instruction manual.
manual de ventas sales manual.
manufactura f manufacture, manufactured article.
manufactura ágil agile manufacturing.
manufactura asistida por computadora computer-aided manufacturing.
manufactura asistida por ordenador computer-aided manufacturing.
manufactura controlada por computadora computer-controlled manufacturing.
manufactura controlada por ordenador computer-controlled manufacturing.
manufactura flexible flexible manufacturing.
manufactura integrada por computadora computer-integrated manufacturing.
manufactura integrada por ordenador computer-integrated manufacturing.
manufactura repetitiva repetitive manufacturing.
manufacturación f manufacturing.
manufacturado adj manufactured.
manufacturado comercialmente commercially manufactured.
manufacturar v manufacture.
manufacturero adj manufacturing.
manufacturero m manufacturer.
manuscrito m manuscript.
manutención f maintenance, support.
manutener v maintain, support.
manzana f block.
mapa de cobertura coverage map.
mapa de zonificación zoning map.
maquila f maquila, factory for export.
maquiladora f maquiladora, factory for export.
máquina f machine.
máquina de cancelación canceling machine.
máquina de sumar adding machine.
máquina expendedora vending machine, automatic vending machine.
maquinación f machination.
maquinador m machinator.
maquinalmente adv mechanically.
maquinar v scheme.
maquinaria f machinery.
maquinaria ligera light machinery.
maquinaria liviana light machinery.
maquinaria pesada heavy machinery.
maraña f trick, scheme.
marañero m trickster, schemer.
marbete m tag, label, sticker.
marca f mark, brand, make.
marca blanca house brand.
marca colectiva collective mark.
marca comercial trademark, trade brand.
marca conocida well-known brand.
marca corporativa corporate brand.
marca de agua watermark.
marca de aprobación approval mark.
marca de certificación certification mark.
marca de comercio trademark.
marca de consumo consumer brand.
marca de fábrica trademark, brand name.
marca de la casa house brand.
marca de timbre official stamp.
marca del fabricante manufacturer's mark.
marca descriptiva descriptive mark.
marca establecida established brand.
marca exclusiva exclusive brand, proprietary brand.

marca figurativa logo.
marca genérica generic brand.
marca industrial trademark.
marca líder brand leader.
marca local local brand.
marca nacional national brand.
marca no registrada unregistered trademark.
marca privada private brand, private label.
marca registrada registered trademark.
marcación f marking.
marcado adj marked.
marcar v mark, dial, check, tick.
marcario adj pertaining to trademarks.
marcha, en in operation.
marchamar v stamp.
marchamero m customs official who stamps.
marchamo m customs stamp, stamp.
marchante adj mercantile.
marchante m merchant, customer.
marco m frame, framework.
marco de referencia frame of reference.
marco institucional institutional framework.
mareaje m ship's route.
marear v navigate, sell, confuse.
marfuz adj deceiving.
margen m margin, spread, range, border.
margen actual de ganancia present markup.
margen bruto gross margin.
margen comercial commercial margin.
margen cubierto covered margin.
margen de beneficio profit margin.
margen de beneficio bruto gross profit margin.
margen de caja cash margin.
margen de cierre closing range.
margen de comercialización markup.
margen de contribución contribution margin.
margen de error margin of error.
margen de explotación operating margin.
margen de ganancia profit margin, markup.
margen de ganancia bruta gross profit margin.
margen de ganancias netas net profit margin.
margen de intereses interest margin, interest
  spread.
margen de intereses neto net interest margin.
margen de mantenimiento maintenance margin.
margen de préstamos lending margin.
margen de renta neta net profit margin.
margen de seguridad safety margin.
margen de solvencia solvency margin.
margen de utilidad profit margin.
margen de venta markup, sales markup.
margen en exceso excess margin.
margen financiero financial margin.
margen inicial initial margin.
margen mínimo minimum margin.
margen necesario necessary margin.
margen obligatorio required margin.
margen operacional operational margin.
margen operativo operating margin.
margen ordinario ordinary margin.
margen original original margin.
margen requerido required margin.
margen total total margin.
marginal adj marginal.
marginalismo m marginalism.
marginalista adj marginalist.
marginalista m/f marginalist.
marginalizar v marginalize.
marketing m marketing, advertising.
marketing agresivo aggressive marketing.

marketing boca a boca word-of-mouth marketing.
marketing concentrado concentrated marketing.
marketing convergente convergent marketing.
marketing cooperativo cooperative marketing.
marketing creativo creative marketing.
marketing de consumo consumer marketing.
marketing de exportación export marketing.
marketing de marca brand marketing, brand
  advertising.
marketing de masa mass marketing.
marketing de nicho niche marketing.
marketing de prueba test marketing.
marketing de respuesta directa direct-response
  marketing.
marketing del producto product marketing.
marketing diferenciado differentiated marketing.
marketing directo direct marketing.
marketing ecológico ecomarketing.
marketing electrónico electronic marketing, e-
  marketing, online marketing, Internet marketing.
marketing en masa mass marketing.
marketing geodemográfico geodemographic
  marketing.
marketing global global marketing.
marketing industrial industrial marketing.
marketing interactivo interactive marketing.
marketing internacional international marketing.
marketing por Internet Internet marketing.
marketing selectivo selective marketing.
marketing telefónico telemarketing.
marketing vertical vertical marketing.
marketing viral viral marketing.
martillar v auction, auction off.
martillero m auctioneer.
martillo m auction house, hammer.
martingala f stratagem.
marxismo m Marxism.
marxista adj Marxist.
marxista m/f Marxist.
masa f mass, estate, assets.
masa crítica critical mass.
masa de acreedores creditors.
masa de averías general average.
masa de bienes estate.
masa de la quiebra bankrupt's estate.
masa fallida bankrupt's estate.
masa gravable total taxable value.
masa imponible total taxable value.
masa monetaria money supply.
masa monetaria en sentido amplio broad money.
masa salarial total salary expenditures.
masa social corporate assets, partnership assets.
masa tributable total taxable value.
Master en Administración de Empresas Master
  of Business Administration, Master of Business
  Management, Master of Science in Business
  Administration.
Master en Ciencias Económicas Master of
  Science in Economics.
Master en Comercio Master of Commerce.
Master en Economía Master of Economics.
matasellos m postal cancelling stamp.
materia f matter.
materia de registro matter of record.
materia impositiva tax matter.
materia monetaria monetary matter.
materia prima raw material.
material adj material.
material m material.
material inflamable flammable material.

material rodante rolling stock.
materiales de construcción construction materials.
materiales de oficina office supplies.
materiales de promoción promotional materials, promotional literature.
materiales de publicidad advertising materials, advertising literature.
materiales directos direct materials.
materiales impresos printed materials, literature.
materiales publicitarios advertising materials, advertising literature.
materialidad *f* materiality.
materialismo *m* materialism.
materialismo histórico historical materialism.
materialista *adj* materialist.
materialista *m/f* materialist.
materializar *v* materialize.
matrícula *f* matriculation, registration, license plate, licence plate, number plate.
matrícula de buques ship registration.
matrículación *f* matriculation, registration.
matriculado *adj* matriculated, registered.
matriculador *m* matriculator, registrar.
matricular *v* matriculate, register.
matriz *adj* principal, original.
matriz *f* matrix.
matriz de decisión decision matrix.
matriz de insumo-producto input-output matrix.
matute *m* smuggling, smuggled goods.
matutear *v* smuggle.
matutero *m* smuggler.
maximin *m* maximin.
maximización *f* maximization.
maximización de beneficios profit maximization.
maximización de ganancias profit maximization.
maximizar *v* maximize.
maximizar eficiencia maximize efficiency.
maximizar producción maximize production.
maximizar rendimiento maximize yield.
máximo *adj* maximum.
máximo *m* maximum, limit, cap.
máximo anual annual limit.
máximo combinado combined limit.
máximo convenido agreed limit.
máximo de crédito credit limit.
máximo de deuda debt limit.
máximo de edad age limit.
máximo de emisión emission limit.
máximo de endeudamiento borrowing limit.
máximo de fluctuación fluctuation limit.
máximo de gastos expense limit.
máximo de ingresos income limit.
máximo de póliza policy limit.
máximo de posición position limit.
máximo de precio price limit.
máximo de préstamos loan limit.
máximo de producción production limit.
máximo de reaseguro reinsurance limit.
máximo de responsabilidad liability limit.
máximo de tasa rate limit.
máximo de tasa de interés interest rate limit.
máximo de tiempo time limit.
máximo de tipo rate limit.
máximo de tipo de interés interest rate limit.
máximo diario daily limit.
máximo dividido split limit.
máximo en exceso excess limit.
máximo específico specific limit.
máximo estándar standard limit.

máximo impositivo tax limit.
máximo inferior lower limit.
máximo legal legal limit.
máximo necesario necessary limit.
máximo obligado mandatory limit.
máximo obligatorio mandatory limit.
máximo por accidente per accident limit.
máximo por persona per person limit.
máximo presupuestario budget limit.
máximo requerido required limit.
máximo superior upper limit.
máximo total aggregate limit.
máximo total anual annual aggregate limit.
máximo variable variable limit.
máximum *m* maximum.
mayor *adj* greater, bigger, older.
mayor *m* ledger.
mayor, al por wholesale.
mayor cuantía involving a large amount.
mayor valía appreciation.
mayoreo *m* wholesaling.
mayoría *f* majority.
mayoría absoluta absolute majority.
mayoría calificada qualified majority.
mayoría de edad age of majority.
mayoría relativa relative majority.
mayoridad *f* majority.
mayorista *adj* wholesale.
mayorista *m/f* wholesaler.
mayoritario *adj* pertaining to a majority.
mecanismo *m* mechanism.
mecanismo de cambios Exchange Rate Mechanism.
mecanismo de crédito credit mechanism.
mecanismo de precios price mechanism.
Mecanismo de Tipo de Cambio Exchange Rate Mechanism.
mecanismo del mercado market mechanism.
mecanización *f* mechanization.
mecanizado *adj* mechanized.
mechero *m* shoplifter.
media *f* mean, average.
media aritmética arithmetic mean.
media jornada half-day, part time.
media móvil moving average.
media ponderada weighted average.
mediación *f* mediation.
mediación internacional international mediation.
mediación laboral labor mediation, labour mediation.
mediador *m* mediator, intermediary.
mediana *f* median.
medianería *f* party wall.
medianero *m* one of the owners of a party wall, one of the owners of adjoining properties, mediator.
mediano plazo medium term.
mediante escritura by deed.
mediar *v* mediate, intervene.
mediatamente *adv* mediately.
mediato *adj* mediate.
medible *adj* measurable, appraisable.
medición *f* measurement.
medición de la productividad measurement of productivity
medida *f* measure, measurement.
medidas antidumping antidumping measures.
medidas compensatorias compensatory measures.
medidas correctivas corrective measures.
medidas de control control measures.

medidas de estabilidad stability measures.
medidas de reducción de costes cost-reduction measures.
medidas de reducción de costos cost-reduction measures.
medidas de represalia retaliatory measures.
medidas de seguridad safety measures, security measures.
medidas drásticas drastic measures.
medidas en las fronteras border measures.
medidas extremas extreme measures.
medidas fiscales fiscal measures, tax measures.
medidas preventivas preventive measures.
medidas provisionales provisional measures.
medidas reguladoras regulatory measures.
medidas transfronterizas cross-border measures.
medidor de tierras surveyor.
mediería *f* sharecropping.
medio *adj* half, average.
medio ambiente environment.
medio de cambio medium of exchange, medium of change.
medio de intercambio medium of exchange, medium of change.
medio plazo medium term.
medioambiental *adj* environmental.
medios *m* means, mediums, resources, circles.
medios comerciales commercial circles.
medios de comercio electrónico e-commerce circles, e-business circles.
medios de comunicación means of communication, mass media, communications media.
medios de comunicación masiva mass media.
medios de comunicación social mass media.
medios de masas mass media.
medios de negocios business circles.
medios de pago means of payment.
medios de publicidad advertising media, advertising vehicles.
medios de transporte means of transportation.
medios de vida means of livelihood.
medios económicos economic means, financial resources.
medios electrónicos electronic media.
medios empresariales business circles.
medios financieros financial means, financial resources.
medios fraudulentos false pretenses.
medios mercantiles commercial circles.
medios políticos political circles, political means.
medios publicitarios advertising media, advertising vehicles.
medios y arbitrios ways and means.
medir *v* measure, consider.
medra *f* increase, improvement.
medrar *v* thrive.
medro *m* increase, improvement.
megacorporación *f* megacorporation.
megaempresa *f* megacorporation.
mejor *adj* better, best.
mejor esfuerzo best effort.
mejor estimado best estimate.
mejor información disponible best information available.
mejor oferta best offer, best bid.
mejor postor best bidder, highest bidder.
mejor precio best price.
mejor uso best use.
mejora *f* improvement, betterment, better bid.

mejora continua continuous improvement.
mejora de capital capital improvement.
mejora permanente permanent improvement.
mejorable *adj* improvable.
mejorado *adj* improved, increased.
mejorador *m* improver.
mejoramiento *m* improvement, betterment, enhancement.
mejoramiento continuo continuous improvement.
mejoramiento de la calidad enhancement of quality.
mejoramiento de la capacidad enhancement of capacity.
mejoramiento del rendimiento enhancement of performance.
mejoramiento del servicio enhancement of service.
mejorante *m/f* improver.
mejorar *v* improve, increase, enhance.
mejorar el rendimiento improve performance, enhance performance.
mejorar el servicio improve service, enhance service.
mejorar la calidad improve quality, enhance quality.
mejorar la capacidad improve capacity, enhance capacity.
mejorar un embargo extend an attachment to additional property.
mejoras internas internal improvements.
mejoría *f* improvement.
membresía *f* membership.
membrete *m* letterhead, heading, memo.
memorando de crédito credit memorandum.
memorando de débito debit memorandum.
memorando descriptivo descriptive memorandum.
memorándum *m* memorandum, memo, memo book.
memoria *f* memory, report.
memoria anual annual report.
mención *f* mention.
mencionar *v* mention.
menester *m* necessity, occupation.
mengua *f* decrease, decay, discredit.
menguante *adj* decreasing, decaying, discrediting.
menguar *v* decrease, decay, discredit.
menor *adj* less, least, lower, lowest, smaller, smallest, younger, youngest, minor.
menor *m* minor.
menor, al por retail.
menor cuantía, de involving a small amount.
menor de edad minor.
menoría *f* minority.
menorista *adj* retail.
menos *adv* less, least.
menoscabador *adj* damaging, reducing, discrediting.
menoscabar *v* damage, reduce, discredit.
menoscabo *m* damage, reduction, discredit.
menoscuenta *f* partial payment.
menospreciar *v* undervalue, underestimate, disparage.
menosprecio *m* undervaluation, underestimation, disparagement.
menosprecio de mercancías disparagement of goods.
mensaje *m* message, communication.
mensaje cifrado encrypted message, encoded message.

mensaje de correo electrónico email message.
mensaje de texto text message.
mensaje electrónico electronic message.
mensaje instantáneo instant message.
mensaje MMS MMS message, MMS.
mensaje publicitario advertising message.
mensaje SMS SMS message, SMS.
mensaje telefónico telephone message.
mensajería *f* messaging.
mensajería electrónica electronic messaging.
mensajería instantánea instant messaging.
mensajero *m* messenger, carrier.
mensual *adj* monthly.
mensualidad *f* monthly installment, monthly salary.
mensualmente *adv* monthly.
mensura *f* measurement.
mensurable *adj* measurable.
mensurador *m* measurer, surveyor.
mensurar *v* measure, survey.
menú *m* menu.
menudear *v* retail, go into detail.
menudeo *m* retail, detailed account.
menudero *m* retailer.
mera posesión naked possession.
mercachifle *m* peddler.
mercadear *v* market, do business.
mercadeo *m* marketing, advertising, business.
mercadeo agresivo aggressive marketing.
mercadeo boca a boca word-of-mouth marketing.
mercadeo concentrado concentrated marketing.
mercadeo convergente convergent marketing.
mercadeo cooperativo cooperative marketing.
mercadeo creativo creative marketing.
mercadeo de consumo consumer marketing.
mercadeo de exportación export marketing.
mercadeo de marca brand marketing, brand advertising.
mercadeo de masa mass marketing.
mercadeo de nicho niche marketing.
mercadeo de prueba test marketing.
mercadeo de respuesta directa direct-response marketing.
mercadeo del producto product marketing.
mercadeo diferenciado differentiated marketing.
mercadeo directo direct marketing.
mercadeo ecológico ecomarketing.
mercadeo electrónico electronic marketing, e-marketing, online marketing, Internet marketing.
mercadeo en el Internet Internet marketing.
mercadeo en línea online marketing, Internet marketing.
mercadeo en masa mass marketing.
mercadeo geodemográfico geodemographic marketing.
mercadeo global global marketing.
mercadeo industrial industrial marketing.
mercadeo interactivo interactive marketing.
mercadeo internacional international marketing.
mercadeo online online marketing, Internet marketing.
mercadeo por Internet Internet marketing.
mercadeo selectivo selective marketing.
mercadeo telefónico telemarketing.
mercadeo vertical vertical marketing.
mercadeo viral viral marketing.
mercader *m* merchant, dealer.
mercader de calle street vendor.
mercadería *f* merchandise, commodity, goods, commerce.

mercaderías a granel bulk commodities, bulk goods.
mercaderías a prueba goods on approval.
mercaderías administradas managed commodities.
mercaderías al contado cash commodities.
mercaderías al por mayor wholesale goods.
mercaderías al por menor retail goods.
mercaderías básicas basic commodities.
mercaderías consignadas goods on consignment.
mercaderías controladas controlled commodities.
mercaderías de importación import goods.
mercaderías devueltas returned goods.
mercaderías duraderas durable merchandise.
mercaderías empaquetadas packaged goods.
mercaderías en tránsito goods in transit.
mercaderías exentas exempt commodities.
mercaderías exportadas exported goods, exported merchandise.
mercaderías falsificadas counterfeit goods.
mercaderías físicas physical commodities.
mercaderías imponibles taxable goods, taxable commodities.
mercaderías importadas imported goods, imported merchandise.
mercaderías industriales industrial goods.
mercaderías manipuladas manipulated commodities.
mercaderías peligrosas dangerous goods.
mercaderías perecederas perishable goods.
mercaderías prohibidas prohibited goods.
mercaderías reguladas regulated commodities.
mercaderías y servicios goods and services.
mercado *m* market.
mercado a corto plazo short-term market.
mercado a la baja bear market, declining market.
mercado a largo plazo long-term market.
mercado a mediano plazo medium-term market.
mercado a medio plazo medium-term market.
mercado a plazo forward market, futures market.
mercado a término forward market, futures market.
mercado abierto open market.
mercado acaparado cornered market.
mercado acostumbrado customary market.
mercado activo active market, brisk market.
mercado actual actual market, present market.
mercado administrado managed market.
mercado agrícola agricultural market.
mercado al alza bull market, rising market.
mercado al contado cash market.
mercado al por mayor wholesale market.
mercado al por menor retail market.
mercado alcista bull market, rising market.
mercado amplio broad market.
mercado bajista bear market, declining market.
mercado bursátil stock market.
mercado cambiario foreign exchange market.
mercado cautivo captive market.
mercado central central market.
mercado comercial commercial market.
mercado competitivo competitive market.
mercado común common market.
Mercado Común del Sur Mercosur.
mercado continuo continuous market.
mercado controlado controlled market.
mercado convencional conventional market.
mercado creciente growing market.
mercado crediticio credit market.
mercado de aceptaciones acceptance market.

mercado de bienes inmuebles real estate market.
mercado de bienes raíces real estate market.
mercado de bonos bond market.
mercado de calidad quality market.
mercado de cambios exchange market.
mercado de capitales capital market.
mercado de compradores buyers' market.
mercado de consumo consumer market.
mercado de contado spot market.
mercado de contratos contract market.
mercado de corredores brokers' market.
mercado de crédito credit market.
mercado de derivados derivatives market.
mercado de descuento discount market.
mercado de dinero money market.
mercado de divisas foreign exchange market, currency market.
mercado de doble subasta double auction market.
mercado de empleos job market.
mercado de eurodólares Eurodollar market.
mercado de exportación export market.
mercado de fondos federales federal funds market.
mercado de futuros futures market.
mercado de futuros financieros financial futures market.
mercado de hipotecas mortgage market.
mercado de importación import market.
mercado de libre empresa free enterprise market.
mercado de los consumidores consumer market.
mercado de masas mass market.
mercado de materias primas commodities market, raw materials market.
mercado de mercancías commodities exchange.
mercado de nicho niche market.
mercado de nuevas emisiones new issue market.
mercado de opciones options market.
mercado de préstamos loan market.
mercado de productos commodities exchange.
mercado de productos agrícolas agricultural commodities market.
mercado de propiedades property market, real estate market.
mercado de prueba test market.
mercado de seguros insurance market.
mercado de trabajos job market, labor market, labour market.
mercado de valores stock market, securities market.
mercado de vendedores sellers' market.
mercado de viviendas housing market.
mercado débil weak market.
mercado del gobierno government market.
mercado del oro gold market.
mercado deprimido depressed market.
mercado desarrollado developed market.
mercado descontinuo discontinuous market.
mercado detallista retail market.
mercado doméstico domestic market.
mercado eficiente efficient market.
mercado electrónico electronic marketplace, e-marketplace.
mercado emergente emerging market.
mercado especulativo speculative market.
mercado estable stable market.
mercado estacional seasonal market.
mercado estatal government market, state market.
mercado exclusivo exclusive market.
mercado exportador export market.

mercado exterior foreign market.
mercado externo external market, foreign market.
mercado extrabursátil over-the-counter market.
mercado financiero financial market.
mercado fragmentado fragmented market.
mercado futuro future market, forward market.
mercado genérico generic market.
mercado global global market.
mercado gris gray market.
mercado gubernamental government market.
mercado hipotecario mortgage market.
mercado hipotecario primario primary mortgage market.
mercado hipotecario secundario secondary mortgage market.
mercado ideal ideal market.
mercado impactado impacted market.
mercado imperfecto imperfect market.
mercado inactivo inactive market.
mercado inestable unstable market.
mercado infravalorado oversold market.
mercado inmobiliario property market, real estate market.
mercado interbancario interbank market.
mercado interior internal market.
mercado internacional international market.
mercado internacional de capitales international capital market.
mercado interno internal market, domestic market.
mercado invertido inverted market.
mercado irregular irregular market.
mercado laboral job market, labor market, labour market.
mercado libre free market.
mercado libre y abierto free and open market.
mercado local local market.
mercado maduro mature market.
mercado manipulado manipulated market, rigged market.
mercado marginal fringe market.
mercado mayorista wholesale market.
mercado minorista retail market.
mercado monetario money market.
Mercado Monetario Internacional International Money Market.
mercado monopolizado monopolized market.
mercado mundial world market.
mercado nacional national market, domestic market.
mercado negro black market.
mercado no intervenido free market.
mercado normal normal market.
mercado objetivo target market.
mercado objeto target market.
mercado oficial official market.
mercado ordinario ordinary market.
mercado organizado organized market.
mercado OTC OTC market.
mercado paralelo parallel market.
mercado perfecto perfect market.
mercado periférico fringe market.
mercado potencial potential market.
mercado primario primary market.
mercado primario de hipotecas primary mortgage market.
mercado principal principal market.
mercado público public market.
mercado real real market, actual market.
mercado regional regional market.
mercado regulado regulated market.

mercado regular regular market.
mercado residual residual market.
mercado restringido restricted market.
mercado saturado saturated market.
mercado secundario secondary market, after-market.
mercado secundario de hipotecas secondary mortgage market.
mercado sensible sensitive market.
mercado sin intervenciones free market.
mercado sin restricciones unrestricted market.
mercado sobrevalorado overbought market.
mercado socialista socialist market.
mercado spot spot market.
mercado típico typical market.
mercado único single market.
Mercado Único Europeo European Single Market.
mercado virtual virtual market.
mercadotecnia f marketing, advertising.
mercadotecnia agresiva aggressive marketing.
mercadotecnia concentrada concentrated marketing.
mercadotecnia convergente convergent marketing.
mercadotecnia cooperativa cooperative marketing.
mercadotecnia creativa creative marketing.
mercadotecnia de consumo consumer marketing.
mercadotecnia de exportación export marketing.
mercadotecnia de marca brand marketing, brand advertising.
mercadotecnia de masa mass marketing.
mercadotecnia de nicho niche marketing.
mercadotecnia de prueba test marketing.
mercadotecnia de respuesta directa direct-response marketing.
mercadotecnia del producto product marketing.
mercadotecnia diferenciada differentiated marketing.
mercadotecnia directa direct marketing.
mercadotecnia ecológica ecomarketing.
mercadotecnia electrónica electronic marketing, e-marketing, online marketing, Internet marketing.
mercadotecnia en masa mass marketing.
mercadotecnia global global marketing.
mercadotecnia industrial industrial marketing.
mercadotecnia interactiva interactive marketing.
mercadotecnia internacional international marketing.
mercadotecnia por Internet Internet marketing.
mercadotecnia selectiva selective marketing.
mercadotecnia telefónica telemarketing.
mercadotecnia vertical vertical marketing.
mercadotecnia viral viral marketing.
mercancía f merchandise, commodity, goods, commerce.
mercancías a granel bulk commodities, bulk goods.
mercancías a prueba goods on approval.
mercancías administradas managed commodities.
mercancías al contado cash commodities.
mercancías al por mayor wholesale goods.
mercancías al por menor retail goods.
mercancías básicas basic commodities.
mercancías consignadas goods on consignment.
mercancías controladas controlled commodities.
mercancías de importación import goods.
mercancías del mercado gris gray market goods.
mercancías devueltas returned goods.

mercancías duraderas durable merchandise.
mercancías empaquetadas packaged goods.
mercancías en consignación goods on consignment.
mercancías en depósito goods on deposit.
mercancías en tránsito goods in transit.
mercancías exentas exempt commodities.
mercancías exportadas exported goods, exported merchandise.
mercancías falsificadas counterfeit goods.
mercancías físicas physical commodities.
mercancías imponibles taxable goods, taxable commodities.
mercancías importadas imported goods, imported merchandise.
mercancías industriales industrial goods.
mercancías manipuladas manipulated commodities.
mercancías peligrosas dangerous goods.
mercancías perecederas perishable goods.
mercancías prohibidas prohibited goods.
mercancías reguladas regulated commodities.
mercancías y servicios goods and services.
mercante adj mercantile.
mercante m merchant.
mercantil adj mercantile.
mercantilismo m mercantilism.
mercantilista adj mercantilist.
mercantilista m/f mercantilist.
mercantilización f mercantilism.
mercantilizar v commercialize.
mercantilmente adv commercially.
mercantivo adj mercantile.
mercar v purchase, trade.
merchandising m merchandising.
merchante m merchant, jobber.
Mercosur (Mercado Común del Sur) Mercosur.
mérito m merit.
meritocracia f meritocracy.
merma f diminution, erosion.
merma de calidad erosion of quality.
merma de confianza erosion of trust, erosion of confidence.
merma de derechos erosion of rights.
merma de ingresos erosion of income.
mermar v diminish, erode.
mes m month, month's pay.
mes a mes month-to-month.
mes calendario calendar month.
mes corriente current month.
mes de entrega delivery month.
mes de vencimiento expiration month.
mes del contrato contract month.
mes en curso current month.
mes natural natural month.
mesa f table, desk, board.
mesa de cambios foreign exchange desk.
mesa de conferencias conference table.
mesa de negociaciones bargaining table.
mesa directiva board of directors.
mesa ejecutiva board of directors.
mesada f monthly payment.
mesoeconomía f mesoeconomy.
meta f goal, target, objective.
meta comercial business goal, commercial goal.
meta corporativa corporate goal.
meta de comercio business goal, commercial goal.
meta de negocios business goal.
meta de ventas sales goal.
meta empresarial business goal.

meta inflacionaria inflation target.
meta mercantil commercial goal.
meta profesional professional goal, career goal.
metal precioso precious metal.
metal precioso en lingotes bullion.
metálico, en in cash.
meter *v* put into, invest, smuggle.
método *m* method.
método administrativo administrative method.
método contable accounting method, bookkeeping method.
método cuantitativo quantitative method.
método de acumulación accrual method.
método de amortización depreciation method.
método de amortización lineal straight-line method of depreciation.
método de asignación directa direct allocation method.
método de beneficio bruto gross profit method.
método de bonificación bonus method.
método de caja cash method.
método de categorización categorization method.
método de clasificación classification method.
método de codificación coding method.
método de comparación comparison method.
método de comparación de factores factor comparison method.
método de compra purchase method.
método de consolidación consolidation method.
método de contabilidad accounting method, bookkeeping method.
método de contabilidad híbrido hybrid accounting method.
método de contrato completo completed-contract method.
método de coste inverso reverse cost method.
método de coste neto net cost method.
método de coste total full cost method.
método de costes cost method.
método de costo inverso reverse cost method.
método de costo neto net cost method.
método de costo total full cost method.
método de costos cost method.
método de cuadrados mínimos least-squares method.
método de depreciación depreciation method.
método de depreciación de saldos decrecientes declining-balance method.
método de depreciación lineal straight-line method of depreciation.
método de efectivo cash method.
método de financiación financing method.
método de financiamiento financing method.
método de flujo de efectivo descontado discounted cash flow method.
método de ganancia bruta gross profit method.
método de intereses interest method.
método de inventario periódico periodic inventory method.
método de línea recta straight-line method.
método de mantenimiento maintenance method.
método de margen de contribución contribution margin method.
método de Monte Carlo Monte Carlo method.
método de muestreo sampling method.
método de organización organization method.
método de pago payment method.
método de partida doble double-entry method.
método de precio bruto gross price method.
método de precio neto net price method.

método de ratio de pérdidas loss ratio method.
método de razón de pérdidas loss ratio method.
método de recuperación de costes cost-recovery method.
método de recuperación de costos cost-recovery method.
método de reembolso reimbursement method.
método de reserva reserve method.
método de saldo previo previous balance method.
método de saldos decrecientes declining-balance method.
método de tasación appraisal method.
método de valor en el mercado market value method.
método de valor presente neto net present value method.
método de valoración valuation method.
método de valuación valuation method.
método de ventas comparativas comparative sales method.
método deductivo deductive method.
método del camino crítico critical path method.
método del valor actual present value method.
método directo direct method.
método económico economic method.
método estadístico statistical method.
método gráfico graphical method.
método lineal straight-line method.
método símplex simplex method.
metodología *f* methodology.
metodología cualitativa qualitative methodology.
metodología cuantitativa quantitative methodology.
métodos administrativos administrative methods.
mezcla de activos asset mix.
mezcla de productos product mix.
mezcla de ventas sales mix.
mezclado *adj* commingled.
mezclar fondos commingling of funds.
microcrédito *m* microcredit.
microeconomía *f* microeconomics.
microeconómico *adj* microeconomic.
microfilm *f* microfilm.
micromarketing *m* micromarketing.
micromercado *m* micromarket.
micropago *m* micropayment.
micropelícula *f* microfilm.
microprocesador *m* microprocessor.
microtransacción *m* microtransaction.
miembro *m* member.
miembro activo active member.
miembro afectado affected member.
miembro afiliado affiliated member.
miembro aliado allied member.
miembro asociado associate member.
miembro constituyente founding member, charter member.
miembro corporativo corporate member.
miembro de cámara de compensación clearinghouse member.
miembro de casa de liquidación clearinghouse member.
miembro de gremio union member.
miembro de la conferencia conference member.
miembro de la firma member of the firm.
miembro de sindicato union member.
miembro de una corporación corporator.
miembro de una sociedad corporator.
miembro de unión union member.
miembro del comité committee member.

Miembro del Congreso Member of Congress.
miembro del directorio boardmember.
Miembro del Parlamento Member of Parliament.
miembro en propiedad regular member.
miembro fundador founding member, charter member.
miembro nato member by virtue of office.
miembro originario founding member, charter member.
miembro principal principal member.
miembro propietario permanent member, owning member.
miembro regular regular member.
miembro subrogante alternate member.
miembro suplente alternate member.
miembro titular regular member.
miembro vitalicio life member.
migración *f* migration.
militante *adj* militant.
millaje *m* mileage.
millaje implícito constructive mileage.
millar *m* one thousand units, large indeterminate number.
millardo *m* billion.
millón *m* million.
millonario *m* millionaire.
mina *f* mine.
mineraje *m* mining.
minería *f* mining.
minería de datos data mining.
minero *m* miner.
minifundio *m* small farmstead.
minimax *m* minimax.
minimización *f* minimization.
minimización de costes minimization of costs.
minimización de costos minimization of costs.
minimización de gastos minimization of expenses.
minimización de riesgos minimization of risks.
minimizar *v* minimize.
minimizar costes minimize costs.
minimizar costos minimize costs.
minimizar gastos minimize expenses.
minimizar riesgos minimize risks.
mínimo *adj* minimum.
mínimo *m* minimum.
mínimo de mantenimiento maintenance minimum.
Ministerio de Agricultura Department of Agriculture, Ministry of Agriculture.
Ministerio de Comercio Department of Commerce, Ministry of Commerce.
Ministerio de Economía Treasury Department, Exchequer.
Ministerio de Economía y Hacienda Treasury Department, Exchequer.
Ministerio de Hacienda Treasury Department, Exchequer.
Ministerio de Salud Department of Health, Department of Health and Human Services, Ministry of Health.
Ministerio de Salud Pública Department of Public Health, Ministry of Public Health.
Ministerio de Trabajo Department of Labor, Ministry of Labour.
ministrador *m* professional.
ministrar *v* administer, practice a profession, provide.
Ministro de Agricultura Secretary of Agriculture, Minister of Agriculture.

Ministro de Comercio Secretary of Commerce, Minister of Commerce.
Ministro de Economía Secretary of Treasury, Chancellor of the Exchequer.
Ministro de Economía y Hacienda Secretary of Treasury, Chancellor of the Exchequer.
Ministro de Hacienda Secretary of Treasury, Chancellor of the Exchequer.
Ministro de Salud Secretary of Health, Secretary of Health and Human Services, Minister of Health.
Ministro de Salud Pública Secretary of Public Health, Minister of Public Health.
Ministro de Trabajo Secretary of Labor, Minister of Labour.
minoración *f* diminution.
minorar *v* diminish.
minorativo *adj* diminishing.
minoría *f* minority.
minoría de edad minority.
minoridad *f* minority.
minorista *adj* retail.
minorista *m/f* retailer.
minorista afiliado affiliated retailer.
minorista especializado specialized retailer.
minorista independiente independent retailer.
minoritario *adj* minority.
minusvalía *f* disability, depreciation, reduction in value.
minusvalía a corto plazo short-term disability.
minusvalía a largo plazo long-term disability.
minusvalía absoluta total disability.
minusvalía definitiva permanent disability.
minusvalía física physical disability.
minusvalía laboral work disability.
minusvalía mental mental disability.
minusvalía parcial partial disability.
minusvalía parcial permanente permanent partial disability.
minusvalía permanente permanent disability.
minusvalía permanente total permanent total disability.
minusvalía perpetua permanent disability.
minusvalía personal personal disability.
minusvalía presunta presumptive disability.
minusvalía provisional temporary disability.
minusvalía recurrente recurrent disability.
minusvalía relativa partial disability.
minusvalía residual residual disability.
minusvalía temporal temporary disability.
minusvalía temporaria temporary disability.
minusvalía total total disability.
minusvalía total permanente permanent total disability.
minusvalía total temporal temporary total disability.
minusvalía transitoria transitory disability.
minusválido *adj* disabled.
minusválido *m/f* disabled person.
minuta *f* minute, note, rough draft, lawyer's bill.
minutar *v* take the minutes of, make a rough draft of.
minutario *m* minutes book.
minutas *f* minutes.
misceláneo *adj* miscellaneous.
miseria *f* misery, poverty.
miseria absoluta absolute poverty.
miseria total absolute poverty.
misión *f* mission.
misión corporativa corporate mission.
misión económica economic mission.

mitin *m* meeting.
mixto *adj* mixed.
mobiliario *m* furniture, chattel.
mobiliario y equipo furniture and fixtures.
mobiliario y útiles furniture and fixtures.
moblaje *m* furniture and fixtures.
moción *f* motion.
moción para levantar la sesión motion to adjourn.
mocionante *m/f* person who presents a motion.
mocionar *v* present a motion.
moda *f* fashion.
modelado *adj* modeling.
modelo *m* model, blank form.
modelo clásico classic model.
modelo comercial business model.
modelo contable accounting model.
modelo corporativo corporate model.
modelo de comercio commerce model.
modelo de consumo consumption model, consumption pattern.
modelo de contabilidad accounting model.
modelo de costes cost model.
modelo de costos cost model.
modelo de decisiones decision model.
modelo de descuento de dividendos dividend discount model.
modelo de la compañía company model.
modelo de la corporación corporate model.
modelo de la empresa company model, enterprise model.
modelo de la firma specimen signature, company model.
modelo de marketing marketing model.
modelo de mercadeo marketing model.
modelo de negocios business model.
modelo de planificación corporativa corporate planning model.
modelo de proposición bidding form.
modelo de simulación simulation model.
modelo de valoración valuation model.
modelo del comercio electrónico e-commerce model, e-business model.
modelo econométrico econometric model.
modelo económico economic model.
modelo empresarial business model, company model, enterprise model.
modelo financiero financial model.
modelo impreso blank form.
modelo industrial industrial model.
modelo matemático mathematical model.
modelo multilateral multilateral model.
modelos de asignación allocation models.
modelos de utilidad utility models.
módem *m* modem.
moderación *f* moderation.
moderación salarial wage moderation, salary moderation.
moderado *adj* moderate.
moderar *v* moderate.
modernización *f* modernization.
modernizado *adj* modernized.
modernizar *v* modernize.
modificable *adj* modifiable, amendable.
modificación *f* modification, amendment.
modificación de contrato modification of contract.
modificación genética genetic modification.
modificaciones y mejoras modifications and improvements, alterations and improvements.

modificado *adj* modified.
modificado genéticamente genetically modified, genetically engineered.
modificar *v* modify, amend.
modificativo *adj* modifying, amending.
modificatorio *adj* modifying, amending.
modo *m* mode, manner.
modo de pago mode of payment.
modo de transporte mode of transport.
modularidad *f* modularity.
módulo *m* module.
mohatra *f* fraud.
mohatrar *v* defraud.
mohatrero *m* defrauder.
mojón *m* landmark.
mojona *f* surveying.
mojonación *f* delimitation, demarcation.
mojonar *v* delimit, mark the boundaries of.
mojonera *f* landmark site.
momentáneo *adj* momentary.
moneda *f* coin, currency.
moneda administrada managed currency, administered currency.
moneda ajustable adjustable currency.
moneda artificial artificial currency.
moneda bloqueada blocked currency.
moneda circulante circulating currency, currency.
moneda clave key currency.
moneda común common currency.
moneda contante y sonante cash.
moneda controlada managed currency, administered currency.
moneda convertible convertible currency.
moneda corriente current money, currency.
moneda de curso legal legal tender.
moneda de fuerza liberatoria legal tender.
moneda de liquidación settlement currency.
moneda de poder liberatorio legal tender.
moneda de referencia reference currency.
moneda de reserva reserve currency.
moneda débil soft currency.
moneda depreciada depreciated currency.
moneda devaluada devaluated currency.
moneda dirigida managed currency, administered currency.
moneda dura hard currency.
moneda elástica elastic currency.
moneda en circulación currency in circulation.
moneda escasa scarce currency.
moneda estable stable currency.
moneda extranjera foreign currency.
moneda falsa counterfeit money.
moneda fiduciaria fiduciary currency.
moneda firme hard currency.
moneda flotante floating currency.
moneda fraccionada fractional currency.
moneda fuerte hard currency.
moneda funcional functional currency.
moneda inconvertible inconvertible currency.
moneda inelástica inelastic currency.
moneda legal legal tender.
moneda legítima legal tender.
moneda local local currency.
moneda metálica specie, coinage.
moneda mixta mixed currency.
moneda nacional national currency, domestic currency.
moneda sonante specie.
moneda única single currency.
moneda única europea Single European Currency.

moneda vinculada al oro gold-pegged currency.
monedaje *m* coinage.
monedería *f* mintage.
monedero falso counterfeiter.
monetario *adj* monetary.
monetarismo *m* monetarism.
monetarista *adj* monetarist.
monetarista *m/f* monetarist.
monetización *f* monetization.
monetizar *v* mint.
monipodio *m* illegal agreement.
monitor *m* monitor, supervisor.
monitoreo *m* monitoring, supervision.
monitoreo administrativo administrative monitoring.
monitoreo ambiental environmental monitoring.
monitoreo bancario bank monitoring.
monitoreo centralizado centralized monitoring.
monitoreo contable accounting monitoring.
monitoreo de acceso access monitoring.
monitoreo de calidad quality monitoring.
monitoreo de costes cost monitoring.
monitoreo de costos cost monitoring.
monitoreo de crédito credit monitoring.
monitoreo de existencias stock monitoring.
monitoreo de fronteras border monitoring.
monitoreo de gastos expense monitoring, expenditure monitoring.
monitoreo de inventario inventory monitoring.
monitoreo de la contaminación pollution monitoring.
monitoreo de la ejecución performance monitoring.
monitoreo de la negociación bargaining monitoring, negotiation monitoring.
monitoreo de la producción production monitoring.
monitoreo de precios price monitoring.
monitoreo de procesos process monitoring.
monitoreo de riesgos risk monitoring.
monitoreo de ventas sales monitoring.
monitoreo del consejo board monitoring.
monitoreo del consumo consumption monitoring.
monitoreo del efectivo cash monitoring.
monitoreo del proyecto project monitoring.
monitoreo del rendimiento performance monitoring.
monitoreo del trabajo job monitoring.
monitoreo directo direct monitoring.
monitoreo ejecutivo executive monitoring.
monitoreo externo external monitoring.
monitoreo financiero financial monitoring.
monitoreo interno internal monitoring.
monitoreo operacional operational monitoring.
monitoreo presupuestario budget monitoring.
monometalismo *m* monometallism.
monopólico *adj* monopolistic.
monopolio *m* monopoly.
monopolio absoluto absolute monopoly.
monopolio bilateral bilateral monopoly.
monopolio comercial commercial monopoly.
monopolio compartido shared monopoly.
monopolio completo complete monopoly.
monopolio del comprador buyer's monopoly.
monopolio del estado government monopoly, state monopoly.
monopolio del gobierno government monopoly.
monopolio discriminador discriminating monopoly.
monopolio estatal government monopoly, state monopoly.

monopolio exclusivo exclusive monopoly.
monopolio fiscal government monopoly.
monopolio gubernamental government monopoly.
monopolio ilegal illegal monopoly.
monopolio laboral labor monopoly, labour monopoly.
monopolio legal legal monopoly.
monopolio natural natural monopoly.
monopolio parcial partial monopoly.
monopolio perfecto perfect monopoly.
monopolio público public monopoly.
monopolio puro pure monopoly.
monopolio temporal temporary monopoly.
monopolista *adj* monopolistic.
monopolista *m/f* monopolist.
monopolístico *adj* monopolistic.
monopolización *f* monopolization.
monopolizador *adj* monopolizing.
monopolizador *m* monopolizer.
monopolizar *v* monopolize.
monopsónico *adj* monopsonic.
monopsonio *m* monopsony.
monta *f* sum, total.
montante *m* sum, total.
montante cierto sum certain.
monte de piedad pawnshop.
montepío *m* widows' and orphan's fund, widows' and orphan's fund payment, pawnshop.
monto *m* amount, sum, total, quantity.
monto a abonar amount payable, amount due.
monto a pagar amount payable, amount due.
monto acreditado amount credited.
monto actual present amount.
monto acumulado accumulated amount.
monto adeudado amount owed, amount due.
monto alzado agreed amount.
monto amortizable amortizable amount, depreciable amount.
monto amortizado amortized amount, depreciated amount.
monto aplazado deferred amount.
monto asegurado amount covered, amount insured.
monto base base amount.
monto cargado charged amount.
monto cobrado amount collected.
monto compuesto compound amount.
monto constante constant amount.
monto contribuido amount contributed.
monto convenido agreed-upon amount.
monto de crédito amount of credit.
monto de la pérdida amount of loss.
monto de la reclamación claim amount.
monto de la subvención amount of subsidy.
monto de la transacción transaction amount.
monto debido amount due.
monto declarado stated amount.
monto deducido amount deducted.
monto del daño amount of damage.
monto del subsidio amount of subsidy.
monto depreciado depreciated amount.
monto desembolsado disbursed amount.
monto determinado determined amount.
monto en descubierto overdrawn amount.
monto en exceso excess amount.
monto en riesgo amount at risk.
monto específico specific amount.
monto exento exempt amount.
monto exportado amount exported.

monto fijo fixed amount.
monto financiado amount financed.
monto garantizado guaranteed amount.
monto importado amount imported.
monto indeterminado uncertain amount.
monto inicial initial amount.
monto líquido liquid assets.
monto medio average amount.
monto mínimo minimum amount.
monto necesario necessary amount.
monto neto net amount.
monto obligado obligatory amount.
monto obligatorio obligatory amount.
monto pagadero amount to be paid, amount payable.
monto pagado amount paid.
monto pagado en exceso amount overpaid.
monto pendiente amount outstanding.
monto perdido amount lost.
monto predeterminado predetermined amount.
monto promedio average amount.
monto real actual amount.
monto realizado amount realized.
monto regular regular amount.
monto requerido amount required.
monto residual residual amount.
monto retenido amount withheld.
monto total total amount, aggregate amount.
monto transferido transferred amount.
monto variable variable amount.
monto vencido amount overdue.
mora f delay, default.
mora, en in arrears, delinquent.
moralidad f morality.
moratoria f moratorium.
moratoria de la deuda debt moratorium.
mordida f bribe.
morosamente adv tardily.
morosidad f delay, delinquency.
moroso adj tardy, delinquent.
mortalidad esperada expected mortality.
mortalidad experimentada experienced mortality.
mostrador m counter.
motete m parcel.
motivación f motivation.
motivación en el empleo job motivation, employment motivation.
motivación en el trabajo job motivation, work motivation.
motivación financiera financial motivation.
motivación profesional professional motivation.
motivado adj motivated.
motivador adj motivating.
motivar v motivate.
motivo m motive, reason.
motivo de compra buying motive.
motivo de despido grounds for dismissal.
motivo de ganancia profit motive.
motor de búsqueda search engine.
motor del crecimiento engine of growth.
móvil adj mobile.
móvil m mobile phone, cell phone.
movilidad f mobility.
movilidad de la mano de obra labor mobility, labour mobility.
movilidad horizontal horizontal mobility.
movilidad laboral labor mobility, labour mobility.
movilidad vertical vertical mobility.
movilización f mobilization.
movilizar v mobilize.

movimiento m movement.
movimiento a la baja bearish movement, downward movement.
movimiento al alza bullish movement, upward movement.
movimiento alcista bullish movement, upward movement.
movimiento bajista bearish movement, downward movement.
movimiento de activos asset turnover.
movimiento de caja cash movement.
movimiento de capital capital movement.
movimiento de cuenta account movement.
movimiento de fondos flow of funds.
movimiento de inversiones investment turnover.
movimiento de mano de obra labor mobility, labour mobility.
movimiento de mercancías merchandise turnover.
movimiento de precios price movement.
movimiento de precios horizontal horizontal price movement.
movimiento laboral labor movement, labour movement.
movimiento obrero labor movement, labour movement.
movimiento sindical union movement.
mueblaje m furniture, moveables.
muebles m furniture, moveables.
muebles corporales personal property.
muebles y enseres furniture and fixtures.
muebles y instalaciones furniture and fixtures.
muebles y útiles furniture and fixtures.
muellaje m wharfage.
muelle m pier.
muerte accidental accidental death.
muerte relacionada al empleo job-related death, work-related death.
muerte relacionada al trabajo job-related death, work-related death.
muestra f sample, model.
muestra aleatoria random sample.
muestra comercial commercial sample.
muestra de promoción promotional sample.
muestra de referencia reference sample.
muestra de venta sales sample.
muestra gratis free sample.
muestra gratuita free sample.
muestra representativa representative sample.
muestrario m sample book, sample collection.
muestreo m sampling.
muestreo al azar random sampling.
muestreo aleatorio random sampling.
muestreo aleatorio estratificado stratified random sampling.
muestreo de aceptación acceptance sampling.
muestreo de casa en casa house-to-house sampling.
muestreo estadístico statistical sampling.
muestreo estratificado stratified sampling.
muestreo fijo fixed sampling.
muestreo por atributos attribute sampling.
muestreo por grupos cluster sampling.
muestreo sistemático systematic sampling.
mujer de negocios businesswoman.
multa f fine.
multa aduanera customs fine.
multa de aduana customs fine.
multa fiscal tax penalty.
multable adj finable.
multar v fine.

multianual *adj* multiyear.
multicentro *m* shopping mall.
multicolinealidad *f* multicollinearity.
multidivisa *adj* multicurrency.
multigrupo *adj* multigroup.
multilateral *adj* multilateral.
multilateralismo *m* multilateralism.
multimedia *adj* multimedia.
multimedios *adj* multimedia.
multimillonario *adj* multimillion.
multimillonario *m* multimillionaire.
multinacional *adj* multinational.
multinacional *f* multinational, multinational company.
multinacionalmente *adv* multinationally.
múltiple *adj* multiple.
multiplicador *m* multiplier.
multiplicador de beneficios income multiplier.
multiplicador de ingresos income multiplier.
multiplicador de la renta income multiplier.
multiplicador del dinero money multiplier.
multiplicador monetario monetary multiplier.
multipropiedad *f* timeshare, timesharing.
multisector *adj* multisector.
multiusuario *adj* multiuser.
mundialización *f* globalization.
mundo comercial business world, commerce world.
mundo de las finanzas financial world.
mundo de los negocios business world.
mundo del comercio business world, commerce world.
mundo del comercio electrónico e-commerce world, e-business world.
mundo empresarial business world.
municipal *adj* municipal.
muro medianero party wall.
música ambiental canned music, piped music, muzak.
música funcional canned music, piped music, muzak.
mutación *f* transfer.
mutua *f* mutual company, mutual benefit association.
mutua de seguros mutual insurance company.
mutual *adj* mutual.
mutual *f* mutual company, mutual benefit association.
mutualidad *f* mutuality, mutual company, mutual benefit association.
mutualista *m/f* member of a mutual company, member of a mutual benefit association.
mutuamente *adv* mutually.
mutuante *m/f* lender.
mutuario *m* mutuary, borrower.
mutuatario *m* mutuary, borrower.
mutuo *adj* mutual.
mutuo *m* loan for consumption, mutuum.
mutuo acuerdo mutual agreement.
mutuo disenso mutual rescission.

N

nación *f* nation.
nación acreedora creditor nation.

nación dependiente dependent nation.
nación deudora debtor nation.
nación exportadora exporting nation.
nación importadora importing nation.
nación industrializada industrialized nation.
nación más favorecida most-favored nation.
nación miembro member nation.
nación participante participating nation.
nación subdesarrollada underdeveloped nation.
nacional *adj* national, domestic.
nacionalidad del buque nationality of the ship.
nacionalismo *m* nationalism.
nacionalismo económico economic nationalism.
nacionalista *adj* nationalist.
nacionalista *m/f* nationalist.
nacionalización *f* nationalization.
nacionalizar *v* nationalize.
nanotecnología *f* nanotechnology.
narcotráfico *m* drug trafficking.
NASDAQ *m* NASDAQ.
naturaleza de las obligaciones nature of the obligations.
naufragante *adj* shipwrecked, sinking.
naufragar *v* to be shipwrecked, to be wrecked.
naufragio *m* shipwreck, wreck.
nave de carga cargo ship.
navegabilidad *f* navigability.
navegable *adj* navigable.
navegación *f* navigation, browsing.
navegación aérea air navigation.
navegación costanera cabotage.
navegación de alta mar navigation on the open seas.
navegación de cabotaje cabotage.
navegación fluvial river navigation.
navegador de Internet browser.
navegador de Web browser.
navegar *v* navigate, browse.
naviero *adj* pertaining to shipping.
naviero *m* shipowner.
navío *m* ship, vessel.
navío de carga freighter.
navío de transporte transport ship.
navío mercante merchant ship.
navío mercantil merchant ship.
necesariamente *adj* necessarily.
necesario *adj* necessary.
necesidad *f* necessity.
necesidades básicas basic needs.
necesidades de compras buying needs.
necesidades del consumidor consumer needs.
necesidades financieras financial needs.
negable *adj* deniable.
negación *f* negation, denial.
negador *m* denier.
negante *m/f* denier.
negar *v* negate, deny, disclaim, prohibit.
negarse *v* decline to do.
negativa *f* negative, refusal.
negativa a firmar refusal to sign.
negatoria *f* action to quiet title.
negligencia *f* negligence, neglect, carelessness.
negligencia comparada comparative negligence.
negligencia comparativa comparative negligence.
negligencia concurrente concurrent negligence.
negligencia conjunta joint negligence.
negligencia contribuyente contributory negligence.
negligencia grave gross negligence.
negligencia inexcusable inexcusable negligence.

negligencia procesable actionable negligence.
negligencia profesional malpractice, professional negligence.
negligente *adj* negligent, careless.
negligente *m/f* neglecter.
negligentemente *adj* negligently, carelessly.
negociabilidad *f* negotiability.
negociable *adj* negotiable, bankable.
negociación *f* negotiation, bargaining, transaction, clearance.
negociación de contratos contract negotiation, contract bargaining.
negociación, en in negotiation, under negotiation.
negociación individual individual bargaining.
negociaciones colectivas collective bargaining.
negociaciones conjuntas joint negotiations.
negociaciones en buena fe good faith bargaining.
negociaciones salariales pay negotiations.
negociado *adj* negotiated.
negociado *m* bureau, department, office, transaction, illegal transaction.
negociado administrativo administrative office.
negociado aduanero bureau of customs.
negociado de aduanas bureau of customs.
negociado de cobranza collection office.
negociado de contribuciones tax office.
negociado de impuestos tax office.
negociado de patentes patent office.
negociado de personal personnel office.
negociador *m* negotiator, bargainer.
negociante *m/f* negotiator, bargainer.
negociar *v* negotiate, bargain.
negociar colectivamente bargain collectively.
negociar documentos discount negotiable instruments.
negociar un empréstito negotiate a loan.
negocio *m* business, occupation, trade, transaction, bargain.
negocio a consumidor business-to-consumer.
negocio a empleado business-to-employee.
negocio a gobierno business-to-government.
negocio a negocio business-to-business.
negocio activo active business.
negocio administrado managed business.
negocio administrador management business.
negocio administrativo management business.
negocio adquirido acquired business.
negocio afiliado affiliated business.
negocio agrícola agricultural business, farm business.
negocio ajeno another's business.
negocio al menudeo retail business.
negocio al por mayor wholesale business.
negocio al por menor retail business.
negocio aliado allied business.
negocio asegurador insurance business.
negocio asociado associated business.
negocio autorizado authorized business.
negocio bancario banking business.
negocio básico core business.
negocio centralizado centralized business.
negocio clandestino clandestine business, illegal business.
negocio colaborativo collaborative business.
negocio comercial business concern, commercial business.
negocio competidor competing business.
negocio componente constituent business.
negocio común joint venture.
negocio con el extranjero foreign business.

negocio con fines de lucro for-profit business.
negocio conjunto joint venture.
negocio constructor construction business.
negocio consultivo consulting business.
negocio consultor consulting business.
negocio controlado controlled business, subsidiary.
negocio cooperativo cooperative.
negocio corporativo corporate business.
negocio de administración administration business.
negocio de alto crecimiento high-growth venture.
negocio de alto riesgo high-risk venture.
negocio de arrendamiento leasing business.
negocio de cabotaje coastal business.
negocio de coaseguro coinsurance business.
negocio de cobro collection business.
negocio de comercio commerce business, commerce concern.
negocio de comisión commission business.
negocio de construcción construction business.
negocio de consultores consulting business.
negocio de control controlling business, holding business.
negocio de corredor broker business.
negocio de corretaje brokerage business.
negocio de crédito credit business.
negocio de explotación operating business.
negocio de exportación export business
negocio de financiamiento financing business.
negocio de importación import business.
negocio de inversión investment business.
negocio de petróleo oil business.
negocio de préstamos loan business.
negocio de reaseguro reinsurance business.
negocio de seguros insurance business.
negocio de seguros de vida life insurance business.
negocio de servicios services business.
negocio de telecomunicaciones telecommunications business.
negocio de transportes transport business, shipping business.
negocio de ultramar overseas business.
negocio de ventas por correo mail order business.
negocio de ventas por correspondencia mail order business.
negocio descentralizado decentralized business.
negocio detallista retail business.
negocio difunto defunct business.
negocio distribuidor distributing business.
negocio disuelto dissolved business.
negocio diversificado diversified business.
negocio doméstico domestic business.
negocio dominante dominant business.
negocio electrónico electronic business, e-business, online business, Internet business.
negocio en funcionamiento going concern.
negocio en línea online business, electronic business, e-business, Internet business.
negocio en marcha going concern.
negocio especulativo speculative business.
negocio establecido established business.
negocio estacional seasonal business.
negocio ético ethical business.
negocio exento exempt business.
negocio explotador operating business.
negocio exportador export business.
negocio exterior foreign business.

negocio extranjero foreign business.
negocio familiar family business.
negocio fiduciario trust business.
negocio filial affiliated business.
negocio financiero financial business.
negocio franco duty free business.
negocio fronterizo border business.
negocio global global business.
negocio hipotecario mortgage business.
negocio ilegal illegal business, business organized for illegal purposes.
negocio ilícito illicit business, business organized for illegal purposes.
negocio importador import business.
negocio individual individual business, sole proprietorship.
negocio industrial industrial business.
negocio inmobiliario real estate business.
negocio insolvente insolvent business.
negocio integrado integrated business.
negocio interestatal interstate business.
negocio interindustrial inter-industrial business.
negocio interior domestic business.
negocio internacional international business.
negocio interno internal business.
negocio intraestatal intrastate business.
negocio inversionista investment business.
negocio legal legal business.
negocio local local business.
negocio lucrativo commercial business, lucrative business.
negocio manufacturero manufacturing business.
negocio marítimo maritime business.
negocio matriz parent business.
negocio mayorista wholesale business.
negocio mercantil commercial business.
negocio minorista retail business.
negocio mixto mixed business.
negocio móvil m-business.
negocio multinacional multinational business.
negocio mundial world business.
negocio nacional domestic business.
negocio no afiliado unaffiliated business.
negocio no lucrativo nonprofit business.
negocio no miembro nonmember business.
negocio online online business, electronic business, e-business, Internet business.
negocio pequeño small business.
negocio por Internet Internet business, online business, electronic business, e-business.
negocio principal main business, core business.
negocio privado private business.
negocio propio sole proprietorship, personal business.
negocio público public business.
negocio puesto en marcha business startup.
negocio quebrado bankrupt business.
negocio reasegurador reinsurance business.
negocio registrado registered business.
negocio regulado regulated business.
negocio secundario secondary business, sideline.
negocio sin fines de lucro nonprofit business.
negocio subsidiario subsidiary business.
negocio sucio dirty business.
negocio transfronterizo cross-border business.
negocio transnacional transnational business.
negocio u ocupación business or occupation.
negocios pendientes pending business.
neocorporativismo *m* neocorporatism.
neocorporativista *adj* neocorporatist.

neocorporativista *m/f* neocorporatist.
nepotismo *m* nepotism.
nepotista *m/f* nepotist.
netiqueta *f* netiquette.
neto *adj* net, genuine.
neto patrimonial net worth.
neutralidad *f* neutrality.
neutralidad fiscal tax neutrality, fiscal neutrality.
neutralidad impositiva tax neutrality.
neutralidad tributaria tax neutrality.
neutralismo *m* neutralism.
neutralista *adj* neutralist.
neutralista *m/f* neutralist.
neutralizado *adj* neutralized.
neutralizar *v* neutralize.
nexo *m* nexus.
nicho *m* niche.
nicho de mercado market niche.
Nikkei *m* Nikkei.
nitidez *f* clarity.
nítido *adj* clear.
nivel *m* level, standard.
nivel arancelario tariff level, duty level.
nivel base base level.
nivel básico basic level.
nivel de apoyo support level.
nivel de aprobación approval level.
nivel de ausentismo level of absenteeism.
nivel de calidad aceptable acceptable quality level.
nivel de centralización level of centralization.
nivel de cobertura coverage level.
nivel de confianza confidence level.
nivel de costes cost level.
nivel de costos cost level.
nivel de desempleo level of unemployment.
nivel de deuda debt level.
nivel de empleo level of employment.
nivel de gastos expense level.
nivel de ingresos income level.
nivel de inventario base base inventory level.
nivel de inversiones investment level.
nivel de ocupación occupancy level.
nivel de pleno empleo full employment level.
nivel de precios price level.
nivel de precios general general price level.
nivel de producción production level.
nivel de resistencia resistance level.
nivel de salario salary level, wage level.
nivel de servicio service level.
nivel de subsistencia sustenance level.
nivel de vida standard of living.
nivel indispensable indispensable level.
nivel necesario necessary level.
nivel neto net level.
nivel obligado obligatory level, mandatory level.
nivel obligatorio obligatory level, mandatory level.
nivel organizacional organizational level.
nivel organizativo organizational level.
nivel periódico periodic level.
nivel requerido required level.
nivel salarial salary level, wage level.
nivelar *v* level.
no aceptamos devoluciones we do not accept returns, no returns.
no acumulativo noncumulative.
no admitido nonadmitted.
no ajustado unadjusted.
no amortizado unamortized.
no asegurable noninsurable.

no asegurado uninsured, noninsured.
no asignado unassigned, unallocated.
no asumible nonassumable.
no autorizado unauthorized.
no cancelable noncancellable.
no cobrado uncollected.
no comercial noncommercial.
no confirmado unconfirmed.
no consolidado unconsolidated.
no consumible nonconsumable.
no corporativo noncorporate.
no cotizado unlisted.
no cruzado uncrossed.
no de producción nonproduction.
no de reserva nonreserve.
no declarado undeclared.
no deducible nondeductible.
no distribuido undistributed.
no duradero nondurable.
no emitido unissued.
no estocástico nonstochastic.
no exigible not due.
no expirado unexpired.
no facturado unbilled.
no financiero nonfinancial.
no fungible non-fungible.
no gravable nontaxable.
no gravado untaxed.
no imponible nontaxable.
no incorporado unincorporated.
no inflacionario noninflationary.
no inscrito unrecorded.
no intervención non-intervention.
no líquido illiquid.
no lucrativo nonprofit.
no monetario nonmonetary.
no negociable nonnegotiable, nonmarketable, unnegotiable.
no ocupacional nonoccupational.
no participante nonparticipating.
no prestado nonborrowed.
no proporcional nonproportional.
no público nonpublic.
no realizado unrealized.
no recíproco nonreciprocal.
no reclamado unclaimed.
no recurrente nonrecurring.
no reembolsable nonrefundable, irredeemable.
no registrado unregistered, unrecorded.
no renovable nonrenewable.
no residencial nonresidential.
no residente nonresident.
no restringido unrestricted.
no retirable noncallable.
no solicitado unsolicited.
no suscrito unsubscribed.
no transferible nontransferable.
no tributable nontaxable.
no valorado nonvalued.
nocente *adj* noxious.
nocible *adj* noxious.
nocividad *f* noxiousness.
nocivo *adj* noxious.
nombrado *adj* named, appointed, renowned.
nombrado *m* appointee.
nombramiento *m* appointment, naming.
nombrar *v* name, elect, appoint.
nombrar nuevamente reappoint.
nombrar un agente appoint an agent.
nombre *m* name, renown.

nombre comercial commercial name, business name.
nombre completo full name.
nombre corporativo corporate name.
nombre de comercio trade name.
nombre de comercio electrónico e-commerce name, e-business name.
nombre de cuenta account name.
nombre de, en on behalf of.
nombre de fábrica trade name.
nombre de la compañía company name.
nombre de marca brand name, trade name.
nombre del producto product name.
nombre distintivo distinctive name.
nombre falso false name.
nombre ficticio fictitious name.
nombre genérico generic name.
nombre legal legal name.
nombre postizo fictitious name.
nombre registrado registered name.
nombre social firm name, company name.
nombre supuesto fictitious name.
nombre y apellidos full name, full name including mother's maiden name.
nomenclatura *f* nomenclature.
Nomenclatura del Consejo de Cooperación Aduanera Customs Cooperation Council Nomenclature.
nómina *f* payroll, payslip, pay, salary, list.
nómina acostumbrada customary payroll.
nómina acumulada accrued payroll.
nómina de empleados payroll.
nómina de pagos payroll.
nómina normal normal payroll.
nómina ordinaria ordinary payroll.
nómina regular regular payroll.
nominación *f* nomination.
nominal *adj* nominal, face.
nominalmente *adv* nominally.
nominativo *adj* nominative, registered.
nominilla *f* voucher.
norma *f* norm, regulation, rule, standard, model.
normalización *f* normalization, standardization.
normalización contable accounting standardization.
normalizado *adj* normalized, standardized.
normalizar *v* normalize, standardize.
normalmente *adv* normally.
normas aceptadas accepted standards.
normas ambientales environmental standards, environmental regulations.
normas comerciales business standards, business regulations, commercial standards.
normas contables accounting standards, accounting policies.
normas corporativas corporate standards, corporate policies.
normas corrientes current practice.
normas de aceptación acceptance standards.
normas de auditoría auditing standards.
normas de auditoría generalmente aceptadas Generally Accepted Auditing Standards.
normas de calidad quality standards, quality regulations.
normas de calidad ambiental environmental quality standards, environmental quality regulations.
normas de comercio commerce regulations, commerce standards.
normas de comercio electrónico e-commerce

regulations, e-commerce standards, e-business regulations, e-business standards.

normas de contabilidad accounting standards, accounting policies.

normas de contabilidad generalmente aceptadas Generally Accepted Accounting Principles.

normas de costes cost standards.

normas de costos cost standards.

normas de cumplimiento performance standards, compliance standards, fulfillment standards.

normas de ética profesional canons of professional ethics.

normas de fabricación manufacturing standards, manufacturing regulations.

normas de industria industry standards.

normas de la compañía company regulations.

normas de negocios business standards, business regulations.

normas de producción production standards.

normas de publicidad advertising standards.

normas de rendimiento performance standards.

normas de seguridad security standards, security requirements, security regulations, safety standards, safety requirements, safety regulations.

normas de trabajo labor standards, labour standards.

normas de valor measures of value.

normas empresariales business standards, business regulations.

normas establecidas established standards.

normas financieras financial standards.

normas fiscales tax regulations.

normas fundamentales del trabajo core labor standards, core labour standards.

normas industriales industrial standards, industrial regulations.

normas internacionales international standards, international regulations.

normas ISO ISO standards.

normas medioambientales environmental standards, environmental regulations.

normas mercantiles commercial standards.

normas publicitarias advertising standards.

normas sanitarias health regulations, health standards, sanitary standards.

normas vigentes current regulations, current standards.

normas y reglamentos rules and regulations.

normativa *f* rules, regulations.

normativa comercial business regulations.

nota *f* note, bill.

nota bancaria bank note, bank bill.

nota de abono credit note.

nota de antecedentes background note.

nota de capital capital note.

nota de cargo debit note.

nota de crédito credit note.

nota de débito debit note, debit ticket.

nota de entrega delivery note.

nota de envío dispatch note.

nota de excepciones bill of exceptions.

nota de pago promissory note, note.

nota de pedido order invoice.

nota de protesto note of protest.

nota promisoria promissory note, note.

notaría *f* office of a notary public, profession of a notary public.

notariado *adj* notarized.

notarial *adj* notarial.

notariato *m* certificate of a notary public.

notario *m* notary public.

notario autorizante attesting notary.

notario fedante attesting notary.

notario público notary public.

notario que subscribe signing notary.

notarizado *adj* notarized.

notarizar *v* notarize.

notas *f* notes, records of a notary public.

noticia de rechazo notice of dishonor.

noticiar *v* notify.

notificación *f* notification, notice.

notificación a acreedores notice to creditors.

notificación adecuada adequate notice.

notificación anticipada advance notice.

notificación de aceptación notice of acceptance.

notificación de asamblea notice of meeting.

notificación de asignación assignment notice.

notificación de caducidad expiration notice.

notificación de cambio notice of change.

notificación de cancelación notice of cancellation.

notificación de confirmación confirmation notice.

notificación de deficiencia notice of deficiency.

notificación de demanda de pago call notice.

notificación de demora notice of delay.

notificación de derechos de autor notice of copyright.

notificación de despido notice, dismissal notice, pink slip.

notificación de ejecución exercise notice.

notificación de embarque notice of shipment.

notificación de entrega delivery notice, advice notice.

notificación de envío dispatch notice, advice note.

notificación de expiración expiration notice.

notificación de huelga notice of strike.

notificación de imposición tax notice, assessment notice.

notificación de incumplimiento notice of default.

notificación de junta notice of meeting.

notificación de llegada notice of arrival.

notificación de mora notice of arrears.

notificación de no aceptación notice of non-acceptance.

notificación de protesto notice of protest.

notificación de quiebra notice of bankruptcy.

notificación de rechazo notice of dishonor.

notificación de redención call notice.

notificación de renovación notice of renewal.

notificación de retiro notice of withdrawal.

notificación de retraso notice of delay.

notificación de reunión notice of meeting.

notificación de terminación termination notice.

notificación de vencimiento notice of due date, notice of deadline, notice of date of maturity, expiration notice.

notificación escrita written notice.

notificación formal formal notice.

notificación implícita constructive notice.

notificación judicial judicial notice.

notificación legal legal notice.

notificación por escrito written notice.

notificación previa prior notice.

notificación pública public notice.

notificación razonable reasonable notice.

notificado *adj* notified.

notificar *v* notify.

novación *f* novation.

novar *v* novate.

nube sobre título cloud on title.
nuda propiedad bare legal title.
nudo pacto nude pact.
nudo propietario bare owner.
nueva adquisición new acquisition.
nueva emisión new issue.
nueva empresa new enterprise.
nueva generación new generation, next generation.
nueva orden new order.
nueva tecnología new technology.
nuevo comienzo fresh start.
nuevo contrato new contract.
nuevo pedido new order.
nuevo saldo new balance.
nuevo y útil new and useful.
nuevos negocios new business.
nuevos productos new products.
nulamente *adv* invalidly.
nulidad *f* nullity.
nulidad absoluta absolute nullity.
nulidad de los contratos nullity of the contracts.
nulo *adj* null.
nulo y sin valor null and void.
numerar *v* number, express in numbers.
numerario *adj* long-standing, pertaining to numbers.
numerario *m* minted money, currency, long-standing employee or member.
número aleatorio random number.
número de asociación association number.
número de autorización authorization number.
número de bono bond number.
número de certificado certificate number.
número de cesión cession number.
número de cheque check number, cheque number.
número de comerciante merchant number.
número de cuenta account number.
número de cuenta principal primary account number.
número de factura invoice number.
número de identificación identification number.
número de identificación bancaria bank identification number.
número de identificación de contribuyente taxpayer identification number.
número de identificación fiscal tax identification number, taxpayer identification number.
número de identificación patronal employer identification number.
número de identificación personal personal identification number.
número de orden order number.
número de pedido order number.
número de póliza policy number.
número de referencia reference number.
número de registro registration number.
número de seguridad de tarjeta card security number.
número de serie serial number.
número de serie de cheque check serial number, cheque serial number.
número de teléfono telephone number.
número de tránsito transit number.
número redondo round number.
números negros, en in the black.
números rojos, en in the red.
numo *m* money.
NYSE *m* NYSE.

Ñ

ñapa *f* bonus, tip.

O

objetividad *f* objectivity.
objetivo *adj* objective, impartial.
objetivo *m* objective, target.
objetivo comercial business objective, commercial objective.
objetivo corporativo corporate objective.
objetivo de comercio commerce objective.
objetivo de comercio electrónico e-commerce objective, e-business objective.
objetivo de costes cost objective.
objetivo de costos cost objective.
objetivo de ganancias profit objective.
objetivo de inversiones investment objective.
objetivo de la carrera career objective.
objetivo de marketing marketing objective.
objetivo de mercadeo marketing objective.
objetivo de negocios business objective, company objective.
objetivo de ventas sales target.
objetivo del empleo employment objective.
objetivo del mercado market objective.
objetivo del trabajo job objective, work objective.
objetivo empresarial business objective.
objetivo mercantil commercial objective.
objetivo profesional professional objective.
objetivos a corto plazo short-term objectives.
objetivos a largo plazo long-term objectives.
objetivos a mediano plazo medium-term objectives.
objetivos a medio plazo medium-term objectives.
objetivos operacionales operational objectives.
objeto *m* object, subject matter, aim.
objeto del contrato subject matter of the contract.
objeto social corporate purpose, partnership purpose.
oblación *f* payment.
oblar *v* pay off.
obligación *f* obligation, liability, bond, debenture.
obligación a plazo obligation which must be fulfilled within a certain period.
obligación absoluta absolute obligation.
obligación accesoria accessory obligation.
obligación acordada agreed-upon obligation.
obligación bilateral bilateral obligation.
obligación colectiva joint obligation.
obligación comercial commercial obligation.
obligación con cláusula penal obligation with a penalty clause.
obligación concurrente concurrent obligation.
obligación condicional conditional obligation.
obligación conjunta joint obligation.
obligación conjuntiva conjunctive obligation.
obligación consensual consensual obligation.
obligación contingente contingent obligation.
obligación contractual contractual obligation.
obligación contratada contracted obligation.
obligación contributiva tax liability.

obligación convencional contractual obligation.
obligación convenida agreed-upon obligation.
obligación copulativa conjunctive obligation.
obligación crediticia debt obligation.
obligación cuasicontractual quasi-contractual obligation.
obligación de bonos colateralizados collateralized bond obligation.
obligación de comercio commercial obligation.
obligación de compartir mandatory sharing.
obligación de compra obligation to buy.
obligación de confidencialidad confidentiality obligation.
obligación de dar obligation to turn over.
obligación de dar cosa cierta determinate obligation.
obligación de dar cosa incierta indeterminate obligation.
obligación de entrega obligation to deliver.
obligación de fideicomiso trust bond.
obligación de hacer obligation to do.
obligación de pagar obligation to pay.
obligación de reparación obligation of reparation.
obligación de tracto sucesivo obligation which is fulfilled in installments.
obligación de tracto único obligation which is fulfilled all at once.
obligación determinada determinate obligation.
obligación directa direct obligation.
obligación divisible divisible obligation.
obligación específica determinate obligation.
obligación estatutaria statutory obligation.
obligación estipulada stipulated obligation.
obligación ética moral obligation.
obligación expresa express obligation.
obligación extracontractual non-contractual obligation.
obligación facultativa alternative obligation.
obligación fija fixed obligation.
obligación financiera financial obligation.
obligación fiscal tax liability.
obligación garantizada secured obligation.
obligación genérica indeterminate obligation.
obligación hipotecaria mortgage obligation.
obligación ilícita illegal obligation.
obligación implícita implied obligation.
obligación impositiva tax liability.
obligación incondicional unconditional obligation, absolute obligation.
obligación incumplida unfulfilled obligation.
obligación indeterminada indeterminate obligation.
obligación indirecta indirect obligation.
obligación indivisible indivisible obligation.
obligación legal legal obligation.
obligación mancomunada joint obligation.
obligación mercantil commercial obligation.
obligación moral moral obligation.
obligación negociada negotiated obligation.
obligación pactada agreed-upon obligation.
obligación pecuniaria monetary obligation.
obligación pendiente outstanding obligation.
obligación personal personal obligation.
obligación preestablecida preset obligation.
obligación primaria primary obligation.
obligación principal principal obligation.
obligación privilegiada preferred obligation.
obligación profesional professional obligation.
obligación pura pure obligation.
obligación real real obligation.

obligación restringida restricted obligation.
obligación simple simple obligation.
obligación sin garantía unsecured obligation.
obligación sinalagmática synallagmatic obligation.
obligación solidaria joint and several obligation.
obligación subordinada subordinated obligation.
obligación subsidiaria accessory obligation.
obligación tributaria tax liability.
obligación unilateral unilateral obligation.
obligacional *adj* obligational.
obligaciones a corto plazo short-term bonds.
obligaciones a la par par bonds.
obligaciones a la vista sight liabilities.
obligaciones a largo plazo long term bonds.
obligaciones a mediano plazo medium-term bonds.
obligaciones a medio plazo medium-term bonds.
obligaciones a perpetuidad perpetual bonds.
obligaciones activas active bonds.
obligaciones ajustables adjustable bonds.
obligaciones al portador bearer bonds, bearer instruments.
obligaciones amortizables redeemable bonds.
obligaciones amortizadas redeemed bonds.
obligaciones bancarias bank bonds, bank obligations.
obligaciones basura junk bonds.
obligaciones colateralizadas collaterized bonds, collateralized obligations.
obligaciones comerciables marketable bonds.
obligaciones con cupones coupon bonds.
obligaciones con garantías secured bonds.
obligaciones con primas premium bonds.
obligaciones conexas related obligations.
obligaciones consolidadas consolidated bonds.
obligaciones contingentes contingent liabilities.
obligaciones convertibles convertible bonds.
obligaciones corporativas corporate bonds.
obligaciones cupón cero zero-coupon bonds.
obligaciones de ahorros savings bonds.
obligaciones de alto rendimiento high-yield bonds.
obligaciones de amortización amortization bonds.
obligaciones de arbitraje arbitrage bonds.
obligaciones de bancos bank bonds, bank obligations.
obligaciones de capital capital liabilities.
obligaciones de consolidación funding bonds.
obligaciones de conversión refunding bonds.
obligaciones de desarrollo industrial industrial development bonds.
obligaciones de deudas debt obligations.
obligaciones de fomento development bonds.
obligaciones de hipotecas mortgage bonds.
obligaciones de reintegración refunding bonds.
obligaciones de rendimiento income bonds.
obligaciones de renta income bonds, fixed-income securities.
obligaciones de tesorería government bonds, treasury bonds.
obligaciones del estado government bonds, state bonds, government obligations, state obligations.
obligaciones del gobierno government bonds, government obligations.
obligaciones del gobierno federal federal government bonds.
obligaciones del tesoro treasury debt instruments, treasury bonds.

obligaciones descontadas discount bonds.
obligaciones diferidas deferred bonds.
obligaciones emitidas bonds issued.
obligaciones en circulación outstanding bonds.
obligaciones en dólares dollar bonds.
obligaciones en eurodólares Eurodollar bonds.
obligaciones en euros Eurobonds.
obligaciones en serie serial bonds.
obligaciones estatales government bonds, state bonds, government obligations, state obligations.
obligaciones exentas de contribuciones tax-exempt bonds.
obligaciones exentas de impuestos tax-exempt bonds.
obligaciones extranjeras foreign bonds.
obligaciones fiscales government bonds, tax bonds.
obligaciones garantizadas guaranteed bonds.
obligaciones gubernamentales government bonds, government obligations.
obligaciones hipotecarias mortgage bonds.
obligaciones imponibles taxable bonds.
obligaciones inactivas inactive bonds.
obligaciones indexadas indexed bonds.
obligaciones indizadas indexed bonds.
obligaciones industriales industrial bonds.
obligaciones inmobiliarias real estate bonds.
obligaciones intercambiables interchangeable bonds.
obligaciones irredimibles irredeemable bonds.
obligaciones municipales municipal bonds, municipal obligations.
obligaciones negociables negotiable bonds, marketable bonds.
obligaciones no negociables nonnegotiable bonds, nonmarketable bonds.
obligaciones no retirables noncallable bonds.
obligaciones nominativas registered bonds, registered debt instruments.
obligaciones perpetuas perpetual bonds, annuity bonds.
obligaciones privilegiadas privileged bonds.
obligaciones puente bridge bonds.
obligaciones redimibles redeemable bonds, callable bonds.
obligaciones redimidas called bonds.
obligaciones registradas registered bonds.
obligaciones rescatables callable bonds.
obligaciones respaldadas por hipotecas mortgage-backed bonds.
obligaciones retirables callable bonds.
obligaciones retiradas called bonds.
obligaciones seriadas serial bonds.
obligaciones sin certificados certificateless bonds.
obligaciones sin garantías unsecured bonds.
obligaciones sin vencimientos perpetual bonds.
obligaciones talonarias coupon bonds.
obligaciones tributables taxable bonds.
obligaciones vencidas expired bonds, expired obligations.
obligacionista *m/f* bondholder.
obligado *adj* obligated.
obligado *m* obligor, debtor.
obligador *m* binder.
obligante *adj* obligating.
obligar *v* oblige, obligate, force, bind.
obligar a pagar force to pay.
obligarse *v* oblige oneself, undertake.
obligativo *adj* obligatory.

obligatoriamente *adv* obligatorily.
obligatoriedad *f* obligatoriness.
obligatorio *adj* obligatory, compulsory, binding.
obra *f* work, construction, building site, deed.
obra de beneficencia welfare work.
obra en curso work in progress.
obra nueva new construction.
obra por piezas piecework.
obra social social work, social welfare, health insurance.
obrador *m* worker.
obraje *m* manufacturing.
obrar *v* work, construct.
obras públicas public works.
obrepción *f* obreption.
obrerismo *m* labor, laborism, labour, labourism.
obrero *adj* working.
obrero *m* worker, laborer, labourer.
obrero a destajo pieceworker.
obrero a sueldo salaried worker.
obrero a tiempo completo full-time worker.
obrero a tiempo parcial part-time worker.
obrero agrícola agricultural worker, farm worker.
obrero ambulante transient worker.
obrero asalariado salaried employee.
obrero autónomo self-employed worker.
obrero calificado qualified worker, skilled worker.
obrero clave key worker.
obrero cualificado qualified worker, skilled worker.
obrero de producción production worker.
obrero de temporada seasonal worker.
obrero del estado government worker, state worker.
obrero del gobierno government worker.
obrero discapacitado disabled worker.
obrero emigrante emigrating worker.
obrero especializado specialized worker.
obrero estacional seasonal worker.
obrero eventual temporary worker.
obrero extranjero foreign worker.
obrero fronterizo cross-border worker, border worker.
obrero incapacitado disabled worker.
obrero independiente independent contractor.
obrero industrial industrial worker.
obrero inmigrante immigrant worker.
obrero itinerante itinerant worker.
obrero manual manual worker, blue-collar worker.
obrero migratorio migrant worker.
obrero no calificado unskilled worker.
obrero no cualificado unskilled worker.
obrero nocturno night worker.
obrero permanente permanent worker.
obrero por horas hourly worker.
obrero por pieza pieceworker.
obrero por turnos shift worker.
obrero probatorio probationary worker.
obrero público public worker.
obrero sindicalizado unionized worker.
obrero temporal temporary worker, casual worker.
obrero temporario temporary worker, casual worker.
obrero temporero temporary worker, casual worker.
obscuridad de los contratos contractual vagueness.
obsequiador *m* giver.
obsequiar *v* give.
obsequio *m* gift.

obsequios comerciales business gifts.
obsequios de negocios business gifts.
obsequios empresariales business gifts.
observación *f* observation, monitoring, comment.
observación de inventario inventory observation.
observador *m* observer, monitor.
observancia *f* observance.
obsolescencia *f* obsolescence.
obsolescencia del producto product obsolescence.
obsolescencia económica economic obsolescence.
obsolescencia incorporada built-in obsolescence.
obsolescencia planificada planned obsolescence, built-in obsolescence.
obsolescencia tecnológica technological obsolescence.
obsolescente *adj* obsolescent.
obsoleto *adj* obsolete.
obstaculizar *v* obstruct.
obstáculo *m* obstacle.
obstar *v* obstruct.
obstrucción *f* obstruction, blockade.
obstructor *adj* obstructing, blockading.
obstruir *v* obstruct, blockade.
obtención *f* obtaining, procurement.
obtener *v* obtain.
obtener crédito obtain credit.
obtenido ilegalmente illegally obtained.
obvención *f* perquisite.
ocasión *f* occasion, opportunity.
ocasional *adj* occasional, accidental.
ocasionalmente *adv* occasionally, accidentally.
occidentalizado *adj* occidentalized, westernized.
occidentalizar *v* occidentalize, westernize.
occidentalizarse *v* become westernized, become occidentalized.
OCDE (Organización para la Cooperación y el Desarrollo Económico) Organization for Economic Cooperation and Development.
ocio *m* inactivity, leisure.
octavilla *f* flyer, pamphlet.
ocultación *f* concealment.
ocultación de bienes concealment of property.
ocultación de identidad concealment of identity.
ocultación fraudulenta fraudulent concealment.
ocultador *m* concealer.
ocultamente *adv* stealthily.
ocultar *v* conceal.
oculto *adj* hidden.
ocupable *adj* occupiable, employable.
ocupación *f* occupation, employment, occupancy.
ocupación a corto plazo short-term occupation.
ocupación a largo plazo long-term occupation.
ocupación a tiempo completo full-time occupation.
ocupación a tiempo parcial part-time occupation.
ocupación actual present occupancy, present occupation.
ocupación administrativa administrative occupation.
ocupación agrícola agricultural occupation.
ocupación bancaria bank occupation.
ocupación calificada qualified occupation, skilled occupation.
ocupación casual casual occupation, temporary occupation.
ocupación clave key occupation.
ocupación conjunta joint occupancy.
ocupación continua continuous occupation.

ocupación de administración administrative occupation.
ocupación de banca bank occupation.
ocupación de campo field occupation.
ocupación de construcción construction occupation.
ocupación de medio tiempo part-time occupation.
ocupación de menores child labor.
ocupación de necesidad occupation of necessity.
ocupación de oficina office occupation, clerical occupation.
ocupación de producción production occupation.
ocupación diurna day occupation.
ocupación efectiva actual occupancy.
ocupación en el sector privado private sector occupation.
ocupación en el sector público public sector occupation.
ocupación especializada specialized occupation.
ocupación estacional seasonal occupation.
ocupación eventual temporary occupation, casual occupation.
ocupación fija steady occupation.
ocupación nocturna night occupation.
ocupación pagada paid occupation.
ocupación peligrosa hazardous occupation, dangerous occupation.
ocupación permanente permanent occupation.
ocupación por cuenta propia self-occupation, independent occupation.
ocupación profesional professional occupation.
ocupación provechosa gainful occupation.
ocupación pública public occupation.
ocupación remunerada paid occupation, gainful employment.
ocupación segura secure occupation, steady occupation.
ocupación temporal temporary occupation, casual occupation.
ocupación temporaria temporary occupation, casual occupation.
ocupación temporera temporary occupation, casual occupation.
ocupacional *adj* occupational.
ocupado *adj* occupied, in use, busy, engaged.
ocupador *m* occupier, occupant.
ocupante *m/f* occupier, occupant.
ocupar *v* occupy, employ, use, engage.
ocuparse de take care of.
ocurrencia *f* occurrence.
ocurrencia de acreedores creditors' meeting.
ocurrir *v* occur, appear.
ocurso *m* petition, demand.
ofender *v* offend, infringe.
ofensiva comercial commercial offensive, sales offensive.
oferente *m/f* offerer, bidder, tenderer.
oferta *f* offer, proposal, bid, tender, supply, special offer.
oferta agregada aggregate supply.
oferta al cierre closing bid.
oferta atractiva attractive offer.
oferta combinada composite supply, package deal.
oferta comparable comparable offer.
oferta competidora competing offer.
oferta competitiva competitive bid, competitive offer.
oferta complementaria complementary supply.
oferta conjunta joint offer.
oferta corriente current offer.

oferta de adquisición takeover bid.
oferta de apertura opening offer, opening bid.
oferta de buena fe good faith offer, bona fide offer.
oferta de compra offer to purchase.
oferta de compra condicional conditional offer to purchase.
oferta de compra incondicional unconditional offer to purchase.
oferta de dinero money supply, money offer.
oferta de empleo employment offer.
oferta de lanzamiento special launch offer.
oferta de mercado market supply.
oferta de petróleo oil supply.
oferta de prueba trial offer.
oferta de trabajo job offer, employment offer.
oferta de valores securities offering.
oferta efectiva effective supply.
oferta elástica elastic supply.
oferta en efectivo cash offer.
oferta en exceso excess supply.
oferta en firme firm offer.
oferta especial special offer.
oferta estacional seasonal supply, seasonal offer.
oferta final final offer, final bid.
oferta firme firm offer.
oferta formal formal offer.
oferta global overall supply.
oferta incondicional unconditional offer.
oferta inelástica inelastic supply.
oferta introductoria introductory offer.
oferta irrevocable irrevocable offer.
oferta laboral labor supply, labour supply.
oferta más alta highest offer, highest bid.
oferta más baja lowest offer, lowest bid.
oferta monetaria money supply.
oferta monetaria amplia broad money.
oferta monetaria en sentido amplio broad money.
oferta no competitiva noncompetitive bid.
oferta oculta hidden offer.
oferta oral oral offer.
oferta por escrito offer in writing.
oferta privada private offering, private offer.
oferta pública public offering, public offer.
oferta pública de acciones public stock offering.
oferta pública de adquisición takeover bid.
oferta pública de valores public offering of securities.
oferta pública de venta public stock offering, public offer for sale.
oferta pública inicial initial public offering.
oferta razonable fair offer.
oferta restringida restricted offer.
oferta total aggregate supply.
oferta verbal verbal offer.
oferta vinculada tied offer.
oferta y aceptación offer and acceptance.
oferta y demanda supply and demand.
ofertado *adj* offered, bid, tendered.
ofertante *adj* offering, bidding, tendering.
ofertante *m/f* offerer, bidder, tenderer.
ofertar *v* offer at a reduced price, offer, bid, tender.
oficial *adj* official.
oficial *m* officer, official.
oficial administrativo administrative officer, executive officer.
oficial aduanero customs officer.
oficial asistente assistant officer.
oficial bancario bank officer, bank official, banking official.

oficial contable accounting officer.
oficial corporativo corporate officer.
oficial de administración administration officer.
oficial de aduanas customs officer, customhouse officer.
oficial de auditoría audit officer.
oficial de banco bank officer, bank official.
oficial de conciliación conciliation officer.
oficial de contabilidad accounting officer.
oficial de coordinación coordination officer.
oficial de operaciones principal chief operating officer.
oficial de plica escrow officer.
oficial de préstamos loan officer.
oficial ejecutivo executive officer.
oficial ejecutivo principal chief executive officer.
oficial financiero financial officer.
oficial financiero principal chief financial officer.
oficial fiscal financial officer.
oficial interino acting officer.
oficial responsable accountable official.
oficialidad *f* body of officers.
oficializar *v* make official.
oficialmente *adv* officially.
oficiar *v* officiate, communicate officially.
oficina *f* office.
oficina administrativa administrative office.
oficina arrendada leased office.
oficina bancaria banking office.
oficina central headquarters, head office, central office.
oficina centralizada centralized office.
oficina comercial commercial office, business office.
oficina contable accounting office.
oficina corporativa corporate office, head office.
oficina de acatamiento compliance office.
oficina de administración administration office.
oficina de apoyo support office, back office.
oficina de aprobación de crédito credit-approval office.
oficina de área area office.
oficina de auditoría audit office.
oficina de autorizaciones authorization office.
oficina de bienestar welfare office.
oficina de caja cash office.
oficina de cambio exchange office.
oficina de certificación certification office.
oficina de cobranza collection office.
oficina de cobros collection office.
oficina de colocación obrera employment office.
oficina de colocaciones employment office.
oficina de comercio commerce office.
oficina de compensaciones clearinghouse.
oficina de compras purchasing office, buying office.
oficina de contabilidad accounting office.
oficina de contribuciones tax office.
oficina de correos post office.
oficina de crédito credit office.
oficina de cumplimiento compliance office.
oficina de distribución distribution office.
oficina de empleos employment office.
oficina de exportación export office.
oficina de facturación billing office.
oficina de gobierno government office.
Oficina de Hacienda tax office.
oficina de hipotecas mortgage office.
oficina de importación import office.
oficina de impuestos tax office.

oficina de información information office.
oficina de marcas trademark office.
oficina de negocios business office.
oficina de nómina payroll office.
oficina de operaciones operations office.
oficina de órdenes order office.
oficina de patentes patent office.
oficina de personal personnel office.
oficina de préstamos loan office.
oficina de producción production office.
oficina de producción de préstamos loan production office.
oficina de publicidad advertising office.
oficina de reaseguro reinsurance office.
oficina de reclamaciones claims office.
oficina de relaciones públicas public relations office.
oficina de seguros insurance office.
oficina de servicio service office.
oficina de tránsito transit office.
oficina de ventas sales office.
oficina de ventas a crédito credit sales office.
oficina del administrador manager office.
oficina del auditor auditor's office.
oficina del director director's office, manager's office.
oficina del gerente manager's office.
oficina descentralizada decentralized office.
oficina electrónica electronic office.
oficina empresarial business office.
oficina extranjera foreign office.
oficina fiduciaria de banco bank trust office.
oficina financiera finance office.
oficina general general office.
Oficina General de Contabilidad General Accounting Office.
oficina hipotecaria mortgage office.
oficina matriz headquarters, head office, main office.
oficina mercantil commercial office.
oficina postal post office.
oficina principal main office, head office.
oficina privada private office.
oficina pública public office, government office.
oficina regional regional office.
oficina sin papel paperless office.
oficina virtual virtual office.
oficinista m/f office worker, clerk.
oficinista de contabilidad accounting clerk.
oficio m occupation, profession, office, trade.
ofimática f office automation.
ofrecedor m offerer, bidder, presenter.
ofrecer v offer, bid, present.
ofrecido m offeree.
ofrecimiento m offer, offering, bid, proposal.
ofrecimiento de bonos bond offering.
ofrecimiento de compra purchase offer.
ofrecimiento de dinero money offer.
ofrecimiento de empleo employment offer.
ofrecimiento de pago payment offer.
ofrecimiento de trabajo job offer, employment offer.
ofrecimiento de valores securities offering.
ofrecimiento especial special offering.
ofrecimiento incondicional unconditional offer.
ofrecimiento monetario money offer.
ofrecimiento privado private offering.
ofrecimiento público public offering.
ofrecimiento secundario secondary offering.
ofrecimiento secundario registrado registered secondary offering.

OIT (Organización Internacional del Trabajo) International Labor Organization, International Labour Organization.
oleada f wave, surge.
oleoducto m oil pipeline.
oligarca m/f oligarch.
oligarquía f oligarchy.
oligárquico adj oligarchic.
oligopolio m oligopoly.
oligopolio homogéneo homogeneous oligopoly.
oligopolio imperfecto imperfect oligopoly.
oligopolio parcial partial oligopoly.
oligopolísitco adj oligopolistic.
oligopsonio m oligopsony.
ombudsman m ombudsman.
OMC (Organización Mundial del Comercio) World Trade Organization.
omisible adj omissible.
omisión f omission, neglect.
omitido adj omitted.
omitir v omit.
omnímodo adj all-embracing.
OMPI (Organización Mundial de la Propiedad Intelectual) World Intellectual Property Organization.
OMS (Organización Mundial de la Salud) World Health Organization, WHO.
oneroso adj onerous.
ONG (organización no gubernamental) non-governmental organization, NGO.
OPA (oferta pública de acciones) public stock offering.
opción f option.
opción a base de índice index option.
opción americana American option.
opción asiática Asian option.
opción caducada expired option.
opción convencional conventional option.
opción cotizada listed option.
opción cubierta covered option.
opción de bonos bond option.
opción de compra option to purchase, call option.
opción de compra garantizada guaranteed purchase option.
opción de conversión conversion option.
opción de dividendos dividend option.
opción de futuros futures option.
opción de recompra repurchase option.
opción de renovación renewal option.
opción de venta option to sell, put option.
opción del comprador buyer's option.
opción del vendedor seller's option.
opción descubierta uncovered option.
opción europea European option.
opción negociada traded option.
opción no cubierta naked option.
opción sobre acciones option, stock option.
opcional adj optional.
opciones de compra y venta calls and puts.
opciones de divisas currency options.
opciones de monedas currency options.
opciones de tasas de interesos interest rate options.
opciones de tipos de interesos interest rate options.
opciones en circulación outstanding options.
opciones sobre tasas de interesos interest rate options.
opciones sobre tipos de interesos interest rate

options.
OPEP (Organización de Países Exportadores de Petróleo) Organization of Petroleum Exporting Countries, OPEC.
operación *f* operation, transaction.
operación a la apertura transaction at the opening.
operación a plazo forward transaction.
operación a término forward transaction.
operación al cierre transaction at the close.
operación al contado cash transaction.
operación bancaria banking transaction.
operación bursátil stock exchange transaction.
operación comercial business transaction, commercial transaction.
operación de arbitraje arbitrage transaction.
operación de banco banking transaction.
operación de bolsa stock exchange transaction.
operación de cobertura hedge transaction.
operación de comercio commerce transaction.
operación de comercio electrónico e-commerce transaction, e-business transaction.
operación de contado cash transaction.
operación de crédito credit transaction.
operación de futuros futures transaction.
operación de negocios business transaction.
operación de préstamo loan transaction.
operación descontinuada discontinued transaction.
operación empresarial business transaction.
operación fiduciaria fiduciary transaction.
operación financiera financial transaction.
operación ilegal illegal transaction.
operación legal legal transaction.
operación mercantil commercial transaction.
operacional *adj* operational.
operaciones de mercado abierto open market operations.
operaciones en curso current operations.
operaciones especulativas speculative operations.
operaciones gravables taxable operations.
operaciones imponibles taxable operations.
operaciones regionales regional operations.
operado por computadora computer-operated.
operado por ordenador computer-operated.
operador *m* operator.
operador aéreo aircraft operator.
operador de aeronave aircraft operator.
operador de terminal terminal operator.
operar *v* operate, deal.
operario *m* operator, worker, laborer, labourer.
operario de fábrica factory worker.
operativo *adj* operative.
opinión *f* opinion.
opinión adversa adverse opinion.
opinión asesora advisory opinion.
opinión con salvedades qualified opinion.
opinión consultiva advisory opinion.
opinión de título opinion of title.
opinión del auditor auditor's opinion.
opinión del contable accountant's opinion.
opinión del contador accountant's opinion.
opinión desfavorable unfavorable opinion.
opinión favorable favorable opinion.
opinión legal legal opinion.
opinión popular popular opinion.
opinión pública public opinion.
oportunamente *adv* opportunely.
oportunidad *f* opportunity.
oportunidad comercial business opportunity,

commercial opportunity.
oportunidad corporativa corporate opportunity.
oportunidad de comercio commerce opportunity, business opportunity.
oportunidad de comercio electrónico e-commerce opportunity, e-business opportunity.
oportunidad de empleo employment opportunity.
oportunidad de empleo sin discrimen equal employment opportunity.
oportunidad de mercado market opportunity.
oportunidad de negocios business opportunity.
oportunidad de trabajo work opportunity.
oportunidad de ventas sales opportunity.
oportunidad económica economic opportunity.
oportunidad empresarial business opportunity.
oportunidad financiera financial opportunity.
oportunidad mercantil commercial opportunity.
oportunismo *m* opportunism.
oportunista *adj* opportunistic.
oportunista *m/f* opportunist.
oportuno *adj* opportune, timely, appropriate.
oposición *f* opposition.
opositor *m* opponent.
optante *m/f* chooser.
optar *v* choose, opt.
optativo *adj* optional.
óptimas condiciones optimal conditions.
optimismo *m* optimism.
optimista *adj* optimist.
optimista *m/f* optimist.
optimización *f* optimization.
optimización de cartera de valores portfolio optimization.
optimizar *v* optimize.
óptimo *adj* optimal, optimum.
OPV (oferta pública de venta) public stock offering.
orden *f* order, command.
orden *m* order, sequence.
orden a crédito credit order.
orden a granel bulk order.
orden a la apertura at-the-opening order.
orden abierta open order.
orden administrativo administrative order.
orden al cierre at-the-close order.
orden al contado cash order.
orden al mercado market order.
orden al precio de mercado market order.
orden anual annual order.
orden bancaria bank order.
orden con combinaciones combination order.
orden con precio límite limit order.
orden condicional conditional order, contingent order.
orden de, a la to the order of.
orden de bloqueo stop order.
orden de cambio change order.
orden de cancelación cancellation order.
orden de compra purchase order, buy order.
orden de desahucio certificate of eviction, eviction order.
orden de efectuar o anular fill or kill.
orden de entrega delivery order.
orden de estafeta money order.
orden de fabricación manufacturing order.
orden de liberación release order.
orden de manufactura manufacturing order.
orden de pago payment order.
orden de precio limitado limited price order.
orden de producción production order.

orden de prueba trial order.
orden de todo o nada all-or-none order.
orden de trabajo work order, job order.
orden de transferencia transfer order.
orden de un día day order.
orden del día agenda.
orden designado designated order.
orden discrecional discretionary order.
orden dividida split order.
orden ejecutiva executive order.
orden electrónica electronic order.
orden en espera back order.
orden en firme firm order.
orden en línea online order.
orden especial special order.
orden firme firm order.
orden futuro future order.
orden incondicional unconditional order.
orden inmediata immediate order.
orden judicial judicial order.
orden limitada limited order.
orden mantenida standing order.
orden mensual monthly order.
orden online online order.
orden oral oral order.
orden original original order.
orden pendiente pending order, back order.
orden permanente permanent order, standing order.
orden por correo mail order.
orden por correspondencia mail order.
orden por escrito order in writing.
orden por fax fax order.
orden por Internet Internet order.
orden por teléfono telephone order.
orden público public order.
orden regular regular order.
orden restringida restricted order.
orden semanal weekly order.
orden telefónica telephone order.
orden todo o nada all-or-none order.
orden urgente urgent order, rush order.
ordenación *f* order, arrangement.
ordenación territorial zoning, land distribution.
ordenador *m* computer, controller, arranger.
ordenador central central computer.
ordenador de bolsillo pocket computer.
ordenador de escritorio desktop computer.
ordenador de mano handheld computer.
ordenador de mesa desktop computer.
ordenador de red network computer.
ordenador doméstico home computer.
ordenador personal personal computer.
ordenador portátil portable computer.
ordenamiento *m* ordering, order, legislation, law, code of laws.
ordenanza *f* ordinance, order, clerk.
ordenanzas de construcción building code.
ordenar *v* order, regulate, arrange.
ordenar bienes marshal assets
ordenar por correo order by mail.
ordenes apareadas matched orders.
ordinariamente *adv* ordinarily.
ordinario *adj* ordinary.
organigrama *m* organizational chart, flowchart.
organismo *m* organization, entity, body.
organismo administrado managed organization.
organismo administrador management organization, managing organization.
organismo administrativo management

organization, managing organization.
organismo afiliado affiliated organization.
organismo agrícola farm organization, farming organization.
organismo aliado allied organization.
organismo asegurador insurance organization.
organismo asociado associated organization.
organismo autorizado authorized organization.
organismo bancario banking organization.
organismo caritativo charitable organization.
organismo centralizado centralized organization.
organismo comercial business organization, commercial organization.
organismo competidor competing organization.
organismo componente constituent organization.
organismo con fines de lucro for-profit organization.
organismo consultivo consulting organization.
organismo consultor consulting organization.
organismo contable accounting organization.
organismo controlado controlled organization.
organismo controlador controlling organization.
organismo controlante controlling organization.
organismo corporativo corporate organization.
organismo de administración administration organization.
organismo de cobro collection organization.
organismo de comercio business organization, commerce organization.
organismo de construcción building organization.
organismo de consultores consulting organization.
organismo de contabilidad accounting organization.
organismo de control controlling organization.
organismo de crédito credit organization.
organismo de inversiones investment organization.
organismo de negocios business organization.
organismo de préstamos loan organization.
organismo de seguros insurance organization.
organismo de servicios service organization.
organismo de telecomunicaciones telecommunications organization.
organismo de transporte transport organization.
organismo de utilidad pública public service organization.
organismo del sector privado private sector organization.
organismo del sector público public sector organization.
organismo descentralizado decentralized organization.
organismo difunto defunct organization.
organismo distribuidor distributing organization.
organismo disuelto dissolved organization.
organismo diversificado diversified organization.
organismo doméstico domestic organization.
organismo dominante dominant organization.
organismo económico economic organization.
organismo establecido established organization.
organismo estatal government organization, state organization.
organismo ético ethical organization.
organismo exento exempt organization.
organismo explotador operating organization.
organismo exportador export organization.
organismo extranjero alien organization, foreign organization.

organismo fiduciario trust organization.
organismo filial affiliated organization.
organismo financiero finance organization.
organismo fusionado merged organization.
organismo global global organization.
organismo gubernamental government
organization, government agency.
organismo importador import organization.
organismo industrial industrial organization.
organismo insolvente insolvent organization.
organismo integrado integrated organization.
organismo internacional international
organization.
organismo inversionista investment organization.
organismo legal legal organization.
organismo local local organization.
organismo lucrativo lucrative organization,
commercial organization.
organismo manufacturero manufacturing
organization.
organismo marítimo maritime organization.
organismo matriz parent organization.
organismo mercantil commercial organization.
organismo miembro member organization.
organismo mixto mixed organization.
organismo multinacional multinational
organization.
organismo nacional national organization,
domestic organization.
organismo no afiliado unaffiliated organization.
organismo no lucrativo nonprofit organization.
organismo no público nonpublic organization.
organismo operador operating organization.
organismo prestatario borrowing organization.
organismo privado private organization.
organismo privatizado privatized organization.
organismo profesional professional organization.
organismo público public organization.
organismo quebrado bankrupt organization.
organismo reasegurador reinsurance
organization.
organismo rector board of directors.
organismo registrado registered organization.
organismo regulado regulated organization.
organismo sin acciones nonstock organization.
organismo sin fines de lucro nonprofit
organization.
organismo sindical labor union.
organismo subsidiario subsidiary organization.
organismo transnacional transnational
organization.
organización *f* organization.
organización autorreguladora self-regulatory
organization.
organización benéfica charitable organization.
organización calificada qualified organization.
organización caritativa charitable organization.
organización comercial business organization,
commercial organization, trade organization.
organización corporativa corporate organization.
organización de activos organization of assets.
organización de comercio commerce
organization.
organización de comercio electrónico e-
commerce organization, e-business organization.
organización de consumidores consumer
organization.
organización de costes organization of costs.
organización de costos organization of costs.
organización de cuentas organization of

accounts.
organización de gastos organization of expenses,
organization of expenditures.
organización de la compañía company
organization.
organización de la corporación corporate
organization.
organización de la empresa company
organization, enterprise organization.
organización de mantenimiento de salud health
maintenance organization.
organización de negocio electrónico e-
commerce organization, e-business organization.
**Organización de Países Exportadores de
Petróleo** Organization of Petroleum Exporting
Countries, OPEC.
organización de proveedores preferidos
preferred provider organization.
organización de ventas sales organization.
organización del negocio business organization.
organización del pasivo organization of
liabilities.
organización económica economic organization.
organización empresarial company organization,
enterprise organization.
organización estatal government organization,
state organization.
organización exenta exempt organization.
organización exenta de contribuciones tax-
exempt organization.
organización exenta de impuestos tax-exempt
organization.
organización formal formal organization.
organización funcional functional organization.
organización gubernamental government
organization.
organización horizontal horizontal organization.
organización industrial industrial organization.
organización internacional international
organization.
Organización Internacional de Normalización
International Standards Organization.
Organización Internacional del Trabajo
International Labor Organization, International
Labour Organization.
organización lineal line organization.
organización matricial matrix organization.
organización mercantil commercial organization.
**Organización Mundial de la Propiedad
Intelectual** World Intellectual Property
Organization.
Organización Mundial de la Salud World Health
Organization.
Organización Mundial del Comercio World
Trade Organization.
organización no gubernamental non-
governmental organization.
**Organización para la Cooperación y el
Desarrollo Económico** Organization for
Economic Cooperation and Development.
organización patronal employers' organization.
organización regional regional organization.
organización religiosa religious organization.
organización sin ánimo de lucro nonprofit
organization.
organización sin fines de lucro nonprofit
organization.
organización sindical labor organization, labor
union, labour organization, labour union.
organización vertical vertical organization.

organizacional *adj* organizational.
organizado *adj* organized.
organizador *m* organizer.
organizador electrónico electronic organizer.
organizador personal personal organizer.
organizar *v* organize.
organizarse *v* to be organized.
organizativo *adj* organizational.
órgano *m* organ, body, committee, agency.
órgano administrativo administrative committee.
órgano arbitral arbitral body
órgano de apelación appellate body.
órgano de dirección executive committee.
órgano directivo executive committee.
órgano ejecutivo executive committee.
órgano estatal government body, government agency, state body, state agency.
órgano gubernamental government body, government agency.
orientación *f* orientation.
orientación al cliente client orientation, customer orientation.
orientación al consumidor consumer orientation.
orientación profesional professional orientation.
orientado *adj* oriented.
orientado a la profesión profession-oriented.
orientado a las empresas business-oriented.
orientado a lo comercial commercial-oriented.
orientado a los negocios business-oriented.
orientado a objetos object-oriented.
orientado al cliente client-oriented, customer-oriented.
orientado al comercio commerce oriented.
orientado al comercio electrónico e-commerce-oriented, e-business-oriented.
orientado al consumidor consumer-oriented.
orientado al empleo employment-oriented.
orientado al mercado market-oriented.
orientado al trabajo job-oriented, work-oriented.
orientado al usuario user-oriented.
orientado hacia el cliente client-oriented, customer-oriented.
orientado hacia el comercio commerce oriented.
orientado hacia el comercio electrónico e-commerce-oriented, e-business-oriented.
orientado hacia el consumidor consumer-oriented.
orientado hacia el empleo employment-oriented.
orientado hacia el mercado market-oriented.
orientado hacia el trabajo job-oriented, work-oriented.
orientado hacia el usuario user-oriented.
orientado hacia la profesión profession-oriented.
orientado hacia las empresas business-oriented.
orientado hacia lo comercial commercial-oriented.
orientado hacia los negocios business-oriented.
orientar *v* orient, advise, direct, position.
origen *m* origin, source.
origen de fondos source of funds.
origen y aplicación de fondos source and application of funds.
originación *f* origination.
originación de empréstito loan origination.
originación de préstamo loan origination.
originación hipotecaria mortgage origination.
originador *m* originator.
original *adj* original, authentic.
original *m* original.
originar un préstamo originate a loan.

oro en lingotes gold bullion, bullion.
oro papel paper gold.
oscilaciones de precios price fluctuations.
ostensible *adj* ostensible.
ostensiblemente *adv* ostensibly.
otorgador *adj* granting.
otorgador *m* grantor.
otorgamiento *m* granting, bestowal, authorization.
otorgamiento de capital granting of capital.
otorgamiento de contrato contract awarding.
otorgamiento de crédito extension of credit.
otorgante *m/f* grantor.
otorgar *v* grant, award, agree to, execute.
otorgar ante notario execute before a notary.
otorgar crédito grant credit.
otorgar un contrato award a contract.
otorgar una patente grant a patent.
otros activos other assets.
otros beneficiarios other beneficiaries.
otros cargos other charges.
otros costes other costs.
otros costos other costs.
otros ítems other items.
outplacement *m* outplacement.
outsourcing *m* outsourcing.
outsourcing de procesos de negocios business process outsourcing.

P

p. ej. (por ejemplo) for example.
PAC (Política Agrícola Común, Política Agraria Común) Common Agricultural Policy.
pactado *adj* agreed to.
pactante *m/f* contracting party.
pactar *v* contract, agree.
pacto *m* pact, agreement, contract.
pacto accesorio accessory agreement.
pacto ambiguo ambiguous agreement.
pacto antenupcial prenuptial agreement.
pacto comisorio agreement that may be rescinded under certain conditions.
pacto de adición sale in which the seller may rescind the agreement if there is a better offer.
pacto de ayuda mutua mutual assistance pact.
pacto de caballeros gentlemen's agreement.
pacto de comercio commerce treaty.
pacto de cooperación cooperation agreement.
pacto de mejor comprador sale in which the seller may rescind the agreement if there is a better offer.
pacto de no competencia non-competition agreement.
pacto de preferencia agreement to grant a right of first refusal.
pacto de recompra repurchase agreement.
pacto de retraer repurchase agreement.
pacto de retro repurchase agreement.
pacto de retroventa repurchase agreement.
pacto de reventa repurchase agreement.
pacto de trabajo employment contract.
pacto en contrario agreement to the contrary.
pacto entre caballeros gentlemen's agreement.
pacto formal formal agreement.
pacto legítimo legal agreement.
pacto leonino unconscionable agreement,

unconscionable covenant.
pacto penal penalty clause.
pacto prohibido illegal agreement.
pacto restrictivo restrictive covenant.
pacto social partnership agreement.
pactos usuales usual covenants.
pág. (página) page.
paga *f* pay, salary, wages, payment, compensation.
paga acordada agreed-upon pay.
paga adecuada adequate pay.
paga adicional additional pay.
paga anual annual salary, annual pay, annual wages.
paga base base pay.
paga básica basic pay.
paga bruta gross pay.
paga competitiva competitive pay.
paga compulsoria compulsory pay.
paga contractual contractual pay.
paga contratada contracted pay.
paga convenida agreed-upon pay.
paga de horas extras overtime pay.
paga de vacaciones vacation pay.
paga diaria daily pay.
paga diferida deferred pay.
paga efectiva net pay.
paga esencial essential pay.
paga especificada specified pay.
paga estipulada stipulated pay.
paga extra extra pay, bonus.
paga extraordinaria extra pay, bonus.
paga extraordinaria de navidad Christmas bonus.
paga fija fixed pay, set pay.
paga forzada forced pay.
paga forzosa forced pay.
paga garantizada guaranteed pay.
paga igual equal pay.
paga indebida wrongful payment.
paga indispensable indispensable pay.
paga inicial initial pay.
paga justa just pay.
paga máxima maximum pay.
paga media average pay.
paga mensual monthly salary, monthly pay, monthly wage.
paga mínima minimum wage.
paga necesaria necessary pay.
paga negociada negotiated pay.
paga neta net pay.
paga nominal nominal pay.
paga normal normal pay.
paga obligada obligatory pay, mandatory pay.
paga obligatoria obligatory pay, mandatory pay.
paga pactada agreed-upon pay.
paga por cesantía severance pay.
paga por días festivos holiday pay.
paga por enfermedad sick pay.
paga por incentivos incentive pay.
paga por maternidad maternity pay.
paga por tiempo y medio time-and-a-half pay.
paga preestablecida preset pay.
paga real real pay.
paga regular regular pay.
paga requerida required pay.
paga retenida retained wages.
paga retenida condicionalmente holdback pay.
paga retroactiva retroactive pay.
paga semanal weekly salary, weekly pay, weekly wage.
paga suplementaria supplemental pay.

paga típica typical pay.
paga viciosa inappropriate payment.
paga y señal initial payment, binder.
pagable *adj* payable, owing.
pagadero *adj* payable, owing.
pagadero a la demanda payable on demand.
pagadero a la entrega payable on delivery.
pagadero a la orden payable on order.
pagadero a la vista payable on sight.
pagadero a plazos payable in installments.
pagadero a presentación payable on sight.
pagadero al portador payable to bearer.
pagadero al vencimiento payable at maturity.
pagadero anticipadamente payable in advance.
pagadero por adelantado payable in advance.
pagado *adj* paid.
pagado *m* stamp indicating payment.
pagado al contado paid in cash.
pagado en efectivo paid in cash.
pagado por adelantado paid in advance.
pagado por hora paid by the hour.
pagado totalmente paid in full.
pagador *m* payer.
pagador de dividendos dividend payer.
pagador de impuestos taxpayer.
pagaduría *f* disbursement office.
pagamento *m* payment.
pagamiento *m* payment.
pagar *v* pay, pay back, repay, return.
pagar, a payable, outstanding.
pagar a cuenta pay on account.
pagar a la vista pay at sight.
pagar a plazos pay in installments.
pagar al contado pay cash.
pagar anualmente pay annually.
pagar bajo protesta pay under protest.
pagar bien pay well.
pagar con tarjeta pay by credit card, pay by debit card.
pagar con tarjeta de crédito pay by credit card.
pagar con tarjeta de débito pay by debit card.
pagar en efectivo pay cash.
pagar en especie pay in kind.
pagar en metálico pay cash.
pagar los costes pay costs.
pagar los costos pay costs.
pagar los gastos pay expenses.
pagar mensualmente pay monthly.
pagar por adelantado pay in advance.
pagar por completo pay in full.
pagar por hora pay by the hour.
pagar semanalmente pay weekly.
pagar totalmente pay in full.
pagar trimestralmente pay quarterly.
pagar un cheque pay a check, pay a cheque.
pagar un plazo pay an installment.
pagar un salario pay a salary.
pagar una cuota pay an installment.
pagaré *m* promissory note, note, bill of debt, IOU.
pagaré a la vista demand note.
pagaré al portador bearer note.
pagaré bancario bank note, bank bill.
pagaré con garantía prendaria collateral note.
pagaré conjunto joint promissory note.
pagaré de favor accommodation note.
pagaré del tesoro treasury note.
pagaré fiscal short term government debt instrument.
pagaré garantizado secured note.
pagaré hipotecario mortgage note.

pagaré mancomunado joint note.
pagaré negociable negotiable note.
pagaré no negociable nonnegotiable note.
pagaré nominativo nominative note.
pagaré pasivo passive note.
pagaré prendario collateral note.
pagaré quirografario unsecured note.
pagaré sin garantía unsecured note.
pagaré solidario joint and several note.
pagarés a cobrar notes receivable.
pagarés a pagar notes payable.
página de Internet Web page, Internet page.
página hogar home page.
página principal home page.
página Web Web page.
página Web personal personal Web page.
páginas amarillas yellow pages.
pago *adj* paid.
pago *m* payment.
pago a cuenta payment on account.
pago a la entrega paid on delivery.
pago a plazos payment in installments.
pago acelerado accelerated payment.
pago acordado agreed-upon payment.
pago acostumbrado customary payment.
pago adelantado advance payment, prepayment.
pago adicional additional payment.
pago adicional garantizado guaranteed additional
  payment.
pago adicional por despido dismissal pay.
pago al contado cash payment.
pago antes de entrega cash before delivery.
pago antes del vencimiento payment before
  maturity, prepayment.
pago anticipado prepayment, advance payment,
  advance cash.
pago anticipado de impuestos advance tax
  payment.
pago anual annual payment.
pago aplazado installment payment, deferred
  payment.
pago atrasado late payment, overdue payment,
  payment in arrears.
pago automático automatic payment.
pago automático de facturas automatic bill
  payment.
pago bajo protesta payment under protest.
pago bisemanal biweekly payment.
pago calculado calculated payment.
pago compensatorio compensating payment.
pago compulsorio compulsory payment.
pago con la orden cash with order.
pago con subrogación subrogation payment.
pago con tarjeta credit card payment, debit card
  payment.
pago con tarjeta de crédito credit card payment.
pago con tarjeta de débito debit card payment.
pago condicional conditional payment.
pago conjunto copayment.
pago constante constant payment.
pago contado cash payment.
pago contingente contingent payment.
pago contra documentos payment against
  documents, cash against documents.
pago contra entrega cash on delivery.
pago contractual contractual payment.
pago contratado contracted payment.
pago convenido agreed-upon payment.
pago cuestionable questionable payment.
pago de alquiler rent payment.

pago de alquiler mínimo minimum rent payment.
pago de amortización amortization payment.
pago de anualidad annuity payment.
pago de arrendamiento lease payment.
pago de arrendamiento mínimo minimum lease
  payment.
pago de banquero banker's payment.
pago de bonificación bonus payment.
pago de compensación compensating payment.
pago de contribuciones tax payment.
pago de deudas ajenas payment of the debts of
  another.
pago de dividendo dividend payment.
pago de entrada down payment.
pago de facturas bill payment.
pago de impuestos tax payment.
pago de incentivo incentive pay, incentive fee.
pago de intereses interest payment.
pago de la deuda debt payment.
pago de la pensión pension payment.
pago de la reclamación claim payment.
pago de las obligaciones payment of obligations.
pago de lo indebido wrongful payment.
pago de mantenimiento maintenance payment.
pago de prima premium payment.
pago de servicios payment of services.
pago de vacaciones vacation pay.
pago del arrendamiento rent payment.
pago del IVA payment of the value-added tax.
pago demorado delayed payment.
pago detenido stopped payment.
pago diferido deferred payment, late payment.
pago directo direct payment.
pago electrónico electronic payment.
pago en cuotas payment in installments.
pago en efectivo cash payment.
pago en el arrendamiento rent payment.
pago en especie payment in kind.
pago en exceso overpayment.
pago en línea online payment.
pago en moneda extranjera payment in foreign
  currency.
pago en mora overdue payment.
pago especial special payment.
pago especificado specified payment.
pago estimado estimated payment.
pago estipulado stipulated payment.
pago extraviado missing payment.
pago ficticio fictitious payment.
pago final final payment, final installment.
pago final mayor balloon.
pago forzado forced payment.
pago forzoso forced payment.
pago fraccionado partial payment.
pago garantizado guaranteed payment.
pago global lump-sum payment.
pago hipotecario mortgage payment.
pago igual equal pay.
pago imposible impossible payment.
pago incondicional unconditional payment.
pago indebido wrongful payment.
pago inicial down payment.
pago inicial mínimo minimum down payment.
pago inmediato immediate payment.
pago insuficiente underpayment.
pago íntegro full payment.
pago interino interim payment.
pago internacional international payment.
pago involuntario involuntary payment.
pago judicial forced payment.

pago liberatorio liberating payment.
pago máximo maximum payment.
pago mensual monthly payment.
pago mínimo minimum payment.
pago móvil mobile payment.
pago necesario necessary payment.
pago negociado negotiated payment.
pago nominal nominal payment.
pago normal normal payment.
pago obligado obligatory payment, mandatory payment.
pago obligatorio obligatory payment, mandatory payment.
pago online online payment.
pago ordinario ordinary payment.
pago pactado agreed-upon payment.
pago parcial partial payment.
pago pendiente outstanding payment.
pago perdido missing payment.
pago periódico periodic payment.
pago por adelantado payment in advance, cash in advance.
pago por cheque payment by check, payment by cheque.
pago por clic click payment.
pago por click click payment.
pago por comparecencia call pay.
pago por cuenta ajena payment on behalf of another.
pago por entrega de bienes payment in kind.
pago por error wrongful payment.
pago por horas payment per hour, hourly rate.
pago por otro payment of the debts of another.
pago por tercera parte third party payment.
pago preautorizado preauthorized payment.
pago preestablecido preset payment.
pago preferencial preferential payment.
pago puntual timely payment, prompt payment.
pago recibido payment received.
pago recurrente recurring payment.
pago reembolsable refundable payment.
pago regular regular payment.
pago requerido required payment.
pago restringido restricted payment.
pago seguro secure payment.
pago subsidiado subsidized payment.
pago subvencionado subsidized payment.
pago suspendido stopped payment.
pago tardío late payment.
pago típico typical payment.
pago total full payment.
pago trimestral quarterly payment.
pago único single payment.
pago vencido overdue payment.
pago voluntario voluntary payment.
pagos anticipados anticipated payments.
pagos consecutivos consecutive payments.
pagos corrientes current payments.
pagos escalonados graduated payments.
pagos fijos fixed payments.
pagos internacionales corrientes current international payments.
pagos netos net payments.
pagos parejos level payments.
pagos programados programmed payments.
pagos progresivos graduated payments.
pagos suplementarios supplemental payments.
pagos variables variable payments.
páguese a la orden de pay to the order of.
país *m* country, nation.

país acreedor creditor country.
país de consignación country of consignment.
país de destino country of destination.
país de manufactura country of manufacture.
país de origen country of origin.
país de registro country of registration.
país de residencia country of residence.
país deficitario deficit country.
país del tercer mundo third-world country.
país desarrollado developed country.
país deudor debtor country.
país donante donor country.
país en proceso de adhesión acceding country.
país exportador exporting nation.
país exportador de petróleo oil-exporting country.
país importador importing nation.
país industrializado industrialized country.
país insolvente insolvent country.
país menos adelantado least-developed country, less-developed country.
país menos desarrollado least-developed country, less-developed country.
país miembro member country.
país mutuario borrowing country.
país participante participating country.
país prestatario borrowing country.
país subdesarrollado underdeveloped country.
países en desarrollo developing countries.
países en vías de desarrollo developing countries.
países recientemente industrializados newly industrialized countries.
palabra clave keyword.
palabras comprometedoras compromising words.
palabras negociables negotiable words.
palanca financiera leverage.
pancarta *f* banner, sign, billboard, hoarding.
panel *m* panel.
panel de consumidores consumer panel.
panel de expertos panel of experts.
panfleto *m* pamphlet.
panorama *m* panorama, outlook.
panorama del mercado market outlook.
panorama económico favorable favorable economic outlook.
papá estado nanny state.
papel *m* paper, document.
papel al portador bearer paper.
papel bancario bank paper.
papel comercial commercial paper, business paper.
papel de comercio commercial paper.
papel de crédito credit instrument.
papel de renta securities.
papel de seguridad safety paper.
papel del estado government paper, government debt instrument.
papel del gobierno government paper, government debt instrument.
papel financiero financial paper.
papel gubernamental government paper, government debt instrument.
papel mojado worthless document.
papel moneda paper money.
papel reciclado recycled paper.
papel redescontable eligible paper.
papel sellado stamped paper.
papel simple unstamped paper.
papel timbrado stamped paper.
papeleo *m* red tape, paperwork.

papeles contables accounting papers.
papeles de cobros collection papers.
papeles de trabajo working papers.
papeles del buque ship's papers.
papeleta *f* ticket, ballot, ballot paper, slip of paper.
papeleta de empeño pawn ticket.
papelote *m* worthless document.
papelucho *m* worthless document.
paquete *m* package, parcel.
paquete comercial commercial package, business package.
paquete de acciones block of shares.
paquete de financiación financing package.
paquete de financiamiento financing package.
paquete de programas software package.
paquete de remuneración remuneration package.
paquete de seguro comercial commercial insurance package.
paquete financiero financial package.
paquete postal postal package.
par *f* par.
par *m* pair, peer.
par, a la at par.
para su información for your information.
paracaídas dorado golden parachute.
parada *f* stop, shutdown.
paradigma económico economic paradigm.
parado *adj* unemployed, idle.
parado *m* unemployed person.
paraíso contributivo tax haven.
paraíso fiscal tax haven.
paraíso impositivo tax haven.
paraíso tributario tax haven.
paralización *f* paralyzation, stoppage.
paralizado *adj* paralyzed, stopped.
paralizar *v* paralyze, stop.
parámetro *m* parameter.
parámetros de elegibilidad eligibility parameters.
parar *v* stop, strike.
parcela *f* parcel.
parcelación *f* parceling.
parcelar *v* parcel.
parcial *adj* partial, biased.
parcialidad *f* partiality, bias.
parcialmente *adv* partially.
parcionero *m* partner.
pared ajena neighboring wall.
pared común party wall.
pared divisoria division wall.
pared medianera party wall.
parejo *adj* even, alike.
paridad *f* parity.
paridad cambiaria par of exchange.
paridad de cambio par of exchange.
paridad de conversión conversion parity.
paridad fija fixed parity.
parlamentario *adj* parliamentary.
parlamento *m* parliament.
paro *m* stop, strike, lockout, unemployment, unemployment compensation.
paro cíclico cyclic unemployment.
paro de brazos caídos sit-down strike.
paro de larga duración long-term unemployment.
paro encubierto hidden unemployment.
paro estacional seasonal unemployment.
paro forzoso layoff, lockout.
paro general general strike.
paro laboral work stoppage.
paro obrero strike.
paro oculto hidden unemployment.

paro patronal lockout.
paro técnico unemployment resulting from technology replacing workers.
parque *m* park, station.
parqué *m* trading floor, floor.
parque científico science park.
parque comercial business park, commercial park.
parque corporativo corporate park.
parque de comercio commerce park.
parque de negocios business park.
parque empresarial business park.
parque industrial industrial park.
parque mercantil commercial park.
parque tecnológico technological park.
párrafo *m* paragraph.
parte *f* part, party, share, side.
parte *m* urgent notice, report.
parte acomodada accommodated party.
parte acomodante accommodating party.
parte beneficiada accommodated party.
parte contratante contracting party.
parte del crédito credit party.
parte del león lion's share.
parte diario daily report.
parte en un contrato party to a contract.
parte incumplidora delinquent party.
parte interesada interested party.
parte por acomodación accommodation party.
partes competentes competent parties.
partible *adj* divisible.
partición *f* partition, division.
participación *f* participation, share, communication.
participación accionaria shareholding.
participación activa active participation.
participación controladora controlling interest.
participación cruzada reciprocal participation.
participación de control controlling interest.
participación de los empleados employee participation.
participación del prestador lender participation.
participación del prestamista lender participation.
participación directa direct participation.
participación en el capital equity stake.
participación en las ganancias profit sharing.
participación en las utilidades profit sharing.
participación en los beneficios profit sharing.
participación en préstamo loan participation.
participación financiera financial participation.
participación hipotecaria mortgage participation.
participación material material participation.
participación mayoritaria majority interest.
participación minoritaria minority interest.
participación recíproca reciprocal participation.
participante *adj* participating.
participante *m/f* participant.
participantes de plan plan participants.
participar *v* participate, share, inform.
participativo *adj* participative.
partícipe *adj* participating.
partícipe *m/f* participant, partner.
particular *adj* particular, private, personal, individual, peculiar.
particular *m* individual, matter.
partida *f* departure, entry, item, shipment, consignment, certificate.
partida compensatoria compensating entry, offsetting entry.
partida de defunción death certificate.

partida de gastos expense item.
partida de nacimiento birth certificate.
partida del activo asset item.
partida del balance balance sheet item.
partida del pasivo liability item.
partida doble double entry.
partida extraordinaria extraordinary item.
partida monetaria monetary item.
partida no monetaria non-monetary item.
partida simple single entry.
partida única single entry.
partidamente *adv* separately.
partidario *m* supporter, follower.
partido *adj* divided.
partido *m* party, advantage, means.
partido político political party.
Partido Verde Green party.
partija *f* partition, division.
partimiento *m* partition, division.
partir *v* divide, depart.
parvifundio *m* small farmstead.
pasador *adj* smuggling.
pasador *m* smuggler.
pasaje *m* passage, fare.
pasajero *adj* passing.
pasajero *m* passenger.
pasaporte *m* passport.
pasaporte del buque ship's passport.
pasar aduanas clear customs.
pasar por alto overlook.
pasivo *adj* passive.
pasivo *m* liability, liabilities.
pasivo a corto plazo short-term liability.
pasivo a largo plazo long-term liability.
pasivo a mediano plazo medium-term liability.
pasivo a medio plazo medium-term liability.
pasivo a plazo time deposits.
pasivo actual present liabilities.
pasivo acumulado accrued liability.
pasivo administrado managed liabilities, administered liabilities.
pasivo circulante current liabilities.
pasivo consolidado funded debt.
pasivo contingente contingent liability.
pasivo corriente current liabilities, liquid liabilities.
pasivo de apertura opening liabilities.
pasivo de capital capital liabilities.
pasivo de contingencia contingent liability.
pasivo devengado accrued liability.
pasivo diferido deferred liabilities.
pasivo eventual contingent liability.
pasivo exigible current liabilities.
pasivo exterior foreign liabilities.
pasivo fijo fixed liabilities, capital liabilities.
pasivo financiero financial liabilities.
pasivo futuro future liability.
pasivo garantizado secured liability.
pasivo líquido liquid liabilities, current liabilities.
pasivo no exigible deferred liabilities.
pasivo real actual liabilities.
pasivo social partnership liabilities, corporate liabilities.
pasivo total total liabilities.
pasivos monetarios monetary liabilities, currency liabilities.
patentable *adj* patentable.
patentado *adj* patented.
patentado *m* patentee.
patentar *v* patent.

patentario *adj* pertaining to patents.
patente *adj* patent.
patente *f* patent, license, licence, permit.
patente abandonada abandoned patent.
patente acordada patent granted.
patente básica basic patent.
patente concedida patent granted.
patente conjunta joint patent.
patente de diseño design patent.
patente de ejercicio profesional professional license, professional licence.
patente de invención patent, letters patent.
patente de mejora patent on an improvement.
patente de navegación ship's papers.
patente de salud bill of health.
patente de sanidad bill of health.
patente de vehículo vehicle license, vehicle licence.
patente en tramitación patent pending.
patente industrial professional license, professional licence.
patente internacional international patent.
patente nacional national patent.
patente original basic patent, original patent.
patente pendiente patent pending.
patente pionera pioneer patent.
patente precaucional provisional patent.
patente primitiva basic patent.
patente registrada registered patent.
patente solicitada patent pending.
patentes y marcas patents and trademarks.
patentizar *v* patent.
patrimonio *m* patrimony, estate, inheritance, wealth, net assets, net worth.
patrimonio bruto gross estate, gross assets.
patrimonio de la explotación working capital.
patrimonio del difunto decedent's estate.
patrimonio del estado national wealth, state wealth.
patrimonio económico net worth.
patrimonio empresarial corporate assets, enterprise assets.
patrimonio líquido net assets.
patrimonio neto net assets, net worth, equity.
patrimonio personal personal wealth, personal assets.
patrimonio social corporate assets.
patrocinador *m* sponsor, backer.
patrocinador corporativo corporate sponsor, corporate backer.
patrocinar *v* sponsor, back.
patrocinio *m* sponsorship, backing.
patrocinio corporativo corporate sponsorship, corporate backing.
patrón *m* patron, pattern, employer, boss, lessor, standard.
patrón de cambio oro gold exchange standard.
patrón de consumo consumption pattern.
patrón de la carrera career pattern.
patrón económico economic pattern.
patrón laboral labor standard, labour standard.
patrón monetario monetary standard, currency standard.
patrón oro gold standard.
patrón paralelo parallel standard.
patrón plata silver standard.
patronal *adj* pertaining to employers.
patronato *m* trusteeship, trust, employers' association, association.
patronazgo *m* trusteeship, trust, employers'

association, association.
patrono *m* patron, employer, lessor.
pautas *f* guidelines.
pautas ambientales environmental guidelines.
pautas de calidad quality guidelines.
pautas de calidad ambiental environmental quality guidelines.
pautas de comercio commerce guidelines.
pautas de contabilidad accounting guidelines.
pautas de cumplimiento performance guidelines, compliance guidelines, fulfillment guidelines.
pautas de ética profesional canons of professional ethics.
pautas de fabricación manufacturing guidelines.
pautas de industria industry guidelines.
pautas de la compañía company guidelines.
pautas de negocios business guidelines.
pautas de producción production guidelines.
pautas de publicidad advertising guidelines.
pautas de rendimiento performance guidelines.
pautas de seguridad security guidelines, safety guidelines.
pautas del trabajo work guidelines, labor guidelines, labour guidelines.
pautas empresariales business guidelines.
pautas establecidas established guidelines.
pautas financieras financial guidelines.
pautas industriales industrial guidelines.
pautas internacionales international guidelines.
pautas medioambientales environmental guidelines.
pautas mercantiles commercial guidelines.
pautas publicitarias advertising guidelines.
pautas sanitarias health guidelines, sanitary guidelines.
pautas vigentes current guidelines.
PBI (producto bruto interno) gross national product, GNP.
PBN (producto bruto nacional) gross national product, GNP.
PCGA (principios de contabilidad generalmente aceptados) Generally Accepted Accounting Principles, GAAP.
PDB (producto doméstico bruto) gross domestic product, GDP.
peaje *m* toll.
pechar *v* pay a tax, assume a responsibility.
pecho *m* tax.
peculado *m* peculation, embezzlement, graft.
peculio *m* private money, private property, peculium.
pecuniariamente *adv* pecuniarily.
pecuniario *adj* pecuniary.
pedido *m* order, purchase, petition.
pedido a crédito credit order.
pedido a granel bulk order.
pedido abierto open order.
pedido al contado cash order.
pedido al precio de mercado market order.
pedido anual annual order.
pedido con combinaciones combination order.
pedido con precio límite limit order.
pedido condicional conditional order, contingent order.
pedido de cambio change order.
pedido de compra purchase order, buy order.
pedido de entrega delivery order.
pedido de estafeta money order.
pedido de fabricación manufacturing order.
pedido de manufactura manufacturing order.

pedido de pago payment order.
pedido de precio limitado limited price order.
pedido de prueba trial order.
pedido de trabajo work order, job order.
pedido de transferencia transfer order.
pedido de un día day order.
pedido del día agenda.
pedido designado designated order.
pedido discrecional discretionary order.
pedido dividido split order.
pedido en espera back order.
pedido en firme firm order.
pedido en línea online order.
pedido en vigor esta semana good-this-week order.
pedido en vigor este mes good-this-month order.
pedido especial special order.
pedido firme firm order.
pedido futuro future order.
pedido incondicional unconditional order.
pedido inmediato immediate order.
pedido limitado limited order.
pedido mensual monthly order.
pedido online online order.
pedido oral oral order.
pedido original original order.
pedido por correo mail order.
pedido por correspondencia mail order.
pedido por escrito order in writing.
pedido por fax fax order.
pedido por Internet Internet order.
pedido por teléfono telephone order.
pedido regular regular order.
pedido semanal weekly order.
pedido telefónico telephone order.
pedido trimestral quarterly order.
pedido urgente urgent order, rush order.
pedidos acumulados backlogged orders.
pedimento *m* petition, request, motion, claim.
pedimento, a on request.
pedimento de aduanas customs declaration.
pedimento de importación customs declaration.
pedir *v* ask, request, order, demand.
pedir licitaciones call for bids, call for tenders.
pedir por correo order by mail.
pedir prestado borrow.
pedir propuestas call for bids, call for tenders.
peligro aparente apparent danger.
peligro asegurado insured peril.
peligro catastrófico catastrophic hazard.
peligro común common peril.
peligro de catástrofe catastrophe hazard.
peligro excluido excluded peril.
peligro no asegurado uninsured peril.
peligro para la salud health hazard, health risk.
peligro personal personal danger.
peligros mixtos mixed perils.
peligroso *adj* dangerous.
pena *f* penalty.
pena contractual contractual penalty.
pena convencional contractual penalty.
pena pecuniaria fine.
penalidad *f* penalty.
penalidad contributiva tax penalty.
penalidad impositiva tax penalty.
penalidad por pago tardío late payment penalty.
penalidad por prepago prepayment penalty.
penalidad por radicación tardía late filing penalty.
penalidad por retiro withdrawal penalty.

penalidad por retiro temprano penalty for early withdrawal.
penalidad tributaria tax penalty.
penalizable *adj* penalizable.
penalización *f* penalty.
penalización contributiva tax penalty.
penalización impositiva tax penalty.
penalización por pago anticipado prepayment penalty.
penalización por pago tardío late payment penalty.
penalización por prepago prepayment penalty.
penalización por radicación tardía late filing penalty.
penalización por retiro withdrawal penalty.
penalización por retiro temprano penalty for early withdrawal.
penalización tributaria tax penalty.
penalizar *v* penalize.
pendiente *adj* pending, outstanding.
pendiente de amortizar unamortized, undepreciated.
pendiente de aprobación not yet approved.
pendiente de cobro uncollected, outstanding.
pendiente de pago unpaid, outstanding.
penetración en el mercado market penetration.
penetrar en un mercado penetrate a market.
pensamiento creativo creative thinking.
pensar antes de actuar think before acting.
pensión *f* pension, annuity, support, board.
pensión a la vejez old-age pension.
pensión acumulada accumulated annuity.
pensión alimentaria alimony, maintenance.
pensión alimenticia alimony, maintenance.
pensión anticipada anticipated annuity.
pensión aplazada deferred pension, deferred annuity.
pensión cierta annuity certain.
pensión colectiva group pension, group annuity.
pensión condicional conditional annuity.
pensión conjunta joint annuity.
pensión contingente contingent annuity.
pensión de alimentos alimony, maintenance.
pensión de arrendamiento rent.
pensión de discapacidad disability pension, disability annuity.
pensión de grupo group pension, group annuity.
pensión de invalidez disability benefits, disability pension.
pensión de jubilación pension, retirement annuity, old-age pension.
pensión de retiro pension, retirement annuity.
pensión de supervivencia survivorship annuity.
pensión de vejez old-age pension.
pensión del estado government pension, state pension.
pensión del gobierno government pension.
pensión diferida deferred pension, deferred annuity.
pensión fija fixed annuity.
pensión grupal group pension, group annuity.
pensión incondicional annuity certain, unconditional annuity.
pensión inmediata immediate annuity.
pensión normal normal pension, normal annuity.
pensión ordinaria ordinary pension, ordinary annuity.
pensión perpetua permanent pension, perpetual annuity.
pensión por desempleo unemployment pension.

pensión por discapacidad disability pension.
pensión por incapacidad disability pension.
pensión por invalidez disability pension.
pensión pura pure annuity.
pensión regular regular pension, regular annuity.
pensión temporal temporary annuity.
pensión típica typical pension, typical annuity.
pensión tras divorcio alimony.
pensión variable variable pension, variable annuity.
pensión vitalicia life pension, life annuity, annuity.
pensionado *adj* pensioned.
pensionado *m* pensioner, annuitant, boarder.
pensionar *v* pension, board.
pensionario *m* payer of a pension.
pensiones de empleados employees' pension.
pensionista *m/f* pensioner, annuitant, boarder.
peón *m* hired hand, laborer, unskilled laborer, labourer, unskilled labourer.
pequeña empresa small business.
pequeñas y medianas empresas small and medium size enterprises.
pequeño agricultor small farmer.
pequeño inversionista small investor.
pequeño inversor small investor.
per cápita per capita, by the head.
percentil *m* percentile.
percepción *f* perception, collection.
percepción de alquiler collection of rent.
percepción de contribuciones collection of taxes.
percepción de derechos collection of duties.
percepción de derechos aduaneros collection of customs duties.
percepción de deudas collection of debts.
percepción de impuestos collection of taxes.
percepción de intereses collection of interest.
percepción de lo indebido unjust enrichment.
percepción de primas collection of premiums.
percepción del salario receipt of salary.
perceptible *adj* perceptible, collectible.
perceptor *m* perceiver, collector.
percibir *v* perceive, collect.
percibo *m* collecting.
perder el empleo lose one's job.
pérdida *f* loss, waste, damage.
pérdida a corto plazo short-term loss.
pérdida a largo plazo long-term loss.
pérdida accidental accidental loss.
pérdida acostumbrada customary loss.
pérdida actual present loss.
pérdida actuarial actuarial loss.
pérdida consecuente consequential loss.
pérdida contable book loss.
pérdida de beneficios loss of benefits, loss of profits.
pérdida de buque loss of a vessel.
pérdida de capital capital loss.
pérdida de capital a corto plazo short-term capital loss.
pérdida de capital a largo plazo long-term capital loss.
pérdida de clientela loss of clientele.
pérdida de credibilidad loss of credibility.
pérdida de empleo loss of employment.
pérdida de explotación operating loss.
pérdida de explotación neta net operating loss.
pérdida de ingresos loss of income.
pérdida de operaciones operating loss.
pérdida de paga loss of pay.
pérdida de remuneración loss of pay, loss of

remuneration.
pérdida de salario   loss of salary, loss of pay
pérdida de tiempo   waste of time.
pérdida de utilidad   loss of utility.
pérdida definitiva   definite loss.
pérdida directa   direct loss.
pérdida económica   economic loss.
pérdida efectiva   actual loss, effective loss.
pérdida en libros   book loss.
pérdida esperada   expected loss.
pérdida extraordinaria   extraordinary loss.
pérdida fiscal   tax loss, fiscal loss.
pérdida fortuita   fortuitous loss.
pérdida implícita   constructive loss.
pérdida indirecta   indirect loss.
pérdida máxima   maximum loss.
pérdida máxima posible   maximum possible loss.
pérdida máxima previsible   maximum foreseeable loss.
pérdida máxima probable   maximum probable loss.
pérdida neta   net loss, bottom line.
pérdida neta de capital   net capital loss.
pérdida no recurrente   nonrecurring loss.
pérdida no repetitiva   nonrecurring loss.
pérdida normal   normal loss.
pérdida operativa neta   net operating loss.
pérdida ordinaria   ordinary loss.
pérdida parcial   partial loss.
pérdida pasiva   passive loss.
pérdida pecuniaria   pecuniary loss.
pérdida personal   personal loss.
pérdida por accidente   casualty loss.
pérdida por catástrofe   catastrophe loss.
pérdida por desastre   disaster loss.
pérdida previsible normal   normal foreseeable loss.
pérdida real   actual loss.
pérdida realizable   realizable loss.
pérdida realizada   realized loss.
pérdida regular   regular loss.
pérdida según libros   book loss.
pérdida típica   typical loss.
pérdida total   total loss, dead loss.
pérdida total absoluta   absolute total loss.
pérdida total efectiva   actual total loss.
pérdida total implícita   constructive total loss.
pérdidas actuariales   actuarial losses.
pérdidas asignadas   allocated losses.
pérdidas comerciales   business losses, commercial losses.
pérdidas corporativas   corporate losses.
pérdidas cubiertas   covered losses.
pérdidas de comercio   commerce losses, business losses.
pérdidas de comercio electrónico   e-commerce losses, e-business losses.
pérdidas de crédito   credit losses.
pérdidas de explotación   operating losses.
pérdidas de negocios   business losses.
pérdidas deducibles   deductible losses.
pérdidas empresariales   business losses.
pérdidas financieras   financial loss.
pérdidas incurridas   incurred losses.
pérdidas mercantiles   commercial losses.
pérdidas naturales   natural losses.
pérdidas no realizadas   unrealized losses.
pérdidas ocultas   hidden losses.
pérdidas operativas   operating losses.
pérdidas pagadas   losses paid.

pérdidas pendientes de pagar   losses outstanding.
pérdidas permisibles   permissible losses, allowable losses.
pérdidas por deudas incobrables   bad debt losses.
pérdidas y ganancias   profit and loss.
perdido durante el tránsito   lost in transit.
perdón de la deuda   forgiveness of the debt.
perdonar *m*   pardon, forgive, grant amnesty, exempt.
perdonar una deuda   forgive a debt.
perecedero *adj*   perishable.
perenne *adj*   perennial.
perennidad *f*   perpetuity.
perfección *adj*   perfection, completion.
perfección del contrato   perfection of contract.
perfeccionado *adj*   perfected.
perfil *m*   profile.
perfil de cliente   client profile, customer profile.
perfil de la empresa   company profile, enterprise profile.
perfil de mercado   market profile.
perfil de tenedor de tarjeta   cardholder profile.
perfil de titular de tarjeta   cardholder profile.
perfil del consumidor   consumer profile.
perfil del empleado   employee profile.
perfil del producto   product profile.
perfil del puesto   job profile.
perfil del riesgo   risk profile.
perfil del usuario   user profile.
pericia *f*   expertise, skill.
periódicamente *adv*   periodically.
periodicidad *f*   periodicity.
periódico *adj*   periodic.
periódico *m*   newspaper, periodical.
periódico local   local newspaper.
periodificación *f*   allocation by period.
periodismo económico   economic journalism.
período *m*   period.
período acordado   agreed-upon period.
período anterior   previous period.
período base   base period.
período contable   accounting period.
período contractual   contractual period.
período contratado   contracted period.
período convenido   agreed-upon period.
período de acumulación   accumulation period.
período de alquiler   rental period.
período de amortización   amortization period, depreciation period.
período de auditoría   audit period.
período de aviso   notice period, warning period.
período de beneficios   benefits period.
período de cobro   collection period.
período de compensación   compensation period.
período de compromiso   commitment period.
período de consolidación   consolidation period.
período de contabilidad   accounting period.
período de crédito   credit period.
período de crédito neto   net credit period.
período de cuenta   account period.
período de desarrollo   development period.
período de descuento   discount period.
período de elegibilidad   eligibility period.
período de eliminación   elimination period.
período de entrega   period of delivery.
período de espera   waiting period.
período de facturación   billing period.
período de garantía   guarantee period.
período de gracia   grace period.

período de ingresos earnings period.
período de interés compuesto compound interest period.
período de liquidación liquidation period.
período de maduración maturity period.
período de nómina payroll period.
período de notificación notice period, notification period.
período de opción option period.
período de pago pay period, repayment period.
período de póliza policy period.
período de prescripción prescription period.
período de producción production period.
período de prueba trial period.
período de recesión recession period, recession.
período de redención redemption period.
período de reembolso repayment period, refund period.
período de reinversión reinvestment period.
período de repago payback period.
período de reposición replacement period.
período de rescate redemption period.
período de retorno return period, payback period.
período de suscripción subscription period.
período de tenencia holding period.
período de transición transition period.
período de vacaciones vacation period, vacation.
período de validación validation period.
período del ciclo cycle period.
período especificado specified period.
período estipulado stipulated period.
período excluido excluded period.
período fijo fixed period.
período financiero financial period.
período fiscal fiscal period, taxation period.
período impositivo taxation period.
período inflacionario inflationary period.
período medio de cobro average collection period, average collection time.
período negociado negotiated period.
período pactado agreed-upon period.
período pico peak period.
período preestablecido preset period.
período preliminar preliminary period.
período presupuestario budget period.
período probatorio probationary period.
período punta peak period.
período regular regular period.
perista *m/f* fence.
perito *m* expert, appraiser.
perito tasador expert appraiser.
perito valuador expert appraiser.
perjudicial *adj* prejudicial, harmful, injurious, damaging.
perjuicio *m* damage, injury, wrong, loss.
perjuicio de propiedad property damage.
perjuicio económico monetary loss.
permanente *adj* permanent.
permanentemente *adv* permanently.
permisible *adj* permissible, allowable.
permisión *f* permission, permit, license, licence, leave.
permisionario *m* licensee, licencee.
permiso *m* permission, permit, license, licence, leave.
permiso condicional conditional permit.
permiso de construcción building permit.
permiso de divisas foreign exchange permit.
permiso de edificación building permit.
permiso de entrada entry permit.

permiso de exportación export permit.
permiso de importación import permit.
permiso de paso right of way.
permiso de residencia residence permit.
permiso de salida departure permit.
permiso de trabajo work permit.
permiso de uso condicional conditional-use permit.
permiso de uso especial special-use permit.
permiso expreso express permission.
permiso incondicional unconditional permit.
permiso restringido restricted permit.
permitido *adj* permitted, allowed.
permitir *v* permit, allow.
permuta *f* exchange, swap, permutation.
permuta financiera swap.
permutable *adj* permutable.
permutación *f* permutation.
permutar *v* permute, barter, swap.
perpetuidad *f* perpetuity.
perpetuidad, en in perpetuity.
perpetuo *adj* perpetual.
persona a cargo dependent.
persona abstracta artificial person.
persona afiliada affiliated person.
persona artificial artificial person.
persona asociada associated person.
persona autorizada authorized person.
persona clave key person.
persona cubierta covered person.
persona de control control person.
persona de existencia ideal artificial person.
persona de existencia real natural person.
persona de negocios businessperson.
persona designada designated person.
persona ficticia artificial person, fictitious person.
persona física natural person.
persona incapacitada incapacitated person.
persona incorporal artificial person.
persona individual natural person.
persona informada corporativa corporate insider.
persona interpuesta intermediary.
persona jurídica artificial person.
persona legal artificial person.
persona moral artificial person.
persona natural natural person.
persona no física artificial person.
persona privada private person.
persona razonable reasonable person.
persona responsable accountable person.
personal *adj* personal, private.
personal *m* personnel, staff.
personal a corto plazo short-term personnel.
personal a largo plazo long-term personnel.
personal a sueldo salaried personnel.
personal a tiempo completo full-time personnel.
personal a tiempo parcial part-time personnel.
personal activo active personnel.
personal administrativo administrative personnel, administrative staff.
personal agrícola farm personnel.
personal asalariado salaried personnel.
personal bancario bank personnel.
personal calificado qualified personnel, skilled personnel.
personal clave key personnel.
personal contratado contracted personnel.
personal cualificado qualified personnel, skilled personnel.
personal de administración administration

personnel, administration staff.
personal de alta dirección top management.
personal de auditoría audit staff.
personal de banco bank personnel.
personal de campo field staff.
personal de contabilidad accounting personnel.
personal de mostrador counter personnel.
personal de oficina office personnel, office staff.
personal de producción production personnel.
personal de temporada seasonal personnel.
personal del estado government personnel, state personnel.
personal del gobierno government personnel.
personal directivo management, management staff.
personal discapacitado disabled personnel.
personal diurno day personnel.
personal ejecutivo executive staff.
personal especializado specialized personnel.
personal estacional seasonal personnel.
personal eventual temporary personnel, temporary staff.
personal exento exempt personnel.
personal extranjero foreign personnel.
personal fijo permanent personnel.
personal incapacitado disabled personnel.
personal industrial industrial personnel.
personal itinerante itinerant personnel.
personal jerárquico senior staff, senior personnel.
personal migratorio migrant personnel.
personal nocturno night personnel.
personal obrero workforce.
personal operativo operating personnel, operating staff.
personal permanente permanent personnel, permanent staff.
personal por cuenta ajena employed personnel.
personal por cuenta propia self-employed personnel.
personal por horas hourly personnel.
personal por turnos shift personnel.
personal probatorio probationary personnel.
personal profesional professional personnel, professional staff.
personal público public personnel.
personal sindicalizado unionized personnel.
personal superior senior personnel, senior staff.
personal temporal temporary personnel, temporary staff.
personal temporario temporary personnel, temporary staff.
personal temporero temporary personnel, temporary staff.
personalizado *adj* personalized.
personalmente responsable personally responsible.
personería *f* representation, capacity.
personería gremial recognition of a union by the proper authorities.
personero *m* representative.
perspectiva *f* perspective, outlook, prospect.
perspectiva comercial commercial outlook, commercial perspective, trade outlook, trade perspective.
perspectiva económica economic outlook, economic perspective.
perspectiva financiera financial outlook, financial perspective.
perspectivas de empleo job prospects, job outlook.

perspectivas de trabajo job prospects, job outlook.
perspectivas de ventas sales outlook, sales prospects.
persuasión *f* persuasion.
persuasión moral moral persuasion.
pertenencia *f* property, ownership, mining claim, accessory, membership, belonging.
perturbación *f* disturbance, perturbance.
perturbación de mercado market disruption.
perturbar *v* disturb, perturb.
pesas y medidas weights and measures.
peso *m* weight, influence.
peso bruto gross weight.
peso estimado estimated weight.
peso máximo maximum weight.
peso neto net weight.
peso real real weight, actual weight.
peso troy troy weight.
petición *f* petition, claim.
petición de autorización authorization request.
petición de cuenta account inquiry.
petición de patente patent application.
petición de propuestas call for bids, call for tenders.
petición de quiebra bankruptcy petition.
peticionante *m/f* petitioner.
peticionario *m* petitioner.
petrodólares *m* petrodollars.
petróleo crudo crude oil.
petrolero *m* oil tanker.
pez gordo fat cat, big fish.
phishing *m* phishing.
PIB (producto interno bruto, producto interior bruto) gross domestic product, GDP.
PIB nominal nominal GDP.
PIB sectorial sector GDP.
pie de la fábrica, al at the place manufactured.
pie de la letra, al to the letter, literally, verbatim.
pie de la obra, al at the work site.
piedra preciosa precious stone.
pignoración *f* pignoration, pawning.
pignorar *v* pignorate, hypothecate, pledge.
pignoraticio *adj* pignorative.
píldora venenosa poison pill.
piquete *m* picket.
piquete de huelga picket.
piramidación *f* pyramiding.
pirámide *f* pyramid.
pirámide financiera financial pyramid.
pirata *adj* pirated.
pirateado *adj* pirated.
piratear *v* pirate.
piratería *f* piracy, robbery.
piratería laboral labor piracy.
piratería lesiva del derecho de autor copyright piracy.
piscicultura *f* fish farming.
piscifactoría *f* fish farm.
piso *m* floor, apartment, flat.
piso modelo model apartment, show flat.
pizarra blanca whiteboard.
plan *m* plan.
plan americano American Plan.
plan autoadministrado self-administered plan.
plan calificado qualified plan.
plan comercial business plan, commercial plan.
plan contable accounting plan.
plan contractual contractual plan.
plan corporativo corporate plan.

plan de acumulación accumulation plan.
plan de ahorros savings plan.
plan de ahorros de empleados employee savings plan.
plan de amortización amortization schedule, repayment schedule.
plan de auditoría audit plan.
plan de beneficios benefit plan.
plan de beneficios flexible flexible-benefit plan.
plan de beneficios variables variable-benefit plan.
plan de bonificaciones bonus plan, bonus scheme.
plan de capacitación training plan.
plan de comercio commerce plan.
plan de comercio electrónico e-commerce plan, e-business plan.
plan de compensación diferida deferred compensation plan.
plan de compra de acciones stock purchase plan.
plan de contabilidad accounting plan.
plan de contingencia contingency plan.
plan de contribuciones contribution plan.
plan de contribuciones definidas defined-contribution plan.
plan de contribuciones diferidas deferred contribution plan.
plan de depósitos automático automatic deposit plan.
plan de desarrollo development plan.
plan de descuentos de prima premium discount plan.
plan de dólares constantes constant-dollar plan.
plan de entrenamiento training plan.
plan de estabilización stabilization plan.
plan de financiación financing plan.
plan de financiamiento financing plan.
plan de formación training plan.
plan de habilitación training plan.
plan de hospitalización hospitalization plan.
plan de incentivos incentive plan.
plan de incentivos grupal group incentive plan.
plan de inversiones investment plan.
plan de jubilación retirement plan.
plan de marketing marketing plan.
plan de mercadeo marketing plan.
plan de mercado market plan.
plan de negocios business plan.
plan de pagos payment plan.
plan de pagos parejos level-payment plan.
plan de pagos periódicos periodic payment plan.
plan de pagos variables variable-payment plan.
plan de participación en las ganancias profit-sharing plan.
plan de pensiones pension plan.
plan de pensiones asociado associated pension plan.
plan de pensiones calificado qualified pension plan.
plan de pensiones de aportación definida defined-contribution pension plan.
plan de pensiones de beneficios definidos defined-benefit pension plan.
plan de pensiones de contribución definida defined-contribution pension plan.
plan de pensiones de empleo employee pension plan.
plan de pensiones de prestación definida defined-benefit pension plan.
plan de pensiones individual individual pension plan.

plan de pensiones no calificado nonqualified pension plan.
plan de pensiones para empleados employee pension plan.
plan de pensiones privado private pension plan.
plan de publicidad advertising plan.
plan de reajuste readjustment plan.
plan de reaseguro reinsurance plan.
plan de recompra de acciones share repurchase plan.
plan de redención de acciones stock-redemption plan.
plan de reinversión de dividendos dividend reinvestment plan.
plan de retiro retirement plan.
plan de retiro de negocio propio self-employment retirement plan.
plan de retiro patronal employer retirement plan.
plan de salud health insurance plan.
plan de seguros insurance plan.
plan de servicios service plan.
plan del negocio business plan.
plan doble de ahorros dual savings plan.
plan económico nacional national economic plan.
plan empresarial business plan.
plan estratégico strategic plan.
plan financiero financial plan.
Plan General Contable general accounting plan.
Plan General de Contabilidad general accounting plan.
plan médico health insurance plan.
plan mercantil commercial plan.
plan operacional operational plan.
plan para catástrofes catastrophe plan.
plan para contingencias contingency plan.
plan primario primary plan.
plan publicitario advertising plan.
plan salarial salary scheme, pay scheme.
plan social social plan.
planeamiento *m* planning.
planificación *f* planning.
planificación a corto plazo short-range planning, short-term planning.
planificación a largo plazo long-range planning, long-term planning.
planificación a mediano plazo medium-range planning, medium-term planning.
planificación a medio plazo medium-range planning, medium-term planning.
planificación administrativa administrative planning.
planificación central central planning.
planificación centralizada centralized planning.
planificación comercial business planning, commercial planning.
planificación contributiva tax planning.
planificación corporativa corporate planning.
planificación de administración administration planning.
planificación de comercio commerce planning.
planificación de comercio electrónico e-commerce planning, e-business planning.
planificación de cuenta account planning.
planificación de jubilación retirement planning.
planificación de la capacidad capacity planning.
planificación de la carrera career planning.
planificación de la compañía company planning.
planificación de la corporación corporate planning.
planificación de la empresa company planning,

enterprise planning.
planificación de marca brand planning.
planificación de marketing marketing planning.
planificación de mercadeo marketing planning.
planificación de negocios business planning.
planificación de personal personnel planning.
planificación de producción production planning.
planificación de productos product planning.
planificación de proyecto project planning.
planificación de recursos humanos human resource planning.
planificación de retiro retirement planning.
planificación de sistemas systems planning.
planificación de tierras land use planning.
planificación de ventas sales planning.
planificación del desarrollo development planning.
planificación del empleo employment planning.
planificación del inventario inventory planning.
planificación del mercado market planning.
planificación del presupuesto budget planning.
planificación del trabajo job planning.
planificación económica economic planning.
planificación económica centralizada centralized economic planning.
planificación empresarial business planning, company planning, enterprise planning.
planificación estratégica strategic planning.
planificación estratégica corporativa corporate strategic planning.
planificación financiera financial planning.
planificación financiera personal personal financial planning.
planificación fiscal tax planning.
planificación global global planning, comprehensive planning.
planificación impositiva tax planning.
planificación mercantil commercial planning.
planificación operacional operational planning.
planificación organizativa organizational planning.
planificación para contingencias contingency planning.
planificación presupuestaria budgetary planning.
planificación profesional professional planning.
planificación rural rural planning.
planificación tributaria tax planning.
planificación urbana urban planning.
planificación y control planning and control.
planificado *adj* planned.
planificador *m* planner.
planificador financiero financial planner.
planificar *v* plan.
planilla *f* tax return, payroll, list.
planilla conjunta joint tax return.
planilla consolidada consolidated tax return.
planilla contributiva tax return.
planilla contributiva falsa false tax return.
planilla contributiva frívola frivolous tax return.
planilla de contribuciones tax return.
planilla de contribuciones sobre ingresos income tax return.
planilla de contribuciones sobre la renta income tax return.
planilla de impuestos tax return.
planilla de impuestos sobre ingresos income tax return.
planilla de impuestos sobre la renta income tax return.
planilla de sueldos payroll.

planilla electrónica electronic tax return.
planilla enmendada amended tax return.
planilla falsa false tax return.
planilla frívola frivolous tax return.
planilla impositiva tax return.
planilla incompleta incomplete tax return.
planilla individual individual income tax return.
planilla morosa delinquent tax return, late tax return.
planilla por computadora electronic tax return.
planilla por ordenador electronic tax return.
planilla tributaria tax return.
planillas trimestrales quarterly tax returns.
plano *m* plan, plane, map.
planta *f* plant, floor, power plant.
planta atómica atomic power plant, nuclear power plant.
planta de electricidad power plant.
planta de fabricación manufacturing plant.
planta de manufactura manufacturing plant.
planta de montaje assembly plant.
planta de producción production plant.
planta depuradora purification plant.
planta eléctrica power plant.
planta hidroeléctrica hydroelectric power plant.
planta industrial industrial plant.
planta nuclear nuclear power plant, atomic power plant.
planta piloto pilot plant.
planta procesadora processing plant.
plantar *v* establish.
plantear dudas raise doubts.
plantificar *v* establish.
plantilla *f* staff, personnel.
plantilla a corto plazo short-term staff.
plantilla a largo plazo long-term staff.
plantilla a sueldo salaried staff.
plantilla a tiempo completo full-time staff.
plantilla a tiempo parcial part-time staff.
plantilla activa active staff.
plantilla administrativa administrative staff.
plantilla asalariada salaried staff.
plantilla calificada qualified staff, skilled staff.
plantilla clave key staff.
plantilla contratada contracted staff.
plantilla cualificada qualified staff, skilled staff.
plantilla de administración administration staff.
plantilla de alta dirección top management.
plantilla de auditoría audit staff.
plantilla de banco bank staff.
plantilla de campo field staff.
plantilla de contabilidad accounting staff.
plantilla de dirección management staff, management.
plantilla de oficina office staff.
plantilla de personal staff, employees.
plantilla de producción production staff.
plantilla de temporada seasonal staff.
plantilla del estado government staff, state staff.
plantilla del gobierno government staff.
plantilla directiva management staff, management.
plantilla discapacitada disabled staff.
plantilla ejecutiva executive staff.
plantilla especializada specialized staff.
plantilla eventual temporary staff.
plantilla exenta exempt staff.
plantilla extranjera foreign staff.
plantilla fija permanent staff.
plantilla incapacitada disabled staff.
plantilla industrial industrial staff.

plantilla itinerante itinerant staff.
plantilla migratoria migrant staff.
plantilla obrera workforce.
plantilla operativa operating staff.
plantilla permanente permanent staff.
plantilla profesional professional staff.
plantilla sindicalizada unionized staff.
plantilla temporal temporary staff.
plantilla temporaria temporary staff.
plantilla temporera temporary staff.
plata *f* silver, money.
plata en lingotes silver bullion, bullion.
plataforma *f* platform.
plataforma de ventas sales platform.
platino *m* platinum.
playa de estacionamiento parking lot.
plaza *f* plaza, market, place, post, vacancy.
plaza comercial marketplace, shopping center, shopping centre.
plazo *m* period, term, installment, deadline.
plazo acordado agreed-upon period.
plazo anterior previous period.
plazo anual yearly payment, yearly installment.
plazo base base period.
plazo cierto established period.
plazo contable accounting period.
plazo continuo continuous time period.
plazo contractual contractual period, contract period.
plazo contratado contracted period.
plazo convenido agreed-upon period.
plazo corto, a short term.
plazo de acumulación accumulation period.
plazo de alquiler rental period.
plazo de amortización amortization period, depreciation period.
plazo de auditoría audit period.
plazo de aviso notice period, warning period.
plazo de beneficios benefits period.
plazo de carencia waiting period.
plazo de cobro collection period.
plazo de compensación compensation period.
plazo de compromiso commitment period.
plazo de consolidación consolidation period.
plazo de contabilidad accounting period.
plazo de crédito credit period.
plazo de cuenta account period.
plazo de desarrollo development period.
plazo de descuento discount period.
plazo de elegibilidad eligibility period.
plazo de eliminación elimination period.
plazo de entrega period of delivery.
plazo de espera waiting period.
plazo de facturación billing period.
plazo de favor grace period.
plazo de garantía guarantee period.
plazo de gracia grace period.
plazo de ingresos earnings period.
plazo de las obligaciones period within which to fulfill an obligation.
plazo de liquidación liquidation period.
plazo de nómina payroll period.
plazo de notificación notice period, notification period.
plazo de opción option period.
plazo de pago pay period, repayment period.
plazo de patente patent term.
plazo de póliza policy period.
plazo de prescripción prescription period.
plazo de producción production period.

plazo de prueba trial period.
plazo de recesión recession period, recession.
plazo de redención redemption period.
plazo de reembolso repayment period, refund period.
plazo de reinversión reinvestment period.
plazo de repago payback period.
plazo de reposición replacement period.
plazo de rescate redemption period.
plazo de retorno return period, payback period.
plazo de suscripción subscription period.
plazo de tenencia holding period.
plazo de vacaciones vacation period, vacation.
plazo de validación validation period.
plazo de vencimiento term to maturity.
plazo del ciclo cycle period.
plazo del contrato contract period.
plazo determinado established term.
plazo especificado specified period.
plazo estipulado stipulated period.
plazo excluido excluded period.
plazo extendido extended term.
plazo fatal deadline.
plazo fijo fixed period.
plazo final deadline, final payment, final installment.
plazo financiero financial period.
plazo fiscal fiscal period, taxation period.
plazo improrrogable deadline.
plazo incierto uncertain term.
plazo indefinido uncertain term.
plazo indeterminado uncertain term.
plazo inflacionario inflationary period.
plazo intermedio, a intermediate term.
plazo largo, a long term.
plazo límite deadline.
plazo medio de cobro average collection period.
plazo mensual monthly payment, monthly installment.
plazo negociado negotiated period.
plazo pactado agreed-upon period.
plazo perentorio deadline.
plazo pico peak period.
plazo preestablecido preset period.
plazo preliminar preliminary period.
plazo presupuestario budget period.
plazo probatorio probationary period, trial period.
plazo prorrogable extendible deadline.
plazo prudencial reasonable time.
plazo punta peak period.
plazo regular regular period.
plazo semanal weekly payment, weekly installment.
plazo suplementario extension.
plazo trimestral quarterly payment, quarterly installment.
plazo útil term which only includes working periods.
plazos, a in installments.
pleito *m* suit, lawsuit, action, litigation, fight.
plena capacidad full capacity.
plenario *adj* plenary.
pleno *adj* complete, full, absolute, plenary.
pleno dominio fee simple.
pleno empleo full employment.
plica *f* escrow.
pliego *m* sheet, sealed document.
pliego de aduanas bill of entry.
pliego de cargos list of charges.
pliego de condiciones specifications, bid

specifications, list of conditions.
pliego de licitación bid form.
pliego de propuestas bid form, proposal.
pluralidad *f* plurality, majority.
pluralidad absoluta majority.
pluralidad relativa plurality.
pluralismo *m* pluralism.
pluralista *adj* pluralistic.
pluralista *m/f* pluralist.
pluriempleo *m* moonlighting.
plurilateral *adj* plurilateral.
plus *m* bonus, extra pay.
plus de peligrosidad hazard pay.
plusvalía *f* increased value, goodwill, capital gain, added value.
plusvalía absoluta absolute surplus value.
plusvalía negativa negative goodwill.
PNB (producto nacional bruto) gross national product.
PNN (producto nacional neto) net national product, net domestic product.
población *f* population.
población activa active population.
pobreza *f* poverty.
pobreza absoluta abject poverty, absolute poverty.
pobreza total abject poverty, total poverty.
poder *m* power, power of attorney, authority, proxy.
poder adquisitivo buying power, purchasing power.
poder adquisitivo del consumidor consumer buying power.
poder adquisitivo discrecional discretionary buying power.
poder al portador bearer proxy.
poder aparente apparent authority.
poder bancario banking power.
poder beneficioso beneficial power.
poder de compra buying power, purchasing power.
poder de imposición taxing power.
poder de mercado market power.
poder de monopolio monopoly power.
poder de negociación bargaining power.
poder de nombramiento appointing power.
poder de tomar prestado borrowing power.
poder discrecional discretionary power.
poder económico economic power.
poder ejecutivo executive power.
poder especial special power of attorney.
poder general general power of attorney.
poder implícito implied power.
poder impositivo taxing power.
poder legal legal power.
poder legislativo legislative power.
poder monopolístico monopolistic power.
poder obrero labor power, labour power.
poder para compras buying power.
poder regulador regulating power.
poder regulatorio regulating power.
poderhabiente *m/f* proxy holder.
policentrismo *m* polycentrism.
policentrista *adj* polycentric.
policía aduanera customs police.
policía sanitaria health inspectors.
policultivo *m* mixed farming.
polígono industrial industrial zone.
polipolio *m* polypoly.
política *f* policy, politics.
política a corto plazo short-term policy.
política a largo plazo long-term policy.

política aduanera tariff policy.
Política Agraria Común Common Agricultural Policy.
política agrícola agricultural policy, farm policy.
Política Agrícola Común Common Agricultural Policy.
política ambiental environmental policy.
política arancelaria tariff policy.
política cambiaria foreign exchange policy.
política comercial trade policy, business policy, commercial policy.
política contable accounting policy.
política contraccionista contractionary policy.
política contributiva tax policy.
política corporativa corporate policy.
política corriente current policy.
política crediticia credit policy.
política de comercio commerce policy, trade policy.
política de comercio exterior foreign trade policy.
política de compras buying policy.
política de contracción contractionary policy.
política de desarrollo development policy.
política de descuentos discount policy.
política de devoluciones return policy.
política de devoluciones liberal liberal return policy.
política de dinero barato cheap money policy.
política de distribución distribution policy.
política de dividendos dividend policy.
política de empobrecer al vecino beggar-thy-neighbor policy, beggar-my-neighbor policy.
política de estabilidad stability policy.
política de estabilización stabilization policy.
política de igualdad de oportunidades Equal Opportunities Policy.
política de imposición taxation policy.
política de intervención intervention policy.
política de inversión investment policy.
política de la compañía company policy.
política de la corporación corporate policy.
política de la empresa company policy, enterprise policy.
política de marketing marketing policy.
política de mercadeo marketing policy.
política de mercado abierto open market policy.
política de negocios business policy.
política de no intervención non-intervention policy.
política de paga pay policy, wage policy, salary policy.
política de personal personnel policy.
política de precio único single-price policy.
política de precios pricing policy.
política de préstamos loan policy, lending policy.
política de promoción promotional policy.
política de publicidad advertising policy.
política de puerta abierta open door policy.
política de rentas incomes policy.
política de salarios wage policy, salary policy, pay policy.
política de sueldos wage policy, salary policy, pay policy.
política de tierra quemada scorched-earth policy.
política de tributación taxation policy.
política de uso aceptable Acceptable Use Policy.
política de ventas sales policy.
política del poder power politics.
política discrecional discretionary policy.
política doméstica domestic policy.

política económica economic policy.
política empresarial business policy, company policy, enterprise policy.
política expansionista expansionary policy.
política financiera financial policy.
política fiscal fiscal policy, tax policy.
política impositiva tax policy.
política interior domestic policy.
política inversionista investment policy.
política inversora investment policy.
política laboral labor policy, labour policy.
política macroeconómica macroeconomic policy.
política medioambiental environmental policy.
política mercantil commercial policy.
política monetaria monetary policy.
política monetaria clásica classical monetary policy.
política presupuestaria budget policy.
política publicitaria advertising policy.
política regional regional policy.
política salarial wage policy, salary policy.
política social social policy.
política social y económica economic and social policy.
política tributaria tax policy.
políticamente *adj* politically.
políticamente correcto politically correct.
políticas correctivas corrective policies.
político *adj* political.
político *m* politician.
póliza *f* policy, customs clearance certificate, tax stamp, contract, draft.
póliza a corto plazo short-term policy.
póliza a largo plazo long-term policy.
póliza a todo riesgo comprehensive policy.
póliza abierta floater policy, open policy.
póliza al portador bearer policy.
póliza anual annual policy.
póliza avaluada valued policy.
póliza base base policy, master policy.
póliza caducada lapsed policy.
póliza combinada combined policy, comprehensive policy.
póliza comercial commercial policy, business policy.
póliza completamente pagada fully paid policy.
póliza con combinación combination policy.
póliza con cupones coupon policy.
póliza conjunta joint policy.
póliza contra accidentes accident policy.
póliza contra todo riesgo comprehensive policy.
póliza corriente current policy.
póliza de anualidad annuity policy.
póliza de automóvil comercial business automobile policy.
póliza de automóvil personal personal automobile policy.
póliza de carga cargo policy.
póliza de coaseguro coinsurance policy.
póliza de cobertura múltiple blanket policy.
póliza de comercio commerce policy.
póliza de crédito credit policy.
póliza de doble protección double-protection policy.
póliza de dueño de negocio business owner's policy.
póliza de fianza surety bond.
póliza de fletamento charter party.
póliza de ingresos income policy.
póliza de negocios business policy.

póliza de propiedad comercial commercial property policy.
póliza de reaseguro reinsurance policy.
póliza de seguro insurance policy.
póliza de seguro abierta open insurance policy.
póliza de seguro comercial business insurance policy, commercial insurance policy.
póliza de seguro conjunta joint insurance policy.
póliza de seguro de empresa business insurance policy.
póliza de seguro de ingresos income insurance policy.
póliza de seguro de vida life insurance policy.
póliza de seguro de vivienda dwelling insurance policy, home insurance policy.
póliza de seguro empresarial business insurance policy.
póliza de seguro especial special insurance policy.
póliza de seguro expirada expired insurance policy.
póliza de seguro hipotecario mortgage insurance policy.
póliza de seguro marítimo marine insurance policy.
póliza de seguro mercantil commercial insurance policy.
póliza de seguro múltiple blanket insurance policy.
póliza de valor declarado valued policy.
póliza dotal endowment policy.
póliza empresarial business policy.
póliza especial special policy.
póliza estándar standard policy.
póliza expirada expired policy.
póliza familiar family policy.
póliza flotante floater policy.
póliza global comprehensive policy.
póliza graduada graded policy.
póliza incontestable incontestable policy.
póliza individual individual policy.
póliza limitada limited policy.
póliza mercantil commercial policy.
póliza mixta mixed policy.
póliza no expirada unexpired policy.
póliza no transferible nonassignable policy.
póliza perdida lost policy.
póliza renovable renewable policy.
póliza sin participación nonparticipating policy.
póliza suplementaria supplemental policy.
póliza valorada valued policy.
póliza vencida expired policy, lapsed policy.
polución *f* pollution.
polución ambiental environmental pollution, pollution, contamination.
polución del agua water pollution, water contamination.
polución del aire air pollution, air contamination.
poluto *adj* polluted.
ponderado *adj* weighted.
ponderar *v* weigh, consider.
poner en cuenta deposit into account.
poner en la lista negra blacklist.
poner una orden place an order.
ponerse de acuerdo come to an agreement.
populista *adj* populist.
populista *m/f* populist.
por anticipado in advance, anticipated, early.
por ciento percent.
por consentimiento mutuo by mutual consent.

por contrato by contract.
por cuenta de alguien in someone's name.
por cuenta y riesgo de for account and risk of.
por debajo del coste below cost.
por debajo del costo below cost.
por debajo del promedio below average.
por el libro by the book.
por gracia by favor.
por hora hourly, by hour.
por menor retail.
por poder by proxy.
porcentaje *m* percentage.
porcentaje anual constante constant annual percentage.
porcentaje anual fijo fixed annual percentage.
porcentaje de agotamiento percentage depletion.
porcentaje de coaseguro coinsurance percentage.
porcentaje de cobros collection percentage.
porcentaje de dividendo dividend yield.
porcentaje de morosidad delinquency percentage.
porcentaje de ocupación occupancy rate.
porcentaje de participación percentage participation.
porcentaje de ventas percentage of sales.
porcentual *adj* percentage.
porciento *m* percentage.
porción *f* portion, share.
porcionero *adj* participating.
porcionero *m* participant.
porcionista *m/f* shareholder.
pormenor *m* detail.
pormenorizar *v* itemize, go into detail.
portador *m* bearer, carrier.
portador de contrato contract holder.
portador de destino destination carrier.
portador por contrato contract carrier.
portafolio *m* portfolio.
portafolio activo active portfolio.
portafolio comercial business portfolio, commercial portfolio.
portafolio corporativo corporate portfolio.
portafolio de acciones stock portfolio
portafolio de activos asset portfolio
portafolio de bonos bond portfolio
portafolio de créditos credit portfolio.
portafolio de marcas brand portfolio.
portafolio de negocios business portfolio.
portafolio de productos product portfolio.
portafolio de valores investment portfolio.
portafolio diversificado diversified portfolio.
portafolio empresarial business portfolio.
portafolio mercantil commercial portfolio.
portal *m* corporate portal.
portal comercial business portal, commercial portal.
portal corporativo corporate portal.
portal de comercio e-commerce portal, e-business portal, commerce portal, business portal.
portal de comercio electrónico e-commerce portal, e-business portal.
portal de la compañía company portal.
portal de negocios business portal.
portal empresarial business portal.
portal mercantil commercial portal.
portavoz *m/f* speaker.
portazgar *v* charge a toll.
portazgo *m* toll, tollhouse.
portazguero *m* toll collector.
porte *m* transporting, transport charge, capacity, postage.

porte bruto tonnage.
porte debido freight forward.
porte pagado freight prepaid, freight paid.
porte pagado hasta carriage paid to.
porte total tonnage.
porte y seguro pagado carriage and insurance paid.
porteador *m* carrier.
porteador inicial initial carrier.
porteador marítimo marine carrier.
porteador público common carrier.
portear *v* carry, transport.
porteo *m* carrying.
portfolio *m* portfolio.
portuario *adj* pertaining to a port.
posdata *f* postscript.
posdatar *v* postdate.
poseedor *m* possessor.
poseedor de acciones stockholder, shareholder.
poseedor de bonos bondholder.
poseedor de buena fe holder in good faith, holder in due course, bona fide holder for value.
poseedor de contrato contract holder.
poseedor de letra bill holder.
poseedor de libros bookkeeper.
poseedor de mala fe holder in bad faith.
poseedor de opción option holder.
poseedor de pagaré noteholder.
poseedor de patente patent holder, patentee.
poseedor de póliza policyholder.
poseedor de seguros insurance holder.
poseedor de tarjeta cardholder.
poseedor inscrito registered holder.
poseedor registrado holder of record.
poseer *v* possess, hold.
poseer seguro have insurance, carry insurance.
poseído *adj* possessed.
posesión *f* possession, property, enjoyment.
posesión actual actual possession, present possession.
posesión adversa adverse possession.
posesión aparente apparent possession.
posesión artificial constructive possession.
posesión continua continuous possession.
posesión de buena fe possession in good faith.
posesión de cosas muebles possession of personal property.
posesión de mala fe possession in bad faith.
posesión directa direct possession.
posesión efectiva actual possession.
posesión, en in possession.
posesión en común joint possession.
posesión en exclusiva exclusive possession.
posesión exclusiva exclusive possession.
posesión ilegal illegal possession.
posesión ilícita illegal possession.
posesión implícita constructive possession.
posesión incompleta incomplete possession.
posesión indirecta indirect possession.
posesión inmediata immediate possession.
posesión inmemorial immemorial possession.
posesión justa rightful possession.
posesión legal legal possession.
posesión manifiesta open possession.
posesión no interrumpida continuous possession.
posesión notoria notorious possession.
posesión nuda naked possession.
posesión pacífica peaceable possession.
posesión patente open possession.
posesión por tolerancia tenancy at sufferance.

posesión precaria precarious possession.
posesión pública open and notorious possession.
posesión real actual possession.
posesión simbólica symbolic possession.
posesor *m* possessor.
posesorio *adj* possessory.
posfecha *f* postdate.
posfechado *adj* post-dated.
posfechar *v* post-date.
posibilidad de pérdida chance of loss.
posibilidades de pago payment options.
posible cliente potential client, potential customer.
posición *f* position.
posición abierta open position.
posición alcista bull position.
posición bajista bear position.
posición cerrada closed position.
posición competitiva competitive position.
posición corta short position.
posición cubierta covered position.
posición de apertura opening position.
posición de caja cash position.
posición de cierre closing position.
posición de futuros futures position.
posición de liquidez liquidity position, cash
  position.
posición de negociación bargaining position.
posición de riesgo risk position.
posición dominante dominant position.
posición económica economic position.
posición en el mercado market position.
posición financiera financial position.
posición fiscal fiscal position, tax position.
posición larga long position.
posición negociadora bargaining position.
posición neta net position.
posicionamiento *m* positioning, position.
posicionamiento de marca brand positioning.
posicionamiento del producto product
  positioning.
posicionamiento en el mercado market
  positioning.
posiciones equilibradas balanced positions.
posponer *v* postpone, place after.
posposición *f* postponement.
post-auditoría *adj* post-audit.
post-bancarrota *adj* post-bankruptcy.
post-cierre *adj* post-closing.
post-compra *adj* post-purchase.
post-consumidor *adj* post-consumer.
post-venta *adj* post-sales.
postal *adj* postal.
postdatar *v* postdate.
postergación *f* postponement, passing over,
  holding back.
postergado *adj* postponed, passed over, held back.
postergar *v* postpone, pass over, hold back.
postor *m* bidder.
postor favorecido successful bidder.
postor más alto highest bidder.
postor mayor highest bidder.
postor responsable responsible bidder.
póstula *f* request, application, nomination.
postulación *f* request, application, nomination.
postulante *m/f* requester, applicant, nominee.
postular *v* request, apply, nominate.
postura *f* bid, stake, stance.
postura fiscal fiscal stance.
posventa *adj* after-sales.
potencia económica economic power.

potencial *adj* potential.
potencial *m* potential.
potencial de apreciación appreciation potential.
potencial de beneficios profit potential.
potencial de crecimiento growth potential.
potencial de ganancias profit potential.
potencial de ingresos earnings potential.
potencial de ventas sales potential.
potencial del mercado market potential.
potencialmente *adv* potentially.
potestad *f* authority.
potestad absoluta absolute authority.
potestad administrativa administrative authority.
potestad aparente apparent authority.
potestad discrecional discretionary authority.
potestad fiscal fiscal authority, tax authority.
potestad gubernamental governmental authority.
potestad inferida inferred authority.
potestad local local authority.
potestad monetaria monetary authority.
potestad para contratar contracting authority.
potestad para firmar signing authority.
potestativo *adj* facultative.
práctica *f* practice, custom.
practicante *adj* practicing.
practicar *v* practice, carry out.
practicar una liquidación settle.
practicar una tasación appraise.
prácticas aceptadas accepted practices.
prácticas administrativas administrative
  practices.
prácticas ambientales environmental practices.
prácticas anticompetitivas anticompetitive
  practices.
prácticas antidumping antidumping practices.
prácticas colusorias collusive practices.
prácticas comerciales trade practices, business
  practices, commercial practices.
prácticas comerciales restrictivas restrictive
  trade practices.
prácticas contables accounting practices,
  accounting conventions.
prácticas corporativas corporate practices.
prácticas corrientes current practices.
prácticas de aceptación acceptance practices.
prácticas de administración administration
  practices.
prácticas de auditoría auditing practices.
prácticas de calidad quality practices.
prácticas de calidad ambiental environmental
  quality practices.
prácticas de comercio commerce practices.
prácticas de comercio electrónico e-commerce
  practices, e-business practices.
prácticas de competencia injusta unfair trade
  practices.
prácticas de contabilidad accounting practices,
  accounting conventions.
prácticas de costes cost practices.
prácticas de costos cost practices.
prácticas de cumplimiento performance practices,
  compliance practices, fulfillment practices.
prácticas de fabricación manufacturing practices.
prácticas de industria industry practices.
prácticas de inversión investment practices.
prácticas de la compañía company practices.
prácticas de negocios business practices.
prácticas de producción production practices.
prácticas de publicidad advertising practices.
prácticas de rendimiento performance practices.

prácticas de seguridad security practices, safety practices.
prácticas de trabajo labor practices, labour practices.
prácticas desleales unfair competition.
prácticas empresariales business practices.
prácticas engañosas deceptive practices.
prácticas establecidas established practices.
prácticas éticas ethical practices.
prácticas financieras financial practices.
prácticas ilegales illegal practices.
prácticas industriales industrial practices.
prácticas injustas unfair practices.
prácticas internacionales international practices.
prácticas laborales labor practices, labour practices.
prácticas laborales injustas unfair labor practices, unfair labour practices.
prácticas medioambientales environmental practices.
prácticas mercantiles business practices, commercial practices.
prácticas profesionales professional practices.
prácticas publicitarias advertising practices.
prácticas sanitarias health practices, sanitary practices.
prácticas vigentes current practices.
preacuerdo *m* agreement awaiting execution.
preaprobado *adj* preapproved.
prearrendamiento *m* prelease.
prearrendar *v* prelease.
preauditoría *f* preaudit.
preautorizado *adj* preauthorized.
preaviso *m* advance notice, notice.
precario *adj* precarious.
precaución *f* precaution.
precedencia *f* precedence.
precedente *adj* preceding.
precedente *m* precedent.
preceder *v* precede.
preceptivo *adj* preceptive, mandatory.
precepto *m* precept, rule.
preciado *adj* esteemed, valuable.
preciador *m* appraiser.
preciar *v* appraise, price.
precierre *m* preclosing.
precinta *f* revenue stamp.
precio *m* price, worth, consideration.
precio a plazo forward price.
precio a término forward price.
precio abierto open price.
precio abusivo abusive price.
precio aceptable acceptable price.
precio acordado agreed-upon price.
precio acostumbrado customary price.
precio actual present price.
precio afectivo sentimental value.
precio ajustado adjusted value.
precio al consumidor consumer price.
precio al contado cash price.
precio al por mayor wholesale price.
precio al por menor retail price.
precio al por menor sugerido suggested retail price.
precio alto high price.
precio alzado fixed price.
precio anticipado anticipated price.
precio ascendente ascending price.
precio asequible affordable price.
precio bajo low price.

precio bajo coste below-cost price.
precio bajo costo below-cost price.
precio base base price.
precio básico basic price.
precio bruto gross price.
precio calculado calculated price.
precio callejero street price, fair market value.
precio cierto set price.
precio comparable comparable price.
precio competidor competing price.
precio competitivo competitive price.
precio completo full price.
precio con descuento discount price.
precio congelado frozen price.
precio constante constant price.
precio construido constructed price.
precio contractual contract price.
precio contratado contracted price.
precio convenido agreed-upon price.
precio corriente current price, actual price.
precio corriente de mercado current market price.
precio cotizado quoted price.
precio de aceptación acceptance price.
precio de adquisición purchase price, acquisition price.
precio de apertura opening price.
precio de apoyo support price.
precio de avalúo assessed price.
precio de bono bond price.
precio de catálogo catalog price, list price.
precio de cierre closing price.
precio de clase class price.
precio de compra purchase price.
precio de compraventa purchase price.
precio de contado cash price.
precio de contrato contract price.
precio de conversión conversion price.
precio de coste cost price.
precio de costo cost price.
precio de cotización quoted price.
precio de demanda demand price.
precio de ejecución execution price.
precio de ejercicio exercise price.
precio de emisión issue price.
precio de entrega delivery price.
precio de equilibrio equilibrium price, break-even price.
precio de exportación export price.
precio de fábrica factory price.
precio de factura invoice price.
precio de ganga bargain price.
precio de importación import price.
precio de incentivo incentive price.
precio de intervención intervention price.
precio de introducción introduction price.
precio de lanzamiento launch price, introduction price.
precio de liquidación liquidation price.
precio de lista list price.
precio de mercado market price, fair market value.
precio de mercado negociado negotiated market price.
precio de mercancía commodity price.
precio de monopolio monopoly price.
precio de oferta bid price, offering price, offer price.
precio de oferta de compra bid price.
precio de oferta de venta ask price.
precio de ofrecimiento público public offering price.

precio de oligopolio oligopoly price.
precio de opción option price.
precio de paridad parity price.
precio de plaza fair market value.
precio de recuperación redemption price, call price.
precio de redención redemption price, call price.
precio de reposición replacement price.
precio de rescate redemption price, call price.
precio de reventa resale price.
precio de saldo sale price.
precio de salida exit price, offering price.
precio de subasta auction price.
precio de suscripción subscription price.
precio de transferencia transfer price.
precio de unidad unit price.
precio de venta sales price.
precio de venta acordado agreed-upon sales price.
precio de venta ajustado adjusted sales price.
precio de venta al público sales price, retail price.
precio de venta contratado contracted sales price.
precio de venta estipulado stipulated sales price.
precio de venta fijo fixed sales price.
precio de venta negociado negotiated sales price.
precio de venta recomendado recommended sales price.
precio de venta regular regular sales price.
precio del dinero cost of money.
precio del mercado mundial world market price.
precio del petróleo oil price.
precio del producto commodity price.
precio demorado delayed price.
precio deprimido depressed price.
precio diario de cierre closing daily price.
precio discriminatorio discriminatory price.
precio económico economical price.
precio efectivo effective price.
precio elevado elevated price.
precio en el mercado fair market value.
precio en el mercado negro black market price.
precio en firme firm price.
precio en la frontera border price.
precio entregado delivered price.
precio especial special price.
precio especificado specified price.
precio específico specific price.
precio estable stable price.
precio estándar standard price.
precio estimado estimated price.
precio estipulado stipulated price.
precio ex cupón ex coupon price.
precio ex dividendo ex dividend price.
precio facturado invoiced price.
precio favorable favorable price.
precio fijo set price, fixed price.
precio final final price.
precio fraudulento fraudulent price.
precio futuro future price.
precio garantizado guaranteed price.
precio global lump sum price.
precio guía guide price.
precio implícito implicit price.
precio inadecuado inadequate price.
precio incierto indeterminate price.
precio indicativo guide price.
precio índice index price.
precio inicial beginning price, asking price.
precio introductorio introductory price.

precio justificado justified price.
precio justo fair price.
precio justo de venta fair sales price, actual cash value.
precio justo en el mercado fair market price.
precio justo y razonable fair and reasonable price.
precio legal price set by law.
precio líder price leader.
precio líquido net price, cash price.
precio máximo maximum price, ceiling price.
precio mayorista wholesale price.
precio medio average price.
precio mínimo minimum price, upset price, bottom price, bottom.
precio mínimo fijado upset price.
precio minorista retail price.
precio necesario necessary price.
precio negociado negotiated price.
precio neto net price.
precio no flexible nonflexible price.
precio nominal nominal price, par value.
precio normal normal price.
precio objeto target price.
precio oficial official price.
precio ordinario fair market value, regular price.
precio pactado agreed-upon price.
precio pagado purchase price.
precio político political price.
precio popular popular price.
precio por debajo del coste below-cost price.
precio por debajo del costo below-cost price.
precio por debajo del mercado below-market price.
precio por pieza piece price, unit price.
precio predeterminado predetermined price.
precio preestablecido preset price.
precio prevaleciente prevailing price.
precio prohibitivo prohibitive price.
precio promocional promotional price.
precio publicado published price.
precio público public price.
precio razonable reasonable price.
precio real real price, actual price.
precio rebajado reduced price.
precio recomendado recommended price.
precio recomendado por el fabricante manufacturer's recommended price.
precio reducido reduced price.
precio regular regular price.
precio relativo relative price.
precio renegociable renegotiable price.
precio sin descuento non-discounted price.
precio sombra shadow price.
precio sostén support price.
precio sostenido support price.
precio spot spot price.
precio subsidiado subsidized price.
precio subvencionado subsidized price.
precio sugerido suggested price.
precio sugerido por el fabricante manufacturer's suggested price.
precio techo ceiling price.
precio típico typical price.
precio todo incluido all-inclusive price.
precio tope ceiling price.
precio total full price.
precio umbral threshold price.
precio único single price.
precio unitario unit price.
precio vil dumping price.

precios administrados   managed prices.
precios aumentados   increased prices.
precios controlados   controlled prices.
precios diferenciales   differential pricing.
precios flexibles   flexible prices.
precios intervenidos   controlled prices.
precios manipulados   manipulated prices.
precios múltiples   multiple prices.
precisamente *adv*   precisely.
precisar *v*   state precisely, compel.
precisión *f*   precision.
precisión del ajuste   goodness of fit.
preciso *adj*   precise, indispensable.
precomputado *adj*   precomputed.
precomputar *v*   precompute.
precondición *f*   precondition.
precontractual *adj*   precontractual.
precontrato *m*   precontract, letter of intent.
precontribuciones *adj*   pretax.
predador *m*   predator.
predecir *v*   predict.
predefinido *adj*   predefined.
predefinir *v*   predefine.
predeterminado *adj*   predetermined.
predeterminar *v*   predetermine.
predicción *f*   prediction.
predicción de costes   cost prediction.
predicción de costos   cost prediction.
predicción de quiebra   bankruptcy prediction.
predio *m*   real estate, estate, property, lot.
predio ajeno   another's real estate.
predio dominante   dominant tenement.
predio edificado   improved property.
predio enclavado   landlocked property.
predio rural   rural property.
predio rústico   rural property.
predio sirviente   servient tenement.
predio suburbano   suburban property.
predio superior   dominant tenement.
predio urbano   urban property.
predominante *adj*   predominant, prevailing.
predominar *v*   predominate, prevail.
preestablecido *adj*   preestablished, preset.
preexistencia *f*   preexistence.
preexistente *adj*   preexistent.
prefabricado *adj*   prefabricated.
prefabricar *v*   prefabricate.
preferencia *f*   preference, priority.
preferencia anulable   voidable preference.
preferencia contributiva   tax preference.
preferencia de liquidez   liquidity preference.
preferencia de marca   brand preference.
preferencia del consumidor   consumer preference.
preferencia en el paso   right of way.
preferencia fiscal   tax preference.
preferencia impositiva   tax preference.
preferencia tributaria   tax preference.
preferencial *adj*   preferential.
preferencias de carrera   career preferences.
preferencias de empleo   employment preferences.
preferencias de trabajo   job preferences, work preferences.
preferencias profesionales   professional preferences.
preferente *adj*   preferred, preferential.
preferir *v*   prefer.
prefijar *v*   prearrange.
prefinanciación *f*   prefinancing.
prefinanciamiento *m*   prefinancing.
prefinir *v*   set a term for.

pregonero *m*   street vendor.
preguntas más frecuentes   frequently asked questions.
preimpuestos *adj*   pretax.
prejubilación *f*   early retirement.
prejuicio *m*   prejudice, bias.
prejuicios sexistas   sexual prejudice, gender discrimination, gender bias.
prelación *f*   priority, marshaling.
prelación de créditos   marshaling assets.
preliminar *adj*   preliminary.
preliminarmente *adv*   preliminarily.
premiar *v*   award.
premio *m*   prize, award, premium, bonus.
premio de promoción   promotional gift.
premio del seguro   insurance premium.
prenda *f*   pledge, pledge agreement, security, guarantee, chattel mortgage, household article.
prenda agraria   pledge of agricultural equipment.
prenda agrícola   pledge of agricultural equipment.
prenda de acciones   pledge of stock.
prenda fija   pledge.
prenda sobre valores   pledge of securities.
prendado *adj*   pledged.
prendador *m*   pledger.
prendamiento *m*   pledging.
prendar *v*   pledge, give as security.
prendario *adj*   pertaining to a pledge.
prenotificación *f*   prenotification.
prensa *f*   press.
prensa internacional   international press.
prensa local   local press.
prensa nacional   national press.
prensa regional   regional press.
prepagado *adj*   prepaid.
prepagar *v*   prepay.
prepago *m*   prepayment.
prepago de cargos   prepayment of fees.
prepago de contribuciones   prepayment of taxes.
prepago de impuestos   prepayment of taxes.
prepago de intereses   prepayment of interest.
prepago de primas   prepayment of premiums.
prepago de principal   prepayment of principal.
prepago de seguro   prepayment of insurance.
preparación *f*   preparation, qualifications.
preparado para Internet   Internet-ready, Internet-enabled.
preparar *v*   prepare.
preparar una propuesta   prepare a proposal.
prerrequisito *m*   prerequisite.
prerrogativa *f*   prerogative.
prerrogativas administrativas   management prerogatives, administrative prerogatives.
prescindible *adj*   dispensable.
prescindir *v*   omit, dispense with, do without.
prescribir *v*   prescribe, acquire by prescription, acquire by adverse possession, lapse.
prescripción *f*   prescription, extinguishment, adverse possession, lapsing.
prescripción en las obligaciones   lapse of obligations.
prescripción extintiva   extinction of an obligation through prescription.
prescripto *adj*   prescribed, lapsed.
prescrito *adj*   prescribed, lapsed.
presencia *f*   presence.
presencia comercial   commercial presence.
presencia electrónica   online presence, Internet presence, electronic presence.
presencia en el Internet   Internet presence.

presencia en línea online presence.
presencia en un mercado market presence.
presencia mercantil commercial presence.
presencia online online presence.
presentación f presentation, petition, filing, layout.
presentación, a on presentation.
presentación, a la at sight, on presentation.
presentación, a su on presentation.
presentación comercial commercial presentation, commerce presentation, business presentation.
presentación corporativa corporate presentation.
presentación de comercio commercial presentation, commerce presentation, business presentation.
presentación de comercio electrónico e-commerce presentation, e-business presentation.
presentación de la letra de cambio presentation of the bill of exchange.
presentación de negocios business presentation.
presentación empresarial business presentation.
presentación mercantil commercial presentation, mercantile presentation.
presentación por computadora computer presentation.
presentación por ordenador computer presentation.
presentador m presenter.
presentar v present, introduce, submit, hand in, file, propose, show.
presentar al cobro present for collection.
presentar una oferta present an offer.
presentar una propuesta submit a proposal.
presentarse v appear, introduce oneself, arise, come up, apply for, stand for, take.
preservación f preservation, conservation.
preservación de la energía preservation of energy.
preservación de la naturaleza nature preservation.
preservación de los recursos preservation of resources.
preservación de los recursos naturales preservation of natural resources.
preservación del agua water preservation.
presidencia f presidency, office of a chairperson.
presidencial adj presidential.
presidenta f president, chair, chairperson, chairwoman, presiding officer, speaker.
presidenta actuante acting president.
presidenta adjunta deputy president, deputy chair, deputy chairperson, deputy chairwoman.
presidenta de la junta presiding officer, chairperson of the board, chairwoman of the board.
presidenta de la junta directiva chair of the board, chairperson of the board, chairwoman of the board, chairperson of the board of directors, chairwoman of the board of directors, chairperson of the executive board, chairwoman of the executive board, chairwoman of the executive committee, chairwoman of the management board.
presidenta de mesa presiding officer.
presidenta del consejo presiding officer, chairperson of the board, chairwoman of the board.
presidenta interina interim president, acting president, interim chair, interim chairman, acting chair, acting chairwoman.
presidenta y directora ejecutiva chairperson and chief executive, chairwoman and chief executive, chairperson and managing director, chairwoman and managing director, chairperson and chief

executive, chairwoman and chief executive.
presidente m president, chair, chairperson, chairman, presiding officer, speaker.
presidente actuante acting president.
presidente adjunto deputy president, deputy chair, deputy chairperson, deputy chairman.
presidente de la junta presiding officer, chairperson of the board, chairman of the board.
presidente de la junta directiva chair of the board, chairperson of the board, chairman of the board, chairperson of the board of directors, chairman of the board of directors, chairperson of the executive board, chairman of the executive board, chairman of the executive committee, chairman of the management board.
presidente de mesa presiding officer.
presidente del consejo presiding officer, chairperson of the board, chairman of the board.
presidente interino interim president, acting president, interim chair, interim chairman, acting chair, acting chairman.
presidente y director ejecutivo chairperson and chief executive, chairman and chief executive, chairperson and managing director, chairman and managing director, chairperson and chief executive, chairman and chief executive.
presidir v preside, chair.
presión f pressure.
presión a la baja downward pressure.
presión al consumidor consumer pressure.
presión competitiva competitive pressure.
presión deflacionaria deflationary pressure.
presión del consumidor consumer pressure.
presión demográfica demographic pressure.
presión fiscal fiscal pressure, tax pressure.
presión inflacionaria inflationary pressure.
presionar v pressure.
prestación f lending, consideration, provision, aid, service, rendering, benefit, loan, payment.
prestación a título gratuito gratuitous consideration.
prestación adecuada adequate consideration.
prestación anterior past consideration.
prestación concurrente concurrent consideration.
prestación continua continuing consideration.
prestación de servicios rendering of services.
prestación debida due consideration.
prestación específica specific performance.
prestación expresa express consideration.
prestación ilegal illegal consideration.
prestación implícita implied consideration.
prestación inadecuada inadequate consideration.
prestación inmoral immoral consideration.
prestación insuficiente inadequate consideration.
prestación justa fair consideration.
prestación justa y adecuada fair and valuable consideration.
prestación justa y razonable fair and reasonable consideration.
prestación legal legal consideration.
prestación moral moral consideration.
prestación nominal nominal consideration.
prestación pecuniaria pecuniary consideration.
prestación razonable adequate consideration.
prestación social social service.
prestación suficiente sufficient consideration.
prestaciones sanitarias health services.
prestado adj borrowed, loaned.
prestado sin intereses loaned flat.
prestador adj lending.

prestador *m* lender.
prestador a la gruesa lender on bottomry.
prestador autorizado licensed lender, licenced lender.
prestador comercial commercial lender.
prestador de última instancia lender of last resort.
prestador de último recurso lender of last resort.
prestador elegible eligible lender.
prestador empresarial business lender.
prestador hipotecario mortgage lender.
prestador marginal marginal lender.
prestador mercantil commercial lender, mercantile lender.
prestador privado private lender.
prestamista *m/f* lender.
prestamista autorizado licensed lender, licenced lender.
prestamista de última instancia lender of last resort.
prestamista de último recurso lender of last resort.
prestamista elegible eligible lender.
prestamista hipotecario mortgage lender.
prestamista marginal marginal lender.
préstamo *m* loan, loan contract, lending.
préstamo a corto plazo short-term loan.
préstamo a la demanda demand loan, call loan.
préstamo a la gruesa bottomry.
préstamo a la vista demand loan, call loan.
préstamo a largo plazo long-term loan.
préstamo a mediano plazo medium-term loan.
préstamo a medio plazo medium-term loan.
préstamo a plazo fijo time loan, fixed-term loan.
préstamo a riesgo marítimo bottomry.
préstamo a tasa de interés fija fixed-rate loan.
préstamo a tasa de interés variable variable-rate loan.
préstamo a tasa fija fixed-rate loan.
préstamo a tasa variable variable-rate loan.
préstamo a tipo de interés fijo fixed-rate loan.
préstamo a tipo de interés variable variable-rate loan.
préstamo a tipo fijo fixed-rate loan.
préstamo a tipo variable variable-rate loan.
préstamo agrícola agricultural loan.
préstamo ajustable adjustable loan.
préstamo al consumidor consumer loan
préstamo amortizable amortizable loan.
préstamo amortizado amortized loan.
préstamo asegurado insured loan.
préstamo asumible assumable loan.
préstamo bancario bank loan.
préstamo bilateral bilateral loan.
préstamo bisemanal biweekly loan.
préstamo clasificado classified loan.
préstamo colateralizado collateralized loan.
préstamo colectivo blanket loan.
préstamo comercial commercial loan, business loan.
préstamo comercial e industrial commercial and industrial loan.
préstamo completamente amortizado fully amortized loan.
préstamo con garantía guaranteed loan, secured loan.
préstamo con interés loan with interest.
préstamo con pago final mayor balloon loan, balloon maturity.
préstamo con pago único al final bullet loan.
préstamo con participación participation loan.

préstamo concesionario concessional loan.
préstamo conforme conforming loan.
préstamo consolidado consolidated loan.
préstamo contingente contingent loan.
préstamo convencional conventional loan.
préstamo convertible convertible loan.
préstamo corporativo corporate loan.
préstamo de acciones stock loan.
préstamo de auto car loan.
préstamo de automóvil car loan.
préstamo de banco bank loan.
préstamo de carro car loan.
préstamo de coche car loan.
préstamo de comercio commerce loan, business loan.
préstamo de comercio electrónico e-commerce loan, e-business loan.
préstamo de consolidación consolidation loan.
préstamo de construcción construction loan.
préstamo de consumo consumer loan, consumption loan.
préstamo de corredor broker loan.
préstamo de depósito deposit loan.
préstamo de desarrollo development loan.
préstamo de día a día day-to-day loan.
préstamo de dinero monetary loan.
préstamo de estudiante student loan.
préstamo de interés fijo fixed-rate loan.
préstamo de inversión investment loan.
préstamo de pago único single-payment loan.
préstamo de tasa ajustable adjustable-rate loan.
préstamo de tasa constante constant-rate loan.
préstamo de tasa de interés fija fixed-rate loan.
préstamo de tasa fija fixed-rate loan.
préstamo de tasa flexible flexible-rate loan.
préstamo de tasa flotante floating-rate loan.
préstamo de tasa fluctuante fluctuating-rate loan.
préstamo de tipo ajustable adjustable-rate loan.
préstamo de tipo constante constant-rate loan.
préstamo de tipo de interés fijo fixed-rate loan.
préstamo de tipo flexible flexible-rate loan.
préstamo de tipo flotante floating-rate loan.
préstamo de tipo fluctuante fluctuating-rate loan.
préstamo de uso loan for use.
préstamo de valores securities loan.
préstamo del estado government loan, state loan.
préstamo del gobierno government loan.
préstamo descontado discounted loan.
préstamo diario day loan.
préstamo directo direct loan.
préstamo dudoso doubtful loan.
préstamo en divisa foreign currency loan.
préstamo en efectivo cash loan.
préstamo en moneda extranjera foreign currency loan.
préstamo en que sólo se pagan intereses interest-only loan.
préstamo estatal government loan, state loan.
préstamo estudiantil student loan.
préstamo externo foreign loan, external loan.
préstamo extranjero foreign loan.
préstamo fiduciario fiduciary loan.
préstamo forzado forced loan.
préstamo forzoso forced loan.
préstamo garantizado guaranteed loan.
préstamo gubernamental government loan.
préstamo hipotecario mortgage loan.
préstamo hipotecario ajustable adjustable mortgage loan.
préstamo hipotecario amortizado amortized

mortgage loan.
préstamo hipotecario asegurado insured mortgage loan.
préstamo hipotecario conforme conforming mortgage loan.
préstamo hipotecario garantizado guaranteed mortgage loan.
préstamo hipotecario no amortizado unamortized mortgage loan.
préstamo hipotecario no asegurado uninsured mortgage loan.
préstamo hipotecario preaprobado preapproved mortgage loan.
préstamo ilegal unlawful loan.
préstamo improductivo nonproductive loan.
préstamo incobrable uncollectible loan, bad loan.
préstamo indexado indexed loan.
préstamo indirecto indirect loan.
préstamo indizado indexed loan.
préstamo institucional institutional loan.
préstamo interbancario interbank loan.
préstamo interino interim loan.
préstamo internacional international loan.
préstamo interno domestic loan, internal loan.
préstamo libre de intereses interest-free loan.
préstamo local local loan.
préstamo mancomunado joint loan.
préstamo marítimo maritime loan.
préstamo mercantil commercial loan.
préstamo mínimo floor loan.
préstamo necesario necessary loan.
préstamo no amortizado unamortized loan.
préstamo no asegurado uninsured loan.
préstamo no hipotecario nonmortgage loan.
préstamo no pagado unpaid loan.
préstamo pagadero a la demanda callable loan.
préstamo para adquisición acquisition loan.
préstamo para consumo loan for consumption.
préstamo para edificación building loan.
préstamo para mejoras al hogar home improvement loan.
préstamo para proyecto project loan.
préstamo para viviendas housing loan.
préstamo paralelo parallel loan.
préstamo parcialmente amortizado partially amortized loan.
préstamo pendiente outstanding loan.
préstamo personal personal loan.
préstamo preaprobado preapproved loan.
préstamo precario precarious loan.
préstamo prendario pledge loan.
préstamo público public loan.
préstamo puente bridge loan, bridging loan.
préstamo quirografario unsecured loan.
préstamo reestructurado restructured loan.
préstamo refinanciado refinanced loan.
préstamo renegociado renegotiated loan.
préstamo respaldado backed loan.
préstamo rotatorio revolving loan.
préstamo simple loan for consumption.
préstamo sin amortización nonamortizing loan.
préstamo sin garantía unsecured loan.
préstamo sin intereses interest-free loan.
préstamo sindicado syndicated loan.
préstamo sobre póliza policy loan.
préstamo subsidiado subsidized loan.
préstamo subvencionado subsidized loan.
préstamo temporal temporary loan.
préstamo usurario usurious loan.
préstamos al consumo consumer lending.

préstamos de empresas business loans, business lending.
préstamos de negocios business loans, business lending.
préstamos empresariales business loans, business lending.
préstamos en divisas currency lending.
préstamos en exceso excess lending.
préstamos mercantiles mercantile lending.
préstamos transfronterizos cross-border lending.
prestanombre *m* straw party.
prestar *v* loan, render.
prestar garantía offer a guarantee.
prestar valores lend securities.
prestatario *adj* borrowing.
prestatario *m* borrower.
prestatario conjunto joint borrower.
prestatario elegible eligible borrower.
prestatario marginal marginal borrower.
prestigio *m* prestige, cachet, deception.
prestigioso *adj* prestigious, deceptive.
presunción *f* presumption.
presunción de pago presumption of payment.
presuntamente *adv* presumably.
presuntivamente *adv* conjecturally.
presuntivo *adj* presumed.
presunto *adj* presumed.
presuponer *v* presuppose, budget.
presupuestación *f* budgeting.
presupuestación anual annual budgeting.
presupuestación completa full budgeting.
presupuestación comunitaria community budgeting.
presupuestación de base cero zero-base budgeting.
presupuestación de capital capital budgeting.
presupuestación de gastos de capital capital-expenditure budgeting.
presupuestación de operaciones operations budgeting.
presupuestación de producción production budgeting.
presupuestación de proyecto project budgeting.
presupuestación de recursos resource budgeting.
presupuestación estratégica strategic budgeting.
presupuestación financiera financial budgeting.
presupuestación flexible flexible budgeting.
presupuestación global comprehensive budgeting.
presupuestación normal normal budgeting.
presupuestación regular regular budgeting.
presupuestación unificada unified budgeting.
presupuestación variable variable budgeting.
presupuestado *adj* budgeted.
presupuestar *v* budget.
presupuestario *adj* budgetary.
presupuesto *m* budget, estimate, quote, supposition.
presupuesto acordado agreed-upon budget.
presupuesto acostumbrado customary budget.
presupuesto administrativo administrative budget.
presupuesto ajustado tight budget.
presupuesto anual annual budget.
presupuesto apretado tight budget.
presupuesto aprobado approved budget.
presupuesto base cero zero-base budget.
presupuesto comunitario community budget.
presupuesto contingente contingent budget.
presupuesto continuo continuous budget.

presupuesto contratado contracted budget.
presupuesto convenido agreed-upon budget.
presupuesto corriente current budget.
presupuesto de caja cash budget.
presupuesto de capital capital budget.
presupuesto de explotación operating budget.
presupuesto de gastos expense budget, expenditure budget.
presupuesto de gastos de capital capital-expenditure budget.
presupuesto de ingresos revenue budget.
presupuesto de inversiones investment budget.
presupuesto de investigación research budget.
presupuesto de marketing marketing budget.
presupuesto de materiales directos direct materials budget.
presupuesto de mercadeo marketing budget.
presupuesto de producción production budget.
presupuesto de promoción promotional budget.
presupuesto de proyecto project budget.
presupuesto de publicidad advertising budget.
presupuesto de recursos resource budget.
presupuesto de tesorería Treasury Budget.
presupuesto de ventas sales budget.
presupuesto desbalanceado unbalanced budget.
presupuesto discrecional discretionary budget.
presupuesto doméstico household budget, domestic budget.
presupuesto económico economic budget.
presupuesto equilibrado balanced budget.
presupuesto estatal government budget, state budget.
presupuesto estático static budget.
presupuesto estipulado stipulated budget.
presupuesto extraordinario extraordinary budget.
presupuesto familiar family budget.
presupuesto federal federal budget.
presupuesto fijo fixed budget.
presupuesto financiero financial budget.
presupuesto flexible flexible budget.
presupuesto general general budget.
presupuesto general del estado government general budget, state general budget.
presupuesto global overall budget.
presupuesto gubernamental government budget.
presupuesto interino interim budget.
presupuesto maestro master budget.
presupuesto múltiple multiple budget.
presupuesto nacional national budget.
presupuesto negociado negotiated budget.
presupuesto normal normal budget.
presupuesto operacional operational budget.
presupuesto operativo operating budget.
presupuesto ordinario ordinary budget.
presupuesto pactado agreed-upon budget.
presupuesto para gastos expense budget.
presupuesto para publicidad advertising budget.
presupuesto predeterminado predetermined budget.
presupuesto preestablecido preset budget.
presupuesto promocional promotional budget.
presupuesto publicitario advertising budget.
presupuesto reducido reduced budget.
presupuesto regular regular budget.
presupuesto restringido tight budget.
presupuesto semianual semiannual budget.
presupuesto suplementario supplemental budget.
presupuesto típico typical budget.
presupuesto unificado unified budget.
presupuesto variable variable budget.

prevaleciente *adj* prevailing.
prevaricación *f* prevarication, breach of duty, breach of trust.
prevaricador *m* prevaricator, person who commits a breach of duty, person who commits a breach of trust.
prevaricar *v* prevaricate, commit a breach of duty, commit a breach of trust.
prevaricato *m* prevarication, breach of duty, breach of trust.
prevención *f* prevention, warning.
prevención de accidentes accident prevention.
prevención de pérdidas loss prevention.
prevención de riesgos risk prevention.
prevender *v* presell.
prevenido *adj* warned, prepared, cautious.
prevenir *v* warn, prevent.
preventa *f* presale.
prever *v* forecast, project, anticipate, plan.
previa inscripción prior registration.
previamente *adv* previously.
previo *adj* previous, subject to.
previo acuerdo prior agreement, subject to agreement.
previo aviso prior warning, prior notice.
previo aviso, sin without prior warning, without prior notice.
previo pago against payment.
previsión *f* prevision, foresight, forecast, forecasting, precaution.
previsión a corto plazo short-term forecasting, short-term forecast.
previsión a largo plazo long-term forecasting, long-term forecast.
previsión a mediano plazo medium-term forecasting, medium-term forecast.
previsión a medio plazo medium-term forecasting, medium-term forecast.
previsión comercial business forecasting, business forecast, commercial forecasting, commercial forecast.
previsión de beneficios profits forecasting, profits forecast, benefits forecasting, benefits forecast.
previsión de comercio business forecasting, business forecast, commercial forecasting, commercial forecast.
previsión de comercio electrónico e-commerce forecasting, e-business forecasting.
previsión de cosechas crop forecasting, crop forecast.
previsión de costes cost forecasting, cost forecast.
previsión de costos cost forecasting, cost forecast.
previsión de gastos expense forecasting, expense forecast.
previsión de ingresos income forecasting, income forecast, revenue forecasting, revenue forecast.
previsión de la demanda demand forecasting, demand forecast.
previsión de negocios business forecasting, business forecast.
previsión del mercado market forecasting, market forecast.
previsión económica economic forecasting, economic forecast.
previsión empresarial business forecasting, business forecast.
previsión mercantil commercial forecasting, commercial forecast.
previsión social social security.
prima *f* premium, bonus.

prima a la producción productivity bonus.
prima a plazo forward premium.
prima a término forward premium.
prima acordada agreed-upon premium.
prima adicional extra premium.
prima ajustable adjustable premium.
prima al firmar signing bonus.
prima amortizada amortized premium.
prima anticipada advance premium.
prima anual annual premium, yearly premium, annual bonus, yearly bonus.
prima base base premium.
prima básica basic premium.
prima bruta gross premium.
prima calculada calculated premium.
prima cobrada collected premium.
prima constante constant premium.
prima contratada contracted premium.
prima convenida agreed-upon premium.
prima de adquisición acquisition premium.
prima de asistencia attendance bonus.
prima de bono bond premium.
prima de bono amortizada amortized bond premium.
prima de bono no amortizada unamortized bond premium.
prima de cancelación cancellation premium.
prima de coaseguro coinsurance premium.
prima de cobertura múltiple blanket rate.
prima de conversión conversion premium.
prima de depósito deposit premium.
prima de emisión issue premium.
prima de incentivo incentive bonus.
prima de inversión investment premium.
prima de opción option premium.
prima de reaseguro reinsurance premium.
prima de redención redemption premium.
prima de rescate redemption premium.
prima de seguro hipotecario mortgage insurance premium.
prima de valoración valuation premium.
prima del riesgo risk premium.
prima del seguro insurance premium.
prima devengada earned premium.
prima diferida deferred premium.
prima en efectivo cash bonus.
prima estimada estimated premium.
prima estipulada stipulated premium.
prima extra extra premium.
prima facie prima facie.
prima fija fixed premium.
prima financiada financed premium.
prima flexible flexible premium.
prima graduada graded premium.
prima grupal group premium, group bonus.
prima hipotecaria mortgage premium.
prima inicial initial premium.
prima mínima minimum premium.
prima natural natural premium.
prima negativa negative premium.
prima negociada negotiated premium.
prima neta net premium.
prima no amortizada unamortized premium.
prima pactada agreed-upon premium.
prima pendiente outstanding premium.
prima pendiente de pago outstanding premium.
prima por aceleración acceleration premium.
prima por actividad activity bonus.
prima por aplazamiento contango.
prima por eficiencia efficiency bonus.

prima por firmar signing bonus.
prima por inflación inflation premium.
prima por producción production bonus.
prima por reinstalación reinstatement premium.
prima por renovación renewal premium.
prima por riesgo risk premium, hazard bonus.
prima preestablecida preset premium.
prima provisional provisional premium.
prima pura pure premium.
prima razonable reasonable premium.
prima regular regular premium.
prima semianual semiannual premium, biannual premium, semiannual bonus, biannual bonus.
prima trimestral quarterly premium.
prima única single premium.
prima única neta net single premium.
prima variable variable premium.
primario *adj* primary.
primas cobradas collected premiums.
primas indeterminadas indeterminate premiums.
primas parejas level premiums.
primer gravamen first lien, first encumbrance.
primer mundo first world.
primer pedido first order.
primer trimestre first quarter.
primera clase first class.
primera fecha de redención first call date.
primera hipoteca first mortgage.
primera opción first option.
primera orden first order.
primera prima first premium.
primera vista, a at first glance, prima facie.
primeramente *adv* firstly, before.
primero *adj* first, foremost, original.
primero en entrar-primero en salir first-in-first-out, FIFO.
primero en entrar-último en salir first-in-last-out, FILO.
principal *adj* principal, main.
principal *m* principal, capital.
principio *m* principle, beginning.
principio de aceleración acceleration principle.
principio de acumulación accrual principle.
principio de beneficios benefit principle.
principio de exclusión exclusion principle.
principio de la conformidad conformity principle.
principio de no discriminación non-discrimination principle.
principio de pérdidas grandes large loss principle.
principio de uniformidad uniformity principle.
principio del esfuerzo mínimo least-effort principle.
principios contables accounting principles.
principios de contabilidad accounting principles.
principios de contabilidad generalmente aceptados Generally Accepted Accounting Principles.
prioridad *f* priority, seniority.
prioridad de gravámenes priority of liens.
prioridad de paso right of way.
prioridades corporativas corporate priorities.
priorizar *v* prioritize.
privacidad *f* privacy.
privacidad de datos data privacy.
privacidad financiera financial privacy.
privado *adj* private, personal.
privativamente *adv* privately, exclusively, personally.
privativo *adj* privative, exclusive, personal.

privatización *f* privatization.
privatizado *adj* privatized.
privatizar *v* privatize.
privilegiado *adj* privileged, patented.
privilegiar *v* privilege, grant a privilege, grant a patent, create a lien.
privilegio *m* privilege, patent, copyright.
privilegio de acreedores creditors' privilege.
privilegio de cambio exchange privilege.
privilegio de industria professional license, professional licence.
privilegio de invención patent.
privilegio de prepago prepayment privilege.
privilegio de reinversión reinvestment privilege.
privilegio de suscripción subscription privilege.
privilegio fiscal fiscal privilege, tax privilege.
privilegios sobre bienes inmuebles creditors' privileges concerning real property.
privilegios sobre bienes muebles creditors' privileges concerning personal property.
pro forma pro forma.
pro rata proportionately, pro rata.
pro y los contra, los pros and cons.
proactivo *adj* proactive.
probabilidad *f* probability.
probabilidad bayesiana Bayesian probability.
probabilidad clásica classical probability.
probabilidad de pérdida probability of loss.
probabilidad empírica empirical probability.
probabilidad objetiva objective probability.
probabilidad subjetiva subjective probability.
probabilístico *adj* probabilistic.
probable *adj* probable, provable.
probar *v* prove.
probatorio *adj* probationary.
problema *m* problem.
problema de agencia agency problem.
problema de agregación aggregation problem.
problema de credibilidad credibility problem.
problema urgente urgent problem, immediate problem.
problemas ambientales environmental problems.
problemas de liquidez liquidity problems, cash flow problems.
problemas económicos economic problems.
problemas medioambientales environmental problems.
procedencia *f* origin.
procedente *adj* originating, according to custom.
procedimental *adj* procedural.
procedimiento *m* procedure, process, proceedings.
procedimiento arbitral arbitration proceedings.
procedimiento de aceptación acceptance procedure.
procedimiento de certificación certification procedure.
procedimiento de conciliación conciliation procedure.
procedimiento de despido dismissal procedure.
procedimiento de distribución distribution procedure.
procedimiento de evaluación de la conformidad conformity assessment procedure.
procedimiento de reclamación claims procedure.
procedimiento de solicitud application procedure.
procedimiento disciplinario disciplinary procedure.
procedimiento establecido established procedure.
procedimiento judicial judicial procedure, court procedure.

procedimiento para quejas complaints procedure.
procedimiento periódico periodic procedure.
procedimientos administrativos administrative procedures.
procedimientos aduaneros customs procedures.
procedimientos contables accounting procedures.
procedimientos de administración administration procedures.
procedimientos de aduanas customs procedures.
procedimientos de auditoría auditing procedures.
procedimientos de contabilidad accounting procedures.
procedimientos de la conferencia conference proceedings.
procesal *adj* procedural.
procesamiento *m* processing.
procesamiento automático de datos automated data processing.
procesamiento de alimentos food processing.
procesamiento de cheques check processing, cheque processing.
procesamiento de datos data processing.
procesamiento de desperdicios processing of waste.
procesamiento de información information processing.
procesamiento de materias primas processing of raw materials.
procesamiento de pago payment processing.
procesamiento de préstamos loan processing.
procesamiento electrónico de datos electronic data processing.
procesar *v* process, sue, prosecute, indict.
proceso *m* process, proceedings, course, processing, trial, litigation, action, lapse of time.
proceso automático de datos automated data processing.
proceso comercial commercial action.
proceso concursal bankruptcy proceeding.
proceso contable accounting process.
proceso continuo continuous process.
proceso de ajuste adjustment process.
proceso de aprobación approval process.
proceso de armonización harmonization process.
proceso de auditoría auditing process.
proceso de cambio change process.
proceso de cheques check processing, cheque processing.
proceso de compra purchase process.
proceso de conciliación conciliation process.
proceso de consolidación consolidation process.
proceso de contabilidad accounting process.
proceso de contratación contracting process.
proceso de datos data processing.
proceso de datos electrónico electronic data processing.
proceso de decisión decision-making process.
proceso de despido dismissal process.
proceso de fabricación manufacturing process.
proceso de información information processing.
proceso de préstamos loan processing.
proceso de producción production process.
proceso hipotecario foreclosure proceedings.
proceso patentado patented process.
procíclico *adj* procyclical.
procuración *f* procuration, proxy, power of attorney, diligent management.
procurador *m* procurator, agent, attorney, town treasurer.
procurar *v* procure, represent, manage for another.

prodigalidad *f* prodigality, lavishness.
pródigamente *adv* prodigally, lavishly.
prodigar *v* squander, lavish.
pródigo *adj* prodigal, lavish.
producción *f* production, output, throughput.
producción a gran escala large-scale production.
producción acostumbrada customary production.
producción agrícola agricultural production.
producción anual annual production.
producción aumentada increased production.
producción bruta gross output.
producción constante constant production.
producción continua continuous production.
producción corriente current production.
producción de oro gold production.
producción directa direct production.
producción en gran escala large-scale production.
producción en masa mass production.
producción en serie line production, mass production.
producción exterior foreign production, foreign output.
producción fija fixed production.
producción indirecta indirect production.
producción industrial industrial production, industrial output.
producción interior domestic production, domestic output.
producción intermitente intermittent production.
producción just-in-time just-in-time production.
producción justo a tiempo just-in-time production.
producción máxima maximum production, maximum output.
producción media average production.
producción normal normal production.
producción óptima optimum production.
producción per cápita production per capita, production per head.
producción piloto pilot production.
producción por cabeza production per head, production per capita.
producción predeterminada predetermined production.
producción preestablecida preset production.
producción regular regular production.
producción semianual semiannual production.
producción típica typical production.
producción total total output.
producente *adj* producing.
producido *adj* produced.
producido comercialmente commercially produced.
producidor *adj* producing.
producir *v* produce, yield.
producir interés bear interest.
producir un beneficio yield a profit.
productividad *f* productivity.
productividad acostumbrada customary productivity.
productividad aumentada increased productivity.
productividad creciente increasing productivity.
productividad de capital capital productivity.
productividad decreciente diminishing productivity.
productividad laboral labor productivity, labour productivity.
productividad marginal marginal productivity.
productividad marginal de capital marginal

productivity of capital.
productividad media average productivity.
productividad normal normal productivity.
productividad regular regular productivity.
productividad típica typical productivity.
productivo *adj* productive.
producto *m* product, result, commodity, yield.
producto acabado finished product.
producto artificial artificial product.
producto básico basic product, commodity.
producto bruto interno gross national product.
producto bruto nacional gross national product.
producto compensatorio compensating product.
producto competidor competing product.
producto de consumo consumer product.
producto de marca branded product.
producto defectuoso defective product.
producto del país domestic product, domestic commodity.
producto descontinuado discontinued product.
producto desechable disposable product.
producto doméstico bruto gross domestic product.
producto duradero durable product.
producto elaborado manufactured product.
producto emulador emulative product.
producto equitativo fair return.
producto exento exempt commodity.
producto fabricado manufactured product.
producto final final product.
producto físico physical product.
producto genérico generic product.
producto industrial industrial product.
producto interior bruto gross domestic product.
producto interno bruto gross domestic product.
producto manufacturado manufactured product.
producto marginal marginal product.
producto nacional national product, domestic product.
producto nacional bruto gross national product.
producto nacional neto net national product, net domestic product.
producto primario primary product.
producto principal main product, core product.
producto regional regional product.
productor *adj* producing.
productor *m* producer.
productor marginal marginal producer.
productor primario primary producer.
productos administrados managed commodities.
productos agrícolas agricultural products, agricultural produce, farm products, agricultural commodities.
productos aliados allied products.
productos básicos basic commodities, basic products.
productos complementarios complementary products.
productos controlados controlled commodities.
productos de calidad quality products.
productos de conveniencia convenience products.
productos de primera necesidad essential commodities, essential products.
productos empaquetados packaged goods.
productos esenciales essential commodities, essential products.
productos extranjeros foreign goods.
productos financieros financial products.
productos importados imported goods.

productos indispensables indispensable commodities, indispensable products.
productos industriales industrial goods.
productos intermedios intermediate goods.
productos manipulados manipulated commodities.
productos necesarios essential commodities, necessary products.
productos perecederos perishable goods.
productos regulados regulated commodities.
productos semiacabados unfinished products, unfinished goods.
productos semiterminados unfinished products, unfinished goods.
productos terminados finished goods.
profesión *f* profession, occupation, declaration.
profesión contable accounting profession, accountancy profession.
profesional *adj* professional.
profesional *m/f* professional.
profesionalidad *f* professionalism.
profesionalidad delictiva professional criminality, illegal exercise of a profession.
profesionalismo *m* professionalism.
profundidad del mercado depth of the market.
profundidad, en in depth.
programa *m* program, programme, schedule.
programa autoadministrado self-administered program.
programa calificado qualified program.
programa comercial business program, commercial program.
programa comunitario community program.
programa contable accounting program.
programa contractual contractual program.
programa corporativo corporate program.
programa cualificado qualified program.
programa de acumulación accumulation program.
programa de ahorros savings program.
programa de amortización amortization program, repayment program.
programa de apoyo aid program.
programa de apoyo económico financial aid program.
programa de apoyo financiero financial aid program.
programa de asistencia aid program.
programa de asistencia económica financial aid program.
programa de asistencia financiera financial aid program.
programa de auditoría audit program.
programa de ayuda aid program.
programa de ayuda económica financial aid program.
programa de ayuda financiera financial aid program.
programa de beneficios benefit program.
programa de bonificaciones bonus program.
programa de capacitación training program.
programa de choque crash program.
programa de comercialización marketing program, commercialization program.
programa de comercio commerce program.
programa de compensación diferida deferred compensation program.
programa de compra de acciones stock purchase program.
programa de conservación conservation program.
programa de contabilidad accounting program.

programa de contribuciones contribution program.
programa de desarrollo development program.
programa de entrenamiento training program.
programa de estabilidad stabilization program.
programa de estabilización stabilization program.
programa de financiación financing program.
programa de financiamiento financing program.
programa de formación training program.
programa de habilitación training program.
programa de hospitalización hospitalization program.
programa de incentivos incentive program.
programa de incentivos grupal group incentive program.
programa de inversiones investment program.
programa de investigación research program.
programa de jubilación retirement program.
programa de la conferencia conference program.
programa de mantenimiento de precios price support program.
programa de marketing marketing program.
programa de mejoras de capital capital improvement program.
programa de mercadeo marketing program.
programa de mercado market program.
programa de negocios business program.
programa de pagos payment program.
programa de pagos periódicos periodic payment program.
programa de participación directa direct participation program.
programa de participación en las ganancias profit-sharing program.
programa de pensiones pension program.
programa de pensiones privado private pension program.
programa de privatización privatization program.
programa de producción production schedule.
programa de publicidad advertising program.
programa de reajuste readjustment program.
programa de reaseguro reinsurance program.
programa de recompra de acciones share repurchase program.
programa de reducción de costes cost-reduction program.
programa de reducción de costos cost-reduction program.
programa de reinversión de dividendos dividend reinvestment program.
programa de retiro retirement program.
programa de salud health insurance program.
programa de seguros insurance program.
programa de servicios service program.
programa de trabajo work program, work schedule.
programa del negocio business program.
programa económico economic program.
programa económico nacional national economic program.
programa empresarial business program.
programa estratégico strategic program.
programa financiero financial program.
programa médico health insurance program.
programa mercantil commercial program.
programa operacional operational program.
programa para catástrofes catastrophe program.
programa para contingencias contingency program.

programa publicitario advertising program.
programa salarial salary scheme, pay scheme.
programa social social program.
programación f programming, scheduling.
programación de la producción production programming, production scheduling.
programado adj programmed, planned, scheduled.
programar v program, plan, schedule.
programas de computadora computer software.
programas de contabilidad accounting software.
programas de ordenador computer software.
programas espía spyware.
progresión automática automatic progression.
progresividad en frío fiscal drag.
progresivo adj progressive.
progreso m progress, advancement.
progreso económico economic progress, economic advancement.
progreso en el empleo employment advancement.
progreso en el trabajo work advancement.
progreso en la carrera career advancement.
progreso profesional professional advancement.
progreso tecnológico technological progress, technological advancement.
prohibición f prohibition, ban.
prohibición de comerciar prohibition against trading.
prohibición de enajenar prohibition against transferring.
prohibido adj prohibited, banned.
prohibir v prohibit, ban, impede.
prohibitivo adj prohibitive.
prohibitorio adj prohibitory.
proindivisión f state of being undivided.
proletariado m proletariat.
proletarización f proletarianization.
prolongación f prolongation.
prolongado adj prolonged.
prolongamiento m prolongation.
prolongar v prolong.
promediación f averaging.
promediación de ingresos income averaging.
promediación de precios price averaging.
promediación de rentas income averaging.
promediar v average, mediate, divide equally.
promediar a la baja average down.
promediar al alza average up.
promedio m average.
promedio de bonos bond average.
promedio de ingresos anuales annual average earnings.
promedio de vida average life span.
promedio móvil moving average.
promedio ponderado weighted average.
promedio simple simple average.
promesa f promise, offer, assurance.
promesa colateral collateral promise.
promesa condicional conditional promise.
promesa de compra promise to purchase.
promesa de compra y venta purchase agreement.
promesa de compraventa purchase agreement.
promesa de contrato letter of intent.
promesa de pagar promise to pay.
promesa de pago promise to pay.
promesa de venta promise to sell, option.
promesa dependiente dependent promise.
promesa ficticia fictitious promise.
promesa formal formal promise.
promesa implícita implied promise.
promesa incondicional unconditional promise.

promesa pura simple promise.
promesa simple simple promise.
promesa sin causa naked promise.
promesa unilateral unilateral contract.
promesas recíprocas reciprocal promises.
prometer v promise, offer, assure.
prometido adj promised, offered, assured.
prometiente adj promising, offering.
prometiente m/f promisor, offeror.
prometimiento m promise, offer.
promisorio adj promissory.
promoción f promotion, special offer.
promoción comercial trade promotion.
promoción de empleado employee promotion.
promoción de imagen image promotion.
promoción de marca brand promotion.
promoción de ventas sales promotion.
promoción del producto product promotion.
promoción horizontal horizontal promotion.
promoción industrial industrial promotion.
promoción vertical vertical promotion.
promoción vinculada tie-in promotion.
promocional adj promotional.
promocionar v promote.
promotor m promoter, developer.
promotor comercial commercial developer.
promotor financiero financial backer.
promotor inmobiliario property developer, real estate developer.
promovedor m promoter.
promover v promote, develop, instigate.
pronosticación f forecasting.
pronosticación a corto plazo short-term forecasting.
pronosticación a largo plazo long-term forecasting.
pronosticación a mediano plazo medium-term forecasting.
pronosticación a medio plazo medium-term forecasting.
pronosticación cíclica cyclical forecasting.
pronosticación comercial business forecasting, commercial forecasting.
pronosticación corporativa corporate forecasting.
pronosticación cualitativa qualitative forecasting.
pronosticación cuantitativa quantitative forecasting.
pronosticación de comercio commerce forecasting.
pronosticación de comercio electrónico e-commerce forecasting, e-business forecasting.
pronosticación de cosechas crop forecasting.
pronosticación de costes cost forecasting.
pronosticación de costos cost forecasting.
pronosticación de ganancias profit forecasting.
pronosticación de gastos expense forecasting.
pronosticación de la demanda demand forecasting.
pronosticación de la oferta offer forecasting.
pronosticación de negocios business forecasting.
pronosticación de precios price forecasting.
pronosticación de producción production forecasting.
pronosticación de tendencia trend forecasting.
pronosticación de ventas sales forecasting.
pronosticación del mercado market forecasting.
pronosticación económica economic forecasting.
pronosticación empresarial business forecasting.
pronosticación mercantil commercial forecasting.
pronóstico m forecast, prognostication.

pronóstico a corto plazo short-term forecast.
pronóstico a largo plazo long-term forecast.
pronóstico a mediano plazo medium-term forecast.
pronóstico a medio plazo medium-term forecast.
pronóstico cíclico cyclical forecast.
pronóstico comercial business forecast, commercial forecast.
pronóstico corporativo corporate forecast.
pronóstico cualitativo qualitative forecast.
pronóstico cuantitativo quantitative forecast.
pronóstico de comercio commerce forecast.
pronóstico de comercio electrónico e-commerce forecast, e-business forecast.
pronóstico de cosechas crop forecast.
pronóstico de costes cost forecast.
pronóstico de costos cost forecast.
pronóstico de ganancias profit forecast.
pronóstico de gastos expense forecast.
pronóstico de la demanda demand forecast.
pronóstico de la oferta offer forecast.
pronóstico de negocios business forecast.
pronóstico de precios price forecast.
pronóstico de producción production forecast.
pronóstico de tendencia trend forecast.
pronóstico de ventas sales forecast.
pronóstico del mercado market forecast.
pronóstico económico economic forecast.
pronóstico empresarial business forecast.
pronóstico mercantil commercial forecast.
prontamente *adv* promptly.
pronto pago down payment, prompt payment.
pronunciar *v* pronounce, deliver.
propaganda *f* propaganda, advertising, publicity.
propaganda agresiva aggressive advertising.
propaganda anticipada advance advertising.
propaganda comercial commercial advertising, trade advertising.
propaganda comparativa comparative advertising.
propaganda cooperativa cooperative advertising.
propaganda corporativa corporate advertising.
propaganda de imagen image advertising.
propaganda de servicio público public service advertising.
propaganda del producto product advertising.
propaganda directa direct advertising.
propaganda electrónica electronic advertising, Internet advertising.
propaganda en el Internet Internet advertising.
propaganda en línea online advertising.
propaganda en prensa press advertising.
propaganda engañosa false advertising, deceptive advertising.
propaganda financiera financial advertising.
propaganda industrial industrial advertising.
propaganda informativa informative advertising.
propaganda institucional institutional advertising.
propaganda nacional national advertising.
propaganda online online advertising.
propaganda por correo mail advertising, postal advertising.
propaganda por Internet Internet advertising.
propaganda radial radio advertising.
propaganda selectiva selective advertising.
propaganda subliminal subliminal advertising.
propaganda televisiva television advertising.
propensión a ahorrar propensity to save.
propensión a consumir propensity to consume.
propensión a gastar propensity to spend.

propensión marginal a ahorrar marginal propensity to save.
propensión marginal a consumir marginal propensity to consume.
propensión marginal a invertir marginal propensity to invest.
propensión marginal al ahorro marginal propensity to save.
propensión marginal al consumo marginal propensity to consume.
propia orden, a su to his own order.
propiedad *f* property, ownership, proprietorship, estate.
propiedad abandonada abandoned property.
propiedad absoluta absolute ownership, absolute property, freehold.
propiedad adventicia adventitious property.
propiedad adyacente adjacent property.
propiedad alodial allodial property.
propiedad alquilada rented property, leased property.
propiedad amortizable depreciable property.
propiedad aparente ostensible ownership.
propiedad apreciada appreciated property.
propiedad arrendada leased property, rented property.
propiedad asegurada insured property.
propiedad colectiva collective ownership.
propiedad colindante abutting property.
propiedad comercial commercial property, business property.
propiedad compartida shared property, time share.
propiedad común public property, community property.
propiedad comunal common property, community property, joint ownership.
propiedad condicional qualified estate, conditional ownership.
propiedad conjunta joint property.
propiedad contingente contingent estate.
propiedad convencional conventional estate.
propiedad corporativa corporate property.
propiedad cruzada cross-ownership.
propiedad cubierta covered property.
propiedad de comercio commerce property.
propiedad de comercio electrónico e-commerce property, e-business property.
propiedad de dominio privado private property.
propiedad de dominio público public property.
propiedad de familia homestead.
propiedad de la sociedad conyugal community property.
propiedad de menores property of minors.
propiedad de negocio business property.
propiedad de renta income property.
propiedad de uso común public property.
propiedad de uso público public property.
propiedad del quebrado bankrupt's property.
propiedad depreciable depreciable property.
propiedad divisible divisible property.
propiedad dominante dominant tenement.
propiedad embargable attachable property.
propiedad embargado attached property.
propiedad empresarial business property.
propiedad en condominio condominium property, condominium ownership.
propiedad en expectativa expectant estate.
propiedad en juicio hipotecario distressed property.
propiedad en usufructo beneficial ownership.

propiedad enajenable alienable property.
propiedad estatal government property, state property.
propiedad excluida excluded property.
propiedad exclusiva exclusive ownership.
propiedad exenta exempt property.
propiedad exenta de contribuciones tax-exempt property.
propiedad exenta de impuestos tax-exempt property.
propiedad foral leasehold.
propiedad ganancial community property.
propiedad gravada property subject to a lien, taxed property.
propiedad hipotecable mortgageable property.
propiedad hipotecada mortgaged property.
propiedad horizontal condominium property, condominium ownership, horizontal property.
propiedad imperfecta imperfect ownership.
propiedad inalienable inalienable property.
propiedad incorporal intangible property, incorporeal property.
propiedad incorpórea intangible property, incorporeal property.
propiedad individual individual ownership.
propiedad indivisible indivisible property.
propiedad industrial industrial property.
propiedad inembargable property that can not be attached.
propiedad inmaterial intangible property.
propiedad inmobiliaria real estate, real property, real estate ownership.
propiedad inmueble real estate, real property, real estate ownership.
propiedad intangible intangible property.
propiedad intelectual intellectual property, copyright.
propiedad libre unencumbered property.
propiedad limítrofe abutting property.
propiedad literaria literary property, copyright.
propiedad mancomunada joint ownership, joint property, common property.
propiedad marginal marginal property.
propiedad mayoritaria majority ownership.
propiedad mercantil commercial property.
propiedad mixta mixed property.
propiedad mobiliaria personal property.
propiedad mueble personal property.
propiedad no asegurable uninsurable property.
propiedad no asegurada uninsured property.
propiedad no hipotecable non-mortgageable property.
propiedad particular private property.
propiedad personal personal property, personal estate.
propiedad personal tangible tangible personal property.
propiedad presente property in possession.
propiedad privada private property, private ownership.
propiedad privativa separate property of each spouse.
propiedad propia separate property of each spouse, unencumbered property.
propiedad pública public property.
propiedad que produce renta income property.
propiedad raíz real estate, real property, real estate ownership.
propiedad real real estate, real property, real estate ownership.

propiedad residencial residential property.
propiedad rural rural property, rural ownership.
propiedad rústica rural property, rural ownership.
propiedad sin mejoras unimproved property.
propiedad sirviente servient tenement.
propiedad social partnership property, corporate property.
propiedad tangible tangible property.
propiedad urbana urban property, urban ownership.
propiedad vacante vacant property.
propiedad vitalicia life estate.
propiedades comparables comparable properties.
propietario *adj* proprietary.
propietario *m* proprietor, owner, homeowner.
propietario absoluto absolute owner, freeholder.
propietario aparente apparent owner, reputed owner.
propietario ausente absentee owner, absentee landlord.
propietario beneficioso beneficial owner.
propietario conjunto joint owner.
propietario de comercio electrónico e-commerce owner, e-business owner.
propietario de hogar home owner.
propietario de la compañía company owner.
propietario de negocio business owner.
propietario de patente patent owner.
propietario inscrito record owner.
propietario matriculado registered owner.
propietario registrado registered owner, record owner.
propietario sin restricciones absolute owner.
propietario único sole owner.
propina *f* tip.
proponer *v* propose, offer, nominate.
proponer una moción offer a motion.
proponer una transacción offer a settlement.
proporción *f* proportion, ratio.
proporción capital/activo capital/asset ratio.
proporción capital/deuda capital/debt ratio.
proporción capital/producto capital/output ratio.
proporción capital/trabajo capital/labor ratio, capital/labour ratio.
proporción clave key ratio.
proporción combinada combined ratio.
proporción contributiva tax ratio.
proporción corriente current ratio.
proporción coste-beneficio cost-benefit ratio.
proporción costo-beneficio cost-benefit ratio.
proporción de acciones comunes common stock ratio.
proporción de acciones ordinarias common stock ratio.
proporción de acciones preferenciales preferred stock ratio.
proporción de acciones preferidas preferred stock ratio.
proporción de aprobaciones approval ratio.
proporción de beneficio bruto gross profit ratio.
proporción de bonos bond ratio.
proporción de caducidad lapse ratio.
proporción de capital capital ratio.
proporción de capital neto net capital ratio.
proporción de capitalización capitalization ratio.
proporción de cobertura coverage ratio.
proporción de cobros collection ratio.
proporción de colocación placement ratio.
proporción de concentración concentration ratio.
proporción de conversión conversion ratio.

proporción de correlación correlation ratio.
proporción de costes cost ratio.
proporción de costes variables variable-cost ratio.
proporción de costos cost ratio.
proporción de costos variables variable-cost ratio.
proporción de deuda a corto plazo short-term debt ratio.
proporción de deuda a equidad debit-equity ratio.
proporción de deuda a largo plazo long-term debt ratio.
proporción de dividendos dividend ratio.
proporción de dividendos a ganancias payout ratio.
proporción de efectivo cash ratio.
proporción de efectivo mínimo minimum cash ratio.
proporción de eficiencia efficiency ratio.
proporción de ejecución exercise ratio.
proporción de encaje bank cash ratio.
proporción de endeudamiento debt-to-equity ratio, debt ratio.
proporción de explotación operating ratio.
proporción de gastos expense ratio.
proporción de liquidez liquidity ratio.
proporción de mercado market proportion, market ratio.
proporción de morosidad delinquency ratio.
proporción de mortalidad mortality ratio.
proporción de pérdidas loss ratio.
proporción de selección selection ratio.
proporción de servicio de la deuda debt service ratio.
proporción de suscripción subscription ratio.
proporción de valor neto net worth ratio.
proporción de ventas sales ratio.
proporción dividendo-precio dividend-price ratio.
proporción financiera financial ratio.
proporción impositiva tax ratio.
proporción ingresos-gastos income-expense ratio.
proporción mínima de encaje minimum reserve ratio.
proporción operativa operating ratio.
proporción precio-dividendo price-dividend ratio.
proporción precio-ganancias price-earnings ratio.
proporción precio-ingresos price-earnings ratio.
proporción presupuestaria budget share.
proporcionablemente *adv* proportionally.
proporcionadamente *adv* proportionally.
proporcionado *adj* proportioned, suitable.
proporcional *adj* proportional.
proporcionalidad *f* proportionality.
proporcionalmente *adj* proportionally.
proporcionar *v* provide, supply, apportion, make proportionate.
proposición *f* proposition, proposal, offer, motion.
proposición comercial business proposal.
proposición de ley bill.
proposición de negocio business proposal.
proposición empresarial business proposal.
proposición presupuestaria budget proposal.
propósito *m* purpose, intention, aim.
propósito, a on purpose, deliberately, by the way.
propósito comercial business purpose, commercial purpose.
propósito corporativo corporate purpose.
propósito de comercio commerce purpose.

propósito de comercio electrónico e-commerce purpose, e-business purpose.
propósito designado designated purpose.
propósito empresarial business purpose.
propósito especial special purpose.
propósito legal legal purpose.
propósito mercantil commercial purpose.
propósitos caritativos charitable purposes.
propósitos contables accounting purposes.
propósitos de contabilidad accounting purposes.
propuesta *f* proposal, offer.
propuesta comercial business proposal, commercial proposal.
propuesta de comercio commerce proposition.
propuesta de negocio business proposal.
propuesta empresarial business proposal.
propuesta en firme firm offer.
propuesta mercantil commercial proposal.
propuesta presupuestaria budget proposal.
propuesta y aceptación offer and acceptance.
propuestas selladas sealed bids.
propuesto *adj* proposed.
prorrata *f* proration.
prorrateado *adj* prorated, apportioned.
prorratear *v* prorate, apportion.
prorrateo *m* proration, apportionment.
prórroga *f* extension, deferment, prorogation.
prórroga de plazo extension of time.
prorrogable *adj* that can be extended, that can be deferred, prorogable.
prorrogación *f* prorogation.
prorrogar *v* extend, defer, postpone, prorogue.
proscribir *v* proscribe, ban, annul.
proscripción *f* proscription, ban, annulment.
proscriptor *adj* proscribing, banning, annulling.
proscrito *adj* proscribed, banned, annulled.
prospección *f* prospecting, survey.
prospección de mercado market research, market survey.
prospectivo *adj* prospective.
prospecto *m* prospectus, booklet, leaflet.
prospecto final final prospectus.
prospecto preliminar preliminary prospectus.
prosperar *v* prosper.
prosperidad *f* prosperity.
protección *f* protection, hedge.
protección administrativa administrative protection.
protección al consumidor consumer protection.
protección ambiental environmental protection.
protección arancelaria tariff protection.
protección contra redención call protection.
protección de archivos file protection.
protección de datos data protection.
protección de empleo employment protection.
protección de ficheros file protection.
protección de la frontera border protection.
protección de los derechos de autor copyright protection.
protección de patente patent protection.
protección de precios price protection.
protección del ambiente environmental protection.
protección del consumidor consumer protection.
protección del crédito de consumidor consumer credit protection.
protección del medioambiente environmental protection.
protección en frontera border protection.
protección medioambiental environmental

protection.
proteccionismo *m* protectionism.
proteccionista *adj* protectionist.
proteccionista *m/f* protectionist.
protector de cheques check protector, cheque protector.
proteger *v* protect, secure, hedge.
protegido *adj* protected, secured, hedged.
protesta *f* protest, complaint.
protesta masiva massive protest.
protesta pacífica peaceful protest.
protestable *adj* protestable.
protestado *adj* protested.
protestar *v* protest, complain.
protestar un giro protest a draft.
protestar una letra protest a draft.
protesto *m* protest.
protocolar *adj* protocolar, formal.
protocolar *v* protocolize, register formally, notarize.
protocolario *adj* protocolar, formal.
protocolización *f* protocolization, formal registration, notarization.
protocolizar *v* protocolize, register formally, notarize.
protocolo *m* protocol, formal registry, formal registry of a notary public.
prototipo *m* prototype.
provecho *m* benefit, profit.
provechosamente *adv* beneficially, profitably.
provechoso *adj* beneficial, profitable.
proveedor *m* provider, supplier, dealer.
proveedor de acceso access provider.
proveedor de acceso a Internet Internet access provider.
proveedor de contenido content provider.
proveedor de fondos financial backer.
proveedor de servicios de Internet Internet Service Provider.
proveeduría *f* post of a provider, warehouse.
proveer *v* provide, supply, grant, decide, accommodate.
provisión *f* provision, supplying, precautionary measure, measure, reserve, warehouse.
provisión contractual contractual provision.
provisión de fondos provision of funds.
provisión para cuentas dudosas bad debt reserve.
provisión para cuentas incobrables bad debt reserve.
provisión para depreciación depreciation reserve.
provisión para impuestos tax provision.
provisión para incobrables bad debt reserve.
provisión para insolvencias provision for insolvencies.
provisión para pérdidas loss provision.
provisión para riesgos risk provision.
provisional *adj* provisional.
provisionalmente *adv* provisionally.
provisiones financieras financial provisions.
provisorio *adj* provisional.
provisto *adj* provided.
proximidad *f* proximity.
próximo *adj* proximate, near, next.
proyección *f* projection.
proyección a corto plazo short-term projection.
proyección a largo plazo long-term projection.
proyección a mediano plazo medium-term projection.
proyección a medio plazo medium-term

projection.
proyección cíclica cyclical projection.
proyección comercial business projection, commercial projection.
proyección corporativa corporate projection.
proyección cualitativa qualitative projection.
proyección cuantitativa quantitative projection.
proyección de beneficios profit projection, benefits projection.
proyección de comercio commerce projection.
proyección de cosechas crop projection.
proyección de costes cost projection.
proyección de costos cost projection.
proyección de ganancias profit projection.
proyección de gastos expense projection.
proyección de la demanda demand projection.
proyección de la oferta offer projection.
proyección de negocios business projection.
proyección de precios price projection.
proyección de producción production projection.
proyección de tendencia trend projection.
proyección de ventas sales projection.
proyección del mercado market projection.
proyección económica economic projection.
proyección empresarial business projection.
proyección financiera financial projection.
proyección mercantil commercial projection.
proyectado *adj* projected.
proyectar *v* project, plan.
proyecto *m* project, plan.
proyecto agrícola agricultural project.
proyecto calificado qualified project.
proyecto comercial business project, commercial project.
proyecto comunitario community project.
proyecto contable accounting project.
proyecto contractual contractual project.
proyecto corporativo corporate project.
proyecto cualificado qualified project.
proyecto de acumulación accumulation project.
proyecto de ahorros savings project.
proyecto de apoyo aid project.
proyecto de apoyo económico financial aid project.
proyecto de apoyo financiero financial aid project.
proyecto de asistencia aid project.
proyecto de asistencia económica financial aid project.
proyecto de asistencia financiera financial aid project.
proyecto de auditoría audit project.
proyecto de ayuda aid project.
proyecto de ayuda económica financial aid project.
proyecto de ayuda financiera financial aid project.
proyecto de beneficios benefit project.
proyecto de bonificaciones bonus project.
proyecto de capacitación training project.
proyecto de capital capital project.
proyecto de comercialización marketing project, commercialization project.
proyecto de comercio commerce project.
proyecto de conservación conservation project.
proyecto de construcción building project.
proyecto de contabilidad accounting project.
proyecto de contrato draft of a contract.
proyecto de contribuciones contribution project.
proyecto de desarrollo development project.

proyecto de entrenamiento training project.
proyecto de financiación financing project.
proyecto de financiamiento financing project.
proyecto de formación training project.
proyecto de habilitación training project.
proyecto de incentivos incentive project.
proyecto de inversión capital project, investment project.
proyecto de investigación research project.
proyecto de jubilación retirement project.
proyecto de ley bill.
proyecto de ley presupuestario budget bill.
proyecto de marketing marketing project.
proyecto de mejoras improvement project.
proyecto de mercadeo marketing project.
proyecto de mercado market project.
proyecto de negocios business project.
proyecto de pagos payment project.
proyecto de pensiones pension project.
proyecto de privatización privatization project.
proyecto de producción production project.
proyecto de publicidad advertising project.
proyecto de reajuste readjustment project.
proyecto de reaseguro reinsurance project.
proyecto de reducción de costes cost-reduction project.
proyecto de reducción de costos cost-reduction project.
proyecto de retiro retirement project.
proyecto de seguros insurance project.
proyecto de servicios service project.
proyecto económico economic project.
proyecto económico nacional national economic project.
proyecto empresarial business project.
proyecto estratégico strategic project.
proyecto financiero financial project.
proyecto mercantil commercial project.
proyecto operacional operational project.
proyecto publicitario advertising project.
proyecto social social project.
proyector de video video projector.
prudente *adj* prudent.
prueba *f* proof, sample, test, trial, evidence.
prueba, a on approval.
prueba ácida acid test.
prueba beta beta test.
prueba contable accounting proof.
prueba de acatamiento compliance test.
prueba de análisis evidence of analysis.
prueba de antes y después before-and-after test.
prueba de asegurabilidad proof of insurability.
prueba de autoridad proof of authority.
prueba de calidad proof of quality, quality test.
prueba de coaseguro coinsurance proof.
prueba de compra proof of purchase.
prueba de consumidores consumer test.
prueba de contabilidad accounting proof.
prueba de cuenta evidence of an account.
prueba de cumplimiento compliance test.
prueba de daños proof of damage.
prueba de depósito proof of deposit.
prueba de deuda proof of debt.
prueba de dominio evidence of title, proof of title, title papers, title.
prueba de dos colas two-tailed test.
prueba de elegibilidad proof of eligibility, eligibility test.
prueba de empleo proof of employment, employment test.

prueba de entrega proof of delivery.
prueba de fuego acid test.
prueba de identidad proof of identity.
prueba de incorporación proof of incorporation.
prueba de mercado market test.
prueba de participación proof of participation.
prueba de pérdida proof of loss.
prueba de peso proof of weight.
prueba de reclamación proof of claim, evidence of claim.
prueba de referencia benchmark test.
prueba de salud evidence of health.
prueba de seguro proof of insurance.
prueba de transacción test of transaction.
prueba de uso evidence of use.
prueba de validez validity test.
prueba de valor proof of value.
prueba de venta proof of sale.
prueba para colocación placement test.
psicográficos *m* psychographics.
psicología del mercado market psychology.
psicología industrial industrial psychology.
psicología organizativa organizational psychology.
publicación *f* publication.
publicación comercial trade publication.
publicación electrónica electronic publication.
públicamente *adv* publicly.
publicar *v* publish.
publicidad *f* publicity, advertising.
publicidad agresiva aggressive advertising.
publicidad anticipada advance advertising.
publicidad comercial commercial advertising, trade advertising.
publicidad comparativa comparative advertising.
publicidad cooperativa cooperative advertising.
publicidad corporativa corporate advertising.
publicidad de acción directa direct-action advertising.
publicidad de imagen image advertising.
publicidad de respuesta directa direct-response advertising.
publicidad de servicio público public service advertising.
publicidad del producto product advertising.
publicidad desleal deceptive advertising, disparaging advertising, advertising in bad faith.
publicidad directa direct advertising.
publicidad electrónica electronic advertising, Internet advertising.
publicidad en el Internet Internet advertising.
publicidad en línea online advertising.
publicidad en prensa press advertising.
publicidad en punto de compra point-of-purchase advertising.
publicidad en punto de venta point-of-sale advertising.
publicidad encubierta product placement.
publicidad engañosa false advertising, deceptive advertising.
publicidad financiera financial advertising.
publicidad industrial industrial advertising.
publicidad informativa informative advertising.
publicidad institucional institutional advertising.
publicidad nacional national advertising.
publicidad online online advertising.
publicidad por correo mail advertising, postal advertising.
publicidad por Internet Internet advertising.
publicidad radial radio advertising.

publicidad registral the public and transparent qualities that registries should have.
publicidad selectiva selective advertising.
publicidad subliminal subliminal advertising.
publicidad televisiva television advertising.
publicista *m/f* publicist.
publicitario *adj* advertising.
público *m* public, open.
público cautivo captive audience.
público objetivo target audience.
publireportaje *m* advertorial.
puente *m* bridge, long weekend, extended weekend.
puerta abierta open door, free trade.
puerto *m* port, harbor, harbour.
puerto a puerto port-to-port.
puerto abierto open port.
puerto aduanero port of entry.
puerto aéreo airport.
puerto de aduanas port of entry.
puerto de amarre home port.
puerto de descarga port of discharge.
puerto de destino port of destination.
puerto de embarque port of departure.
puerto de entrada port of entry.
puerto de entrega port of delivery.
puerto de escala port of call.
puerto de matrícula port of registry, home port.
puerto de origen port of departure.
puerto de partida port of departure.
puerto de salida port of departure.
puerto de tránsito port of transit.
puerto extranjero foreign port.
puerto final port of delivery.
puerto fluvial river port.
puerto franco free port.
puerto libre free port.
puerto marítimo seaport.
puerto terminal port of delivery.
puesta *f* higher bid.
puesta al día updating.
puesta en marcha startup.
puesto *m* post, position, job, place.
puesto a corto plazo short-term position, short-term job.
puesto a largo plazo long-term position, long-term job.
puesto a tiempo completo full-time position, full-time job.
puesto a tiempo parcial part-time position, part-time job.
puesto administrativo administrative position, administrative job.
puesto agrícola agricultural job.
puesto bajo contrato contract position, contract job.
puesto bancario bank position, bank job.
puesto calificado qualified position, qualified job.
puesto casual temporary position, temporary job.
puesto clave key position, key job.
puesto cualificado qualified position, qualified job.
puesto de administración administration position, administration job.
puesto de banco bank position, bank job.
puesto de campo field job.
puesto de construcción construction job.
puesto de medio tiempo part-time position, part-time job.
puesto de oficina office position, clerical job.
puesto de producción production job.

puesto de tiempo completo full-time position, full-time job.
puesto de tiempo parcial part-time position, part-time job.
puesto de trabajo job post.
puesto directivo management position, management job.
puesto diurno day shift.
puesto en el sector privado private sector position, private sector job.
puesto en el sector público public sector position, public sector job.
puesto especializado specialized position, specialized job
puesto estacional seasonal job.
puesto eventual temporary job.
puesto fijo steady position, steady job.
puesto gerencial management position, management job.
puesto nocturno night shift.
puesto pagado paid position, paid job.
puesto permanente permanent position, permanent job.
puesto profesional professional position, professional job.
puesto público public job.
puesto remunerado paid job.
puesto seguro secure job, steady job.
puesto temporal temporary position, temporary job.
puesto temporario temporary position, temporary job.
puesto temporero temporary position, temporary job.
puesto vacante job vacancy.
puesto vitalicio lifetime position, lifetime job.
puja *f* bid, higher bid.
pujador *m* bidder, outbidder.
pujar *v* bid, outbid.
punta *adj* leading edge, state-of-the-art.
puntero *adj* leading edge, state-of-the-art.
punto *m* point.
punto com dotcom.
punto común common point.
punto crítico break-even point, critical point.
punto crítico combinado composite break-even point.
punto crítico financiero financial break-even point.
punto de concentración concentration point.
punto de contacto contact point.
punto de conversión conversion point.
punto de corte cut-off point.
punto de entrada point of entry.
punto de equilibrio point of equilibrium, break-even point.
punto de exportación point of export.
punto de importación point of import.
punto de inspección checkpoint.
punto de nivelación break-even point, point of equilibrium.
punto de orden order point.
punto de origen point of origin.
punto de presencia point of presence.
punto de referencia reference point.
punto de salida point of departure.
punto de saturación saturation point.
punto de venta point of sale, retail outlet.
punto de venta electrónico electronic point of sale.

punto muerto deadlock, impasse.
punto porcentual percentage point.
puntos de descuento discount points.
puntuación de crédito credit scoring, credit score.
puntual *adj* punctual, exact.
puntualidad *f* punctuality, exactness.
puntualizar *v* detail, stamp, finish.
puntualmente *adv* punctually, exactly.
pureza *f* purity, genuineness.
puro *adj* pure.
puro y claro free and clear.
putativo *adj* putative.
PYME (pequeñas y medianas empresas) small and medium size enterprises.

Q

quebradizo *adj* fragile.
quebrado *adj* bankrupt, broken.
quebrado *m* bankrupt person, fraction.
quebrado culpable bankrupt due to negligence.
quebrado fraudulento fraudulent bankrupt.
quebrador *adj* breaking.
quebrador *m* breaker, violator.
quebrantable *adj* fragile.
quebrantado *adj* broken, violated.
quebrantador *m* breaker, violator.
quebrantadura *f* breaking, violation, breach.
quebrantamiento *m* breaking, violation, breach.
quebrantar *v* break, violate, breach.
quebranto *m* breaking, violation, breach.
quebranto de moneda additional compensation a cashier periodically receives to help cover any cash register shortages.
quebrar *v* go bankrupt, to bankrupt, break, interrupt.
quedar *v* remain, agree, arrange, become.
quedar obsoleto become obsolete.
quehacer *m* work, occupation, chore.
queja *f* complaint.
quejarse *v* complain.
quemar *v* burn, sell cheaply.
querella *f* complaint, charge, dispute.
quid pro quo quid pro quo.
quiebra *f* bankruptcy, break, damage.
quiebra bancaria bank failure.
quiebra comercial business bankruptcy, business failure, commercial bankruptcy, commercial failure.
quiebra corporativa corporate bankruptcy.
quiebra culpable bankruptcy due to negligence.
quiebra culposa bankruptcy due to negligence.
quiebra de banco bank failure.
quiebra de comercio electrónico e-commerce bankruptcy, e-commerce failure, e-business bankruptcy, e-business failure.
quiebra de la compañía company bankruptcy.
quiebra de negocio business bankruptcy, business failure.
quiebra empresarial business bankruptcy, business failure.
quiebra, en bankrupt.
quiebra forzada forced bankruptcy.
quiebra forzosa forced bankruptcy.
quiebra fraudulenta fraudulent bankruptcy.

quiebra involuntaria involuntary bankruptcy.
quiebra mercantil commercial bankruptcy, commercial failure.
quiebra voluntaria voluntary bankruptcy.
quien toma las decisiones decision maker.
quilate *m* carat.
quillaje *m* keelage.
quincena *f* fifteen days, pay for fifteen days of work, half-month, half-month's pay.
quincenal *adj* every fifteen days, biweekly.
quiñón *m* share, plot of land.
quinquenio *m* five year period, increase in salary each fifth anniversary on a job.
quintuplicado *adj* quintuplicate.
quiosco *m* kiosk.
quirografario *adj* unsecured.
quirografario *m* unsecured debt, general creditor.
quirógrafo *adj* unsecured.
quirógrafo *m* promissory note, acknowledgment of debt.
quita *f* release, reduction of a debt, cancellation of a debt.
quita y espera arrangement with creditors.
quitación *f* release, quitclaim, income.
quitamiento *m* release, reduction of a debt.
quitanza *f* release acquittance.
quitar *v* remove, exempt.
quitarse *v* withdraw, remove.
quito *adj* free, exempt.
quórum *m* quorum.

R

ración *f* ration, share.
racionamiento *m* rationing.
racionamiento de capital capital rationing.
racionamiento de crédito credit rationing.
racionar *v* ration.
radiación *f* radiation, radio broadcast.
radiado *adj* radiated, broadcast.
radiar *v* broadcast.
radicación *f* filing, settling, location.
radicación electrónica electronic filing.
radicación tardía late filing.
radical *adj* radical.
radicar *v* live, settle, to be located, file.
radicar conjuntamente file jointly.
radicar separadamente file separately.
radicar una planilla file a return.
radicar una planilla contributiva file a tax return.
radicar una solicitud file an application.
radio comercial commercial radio.
radio de negocios business radio.
radio empresarial business radio.
raíz del problema root of the problem.
ralentización *f* slowdown.
ralentización económica economic slowdown.
ralentizar *v* slow down.
rama *f* branch.
rama industrial industrial sector.
ramificación *f* ramification.
ramo de seguro insurance type, insurance class.
rango *m* rank, class, level, standing.
rango hipotecario mortgage rank.
ranking *m* ranking.

rápel *m* volume discount.
rápidamente *adv* rapidly.
rapidez *f* rapidity.
rappel *m* volume discount.
raqueterismo *m* racketeering.
raquetero *m* racketeer.
rasgo *m* trait, characteristic, feature.
rastreo de auditoría audit trail.
rastro de auditoría audit trail.
ratear *v* distribute proportionally, reduce proportionally, steal.
rateo *m* proration, apportionment.
ratería de tiendas shoplifting.
ratificación *f* ratification, confirmation.
ratificación de contratos ratification of contracts.
ratificar *v* ratify, confirm.
ratificatorio *adj* ratifying, confirming.
ratihabición *f* ratification, confirmation.
rating *m* rating.
ratio *m* ratio.
ratio capital/activo capital/asset ratio.
ratio capital/deuda capital/debt ratio.
ratio capital/producto capital/output ratio.
ratio capital/trabajo capital/labor ratio, capital/labour ratio.
ratio clave key ratio.
ratio combinado combined ratio.
ratio contributivo tax ratio.
ratio corriente current ratio.
ratio coste-beneficio cost-benefit ratio.
ratio costo-beneficio cost-benefit ratio.
ratio de apalancamiento leverage ratio.
ratio de aprobaciones approval ratio.
ratio de beneficio bruto gross profit ratio.
ratio de bonos bond ratio.
ratio de caducidad lapse ratio.
ratio de capital capital ratio.
ratio de capital neto net capital ratio.
ratio de capitalización capitalization ratio.
ratio de cobertura coverage ratio.
ratio de cobertura de deudas debt coverage ratio.
ratio de cobertura de intereses interest coverage ratio.
ratio de cobros collection ratio.
ratio de colocación placement ratio.
ratio de concentración concentration ratio.
ratio de conversión conversion ratio.
ratio de correlación correlation ratio.
ratio de costes variables variable-cost ratio.
ratio de costos variables variable-cost ratio.
ratio de deuda a corto plazo short-term debt ratio.
ratio de deuda a equidad debit-equity ratio.
ratio de deuda a largo plazo long-term debt ratio.
ratio de dividendos a ganancias payout ratio.
ratio de efectivo cash ratio.
ratio de efectivo mínimo minimum cash ratio.
ratio de eficiencia efficiency ratio.
ratio de ejecución exercise ratio.
ratio de encaje bank cash ratio.
ratio de endeudamiento debt-to-equity ratio, debt ratio, borrowing ratio.
ratio de explotación operating ratio.
ratio de ganancia bruta gross profit ratio.
ratio de gastos expense ratio.
ratio de ingresos a precio earnings-price ratio.
ratio de liquidez liquidity ratio.
ratio de margen bruto gross margin ratio.
ratio de mercado market ratio.
ratio de morosidad delinquency ratio.
ratio de mortalidad mortality ratio.

ratio de pagos de dividendos dividend payout ratio.
ratio de pérdidas loss ratio.
ratio de pérdidas esperadas expected loss ratio.
ratio de pérdidas incurridas incurred-loss ratio.
ratio de selección selection ratio.
ratio de servicio de la deuda debt service ratio.
ratio de solvencia solvency ratio.
ratio de suficiencia de capital capital adequacy ratio.
ratio de suscripción subscription ratio.
ratio de valor neto net worth ratio.
ratio de ventas a activo fijo fixed asset turnover.
ratio dividendo-precio dividend-price ration.
ratio financiero financial ratio.
ratio impositivo tax ratio.
ratio ingresos-gastos income-expense ratio.
ratio mínimo de encaje minimum reserve ratio.
ratio operativo operating ratio.
ratio precio-dividendo price-dividend ratio.
ratio precio-ganancias price-earnings ratio.
ratio precio-ingresos price-earnings ratio.
ratio Q Q ratio.
ratio tributario tax ratio.
ratios bursátiles ratios utilized to evaluate stocks.
ratios económicos economic ratios.
razón *f* reason, ratio, information.
razón capital/activo capital/asset ratio.
razón capital/deuda capital/debt ratio.
razón capital/producto capital/output ratio.
razón capital/trabajo capital/labor ratio.
razón clave key ratio.
razón combinada combined ratio.
razón comercial firm name, trade name.
razón contributiva tax ratio.
razón corriente current ratio.
razón coste-beneficio cost-benefit ratio.
razón costo-beneficio cost-benefit ratio.
razón de acciones comunes common stock ratio.
razón de acciones ordinarias common stock ratio.
razón de acciones preferenciales preferred stock ratio.
razón de acciones preferidas preferred stock ratio.
razón de actividad activity ratio.
razón de apalancamiento leverage ratio.
razón de aprobaciones approval ratio.
razón de beneficio bruto gross profit ratio.
razón de bonos bond ratio.
razón de caducidad lapse ratio.
razón de capital capital ratio.
razón de capital neto net capital ratio.
razón de capitalización capitalization ratio.
razón de cobertura coverage ratio.
razón de cobertura de deudas debt coverage ratio.
razón de cobertura de intereses interest coverage ratio.
razón de cobros collection ratio.
razón de colocación placement ratio.
razón de concentración concentration ratio.
razón de conversión conversion ratio.
razón de correlación correlation ratio.
razón de costes variables variable-cost ratio.
razón de costos variables variable-cost ratio.
razón de deuda a corto plazo short-term debt ratio.
razón de deuda a equidad debit-equity ratio.
razón de deuda a largo plazo long-term debt

ratio.
razón de dividendos a ganancias payout ratio.
razón de efectivo cash ratio.
razón de efectivo mínimo minimum cash ratio.
razón de eficiencia efficiency ratio.
razón de ejecución exercise ratio.
razón de encaje bank cash ratio.
razón de endeudamiento debt-to-equity ratio, debt ratio, borrowing ratio.
razón de explotación operating ratio.
razón de ganancia bruta gross profit ratio.
razón de gastos expense ratio.
razón de Gini Gini ratio, Gini coefficient.
razón de ingresos a precio earnings-price ratio.
razón de liquidez liquidity ratio.
razón de margen de contribución contribution margin ratio.
razón de mercado market ratio.
razón de morosidad delinquency ratio.
razón de mortalidad mortality ratio.
razón de pagos de dividendos dividend payout ratio.
razón de pasivo y activo neto debt-to-net worth ratio.
razón de pérdidas loss ratio.
razón de pérdidas esperadas expected loss ratio.
razón de pérdidas incurridas incurred-loss ratio.
razón de selección selection ratio.
razón de servicio de la deuda debt service ratio.
razón de solvencia solvency ratio.
razón de suficiencia de capital capital adequacy ratio.
razón de suscripción subscription ratio.
razón de valor neto net worth ratio.
razón de ventas a activo fijo fixed asset turnover.
razón dividendo-precio dividend-price ration.
razón financiera financial ratio.
razón impositiva tax ratio.
razón ingresos-gastos income-expense ratio.
razón mínima de encaje minimum reserve ratio.
razón operativa operating ratio.
razón precio-dividendo price-dividend ratio.
razón precio-ganancias price-earnings ratio.
razón precio-ingresos price-earnings ratio.
razón social firm name, business name, trade name.
razón tributaria tax ratio.
razonable *adj* reasonable, affordable.
razonablemente *adv* reasonably.
razonamiento *m* reasoning.
razones de industria industry ratios.
razones del balance balance sheet ratios.
razones económicas economic ratios, economic reasons.
razones médicas medical reasons.
RDSI (Red Digital de Servicios Integrados) ISDN, Integrated Services Digital Network.
reacción *f* reaction.
reacción del consumidor consumer reaction.
reacción del mercado market reaction.
reaccionar *v* react.
reaccionario *adj* reactionary.
reaccionario *m* reactionary.
reaceptación *f* reacceptance.
reacio *adj* reluctant.
reacondicionado *adj* reconditioned, refurbished.
reacondicionamiento *m* reconditioning, refurbishing.
reacondicionar *v* recondition, refurbish.
reactivación *f* reactivation, recovery, revival.

reactivar *v* reactivate.
reactor atómico atomic reactor, nuclear reactor.
reactor nuclear nuclear reactor, atomic reactor.
readquirido *adj* reacquired.
readquirir *v* reacquire.
readquisición *f* reacquisition.
readquisición corporativa corporate reacquisition.
reafirmación *f* reaffirmation.
reafirmar *v* reaffirm.
reagrupar *v* regroup.
reajustar *v* readjust.
reajuste *m* readjustment, adjustment, reorganization.
reajuste de capital capital readjustment.
reajuste salarial salary adjustment, wage adjustment.
real *adj* real, actual.
realidad virtual virtual reality.
realimentación *f* feedback.
realista *adj* realistic.
realista *m/f* realist.
realizable *adj* realizable, feasible, salable.
realización *f* realization, carrying out, performance, sale, achievement, fulfillment.
realización de beneficios profit-taking.
realización personal personal fulfillment.
realizado *adj* realized, carried out, performed, sold, achieved, fulfilled.
realizar *v* realize, carry out, perform, sell, achieve, fulfill.
realquilar *v* sublease.
realzado de crédito credit enhancement.
realzar *v* enhance, highlight.
reanudación *f* renewal, resumption.
reanudar *v* renew, resume.
reanudar pagos resume payments.
reapertura *f* reopening.
reaprovisionar *v* restock.
reasegurado *adj* reinsured.
reasegurador *m* reinsurer.
reasegurar *v* reinsure.
reaseguro *m* reinsurance.
reaseguro automático automatic reinsurance.
reaseguro con participación participating reinsurance.
reaseguro de catástrofe catastrophe reinsurance.
reaseguro en exceso excess reinsurance.
reaseguro facultativo facultative reinsurance.
reaseguro no proporcional nonproportional reinsurance.
reaseguro no tradicional nontraditional reinsurance.
reaseguro obligatorio obligatory reinsurance.
reaseguro proporcional proportional reinsurance.
reaseguro prorrateado pro rata reinsurance.
reasignación *f* reassignment, reallocation.
reasumir *v* resume.
reasunción *f* resumption.
rebaja *f* reduction, discount, decrease, cut, rebate.
rebaja contributiva tax reduction.
rebaja de capital capital reduction.
rebaja de contribuciones tax reduction.
rebaja de costes cost reduction.
rebaja de costos cost reduction.
rebaja de deuda debt reduction.
rebaja de dividendo dividend reduction.
rebaja de gastos expense reduction.
rebaja de impuestos tax reduction.
rebaja de la contaminación contamination reduction.

rebaja de la tasa bancaria bank rate reduction.
rebaja de pérdidas loss reduction.
rebaja de personal personnel reduction, personnel downsizing.
rebaja de precio price reduction.
rebaja de presupuesto budget reduction.
rebaja de riesgos risk reduction.
rebaja de salario salary reduction.
rebaja de tasa rate reduction.
rebaja de tipo rate reduction.
rebaja de valor value reduction.
rebaja del déficit deficit reduction.
rebaja del tipo bancario bank rate reduction.
rebaja general general reduction.
rebaja impositiva tax reduction.
rebaja neta net reduction.
rebaja presupuestaria budgetary reduction.
rebaja salarial salary reduction.
rebaja tributaria tax reduction.
rebajado *adj* reduced.
rebajamiento *m* reduction.
rebajar *v* reduce, discount, rebate.
rebasar *v* exceed.
rebatir *v* refute, deduct, reinforce.
rebelde *adj* defaulting.
rebelde *m* defaulter.
rebeldía, en in default.
recabar *v* request, obtain.
recadero *m* messenger.
recado *m* message, errand, gift.
recaer *v* fall again, relapse.
recaída *f* relapse.
recalcar *v* emphasize, emphasize repeatedly.
recalcular *v* recalculate.
recambiar *v* redraw, change again.
recambio *m* reexchange, redraft.
recapitalización *f* recapitalization.
recapitalizar *v* recapitalize.
recaptura *f* recapture.
recaptura de amortización depreciation recapture.
recaptura de depreciación depreciation recapture.
recargar *v* reload, overload, load, surcharge, overcharge, mark up, charge again.
recargo *m* surcharge, additional load, surtax, overcharge, markup.
recargo a la importación import surcharge.
recargo contributivo surtax, surcharge for late tax payment.
recargo fiscal surtax, surcharge for late tax payment.
recargo impositivo surtax, surcharge for late tax payment.
recargo tributario surtax, surcharge for late tax payment.
recatón *adj* retail.
recatón *m* retailer.
recaudable *adj* collectible.
recaudación *f* collection, earnings, receipts, office of a collector.
recaudación de contribuciones collection of taxes.
recaudación de fondos fundraising.
recaudación de impuestos collection of taxes.
recaudaciones fiscales tax collections.
recaudador *m* collector, tax collector.
recaudador de contribuciones tax collector.
recaudador de impuestos tax collector.
recaudador de rentas internas collector of internal revenue.
recaudamiento *m* collection, earnings, receipts, office of a collector.
recaudar *v* collect, collect taxes, raise.
recaudar fondos raise funds.
recaudar impuestos collect taxes.
recaudatorio *adj* pertaining to collections.
recaudo *m* collection, bond.
recepción *f* reception, receipt.
recepción de mercaderías receipt of merchandise.
recepcionista *m/f* receptionist.
receptividad *f* receptiveness.
receptividad del mercado market receptiveness.
receptivo *adj* receptive.
receptor *m* receiver, recipient.
receptor de rentas tax collector.
receptoría *f* receiver's office, collector's office, receivership.
recesar *v* recess, adjourn, withdraw.
recesión *f* recession.
recesión comercial business recession, commercial recession.
recesión de los negocios business recession.
recesión del comercio electrónico e-commerce recession, e-business recession.
recesión económica economic recession, recession.
recesión empresarial business recession.
recesión mercantil commercial recession.
recesionario *adj* recessionary.
receso *m* recess, adjournment, withdrawal.
recetoría *f* receiver's office, collector's office.
rechazable *adj* rejectable.
rechazado *adj* rejected, dishonored.
rechazamiento *m* rejection, nonacceptance.
rechazar *v* reject, dishonor.
rechazar un cheque reject a check, reject a cheque.
rechazo *m* rejection.
rechazo de mercancías refusal of goods.
rechazo de oferta rejection of offer.
rechazo de pago refusal of payment.
recibí payment received.
recibido *adj* received.
recibidor *m* receiver, receiving teller.
recibimiento *m* receipt, reception, acceptance.
recibir *v* receive, accept, admit, obtain.
recibir condicionalmente receive conditionally.
recibir depósitos receive deposits.
recibir efectivo receive cash.
recibir entrega receive delivery.
recibir mercancías receive goods.
recibir por cuenta de receive for the account of, receive on behalf of.
recibir tarjetas receive credit cards, receive debit cards, receive cards.
recibir tarjetas de crédito receive credit cards.
recibir tarjetas de débito receive debit cards.
recibir un pago receive a payment.
recibir una letra receive a bill.
recibir una oferta receive an offer.
recibo *m* receipt, bill, receiving.
recibo bancario bank receipt.
recibo condicional conditional receipt.
recibo de almacén warehouse receipt.
recibo de carga freight receipt.
recibo de depósito deposit receipt.
recibo de depósito al portador bearer depository receipt.
recibo de empréstito loan receipt.
recibo de entrega delivery receipt.
recibo de inspección inspection receipt.

recibo de muelle dock receipt.
recibo de paga pay slip, salary slip, salary receipt.
recibo de pago payment receipt.
recibo de pago de prima premium receipt.
recibo de préstamo loan receipt.
recibo de salario salary receipt, pay slip.
recibo de ventas sales receipt, sales slip.
recibo ficticio fictitious receipt.
recibo incondicional unconditional receipt.
recibo obligante binding receipt.
recibo obligatorio binder.
reciclable *adj* recyclable.
reciclado *adj* recycled, retrained.
reciclado *m* recycling, retraining.
reciclado de residuos waste recycling.
reciclaje *m* recycling, retraining.
reciclaje de residuos waste recycling.
reciclar *v* recycle, retrain.
recientemente *adv* recently.
recíprocamente *adv* reciprocally.
reciprocidad *f* reciprocity.
recíproco *adj* reciprocal.
reclamable *adj* claimable.
reclamación *f* claim, complaint.
reclamación aceptada accepted claim.
reclamación admitida admitted claim.
reclamación contingente contingent claim.
reclamación de dividendo dividend claim.
reclamación del acreedor creditor's claim.
reclamación exagerada exaggerated claim.
reclamación fraudulenta fraudulent claim.
reclamación garantizada guaranteed claim, secured claim.
reclamación inicial initial claim.
reclamación legal legal claim.
reclamación pagada claim paid.
reclamación salarial salary claim, wage claim.
reclamación tardía late claim, belated claim.
reclamaciones sometidas claims made.
reclamador *m* claimant, claimer.
reclamante *m /f* claimer, claimant.
reclamar *v* reclaim, claim, demand.
reclamo *m* claim, advertisement.
reclamo publicitario advertising gimmick.
reclasificación *f* reclassification.
reclasificación de acciones reclassification of stock.
reclutamiento *m* recruitment.
reclutamiento de personal personnel recruitment.
reclutamiento en línea online recruitment.
reclutamiento online online recruitment.
reclutar *v* recruit.
reclutar en línea recruit online.
reclutar online recruit online.
reclutar personal recruit personnel.
recobrable *adj* recoverable.
recobrar *v* recover.
recobrarse *v* recover.
recobro *m* recovery.
recogedor *m* collector.
recoger *v* collect, withdraw, retrieve.
recogida *f* collecting, withdrawal, retrieval.
recolección *f* collection.
recolectar *v* collect.
recolector *m* collector.
recolocación *f* relocation.
recomendación *f* recommendation, reference, request.
recomendación colectiva blanket recommendation.

recomendante *m/f* recommender.
recomendar *v* recommend, advise, request.
recompensa *f* reward, recompense, remuneration, award.
recompensable *adj* recompensable.
recompensación *f* recompense, remuneration, award.
recompensas financieras financial rewards.
recomponer *v* repair again.
recompra *f* repurchase, buyback.
recompra anticipada advance repurchase, advance repo.
recompra de acciones stock buyback.
recompra de bonos bond buyback.
recompra de deuda debt buyback.
recomprar *v* repurchase.
recómputo *m* recomputation.
reconciliable *adj* reconcilable.
reconciliación *f* reconciliation.
reconciliar *v* reconcile.
reconducción *f* reconduction, extension, renewal.
reconducir *v* extend, renew.
reconfigurar *v* reconfigure.
reconocedor *m* recognizer, admitter, inspector.
reconocer *v* recognize, acknowledge, admit, inspect.
reconocer una firma acknowledge a signature.
reconocer una orden acknowledge an order.
reconocido *adj* recognized, acknowledged, admitted, inspected.
reconocimiento *m* recognition, acknowledgment, admission, inspection.
reconocimiento aduanal customs inspection.
reconocimiento de cuentas audit of accounts.
reconocimiento de deuda acknowledgment of debt.
reconocimiento de firma authentication of signature.
reconocimiento de ingresos revenue recognition.
reconocimiento de las obligaciones acknowledgment of the obligations.
reconocimiento de marca brand recognition.
reconocimiento de mercado market recognition.
reconocimiento de orden acknowledgement of order.
reconocimiento de pago acknowledgement of payment.
reconocimiento de pago en efectivo cash acknowledgement.
reconocimiento de voz voice recognition.
reconocimiento del producto product recognition.
reconocimiento directo direct recognition.
reconocimiento implícito implied acknowledgment.
reconocimiento óptico de caracteres optical character recognition.
reconsideración *f* reconsideration.
reconsiderar *v* reconsider.
reconstitución *f* reconstitution, reorganization.
reconstituir *v* reconstitute, reorganize.
reconstrucción *f* reconstruction.
reconstruir *v* reconstruct.
reconversión *f* reconversion, restructuring.
reconversión industrial industrial restructuring.
recopilación *f* compilation, collection.
recopilación de datos data collection.
recopilar *v* compile, collect.
récord *m* record.
recordatorio *m* reminder.

recortar *v* cut, cut back, reduce.
recortar beneficios reduce benefits, cut benefits.
recortar precios reduce prices, cut prices.
recortar tasas reduce rates, cut rates.
recorte *m* cut, cutback, reduction.
recorte contributivo tax cut.
recorte de capital capital cut.
recorte de contribuciones tax cut.
recorte de costes cost cut.
recorte de costos cost cut.
recorte de deuda debt cut.
recorte de dividendo dividend cut.
recorte de impuestos tax cut.
recorte de pérdidas loss cut.
recorte de precio price cut.
recorte de presupuesto budget cut.
recorte de riesgos risk cut.
recorte de salario salary cut.
recorte de tasa rate cut.
recorte de tipo rate cut.
recorte general general cut.
recorte impositivo tax cut.
recorte neto net cut.
recorte presupuestario budget cut.
recorte salarial salary cut.
recorte tributario tax cut.
recortes de personal personnel cuts.
rectamente *adv* honestly.
rectificable *adj* rectifiable, amendable.
rectificación *f* rectification, correction, amendment.
rectificado *adj* rectified, corrected, amended.
rectificador *m* rectifier.
rectificar *v* rectify, amend.
rectitud *f* rectitude.
recto *adj* straight, honest.
recuento *m* recount, count, inventory.
recuperable *adj* recoverable.
recuperación *f* recovery, retrieval.
recuperación comercial business recovery, commercial recovery.
recuperación corporativa corporate recovery.
recuperación de comercio commerce recovery.
recuperación de comercio electrónico e-commerce recovery, e-business recovery.
recuperación de costes cost recovery.
recuperación de costos cost recovery.
recuperación de datos data recovery, data retrieval.
recuperación de desastre disaster recovery.
recuperación de deudas debt recovery.
recuperación de energía energy recovery.
recuperación de gastos expense recovery.
recuperación de mensajes message recovery.
recuperación de negocios business recovery.
recuperación del mercado market recovery.
recuperación económica economic recovery.
recuperación empresarial business recovery.
recuperación mercantil commercial recovery.
recuperar *v* recuperate, recoup, retrieve.
recurrente *adj* recurring.
recurso *m* recourse, resource, remedy, means.
recursos agotables exhaustible resources, depletable resources.
recursos agrícolas agricultural resources.
recursos asignados allocated resources.
recursos comprometidos committed resources.
recursos de caja cash resources.
recursos de capital capital resources.
recursos disponibles available resources.
recursos económicos economic resources.

recursos en efectivo cash resources.
recursos energéticos energy resources.
recursos escasos scarce resources.
recursos explotados exploited resources.
recursos externos external resources.
recursos financieros financial resources.
recursos generales general resources.
recursos humanos human resources.
recursos internos internal resources.
recursos minerales mineral resources.
recursos mineros mineral resources.
recursos naturales natural resources.
recursos naturales no renovables nonrenewable natural resources.
recursos naturales renovables renewable natural resources.
recursos no renovables nonrenewable resources.
recursos no utilizados idle resources.
recursos permanentes permanent resources.
recursos prestados borrowed resources.
recursos productivos productive resources.
recursos propios own resources.
recursos renovables renewable resources.
red *f* net, network, Internet, chain.
red bancaria banking network.
red comercial sales network, commercial network.
red compartida shared network.
red comunitaria community network.
red corporativa corporate chain, corporate network.
red de área extendida wide-area network.
red de área local local-area network.
red de banda ancha broadband network.
red de computadoras computer network.
red de comunicaciones communications network.
red de datos data network.
red de distribución distribution network.
red de distribuidores distributor network.
red de intercambio swap network.
red de ordenadores computer network.
red de sucursales branch network.
red de tarjetas card network.
red de telecomunicaciones telecommunications network.
red de ventas sales network.
Red Digital de Servicios Integrados Integrated Services Digital Network, ISDN.
red inalámbrica wireless network.
red informática computer network.
red local local-area network.
red nacional national chain, national network.
redactar *v* redact, write, edit, draw up.
redactar un contrato draw up a contract.
redención *f* redemption, repayment.
redención anticipada advance redemption.
redención de bonos bond redemption, bond call.
redención de deuda debt redemption.
redención de la deuda retirement of debt.
redención de servidumbres lifting of easements.
redención especial special redemption.
redención temprana early redemption.
redenominación *f* redenomination.
redentor *adj* redeeming.
redepositar *v* redeposit.
redesarrollar *v* redevelop.
redesarrollo *m* redevelopment.
redescontar *v* rediscount.
redescuento *m* rediscount.
redespachar *v* resend.
redimensionamiento *m* downsizing, rightsizing.

redimible *adj* redeemable, callable.
redimir *v* redeem, free, exempt, call in, pay off.
redimir un bono call a bond, refund a bond.
rediseñado *adj* redesigned.
rediseñar *v* redesign.
redistribución *f* redistribution.
redistribución de ingresos income redistribution.
redistribuido *adj* redistributed.
redistribuir *v* redistribute.
rédito *m* revenue, income, return, profit, interest.
rédito gravable taxable income.
rédito imponible taxable income.
rédito tributable taxable income.
redituable *adj* revenue-yielding, profitable, interest-bearing.
reditual *adj* revenue-yielding, profitable, interest-bearing.
redituar *v* yield, draw.
redondear *v* round off, round, complete.
redondeo *m* rounding.
reducción *f* reduction, rebate, downsizing.
reducción contributiva tax reduction.
reducción de capital capital reduction.
reducción de contribuciones tax reduction.
reducción de costes cost reduction.
reducción de costos cost reduction.
reducción de deuda debt reduction.
reducción de dividendo dividend reduction.
reducción de gastos expense reduction.
reducción de impuestos tax reduction.
reducción de la contaminación contamination reduction.
reducción de la tasa bancaria bank rate cut, bank rate reduction.
reducción de pérdidas loss reduction.
reducción de personal personnel reduction, personnel downsizing, layoffs.
reducción de plantilla personnel reduction, personnel downsizing, layoffs.
reducción de precio price reduction.
reducción de presupuesto budget reduction.
reducción de riesgos risk reduction.
reducción de salario salary reduction.
reducción de tasa rate decrease.
reducción de tipo rate decrease.
reducción del déficit deficit reduction.
reducción del tipo bancario bank rate reduction.
reducción general general reduction.
reducción impositiva tax reduction.
reducción neta net reduction.
reducción presupuestaria budgetary reduction.
reducción salarial salary reduction.
reducción tributaria tax reduction.
reducible *adj* reducible.
reducido *adj* reduced, downsized.
reducir *v* reduce, lower.
reducir beneficios reduce benefits, lower benefits.
reducir contribuciones reduce taxes.
reducir costes reduce costs.
reducir costos reduce costs.
reducir el personal reduce personnel.
reducir gastos reduce expenses.
reducir gastos generales reduce overhead.
reducir impuestos reduce taxes.
reducir la producción cut back production.
reducir precios reduce prices, lower prices.
reducir tasas reduce rates.
reducir tipos reduce rates.
reductible *adj* reducible.
redundante *adj* redundant.

reedificación *f* rebuilding.
reedificar *v* rebuild.
reeducar *v* reeducate, retrain.
reembarcar *v* reembark.
reembargar *v* reattach.
reembargo *m* reattachment.
reembarque *m* reembarkation.
reembolsable *adj* reimbursable, redeemable, refundable.
reembolsar *v* reimburse, redeem, refund.
reembolso *m* reimbursement, redemption, refund, drawback.
reembolso anticipado advance redemption, advance repayment.
reembolso completo complete refund.
reembolso contributivo tax refund.
reembolso de contribuciones tax refund.
reembolso de gastos expense reimbursement.
reembolso de impuestos tax refund.
reembolso de impuestos sobre la renta income tax refund.
reembolso de ingresos income reimbursement.
reembolso de prima premium refund.
reembolso en efectivo cash refund.
reembolso impositivo tax refund.
reembolso por experiencia experience refund.
reembolso previo prior redemption.
reembolso tributario tax refund.
reemisión de tarjeta card reissue.
reemplazable *adj* replaceable.
reemplazar *v* replace.
reemplazo *m* replacement.
reemplazo de ingresos income replacement.
reemplear *v* reemploy.
reempleo *m* reemployment.
reendosar *v* reendorse.
reendoso *m* reendorsement.
reentrenamiento *m* retraining.
reenviar *v* return, forward.
reenvío *m* return, forwarding.
reestructuración *f* restructuring.
reestructuración de deuda restructuring of debt.
reestructuración industrial industrial restructuring.
reestructurado *adj* restructured.
reestructurar *v* restructure.
reevaluación *f* reevaluation.
reevaluar *v* reevaluate.
reexpedición *f* reshipment, forwarding.
reexpedir *v* reship, forward.
reexportación *f* reexportation.
reexportar *v* reexport.
refacción *f* repair, maintenance expense, bonus.
refaccionar *v* renovate, repair, maintain.
referencia *f* reference, report.
referencia bancaria bank reference.
referencia comercial trade reference.
referencia de banco bank reference.
referencia de coste cost reference.
referencia de costo cost reference.
referencia de crédito credit reference.
referir *v* refer, relate.
refinanciación *f* refinancing.
refinanciación anticipada advance refunding.
refinanciado *adj* refinanced.
refinanciamiento *m* refinancing.
refinanciamiento de deuda debt refinancing.
refinanciar *v* refinance.
reflotamiento *m* refloating.
reforestación *f* reforestation.

reforestar *v* reforest.
reforma *f* reform, amendment, revision.
reforma agraria agrarian reform.
reforma contributiva tax reform.
reforma económica economic reform.
reforma estructural structural reform.
reforma fiscal tax reform.
reforma impositiva tax reform.
reforma monetaria monetary reform.
reforma tributaria tax reform.
reformado *adj* reformed, amended.
reformar *v* reform, amend, revise, repair.
reformatorio *adj* reforming, amending.
reformismo *m* reformism.
reformista *adj* reformist.
reformista *m/f* reformist.
reforzar *v* reinforce, boost.
refrendación *f* countersignature, authentication, stamping.
refrendar *v* countersign, authenticate, stamp.
refrendario *m* countersigner, authenticator.
refrendata *f* countersignature, authentication.
refrendo *m* countersignature, authentication, stamp.
refugiado *m* refugee.
refugio *m* shelter, haven.
refugio contributivo tax haven.
refugio fiscal tax haven.
refugio impositivo tax haven.
refugio tributario tax haven.
regalar *v* give, sell cheaply.
regalía *f* royalty, privilege, exemption, perquisite, goodwill.
regalo *m* gift.
regalos comerciales business gifts, commercial gifts.
regalos corporativos corporate gifts.
regalos de negocios business gifts.
regalos empresariales business gifts.
regatear *v* haggle, bargain, deny, retail groceries.
regateo *m* haggling, bargaining.
regencia *f* management.
regentar *v* manage.
regente *m/f* manager, foreperson.
regentear *v* manage.
régimen *m* regime, system.
régimen administrador management system, administrative system.
régimen administrativo management system, administrative system.
régimen arancelario tariff system.
régimen bancario banking system.
régimen contable accounting system.
régimen contributivo tax system.
régimen de acumulación accrual system.
régimen de administración administration system.
régimen de amortización depreciation system.
régimen de apoyo support system.
régimen de auditoría auditing system.
régimen de bienestar social welfare system.
régimen de bonificaciones bonus system.
régimen de categorización categorization system.
régimen de clasificación classification system.
régimen de codificación coding system.
régimen de comisiones commission system.
régimen de compensación compensation system.
régimen de contabilidad accounting system.
régimen de crédito credit system.
régimen de depreciación depreciation system.
régimen de distribución distribution system.

régimen de gestión ambiental environmental management system.
régimen de gestión financiera financial management system.
régimen de imposición tax system.
régimen de jubilación retirement system.
régimen de organización organization system.
régimen de precios price system.
régimen de retiro retirement system.
régimen de subsidios subsidy system.
régimen de subvenciones subsidy system.
régimen de tributación tax system.
régimen de vida lifestyle.
régimen del seguro social social security system.
régimen económico economic system.
régimen financiero financial system.
régimen fiscal fiscal system, tax system.
régimen global global system.
régimen impositivo tax system.
régimen monetario monetary system, coinage, coinage system.
régimen organizacional organizational system.
régimen organizativo organizational system.
régimen político political system.
régimen tributario tax system.
región *f* region.
región deprimida depressed region.
región desarrollada developed region.
regional *adj* regional.
regir *v* manage, rule, govern, to be in force.
registrable *adj* registrable.
registración *f* registration.
registrado *adj* registered.
registrador *m* register, registrar, inspector.
registrador de la propiedad register of real estate, register of deeds.
registral *adj* pertaining to registry.
registrante *m/f* registrant.
registrar *v* register, inspect, record, enter.
registrar la hora de entrada clock in, clock on, punch in.
registrar la hora de salida clock out, clock off, punch out.
registrar una hipoteca record a mortgage.
registrarse *v* register, check in, sign in.
registro *m* registry, register, registration, record, inspection, search, entry, tonnage.
registro bruto gross tonnage.
registro catastral land registry.
registro civil civil registry.
registro contable book entry, accounting record.
registro de acciones stock register.
registro de aceptaciones acceptance register.
registro de actas minute book.
registro de bonos bond register.
registro de buques registry of ships.
registro de cheques check register, cheque register.
registro de clientes client register.
registro de comercio trade register.
registro de contabilidad accounting records.
registro de crédito credit record.
registro de empleo employment record.
registro de gastos expense record.
registro de gravamen recording of lien.
registro de hipoteca recording of mortgage.
registro de hipotecas mortgage registry.
registro de inventario inventory register.
registro de la propiedad land registry, registry of real estate.

registro de la propiedad industrial registry of industrial property.
registro de la propiedad intelectual registry of intellectual property.
registro de letras bill register.
registro de marcas trademark registry.
Registro de Marcas y Patentes Patent and Trademark Office.
registro de navíos register of ships.
registro de nómina payroll register.
registro de pago payment record.
registro de patentes register of patents.
registro de préstamos loan register.
registro de transacciones book of original entries.
registro de ventas sales records.
registro ficticio fictitious registration.
registro fiscal tax registry.
registro mercantil commercial registry.
registro múltiple multiple recording.
registro múltiple de transacciones multiple recording of transactions.
registro público public record.
registros corporativos corporate records.
registros de clientes client records, customer records.
registros de contabilidad accounting records.
registros de costes cost records.
registros de costos cost records.
registros financieros financial records.
regla *f* rule, principle, law.
regla de antes y después before-and-after rule.
regla, en in order.
reglamentación *f* regulation, regulations.
reglamentación bancaria bank regulation.
reglamentación urbanística zoning rules.
reglamentaciones de trabajo work guidelines, labor laws, labour laws.
reglamentado *adj* regulated.
reglamentado por el estado government-regulated, state-regulated.
reglamentado por el gobierno government-regulated.
reglamentar *v* regulate, rule, establish rules.
reglamentario *adj* regulatory, regulation.
reglamento *m* regulation, regulations, rules, by-laws.
reglamentos aduaneros customs regulations.
reglamentos ambientales environmental regulations.
reglamentos antidumping antidumping regulations.
reglamentos comerciales commercial regulations.
reglamentos corporativos corporate regulations.
reglamentos de aduanas customs regulations.
reglamentos de calidad quality regulations.
reglamentos de calidad ambiental environmental quality regulations.
reglamentos de calidad medioambiental environmental quality regulations.
reglamentos de comercio commerce regulations.
reglamentos de comercio electrónico e-commerce regulations, e-business regulations.
reglamentos de contabilidad accounting regulations.
reglamentos de cumplimiento performance regulations, compliance regulations, fulfillment regulations.
reglamentos de edificación building code.

reglamentos de ética profesional canons of professional ethics.
reglamentos de exportación export regulations.
reglamentos de fabricación manufacturing regulations.
reglamentos de importación import regulations.
reglamentos de industria industry regulations.
reglamentos de la compañía company regulations.
reglamentos de negocios business regulations.
reglamentos de producción production regulations.
reglamentos de publicidad advertising regulations.
reglamentos de seguridad security regulations, security requirements, safety regulations, safety requirements.
reglamentos de trabajo labor regulations, labour regulations, work guidelines, labor laws, labour laws.
reglamentos de zonificación zoning regulations.
reglamentos empresariales business regulations.
reglamentos establecidos established regulations.
reglamentos financieros financial regulations.
reglamentos industriales industrial regulations.
reglamentos interiores by-laws.
reglamentos internacionales international regulations.
reglamentos laborales labor regulations, labour regulations.
reglamentos medioambientales environmental regulations.
reglamentos mercantiles commercial regulations.
reglamentos publicitarios advertising regulations.
reglamentos sanitarios health regulations, sanitary regulations.
reglamentos vigentes current regulations.
reglar *v* regulate.
reglas aduaneras customs rules.
reglas ambientales environmental rules.
reglas antidumping antidumping rules.
reglas comerciales business rules, commercial rules.
reglas comunitarias community rules.
reglas corporativas corporate rules.
reglas de aduanas customs rules.
reglas de calidad quality rules.
reglas de calidad ambiental environmental quality rules.
reglas de calidad medioambiental environmental quality rules.
reglas de capitalización capitalization rules.
reglas de comercio commerce rules.
reglas de contabilidad accounting rules.
reglas de cumplimiento performance rules, compliance rules, fulfillment rules.
reglas de edificación building code.
reglas de elegibilidad eligibility rules.
reglas de ética profesional canons of professional ethics.
reglas de exportación export rules.
reglas de fabricación manufacturing rules.
reglas de importación import rules.
reglas de industria industry rules.
reglas de la compañía company rules.
reglas de negocios business rules.
reglas de producción production rules.
reglas de publicidad advertising rules.
reglas de seguridad security rules, safety rules.
reglas de suficiencia de capital capital adequacy

rules.
reglas de trabajo labor rules, labour rules, work rules.
reglas de zonificación zoning rules.
reglas del comercio electrónico e-commerce rules, e-business rules.
reglas del debe y haber debit and credit conventions.
reglas empresariales business rules.
reglas establecidas established rules.
reglas financieras financial rules.
reglas industriales industrial rules.
reglas internacionales international rules.
reglas laborales labor rules, labour rules.
reglas medioambientales environmental rules.
reglas mercantiles commercial rules.
reglas publicitarias advertising rules.
reglas sanitarias health rules, sanitary rules.
reglas vigentes current rules.
regresión lineal linear regression.
regresión lineal simple simple linear regression.
regresión múltiple multiple regression.
regresión simple simple regression.
regresivo *adj* regressive.
regulable *adj* regulable, regulatable, adjustable.
regulación *f* regulation, control, adjustment.
regulación administrativa administrative regulation, management regulation.
regulación aduanera customs regulation.
regulación ambiental environmental regulation.
regulación centralizada centralized regulation.
regulación conjunta joint regulation.
regulación contable accounting regulation.
regulación de acceso access regulation.
regulación de aduanas customs regulation.
regulación de calidad quality regulation.
regulación de cambio exchange regulation.
regulación de capital capital regulation.
regulación de contabilidad accounting regulation.
regulación de costes cost regulation.
regulación de costos cost regulation.
regulación de crédito credit regulation.
regulación de daños damage regulation.
regulación de divisas foreign exchange regulation.
regulación de empleo workforce adjustment.
regulación de existencias stock regulation.
regulación de fronteras border regulation.
regulación de gastos expense regulation, expenditure regulation.
regulación de inmigración immigration regulation.
regulación de inventario inventory regulation.
regulación de la contaminación pollution regulation.
regulación de la junta board regulation.
regulación de mercancías merchandise regulation.
regulación de precios price regulation.
regulación de procesos process regulation.
regulación de producción production regulation.
regulación de riesgos risk regulation.
regulación de salarios wage regulation, salary regulation.
regulación de tasas rate regulation.
regulación de tipos rate regulation.
regulación de ventas sales regulation.
regulación del consejo board regulation.
regulación del consumo consumption regulation.
regulación del trabajo job regulation.
regulación directa direct regulation.

regulación ejecutiva managerial regulation.
regulación estadística statistical regulation.
regulación exclusiva exclusive regulation.
regulación externa external regulation.
regulación fronteriza border regulation.
regulación interna internal regulation.
regulación medioambiental environmental regulation.
regulación monetaria monetary regulation.
regulación operacional operational regulation.
regulación presupuestaria budgetary regulation.
regulación salarial wage regulation, salary regulation.
regulaciones a la exportación export regulations.
regulaciones a la importación import regulations.
regulaciones contributivas tax regulations.
regulaciones de exportación export regulations.
regulaciones de importación import regulations.
regulaciones financieras financial regulations.
regulaciones fiscales tax regulations.
regulaciones impositivas tax regulations.
regulaciones tributarias tax regulations.
regulado *adj* regulated, adjusted.
regulado por el estado government-regulated, state-regulated.
regulado por el gobierno government-regulated.
regulador *adj* regulating.
regulador *m* regulator.
regular *adj* regular, average.
regular *v* regulate, control, adjust.
regularidad *f* regularity.
regularización *f* regularization.
regularizar *v* regulate, regularize.
regularmente *adv* regularly.
regulativo *adj* regulative.
rehabilitación *f* rehabilitation, restoration, discharge.
rehabilitación del fallido discharge of a bankrupt.
rehabilitación del quebrado discharge of a bankrupt.
rehabilitación vocacional vocational rehabilitation.
rehabilitado *adj* rehabilitated, restored, discharged.
rehabilitar *v* rehabilitate, restore, discharge.
rehipotecar *v* rehypothecate.
rehusar *v* refuse.
rehusar el pago refuse payment.
rehusar pago de un cheque dishonor a check, dishonour a cheque.
rehusar un cheque dishonor a check, dishonour a cheque.
reimportación *f* reimportation.
reimportar *v* reimport.
reincorporación *f* reincorporation.
reincorporado *adj* reincorporated.
reincorporar *v* reincorporate.
reincorporarse *v* to become reincorporated.
reiniciar *v* reopen.
reinstalación *f* reinstatement.
reinstalación automática automatic reinstallation.
reinstalación de una póliza reinstatement of policy.
reinstalar *v* reinstall.
reintegrable *adj* refundable, repayable, restorable.
reintegración *f* refund, repayment, restoration.
reintegrar *v* refund, repay, restore.
reintegro *m* refund, repayment, restoration.
reintegro contributivo tax refund.
reintegro de contribuciones tax refund.
reintegro de impuestos tax refund.

reintegro en efectivo   cash refund.
reintegro fiscal   tax refund.
reintegro impositivo   tax refund.
reintegro tributario   tax refund.
reintermediación *f* reintermediation.
reintroducción *f* reintroduction.
reinversión *f* reinvestment.
reinversión automática   automatic reinvestment.
reinversión automática de dividendos   automatic dividend reinvestment.
reinversión comunitaria   community reinvestment.
reinversión de dividendos   dividend reinvestment.
reinvertir *v* reinvest.
reivindicable *adj* repleviable, recoverable.
reivindicación *f* replevin, recovery, claim.
reivindicador *m* replevisor, claimer.
reivindicante *m/f* replevisor, claimer.
reivindicar *v* replevy, recover, claim.
reivindicativo *adj* pertaining to replevin, pertaining to recovery.
reivindicatorio *adj* replevying, recovering.
relación *f* relationship, ratio, report.
relación calidad/precio   quality/price ratio.
relación capital/activo   capital/asset ratio.
relación capital/deuda   capital/debt ratio.
relación capital/producto   capital/output ratio.
relación capital/trabajo   capital/labor ratio.
relación clave   key ratio.
relación combinada   combined ratio.
relación contributiva   tax ratio.
relación corriente   current ratio.
relación coste-beneficio   cost-benefit ratio.
relación coste-eficacia   cost-efficiency ratio.
relación costo-beneficio   cost-benefit ratio.
relación costo-eficacia   cost-efficiency ratio.
relación de agencia   agency relationship.
relación de aprobaciones   approval ratio.
relación de bonos   bond ratio.
relación de caducidad   lapse ratio.
relación de capital   capital ratio.
relación de capital neto   net capital ratio.
relación de capitalización   capitalization ratio.
relación de cobertura   coverage ratio.
relación de cobertura de deudas   debt coverage ratio.
relación de cobertura de intereses   interest coverage ratio.
relación de cobros   collection ratio.
relación de colocación   placement ratio.
relación de concentración   concentration ratio.
relación de conversión   conversion ratio.
relación de correlación   correlation ratio.
relación de costes variables   variable-cost ratio.
relación de costos variables   variable-cost ratio.
relación de deuda a corto plazo   short-term debt ratio.
relación de deuda a equidad   debit-equity ratio.
relación de deuda a largo plazo   long-term debt ratio.
relación de dividendos a ganancias   payout ratio.
relación de dividendos a precio   price/dividend ratio.
relación de efectivo   cash ratio.
relación de efectivo mínimo   minimum cash ratio.
relación de eficiencia   efficiency ratio.
relación de ejecución   exercise ratio.
relación de encaje   bank cash ratio.
relación de endeudamiento   debt-to-equity ratio, debt ratio.
relación de explotación   operating ratio.

relación de ganancia bruta   gross profit ratio.
relación de gastos   expense ratio.
relación de ingresos a precio   earnings-price ratio.
relación de liquidez   liquidity ratio.
relación de mandato   agency relationship.
relación de mercado   market ratio.
relación de morosidad   delinquency ratio.
relación de mortalidad   mortality ratio.
relación de pagos de dividendos   dividend payout ratio.
relación de paridad   parity ratio.
relación de pasivo y activo neto   debt-to-net worth ratio.
relación de pérdidas   loss ratio.
relación de pérdidas esperadas   expected loss ratio.
relación de pérdidas incurridas   incurred-loss ratio.
relación de rentabilidad   profitability ratio.
relación de selección   selection ratio.
relación de servicio de la deuda   debt service ratio.
relación de suscripción   subscription ratio.
relación de valor neto   net worth ratio.
relación dividendo-precio   dividend-price ratio.
relación fiduciaria   fiduciary relation.
relación financiera   financial ratio.
relación impositiva   tax ratio.
relación ingresos-gastos   income-expense ratio.
relación mínima de encaje   minimum reserve ratio.
relación operativa   operating ratio.
relación precio-dividendo   price-dividend ratio.
relación precio-ganancias   price-earnings ratio.
relación precio-ingresos   price-earnings ratio.
relacionado *adj* related.
relacionado a la profesión   profession related.
relacionado al comercio   commerce related, trade related.
relacionado al empleo   employment related, job related.
relacionado al trabajo   job related, work related.
relaciones comerciales   business relations, commercial relations, trade relations.
relaciones con clientes   client relations, customer relations.
relaciones con el personal   employee relations.
relaciones con los empleados   employee relations.
relaciones corporativas   corporate relations.
relaciones de comercio   commerce relations.
relaciones de comercio electrónico   e-commerce relations, e-business relations.
relaciones de negocios   business relations.
relaciones diplomáticas   diplomatic relations.
relaciones empresariales   business relations.
relaciones humanas   human relations.
relaciones industriales   industrial relations.
relaciones institucionales   institutional relations.
relaciones laborales   labor relations, labour relations.
relaciones mercantiles   commercial relations.
relaciones profesionales   professional relations.
relaciones públicas   public relations.
relanzamiento *m* relaunching.
relanzar *v* relaunch.
relato *m* report.
relevación *f* release, exemption.
relevante *adj* relevant, outstanding.

relevar *v* relieve, exempt.
rellenar *v* fill-in.
relocalización *f* relocation.
reloj registrador time clock.
remandar *v* send repeatedly.
remanente *m* remainder, residue, surplus.
rematado *adj* auctioned.
rematador *m* auctioneer.
rematante *m/f* successful bidder.
rematar *v* auction, auction off, terminate.
remate *m* auction, termination.
remate judicial judicial auction.
remediable *adj* remediable.
remesa *f* remittance.
remesa bancaria bank remittance.
remesar *v* remit.
remesas de emigrantes migrants' remittances.
remisión de deuda cancellation of debt.
remisor *adj* remitting.
remisor *m* sender.
remisorio *adj* remissory, remitting.
remite *m* return address.
remitente *m/f* remitter, sender, addresser.
remitido *adj* remitted.
remitir *v* remit, refer, send.
remoción *f* removal, dismissal.
remodelación *f* remodeling, reorganization.
remodelado *adj* remodeled, reorganized.
remodelar *v* remodel, reorganize.
remonetización *f* remonetization.
remoto *adj* remote.
remover restricciones remove restrictions.
remover tarifas remove tariffs.
removimiento *m* removal.
remuneración *f* remuneration, pay.
remuneración acordada agreed-upon
remuneration.
remuneración acostumbrada customary
remuneration.
remuneración acumulada accrued remuneration,
accumulated remuneration.
remuneración adecuada adequate remuneration.
remuneración adicional additional remuneration.
remuneración anual annual remuneration, annual
salary, annual wage.
remuneración anual garantizada guaranteed
annual remuneration.
remuneración base base remuneration.
remuneración básica base remuneration.
remuneración bruta gross remuneration.
remuneración competitiva competitive
remuneration.
remuneración compulsoria compulsory
remuneration.
remuneración contractual contractual
remuneration.
remuneración contratada contracted
remuneration.
remuneración convenida agreed-upon
remuneration.
remuneración de vacaciones vacation
remuneration.
remuneración debida due remuneration.
remuneración diaria daily remuneration.
remuneración diferida deferred remuneration.
remuneración efectiva net remuneration,
remuneration paid in cash.
remuneración ejecutiva executive remuneration.
remuneración esencial essential remuneration.
remuneración especificada specified

remuneration.
remuneración estipulada stipulated
remuneration.
remuneración extra extra remuneration, bonus,
overtime remuneration.
remuneración extraordinaria extra remuneration,
bonus, overtime remuneration.
remuneración facultativa facultative
remuneration.
remuneración fija fixed remuneration, set
remuneration.
remuneración financiera financial remuneration.
remuneración financiera directa direct financial
remuneration.
remuneración forzada forced remuneration.
remuneración forzosa forced remuneration.
remuneración garantizada guaranteed
remuneration.
remuneración igual equal remuneration.
remuneración indebida wrongful remuneration.
remuneración indispensable indispensable
remuneration.
remuneración inicial initial remuneration.
remuneración justa just compensation.
remuneración máxima maximum remuneration.
remuneración media average remuneration.
remuneración mensual monthly remuneration,
monthly salary, monthly wage.
remuneración mínima minimum wage, minimum
remuneration.
remuneración multilateral multilateral
remuneration.
remuneración necesaria necessary remuneration.
remuneración negociada negotiated
remuneration.
remuneración neta net remuneration.
remuneración nominal nominal remuneration.
remuneración normal normal remuneration.
remuneración obligada obligatory remuneration,
mandatory remuneration.
remuneración obligatoria obligatory
remuneration, mandatory remuneration.
remuneración pactada agreed-upon remuneration.
remuneración por accidentes de trabajo
workers' remuneration.
remuneración por cesantía severance
remuneration.
remuneración por desempleo unemployment
remuneration.
remuneración por despido severance
remuneration, dismissal remuneration.
remuneración por días festivos holiday
remuneration.
remuneración por discapacidad disability
remuneration.
remuneración por enfermedad sick remuneration.
remuneración por incentivos incentive
remuneration.
remuneración por maternidad maternity
remuneration.
remuneración preestablecida preset
remuneration.
remuneración real real remuneration.
remuneración regular regular remuneration.
remuneración requerida required remuneration.
remuneración retenida retained wages.
remuneración retroactiva retroactive
remuneration.
remuneración semanal weekly remuneration,
weekly salary, weekly wage.

remuneración suplementaria supplemental remuneration.
remuneración típica typical remuneration.
remuneración viciosa inappropriate remuneration.
remunerado adj remunerated, paid.
remunerador adj remunerating, paying.
remunerar v remunerate, pay.
remunerativo adj remunerative, paying.
remuneratorio adj remunerative, paying.
rendición f rendition, rendering, yield, surrender.
rendición de cuentas rendering of accounts.
rendición de gastos expense report.
rendimiento m yield, return, earnings, performance, output.
rendimiento acordado agreed-upon return.
rendimiento acostumbrado customary return.
rendimiento actual current return, current yield.
rendimiento al vencimiento yield to maturity, maturity yield.
rendimiento alto high return, high yield.
rendimiento antes de contribuciones pretax yield, before-tax yield.
rendimiento antes de impuestos pretax yield, before-tax yield.
rendimiento anticipado anticipated yield, anticipated return.
rendimiento anual annual yield.
rendimiento anual efectivo effective annual yield.
rendimiento anualizado annualized return.
rendimiento bajo low return, low yield.
rendimiento básico basic yield.
rendimiento bruto gross yield.
rendimiento compuesto compound yield.
rendimiento constante constant yield, constant return.
rendimiento contable accounting return.
rendimiento contratado contracted return.
rendimiento convenido agreed-upon return.
rendimiento creciente increasing returns.
rendimiento de activos asset yield.
rendimiento de bono bond yield.
rendimiento de bono corporativo corporate bond yield.
rendimiento de dividendos dividend yield.
rendimiento de explotación operating income.
rendimiento de la inversión investment yield.
rendimiento de los activos return on assets.
rendimiento de ventas return on sales.
rendimiento decreciente diminishing returns.
rendimiento del capital return on capital, capital yield.
rendimiento del cupón coupon rate.
rendimiento del mercado market yield.
rendimiento directo direct return.
rendimiento efectivo effective yield.
rendimiento equivalente equivalent yield.
rendimiento equivalente imponible taxable equivalent yield.
rendimiento equivalente tributable taxable equivalent yield.
rendimiento especificado specified yield.
rendimiento esperado expected return.
rendimiento estipulado stipulated return.
rendimiento explícito the return a bond provides before maturity.
rendimiento fijo fixed return, fixed yield.
rendimiento histórico historical return.
rendimiento implícito the return a bond provides at maturity.
rendimiento imponible taxable yield.

rendimiento imponible equivalente equivalent taxable yield.
rendimiento indicado indicated yield.
rendimiento marginal marginal yield.
rendimiento máximo maximum yield, maximum return.
rendimiento medio average return.
rendimiento medio anual average annual yield.
rendimiento mínimo minimum yield.
rendimiento negociado negotiated return.
rendimiento neto net yield.
rendimiento nominal nominal yield.
rendimiento normal normal return.
rendimiento pactado agreed-upon return.
rendimiento predeterminado predetermined yield.
rendimiento preestablecido preset return.
rendimiento prevaleciente prevailing yield.
rendimiento razonable fair return.
rendimiento realizado realized yield.
rendimiento regular regular return, regular yield.
rendimiento requerido required yield, required return.
rendimiento semianual semiannual yield.
rendimiento simple simple yield.
rendimiento sin riesgo risk-free yield.
rendimiento típico typical return, typical yield.
rendimiento total total return.
rendimiento variable variable yield.
rendir v render, yield, return, perform, earn.
rendir cuentas render accounts.
rendir interés bear interest.
rendir un informe submit a report.
renegociable adj renegotiable.
renegociación f renegotiation.
renegociación de la deuda renegotiation of debt.
renegociado adj renegotiated.
renegociar v renegotiate.
renglón m line of products, line of business, line, department, area.
renombrado adj renowned.
renombrar v rename.
renombre m surname, fame.
renovabilidad f renewability.
renovable adj renewable.
renovación f renovation, renewal, updating, upgrading, replacement.
renovación automática automatic renewal.
renovación de contrato renewal of contract.
renovación de un pagaré renewal of a note.
renovación del préstamo loan renewal.
renovación urbana urban renewal.
renovado adj renovated, renewed, updated, upgraded, replaced.
renovar v renovate, renew, update, upgrade, replace.
renovar un arrendamiento renew a lease.
renovar un contrato renew a contract.
renovar una letra renew a bill.
renovar una póliza renew a policy.
renta f rent, income, annuity, public debt, government debt obligation.
renta acordada agreed-upon rent.
renta acostumbrada customary rent.
renta acumulada accrued income.
renta aduanera customs receipts.
renta ajustada adjusted income.
renta anticipada advance rent.
renta anual annual rent, annual income.
renta baja low rent.
renta bruta gross rent, gross income, gross

earnings.
renta comercial commercial rent.
renta contratada contracted rent.
renta convenida agreed-upon rent.
renta corporativa corporate income.
renta de aduanas customs receipts.
renta de contrato contract rent.
renta de inversiones investment income.
renta de jubilación retirement income.
renta de la tierra ground rent.
renta de reajuste readjustment income.
renta de retiro retirement income.
renta decreciente diminishing returns.
renta después de contribuciones after-tax
income.
renta después de impuestos after-tax income.
renta devengada earned income.
renta diferida deferred income.
renta disponible available income, disposable
income.
renta disponible personal personal disposable
income.
renta doméstica bruta gross domestic income.
renta económica economic rent.
renta en exceso excess rent.
renta estable stable income.
renta estipulada stipulated rent.
renta exenta de contribuciones tax-exempt
income.
renta exenta de impuestos tax-exempt income.
renta familiar family income.
renta fija fixed income, fixed rent.
renta fiscal tax revenue.
renta ganada earned income.
renta garantizada guaranteed income.
renta global comprehensive income.
renta gravable taxable income.
renta ilegal illegal income.
renta imponible taxable income.
renta imputada imputed income.
renta individual individual income.
renta justa de mercado market rent.
renta libre de contribuciones tax-free income.
renta libre de impuestos tax-free income.
renta líquida net income.
renta marginal marginal revenue.
renta media average income.
renta mensual monthly rent, monthly income.
renta monetaria money income.
renta nacional national revenue, national income.
renta nacional bruta gross national income.
renta nacional neta net national income.
renta nacional real real national income.
renta negociada negotiated rent.
renta neta net income.
renta neta ajustada adjusted net income.
renta neta por acción net income per share.
renta no gravable nontaxable income.
renta no imponible nontaxable income.
renta no tributable nontaxable income.
renta nominal nominal income.
renta normal normal rent.
renta operativa neta net operating income.
renta ordinaria ordinary income.
renta pactada agreed-upon rent.
renta pasiva passive income.
renta per cápita per capita income.
renta percibida earned income.
renta periódica periodic income.
renta permanente permanent income.

renta por dividendos dividend income.
renta por intereses interest income.
renta por inversiones investment income.
renta por ventas income from sales.
renta preestablecida preset rent.
renta prepagada prepaid rent.
renta razonable fair rent.
renta regular regular rent.
renta residual residual income.
renta semanal weekly rent, weekly income.
renta semianual semiannual income.
renta subsidiada subsidized rent.
renta subvencionada subsidized rent.
renta suplementaria supplemental income.
renta temporal temporary income.
renta típica typical rent.
renta total total rent.
renta tributable taxable income.
renta trimestral quarterly rent, quarterly income.
renta variable variable income.
renta vitalicia life annuity.
rentabilidad *f* rentability, profitability, cost-
effectiveness, capability of producing an income.
rentabilidad del producto product profitability.
rentabilidad por dividendo dividend yield.
rentable *adj* rentable, profitable, cost-effective,
income-producing.
rentar *v* rent, yield, produce a profit.
rentas *f* receipts, income, revenues.
rentas administrativas administrative revenues.
rentas agrícolas farm income.
rentas antes de contribuciones pretax earnings,
pretax income.
rentas antes de impuestos pretax earnings, pretax
income.
rentas atrasadas back rent.
rentas comerciales business income, commercial
income.
rentas contributivas tax receipts.
rentas corporativas corporate income.
rentas corrientes current earnings, current
revenues.
rentas de aduanas customs receipts.
rentas de bono bond income.
rentas de capital capital income, capital revenues.
rentas de empresas business income.
rentas de explotación operating income.
rentas de exportación export earnings.
rentas de jubilación retirement income.
rentas de la compañía company income.
rentas de la corporación corporate income.
rentas de la empresa company income, enterprise
income.
rentas de negocios business income.
rentas de operación operating income.
rentas de reajuste readjustment income.
rentas de retiro retirement income.
rentas del estado government revenues, state
revenues.
rentas del gobierno government revenues.
rentas del trabajo earned income.
rentas después de tributos after-tax income.
rentas devengadas earned income.
rentas discrecionales discretionary income.
rentas disponibles disposable income.
rentas divididas split income.
rentas empresariales business income, company
income, enterprise income.
rentas en efectivo cash earnings.
rentas estables stable income.

rentas estatales government revenues, state revenues.

rentas exentas exempt income.

rentas extranjeras foreign income.

rentas federales federal revenue.

rentas financieras financial income.

rentas fiscales fiscal revenues.

rentas generales general revenue.

rentas gubernamentales government revenues.

rentas imponibles taxable income.

rentas impositivas tax receipts.

rentas interiores internal revenue, domestic revenue.

rentas internas internal revenue, domestic revenue.

rentas laborales occupational earnings.

rentas mercantiles commercial income.

rentas netas net earnings.

rentas no distribuidas undistributed earnings.

rentas ocupacionales occupational earnings.

rentas operacionales operational income.

rentas permanentes permanent income.

rentas personales personal earnings, personal income.

rentas personales disponibles disposable personal income.

rentas por acción earnings per share.

rentas por actividad pasiva passive activity income.

rentas prepagadas prepaid income.

rentas públicas public revenues.

rentas reales real earnings, real income.

rentas retenidas retained income, retained earnings.

rentas totales total income, total revenue.

rentas tributarias tax receipts.

rentero *adj* taxpaying.

rentero *m* lessee, farm lessee.

renting *m* renting, leasing.

rentista *m/f* bondholder, annuitant, person who lives off personal investments, renter, financier.

rentista contingente contingent annuitant.

rentístico *adj* pertaining to revenues, financial.

rentoso *adj* income-producing.

renuncia *f* renunciation, resignation, waiver, disclaimer.

renunciable *adj* renounceable, that can be waived, that can be disclaimed.

renunciación *f* renunciation, resignation, waiver, disclaimer.

renunciamiento *m* renunciation, resignation, waiver, disclaimer.

renunciante *m/f* renouncer, resigner, waiver, disclaimer.

renunciar *v* renounce, resign, waive, disclaim.

renunciatario *m* beneficiary of something that is renounced.

reorganización *f* reorganization.

reorganización administrativa administrative reorganization.

reorganización comercial business reorganization, commercial reorganization, trade reorganization.

reorganización corporativa corporate reorganization.

reorganización de cuentas reorganization of accounts.

reorganización de la compañía company reorganization.

reorganización de la corporación corporate reorganization.

reorganización de la empresa company reorganization, enterprise reorganization.

reorganización de ventas sales reorganization.

reorganización del negocio business reorganization.

reorganización económica economic reorganization.

reorganización empresarial company reorganization, enterprise reorganization.

reorganización estatal governmental reorganization, state reorganization.

reorganización gubernamental governmental reorganization.

reorganización industrial industrial reorganization.

reorganización internacional international reorganization.

reorganización mercantil commercial reorganization.

reorganización regional regional reorganization.

reorganizado *adj* reorganized.

reorganizar *v* reorganize.

reorientación *f* reorientation.

repagable *adj* repayable.

repagar *v* repay.

reparable *adj* repairable, indemnifiable.

reparación *f* repair, indemnity.

reparaciones esenciales essential repairs.

reparaciones indispensables indispensable repairs.

reparaciones necesarias necessary repairs.

reparaciones obligadas obligatory repairs, mandatory repairs.

reparaciones obligatorias obligatory repairs, mandatory repairs.

reparaciones ordinarias ordinary repairs, maintenance.

reparaciones requeridas required repairs.

reparado *adj* repaired, indemnified.

reparador *m* repairer, indemnifier.

reparamiento *m* repair, indemnity.

reparar *v* repair, indemnify.

reparativo *adj* reparative, indemnifying.

reparo *m* objection, repair.

repartición *f* distribution, partition, delivery.

repartición abierta open distribution.

repartición de beneficios profits distribution.

repartición de capital capital distribution.

repartición de costes cost distribution.

repartición de costos cost distribution.

repartición de dividendos dividend distribution.

repartición de fondos funds distribution.

repartición de ganancias earnings distribution, profits distribution.

repartición de ganancias de capital capital gains distribution.

repartición de gastos expenses distribution.

repartición de ingresos income distribution.

repartición de producción production distribution.

repartición de recursos resource distribution.

repartición de utilidades profits distribution.

repartición del riesgo risk distribution.

repartición del trabajo work distribution.

repartición desproporcionada disproportionate distribution.

repartición equitativa equitable distribution.

repartición limitada limited distribution.

repartición normal normal distribution.

repartición parcial partial distribution.

repartición presupuestaria budget distribution.

repartición proporcional proportional distribution.
repartición pública public distribution.
repartición restringida restricted distribution.
repartición selectiva selective distribution.
repartido *adj* distributed, partitioned, delivered.
repartidor *m* distributor, partitioner, deliverer.
repartimiento *m* distribution, partition, delivery.
repartir *v* distribute, partition, deliver.
reparto *m* distribution, partition, delivery.
reparto a domicilio home delivery.
reparto de beneficios profits distribution.
reparto de capital capital distribution.
reparto de costes cost distribution.
reparto de costos cost distribution.
reparto de dividendos dividend distribution.
reparto de fondos funds distribution.
reparto de ganancias earnings distribution, profits
   distribution.
reparto de gastos expenses distribution.
reparto de ingresos income distribution.
reparto de producción production distribution.
reparto de recursos resource distribution.
reparto de utilidades profits distribution.
reparto del riesgo risk distribution.
reparto del trabajo work distribution.
reparto desproporcionado disproportionate
   distribution.
reparto equitativo equitable distribution.
reparto limitado limited distribution.
reparto normal normal distribution.
reparto parcial partial distribution.
reparto presupuestario budget distribution.
reparto proporcional proportional distribution.
reparto público public distribution.
reparto restringido restricted distribution.
reparto selectivo selective distribution.
repatriación *f* repatriation.
repatriación de fondos repatriation of funds.
repatriar *v* repatriate.
repercusión *f* repercussion.
repetición *f* repetition, action for unjust
   enrichment, action for recovery.
repetido *adj* repeated.
repetir *v* repeat, bring an action for unjust
   enrichment, bring an action for recovery.
repetitivo *adj* repetitive.
réplica *f* reply, replication.
repo *m* repo.
repoblación forestal reforestation.
reponer *v* replace, replenish, reinstate, reply, object.
reportar *v* report, produce, yield.
reporte *m* report, news.
reporte anual annual report.
reporte anual a los accionistas annual report to
   stockholders.
reporte bancario bank report.
reporte comercial business report, commercial
   report.
reporte completo complete report.
reporte contable accounting report.
reporte corporativo corporate report.
reporte crediticio credit report.
reporte de auditoría audit report.
reporte de caja cash report.
reporte de comercio commerce report.
reporte de comercio electrónico e-commerce
   report, e-business report.
reporte de contabilidad accounting report.
reporte de crédito credit report.
reporte de cuenta nueva new account report.

reporte de cumplimiento compliance report.
reporte de excepción exception report.
reporte de gastos expense report.
reporte de ingresos earnings report.
reporte de inspección inspection report.
reporte de la compañía company report.
reporte de la conferencia conference report.
reporte de la directiva directors' report.
reporte de la ejecución performance report.
reporte de mercado market report.
reporte de negocios business report.
reporte de pérdidas loss report.
reporte de reclamación claim report.
reporte de título title report.
reporte de transacción transaction report.
reporte de transacción de moneda currency
   transaction report.
reporte de transacción monetaria monetary
   transaction report, currency transaction report.
reporte del contador accountant's report.
reporte del estado government report, state report.
reporte del gobierno government report.
reporte del rendimiento performance report.
reporte diario daily report.
reporte empresarial business report.
reporte especial special report.
reporte externo external report.
reporte final final report.
reporte financiero financial report.
reporte interino interim report.
reporte interno internal report.
reporte mensual monthly report.
reporte mercantil commercial report.
reporte provisional provisional report.
reporte semanal weekly report.
reporte sobre actividad activity report.
reporte trimestral quarterly report.
reporto *m* repurchase agreement.
reposesión *f* repossession.
reposición *f* replacement, recovery, reinstatement.
reposición de activos replacement of assets.
reposición de existencias restocking.
represalia *f* reprisal.
representación *f* representation.
representación comercial commercial
   representation, trade representation.
representación falsa false representation.
representación importante material
   representation.
representación material material representation.
representación proporcional proportional
   representation.
representante *m/f* representative, agent.
representante administrador managing
   representative.
representante aduanal customs representative.
representante aduanero customs representative.
representante aparente apparent representative.
representante autorizado authorized
   representative.
representante comercial commercial
   representative, trade representative, business
   representative.
representante corporativo corporate
   representative.
representante de adquisiciones purchasing
   representative, acquisition representative.
representante de aduanas customs representative.
representante de área area representative.
representante de bienes raíces real estate

representative, estate representative.
representante de campo field representative.
representante de centro de llamadas call center representative.
representante de clientes client representative, customer representative.
representante de cobros collection representative.
representante de comercio commercial representative.
representante de compras purchasing representative, acquisition representative.
representante de distribución distribution representative.
representante de exportación export representative.
representante de importación import representative.
representante de mercado market representative.
representante de negociaciones bargaining representative.
representante de negocios business representative.
representante de personal personnel representative.
representante de prensa press representative.
representante de publicidad advertising representative.
representante de reclamaciones claims representative.
representante de seguros insurance representative.
representante de servicio al cliente customer service representative.
representante de ventas sales representative.
representante de zona zone representative.
representante debidamente autorizado duly authorized representative.
representante del fabricante manufacturer's representative.
representante del naviero shipping representative.
representante económico economic representative.
representante en exclusiva exclusive representative.
representante especial special representative.
representante exclusivo exclusive representative, sole representative.
representante exportador export representative.
representante exterior overseas representative.
representante extranjero foreign representative.
representante fiduciario fiduciary representative.
representante financiero financial representative.
representante fiscal fiscal representative, revenue representative.
representante general general representative.
representante independiente independent representative.
representante inmobiliario real estate representative, estate representative.
representante importador import representative.
representante legal legal representative.
representante local local representative.
representante marítimo shipping representative.
representante mercantil commercial representative, mercantile representative.
representante naviero shipping representative.
representante no autorizado unauthorized representative.
representante oficial official representative.
representante pagador paying representative.

representante privado private representative.
representante publicitario advertising representative.
representante regional regional representative.
representante sindical union representative.
representante tributario tax representative, revenue representative.
representante único sole representative.
representante vendedor sales representative.
representante viajero traveling representative.
representar *v* represent, appear to be.
representativo *adj* representative.
represión financiera financial repression.
reprivatización *f* reprivatization.
reprivatizado *adj* reprivatized.
reprivatizar *v* reprivatize.
reproducción *f* reproduction.
reprogramación *f* reprogramming, rescheduling.
reprogramación de la deuda debt rescheduling.
reprogramar *v* reprogram, reschedule.
repudio de la deuda repudiation of public debt.
repulsa *f* repulse, refusal.
repulsar *v* repulse, refuse.
repulsión *f* repulsion, refusal.
reputación establecida established reputation.
requerido *adj* required.
requerido por la ley required by law.
requeridor *adj* requiring.
requeridor *m* requirer.
requerimiento *m* requirement, demand, request.
requerimiento de confidencialidad confidentiality requirement.
requerimiento de depósito anticipado advance deposit requirement.
requerimiento de efectivo cash requirement.
requerimiento de pago demand for payment.
requerimiento de póliza policy requirement.
requerimiento de reservas reserve requirement.
requerimiento de retención retention requirement.
requerimientos de capital capital requirements.
requerimientos de crédito credit requirements.
requerimientos de divulgación disclosure requirements.
requerimientos de elegibilidad eligibility requirements.
requerimientos de empleo job requirements.
requerimientos de higiene hygiene requirements.
requerimientos de licitación bid requirements.
requerimientos de mantenimiento maintenance requirements.
requerimientos de préstamos lending requirements, loan requirements.
requerimientos de seguridad safety requirements, security requirements.
requerimientos del trabajo job requirements.
requerimientos estatutarios statutory requirements.
requerimientos financieros financial requirements.
requerimientos legales legal requirements.
requerimientos para afiliación affiliation requirements.
requerimientos previos prerequisites.
requerir *v* require, demand.
requirente *adj* requiring.
requirente *m/f* requirer.
requisito *m* requirement.
requisito de coaseguro coinsurance requirement.
requisito de confidencialidad confidentiality requirement.

requisito de depósito anticipado advance deposit requirement.
requisito de póliza policy requirement.
requisito de reservas reserve requirement.
requisito de retención retention requirement.
requisitos de capital capital requirements.
requisitos de crédito credit requirements.
requisitos de divulgación disclosure requirements.
requisitos de elegibilidad eligibility requirements.
requisitos de empleo job requirements.
requisitos de higiene hygiene requirements.
requisitos de licitación bid requirements.
requisitos de mantenimiento maintenance requirements.
requisitos de préstamos lending requirements, loan requirements.
requisitos de seguridad safety requirements, security requirements.
requisitos del trabajo job requirements.
requisitos estatutarios statutory requirements.
requisitos financieros financial requirements.
requisitos legales legal requirements.
requisitos para afiliación affiliation requirements.
requisitos previos prerequisites.
resaca *f* redraft.
resacar *v* redraw.
resarcible *adj* indemnifiable, compensable.
resarcimiento *m* indemnification, compensation.
resarcir *v* indemnify, compensate.
rescatable *adj* exchangeable, redeemable, callable.
rescatar *v* rescue, exchange, redeem, call.
rescate *m* rescue, exchange, redemption, call, bailout.
rescate anticipado advance redemption.
rescate de bonos bond call.
rescindible *adj* rescindable, cancellable.
rescindir *v* rescind, cancel.
rescisión *f* rescission, cancellation.
rescisión de contrato rescission of contract.
rescisión de convenio rescission of agreement.
rescisión de deuda cancellation of debt.
rescisión de orden cancellation of order.
rescisión de pedido cancellation of order.
rescisión de póliza cancellation of policy.
rescisorio *adj* rescissory, canceling.
rescontrar *v* offset.
rescuentro *m* offset.
reserva *f* reserve, reservation, allowance.
reserva actuarial actuarial reserve.
reserva anticipada advance reservation.
reserva central central reserve.
reserva compulsoria compulsory reserve.
reserva contingente contingent reserve.
reserva de amortización depreciation allowance.
reserva de caja cash reserve.
reserva de capital capital reserve.
reserva de contingencia contingency reserve.
reserva de contingencia general general contingency reserve.
reserva de depreciación depreciation allowance.
reserva de divisas foreign currency reserves, foreign exchange reserves, currency holdings.
reserva de dominio retention of ownership by the seller until all installments have been paid.
reserva de efectivo cash reserve.
reserva de ganancias profit reserve, earnings reserve.
reserva de garantía guarantee reserve.
reserva de igualación equalization reserve.

reserva de impuestos sobre la renta income tax reserve.
reserva de inventario inventory reserve.
reserva de moneda extranjera foreign currency reserve.
reserva de oro gold reserve.
reserva de póliza policy reserve.
reserva de revaloración revaluation reserve.
reserva de seguro de vida life insurance reserve.
reserva de valoración valuation reserve.
reserva de valuación valuation reserve.
reserva diaria daily reserve.
reserva disponible available reserve.
reserva disponible neta net free reserves.
reserva electrónica electronic booking, e-booking.
reserva energética energy reserve.
reserva especial special reserve.
reserva estatutaria reserve required by law.
reserva facultativa reserve not required by law.
Reserva Federal Federal Reserve, Federal Reserve System.
reserva indisponible unavailable reserve.
reserva inicial initial reserve.
reserva legal legal reserve.
reserva líquida liquid reserve.
reserva media mean reserve.
reserva metálica bullion reserve.
reserva modificada modified reserve.
reserva monetaria monetary reserve.
reserva necesaria necessary reserve.
reserva obligada obligatory reserve, mandatory reserve.
reserva obligatoria obligatory reserve, mandatory reserve.
reserva oculta hidden reserve.
reserva oficial official reserve.
reserva para amortización reserve for depreciation, reserve for amortization.
reserva para catástrofes catastrophe reserve.
reserva para contingencias reserve for contingencies, allowance for contingencies.
reserva para cuentas dudosas allowance for doubtful accounts.
reserva para deficiencias deficiency reserve.
reserva para depreciación reserve for depreciation, allowance for depreciation.
reserva para deudas incobrables bad debt reserve, allowance for bad debts.
reserva para gastos expense reserve, allowance for expenses.
reserva para incobrables bad debt reserve, allowance for bad debts.
reserva para la inflación inflation allowance, allowance for inflation.
reserva para pérdidas de préstamos loan loss reserve.
reserva para reaseguro reinsurance reserve.
reserva para reclamaciones claims reserve, allowance for claims.
reserva parcial fractional reserve.
reserva prestada borrowed reserve.
reserva principal main reserve.
reserva prospectiva prospective reserve.
reserva reglamentaria legal reserve.
reserva requerida required reserve.
reserva restringida restricted reserve.
reserva voluntaria voluntary reserve.
reservación *f* reservation, booking.
reservación anticipada advance reservation.
reservado *adj* reserved, booked.

reservados todos los derechos all rights reserved.
reservar *v* reserve, book, exempt, postpone.
reservar derechos reserve rights.
reservas acumuladas accumulated reserves.
reservas asignadas allocated reserves, earmarked reserves.
reservas bancarias bank reserves.
reservas contemporáneas contemporaneous reserves.
reservas corporativas corporate reserves.
reservas de banco bank reserves.
reservas de banco miembro member bank reserves.
reservas de capital capital reserves.
reservas de crédito credit reserves.
reservas de la compañía company reserves.
reservas de la corporación corporate reserves.
reservas de la empresa company reserves, enterprise reserves.
reservas del balance balance sheet reserves.
reservas empresariales company reserves, enterprise reserves.
reservas en exceso excess reserves.
reservas energéticas energy reserves.
reservas estatutarias statutory reserves.
reservas fraccionarias fractional reserves.
reservas generales general reserves.
reservas internacionales international reserves.
reservas no prestadas nonborrowed reserves.
reservas prestadas netas net borrowed reserves.
reservas primarias primary reserves.
reservas secundarias secondary reserves.
reservas totales total reserves.
resguardo *m* protection, security, guarantee, receipt.
resguardo de almacén warehouse receipt.
resguardo de depósito certificate of deposit, deposit slip.
resguardo de ingreso certificate of deposit, deposit slip.
resguardo provisional binder.
residencia *f* residence, residency.
residencia habitual habitual residence.
residencia permanente permanent residence, permanent residency.
residencia personal personal residence.
residencia principal principal residence, main residence.
residencia temporal temporary home, temporary residency.
residencial *adj* residential.
residente *m/f* resident.
residente permanente permanent resident.
residente temporal temporary resident.
residir *v* reside.
residual *adj* residual.
residuo *m* residue.
residuos *m* waste.
residuos industriales industrial waste.
residuos tóxicos toxic waste.
resistencia *f* resistance.
resistencia del consumidor consumer resistance.
resistencia del mercado market resistance.
resolución *f* resolution, decision, cancellation, termination.
resolución corporativa corporate resolution.
resolución de disputas dispute resolution.
resolución de error error resolution.
resolución de los contratos rescission of contracts.
resolver *v* resolve, solve, decide, settle, annul.
respaldado del estado government backing, state backing.
respaldado por activos asset-backed, asset-based.
respaldado por el estado government-backed, state-backed.
respaldado por el gobierno government-backed.
respaldado por hipotecas mortgage-backed.
respaldar *v* endorse, support, back.
respaldo *m* backing, endorsement, support, backup.
respaldo de la moneda backing of currency.
respaldo del gobierno government backing.
respaldo financiero financial backing.
respetabilidad *f* respectability.
respetable *adj* respectable, considerable.
respetar *v* respect, observe, obey.
respiro *m* extension of time, respite.
responder *v* respond, answer, correspond, to be responsible.
responder a answer, react, to be responsible to.
responder a una obligación meet an obligation.
responder por to be responsible for, answer for.
responder por otro to be responsible for another.
respondiente *adj* responding.
respondiente *m/f* responder.
responsabilidad *f* responsibility, liability.
responsabilidad a corto plazo short-term liability.
responsabilidad a largo plazo long-term liability.
responsabilidad absoluta absolute liability.
responsabilidad acordada agreed-upon liability.
responsabilidad acumulativa cumulative liability.
responsabilidad asumida assumed liability.
responsabilidad central central liability.
responsabilidad civil civil liability, public liability.
responsabilidad comercial business liability, commercial liability.
responsabilidad conjunta joint liability.
responsabilidad contingente contingent liability.
responsabilidad contingente patronal employers' contingent liability.
responsabilidad contractual contractual liability.
responsabilidad contratada contracted liability.
responsabilidad contributiva neta net tax liability.
responsabilidad convenida agreed-upon liability.
responsabilidad corporativa corporate liability, corporate responsibility.
responsabilidad cruzada cross liability.
responsabilidad cuasicontractual quasi-contractual liability.
responsabilidad de comercio electrónico e-commerce liability, e-business liability.
responsabilidad de depósitos deposit liability.
responsabilidad de operaciones operations liability.
responsabilidad de pensión mínima minimum pension liability.
responsabilidad del almacenero warehouser's liability.
responsabilidad del cargador carrier's liability.
responsabilidad del contable accountant's liability.
responsabilidad del contador accountant's liability.
responsabilidad del naviero shipowner's liability.
responsabilidad del prestador lender liability.
responsabilidad del prestamista lender liability.
responsabilidad del transportista carrier's

liability.
responsabilidad diferida deferred liability.
responsabilidad directa direct liability.
responsabilidad empresarial business liability.
responsabilidad estatutaria statutory liability.
responsabilidad estimada estimated liability.
responsabilidad estipulada stipulated liability.
responsabilidad exclusiva exclusive liability.
responsabilidad financiera financial
responsibility.
responsabilidad fiscal tax liability.
responsabilidad hipotecaria mortgage liability.
responsabilidad ilimitada unlimited liability.
responsabilidad impositiva neta net tax liability.
responsabilidad indirecta indirect liability.
responsabilidad internacional international
liability.
responsabilidad legal legal liability.
responsabilidad limitada limited liability.
responsabilidad mancomunada joint liability.
responsabilidad mercantil commercial liability.
responsabilidad monetaria monetary liability.
responsabilidad negociada negotiated liability.
responsabilidad objetiva strict liability.
responsabilidad pactada agreed-upon liability.
responsabilidad patronal employer's liability.
responsabilidad personal personal liability.
responsabilidad profesional professional
responsibility, professional liability.
responsabilidad pública public liability, public
responsibility.
responsabilidad social social responsibility.
responsabilidad solidaria joint and several
liability.
responsabilidad subsidiaria accessory liability.
responsabilidad total aggregate liability.
responsabilidad tributaria neta net tax liability.
responsabilidad vicaria vicarious liability.
responsabilizarse v take the responsibility.
responsable adj responsible, liable.
responsable m/f person responsible, person liable.
respuesta f answer, response, reply.
respuesta comercial business reply, business reply
mail, commercial reply.
respuesta del consumidor consumer response.
respuesta del mercado market response.
respuesta empresarial business reply.
respuesta inmediata immediate reply.
respuesta negativa negative response.
respuesta positiva positive response.
restablecer v reestablish, reinstate.
restablecimiento m reestablishment, reinstatement.
restante adj remaining.
restauración f restoration, reinstatement.
restauración de plan restoration of plan.
restaurado adj restored, reinstated.
restaurar v restore, reinstate.
restitución f restitution, return.
restitución de depósito return of deposit, return of
bailed goods.
restituible adj restorable, returnable.
restituidor adj restoring, returning.
restituir v restore, return.
restitutorio adj restitutive.
restricción f restriction.
restricción comercial trade restriction.
restricción crediticia credit restriction.
restricción de escritura deed restriction.
restricción estatutaria statutory restriction.
restricción monetaria monetary restriction.

restricciones al comercio restraint of trade.
restricciones cuantitativas quantitative
restrictions.
restricciones de cantidad quantity restrictions.
restricciones de comercio restraint of trade.
restricciones de crédito credit restrictions.
restricciones de divisas foreign exchange
restrictions, currency restrictions.
restricciones de edificación building restrictions.
restricciones de exportación export restrictions.
restricciones de importación import restrictions.
restricciones presupuestarias budgetary
restrictions.
restricciones residuales residual restrictions.
restricciones y limitaciones del dominio
limitations on ownership rights.
restrictivo adj restrictive.
restringido adj restricted.
restringir v restrict.
resultado m result, match, bottom line, profits,
earnings.
resultado antes de contribuciones pretax profits,
before-tax profits.
resultado antes de impuestos pretax profits,
before-tax profits.
resultado anticipado anticipated profits.
resultado asignado allocated profits.
resultado bruto gross profits.
resultado bruto de explotación gross operating
profits.
resultado bruto de ventas gross profits on sales.
resultado contable book profits, accounting
profits.
resultado de explotación operating profits.
resultado de operaciones operating profits.
resultado declarado declared profits.
resultado después de impuestos after-tax
profits.
resultado distribuido allocated profits.
resultado económico bottom line, economic
result.
resultado en libros book profits.
resultado excesivo excessive profits.
resultado financiero financial profits.
resultado fiscal taxable profits.
resultado gravable taxable profits.
resultado imponible taxable profits.
resultado impositivo taxable profits.
resultado neto net profits, net result.
resultado nominal nominal profits.
resultado normal normal profits.
resultado operativo operating profits.
resultado realizado realized profits.
resultado retenido retained profits.
resultado sobre el papel paper profits.
resultado tributable taxable profits.
resultados acumulados accumulated profits.
resultados anticipados anticipated profits.
resultados consolidados consolidated profits.
resultados corporativos corporate profits.
resultados decepcionantes disappointing results.
resultados desastrosos disastrous results.
resultados esperados expected results, expected
profits.
resultados extraordinarios extraordinary results,
extraordinary profits.
resultados marginales marginal profits.
resultados no realizados unrealized profits.
resultados ordinarios ordinary results, ordinary
profits.

resultados presupuestarios budget results.
resultados proyectados projected profits.
resultados totales total profits.
resultando *m* clause, whereas clause.
resumen *m* summary, abstract, digest.
resumen de cuenta account summary, abstract of account.
resumen de ingresos income summary.
resumen de título abstract of title, brief of title.
resumen ejecutivo executive summary.
resumen financiero financial summary.
resumen histórico historical summary.
resurgimiento económico economic revival.
retasa *f* reappraisal.
retasación *f* reappraisal.
retasar *v* reappraise, reduce the price of unauctioned items.
retención *f* retention, withholding, holdback.
retención a cuenta tax withholding.
retención de cheque check hold, check retention, cheque hold, cheque retention.
retención de clientes client retention, customer retention.
retención de contribuciones tax withholding.
retención de impuestos tax withholding.
retención de reserva backup withholding.
retención en cuenta account hold.
retención fiscal tax withholding.
retención impositiva tax withholding.
retención neta net retention.
retenedor *m* retainer, withholder.
retener *v* retain, withhold, hold back.
retenido *adj* retained, withheld.
retentor *m* withholding agent.
retirable *adj* callable.
retirada *f* withdrawal, retreat.
retirado *adj* retired, pensioned, remote.
retirado *m* retiree.
retiramiento *m* withdrawal, retirement, pension.
retirar *v* retire, withdraw, draw, call.
retirar del mercado withdraw from the market.
retirar un producto withdraw a product.
retirar una oferta withdraw an offer.
retirarse *v* retire, leave, withdraw.
retiro *m* retirement, withdrawal, pension.
retiro automático automatic withdrawal.
retiro compensatorio compensatory withdrawal.
retiro de bonos bond retirement.
retiro de deuda debt retirement.
retiro de efectivo cash withdrawal.
retiro diferido deferred retirement.
retiro forzado forced retirement.
retiro forzoso forced retirement.
retiro obligado mandatory retirement.
retiro obligatorio mandatory retirement.
retiro temprano early withdrawal, early retirement.
retiro voluntario voluntary retirement.
retorcer *v* twist, distort.
retornar *v* return.
retorno *m* return, reward, exchange.
retorno de la inversión return on investment.
retorsión *f* twisting, retorsion.
retracción *f* retraction.
retractable *adj* retractable.
retractación *f* retraction.
retractar *v* retract, redeem.
retractarse *v* retract oneself.
retracto *m* right of repurchase.
retracto de autorización withdrawal of authorization.

retraer *v* bring back, repurchase, exercise the right of repurchase.
retransferir *v* retransfer.
retransmisión *f* retransmission, retransfer, rebroadcast.
retrasado *adj* delayed, in arrears.
retrasar *v* delay, lag.
retraso *m* delay, lag.
retrato *m* photograph, right of repurchase, description.
retrayente *m/f* exerciser of the right of repurchase.
retribución *f* remuneration, pay, reward.
retribución acordada agreed-upon remuneration, agreed-upon pay.
retribución acostumbrada customary remuneration, customary pay.
retribución acumulada accrued remuneration, accrued pay.
retribución adecuada adequate remuneration, adequate pay.
retribución adicional additional remuneration, additional pay.
retribución anual annual remuneration, annual pay.
retribución anual garantizada guaranteed annual remuneration, guaranteed annual pay.
retribución base base remuneration, base pay.
retribución básica base remuneration, base pay.
retribución bruta gross remuneration, gross pay.
retribución competitiva competitive remuneration, competitive pay.
retribución compulsoria compulsory remuneration, compulsory pay.
retribución contractual contractual remuneration, contractual pay.
retribución contratada contracted remuneration, contracted pay.
retribución convenida agreed-upon remuneration, agreed-upon pay.
retribución de vacaciones vacation remuneration, vacation pay.
retribución debida remuneration due, pay due.
retribución diaria daily remuneration, daily pay.
retribución diferida deferred remuneration, deferred pay.
retribución efectiva net remuneration, remuneration paid in cash.
retribución ejecutiva executive remuneration, executive pay.
retribución en especie remuneration in kind, payment in kind.
retribución esencial essential remuneration, essential pay.
retribución especificada specified remuneration, specified pay.
retribución estipulada stipulated remuneration, stipulated pay.
retribución extra extra remuneration, extra pay, overtime pay, bonus.
retribución extraordinaria extra remuneration, extra pay, overtime pay, bonus.
retribución fija fixed remuneration, fixed pay.
retribución financiera financial remuneration, financial pay.
retribución financiera directa direct financial remuneration, direct financial pay.
retribución forzada forced remuneration, forced pay.
retribución forzosa forced remuneration, forced pay.
retribución garantizada guaranteed remuneration,

guaranteed pay.
retribución igual equal remuneration, equal pay.
retribución indebida wrongful remuneration, wrongful pay.
retribución indispensable indispensable remuneration, indispensable pay.
retribución inicial initial remuneration, initial pay.
retribución máxima maximum remuneration, maximum pay.
retribución media average remuneration, average pay.
retribución mensual monthly remuneration, monthly pay.
retribución mínima minimum wage, minimum remuneration, minimum pay.
retribución necesaria necessary remuneration, necessary pay.
retribución negociada negotiated remuneration, negotiated pay.
retribución neta net remuneration, net pay.
retribución nominal nominal remuneration, nominal pay.
retribución normal normal remuneration, normal pay.
retribución obligada obligatory remuneration, mandatory pay.
retribución obligatoria obligatory remuneration, mandatory pay.
retribución pactada agreed-upon remuneration, agreed-upon pay.
retribución por cesantía severance pay.
retribución por desempleo unemployment pay.
retribución por despido severance pay.
retribución por días festivos holiday remuneration, holiday pay.
retribución por discapacidad disability pay.
retribución por enfermedad sick pay.
retribución por incentivos incentive remuneration, incentive pay.
retribución por maternidad maternity pay.
retribución preestablecida preset remuneration, preset pay.
retribución real real remuneration, real pay.
retribución regular regular remuneration, regular pay.
retribución requerida required remuneration, required pay.
retribución retroactiva retroactive remuneration, retroactive remuneration
retribución semanal weekly remuneration, weekly pay.
retribución suplementaria supplemental remuneration, supplemental pay.
retribución típica typical remuneration, typical pay.
retribuir v remunerate, pay, reward.
retributivo adj retributory, rewarding.
retroacción f retroaction.
retroactivamente adv retroactively.
retroactividad f retroactivity.
retroactivo adj retroactive.
retroalimentación f feedback.
retroarriendo m leaseback.
retrocesión f retrocession.
retroproyector m overhead projector.
retrotracción f antedating.
retrotraer v antedate.
retrovender v sell back to the original seller.
retrovendición f repurchase by the original seller.
retroventa f repurchase by the original seller.

reubicación f relocation.
reubicar v relocate.
reunión f reunion, meeting.
reunión anual annual meeting.
reunión anual de accionistas annual shareholders' meeting.
reunión comercial business meeting, commercial meeting.
reunión constitutiva organizational meeting.
reunión convocada called meeting.
reunión corporativa corporate meeting.
reunión cumbre summit meeting.
reunión de accionistas shareholders' meeting.
reunión de acreedores creditors' meeting.
reunión de comercio commerce meeting.
reunión de comercio electrónico e-commerce meeting, e-business meeting.
reunión de diligencia debida due diligence meeting.
reunión de información briefing, briefing meeting.
reunión de la directiva directors' meeting.
reunión de negocios business meeting.
reunión del comité committee meeting, committee assembly.
reunión del directorio directors' meeting.
reunión empresarial business meeting.
reunión especial special meeting.
reunión extraordinaria special meeting.
reunión general general meeting.
reunión general anual annual general meeting.
reunión general de accionistas general shareholders' meeting, shareholders' meeting.
reunión general ordinaria shareholders' meeting.
reunión informativa briefing, briefing meeting.
reunión mercantil commercial meeting.
reunión ordinaria regular meeting.
reunir v unite, reunite, gather.
reunir los requisitos meet the requirements.
reutilizable adj reusable.
reutilizar v reuse.
reválida f revalidation, exam required to obtain a professional license.
revalidación f revalidation, confirmation.
revalidar v revalidate, pass an exam required to obtain a professional license.
revaloración f revalorization, revaluation, reappraisal.
revaloración de divisas currency revaluation.
revalorar v revalue, reappraise.
revalorización f revalorization, revaluation, reappraisal.
revalorización de divisas currency revaluation.
revalorizar v revalue, reappraise.
revaluación f revaluation, reappraisal.
revaluar v revalue, reappraise.
revalúo m reappraisal.
revelación f revelation, disclosure.
revelar v reveal, disclose.
revendedor m reseller, retailer.
revender v resell, retail.
reventa f resale, retail.
reversibilidad f reversibility.
reversible adj reversible, reversionary.
reversión f reversion.
reversión al estado escheat.
reverso m reverse, reverse of a sheet.
revertir v revert.
revisable adj revisable, reviewable, auditable.
revisado adj revised, reviewed, audited, checked, inspected.

revisar *v* revise, audit, check, inspect.
revisar el crédito check credit.
revisar las cuentas audit accounts.
revisión *f* revision, review, audit, check, inspection.
revisión administrativa management review, administrative review.
revisión aduanera customs check.
revisión contable audit, accounting audit.
revisión de aduanas customs check.
revisión de calidad quality review.
revisión de crédito credit review.
revisión de cuentas accounts review, accounts audit.
revisión de cuota quota review.
revisión de empréstito loan review.
revisión de libros review of the books, audit of the books.
revisión de precios price review.
revisión de préstamo loan review.
revisión de proyecto project review.
revisión de título examination of title, title search.
revisión de ventas sales review.
revisión del mercado market review.
revisión limitada limited review.
revisión médica medical examination.
revisión por grupo paritario peer review.
revisión salarial salary review, pay review.
revisión trimestral quarterly review.
revisionismo *m* revisionism.
revisionista *adj* revisionist.
revisionista *m/f* revisionist.
revisor *adj* revising, auditing, inspecting.
revisor *m* revisor, auditor, inspector.
revisor de cuentas auditor of accounts, auditor.
revisoría *f* inspector's office, auditor's office.
revista *f* magazine, journal.
revista comercial business magazine, business journal, commercial magazine, commercial journal.
revista corporativa corporate magazine.
revista de comercio commerce magazine, commerce journal.
revista de comercio electrónico e-commerce journal, e-business journal.
revista de empresa in-house magazine, in-house journal, house magazine, house journal.
revista de empresas business magazine, business journal.
revista de la compañía company magazine.
revista de negocios business magazine, business journal.
revista del consumidor consumer magazine, consumer bulletin.
revista económica economic journal.
revista electrónica electronic magazine, electronic journal, e-zine, e-magazine, e-journal.
revista empresarial business magazine, business journal.
revista en línea online magazine, online journal.
revista mercantil commercial magazine, commercial journal.
revista online online magazine, online journal.
revitalización *f* revitalization.
revitalizado *adj* revitalized.
revitalizar *v* revitalize.
revocabilidad *f* revocability.
revocable *adj* revocable, abrogable, reversible.
revocablemente *adv* revocably.
revocación *f* revocation, abrogation, reversal.
revocación de agencia revocation of agency.
revocación de contratos rescission of contracts.

revocación de oferta revocation of offer.
revocador *adj* revoking, abrogating, reversing.
revocador *m* revoker, abrogator, reverser.
revocante *adj* revoking, abrogating, reversing.
revocar *v* revoke, abrogate, reverse.
revocatorio *adj* revocatory, abrogating, reversing.
revolución ecológica ecologic revolution.
revolución industrial industrial revolution.
revolución verde green revolution.
rezonficicar *v* rezone.
rezonificación *f* rezoning.
ribereño *adj* riparian.
rienda suelta free rein.
riesgo *m* risk.
riesgo, a at risk.
riesgo alfa alpha risk.
riesgo anormal abnormal risk.
riesgo asegurable insurable risk.
riesgo asegurado insured risk.
riesgo asignado assigned risk.
riesgo asumido assumed risk.
riesgo aumentado increased risk.
riesgo beta beta risk.
riesgo bilateral bilateral risk.
riesgo calculado calculated risk.
riesgo catastrófico catastrophic risk.
riesgo clasificado classified risk.
riesgo comercial business risk, commercial risk.
riesgo corporativo corporate risk.
riesgo crediticio credit risk.
riesgo cubierto covered risk.
riesgo de accidentes accident risk.
riesgo de auditoría audit risk.
riesgo de cambio exchange risk.
riesgo de capital capital risk.
riesgo de coaseguro coinsurance risk.
riesgo de comercio commerce risk.
riesgo de crédito credit risk.
riesgo de divisas foreign exchange risk.
riesgo de entrega delivery risk.
riesgo de iliquidez illiquidity risk.
riesgo de incumplimiento default risk.
riesgo de insolvencia insolvency risk.
riesgo de interés interest rate risk.
riesgo de liquidez liquidity risk.
riesgo de mercado market risk.
riesgo de negocio business risk.
riesgo de poder para compras purchasing power risk.
riesgo de reaseguro reinsurance risk.
riesgo de reinversión reinvestment risk.
riesgo de seguridad safety hazard, security risk.
riesgo de seguros insurance risk.
riesgo de tasa rate risk.
riesgo de tasa de cambio exchange rate risk.
riesgo de tasa de interés interest rate risk.
riesgo de tipo rate risk.
riesgo de tipo de cambio exchange rate risk.
riesgo de tipo de interés interest rate risk.
riesgo de trabajo occupational risk.
riesgo de transacción transaction risk.
riesgo del comercio electrónico e-commerce risk, e-business risk.
riesgo del comprador buyer's risk.
riesgo del consumidor consumer risk.
riesgo del país country risk.
riesgo del vendedor vendor's risk.
riesgo deteriorado impaired risk.
riesgo diversificable diversifiable risk.
riesgo empresarial business risk.

riesgo especial special risk.
riesgo específico specific risk.
riesgo especulativo speculative risk.
riesgo estacional seasonal risk.
riesgo estático static risk.
riesgo estimado estimated risk.
riesgo excluido excluded risk.
riesgo extraordinario extraordinary risk.
riesgo financiero financial risk.
riesgo físico physical hazard.
riesgo hipotecario mortgage risk.
riesgo inherente inherent risk.
riesgo irregular abnormal risk.
riesgo laboral occupational hazard, occupational risk.
riesgo limitado limited risk.
riesgo marginal marginal risk.
riesgo marítimo marine risk.
riesgo mercantil commercial risk.
riesgo moral moral hazard.
riesgo no asegurable uninsurable risk.
riesgo no asegurado uninsured risk.
riesgo no controlable noncontrollable risk.
riesgo no diversificable nondiversifiable risk.
riesgo no sistemático nonsystematic risk.
riesgo normal normal risk.
riesgo objeto target risk.
riesgo ocupacional occupational hazard, occupational risk.
riesgo operativo operating risk.
riesgo para la salud health hazard, health risk.
riesgo político political risk.
riesgo preferido preferred risk.
riesgo profesional occupational hazard.
riesgo prohibido prohibited risk.
riesgo puro pure risk.
riesgo regular regular risk.
riesgo sistemático systematic risk.
riesgo sistémico systemic risk.
riesgo subjetivo subjective risk.
riesgo total aggregate risk.
riesgo transfronterizo cross-border risk.
riesgos del mar perils of the sea.
riesgos ordinarios ordinary risks.
riesgos típicos typical risks.
rigidez de precios price rigidity.
rigidez del mercado market rigidity.
rigor v rigor, exactness.
riguroso adj rigorous, exact.
riqueza f wealth.
riqueza nacional national wealth.
ritmo de crecimiento growth rate.
ritmo de trabajo work rate.
ritmo de vida lifestyle.
robar v rob, steal.
robo m robbery, theft.
robot m robot.
robotizar v robotize.
rompehuelgas m/f strikebreaker.
romper v break, break off.
romper el contrato breach the contract.
romper un contrato break a contract.
romper una huelga break a strike.
ronda f round, session.
ronda de negociaciones round of negotiations.
rotación f rotation, turnover, shift.
rotación de activos asset turnover.
rotación de cultivos crop rotation.
rotación de empleos job rotation, employment rotation.

rotación de inventario inventory turnover.
rotación de inversiones investment turnover.
rotación de mercancías merchandise turnover.
rotación de personal personnel rotation.
rotación de puestos job rotation.
rotación de trabajos job rotation, work rotation.
rotación laboral labor turnover, labour turnover.
rotación profesional professional rotation.
rótulo m sign, title.
rotura f breakage, breakup, breaking.
rotura del contrato breach of contract.
royalty m royalty.
RRHH (recursos humanos) human resources.
rúbrica f flourish, rubric, signature.
rueda de prensa press conference, news conference.
ruegos y preguntas any other business.
ruido excesivo excessive noise.
ruptura f rupture, break.
ruptura de negociaciones rupture of negotiations.
rural adj rural.
ruralmente adv rurally.
ruta comercial commercial route, trade route.
ruta de la carrera career path.
rutina f routine.
rutinario adj routine.

S

S&P m S&P.
S&P 500 S&P 500.
SA (sociedad anónima) company, corporation, stock company, incorporated company, stock corporation.
sabido m fixed salary.
sabotaje m sabotage.
saboteador m saboteur.
sabotear v sabotage.
sacar v take out, release, get, draw, make.
sacar patente take out a patent.
sala f room, meeting room, auditorium, court.
sala de conferencias conference room.
sala de control control room.
sala de descanso break room.
sala de espera waiting room.
sala de exposiciones exhibition hall, showroom.
sala de juntas boardroom.
sala de reuniones meeting room, conference room.
sala de sesiones boardroom.
sala de ventas salesroom.
salariado adj salaried.
salarial adj pertaining to a salary, salary-related.
salariar v pay a salary, assign a salary.
salario m salary, wage, pay.
salario a destajo piece wage.
salario acostumbrado customary salary, customary wage.
salario actual present salary.
salario acumulado accrued salary, accrued wages.
salario adecuado adequate salary.
salario anual annual salary, annual wage.
salario anual garantizado guaranteed annual wage.
salario atrasado back pay.
salario bajo low salary, low wages.

salario base base salary, base wages.
salario básico base salary, base wages.
salario bruto gross salary, gross wage, gross pay.
salario competitivo competitive salary, competitive wage.
salario contractual contractual salary.
salario contratado contracted salary.
salario de bolsillo take-home pay, net pay.
salario de subsistencia living wage, subsistence wage.
salario diario daily salary.
salario diferido deferred compensation.
salario disponible available salary.
salario efectivo net salary, salary paid in cash, actual salary.
salario en especie payment in kind.
salario esencial essential salary.
salario especificado specified salary.
salario estipulado stipulated salary.
salario fijo fixed salary, set wage.
salario garantizado guaranteed wage.
salario igual equal salary.
salario indispensable indispensable salary.
salario inicial initial salary, starting salary.
salario legal salary established by law.
salario máximo maximum salary.
salario medio average wage, average salary.
salario mensual monthly salary, monthly wage
salario mínimo minimum wage.
salario mínimo de subsistencia minimum living wage.
salario mínimo garantizado guaranteed minimum wage.
salario mínimo interprofesional minimum wage, minimum wage for a given profession.
salario monetario money wage.
salario necesario necessary salary.
salario negociado negotiated salary.
salario neto net salary, net pay, take-home pay.
salario nominal nominal wage.
salario normal normal salary, normal wage.
salario obligatorio obligatory salary, mandatory salary.
salario por hora hourly salary, hourly wage.
salario por pieza piece rate, piece wage.
salario preestablecido preset salary, preset wage.
salario prevaleciente prevailing salary.
salario real real salary, actual salary.
salario regular regular salary, regular wage.
salario requerido required salary.
salario retroactivo retroactive wages.
salario semanal weekly salary, weekly wage.
salario suplementario supplemental salary.
salario típico typical salary, typical wage.
salario vital living wage.
salario y condiciones pay and conditions.
salarios acordados agreed-upon wages.
salarios administrados managed wages.
salarios congelados frozen wages.
salarios controlados controlled wages.
salarios convenidos agreed-upon wages.
salarios escalonados graduated wages.
salarios estipulados stipulated salaries, stipulated wages.
salarios negociados negotiated salaries, negotiated wages.
salarios pactados agreed-upon wages.
saldado *adj* paid, settled.
saldar *v* pay off, sell off, settle.
saldar cuentas settle accounts.

saldar una cuenta balance an account.
saldista *m/f* remnant seller.
saldo *m* payment, balance, settlement, amount outstanding, remainder, remnant, clearance sale.
saldo a cuenta nueva balance carried forward.
saldo acreedor credit balance.
saldo ajustado adjusted balance.
saldo anterior carry-over.
saldo anticipado anticipated balance.
saldo bancario bank balance.
saldo básico basic balance.
saldo cambista balance of payments.
saldo comercial trade balance.
saldo de apertura opening balance.
saldo de bienes balance of goods.
saldo de caja cash balance.
saldo de cierre closing balance.
saldo de comercio trade balance.
saldo de comercio exterior foreign trade balance.
saldo de cuenta account balance.
saldo de divisas balance of foreign exchange.
saldo de endeudamiento balance of indebtedness.
saldo de intercambio trade balance.
saldo de mercancías trade balance.
saldo de pagos balance of payments.
saldo de principal principal balance.
saldo del mayor ledger balance.
saldo deudor debit balance, balance due.
saldo disponible available balance, balance on hand.
saldo en cuenta corriente current account balance.
saldo en efectivo cash balance.
saldo externo external balance.
saldo final final balance.
saldo global overall balance.
saldo inactivo idle balance, unclaimed balance.
saldo inicial original balance.
saldo medio average balance.
saldo medio diario average daily balance.
saldo mercantil trade balance.
saldo mínimo en efectivo minimum cash balance.
saldo negativo negative balance, minus balance.
saldo neto net balance.
saldo no reclamado unclaimed balance.
saldo pendiente outstanding balance, balance due.
saldo positivo positive balance.
saldo previo previous balance.
saldo sin pagar unpaid balance.
saldo total total balance, aggregate balance.
saldo vencido balance outstanding.
saldos bloqueados blocked balances.
salida *f* exit, output, outflow, expenditure, market, publication, departure.
salida a bolsa initial public offering, going public.
salida aumentada increased output.
salida de capital capital outflow.
salida de datos data output.
salida de divisas currencies outflow.
salida en efectivo cash outflow.
salida óptima optimum output.
salida total total output, aggregate output.
salidizo *m* projection.
saliente *adj* salient.
salir *v* exit, go out, come out, appear, occur, dispose of, project, depart.
salir a bolsa go public.
salir en las noticias appear in the news.
salir en televisión appear on television.
salón *m* room, hall, salon.

salón de sesiones boardroom.
salón de ventas salesroom.
salto en los precios price jump.
salubridad pública public health.
salud ambiental environmental health.
salud ocupacional occupational health.
salud pública public health.
salud y seguridad health and safety.
salud y seguridad en el trabajo health and safety
at work.
salvaguarda *f* safeguard, security, protection.
salvaguardar *v* safeguard.
salvaguardia *f* safeguard, security, protection.
salvar *v* save, rescue, overcome, certify corrections.
salvedad *f* proviso, exception, reservation.
salvo *adj* safe, excepted.
salvo *prep* except.
salvo error u omisión errors and omissions
excepted.
sanción *f* sanction, punishment, approval.
sancionable *adj* sanctionable.
sancionado *adj* sanctioned.
sancionar *v* sanction, punish, approve, legislate.
sanciones comerciales commercial sanctions,
trade sanctions.
sanciones económicas economic sanctions.
sanciones tributarias penalties for tax law
violations.
saneado *adj* unencumbered, cured.
saneamiento *m* disencumbrance, clearing of title,
restructuring, guarantee, warranty, indemnification,
reparation, cleaning up.
saneamiento de título clearing of title.
saneamiento económico economic restructuring.
sanear *v* disencumber, clear title, restructure,
guarantee, warrant, indemnify, repair, clean up.
sanidad *f* health.
sanidad pública public health.
sanitario *adj* sanitary.
satélite *adj* satellite.
satélite de comunicaciones communications
satellite.
satisdación *f* bond, guarantee.
satisfacción *f* satisfaction.
satisfacción del consumidor consumer
satisfaction.
satisfacción en el empleo employment
satisfaction.
satisfacción en el trabajo work satisfaction.
satisfacción profesional professional satisfaction.
satisfacer *v* satisfy, pay off, settle, reply, explain.
satisfactoriamente *adv* satisfactorily.
satisfactorio *adj* satisfactory.
satisfecho *adj* satisfied.
saturación *f* saturation.
saturación del mercado market saturation.
saturación ilegal dumping.
saturado *adj* saturated.
saturar *v* saturate.
sección *f* section, division.
sección arrendada leased division.
sección bancaria banking division.
sección comercial commercial division.
sección contable accounting division,
bookkeeping division.
sección corporativa corporate division.
sección de acatamiento compliance division.
sección de aprobación de crédito credit-approval
division.
sección de atención al cliente customer service

division.
sección de auditoría audit division.
sección de autorizaciones authorization division.
sección de bienestar social social welfare
division.
sección de capacitación training division.
sección de certificación certification division.
sección de cobranza collection division.
sección de cobros collection division.
sección de comercialización marketing division.
sección de comercio commerce division, trade
division.
sección de comercio exterior foreign trade
division.
sección de compras purchasing division.
sección de comunicaciones communications
division.
sección de contabilidad accounting division,
bookkeeping division.
sección de contribuciones tax division.
sección de corretaje brokerage division.
sección de crédito credit division.
sección de cumplimiento compliance division.
sección de declaraciones declarations section.
sección de desarrollo development division.
sección de descuento discount division.
sección de distribución distribution division.
sección de exportación export division.
sección de facturación billing division.
sección de formación training division.
sección de habilitación training division.
sección de hipotecas mortgage division.
sección de importación import division.
sección de impuestos tax division.
sección de investigación research division.
sección de investigación y desarrollo research
and development division.
sección de liquidaciones settlement division.
sección de mantenimiento maintenance division.
sección de marketing marketing division.
sección de mercadeo marketing division.
sección de negocios business division.
sección de nóminas payroll division.
sección de operaciones operations division.
sección de órdenes order division.
sección de personal personnel division, personnel.
sección de planificación planning division.
sección de préstamos loan division.
sección de producción production division.
sección de publicidad advertising division.
sección de reaseguro reinsurance division.
sección de reclamaciones claims division.
sección de recursos humanos human resources
division.
sección de relaciones industriales industrial
relations division.
sección de relaciones públicas public relations
division.
sección de salud health division.
sección de sanidad health division.
sección de seguro social social security division.
sección de seguros insurance division.
sección de servicio service division.
sección de servicio al cliente customer service
division.
sección de tránsito transit division.
sección de ventas sales division.
sección de ventas a crédito credit sales division.
sección empresarial business division.
sección exportadora export division.

sección extranjera foreign division.
sección fiduciaria trust division.
sección financiera finance division.
sección fiscal tax division.
sección general general division.
sección gubernamental governmental division.
sección hipotecaria mortgage division.
sección importadora import division.
sección jurídica legal division.
sección legal legal division.
sección mercantil commercial division, mercantile division.
sección publicitaria advertising division.
sección regional regional division, area division.
sección transversal cross-section.
seccionar *v* section.
secretaría *f* secretaryship, secretary's office, government department, administrative division.
Secretaría de Agricultura Department of Agriculture, Ministry of Agriculture.
Secretaría de Comercio Department of Commerce, Ministry of Commerce.
Secretaría de Economía Treasury Department, Exchequer.
Secretaría de Economía y Hacienda Treasury Department, Exchequer.
Secretaría de Hacienda Treasury Department, Exchequer.
Secretaría de Salud Department of Health, Department of Health and Human Services, Ministry of Health.
Secretaría de Salud Pública Department of Public Health, Ministry of Public Health.
Secretaría de Trabajo Department of Labor, Ministry of Labour.
secretariado *m* secretariat.
secretario *m* secretary, assistant.
Secretario de Agricultura Secretary of Agriculture, Minister of Agriculture.
Secretario de Comercio Secretary of Commerce, Minister of Commerce.
Secretario de Economía Secretary of Treasury, Chancellor of the Exchequer.
Secretario de Economía y Hacienda Secretary of Treasury, Chancellor of the Exchequer.
Secretario de Hacienda Secretary of Treasury, Chancellor of the Exchequer.
Secretario de Salud Secretary of Health, Secretary of Health and Human Services, Minister of Health.
Secretario de Salud Pública Secretary of Public Health, Minister of Public Health.
Secretario de Trabajo Secretary of Labor, Minister of Labour.
secretario ejecutivo executive secretary, executive assistant.
secretario particular private secretary.
secretario personal personal secretary.
secretario privado private secretary, personal secretary.
secreto bancario bank secrecy.
secreto comercial trade secret.
secreto industrial industrial secret.
secreto profesional professional secret, trade secret.
sector *m* sector.
sector agrario agrarian sector.
sector agrícola agricultural sector.
sector bancario banking sector.
sector comercial business sector, commercial sector.

sector contable accountancy sector.
sector corporativo corporate sector.
sector de contabilidad accountancy sector.
sector de exportación export sector.
sector de importación import sector.
sector de la economía sector of the economy.
sector de la salud health sector.
sector de negocios business sector.
sector de servicios service sector, tertiary sector.
sector del comercio commerce sector, business sector.
sector del comercio electrónico e-commerce sector, e-business sector.
sector del mercado market sector.
sector empresarial business sector.
sector exportador export sector.
sector exterior foreign sector.
sector financiero financial sector.
sector importador import sector.
sector industrial industrial sector.
sector manufacturero manufacturing sector.
sector primario primary sector.
sector privado private sector.
sector público public sector.
sector secundario secondary sector.
sector terciario tertiary sector, service sector.
secuencia *f* sequence.
secuestrable *adj* sequestrable, attachable.
secuestración *f* sequestration, attachment.
secuestrador *m* sequestrator.
secuestrar *v* sequester, attach.
secuestro *m* sequestration, attachment.
secuestro de bienes sequestration of goods, attachment of goods.
secular *adj* secular.
secundar *v* second.
secundariamente *adv* secondarily.
secundario *adj* secondary.
securitización *f* securitization.
sede *f* seat, headquarters, principal office.
sede central headquarters.
sede principal headquarters.
sede provisional temporary headquarters.
sede social headquarters, corporate domicile, partnership domicile.
segmentación *f* segmentation.
segmentación de mercado market segmentation.
segmentar *v* segment.
segmento *m* segment.
segmento de mercado market segment.
segregación *f* segregation.
segregación de valores segregation of securities.
segregación laboral occupational segregation.
segregado *adj* segregated.
seguimiento *m* follow-up, tracking.
seguir *v* follow, continue, track.
según el programa according to schedule.
según el valor ad valorem.
según nuestros registros according to our records.
segunda hipoteca second mortgage.
segunda marca second brand.
segunda ronda second round.
segundo mundo second world.
seguramente *adv* surely, securely.
seguridad *f* security, safety, certainty, confidence, guarantee, warranty.
seguridad a largo plazo long-term security.
seguridad de activos safety of assets.
seguridad de archivos file security.

seguridad de computadoras computer security.
seguridad de datos data security.
seguridad de empleo job security, employment security.
seguridad de ficheros file security.
seguridad de ordenadores computer security.
seguridad de tarjeta card security.
seguridad de trabajo job security, work security.
seguridad del principal safety of principal.
seguridad del producto product safety.
seguridad e higiene health and safety.
seguridad e higiene en el trabajo health and safety at work.
seguridad económica economic security.
seguridad electrónica electronic security, online security, Internet security.
seguridad en el Internet Internet security.
seguridad en línea online security, Internet security, electronic security.
seguridad industrial industrial safety, industrial security.
seguridad laboral occupational safety, employment security.
seguridad ocupacional occupational safety.
seguridad online online security, Internet security, electronic security.
seguridad personal personal security.
seguridad social social security.
Seguridad Social Social Security, National Health Service.
seguro *adj* safe, certain, sure, reliable.
seguro *m* insurance, insurance policy, security, assurance.
seguro a todo riesgo all-risk insurance, comprehensive insurance.
seguro abierto open insurance.
seguro acostumbrado customary insurance.
seguro aéreo flight insurance, air insurance.
seguro ajustable adjustable insurance.
seguro catastrófico catastrophic insurance.
seguro clasificado classified insurance.
seguro colectivo collective insurance.
seguro comercial business insurance, commercial insurance.
seguro compulsorio compulsory insurance, mandatory insurance.
seguro con participación participating insurance.
seguro con primas parejas level premium insurance.
seguro con todo incluido all-inclusive insurance.
seguro condicional conditional insurance.
seguro conjunto joint insurance.
seguro contra accidentes accident insurance, casualty insurance.
seguro contra accidentes y enfermedades accident and health insurance.
seguro contra casualidades casualty insurance.
seguro contra catástrofes catastrophe insurance.
seguro contra crímenes crime insurance.
seguro contra demolición demolition insurance.
seguro contra desempleo unemployment insurance.
seguro contra enfermedad health insurance.
seguro contra explosiones explosion insurance.
seguro contra falsificación forgery insurance.
seguro contra granizo hail insurance.
seguro contra huracanes hurricane insurance.
seguro contra incendios fire insurance.
seguro contra inundaciones flood insurance.
seguro contra peligros múltiples multiple peril insurance.
seguro contra pérdida de ingresos loss of income insurance.
seguro contra riesgos hazard insurance.
seguro contra robos insurance against theft, burglary insurance.
seguro contra terremotos earthquake insurance.
seguro contra todo riesgo all-risk insurance, comprehensive insurance.
seguro contra todos los riesgos all-risk insurance, comprehensive insurance.
seguro convertible convertible insurance.
seguro cooperativo cooperative insurance.
seguro corporativo corporate insurance.
seguro de accidentes accident insurance, casualty insurance.
seguro de accidentes de trabajo work accident insurance, occupational hazard insurance.
seguro de auto automobile insurance.
seguro de automóvil automobile insurance.
seguro de aviación aviation insurance.
seguro de cambio exchange rate insurance.
seguro de carga cargo insurance.
seguro de carro automobile insurance.
seguro de cartera portfolio insurance.
seguro de catástrofe catastrophe insurance.
seguro de cobertura total fully comprehensive insurance, full-coverage insurance.
seguro de coche automobile insurance.
seguro de colisión collision insurance.
seguro de comerciante dealer's insurance.
seguro de comercio commerce insurance.
seguro de comercio electrónico e-commerce insurance, e-business insurance.
seguro de condominio condominium insurance.
seguro de construcción construction insurance.
seguro de contingencia casualty insurance.
seguro de cosecha crop insurance.
seguro de crédito credit insurance.
seguro de crédito comercial commercial credit insurance.
seguro de crédito grupal group credit insurance.
seguro de cuota-parte assessment insurance.
seguro de daño de propiedad property damage insurance.
seguro de depreciación depreciation insurance.
seguro de depreciación de propiedad property depreciation insurance.
seguro de desempleo unemployment insurance.
seguro de discapacidad disability insurance.
seguro de discapacidad a corto plazo short-term disability insurance.
seguro de discapacidad a largo plazo long-term disability insurance.
seguro de discapacidad grupal group disability insurance.
seguro de empresas business insurance.
seguro de enfermedad health insurance.
seguro de equipaje baggage insurance.
seguro de exportación export insurance.
seguro de fabricación manufacturing insurance.
seguro de fidelidad fidelity insurance.
seguro de flete freight insurance.
seguro de fondo mutuo mutual fund insurance.
seguro de ganado livestock insurance.
seguro de gastos de cobros collection expense insurance.
seguro de gastos familiares family expense insurance.
seguro de gastos generales overhead insurance.

seguro de gastos hospitalarios hospital expense insurance.

seguro de gastos legales legal expense insurance.

seguro de gastos médicos medical expense insurance.

seguro de hipoteca mortgage insurance.

seguro de hospitalización hospitalization insurance.

seguro de incendios fire insurance.

seguro de indemnización indemnity insurance.

seguro de ingresos income insurance.

seguro de ingresos tras discapacidad disability income insurance.

seguro de invalidez disability insurance.

seguro de lucro cesante lost profits insurance.

seguro de manufactura manufacturing insurance.

seguro de muerte life insurance.

seguro de muerte accidental accidental death insurance.

seguro de negocios business insurance.

seguro de pagos médicos medical payments insurance.

seguro de paro unemployment insurance.

seguro de peligro especificado specified peril insurance.

seguro de préstamo loan insurance.

seguro de procesamiento de datos data processing insurance.

seguro de propiedad property insurance.

seguro de propiedad y responsabilidad property and liability insurance.

seguro de reembolso de ingresos income reimbursement insurance.

seguro de reemplazo de ingresos income replacement insurance.

seguro de responsabilidad liability insurance.

seguro de responsabilidad civil liability insurance.

seguro de responsabilidad comercial commercial liability insurance.

seguro de responsabilidad contingente contingent liability insurance.

seguro de responsabilidad de hospital hospital liability insurance.

seguro de responsabilidad de negocios business liability insurance.

seguro de responsabilidad del contratista contractor's liability insurance.

seguro de responsabilidad del fabricante manufacturer's liability insurance.

seguro de responsabilidad general general liability insurance.

seguro de responsabilidad patronal employers' liability insurance.

seguro de responsabilidad personal personal liability insurance.

seguro de responsabilidad por accidentes public liability insurance, casualty insurance.

seguro de responsabilidad profesional professional liability insurance.

seguro de responsabilidad pública public liability insurance, casualty insurance.

seguro de responsabilidad pública de automóvil automobile liability insurance.

seguro de riesgo especial special risk insurance.

seguro de salud health insurance.

seguro de salud comercial business health insurance.

seguro de salud condicional conditional health insurance.

seguro de salud global comprehensive health insurance.

seguro de salud grupal group health insurance.

seguro de salud incondicional unconditional health insurance.

seguro de salud mental mental health insurance.

seguro de salud no cancelable noncancellable health insurance.

seguro de salud renovable renewable health insurance.

seguro de tarjeta de crédito credit card insurance.

seguro de terminación de operaciones completed-operations insurance.

seguro de término term insurance.

seguro de término convertible convertible term insurance.

seguro de término decreciente decreasing term life insurance.

seguro de término extendido extended term insurance.

seguro de término renovable renewable term insurance.

seguro de título title insurance.

seguro de transporte transportation insurance.

seguro de viaje travel insurance.

seguro de vida life insurance.

seguro de vida ajustable adjustable life insurance, adjustable life.

seguro de vida comercial business life insurance.

seguro de vida con valor en efectivo cash-value life insurance, cash-value life.

seguro de vida convertible convertible life insurance.

seguro de vida creciente increasing life insurance.

seguro de vida de prima única single-premium life insurance.

seguro de vida de primas graduadas graded-premium life insurance.

seguro de vida empresarial business life insurance.

seguro de vida en vigor life insurance in force.

seguro de vida grupal group life insurance.

seguro de vida hipotecario mortgage life insurance.

seguro de vida indexado indexed life insurance.

seguro de vida individual individual life insurance.

seguro de vida indizado indexed life insurance.

seguro de vida industrial industrial life insurance, debit life insurance.

seguro de vida modificado modified life insurance.

seguro de vida no cancelable noncancellable life insurance.

seguro de vida normal normal life insurance.

seguro de vida ordinario ordinary life insurance.

seguro de vida permanente permanent life insurance.

seguro de vida renovable renewable life insurance.

seguro de vida universal universal life insurance.

seguro de vida variable variable life insurance.

seguro de vida y salud life and health insurance.

seguro de vivienda dwelling insurance.

seguro del estado government insurance, state insurance.

seguro del gobierno government insurance.

seguro dental dental insurance.

seguro doble double insurance.

seguro dotal endowment insurance.
seguro empresarial business insurance.
seguro en exceso excess insurance.
seguro esencial essential insurance.
seguro especial special insurance.
seguro específico specific insurance.
seguro estatal government insurance, state insurance.
seguro expirado expired insurance.
seguro facultativo optional insurance.
seguro general general insurance.
seguro global blanket insurance, comprehensive insurance.
seguro grupal group insurance.
seguro grupal prepagado prepaid group insurance.
seguro gubernamental government insurance.
seguro hipotecario mortgage insurance.
seguro hipotecario privado private mortgage insurance.
seguro incondicional unconditional insurance.
seguro indispensable indispensable insurance.
seguro individual individual insurance.
seguro industrial industrial insurance, debit insurance.
seguro inmobiliario property insurance.
seguro limitado limited insurance.
seguro marítimo maritime insurance, marine insurance, assecuration.
seguro médico medical insurance, health insurance.
seguro médico de hospital hospital medical insurance.
seguro médico suplementario supplemental medical insurance.
seguro mercantil commercial insurance.
seguro mixto endowment assurance.
seguro múltiple blanket insurance.
seguro municipal municipal insurance.
seguro mutuo mutual insurance.
seguro nacional national insurance.
seguro necesario necessary insurance.
seguro no cancelable noncancellable insurance.
seguro no expirado unexpired insurance.
seguro normal normal insurance.
seguro obligado obligatory insurance.
seguro obligatorio obligatory insurance.
seguro ordinario ordinary insurance.
seguro original original insurance.
seguro para gastos adicionales extra expense insurance.
seguro parcial partial insurance.
seguro patronal employers' insurance.
seguro permanente permanent insurance.
seguro perpetuo perpetual insurance.
seguro personal personal insurance.
seguro prepagado prepaid insurance.
seguro primario primary insurance.
seguro privado private insurance.
seguro provisional provisional insurance.
seguro puente bridge insurance.
seguro recíproco reciprocal insurance.
seguro regular regular insurance.
seguro renovable renewable insurance.
seguro requerido required insurance.
seguro restringido restricted insurance.
seguro retroactivo retroactive insurance.
seguro sobre la vida life insurance.
seguro social social security, social insurance.
seguro temporal temporary insurance.

seguro típico typical insurance.
seguro voluntario voluntary insurance.
seguros solapantes overlapping insurance.
selección *f* selection, choice.
selección adversa adverse selection.
selección de empleo employment choice, employment selection.
selección de la carrera career choice, career selection.
selección de personal personnel selection.
selección de profesión profession choice.
selección de riesgos risk selection.
selección de trabajo job selection, work choice, work selection.
selección profesional professional choice.
selectivo *adj* selective.
sellado *m* stamping, sealing.
sellar *v* stamp, seal.
sello *m* stamp, seal.
sello aduanero customs seal.
sello bancario bank stamp.
sello corporativo corporate seal.
sello de aduanas customs seal.
sello de aprobación seal of approval.
sello de banco bank stamp.
sello de cajero teller's stamp.
sello de calidad quality seal.
sello de certificación certification stamp.
sello de correos postage stamp.
sello de entrada entry stamp.
sello de goma rubber stamp.
sello de la compañía company seal.
sello de la corporación corporate seal.
sello de la empresa corporate seal.
sello de la sociedad corporate seal.
sello de recibo receipt stamp.
sello de rentas internas internal revenue stamp.
sello de timbre internal revenue stamp.
sello fiscal revenue stamp, fiscal stamp, tax stamp.
sello postal postage stamp.
sello social corporate seal.
selvicultura *f* forestry.
semana *f* week, workweek, a week's pay.
semana calendario calendar week.
semana de trabajo workweek.
semana de trabajo comprimido compressed workweek.
semana de trabajo promedio average workweek.
semana inglesa workweek from Monday to Saturday at noon.
semana laboral workweek.
semana laboral promedio average workweek.
semana típica de trabajo typical workweek.
semanal *adj* weekly.
semanalmente *adv* weekly.
semanario *adj* weekly.
semanario *m* weekly publication.
semanería *f* work by the week.
semanero *m* worker on a weekly basis.
semestral *adj* semestral, semiannual, biannual.
semestralmente *adv* semiannually, biannually, biyearly.
semestre *m* semester, semester's pay.
semianual *adj* semiannual, biannual.
semidurable *adj* semidurable.
semifijo *adj* semifixed.
semiindustrializado *adj* semi-industrialized.
seminario *m* seminar.
semivariable *adj* semivariable.
seña *f* sign, mark.

senado *m* senate.
señal *f* signal, mark, landmark, earnest money, down payment.
señal de compra buy signal.
señal de venta sell signal.
señaladamente *adv* particularly.
señalamiento *m* designation.
señalar *v* point out, designate, fix, mark.
señales de fraude badges of fraud.
sensibilidad a la tasa de interés interest rate sensitivity.
sensibilidad al tipo de interés interest rate sensitivity.
sensibilidad cultural cultural sensitivity.
sensibilidad del mercado market sensitivity.
sensible al mercado market-sensitive.
sentada *f* sit-in, sit-down.
sentencia *f* judgment, award, sentence.
sentencia arbitral arbitrium.
sentido comercial business sense.
sentido del mercado market sense.
separable *adj* separable.
separación *f* separation, division, removal.
separación de bienes separation of property, separation of marital property.
separación de cupones coupon stripping.
separación de puesto resignation.
separación del cargo removal.
separadamente *adv* separately.
separado *adj* separated.
separante *adj* separating.
separar *v* separate, divide, remove.
separarse *v* separate, withdraw, waive.
separatismo *m* separatism.
separatista *adj* separatist.
separatista *m/f* separatist.
serie *f* series.
serie de opciones option series.
serie, en serial.
serio *adj* serious, responsible, reliable, severe.
serventía *f* public road passing through private property.
servicarro *m* drive-in.
servicio *m* service.
servicio a domicilio home-delivery service, service at home.
servicio aduanero customs service.
servicio de aduanas customs service.
servicio de apoyo support service.
servicio de banca electrónica electronic banking service, e-banking service.
servicio de búsqueda search service, pick-up service.
servicio de centro de llamadas call center service, call centre service.
servicio de cobros collection service.
servicio de compras shopping service.
servicio de consulta consultation service, consultancy service.
servicio de consultaría consultation service, consultancy service.
servicio de correos postal service.
servicio de deuda parejo level debt service.
servicio de distribución distribution service.
servicio de emergencia emergency service.
servicio de empleos employment service.
servicio de entrega delivery service.
servicio de Internet Internet service.
servicio de inversiones investment service.
servicio de mantenimiento maintenance service.

servicio de mensajería courier service.
servicio de posventa after-sales service.
servicio de puerta a puerta door-to-door service.
servicio de recogida pick-up service.
Servicio de Rentas Internas Internal Revenue Service.
servicio de reparto delivery service.
servicio de seguridad security service.
servicio de valor agregado value-added service.
servicio de ventas sales service.
servicio defectuoso defective service.
servicio deficiente deficient service.
servicio del préstamo loan service.
servicio descontinuado discontinued service.
servicio después de la venta after-sales service.
servicio eficiente efficient service.
servicio fiduciario fiduciary service.
servicio financiero financial service.
servicio hipotecario mortgage service.
servicio inmediato immediate service.
servicio las 24 horas 24-hour service.
servicio liviano light duty.
servicio permanente permanent service, 24-hour service.
servicio personal personal service.
servicio personalizado personalized service.
servicio pesado heavy duty.
servicio postal postal service.
servicio posventa after-sales service.
servicio programado scheduled service, programmed service.
servicio público public service, public utility.
servicio regular regular service.
servicio técnico technical service.
servicio telefónico telephone service.
servicios acostumbrados customary services.
servicios administrativos administrative services.
servicios al cliente client services, customer services.
servicios al consumidor consumer services.
servicios auxiliares auxiliary services.
servicios bancarios banking services.
servicios básicos basic services.
servicios comerciales business services, commercial services.
servicios contables accounting services.
servicios corporativos corporate services.
servicios culturales cultural services.
servicios de administración administration services.
servicios de apoyo a las empresas business support services.
servicios de apoyo al comercio commerce support services, business support services.
servicios de apoyo al comercio electrónico e-commerce support services, e-business support services.
servicios de apoyo comercial business support services.
servicios de apoyo corporativo corporate support services.
servicios de auditoría audit services.
servicios de campo field services.
servicios de coaseguro coinsurance services.
servicios de comercio commerce services.
servicios de comercio electrónico e-commerce services, e-business services.
servicios de contabilidad accounting services.
servicios de contratista contractor services.
servicios de despacho aduanero customs

clearance services.
servicios de despacho de aduanas customs
clearance services.
servicios de empresa a consumidor business-to-
consumer services.
servicios de empresa a empresa business-to-
business services.
servicios de informática computer services,
information technology services.
servicios de liquidación de reclamaciones
claim settlement services.
servicios de liquidación de siniestros claim
settlement services.
servicios de marketing marketing services.
servicios de mercadeo marketing services.
servicios de negocio a consumidor business-to-
consumer services.
servicios de negocio a negocio business-to-
business services.
servicios de negocios business services.
servicios de reaseguro reinsurance services.
servicios de seguros insurance services.
servicios empresariales business services.
servicios esenciales essential services.
servicios financieros financial services.
servicios financieros auxiliares auxiliary
financial services.
servicios gratuitos gratuitous services.
servicios indispensables indispensable services.
servicios innecesarios unnecessary services.
servicios mercantiles commercial services.
servicios necesarios necessary services.
servicios normales normal services.
servicios ordinarios ordinary services.
servicios personales personal services.
servicios prestados rendered services.
servicios profesionales professional services.
servicios regulares regular services.
servicios requeridos required services.
servicios sociales social services.
servicios típicos typical services.
servidero *adj* serviceable.
servidor *m* server, servant.
servidor de Internet Internet server.
servidor seguro secure server.
servidumbre *f* servitude, easement, right of way.
servidumbre accesoria appurtenant easement.
servidumbre activa positive servitude.
servidumbre aérea air easement.
servidumbre afirmativa positive servitude,
affirmative easement.
servidumbre anexa appurtenant easement.
servidumbre aparente apparent easement.
servidumbre continua continuous easement.
servidumbre convencional easement by
agreement.
servidumbre de acceso easement of access.
servidumbre de aguas water rights.
servidumbre de camino right of way.
servidumbre de conveniencia easement of
convenience.
servidumbre de desagüe drainage rights.
servidumbre de luces light and air easement.
servidumbre de luces y vistas light and air
easement.
servidumbre de paso right of way.
servidumbre de sacar agua easement to draw
water.
servidumbre de tránsito right of way.
servidumbre de utilidad pública easement

prescribed by law, public easement.
servidumbre de vía right of way.
servidumbre de vistas light and air easement.
servidumbre discontinua discontinuous easement.
servidumbre implícita implied easement.
servidumbre intermitente intermittent easement.
servidumbre necesaria necessary easement.
servidumbre negativa negative easement, negative
servitude.
servidumbre por necesidad easement of
necessity.
servidumbre por prescripción easement by
prescription.
servidumbre positiva affirmative easement,
positive servitude.
servidumbre predial appurtenant easement, real
servitude.
servidumbre privada private easement.
servidumbre pública public easement.
servidumbre real appurtenant easement, real
servitude.
servidumbre recíproca reciprocal easement.
servidumbre rural rural servitude.
servidumbre rústica rural servitude.
servidumbre tácita implied easement.
servidumbre urbana urban servitude.
servidumbre visible apparent easement.
servidumbre voluntaria easement by agreement.
sesgo *m* bias.
sesión *f* session, meeting.
sesión a puerta cerrada closed session, closed
meeting.
sesión anual annual meeting.
sesión anual de accionistas annual shareholders'
meeting.
sesión constitutiva organizational meeting.
sesión de accionistas shareholders' meeting.
sesión de acreedores creditors' meeting.
sesión de diligencia debida due diligence session.
sesión de información briefing, briefing session.
sesión de la directiva board meeting.
sesión de la junta board meeting.
sesión ejecutiva executive session, executive
meeting.
sesión especial special session, special meeting.
sesión extraordinaria special session, special
meeting.
sesión general general session, general meeting.
sesión general de accionistas shareholders'
meeting.
sesión general ordinaria shareholders' meeting.
sesión informativa briefing, briefing session.
sesión ordinaria regular session, regular meeting.
sesión plenaria full session, full meeting.
sexismo *m* sexism.
sexista *adj* sexist.
sexista *m/f* sexist.
**SIDA (síndrome de inmunodeficiencia
adquirida)** AIDS.
siempre y cuando so long as.
sigilación *f* concealment, sealing, stamping, seal,
stamp.
sigilar *v* conceal, seal, stamp.
sigilo *m* concealment, prudence, seal.
sigilo profesional professional secrecy.
sigla *f* acronym.
signar *v* sign.
signatario *adj* signatory.
signatario *m/f* signatory, signer.
signatura *f* signature.

significación *f* significance.
significado *adj* prominent.
significado *m* meaning.
significante *adj* significant.
significar *v* signify, mean, indicate.
significativo *adj* significant.
signo *m* sign.
silvicultura *f* forestry.
SIM *m* SIM.
símbolo *m* symbol.
símbolo corporativo corporate symbol.
simple *adj* simple, absolute, single.
simple tenedor sole holder.
simple tenencia simple holding.
simplemente *adv* simply, absolutely.
simulación *f* simulation.
simulación por computadora computer simulation.
simulación por ordenador computer simulation.
simulado *adj* simulated.
simultáneamente *adv* simultaneously.
simultáneo *adj* simultaneous.
sin aviso without notice.
sin certificado certificateless.
sin cesar nonstop.
sin cheques checkless, chequeless.
sin coste cost-free.
sin costo cost-free.
sin derechos de suscripción ex rights.
sin descuento not at a discount, without a discount.
sin dividendo without dividend, ex dividend.
sin domicilio fijo without a fixed residence.
sin entrada no money down, no income.
sin fines de lucro nonprofit.
sin obligación without obligation.
sin obligación de compra no purchase necessary.
sin pagar unpaid, without paying.
sin pago inicial no money down.
sin participación nonparticipating.
sin previo aviso without prior warning, without prior notice.
sin pronto pago no money down.
sin recurso without recourse.
sin reserva without reserve.
sin restricción unrestricted.
sin riesgo riskless.
sindicación *f* syndication, unionization.
sindicación obligatoria obligatory unionization.
sindicado *adj* syndicated, unionized.
sindicado *m* syndicate.
sindicador *m* syndicator.
sindical *adj* syndical.
sindicalismo *m* syndicalism, unionism.
sindicalista *m/f* syndicalist, unionist, union member.
sindicalización *f* syndication, unionization.
sindicalizar *v* syndicate, unionize.
sindicar *v* syndicate, unionize.
sindicato *m* syndicate, union, labor union, trade union, labor organization, labour union, labour organization.
sindicato abierto open union.
sindicato afiliado affiliated union.
sindicato bancario banking syndicate.
sindicato de bancos bank syndicate.
sindicato de distribución distributing syndicate.
sindicato de empleados employees' union.
sindicato de industria industrial union.
sindicato de la empresa company union.

sindicato de oficio trade union.
sindicato de patronos employers' association.
sindicato de suscripción underwriting syndicate.
sindicato de trabajadores workers' union.
sindicato de ventas selling syndicate.
sindicato gremial trade union.
sindicato horizontal horizontal union.
sindicato independiente independent union.
sindicato industrial industrial union.
sindicato internacional international union.
sindicato local local union.
sindicato nacional national union.
sindicato no afiliado unaffiliated union.
sindicato obrero trade union.
sindicato patronal employers' association.
sindicato vertical vertical union.
sindicatura *f* trusteeship, receivership.
síndico *m* trustee, receiver, shareholders' representative, comptroller.
síndico auxiliar ancillary receiver.
síndico de quiebra receiver.
síndico en la quiebra receiver.
síndrome de inmunodeficiencia adquirida acquired immunodeficiency syndrome, AIDS.
sinecura *f* sinecure.
sinergía *f* synergy.
sinergismo *m* synergy.
siniestro *m* loss, disaster, accident.
siniestro mayor total loss.
siniestro menor partial loss.
siniestro total total loss.
sintético *adj* synthetic, artificial.
sistema *m* system.
sistema abierto open system.
sistema acelerado de recuperación de costes accelerated cost recovery system.
sistema acelerado de recuperación de costos accelerated cost recovery system.
sistema administrador management system, administrative system.
sistema administrativo management system, administrative system.
sistema arancelario tariff system.
sistema automatizado automated system.
sistema bancario banking system.
sistema contable accounting system.
sistema contributivo tax system.
sistema de acumulación accrual system.
sistema de administración administration system.
sistema de agencia general general agency system.
sistema de agencias independientes independent agency system.
sistema de amortización depreciation system.
sistema de amortización general general depreciation system.
sistema de apoyo support system.
sistema de auditoría auditing system.
sistema de bienestar social welfare system.
sistema de bonificaciones bonus system.
sistema de búsqueda search system.
sistema de categorización categorization system.
sistema de cheques preautorizados preauthorized-check system, preauthorized-cheque system.
sistema de clasificación classification system.
sistema de clasificación contributiva bracket system.
sistema de clasificación numérica numerical rating system.

sistema de codificación coding system.
sistema de comisiones commission system.
sistema de compensación clearing system, compensation system.
sistema de compras purchasing system.
sistema de computación computer system.
sistema de comunicaciones communications system.
sistema de contabilidad accounting system.
sistema de contabilidad uniforme uniform accounting system.
sistema de control administrativo management control system, administrative control system.
sistema de costes cost system.
sistema de costes estándar standard cost system.
sistema de costos cost system.
sistema de costos estándar standard cost system.
sistema de crédito credit system.
sistema de depreciación depreciation system.
sistema de depreciación general general depreciation system.
sistema de distribución distribution system.
sistema de doble subasta double auction system.
sistema de facturación billing system.
sistema de gestión ambiental environmental management system.
sistema de gestión de base de datos database management system.
sistema de gestión financiera financial management system.
sistema de imposición taxation system.
sistema de información information system.
sistema de información de marketing marketing information system.
sistema de información de mercadeo marketing information system.
sistema de inventario periódico periodic inventory system.
sistema de inventario perpetuo perpetual inventory system.
sistema de jubilación retirement system.
Sistema de la Reserva Federal Federal Reserve System.
sistema de libre empresa free-enterprise system.
sistema de libre mercado free-market system.
sistema de organización organization system.
sistema de pagos payment system.
sistema de precios price system.
sistema de recuperación de información information-retrieval system.
sistema de respaldo backup system.
sistema de retiro retirement system.
sistema de retiro general general retirement system.
sistema de tránsito numérico numerical transit system.
sistema de transporte transport system.
sistema de tributación taxation system.
sistema de ventas directas direct selling system.
sistema del seguro social social security system.
sistema económico economic system.
sistema económico mixto mixed economic system.
sistema electrónico electronic system.
sistema electrónico de transferencia de fondos electronic funds transfer system.
sistema en línea online system.
sistema experto expert system.
sistema financiero financial system.
sistema fiscal fiscal system, tax system.

sistema global global system.
sistema impositivo tax system.
sistema informático computer system.
sistema interactivo interactive system.
sistema legal legal system.
sistema monetario monetary system, coinage, coinage system.
Sistema Monetario Europeo European Monetary System.
sistema numérico universal universal numerical system.
sistema online online system.
sistema organizacional organizational system.
sistema organizativo organizational system.
sistema político political system.
sistema propietario proprietary system.
Sistema Torrens Torrens System.
sistema tributario tax system.
Sistemas de Información Gerencial Management Information Systems.
sistemático *adj* systematic.
sistematización *f* systematization.
sistematizar *v* systematize.
sitio *m* site, place.
sitio en el Internet Internet site, Website.
sitio en línea online site, Website, Internet site.
sitio Internet Internet site, Website.
sitio online online site, Website, Internet site.
sitio Web Website.
situación *f* situation, condition, assignment of funds, fixed income.
situación actual actual situation, current situation.
situación corriente current situation.
situación de empleo employment situation, job situation.
situación de la balanza de pagos balance of payments situation.
situación económica economic situation.
situación económica favorable favorable economic situation.
situación especial special situation.
situación financiera financial situation, financial position.
situación hipotética hypothetical situation.
situación laboral labor situation, labour situation, employment situation.
situación política political situation.
situaciones comerciales business situations.
situaciones de negocios business situations.
situaciones empresariales business situations.
situado *adj* situated.
situado *m* fixed income.
situar *v* situate, assign funds.
SL (sociedad limitada) limited company.
slogan *m* slogan.
slogan publicitario advertising slogan.
SME (Sistema Monetario Europeo) European Monetary System.
SMI (salario mínimo interprofesional) minimum wage, minimum wage for a given profession.
SMS *m* SMS.
soberanía del consumidor consumer sovereignty.
soberanía monetaria monetary sovereignty.
sobordo *m* comparison of a ship's cargo with the freight list, freight list, bonus.
sobornable *adj* able to be suborned, bribable.
sobornación *f* suborning, bribing, subornation, bribery, overload.
sobornado *adj* suborned, bribed.
sobornador *adj* suborning, bribing.

sobornador *m* suborner, briber.
sobornar *v* suborn, bribe.
soborno *m* suborning, bribing, subornation, bribery, overload.
sobrancero *adj* unemployed, surplus.
sobrante *adj* surplus, excess, remaining.
sobrante *m* surplus, excess, remainder.
sobrante acumulado accumulated surplus.
sobrante capitalizado capitalized surplus.
sobrante comercial trade surplus.
sobrante contribuido contributed surplus.
sobrante corporativo corporate surplus.
sobrante de capital capital surplus.
sobrante de contingencia contingency surplus.
sobrante de efectivo cash surplus, cash overage.
sobrante de explotación operating surplus.
sobrante de exportación export surplus.
sobrante de inversión investment surplus.
sobrante de la balanza trade surplus.
sobrante de operación operating surplus, earned surplus.
sobrante de pagos payments surplus.
sobrante de recapitalización recapitalization surplus.
sobrante disponible available surplus.
sobrante divisible divisible surplus.
sobrante donado donated surplus.
sobrante exterior external surplus.
sobrante externo external surplus.
sobrante ganado earned surplus.
sobrante neto net surplus.
sobrante pagado paid-in surplus.
sobrante restringido restricted surplus.
sobrar *v* to be surplus, remain, exceed.
sobre *m* envelope.
sobre de respuesta comercial business reply envelope.
sobre el valor nominal above par value.
sobre la cuota above quota.
sobre la línea above the line.
sobre la par above par.
sobreabsorción *f* overabsorption.
sobreacumulación *f* overaccumulation.
sobreamortización *f* overdepreciation.
sobreasegurado *adj* overinsured.
sobrecapacidad *f* overcapacity.
sobrecapitalización *f* overcapitalization.
sobrecapitalizado *adj* overcapitalized.
sobrecapitalizar *v* overcapitalize.
sobrecarga *f* overload, extra load, overcharge, extra charge.
sobrecargar *v* overload, overcharge.
sobrecertificación *f* overcertification.
sobrecomprado *adj* overbought.
sobreconsumo *m* overconsumption.
sobrecoste *m* cost overrun.
sobrecosto *m* cost overrun.
sobredepreciación *f* overdepreciation.
sobreemisión *f* overissue.
sobreempleo *m* overemployment.
sobreendeudamiento *m* overindebtedness, debt overhang.
sobreestadía *f* demurrage.
sobreestimar *v* overestimate.
sobreexplotación *f* overexploitation.
sobreextensión *f* overextension.
sobrefacturación *f* overinvoicing.
sobrefinanciación *f* overfinancing.
sobrefinanciamiento *m* overfinancing.
sobregirado *adj* overdrawn.

sobregirar *v* overdraw.
sobregiro *m* overdraft.
sobregiro aparente technical overdraft.
sobregiro bancario bank overdraft.
sobregiro de cuenta account overdraft.
sobregiro diurno daylight overdraft.
sobregiro real actual overdraft.
sobregiro técnico technical overdraft.
sobreimposición *f* surtax.
sobreimpuesto *m* surtax.
sobreoferta *f* oversupply.
sobrepaga *f* increased pay, extra pay.
sobrepasar *v* surpass.
sobreplazo *m* extension of time.
sobreprecio *m* surcharge, overcharge.
sobreprima *f* extra premium.
sobreproducción *f* overproduction.
sobreproducir *v* overproduce.
sobrepujar *v* surpass, outbid.
sobrerrepresentar *v* overrepresent.
sobresaliente *adj* outstanding, conspicuous, projecting.
sobresaturación *f* oversaturation.
sobreseer *v* supersede, acquit, dismiss, abandon, desist, yield.
sobreseguro *m* overinsurance.
sobrestadía *f* demurrage.
sobresueldo *m* extra pay, allowance.
sobresuscrito *adj* oversubscribed.
sobretasa *f* surtax, surcharge.
sobrevaloración *f* overvaluation.
sobrevalorado *adj* overvalued.
sobrevalorar *v* overvalue.
sobrevaluación *f* overvaluation.
sobrevaluar *v* overvalue.
sobrevencido *adj* overdue.
sobrevender *v* oversell.
sobrevendido *adj* oversold.
sobrinazgo *m* nepotism.
social *adj* social, pertaining to a partnership, corporate, pertaining to a company, pertaining to a corporation.
socialdemocracia *f* social democracy.
socialdemócrata *m/f* social democrat.
socialismo *m* socialism.
socialista *adj* socialist.
socialista *m/f* socialist.
sociedad *f* society, company, partnership, firm, corporation.
sociedad absorbente absorbing company.
sociedad accidental joint venture.
sociedad accionista corporate shareholder.
sociedad activa active company.
sociedad administrada managed company.
sociedad administradora management company, administrative company.
sociedad administrativa management company, administrative company.
sociedad adquirida acquired company.
sociedad adquiriente acquiring company.
sociedad afiliada affiliated company.
sociedad agrícola farm company, farming company.
sociedad aliada allied company.
sociedad anónima company, limited company, stock company, incorporated company, corporation, stock corporation.
sociedad apalancada leveraged company.
sociedad armadora shipping company.
sociedad arrendataria leasing company.

sociedad aseguradora insurance company.

sociedad asociada associated company, affiliated company.

sociedad autorizada authorized company, admitted company.

sociedad bancaria banking company.

sociedad capitalizadora company for the capitalization of savings.

sociedad caritativa charitable company, charitable organization.

sociedad centralizada centralized company.

sociedad cerrada close corporation, closed company.

sociedad civil civil partnership, civil corporation.

sociedad colectiva general partnership.

sociedad comanditaria limited partnership.

sociedad comanditaria especial special partnership.

sociedad comanditaria simple limited partnership.

sociedad comercial business association, commercial company, trading company.

sociedad competidora competing company.

sociedad componente constituent company.

sociedad con fines de lucro for-profit company.

sociedad constructora construction company.

sociedad consultiva consulting company.

sociedad consultora consulting company.

sociedad controlada controlled company, subsidiary.

sociedad controladora holding company, controlling company.

sociedad controlante holding company, controlling company.

sociedad cooperativa cooperative.

sociedad cooperativa de edificación y préstamos building and loan association.

sociedad cotizada listed company.

sociedad de administración administration company.

sociedad de ahorro y préstamo savings and loan association.

sociedad de arrendamiento leasing partnership, leasing company.

sociedad de beneficencia benefit society, beneficial association, benevolent association.

sociedad de capital e industria partnership where some parties provide services while others furnish funds.

sociedad de capital riesgo venture capital company.

sociedad de capitalización company for capitalization of savings.

sociedad de cartera holding company, investment trust.

sociedad de comercio business association, commerce company.

sociedad de comercio electrónico e-commerce company, e-commerce partnership, e-business company, e-business partnership.

sociedad de construcción building company.

sociedad de consultores consulting company.

sociedad de consumo consumer society.

sociedad de control holding company.

sociedad de crédito credit union.

sociedad de derecho corporation created fulfilling all legal requirements.

sociedad de explotación operating company.

sociedad de fideicomiso trust company.

sociedad de gananciales community property.

sociedad de habilitación partnership where some parties provide services while others furnish funds.

sociedad de hecho corporation in fact.

sociedad de inversión investment company.

sociedad de negocios business company.

sociedad de préstamos loan company.

sociedad de reaseguro reinsurance company, reinsurance carrier.

sociedad de responsabilidad limitada limited liability company, limited company.

sociedad de seguros insurance company.

sociedad de seguros de vida life insurance company.

sociedad de seguros mutuos mutual insurance company.

sociedad de servicios públicos public service company, public utility.

sociedad de socorros mutuos mutual benefit association.

sociedad de telecomunicaciones telecommunications company.

sociedad de trabajo temporal temporary employment agency.

sociedad de transportes transport company, shipping company, carrier.

sociedad de utilidad pública public service company.

sociedad de ventas por correo mail order company.

sociedad de ventas por correspondencia mail order company.

sociedad del bienestar welfare society.

sociedad descentralizada decentralized company.

sociedad distribuidora distributing company.

sociedad disuelta dissolved company, dissolved partnership.

sociedad diversificada diversified company.

sociedad doméstica domestic company.

sociedad dominante dominant company.

sociedad en comandita limited partnership.

sociedad en comandita de ingresos income limited partnership.

sociedad en comandita por acciones joint-stock association.

sociedad en comandita simple limited partnership, partnership where some parties provide services while others furnish funds.

sociedad en funcionamiento going concern.

sociedad en marcha going concern.

sociedad en participación joint venture, joint adventure.

sociedad establecida established company, established partnership.

sociedad estatal government company, state company

sociedad exenta exempt company.

sociedad exportadora export company.

sociedad extranjera alien corporation, foreign company.

sociedad familiar family corporation, family partnership.

sociedad fiduciaria trust company.

sociedad filial sister company, subsidiary.

sociedad financiera finance company.

sociedad fusionada merged company.

sociedad global global company.

sociedad gremial trade union, labor organization.

sociedad hipotecaria mortgage company.

sociedad holding holding company.

sociedad ilícita company organized for illegal

purposes.
sociedad implícita implied partnership.
sociedad importadora import company.
sociedad inactiva dormant corporation.
sociedad individual individual company, sole proprietorship.
sociedad industrial industrial company.
sociedad inmobiliaria real estate company, property company.
sociedad insolvente insolvent company.
sociedad internacional international company.
sociedad inversionista investment company.
sociedad irregular joint venture.
sociedad leonina leonine partnership.
sociedad limitada limited company.
sociedad local domestic partnership.
sociedad lucrativa lucrative company.
sociedad manufacturera manufacturing company.
sociedad marítima maritime company.
sociedad matriz parent company.
sociedad mercantil business association, commercial company, trading company.
sociedad miembro member company.
sociedad mixta mixed company.
sociedad multinacional multinational corporation.
sociedad mutua mutual association.
sociedad nacional domestic company.
sociedad naviera shipping company.
sociedad no afiliada unaffiliated company.
sociedad no cotizada unlisted company.
sociedad no especulativa nonprofit company.
sociedad no lucrativa nonprofit company.
sociedad no pública nonpublic company.
sociedad normal normal company, normal partnership.
sociedad operadora operating company.
sociedad para fines no pecuniarios nonprofit company.
sociedad por acciones stock company.
sociedad porteadora carrier.
sociedad prestataria borrowing company.
sociedad privada private corporation, private company.
sociedad privatizada privatized company.
sociedad propietaria close corporation.
sociedad pública publicly held company, public company.
sociedad puesta en marcha business startup.
sociedad quebrada bankrupt corporation.
sociedad reaseguradora reinsurance company.
sociedad registrada registered company.
sociedad regulada regulated company.
sociedad regular regular company, regular partnership.
sociedad retenedora holding company.
sociedad sin acciones nonstock company.
sociedad sin cheques checkless society, chequeless society.
sociedad sin dinero cashless society.
sociedad sin efectivo cashless society.
sociedad sin fines de lucro nonprofit company.
sociedad subsidiaria subsidiary corporation.
sociedad tenedora holding company.
sociedad típica typical company, typical partnership.
sociedad transnacional transnational company.
sociedad unipersonal sole proprietorship.
sociedad vinculada affiliate.
socio *m* partner, member.
socio accionista shareholder.

socio activo active partner.
socio administrador general partner.
socio aparente ostensible partner.
socio capitalista capital partner.
socio colectivo general partner.
socio comanditado general partner.
socio comanditario limited partner.
socio comercial commercial partner, trading partner.
socio de industria partner who provides services.
socio general general partner.
socio gerente managing partner, general partner.
socio gestor managing partner, general partner.
socio industrial partner who provides services, industrial partner.
socio limitado limited partner.
socio liquidador liquidating partner.
socio mayoritario senior partner.
socio menor junior partner.
socio minoritario junior partner.
socio no gestor limited partner.
socio nominal nominal partner.
socio oculto silent partner, sleeping partner.
socio ostensible ostensible partner.
socio principal senior partner.
socio quebrado bankrupt partner.
socio regular general partner.
socio responsable general partner.
socio secreto secret partner, silent partner.
socio vitalicio life member.
socioeconómico *adj* socioeconomic.
socios bilaterales bilateral partners.
software *m* software, programs.
software de auditoría audit software.
software de computadora computer software.
software de contabilidad accounting software.
software de ordenador computer software.
software de presentación presentation software.
software libre free software, freeware.
solapar *v* overlap, conceal.
solar *m* lot, building lot, plot, tenement.
solariego *adj* held in fee simple.
soldada *f* salary.
solicitación *f* solicitation.
solicitado *adj* solicited.
solicitador *m* petitioner, applicant.
solicitante *m/f* petitioner, applicant.
solicitar *v* petition, request, apply.
solicitar ofertas request offers, invite tenders.
solicitar un empleo apply for a job.
solicitar un empréstito apply for a loan.
solicitar un préstamo apply for a loan.
solicitar un trabajo apply for a job.
solicitar una patente apply for a patent.
solicitud *f* solicitude, application, petition, request.
solicitud de comerciante merchant application.
solicitud de compra purchase order.
solicitud de confirmación confirmation request.
solicitud de cotización quote request.
solicitud de crédito credit application.
solicitud de empleo job application.
solicitud de empréstito loan application.
solicitud de fondos funds application.
solicitud de membresía application for membership.
solicitud de patente patent application.
solicitud de préstamo loan application.
solicitud de registro application for registration.
solicitud de retiro application for withdrawal.
solicitud de subsidio application for subsidy.

solicitud de subvención application for subsidy.
solicitud de trabajo job application.
solidaria y mancomunadamente jointly and severally.
solidariamente *adv* jointly and severally.
solidaridad *f* solidarity.
solidario *adj* solidary, jointly, jointly and severally.
solidarismo *m* solidarism, solidarity.
solidarizar *v* make jointly liable, make jointly and severally liable.
solidez *f* soundness.
solidez bancaria bank soundness.
solidez de banco bank soundness.
sólo de nombre in name only.
solución *f* solution, satisfaction.
solución alternativa alternative solution.
solución óptima optimum solution.
solución permanente permanent solution.
solución temporal temporary solution.
solvencia *f* solvency, creditworthiness, reliability, soundness, payment, settlement.
solvencia financiera financial solvency.
solventar *v* satisfy, settle, pay, solve.
solvente *adj* solvent, creditworthy, reliable, sound.
someter *v* submit.
someter a arbitraje submit to arbitration.
someter a votación put to a vote.
someter una oferta submit an offer.
someterse a arbitraje submit to arbitration.
sometido *adj* submitted.
sondear *v* sound, poll, canvass.
sondeo *m* sounding, polling, canvassing.
sondeo de mercado market survey.
soporte *m* support, medium.
sostener *v* support, sustain, hold, maintain.
sostenibilidad *f* sustainability.
sostenibilidad de la deuda debt sustainability.
sostenimiento *m* support.
spam *m* spam.
spammer *m* spammer.
spread *m* spread.
spyware *m* spyware.
Sr. (señor) Mr.
Sra. (señora) Mrs.
SRL (sociedad de responsabilidad limitada) limited liability company, limited company.
Srta. (señorita) Miss.
stock *m* stock, inventory.
subadministrador *m* assistant administrator, subadministrator.
subagente *m* subagent.
subalquilar *v* sublease.
subalquiler *m* sublease.
subalterno *adj* subordinate.
subarrendador *m* sublessor.
subarrendamiento *m* sublease, under-lease.
subarrendar *v* sublease.
subarrendatario *m* sublessee, subtenant.
subarriendo *m* sublease, subleasing, under-lease, underleasing.
subasta *f* auction.
subasta a la baja Dutch Auction.
subasta absoluta absolute auction.
subasta extrajudicial extrajudicial auction.
subasta judicial judicial auction.
subasta legal legal auction.
subasta privada private auction.
subasta pública public auction.
subastador *m* auctioneer.
subastar *v* auction, auction off.

subcapitalización *f* undercapitalization.
subcapitalizado *adj* undercapitalized.
subcapitalizar *v* undercapitalize.
subcomisionado *m* assistant commissioner.
subcomité *m* subcommittee.
subconsumo *m* underconsumption.
subcontralor *m* assistant controller.
subcontratación *f* subcontracting, contracting out.
subcontratar *v* subcontract, contract out.
subcontratista *m/f* subcontractor.
subcontrato *m* subcontract.
subcuenta *f* subaccount.
subdelegado *m* subdelegate.
subdelegar *v* subdelegate.
subdesarrollado *adj* underdeveloped.
subdesarrollo *m* underdevelopment.
subdirector *m* assistant director, subdirector.
subdividir *v* subdivide.
subdivisión *f* subdivision.
subejecutor *m* subagent.
subempleado *adj* underemployed.
subempleo *m* underemployment.
subempleo importado imported underemployment.
subestimar *v* underestimate, undervalue.
subfletamento *m* subcharter.
subfletar *v* subcharter.
subgerente *m/f* assistant manager.
subhipoteca *f* submortgage.
subida *f* rise.
subinquilino *m* subtenant.
subinversión *f* underinvestment.
subir *v* rise, raise, increase.
subir las tasas raise rates.
subir los precios raise prices.
sublicencia *f* sublicense.
sublicenciar *v* sublicense.
sublocación *f* sublease.
sublocador *m* sublessor.
sublocatario *m* sublessee.
suboptimización *f* suboptimization.
suboptimizar *v* suboptimize.
subordinación *f* subordination.
subordinado *adj* subordinated.
subproducto *m* by-product.
subred *f* subnet.
subrogación *f* subrogation.
subrogado *adj* subrogated.
subrogar *v* subrogate.
subscribir *v* subscribe.
subscribirse *v* subscribe.
subscripción *f* subscription.
subscriptor *m* subscriber, underwriter.
subsección *f* subsection.
subsecretario *m* subsecretary, assistant secretary.
subsector *m* subsector.
subsecuente *adj* subsequent.
subsidiado *adj* subsidized.
subsidiar *v* subsidize.
subsidiaria *f* subsidiary.
subsidiaria bancaria bank subsidiary.
subsidiaria de banco bank subsidiary.
subsidiariamente *adv* subsidiarily.
subsidiario *adj* subsidiary.
subsidio *m* subsidy, allowance, benefit.
subsidio a la exportación export subsidy.
subsidio agrícola agricultural subsidy, farm subsidy.
subsidio calculado calculated subsidy.
subsidio cruzado cross-subsidy.

subsidio de capital capital subsidy.
subsidio de compensación countervailable subsidy.
subsidio de desempleo unemployment benefits.
subsidio directo direct subsidy.
subsidio específico specific subsidy.
subsidio estatal government subsidy, state subsidy.
subsidio estimado estimated subsidy.
subsidio familiar family subsidy, family allowance.
subsidio gubernamental government subsidy.
subsidio oculto concealed subsidy.
subsidio para vivienda housing subsidy.
subsidio por desempleo unemployment benefits.
subsidio por enfermedad sickness benefits.
subsidio por maternidad maternity benefits.
subsidios de caja ámbar amber box subsidies.
subsidios de caja azul blue box subsidies.
subsidios de caja roja red box subsidies.
subsidios de caja verde green box subsidies.
subsidios de compartimiento ámbar amber box subsidies.
subsidios de compartimiento azul blue box subsidies.
subsidios de compartimiento rojo red box subsidies.
subsidios de compartimiento verde green box subsidies.
subsidios de explotación operating subsidies.
subsidios de exportación export subsidies.
subsiguiente *adj* subsequent.
subsistema *m* subsystem.
subsistencia *f* subsistence.
subsistir *v* subsist.
substancia toxica toxic substance.
substancialmente *adv* substantially.
substitución *f* substitution.
substituible *adj* substitutable.
substituir *v* substitute.
substracción *f* subtraction, removal, theft, robbery, misappropriation.
substraer *v* subtract, remove, steal, rob, misappropriate.
subsuelo *m* subsoil.
subtesorero *m* assistant treasurer.
subtotal *m* subtotal.
suburbano *adj* suburban.
suburbio *m* suburb.
subutilización *f* underutilization.
subvaloración *f* undervaluation.
subvalorado *adj* undervalued.
subvalorar *v* undervalue.
subvaluación *f* undervaluation.
subvaluar *v* undervalue.
subvención *f* subsidy, subvention.
subvención a la exportación export subsidy.
subvención agrícola agricultural subsidy, farm subsidy.
subvención calculado calculated subsidy.
subvención cruzado cross-subsidy.
subvención de capital capital subsidy.
subvención de compensación countervailable subsidy.
subvención de desempleo unemployment benefits.
subvención directo direct subsidy.
subvención específico specific subsidy.
subvención estatal government subsidy, state subsidy.
subvención estimado estimated subsidy.

subvención familiar family subsidy, family allowance.
subvención gubernamental government subsidy.
subvención oculto concealed subsidy.
subvención para vivienda housing subsidy.
subvención por desempleo unemployment benefits.
subvención por enfermedad sickness benefits.
subvención por maternidad maternity benefits.
subvencionado *adj* subsidized.
subvencionar *v* subsidize.
subvenciones de caja ámbar amber box subsidies.
subvenciones de caja azul blue box subsidies.
subvenciones de caja roja red box subsidies.
subvenciones de caja verde green box subsidies.
subvenciones de compartimiento ámbar amber box subsidies.
subvenciones de compartimiento azul blue box subsidies.
subvenciones de compartimiento rojo red box subsidies.
subvenciones de compartimiento verde green box subsidies.
subvenciones de explotación operating subsidies.
subvenciones de exportación export subsidies.
subyacente *adj* underlying.
sucesión *f* succession, inheritance.
sucesivo *adj* successive.
suceso *m* event, outcome, lapse.
sucesor *m* successor.
sucesores y cesionarios successors and assigns.
sucursal *f* subsidiary, branch, branch office.
sucursal bancaria bank branch.
sucursal de banco bank branch.
sucursal en el extranjero foreign branch.
sucursal extranjera foreign branch.
sucursal principal main branch.
sueldo *m* salary, wage, pay.
sueldo acostumbrado usual salary.
sueldo actual present salary.
sueldo acumulado accrued salary.
sueldo anual annual salary.
sueldo anual garantizado guaranteed annual wage.
sueldo básico base salary.
sueldo bruto gross salary.
sueldo contractual contractual salary.
sueldo contratado contracted salary.
sueldo diario daily salary.
sueldo diferido deferred compensation.
sueldo efectivo net salary, salary paid in cash.
sueldo especificado specified salary.
sueldo estipulado stipulated salary.
sueldo fijo fixed salary, set wage.
sueldo garantizado guaranteed wage.
sueldo igual equal salary.
sueldo inicial initial salary.
sueldo legal salary established by law.
sueldo máximo maximum salary.
sueldo medio average wage.
sueldo mensual monthly salary.
sueldo mínimo minimum wage.
sueldo monetario money wage.
sueldo neto net salary.
sueldo nominal nominal wage.
sueldo normal normal salary, normal wage.
sueldo por pieza piece rate.
sueldo preestablecido preset salary, preset wage.
sueldo prevaleciente prevailing salary.

sueldo real   real salary.
sueldo retroactivo   retroactive wages.
sueldo suplementario   supplemental salary.
sueldo típico   typical wage.
sueldo vital   living wage.
sueldo y condiciones   pay and conditions.
sueldos acordados   agreed-upon wages.
sueldos atrasados   back pay.
sueldos convenidos   agreed-upon wages.
sueldos devengados   back pay.
sueldos estipulados   stipulated salaries, stipulated wages.
sueldos negociados   negotiated salaries, negotiated wages.
sueldos pactados   agreed-upon wages.
sueldos y salarios   wages and salaries.
suficiencia *f*   adequacy.
suficiencia de activos   asset sufficiency.
suficiencia de capital   capital adequacy.
suficiencia de cobertura   adequacy of coverage.
suficiencia de financiación   adequacy of financing.
suficiencia de financiamiento   adequacy of financing.
suficiencia de reservas   adequacy of reserves.
suficiente *adj*   sufficient.
suficientemente *adv*   sufficiently.
sufragar *v*   pay, defray, help, vote.
sufrir pérdidas   sustain losses.
sugerencia *f*   suggestion.
sugerir *v*   suggest.
sujeto a cambio   subject to change.
sujeto a comprobación   subject to check.
sujeto a impuesto   subject to tax.
sujeto a opinión   subject to opinion.
sujeto a recompra   subject to repurchase.
sujeto a redención   subject to redemption.
sujeto a restricción   subject to restriction.
sujeto a verificación   subject to verification.
sujeto económico   homo economicus, economic man.
sujeto pasivo   taxpayer, obligated party.
suma *f*   sum, amount, addition.
suma a abonar   amount payable, amount due.
suma a cobrar   amount receivable.
suma a pagar   amount payable, amount due.
suma a riesgo   amount at risk.
suma acreditada   amount credited.
suma actual   present amount.
suma acumulada   accumulated amount.
suma adeudada   amount owed, amount due.
suma amortizable   amortizable amount, depreciable amount.
suma amortizada   amortized amount, depreciated amount.
suma aplazada   deferred amount.
suma asegurada   amount covered, amount insured.
suma base   base amount.
suma bruta   gross amount.
suma cargada   amount charged.
suma cobrada   amount collected.
suma constante   constant amount.
suma contribuida   amount contributed.
suma convenida   agreed-upon amount.
suma de capital   capital amount.
suma de crédito   amount of credit.
suma de la factura   invoice amount.
suma de la pérdida   amount of loss.
suma de la reclamación   claim amount.
suma de la subvención   amount of subsidy.

suma de la transacción   transaction amount.
suma debida   amount due.
suma declarada   stated amount.
suma deducida   amount deducted.
suma del daño   amount of damage.
suma del subsidio   amount of subsidy.
suma depreciada   depreciated amount.
suma desembolsada   disbursed amount.
suma determinada   determined amount.
suma en descubierto   overdrawn amount.
suma en exceso   excess amount.
suma en riesgo   amount at risk.
suma específica   specific amount.
suma exenta   exempt amount.
suma facturada   amount invoiced.
suma fija   fixed amount.
suma financiada   amount financed.
suma garantizada   guaranteed amount.
suma global   lump sum.
suma inicial   initial amount.
suma mínima   minimum amount.
suma necesaria   necessary amount.
suma neta   net amount.
suma nominal   nominal amount.
suma obligada   obligatory amount.
suma obligatoria   obligatory amount.
suma pagada   amount paid.
suma pagada en exceso   amount overpaid.
suma pagadera   amount to be paid, amount payable.
suma pendiente   amount outstanding.
suma perdida   amount lost.
suma predeterminada   predetermined amount.
suma realizada   amount realized.
suma regular   regular amount.
suma requerida   required amount.
suma retenida   amount withheld.
suma transferida   transferred amount.
suma vencida   amount overdue.
sumar *v*   add, amount to.
sumar horizontalmente   crossfoot.
sumario *m*   summary, abstract.
sumario ejecutivo   executive summary.
sumas horizontales   crossfooting.
suministración *f*   supply.
suministrador *m*   supplier.
suministrar *v*   supply.
suministro *m*   supply.
suntuario *adj*   luxury.
superabundancia *f*   overabundance.
superar *v*   overcome, exceed.
superar expectativas   exceed expectations.
superávit *m*   surplus.
superávit acumulado   accumulated surplus.
superávit adquirido   acquired surplus.
superávit capitalizado   capitalized surplus.
superávit comercial   trade surplus.
superávit contribuido   contributed surplus.
superávit corporativo   corporate surplus.
superávit de caja   cash surplus.
superávit de capital   capital surplus.
superávit de contingencia   contingency surplus.
superávit de explotación   operating surplus.
superávit de exportación   export surplus.
superávit de inversión   investment surplus.
superávit de la balanza   trade surplus.
superávit de operación   operating surplus, earned surplus.
superávit de pagos   payments surplus.
superávit de recapitalización   recapitalization

surplus.
superávit del consumidor consumer surplus
superávit disponible available surplus.
superávit divisible divisible surplus.
superávit donado donated surplus.
superávit en la balanza de pagos balance of payments surplus.
superávit exterior external surplus.
superávit externo external surplus.
superávit ganado earned surplus.
superávit neto net surplus.
superávit operativo operating surplus, earned surplus.
superávit pagado paid-in surplus.
superávit por cuenta corriente capital balance surplus.
superávit presupuestario budgetary surplus.
superávit restringido restricted surplus.
supercapacidad f overcapacity.
superficial adj superficial.
superficiario adj superficiary.
superficie f surface, area.
superintendente m superintendent.
superior adj superior.
superproducción f overproduction.
supervisar v supervise.
supervisión f supervision, monitoring.
supervisión administrativa administrative supervision.
supervisión aduanera customs supervision.
supervisión ambiental environmental supervision.
supervisión bancaria bank supervision.
supervisión centralizada centralized supervision.
supervisión contable accounting supervision.
supervisión de acceso access supervision.
supervisión de aduanas customs supervision.
supervisión de caja cash supervision.
supervisión de calidad quality supervision.
supervisión de costes cost supervision.
supervisión de costos cost supervision.
supervisión de crédito credit supervision.
supervisión de existencias stock supervision.
supervisión de fronteras border supervision.
supervisión de gastos expense supervision, expenditure supervision.
supervisión de inventario inventory supervision.
supervisión de la contaminación pollution supervision, pollution monitoring.
supervisión de la ejecución performance supervision.
supervisión de la junta board supervision.
supervisión de negociación bargaining supervision, negotiation supervision.
supervisión de precios price supervision.
supervisión de procesos process supervision.
supervisión de producción production supervision.
supervisión de riesgos risk supervision.
supervisión de salarios wage supervision, salary supervision.
supervisión de ventas sales supervision.
supervisión del consejo board supervision.
supervisión del consumo consumption supervision.
supervisión del efectivo cash supervision.
supervisión del proyecto project supervision.
supervisión del rendimiento performance supervision.
supervisión del trabajo job supervision.
supervisión directa direct supervision.

supervisión ejecutiva executive supervision.
supervisión externa external supervision.
supervisión financiera financial supervision.
supervisión interna internal supervision.
supervisión medioambiental environmental supervision.
supervisión operacional operational supervision.
supervisión presupuestaria budget supervision.
supervisión salarial wage supervision.
supervisor adj supervising.
supervisor m supervisor.
supervisor activo active supervisor.
supervisor adjunto deputy supervisor.
supervisor aduanero customs supervisor.
supervisor asistente assistant supervisor.
supervisor asociado associate supervisor.
supervisor bancario bank supervisor.
supervisor comercial commercial supervisor.
supervisor corporativo corporate supervisor.
supervisor de activos asset supervisor.
supervisor de aduanas customs supervisor.
supervisor de auditoría audit supervisor.
supervisor de bancos bank supervisor.
supervisor de bienes estate supervisor.
supervisor de cartera portfolio supervisor.
supervisor de cobros collection supervisor.
supervisor de comunicaciones communications supervisor.
supervisor de contratos contract supervisor.
supervisor de crédito credit supervisor.
supervisor de cuenta account supervisor.
supervisor de departamento department supervisor.
supervisor de empresa business supervisor.
supervisor de fondos funds supervisor, money supervisor, cash supervisor.
supervisor de inventario inventory supervisor.
supervisor de la compañía company supervisor.
supervisor de la corporación corporate supervisor.
supervisor de la empresa company supervisor, enterprise supervisor.
supervisor de línea line supervisor.
supervisor de marketing marketing supervisor.
supervisor de mercadeo marketing supervisor.
supervisor de mercancías merchandise supervisor.
supervisor de operaciones operations supervisor.
supervisor de personal personnel supervisor.
supervisor de plan plan supervisor.
supervisor de producción production supervisor.
supervisor de programa program supervisor.
supervisor de proyecto project supervisor.
supervisor de publicidad advertising supervisor.
supervisor de reclamaciones claims supervisor.
supervisor de recursos humanos human resources supervisor.
supervisor de red network supervisor.
supervisor de registros records supervisor.
supervisor de sucursal branch office supervisor.
supervisor de turno supervisor on duty.
supervisor de ventas sales supervisor.
supervisor del sistema systems supervisor.
supervisor departamental departmental supervisor.
supervisor empresarial company supervisor, enterprise supervisor.
supervisor financiero financial supervisor.
supervisor general general supervisor.
supervisor intermedio middle supervisor.

supervisor mercantil commercial supervisor.
supervisor monetario money supervisor, monetary supervisor.
supervisor presupuestario budget supervisor.
supervisor regional regional supervisor.
supervivencia *f* survivorship, survival.
suplantador *adj* supplanting, falsifying.
suplantador *m* supplanter, falsifier.
suplantar *v* supplant, falsify.
suplementar *v* supplement.
suplementario *adj* supplementary.
suplemento *m* supplement, addendum.
suplente *adj* substituting.
suplente *m/f* substitute, replacement.
suplir *v* replace, substitute, make up for.
supranacional *adj* supranational.
supresión *f* suppression, omission, abolition.
suprimir *v* suppress, omit, abolish.
supuesto dumping alleged dumping.
supuesto incumplimiento alleged noncompliance, alleged breach, alleged default.
supuesto subsidio alleged subsidy.
surtido *m* assortment, selection, range.
surtir *v* supply.
surtir efecto take effect, have the desired effect.
susceptible *adj* susceptible.
suscribir *v* subscribe, subscribe to, sign, underwrite.
suscribir acciones underwrite stock.
suscripción *f* subscription, signing, underwriting.
suscripción de acciones stock subscription, stock underwriting.
suscripción de bonos bond underwriting.
suscripción negociada negotiated underwriting.
suscripción preferente preferred underwriting.
suscripto *adj* subscribed, signed, underwritten.
suscriptor *m* subscriber, signer, underwriter.
suscriptor administrador managing underwriter.
suscriptor principal principal underwriter.
suscrito *adj* subscribed, signed, underwritten.
suscritor *m* subscriber, signer, underwriter.
susodicho *adj* aforementioned, aforedescribed, aforenamed, aforestated.
suspender *v* suspend, adjourn.
suspender pago stop payment.
suspendido *adj* suspended, adjourned.
suspensión *f* suspension, adjournment, abeyance.
suspensión arancelaria tariff suspension.
suspensión compensatoria compensatory suspension.
suspensión de cobertura suspension of coverage.
suspensión de la cotización delisting.
suspensión de operaciones suspension of operations.
suspensión de pagos suspension of payments.
suspensión de póliza suspension of policy.
suspensión de tarifa tariff suspension.
suspensión en el trabajo suspension from work.
suspenso, en in abeyance.
sustancia toxica toxic substance.
sustancial *adj* substantial.
sustancialmente *adv* substantially.
sustancias peligrosas hazardous substances.
sustancias químicas peligrosas hazardous chemicals.
sustentación *f* sustenance, support.
sustentador *adj* sustaining, supporting.
sustentador *m* sustainer, supporter.
sustentar *v* sustain, support.
sustento *m* sustenance, support.

sustitución *f* substitution.
sustitución de moneda currency substitution.
sustitución monetaria monetary substitution.
sustituible *adj* substitutable.
sustituidor *adj* substitute.
sustituir *v* substitute.
sustitutivo *adj* substitutive.
sustituto *m* substitute.
sustracción *f* subtraction, removal, theft, robbery, misappropriation.
sustraer *v* subtract, remove, steal, rob, misappropriate.
swap *m* swap.
SWIFT *m* SWIFT.

T

tabla *f* table, schedule, list.
tabla actuarial actuarial table.
tabla de amortización amortization schedule, depreciation schedule.
tabla de bono bond table.
tabla de demanda demand schedule.
tabla de desembolsos disbursement schedule.
tabla de insumo-producto input-output table.
tabla de morbilidad morbidity table.
tabla de mortalidad mortality table.
tabla de mortalidad especial special mortality table.
tabla de mortalidad selecta select mortality table.
tabla de pago de deuda debt repayment schedule.
tabla de pagos payment schedule.
tabla de pagos de préstamo loan schedule.
tabla de salarios salary table.
tabla de tasas impositivas tax-rate schedule.
tabla de tipos impositivos tax-rate schedule.
tablas de vida life expectancy tables.
tablas financieras financial tables.
tablas fiscales tax tables.
tablero *m* board, panel.
tablón de anuncios bulletin board.
tabular *adj* tabular.
tacha *f* flaw.
tachadura *f* erasure, crossing out.
tachar *v* cross out.
tachón *m* crossing out.
tácita reconducción tacit relocation.
tácitamente *adv* tacitly.
tácito *adj* tacit.
tácticas dilatorias delaying tactics.
taller *m* workshop, factory, shop.
taller abierto open shop.
taller agremiado union shop.
taller cerrado closed shop.
taller unionado union shop.
talón *m* check, cheque, receipt, coupon, stub.
talón de cheque check stub, cheque stub, counterfoil.
talón de venta sales slip.
talonario *m* checkbook, chequebook.
talonario de cheques checkbook, chequebook.
tamaño crítico critical size.
tamaño del mercado market size.
también conocido como also known as.
tan pronto como sea posible as soon as possible.

tan pronto como sea razonablemente posible as soon as practicable.
tanda *f* shift, task, lot.
tangible *adj* tangible.
tantear *v* size up, compare, estimate.
tanteo *m* sizing up, comparison, estimate.
tapar *v* cover, conceal, obstruct.
taquilla *f* ticket, ticket office, ticket receipts.
tara *f* tare.
tarar *v* tare.
tardíamente *adv* belatedly.
tardío *adj* late, slow.
tardo *adj* late, slow.
tarea *f* task, employment.
tarifa *f* tariff, duty, rate schedule, fare, toll.
tarifa ad valorem ad valorem tariff.
tarifa adicional additional tariff, additional duty.
tarifa aduanera customs tariff, tariff.
tarifa aérea air fare, air tariff, air rate.
tarifa agrícola agricultural tariff.
tarifa al valor ad valorem tariff.
tarifa alternativa alternative tariff.
tarifa antidumping antidumping tariff, antidumping duty.
tarifa autónoma autonomous tariff.
tarifa compensatoria compensatory tariff, countervailing duty, compensating tariff.
tarifa compuesta compound tariff, compound duty.
tarifa común common tariff.
tarifa conjunta joint fare.
tarifa convencional conventional tariff.
tarifa de aduanas customs tariff, tariff, schedule of customs duties.
tarifa de avalúo tariff.
tarifa de entrada import tariff, import duty.
tarifa de exportación export tariff, export duty.
tarifa de importación import tariff, import duty.
tarifa de represalia retaliatory duty.
tarifa de salida export tariff, export duty.
tarifa de tributación tax rates.
tarifa diferencial differential duty.
tarifa discriminadora discriminating tariff.
tarifa específica specific tariff.
tarifa fija fixed tariff, fixed rate.
tarifa flexible flexible tariff.
tarifa general general tariff.
tarifa media average tariff.
tarifa mínima minimum tariff, minimum fare.
tarifa mixta mixed tariff.
tarifa múltiple multiple tariff.
tarifa normal normal tariff.
tarifa ordinaria ordinary tariff.
tarifa plana flat rate.
tarifa por día day rate.
tarifa por hora hourly rate.
tarifa preferencial preferential tariff.
tarifa preferente preferential tariff.
tarifa prohibitiva prohibitive tariff.
tarifa promedio average tariff.
tarifa reducida reduced tariff, reduced fare.
tarifa regular regular tariff.
tarifa según el valor ad valorem tariff.
tarifa típica typical tariff.
tarifa única single rate.
tarifa variable variable tariff.
tarifar *v* set a tariff.
tarifas aplicadas applied tariffs.
tarifas aumentadas increased tariffs.
tarjeta *f* card.

tarjeta bancaria bank card.
tarjeta comercial business card, commercial card.
tarjeta con chip chip card, smart card.
tarjeta corporativa corporate card.
tarjeta de banco bank card.
tarjeta de cheque check card, cheque card.
tarjeta de compras purchasing card.
tarjeta de control control card.
tarjeta de crédito credit card, charge card.
tarjeta de crédito aceptada accepted credit card.
tarjeta de crédito bancaria bank credit card.
tarjeta de crédito corporativa corporate credit card.
tarjeta de crédito de la compañía company credit card.
tarjeta de crédito de la corporación corporate credit card.
tarjeta de crédito de la empresa company credit card.
tarjeta de crédito empresarial company credit card.
tarjeta de crédito expirada expired credit card.
tarjeta de crédito no expirada unexpired credit card.
tarjeta de cuenta account card.
tarjeta de débito debit card.
tarjeta de débito aceptada accepted debit card.
tarjeta de efectivo cash card.
tarjeta de firmas signature card.
tarjeta de identificación identification card.
tarjeta de identificación de comerciante merchant identification card.
tarjeta de la compañía company card.
tarjeta de lealtad loyalty card, rewards card.
tarjeta de negocios business card.
tarjeta de respuesta comercial business reply card.
tarjeta de transacciones transaction card.
tarjeta de visitas business card.
tarjeta del cliente client card, customer card.
tarjeta electrónica electronic card, e-card.
tarjeta expirada expired card.
tarjeta falsificada counterfeit card.
tarjeta inteligente smart card, chip card.
tarjeta magnética magnetic card.
tarjeta mal codificada miscoded card.
tarjeta mercantil commercial card.
tarjeta no expirada unexpired card.
tarjeta no transferible nontransferable card.
tarjeta perdida lost card.
tarjeta personal personal card.
tarjeta postal postcard.
tarjeta preaprobada preapproved card.
tarjeta prepagada prepaid card.
tarjeta profesional business card.
tarjeta registradora time clock.
tarjeta SIM SIM card.
tarjeta sindical union card.
tarjeta transferible transferable card.
tarjeta verde green card.
tasa *f* rate, measure, assessment, tax, fee.
tasa a corto plazo short-term rate.
tasa a largo plazo long-term rate.
tasa a mediano plazo medium-term rate.
tasa a medio plazo medium-term rate.
tasa a plazo forward rate.
tasa a término forward rate.
tasa abierta open rate.
tasa acordada agreed-upon rate.
tasa acostumbrada customary rate.

tasa actual actual rate, present rate.
tasa actuarial actuarial rate.
tasa ad valorem ad valorem rate.
tasa aduanera customs rate.
tasa ajustable adjustable rate.
tasa ajustada adjusted rate.
tasa ajustada por riesgo risk-adjusted rate.
tasa al contado spot rate.
tasa alternativa alternative rate.
tasa anual annual rate.
tasa anual compuesta compound annual rate.
tasa anual constante constant annual rate.
tasa anual equivalente annual percentage rate, annual equivalent rate.
tasa anual fija fixed annual rate.
tasa anualizada annualized rate.
tasa arancelaria tariff rate.
tasa aumentada increased rate.
tasa bancaria bank rate.
tasa base base rate.
tasa base de sueldo base rate of pay.
tasa básica basic rate.
tasa bisemanal biweekly rate.
tasa calculada calculated rate.
tasa central central rate.
tasa cero zero rate.
tasa clave key rate.
tasa combinada combined rate.
tasa comercial commercial rate.
tasa competitiva competitive rate.
tasa compuesta compound rate.
tasa conjunta joint rate.
tasa constante constant rate.
tasa contable accounting rate.
tasa contratada contracted rate.
tasa contributiva tax rate.
tasa contributiva combinada composite tax rate.
tasa contributiva efectiva effective tax rate.
tasa contributiva marginal marginal tax rate.
tasa contributiva máxima maximum tax rate.
tasa contributiva mínima minimum tax rate.
tasa convenida agreed-upon rate.
tasa corriente current rate.
tasa cruzada cross-rate.
tasa de absentismo absenteeism rate.
tasa de accidentes accident rate.
tasa de actividad activity rate.
tasa de adelanto de efectivo cash advance rate.
tasa de aduanas customs rate.
tasa de agotamiento attrition rate.
tasa de alquiler rental rate.
tasa de amortización rate of depreciation.
tasa de apreciación appreciation rate.
tasa de ausencias absence rate.
tasa de ausentismo absenteeism rate.
tasa de bono corporativo corporate bond rate.
tasa de cambio exchange rate.
tasa de cambio a plazo forward exchange rate.
tasa de cambio a término forward exchange rate.
tasa de cambio administrada managed exchange rate.
tasa de cambio al contado spot exchange rate.
tasa de cambio constante constant exchange rate.
tasa de cambio contable accounting exchange rate.
tasa de cambio de divisas foreign exchange rate.
tasa de cambio efectiva effective exchange rate.
tasa de cambio especificada specified exchange rate.

tasa de cambio estable stable exchange rate.
tasa de cambio fija fixed exchange rate.
tasa de cambio flexible flexible exchange rate.
tasa de cambio flotante floating exchange rate.
tasa de cambio múltiple multiple exchange rate.
tasa de cambio nominal nominal exchange rate.
tasa de cambio oficial official exchange rate.
tasa de cambio preestablecida preset exchange rate.
tasa de cambio única single exchange rate.
tasa de cambio variable variable exchange rate.
tasa de capitalización capitalization rate.
tasa de clase class rate.
tasa de coaseguro coinsurance rate.
tasa de cobros collection rate.
tasa de combinación combination rate.
tasa de comisión commission rate.
tasa de concesión concession rate.
tasa de contrato contract rate.
tasa de conversión conversion rate.
tasa de crecimiento growth rate.
tasa de crecimiento anticipada anticipated growth rate.
tasa de crecimiento compuesto compound growth rate.
tasa de crecimiento económico economic growth rate.
tasa de demanda demand rate.
tasa de depósito deposit rate.
tasa de depreciación rate of depreciation.
tasa de descuento discount rate.
tasa de descuento bancaria bank discount rate.
tasa de desempleo unemployment rate.
tasa de desempleo natural natural unemployment rate.
tasa de desgaste attrition rate.
tasa de dividendos dividend rate.
tasa de empleo employment rate.
tasa de empréstito loan rate.
tasa de expansión expansion rate.
tasa de exportación export rate.
tasa de financiación financing rate.
tasa de financiamiento financing rate.
tasa de fondos federales federal funds rate.
tasa de hipoteca bisemanal biweekly mortgage rate.
tasa de hipoteca comercial commercial mortgage rate.
tasa de imposición tax rate.
tasa de impuesto tax rate.
tasa de impuestos sobre la renta income tax rate.
tasa de inflación inflation rate.
tasa de inflación básica core inflation rate.
tasa de intercambio interchange rate.
tasa de interés interest rate.
tasa de interés a corto plazo short-term interest rate.
tasa de interés a largo plazo long-term interest rate.
tasa de interés a mediano plazo medium-term interest rate.
tasa de interés a medio plazo medium-term interest rate.
tasa de interés a plazo forward interest rate.
tasa de interés a término forward interest rate.
tasa de interés acordada agreed-upon interest rate.
tasa de interés anual constante constant annual interest rate.

tasa de interés anual fija fixed annual interest rate.
tasa de interés base base interest rate.
tasa de interés calculada calculated interest rate.
tasa de interés compuesta compound interest rate, compound rate.
tasa de interés constante constant interest rate.
tasa de interés contratada contracted interest rate.
tasa de interés corriente current interest rate.
tasa de interés de bono bond interest rate.
tasa de interés de contrato contract interest rate.
tasa de interés de depósitos deposit interest rate.
tasa de interés de equilibrio equilibrium interest rate.
tasa de interés de mercado market interest rate.
tasa de interés de préstamo loan interest rate.
tasa de interés de préstamo hipotecario mortgage loan interest rate.
tasa de interés de referencia reference interest rate, benchmark interest rate.
tasa de interés de tarjeta de crédito credit card interest rate.
tasa de interés del crédito credit interest rate.
tasa de interés del mercado monetario money market interest rate.
tasa de interés diaria daily interest rate.
tasa de interés efectiva effective interest rate, annual percentage rate.
tasa de interés específica specific interest rate.
tasa de interés especificada specified interest rate.
tasa de interés estable stable interest rate.
tasa de interés estimada estimated interest rate.
tasa de interés estipulada stipulated interest rate.
tasa de interés fija fixed interest rate.
tasa de interés flexible flexible interest rate.
tasa de interés flotante floating interest rate.
tasa de interés fluctuante fluctuating interest rate.
tasa de interés hipotecaria mortgage interest rate.
tasa de interés inicial initial interest rate.
tasa de interés legal legal interest rate.
tasa de interés máxima maximum interest rate.
tasa de interés mínima minimum interest rate.
tasa de interés natural natural interest rate.
tasa de interés negociada negotiated interest rate.
tasa de interés nominal nominal interest rate, face interest rate.
tasa de interés periódica periodic interest rate.
tasa de interés por debajo del mercado below-market interest rate.
tasa de interés preaprobada preapproved interest rate.
tasa de interés preestablecida preset interest rate.
tasa de interés preferencial prime rate.
tasa de interés prevaleciente prevailing interest rate.
tasa de interés razonable reasonable interest rate.
tasa de interés real real interest rate.
tasa de interés regular regular interest rate.
tasa de interés renegociable renegotiable interest rate.
tasa de interés tope ceiling interest rate.
tasa de interés usuraria usurious rate of interest.
tasa de interés variable variable interest rate.
tasa de inversión investment rate.
tasa de mejoras improvement ratio.
tasa de mercado market rate.

tasa de mercado abierto open market rate.
tasa de miembro member's rate.
tasa de morbilidad morbidity rate.
tasa de morosidad delinquency rate.
tasa de mortalidad mortality rate.
tasa de nación más favorecida most-favored nation rate.
tasa de natalidad birth rate.
tasa de ocupación occupation rate.
tasa de paro unemployment rate.
tasa de pérdidas loss rate.
tasa de porcentaje anual annual percentage rate.
tasa de porcentaje anual constante constant annual percentage rate.
tasa de préstamo loan rate.
tasa de préstamo comercial commercial loan rate.
tasa de préstamo hipotecario mortgage loan rate.
tasa de préstamo mínima minimum lending rate.
tasa de préstamo nominal nominal loan rate.
tasa de préstamo puente bridge loan rate.
tasa de préstamo variable variable loan rate.
tasa de préstamos lending rate.
tasa de prima premium rate.
tasa de producción production rate.
tasa de producción corriente current production rate.
tasa de reaseguro reinsurance rate.
tasa de redescuento rediscount rate.
tasa de referencia reference rate, benchmark rate.
tasa de reinversión reinvestment rate.
tasa de rendimiento rate of return.
tasa de rendimiento actual actual rate of return.
tasa de rendimiento antes de impuestos pretax rate of return.
tasa de rendimiento contable accounting rate of return.
tasa de rendimiento descontada discounted rate of return.
tasa de rendimiento global overall rate of return.
tasa de rendimiento interno internal rate of return.
tasa de rendimiento justa fair rate of return.
tasa de rendimiento no ajustada unadjusted rate of return.
tasa de rendimiento real real rate of return, actual rate of return.
tasa de rendimiento requerida required rate of return.
tasa de rendimiento simple simple rate of return.
tasa de rentabilidad rate of return.
tasa de retención retention rate.
tasa de retorno rate of return.
tasa de seguros insurance rate.
tasa de sueldo base base pay rate.
tasa de tarifas tariff rate.
tasa de tarjeta de crédito credit card rate.
tasa de tránsito transit rate.
tasa de utilización utilization rate.
tasa de vacantes vacancy rate.
tasa de vacantes natural natural vacancy rate.
tasa decreciente falling rate.
tasa del cupón coupon rate.
tasa del mercado monetario money market rate.
tasa del mercado prevaleciente prevailing market rate.
tasa departamental departmental rate.
tasa desestacionalizada seasonally adjusted rate.
tasa devengada rate earned.
tasa diaria daily rate.

tasa diferencial differential rate.
tasa efectiva effective rate.
tasa especial special rate.
tasa específica specific rate.
tasa especificada specified rate.
tasa estabilizada stabilized rate.
tasa estable stable rate.
tasa estándar standard rate.
tasa estatal state rate.
tasa estipulada stipulated rate.
tasa fija fixed rate.
tasa fiscal tax rate.
tasa flexible flexible rate.
tasa flotante floating rate.
tasa fluctuante fluctuating rate.
tasa garantizada guaranteed rate.
tasa hipotecaria mortgage rate.
tasa hipotecaria ajustable adjustable mortgage rate.
tasa hipotecaria preaprobada preapproved mortgage rate.
tasa histórica historical rate.
tasa impositiva tax rate.
tasa impositiva combinada composite tax rate.
tasa impositiva efectiva effective tax rate.
tasa impositiva marginal marginal tax rate.
tasa impositiva máxima maximum tax rate.
tasa impositiva mínima minimum tax rate.
tasa incierta uncertain rate.
tasa incremental incremental rate.
tasa indexada indexed rate.
tasa indizada indexed rate.
tasa inflacionaria inflation rate.
tasa inicial initial rate.
tasa interbancaria interbank rate.
tasa intermedia middle rate.
tasa interna de rendimiento internal rate of return.
tasa interna de rentabilidad internal rate of return.
tasa interna de retorno internal rate of return.
tasa introductoria introductory rate.
tasa legal legal rate.
tasa Libid LIBID, London Interbank Bid Rate.
tasa Libor LIBOR, London Interbank Offered Rate.
tasa libre free rate.
tasa límite rate cap.
tasa límite de interés interest rate cap.
tasa máxima maximum rate.
tasa media average rate.
tasa media de rendimiento average rate of return.
tasa mínima minimum rate, floor rate.
tasa natural natural rate.
tasa natural de desempleo natural unemployment rate.
tasa negociada negotiated rate.
tasa neta net rate.
tasa no ajustada unadjusted rate.
tasa nominal nominal rate.
tasa normal normal rate.
tasa normal de rendimiento normal rate of return.
tasa objeto target rate.
tasa oficial official rate.
tasa pactada agreed-upon rate.
tasa periódica periodic rate.
tasa por debajo del mercado below-market rate.
tasa por trabajo job rate, work rate.
tasa porcentual anual annual percentage rate.
tasa preaprobada preapproved rate.
tasa predeterminada predetermined rate.
tasa preestablecida preset rate.

tasa preferencial preferential rate.
tasa prevaleciente prevailing rate.
tasa promedia blended rate.
tasa proporcional proportional rate.
tasa provisional provisional rate.
tasa puente bridge rate.
tasa razonable reasonable rate.
tasa real real rate, actual rate.
tasa reducida reduced rate.
tasa regulada regulated rate.
tasa regular regular rate.
tasa renegociable renegotiable rate.
tasa representativa representative rate.
tasa requerida required rate.
tasa retroactiva retroactive rate.
tasa salarial wage rate.
tasa según el valor ad valorem rate.
tasa semianual semiannual rate.
tasa semivariable semivariable rate.
tasa subsidiada subsidized rate.
tasa subvencionada subsidized rate.
tasa típica typical rate.
tasa tope ceiling rate.
tasa tributaria tax rate.
tasa tributaria combinada composite tax rate.
tasa tributaria efectiva effective tax rate.
tasa tributaria máxima maximum tax rate.
tasa tributaria mínima minimum tax rate.
tasa trimestral quarterly rate.
tasa usuraria usurious rate.
tasa variable variable rate.
tasa vigente going rate.
tasable *adj* appraisable, taxable.
tasación *f* appraisal, valuation, price regulation.
tasación certificada certified appraisal.
tasación de propiedad property appraisal.
tasación en masa mass appraising.
tasación final final appraisal, final assessment.
tasación independiente independent appraisal.
tasado *adj* appraised, assessed, valued.
tasador *adj* appraising.
tasador *m* appraiser, assessor.
tasador certificado certified appraiser.
tasador de avería average adjuster.
tasador de Hacienda tax assessor, tax appraiser.
tasar *v* appraise, value, assess, regulate, tax.
tasar en exceso overappraise.
tasar en menos underappraise.
tasas administradas managed rates.
tasas consulares consular fees.
tasas contributivas progresivas progressive tax rates.
tasas controladas controlled rates.
tasas convencionales conventional rates.
tasas crecientes rising rates.
tasas de cambio controladas controlled exchange rates.
tasas de cambio manipuladas manipulated exchange rates.
tasas de interés crecientes rising interest rates.
tasas de interés decrecientes declining interest rates.
tasas decrecientes declining rates.
tasas impositivas progresivas progressive tax rates.
tasas manipuladas manipulated rates.
tasas progresivas progressive rates.
tasas tributarias progresivas progressive tax rates.
techo *m* ceiling, cap.

techo anual annual ceiling.
techo combinado combined ceiling.
techo contributivo tax ceiling.
techo de crédito credit ceiling.
techo de deuda debt ceiling.
techo de deuda federal federal debt ceiling.
techo de endeudamiento borrowing ceiling.
techo de gastos expense ceiling.
techo de ingresos income ceiling.
techo de póliza policy ceiling.
techo de precio price ceiling.
techo de préstamos loan ceiling.
techo de responsabilidad ceiling of liability.
techo de seguros insurance ceiling.
techo de tasa rate ceiling.
techo de tasa de interés interest rate ceiling.
techo de tipo rate ceiling.
techo de tipo de interés interest rate ceiling.
techo diario daily ceiling.
techo estándar standard ceiling.
techo impositivo tax ceiling.
techo legal legal ceiling.
techo necesario necessary ceiling.
techo obligado mandatory ceiling.
techo obligatorio mandatory ceiling.
techo presupuestario budget ceiling.
techo superior upper ceiling.
techo tributario tax ceiling.
teclado *m* keyboard.
técnica *f* technique, technology.
técnica de Monte Carlo Monte Carlo technique.
técnica Delphi Delphi technique.
técnicas de auditoría audit techniques.
técnicas de flujo de efectivo descontado discounted cash flow techniques.
técnicas de venta sales techniques.
tecnicidad *f* technicality.
tecnicismo *m* technicality.
técnico *adj* technical.
tecnocracia *f* technocracy.
tecnócrata *adj* technocrat.
tecnócrata *m/f* technocrat.
tecnoestructura *f* technostructure.
tecnología *f* technology.
tecnología agraria agrarian technology.
tecnología avanzada advanced technology, state-of-the-art technology, cutting-edge technology, leading-edge technology.
tecnología de alimentos food technology.
tecnología de información information technology.
tecnología de oficina office technology.
tecnología de producción production technology.
tecnología de punta state-of-the-art technology, cutting-edge technology, leading-edge technology, advanced technology.
tecnología de vanguardia state-of-the-art technology, cutting-edge technology, leading-edge technology, advanced technology.
tecnología informática information technology.
tecnología limpia clean technology.
tecnología nueva new technology.
tecnología puntera state-of-the-art technology, cutting-edge technology, leading-edge technology, advanced technology.
tecnológicamente *adv* technologically.
tecnológico *adj* technological.
telebanca *f* telebanking.
telecomunicación *f* telecommunication.
telecomunicaciones *f* telecommunications.

teleconferencia *f* teleconference.
telef. (teléfono) telephone, phone.
telefonía *f* telephony.
telefonía celular cellular telephony.
telefonía móvil mobile telephony.
telefonía por Internet Internet telephony.
telefónicamente *adv* telephonically.
telefónico *adj* telephonic.
teléfono *m* telephone, phone, telephone number.
teléfono celular cell phone, mobile phone.
teléfono Internet Internet phone.
teléfono móvil mobile phone, cell phone.
teleinformática *f* computer communications, computer telecommunications.
telemarketing *m* telemarketing.
telemática *f* telematics.
telemercadeo *m* telemarketing.
telepago *m* remote payment, payment by phone.
telespectador *m* television viewer.
teletexto *m* teletext.
teletrabajador *m* telecommuter.
teletrabajar *v* telecommute.
teletrabajo *m* telecommuting.
televentas *f* telesales.
televisar *v* televise.
televisión *f* television, TV.
televisión a la carta video-on-demand.
televisión comercial commercial television.
televisión corporativa corporate television.
televisión de antena comunitaria Community Antenna Television.
televisión de circuito cerrado Closed-Circuit Television.
televisión de negocios business television.
televisión de pago pay television.
televisión empresarial business television.
televisión interactiva interactive television.
télex *m* telex.
tema publicitario publicity theme.
temario *m* agenda.
temporada *f* season, period.
temporada alta high season, peak season.
temporada baja low season, off-peak season.
temporada pico peak season, high season.
temporada punta peak season, high season.
temporal *adj* temporary, temporal.
temporalmente *adv* temporarily, temporally.
temporáneo *adj* temporary, temporal.
temporero *adj* temporary, seasonal.
temporero *m* temporary worker, seasonal worker.
tendencia *f* tendency, trend.
tendencia a corto plazo short-term trend.
tendencia a la baja downward trend, bearish trend.
tendencia a largo plazo long-term trend.
tendencia al alza upward trend, bullish trend.
tendencia alcista upward trend, bullish trend.
tendencia bajista downward trend, bearish trend.
tendencia del mercado market trend.
tendencia económica economic trend.
tendencias comerciales business trends, commercial trends.
tendencias corporativas corporate trends.
tendencias de comercio commerce trends.
tendencias de compras buying trends.
tendencias de consumo consumer trends.
tendencias de negocios business trends.
tendencias del comercio electrónico e-commerce trends, e-business trends.
tendencias empresariales business trends.
tendencias mercantiles commercial trends.

tendencias políticas political trends.
tendero *m* shopkeeper.
tenedor *m* holder, possessor, bearer, owner.
tenedor de acciones stockholder, shareholder.
tenedor de bonos bondholder.
tenedor de buena fe holder in good faith, holder in due course, bona fide holder for value.
tenedor de contrato contract holder.
tenedor de letra bill holder.
tenedor de libros bookkeeper.
tenedor de mala fe holder in bad faith.
tenedor de opción option holder.
tenedor de patente patent holder, patentee.
tenedor de póliza policyholder.
tenedor de prenda pledgee.
tenedor de seguros insurance holder.
tenedor de tarjeta cardholder.
tenedor de un pagaré noteholder.
tenedor de valor holder for value.
tenedor en debido curso holder in due course.
tenedor inscrito registered holder.
tenedor registrado holder of record.
teneduría de libros bookkeeping.
tenencia *f* tenancy, holding, possession.
tenencia conjunta joint tenancy, cotenancy.
tenencia de valores holding of securities.
tenencia en común tenancy in common.
tener *v* have, possess, own, take, receive.
tener y poseer to have and to hold.
tenido en fideicomiso held in trust.
teniente *adj* possessing, holding, owning.
tenso *adj* tense, strained.
teocracia *f* theocracy.
teócrata *adj* theocrat.
teócrata *m/f* theocrat.
teorema del límite central central limit theorem.
teorético *adj* theoretical.
teoría administrativa management theory.
teoría contributiva de beneficios benefit tax theory.
teoría cuantitativa del dinero quantity theory of money.
teoría de beneficios benefit theory.
teoría de decisiones decision theory.
teoría de equilibrio parcial partial-equilibrium theory.
teoría de juegos game theory.
teoría de la agencia agency theory.
teoría de la demanda theory of demand.
teoría de la oferta theory of supply.
teoría de la probabilidad probability theory.
teoría de la segmentación del mercado market segmentation theory.
teoría económica economic theory.
tercena *f* state monopoly store.
tercer mercado third market.
tercer mundo third world.
tercer turno third shift.
tercera hipoteca third mortgage.
tercerear *v* mediate, arbitrate.
tercería *f* mediation, arbitration, intervention.
tercería de dominio intervention in a suit by a third party claiming ownership.
tercerista *m/f* intervenor.
tercermundista *adj* pertaining to the third world.
tercero *m* third party, mediator, arbitrator, intervenor.
tercero en discordia mediator, arbitrator.
tercero interviniente intervenor.
terceros en el proceso intervenors.

terciador *adj* mediating, arbitrating.
terciador *m* mediator, arbitrator.
terciar *v* mediate, arbitrate, intervene.
tergiversable *adj* that can be misrepresented, that can be twisted.
tergiversación *f* misrepresentation, twisting.
tergiversar *v* misrepresent, twist.
terminabilidad *f* terminability.
terminable *adj* terminable.
terminación *f* termination.
terminación del sindicato breaking the syndicate, syndicate termination.
terminal *adj* terminal.
terminal *m/f* terminal.
terminal activado por cliente customer-activated terminal.
terminal de cajero teller terminal.
terminal de carga cargo terminal.
terminal de computadora computer terminal.
terminal de ordenador computer terminal.
terminal de pasajeros passenger terminal.
terminal de punto de venta point-of-sale terminal.
terminante *adj* definite.
terminantemente *adv* definitely.
terminar *v* terminate.
término *m* term, period, duration, boundary, condition, state, position, deadline.
término acordado agreed-upon period.
término anterior previous period.
término cierto fixed period.
término contable accounting period.
término contractual contractual period.
término contratado contracted period.
término convencional period which has been agreed to.
término convenido agreed-upon period.
término de acumulación accumulation period.
término de alquiler rental period.
término de amortización amortization period, depreciation period.
término de auditoría audit period.
término de aviso notice period, warning period.
término de beneficios benefits period.
término de cobro collection period.
término de compensación compensation period.
término de compromiso commitment period.
término de consolidación consolidation period.
término de contabilidad accounting period.
término de crédito credit period.
término de desarrollo development period.
término de descuento discount period.
término de elegibilidad eligibility period.
término de eliminación elimination period.
término de espera waiting period.
término de facturación billing period.
término de garantía guarantee period.
término de gracia grace period.
término de ingresos earnings period.
término de liquidación liquidation period.
término de nómina payroll period.
término de notificación notice period, notification period.
término de opción option period.
término de pago payment period.
término de póliza policy period.
término de prescripción prescription period.
término de producción production period.
término de prueba trial period.
término de recesión recession period, recession.
término de redención redemption period.

término de reembolso repayment period, refund period.
término de reinversión reinvestment period.
término de repago payback period.
término de reposición replacement period.
término de rescate redemption period.
término de retorno return period, payback period.
término de tenencia holding period.
término de vacaciones vacation period, vacation.
término de validación validation period.
término del ciclo cycle period.
término especificado specified period.
término estipulado stipulated period.
término excluido excluded period.
término extintivo expiration date.
término fatal deadline.
término fijo fixed period.
término financiero financial period.
término fiscal fiscal period, taxation period.
término improrrogable deadline.
término incierto uncertain period.
término inflacionario inflationary period.
término medio compromise.
término medio de cobro average collection period.
término negociado negotiated period.
término pactado agreed-upon period.
término perentorio deadline.
término pico peak period.
término preestablecido preset period.
término preliminar preliminary period.
término presupuestario budget period.
término probatorio probationary period.
término prorrogable extendible period.
término regular regular period.
término renovable renewable period.
término tácito implied period.
terminología f terminology.
terminología especializada specialized terminology.
términos absolutos absolute terms.
términos acordados agreed-upon terms.
términos amistosos friendly terms.
términos atractivos attractive terms.
términos comerciales commercial terms.
términos concesionarios concessional terms.
términos contratados contracted terms.
términos convencionales conventional terms.
términos corrientes current terms.
términos de aceptación terms of acceptance.
términos de comercio terms of trade.
términos de consignación consignment terms.
términos de crédito terms of credit.
términos de embarque terms of shipment.
términos de entrega terms of delivery.
términos de la póliza policy terms.
términos de pago terms of payment.
términos de préstamo terms of loan.
términos de transporte terms of shipment.
términos de venta terms of sale.
términos del arrendamiento lease terms.
términos del contrato contract terms.
términos del préstamo loan terms.
términos estipulados stipulated terms.
términos expresos express terms.
términos generales general terms.
términos mercantiles commercial terms.
términos negociados negotiated terms.
términos preestablecidos preset terms.
términos prevalecientes prevailing terms.
términos renegociables renegotiable terms.

términos renegociados renegotiated terms.
términos y condiciones terms and conditions.
términos y condiciones de aceptación terms and conditions of acceptance.
términos y condiciones de comercio terms and conditions of trade.
términos y condiciones de compra terms and conditions of purchase.
términos y condiciones de crédito terms and conditions of credit.
términos y condiciones de entrega terms and conditions of delivery.
términos y condiciones de pago terms and conditions of payment.
términos y condiciones de préstamo terms and conditions of loan.
términos y condiciones de transporte terms and conditions of shipment.
términos y condiciones de uso terms and conditions of use.
términos y condiciones de venta terms and conditions of sale.
terrateniente m/f landowner.
terreno m land, plot, lot, field.
terreno abierto open space.
terreno agrícola agricultural land.
terreno cerrado enclosed space.
terreno de cultivo farmland.
terreno edificado developed plot.
terreno lindante abutting land.
terreno yermo wasteland, uninhabited land.
terrestre adj terrestrial, land.
territorio m territory, zone.
territorio de ventas sales territory.
tesorería f treasury, public treasury, post of a treasurer, bursary.
tesorería nacional national treasury.
tesorero m treasurer, bursar.
tesorero corporativo corporate treasurer.
tesoro m treasury, treasure.
Tesoro m Treasury, Exchequer.
tesoro nacional national treasury.
Tesoro Público Treasury, Exchequer.
testaferro m straw man, front man, figurehead.
testamento m testament, will.
testificante adj testifying, witnessing, attesting.
testificar v testify, witness, attest.
testigo m witness, attestor.
testigo certificador attesting witness.
testimoniar v testify, bear witness to, attest.
testimonio m testimony, attestation, evidence, affidavit.
texto publicitario advertising copy.
tiburón m raider, corporate raider.
tiempo, a on time.
tiempo base base time.
tiempo compartido time-sharing.
tiempo compensatorio compensatory time.
tiempo completo, a full-time.
tiempo continuo continuous period.
tiempo de acceso access time.
tiempo de conexión connection time.
tiempo de corte cut-off time.
tiempo de efectividad effective period.
tiempo de ejecución execution time.
tiempo de entrega delivery time.
tiempo de espera waiting time.
tiempo de inactividad downtime.
tiempo de reposición replacement time.
tiempo de viaje travel time.

tiempo disponible available time.
tiempo doble double time.
tiempo en antena airtime.
tiempo en el aire airtime.
tiempo extra overtime.
tiempo inactivo downtime.
tiempo inmemorial time immemorial.
tiempo libre free time.
tiempo muerto dead time, idle time.
tiempo normal normal time.
tiempo ocioso idle time.
tiempo parcial, a part-time.
tiempo permitido allowed time.
tiempo razonable reasonable time.
tiempo real real-time.
tiempo suficiente sufficient time.
tienda f store, shop.
tienda corporativa corporate store.
tienda de autoservicio self-service store.
tienda de conveniencia convenience store.
tienda de descuentos discount store.
tienda de la compañía company store.
tienda de la corporación corporate store.
tienda de una cadena chain store.
tienda electrónica electronic store.
tienda en línea online store.
tienda independiente independent store.
tienda insignia flagship store.
tienda libre de impuestos duty-free shop.
tienda online online store.
tienda por departamentos department store.
tienda virtual virtual store.
tierra f land, earth, ground.
tierra abandonada abandoned land.
tierra alquilada rented land.
tierra arable arable land.
tierra arrendada leased land.
tierra común common land.
tierra cultivable arable land.
tierra de cultivo farmland.
tierra desarrollada developed land.
tierra explotada exploited land.
tierra hipotecada mortgaged land.
tierra marginal marginal land.
tierra productiva productive land.
tierra quemada scorched earth.
tierra rural rural land.
tierra urbana urban land.
tierra vacante vacant land.
tierras mejoradas improved land.
tierras públicas public lands.
timador m swindler.
timar v swindle.
timbrado adj stamped.
timbrado m stamped paper.
timbrar v stamp.
timbre m stamp, tax stamp, tax stamp revenue, seal.
timbre de correo postage stamp.
timbre de impuesto revenue stamp.
timbre fiscal revenue stamp.
timo m swindle, scam.
timo comercial business swindle, business scam.
timo corporativo corporate swindle, corporate scam.
timo de comercio business swindle, business scam, commerce swindle, commerce scam.
timo empresarial business swindle, business scam.
timo mercantil business swindle, business scam.
típico adj typical.
tipo m type, kind, rate, standard.

tipo a corto plazo short-term rate.
tipo a largo plazo long-term rate.
tipo a plazo forward rate.
tipo a término forward rate.
tipo abierto open rate.
tipo acordado agreed-upon rate.
tipo actual actual rate, current rate.
tipo aduanero customs rate.
tipo ajustable adjustable rate.
tipo ajustado adjusted rate.
tipo ajustado por riesgo risk-adjusted rate.
tipo al contado spot rate.
tipo alternativo alternative rate.
tipo anual annual rate.
tipo anual compuesto compound annual rate.
tipo anual constante constant annual rate.
tipo anual fijo fixed annual rate.
tipo anualizado annualized rate.
tipo arancelario tariff rate.
tipo bancario bank rate.
tipo base base rate.
tipo base de sueldo base rate of pay.
tipo básico basic rate.
tipo bisemanal biweekly rate.
tipo calculado calculated rate.
tipo central central rate.
tipo cero zero rate.
tipo clave key rate.
tipo combinado combined rate.
tipo comercial commercial rate.
tipo competitivo competitive rate.
tipo compuesto compound rate.
tipo conjunto joint rate.
tipo constante constant rate.
tipo contable accounting rate.
tipo contratado contracted rate.
tipo contributivo combinado composite tax rate.
tipo contributivo efectivo effective tax rate.
tipo contributivo marginal marginal tax rate.
tipo contributivo máximo maximum tax rate.
tipo contributivo mínimo minimum tax rate.
tipo convenido agreed-upon rate.
tipo corriente current rate.
tipo cruzado cross-rate.
tipo de adelanto de efectivo cash advance rate.
tipo de alquiler rental rate.
tipo de amortización rate of depreciation.
tipo de apreciación appreciation rate.
tipo de bono corporativo corporate bond rate.
tipo de cambio exchange rate.
tipo de cambio a plazo forward exchange rate.
tipo de cambio a término forward exchange rate.
tipo de cambio administrado managed exchange rate, administered exchange rate.
tipo de cambio al contado spot exchange rate.
tipo de cambio constante constant exchange rate.
tipo de cambio contable accounting exchange rate.
tipo de cambio de divisas foreign exchange rate.
tipo de cambio efectivo effective exchange rate.
tipo de cambio especificado specified exchange rate.
tipo de cambio estable stable exchange rate.
tipo de cambio fijo fixed exchange rate.
tipo de cambio flexible flexible exchange rate.
tipo de cambio flotante floating exchange rate.
tipo de cambio libre free exchange rate.
tipo de cambio múltiple multiple exchange rate.
tipo de cambio nominal nominal exchange rate.
tipo de cambio oficial official exchange rate.

tipo de cambio preestablecido preset exchange rate.
tipo de cambio único single exchange rate.
tipo de cambio variable variable exchange rate.
tipo de capitalización capitalization rate.
tipo de clase class rate.
tipo de cobros collection rate.
tipo de combinación combination rate.
tipo de contrato contract rate.
tipo de conversión conversion rate.
tipo de depreciación rate of depreciation, type of depreciation.
tipo de descuento discount rate.
tipo de descuento bancario bank discount rate.
tipo de dividendos dividend rate.
tipo de empréstito loan rate.
tipo de exportación export rate.
tipo de fondos federales federal funds rate.
tipo de hipoteca bisemanal biweekly mortgage rate.
tipo de hipoteca comercial commercial mortgage rate.
tipo de imposición tax rate.
tipo de impuesto tax rate.
tipo de impuestos sobre la renta income tax rate.
tipo de inflación inflation rate.
tipo de intercambio interchange rate.
tipo de interés interest rate.
tipo de interés a corto plazo short-term interest rate.
tipo de interés a largo plazo long-term interest rate.
tipo de interés a plazo forward interest rate.
tipo de interés a término forward interest rate.
tipo de interés acordado agreed-upon interest rate.
tipo de interés ajustado adjusted interest rate.
tipo de interés anual annual interest rate.
tipo de interés anual constante constant annual interest rate.
tipo de interés anual fijo fixed annual interest rate.
tipo de interés bancario bank interest rate.
tipo de interés base base interest rate.
tipo de interés básico base interest rate.
tipo de interés calculado calculated interest rate.
tipo de interés compuesto compound interest rate, compound rate.
tipo de interés constante constant interest rate.
tipo de interés contratado contracted interest rate.
tipo de interés corriente current interest rate.
tipo de interés de bono bond interest rate.
tipo de interés de contrato contract interest rate.
tipo de interés de depósitos deposit interest rate.
tipo de interés de equilibrio equilibrium interest rate.
tipo de interés de mercado market interest rate.
tipo de interés de préstamo loan interest rate.
tipo de interés de préstamo hipotecario mortgage loan interest rate.
tipo de interés de referencia reference interest rate, benchmark interest rate.
tipo de interés de tarjeta de crédito credit card interest rate.
tipo de interés del crédito credit interest rate.
tipo de interés del mercado monetario money market interest rate.
tipo de interés efectivo effective interest rate, annual percentage rate.

tipo de interés especificado specified interest rate.
tipo de interés específico specific interest rate.
tipo de interés estable stable interest rate.
tipo de interés estimado estimated interest rate.
tipo de interés estipulado stipulated interest rate.
tipo de interés fijo fixed interest rate.
tipo de interés financiero financial interest rate.
tipo de interés flexible flexible interest rate.
tipo de interés flotante floating interest rate.
tipo de interés fluctuante fluctuating interest rate.
tipo de interés hipotecario mortgage interest rate.
tipo de interés inicial initial interest rate.
tipo de interés legal legal interest rate.
tipo de interés máximo maximum interest rate.
tipo de interés mínimo minimum interest rate.
tipo de interés natural natural interest rate.
tipo de interés nominal nominal interest rate, face interest rate.
tipo de interés periódico periodic interest rate.
tipo de interés por debajo del mercado below-market interest rate.
tipo de interés preaprobado preapproved interest rate.
tipo de interés preestablecido preset interest rate.
tipo de interés preferencial prime rate.
tipo de interés prevaleciente prevailing interest rate.
tipo de interés razonable reasonable interest rate.
tipo de interés real real interest rate.
tipo de interés regulado regulated interest rate.
tipo de interés regular regular interest rate.
tipo de interés renegociable renegotiable interest rate.
tipo de interés tope ceiling interest rate.
tipo de interés usurario usurious rate of interest.
tipo de interés variable variable interest rate.
tipo de mercado market rate.
tipo de mercado abierto open market rate.
tipo de miembro member's rate.
tipo de nación más favorecida most-favored nation rate.
tipo de porcentaje anual constante constant annual percentage rate.
tipo de préstamo loan rate.
tipo de préstamo bancario bank loan rate.
tipo de préstamo comercial commercial loan rate.
tipo de préstamo hipotecario mortgage loan rate.
tipo de préstamo mínimo minimum lending rate.
tipo de préstamo nominal nominal loan rate.
tipo de préstamo puente bridge loan rate.
tipo de préstamos lending rate.
tipo de prima premium rate.
tipo de prima de clase class premium rate.
tipo de redescuento rediscount rate.
tipo de referencia reference rate, benchmark rate.
tipo de reinversión reinvestment rate.
tipo de rendimiento rate of return.
tipo de rendimiento antes de impuestos pretax rate of return.
tipo de rendimiento descontado discounted rate of return.
tipo de rendimiento global overall rate of return.
tipo de rendimiento interno internal rate of return.
tipo de rendimiento justo fair rate of return.
tipo de rendimiento no ajustado unadjusted rate of return.
tipo de rendimiento real real rate of return.
tipo de rendimiento requerido required rate of

return.
tipo de rendimiento simple simple rate of return.
tipo de retención retention rate.
tipo de seguros insurance rate.
tipo de sueldo base base pay rate.
tipo de tarifas tariff rate.
tipo de tarjeta de crédito credit card rate.
tipo de tránsito transit rate.
tipo decreciente falling rate.
tipo del cupón coupon rate.
tipo del mercado monetario money market rate.
tipo del mercado prevaleciente prevailing market rate.
tipo departamental departmental rate.
tipo devengado rate earned.
tipo diferencial differential rate.
tipo efectivo effective rate.
tipo especial special rate.
tipo especificado specified rate.
tipo específico specific rate.
tipo estabilizado stabilized rate.
tipo estable stable rate.
tipo estándar standard rate.
tipo estatal state rate.
tipo estipulado stipulated rate.
tipo fijo fixed rate.
tipo fiscal tax rate.
tipo flexible flexible rate.
tipo flotante floating rate.
tipo fluctuante fluctuating rate.
tipo garantizado guaranteed rate.
tipo hipotecario mortgage rate.
tipo hipotecario ajustable adjustable mortgage rate.
tipo hipotecario preaprobado preapproved mortgage rate.
tipo histórico historical rate.
tipo impositivo tax rate.
tipo impositivo combinado composite tax rate.
tipo impositivo efectivo effective tax rate.
tipo impositivo marginal marginal tax rate.
tipo impositivo máximo maximum tax rate.
tipo impositivo mínimo minimum tax rate.
tipo incierto uncertain rate.
tipo incremental incremental rate.
tipo indexado indexed rate.
tipo indizado indexed rate.
tipo inflacionario inflation rate.
tipo inicial initial rate.
tipo interbancario interbank rate.
tipo intermedio middle rate.
tipo introductorio introductory rate.
tipo legal legal rate.
tipo límite rate cap.
tipo límite de interés interest rate cap.
tipo máximo maximum rate.
tipo mínimo minimum rate.
tipo natural natural rate.
tipo negociado negotiated rate.
tipo neto net rate.
tipo no ajustado unadjusted rate.
tipo nominal nominal rate.
tipo objeto target rate.
tipo oficial official rate.
tipo pactado agreed-upon rate.
tipo periódico periodic rate.
tipo por debajo del mercado below-market rate.
tipo por trabajo job rate.
tipo porcentual anual annual percentage rate.
tipo preaprobado preapproved rate.

tipo predeterminado predetermined rate.
tipo preestablecido preset rate.
tipo preferencial preferred rate.
tipo prevaleciente prevailing rate.
tipo promedio blended rate.
tipo proporcional proportional rate.
tipo provisional provisional rate.
tipo puente bridge rate.
tipo razonable reasonable rate.
tipo real real rate, actual rate.
tipo reducido reduced rate.
tipo regulado regulated rate.
tipo renegociable renegotiable rate.
tipo representativo representative rate.
tipo requerido required rate.
tipo retroactivo retroactive rate.
tipo salarial wage rate.
tipo semianual semiannual rate.
tipo semivariable semivariable rate.
tipo subsidiado subsidized rate.
tipo subvencionado subsidized rate.
tipo tope ceiling rate.
tipo tributario tax rate.
tipo tributario combinado composite tax rate.
tipo tributario efectivo effective tax rate.
tipo tributario máximo maximum tax rate.
tipo tributario mínimo minimum tax rate.
tipo trimestral quarterly rate.
tipo usurario usurious rate.
tipo variable variable rate.
tipo vigente going rate.
tipos contributivos progresivos progressive tax rates.
tipos controlados controlled rates.
tipos crecientes rising rates.
tipos de cambio controlados controlled exchange rates.
tipos de cambio manipulados manipulated exchange rates.
tipos de interés crecientes rising interest rates.
tipos de interés decrecientes declining interest rates.
tipos decrecientes declining rates.
tipos impositivos progresivos progressive tax rates.
tipos manipulados manipulated rates.
tipos progresivos progressive rates.
tipos tributarios progresivos progressive tax rates.
TIR (tasa interna de retorno, tasa interna de rendimiento, tasa interna de rentabilidad) internal rate of return, IRR.
titulación *f* title documents.
titulado *m* titled person.
titular *adj* titular, regular.
titular *m* headline.
titular *m/f* owner of record, owner, holder, holder of title.
titular *v* title.
titular de cuenta account holder.
titular de derechos rights holder.
titular de marca brand holder.
titular de préstamo loan holder.
titular de tarjeta cardholder.
titularidad *f* ownership.
titulización *f* securitization.
título *m* title, certificate of title, deed, certificate, bond, license, qualification, degree.
título absoluto absolute title, absolute fee simple.
título al portador bearer instrument, bearer

security, bearer bond.
título aparente apparent title.
título asegurable insurable title.
título auténtico authentic title.
título colorado color of title.
título de acciones stock certificate.
título de adquisición bill of sale.
título de crédito credit instrument.
título de cuenta account title.
título de deuda debt instrument, evidence of indebtedness.
título de dominio title, title deed.
título de la deuda pública public bond.
título de patente letters patent.
título de propiedad title, title deed.
título defectuoso defective title.
título dudoso doubtful title.
título ejecutivo document which grants a right of execution.
título en equidad equitable title.
título endosable endorsable instrument.
título equitativo equitable title.
título gratuito gratuitous title.
título gratuito, a gratuitous.
título hábil perfect title.
título hipotecario mortgage bond.
título imperfecto imperfect title, bad title.
título impugnable exceptionable title.
título incondicional absolute fee simple, absolute deed.
título informativo, a for information purposes, by way of information.
título inscribible registrable title.
título justo just title.
título legal legal title.
título limpio clear title.
título lucrativo lucrative title.
título no asegurable uninsurable title.
título no garantizado uninsured title.
título no traslativo de dominio unmarketable title.
título nominativo registered instrument, registered bond.
título nulo void title.
título oneroso onerous title.
título oneroso, a based on valuable consideration.
título originario original title.
título perfecto perfect title.
título por prescripción title by prescription.
título posesorio possessory title.
título precario, a for temporary use and enjoyment.
título presunto presumptive title.
título primordial original title.
título profesional professional license, professional licence.
título putativo presumptive title.
título registrado title of record.
título satisfactorio satisfactory title.
título seguro marketable title.
título singular singular title.
título superior superior title.
título translativo de dominio marketable title.
título válido valid title.
título valor credit instrument.
título viciado defective title, imperfect title.
título vicioso defective title, imperfect title.
títulos negociables negotiable paper.
TLCAN (Tratado de Libre Comercio de América del Norte) North American Free Trade Agreement, NAFTA.
toda pérdida all loss.

todo incluido all-inclusive.
todo o nada all or nothing, all or none.
todo o parte all or any part.
todo riesgo all risks.
todos los derechos reservados all rights reserved, copyright reserved.
toma de datos data capture.
toma de decisiones decision making.
toma de ganancias profit taking.
toma de posesión taking of possession.
toma de riesgos risk taking.
toma del control apalancada leveraged takeover.
tomador *m* taker, drawee, payee.
tomador de crédito borrower.
tomar *v* take, take on.
tomar acciones prestadas borrow shares, borrow stock.
tomar capital prestado borrow capital.
tomar dinero prestado borrow money.
tomar el acuerdo decide.
tomar fondos prestados borrow funds.
tomar forma take shape.
tomar inventario take inventory.
tomar medidas take measures.
tomar posesión take possession.
tomar prestado borrow.
tomar una decisión make a decision.
tonelada corta short ton.
tonelada larga long ton.
tonelada métrica metric ton.
tonelaje *m* tonnage.
tonelaje bruto gross tonnage.
tonelaje neto net tonnage.
tonelaje registrado registered tonnage.
tono *m* tone.
tono alcista bullish tone.
tono bajista bearish tone.
tono del mercado market tone.
tontina *f* tontine.
tope *m* cap, ceiling, limit.
tope anual annual cap.
tope básico basic cap.
tope combinado combined cap.
tope contributivo tax cap.
tope controlado controlled cap.
tope convenido agreed-upon cap.
tope de acceso access cap.
tope de aceptación acceptance cap.
tope de coaseguro coinsurance cap.
tope de crédito credit cap.
tope de deuda debt cap.
tope de deuda federal federal debt cap.
tope de edad age cap.
tope de emisión issue cap.
tope de endeudamiento borrowing cap.
tope de fluctuación fluctuation cap.
tope de gastos expense cap.
tope de ingresos income cap.
tope de póliza policy cap.
tope de posición position cap.
tope de precio price cap.
tope de préstamos loan cap.
tope de préstamos legal legal lending cap.
tope de producción production cap.
tope de reaseguro reinsurance cap.
tope de responsabilidad cap of liability.
tope de responsabilidad total aggregate cap of liability.
tope de seguros insurance cap.
tope de tasa rate cap.

tope de tasa de interés interest rate cap.
tope de tipo rate cap.
tope de tipo de interés interest rate cap.
tope del país country cap.
tope diario daily cap.
tope dividido split cap.
tope en exceso excess cap.
tope específico specific cap.
tope estándar standard cap.
tope impositivo tax cap.
tope legal legal cap.
tope necesario necessary cap.
tope obligado mandatory cap.
tope obligatorio mandatory cap.
tope por accidente per accident cap.
tope por persona per person cap.
tope presupuestario budget cap.
tope requerido required cap.
tope superior upper cap.
tope total aggregate cap.
tope total anual annual aggregate cap.
tope tributario tax cap.
tope variable variable cap.
topes de control control caps.
topografía *f* topography.
topógrafo *m* topographer.
torcer *v* twist, corrupt.
torno *m* turn, granting of auctioned property to the
  second highest bidder upon the first failing to meet
  the stipulated conditions.
torsión *f* twisting.
tortuguismo *m* slowdown.
total *m* total, total number.
total a abonar total payable, total due.
total a cobrar total receivable.
total a pagar total payable, total due.
total a riesgo total at risk.
total acreditado total credited.
total actual present total.
total acumulado accumulated total.
total adeudado total owed, total due.
total amortizable amortizable total, depreciable
  total.
total amortizado amortized total, depreciated total.
total aplazado deferred total.
total asegurado total covered, total insured.
total base base total.
total bruto gross total.
total cargado total charged.
total cobrado total collected.
total constante constant total.
total contribuido total contributed.
total convenido agreed-upon total.
total de control hash total.
total de crédito total of credit.
total de la factura invoice total.
total de la pérdida total of loss.
total de la reclamación claim total.
total de la transacción transaction total.
total debido total due, total payable.
total declarado stated total, declared total.
total deducido total deducted.
total del daño total of damage.
total del subsidio total of subsidy.
total depreciado depreciated total.
total desembolsado disbursed total.
total determinado determined total.
total en descubierto overdrawn total.
total en exceso excess total.
total en riesgo total at risk.

total específico specific total.
total exento exempt total.
total facturado total invoiced.
total fijo fixed total.
total financiado total financed.
total garantizado guaranteed total.
total inicial initial total.
total medio average total.
total mínimo minimum total.
total necesario necessary total.
total neto net total.
total nominal nominal total.
total obligado obligatory total.
total obligatorio obligatory total.
total pagadero total to be paid, total payable, total
  due.
total pagado total paid.
total pagado en exceso total overpaid.
total pendiente total outstanding.
total perdido total lost.
total predeterminado predetermined total.
total promedio average total.
total real actual total.
total realizado total realized.
total regular regular total.
total requerido required total.
total retenido total withheld.
total transferido transferred total.
total vencido total overdue.
totalidad *f* totality.
totalidad del contrato entirety of contract.
totalizar *v* total, add up.
totalmente *adv* totally, fully.
totalmente nulo absolutely void.
totalmente pagado fully paid.
totalmente pago fully paid.
toxicidad *f* toxicity.
tóxico *adj* toxic.
traba *f* tie, obstacle, attachment.
trabacuenta *f* error in an account, dispute.
trabajador *adj* working, laborious, labourious.
trabajador *m* worker, laborer, labourer, employee.
trabajador a corto plazo short-term worker.
trabajador a destajo pieceworker.
trabajador a distancia teleworker.
trabajador a largo plazo long-term worker.
trabajador a sueldo salaried worker.
trabajador a tiempo completo full-time worker.
trabajador a tiempo parcial part-time worker.
trabajador agrícola farm worker.
trabajador ambulante transient worker.
trabajador asalariado salaried employee.
trabajador asociado co-worker.
trabajador autónomo self-employed worker.
trabajador bancario bank worker, bank clerk.
trabajador calificado qualified worker, skilled
  worker.
trabajador clave key worker.
trabajador cualificado qualified worker, skilled
  worker.
trabajador de oficina office worker.
trabajador de producción production worker.
trabajador de temporada seasonal worker.
trabajador del estado government employee, state
  employee.
trabajador del gobierno government employee.
trabajador dependiente employee.
trabajador discapacitado disabled worker.
trabajador diurno day worker.
trabajador emigrante emigrant worker.

trabajador especializado specialized worker.
trabajador estacional seasonal worker.
trabajador eventual temporary worker.
trabajador extranjero foreign worker.
trabajador fronterizo cross-border worker, border worker.
trabajador incapacitado disabled worker.
trabajador independiente independent contractor.
trabajador industrial industrial worker.
trabajador inmigrante immigrant worker.
trabajador invitado guest worker.
trabajador itinerante itinerant worker.
trabajador manual manual worker, blue-collar worker.
trabajador migratorio migrant worker.
trabajador nocturno night worker.
trabajador permanente permanent worker.
trabajador por cuenta ajena employed worker.
trabajador por cuenta propia self-employed worker.
trabajador por horas hourly worker.
trabajador por pieza pieceworker.
trabajador por turnos shift worker.
trabajador probatorio probationary worker.
trabajador público public worker.
trabajador sindicalizado unionized worker.
trabajador temporal temporary worker, casual worker.
trabajador temporario temporary worker, casual worker.
trabajador temporero temporary worker, casual worker.
trabajador transfronterizo cross-border worker.
trabajar v work, to be employed, labor, labour, handle, carry.
trabajar a destajo do piecework.
trabajar a tiempo completo work full-time.
trabajar a tiempo parcial work part-time.
trabajar horas extraordinarias work overtime.
trabajar horas extras work overtime.
trabajar por cuenta propia to be self-employed, work independently.
trabajar por turnos work in shifts.
trabajo m work, job, labor, labour, employment, task, effort, report.
trabajo a corto plazo short-term job, short-term work.
trabajo a destajo piecework.
trabajo a distancia telework, teleworking.
trabajo a largo plazo long-term job, long-term work.
trabajo a tiempo completo full-time job, full-time work.
trabajo a tiempo parcial part-time job, part-time work.
trabajo activo active work.
trabajo administrativo administrative work.
trabajo agrícola agricultural work.
trabajo bajo contrato contract labor, contract labour, contract work.
trabajo bancario bank job, bank work.
trabajo calificado qualified work, skilled work.
trabajo casual casual labor, casual labour, temporary work.
trabajo clave key job, key work.
trabajo colaborativo collaborative work.
trabajo compartido joint work, shared work.
trabajo continuo continuous work.
trabajo contratado contract labor, contract labour, contract work.

trabajo cualificado qualified work, skilled work.
trabajo de administración administration work.
trabajo de baja categoría menial work.
trabajo de banco bank job, bank work.
trabajo de campo field work.
trabajo de construcción construction work.
trabajo de grupo group work.
trabajo de medio tiempo part-time work.
trabajo de menores child labor, child labour.
trabajo de necesidad work of necessity.
trabajo de oficina office work, clerical work.
trabajo de producción production work.
trabajo diurno day work.
trabajo en el sector privado private-sector work.
trabajo en el sector público public-sector work.
trabajo en equipo team work.
trabajo especializado specialized work.
trabajo estacional seasonal work.
trabajo eventual temporary job, casual work.
trabajo extra overtime work, overtime.
trabajo fijo steady job, secure job.
trabajo forzado forced labor, forced labour.
trabajo forzoso forced labor, forced labour.
trabajo grupal group work.
trabajo justo fair work.
trabajo liviano light work.
trabajo manual manual labor, manual labour.
trabajo nocturno night work.
trabajo pagado paid work.
trabajo peligroso dangerous work, hazardous work.
trabajo permanente permanent work.
trabajo pesado heavy work.
trabajo por cuenta propia self-employment, independent work.
trabajo por pieza piecework.
trabajo por turnos shift work.
trabajo profesional professional work.
trabajo provechoso gainful work.
trabajo remunerado paid work.
trabajo seguro secure job, steady job.
trabajo sumergido underground work.
trabajo temporal temporary job, temporary work, casual work, casual labor, casual labour.
trabajo temporario temporary job, temporary work, casual work, casual labor, casual labour.
trabajo temporero temporary job, temporary work, casual work, casual labor, casual labour.
trabajo vitalicio lifetime job, lifetime work.
trabajo voluntario voluntary work.
trabajoso adj laborious, labourious, labored, laboured.
tracto m space, interval.
tradición f tradition, delivery, transfer.
tradición absoluta absolute delivery.
tradición condicional conditional delivery.
tradición corporal actual delivery.
tradición de derechos transfer of rights.
tradición de inmuebles transfer of real property.
tradición de la posesión transfer of possession.
tradición de la propiedad transfer of property.
tradición de muebles transfer of personal property.
tradición efectiva actual delivery.
tradición ficticia feigned delivery.
tradición fingida feigned delivery.
tradición real actual delivery.
tradición simbólica symbolic delivery.
tradicionalismo m traditionalism.
tradicionalista adj traditionalist.
tradicionalista m/f traditionalist.

traducción *f* translation.
traducción de divisas foreign currency translation.
traducción simultanea simultaneous translation.
traducir *v* translate.
traficante *m/f* trafficker.
traficar *v* traffic, travel.
tráfico *m* traffic.
tráfico aéreo air traffic.
tráfico de influencias influence peddling.
trajín *m* hectic activity, transport.
tramitación *f* processing, procedure, transaction, negotiation.
tramitación de un préstamo processing of a loan.
tramitación de una solicitud processing of an application.
tramitador *m* transactor, negotiator.
tramitar *v* transact, negotiate, process, proceed with.
trámite *m* step, procedure, proceeding, negotiation.
trámites administrativos administrative procedures.
trámites aduaneros customs procedures.
trámites arbitrales arbitration procedures.
trámites contables accounting procedures.
trámites de aceptación acceptance procedures.
trámites de administración administration procedures.
trámites de aduanas customs procedures.
trámites de auditoría auditing procedures.
trámites de certificación certification procedures.
trámites de conciliación conciliation procedures.
trámites de contabilidad accounting procedures.
trámites de despido dismissal procedures.
trámites de la conferencia conference procedures.
trámites de reclamación claims procedures.
trámites de solicitud application procedures.
trámites disciplinarios disciplinary procedures.
trámites establecidos established procedures.
trámites judiciales judicial procedures, court procedures.
trámites para quejas complaints procedures.
trámites periódicos periodic procedures.
tramo *m* section, passage, bracket.
tramo de renta income bracket.
trampa *f* trap, cheating.
trampa de liquidez liquidity trap.
trampa de pobreza poverty trap.
trampear *v* cheat.
trampería *f* cheating.
tramposo *adj* cheating.
tramposo *m* cheat.
transacción *f* transaction, settlement.
transacción a la apertura transaction at the opening.
transacción a plazo forward transaction.
transacción a término forward transaction.
transacción al cierre transaction at the close.
transacción al contado cash transaction, cash trade.
transacción aleatoria random transaction.
transacción apareada matched transaction.
transacción autónoma autonomous transaction.
transacción bancaria bank transaction.
transacción comercial business transaction, business deal, commercial transaction, commercial deal.
transacción compensatoria compensatory trade.
transacción completada completed transaction.
transacción con entrega inmediata cash trade.
transacción con tarjeta de crédito credit card transaction.
transacción corporativa corporate transaction.
transacción cruzada crossed trade.
transacción de agencia agency transaction.
transacción de apertura opening transaction.
transacción de bloque block transaction, block trade.
transacción de capital capital transaction.
transacción de cierre closing transaction.
transacción de comercio commerce transaction.
transacción de comercio electrónico e-commerce transaction, e-business transaction.
transacción de compra buy transaction.
transacción de crédito credit transaction.
transacción de cuenta account transaction.
transacción de divisas foreign exchange transaction.
transacción de mercancía commodity transaction.
transacción de negocios business deal.
transacción de permuta barter transaction.
transacción electrónica electronic transaction, online transaction, Internet transaction.
transacción electrónica segura secure electronic transaction.
transacción empresarial business deal.
transacción en divisa foreign currency transaction.
transacción en efectivo cash transaction, cash trade.
transacción en el Internet Internet transaction, online transaction, electronic transaction.
transacción en línea online transaction, electronic transaction, Internet transaction.
transacción en línea segura secure online transaction.
transacción en oro gold transaction.
transacción especulativa speculative transaction.
transacción ficticia dummy transaction.
transacción final final transaction, final trade.
transacción imponible taxable transaction.
transacción lucrativa lucrative transaction, lucrative deal.
transacción mercantil commercial transaction, commercial deal.
transacción monetaria monetary transaction.
transacción neta net transaction.
transacción no comercial noncommercial transaction.
transacción no gravable nontaxable transaction.
transacción no imponible nontaxable transaction.
transacción no monetaria nonmonetary transaction.
transacción no tributable nontaxable transaction.
transacción nula void transaction.
transacción ocasional occasional transaction.
transacción omitida omitted transaction.
transacción online online transaction, electronic transaction, Internet transaction.
transacción pecuniaria pecuniary transaction.
transacción periódica periodic transaction.
transacción por Internet Internet transaction.
transacción preautorizada preauthorized transaction.
transacción recíproca reciprocal transaction.
transacción sin garantía unsecured transaction.
transacción sin riesgo riskless transaction.
transacción telefónica telephone transaction.
transacción transfronteriza cross-border transaction.
transaccional *adj* transactional.

transacciones de empresa a consumidor business-to-consumer transactions.

transacciones de empresa a empresa business-to-business transactions.

transacciones de mercancías commodities trading, commodities transactions.

transacciones de negocio a consumidor business-to-consumer transactions.

transacciones de negocio a negocio business-to-business transactions.

transacciones de productos commodities trading, commodities transactions.

transacciones entre compañías intercompany transactions.

transacciones permitidas allowed transactions, permitted transactions.

transacciones sin certificados certificateless transactions.

transar *v* settle.

transbordar *v* transfer, transship, switch.

transbordo *m* transfer, transshipment, switch.

transcurrir *v* elapse.

transcurso *m* passage.

transeuropeo *adj* transeuropean.

transferencia *f* transference, transfer, assignment, assignation.

transferencia absoluta absolute transfer.

transferencia automática automatic transfer.

transferencia automática de fondos automatic transfer of funds.

transferencia autorizada authorized transfer.

transferencia bancaria banking transfer, bank transfer.

transferencia cablegráfica cable transfer.

transferencia condicional conditional transfer.

transferencia de acciones stock transfer.

transferencia de arrendamiento assignment of lease.

transferencia de bienes transfer of goods.

transferencia de capital capital transfer.

transferencia de cartera transfer of portfolio.

transferencia de contrato transfer of contract, assignment of contract.

transferencia de crédito credit transfer.

transferencia de cuenta transfer of account, assignment of account.

transferencia de datos data transfer.

transferencia de débito debit transfer.

transferencia de derechos assignment of rights.

transferencia de deudas novation, transfer of debts, assignment of debts.

transferencia de efectivo cash transfer.

transferencia de fondos transfer of funds, assignment of funds.

transferencia de hipoteca transfer of mortgage, assignment of mortgage.

transferencia de ingresos transfer of income, assignment of income, income shifting.

transferencia de mercancías merchandise transfer.

transferencia de poderes transfer of authority.

transferencia de propiedad transfer of property.

transferencia de rentas assignment of rents.

transferencia de riesgo risk transfer, assignment of risk.

transferencia de salario assignment of wages, assignment of salary.

transferencia de tecnología transfer of technology.

transferencia de título transfer of title.

transferencia del dominio transfer of ownership.

transferencia electrónica electronic transfer.

transferencia electrónica de beneficios electronic benefits transfer.

transferencia electrónica de fondos electronic funds transfer.

transferencia electrónica preautorizada preauthorized electronic transfer.

transferencia electrónica segura secure electronic transfer.

transferencia en efectivo cash transfer.

transferencia fraudulenta fraudulent transfer.

transferencia general general transfer.

transferencia incompleta incomplete transfer.

transferencia incondicional absolute transfer, unconditional transfer.

transferencia inversa reverse transfer.

transferencia legal legal transfer.

transferencia libre absolute transfer.

transferencia monetaria money transfer.

transferencia no autorizada unauthorized transfer.

transferencia no recíproca nonreciprocal transfer.

transferencia por tercera parte third party transfer.

transferencia preautorizada preauthorized transfer.

transferencia preferencial assignment with preferences.

transferencia restringida restricted transfer.

transferencia revocable revocable transfer.

transferencia salarial assignment of wages, assignment of salary.

transferencia secundaria secondary transfer.

transferencia sin condiciones absolute transfer.

transferencia telegráfica telegraphic transfer.

transferencia total total transfer.

transferencia voluntaria voluntary transfer, voluntary conveyance.

transferibilidad *f* transferability.

transferible *adj* transferable, alienable.

transferido *adj* transferred, assigned.

transferido electrónicamente electronically transferred.

transferidor *adj* transferring.

transferidor *m* transferor, transferrer, assignor, cedent.

transferir *v* transfer, postpone, cede.

transferir título pass title, transfer title.

transformación *f* transformation.

transformación agraria agrarian transformation.

transfronterizo *adj* cross-border.

transgénico *adj* genetically modified, genetically engineered.

transgresión *f* transgression.

transición *f* transition.

transigencia *f* compromise, tolerance.

transigente *adj* compromising, tolerant.

transigir *v* compromise, settle.

transitar *v* transit.

tránsito *m* transit, traffic, transition.

tránsito aéreo air traffic, air transit.

tránsito, en in transit.

transitoriamente *adv* transitorily.

transitoriedad *f* transitoriness.

transitorio *adj* transitory, temporary.

translación *f* transfer, translation, transcription.

transmisibilidad *f* transmissibility, transferability.

transmisible *adj* transmissible, transferable.

transmisión *f* transmission, transfer,

communication, broadcast.
transmisión automática automatic transfer.
transmisión automática de fondos automatic funds transfer.
transmisión autorizada authorized transfer.
transmisión bancaria banking transfer, bank transfer.
transmisión cablegráfica cable transfer.
transmisión condicional conditional transfer.
transmisión de acciones stock transfer.
transmisión de capital capital transfer.
transmisión de datos data transfer, data transmission.
transmisión de derechos assignment of rights.
transmisión de deudas assignment of debts.
transmisión de efectivo cash transfer.
transmisión de fondos transfer of funds.
transmisión de hipoteca transfer of mortgage.
transmisión de ingresos assignment of income.
transmisión de mercancías merchandise transfer.
transmisión de propiedad transfer of property, transfer of ownership.
transmisión de rentas assignment of rents.
transmisión de riesgo risk transfer.
transmisión de salario assignment of wages, assignment of salary.
transmisión de título transfer of title.
transmisión del dominio transfer of ownership.
transmisión electrónica electronic transfer.
transmisión electrónica de datos electronic data transmission.
transmisión electrónica de fondos electronic funds transfer.
transmisión electrónica preautorizada preauthorized electronic transfer.
transmisión electrónica segura secure electronic transfer.
transmisión en tiempo real real-time transmission.
transmisión fraudulenta fraudulent transfer.
transmisión incompleta incomplete transfer.
transmisión incondicional unconditional transfer.
transmisión monetaria money transfer.
transmisión no autorizada unauthorized transfer.
transmisión por telefacsímil facsimile transmission.
transmisión por tercera parte third party transfer.
transmisión preautorizada preauthorized transfer.
transmisión telegráfica telegraphic transfer.
transmisión voluntaria voluntary conveyance.
transmisor *m* transmitter.
transmitir *v* transmit, transfer, communicate, broadcast.
transnacional *adj* transnational.
transparencia *f* transparency.
transparencia del estado government transparency.
transparencia del gobierno government transparency.
transparencia fiscal fiscal transparency.
transparente *adj* transparent.
transponer *v* transfer.
transportable *adj* transportable.
transportación *f* transportation.
transportador *m* transporter.
transportador aéreo air carrier.
transportador intermedio intermediate carrier.
transportador privado private carrier.
transportar *v* transport, carry, ship.
transporte *m* transport, transportation.

transporte aéreo air transport.
transporte comercial commercial transportation.
transporte de cabotaje cabotage transport.
transporte de personas transportation of people.
transporte de puerta a puerta door-to-door delivery.
transporte fluvial river transportation.
transporte interior inland transport.
transporte marítimo maritime transportation.
transporte mercantil commercial transportation.
transporte pagado hasta carriage paid to.
transporte por agua water transportation.
transporte público public transportation, public transport.
transporte rápido express delivery, rapid transport.
transporte terrestre ground transportation, land transportation.
transporte urgente express delivery.
transporte y seguro pagado carriage and insurance paid.
transportista *m/f* carrier, transporter.
transportista de destino destination carrier.
transportista público public carrier.
tranza *f* attachment.
tras ganancias after-profits.
tras impuestos after-taxes.
tras ventas after-sales.
trasbordar *v* transfer, transship, switch.
trasbordo *m* transfer, transshipment, switch.
trascurrir *v* elapse.
trascurso *m* passage.
trasferencia *f* transference, transfer.
trasferible *adj* transferable.
trasferir *v* transfer, assign.
trasfondo *m* background.
trasformación *f* transformation.
traslación *f* transfer, translation, transcription.
traslación de dominio transfer of ownership.
trasladar *v* transfer, translate, transcribe.
traslado *m* transfer, move, communication, notification, transcript.
traslado absoluto absolute transfer.
traslado automático automatic transfer.
traslado autorizado authorized transfer.
traslado bancario banking transfer.
traslado condicional conditional transfer.
traslado de acciones stock transfer.
traslado de bienes transfer of goods.
traslado de capital capital transfer.
traslado de cartera transfer of portfolio.
traslado de contrato transfer of contract.
traslado de crédito credit transfer.
traslado de cuenta transfer of account.
traslado de débito debit transfer.
traslado de derechos transfer of rights
traslado de deudas novation, transfer of debts.
traslado de fondos transfer of funds.
traslado de hipoteca transfer of mortgage.
traslado de ingresos transfer of income.
traslado de mercancías merchandise transfer.
traslado de propiedad transfer of property.
traslado de riesgos transfer of risks.
traslado electrónico electronic transfer.
traslado fraudulento fraudulent transfer.
traslado general general transfer.
traslado incondicional absolute transfer.
traslado legal legal transfer.
traslado monetario money transfer.
traslado no autorizado unauthorized transfer.
traslado preautorizado preauthorized transfer.

traslado total total transfer.
traslado voluntario voluntary transfer.
traslativo *adj* transferring.
trasmisible *adj* transmissible, transferable.
trasmisión *f* transmission, transfer, communication.
trasmitir *v* transmit, transfer, communicate.
traspapelar *v* misplace among papers.
traspapelarse *v* get misplaced among papers.
traspasable *adj* transferable, transportable, passable.
traspasar *v* transfer, convey, sell, transgress, go beyond limits.
traspasar propiedad transfer property, transfer ownership, convey property, convey ownership.
traspaso *m* transfer, conveyance, transgression, trick.
traspaso absoluto absolute transfer, absolute conveyance.
traspaso automático automatic transfer.
traspaso automático de fondos automatic transfer of funds.
traspaso autorizado authorized transfer.
traspaso bancario bank transfer.
traspaso cablegráfico cable transfer.
traspaso condicional conditional transfer.
traspaso de acciones stock transfer.
traspaso de arrendamiento assignment of lease.
traspaso de capital capital transfer.
traspaso de certificado de depósito certificate of deposit rollover.
traspaso de contrato assignment of contract.
traspaso de crédito credit transfer.
traspaso de cuenta assignment of account.
traspaso de débito debit transfer.
traspaso de deudas assignment of debts.
traspaso de fondos transfer of funds.
traspaso de hipoteca transfer of mortgage.
traspaso de ingresos income shifting.
traspaso de mercancías merchandise transfer.
traspaso de propiedad transfer of ownership, transfer of property, conveyance of ownership, conveyance of property.
traspaso de rentas assignment of rents.
traspaso de riesgo risk transfer.
traspaso de salario assignment of wages.
traspaso de título transfer of title, conveyance of title.
traspaso del dominio transfer of ownership.
traspaso electrónico electronic transfer.
traspaso electrónico de fondos electronic funds transfer.
traspaso electrónico preautorizado preauthorized electronic transfer.
traspaso fraudulento fraudulent transfer.
traspaso incompleto incomplete transfer.
traspaso incondicional absolute transfer, absolute conveyance.
traspaso legal legal transfer.
traspaso monetario money transfer.
traspaso no autorizado unauthorized transfer.
traspaso no recíproco nonreciprocal transfer.
traspaso por tercera parte third party transfer.
traspaso preautorizado preauthorized transfer.
traspaso revocable revocable transfer.
traspaso salarial assignment of wages.
traspaso voluntario voluntary conveyance.
trasponer *v* transfer.
trasportación *f* transportation.
trasportador *m* transporter.
trasportar *v* transport.

trasporte *m* transport, transportation.
trastienda *f* back office.
tratado *m* treaty, agreement.
tratado comercial commercial treaty, trade agreement.
tratado contributivo tax treaty.
tratado contributivo bilateral bilateral tax treaty.
tratado de comercio commerce treaty, trade agreement.
tratado de comercio electrónico e-commerce treaty, e-business treaty.
Tratado de Libre Comercio Free Trade Agreement.
Tratado de Libre Comercio de América del Norte North American Free Trade Agreement, NAFTA.
tratado de negocios business treaty.
tratado de pagos bilateral bilateral payments agreement.
tratado de permuta barter agreement.
tratado económico economic treaty.
tratado empresarial business treaty.
tratado fiscal tax treaty.
tratado impositivo tax treaty.
tratado internacional treaty.
tratado mercantil commercial treaty, mercantile treaty.
tratado multilateral multilateral agreement.
tratado tributario tax treaty.
tratamiento *m* treatment, processing.
tratamiento automático de datos automatic data processing.
tratamiento contable accounting treatment.
tratamiento contributivo tax treatment.
tratamiento de aguas water treatment.
tratamiento de residuos waste treatment.
tratamiento fiscal tax treatment.
tratamiento impositivo tax treatment.
tratamiento tributario tax treatment.
tratante *m/f* dealer.
tratar *v* treat, deal, deal with.
trato *m* treatment, agreement, deal, contract, trade, treaty.
trato colectivo collective bargaining.
trato comercial commercial deal, business deal, trade treaty.
trato de nación más favorecida most-favored nation treatment.
trato de negocios business deal.
trato desigual unequal treatment.
trato doble double-dealing.
trato equitativo equitable treatment, equitable dealing, equitable deal.
trato hecho done deal, we have a deal.
trato preferencial preferential treatment.
trayectoria *f* trajectory.
trayectoria profesional career.
trecho *m* stretch, period.
treintañal *adj* of thirty years.
tren de carga cargo train.
tren de cercanías commuter train.
tren de pasajeros passenger train.
tresdoblar *v* triple.
tresdoble *adj* triple.
treta *f* trick.
tribunal *m* tribunal, court.
tribunal aduanal customs court.
tribunal aduanero customs court.
tribunal arbitral arbitration court.
tribunal de aduanas customs court.

tribunal de arbitraje arbitration court.
tribunal de comercio commercial court.
tribunal de quiebras bankruptcy court.
tribunal de sucesiones probate court.
tribunal de trabajo labor court, labour court.
tribunal laboral labor court, labour court.
tributable *adj* taxable.
tributación *f* tax, taxation, tax payment, tax system.
tributación a la exportación export tax.
tributación a la herencia inheritance tax.
tributación a las ganancias income tax.
tributación a las rentas income tax.
tributación a las transacciones excise tax.
tributación a las utilidades income tax.
tributación a las ventas sales tax.
tributación a los capitales capital stock tax.
tributación a los réditos income tax.
tributación a ocupaciones occupational tax.
tributación acumulativa cumulative tax.
tributación ad valorem ad valorem tax.
tributación adelantada advance tax.
tributación adicional surtax.
tributación aduanal customs duty.
tributación al capital capital tax.
tributación al consumo consumption tax, excise tax.
tributación al valor agregado value-added tax.
tributación anticipada advance tax.
tributación antidumping antidumping tax.
tributación arancelaria customs duty.
tributación básica basic tax.
tributación compensatoria compensatory tax.
tributación complementaria complementary tax, surtax.
tributación comunitaria community tax.
tributación corporativa corporate tax.
tributación de ausentismo absentee tax.
tributación de base amplia broad-base tax.
tributación de capitación capitation tax, poll-tax.
tributación de consumo consumption tax, excise tax.
tributación de emergencia emergency tax.
tributación de estampillado stamp tax.
tributación de exportación export tax.
tributación de fabricación manufacturing tax.
tributación de herencias inheritance tax.
tributación de igualación equalization tax.
tributación de importación import tax.
tributación de inmuebles property tax, real estate tax.
tributación de internación import duty.
tributación de legado inheritance tax.
tributación de lujo luxury tax.
tributación de manufactura manufacturing tax.
tributación de mejoras special assessment, tax assessment.
tributación de mercancía commodity tax.
tributación de no residentes nonresident tax.
tributación de patrimonio capital tax.
tributación de plusvalía capital gains tax.
tributación de privilegio franchise tax.
tributación de productos commodity tax.
tributación de seguro social social security tax.
tributación de sellos stamp tax.
tributación de soltería tax on unmarried persons.
tributación de sucesión inheritance tax.
tributación de testamentaría inheritance tax.
tributación de timbres stamp tax.
tributación de tonelaje tonnage-duty.
tributación de transferencia transfer tax.

tributación de valorización special assessment.
tributación debida tax due.
tributación degresiva degressive tax.
tributación directa direct tax.
tributación doble double taxation.
tributación electoral poll-tax.
tributación en la frontera border tax.
tributación escalonada progressive tax.
tributación especial special tax, extraordinary tax.
tributación específica specific tax.
tributación estatal state tax.
tributación estimada estimated tax.
tributación excesiva excessive tax.
tributación extranjera foreign tax.
tributación extraordinaria surtax.
tributación federal federal tax.
tributación fija fixed tax.
tributación fiscal tax, national tax.
tributación general general tax.
tributación hereditaria inheritance tax.
tributación hipotecaria mortgage tax.
tributación ilegal illegal tax.
tributación indirecta indirect tax.
tributación industrial professional services tax.
tributación inmobiliaria property tax, real estate tax.
tributación innecesaria unnecessary tax.
tributación interna internal tax.
tributación local local tax.
tributación máxima maximum tax.
tributación media average tax.
tributación mínima minimum tax.
tributación múltiple multiple taxation.
tributación municipal municipal tax.
tributación negativa negative tax.
tributación no deducible nondeductible tax.
tributación normal tax, normal tax.
tributación oculta hidden tax.
tributación opcional optional tax.
tributación ordinaria tax.
tributación pagada tax paid.
tributación patrimonial capital tax.
tributación per cápita per capita tax.
tributación personal personal tax.
tributación por cabeza poll-tax.
tributación portuaria port charges.
tributación predial property tax.
tributación profesional occupational tax.
tributación progresiva progressive tax.
tributación proporcional proportional tax.
tributación pública public tax.
tributación real property tax, real estate tax.
tributación regresiva regressive tax.
tributación represiva repressive tax.
tributación retenida retained tax.
tributación según el valor ad valorem tax.
tributación sobre beneficios profits tax.
tributación sobre bienes property tax, real estate tax.
tributación sobre bienes inmuebles property tax, real estate tax.
tributación sobre bienes muebles personal property tax.
tributación sobre compras purchase tax.
tributación sobre compraventa sales tax.
tributación sobre concesiones franchise tax.
tributación sobre diversiones amusement tax.
tributación sobre dividendos dividend tax.
tributación sobre donaciones gift tax.
tributación sobre el consumo excise tax.

tributación sobre el ingreso income tax.
tributación sobre el juego gambling tax.
tributación sobre el lujo luxury tax.
tributación sobre el patrimonio property tax, capital tax, net worth tax.
tributación sobre el patrimonio neto net worth tax.
tributación sobre el valor agregado value-added tax.
tributación sobre el valor añadido value-added tax.
tributación sobre empleo employment tax.
tributación sobre entradas admissions tax.
tributación sobre franquicias franchise tax.
tributación sobre ganancias profit tax.
tributación sobre ganancias de capital capital gains tax.
tributación sobre herencias inheritance tax.
tributación sobre ingresos income tax.
tributación sobre inmuebles property tax, real estate tax.
tributación sobre la nómina payroll tax.
tributación sobre la propiedad property tax, real estate tax.
tributación sobre la renta income tax.
tributación sobre las sociedades corporate tax.
tributación sobre las ventas sales tax.
tributación sobre los beneficios profit tax.
tributación sobre salarios salary tax.
tributación sobre transferencias transfer tax.
tributación sobre transmisiones transfer tax.
tributación sobre ventas sales tax.
tributación sucesoria inheritance tax.
tributación suntuaria luxury tax.
tributación suplementaria supplemental tax.
tributación terrestre property tax, real estate tax.
tributación territorial land tax.
tributación única nonrecurrent tax, single tax.
tributaciones acumuladas accrued taxes.
tributaciones acumulativas cumulative taxes.
tributaciones atrasadas back taxes.
tributaciones comerciales business taxes.
tributaciones corporativas corporate taxes.
tributaciones de aduanas customs duties.
tributaciones de empleados employee contributions.
tributaciones de rentas internas internal revenue taxes.
tributaciones diferidas deferred taxes.
tributaciones federales federal taxes.
tributaciones ilegales illegal taxes.
tributaciones locales local taxes.
tributaciones morosas delinquent taxes.
tributaciones nacionales national taxes.
tributaciones prepagadas prepaid taxes.
tributaciones proporcionales proportional taxes.
tributaciones prorrateadas apportioned taxes.
tributaciones retenidas withheld taxes.
tributante *adj* taxpaying.
tributante *m/f* taxpayer.
tributar *v* pay taxes, pay.
tributario *adj* tax, tributary, fiscal.
tributo *m* tribute, tax.
tributo a la herencia inheritance tax.
tributo a las ganancias income tax.
tributo a las rentas income tax.
tributo a las transacciones excise tax.
tributo a las utilidades income tax.
tributo a las ventas sales tax.
tributo a los réditos income tax.

tributo ad valorem ad valorem tax.
tributo adicional surtax.
tributo aduanal customs duty.
tributo al consumo consumption tax, excise tax.
tributo al valor agregado value-added tax.
tributo anticipado advance tax.
tributo básico basic tax.
tributo compensatorio compensatory tax.
tributo complementario complementary tax, surtax.
tributo comunitario community tax.
tributo de ausentismo absentee tax.
tributo de base amplia broad-base tax.
tributo de capitación capitation tax, poll-tax.
tributo de emergencia emergency tax.
tributo de estampillado stamp tax.
tributo de exportación export tax.
tributo de fabricación manufacturing tax.
tributo de herencias inheritance tax.
tributo de igualación equalization tax.
tributo de importación import tax.
tributo de inmuebles property tax, real estate tax.
tributo de legado inheritance tax.
tributo de manufactura manufacturing tax.
tributo de mejoras special assessment, tax assessment.
tributo de mercancía commodity tax.
tributo de patrimonio capital tax.
tributo de plusvalía capital gains tax.
tributo de privilegio franchise tax.
tributo de seguro social social security tax.
tributo de sellos stamp tax.
tributo de sucesión inheritance tax.
tributo de testamentaría inheritance tax.
tributo de timbres stamp tax.
tributo de transferencia transfer tax.
tributo de valorización special assessment.
tributo debido tax due.
tributo degresivo degressive tax.
tributo directo direct tax.
tributo doble double taxation.
tributo electoral poll-tax.
tributo en la frontera border tax.
tributo escalonado progressive tax.
tributo especial special tax, extraordinary tax.
tributo estatal state tax.
tributo estimado estimated tax.
tributo excesivo excessive tax.
tributo extraordinario surtax.
tributo fijo fixed tax.
tributo fiscal tax, national tax.
tributo general general tax.
tributo hereditario inheritance tax.
tributo hipotecario mortgage tax.
tributo ilegal illegal tax.
tributo indirecto indirect tax.
tributo individual sobre la renta individual's income tax.
tributo industrial professional services tax.
tributo inmobiliario property tax, real estate tax.
tributo máximo maximum tax.
tributo mínimo minimum tax.
tributo múltiple multiple taxation.
tributo negativo negative tax.
tributo no deducible nondeductible tax.
tributo normal tax, normal tax.
tributo oculto hidden tax.
tributo opcional optional tax.
tributo ordinario tax.
tributo pagado tax paid.

tributo patrimonial capital tax.
tributo per cápita per capita tax.
tributo personal personal tax.
tributo por cabeza poll-tax.
tributo predial property tax, real estate tax.
tributo progresivo progressive tax.
tributo proporcional proportional tax.
tributo público public tax.
tributo real property tax, real estate tax.
tributo regresivo regressive tax.
tributo represivo repressive tax.
tributo según el valor ad valorem tax.
tributo sobre beneficios profits tax.
tributo sobre beneficios extraordinarios excess profits tax.
tributo sobre bienes property tax, real estate tax.
tributo sobre bienes inmuebles property tax, real estate tax.
tributo sobre bienes muebles personal property tax.
tributo sobre compras purchase tax.
tributo sobre compraventa sales tax.
tributo sobre concesiones franchise tax.
tributo sobre diversiones amusement tax.
tributo sobre dividendos dividend tax.
tributo sobre donaciones gift tax.
tributo sobre el consumo consumption tax, excise tax.
tributo sobre el ingreso income tax.
tributo sobre el lujo luxury tax.
tributo sobre entradas admissions tax.
tributo sobre franquicias franchise tax.
tributo sobre ganancias profit tax.
tributo sobre ganancias de capital capital gains tax.
tributo sobre ingresos income tax.
tributo sobre la nómina payroll tax.
tributo sobre la propiedad property tax, real estate tax.
tributo sobre la renta income tax.
tributo sobre las sociedades corporate tax.
tributo sobre las ventas sales tax.
tributo sobre los ingresos brutos gross receipts tax.
tributo sobre producción production tax.
tributo sobre salarios salary tax.
tributo sobre transferencias transfer tax.
tributo sobre transmisiones transfer tax.
tributo sobre ventas sales tax.
tributo sucesorio inheritance tax.
tributo suntuario luxury tax.
tributo suplementario supplemental tax.
tributo terrestre property tax, real estate tax.
tributo territorial land tax.
tributo único nonrecurrent tax, single tax.
tributos acumulados accrued taxes.
tributos acumulativos cumulative taxes.
tributos atrasados back taxes.
tributos calculados estimated taxes, calculated taxes.
tributos comerciales business taxes.
tributos corporativos corporate taxes.
tributos de aduanas customs duties.
tributos diferidos deferred taxes.
tributos federales federal taxes.
tributos ilegales illegal taxes.
tributos locales local taxes.
tributos morosos delinquent taxes.
tributos nacionales national taxes.
tributos prepagados prepaid taxes.

tributos proporcionales proportional taxes.
tributos prorrateados apportioned taxes.
tributos retenidos withheld taxes.
trimestral *adj* trimestrial, quarterly.
trimestralmente *adv* trimestrially, quarterly.
trimestre *adj* trimestrial, quarterly.
trimestre *m* trimester, quarter, quarterly payment.
trimestre fiscal fiscal quarter.
tripartición *f* tripartition.
tripartir *v* tripart.
triple indemnización triple indemnity.
triple protección triple protection.
triplicado *adj* triplicate.
trisemanal *adj* triweekly.
trocable *adj* exchangeable.
trocado *adj* distorted, changed.
trocador *m* exchanger, changer.
trocamiento *m* exchange, change, distortion.
trocante *adj* exchanging, changing.
trocar *v* exchange, change, confuse.
truco *m* trick, gimmick.
truco de publicidad advertising gimmick, advertising trick.
truco publicitario advertising gimmick, advertising trick.
trueque *m* barter, exchange.
truhán *adj* cheating, knavish.
truhán *m* cheat, knave.
truhanamente *adv* deceitfully, knavishly.
truhanear *v* cheat.
truhanería *f* cheating, gang of cheats.
truncado *adj* truncated.
truncamiento *m* truncation.
truncar *v* truncate.
trust *m* trust.
turismo *m* tourism.
turnar *v* alternate.
turno *m* turn, shift.
turno continuo continuous shift.
turno de día day shift.
turno de media noche graveyard shift.
turno de noche night shift.
turno de tarde swing shift.
turno de trabajo work shift.
turno discontinuo split shift.
turno diurno day shift.
turno dividido split shift.
turno nocturno night shift.
turno rotativo rotating shift.
turno rotatorio rotating shift.
turno vespertino evening shift, twilight shift.
TV (televisión) TV.

U

ubicación *f* location.
ubicación permanente permanent location.
ubicación temporal temporary location.
ubicar *v* locate.
ubicarse *v* to be located, orient oneself, become employed.
UE (Unión Europea) European Union.
UEM (Unión Económica y Monetaria) Economic and Monetary Union.
última advertencia final warning.

último *adj* last, latest, best, farthest, final.
último aviso final notification.
último pago last payment.
último precio last price.
último precio cotizado closing price.
ultraderechista *adj* extreme right wing.
ultraderechista *m/f* extreme right winger.
ultraizquierdista *adj* extreme left wing.
ultraizquierdista *m/f* extreme left winger.
ultramar *m* overseas.
umbral *m* threshold.
umbral de pobreza poverty line, poverty threshold.
umbral de rentabilidad break-even point.
UME (Unión Monetaria Europea) European Monetary Union.
unánime *adj* unanimous.
unánimemente *adv* unanimously.
unanimidad *f* unanimity.
únicamente *adv* only, solely.
único propietario sole proprietor.
unidad *f* unit, unity.
unidad arrendada leased unit.
unidad bancaria banking unit.
unidad comercial commercial unit.
unidad contable accounting unit.
unidad corporativa corporate unit.
unidad de acatamiento compliance unit.
unidad de acumulación accumulation unit.
unidad de atención al cliente customer service unit.
unidad de auditoría audit unit.
unidad de autorizaciones authorization unit.
unidad de bienestar social social welfare unit.
unidad de capacitación training unit.
unidad de certificación certification unit.
unidad de cobranza collection unit.
unidad de cobros collection unit.
unidad de comercialización marketing unit.
unidad de comercio commerce unit, trade unit.
unidad de comercio exterior foreign trade unit.
unidad de compras purchasing unit.
unidad de comunicaciones communications unit.
unidad de contabilidad accounting unit.
unidad de contribuciones tax unit.
unidad de corretaje brokerage unit.
unidad de coste cost unit.
unidad de costo cost unit.
unidad de crédito credit unit.
unidad de cuenta unit of account.
unidad de cumplimiento compliance unit.
unidad de desarrollo development unit.
unidad de distribución distribution unit.
unidad de exportación export unit.
unidad de facturación billing unit.
unidad de formación training unit.
unidad de habilitación training unit.
unidad de hipotecas mortgage unit.
unidad de importación import unit.
unidad de impuestos tax unit.
unidad de intereses unity of interest.
unidad de investigación research unit.
unidad de investigación y desarrollo research and development unit.
unidad de liquidaciones settlement unit.
unidad de mantenimiento maintenance unit.
unidad de marketing marketing unit.
unidad de medida unit of measurement.
unidad de mercadeo marketing unit.
unidad de moneda monetary unit.
unidad de muestra sample unit.

unidad de muestreo unit of sampling.
unidad de negociaciones bargaining unit.
unidad de negocios business unit.
unidad de nóminas payroll unit.
unidad de operaciones operations unit.
unidad de órdenes order unit.
unidad de personal personnel unit.
unidad de planificación planning unit.
unidad de posesión unity of possession.
unidad de préstamos loan unit.
unidad de producción production unit.
unidad de publicidad advertising unit.
unidad de reaseguro reinsurance unit.
unidad de reclamaciones claims unit.
unidad de recursos humanos human resources unit.
unidad de relaciones industriales industrial relations unit.
unidad de relaciones públicas public relations unit.
unidad de salud health unit.
unidad de sanidad health unit.
unidad de seguros insurance unit.
unidad de servicio service unit.
unidad de servicio al cliente customer service unit.
unidad de tiempo unity of time.
unidad de título unity of title.
unidad de trabajo work unit.
unidad de tránsito transit unit.
unidad de valor unit of value.
unidad de ventas sales unit.
unidad derivada derivative unit.
unidad económica economic unity.
unidad empresarial business unit.
Unidad Estratégica de Negocios Strategic Business Unit.
unidad exportadora export unit.
unidad extranjera foreign unit.
unidad familiar family unit.
unidad fiduciaria trust unit.
unidad financiera finance unit.
unidad fiscal tax unit.
unidad general general unit.
unidad gubernamental governmental unit.
unidad hipotecaria mortgage unit.
unidad importadora import unit.
unidad mercantil commercial unit, mercantile unit.
unidad monetaria monetary unit, currency unit.
unidad política political unit.
unidad publicitaria advertising unit.
unidad regional regional unit.
unidades equivalentes equivalent units.
unificación *f* unification.
unificado *adj* unified.
unificar *v* unify.
uniformar *v* standardize.
uniforme *adj* uniform.
uniformemente *adv* uniformly.
uniformidad *f* uniformity.
unilateral *adj* unilateral.
unilateralmente *adv* unilaterally.
unión *f* union, merger, unity.
unión abierta open union.
unión aduanera customs union.
unión afiliada affiliated union.
unión arancelaria customs union.
unión bancaria banking syndicate.
unión cerrada closed union.
unión crediticia credit union.

unión de crédito credit union.
unión de empleados labor union, labour union.
unión de industria industrial union.
unión de oficio trade union.
unión de trabajadores labor union, labour union.
unión económica economic union, economic community.
Unión Económica y Monetaria Economic and Monetary Union.
Unión Europea European Union.
unión gremial labor union, labour union, trade union.
unión horizontal horizontal union.
unión independiente independent union.
unión industrial industrial union.
unión internacional international union.
unión laboral labor union, labour union.
unión local local union.
unión monetaria monetary union.
Unión Monetaria Europea European Monetary Union.
unión no afiliada unaffiliated union.
unión obrera trade union, labor union, labour union.
unión política political union.
unión profesional professional organization.
unión sindical labor union, labour union.
unión vertical vertical union.
unionista *adj* unionist.
unionista *m/f* unionist.
unipersonal unipersonal.
unir *v* unite, confuse.
universal *adj* universal.
universalmente *adv* universally.
universidad de negocios business university, business college, business school.
universo *m* universe.
universo de inversiones universe of investments.
universo de productos world of products, universe of products.
urbanismo *m* urban development, city planning.
urbanización *f* urbanization, development, city planning.
urbanizar *v* urbanize, develop.
urbano *adj* urban.
urbe *f* metropolis.
urgente *adj* urgent, express.
urgentemente *adv* urgently.
usado *adj* used, customary.
usanza *f* custom.
usar *v* use, to be accustomed.
uso *m* use, usage, custom.
uso anterior previous use.
uso autorizado authorized use.
uso beneficioso beneficial use.
uso comercial business use, commercial use.
uso compartido shared use.
uso corporativo corporate usage.
uso designado designated use.
uso empresarial business usage.
uso especial special use.
uso fácil, de user-friendly.
uso indebido improper use.
uso mercantil commercial usage.
uso no autorizado unauthorized use.
uso ocasional occasional use.
uso preexistente preexisting use.
uso privado private use.
uso provechoso beneficial use.
uso público public use.

uso regular regular use.
uso restringido restricted use.
uso y desgaste wear and tear.
uso y ocupación use and occupation.
usos comerciales commercial customs.
usos convencionales customs.
usos locales local customs.
usos y costumbres custom and practices.
usual *adj* usual.
usualmente *adv* usually.
usuario *m* user, usufructuary.
usuario actual actual user, present user.
usuario de tarjeta cardholder.
usuario final final user.
usuario potencial potential user.
usuario real real user, actual user.
usuario regular regular user.
usuario registrado registered user.
usufructo *m* usufruct, use.
usufructo imperfecto imperfect usufruct.
usufructo perfecto perfect usufruct.
usufructuario *adj* usufructuary.
usura *f* usury, profiteering, interest, profit.
usurar *v* practice usury, profiteer, charge interest, profit.
usurariamente *adv* usuriously.
usurario *adj* usurious.
usurear *v* practice usury, profiteer, charge interest, profit.
usurero *m* usurer, profiteer, moneylender, pawnbroker.
usurpador *m* usurper, person that misappropriates, encroacher.
usurpar *v* usurp, misappropriate, encroach.
útil *adj* useful, working, interest-bearing, legal.
útiles de oficina office supplies.
utilidad *f* utility, usefulness, profit, interest.
utilidad acumulada accumulated profit.
utilidad antes de contribuciones pretax profit, before-tax profit.
utilidad antes de impuestos pretax profit, before-tax profit.
utilidad bruta gross profit.
utilidad capitalizada capitalized profit.
utilidad contable book profit, accounting profit.
utilidad de explotación operating profit.
utilidad de operaciones operating profit.
utilidad decreciente diminishing returns.
utilidad después de impuestos after-tax profit.
utilidad financiera financial profit.
utilidad líquida net profit, clear profit.
utilidad marginal marginal utility.
utilidad neta net profit, clear profit.
utilidad no realizada unrealized profit.
utilidad operativa operating profit.
utilidad realizada realized profit.
utilidad retenida retained profit.
utilidad tributable taxable profit.
utilidades *f* profits, earnings, returns.
utilidades a distribuir undivided profits.
utilidades anticipadas anticipated profits.
utilidades esperadas anticipated profits.
utilidades gravables taxable profits.
utilidades imponibles taxable profits.
utilidades impositivas taxable profits.
utilidades marginales marginal profits.
utilidades tributables taxable profits.
utilitarismo *m* utilitarianism.
utilitarista *adj* utilitarian.
utilitarista *m/f* utilitarian.

utilizable *adj* utilizable, available.
utilización *f* utilization, use.
utilización de la capacidad capacity utilization.
utilizado *adj* utilized, used.
utilizar *v* utilize, use.
útilmente *adv* usefully, profitably.

V

vacación *f* vacation, holiday.
vacaciones anuales annual vacation.
vacaciones anuales pagadas paid annual vacation.
vacaciones anuales retribuidas paid annual vacation.
vacaciones pagadas paid vacation.
vacaciones retribuidas paid vacation.
vacancia *f* vacancy.
vacante *adj* vacant, available.
vacante *f* vacancy, opening, vacation.
vacar *v* to become vacant, to be unoccupied, to be unemployed.
vaciar *v* empty, excavate.
vacilar *v* vacillate, hesitate.
vacío *adj* empty, vacant, uninhabited, useless, idle.
vacío *m* vacuum, gap.
vacío inflacionario inflationary gap.
vacío legal legal vacuum, loophole.
vaco *adj* vacant.
vaguedad *f* vagueness.
vaivén *m* fluctuation, changeableness, risk.
vaivenes del mercado market swings.
vale *m* promissory note, scrip, IOU, voucher, receipt, token.
vale al portador bearer scrip.
valedero *adj* valid, binding.
valer *v* to be worth, to cost, to be of value, to be valid.
valía *f* value, worth, influence.
validación *f* validation, validity.
válidamente *adv* validly.
validar *v* validate.
validez *f* validity.
validez de los contratos validity of contracts.
válido *adj* valid, strong.
valija *f* valise, mailbag, mail.
valioso *adj* valuable.
valla publicitaria billboard, hoarding.
valor *m* value, importance, effectiveness, yield, valor.
valor a la par par value.
valor activo asset.
valor actual actual value, present value.
valor actual de anualidad present value of annuity.
valor actual en efectivo present cash value.
valor actual en el mercado present market value.
valor actual neto net present value.
valor acumulado accumulated value.
valor adquisitivo purchasing power.
valor aduanero customs value.
valor agregado value added, added value.
valor agregado bruto gross added value.
valor agregado neto net value added.
valor ajustado adjusted value.
valor al vencimiento maturity value.

valor amortizado amortized value, depreciated value.
valor añadido value added, added value.
valor añadido neto net value added.
valor aparente apparent value.
valor aproximado approximate value.
valor asegurable insurable value.
valor aumentado increased value.
valor base base value.
valor básico basic value.
valor bruto gross value.
valor bursátil market value.
valor calculado calculated value.
valor capital capital value.
valor capitalizado capitalized value.
valor catastral cadastral value, assessed valuation.
valor cierto fixed value.
valor comercial fair market value, commercial value.
valor comparable comparable worth.
valor comparativo comparative value.
valor computado computed value.
valor condicional conditional value.
valor construido constructed value.
valor contable book value, accounting value.
valor contable ajustado adjusted book value.
valor contable bruto gross book value.
valor contable por acción book value per share.
valor contractual contract value.
valor convenido agreed value.
valor corriente current value.
valor corriente de mercado current market value.
valor cotizado quoted value.
valor de activos asset value.
valor de adquisición purchase value, acquisition value.
valor de aduanas customs value.
valor de afección sentimental value.
valor de alquiler rental value.
valor de cambio exchange value.
valor de compra purchase value, acquisition value.
valor de conversión conversion value.
valor de coste cost value.
valor de costo cost value.
valor de denominación denomination value.
valor de disolución breakup value.
valor de emisión issue price.
valor de empresa en marcha going concern value.
valor de factura invoice value.
valor de inversión investment value.
valor de la empresa enterprise value.
valor de libros book value.
valor de liquidación liquidation value.
valor de mercado market value, fair market value.
valor de mercado base base market value.
valor de mercado privado private market value.
valor de negocio en marcha going concern value.
valor de paridad par value.
valor de posesión carrying value.
valor de préstamo loan value.
valor de realización liquidation value.
valor de redención redemption value.
valor de reemplazo replacement value.
valor de reposición replacement value.
valor de reproducción reproduction value.
valor de rescate surrender value.
valor de rescate en efectivo cash surrender value.
valor de reventa resale value.
valor de salida exit value.

valor de salida esperado expected exit value.
valor de tasación appraisal value.
valor de transacción transaction value.
valor de venta sale value.
valor declarado declared value.
valor decreciente decreasing value.
valor del capital capital value.
valor del colateral collateral value.
valor del contrato contract value.
valor del dinero value of money.
valor depreciado depreciated value.
valor descontado discounted value.
valor económico economic value.
valor efectivo cash value.
valor en cuenta value in account.
valor en efectivo cash value.
valor en el mercado market value, fair market value.
valor en el mercado actual actual market value.
valor en el mercado al contado cash market value.
valor en libros book value.
valor en plaza market value, fair market value.
valor en prenda pledged security.
valor en uso value in use.
valor equitativo equitable value, fair value.
valor esperado expected value.
valor estimado estimated value.
valor extrínseco extrinsic value.
valor facial face value.
valor fiscal assessed value, fiscal value, taxable value.
valor futuro de una anualidad future value of an annuity.
valor gravable taxable value.
valor imponible taxable value.
valor impositivo taxable value.
valor imputado imputed value.
valor inmobiliario real estate value, property value.
valor intangible intangible value.
valor intrínseco intrinsic value.
valor justo fair value.
valor justo en el mercado fair market value.
valor justo y razonable fair and reasonable value.
valor liquidativo liquidating value.
valor llave goodwill.
valor locativo rental value.
valor marginal marginal value.
valor medio mean value.
valor monetario monetary value.
valor monetario esperado expected monetary value.
valor necesario necessary value.
valor negativo negative value.
valor negociable negotiable value.
valor neto net value, net worth.
valor neto efectivo effective net worth.
valor neto en libros net book value.
valor neto negativo negative net worth.
valor no amortizado unamortized value.
valor no cotizado unlisted security.
valor no declarado undeclared value.
valor nominal nominal value, face amount, face value.
valor nominal de un bono face amount of bond.
valor nominal de una póliza face amount of policy.
valor normal normal value.
valor numérico numerical value.
valor objetivo objective value.

valor oficial official value.
valor pasivo liability.
valor por escasez scarcity value.
valor presente descontado discounted present value.
valor presente neto net present value.
valor promedio blended value.
valor razonable reasonable value.
valor real real value, actual value.
valor real del dinero real value of money.
valor real en el mercado actual market value.
valor realizable realizable value.
valor realizable neto net realizable value.
valor recibido value received.
valor reconstruido reconstructed value, constructed value.
valor requerido required value.
valor residual residual value, salvage value.
valor reversionario reversionary value.
valor según libros book value.
valor sentimental sentimental value.
valor sobre la par above par value.
valor tangible tangible value.
valor tasado appraised value.
valor teorético theoretical value.
valor total aggregate value, total value.
valor tributable taxable value.
valor unitario unit value.
valor venal sales price.
valoración *f* valuation, appraisal, increase the value.
valoración actuarial actuarial valuation.
valoración catastral assessed valuation, cadastral valuation.
valoración de activos valuation of assets.
valoración de daños assessment of damages.
valoración de existencias valuation of stock, valuation of inventory.
valoración de la pérdida valuation of loss.
valoración de la póliza valuation of policy.
valoración de propiedad property appraisal.
valoración del mercado market valuation.
valoración excesiva overvaluation.
valorado *adj* valued, assessed.
valorar *v* value, appraise, assess, increase the value of, mark-up.
valorear *v* value, appraise, assess, increase the value of, mark-up.
valores *m* securities, valuables, assets, values.
valores a corto plazo short-term securities.
valores a largo plazo long-term securities.
valores a mediano plazo medium-term securities.
valores a medio plazo medium-term securities.
valores activos active securities.
valores al portador bearer securities.
valores bancarios bank securities.
valores barométricos barometer securities.
valores convertibles convertible securities.
valores cotizados listed securities, quoted securities.
valores de agencia agency securities.
valores de agencias federales federal agency securities.
valores de banco bank securities.
valores de bolsa listed securities.
valores de ingreso fijo fixed-income securities.
valores de primera calidad blue-chip securities, gilt-edge securities.
valores de primera clase blue-chip securities, gilt-edge securities.

valores de renta fija fixed-income securities.
valores del estado government securities, state securities.
valores del gobierno government securities.
valores del gobierno federal federal government securities.
valores del mercado monetario money market securities.
valores derivados derivative securities.
valores disponibles available securities.
valores elegibles eligible securities.
valores en cartera portfolio.
valores en custodia securities in custody.
valores especulativos speculative securities.
valores exentos exempt securities.
valores exentos de contribuciones tax-exempt securities.
valores exentos de impuestos tax-exempt securities.
valores extranjeros foreign securities.
valores garantizados guaranteed securities.
valores gubernamentales government securities.
valores hipotecarios mortgage securities.
valores inactivos inactive securities.
valores indicativos de tendencias bellwether securities.
valores líquidos liquid securities.
valores mutilados mutilated securities.
valores negociables negotiable securities.
valores no cotizados unlisted securities, unquoted securities.
valores no gravables nontaxable securities.
valores no imponibles nontaxable securities.
valores no tributables nontaxable securities.
valores pignorados pledged securities.
valores preferidos preferred securities.
valores prestados loaned securities.
valores punteros blue-chip securities, gilt-edge securities.
valores realizables liquid assets.
valores redimibles redeemable securities.
valores registrados registered securities.
valores regulados regulated securities.
valores respaldados por hipotecas mortgage-backed securities.
valores retirados retired securities.
valores sin certificado certificateless securities.
valores subordinados junior securities.
valores transferibles transferable securities.
valores transmisibles negotiable securities.
valoría f value, appraised value.
valorización f valuation, appraisal, assessment, increase in the value.
valorización independiente independent appraisal.
valorizar v value, appraise, increase the value of, mark-up.
valuación f valuation, appraisal, assessment, increase in the value.
valuación actuarial actuarial valuation.
valuación aduanera customs valuation.
valuación alterna alternate valuation.
valuación catastral assessed valuation, cadastral valuation.
valuación contable accounting valuation.
valuación de activos valuation of assets.
valuación de aduanas customs valuation.
valuación de existencias inventory valuation.
valuación de inventario inventory valuation.
valuación de la póliza valuation of policy.

valuación fiscal fiscal valuation, tax valuation.
valuación negociada agreed valuation.
valuación prospectiva prospective valuation.
valuador m valuator, appraiser, assessor.
valuar v value, appraise.
VAN (valor actual neto) net present value.
vandalismo m vandalism.
vanguardia f vanguard.
varadero m dry dock.
variabilidad f variability.
variabilidad del producto product variability.
variabilidad estacional seasonal variability.
variable adj variable.
variable f variable.
variable aletoria random variable.
variable dependiente dependent variable.
variable independiente independent variable.
variable inducida induced variable.
variablemente adv variably.
variables incontrolables uncontrollable variables.
variación f variation, variance.
variación cíclica cyclical variation.
variación de costes cost variance, cost variation.
variación de costos cost variance, cost variation.
variación de precios price variation, price variance.
variación estacional seasonal variation.
variación estándar standard variation.
variación mínima minimum variation.
variaciones aletorias random variances.
variante adj variant.
variante f variant.
varianza f variance.
varianza de cantidad quantity variance.
varianza de eficiencia efficiency variance.
varianza de ganancias profit variance.
varianza de materiales materials variance.
varianza de precio price variance.
varianza favorable favorable variance.
varianza laboral labor variance, labor variance.
variar v vary.
vecinal adj vicinal.
vecinamente adv nearby, contiguously.
vecindad f vicinity, neighborhood, legal residence.
vecindario m vicinity, neighborhood.
vecino adj neighboring, similar.
vecino m neighbor, resident, tenant.
veda f prohibition.
vedado adj prohibited.
vedamiento m prohibition.
vedar v prohibit, hinder.
veedor m supervisor, inspector.
vehículo m vehicle, carrier, means.
vehículo comercial commercial vehicle.
vehículo corporativo corporate vehicle.
vehículo de la compañia company vehicle.
vehículo de motor motor vehicle.
vehículo de negocios business vehicle.
vehículo de publicidad advertising vehicle.
vehículo empresarial business vehicle.
vehículo mercantil commercial vehicle.
vehículo publicitario advertising vehicle.
velo corporativo corporate veil.
velocidad de circulación velocity of circulation.
veloz adj rapid.
velozmente adv rapidly.
vencer v mature, expire, defeat.
vencido adj due, expired, in arrears, defeated.
vencido e impago due and unpaid.
vencido y pagadero due and payable.

vencimiento *m* maturity, expiration.
vencimiento acelerado accelerated maturity.
vencimiento anticipado accelerated maturity.
vencimiento contractual contractual maturity.
vencimiento corriente current maturity.
vencimiento de empréstito loan maturity.
vencimiento de préstamo loan maturity.
vencimiento fijo fixed maturity.
vencimiento medio average maturity.
vencimiento medio ponderado weighted average maturity.
vencimiento obligatorio obligatory maturity.
vencimiento original original maturity.
vencimiento promedio average maturity.
vencimiento típico typical maturity.
vencimientos apareados matched maturities.
vendedor *m* seller, salesperson, salesman, sales clerk, bargainer.
vendedor a comisión commission seller.
vendedor a domicilio door-to-door seller.
vendedor ambulante traveling seller, peddler, pedlar.
vendedor callejero street vendor, peddler, pedlar.
vendedor descubierto short seller.
vendedor directo direct seller.
vendedor en firme firm seller.
vendedor firme firm seller.
vendedor marginal marginal seller.
vendeja *f* public sale.
vender *v* sell, sell out.
vender a comisión sell on commission.
vender a crédito sell on credit.
vender al contado sell for cash.
vender al descubierto sell short.
vender al por mayor wholesale.
vender al por menor retail.
vender al público sell to the public.
vender en línea sell online.
vender en remate auction, auction off.
vender online sell online.
vender por Internet sell through the Internet.
vendí *m* bill of sale.
vendible *adj* salable, marketable.
vendido *adj* sold.
venduta *f* auction.
vendutero *m* auctioneer.
venidero *adj* coming, forthcoming, upcoming.
venideros *m* successors, heirs.
venta *f* sale, selling, sales contract.
venta a crédito credit sale.
venta a cuenta sale on account.
venta a ensayo sale on approval.
venta a granel bulk sale.
venta a la apertura sale at the opening.
venta a plazos installment sale.
venta a prueba sale on approval.
venta absoluta absolute sale.
venta acordada agreed sale.
venta agresiva hard sale.
venta aislada isolated sale.
venta al cierre sale at the closing.
venta al contado cash sale.
venta al descubierto short sale.
venta al detal retailing, retail sale.
venta al detalle retailing, retail sale.
venta al martillo auction.
venta al menudeo retailing, retail sale.
venta al por mayor wholesaling.
venta al por menor retailing, retail sale.
venta apareada matched sale.

venta comercial commercial sale.
venta compulsiva forced sale.
venta compulsoria compulsory sale.
venta con garantía sale with warranty.
venta condicional conditional sale.
venta corporativa corporate sale.
venta cruzada crossed sale.
venta de apertura opening sale.
venta de bloque block sale.
venta de bonos bond sale.
venta de cierre closing sale.
venta de comercio electrónico e-commerce sale, e-business sale.
venta de liquidación clearance sale, liquidation sale.
venta de negocios business sale.
venta de pagos diferidos deferred-payment sale.
venta de saldos remnant sale, clearance sale.
venta directa direct sale, direct selling.
venta domiciliaria door-to-door selling.
venta efectiva effective sale.
venta empresarial business sale.
venta en almoneda auction.
venta en bloque bulk sale.
venta en consignación consignment sale.
venta en cuenta sale on account.
venta en cuotas installment sale.
venta en descubierto short sale.
venta en línea online sale.
venta en remate auction.
venta fácil easy sale.
venta ficticia simulated sale.
venta final final sale.
venta firme firm sale.
venta forzada forced sale.
venta forzosa forced sale.
venta fraudulenta fraudulent sale.
venta futura future sale, forward sale.
venta hipotecaria foreclosure sale.
venta incondicional unconditional sale.
venta judicial judicial sale.
venta libre de impuestos duty-free sale.
venta mayorista wholesaling.
venta mercantil mercantile sale.
venta minorista retailing, retail sale.
venta necesaria necessary sale.
venta negociada negotiated sale.
venta normal normal sale.
venta ocasional occasional sale.
venta online online sale.
venta parcial partial sale.
venta particular private sale.
venta piramidal pyramid selling.
venta privada private sale.
venta pública public sale, public auction.
venta pura y simple absolute sale.
venta restringida restricted sale.
venta simulada simulated sale.
venta sujeta a aprobación sale on approval.
venta voluntaria voluntary sale.
ventaja *f* advantage, profit, additional pay.
ventaja absoluta absolute advantage.
ventaja comercial commercial advantage.
ventaja comparativa comparative advantage.
ventaja competitiva competitive advantage.
ventaja competitiva desleal unfair competitive advantage.
ventaja competitiva injusta unfair competitive advantage.
ventaja de rendimiento yield advantage.

ventaja desleal unfair advantage.
ventaja diferencial differential advantage.
ventaja fiscal tax advantage.
ventaja impositiva tax advantage.
ventaja injusta unfair advantage.
ventajista *m/f* opportunist.
ventajosamente *adv* advantageously.
ventajoso *adj* advantageous, profitable.
ventana de descuento discount window.
ventana de oportunidad window of opportunity.
ventanilla *f* window, counter.
ventas a crédito charge sales.
ventas brutas gross sales.
ventas comparables comparable sales.
ventas comparativas comparative sales.
ventas creativas creative selling.
ventas cruzadas cross-selling.
ventas de activos asset sales.
ventas de campo field sales.
ventas de casa en casa house-to-house selling.
ventas de exportación export sales.
ventas de préstamos loan sales.
ventas de puerta en puerta door-to-door selling.
ventas directas direct sales.
ventas en apuro distress selling.
ventas especulativas speculative selling.
ventas finales final sales.
ventas múltiples multiple sales.
ventas nacionales national sales.
ventas netas net sales.
ventas por catálogo catalog sales.
ventas por correo mail order selling.
ventas por correspondencia mail order selling.
ventas por Internet Internet sales.
ventas por teléfono telephone sales.
ventas repetidas repeat sales.
ventas telefónicas telephone sales.
verbal *adj* verbal.
verbalmente *adv* verbally.
verbigracia *adv* for example.
verdadero *adj* true, real, genuine.
verificable *adj* verifiable.
verificación *f* verification, check, inspection, fulfillment.
verificación aduanera customs check.
verificación de aduanas customs check.
verificación de análisis verification of analysis.
verificación de auditoría verification of audit.
verificación de autoridad verification of authority.
verificación de calidad verification of quality.
verificación de cancelación verification of cancellation.
verificación de cheque check verification, cheque verification.
verificación de compra verification of purchase.
verificación de crédito credit verification.
verificación de cuenta verification of an account.
verificación de daños verification of damage.
verificación de dominio verification of title.
verificación de elegibilidad verification of eligibility.
verificación de empleo verification of employment.
verificación de firma signature verification.
verificación de identidad verification of identity.
verificación de incorporación verification of incorporation.
verificación de participación verification of participation.

verificación de peso verification of weight.
verificación de reclamación verification of claim.
verificación de salud verification of health.
verificación de seguro verification of insurance.
verificación de uso verification of use.
verificación de valor verification of value.
verificación de venta verification of sale.
verificación directa direct verification.
verificación física physical verification.
verificación negativa negative verification.
verificación registral verification at the property registry.
verificado *adj* verified, inspected, fulfilled.
verificador *adj* verifying, inspecting.
verificador *m* verifier, inspector.
verificar *v* verify, inspect, fulfill.
verificar el pago make the payment, verify the payment.
verificar la identidad verify the identity.
verificativo *adj* verificative.
versión *f* version.
versión electrónica electronic version.
versión en línea online version.
versión online online version.
vertedero *m* landfill, garbage dump.
vertido de petróleo oil spill.
vetar *v* veto.
veto *m* veto.
vía aérea airway.
vía crítica critical path.
vía de apremio legal procedure for debt collection.
vía pública public thoroughfare.
viabilidad *f* viability, feasibility.
viabilidad económica economic viability.
viabilidad financiera financial viability.
viable *adj* viable, feasible.
viajante *adj* travelling.
viajante *m/f* traveler, travelling seller.
viajante comercial business traveller, commercial traveller.
viajante de comercio travelling seller, commercial traveller.
viajante mercantil commercial traveller.
viaje *m* trip, travel.
viaje aéreo air travel.
viaje comercial commercial travel, commercial trip.
viaje corporativo corporate travel.
viaje de negocios business trip, business travel.
viaje mercantil commercial travel, commercial trip.
viajero *m* traveler, passenger.
viático *m* travel allowance.
vicepresidencia *f* vice-presidency.
vicepresidente *m* vice president, vice chair, vice-chairman, vice-chairwoman, vice-chairperson.
vicepresidente ejecutivo executive vice president.
vicesecretaria *f* assistant secretaryship.
vicesecretario *m* assistant secretary.
vicetesorero *m* vice-treasurer.
viceversa *adj* vice versa.
viciado *adj* vitiated, polluted.
viciar *v* vitiate, pollute, falsify, misconstrue.
vicio *m* vice, defect.
vicio aparente apparent defect.
vicio de construcción construction defect.
vicio inherente inherent defect.
vicio intrínseco inherent defect.
vicio manifiesto apparent defect.
vicio oculto latent defect.
vicio patente patent defect.

vicioso *adj* defective.
vida acostumbrada customary life.
vida activa working life.
vida amortizable depreciable life.
vida de un producto product life.
vida depreciable depreciable life.
vida económica economic life.
vida económica esperada expected economic life.
vida esperada expected life.
vida estimada estimated life.
vida limitada limited life.
vida media average life.
vida media ponderada weighted average life.
vida normal normal life.
vida típica typical life.
vida útil useful life, economic life.
vida útil estimada estimated useful life.
video a la carta video-on-demand.
videocámara *f* videocamera.
videoconferencia *f* videoconference.
vieja economía old economy.
vigencia *f* force, validity, legal effect, duration, life.
vigencia de la garantía duration of the guarantee.
vigencia de la patente patent life.
vigencia de la póliza term of the policy.
vigencia, en in force.
vigente *adj* in force, valid, prevailing, current.
vigilancia *f* vigilance, surveillance, monitoring.
vigilancia continua continuous surveillance, continuous monitoring, continuous vigilance.
vinculable *adj* that can be linked.
vinculación *f* link, tie.
vinculado *adj* linked, tied.
vinculado a un índice index-tied.
vincular *v* link, tie, peg.
vínculo *m* link, bond, tie.
violación *f* violation, infringement, transgression, breach, rape.
violación de contrato breach of contract.
violación de deberes breach of duty.
violación de garantía breach of warranty.
violación de patente infringement of patent.
violación de promesa breach of promise.
violación de seguridad security breach.
violador *m* violator, infringer, transgressor, rapist.
violar *v* violate, infringe, transgress, rape.
violar la ley break the law.
virtual *adj* virtual.
virus *m* virus.
visa de entrada entry visa.
visa de residencia residence visa.
visado *m* visa.
visado de entrada entry visa.
visado de residencia residence visa.
visar *v* stamp with a visa, endorse.
visita *f* visit, inspection.
visita comercial business visit, business call, commercial visit, commerce call.
visita de comercio business visit, business call, commercial visit, commerce call.
visita de negocios business visit, business call.
visita de sanidad health inspection.
visita de ventas sales visit, sales call.
visita mercantil commercial visit.
visitador *m* visitor, inspector.
visitar *v* visit, inspect.
vista *f* sight, view, hearing.
vista *m* customs official.
vista, a la at sight.
vista de aduana customs inspector.

visto bueno approval.
visualización *f* visualization.
visura *f* visual inspection.
vitalicio *adj* for life.
vitalicio *m* life annuity, life insurance policy.
vitalicista *m/f* holder of a life annuity, holder of a life insurance policy.
vitrina *f* showcase, shop window.
vívidero *adj* habitable.
vivienda *f* housing, dwelling.
vivienda de familia única single-family housing.
vivienda de precio tasado housing which meets specific requirements for government incentives.
vivienda de protección oficial housing which meets specific requirements for government incentives.
vivienda familiar family housing.
vivienda justa fair housing.
vivienda manufacturada manufactured housing.
vivienda modular modular housing.
vivienda multifamiliar multifamily housing.
vivienda prefabricada prefabricated housing.
vivienda pública public housing.
vivienda subsidiada subsidized housing.
vivienda subvencionada subsidized housing.
viviendas desprendidas detached housing.
vocación *f* vocation.
vocal *m/f* board member.
vocero *m* spokesman, spokesperson, representative.
volátil *adj* volatile.
volatilidad *f* volatility.
volatilidad implícita implied volatility.
volumen *m* volume.
volumen actual actual volume.
volumen bruto gross volume.
volumen comercial commercial volume, trade volume.
volumen de comerciante merchant volume.
volumen de exportación export volume.
volumen de importación import volume.
volumen de negocios business volume, turnover.
volumen de producción production volume.
volumen de transacciones trading volume.
volumen de ventas sales volume.
volumen deprimido depressed volume.
volumen esperado expected volume.
volumen real real volume, actual volume.
volumen total total volume.
voluntad común meeting of minds.
voluntariamente *adv* voluntarily.
voluntario *adj* voluntary.
voluntario *m* volunteer.
volver *v* turn, return.
volver a girar redraw.
votación *f* voting, vote, ballot.
votación acumulativa cumulative voting.
votación cumulativa cumulative voting.
votación no acumulativa noncumulative voting.
votación normal normal voting.
votación ordinaria ordinary voting.
votación por representación vote by proxy.
votación regular regular voting.
votación secreta secret ballot.
votación típica typical voting.
votador *adj* voting.
votador *m* voter.
votante *m/f* voter.
votar *v* vote.
voto *m* vote, voter.
voto a favor vote in favor.

voto acumulado cumulative vote.
voto afirmativo affirmative vote.
voto de calidad casting vote.
voto de censura vote of no confidence.
voto de confianza vote of confidence.
voto decisivo casting vote.
voto en contra vote against.
voto mayoritario majority vote.
voto negativo negative vote.
voto por poder vote by proxy.
voto secreto secret vote.
VPO (vivienda de protección oficial) housing which meets specific requirements for government incentives.
VPT (vivienda de precio tasado) housing which meets specific requirements for government incentives.
vuelo chárter charter flight.
vuelta *f* turn, return, restitution, change, compensation.
vulgo *m* common people, uninformed people, masses.
vulnerable *adj* vulnerable.

W

Wall Street Wall Street.
warrant *m* warrant, certificate of deposit.
Web *f* Web.
website *m* Website.

X

xenofobia *f* xenophobia.
xenófobo *adj* xenophobe.
xenófobo *m* xenophobe.
xenomoneda *f* xenocurrency.

Y

y/o and/or.
yacimiento de petróleo oilfield.
yacimiento mineral mineral deposit.
yacimiento petrolero oilfield.
yankee *m* yankee bond.
yanqui *m* yankee bond.
yapa *f* bonus, tip.
yerro *m* error.
yerro de cuenta accounting error.
yuppie *m* yuppie, yuppy.

Z

zona *f* zone, region.
zona aduanera customs zone.
zona comercial commercial zone, business district.
zona de comercio exterior foreign trade zone.
zona de empleo zone of employment.
zona de ensanche development zone.
zona de libre cambio duty-free zone.
zona de libre comercio free-trade zone.
zona de moneda común common currency zone.
zona de negocios business district.
zona de operaciones zone of operations.
zona de ventas sales region, sales zone, sales district.
zona económica exclusiva exclusive economic zone.
zona empresarial enterprise zone.
zona euro Euro zone.
zona fiscal tax district.
zona franca duty-free zone, customs-free area.
zona fronteriza border zone.
zona industrial industrial zone, industrial park.
zona libre de impuestos duty-free zone.
zona monetaria common currency zone, currency zone.
zona monetaria óptima optimum currency area, optimal currency area.
zona residencial residential area, residential district.
zona restringida restricted area.
zona urbana urban area.
zona urbanizada urbanized area, built-up area.
zona verde green space.
zonal *adj* zonal.
zonificación *f* zoning.
zonificar *v* zone.